KB039004

조약법

이론과 실행

정인섭

박영사

서

국제법 내 다양한 세부 분야 중에서 기본적이고 중요한 분야를 꼽으라면 무슨 대답이 많이 나올까? 현대 국제법의 법원으로서 조약이 갖는 압도적 중요성을 고려하면 조약법이 그중 하나라는 점에 이견을 가질 사람은 별로 없으리라 생각한다. 오늘날 국제관계의 상당 부분은 조약을 통해 이루어진다. 조약은 국제사회에서의 합의 중 가장 신뢰성과 실행성이 높은 약속이다. 외교 실무가들은 상대국과 교섭을 할 때 양국간 그 분야에 적용되는 조약이 있느냐 여부를 1차적으로 확인하고 시작한다.

회고해 보니 조약법은 필자가 서울대학교에서 첫 번째로 강의한 대학원 과목이었다. 이후 약 25년간의 서울대학교 교수 생활에서 국제법 개론을 제외한다면 가장 많이 강의한 과목이 조약법이었다. 법대 대학원에서 11회, 법학전문대학원에서 3회 이제까지 총 14학기를 강의해 대략 2년에 한 번씩 조약법을 개설한 셈이었다. 필자가 40대 초반 조약법 강의를 처음 시작할 무렵 이 분야에 나름 특별한 지식이나 관심이 많은 것은 아니었다. 조약법이 중요하기 때문에 강의를 개설했고, 강의를 계속하다 보니 공부가 되고 관련 자료도 축적되어 갔다. 대학원 강의는 조약법 분야에 관한 필자의 식견을 늘리는데 적지 않은 도움이 되었다. 전에는 주로 영어로 쓰인 정평 있는 조약법 서적을 교재로 사용했기 때문에 강의준비를 위해 이들 책자를 정독해야 했고, 강의를 마치면 수강생들의 보고서를 통해서도 배우는 바가 있었다.

이미 국제적으로 성가가 인정된 영어권 조약법서를 기본교재로 사용하는 경우, 이론적 분석이란 측면에서는 손색이 없었으나 마음 한구석에는 늘상 아쉬움이 느껴졌다. 아무리 정평 있는 조약법서라 해도 결국은 외국책이었다. 포함된 실행과 판례는 저자의 출신국 사례가 중심이 될 수밖에 없다. 때로는 제시된 내용이 출신국의 실행에 불과한지 국제적 관행에 해당하는지가 불분명했다. 한국 특유의 사정이나 실행은 거의 소개되지 않았으며, 있다 해도 부정확할 위험이 있었다. 대학원

강의에서 영어 교재를 통한 강의는 수강생들에게 훌륭한 학술서를 직접 접하게 만들고 외국어 독해 훈련을 할 수 있다는 점에서는 긍정적이지만, 한국의 조약법 실행을 소개하기 위해서는 별도 자료를 준비해야 했다. 대학원 강의라도 한국의 실행이 가미된 국내 단행본이 필요함은 두말할 나위 없었다.

우리말로 된 조약법서가 대학원 강의나 전공자에게만 필요한 것은 아니다. 주로 국내법만을 취급하는 일반 법조인이나 행정 실무가들이 업무상 부닥칠 확률이 가장 높은 국제법 분야가 조약법이다. 헌법 제6조 제1항이 "체결·공포된 조약과 일반적으로 승인된 국제법규는 국내법과 같은 효력을 가진다"고 규정하고 있으므로 아무리 국내법만을 다루는 실무자들도 한국이 당사국인 조약의 해석과 적용에 관한 문제에 종종 부딪치게 된다. 한국사회가 국제화될수록 그 빈도는 높아진다. 그 과정에서 때로 조약법에 관한 전문지식이 필요함은 당연하다. 국내법 문제만을 다루던 국제법 비전공자로서는 업무상 당장의 필요를 위해 외국의 정평 있는 조약법책을 급히 구하기도 쉽지 않지만, 있다 해도 이를 단시간 내 이해하고 눈앞의 사례에 적절히 적용하기는 더욱 어렵다. 국내 실무가들을 위해서도 우리말로 된 조약법서가 있어야겠다고 생각했다.

이 같은 이유에서 조약법서 집필이 한국사회에서 필자에게 요구되는 임무의 하나라고 생각했다. 이에 10여 년 전부터 조약법에 관한 개설서 집필을 구상했고, 그 첫 번째 결과가 2016년 발간된 「조약법강의」였다. 이 책에는 좀 더 충분한 시간을 투자하지 못해 여러 아쉬움이 남았다. 아무래도 한 번 더 조약법서를 집필하기로 했다. 본 책자는 7년 전 「조약법강의」에 크게 바탕을 두기는 했으나, 체제나 내용 설명, 수록 자료에 있어서 적지 않은 변화와 확장을 도모했기에 새 술을 새 부대에 담는 심정으로 제목도 「조약법: 이론과 실행」으로 고쳐 잡았다. 설명 중간에 적지 않은 국내외 판례를 발췌 수록한 이유는 조약법 이론이 실제 적용되는 현실을 직접 맛보라는 의미이다. 정년을 하면 시간적 여유가 많으리라 기대했었는데, 예상외로 번잡스러운 생활이 계속되어 이번에도 기대만큼의 시간을 투여하지 못한 아쉬움이 여전히 남는다.

이번 「조약법: 이론과 실행」 발간은 특별한 과정을 겪었다. 필자는 이 책의 원고를 작년(2022년) 초여름 탈고해 출판사로 넘겼고 여름 끝 무렵에는 초교지를 받아 교정도 진행했다. 그때 외교부 국제법률국으로부터 한 가지 소식을 접했다. 국제법률국에서 「조약법에 관한 비엔나 협약」의 번역 수정작업을 가급적 2022년 내로 완료하겠다는 의지를 표명했다. 외교부에서 조약법 협약을 포함한 중요 조약의 기존 번역을 좀 더 이해하기 쉽게 고치는 작업을 진행하고 있다는 사실은 진작부터 알고 있었으나 내부적 일정은 정확히 몰랐는데, 이 책자가 발간되자마자 비엔나 협약 국문본이 수정된다면 이 또한 곤란한 일이었다. 대중적으로 널리 팔리기 어려운 책자의 성격상 쉽게 개정판을 쉽게 만들 수도 없기 때문에 아무래도 외교부 번역 수정작업을 반영한 후 간행해야겠다고 생각했다. 박영사에 이러한 사정을 알리고 교정작업을 당분간 중지해도 좋다는 양해를 받았다. 그런데 외교부의 비엔나 협약 번역 수정작업이 예상보다 진척이 느렸다. 결국 금년 6월 9일에 새로운 번역본이 관보에 공고되었다. 당초 생각보다 반년 정도 작업이 더 늦어진 셈이었다. 비엔나 협약 새 번역본이 관보에 공고되자 작년 초교지를 다시 꺼내 수정된 표현을 반영하는 작업을 했다. 이 작업은 단순히 협약상 표현만을 고치는 일로 그치지 않았다. 첫 원고 탈고 이후 근 1년 가까운 기간 동안 새로 수집된 내용을 반영해야 했다. 그 양도 적지 않았다. 결국 단순한 교정이라기보다 개정판 원고작성이 진행된 셈이 되었다. 내용이 보다 충실해졌고, 개인적으로는 좀 더 만족스러운 결과가 되었다.

그 과정에서 또 하나의 변수가 발생했다. 전세계 외교관들이 조약법 분야에서 가장 보편적으로 참고하는 서적의 하나가 영국인 A. Aust의 「Modern Treaty Law and Practice」이다. 필자 역시 별도로 세어보지는 않았지만, 이는 본서 각주에서 가장 많이 인용된 책자로 생각된다. 마지막 3판이 10년 전 발간되어 개정판이 나오지 않으려나 궁금해 했는데, 필자가 재교까지 마친 상태에서 J. Hill이란 새 필자를 통해 「Aust's Modern Treaty Law and Practice」 4판(2023)으로 발간되었다는 소식을 접했다. 잠시 고민에 빠졌었다. 새 판을 구입해 이를 반영한 원고를 다시 만들어야 하나? 그러면 작업이 최소 몇 개월이 지연되고, 재교까지 마친 상태에서 한번 더 개정을 하는 결과가 될 듯했다. 그러기에는 상업성 없는 이 책자를 발간해 주는 박영사에 너무 미안했다. 이에 A. Aust 자신의 책은 10년 전 3판으로 끝났고, 이번 새 판은 Hill이라는 다른 사람의 작품이므로 필자는 이번에 A. Aust의 책자까지만을 반영하는 것으로 작업을 마치기로 결정했다. 언젠가 누가 그랬다. 완벽한 책을 내지 못해도 일단 결과물이 나오면 이를 바탕으로 후일 다른 후학들이 이를 뛰어넘는 결과물을 내리라고. 국내 학계 후학이 조만간 이 책자를 양과 질에서 능가하는 조약법서를 내주기를 기대한다.

끝으로 유난히 습하고 더웠던 금년 여름 박영사 한두희 과장은 까다로운 이 책자 제작에 남다른 심혈을 기울여 작업을 완성할 수 있었다. 노고에 감사한다. 언제나처럼 조성호 이사는 상업성 이 의심되는 이 책자 발간에 든든한 후원 역할을 했다. 이 분들 외에도 드러나지 않는 박영사 관계자 여러분 모두에게 감사를 표한다.

2023년 8월

정인섭

간략 목차

목 차

제 1 장 조약의 의의

제 2 장 조약의 체결

제 3 장　기속적 동의의 표시

제 4 장　조약의 유보

제 5 장 조약의 발효와 적용

제 6 장 연속적 전후 조약

제 7 장 조약의 해석

제8장 조약과 제3국

제9장 조약의 개정과 변경

제10장 조약의 무효

제11장　조약의 종료

제12장 조약의 수탁 · 등록 · 공표

제13장 조약의 승계

제14장 국제기구와 조약

제15장 비구속적 합의

제16장 조약과 국내법의 관계

제17장 조약체결에 관한 국내절차

부 록

기본 문헌 약칭

Commentary:

M. Villiger, Commentary on the 1969 Vienna Convention on the Law of Treaties (Martinus Nijhoff Publishers, 2009) (**M. Villiger, Commentary로 약칭**)

O. Corten & P. Klein eds., The Vienna Conventions on the Law of Treaties - A Commentary 2 volumes(Oxford UP, 2011) (**O. Corten & P. Klein, Commentary로 약칭**)

O. Dörr & K. Schmalenbach eds., Vienna Convention of the Law Treaties - A Commentary 2nd ed. (Springer, 2018) (**O. Dörr & K. Schmalenbach, Commentary 2nd로 약칭**)

일반도서:

정인섭, 신국제법강의 제13판(박영사, 2023) (**정인섭, 신국제법강의(제13판)으로 약칭**)

A. Aust, Modern Treaty Law and Practice 3rd ed.(Cambridge UP, 2013) (**A. Aust, Treaty Law로 약칭**)

D. Hollis ed., The Oxford Guide to Treaties(Oxford UP, 2012) (**D. Hollis, Oxford Guide로 약칭**)

D. Hollis ed., The Oxford Guide to Treaties 2nd ed.(Oxofrd UP, 2020) (**D. Hollis, Oxford Guide 2nd로 약칭**)

I. Sinclair, Vienna Convention on the Law of Treaties 2nd ed.(Manchester University Press, 1984) (**I. Sinclair, Vienna Convention으로 약칭**)

제1장

조약의 의의

1. 조약의 개념
2. 조약법의 발전
3. 조약법에 관한 비엔나 협약
4. 조약의 유사 개념
   가. 양해각서
   나. 일방적 선언
   다. 국내법의 지배를 받는 합의
5. 조약과 관습국제법의 관계
   가. 법원으로서 조약의 중요성
   나. 양자간의 위계

제1장 조약의 의의

1. 조약의 개념

조약이란 국제법 주체들이 일정한 법률효과를 발생시키기 위하여 체결한 국제법의 규율을 받는 국제적 합의이다. 조약은 국제관계를 규율하는 가장 유용하고, 효과적인 수단의 하나이다. 조약은 법적 구속력을 갖기 때문에 일단 발효되면 조약 당사자는 일방적으로 합의를 파기할 수 없다. 따라서 국제사회에서의 여러 유형의 합의 중 그것이 이행될지 여부에 관해 조약은 가장 높은 기대와 신뢰를 발생시킨다. 조약은 국제법의 기본적 법원이며, 현대로 올수록 법원으로서의 역할이 더욱 증대되고 있다.

한국 헌법 제6조 1항은 "헌법에 의해 체결·공포된 조약은 … 국내법과 같은 효력을 가진다"고 규정하고 있다. 따라서 한국이 체결한 조약은 국가는 물론 국민도 준수할 의무를 지니며, 사법부는 조약을 직접 근거로 판결을 내릴 수 있다. 그런 의미에서 조약은 단순히 국가의 대외관계 상으로만 중요한 것이 아니라, 국내법질서 속에서도 중요한 의미를 지닌다.

「조약법에 관한 비엔나 협약」 제2조 1항은 조약을 다음과 같이 정의하고 있다.

> "이 협약의 목적상
>
> 가. "조약"이란, 단일 문서에 또는 두 개 이상의 관련 문서에 구현되고 있는가에 관계없이 그리고 그 명칭이 어떠하든, 서면형식으로 국가 간에 체결되며 국제법에 따라 규율되는 국제 합의를 의미한다.
>
> For the purposes of the present Convention:
>
> (a) "treaty" means an international agreement concluded between States in written form and governed by international law, whether embodied in a single instrument or in two or more related instruments and whatever its particular designation;"

이 정의는 「조약법에 관한 비엔나 협약」(이하 본 책자에서는 주로 비엔나 협약으로 약칭)의 적용대상인 조약이라는 제한을 전제로 하고 있으나, 오늘날 국제사회에서 체결되는 조약의 표준적인 개념요소를 담고 있다. 이를 구체적으로 분석해 본다.

첫째, 조약은 국제법 주체에 의해 체결된다. 비엔나 협약은 국가간 조약에만 적용되나, 그렇다고 하여 다른 국제법 주체에 의한 조약 체결을 부인하지 않는다(제3조 다호). 일반적으로 국가 외에 국제기구도 조약을 체결할 수 있다. 기타 예외적이기는 하나 국가의 기관, 연방국가의 지방(주), 교전단체 등에게도 조약 체결능력이 인정될 수 있다. 개인이나 사법인(私法人)에게는 조약 체결능력이 인정되지 않는다.

둘째, 조약은 국제법의 지배를 받는다(governed by international law). 국제사회에서 어떤 합의가 조약이냐 아니냐에 관한 논란이 제기되었을 때, 가장 중요한 판단기준의 하나는 그 합의가 "국제법의 지배"를 받느냐 여부이다. 국제법의 지배를 받는다면 그 합의가 국제법상의 권리·의무를 창설함을 의미한다. 이는 조약의 성립요소이자, 조약 체결의 결과이기도 하다. 조약이란 당연히 국제법의 지배를 받는 합의만을 의미하므로 이 같은 표현을 굳이 삽입할 필요가 있느냐에 관해 성안과정에서 논란이 일기도 했으나, 국내법의 지배를 받기로 약속한 국제 합의와의 구별을 확실히 하기 위해 이 문구를 존치시켰다. 국제법 주체간의 합의라도 국제법이 아닌 국내법의 지배를 받는 합의는 조약이 아니다. 예를 들어 갑국이 을국에 대사관을 설치하기 위해 을국 수도 소재 정부 건물을 임차하기로 양국이 합의하고, 을국법을 이 임대차 합의의 준거법으로 삼기로 했다고 가정하자. 이 합의의 경우 갑·을 양국이 체결 주체일지라도 국제법상의 조약은 아니며, 비엔나 협약의 적용도 받지 않는다.

합의가 국제법의 지배를 받느냐는 어떻게 결정되는가? 이는 당사자의 의도에 따른다. 당사자가 국제법상의 권리·의무를 창설하기로 의도한 합의는 조약이 되며, 그러한 의도가 없는 합의는 조약이 아니다. 예를 들어 법적 구속력을 부여할 의도가 없는 공동성명, 신사협정, 정치적 선언 등은 조약이 아니다.

비엔나 협약의 초안과정에서 특별보고관 Waldock은 당사자 의도의 중요성을 강조하기 위해 조약의 정의를 "국제법에 의한 규율이 의도된(intended to be governed by international law) 합의"로 하자고 제안했다. 그러나 이 같은 표현은 조약에 대한 국제법의 규율 여부를 당사국이 자유로이 결정할 수 있는 듯한 오해를 살 수 있다는 비판이 제기되자, "의도된"이라는 단어가 삭제되어 최종 표현이 합의되었다. 다만 이러한 표현은 구속력 있는 합의인가 여부를 구별하는 기준이 당사자의 의도에 있다는 점을 불분명하게 만들 위험이 있다는 비판이 다시 제기되었으나, 국제법의 지배를 받는다는 표현 속에 이미 의도에 관한 요소가 포함되었다고 보아 그대로 수용되었다.[1)]

조약을 체결하려는 당사자의 의도는 명백히 표시되는 경우가 많으나, 상황에 따라서는 불분명한 경우도 적지 않다. 이에 국제사회에서는 특정 합의가 조약을 체결할 의도에서 작성되었는지 여부에 대해 후일 종종 다툼이 벌어지기도 한다. 당사자의 의도는 어떻게 확인할 수 있는가? 의도는 주관적 요소이므로 결국 외부로 드러난 증거를 통해 판단할 수밖에 없다. 조약임을 확인하거나 또는 반대로 조약임을 부인할 수 있는 결정적인 마법의 단어는 없다. 합의의 형식, 사용된 문언, 체결시의 상황, 체결 후 합의를 국내에서 다루는 태도(조약번호의 부여, 조약으로의 공포나 등록) 등을 종합적으로 고려해 판단해야 한다. 특히 합의 이후 당사자들이 자신의 의도였다는 주장에만 근거해서는 아니된다.[2)]

국제재판에서 당사자의 의도에 관한 주장이 엇갈리는 경우 재판부는 대체로 합의문의 문언을 1차적 판단기준으로 삼는다. 그리스–터키간 에게해 대륙붕 사건에서 ICJ는 재판관할권에 관한 선결적 항변을 판단하기 위해 1975년도 공동성명의 법적 성격을 규명해야 했다. 당사자 의도를 파악하기 위해 재판부는 1차적으로 공동성명의 문언을 집중 분석한 결과 1975년 합의서는 조약 체결의 의도로 만들어진 문서가 아니라고 판단했다.[3)] ICJ의 카타르–바레인간 해양경계획정 등 사건에서 바레인 외교장관은 문제의 합의를 자신은 조약으로 체결할 의도가 전혀 없었다고 주장했으나, 재판부는 "바레인 외교장관의 의도가 무엇이었는지는 고려할 필요가 없다"고 설시하며, 설사 바레인 외교장관의 의도가 그랬었다고 할지라도 합의서의 실제 문언에 우선할 수는 없다고 판단하며 바레인의 주장을 받아들이지 않았다.[4)] 바레인은 합의서에 관해 국내 헌법상 조약체결절차가 진행되지 않았다는 사실 또

1) 박배근, 국제법상 비구속적 합의, 국제법평론 2005–II(2005), p.7 참조.
2) A. Aust, Treaty Law, p.30.
3) Aegean Sea Continental Shelf (Greece v. Turkey), 1978 ICJ Reports 3, paras.96–107.
4) Maritime Delimitation and Territorial Questions between Qatar and Bajrain(Jurisdiction and Admissibility) (Qatar v. Bahrain), 1994 ICJ Reports 112, paras.27–29.

한 조약으로 의도하지 않았다는 증거라고 주장했으나, 재판부는 자국 헌법절차의 이행 여부는 판단기준이 될 수 없다고 평가했다.[5] 방글라데시와 미얀마 간 벵골만 해양경계획정 사건에서 국제해양법재판소 역시 문제의 합의가 조약인지 판단에 있어서 우선 문언을 분석하고, 이어 체결시의 상황을 검토해 해당 합의는 조약이 아니었다고 결론내렸다.[6]

다만 조약의 경우에도 그 실질적 내용에 관해서는 국내법을 준거법으로 하는 경우도 있다. 예를 들어 국가간 합의로써 공적 차관을 제공하는 경우 차관의 공여와 상환은 제공국의 국내법에 따른다는 합의를 하는 경우가 많다. 이 같은 내용만을 이유로 합의의 조약성이 부인되지는 않는다.[7] 한편 국제법의 지배를 받는다는 사실만으로 그 합의의 성격을 조약이라고 단정할 수 없다. 국제사회에서는 때로는 국가와 사적 주체 간의 합의를 국제법에 따라 해석하기로 하는 경우도 있다. 그러나 이 사실만으로 합의가 조약으로 되지는 않으며, 조약의 다른 성립요건도 동시에 만족시켜야 조약으로서의 법적 성격을 인정받을 수 있다.

셋째, 조약은 보통 서면 형태로(in written form) 체결된다. 협약이 서면 형식을 요구한 가장 커다란 이유는 합의에 대한 증명의 용이성 때문이다. 어떠한 형식의 문서인가는 중요하지 않다. 합의 내용을 읽을 수 있는 형태로 담고 있으면 모두 문서의 일종이라고 할 수 있다. 전통적인 의미의 서면 조약 외에 오늘날에는 전보, 텔렉스, 팩스문서, 이메일 등도 조약을 구성하는 문서로 이해된다.[8] 합의가 어떠한 방식으로든 서면으로 남으면 되며, 반드시 당사자의 서명이 필요하지는 않다. 공개적인 출간이 필수적이지도 않다.

비엔나 협약은 문서로 체결된 합의만을 적용대상으로 하나, 그렇다고 하여 구두조약의 가능성을 부인하지 않는다(제3조). 관습국제법상 구두조약도 인정되어 왔다. 다만 구두조약이 이론상 인정되어도, 그 실례를 찾기는 쉽지 않다. 최근 사례로는 다음 사건이 있다. 덴마크가 Great Belt 해 위에 교량을 건설하려 하자 핀란드가 이에 반대하며 1991년 이 사건을 ICJ에 제소했다.[9] 이후 1992년 덴마크와 핀란드

---

5) 상동, paras.28－29.

6) Dispute concerning Delimitation of the Maritime Boundary between Bangladash and Myanmar in the Bay of Bengal (Bangladash/ Myanmar), 2012 ITLOS Case No.16, paras.92－97.

7) A. Aust, Treaty Law, p.26.

8) A. Aust, Treaty Law, p.16.

9) Case concerning Passage through the Great Belt(Finland v. Denmark), 1991.

수상 간의 전화 통화를 통해 덴마크는 일정 금액을 핀란드에 지불하고, 핀란드는 ICJ 제소를 취하하기로 합의했다. 양국은 이를 이행했다. 이는 구두 합의로만 성립되었고, 문서화되지 않았다.[10)]

구두조약은 현실적으로 여러 복잡한 문제를 일으킨다. 우선 조약의 존재와 내용을 어떻게 증명할 수 있는가? 녹음이 필요한가? 제3자의 증언만으로 구두조약을 인정할 수 있는가? 구두조약의 성립과 운영에는 어떠한 국제법 규칙이 적용되어야 할지 모호한 부분이 많다. 예를 들어 조약의 서명, 비준, 등록에 관한 내용은 구두조약에 적용이 어렵다. 그러나 구두조약에 적용될 법리를 구체화하려는 국제적 노력은 없다. 거의 활용되지 않으므로 노력할 가치가 없기 때문이다.[11)] 나라에 따라서는 국내법으로 구두조약의 체결을 금지하기도 한다.

넷째, 조약은 언제나 국제적(international) 합의를 전제로 한다. 국제 합의란 국제법 주체간의 합의임을 의미한다. 다만 "국제"가 무엇을 의미하는지 항상 명확하지는 않다. 국가 또는 국제기구들 간의 합의를 국제 합의라고 부르는 데야 별다른 이견이 없지만, 그 이외의 어떠한 행위자에게 조약 체결 자격을 인정할지에 대해서는 논란이 제기되기 때문이다. 연방국가의 주와 같은 국가의 일부, 반란단체, 비자치지역(non-self-governing territories), 선주민(indigenous people), 사기업이나 개인도 조약을 체결할 수 있느냐가 문제될 수 있다.[12)]

다섯째, 조약은 복수 당사자간 합의(agreement)를 바탕으로 성립한다. 조약 합의는 복수 참여자간의 상호 교류를 전제로 미래에 대한 공통의 기대를 담은 규범적 약속을 창출한다. 두 개의 국제법 주체간에 체결된 조약은 양자조약이라 하고, 셋 이상의 국제법 주체간에 체결된 조약은 다자조약이라고 한다. 비엔나 협약은 제한된 조항에서만 양자조약과 다자조약을 달리 규정하고 있을 뿐(예: 제40조, 제41조, 제55조, 제58조, 제60조 등),[13)] 대부분의 조항은 공통적으로 적용된다. 조약은 합의를 전제로 하므로 일방적 선언은 비록 국제법상 구속력을 지닐지라도 조약이 될 수 없다. 다만 일방적 선언처럼 보이는 경우에도 실제로는 상대방의 사전제안에

10) A. Aust, Treaty Law, pp.7-8.

11) D. Hollis, Defining Treaties, in D. Hollis, Oxford Guide 2nd, p.24 참조.

12) T. Grant, Who Can Make Treaties? Other Subjects of International Law, in D. Hollis, Oxford Guide 2nd, p.150 이하 참조.

13) 협약 제2부 제2절 유보에 관한 조항에는 다자조약에 한정된다는 표현이 없으나 내용상 다자조약에만 적용된다.

대한 수락인 사례가 있다.

여섯째, 조약(treaty)이란 국제법상 조약 개념에 해당하는 모든 문서를 통칭하는 일반적 명칭이다. 개별조약에 구체적으로 어떠한 명칭이 붙여지는가는 —treaty, convention, agreement, covenant, statute, charter, protocol, schedule 등— 그 효력에 아무런 영향이 없다.[14] 조약은 물론 조약이 아닌 합의문서 역시 워낙 다양한 명칭으로 불려지므로 문서의 명칭만으로는 그의 법적 성격의 결정적 증거가 되지 못한다.

문서의 명칭이 조약으로서의 지위를 결정하지는 않으나, 조약은 그 형식과 유형에 따라 일정한 명칭이 사용되는 경향이 있다. 명칭은 때로 중요한 정치적 고려의 소산이기도 하며, 조약은 명칭에 따라 정치적 함의를 달리 하는 것이 사실이다. 예를 들어 Treaty는 정치적으로 중요한 비중을 지니며 가장 격식을 따지는 합의에 주로 사용된다. 이 명칭은 당사자가 그 문서를 조약으로 인정하려는 의도를 강력하게 표시한다. 국제 회의를 통해 채택되는 다자조약에는 Convention이 가장 일반적으로 사용되지만, 특정 분야·기술적 사항에 관한 입법적 성격을 갖는 양자조약에서도 사용된다.[15] Agreement는 통상적인 양자조약에 많이 사용된다. Protocol(의정서)은 기본 조약에 대한 개정이나 보충적 성격을 지니는 합의에 주로 사용된다. Optional Protocol(선택의정서)은 본 조약과 밀접한 관련을 갖고 통상 본 조약과 동시에 채택되며 본 조약 당사국만이 이의 당사국이 될 수 있다. 그렇지만 본 조약 당사국에게 반드시 이의 당사국이 되어야 할 의무가 부과되지 않아 선택의정서라고 부른다. 형식상 별개의 조약이다. 이 방식은 본 조약에 관한 강제적 분쟁해결방안을 규정하는데 자주 사용된다. MOU(Memorandum of Understanding; 양해각서)는 이미 합의된 사항이나 조약 본문에 사용된 용어의 의미를 명확히 하기 위해 당사자간 상호 양해된 합의사항을 기록하는 경우에 주로 사용되고 있으나, 근래에는

14) "Terminology is not a determinant factor as to the character of an international agreement or undertaking. In the practice of States and of international organizations and in the jurisprudence of international courts, there exists a great variety of usage; there are many different types of acts to which the character of treaty stipulations has been attached." South West Africa Cases(Preliminary Objections) (Ethiopia v. South Africa; Liberia v. South Africa), 1962 ICJ Report 319, p.331.

15) 예: Convention between the Government of the Republic of Korea and the Government of the Hashemite Kingdom of Jordan for the Avoidance of Double Taxation and the Prevention of Fiscal Evasion with respect to Taxes on Income(조약 제1720호, 2005년 발효).

독자적인 전문적·기술적 내용의 합의에도 자주 사용된다.16) 그러나 비구속적 합의나 국가간 조약이 아닌 합의에도 MOU란 용어가 자주 사용되므로 그 명칭만으로 문서의 법적 성격을 단정하기 어렵다. 특이한 사례로 "Timetable(일정표)"이나 "공동선언(Joint Declaration)," "공동발표(Joint Statement)" 또는 단순히 "문서(Text)"라는 제목을 가진 조약도 있었다. 대개 정치적 이유에서 조약을 가리키는 통상적인 용어의 사용을 회피하고 싶을 때 이런 특이한 명칭이 사용된다. 과거에는 "최종의정서(Final Act)"가 조약에 해당하는 경우도 있었으나, 오늘날에는 더 이상 조약을 가리키는 명칭으로 사용되지 않는다.17)

전에는 간이한 방식을 통해 성립된 합의는 international agreement라고 부르고, 이를 전통적인 treaty와 구별하는 경향도 없지 않았으나 이제는 그러한 구별이 없다.18) 그러나 아직도 적지 않은 국제문서에서 조약을 가리키는 용어로 "treaty and international agreement"가 함께 사용되는 것도 사실이다.19) 특히 미국의 경우 treaty는 상원의 동의를 받아 성립된 조약을 의미하며, 상원 동의 없이 다른 경로로 성립된 조약은 international agreement로 구별하고 있다. 그러나 이는 미국 국내사정에 불과하며, 조약의 정의에 합당한 국제 합의는 국내 절차상 차이와 상관없이 모두 조약에 해당한다. 결론적으로 오늘날 조약의 명칭에 관해 국제법상 통일된 호칭방법은 없으며, 문서의 성격이 조약이라면 그 명칭은 무엇이든 간에 법적 구속력이 있다는 점에 차이가 없다.

조약은 이를 구성하는 문서의 숫자는 상관하지 않는다. 조약은 보통 단일의 문서로 작성되지만, 하나의 조약이 여러 건의 문서로 구성될 수도 있다. 비엔나 협약은 단일의 문서로 구성되어 비준을 통해 발효되는 고전적인 형태의 조약 외에도 현대적 경향을 반영하는 여러 형식의 간이한 합의도 조약으로 수용했다. 교환공문 형식으로 체결된 조약은 복수의 문서로 구성된 전형적인 예이다. 조약은 때로 본문서 외에 부속서(annex)나 부록(appendix)을 별도로 두기도 한다. 이 같은 별도의 문서를 두는 이유는 본 조약에 비해 간이한 방식으로 부속문서를 개정할 수 있도

16) 외교통상부, 알기 쉬운 조약업무(2006), p.18.

17) A. Aust, Treaty Law, pp.25-26.

18) A. Aust, Treaty Law, p.15.

19) 이의 영향으로 국내법령에도 조약과 협정(또는 협약)이 병기되기도 한다. 예: "조약·협정 등이 정하는 바에 따라"(관세법 제21조 2항 2호). 국내에서 조약 외 협정 등을 추가해야 할 특별한 의의는 없다.

록 규정해 조약 체결 시 미리 예상하지 못한 상황이나 기술적 변화에 용이하게 대처하기 위한 방안으로 사용될 수 있다. 또는 조약이 본문에 포함시키기 과중할 정도로 구체적이고 광범위한 목록을 필요로 하는 경우 별도 문서가 활용되기도 한다. 「멸종위기에 처한 야생동식물종의 국제거래에 관한 협약」의 부속서가 이에 해당한다. 이 같은 부속서나 부록은 특별한 규정이 없으면 원 조약과 불가분의 일체를 구성한다고 보아야 한다. 조약에 따라서는 조약 내용에 대한 해석이나 운영과 관련된 별도 문서가 동시에 합의되기도 한다. 이는 문서에 따라 조약에 해당하기도 하고, 조약이 아닌 경우도 있다. 1965년 한일 국교 정상화시 합의된 청구권협정에는 협정과 관련해 양국의 양해를 기록한 별도의 합의의사록이 첨부되어 있다. 사실 청구권협정은 이 합의의사록이 없으면 적절히 해석하기도 어렵다. 이 같은 합의는 조약으로서의 성격을 지니며, 한국 정부 역시 본 조약과 함께 국회동의에 회부하는 등 이를 독립된 조약으로 처리했다. 1966년 「주한 미국군대의 지위에 관한 협정」(SOFA)의 경우 부속문서인 합의의사록에 원 조약상 내용 이상의 합의가 담겨 있다. 그러나 1998년 합의된 한일 신어업협정에 부속된 합의의사록은 구체적 법률관계의 발생을 목적으로 한 합의라고 보기 어려워 한국 정부는 신어업협정의 국회동의 회부시 이를 첨부하지 않는 등 조약으로 취급하지 않았다. 헌법재판소 역시 이를 조약으로 보지 않았다.[20)]

또한 조약 여부 판단에 체결 절차는 크게 중요하지 않다. 과거에는 조약이 매우 엄숙하고 거창한 형식절차를 통해 체결되었으나, 조약 건수가 급증한 오늘날에는 간이절차를 통한 조약 성립이 많아졌다. 조약 체결시의 선서는 오래 전에 외교 현장에서 사라졌다.

UN 헌장은 회원국의 모든 조약을 사무국에 등록하도록 요구한다(헌장 제102조). 그러나 UN에서의 등록이 조약으로서의 지위 판단에 결정적 의미를 갖지는 않는다.[21)] 조약의 UN 등록행위는 그 문서를 당사자가 조약으로 의도했음을 나타내는 경우가 많겠지만, 등록은 타당사국과의 합의를 전제로 하지 않으며 일방적으로도 가능하다. UN 사무국 역시 당사자의 의도를 확인하고 등록을 접수하지 않는다.[22)]

---

20) 헌법재판소 2001.3.21. 99헌마139 등(병합) 결정. 본서, pp.32−33 참조.

21) Maritime Delimitation and Territorial Questions between Qatar and Bahrain(Jurisdiction and Admissibility) (Qatar v. Bahrain), 1994 ICJ Reports 112, para.29.

22) 본서, p.372 이하 참조.

국제적 합의가 조약으로 인정되면 그 법적 구속력의 정도는 동일하다. 국제법상 조약의 구속력은 유무(有無)로만 판단되지 강약(强弱)으로는 평가되지 않는다. 조약의 명칭이나 성격에 따라 현실적인 구속력의 차이가 있을 수 있다는 입장은 정치학적 분석일 뿐이다. 비엔나 협약도 "유효한 모든 조약은 그 당사국을 구속하며 또한 당사국에 의하여 성실하게 이행되어야 한다"(제26조 *pacta sunt servanda*)고 규정하고 있다. 이 점에 있어서 예외는 UN 헌장 뿐이다. 헌장 제103조는 회원국에게 헌장 상 의무가 다른 조약 상 의무보다 더 우월함을 규정하고 있다.[23]

그러나 현실에서 조약이 당사자에게 부과하는 법적 의무에는 적지 않은 질적 차이가 존재한다. 예를 들어 갑국이 자국 영토 A를 특정 일자에 을국에게 할양하고 대신 동시에 을국은 일정한 대가를 지불하기로 약속한 조약은 당사자들에게 매우 구체적인 의무를 부과한다. 의무 이행에 있어서 당사자들에게 별다른 재량의 여지가 없다. 그러나 일정한 조약은 당사자들에게 단지 노력 의무나 협의 의무만을 부과한다. 조약에 따라서는 당사자에게 구체적인 행동규칙(rules)보다, 일정한 표준(standard)이나 원칙(principles)만을 제시한다. 이러한 경우 당사자로서는 의무의 판단과 이행에 상당한 재량을 발휘할 수 있다. 경우에 따라서 조약 내용의 일부는 법적 권리·의무를 창설하지 못하는 단순한 정치적 약속으로만 해석되기도 한다.[24] 이같이 조약의 법적 의무에는 질적 차이가 존재함이 사실이다. 이에 조약을 하나의 통일적 개념으로 파악하는 태도는 부적절하다고 경고하는 학자도 있다.[25]

특정한 문서가 법적 구속력 있는 조약인가 여부가 문제된다면 최종적으로 누가 판단하는가? 국제관계에서 이 문제가 국가간 사법적 분쟁으로 발전한다면 국제재판소 등이 판단한다. 국내법에서는 어떠한가? 삼권분립이 이루어져 있는 모든 국가에서 법적 문제의 최종적 심판자는 사법부이다. 다만 국가에 따라서 법정에서 특정 문서의 법적 성격이 문제되는 경우 법원은 이를 행정부에 문의하고 행정부의 판단을 전적으로 존중하기도 한다. 조약 체결은 본래 행정부의 업무라는 이유에서 문서의 법적 성격뿐만 아니라, 그 내용 해석까지 행정부의 판단을 존중하기도 한다. 특히 과거의 프랑스가 그러했다. 이는 대외문제에 관한 행정부가 그 내용을

23) 헌장 제103조는 UN 헌장 내용의 효과적인 이행을 목적으로 한 조항으로 그 기원은 국제연맹 규약 20조에 뿌리를 두고 있다.

24) Oil Platforms(Preliminary Objection) (Iran v. U.S.A.), 1996 ICJ Reports 803, para.52.

25) D. Hollis(전게주 11), pp.37-41.

가장 잘 알므로 이의 입장을 존중하고, 국가로서는 대외적으로 일관된 목소리를 낼 수 있다는 장점을 갖는다. 한국의 헌법재판소는 특정한 문서의 법적 성격이 문제된 경우 행정부의 의견을 구하기는 해도 이는 단순히 참고만 할 뿐, 문서의 내용을 자신이 심사해 조약성 여부를 직접 판단하고 있다.[26] 과거 일반 법원에서는 특정 문서의 성격에 관해 정부의 입장을 문의하는 제도가 없었으며, 정부로서는 입장을 표명하고 싶어도 소송의 당사자가 아닌 한 먼저 이를 제시할 경로가 없었다. 근래 "국가기관과 지방자치단체는 공익과 관련된 사항에 관하여 대법원에 재판에 관한 의견서를 제출할 수" 있다는 소송규칙이 마련되었다.[27] 하여간 어떤 국가의 사법부라도 조약 업무의 실제 담당부서인 행정부의 의견을 주의 깊게 경청하기는 마찬가지이다.

2. 조약법의 발전

조약법이란 조약의 운영에 관한 공통적인 국제법 규칙이다. 즉 조약은 어떻게 체결되고, 어떻게 발효되고, 어떻게 해석되고, 어떻게 개정되고, 어떻게 종료되는가 등에 관한 법규칙이다.

조약법의 역사는 곧 조약의 역사이다. 조약법은 국제사회의 변화를 배경으로 조약 자체의 발전과 밀접한 관계 하에서 발전했다. 국가간 합의인 조약은 기원 전부터 존재했다. 현재까지 전해오는 가장 오래된 조약은 BC 3100년경 메소포타미아 지역 도시국가 라가쉬와 움마 간의 국경조약이다. 돌에 새겨진 이 조약에는 그 위반자가 양측이 공통으로 믿고 있던 신의 처벌을 받는다는 내용이 담겨있었다.[28]

근대적 의미의 조약법은 대체로 유럽의 중세 말부터 관습국제법의 형태로 형성되기 시작했다. 조약법은 19세기 초부터 급속히 발전했다. 이는 19세기 초엽부터 국제 교류의 급증을 배경으로 국가간 합의가 많아졌음을 의미한다. 오늘날의 조약법은 유럽에 기원을 두고 있으므로 조약법의 역사는 유럽 역사를 중심으로 하게 된다.

---

26) 헌법재판소법 제30조 2항, 헌법재판소심판규칙 제13조 등 참조.

27) 민사소송규칙 제134조의2, 형사소송규칙 제161조의2.

28) A. Nussbaum, A Concise History of the Law of Nations, revised ed.((MacMillan Compay, 1954), pp.1-2.

전통적으로 조약 체결의 주역은 군주였다. 절대주의 왕정 시절 군주는 국내적으로 입법권을 독점했다. 점차 국내 입법권은 의회로 넘어갔으나, 조약 분야에서는 군주 독점권이 상대적으로 오래 지속되었다. 이는 국익을 위해 대외교섭의 창구가 단일화될 필요가 있다는 명분 때문이었다.

18세기까지 국제사회는 다자조약을 알지 못했다. 다자간 합의가 필요하면 사실상 동일한 내용의 여러 건의 양자조약을 체결하는 방법을 활용할 뿐이었다. 나폴레옹 시대 이후 유럽 질서를 재편한 1815년의 비엔나 회의 최종 의정서는 최초의 다자조약이었다. 비엔나 회의의 결과 역시 양자조약의 집적이었으나, 모든 양자 합의를 최종 의정서(Final Act)라는 하나의 문서 속에 포함시켰다. 이를 통해 다수 국가에 구속력을 갖는 단일 문서(single multilateral instrument)라는 개념이 처음으로 등장했다.

다자조약의 등장은 국제교류의 확산과 발전을 배경으로 한다. 이는 다수 국가가 공동의 이해를 갖고 공동으로 달성할 목적을 발견했음을 의미한다. 국제하천 관리는 19세기 초기부터 다자조약이 활용된 대표적인 분야였다. 산업화 진전에 따라 국가간 교역이 크게 늘었다. 철도와 자동차가 발명되기 이전에는 강이 가장 안전하고 편리한 운송로였다. 여러 국가를 통과하는 국제하천의 경우 연안국들이 공동의 관리규칙을 마련해 적용할 필요를 느꼈다. 다자조약은 이런 수요에 봉사하기 편리한 수단이었다. 이 같은 다자조약을 성립시키기 위해서는 각국의 다양한 이해를 조정할 타협이 필요하고, 조약 채택 이후에도 목적 달성을 위한 공동의 노력이 기울여져야 했다. 다자조약의 발전은 조약이 국제법의 주요 법원으로 등장하는 계기가 되었다. 다자조약 등장은 국제기구 탄생의 배경이 되었고, 이러한 국제사회의 변화는 각국 외교부의 역할이 정립되는 근거가 되었다.

19세기만 해도 다자조약의 경우 당사국 수만큼 조약 정본이 제작되어 모든 당사국들이 모든 원본에 직접 서명하고 각기 이를 한 장씩 보유했다. 현대에는 1장(또는 서너 장)의 정본만 제작되어 특정한 수탁국(자)에 맡겨지고, 그가 다른 국가의 가입, 탈퇴, 유보 등의 통지를 받으면 이를 다른 당사국들에게 통지하는 방식으로 관리한다. 오늘날 UN 사무총장은 가장 대표적인 수탁자의 역할을 한다.

20세기 들어 전통적인 군주제는 퇴조하고 국제협력을 위한 신속한 조약 체결의 필요성이 높아졌다. 국가원수가 조약 체결에 직접 관여하는 비율은 줄어들고, 정부 수반이나 외무장관의 책임 아래 조약업무가 처리됨이 일반화되었다.

제1차 대전 후 국제연맹이 탄생하자 조약법의 운영에는 여러 가지 혁신이 발생하였다. 연맹은 조약 등록제를 도입했다. 회원국의 모든 조약은 등록이 요청되었고, 등록된 조약은 책자로 발간되어 공개되었다. 연맹은 국제법의 법전화 사업도 추진했다. 연맹은 전문가 위원회를 구성해 국제법에서 우선적으로 법전화 할 대상을 선정하고, 1930년 대규모 법전화 회의를 개최했다. 연맹의 법전화 시도는 기대만큼의 성과는 거두지 못했으나, 이 작업은 UN 시대에 이르러 본격적인 결실을 맺었다. 연맹은 또한 다자조약 체결 과정에서 중심적인 역할을 했다. 회의 개최 준비나 조약 초안 작성과 같은 작업을 연맹이 담당함으로써 다자조약 체결이 한층 수월해졌다. 연맹은 많은 조약의 수탁자 역할도 담당했다. 한편 국제기구인 연맹 자신이 조약 체결의 주체로 부상했다. 주권국가 이외의 실체가 조약의 주체로 등장한 것이다. 이 같은 현상들은 UN 체제에서 더욱 강화되었다.

제2차 대전 이전까지 조약 채택에는 만장일치제가 적용됨이 원칙이었다. 이런 경우 단 1개국이라도 반대를 하면 조약 채택이 봉쇄될 수 있었다. 당시만 해도 오늘날에 비해 국가 수가 많지 않고, 국제관계에서는 강대국의 권력정치가 더욱 힘을 발휘했다. 국제사회를 주도하는 몇몇 강대국들이 합의를 하면 다른 국가들의 동의를 얻기가 상대적으로 용이했기 때문에 만장일치제가 유지될 수 있었다.

3. 조약법에 관한 비엔나 협약

UN 국제법위원회(ILC)는 1949년 제1차 회기시 조약법을 우선적인 법전화 대상으로 선정하고, 영국의 Brierly를 특별보고관으로 선임했다. 그는 1950년부터 1952년까지 3차례 보고서를 제출하고 사임했다. 역시 영국의 Lauterphact가 그를 이어 1953년과 1954년 두 차례 보고서를 제출했으나, 당시 국제법위원회에서는 조약법이 본격적으로 검토되지 않았다. 1955년 영국의 Fitzmaurice가 새로운 보고관으로 임명되어 1956년부터 1960년까지 모두 5차례의 보고서를 제출했다. 그는 전임자의 작업 기조를 이어받지 않고 전혀 새로운 구상을 했다. Fitzmaurice는 조약법에 관한 조약을 만들기 보다는 조약법에 관한 기본 원칙을 제시하고 이에 대한 설명을 첨부하는 일종의 조약법 지침서를 작성하자고 주장했다. 조약법에 관한 많은 내용이 추상적 원칙에 해당하므로 엄격하고 구체적인 의무를 부과하는 조약의 형식을 취하는 방안이 부적절하다는 주장이었다.[29] ILC는 그 같은 제안을 일단 수용했으나, 다른 작업들이 많아 Fitzmaurice의 보고서는 1959년 회기가 되서야 실질적인 검토가 시작되었다.

이어서 영국의 H. Waldock이 새로운 ILC 위원으로 선임되어 조약법에 관한 특별보고관으로 임명되었다. 그는 현재의 비엔나 협약과 같이 조약 형태로 작업 방향을 다시 전환했다. 그는 조약에 관한 법을 집적시키는데는 조약 형식이 유리하며, 특히 다수의 신생국이 출현하는 시점에서는 이러한 방식의 작업이 필요하다고 판단했다. 즉 Fitzmaurice 식의 방법을 취하면 작업이 기존의 관습국제법 또는 국가관행에 입각한 정리가 될 수밖에 없다. 이는 주로 기왕의 서구국가들의 실행에 입각한 내용이 되므로, 신생국 입장에서는 자신의 의견을 반영하기 어렵게 된다. Waldock은 조약 형식의 조약법을 제정해야 신생국의 참여와 지지를 확보하고 조약법의 적용기반을 넓힐 수 있다고 보았다.

ILC는 1962년부터 Waldock의 보고서를 바탕으로 본격적인 검토작업을 시작했다. 1966년 드디어 전문 75개조의 조약 초안이 완성되어 주석서와 함께 UN 총회로 보고되었고,[30] 총회는 조약법에 관한 협약 채택을 위한 국제회의를 소집하기로 결정했다.

1968년 3월 26일부터 5월 24일까지 비엔나에서는 조약법 협약의 채택을 위한 제1차 회의가 열려, 103개국 대표와 13개 국제기구의 옵저버가 참석했다. 1969년 4월 6일부터는 110개국 대표와 15개 국제기구 옵저버가 참석한 제2차 회의가 역시 비엔나에서 열렸다. 이는 당시까지 유례가 없던 대규모의 다자조약 채택 회의였다. 마침내 1969년 5월 23일 전문과 85개조 및 2개의 부속선언으로 구성된 「조약법에 관한 비엔나 협약」(Vienna Convention on the Law of Treaties)이 확정되었다.[31]

비엔나 협약은 그 내용이 정치적·경제적 이해관계를 담고 있지 않은 일종의 기술적 성격의 조약이다. 즉 비엔나 협약은 자체의 구체적 목적을 달성하기 위한 조약이 아니다. 그런 의미에 "조약에 관한 조약(treaty on treaties)"이다.[32] 이 협약은 국가간 서면조약에만 적용된다. 소급효를 갖지는 않으므로 형식적으로는 협약이 발효된 이후 성립된 조약에만 적용된다. 이 점은 기왕에 조약법과 관련된 분쟁을

29) ILC Yearbook 1956 vol.II, p.107.

30) ILC Yearbook 1966, vol.II, p.177 이하.

31) 비엔나 회의의 최종 보고서: A/CONF.39/26(1969)(UN Sales No.E.70.V.5).

32) 비엔나 회의에 참가한 미국 대표단 R. Kearney & R. Dalton의 보고논문의 제목도 "Treaties on Treaties"였다. American Journal of International Law vol.64, No.3(1970), p.495 이하.

겪고 있는 국가들이 민감하게 여길 문제였다. 한편 적지 않은 조항이 보충적 성격만 지니므로 당사자가 다른 합의를 한다면 그 합의가 우선된다. 비엔나 협약의 가장 성공적인 조항으로 손꼽히는 조약 해석에 관한 조항(제31조 이하)조차 국가들이 합의만 한다면 이들 간에는 별도의 규칙으로 대체될 수 있다. 이 같은 유연성이 협약의 생명력을 강하게 만들었다. 이 협약에 규정되지 않은 부분에는 관습국제법이 적용됨이 물론이다(전문 및 제3조와 제4조 참조).

1969년 비엔나 협약은 국가간 서면조약만을 대상으로 하며, 다음 몇 가지 사항은 다루지 않고 있다. 즉 1) 국가간 적대행위의 발발에 따른 조약에 대한 효과, 2) 국가승계에 따른 문제, 3) 조약 의무 불이행에 따른 국가책임 등의 문제는 취급하지 않았다(제73조 참조).

다만 비엔나 협약에서는 전반적으로 조약을 계약의 일종으로 보는 영국적 전통이 강하게 작용하고 있다. 그러다 보니 국제인권조약이나 국제환경조약과 같이 공익을 위한 입법적 성격을 지니는 조약의 특징을 제대로 담지 못하고 있다는 비판이 가능하다.[33)]

비엔나 협약은 이른바 총가입조항(general participation clause)을 포함하지 않은 조약으로 해석된다.[34)] 총가입조항이란 관련국들이 모두 해당 조약의 당사국인 경우에만 그 조약을 적용하기로 한다는 조항이다. 예를 들어 A, B, C, D국을 당사국으로 하는 다자조약(甲)이 있다고 가정하자. 그중 A, B, C국만 비엔나 협약의 당사국이고 D국은 당사국이 아닌 경우라도, A, B, C국 사이에서는 갑(甲) 조약의 해석과 적용에 관해 비엔나 협약이 적용된다. D국과 다른 당사국 사이는 관습국제법의 적용을 받는다.

한국은 1977년 유보 없이 비엔나 협약 비준서를 기탁했으며, 협약은 35개국의 비준을 거쳐 1980년 1월 27일 발효했다. 2023년 6월 기준 당사국은 116개국이다. 주요 국가 중에서는 미국과 프랑스가 당사국이 아니며, 북한도 비준하지 않았다.[35)]

---

33) J. Klabbers, International Law 3rd ed.(Cambridge UP, 2021), p.46.

34) I. Sinclair, Vienna Convention, pp.8–9.

35) 미국 정부는 1970년 4월 24일 비엔나 협약에 서명하고 1971년 11월 22일 이에 대한 비준동의 요청서를 상원에 제출했으나 아직도 표결에 붙여지지 않고 계류 중이다. 미국 정부 역시 상원 동의 획득에 적극적인 자세를 보이지 않고 있다. 다만 미국 정부는 비엔나 협약의 많은 조항이 관습국제법에 해당한다고 간주한다(http://2009–2017.state.gov/s/l/treaty/faqs/70139.htm). 북한과 프랑스는 협약에 서명도 하지 않았다.

비엔나 협약은 오늘날 전세계 거의 모든 국제법 책에서 조약법에 관한 설명의 출발점을 이룬다. 비엔나 협약의 상당 부분은 기존의 관습국제법을 법전화한 것이나(codification), 일부 조항은 새로운 법원칙을 제시했다고(progressive development) 평가된다. 그러나 오늘날에는 이러한 구분이 사실상 무의미해졌을 정도로 지난 반세기 이상 세월의 국제적 실행을 통해 협약의 내용 전반이 국제사회에서 널리 수용되고 있다.

협약이 국제법상 조약에 관한 모든 사항을 다루고 있다고는 할 수 없으나, 중요한 쟁점은 대부분 취급하고 있다는 점은 부인할 수 없다. 그동안 국제사회에서 주권국가들은 조약 업무를 실행함에 있어서 비엔나 협약과 정면으로 충돌되는 관행을 발전시키는 태도를 극도로 자제해 왔다. 각국의 외교 실무자들은 조약에 관한 문제에 부딪쳤을 때 예외 없이 우선 비엔나 협약을 바탕으로 해결책을 찾는다. 이는 비엔나 협약 비당사국의 외교 실무자라 하여도 다르지 않을 것이다. 그런 점에서 비엔나 협약은 ILC가 이룩한 업적 중에서도 가장 두드러진 성과물이며, 가입국 수 이상의 의미를 지닌 조약으로 평가된다. ICJ 역시 이 협약의 특정조항이 현재의 관습국제법과 다른 내용이라고 판단했던 예가 없다.[36] 아마도 오늘날 국제재판소가 비엔나 협약의 어느 실체조항이 관습국제법과 달라 비당사국에게는 적용되지 않는다는 판단을 내리려면 특별한 결심이 필요할 것이다. 본서에서 별다른 지적 없이 ( ) 안에 제시된 숫자는 이 협약의 조문번호이다.

한편 오늘날 국제기구가 조약의 당사자가 되는 경우도 빈번하다. 이에 대해서는 국제기구가 체결하는 조약법에 관한 비엔나 협약이 1986년 별도로 채택되었다.[37] 1986년 협약은 국제기구가 조약 체결의 주체로 참여한다는 특징을 가미한 부분 이외에는 1969년 협약과 내용이 거의 동일하다. 당시 회의 참가국들은 국제기구에 관한 1986년 협약을 가급적 1969년 협약과 통일성을 갖추도록 하여 그 운영상 새로운 문제점이 제기되지 않기를 원했기 때문이다. 그러나 바로 이 점이 각국으로 하여금 1986년 협약을 비준할 필요성을 못 느끼게 만들고 있다.[38] 2023년 6월 현재 발효도 되지 못했으며, 한국 또한 비준하지 않았다.[39]

---

36) A. Aust, Treaty Law, p.11.

37) Vienna Convention on the Law of Treaties between States and International Organizations or International Organizations(1986).

38) A. Aust, Treaty Law, p.348.

39) 상세는 제14장 국제기구와 조약 편 참조.

다음은 특정 문서의 조약 여부가 문제되었던 국내외 판례들이다.

▶ 조약의 개념 관련 판례

① 조약 여부의 판단(긍정)

Maritime Delimitation and Territorial Questions between Qatar and Bahrain (Jurisdiction and Admissibility) (Qatar v. Bahrain), 1994 ICJ Reports 112.

[이 사건은 카타르와 바레인간의 도서 및 해양 경계에 관한 다툼에서 비롯되었다. 양국 수뇌가 1990년 12월 합의한 문서에 따르면 이 사건을 최종적으로는 ICJ에 회부하기로 예정되었다. 후일 바레인측은 이 문서가 조약으로서의 법적 성격을 지니지 못한 단순한 회의기록에 불과하므로 이를 근거로 한 카타르의 제소사건에 관해 ICJ는 관할권을 행사할 수 없다고 주장했다. 재판부가 관할권에 관한 선결적 항변을 판단하기 위해서는 해당 문서의 성격을 파악해야 했다.

이 문서의 내용과 형식을 검토한 재판부는 당사국이 합의했던 약속사항을 열거하고 있다는 점에서 국제법상의 권리·의무를 창출하고 있는 조약에 해당한다고 판단했다. 이 판결은 어떠한 문서를 국제법상의 조약으로 판단할지에 대한 기준을 예시해 준다.

반면 Oda 판사는 정황상 3국 외무장관은 문제의 회의록이 조약이라는 생각을 전혀 하지 않고 서명했으며, 특히 바레인 외교부장관은 결코 자신이 조약에 서명한다고 생각하지 않았으므로 이 문서는 법적 구속력을 지닐 수 없다는 소수의견을 제시했다. 이 판결의 다수의견은 객관적으로 표출된 의도를 중시했고, Oda 판사는 주관적 의도를 중시했다.]

"17. […] The King of Saudi Arabia then sent the Amirs of Qatar and Bahrain letters in identical terms dated 19 December 1987, in which he put forward new proposals. Those proposals were accepted by letters from the two Heads of State, dated respectively 21 and 26 December 1987. The Saudi proposals thus adopted included four points. […]

21. The Court will first enquire into the nature of the texts upon which Qatar relies before turning to an analysis of the content of those texts.

22. The Parties agree that the exchanges of letters of December 1987 constitute an international agreement with binding force in their mutual relations. Bahrain however maintains that the Minutes of 25 December 1990 were no more than a simple record of negotiations, similar in nature to the Minutes of the Tripartite Committee; that accordingly they did not rank as an international agreement and could not, therefore, serve as a basis for the jurisdiction of the Court. […]

23. […] In order to ascertain whether an agreement of that kind has been concluded, "the Court must have regard above all to its actual terms and to the particular circumstances in which it was drawn up" […].

24. The 1990 Minutes refer to the consultations between the two Foreign Ministers of Bahrain and Qatar, in the presence of the Foreign Minister of Saudi Arabia, and state what had been "agreed" between the Parties. In paragraph 1 the commitments previously entered into are reaffirmed (which includes, at the least, the agreement constituted by the exchanges of letters of December 1987). In paragraph 2, the Minutes provide for the good offices of the King of Saudi Arabia to continue until May 1991, and exclude the submission of the dispute to the Court prior thereto. The circumstances are addressed under which the dispute may subsequently be submitted to the Court. Qatar's acceptance of the Bahraini formula is placed on record. The Minutes provide that the Saudi good offices are to continue while the case is pending before the Court, and go on to say that, if a compromise agreement is reached during that time, the case is to be withdrawn.

25. Thus the 1990 Minutes include a reaffirmation of obligations previously entered into; they entrust King Fahd with the task of attempting to find a solution to the dispute during a period of six months; and, lastly, they address the circumstances under which the Court could be seised after May 1991.

Accordingly, and contrary to the contentions of Bahrain, the Minutes are not a simple record of a meeting, similar to those drawn up within the framework of the Tripartite Committee; they do not merely give an account of discussions and summarize points of agreement and disagreement. They enumerate the commitments to which the Parties have consented. They thus create rights and obligations in international law for the Parties. They constitute an international agreement.

26. Bahrain however maintains that the signatories of the Minutes never intended to conclude an agreement of this kind. It submitted a statement made by the Foreign Minister of Bahrain and dated 21 May 1992, in which he states that "at no time did I consider that in signing the Minutes I was committing Bahrain to a legally binding agreement." He goes on to say that, according to the Constitution of Bahrain, "treaties 'concerning the territory of the State' can come into effect only after their positive enactment as a law." The Minister indicates that he would therefore not have been permitted to sign an international agreement taking effect at the time of the signature. He was aware of that situation, and was prepared to subscribe to a statement recording a political understanding, but not to sign a legally binding agreement.

27. The Court does not find it necessary to consider what might have been the intentions of the Foreign Minister of Bahrain or, for that matter, those of the Foreign Minister of Qatar. The two Ministers signed a text recording commitments

accepted by their Governments, some of which were to be given immediate application. Having signed such a text, the Foreign Minister of Bahrain is not in a position subsequently to say that he intended to subscribe only to a "statement recording a political understanding," and not to an international agreement. [⋯]

29. [⋯][40] Nor is there anything in the material before the Court which would justify deducing from any disregard by Qatar of its constitutional rules relating to the conclusion of treaties that it did not intend to conclude, and did not consider that it had concluded, an instrument of that kind; nor could any such intention, even if shown to exist, prevail over the actual terms of the instrument in question. Accordingly Bahrain's argument on these points also cannot be accepted.

30. The Court concludes that the Minutes of 25 December 1990, like the exchanges of letters of December 1987, constitute an international agreement creating rights and obligations for the Parties."

검 토

이 재판에서는 1990년 합의문서가 조약이냐가 중요한 쟁점이었지만, 위 본문(para. 17)에 지적된 1987년 합의가 조약에 해당하느냐 여부도 검토되었다. 1987년 12월 19일 사우디아리비아 왕은 카타르와 바레인 군주에게 동일한 내용으로 분쟁해결에 관한 제안을 했다. 카타르 군주는 12월 21일, 바레인 군주는 12월 26일 각각 제안을 수락한다는 답신을 사우디아라비아 왕에게 보냈다(para.17). 소송과정에서 카타르와 바레인측은 모두 1987년 12월 주고 받은 내용이 양국 관계에 구속력을 갖는 합의에 해당한다고 인정했고(para.22), 재판부도 이를 조약으로 판단했다(para.30).

Oda(小田) 판사는 반대의견에서 다음과 같은 이견을 제시했다. 첫째, 카타르와 바레인 간에는 직접적인 문서 교환이 없었는데, 각기 당사자가 다른 문서가 하나의 조약을 구성할 수 있는가? 즉 당사국들의 이의만 없다면 제3국을 매개로 한 국가 간 합의가 성립될 수 있는가? 그는 1987년 합의가 조약에 해당하지 않는다고 주장했다(para.12). 둘째, Oda 판사는 정황상 1990년 12월 3국 외교장관, 특히 바레인 장관은 구속력 있는 조약에 서명한다는 의도가 전혀 없었다고 판단했다(para.16).

Dissenting Opinion of Judge Oda:

"10. Of what does the "Agreement of December 1987" consist? [⋯] It should be emphatically noted that there was no exchange of letters directly between Qatar and Bahrain at that time. How could the two separate exchanges of letters, as described

40) 여기서 재판부는 문제의 문서를 UN이나 아랍연맹에 조약으로 등록하지 않았다는 사실을 근거로 조약성을 부인할 수는 없다고 지적하고 있다. 여기에 생략된 판결문 해당 부분은 본서 pp.374-375에 수록.

above, constitute a legally binding "international agreement concluded . . . in written form" (Vienna Convention on the Law of Treaties, Art. 2(1)(a)) between Qatar and Bahrain? [⋯]

12. One may ask how a "treaty" which may be defined as "an international agreement concluded between States in written form and governed by international law"([⋯]) was concluded between Qatar and Bahrain solely on the basis of this chain of events? I fail to understand how the "Agreement of December 1987" can be regarded as one of the "treaties [or] conventions in force" contemplated by Article 36(1) of the Statute. I have a rather firm view that there was, in December 1987, no treaty or convention within the meaning of Article 36(1) of the Statute.

16. In fact, the three Foreign Ministers, in attestation of that agreement, did sign the Minutes of the meeting (*i.e.*, the agreed record of the discussion that had taken place during that tripartite meeting) and, in my view, they certainly did so without the slightest idea that they were signing a tripartite treaty or convention. It is clear [⋯] that at least the Minister for Foreign Affairs of Bahrain never thought that he was signing an international agreement. Given what we know of "the preparatory work of the treaty and the circumstances of its conclusion" which, according to the Vienna Convention on the Law of Treaties (Art. 32) is to be used as a supplementary means of interpretation of a treaty, as those "circumstances" are reflected in the statement made by the Minister for Foreign Affairs of Bahrain, these Minutes cannot be interpreted as falling within the category of "treaties and conventions in force" which specially provide for certain matters to be referred to the Court for a decision by means of a unilateral application. Whether a document signed by the Foreign Minister in disregard of constitutional rules relating to the conclusion of treaties can or cannot be considered a legally binding treaty is not at issue. Quite simply, the Foreign Minister of Bahrain signed the Minutes without so much as thinking that they were a legally binding international agreement."

② 공동성명의 법적 성격

Aegean Sea Continental Shelf (Greece v. Turkey), 1978 ICJ Reports 3.

[에게해 대륙붕 경계획정에 관해 분쟁을 겪고 있던 그리스와 터키 수상은 1975년 5월 벨기에 브뤼셀에서 회동한 후 기자회견에서 공동성명을 발표했다(para.97). 이는 양측이 서명한 문서는 아니었다. 후일 그리스는 이 합의를 근거로 사건을 ICJ에 제소했다. 그리스는 공동성명중 "decide"라는 문구에 주목하며, 이는 양측이 ICJ 제소에 관해 직접적인 합의를 했음을 의미하는 일종의 조약이라고 주장했다(para.98). 반면 터키는 공동성명이 조약에 해당하지 않으며, 내용도 협상에 우선을 두겠다는 의

미이므로, 만약 이 사건을 ICJ에 제소하려면 양국간 추가적인 특별협정이 필요하다고 반박했다. 재판부는 일단 공동성명이라 하여 반드시 국제법상의 구속력을 부인당할 이유는 없으며, 이는 그 행위의 성격에 달렸다고 전제했다(para.96). 재판부는 그간 양측의 협의과정을 보면 분쟁을 최종적으로 ICJ 회부한다는 원칙에는 이견이 없으나, 터키는 이를 위한 협의를 진행하자고 강조했고, 이를 위한 실제 협의가 진행되었음에 유의했다. 그리스 역시 ICJ 회부에 필요한 특별협정을 언급했음을 주목했다. 결론적으로 1975년 5월 양국 공동성명은 ICJ 재판관할권 성립의 근거가 되지 못한다고 판단했다.]

"96. On the question of form, the Court need only observe that it knows of no rule of international law which might preclude a joint communiqué from constituting an international agreement to submit a dispute to arbitration or judicial settlement […]. Accordingly, whether the Brussels Communiqué of 31 May 1975 does or does not constitute such an agreement essentially depends on the nature of the act or transaction to which the Communiqué gives expression; and it does not settle the question simply to refer to the form -a communiqué- in which that act or transaction is embodied. On the contrary, in determining what was indeed the nature of the act or transaction embodied in the Brussels Communiqué the Court must have regard above all to its actual terms and to the particular circumstances in which it was drawn up.

97. The relevant paragraphs of the Brussels Communiqué read as follows:

"In the course of their meeting the two Prime Ministers had an opportunity to give consideration to the problems which led to the existing situation as regards relations between their countries. They decided [ont décidé] that those problems should be resolved [doivent être résolus] peacefully by means of negotiations and as regards the continental shelf of the Aegean Sea by the International Court at The Hague. They defined the general lines on the basis of which the forthcoming meetings of the representatives of the two Governments would take place. In that connection they decided to bring forward the date of the meeting of experts concerning the question of the continental shelf of the Aegean Sea and that of the experts on the question of air space." […]

98. In presenting the Communiqué as constituting a definitive agreement between the Prime Ministers to submit the present dispute to the Court, the Greek Government places particular emphasis on the word "décidé" and the words "doivent être résolus" in the original -French- text of the second paragraph. These words, it says, are words of "decision" and of "obligation" indicative of a mutual commitment on the part of the Prime Ministers to refer the dispute to the Court. Specifically, it claims that the "agreement" embodied in the Communiqué "is more than an

undertaking to negotiate" and directly "confers jurisdiction on the Court" ([…]). It likewise claims that the Communiqué "commits the parties to conclude any implementing agreement needed for the performance of the obligation" ([…]), and that the refusal by one party to conclude such an agreement "permits the other party to seise the Court unilaterally" ([…]). In its view, moreover, no implementing agreement is required by the Communiqué which, it says, "enables the parties to resort to the Court by Application no less than by special agreement" ([…]). Finally, if it is considered that "a complementary agreement is a legal prerequisite for seisin of the Court", it maintains that "the two parties are under obligation to negotiate in good faith the conclusion of such an agreement" ([…]).

105. Consequently, it is in that context - a previously expressed willingness on the part of Turkey jointly to submit the dispute to the Court, after negotiations and by a special agreement defining the matters to be decided - that the meaning of the Brussels Joint Communiqué of 31 May 1975 has to be appraised. When read in that context, the terms of the Communiqué do not appear to the Court to evidence any change in the position of the Turkish Government in regard to the conditions under which it was ready to agree to the submission of the dispute to the Court. […] At the same time, the express provision made by the Prime Ministers for a further meeting of experts on the continental shelf does not seem easily reconcilable with an immediate and unqualified commitment to accept the submission of the dispute to the Court unilaterally by Application. […]

106. The information before the Court concerning the negotiations between the experts and the diplomatic exchanges subsequent to the Brussels Communiqué appears to confirm that the two Prime Ministers did not by their "decision" undertake an unconditional commitment to submit the continental shelf dispute to the Court. […] From the first, however, the Turkish side consistently maintained the position that reference of the dispute to the Court was to be contemplated only on the basis of a joint submission after the conclusion of a special agreement defining the issues to be resolved by the Court. Even the Greek Government, while arguing in favour of immediate submission of the dispute to the Court, referred to the drafting of a special agreement as "necessary" for submitting the issue to the Court. […]

107. Accordingly, having regard to the terms of the Joint Communiqué of 31 May 1975 and to the context in which it was agreed and issued, the Court can only conclude that it was not intended to, and did not, constitute an immediate commitment by the Greek and Turkish Prime Ministers, on behalf of their respective Governments, to accept unconditionally the unilateral submission of the present dispute to the Court. It follows that, in the opinion of the Court, the Brussels Communiqué does not furnish a valid basis for establishing the Court's jurisdiction

to entertain the Application filed by Greece on 10 August 1976."

③ 조약 여부의 판단(부정)

Dispute concerning Delimitation of the Maritime Boundary between Bangladash and Myanmar in the Bay of Bengal (Bangladash/ Myanmar), 2012 ITLOS Case No.16.

[방글라데시와 미얀마는 해양경계획정을 위해 1974년 회담을 가진 바 있고, 당시 양측 수석대표는 「Agreed Minutes between the Bangladesh Delegation and the Burmese Delegation regarding the Delimitation of the Maritime Boundary between the Two Countries」에 서명한 바 있다. 이어 2008년 이를 약간 수정한 Agreed Minutes에도 합의했다. 이 사건 재판에서 방글라데시측은 1974년 합의 등이 구속력 있는 조약에 해당한다고 주장한 반면, 미얀마는 이를 부인했다. 재판부는 합의의 문언, 합의가 체결된 상황, 서명자의 자격, 합의의 국내적 처리 모습 등을 검토한 끝에 이는 조약에 해당하지 않는다고 판단했다.]

"91. The Tribunal must decide whether, in the circumstances of the present case, the 1974 Agreed Minutes constitute such an agreement.

92. The Tribunal considers that the terms of the 1974 Agreed Minutes confirm that these Minutes are a record of a conditional understanding reached during the course of negotiations, and not an agreement within the meaning of article 15 of the Convention. This is supported by the language of these Minutes, in particular, in light of the condition expressly contained therein that the delimitation of the territorial sea boundary was to be part of a comprehensive maritime boundary treaty.

93. The Tribunal notes that the circumstances in which the 1974 Agreed Minutes were adopted do not suggest that they were intended to create legal obligations or embodied commitments of a binding nature. From the beginning of the discussions Myanmar made it clear that it did not intend to enter into a separate agreement on the delimitation of territorial sea and that it wanted a comprehensive agreement covering the territorial sea, the exclusive economic zone and the continental shelf. […]

96. On the question of the authority to conclude a legally binding agreement, the Tribunal observes that, when the 1974 Agreed Minutes were signed, the head of the Burmese delegation was not an official who, in accordance with article 7, paragraph 2, of the Vienna Convention, could engage his country without having to produce full powers. Moreover, no evidence was provided to the Tribunal that the Burmese representatives were considered as having the necessary authority to engage their country pursuant to article 7, paragraph 1, of the Vienna Convention. The Tribunal notes that this situation differs from that of the Maroua Declaration which was

signed by the two Heads of State concerned.

97. The fact that the Parties did not submit the 1974 Agreed Minutes to the procedure required by their respective constitutions for binding international agreements is an additional indication that the Agreed Minutes were not intended to be legally binding.

98. For these reasons, the Tribunal concludes that there are no grounds to consider that the Parties entered into a legally binding agreement by signing the 1974 Agreed Minutes. The Tribunal reaches the same conclusion regarding the 2008 Agreed Minutes since these Minutes do not constitute an independent commitment but simply reaffirm what was recorded in the 1974 Agreed Minutes."

검 토

M. Fitzmaurice는 ICJ의 카타르 vs. 바레인 판결(앞 ① 판결)과 이를 비교할 때 둘 다 회의내용을 정리한 매우 유사한 성격의 Agreed Minutes임에도 불구하고 양 재판소가 각기 다른 방법을 취해 반대의 결론을 내렸다고 평가했다. 이러한 차이가 조약의 정의에 대한 혼선을 일으키게 만든다고 비판했다.[41]

④ 조약 여부의 판단(부정)

South China Sea Arbitration(Jurisdiction and Admissibility) (Philippines v. China), PCA Case No.2013-19(2015).

[중국은 남중국해 대부분에 대해 역사적 권리를 주장해 동남아 각국과 분쟁을 겪고 있다. 필리핀은 2013년 이 문제를 중재재판에 회부했다. 이 사건에 대한 관할권 판단과정에서 2002년 채택된 The China-ASEAN Declaration on the Conduct of Parties in the South China Sea(DOC)가 국제법적 구속력 있는 합의인가가 문제되었다. 재판부는 이 합의가 일부 조약과 같은 특성을 지니고 있으나, 용어 사용, 채택 상황, 채택 이후 당사국의 행동 등에 비추어 볼 때 정치적 문서에 불과하다고 판단했다.]

"212. The Tribunal first considers whether the DOC constitutes a binding "agreement" within the meaning of Article 281.

213. To constitute a binding agreement, an instrument must evince a clear intention to establish rights and obligations between the parties. Such clear intention is determined by reference to the instrument's actual terms and the particular circumstances of its adoption. The subsequent conduct of the parties to an

41) M. Fitzmaurice, The Practical Working of the Law of Treaties, in M. Evans ed., International Law 5th ed.(Oxford UP, 2018), p.140.

instrument may also assist in determining its nature. This test is accepted by both Parties and has been articulated in a number of international cases, […].

214. […] The Tribunal observes that the DOC shares some hallmarks of an international treaty. It is a formal document with a preamble, it is signed by the foreign ministers of China and the ASEAN States, and the signatory States are described in the DOC as "Parties."

215. However, with respect to its terms, the DOC contains many instances of the signatory States simply "reaffirming" existing obligations. For example, in paragraph 1, they "reaffirm their commitment" to the UN Charter, the Convention, and other "universally recognized principles of international law." In paragraph 3, they "reaffirm their respect and commitment to the freedom of navigation and overflight" as provided in the Convention. In paragraph 10, they reaffirm "the adoption of a code of conduct in the South China Sea would further promote peace and stability in the region." The only instance where the DOC uses the word "agree" is in paragraph 10 where the signatory States "agree to work, on the basis of consensus, towards the eventual attainment" of a Code of Conduct. This language is not consistent with the creation of new obligations but rather restates existing obligations pending agreement on a Code that eventually would set out new obligations. The DOC contains other terms that are provisional or permissive, such as paragraph 6, outlining what the Parties "may explore or undertake," and paragraph 7, stating that the Parties "stand ready to continue their consultations and dialogues." […]

217. When a similar exercise is undertaken with respect to the DOC, it becomes apparent to this Tribunal that the DOC was not intended to be a legally binding agreement with respect to dispute resolution. The purpose and circumstances surrounding the DOC's adoption reinforce the Tribunal's understanding that the DOC was not intended to create legal rights and obligations. Descriptions from contemporaneous documents leading up to and surrounding the adoption of the DOC amply demonstrate that the DOC was not intended by its drafters to be a legally binding document, but rather an aspirational political document. For example:

(a) In December 1999, the Chinese drafters described their own October 1999 draft as reflecting the "consensus that the Code should be a political document of principle."

(b) In August 2000, a spokesperson for the Chinese Foreign Ministry reporting on the results the Second Meeting of the Working Group of the China-ASEAN Senior Officials' Consultation on the Code of Conduct stated that the "Code of Conduct will be a political document to promote good neighbourliness and regional stability instead of a legal document to solve specific disputes."

(c) According to the official report of the Third Meeting of the same Working

Group, which took place on 11 October 2000, the participants "reaffirmed that the Code of Conduct is a political and not legal document and is not aimed at resolving disputes in the area."

(d) Rodolfo C. Severino, who was the ASEAN Secretary-General at the time the DOC was adopted and had been involved with negotiations over the South China Sea on behalf of the Philippines since the 1990s, recalls that the final version of the DOC that was signed in 2002 "was reduced to a political declaration from the originally envisioned legally binding 'code of conduct'."

218. The Parties' subsequent conduct further confirms that the DOC is not a binding agreement. In this respect, the Tribunal notes the Parties' continuing efforts over a decade after the DOC was signed to agree upon a Code of Conduct. The Tribunal also observes that in recent years, at least before the arbitration commenced, several Chinese officials described the DOC as a "political" document." (각주 생략)

⑤ 교환 문서의 조약성(부정)

Obligation to Negotiate Access to the Pacific Ocean (Bolivia v. Chile), 2018 ICJ Reports 507.

[내륙국인 볼리비아는 태평양으로의 접근로 부여에 관한 합의를 위해 칠레가 자국과 교섭할 의무가 있음을 확인하기 위한 소송을 제기했다. 볼리비아는 1950년 6월 양국간 교환된 문서가 교섭의무를 규정한 법적 구속력 있는 조약이라고 주장했다. 다음은 이 문서의 성격에 대한 볼리비아와 칠레의 주장과 재판부의 판단이다.]

"108. Bolivia recalls that on 1 June 1950 it submitted a Note to Chile in which it proposed that both Parties "formally enter into direct negotiations to satisfy Bolivia's fundamental need to obtain its own sovereign access to the Pacific Ocean, solving the problem of Bolivia's landlocked situation"([…]). Bolivia also points out that on 20 June 1950 Chile responded by a Note of which the Parties provide divergent translations([…]). According to Bolivia's translation, the Note indicated that Chile was "willing to formally enter into direct negotiations aimed at finding a formula that will make it possible to give to Bolivia a sovereign access to the Pacific Ocean of its own, and for Chile to receive compensation of a non-territorial character." This Note moreover mentioned Chile's willingness "to study, in direct negotiations with Bolivia, the possibility of satisfying [Bolivia's] aspirations."

109. In Bolivia's view, this exchange of Notes constitutes "a treaty under international law, as is evidenced by the nature and content of the Notes and by the circumstances that preceded and followed their adoption." Bolivia further submits that the terms of the Notes are "clear and precise" and indicate Chile's intention to

be bound to negotiate Bolivia's sovereign access to the Pacific Ocean. [···]

111. Finally, Bolivia maintains that the Parties' previous and subsequent conduct confirms their understanding that they were committing to a legally binding obligation to negotiate. Bolivia recalls the fact that it registered the Notes in the Department of International Treaties of its Ministry of Foreign Affairs and maintains that both Parties referred to them, in the following years, as reflecting an agreement between them.

112. Chile argues that the Notes of June 1950 do not show the Parties' objective intention to be bound. In Chile's view, it is "self-evident" that the Parties did not conclude an international agreement. Through the exchange of Notes, the Parties did not create nor confirm any legal obligation. Chile argues that in its Note of 20 June 1950 it did not agree to the proposal in Bolivia's Note of 1 June 1950. In its Note, Chile only stated, according to its own translation, that it was "open formally to enter into a direct negotiation aimed at searching for a formula that would make it possible to give Bolivia its own sovereign access to the Pacific Ocean". According to Chile, the language of its Note only denotes its political willingness to enter into negotiations. Chile also points out that the Parties did not commence negotiations following the exchange. [···]

114. With regard to subsequent exchanges, Bolivia recalls that a Chilean memorandum of 10 July 1961 (the so-called Trucco Memorandum)([···]) quotes the part of the Chilean Note of 20 June 1950 which, in Bolivia's translation of the Memorandum, refers to Chile's "full consent to initiate as soon as possible, direct negotiations aimed at satisfying the fundamental national need [of Bolivia] of own sovereign access to the Pacific Ocean". In Bolivia's view, this Memorandum provides "clear evidence" of Chile's intention to negotiate Bolivia's sovereign access to the sea. Bolivia argues that the "denomination given to a document is not determinative of its legal effects" and that the Trucco Memorandum is not simply an internal document or an "Aide Memoire". According to Bolivia, this Memorandum is an "international act" reflecting the agreement between the Parties to enter into direct negotiations with regard to Bolivia's sovereign access to the sea.

115. Chile states that the Trucco Memorandum, although it was handed over to Bolivia, was an internal document. It was not an official note, was not signed and only stated Chile's policy at that time. Chile maintains that the language used did not reflect any sense of legal obligation. The Trucco Memorandum, in Chile's view, did not create or confirm any legal obligation.

116. The Court observes that, under Article 2, paragraph 1 (a), of the Vienna Convention, a treaty may be "embodied ··· in two or more related instruments". According to customary international law as reflected in Article 13 of the Vienna

Convention, the existence of the States' consent to be bound by a treaty constituted by instruments exchanged between them requires either that "[t]he instruments provide that their exchange shall have that effect" or that "[i]t is otherwise established that those States were agreed that the exchange of instruments should have that effect". The first condition cannot be met, because nothing has been specified in the exchange of Notes about its effect. Furthermore, Bolivia has not provided the Court with adequate evidence that the alternative condition has been fulfilled.

117. The Court further observes that the exchange of Notes of 1 and 20 June 1950 does not follow the practice usually adopted when an international agreement is concluded through an exchange of related instruments. According to that practice, a State proposes in a note to another State that an agreement be concluded following a certain text and the latter State answers with a note that reproduces an identical text and indicates its acceptance of that text. Other forms of exchange of instruments may also be used to conclude an international agreement. However, the Notes exchanged between Bolivia and Chile in June 1950 do not contain the same wording nor do they reflect an identical position, in particular with regard to the crucial issue of negotiations concerning Bolivia's sovereign access to the Pacific Ocean. The exchange of Notes cannot therefore be considered an international agreement."

⑥ 양해각서의 조약성(긍정)

Maritime Delimitation in the Indian Ocean(Preliminary Objections), Somalia v. Kenya, 2017 ICJ Reports 3.

[해양경계분쟁을 겪고 있는 케냐와 소말리아는 2009년 4월 양국이 UN 대륙붕경계위원회에 서로 상대방의 자료제출에 반대하지 않는다는 요지의 양해각서를 채택했다. 2009년 6월 케냐는 이 각서를 UN 헌장 제102조에 따른 등록을 했다. 그런데 2009년 8월 1일 소말리아 의회는 이 각서에 대한 동의를 거부했다. 이후 2010년 3월 2일 소말리아 수상은 UN 사무총장에게 이 각서가 적용불능이라고 통지했다. 소말리아는 2014년 케냐를 상대로 ICJ에 해양경계획정을 요청하는 제소를 했는데, 이에 대한 선결적 항변의 판단과정에서 2009년 4월 양해각서의 법적 성격이 논란이 되었다.

소말리아는 2009년 당시의 자국 과도연합헌장(헌법 격)에 따르면 대통령은 의회의 추후 동의를 조건으로 구속력 있는 국제협정에 서명할 수 있다고 규정되어 있음을 지적하며, 2009년 양해각서 서명시에도 소말리아 대표가 케냐측에 이 문서가 비준을 필요로 함을 구두로 통지했다고 주장했다.

다음은 합의각서가 조약인가 여부에 대한 판단이다. 재판부는 서명만으로 발효한다는 조항의 존재, 적절한 전권위임장의 제시, 국내법상의 제한 주장 불가 등을 근

거로 이 각서의 조약성을 긍정했다.]

"42. Under the customary international law of treaties, which is applicable in this case since neither Somalia nor Kenya is a party to the Vienna Convention, an international agreement concluded between States in written form and governed by international law constitutes a treaty [⋯] The MOU is a written document, in which Somalia and Kenya record their agreement on certain points governed by international law. The inclusion of a provision addressing the entry into force of the MOU is indicative of the instrument's binding character. Kenya considered the MOU to be a treaty, having requested its registration in accordance with Article 102 of the Charter of the United Nations, and Somalia did not protest that registration until almost five years thereafter [⋯].

43. Somalia no longer appears to contest that the Minister who signed the MOU was authorized to do so as a matter of international law. The Court recalls that, under international law, as codified in Article 7 of the Vienna Convention, by virtue of their functions and without having to produce full powers, Heads of State, Heads of Government and Ministers for Foreign Affairs are considered as representing their State for the purpose of performing all acts relating to the conclusion of a treaty. These State representatives, under international law, may also duly authorize other officials to adopt, on behalf of a State, the text of a treaty or to express the consent of the State to be bound by a treaty. The Court observes that the Prime Minister of the Transitional Federal Government of Somalia signed, on 6 April 2009, full powers by which he "authorized and empowered" the Somali Minister for National Planning and International Co-operation to sign the MOU. The MOU explicitly states that the two Ministers who signed it were "duly authorized by their respective Governments" to do so. The Court is thus satisfied that, as a matter of international law, the Somali Minister properly represented Somalia in signing the MOU on its behalf. [⋯]

45. In respect of Somalia's contentions regarding the ratification requirement under Somali law, the Court recalls that, under the law of treaties, both signature and ratification are recognized means by which a State may consent to be bound by a treaty. [⋯]

The Court notes that the MOU provides, in its final paragraph, that "[t]his Memorandum of Understanding shall enter into force upon its signature" and that it does not contain a ratification requirement. Under customary international law as codified in Article 12, paragraph 1 (a), of the Vienna Convention, a State's consent to be bound is expressed by signature where the treaty so provides.

46. In his letter of 4 February 2014 to the Secretary-General of the United Nations, the Foreign Minister of Somalia stated that the Kenyan representatives present for the signing of the MOU had been informed orally by the Somali

Minister who signed it of the requirement that it be ratified by the Transitional Federal Parliament of Somalia. Kenya denies that such a communication took place and there is no evidence to support Somalia's assertion. Indeed, any such statement by the Minister would have been inconsistent with the express provision of the MOU regarding its entry into force upon signature. The Court also notes that the full powers, dated 6 April 2009, by which the Prime Minister of the Transitional Federal Government of Somalia "authorized and empowered" the Minister to sign the MOU, give no indication that it was Somalia's intention to sign the MOU subject to ratification.

47. In light of the express provision of the MOU that it shall enter into force upon signature, and the terms of the authorization given to the Somali Minister, the Court concludes that this signature expressed Somalia's consent to be bound by the MOU under international law. […]

49. In this case, there is no reason to suppose that Kenya was aware that the signature of the Minister may not have been sufficient under Somali law to express, on behalf of Somalia, consent to a binding international agreement. As already noted, the Prime Minister of the Transitional Federal Government of Somalia had, by full powers "authorized and empowered" the Minister, under international law, to sign the MOU. No caveat relating to a need for ratification was mentioned in those full powers, nor in the MOU itself, which on the contrary provided for its entry into force upon signature. As the Court has previously observed,

"there is no general legal obligation for States to keep themselves informed of legislative and constitutional developments in other States which are or may become important for the international relations of these States" (ibid., p.430, para.266). […]

50. In light of the foregoing, the Court concludes that the MOU is a valid treaty that entered into force upon signature and is binding on the Parties under international law."

⑦ 양허계약의 조약성(부정)

Anglo-Iranian Oil Co. case (Jurisdiction) (U.K. v. Iran), 1952 ICJ Reports 93.

[1932년 이란 정부가 영국계 석유회사와의 기존 석유개발합의(D'Arcy Concession)를 취소하자 영국과 이란 정부간에 분쟁이 발생했다. 이 사건은 국제연맹 이사회에도 회부되어 연맹은 이 문제를 담당할 특별보고관을 임명했다. 이란 정부와 영국회사는 오랜 협상 끝에 1933년 새로운 양허계약에 합의했다. 특별보고관은 이 합의문과 함께 "영국 정부와 페르시아 정부간의 분쟁은 최종적으로 해결되었다"고 보고하고 이 문제는 일단락되었다. 제2차 대전 후인 1951년 이란에서는 모든 석유산업을

국유화하는 법률이 제정되어 1993년까지 유효하던 영국계 석유회사의 석유개발권은 취소되고 재산도 이란 국영석유회사로 넘겨졌다. 영국은 이 사건을 ICJ에 제소했으나, 이란은 관할권 성립을 부인하는 선결적 항변을 제출했다. 쟁점 중의 하나는 1933년의 양허계약이 조약에 해당하느냐 여부였다. ICJ는 1933년 양허계약은 이란 정부와 영국계 회사 사이의 합의로서 그 법적 성격은 조약에 해당하지 않는다고 판단해 이란의 항변을 수락했다.]

(p.111) "The United Kingdom maintains that, as a result of these proceedings, the Government of Iran undertook certain treaty obligations towards the Government of the United Kingdom. It endeavours to establish those obligations by contending that the agreement signed by the Iranian Government with the Anglo-Persian Oil Company on April 29th, 1933, has a double character, the character of being at once a concessionary contract between the Iranian Government and the Company and a treaty between the two Governments. It is further argued by the United Kingdom that even if the settlement reached in 1933 only amounted to a tacit or an implied agreement, it must be considered to be within the meaning of the term "treaties or conventions" contained in the Iranian Declaration.

The Court cannot accept the view that the contract signed between the Iranian Government and the Anglo-Persian Oil Company has a double character. It is nothing more than a concessionary contract between a government and a foreign corporation. The United Kingdom Government is not a party to the contract; there is no privity of contract between the Government of Iran and the Government of the United Kingdom. Under the contract the Iranian Government cannot claim from the United Kingdom Government any rights which it may claim from the Company, nor can it be called upon to perform towards the United Kingdom Government any obligations which it is bound to perform towards the Company. The document bearing the signatures of the representatives of the Iranian Government and the Company has a single purpose: the purpose of regulating the relations between that Government and the Company in regard to the concession. It does not regulate in any way the relations between the two Governments.

This juridical situation is not altered by the fact that the concessionary contract was negotiated and entered into through the good offices of the Council of the League of Nations, acting through its Rapporteur. The United Kingdom, in submitting its dispute with the Iranian Government to the League Council, was only exercising its right of diplomatic protection in favour of one of its nationals. It was seeking redress for what it believed to be a wrong which Iran had committed against a juristic person of British nationality. The final report by the Rapporteur to the Council on the successful conclusion of a new concessionary contract between the

Iranian Government and the Company gave satisfaction to the United Kingdom Government. The efforts of the United Kingdom Government to give diplomatic protection to a British national had thus borne fruit, and the matter came to an end with its removal from the agenda.

Throughout the proceedings before the Council, Iran did not make any engagements to the United Kingdom other than to negotiate with the Company, and that engagement was fully executed. Iran did not give any promise or make any pledge of any kind to the United Kingdom in regard to the new concession. The fact that the concessionary contract was reported to the Council and placed in its records does not convert its terms into the terms of a treaty by which the Iranian Government is bound *vis-à-vis* the United Kingdom Government."

⑧ 합의의사록의 조약성

헌법재판소 2001.3.21. 99헌마139, 142, 156, 160(병합) 결정

"합의의사록이 구체적으로 어떠한 법적 효력을 가지는지에 대해서 국제법상 확립된 원칙은 없는 것으로 보인다. 다만 합의의사록이 '조약'에 해당된다고 하기 위해서는 조약의 법적 성질을 판단하는 기준에 부합하는지가 중요한 단서를 제공한다고 하겠다. 그런데 조약이란 명시적으로 '조약'이라는 명칭을 붙인 것에 한하지 않고, 명칭여하에 관계없이 국제법주체간에 국제법률관계를 설정하기 위하여 체결한 명시적인 합의라고 할 수 있다(조약법에관한비엔나협약 제2조 제1항(a) 참조).

그런데, 이 사건 협정의 합의의사록을 살펴보면, 전문에서 "대한민국 정부 대표 및 일본국 정부 대표는 금일 서명된 대한민국과 일본국간의 어업에 관한 협정의 관계조항과 관련하여 다음 사항을 기록하는 것에 합의하였다."고 선언하고 있는바, 이에 따르면, 대한민국과 일본국이라는 양 '국제법주체'가 일정한 사항에 대해 '합의'하였음을 명시하고 있는바, 이러한 합의내용이 '국제법률관계'에 해당하는지 여부가 합의의사록의 조약 해당성 여부를 판단하는데 결정적 기준이 된다고 할 것이다.

따라서 합의의사록의 내용을 살피건대, 그 내용으로서는, 양국 정부는 동중국해에서 어업질서를 유지하기 위하여 긴밀히 협력한다든지(제1항 참조), 우리나라 정부는 동중국해의 일부 수역에 있어서 일본이 제3국과 구축한 어업관계가 손상되지 않도록 일본 정부에 대하여 협력할 의향을 가진다든지(제2항 참조), 일본 정부는 우리나라 국민 및 어선이 동중국해의 다른 일부 수역에 있어서 일본이 제3국과 구축한 어업관계하에서 일정 어업활동이 가능하도록 당해 제3국 정부에 대하여 협력을 구할 의향을 가진다든지(제3항 참조), 또는 양국 정부는 동중국해에 있어서 원활한 어업질서를 유지하기 위한 구체적인 방안을 한·일 어업공동위원회 등을 통하여 협의할 의향을 가진다(제4항 참조)고 규정하고 있다. 이들 규정내용을 살펴보면, 한일 양국 정부의 어업질서에 관한 양국의 협력과 협의 의향을 선언한 것으로서 이러한 것들이 곧바로 구체적인 법률관계의 발생을 목적으로 한 것으로는 보기 어렵다 할 것이다. 또한 이 사건 협정 제14조에서도 "이 협정의 부속서 I 및 부속서 II는 이 협정의 불가분의 일부를 이룬다."고 하여, 부속서 I 및 부속서 II에 대해서는 이 사건 협정의 불가분적 요소임을 명시하고 있으나 합의의사록에 대해서는 규정을 하고 있지 아니한 점으로부터 추론하여 볼 때에도 합의의사록이 이 사건 협정의 불가분적 요소로서 조약에 해당한다고 해석하기는 어렵다할 것이고, 따라서 청구인들의 주장은 이유 없다 할 것이다."

검 토

위와 같은 다툼의 발단 중 하나는 정부가 1998년 한일 신어업협정에 대한 비준 동의안을 국회로 보낼 때 원 협정과 부속서 I, II만을 수록하고 "합의의사록"은 첨부하지 않았기 때문이었다. 이 사건 청구인은 협정의 "합의의사록"이 아예 국회에 상정되지 않아 동의 여부에 대한 국회의 결의를 거치지 않았으므로 국회의 의결권을 침해했다고 주장했다. 이에 대해 외교통상부 장관은 "합의의사록"이 회의나 협상에서 논의된 사항을 정리하여 기록한 의사록이어서 그 성격상 법적 권리의무관계를 설정하는 조약은 아니므로 국회동의의 대상이 아니라고 주장했다. 헌법재판소는 정부측 주장을 수용했다. 그런데 조약 발효 후 한국 정부는 위 어업협정을 공포할 때 합의의사록도 그 일부로 같이 수록했다(관보 1999년 1월 27일자). 외교부의 조약정보 DB에서도 합의의사록은 어업협정의 일부로 같이 수록되어 있다. 신어업협정은 일본이 UN 사무국에 등록 신청을 했는데 역시 합의의사록도 포함되어 있다(등록번호 48295). 이상과 같은 양국 정부의 태도에도 불구하고 합의의사록이 조약의 일부가 아니라고 할 수 있는가? 물론 합의의사록이 조약이라 해도 국회 동의의 대상인가는 별도의 문제이다.

⑨ 한 · 미 외무장관 공동성명의 법적 성격

헌법재판소 2008.3.27. 2006헌라4 결정

[2006년 1월 19일 한미 외무장관은 다음과 같은 내용의 '동맹 동반자 관계를 위한 전략대화 출범에 관한 공동성명'을 발표했다.

'동맹 동반자 관계를 위한 전략대화 출범에 관한 공동성명'

한국은 동맹국으로서 미국의 세계 군사전략 변혁의 논리를 충분히 이해하고, 주한미군의 전략적 유연성의 필요성을 존중한다. 전략적 유연성의 이행에 있어서, 미합중국은 한국이 한국민의 의지와 관계없이 동북아 지역분쟁에 개입되는 일은 없을 것이라는 한국의 입장을 존중한다. (The ROK, as an ally, fully understands the rationale for the transformation of the U. S. military strategy, and respects the necessity for strategic flexibility of the U. S. forces in the ROK. In the implementation of strategic flexibility, the U. S. respects the ROK position that it shall not be involved in a regional conflict in Northeast Asia against the will of the Korean people.)

이 사건 청구인(국회의원)은 한미상호방위조약에 의하면 주한미군은 한반도 방어의 목적으로 한국 주둔을 인정받고 있는데, 전략적 유연성의 합의는 이 조약에 위배된다고 주장했다. 또한 이 합의는 궁극적으로 한미상호방위조약의 효력을 변경시키는 조약인바, 이는 헌법 제60조 1항에 따라 국회동의를 필요로 하는데 이를 하지 않음으로써 청구인의 권한을 침해했다고 주장했다. 이에 대해 피청구인인 외교통상부장관은 이 문서가 정치적 선언에 불과하며 법적인 권리의무를 설정하는 조약이 아니라고 반박했다.]

"조약은 '국가·국제기구 등 국제법 주체 사이에 권리의무관계를 창출하기 위하여 서면형식으로 체결되고 국제법에 의하여 규율되는 합의'라고 할 수 있다. 이러한 조약의 체결·비준에 관하여 헌법은 대통령에게 전속적인 권한을 부여하면서(헌법 제73조), 조약을 체결·비준함에 앞서 국무회의의 심의를 거쳐야 하고(헌법 제89조 제3호), 특히 중요한 사항에 관한 조약의 체결·비준은 사전에 국회의 동의를 얻도록 하는 한편(헌법 제60조 제1항), 국회는 헌법 제60조 제1항에 규정된 일정한 조약에 대해서만 체결·비준에 대한 동의권을 가진다.

이 사건 공동성명은 한국과 미합중국이 서로 상대방의 입장을 존중한다는 내용만 담고 있을 뿐, 구체적인 법적 권리·의무를 창설하는 내용을 전혀 포함하고 있지 아니하므로, 이 사건 공동성명은 조약에 해당된다고 볼 수 없다. 그 내용이 헌법 제60조 제1항의 조약에 해당되는지 여부를 따질 필요도 없이 이 사건 공동성명에 대하여 국회가 동의권을 가진다거나 국회의원인 청구인이 심의표결권을 가진다고 볼 수 없다.

이 사건 공동선언이 조약임을 전제로 청구인의 조약체결비준에 대한 동의권 및 심의표결권이 침해되었음을 주장하는 이 사건 심판청구는 심판의 대상이 부존재하여 부적법하다고 할 것이다."

⑩ 조약 협상중 정부대표간 합의의 성격

서울행정법원 2007.2.2. 선고 2006구합23098 판결(확정)

[2006. 4. 17－18 한·미 FTA 제2차 사전준비협의에서 양국 대표는 협상과 관련하여 생성된 문서는 협상 발효 후 3년간 공개하지 않기로 합의했다(다만, 정부관계자, 국회 국내 이해관계인 등은 의견수렴 및 정부 입장 수립을 위한 협의과정에서 보안준

수를 전제로 관련문서의 열람은 가능). 2006. 5. 19. 한·미 양국은 FTA 협정문 초안을 서로 교환했다. 이에 국회의원 권영길과 강기갑은 협정문 초안 전문의 사본을 요청하는 정보공개를 청구했다. 이후 외교통상부 장관은 협정문안의 열람은 허용했으나 사본의 제출은 거부했다. 이때 외교통상부 장관은 한미간의 관련서류 비공개 합의가 광의의 조약에 해당한다고 주장했다. 다음은 이 점에 대한 판단부분이다.]

"피고(외교통상부장관 — 필자 주)는 한·미 양국이 한·미 FTA 제2차 사전준비협의에서 한·미 FTA 협상과 관련하여 생산된 문서에 대하여 비공개하기로 합의하였고, 위와 같은 합의는 넓은 의미에서의 조약이며 조약준수의 원칙은 헌법 제6조 제1항에서 일반적으로 승인된 국제법규에 해당하므로, 이 사건 각 협정문 초안은 정보공개법 제9조 제1항 제1호에서 규정한 다른 법률의 규정에 의하여 비밀 또는 비공개사항으로 규정된 비공개대상정보에 해당한다고 주장한다.

우리나라 헌법은 제6조 제1항에서 헌법에 의하여 체결·공포된 조약과 일반적으로 승인된 국제법규는 국내법과 같은 효력을 갖는다고 규정하고 있고, 국제법상 조약이란 그 명칭에 관계없이 단일의 문서 또는 둘이나 그 이상의 관련 문서에 구현되고, 국가 간에 문서로 체결되며, 국제법에 의하여 규율되는 국제적 합의를 의미하는 바, 한·미 양국이 한·미 FTA 협상과 관련하여 생성한 문서에 대하여 비공개하기로 한 합의는 단지 양국 간의 협상의 편의를 위하여 협상자료 등을 공개하지 않기로 합의한 것에 불과하므로 헌법에 의하여 체결·공포된 국내법과 같은 효력을 갖는 조약에 해당한다고 볼 수 없다."

해 설

이어 재판부는 이 합의가 조약은 아니나, 공공기관의 정보공개에 관한 법률 제9조 1항 2호 "외교관계 등에 관한 사항으로서 공개될 경우 국가의 중대한 이익을 현저히 해칠 우려가 있다고 인정되는 정보" 및 5호 "공개될 경우 업무의 공정한 수행이나 연구·개발에 현저한 지장을 초래한다고 인정할 만한 상당한 이유가 있는 정보"에 해당한다고 보아 공개를 거부한 외교통상부의 처분이 적법하다고 판단했다.

⑪ 구두합의의 효력

Legal Status of Eastern Greenland (Norway v Denmark), PCIJ Reports Series A/B No.53 (1933).

[1931년 노르웨이는 그린란드 동부지역을 자국령에 편입시키는 칙령을 발표했다. 노르웨이는 과거 덴마크의 주권은 그린란드 전역이 아닌 서부를 중심으로만 행사되었으므로, 그린란드 동부지역은 무주지로 남아 있다고 주장했다. 이에 대해 덴마크

는 1721년 이래 전체 그린란드가 덴마크령이었으므로 노르웨이의 선점대상이 될 수 없으며, 덴마크는 오랜 기간 동안 전체 그린란드에 대해 평화적이고 지속적인 주권 행사를 해 왔다고 주장했다.

한편 제1차 대전 직후인 1919년 7월 14일 노르웨이 주재 덴마크 공사는 Ihlen 외무장관을 방문하면서 전 그린란드에 대한 덴마크의 영유권 주장을 노르웨이가 반대하지 않는다면 파리 평화회담시 스피츠베르겐에 대한 노르웨이의 영유권 주장에 덴마크도 반대하지 않겠다는 제안을 했다. 당시 Ihlen 장관은 생각해 보겠다고만 답하였다. 이후 7월 22일 Ihlen 장관은 덴마크 공사에게 이 문제의 해결에 있어서 노르웨이 정부는 어떠한 어려움도 일으키지 않겠다고 통보했다. 덴마크측은 이 발언이 노르웨이에 구속력을 갖는다고 주장했다.

재판부는 노르웨이가 그린란드에 대한 덴마크의 주장에 이의를 제기하지 않은 사실이 덴마크가 스피츠베르겐에 대한 노르웨이의 주권 인정과 연관된 문제라고 보았다. 그런데 노르웨이 Ihlen 외무장관의 7월 22일자 답변은 덴마크의 입장에 대한 명백한 동의의 표시라고 해석했다. 이에 재판부는 7월 22일자 Ihlen 선언에 의하여 노르웨이는 전 그린란드에 대한 덴마크의 영유권을 다투지 않을 의무를 지게 되었다고 판단했다.]

[p.69] "Nevertheless, the point which must now be considered is whether the Ihlen declaration - even if not constituting a definitive recognition of Danish sovereignty - did not constitute an engagement obliging Norway to refrain from occupying any part of Greenland.

The Danish request and M. Ihlen's reply were recorded by him in a minute, worded as follows:

"I. The Danish Minister informed me today that his Government has heard from Paris that the question of Spitzbergen will be examined by a Commission of four members (American, British, French, Italian). If the Danish Government is questioned by this Commission, it is prepared to reply that Denmark has no interests in Spitzbergen, and that it has no reason to oppose the wishes of Norway in regard to the settlement of this question.

Furthermore, the Danish Minister made the following statement:

The Danish Government has for some years past been anxious to obtain the recognition of all the interested Powers of Denmark's sovereignty over the whole of Greenland, and it proposes to place this question before the above-mentioned Committee at the same time. During the negotiations with the U.S.A. over the cession of the Danish West Indies, the Danish Government raised this question in so far as concerns recognition by the Government of the U.S.A., and it succeeded in inducing the latter to agree that, concurrently with the conclusion of a convention regarding the cession of the said islands, it would make a declaration to the effect that the Government of the U.S.A. would not object to the Danish Government extending their political and economic interests to the whole of Greenland.

The Danish Government is confident (he added) that the Norwegian Government will not make any difficulties in the settlement of this question.

I replied that the question would be examined. 14/7 - 19 Ih."

"II. Today I informed the Danish Minister that the Norwegian Government would not make any difficulties in the settlement of this question. 22/7 - 19 Ih."

The incident has, therefore, reference, first to the attitude to be observed by Denmark before the Committee of the Peace Conference at Paris in regard to Spitzbergen, this attitude being that Denmark would not "oppose the wishes of Norway in regard to the settlement of this question"; as is known, these wishes related to the sovereignty over Spitzbergen. Secondly, the request showed that "the Danish Government was confident that the Norwegian Government would not make any difficulty" in the settlement of the Greenland question; the aims that Denmark had in view in regard to the last-named island were to secure the "recognition by all the Powers concerned of Danish sovereignty over the whole of Greenland", and that there should be no opposition "to the Danish Government extending their political and economic interests to the whole of Greenland". It is clear from the relevant Danish documents which preceded the Danish Minister's demarche at Christiania on July 14th, 1919, that the Danish attitude in the Spitzbergen question and the Norwegian attitude in the Greenland question were regarded in Denmark as interdependent, and this interdependence appears to be reflected also in M. Ihlen's minute of the interview. Even if this interdependence - which, in view of the affirmative reply of the Norwegian Government, in whose name the Minister for Foreign Affairs was speaking, would have created a bilateral engagement - is not held to have been established, it can hardly be denied that what Denmark was asking of Norway ("not to make any difficulties in the settlement of the [Greenland] question") was equivalent to what she was indicating her readiness to concede in the Spitzbergen question (to refrain from opposing "the wishes of Norway in regard to the settlement of this question"). What Denmark desired to obtain from Norway was that the latter should do nothing to obstruct the Danish plans in regard to Greenland. The declaration which the Minister for Foreign Affairs gave on July 22nd, 1919, on behalf of the Norwegian Government, was definitely affirmative: "I told the Danish Minister today that the Norwegian Government would not make any difficulty in the settlement of this question."

The Court considers it beyond all dispute that a reply of this nature given by the Minister for Foreign Affairs on behalf of his Government in response to a request by the diplomatic representative of a foreign Power, in regard to a question falling within his province, is binding upon the country to which the Minister belongs." (각주 생략)

4. 조약의 유사개념

가. 양해각서

고전적 의미의 양해각서(Memorandum of Understanding: MOU)는 조약의 일반적 유형이 아니라, 이미 합의된 내용이나 조약 본문에 사용된 용어의 개념을 명확히 하기 위해 조약 당사국간에 상호 양해된 사항을 확인하고 기록하는데 주로 이용되었다. 그런데 근래에 들어 독립적인 주제에 대한 비교적 간단한 합의를 수록하는 문서로 자주 활용된다. 일부 국가는 MOU를 조약이 아닌 법적 구속력이 없는 합의에만 사용하나(예: 영국), 국가에 따라서는 MOU를 구속력 있는 합의에도 활용한다(예: 미국). 결국 이의 법적 성격에 관해서는 국제사회에서 통일된 실행이 없으며, 단순히 MOU라는 명칭만으로는 그 합의가 조약인지 여부를 확정하기 어렵다. 이에 한국은 정부간 합의에서 MOU라는 명칭을 사용하면 이의 법적 효력에 관해 상대국에 혼선을 야기할 우려가 있기 때문에 조약을 체결하는 경우 가급적 MOU란 표현을 회피하고 있다.[42] 그러나 한국 정부 역시 MOU라는 명칭의 조약을 체결한 예도 있다.[43]

MOU의 법적 성격에 대한 이해 차이로 국제분쟁이 발생하기도 한다. 영국－미국간 히드로 공항 사용료에 관한 분쟁에서 미국은 양국이 합의한 MOU가 법적 구속력을 갖는다고 주장한 반면, 영국은 법적 구속력을 부인했다. 이 사건은 중재재판에 회부된 결과 문제된 MOU가 해석의 지침이 될 뿐, 그 자체의 법적 구속력은 없다고 판단되었다.[44]

나. 일방적 선언

국가는 조약과 같이 상대방이 있는 합의에만 법적으로 구속되지 않는다. 때로는 스스로가 일방적으로 발표한 대외적 의사표시에 국제법적으로 구속되기도 한

42) 외교통상부(전게주 16), pp.20－21.

43) 2006년 「대한민국 정부와 인도네시아 정부간의 관광협력에 관한 양해각서」(조약 제1820호). 배종인, 헌법과 조약체결(삼우사, 2009), pp.29－31 참조.

44) US－UK Heathrow User Charges Arbitration(1994).

다. 물론 국가가 일방적으로 취하는 모든 행위로부터 법적 구속력이 발생하지는 않는다. 국가원수 · 정부수반 · 외교장관 등과 같이 국가를 법적으로 대표할 권한이 있는 자가 발표한 일방적 선언만이 국제법적 구속력을 발생시키며, 무엇보다도 이를 준수할 의지가 공개적으로 표명된 경우에만 법적 구속력이 창출될 수 있다. 일방적 선언은 구두나 서면 어떤 방법으로도 발표될 수 있다.[45)]

국가의 일방적 행위의 법적 효력은 1974년 ICJ의 Nuclear Test 판결을 계기로 본격적인 주목을 받았다.[46)] 이 재판은 오스트레일리아와 뉴질랜드가 남태평양 지역에서의 프랑스의 핵실험이 국제법 위반이라며 이의 중지를 요청함으로써 시작되었다. 프랑스 정부는 ICJ 관할권의 불성립을 주장하며 재판에 참여하지 않았지만, 예정된 몇 차례의 핵실험만 진행되면 더 이상의 핵실험을 하지 않겠다고 발표했다. ICJ는 이 판결에서 일방적 선언도 법적 의무를 창설할 수 있음이 널리 승인되어 있다고 전제했다. 다만 모든 일방적 선언이 구속력을 지니지는 않으며, 일방적 선언에 구속력을 부여하는 근거는 당사국의 의도에 있다고 설시했다. 이러한 일방적 선언이 구속력을 지니기 위해 타국의 후속적 수락이나 반응은 필요하지 않다고 보았다(para.43). 특히 프랑스의 핵실험 중단선언은 국가원수인 대통령과 국방장관 등의 각료가 발표한 구체적이고도 공개적인 국가의 약속이었으며(para.49), 이는 전 세계를 상대로 한 발표로서 이런 성격의 국가의사는 달리 표현할 방법도 마땅치 않다는 점에서 법적 구속력을 지닌다고 판단했다(para.51).

조약과 마찬가지로 일방적 선언의 구속력도 당사자의 의도에서 비롯된다. 그러한 의도에서 발표된 선언이라면 신의칙(good faith)에 따라 준수되어야 한다. 즉 일방적 선언을 인식한 타국이 이를 신뢰하면, 이후 그에 따른 의무의 준수를 요구할 수 있다(para.46). 따라서 법적 의무를 발생시키려는 의도가 없는 행위로부터는 구속력이 발생하지 않는다. 1957년 수에즈 운하 국유화 이후 이의 운영에 관한 이집트의 선언이나 요르단강 서안지구에 대한 1988년 요르단의 포기선언 등은 국제법적 구속력이 수반된 일방적 선언의 예이다.[47)]

45) UN 국제법위원회는 2006년 제58차 회기에서 「법적 의무를 창출하는 국가의 일방적 선언에 관한 적용원칙」(Guiding principles applicable to unilateral declarations of States capable of creating legal obligations)을 채택하여 총회로 보고한 바 있다. 그 원칙과 주석은 Yearbook of the International Law Commission 2006 vol.II, Part Two에 수록되어 있다.

46) Nuclear Test (Australia v. France), 1974 ICJ Reports 253. 본서, p.42 수록.

47) 이집트는 이 선언을 UN 사무국에 등록해 공표했다.

일방적 선언과 조약은 성립 방식상의 차이에도 불구하고 국가에 대해 구속력을 발생시킨다는 점에서 유사성이 있으며, 일방적 선언에 관한 법해석에 조약법의 원리가 참고된다. 때로 양자는 잘 구별하기 어려운 경우도 있다. 예를 들어 동부 그린란드 영유권 분쟁과 관련하여 1919년 7월 22일자 노르웨이 Ihlen 외교장관의 답변은 구두조약을 성립시킨 것인가? 아니면 구속력 있는 일방적 선언에 해당하느냐에 대해서는 아직도 학계의 해석이 일치하지 않는다.[48]

검 토

국가가 법적 구속력을 갖는 일방적 선언을 대외적으로 발표하는 경우 조약 체결과 같은 국내절차를 밟아야 하는가? 이는 기본적으로 각국 국내법의 문제이지, 국제법이 관여할 대상은 아니다. 오스트리아에서는 국제법적 구속력을 갖는 일방적 선언은 조약 체결에 관한 국내절차를 따라야 한다.[49] 한국의 경우는 어떠한가? 만약 한국 정부가 ICJ 규정 제36조 2항(선택조항)을 수락하는 선언을 하려 한다면 사전에 국회의 동의를 얻어야 하는가? 한국 정부가 헌법 제60조 1항에 규정된 사항과 관련된 외교정책을 일방적 선언의 형식으로 발표하려 한다면 국회 동의가 필요한가?

다. 국내법의 지배를 받는 합의

국제법 주체간의 법적 구속력을 발생시키는 모든 합의가 조약의 형식으로 작성되지는 않는다. 국내법의 지배를 받는 계약도 할 수 있다. 국제법 주체 간의 합의가 국제법의 지배를 받게 할지, 국내법의 지배를 받게 할지는 당사자들 의도에 달려 있다. 국내법의 지배를 받는 계약은 합의 형식, 적용, 해석 등 모든 운영방식이 해당 국내법의 규칙을 따르게 된다. 무엇의 지배를 받는지가 불분명한 국제법 주체간의 합의는 일단 국제법의 지배를 받는 조약으로 추정된다.[50]

---

48) 일방적 선언의 법적 성격에 관한 보다 상세한 분석은 이성덕, 국제법상 국가의 단독행위의 개념 및 유형, 중앙법학 제17집 제3호(2015), p.307 이하 참조.

49) F. Cede & G. Hafner, National Treaty Law and Practice: Republic of Austria, D. Hollis, M. Blakeslee & L. Ederington eds., National Law and Practice(Martinus Nijhoff Pub., 2005), p.62.

50) D. Hollis(전게주 11), p.36.

▶판례: 안보리 결의의 법적 성격

서울고등법원 2006.7.27. 선고 2006토1 결정

[우엔 후 창은 베트남 출신의 미국 거주자로서 스스로 자유베트남혁명정부를 조직하여 내각총리로 자칭하며, 반 베트남 활동을 벌이는 자이다. 베트남 정부는 그가 1999년부터 2001년 사이 여러 차례 조직원으로 하여금 베트남에서 폭탄 테러공격을 하도록 사주했으나 모두 실패했다고 한다. 그가 한국에 입국하자 베트남 정부로부터 범죄인인도가 청구되어 한국 검찰은 그를 체포해 범죄인인도를 시도하였다.]

"국제연합 안전보장이사회는 2001. 9. 28. 1373호 결의(UN Security Council Resolution 1373)를 채택하였는데, 이 결의는 2001. 9. 11. 미국 뉴욕, 워싱턴 D.C., 펜실베니아 등지에서 일어난 이른바 '9·11 테러'를 강력히 비난함과 아울러 회원국들에게 테러 관련 국제협약의 완전한 이행과 테러행위의 예방 및 근절을 위한 국제적인 공조를 촉구하고자 채택된 것으로서 대한민국과 청구국은 모두 위 결의에 서명함으로써 위 결의의 당사자가 되었다.

일반적으로 국제연합 등 국제조직의 결의는 어느 국가의 정부 행위가 아니라 국제조직 그 자체의 행위에 불과한 것으로서 그 국제조직을 구성하는 국가 사이의 합의의 형식을 갖춘 것은 아니고, 따라서 국제법의 법원(法源)으로도 인정되지 않는다. 그러나 국제연합 헌장은 회원국이 안전보장이사회의 결정을 수락하고 이행할 것을 동의하는 것으로 규정하고 있고(국제연합 헌장 제25조), 국제연합 헌장 제7장 중 제41조(외교관계의 단절 등 비군사적 방법에 의한 대응조치에 관한 규정임) 및 제42조(군사적 방법에 의한 대응조치에 관한 규정임)에 의한 안전보장이사회의 결정은 모든 회원국에 대한 구속력이 있는 것(binding decision)으로 인정되고 있다.

따라서 위 1373호 결의가 이 사건 인도조약 제3조 제2항 나.목 소정의 "다자간 국제협정"에 해당하는 것인지 여부에 관하여 본다. 기록에 의하면, 위 결의는 국제연합 회원국들에게 국제연합 헌장 제7장에 의한 조치를 요구하는 것으로서 회원국들에 대하여 구속력이 있는 것으로 보이나, 다자간 국제협정에 있어서는 이를 체결함에 있어서 협정 체결의 제안, 초안의 작성, 본문의 채택 등에 있어 일정한 절차 및 요건을 준수하여야 하고, 각 가입국의 국내 비준절차를 거쳐야 할 필요도 있으며, 특정 조약의 당사자가 되려고 하는 국가에게는 특수 사정을 고려하여 조약 당사자가 되는 조건으로 당해 조약의 적용을 제한하거나 또는 일부 배제한다는 일방적인 의사표시, 즉 조약의 유보(reservation)를 할 수 있는 권한이 부여되어 있고, 조약의 효력이 발생한 이후에는 이를 국제연합사무국에 등록하여 일정한 효력을 발생시키는 등의 절차 및 효력발생에 있어서 여러 가지 요건과 제한이 요구되는 것임에 반하여, 국제연합 안전보장이사회의 결의는 일정한 경우에 회원국들에 대하여 구속력이 있다고는 하나, 다자간 국제협정에서 요구되는, 앞서 본 바와 같은 절차 및 효력 발생에 관한 요건이나 제한이 그대로 적용되는 것이 아니어서 이를 다자간 국제협정과 동일한 것으로 볼 수 없다. 따라서 아무래도 국제연합 안전보장이사회의 위 1373호 결의는 이 사건 인도조약 제3조 제2호 나.목 소정의 "다자간 국제협정"에 해당한다고 할 수는 없다."

▶ 일방적 행위의 구속력

① **Nuclear Tests case (Australia v. France), 1974 ICJ Reports 253.**

"43. It is well recognized that declarations made by way of unilateral acts, concerning legal or factual situations, may have the effect of creating legal obligations. Declarations of this kind may be, and often are, very specific. When it is the intention of the State making the declaration that it should become bound according to its terms, that intention confers on the declaration the character of a legal undertaking, the State being thenceforth legally required to follow a course of conduct consistent with the declaration. An undertaking of this kind, if given publicly, and with an intent to be bound, even though not made within the context of international negotiations, is binding. In these circumstances, nothing in the nature of a *quid pro quo*[51)] nor any subsequent acceptance of the declaration, nor even any reply or reaction from other States, is required for the declaration to take effect, since such a requirement would be inconsistent with the strictly unilateral nature of the juridical act by which the pronouncement by the State was made.

44. Of course, not all unilateral acts imply obligation; but a State may choose to take up a certain position in relation to a particular matter with the intention of being bound — the intention is to be ascertained by interpretation of the act. When States make statements by which their freedom of action is to be limited, a restrictive interpretation is called for.

45. With regard to the question of form, it should be observed that this is not a domain in which international law imposes any special or strict requirements. Whether a statement is made orally or in writing makes no essential difference, for such statements made in particular circumstances may create commitments in international law, which does not require that they should be couched in written form. Thus the question of form is not decisive. [⋯]

46. One of the basic principles governing the creation and performance of legal obligations, whatever their source, is the principle of good faith. Trust and confidence are inherent in international co-operation, in particular in an age when this co-operation in many fields is becoming increasingly essential. Just as the very

51) 무엇인가의 대가로 — 필자 주.

rule of *pacta sunt servanda* in the law of treaties is based on good faith, so also is the binding character of an international obligation assumed by unilateral declaration. Thus interested States may take cognizance of unilateral declarations and place confidence in them, and are entitled to require that the obligation thus created be respected. […]

49. Of the statements by the French Government now before the Court, the most essential are clearly those made by the President of the Republic. There can be no doubt, in view of his functions, that his public communications or statements, oral or written, as Head of State, are in international relations acts of the French State. His statements, and those of members of the French Government acting under his authority, up to the last statement made by the Minister of Defence (of 11 October 1974), constitute a whole. Thus, in whatever form these statements were expressed, they must be held to constitute an engagement of the State, having regard to their intention and to the circumstances in which they were made.

50. The unilateral statements of the French authorities were made outside the Court, publicly and *erga omnes*, even though the first of them was communicated to the Government of Australia. As was observed above, to have legal effect, there was no need for these statements to be addressed to a particular State, nor was acceptance by any other State required. The general nature and characteristics of these statements are decisive for the evaluation of the legal implications, and it is to the interpretation of the statements that the Court must now proceed. […]

51. In announcing that the 1974 series of atmospheric tests would be the last, the French Government conveyed to the world at large, including the Applicant, its intention effectively to terminate these tests. It was bound to assume that other States might take note of these statements and rely on their being effective. The validity of these statements and their legal consequences must be considered within the general framework of the security of international intercourse, and the confidence and trust which are so essential in the relations among States. It is from the actual substance of these statements, and from the circumstances attending their making, that the legal implications of the unilateral act must be deduced. The objects of these statements are clear and they were addressed to the international community as a whole, and the Court holds that they constitute an undertaking possessing legal effect. The Court considers that the President of the Republic, in deciding upon the effective cessation of atmospheric tests, gave an undertaking to the international community to which his words were addressed. […] The Court finds further that the French Government has undertaken an obligation the precise nature and limits of which must be understood in accordance with the actual terms in which they have been publicly expressed."

② Frontier Dispute (Burkina Faso/ Mali), 1986 ICJ Reports 554.

[약 300km의 국경을 접하고 있는 양국은 무력충돌을 포함한 심각한 국경분쟁을 겪고 있었다. 이에 1974년 OAU 중개위원회가 구성되었다. 말리의 대통령은 1975. 4. 11. 한 프랑스 언론사와의 인터뷰에서 말리 정부는 이 위원회의 결정을 준수할 예정이라는 발언을 했다. ICJ에서의 소송에서 부르키나파소는 말리 대통령의 이 발언에 법적 구속력이 부여되어야 한다고 주장했다. 그러나 재판부는 말리 대통령의 발언이 프랑스 정부의 핵실험 중지 선언과는 성격이 다르다고 보아 구속력을 인정하지 않았다.]

"39. The statement of Mali's Head of State on 11 April 1975 was not made during negotiations or talks between the two Parties; at most, it took the form of a unilateral act by the Government of Mali. Such declarations 'concerning legal or factual situations' may indeed 'have the effect of creating legal obligations' for the State on whose behalf they are made, as the Court observed in the Nuclear Tests cases. [⋯][52]

40. In order to assess the intentions of the author of a unilateral act, account must be taken of all the factual circumstances in which the act occurred. For example, in the Nuclear Tests cases, the Court took the view that since the applicant States were not the only ones concerned at the possible continuance of atmospheric testing by the French Government, that Government's unilateral declarations had 'conveyed to the world at large, including the Applicant, its intention effectively to terminate these tests' (I.C.J. Reports 1974, p.269, para.51; p.474, para.53). In the particular circumstances of those cases, the French Government could not express an intention to be bound otherwise than by unilateral declarations. It is difficult to see how it could have accepted the terms of a negotiated solution with each of the applicants without thereby jeopardizing its contention that its conduct was lawful. The circumstances of the present case are radically different. Here, there was nothing to hinder the Parties from manifesting an intention to accept the binding character of the conclusions of the Organization of African Unity Mediation Commission by the normal method: a formal agreement on the basis of reciprocity. Since no agreement of this kind was concluded between the Parties, the Chamber finds that there are no grounds to interpret the declaration made by Mali's head of State on 11 April 1975 as a unilateral act with legal implications in regard to the present case."

---

52) 이어서 재판부는 프랑스 핵실험 사건 판결에서도 일방적 선언에 구속력을 부여하는 근거는 당사자의 의도라고 밝히었음을 지적했다.

③ **Armed Activities on the Territory of the Congo(New Application: 2002) (Jurisdiction and Admissibility) (Democratic Republic of the Congo v. Rwanda), 2006 ICJ Reports 27.**

[르완다의 법무장관은 2005년 3월 17일 UN 인권위원회 제67차 회기에서 다음과 같은 발언을 하였다.

"Rwanda is one of the countries that has ratified the greatest number of international human rights instruments. In 2004 alone, our Government ratified ten of them, including those concerning the rights of women, the prevention and repression of corruption, the prohibition of weapons of mass destruction, and the environment. The few instruments not yet ratified will shortly be ratified and past reservations not yet withdrawn will shortly be withdrawn."

이 사건에서는 이 발언을 통해 제노사이드 방지협약 제9조(ICJ 관할권 인정 조항)에 대한 르완다의 유보가 철회되었는가 여부가 문제되었다. 재판부는 일방적 선언에 구속력을 인정하기 위하여는 명확하고 구체적인 표현으로 발표될 필요가 있으나, "past reservations not yet withdrawn"라는 표현은 어떤 조약을 가리키는지 명확하지 않으며(para.50), 유보 철회에 대한 구체적 일정이 제시되지 않았으며(para.51), 전체적으로 법무장관의 발언은 일반적 의사로서 인권보호에 관한 정책의 표시일 뿐(paras. 52−53), 이로 인해 유보 철회의 법적 효과가 발생했다고는 해석하지 않았다.]

"49. In order to determine the legal effect of that statement, the Court must, however, examine its actual content as well as the circumstances in which it was made ([…]).

50. On the first point, the Court recalls that a statement of this kind can create legal obligations only if it is made in clear and specific terms (see Nuclear Tests (Australia v. France) (New Zealand v. France), I.C.J. Reports 1974, p. 267, para. 43; p. 269, para. 51; p. 472, para. 46; p. 474, para. 53). In this regard the Court observes that in her statement the Minister of Justice of Rwanda indicated that "past reservations not yet withdrawn [would] shortly be withdrawn", without referring explicitly to the reservation made by Rwanda to Article IX of the Genocide Convention. The statement merely raises in general terms the question of

Rwandan reservations. As such, the expression "past reservations not yet withdrawn" refers without distinction to any reservation made by Rwanda to any international treaty to which it is a party. Viewed in its context, this expression may, it is true, be interpreted as referring solely to the reservations made by Rwanda to "international human rights instruments", to which reference is made in an earlier passage of the statement. In this connection the Court notes, however, that the international instruments in question must in the circumstances be understood in a broad sense, since, according to the statement itself, they appear to encompass not only instruments "concerning the rights of women" but also those concerning "the prevention and repression of corruption, the prohibition of weapons of mass destruction, and the environment". The Court is therefore bound to note the indeterminate character of the international treaties referred to by the Rwandan Minister of Justice in her statement.

51. The Court further observes that this statement merely indicates that "past reservations not yet withdrawn will shortly be withdrawn", without indicating any precise time-frame for such withdrawals.

52. It follows from the foregoing that the statement by the Rwandan Minister of Justice was not made in sufficiently specific terms in relation to the particular question of the withdrawal of reservations. Given the general nature of its wording, the statement cannot therefore be considered as confirmation by Rwanda of a previous decision to withdraw its reservation to Article IX of the Genocide Convention, or as any sort of unilateral commitment on its part having legal effects in regard to such withdrawal; at most, it can be interpreted as a declaration of intent, very general in scope.

53. This conclusion is corroborated by an examination of the circumstances in which the statement was made. Thus the Court notes that it was in the context of a presentation of general policy on the promotion and protection of human rights that the Minister of Justice of Rwanda made her statement before the United Nations Commission on Human Rights."

5. 조약과 관습국제법의 관계

가. 법원으로서 조약의 중요성

오늘날의 국제사회에서 조약과 관습국제법이 국제법의 가장 중요한 법원이라는 데 별다른 이견이 없다. 국제법에 따라 재판함을 임무로 하는 국제사법재판소(ICJ)도 재판의 준칙으로 ① 조약 ② 관습국제법 ③ 법의 일반원칙을 들고 있고, ④ 판례와 학설을 법칙 결정의 보조수단으로 적용한다고 규정하고 있다(ICJ 규정 제38조 1항).

근대 국제법은 유럽국가간의 관행을 바탕으로 발전해 왔으며, 그런 의미에서 국제법의 제1차적 법원은 관습국제법이었다. 관습국제법은 국제관계 속에서 자연적으로 발생했으므로 비교적 일반적인 내용이 많고, 역사적으로도 오랜 기원을 갖는 경우가 많다. 통일적 입법기관이 없는 국제사회에서 관습국제법은 강대국의 행동이나 주장에서 기원하는 사례가 많으며, 강대국의 "힘"이 초기 성립의 배경이 된다.

근대 국제법이 발달해 온 지난 수세기 동안 각국의 관행을 바탕으로 발전해 온 관습국제법이 국제법의 법원에서 가장 중요한 위치를 차지해 왔었다. 그러나 국제사회의 다양성이 급증하고 국제관계가 긴밀화·복잡화된 20세기 들어서부터는 법원으로서 조약의 중요성이 관습국제법을 압도하게 되었다. 그 이유는 다음과 같다.

첫째, 과거 동질적 유럽국가 중심의 국제질서 속에서는 관습국제법의 형성과 발전이 비교적 용이했으나, 다양한 문화적·역사적·종교적·민족적 배경을 지닌 주권국가가 급증해 관습국제법 형성을 위한 공통기반이 퇴색했다.

둘째, 관습국제법의 형성에는 일정한 시간을 요하는데, 국제교류가 급증하고 그 대상범위가 급속히 확장되는 현대에 와서는 새로운 분야에서의 관습국제법의 형성을 기다릴 시간적 여유가 없다(예: 우주법, 국제환경법).

셋째, 관습국제법은 이를 객관적으로 쉽게 확인해 주는 제도가 없으므로 입증이 어렵고, 관행이 관습법으로 발전하는 시점도 확인하기 어렵다.

넷째, 조약은 국제법의 내용을 좀 더 명확하게 표시할 수 있으므로 법의 불확실성으로 인한 분쟁을 예방하는 효과를 지닌다. 이에 UN을 중심으로 관습국제법의 법전화에 많은 노력이 경주되고 있다.

다섯째, 조약은 형식상 주권평등 원칙 하에 체결되므로 개발도상국 입장에서는 과거의 질서에 입각한 관습국제법의 지배를 받기보다는 자신이 직접 국제법 형성에 참여할 수 있는 새로운 조약을 통한 국제질서의 확립을 선호하게 된다.

여섯째, 조약은 국제사회를 바람직한 방향으로 유도하는 기능을 담당할 수 있다. 예를 들어 국제환경법 분야에서는 관습국제법보다 조약이 구체적인 성과를 거둘 수 있다.[53)]

이상과 같은 이유로 인해 오늘날 새로운 분야에 관한 국제법은 거의 예외 없이 조약의 형태로 발전한다. 국제재판에서 관습국제법의 형식으로 새로운 국제규범의 성립이 주장되는 사례도 비교적 드물다. 외교 실무자의 입장에서도 국제관계를 규율하는 규범으로 조약을 먼저 찾게 되며, 관련 조약이 발견되면 이와 다른 관

53) 이한기, 국제법강의(신정판)(박영사, 1997), p.84; 김정건, 국제법(신판)(박영사, 2004), p.415 등 참조.

습국제법이 있는가는 조사하지 않는 경향이 있다.

나. 양자간의 위계

만약 조약과 관습국제법의 내용이 충돌하는 경우 어느 편이 우월한 효력을 갖는가? 오늘날의 현실에서 조약의 역할이 관습국제법을 압도하고 있지만, 그렇다고 하여 조약이 본질적으로 상위의 법원은 아니다. 법원간 상하관계가 적용되려면 하위규범은 상위규범을 근거로 성립해야 하며, 상위규범과 충돌되는 하위규범은 무효로 되어야 한다. 그러나 조약과 관습국제법간에는 그같은 상하관계가 성립되지 않는다. 조약과 관습국제법은 형성·존립·종료 등 모든 측면에서 어느 한편이 다른 한편에 의존하지 않으며, 각자 독자성을 갖는다. 양자는 상대방의 존립에 서로 영향을 미칠 수 있다. 그런 의미에서 양자의 법적 구속력은 대등하며, 상호 충돌이 발생하는 경우 특별법 우선, 후법 우선이라는 법해석의 일반원칙이 적용된다. 즉 ICJ 규정 제38조 1항의 규정순서가 이를 적용하는 판사의 머릿속 검토순서는 될 수 있으나, 상하 위계를 의미하지 않는다.[54)]

조약과 관습국제법이 대등한 법원이라면 양자는 서로 상대방을 무효화시키거나 변경시킬 수 있어야 한다. 일단 기존의 관습국제법과 다른 내용의 조약이 체결되어 적용되는 현상은 쉽게 발견된다. 후속조약은 양자조약일 수도 있고, 다자조약일 수도 있다. 이 경우 조약은 기존 관습국제법에 대해 특별법 또는 후법으로서 우선할 수 있다. 조약 당사국들은 의도적으로 기존 관습국제법과 다른 내용의 조약을 성립시켰다고 판단된다.

반대로 선행 조약이 후속 관습국제법에 의해 무효화되거나 변경될 수 있는가? 이것이 가능해야만 조약과 관습국제법이 진정으로 대등한 법원으로 인정될 수 있다. 외교 현장 실무자가 자국이 당사국인 조약을 외면하고 확인이 용이하지 않은 관습국제법을 후법이나 특별법으로 적용하기를 기대하기는 어렵다. 조약과 충돌되는 국가실행은 통상 조약의무 위반으로 판단될 가능성이 높다. 그러나 조약이 후속 관습국제법에 의해 개폐되는 현상의 발견이 아주 불가능하지는 않다. 예를 들어 1958년 제네바에서 채택된 대륙붕과 공해 등에 관한 조약 내용의 상당부분은 적어도 1982년 해양법 협약이 채택될 무렵에는 실효되었다고 볼 수 있다. 즉 해양

54) 정인섭, 신국제법강의(제13판), p.83.

법 협약이 발효되기 이전 그 부분에 관하여는 이미 새로운 관습국제법이 형성되었다고 평가되기 때문이다.[55] 다만 실제로 선 조약이 후속 관습국제법에 의해 개폐되었음이 인정된 사례를 자주 만나기는 어렵다. 기존 조약과 다른 내용의 후속 관습국제법이 형성되었을지라도 기존 조약은 특별법의 자격으로 우선 적용될 가능성이 높다.[56]

ILC가 비엔나 협약의 초안을 논의하던 1964년 선 조약은 후 관습법에 의해 변경될 수 있다는 다음과 같은 조항을 포함시키기로 결정하고 각국의 의견 조회를 위해 회람에 돌렸었다.

> **Article 68** (Modification of a treaty by a subsequent treaty, by subsequent practice or by customary law)
> The operation of a treaty may also be modified:
> (a) By a subsequent treaty between the parties relating to the same subject matter to the extent that their provisions are incompatible;
> (b) By subsequent practice of the parties in the application of the treaty establishing their agreement to an alteration or extension of its provisions; or
> (c) By the subsequent emergence of a new rule of customary law relating to matters dealt with in the treaty and binding upon all the parties.

그러나 ILC의 최종 초안에서는 이 조항이 삭제되어 현재의 비엔나 협약에 이 같은 내용은 담겨 있지 않다. 현실적인 장애는 관습국제법이란 성격상 정확한 성립 시기를 확정하기 어려운데, 후속 관습국제법에 의해 발효 중인 기존 조약이 개폐될 수 있다고 명시적으로 인정하면 조약 운영의 안정성을 해치리라 우려되었기 때문이었다. 국가에 따라서는 후속 관습국제법에 의한 기존 조약의 변경이 헌법상의 문제를 일으킬 수도 있다. 미국과 영국 등은 삭제를 주장했으나, 이 조항의 삭제가 그 속에 담겨 있는 법규칙 자체를 부인하는 의미는 아니었다. 이 문제가 조약법에 관한 협약에서 다룰 사항이 아니라고 판단한 점이 ILC의 표면상 삭제 이유였다.

조약 자신이 후속 관습국제법에 의한 변경을 금지하고 있지 않다면, 이론적으로는 이러한 결과의 발생은 언제나 가능하다. 다만 비엔나 협약 채택 이후 ICJ를 포함한 국제재판소는 후속 관습법에 의한 선 조약의 변경을 직접적으로 인정하기

55) Case concerning the Continental Shelf (Libya/ Malta), 1985 ICJ Reports 13, para.33.
56) 정인섭, 신국제법강의(제13판), p.84.

를 매우 주저한다.57) 유사한 상황이 발생하면 폭넓은 해석을 통해 새로운 관습법을 가급적 조약의 의미 내로 포용하려 하거나, 조약 변경이 아닌 다른 표현으로 때로는 모호하게 상황을 설명하려 한다.58)

검 토

특히 영국 학자들 중에는 당사자에게만 구속력을 갖는 조약을 국제법의 법원(法源)으로 보는데 회의적인 시각을 갖는 이들이 있다. 즉 조약은 법이라기보다는 계약에 해당하며, 조약은 그것이 법이라서 이행되기 보다는 약속은 준수되어야 한다는 법원칙으로 인해 이행될 뿐이라고 본다.

예를 들어 G. Fitzmaurice는 당사국에만 구속력을 갖는 조약은 법원(source of law)이라기보다는 사법상의 계약과 마찬가지로 단지 의무의 원천(source of obligation)에 불과하다고 본다. 의무가 이행되어야 한다는 규칙은 법이라고 할 수 있지만, 의무 자체가 법은 아니다. 그런 의미에서 조약은 법을 편리하게 서술하고 있는 문서일 수 있으나 그 자체가 법은 아니며, 국제법의 법원도 될 수 없다고 주장했다.59) Oppenheim's International Law(edited by Lauterpacht) 8th ed.(Longman, 1955), p.27도 조약이란 관습국제법의 선언이거나 위반에 불과하며, 어떠한 경우에도 근저의 법은 변하지 않는다고 주장했다. 즉 조약은 기본적으로 계약에 불과하다고 본 것이다. 이후 Jennings & Watts, Oppenheim's International Law 9th ed.(Longman, 1992), p.31은 조약을 국제법의 두 번째 법원으로 인정했으나, 조약은 어느 정도 특별한 의미하에서만 국제법의 법원이 될 수 있다고 보았다. 그러면서도 적용의 일반성과 자동성을 갖지 못하는 조약은 법원이라기보다는 단순히 권리·의무의 원천으로 보는 편이 정확하다고 주장했다.

이상의 지적에 동의하는가? 조약과 계약은 어떠한 특징적 차이가 있다고 볼 수

57) ILC, 「후속 합의 및 후속 관행에 관한 결론 주석」(2018), Conclusion 7, paras.26－28.

58) 상임이사국의 기권이 거부권 행사에 해당하느냐에 관한 헌장 제27조 해석과 관련해 ICJ는 "This procedure followed by the Security Council [⋯] has been generally accepted by Members of the United Nations and evidences a general practice of that Organization."라고 답했다. Legal Consequences for States of the Continued Presence of South Africa in Namibia(South West Africa) notwithstanding Security Council Resolution 278(1970), Advisory Opinion, 1971 ICJ Reports 16, para.22. "subsequent practice of the parties, within the meaning of Article 31, paragraph 3 (b), of the Vienna Convention, can result in a departure from the original intent on the basis of a tacit agreement." Dispute regarding Navigational and Related Rights (Costa Rica v. Nicaragua), 2009 ICJ Reports 213, para.64도 그 의미를 명확히 나타내지 않고 있다.

59) G. Fitzmaurice, "Some Problems regarding the Formal Sources of International Law," Symbolae Verzij(M. Nijhoff, 1958), p.158.

있는가? 조약이 계약에 불과하다면 관습국제법상의 의무를 조약을 통해 배제시킬 수 있는가? 조약, 특히 대부분의 양자조약은 성격상 계약적임을 부인할 수 없다. 이의 이행은 상호주의적 보장에 크게 의존된다. 그러나 다자조약들도 계약적이라고만 볼 수 있을까? 예를 들어 국제기구를 설립하는 조약을 계약의 일종으로만 보기는 어렵다. 계약을 통해 국제기구라는 국제법의 주체를 만들어 낼 수 있는가? 국제인권조약을 포함한 이른바 입법조약들을 계약적이라고만 보기 어렵다는 점도 부인할 수 없다.[60)]

60) 정인섭, 신국제법강의(제13판), pp.38−39.

제 2 장

조약의 체결

제2장 조약의 체결

1. 체결의 의의

조약의 성립은 교섭 - 체결 - 기속적 동의의 표시 - 발효 등 크게 4단계로 진행된다. 그중 첫 단계인 교섭은 엄격한 의미에서 국제법의 규율대상은 아니다. 비엔나 협약도 이에 대해서는 별다른 규정을 두고 있지 않다. 구체적으로 누구를 교섭 담당자로 지정할지는 국가의 재량이다. 이때 국가를 법적으로 대표해 조약의 내용을 교섭할 수 있는 자격을 표시하는 문서를 전권위임장(full power)이라 한다(제2조 1항 다호).

조약의 체결이란 무엇을 가리키는가?[1] 조약은 체결일에 따라 선조약, 후조약이 결정될 수 있기 때문에 체결의 개념을 명확히 할 필요가 있다. 비엔나 협약에서는 "체결"이 명사형(conclusion)으로 15회 사용되었고, 동사형(conclude)까지 포함하면 모두 29회 사용되었으나,[2] 체결의 정의는 마련되어 있지 않다.[3] 비엔나 협약 초안을 검토하는 과정에서 국제법위원회(ILC)도 체결의 정의에 관해서는 별다른 논의를 하지 않았다.

전통적으로 관습국제법상 조약의 체결이란 국가의 대표가 서명을 통해 조약의 내용을 확정하는 행위를 가리켰지만,[4] 그렇다고 하여 체결의 의미가 항상 통일적으로 사용되지는 않았다. 특히 체결과 발효가 혼동되는 경우가 많아 결과적으로 비준까지 마쳐야만 조약이 체결되었다고 생각한 경우도 흔했다.[5] 서명은 되었으나

---

1) 이하 체결의 의의에 관한 설명은 정인섭, 조약의 체결·비준에 대한 국회의 동의권, 서울국제법연구 제15권 1호(2008), p.101 이하를 부분적으로 차용하였음.

2) A. Aust, Treaty Law, p.86은 23회 사용되었다고 설명하고 있으나, 이는 잘못된 수치이다. 이는 이 책의 초판이나 2판에서도 마찬가지였다.

3) 영어의 어의상으로도 conclude는 종결한다, 마친다는 의미이다. 이는 '닫는다'는 의미의 라틴어 concludere에서 기원한다.

4) M. Whiteman, Digest of International Law vol.14(U.S. Government Printing Office, 1967), p.19; J. Verzijl, International Law in Historical Perspective vol.6(A.W.Sijthoff, 1973), p.135; K. Holloway, Modern Trends in Treaty Law(Stevens, 1967), p.43 등.

비준이 되지 않아 영원히 발효되지 못한 경우까지 과연 조약이 체결되었다고 할 수 있는가라는 소박한 의문도 일리가 있다. 이에 비준과 같이 조약에 대한 기속적 동의를 표시하는 절차까지 마무리되어야만 "조약이 체결"되었다는 주장도 무시할 수 없었다.[6)]

한편 비엔나 협약 제2부 제1절(제6조 내지 제18조)의 제목은 "조약의 체결(Conclusion of Treaties)"이며, 그 속에는 조약 협상을 위한 전권대표의 임명부터 비준까지의 과정이 포함되어 있다. 그렇다면 체결이란 조약의 협상 개시부터 발효를 위한 기속적 동의까지의 전과정을 의미한다고 할 수 있을까? 그러나 이 제목만을 근거로 조약의 체결을 위와 같이 정의하려 한다면 이는 지나치게 단순한 생각이다. 우선 아무리 체결을 조약 성립을 위한 일련의 과정으로 폭 넓게 이해한다고 해도 협약 제2부 제1절 속에 포함된 제6조 "모든 국가는 조약을 체결하는 능력을 가진다"는 조항이나, 제18조 조약의 발효 전에 그 조약의 대상과 목적을 저해하지 아니할 의무 조항까지 체결의 개념에 포함시키기에는 적절하지 않다. 이는 조약의 성립과정에 관한 조항이라고 보기 어렵기 때문이다. 또한 비엔나 협약의 다른 조항들을 살펴보아도 체결(conclusion 또는 conclude)을 조약의 협상 개시부터 비준에 이르기까지의 일련의 과정 전체라고 주장하기 어려운 경우가 많다. 우선 제40조 2항 "(b) the negotiation and conclusion of any agreement for the amendment of the treaty"은 조약의 "체결"을 "협상"과는 명백히 구분하여 사용하고 있다. 그리고 제41조와 제58조의 체결은 관련되는 다른 조약의 지위에 따라 각기 다른 의미를 지니게 된다.[7)] 또한 예를 들어 제2조 1항 가호, 제3조, 제48조 1항, 제53조, 제59조 등에서 사용되고 있는 "체결" 역시 내용상 "일련의 과정"을 의미한다고는 보기 어렵다. 결론적으로 협약 제2부 제1절에 포함된 내용은 조약의 체결을 정의하기 위해 제시된 조항들이라기보다는 조약이 체결되기까지의 과정과 관련된 중요 조항으로 제시되었다고 이해함이 합리적이다. 체결과정에서 첨부하는 유보가 제2절에 독립되어 설명되고 있다는 점에서 망라적 제시라고도 할 수 없다.[8)] 따라서 비엔나

5) K. Holloway(상게주), p.43.

6) E. Vierdag, The Time of the "Conclusion" of a Multilateral Treaty: Article 30 of the Vienna Convention on the Law of Treaties and Related Provisons, 59 BYIL 1988(1989), pp.79－82의 설명 참조.

7) E. Vierdag(상게주), pp.84, 86, 88 등 참조.

8) 비엔나 협약이 채택되기 이전에 발간된 McNair, The Law of Treaties(Oxford University Press,

협약 제2부 제1절의 규정내용을 종합해서 조약의 "체결"을 정의하기는 어렵다.

사실 조약의 체결이란 외교 실무상 가장 빈번히 발생하는 사항중 하나이다. A. Aust는 비엔나 협약에 체결에 대한 정의가 없을지라도 외교 일선에서는 별다른 혼선이 발생하지 않는다고 단언했다. 그는 국제사회에서의 외교실무상 양자조약은 보통 양 당사국이 서명했을 때 조약이 체결되었다고 하며, 다자조약은 최종의정서에 서명하거나 조약이 서명에 개방된 날에 체결된 것으로 취급된다고 설명한다.[9]

이에 따르면 조약의 체결은 유사한 여러 개념과 구별된다. 우선 체결은 서명과 동일한 개념이 아니다. 다자조약이 서명에 개방된 날을 체결일이라고 한다면, 조약의 체결일과 실제 당사국의 서명일은 일치하기 어렵다. 개방적 다자조약의 경우 모든 국가의 동시 서명은 현실적으로 기대하기 어렵기 때문이다. 단 양자조약의 경우 조약의 서명이 곧 체결을 의미한다. 한편 체결은 발효와도 일치하는 개념이 아니다. 서명만으로 발효되는 양자조약은 체결이 곧 발효를 가리킨다고 할 수 있지만, 비준과 같은 추가적인 발효절차를 필요로 하는 조약의 경우 체결과 발효는 별개의 절차가 된다. 그리고 체결은 채택과도 구별된다. 국제회의에서 2/3 다수결 등 정해진 방법으로 다자조약의 내용을 확정하는 행위를 조약의 채택이라고 하며, 체결이라고는 부르지 않는다. 이는 서명에 개방된 시점에 체결되었다고 보기 때문이다.[10]

이상의 설명을 통해 조약의 성립과정 속에서 체결이 무엇을 의미하는지는 대체로 파악이 가능하나, 이를 한 마디로 정의하기는 여전히 쉽지 않다. 조약의 형태와 성립 방식에 따라 체결이 다양한 모습으로 나타나기 때문이다. 이에 Vierdag는 조약의 체결과 같은 국제법상 중요 개념이 확정된 의미를 발전시키지 못한 점은 놀라운 일이라고 평가하며, 그 이유를 조약법의 역사에서 서명과 비준의 상대적 중요성이 변한데서 찾고 있다. 즉 과거에는 조약 성립에 있어서 서명이 결정적 중요성을 지니었으나, 현대로 올수록 서명 이후의 비준이 별개의 재량적 제도로 간주되면서 조약 성립에 있어서는 비준이 결정적 제도로 되었다. 그러면서도 한편으로는 비준을 거치지 않는 조약이 급증한 현실이 조약 체결의 의미를 통일적으로

1961)는 조약의 유보, 등록, 발효일까지 조약의 체결이라는 항목 속에서 설명하고 있다.

9) A. Aust, Treaty Law, p.86.

10) 비엔나 협약 자체도 1969년 5월 22일 채택되었으나, 서명에 개방된 날은 5월 23일이다. 비엔나 협약 제85조는 이 협약이 5월 23일 작성되었다고 규정하고 있다.

발전시키는데 방해가 되었다고 설명한다.[11)]

한편 현실세계에서 "체결"이란 용어는 반드시 외교가의 조약 실무관행처럼 엄정하게 구별되어 사용되지도 않는다. 특히 국내법에서 계약의 "체결"은 계약의 내용을 확정하여 발효시키는 행위를 의미하므로,[12)] 일반인에게 "체결"이란 단어는 그 같은 의미로 보다 널리 인식되어 있다. 또한 비엔나 협약 제2부 제1절에 비준에 관한 조항이 포함되어 협약상의 체결이란 비준까지 마친 단계를 의미하기도 한다는 추정을 가능하게 하고 있으며, 실제로 상당수 조항에서 "체결"은 서명 뿐 아니라, 비준을 마친 경우도 포괄하는 의미로 사용되고 있다.[13)]

결국 외교 실무상으로는 "체결"의 개념이 정리되어 있지만, 현실에서는 이 개념이 항상 통일적으로 엄정히 사용된다고는 보기 어렵다. 다만 체결이란 조약이 성립되는 "일련의 과정"을 가리키는 개념이라기보다는, 조약이 성립되는 과정상의 "특정한 행위(또는 단계)"를 가리키는 개념으로 이해해야 한다.

한국에서는 조약 "체결"의 의미에 관해 사회적으로 크게 논란이 벌어진 경우가 있었다. 문제는 한국 헌법 제60조 1항이 국회는 일정한 조약의 "체결·비준에 대한 동의권을 가진다"고 규정한데서 비롯되었다.

2006년 2월 2일 국회에서는 권영길 의원 외 39인의 의원이 "통상협정의 체결절차에 관한 법률안"을 발의했다. 이 법안에 따르면 정부는 통상조약의 추진 자체에 대해 국회의 동의를 먼저 받아야 하며(제28조), 이후 통상조약안을 상대국과 합의하게 되면 일단 가서명만 하고, 이의 체결·비준에 대하여는 추가로 국회의 동의를 받도록 요구했다(제39조). 결국 통상조약의 체결에 있어서는 국회 동의를 2번 받으라는 요구였다. 권영길 의원은 국회가 헌법 제60조 1항에 규정된 조약 비준에 대한 동의권뿐만 아니라, 체결 동의권도 책임 있게 사용을 할 수 있도록 이 법의 제정을 추진한다고 설명했다.[14)] 이후 2006년 9월 11일 강기갑 외 국회의원 22인은 국회의원과 대통령 등 간의 권한쟁의 심판을 헌법재판소에 제기했다. 즉 헌법 제60

11) E. Vierdag(전게주 6), p.82.

12) 국제법에서는 합의내용의 확정행위(통상적으로 조약문의 서명)와 이에 대해 법적 구속력을 부여하는 행위(서명, 비준, 가입 등)가 개념상 구분되고 있지만, 국내법상의 계약의 체결에서는 통상 이 두 가지 행위가 통합되어 나타난다.

13) 예를 들어 비엔나 협약 제6조, 제46조, 제74조에서의 체결은 비준을 포함하는 의미이다.

14) 권영길, 통상절차법은 마지막 안전장치, 국회보 2006년 8월호, p.9. 이 법안은 제17대 국회 임기 만료 시까지 처리되지 않아 자동 폐기되었다.

조 1항에 규정된 조약 체결·비준에 대한 국회의 동의권은 단순히 조약문안 확정 후 이에 대한 동의 여부만을 결정하는 의미가 아니라, 조약 체결과정 전반에 대한 동의권을 포함하는 개념으로 해석하고, 한미 자유무역협정 체결과 관련하여 전권대표의 임명 및 협상 개시 이전에 조약체결 추진에 관해 먼저 국회의 동의를 얻어야 한다고 주장했다. 즉 국회는 조약의 체결과 비준에 대한 동의권을 각각 별개로 갖는다는 해석이었다. 그럼에도 불구하고 정부가 한미 자유무역협정을 단독으로 추진함으로써 국회의원인 청구인들의 심의·표결권이 침해당했다고 주장했다. 이 사건에서 헌법재판소는 청구인들의 심판청구 자체가 부적법하다고 판단했기 때문에 헌법 제60조 1항에 규정된 조약의 체결·비준에 대한 국회의 동의권이 무엇을 의미하느냐 자체에 대한 판단까지는 나아가지 않았다.[15)]

당시 권영길 의원 및 강기갑 의원이 위와 같은 주장을 한 근거 중의 하나는 비엔나 협약 제2부 제1절 "조약의 체결" 항목 속에 전권위임장부터 협상을 통한 조약문의 채택, 조약문의 정본인증, 조약에 대한 기속적 동의 표시, 비준서 등의 교환이나 기탁 등이 포함되어 있다는 사실이었다. 즉 체결이란 조약 성립을 위한 협상부터 시작하는 일련의 과정 전체를 의미하므로, 헌법상 국회가 조약 체결에 동의권을 갖는 경우 정부는 조약 협상개시부터 동의를 받아야 한다는 주장이었다. 그러나 이러한 주장은 헌법 제60조 1항의 입법연혁이나 과거의 운영 선례에 어긋나는 주장이며, "조약의 체결"이라는 개념에도 합치되지 않는 주장이었다.[16)]

2. 조약의 체결능력

가. 국　　가

모든 국가는 조약을 체결할 능력을 갖는다(제6조). 국가의 조약 체결능력은 주권의 속성으로부터 직접 유래한다.[17)] 모든 국가가 조약 체결능력을 갖는다는 명제

15) 헌법재판소는 설사 대통령이 국회의 동의 없이 조약을 체결·비준해도 이는 국회의 권한을 침해하는 것이지, 국회의원 각자의 심의·표결권에 대한 침해는 아니라고 보아 국회의원인 청구인들의 심판청구가 부적법하다고 판단했다(헌재 2007.10.25. 2006헌라5 결정). 헌법재판소는 이미 지난 2007.7.26. 2005헌라8 결정에서 사실상 동일한 논점에 대한 판단을 내린 바 있으며, 이 결정은 그 선례의 반복이었다. 헌법재판소는 이후에도 헌재 2008.1.17. 2005헌라10 결정; 헌재 2011.8.30. 2011헌라2 결정; 헌재 2015.11.26. 2013헌라3 결정에서도 동일 취지의 판단을 내렸다.

16) 이에 관한 상세한 설명은 정인섭 전게주 1의 논문 참조.

는 한편으로 모든 주권국가의 평등을 표시한다. 국가와 별도의 법인격을 갖는 공공기관이나 국영단체는 조약 체결주체로서의 국가에 해당하지 않는다.

비엔나 협약은 국가간 조약에만 적용되며(제1조), 국가의 조약 체결능력을 인정하는 조항만을 두고 있다. 비엔나 협약이 국가간 조약으로 대상을 한정한 이유는 협약 내용을 단순화하고 협약 성립을 용이하게 하려는 편의적인 사정 때문이었다.[18] 당초 ILC의 특별보고관들은 국가를 포함한 모든 국제법 주체에 의한 조약 체결을 다루려고 했다. Waldock의 제1차 보고서(1962)도 국가와 함께 다른 국제법 주체도 조약 체결능력을 갖는다고 조항을 제안했으나,[19] ILC의 최종 초안은 현재와 같이 국가의 조약 체결능력만을 규정하기로 결정했다. 비엔나 회의에서는 국가의 조약 체결능력에 관한 조항이 과연 필요한가에 관해 논란이 벌어졌으나, 표결 끝에 존치시키기로 결정되었다(찬 85, 반대 17, 기권 22).[20] 이 내용이 관습국제법의 반영임은 의심의 여지가 없었으나, 반대하는 측은 이 조항의 설치가 특별히 필요 없다는 주장이었다.

조약의 명칭이나 내용을 살펴 보면 국가의 이름으로 체결하는 조약이 있는가 하면, 정부의 이름으로 체결하는 조약도 있다. 예를 들어 「대한민국과 러시아 연방간의 기본관계에 관한 조약」(조약 제1178호)은 국가의 이름으로 체결되었고, 맨 뒤에는 "대한민국을 위하여" 노태우 대통령과 "러시아연방을 위하여" 엘친 대통령이 서명했다. 한편 같은 날 같이 체결된 「대한민국 정부와 러시아연방 정부간의 문화협력에 관한 협정」(조약 제1111호)은 양국 정부의 이름으로 체결되었고, 조약 후단에도 각각 "대한민국 정부"와 "러시아 정부"를 위하여로 서명되었다. 이러한 차이가 조약의 법적 효력에 어떠한 영향을 주는가? 국가의 이름으로 체결된 조약이나 정부의 이름으로 체결된 조약 모두 당사국을 국제법적으로 구속한다는 점에서 양자는 아무런 차이가 없다. 정부의 이름으로, 정부를 위해 체결된 조약이라 해도 해당 국가의 정권 교체에 아무런 영향을 받지 않는다. 대체로 정치적으로 중요한 의

---

17) "the right of entering into international engagements is an attribute of State sovereignty." S. S. Wimbledon (U.K., France, Italy & Japan v. Germany), 1923 PCIJ Ser. A, No.1, p.25.

18) ILC Final Draft Articles and Commentary on the Law of the Treaties, Yearbook of the ILC (1966), p.187.

19) Article 3 ① "Capacity to conclude treaties under international law is possessed by States and other subjects of international law."

20) 이상의 경과는 D. Turp & F. Roch, Article 6, in O. Corten & P. Klein, Commentary, pp.108–110.

미가 부여되는 조약들이 국가의 이름으로 체결된다. 국가에 따라서는 국가의 이름으로 체결되는 조약과 정부의 이름으로 체결되는 조약의 국내절차를 구분하는 경우도 있으나,[21] 이는 해당국가의 국내적 사항에 불과하다.

나. 특수한 국가

때로 조약의 당사자가 되려는 의사를 표시한 실체가 국가인지 여부가 불분명한 경우도 있다. 냉전시대에는 분단국의 자격이 문제되기도 했다. 오늘날에도 문제의 소지가 있는 몇 가지 사례를 검토한다.

① 준국가(associated states): 일부 국가는 완전한 의미의 주권국가는 아니지만 조약 체결능력을 인정받는다. 남태평양의 Cook Island와 Nieu는 인구가 각 1만명 및 1200명의 소국으로 뉴질랜드와 자치연합국(self-governing state in free association with New Zealand) 관계에 있다. 유네스코, 세계보건기구 등 국제기구의 정 회원국이며, 아동권리협약의 당사국이기도 하다. 이들의 외교관계는 뉴질랜드가 담당하며, 주민의 대외적 국적도 뉴질랜드이다. 1988년 뉴질랜드는 앞으로 자신이 당사국이 되는 조약은 더 이상 Cook Island와 Nieu에 적용되지 않는다고 선언했고, UN 사무국은 Cook Island는 1992년부터, Nieu는 1994년부터 완전한 조약 체결능력을 인정했다.[22] 단 이 두 국가는 UN 회원국이 아니다.

② 대만: 대만(중화민국)은 실질적으로 독립국가로서 약 10여 개국과 외교관계를 유지하고 있다. WTO에는 차이니즈 타이페이라는 명칭으로 가입했다. 그러나 중국(중화인민공화국)은 대만과 외교관계를 맺고 있는 국가와는 수교하지 않는다는 원칙을 고수하고 있다. 한국은 오랫동안 대만과 밀접한 우호관계를 유지하며 각종 조약 관계를 맺고 있었으나, 1992년 8월 24일 중국과 수교하면서 대만은 중국의 일부분이라는 입장을 존중하겠다고 약속했다.[23] 대만과의 공식적인 외교관계는 단절되었고, 기존 조약도 적용되지 못하게 되었다.[24] 한국과 대만은 1993년 7월 27일

---

21) 중국「조약체결절차법」 제5조 및 제6조 참조.

22) Repertory of Practice of United Nations Organs Vol.VI, Supplement No.8, Article 102, para.11. p.10.

23) 대한민국과 중화인민공화국간의 외교관계 수립에 관한 공동성명 제3항. 정인섭, 신국제법강의(제13판), p.184 수록.

24) 상세는 조약의 종료 “대만” 부분(본서, p.361 이하) 참조.

비공식 관계 수립에 합의하고, 이후 양측간 외교적 합의는 모두 민간약정의 형식으로 체결되고 있다. 이러한 민간약정은 실질적으로 정부간 합의에 해당하나, 조약의 형식으로 처리되지 않으며 한국에서 국내법과 같은 효력을 지니지도 못한다. 대만은 국제관계에서 조약 체결능력이 인정될 수 있으나, 한국이 중국과의 외교관계를 감안해 이를 원하지 않는 것에 불과하다.

③ 팔레스타인: PLO(Palestine Liberation Organization)는 팔레스타인 해방을 목표로 1964년 수립되었으며, 아라파트의 지도 아래 팔레스타인인의 대표적인 민족해방운동 단체로 성장했다. 제3차 중동전을 계기로 아랍권의 국제정치적 영향력 강화를 배경으로 1974년 UN 총회는 PLO를 팔레스타인인의 대표자로 인정하고 이에 옵저버 자격을 부여했다.[25] 1988년 PLO는 망명지인 알제리에서 팔레스타인 국가 수립을 선언했다. UN 총회도 이때부터 PLO라는 용어 대신 팔레스타인으로 호칭하기로 결의했다.[26] 1993년 이스라엘과 PLO는 오슬로 협정에 합의하고 이스라엘 점령지 일부에 팔레스타인 임시자치정부(Palestine National Authority) 수립에 합의했다. 2011년 팔레스타인은 UN 회원국 가입을 신청했으나 안보리의 벽을 넘지 못해 실패했다. 대신 2012년 UN 총회는 팔레스타인에게 옵저버 국가의 지위를 인정했다.[27] 이는 팔레스타인의 다자조약 가입이 용이해짐을 의미한다. 1989년 팔레스타인을 대표해 PLO는 1949년 제네바 협약과 추가의정서 가입신청서를 수탁국인 스위스 정부로 제출했으나, 스위스는 팔레스타인의 국가성 여부가 확인되지 않았다는 이유에서 접수를 보류했다.[28] 그러나 UN 총회 옵저버국 지위 획득 이후인 2014년 4월 2일 팔레스타인은 이들 협약의 당사국이 될 수 있었다. 팔레스타인은 이제 수많은 다자조약의 당사국이며, 2015년 4월부터는 국제형사재판소 규정 당사국이 되었다. 현재 139개 UN 회원국이 팔레스타인을 국가로 승인하고 있으나, 이스라엘

---

25) 총회 결의 제3236호 및 제3237호(XXIX)(1974).

26) 총회 결의 제43/177호(1988).

27) 총회 결의 제67/19호(2012).

28) "Due to the uncertainty within the international community as to the existence or the non-existence of a State of Palestine and as long as the issue has not been settled in an appropriate framework, the Swiss Government, in its capacity as depositary of the Geneva Conventions and their additional Protocols, is not in a position to decide whether this communication can be considered as an instrument of accession in the sense of the relevant provisions of the Conventions and their additional Protocols." Government of Switzerland, Note of Information(13 September 1989).

점령지 내의 자치령에 대해 완전한 통제권을 행사하지는 못한다. 한국은 팔레스타인을 독립국가로는 승인하지 않았으나, 팔레스타인 자치정부를 팔레스타인인의 유일 합법 대표기구로 인정하고 있다. 1996년 8월부터 팔레스타인 정부 발행의 여권을 인정했고, 2005년 6월 일반 대표부 관계 수립에 합의했다. 2014년 8월에는 팔레스타인의 임시수도 라말라에 상주대표부를 개설했다.

다. 국가의 일부

국가의 일부도 조약을 체결할 수 있는가? 예를 들면 연방국가의 구성단위인 지방(주)은 조약을 체결할 능력이 있는가? 국제법상 연방국가의 지방은 일반적으로 조약 체결권이 인정되지 않으며, 중앙 정부의 명시적 결정이나 그 나라 국내법에 명시적인 허용규정이 없는 한 지방의 조약 체결권은 추정되지 않는다. 반면 국제법은 연방국가의 중앙정부가 지방에게 조약 체결권을 부여함을 금지하지도 않는다. 비엔나 회의에서 연방국가의 주는 그 나라 헌법이 허용하는 범위 내에서 조약 체결능력을 갖는다는 조항을 설치하자는 제안이 있었으나 채택되지 못했다. 이는 매우 당연한 내용이지만 조항 설치에 반대한 측은 이로 인해 연방국가의 헌법 해석을 자칫 국제기구나 국제재판소에 맡기는 결과가 될 수 있다고 우려했기 때문이었다.[29)]

연방국가의 주가 조약을 체결할 수 있느냐의 문제는 해당 연방국가의 국내법이 이를 허용하고 있느냐와 상대 국가가 주와의 조약을 체결할 의사가 있느냐에 달려 있다.[30)] 국가에 따라서는 연방국가의 주와의 조약 체결을 회피한다. 연방국가의 주가 중앙 정부의 허용 없이 외국과 합의를 체결한다면 이는 법적 구속력이 없는 정치적 선언에 불과하며, 조약법의 규율대상은 아니다.

지방의 조약 체결권을 인정하는 국가도 적지 않다(스위스, 독일, 벨기에, 아랍에미레이트, 캐나다 등). 대체로 연방의 이익을 침해하지 않는 범위 내에서 지방의 권한에 속하는 통행·국경 과세·문화 분야 등과 같은 제한적 주제에 한한다. 조약에 특별히 달리 규정되어 있지 않다면 이러한 조약의 최종적인 이행책임은 여전히 중

---

29) Kearney & Dalton, "The Treaty on Treaties," American Journal of International Law, vol. 64 (1970), pp.506–508.

30) T. Grant, Who Can Make Treaties? Other Subjects of International Law, in D. Hollis, Oxford Guide 2nd, p.152.

앙정부가 진다.[31]

국가가 아닌 다양한 행위자가 조약을 체결할 수 있다는 사실은 인정되지만, 비엔나 협약은 오직 국가가 체결한 조약에만 적용된다(제1조). 그럼 비국가 행위자가 체결한 조약은 무엇의 지배를 받는가? 비국가 행위자의 조약이라고 하여 국제법적 효력이 부인되지는 않는다. 관습국제법의 지배를 받음은 당연하다. 비엔나 협약이 일반적인 관습국제법을 성문화하고 있는 한 그 내용은 비국가 행위자의 조약에도 그대로 적용된다. 때로 비국가 행위자가 조약을 체결하면서 비엔나 협약의 내용을 적용하기로 합의할 수도 있다. 다음은 국가의 일부가 조약 체결권을 행사하는 대표적인 사례들이다.

① 홍콩 및 마카오: 연방의 지방이 아닌 일종의 특별행정구역이 설치되어 조약 체결권이 인정되기도 한다. 중국내 홍콩과 마카오가 대표적인 사례이다. 이들 지역은 중국의 일부이나 자신의 경제적·문화적 대외관계를 발전시킬 권한을 인정받고 있다.

홍콩의 경우 약 100년간의 영국 통치를 받다가 1984년 영국과 중국이 "홍콩문제에 관한 공동선언협정"을 체결함에 따라 1997년 7월 1일 중국으로 반환되었다. 1984년 협정에 따라 홍콩은 중국내 특별행정구역으로 50년간 특수한 법적 지위를 인정받았다. 즉 홍콩은 독자적인 경제·무역·재정·금융·관광·문화관계 등을 발전시킬 수 있고, 관련 조약도 체결할 수 있다. 예를 들어 자유무역협정, 이중과세방지협정, 사회보장협정, 지식재산권 관련 협정, 관세협력협정 등에 관해 홍콩은 중국의 개별적 허가 없이 독자적으로 조약을 체결할 수 있다. 그리고 중국이 체결하는 조약의 홍콩지역에 적용 여부는 홍콩의 의견을 들은 후 중국이 결정한다. 홍콩은 독립주권국가는 아니므로 조약 발효에 관해 비준절차는 적용되지 않는다. 이로 인하여 조약의 발효 방법으로 양자조약은 국내이행을 위한 준비를 마친 후 이를 통고하는 방식이 주로 사용되고, 다자조약의 경우는 비준 외 다른 방식이 활용된다.[32] 마카오도 유사한 지위를 갖고 있다.

홍콩과 마카오는 별도의 관세지역으로 독자적인 무역협정 등을 체결할 권한이 인정되어 WTO에 회원으로 가입했고,[33] "country"만이 가입할 수 있는 IMF의

31) A. Aust, Treaty Law, p.61.

32) A. Aust, Treaty Law, pp.65-67.

당사국이기도 하다.[34] 이때 "country"는 반드시 완전한 의미의 주권국가가 아니라도 독자적 재정운영능력을 갖춘 지역을 포함하는 개념으로 국제사회에서 수용되고 있다.

한국의 현행 「국제조세조정에 관한 법률」은 조세조약을 정의하면서 "우리 나라가 다른 국가(고유한 세법이 적용되는 지역을 포함한다)와 체결"한 조약이라는 표현을 사용하고 있다(제2조 1항 7호). 이는 홍콩이나 마카오 같은 독자적 재정운영능력을 가진 지역과의 조세조약 체결이 가능함을 표시한다. "고유한 세법이 적용되는 지역"이라는 표현은 2021년부터 시행된 법개정을 통해 삽입되었는데, 반드시 이러한 설명이 부기되지 않아도 홍콩·마카오 같은 지역과 조세협정 체결은 가능했다고 판단된다. 한국은 홍콩과 범죄인인도조약 등 여러 조약을 체결한 바 있다. 마카오와는 범죄인인도협정 등 수건의 조약을 발효시키고 있다.

② 캐나다 퀘벡: 캐나다의 주(province)가 자신의 관할 사항에 대해 일반적인 조약 체결권이 있느냐에 대해 특히 퀘벡주와 관련해 논란이 있다. 전통적으로 캐나다 연방정부는 부정적이다.[35] 예를 들어 퀘벡주가 캐나다 연방정부의 동의 없이 프랑스와 체결한 약 230건의 *ententes*(understanding)를 프랑스 정부는 국제법적 구속력이 있다고 간주하고 있으나, 캐나다는 이 같은 합의가 국제법적 구속력이 없다고 보고 있다.[36] 다만 캐나다 연방정부는 외국과 체결하는 조약 속에 같은 주제에 관해 주 정부와 별도의 협정을 체결할 수 있다는 허용규정을 둠으로써 캐나다의 주가 외국과 독자적으로 조약을 체결할 수 있는 권한을 인정하는 방식이 자주 활용되어 왔다. 이런 경우 외국과 주정부와의 합의는 연방정부의 동의 하에 성립되었으므로 합의는 국제법상 조약으로 간주되며, 합의 이행에 대한 국제법상의 최종적인 책임을 캐나다 연방정부가 부담하게 된다.[37]

한국 정부 역시 캐나다의 퀘벡주 정부와 수 차례 조약을 체결한 바 있다.[38] 또한 한국이 캐나다와 체결한 사회보장협정(1999년 발효)은 퀘벡주를 적용대상에 포

---

33) WTO는 State 또는 separate customs territory가 가입할 수 있다고 규정하고 있다. 제12조 1항.
34) IMF 협정 제2조 2항 참조.
35) M. Copithorne, National Treaty Law and Practice: Canada, in D. Hollis, M. Blakeslee & L. Ederington ed., National Treaty Law and Practice(Martinus Nijhoff, 2005), p.103.
36) T. Grant(전게주 30), p.155.
37) M. Copithorne(전게주 35), p.104.
38) 대한민국 정부와 퀘벡주 정부 간의 고등교육협력에 관한 약정(2013년) 등.

함시키지 않는 대신 한국은 캐나다의 주(province) 정부와 "협정의 규정과 상충되지 아니하는 한 그 주의 관할범위 내에서 사회보장사항에 관한 양해서(understanding)를 체결할 수 있다"고 규정하고 있다(제19조). 이에 따라「대한민국 정부와 퀘벡주 정부간의 사회보장에 관한 양해각서」가 2015년 서명되고, 국회동의를 받은 후 2017년 발효되었다(조약 제2359호).[39]

③ 스위스의 캔톤: 연방법률이나 연방의 이익, 다른 캔톤(Canton)의 법률과 충돌되지 않는 한 각 캔톤은 자신의 권한 범위에 속하는 문제에 관해 외국과 조약을 체결할 수 있다(스위스 연방헌법 제56조). 단 캔톤은 조약 체결 전 연방에 미리 통고해야 하며, 이와 관련된 이의가 제기되면 연방의회가 이 조약의 허용 여부에 대해 판단한다(동 제172조). 캔톤이 체결하는 조약은 대부분 양자조약으로 행정적 문제를 주로 다루고 있다.[40] 한국은 스위스의 캔톤과 조약을 체결한 사례가 없다.

④ 독일의 주: 독일의 경우 주의 입법권에 속하는 사항에 관하여 주는 연방정부의 동의를 받아 외국과 조약을 체결할 수 있다(기본법 제32조 3항). 한국은 독일의 주와 조약을 체결한 사례가 없다.

⑤ 비자치지역(non-self-governing territory): 비자치지역은 독립주권국가에 해당하지 아니하며, 자신이 이름으로 조약을 체결할 수 없음이 원칙이다. 그러나 지배국으로부터 권한을 부여받으면 비자치지역도 독자적인 조약을 체결할 수 있다. 영국은 버뮤다, 영국령 버진 아일랜드, 저지(Jersey). 맨섬(Isle of Man) 등에 제한된 분야에 한해 독자적인 조약 체결권을 인정하고 있다. 이런 경우 영국이 조약에 대해 최종적인 책임을 진다. 프랑스는 1999년 개헌을 통해 뉴칼레도니아에게 배타적 경제수역에서의 해양자원의 탐사, 개발, 보존에 관해 독자적인 조약 체결능력을 인정했다. 이후 프랑스와 뉴칼레도니아는「중부 및 서 태평양에서의 고도회유성 어류의 보존 및 관리에 관한 협약」에[41] 각각 별개의 회원국으로 가입하려 했으나, 다수결 결정상의 왜곡을 우려한 다른 회원국들의 반대로 뉴칼레도니아는 가입을 못했다.[42] 비자치지역의 조약 체결권 행사는 연방국가의 주의 경우와 같이 이에 대

---

39) 캐나다 헌법 section 94A는 연금에 관해 연방법과 주법 간의 충돌이 있을 경우 주법이 우선함을 규정하고 있으므로, 캐나다 국내법상 퀘벡주의 사회보장협정 체결 능력에 관해서는 별다른 문제가 제기되지 않는다.

40) T. Grant(전게주 30), p.153.

41) Convention on the Conservation and Management of Highly Migratory Fish Stocks in the Central and Western Pacific Ocean(2000).

해 국제법적 책임을 지는 중앙정부가 조약 체결을 허용하느냐와 조약의 상대방도 조약 체결에 동의하느냐에 달리게 된다.

라. 국제기구

국제기구 역시 조약을 체결할 수 있으나, 국제기구가 조약체결능력을 보유하는가 여부는 1차적으로 기구의 설립협정에 따라 결정된다(국제기구에 관한 조약법협약 제6조). 다만 설립협정에 조약 체결능력이 명시적으로 규정되어 있지 않아도, 기구의 성격과 능력에 따라 묵시적으로 조약체결권이 인정될 수 있다.[43)]

마. 비정부기구

특정 목적의 달성을 위해 민간인 또는 민간단체를 구성원으로 결성된 단체를 비정부기구, 흔히 NGO(Non-Governmental Organization)라고 한다. 대부분의 NGO는 특정 국가에 본부를 둔 그 나라 국내법인의 자격을 갖고 있으며, 국제법상 법인격과 조약 체결능력은 인정받지 못하고 있다. 즉 조약 체결의 주체로는 직접 등장할 수 없다. 그러나 현대 사회에서는 각종 조약의 성립과정에서 NGO가 실질적 기여를 하는 경우를 자주 본다.

1899년 헤이그 만국평화회의 개최시만 해도 NGO는 환영받지 못하는 분위기였다. NGO는 국가 주도 회의에 대한 방해자로 인식되었고, 회의 주도국들은 회담 진행의 비밀성을 유지하려고 노력했다. 국제회의에서 NGO의 역할의 본격적 확대는 UN 체제가 들어선 이후였다.[44)] UN 헌장은 "경제사회이사회는 그 권한 내 사항과 관련이 있는 비정부간 기구와의 협의를 위하여 적절한 협정을 체결할 수 있다"(제71조)고 규정해 국제무대에서 NGO의 역할을 공식으로 인정했다. 2019년 9월 기준 경제사회이사회에는 총 5450개의 NGO가 각종 협의기구지위(Consultative Status)를 부여받고 있다.[45)]

1984년 고문방지협정의 채택에는 Amnesty International과 ICJ(International Commission of Jurists) 등의 전세계적인 고문반대 민간운동이 추진력이 되었으며,

42) T. Grant(전게주 30), p.161.
43) 구체적인 내용은 제13장 국제기구와 조약 편을 참조.
44) K. Raustiala, NGO's International Treaty-Making, in D. Hollis, Oxford Guide 2nd, p.176.
45) E/2019/INF/5(2021). 단 그 중 198개 단체의 지위는 정지 중.

1998년 국제형사재판소 규정의 성립과정에는 1995년부터 시작된 Coalition for International Criminal Court의 활동이 커다란 버팀목이 되었다. 1997년 대인지뢰금지협정의 채택에는 캐나다에 본부를 둔 International Campaign to Ban Landmines의 활동이 결정적인 기여를 했다. 오늘날 각종 국제환경협약들의 채택 역시 각종 민간환경운동의 활약에 힘입은 바 크다.

이상과 같이 현대 사회에서는 NGO들이 특정 주제에 대한 국제적 논의를 활성화 시켜 주권국가들로 하여금 조약을 채택하도록 유도하거나, 조약 체결과정에서 주권국가에 대한 로비를 통해 찬성을 유도하거나, 민간차원의 국제행위규범을 제정함으로써 국가들로 하여금 조약을 체결하도록 압력을 행사하는 예가 많다. 즉 NGO는 조약 채택과정에 공식적인 체결 주체로는 참여하지 못하나 이상과 같은 간접적 역할을 통해 체결과정을 실질적으로 주도하거나 영향력을 행사한다. NGO는 조약 체결을 위한 국제회의에서 표결권은 없어도 종종 발언권을 인정받기도 한다. 조약 체결과정에서 NGO의 영향력은 주로 국제인권 또는 환경 보호 분야에서 시작되었으나, 오늘날에는 군사·안보분야까지 그 행동반경을 넓히고 있다. 또한 조약 체결 이후에는 이행 감시자로서의 역할을 하고 있다.

NGO가 이 같은 역할을 할 수 있는 배경은 첫째 전문성이다. 오늘날 적지 않은 NGO들은 자신의 활동분야에 관한 상당한 전문지식을 축적하고 있다. 중소 규모의 국가들 이상의 전문성을 확보해 각국에 조약 협상에 필요한 정보를 제공함으로써 국가행동에 영향력을 행사하고 있다. 둘째, NGO들은 개별국가의 이해로부터 자유로우므로 국제적 공공이익의 공평한 수호자의 역할을 할 수 있다. 이들의 활동은 조약 내용과 당장의 이해관계가 적은 국가들로부터도 쉽게 지지를 받을 수 있다. 셋째, 과학기술의 발전이다. 정보통신기술 발달에 의해 소수의 단체도 손쉽게 범세계적 연락망을 갖추고, 중요 문제에 대해 국제적 여론 환기를 할 수 있게 되었다.

NGO는 다양한 활동으로 인해 한편에서는 "통제되지 않은 권력"이라고도 불리우나, 아직 국제법 체제 속에서 공식적 위치를 확보하지 못하고 있으므로 그에 대해 직접 국제법적 책임 추궁도 어렵다.[46] NGO의 역할이 날로 확대되면 언젠가는 국제법 체제 속의 일부로 편입될지도 모른다.

46) 이에 관한 논의는 이춘선, 국제법상 NGO의 역할 확대와 책임성에 대한 검토, 서울국제법연구 제28권 1호(2021), pp.280－301 참조.

그런 의미에서 이미 조약 체결권을 포함해 특별한 지위를 인정받는 기구가 국제적십자위원회(International Committee of the Red Cross: ICRC)이다.[47] ICRC는 국가간 협정에 의해 탄생된 국제기구가 아니다. ICRC는 스위스의 앙리 뒤낭 등의 제창으로 무력충돌 시 희생자 보호라는 인도주의적 목적 수행을 위해 1863년 스위스에서 민간단체로 창설되었다. 그러나 무력충돌 시 적십자 활동의 공헌과 중요성이 국제사회에서 널리 공감되어 점차 독자의 국제법적 지위를 인정받게 되었다. 「무력충돌 희생자 보호에 관한 1949년 제네바 협약」 공통 제9조 내지 제11조는 ICRC에 대해 일정한 국제법상의 역할을 인정하고 있다. ICRC는 또한 UN과 조약을 체결하고 있고, 약 70여 개국과 국가와 조약 또는 본부협정을 체결해 그중 적지 않은 국가에서는 정부간 국제기구에 해당하는 특권과 면제를 인정받고 있다. 한편 스위스는 1993년 ICRC와 협정을 체결해 ICRC에 대해 국제법인격을 인정하고(제1조), 국제적십자사가 소재하는 건물에 대한 불가침권을 인정하며(제3조), 국제적십자사에 대한 관할권 면제를 인정했다(제5조). 국제적십자사 직원에 대한 특권과 면제도 인정했다(제11조 이하).[48] UN 총회는 ICRC에 옵저버 자격을 부여했다(총회 결의 제45/6호(1990)).[49] ICRC는 민간단체로 출발했으나, 오늘날 정부간 국제기구에 준하는 국제법 주체성을 인정받는 독특한 존재이다. 한국 정부 역시 2018년 ICRC와 조약을 체결해 한국 내에서 ICRC에게 정부간 기구의 지위를 인정하기로 하고(제1조), 공관의 불가침 등 특권과 면제 부여에 합의했다(제3조 등).[50]

바. 기 타

국제법은 일정한 지역을 사실상 통치하고 있는 반란단체가 제한된 범위에서 조약을 체결할 수 있음을 인정한다.[51] 1949년 제네바 협약 공통 제3조는 충돌당사자들은 특별협정을 통해 제네바 협약의 실시를 위해 노력해야 한다고 규정하고 있

47) 정인섭, 신국제법강의(제13판), pp.825－826 참조.

48) Agreement between the International Committee of the Red Cross and the Swiss Federal council to determine the legal status of the Committee in Switzerland(1993).

49) UN 총회는 1994년 국제적십자연맹(International Federation of Red Cross Societies)에도 옵저버 자격을 부여했다. 아울러 동시에 총회는 앞으로 국가나 정부간 국제기구에 대해서만 옵저버 자격을 부여하기로 결의했다. 총회 결의 제49/426호(1994). 현재 비정부간 기구로서는 국제적십자위원회와 위 연맹만이 UN 총회 옵저버 자격을 얻고 있다.

50) 조약 제2397호 대한민국 정부와 국제적십자위원회 간의 협정(2018).

51) M. Shaw, International Law 9th ed.(Cambridge UP, 2021), pp.225－226.

는데, 여기의 충돌당사자에는 국가가 아닌 반란단체도 포함된다. 그러나 대부분의 국가는 중앙 정부와의 관계를 고려해 반란단체와의 조약 체결을 꺼린다.

일반적으로 개인이나 기업은 국제법상 조약 체결능력을 갖지 못한다. 과거 대규모 석유개발사업의 합의에 자주 사용되었던 양허계약(Concession Agreement)도 정부와 기업간의 계약에 불과하지 조약은 아니다.[52] 개인과 국가간의 통상적인 합의는 국제법상의 조약이 아닌 계약에 불과하다. 그러나 국제투자분야에서는 개인이 국가와 국제법의 지배를 받는 중재협정을 체결할 자격을 인정하는 경우가 많다.

3. 전권위임장

가. 의　　의

조약은 국가를 대표하는 사람에 의해 체결된다. 전권위임장(full power)이란 조약의 교섭·채택·정본인증 또는 국가의 기속적 동의의 표시나 조약에 관한 그 밖의 행위를 하려는 목적으로 국가를 대표하기 위해 국가의 권한 있는 당국이 한명 또는 복수의 사람을 지정하는 문서이다(제2조 1항 다호). 한마디로 요약하면 전권위임장이란 이의 소지자가 조약체결과 관련된 행위를 할 수 있다는 권한을 표시하는 문서이다. 즉 전권위임장을 통해 자신이 조약을 협상하고 체결함에 있어서 국가를 대표하고 있음을 증명하게 된다. 즉 전권위임장은 상대국 대표에게 자신이 적절한 권한을 가진 사람과 협상을 하고 있다는 점을 확신시켜 주는 역할을 한다.

전권위임장의 형식이나 내용은 국제법상 정해진 틀은 없고 각국의 관행에 따라 정해진다. 보통 전권위임장을 발부받는 사람의 이름, 대상 조약의 명칭, 발부자의 이름과 서명은 반드시 포함되며, 전권위임장 소지자가 조약에 관해 부여받은 권한을 명확한 표현으로 서술하면 된다.[53] 전권위임장의 소지자라 하여 반드시 조약을 체결하기 위한 모든 권한을 갖지는 않으며, 단순히 조약 내용의 협상권만을 부여받기도 한다.

조약체결에 관한 권한을 부여받지 못한 자에 의한 합의는 아무런 법적 효과도 발생시키지 못한다. 다만 권한 없는 자의 행위라도 국가가 추인하는 경우 유효하게 된다(제8조). 묵시적 추인도 가능하다. 예를 들어 권한 없는 자가 체결한 조약을

52) Anglo−Iranian Oil Co. case (Jurisdiction) (U.K. v. Iran), 1952 ICJ Reports 93, pp.111−112.
53) A. Aust, Treaty Law, p.76.

후일 국가가 비준한다거나, 국내적으로 조약 성립을 위한 법적 절차를 취한다면 원래의 하자는 치유된다고 볼 수 있다.[54)]

조약이 군주간 의사합치라고 생각하던 시절에는 군주 대리인의 권한범위를 표시해 주던 전권위임장이 매우 중요했다. 과거에는 대리인이 군주로부터 허용 받은 권한 범위 안에서 조약에 합의했다면 군주의 비준은 의무적이라고 생각했다. 대리인이 군주의 의도를 초과한 경우에만 비준을 거부할 수 있었다. 따라서 당시에는 대리인의 권한범위를 정확하게 서술하는 등 전권위임장이 상세하고 길게 작성되었다. 문구도 장중하고 엄숙한 분위기를 풍겼다.

국가가 군주와는 별개의 국제법 주체라는 사고가 일반화됨에 따라 군주나 조약 협상자 모두 국가를 대표하는 사람으로 인식되었다. 전권위임장은 군주의 대리인임을 증명한다기보다 국가를 대표할 권한을 증명하는 문서로 되었다. 이는 근대적 의미의 전권위임장의 등장이었다.

한편 미국은 역사상 최초로 조약 체결에 의회의 동의를 요구하는 성문헌법을 제정했다. 이는 행정부의 의사만으로는 조약을 체결할 수 없음을 의미했다. 이에 미국의 워싱톤 대통령은 1789년부터 전권위임장에 후일 비준이 의무적이 아니라는 문구를 포함시켰다. 이후 현대로 올수록 조약의 비준은 재량적이라는 관행이 발달함에 따라 전권위임장의 중요성이 감소했다. 또한 교통통신의 발달로 국가대표는 여러 가지로 자신의 대표권을 입증하기가 용이해졌고, 반면 국제관계의 발달에 따라 전권위임장을 요구하지 않는 간이한 형식의 조약도 급증하였다. 전권위임장의 형태도 차츰 간소화되었다. 이에 조약체결절차에 있어서 전권위임장의 형식적 중요성은 크게 축소되었다.[55)] 비엔나 회의에서는 전권위임장에 관한 규정을 아예 삭제하자는 제안도 있었으나 수락되지 않았다. 혹시 국가도 모르는 사이에 자신에게 구속력을 갖는 합의가 탄생할지 모른다는 우려 때문이었다. 전권위임장은 협상 상대방의 자격에 관한 일종의 안전장치이다.[56)]

전권위임장과 유사한 개념의 문서로 신임장(credential)이 있다. 이는 국제기구나 다자조약 협상을 위한 국제회의에 파견되는 자에게 수여되어 그가 국가 대표임을 증명하는 서류이다. 전권위임장과 달리 신임장 소지자는 조약문의 채택이나 국

54) A. Aust, Treaty Law, p.78.

55) I. Sinclair, Vienna Convention, p.30.

56) I. Sinclair, Vienna Convention, p.31.

제회의 최종의정서에 서명하는 것 이상의 권한은 없다. 설사 비준 대상인 조약일지라도 신임장만으로는 조약 서명권이 인정되지 않는다. 신임장 소지자가 조약에 서명하기 위해서는 본국 정부로부터의 별도 훈령을 받거나 필요하다면 전권위임장을 발부받아야 한다. 단 경우에 따라서 신임장과 전권위임장이 한 문서에 통합되기도 한다.57)

나. 면제 대상

일정한 경우에는 전권위임장 제시 의무가 면제된다. 비엔나 협약은 국가의 관행이나 그 밖의 사정상 그 사람이 국가를 대표한다고 간주되며, 전권위임장이 불필요하다는 점이 관계국들의 의사로 보이는 경우는 필요 없다고 규정하고 있다(제7조 1항 나호). 예를 들어 양 당사국이 다른 간이한 방법으로 자국측 대표의 인적사항을 상호 통보하고 전권위임장의 제시를 생략하기로 합의할 수 있다. 오늘날 양자조약이나 제한된 수의 국가만 참여하는 다자조약의 협상에 있어서는 참가대표의 파악이 용이하기 때문에 전권위임장이 생략되는 경우가 많다. 조약 발효에 서명 이후 비준 등 별도 절차가 요구되는 경우 전권위임장을 생략하는 합의가 상대적으로 쉽게 이루어진다. 사실 조약 협상국 간에 상호신뢰만 분명하다면 전권위임장과 같은 문서가 반드시 제시될 필요가 없다. 우호관계의 인접국 간에는 이런 상황이 쉽게 형성될 수 있다.

일정한 직책의 해당자는 그 사실만으로 전권위임장 제시 의무가 면제된다. 즉 국가원수,58) 정부수반, 외교부 장관59)은 전권위임장을 제시하지 않아도 그 지위만으로 자국을 대표해 조약 체결과 관련된 모든 행위를 할 수 있다. 이 3개의 직책을 보통 외교관계의 Big 3라고 부른다. 이들에 대한 국내법상의 권한 제한은 국내적 문제일 뿐, 대외적으로 통용되지 않는다.60) 외교부 장관이 아닌 다른 부처의 장관

---

57) A. Aust, Treaty Law, p.72.

58) “According to international law, there is no doubt that every Head of State is presumed to be able to act on behalf of the State in its international relations.” Application of the Convention on the Prevention and Punishment of the Crime of Genocide(Preliminary Objections) (Bosnia and Herzegovina v. Yugoslavia), 1996 ICJ Reports 595, para.44.

59) “His or her acts may bind the State represented, and there is a presumption that a Minister for Foreign Affairs, simply by virtue of that office, and has full powers to act on behalf of the State.” Arrest Warrant of 11 April 2000 (Congo v. Belgium), 2002 ICJ Reports 3, para.53.

60) Land and Maritime Boundary between Cameroon and Nigeria (Cameroon v. Nigeria; Equato-

이나 외교부 차관은 국가를 대표하기 위해 전권위임장을 제시해야 함이 원칙이다.

외교공관장은 파견국과 접수국간의 조약문을 채택(adoption)할 목적에서는 전권위임장을 필요로 하지 않는다. 국제기구나 국제회의에서 조약을 채택하는 경우 이에 파견된 국가대표에게는 별도의 전권위임장이 요구되지 않는다(제7조 2항). 따라서 외교공관장이나 국제기구·국제회의에 파견된 국가대표가 조약의 채택을 넘어 조약에 서명하거나 비준 의사를 표시하기 위해서는 특별한 사정이 없는 한 전권위임장을 제시해야 한다(제7조 2항 나호 및 다호 참조).

전권위임장에 관한 비엔나 협약 제7조의 내용은 국제회의·국제기구와 관련된 제2항 다호를 제외하고는 국제사회의 오랜 관습을 반영하고 있으며, 20세기 후반을 거치면서 오늘날 이 조항 역시 관습국제법화 되었다는데 큰 이견이 없다.[61]

국제기구의 상주대표에게는 기구 내에서 채택되는 조약에 서명할 때마다 매번 새로운 전권위임장을 제시하는 번거로움을 피하기 위해 일반 전권위임장(general full power)을 발부할 수도 있다. 각국 UN 대표부 대사들은 이러한 전권위임장을 이용함이 일반적이다.[62]

다. 발 부

비엔나 협약은 "국가의 권한 있는 당국"이 전권위임장을 발부한다고만 규정하고(제2조 1항 다호), 권한 있는 당국이 누구인지는 명시하지 않고 있다. 이는 각국의 국내법에 따라 결정될 문제로 남았다. 통상적으로는 국가원수·정부 수반·외교부 장관이 이에 해당한다. 국제기구의 경우 주로 사무총장이 전권위임장을 발부한다. UN의 경우 사무총장이, EU의 경우 집행위원회 위원장(President of the European Commission)이 이 기능을 담당한다.[63]

전권위임장은 발부권자의 서명과 직인이 포함된 원본을 직접 제출해야 하나, 오늘날은 여러 가지 통신수단이 발달하고 전권위임장의 실질적 중요성이 감소함에 따라 같은 내용을 담고 있는 팩스·전보·이메일 등의 활용이 가능한지 문제되기도

---

rial Guinea intervening), 2002 ICJ Reports 303, para.265. 또한 Maritime Delimitation and Territorial Questions between Qatar and Bahrain(Jurisdiction and Admissibility) (Qatar v. Bahrain), 1994 ICJ Reports 112, paras.26-27 참조.

61) P. Kovacs, Article 7, in O. Corten & P. Klein, Commentary, pp.127-128.

62) A Aust, Treaty Law, p.75.

63) F. Hoffmeister, Article 7, in O. Dörr & K. Schmalenbach, Commentary 2nd, p.142.

한다. 비엔나 협약은 이 점에 대해 별다른 언급이 없다. UN의 경우 전권위임장의 팩스 송부는 나중에 원본 제출을 전제로 수락하고 있으나, 전보 형태의 전권위임장은 수락하지 않는다. 경우에 따라서는 전보에 의한 전권위임장 제출을 우선 인정한 예도 있었으나, 조약이 서명만으로 발효하는 경우 그 중요성으로 인해 전보 제출이 인정되지 않는다. 이메일 전권위임장은 일반적으로 수락되지 않으나, 원본 스캔 파일이 첨부된 이메일은 조속한 원본 제출을 조건으로 수락되는 예가 많다. 다소 엄격해 보이기도 하지만 200개 가까운 국가의 정당한 대표임을 확인하기 위한 불가피한 조치로 이해된다. 많은 국제기구가 UN의 예를 따르고 있다.[64)]

라. 한국의 실행

한국은 통상적인 경우 외교부 장관이 정부대표를 임명하고 전권위임장도 외교부 장관이 서명해 발부한다. 다만 외국정부나 국제기구와 중요한 사항에 관해 교섭을 하거나 중요한 국제회의에 참석하거나 중요한 조약에 서명(가서명 포함)하는 정부대표의 경우 외교부 장관의 제청으로 국무총리를 거쳐 대통령이 임명하며, 전권위임장 역시 대통령이 서명하고 국무총리와 외교부 장관이 부서한다. 단 이 경우에도 국제관례에 따라 외교부 장관이 서명할 수 있다.[65)]

국무총리의 경우 조약 체결을 위한 전권위임장이 필요한가? 비엔나 협약은 전권위임장이 필요 없는 직책으로 국가원수·정부 수반·외교부 장관만을 지적하고 있다(제7조 2항 가호). 그럼 한국의 국무총리는 정부수반에 해당하는가? 헌법은 대통령을 정부 수반으로 규정하고 있으며(제66조 4항), 국무총리는 대통령을 보좌하며 대통령의 명을 받아 행정각부를 통할하는 역할을 한다(제86조 2항). 따라서 한국의 국무총리는 정부 수반에 해당하지 아니하므로 직책상 전권위임장의 제출이 면제되는 직에 해당하지 아니한다. 국내법상 국무총리는 전권위임장을 필요로 하지 않는 외교부 장관보다 상위직에 해당하지만 국제법상으로는 별도의 역할이 마련되어 있지 않기 때문이다. 따라서 조약 상대국이 한국의 국무총리의 위상을 인정해 전권위임장의 제출을 면제시켜주지 않는다면 전권위임장을 제출해야 한다.

만약 국무총리가 전권위임장을 발급받게 된다면 어떠한 절차를 거쳐 발급받는가? 현행 정부대표법에 따르면 조약 체결을 위해 정부대표로 임명되고 전권위임

64) A Aust, Treaty Law, p.77.
65) 「정부대표 및 특별사절의 임명과 권한에 관한 법률」 제5조.

장이 발급되는 경로로는 ① 외교부 장관이 대표로 임명하고 전권위임장도 서명 발급하는 경우와 ② 외교부 장관의 제청으로 국무총리를 거쳐 대통령이 대표를 임명하고, 전권위임장도 국무총리와 외교부 장관의 부서 하에 대통령의 서명으로 발급하는 경우 2가지가 있다. 국무총리를 하급자인 외교부 장관이 조약 체결에 관한 정부대표로 임명하고 전권위임장을 발급한다면 균형에 맞지 않으므로, 국무총리에 대한 전권위임장은 대통령의 서명으로 발급함이 자연스럽다. 그러나 이 경우에도 정부대표법에 따르면 국무총리에 대한 전권위임장 발급 과정에 하급자인 외교부 장관의 추천과 부서는 물론 국무총리 자신의 부서도 있어야 한다는 점이 부자연스럽다.

국무총리가 전권위임장을 발급할 수 있는가? 비엔나 협약은 전권위임장의 발급자를 특별히 지정하지 않고, 각국의 국내법에 맡기고 있다. 그러나 한국의 정부대표법에 따르면 국무총리가 조약 체결을 위한 전권위임장을 발급하는 방안은 마련되어 있지 않다.

한편 통상조약의 경우 정부대표의 임명과 전권위임장 발부에 관해 별도의 절차가 적용된다.[66] 즉 일상적인 통상조약의 경우 정부대표를 산업통상자원부 장관의 요청에 따라 외교부 장관이 임명하고, 전권위임장도 외교부 장관이 발급한다(제11조 1항 1호). 그러나 중요한 통상조약의 경우 정부대표는 산업통상자원부 장관 제청으로 국무총리를 거쳐 대통령이 임명한다(제11조 1항 2호). 이 경우의 전권위임장에는 대통령이 서명하고 국무총리와 산업통상자원부 장관이 부서한다. 다만 이때에도 국제관례에 따라 외교부 장관이 서명할 수도 있다(제11조 2항). 만약 상대국은 외교부 장관의 전권위임장을 제출하는데 한국만 대통령이 서명한 전권위임장을 제출한다면 균형에 맞지 않으므로 외교부 장관의 서명만으로 발급하는 방안을 열어둔 것이다.[67]

66) 이때 적용대상인 통상조약의 종류에 관해서는 「통상조약의 체결절차 및 이행에 관한 법률」 제2조 참조.

67) 제314회 국회(임시회) 외교통상통일위원회 회의록(법안심사소위원회) 제1호(2013.3.19.), p.2 참조.

▶판례: 대외적으로 국가를 대표할 수 있는 직책

Armed Activities on the Territory of the Congo(New Application: 2002) (Jurisdiction and Admissibility) (Congo v. Rwanda), 2006 ICJ Reports 6.

[국가 원수 · 정부 수반 · 외교장관(big 3)은 그 직책만으로 국제관계에서 국가를 대표하는 기능이 인정된다. 그런데 현대 국제관계에서는 이들 big 3 외의 직책 보유자도 담당 분야에서 국가를 구속하는 발표를 할 권한을 인정받는 예도 증가하고 있다. 이 사건에서 ICJ는 발표자가 법무장관이었다는 이유만으로 그의 발언에 국제적 구속력이 배제된다고는 보지 않았다.]

"46. The Court will begin by examining Rwanda's argument that it cannot be legally bound by the statement in question inasmuch as a statement made not by a Foreign Minister or a Head of Government "with automatic authority to bind the State in matters of international relations, but by a Minister of Justice, cannot bind the State to lift a particular reservation." In this connection, the Court observes that, […] it is a well-established rule of international law that the Head of State, the Head of Government and the Minister for Foreign Affairs are deemed to represent the State merely by virtue of exercising their functions, including for the performance, on behalf of the said State, of unilateral acts having the force of international commitments. The Court moreover recalls that, in the matter of the conclusion of treaties, this rule of customary law finds expression in Article 7, paragraph 2, of the Vienna Convention on the Law of Treaties, which provides that

> "[i]n virtue of their functions and without having to produce full powers, the following are considered as representing their State:
> (a) Heads of State, Heads of Government and Ministers for Foreign Affairs, for the purpose of performing all acts relating to the conclusion of a treaty."

47. The Court notes, however, that with increasing frequency in modern international relations other persons representing a State in specific fields may be authorized by that State to bind it by their statements in respect of matters falling within their purview. This may be true, for example, of holders of technical ministerial portfolios exercising powers in their field of competence in the area of foreign relations, and even of certain officials.

48. In this case, the Court notes first that Ms Mukabagwiza spoke before the United Nations Commission on Human Rights in her capacity as Minister of Justice of Rwanda and that she indicated *inter alia* that she was making her statement "on behalf of the Rwandan people." The Court further notes that the questions relating

to the protection of human rights which were the subject of that statement fall within the purview of a Minister of Justice. It is the Court's view that the possibility cannot be ruled out in principle that a Minister of Justice may, under certain circumstances, bind the State he or she represents by his or her statements. The Court cannot therefore accept Rwanda's argument that Ms Mukabagwiza could not, by her statement, bind the Rwandan State internationally, merely because of the nature of the functions that she exercised."

▶판례: 외교장관 행위의 구속력

Legal Status of Eastern Greenland (Norway v. Denmark), 1933 PCIJ Reports Ser.A/B No.53.

[노르웨이는 자국 외교장관의 발언이 자국의 헌법에 위배되며, 외교장관이 무제한적 권한을 갖지 못한다고 주장하였다. 그러나 재판소는 외교장관의 발언이 본국에 구속력을 갖는다고 판단했다.]

(p.71) "The Court considers it beyond all dispute that a reply of this nature given by the Minister for Foreign Affairs on behalf of his Government in response to a request by the diplomatic representative of a foreign Power, in regard to a question falling within his province, is binding upon the country to which the Minister belongs."

4. 채 택

조약 협상이 완료되면 조약을 채택하게 된다. 채택(adoption)이란 조약의 형식과 내용을 공식적으로 확정하는 행위이다. 조약의 채택에는 작성에 참가한 모든 국가의 동의를 필요로 한다(제9조 1항). 그러나 대규모 회의를 통해 작성되는 다자조약의 경우 과거와 같이 만장일치로 채택이 합의되기를 기대하기 어렵다. 오늘날 다자조약의 협상에서는 회의 진행에 앞서 조약 채택의 방법을 미리 합의하고 시작함이 보통이다. 비엔나 협약은 출석하여 투표한 국가 2/3의 다수결을 조약 채택의 보충원칙으로 제시했다(제9조 2항). UN 총회에서의 실행과 같이 기권이나 표결 불참국은 2/3의 계산에 포함되지 않음이 보통이다. 다만 제한된 국가만의 참여가 전제되는 다자조약의 경우 성격상 만장일치의 동의를 요함이 원칙이다(예: 지역경제통합조약).

비엔나 협약이 채택의 기준으로 2/3의 다수결을 제시한 이유는 이 정도 수준이면 소수 입장의 보호가 가능하리라고 생각했기 때문이다. 그러나 국가 수의 증가로 조약의 주제에 따라서는 일정한 이해를 같이 하는 국가가 전체의 1/3이 못되는 경우도 종종 발생하게 되었다. 특히 1970년대 국제사회에서는 개발도상국들이 압도적인 다수를 차지해 선진 산업화 국가의 수는 1/3에 훨씬 못 미치게 되었다. 예를 들어 「보편적 성격의 국제기구에 파견되는 국가대표의 특권과 면제에 관한 1975년 비엔나 협약」[68]은 파견국 대표에게 폭 넓은 면제를 부여하고 있어서 정작 국제기구 소재국으로부터 외면당하고 있다. 채택 이후 근 반세기가 흘렀음에도 불구하고 발효에 필요한 당사국 수조차 확보하지 못했으며,[69] 발효되어도 큰 의의를 갖기 어려운 실정이다. 선진 산업화 국가가 대부분인 주요 국제기구 소재지국의 숫자는 비교적 소수이므로 1/3 정도의 기준으로는 이들의 이해를 충분히 반영하기 어렵다. 범세계적 적용을 목표로 하는 입법적 다자조약은 되도록 모든 국가가 수용가능한 내용으로 채택될 필요가 있음을 보여 주는 사례이다.

근래에는 총의(consensus)를 통한 채택이 종종 활용되고 있다. 즉 총의란 최소한 공식적인 반대가 없는 상황을 의미한다.[70] 총의에 의한 채택의 경우 모든 참가국이 거부권을 갖는 셈이므로 총의 확보를 위해 조약 내용이 모든 참여국에게 수락될 만한 수준으로 위축될 수 있다. 또는 조약문이 복잡해지거나 모호한 내용으로 타협이 이루어질 수도 있다. 따라서 총의를 통한 합의는 일견 매우 어려워 보이지만, 다른 한편 주요 강대국간에 일치만 이루어지면 약소국으로서는 조약 성립 무산의 비난이 두려워 쉽게 반대하지 못하게 된다. 이런 경우 소수파 국가는 다수결 채택의 경우보다 소신 있는 반대를 하기 더 어려워질 수 있다. 그래도 총의에 의한 조약 채택이 쉽지는 않다. 무기거래조약에 관한 회의(UN Conference on the Arms Trade Treaty)는 총의에 의한 결정을 예정했다가 조약 채택에 실패하고, 후일 이 조약은 UN 총회 결의의 형식으로 채택되었다. 국제형사재판소 설립을 위한 1988년 로마 회의에서는 한 참가국이 표결을 요구해 총의에 의한 규정 채택이 무산되었다. 표결 결과 국제형사재판소에 관한 로마 규정은 찬성 120, 반대 7, 기권

68) Vienna Convention on the Representation of States in their Relations with International Organizations of a Universal Character(1975).

69) 발효에는 35개국의 비준이 필요하나 2023년 6월 기준 34개국의 비준. 2008년 이후 새로운 비준이 없어서 점차 잊혀진 조약이 되고 있다.

70) 1982년 UN 해양법협약 제161조 8항 e호 참조.

21로 채택되었다.[71] 1982년 UN 해양법협약 회의와 같이 최종적으로 다수결에 의한 채택을 예정하고 있을지라도 중간 협상과정에서는 표결을 자제하고 총의를 통한 합의 달성에 노력하기도 한다. 당시 약 10년간 진행된 제3차 UN 해양법회의에서 표결은 마지막 협약 채택시 단 1회만 실시되었다.[72]

양자조약의 경우 채택만을 위한 특별한 절차를 갖는 경우는 드물다. 보통 조약문에 서명하는 행위가 채택을 의미한다. 반면 다자조약은 채택을 위한 별도의 절차를 갖는 경우가 보통이다. UN의 경우 협상기구에서 조약문이 합의되면 총회 결의의 형식으로 조약이 채택되는 사례가 많다. 이때 총회는 조약문의 내용을 수정할 권한이 있지만, 대개 사전에 합의된 조약문을 표결 없이 총의로 채택되는 예가 많다. 근래 UN에서의 실행은 채택 예정인 조약문이 모든 언어본으로 공식 번역되어 채택을 위한 회의일보다 최소한 24시간 이전에 각국에 배포됨으로써 본국 정부와 상의할 시간을 주는 한편, 그동안 기술적 오류는 없는지 마지막 점검을 한다.[73]

유의할 사항은 조약의 채택만으로는 법적 의무가 창설되지 않는다는 점이다. 조약의 채택에 찬성했다는 사실이 당사국으로서 이에 구속받게 됨을 의미하지도 않는다. 다만 양자조약에 있어서 채택은 통상 서명을 의미하므로, 서명만으로 발효하는 양자조약에서는 채택, 서명, 발효가 동시에 이루어지기도 한다. 다자조약의 경우 채택되고 일정 기간이 경과된 이후 서명을 위해 개방되는 예가 많다.

조약은 종종 복수의 언어로 작성된다.[74] UN의 경우 영어, 프랑스어, 러시아어, 중국어, 스페인어, 아랍어 6개의 공식 언어로 작성된다. 모든 공식 언어본은 정본에 해당하며, 각 언어본이 모두 원본이다. 만약 다자조약의 여러 원본상 불일치가 있거나 언어상의 오류가 발견되면 UN 사무국은 이를 모든 관련국에게 통보해 보통 90일 이내에 이의 제출을 요청한다. 단 이를 통한 정정은 기술적인 사항에 한하며 조약 내용을 수정할 수는 없다. 때로는 단순 정정과 내용 수정을 구별하기 애매한 경우도 있다.

---

71) C. Fuentes & S. Villapando, Making the Treaty, in D. Hollis, Oxford Guide 2nd, p.218.

72) A. Aust, Treaty Law, pp.80－82.

73) C. Fuentes & S. Villapando(전게주 71), pp.218－219.

74) 유럽의 고전 시대에는 조약이 주로 라틴어 작성되었고, 이후 제1차 대전시까지는 프랑스어로 작성된 예가 많았다. 20세기 들어 중요한 조약은 본격적으로 복수의 언어로 작성되었다.

5. 인 증

조약이 채택되면 정본 인증을 하게 된다. 인증이란 조약문의 최종 확정과정이다. 정본 인증 이후에는 조약문의 내용을 더 이상 바꿀 수 없다. 어떠한 방법으로 조약 정본을 인증할지는 협상 당사국들이 정할 문제이다. 통상 가서명, 조건부 서명, 서명, 최종 의정서의 채택이나 서명 등의 방법이 사용된다(제10조). 국제기구에서 채택되는 다자조약의 경우 보통 기구 기관에서의 결의 채택이 인증의 방법으로 활용된다. 양자조약의 경우 가서명을 통한 인증 이후에도 서명 이전까지는 조약 내용의 수정 제안이 종종 있다.

국제회의에서는 최종의정서(Final Act)가 채택되는 경우가 있다. 최종의정서는 보통 회의에서 채택된 조약문과 함께 회의진행의 요약(일자, 장소, 참가자 등에 관한 설명)과 회의에서의 작업 내용을 포함한다. 이는 조약에 관한 일종의 출생증명서와 같은 역할을 한다. 최종의정서는 조약 해석에 유용한 지침을 제공해 주기도 한다. 단 최종의정서는 조약의 일부가 아니다. 이는 종종 조약문과는 별도로 서명되며, 참가국이 이에 서명하는 행위가 조약 서명이나 가입의사 표시를 의미하지 않는다. 최종의정서의 서명에는 보통 전권위임장이 요구되지 않으며, 신임장만으로 충분하다.

제 3 장

기속적 동의의 표시

1. 서　　명
2. 비　　준
3. 기타 방법
4. 기속적 동의의 철회
5. 발효 전 의무
    가. 의　　의
    나. 연　　혁
    다. 비엔나 협약의 내용
    라. 적용사례
6. 입법부의 관여

제3장 기속적 동의의 표시

국가가 조약의 구속력을 수락한다는 의사는 서명, 조약을 구성하는 문서의 교환, 비준·수락·승인 또는 가입이나 그 밖의 합의된 방법으로 표시된다(제11조). 조약이 특별히 인정하고 있거나 다른 체약국이 동의하는 경우에는 조약의 일부에 대한 기속적 동의의 표시도 가능하다(제17조 1항).

조약에 대해 국가가 이 같은 기속적 동의를 표시하는 가장 대표적인 방법은 서명과 비준이다. 비엔나 회의에서는 서명과 비준 중 어느 방식을 조약에 대한 기본적인 기속적 동의방법으로 규정할지에 관해 논란이 있었으나, 결국 어느 방안도 기본 원칙으로 채택되지 않고 협약에는 서명과 비준 등 각종 방법이 대등한 자격으로 열거되었다. 즉 어떠한 방법으로 조약에 대한 기속적 동의를 표시할지는 각 조약마다 당사국 합의에 따라 결정된다.

1. 서 명

서명이란 조약 작성에 참여한 국가 대표가 조약문 말미에 자신의 성명을 기록하는 행위이다. 통상 서명자의 직책을 같이 표기하나, 이것이 빠졌다고 해도 서명의 효과에는 차이가 없다. 이름은 전체를 쓰거나 성(last name)만을 쓰나 상관없다. 보통 사람이 읽기 어려운 수준의 흘려 쓴 서명도 문제되지 않는다. 서명자의 확인이 중요하다고 본다면 서명과 함께 정자체의 이름을 병기한다. 동일한 국가를 위해 여러 명이 서명하는 경우도 있으나, 통상은 1명의 서명으로 충분하다. 서명은 보통 수기(hand-writing)로 하나, 양측이 동의를 하면 전자서명도 가능하다.[1)]

서명의 법적 효과는 조약 당사자들의 의도에 따라 달라진다. 조약은 서명만으로 발효할 수도 있으나, 서명 이후 별도의 기속적 동의를 필요로 하기도 한다. 오늘날 거의 모든 조약은 후반부에 그 조약의 발효방법을 구체적으로 명시하므로 이

---

1) Hoffmeister, Article 12, in O. Dörr & K. Schmalenbach, Commentary 2nd, p.184.

에 따른 혼선은 사실상 발생하지 않는다.

유럽의 절대주의 전제국가 시절 군주는 단독으로 자국의 기속적 동의를 표시할 권한이 있었기 때문에 군주의 서명은 곧 조약의 구속력을 승인하는 최종적 의사표시였다. 군주의 대리인이 조약 서명을 하는 경우 자신의 권한을 증명하는 전권위임장이 필요했다. 과거 조약 서명 이후의 비준은 군주로 하여금 자신의 대리인이 주어진 권한 범위 내에서 적절히 행동했는지 확인하는데 중점을 둔 절차적 행위에 불과했다. 부여된 권한 범위 내에서 조약이 합의되었으면 이의 비준은 의무적이라고 생각했다. 비준이 되면 조약은 서명시로 소급 발효하는 경우도 많았다. 그러나 19세기를 지나면서 여러 가지 이유에서 비준은 임의적이라고 간주되었고, 서명은 조약 체결의 중간단계의 역할만 맡는 경우가 많아졌다. 정식의 조약은 서명만으로 발효되지 못하고, 별도의 기속적 동의표시를 필요로 했다.

별도의 기속적 동의를 필요로 하는 조약의 경우 서명은 어떠한 의미를 지니는가? 서명은 일단 조약 협상의 종료와 내용 확정, 즉 채택을 의미한다. 서명된 조약은 최소한 서명국 행정부에 의해서는 동의되었음을 의미한다. 또한 서명된 조약은 아직 발효되기 전이라도 일정한 권리·의무를 발생시킨다. 즉 서명국은 조약의 대상 및 목적을 훼손하지 않을 의무를 부담한다(제18조). 또한 서명국은 조약기구 준비절차에 참여할 자격이 생기거나, 타국의 유보에 대해 반대의사를 표시할 자격이 생기며, 조약문의 오류 수정절차에 참여할 자격을 얻게 된다.[2)]

20세기 초반까지 서명은 단지 조약의 채택만을 의미하는 경우가 많았으나, 오늘날 많은 수의 조약은 서명만으로 발효하고 있다. 현대에는 국제관계의 긴밀화로 조약 체결건수가 급증했고, 내용의 중요성이 비교적 낮은 경우도 적지 않아 가급적 간이한 절차로 조약을 성립시킬 필요가 늘었기 때문이다. 이러한 현상은 양자조약에서 특히 현저하다. 서명만으로 발효하는 조약의 대부분은 조약의 채택, 서명, 발효가 동시에 성립한다.

정치적으로 중요한 양자조약은 단순 서명의 경우에도 어느 정도의 공식적 의전행사가 진행된다. 서명은 2개의 정본에 하며, 서명 후 서로 교환을 한다. 양 조약문은 각기 자국 측 이름이 앞서 나오는 점에서만 차이가 난다. 다자조약은 일정한 공식 행사를 통해 서명을 하는 경우가 많다.

---

2) C. Bradley, Treaty Signature, in D. Hollis, Oxford Guide, p.211.

아직 조약 정본이 마련되지도 않았는데 서명을 한 경우에도 서명의 효력이 인정되는가? 오늘날 여러 언어의 정본이 마련되어야 하는 조약의 경우 협상이 타결된 시점에는 한두 개 언어본만 마련되고 아직 다른 언어본은 준비되지 않을 가능성이 크다. 그럼에도 불구하고 정치적인 이유에서 서명을 일찍 공식화 하고 싶을 때도 있다. 발효에 별도의 비준을 필요로 하는 조약의 경우 미처 공식 정본이 다 준비되지 않았을지라도 참가국들은 부담을 덜 느끼며 우선 서명할 수 있을 것이다. 다자조약이 채택 이후 일정한 기간 이후 서명에 개방되는 이유 중 하나는 특히 번역을 통해 여러 언어의 정본을 만들어야 하기 때문이다.

한편 정식 서명 이전에 가서명이나 조건부 서명의 방법이 활용되기도 한다. 가서명(initialing)이란 협상 참가자가 조약문의 매 페이지 밑에 이니셜을 적는 방법이다. 가서명은 추후 조약내용에 대한 최종적 확인을 유보하면서 일단 조약 내용을 확정하는 기능을 한다. 가서명은 주로 양자조약에 활용되며, 대규모 다자조약에서는 잘 사용되지 않는다. 가서명은 조약의 채택이나 인증시 주로 활용된다. 가서명된 조약은 합의된 바에 따라 정식 서명 또는 비준이 있어야 그 때부터 발효한다. 가서명은 정식 서명으로 이어지는 경우가 통례이나, 상황에 따라서는 후속 행위가 뒤따르지 않고 조약 체결이 무산될 수도 있다. 한국과 일본은 군사정보호협정 체결을 추진해 2012년 4월 23일 양국 외교국방실무급 회의에서 가서명되었으나, 이 사실에 대해 국내 여론이 반발하자 한국 정부는 정식 서명 발효 예정시간인 2012년 6월 29일 오후 4시에서 불과 약 1시간 전 보류를 통고하고 무산시킨 예가 있다.[3)]

가서명이 그 조약의 서명을 구성하기로 당사국간에 합의된 경우, 그 가성명이 조약에 대한 서명을 구성한다(제12조 2항 가호). 외교실행상 국가원수 · 정부수반 · 외교장관은 종종 조약 서명시 자신의 정식 이름을 적지 않고, 정식 서명의 의도 하에 initialling만을 한다. 제2항 가호는 이런 경우 정식 서명의 효과를 발생시키기 위한 조항이다. initialling을 정식 서명으로 인정하기 위해서는 양 당사국의 이런 의사가 일치되어야 하기 때문에, 조약의 어느 일방 당사국만 정식 서명의 의도로 initialling을 했다면 제2항 가호의 효과는 발생하지 않는다.[4)]

서명만으로 발효시키려는 조약에 관해 마지막 단계에서 발효에 장애가 되는 사정이 발견되면 조건부 서명(signature ad referendum)이 활용되기도 한다. 나중에

3) 조선일보 2012년 6월 30일 A1.
4) Hoffmeister(전게주 1), p.184.

그 조건이 확인되면 조건부 서명은 완전한 서명으로 되며(제12조 2항 나호), 확인의 효력은 달리 합의되지 않는 한 조건부 서명 시까지 소급한다. 조약 자체의 확인을 의미하는 비준과 달리 여기서의 확인이란 서명의 확인을 의미한다. 따라서 발효를 위해 비준과 같은 별도의 절차가 요구되는 조약의 경우 이런 방식이 적용될 필요가 없다. 확인의 수단으로는 보통 외교공한이 사용되며, 구두확인은 사용되지 않는다.[5)]

2. 비 준

비준(ratification)이란 조약의 서명국이 조약 내용을 정식으로 그리고 최종적으로 확인하고 이에 구속받겠다는 의사를 상대국에게 통고하는 국제적 행위이다.[6)] 비준은 국가가 기속적 동의를 표시하는 가장 유서 깊은 방식이다. 조약이 달리 허용하지 않는다면 비준은 무조건적이어야 한다. 비준은 국가의 기속적 동의를 확정하는 행위이므로 유보의 첨부가 아닌 한 조건부 비준은 허용되지 않는다.[7)] 비준이 이루어지기 위해 국내적으로 어떠한 절차를 거쳐야 하는지는 국제법의 문제가 아니므로 비엔나 협약은 이를 다루지 않는다.

조약에 특별한 시한이 설정되어 있지 않다면 채택이나 서명 이후 어느 정도 기간 내로 비준을 해야 된다는 국제법상 의무는 없다. 미국은 자신의 추진한 「제노사이드 방지협약」을 1948년에 서명했으나, 무렵 40년만인 1988년에 비준했다. 그 이유는 상원의 동의를 얻지 못했기 때문이다. 바로 비엔나 협약도 1970년에 서명했으나, 상원의 동의를 얻지 못해 아직도 비준을 못하고 있다.

양자조약은 대개 조약문과는 별도의 비준서를 작성해서 교환행사를 갖거나 외교경로를 통해 교환한다. UN 사무국이 수탁처인 다자조약의 경우 비준서는 사무국으로 전달되며, 특별한 문서교환은 없다. 비준서가 수탁처에 도착하는 날이 비준일이 된다. UN 사무총장은 이 사실을 모든 관련국에게 통지한다.

비준서를 위한 특별한 형식은 없다. 비준국의 기속적 동의 의사만 명확하게

---

5) A. Aust, Treaty Law, p.91.

6) 비준이란 국가를 대외적으로 대표하는 기관에 의한 국제적 행위(international act)이다. 언론에서는 종종 조약에 대하여 국회의 비준을 받았다는 표현을 사용하는데, 이는 적절한 용어 사용이 아니다. 국회는 대통령의 비준 등에 대해 "동의"를 할 뿐이다(헌법 제60조 1항).

7) A. Aust, Treaty Law, p.97.

표시되면 된다. 비준서는 국가 의사를 표시하는 문서이므로 국가를 대표할 수 있는 자에 의해 서명되어야 한다. 통상 국가원수·정부수반·외교부 장관이 이에 해당하며, 다른 사람이 비준서에 서명하기 위해서는 별도의 전권위임장이 필요함이 원칙이다. 비준서가 반드시 조약상의 공식 언어를 사용해야 한다는 규칙은 없으나, 별도 언어로 작성된 비준서는 번역이 필요할 것이다. 과거에는 비준서 뒤에 원 조약을 첨부했으나, 오늘날에는 이러한 관행이 없어졌다.[8)]

앞서 설명한 바와 같이 유럽의 절대주의 전제국가 시절 군주의 대리인이 권한 내에서 조약에 서명했다면 이후 군주의 비준은 의무적이라고 간주되었다. 그러나 19세기가 되면서 점차 비준이 의무라는 인식은 없어지고, 비준절차는 군주로 하여금 조약내용을 다시 한번 숙고할 기회를 주는 기능을 하게 되었다. 변화의 가장 큰 계기는 미국 헌법이 의회의 조약 동의제도를 도입한 사건이었다. 의회 동의로 인해 미국 행정부는 자신이 서명한 조약의 비준을 확약해 줄 수 없었다. 이에 1789년 9월 미국의 워싱턴 대통령은 전권위임장을 발부하면서 비준이 의무가 아니라는 문구를 처음으로 삽입했다. 초기에 유럽 국가들은 미국의 새로운 실행에 항의하기도 했으나, 결국은 이를 수용했다. 프랑스 혁명 이후의 새 프랑스 헌법에도 같은 취지의 조항이 설치되었다. 점차 조약의 단순한 서명이 국가의 확정적 의사표시가 될 수 없다는 실행이 일반화 되었다. 오늘날 조약에 서명한 이후 국가는 비준 여부에 관해 완전한 재량을 가진다. 각국은 서명 이후 비준 사이에 조약 내용에 대한 국내 여론을 살펴보기도 하고, 조약 실시를 위해 국내법을 정비하기도 한다.

오늘날 조약 내에 서명만으로 발효하는지, 또는 비준을 필요로 하는지에 관해 구체적인 조항이 없는 경우 어떤 발효절차가 적용되는가? 19세기적 전통에서는 비준의 필요성이 명기되지 않은 조약의 경우에도 묵시적으로 요구된다는 생각이 강했다. PCIJ는 1929년의 한 판결에서 "조약은 예외적인 경우를 제외하고 오직 비준을 통해 구속력을 갖는다"고 설시했었다.[9)] 1935년 발표된 Harvard Research도 특별한 조항이 없는 경우 비준은 묵시적으로 요구된다고 보았다.[10)] 오직 군주가 직

8) A. Aust, Treaty Law, p.99.

9) "unless the contrary be clearly shown by the terms of that article, it must be considered that reference was made to a Convention made effective in accordance with the ordinary rules of international law amongst which is the rule that conventions, save in certain exceptional cases, are binding only by virtue of their ratification." Territorial Jurisdiction of the International Commission of the River Oder, PCIJ Series A 23(1929), p.20.

접 교섭하고 서명한 조약의 경우에만 비준에 관한 조항이 없다면 묵시적으로 포기되었다고 해석했다.[11] 그러나 제1차 대전 이후의 실행은 비준에 관한 명시적인 조항이 없는 조약은 거의 예외 없이 서명만으로 발효했다.[12]

비엔나 회의과정에서도 국내법 절차의 준수를 확보하고 발효문제를 명확히 하기 위해서는 비준이 묵시적으로 요구된다고 보는 주장과 현대적 실행을 바탕으로 할 때 비준은 명시된 경우에만 필요하다는 주장이 대립했었다. 사실 어느 쪽 입장도 확실한 우위를 점하지 못했었다.[13] 결국 비엔나 협약은 서명과 비준 어느 편도 조약 발효의 기본원칙으로 채택하지 않고, 기속적 동의를 표시하는 모든 방법을 대등하게 열거만 하기로 했다. 이 문제의 결정은 각 조약 당사국의 의사에 맡겨진 셈이었다. 비엔나 협약은 조약이 비준에 관해 침묵하는 경우 발효방법에 대해서는 여전히 답을 주지 않고 있으나, 오늘날 사실상 모든 조약이 후반부에 발효방법을 명기하고 있기 때문에 이로 인한 혼선은 발생하지 않고 있다. 그렇지만 실수든 고의든 비준의 필요성 여부에 관해 아무런 조항을 두지 않은 조약이 만들어진다면 오늘 날에는 서명만으로 발효한다고 보아야 할 것이다.[14] 이것이 지난 1세기 동안의 통상적 국제실행이었으며, 성격상 비준 절차를 거치기 어려운 구두합의도 조약의 일종으로 인정될 수 있기 때문이다.

3. 기타 방법

수락(acceptance)과 승인(approval)은 제2차 대전 이후 본격적으로 사용된 개념으로 오늘날 비준과 사실상 거의 같은 기능을 한다(제14조). 이러한 점은 "subject to ratification, acceptance or approval"와 같이 3가지 방안이 통상적으로 나란히 열거되고 있는 사실에서도 알 수 있다. 비준에 적용되는 규칙은 수락과 승인에도 그대로 적용되어 동일한 법적 효과를 발생시킨다. 서명 없이 바로 수락이나 승인을

10) Harvard Research(Codification of International Law), Supplement to the American Journal of International Law vol.29(1935), pp.763－769. 여기서는 비준이 묵시적으로 요구되지 않는다는 주장도 소개하고 있으나, 압도적인 다수의 지지자를 제시하며 비준의 필요성을 긍정하고 있다.

11) Harvard Research(상계주), pp.767－768.

12) H. Blix, "The Requirement of Ratification," 30 BYIL(1953), p.380.

13) I. Sinclair, Vienna Convention, pp.40－41.

14) J. Klabbers, International Law 3rd(Cambridge UP, 2021), p.51.

하는 경우는 가입과 동일한 의미를 지닌다. 독특한 경우로서 UN 식량농업기구(FAO) 회의에서 채택된 조약은 서명 절차를 거치지 않고 단순히 수락을 통해 당사국이 될 수 있다. 이때의 수락은 비준과 같은 의미를 지닌다.

"비준" 절차를 거치려면 국내법상 반드시 입법부의 동의를 필요로 하는 국가의 경우 이러한 절차를 우회하기 위해 대신 수락이나 승인을 활용하기도 한다. 미국은 ILO의 당사국이 되는 방법으로 수락을 사용했다. ILO 설립협정은 베르사유 조약의 일부로 작성되었는데, 상원이 베르사유 조약에 대한 동의를 거부했다. 대신 하원이 ILO 가입을 허용하는 결정을 하자, 미국은 비준 대신 수락의 방법을 사용했다.[15)]

가입(accession)이란 이미 조약에 관한 협의가 끝났거나 서명을 마친 이후 추가로 당사국이 되겠다는 의사표시이다. 가입은 조약에 이를 허용하는 조항이 있거나 다른 당사국들이 동의하는 경우에만 가능하다(제15조). 오늘날 비준의 대상이 되는 조약은 거의 예외 없이 동시에 가입을 통한 기속적 동의의 표시도 인정하고 있다. 과거에는 이미 발효된 조약에 대해서만 가입이 가능하다고 생각했으나, 오늘날 가입 조항을 두고 있는 대부분의 조약이 발효와 상관없이 가입문호를 개방하고 있다. 가입에는 신청국의 일방적 통고만으로도 가능한 경우도 있으나(예: 1949년 제네바 4개 협약), 일정한 조건을 만족시키는 국가에 한해 표결로써 가입을 인정하는 경우도 있다(예: UN 헌장 제4조). 독특한 경우로서 1967년「난민지위에 관한 의정서」는 가입의 방법으로만 당사국이 될 수 있다(동 제5조). 한국은 1907년 채택되고 1910년 발효된「국제분쟁의 평화적 해결을 위한 협약」에 거의 1세기만인 2000년 가입했다.

조약에 따라서는 같은 내용을 상호 확인하는 문서교환(exchange of instruments)의 방식으로 기속적 동의가 표시되기도 한다(제13조). 대개 일방이 합의의 조건을 제시하면, 타방이 그 내용을 그대로 반복 수록한 후 이에 동의한다는 의사를 첨부하는 형태로 활용된다. 문서교환은 청약과 승낙을 통한 합의 성립이라는 사법상의 계약 성립과 유사한 형태이다. 방식의 특성상 양자조약에 주로 활용되나, 간혹 3개국 이상의 다자조약에서도 활용된다. 별도의 추가적인 절차가 필요하지 않는 한 문서교환의 형식으로 조약이 발효된다는 사실을 명기한다. 문서교환은 원래 비공식적인 조약 체결 방법으로 활용되기 시작했으나, 오늘날에는 널리 활용되고 있다. 문서교환은 정치적 중요성이 크지 않은 합의를 간이한 방식으로 성립시키는 실용

15) G. Korontzis, Making the Treaties, in D. Hollis, Oxford Guide, p.199.

적 절차로서, 정부와 주재국 대사관 사이에 이루어지는 예가 많으나 반드시 이에 한정되지는 않는다. 기존 조약을 개정하거나 보완하는 경우에 많이 활용된다. UN에 등록되는 조약의 약 1/3이 문서교환 형식으로 체결된다고 하니 상당히 널리 사용되는 방식이다.[16)]

비엔나 협약은 합의된 다른 방식으로도 조약에 대한 기속적 동의를 표시할 수 있다고 규정하고 있다. 반드시 서면으로 표시가 요구되지도 않는다. 예를 들어 서명절차조차 거치지 않고, 당사국간 조약의 채택만으로 발효에 합의할 수도 있다(예: 1996년의 CTBT Pre-Com 설립협정).

경우에 따라서는 일종의 묵시적 동의를 통해서도 기속적 동의가 표시되기도 한다. 예를 들어 국제해사기구(IMO)는 선박오염방지협약(MARPOL 73/78)의 부속서 개정을 통해 회원국들의 의무를 변경한다. 일정기간 내 이에 반대의사를 표시하지 않으면(opt-out) 개정 내용은 당사국에 구속력을 갖는다. 세계보건기구(WTO)가 2005년 총회에서 채택한 국제보건규칙은 회원국에 대한 통고 18개월 내 사무총장에게 이의를 전달하지 않는 회원국에게 발효되었다. 찬성하는 국가는 별도의 의사를 표시하지 않아도 된다. 일종의 묵시적 동의를 통한 구속력의 수락이다.

한편 국제기구에 관한 조약법 협약은 국제기구의 경우 비준 대신 공식 확인(formal confirmation)이라는 새로운 표현을 기속적 동의를 표시하는 방법으로 추가하고 있다(제11조 2항). 비준은 주권행사와 연결된 개념으로 이해되어 국제기구에 대해서는 이 용어 사용이 회피되었기 때문이다. 1982년 UN 해양법협약 제9부속서 제3조에 이 같은 표현이 등장한 바 있다.[17)] 공식확인은 통상 비준의 기능을 담당한다.[18)] 양자의 형식적 구별은 큰 의미가 없으며, 이전에도 국가와 국제기구에 공히 비준을 사용한 예도 있었다.[19)] 국제기구에서 이러한 권한은 통상 총회에 속하며, 총회의 승인을 받아 사무총장이 이 같은 의사를 표시한다.

16) A. Aust, Treaty Law, p.94.

17) "국제기구는 회원국의 과반수가 비준서나 가입서를 기탁한 경우, 공식 확인서나 가입서를 기탁할 수 있다."

18) Hoffmeister, Article 11, in O. Dörr & K. Schmalenbach, Commentary 2nd, pp.177-178.

19) 1985년 오존층 보호를 위한 비엔나 협약 제13조 "이 협약과 부속의정서는 국가 및 지역경제통합기구의 비준, 수락, 승인을 받아야 한다."

▶판례: 비준은 조약 발효에 필수인가?(부정)

Land and Maritime Boundary between Cameroon and Nigeria (Cameroon v. Nigeria), 2002 ICJ Reports 303.

[카메룬과 나이지리아 정상은 1975년 6월 1일 해양경계의 일부를 획정하는 Maroua 선언에 합의하고 서명했다. 후일 카메룬은 Maroua 선언은 조약이며, 이에 규정된 경계는 확정이 되었다고 주장했다. 반면 나이지리아는 이 합의가 비준되지 않아 조약으로 성립되지 않았다고 주장했다. 재판부는 Maroua 선언이 비준되지 않았다는 이유로 법적 효력이 없다는 주장을 배척하며, 이는 서명과 동시에 발효된 조약으로 해석했다.]

"252. Thereafter, according to Cameroon, between 1971 and 1975 a number of unsuccessful attempts to reach agreement on the delimitation of further parts of the maritime boundary were made. It was only at the summit meeting held in Maroua from 30 May to 1 June 1975 that an agreement could be reached on the definitive course of the maritime boundary from point 12 to point G. The Joint Communiqué issued at the end of that meeting was signed by the Heads of State. Cameroon draws particular attention to the statement in the Communiqué that the signatories "have reached full agreement on the exact course of the maritime boundary" [⋯].

253. Cameroon accordingly maintains that the Yaoundé II Declaration and the Maroua Declaration thus provide a binding definition of the boundary delimiting the respective maritime spaces of Cameroon and Nigeria.

Cameroon argues that the signing of the Maroua Agreement by the Heads of State of Nigeria and Cameroon on 1 June 1975 expresses the consent of the two States to be bound by that treaty; that the two Heads of State manifested their intention to be bound by the instrument they signed; that no reservation or condition was expressed in the text, and that the instrument was not expressed to be subject to ratification; that the publication of the Joint Communiqué signed by the Heads of State is also proof of that consent; that the validity of the Maroua Agreement was confirmed by the subsequent exchange of letters between the Heads of State of the two countries correcting a technical error in the calculation of one of the points on the newly agreed line; and that the reference to Yaoundé II in the Maroua Agreement confirms that the legal status of the former is no different from that of the latter. Cameroon further argues that these conclusions are confirmed by the publicity given to the partial maritime boundary established by the Maroua Agreement, which was notified to the Secretariat of the United Nations and published in a whole range of publications which have widespread coverage and are well known in the field of maritime boundary delimitation. It contends that they are, moreover, confirmed by the contemporary practice of States, by the Vienna

Convention on the Law of Treaties and by the fact that international law comes down unequivocally in favour of the stability and permanence of boundary agreements, whether land or maritime. […]

258. Nigeria likewise regards the Maroua Declaration as lacking legal validity, since it "was not ratified by the Supreme Military Council" after being signed by the Nigerian Head of State. It states that under the Nigerian constitution in force at the relevant time - June 1975 - executive acts were in general to be carried out by the Supreme Military Council or subject to its approval. It notes that States are normally expected to follow legislative and constitutional developments in neighbouring States which have an impact upon the inter-State relations of those States, and that few limits can be more important than those affecting the treaty-making power. It adds that on 23 August 1974, nine months before the Maroua Declaration, the then Head of State of Nigeria had written to the then Head of State of Cameroon, explaining, with reference to a meeting with the latter in August 1972 at Garoua, that "the proposals of the experts based on the documents they prepared on the 4th April 1971 were not acceptable to the Nigerian Government," and that the views and recommendations of the joint commission "must be subject to the agreement of the two Governments." Nigeria contends that this shows that any arrangements that might be agreed between the two Heads of State were subject to the subsequent and separate approval of the Nigerian Government. […]

263. The Court considers that the Maroua Declaration constitutes an international agreement concluded between States in written form and tracing a boundary; it is thus governed by international law and constitutes a treaty in the sense of the Vienna Convention on the Law of Treaties (see Art. 2, para. l), to which Nigeria has been a party since 1969 and Cameroon since 1991, and which in any case reflects customary international law in this respect.

264. The Court cannot accept the argument that the Maroua Declaration was invalid under international law because it was signed by the Nigerian Head of State of the time but never ratified. Thus while in international practice a two-step procedure consisting of signature and ratification is frequently provided for in provisions regarding entry into force of a treaty, there are also cases where a treaty enters into force immediately upon signature. Both customary international law and the Vienna Convention on the Law of Treaties leave it completely up to States which procedure they want to follow. Under the Maroua Declaration, "the two Heads of State of Cameroon and Nigeria agreed to extend the delineation of the maritime boundary between the two countries from Point 12 to Point G on the Admiralty Chart No. 3433 annexed to this Declaration." In the Court's view, that Declaration entered into force immediately upon its signature."

4. 기속적 동의의 철회

조약이 발효하기 전에는 국가를 법적으로 구속하지 않는다. 그렇다면 이 단계에서 국가는 이미 표시한 조약에 대한 기속적 동의의 의사를 자유로이 취소할 수 있는가?

발효 전이라면 조약의 구속력을 받지 않으므로 이를 규제할 방법은 없을 듯하다. 비엔나 협약도 이 점에 대해 특별한 규정을 두고 있지 않다. 예를 들어 이미 비준서를 제출한 경우라도 조약이 발효되기 전이라면 조약에 대한 국가의 동의는 아직 확정되지 않았다는 이유에서 비준서 철회가 가능하다고 해석된다. 1968년 비엔나 회의에서 우크라이나 대표가 조약이 최종적으로 구속력을 갖기 이전이라면 국가는 언제라도 동의의사를 철회할 주권적 권리가 있다고 주장했을 때, 어떠한 이의도 제기되지 않았다.[20] UN의 실행에서도 이러한 철회가 수락되어 왔으며,[21] 실제 발효 전에 비준서를 철회한 사례가 발생해도 다른 국가들의 이의제기는 없었다.[22] 조약 자체는 발효 중이라도 기속적 동의를 표시한 국가에 대해 아직 적용 이전이라면 그 동의의사는 철회될 수 있다. 말레이시아는 2019년 3월 4일 국제형사재판소에 관한 로마규정 가입서를 제출해 6월 1일부터 당사국이 될 예정이었으나, 자국에 발효 전인 4월 5일 가입을 철회하고 당사국이 되지 않았다. 또한 서명만으로 기속적 동의를 표시하는 조약의 경우라도 발효에 일정 수의 국가의 서명이 필요하다거나, 서명 후 일정기간이 경과한 후 발효하는 조약이라면 아직 발효되기 전까지는 여전히 서명국이 서명 취소를 통해 기속적 동의를 취소할 수 있다.[23] 기

20) Official Records of the Vienna Conference on the Law of the Treaties of 1968, 19th meeting, p.100. A. Aust, Treaty Law, p.109에서 재인.

21) The Treaty Section of the Office of Legal Affairs(United Nations), Summary of Practice of the Secretary－General as Depositary of Multilateral Treaties(UN Doc. ST/LEG/7/Rev.1, Sales No. E.94.V.15)(1999), paras.157－158.

22) Agreement for the Implementation of the Provisions of the United Nations Convention on the Law of the Sea of 10 December 1982 relating to the Conservation and Management of Straddling Fish Stocks and Highly Migratory Fish Stocks에 대해 이탈리아는 1999.3.4에, 룩셈부르크는 2000.10.15에 각각 UN 사무총장에게 비준서를 제출했다가, 다른 EU 회원국과 함께 비준하겠다는 이유에서 이탈리아는 1999.6.4에, 룩셈부르크는 2000.12.31에 일단 비준을 취소했다. UN 사무총장은 이러한 사실을 관련국들에게 통보했으나 별다른 이의가 제기되지 않았다. 이탈리아와 룩셈부르크는 다른 EU국가들과 함께 2003.12.19 비준서를 다시 기탁했다. UN은 양국의 비준일을 2003.12.19로 표시하고 있다. 이 협정의 발효일은 2001.12.11이었다. A. Aust, Treaty Law, pp.109－110.

속적 동의에 이르지 않는 서명의 경우 국가는 별다른 제약 없이 취소할 수 있다.

즉 조약이 이미 발효했다면 당사국은 일정한 요건에 해당하는 경우에만 이를 폐기 또는 탈퇴를 할 수 있으나,[24] 조약이 아직 발효 전이라면 이에 대해 기속적 동의를 표시한 경우나 단순 서명만 한 경우 모두 별다른 제약 없이 당사국이 될 의사를 취소할 수 있다. 이런 경우 철회국은 정치적 신뢰에 타격을 입을 뿐이다.

5. 발효 전 의무

가. 의 의

국가가 기속적 동의의사를 표시했어도, 조약이 발효하기 전에는 국가를 법적으로 구속하지 못하며 철회도 가능하다. 대외적으로 표시한 동의의사를 국가가 특별한 제약 없이 철회할 수 있다면, 그 때까지 표시했던 동의의사는 국제법상 아무런 의미도 지니지 못하는가? 예를 들어 A국이 특정 문화재를 B국에게 반환하기로 합의한 조약에 서명한 후 아직 조약이 발효하지 않았다면 고의로 이를 파괴해도 A국에게는 아무런 법적 책임이 발생하지 않는가? 대인지뢰금지협약을 비준하고도 아직 협약을 적용받기 전이라면 비준국조차 자유로이 대인지뢰 생산을 강화하고, 매설을 확대할 권리가 있다고 주장할 수 있는가?[25]

과거 조약에 따라서는 발효 전 서명국의 의무를 명문으로 규정한 사례들이 있었다. 1885년 베를린 의정서(General Act of Berlin)는 서명국들이 조약의 목적에 반하는 행위를 하지 않을 의무를 규정했다(제38조). 1922년 워싱톤 해군군축조약(Washington Treaty for the Limitation of Naval Armaments)도 서명국이 서명 시점의 해군기지를 유지하고 더 이상 확장하지 않을 의무를 규정했다(제19조). 이 같은 명문의 조항이 없는 경우, 조약 발효 전 서명국 또는 비준국은 어떠한 법적 지위에 놓이는가?

이 점에 대해 비엔나 협약 제18조는 조약이 발효 전이라도 서명국 등은 "조약의 대상 및 목적을 훼손하는(defeat) 행위를 삼가야 할 의무를 진다"고 규정하고 있

23) A. Aust, Treaty Law, p.108.

24) 조약의 종료 항목 참조.

25) 실제로 앙골라는 지뢰금지협약에 서명한 이후에도 지뢰를 계속 사용해 국제적 비난을 받았다. J. Klabbers, How to Defeat a Treaty's Object and Purpose Pending Entry into Force: Toward Manifest Intent, Vandelbilt Journal of Transnational Law vol.34(2001), pp.285–286.

다.[26] 다만 이 의무는 조약이 발효하고 정식의 당사국이 되기 전까지만 적용되며, 또한 서명국 등이 조약의 당사국이 되지 않을 의사를 명백히 하거나 조약의 발효가 부당하게 지연되면 벗어난다는 점에서 일종의 잠정적 의무라고 할 수 있다.

나. 연 혁

조약 서명국의 잠정적 의무는 이미 1935년 하바드 초안(Harvard Draft)에도 포함되어 있었다.[27] 즉 이 초안 제9조는 상황에 따라서 발효를 대기 중인 조약에 관하여도 서명국은 신의칙(good faith)상 합리적 기간 동안 향후 당사국의 의무이행을 불가능하게 하거나 더욱 어렵게 만드는 행위를 삼가야 한다고 규정했다.[28] 당시 발표된 주석은 적절한 권한을 가진 국가 대표가 조약에 서명했음에도 불구하고, 서명이 단순한 형식적 행위에 불과하다거나 서명 이후에도 마치 아무 일이 없었던 듯이 완전한 자유를 누릴 수는 없다고 설명했다. 실제로 조약에 서명한 국가의 상당수는 이를 비준한다. 따라서 다른 국가들은 타국의 서명을 진지하게 간주하게 되며, 조약 서명국이 향후 조약의 이행을 불가능하게 만들거나 이행에 장애를 주는 행위를 하지 않으리라고 예상할 권리가 있다고 보았다. 다만 하버드 초안의 작성자들은 제9조의 내용이 예외적인 상황에서만 문제되며, 법적 의무에는 이르지 않는다고 보았다.[29]

조약 발효 전 서명국 등의 잠정적 의무가 문제된 국제판례는 많지 않다. 그 중 터키-그리스 혼성재판부(Turkish-Greek Mixed Arbitration Tribunal)의 Megalidis

---

26) 이하 본 소항목에서 서명국 등이라 하면 비엔나 조약법 협약 제18조가 대상으로 하는 모든 국가를 총칭한다. 통상 비준을 필요로 하는 조약의 서명국이 이에 해당하는 대표적인 경우이므로 본고에서는 이를 서명국 등이라고 칭한다.

27) 이하 비엔나 협약 이 조항의 성안과정까지의 설명은 정인섭, 조약의 당사국이 될 의사의 취소, 국제법학회논총 제55권 제3호(2010), pp.99-103 참조.

28) "Article 9 (Obligation of a Signatory Prior to the Coming into Force of a Treaty) Unless otherwise provided in the treaty itself, a State on behalf of which a treaty has been signed is under no duty to perform the obligations stipulated, prior to the coming into force of the treaty with respect to that State; under some circumstances, however, good faith may require that pending the coming into force of the treaty the State shall, for a reasonable time after signature, refrain from taking action which would render performance by any party of the obligations stipulated impossible or more difficult." 전게주 10 참조.

29) 그렇다고 하여 신의칙(good faith)이 요구하는 의무와 국제법상의 의무를 명확하게 구별하는 것은 불가능하며, 전자의 의무 역시 국제관계의 기본을 이룬다고 강조했다. Harvard Draft Convention on the Law of Treaties with Comment(전게주 10), pp.778-781.

v. Turkey 판결(1928)은 잠정적 의무에 관한 대표적인 사례로 지적된다. 1923년 8월 터키는 자국내 한 은행의 비밀금고를 강제로 개봉해 그리스인 원고의 물건을 압류했다. 당시 터키는 로잔느 조약에 서명했으나, 아직 조약이 발효하지는 않았다. 이 사건의 재판부는 조약 서명국은 발효 전이라도 조약의 적용을 훼손하지 않을 의무가 있다고 설시하고, 터키는 은행 비밀금고에서 압류한 그리스인 원고의 재산을 원상회복시키라고 판결했다.[30] 기타 몇몇 판례에서도 조약 서명국의 잠정적 의무(또는 지위)가 인정되었거나 주장되었다.[31]

다. 비엔나 협약의 내용

조약의 잠정적 의무는 비엔나 협약 성안과정에서도 주목받았다. 첫 번째 특별보고관인 J. Brierly는 조약 발효 전의 의무는 도덕적 의무에 불과하다고 보았으나, 그를 이은 H. Lauterpacht와 Fitzmaurice는 서명국의 잠정적 의무도 법적 의무의 일종이라고 주장하며 이의 삽입을 지지했다.[32] 마지막 특별보고관인 H. Waldock도 서명국의 잠정적 의무를 법적 의무라고 판단했다. 특히 그는 서명 이전인 협상단계부터 조약의 대상을 훼손하지 않을 잠정적 의무가 발생한다고 생각했다. 즉 H. Waldock은 국가가 타국과의 조약협상을 진행함과 동시에 다른 한편으로 조약의 목적을 훼손하는 행위를 해서는 안 된다고 주장했다. Waldock은 이 내용이 영국법상 잘 확립된 개념을 바탕으로 한다고 설명하며, 예를 들어 영해 경계를 협상중인데 분쟁 대상수역에서 일방 당사국이 광물자원을 개발해 고갈시키는 행위는 금지된다고 해석했다.[33] 조약 협상을 더 이상 원하지 않는 국가는 언제든지 협상

30) Annual Digest of Public International Law Cases 1927－28(vol.4), p.395. 이 사건에서 터키는 로잔느 조약 제67조를 근거로 문제의 물건이 원상회복 의무의 대상이 아니라고 주장했으나, 재판부는 이 주장을 배척했다. 다만 이 사건에 대하여는 조약 서명국의 잠정적 의무와 상관없이도 터키의 행위가 국제법 위반으로 인정될 수 있는 사례라는 점을 동시에 유의해야 한다는 지적이 있다. J. Charme, The Interim Obligation of Article 18 of the Vienna Convention on the Law of Treaties: Making Sense of an Enigma, George Washington Journal of International Law and Economics vol.25(1992), p.81.

31) 기타 Certain German Interest in Upper Silesia(Poland v. Germany), 1926 PCIJ Series A, No.7. p.30, pp.39－40; Mavrommatis Palestine Concession(Greece v. U.K.), 1924 PCIJ Series A, No.2. p.34 등 참조. 이에 관한 설명은 정인섭(전게주 27), pp.100－101 참조.

32) H. Lauterpacht, First Report on the Law of Treaties, 2 Y.B. of International Law Commission (1952), 90, 108, U.N. Doc. A/CN.4/SER.A/1953/Add.1. 및 Sir Gerald Fitzmaurice, Law of Treaties, 2 Y.B. of International Law Commission(1956), 104, 113, U.N. Doc. A/CN.4/SER.A/1956/Add.1. J. Klabbers(전게주 25), p.308에서 재인.

을 중단할 수 있으므로 이것이 새삼 특별한 의무를 지우지도 않는다고 보았다. 결국 이것이 ILC의 최종입장으로 채택되어 비엔나 회의에 제출되었다.[34]

비엔나 회의에서 조약 서명국 등의 잠정적 의무 조항을 설치하자는 안은 광범한 지지를 받았으나, 단 조약 "협상중"부터 잠정적 의무를 부담한다는 조항만은 국가의 자유를 지나치게 제한한다는 이유에서 반대에 부딪쳤다.[35] 결국 서명국 등의 잠정적 의무 조항을 완전히 삭제하자는 수정안은 부결된 반면, "협상중"의 경우만 제외하고 서명 등 이후부터 잠정적 의무가 발생한다는 현재의 협약 제18조는 비엔나 회의에서 102대 0이라는 전폭적 지지를 받으며 가결되었다.[36]

비엔나 협약 제18조는 관습국제법의 표현인가? 비엔나 협약 이전에도 학자들은 대체로 하버드 초안에 나타난 바와 같이 조약 서명국 등은 비준이나 발효가 계류 중인 조약의 가치를 훼손하지 않을 의무가 있다고 생각했으나, 그 의무의 성격과 내용에 관해 견해가 일치되지는 않았다.[37] 그러나 오늘날 제18조의 내용은 관습국제법에 해당한다고 인정된다. 비엔나 협약의 초안 당시 ILC도 이 조항을 관습국제법의 반영으로 생각했다. 즉 ILC 최종 보고서는 이 조항이 일반적으로 수락된

---

33) UN Conference on the Law of Treaties: First Session, Vienna, 26 March - 24 May 1968, Official Records(UN Publications, 1969), p.104(para. 26).

34) 1966년 ILC 최종 초안은 다음과 같았다.
Article 15 (Obligation of a State not to frustrate the object of a treaty prior to its entry into force) A State is obliged to refrain from acts tending to frustrate the object of a proposed treaty when:
(a) It has agreed to enter into negotiations for the conclusion of the treaty, while these negotiations are in progress;
(b) It has signed the treaty subject to ratification, acceptance or approval, until it shall have made its intentions clear not to become a party to the treaty;
(c) It has expressed its consent to be bound by the treaty, pending the entry into force of the treaty and provided that such entry into force is not unduly delayed.

35) 비엔나 회의에서 베네수엘라, 스위스, 그리스, 인도, 오스트리아, 독일 등은 조약의 협상단계부터 잠정적 의무를 인정하는 ILC 초안은 기존 관습국제법이 아니라고 주장했다. Official Records, U.N. Conference on the Law of Treaties, 1st Session, 19th meeting, U.N.Doc. A/CONF.39/11(1968). J. Charme(전게주 30), p.84에서 재인. 이 항목은 50－33－11로 삭제가 결정되었다.

36) 현재의 제18조를 완전히 삭제하자는 영국의 제안은 호명투표 끝에 74－14－6로 부결되었다. 당시의 표결상황에 대하여는 M. Villiger, Commentary, pp.246－247 참조.

37) 이에 대한 20세기 전반기까지의 학자들의 견해에 대해서는 J. Klabbers(전게주 25), pp.295－296 참조. McNair와 I. Sinclair는 이 조항이 관습국제법이 아니었다고 평가했다. A. McNair, The Law of Treaties(Clarendon Press, 1961), p.200; I. Sinclair, Vienna Convention, p.43.

("appears to be generally accepted") 내용이라고 평가했다.[38] 당초 ILC가 제출한 초안 중 "협상중"부터 잠정적 의무가 부과된다는 부분에 이의를 제기한 국가들은 모두 이것이 관습국제법의 범위를 넘어선 내용이라는 이유에서 반대했다. 결국 이 귀절은 제외되었다. 비엔나 회의에서 현재의 제18조는 최종 표결에서 단 1개국의 반대도 없이 통과되었다. 이러한 상황을 종합해 볼 때 당시 회의 참가국들은 대체로 현재의 제18조를 관습국제법의 표현으로 인식했다고 본다.

협약 제18조는 역사적으로 비준은 단지 서명을 확인하는 행위라는 정도의 의미만을 부여하고, 조약이 비준되면 서명시까지 소급해서 발효한다고 생각하던 19세기 관행의 유산이기도 하다.[39] 현대로 와서 조약의 비준은 서명과 분리된 재량행위로 인정되었고, 비준된 조약을 서명시로 소급 발효시키는 관행도 없어졌다. 그러나 설사 기속적 동의를 의미하지 않는 서명이라도 조약의 서명은 수많은 협상과 타협의 산물로서 조약의 내용형성에 실질적인 영향을 미치는 경우가 많다. 특히 입법조약(law-making treaty)이라고 불리는 다자조약들의 상당수는 인류의 희망을 제도화하고 있으며, 궁극적으로 신속한 범세계적 적용을 목표로 한다. 오늘날 국가가 이러한 조약에 서명(또는 비준)을 하고도, 발효에 필요한 형식요건이 미쳐 충족되지 않았다는 이유만으로 무제한한 행동의 자유를 주장할 수 없을 것이다.

결론적으로 협약 제18조에 규정된 조약 서명국 등의 잠정적 의무는 국제사회에서 오랜 시간에 걸쳐 발달해 온 개념이다. 현재는 관습국제법의 일환으로 비엔나 조약법 협약 당사국은 물론 비당사국도 이의 구속을 받는다.[40] 한 가지 유의할 사항은 협약 제18조가 조약의 대상 및 목적을 해하는 행위를 삼갈 의무를 부과할 뿐, 서명국 등에 대해 조약의 모든 주요 사항을 이행할 의무를 부과하지는 않는다는 점이다.[41] 즉 제18조에 의해 금지되는 행위란 향후 조약상 의무 이행을 불가능

38) ILC Final Draft Articles and Commentary, Article 15 Commentary, para.1. A. Watts, The International Law Commission 1949-1998 vol. two(Oxford University Press, 1999), p.650에도 재수록.

39) "It is undoubtedly true, as a principle of international law, that, as respects the rights of either government under it, a treaty is considered as concluded and binding from the date of its signature. In this regard the exchange of ratifications has a retroactive effect, confirming the treaty from its date," Haver v. Yaker, 76 U.S. 32, 34(1869).

40) 동지. M. Villiger, Commentary, p.252; J. Charme(전게주 30), p.77; M. Glennon, Constitutional Diplomacy(Princeton, 1990), p.171 등.

41) A. Aust, Treaty Law, p.108.

하게 만들거나 더욱 어렵게 하는 행위[42] 또는 조약 이행을 무의미하게 만드는 행위 등을 가리킨다.[43] 단순히 조약 비준을 하지 않는 행위는 이에 해당하지 아니한다.[44] 예를 들어 군대를 1/3로 감축한다는 군축조약에 합의한 국가가 조약의 발효 직전 자국 군대를 증강시키는 행위, 삼림 또는 광산에서 생산된 물품을 공급하기로 합의한 후 이의 발효 직전 그 삼림이나 광산을 파괴해 버리는 행위 등은 제18조에 의해 금지되는 행위라고 해석된다.[45]

한편 조약에 대한 기속적 동의를 표시한 경우에도 조약 발효가 부당하게 지연되면 조약의 대상 및 목적을 훼손하지 않을 의무에서 해제된다(제18조 나호). 부당한 지연이란 사실 모호한 표현이다. 협약의 성안과정에서도 어느 정도의 기간이 부당한 지연인가를 구체적으로 설정하자는 논의가 있었으나(예를 들어 1년) 합의를 보지 못했다. 현대로 올수록 다자조약의 채택과 발효의 시간적 간격이 길어지는 사례가 많다는 사정을 감안하면 상당한 지연도 감수해야 할 듯하다. 결국 조약의 내용, 조약의 정치적 성격, 발효에 필요한 비준국의 숫자 등을 고려해 판단할 수밖에 없다.

조약 발효 전의 잠정의무가 위반된 경우 다른 국가들은 어떻게 대응할 수 있는가? 비엔나 협약은 이에 관해 아무런 규정도 두고 있지 않다. 일단 협약 제18조 위반은 법적 의무의 위반이므로 이에 대한 법적 대응이 가능하다. 그런데 문제는 조약이 아직 발효 전이므로 그 조약에 근거한 대응이 불가능하다는 사실이다. 또한 제18조에 따른 의무가 조약의 대상 및 목적을 훼손하는 행위를 삼가라는(refrain) 비교적 완화된 의무만을 부과하고 있기 때문에 의무 위반 내용을 확정하고 대응하기가 쉽지 않다. 그래도 위반이 확인된다면 피해국은 국가책임법상의 대응조치(countermeasures)를 취할 수 있다. 대응조치란 유책국의 의무 이행을 강제하기 위해 피해국이 이에 비례하는 일정한 의무 불이행으로 대응하는 방안으로 그 자체만 보면 위법한 행위이나 상대방의 위법행위가 선행되었기 때문에 가능한 조치이다.[46] 또한 피해국이 유책국을 대상으로 보복조치(retortion)를 취할 수 있음은 물론이다.

한국이 조약에 서명한 이후 기속적 동의를 표시하기 이전(또는 발효 이전)에 조

42) I. Sinclair, Vienna Convention, p.43.
43) M. Villiger, Commentary, p.249.
44) M. Villiger, Commentary, p.249.
45) M. Villiger, Commentary, p.249.
46) ILC 국제위법행위에 대한 국가책임 규정 제49조.

약의 당사국이 될 의사를 철회한 사례는 발견되지 않는다.[47)]

라. 적용사례

미국의 클린턴 행정부는 1996년 9월「포괄적 핵실험 금지협약」(CTBT)에 서명하고 상원에 동의안을 제출했으나, 상원은 1999년 10월 13일 51 : 48의 표결로 동의안을 부결시켰다. CTBT의 타결을 주요 외교적 성과로 생각하던 클린턴 행정부는 상원의 동의 부결에도 불구하고 이 조약을 완전히 포기하고 싶지 않았다. 당시 Albright 국무장관은 미국이 CTBT 협약의 서명국으로서 조약의 대상 및 목적을 훼손하지 않을 의무가 있으며, 협약의 내용에 따라 핵실험을 계속 중지하겠다는 의사를 표시했다. 또한 이러한 입장을 주요 관계국에게 서면으로 통지했다.[48)] 이는 협약 제18조에 규정된 내용과 일치되는 판단이었다.[49)]

협약 제18조에 따른 의무를 벗어나기 위해 조약 당사국이 되지 않겠다는 의사는 어떻게 표시해야 하는가? 협약은 그 의사를 명백히 표시하라고만 요구하고 있다(shall have made its intention clear). 외교공한으로 조약 수탁기관에 대한 통지가 대표적인 방법이겠지만, 협약 문언상 반드시 서면 통지가 요구되지는 않는다. 상대방에게 그 의도를 명백히 알리는 방법이라면 묵시적 통지도 가능할 것이다. 예를 들어 국가의 공개적이고 공식적인 행동을 통해 다른 서명국들에게 철회의사를 알릴 수 있다. 그러나 서명국이 단순히 조약의 대상과 목적에 반하는 행위를 한 사실만으로 묵시적 의사표시라고는 볼 수 없다. 만약 이를 인정한다면 제18조는 존재 의의를 상실하기 때문이다.[50)] 따라서 묵시적 의사표시에 해당하는지에 대한 판단은 어느 정도 엄격한 해석이 필요하다. 행정부가 국내 입법부로 조약 동의안을 제출하지 않는다거나 제출된 조약에 대한 입법부의 동의 거부로 인한 비준 불가 등과 같은 국내적 절차나 사정은 제18조가 말하는 명백한 의사표시의 방법에 해당하지 않는다.[51)]

---

47) 정인섭(전게주 27), p.110.

48) Washington Times 1999. 11. 2. A1.

49) CTBT 발효에 필수적인 44개 핵활동국 중 서명만 하고 비준하지 않은 중국, 이집트, 이란, 이스라엘 등은 미국과 동일한 의무를 부담하게 된다. 핵심 핵활동국 중 북한, 인도, 파키스탄은 CTBT에 서명도 하지 않았다. 본서, p.155 참조.

50) O. Dörr, Article 18, in O. Dörr & K. Schmalenbach, Commentary 2nd, p.251.

51) 상게주, pp.252－253.

실제 조약의 서명국이 당사국이 되지 않겠다는 의사를 공개적으로 표명하는 예는 매우 드물지만 실례가 없지도 않다. 국제형사재판소(ICC)의 설립에 반대하던 미국은 클린턴 대통령의 퇴임 직전인 2000년 12월 31일 일단 협약에 서명을 했다. 미국의 여론상 ICC 비준은 어려운 상황이었으나, 클린턴 대통령은 미국이 ICC의 완전한 국외자로 남기보다는 일단 서명국 지위라도 확보하는 편이 향후 관련논의 진행에 보다 유리한 입장으로 참여할 수 있으리라 기대했다.[52] 그러나 후임 부시 대통령은 ICC에 더욱 부정적이었다. 2002년 5월 6일 부시 대통령은 주UN 대사를 통해 협약의 수탁자인 UN 사무총장에게 다음과 같은 통지를 하였다. 그 이유는 미국이 당사국이 될 의사가 없음을 보다 명백히 함과 동시에 비엔나 협약 제18조에서 유래하는 의무에 대한 위반 논란을 피하기 위해서였다.

> "This is to inform you, in connection with the Rome Statute of the International Criminal Court adopted on July 17, 1998, that the United States does not intend to become a party to the treaty. Accordingly, the United States has no legal obligations arising from its signature on December 31, 2000. The United States requests that its intention not to become a party, as expressed in this letter, be reflected in the depositary's status lists relating to this treaty."

부시 행정부는 앞서의 CTBT의 서명도 철회하고 싶어 했다. 그러나 미국법상 한번 상원으로 회부된 조약 동의안은 설사 부결된 이후에도 상원이 동의안을 행정부로 환송하지 않는 한 계속 상원에 계류된 의안으로 간주되어 이에 대해 행정부가 별다른 조치를 취할 수 없다. 부결되었어도 그 조약을 지지하는 상원의원들은 이를 완전히 포기하고 행정부로 돌려보내기를 원하지 않기 때문에 반송되지도 않았다. 이에 CTBT에 관해서는 부시 행정부가 서명 철회와 같은 대외적 조치를 취할 수 없었다.[53] 앞서 ICC 규정은 미국 행정부가 아직 상원에 조약 동의안을 회부하지 않고 있었기 때문에 부시 대통령의 위와 같은 철회의사 표시가 가능했다.

한편 러시아 정부는 1994년 12월 에너지 산업에서의 투자와 교역을 촉진하기 위한 목적의 Energy Charter Treaty에 서명하고 비준을 위해 의회 동의를 요청했으

52) W. Clinton, President of the United States, Statement on the Rome Treaty on the International Criminal Court(Dec. 31, 2000). 37 Weekly Compilation of Presidential Documents 4 (Jan. 8, 2001). 또한 Washington Post 2001.1.1. A1; New York Times 2001.1.1. A1 참조.

53) 정인섭(전게주 27), pp.106－107 참조.

나 하원의 반대에 부딪쳤다. 결국 러시아는 2009년 8월 20일 수탁국인 포르투갈에 더 이상 당사국이 될 의사가 없음을 통지한 예가 있다.

▶판례: 서명 후 미비준 조약의 가치

Maritime Delimitation and Territorial Question between Qatar and Bahrain (Qatar v. Bahrain), 2001 ICJ Reports 40.

[서명 후 미비준 조약은 서명시 당사자들의 이해를 정확히 표현하고 있다는 의미를 지닌다.]

"88. Both Parties agree that the 1913 Anglo-Ottoman Convention was never ratified ([…]); they differ on the other hand as to its value as evidence of Qatar's sovereignty over the peninsula.

89. The Court observes that signed but unratified treaties may constitute an accurate expression of the understanding of the parties at the time of signature. In the circumstances of this case the Court has come to the conclusion that the Anglo-Ottoman Convention does represent evidence of the views of Great Britain and the Ottoman Empire as to the factual extent of the authority of the Al-Thani Ruler in Qatar up to 1913."

6. 입법부의 관여

오늘날 대부분의 국가에서는 조약에 대한 기속적 동의를 대외적으로 표시하기 전 일정한 정도 입법부의 관여가 인정된다. 한국 헌법 제60조 1항도 "국회는 상호원조 또는 안전보장에 관한 조약, 중요한 국제조직에 관한 조약, 우호통상항해조약, 주권의 제약에 관한 조약, 강화조약, 국가나 국민에게 중대한 재정적 부담을 지우는 조약 또는 입법사항에 관한 조약의 체결·비준에 대한 동의권을 가진다"고 규정하고 있다. 조약에 대한 입법부의 동의는 국내법상의 문제이므로 비엔나 협약 등 국제법은 이에 관여하지 않는다. 입법부의 동의권이 어느 범위에서 인정되느냐는 개별국가가 결정할 문제이다.

중요한 조약의 체결에 대해 입법부가 동의권을 행사함은 범세계적 현상이므로, 이는 조약의 협상 시에도 적지 않은 영향을 미친다. 협상시 서로 상대국의 사정도 감안하지 않을 수 없기 때문에, 어느 일방의 입법부 동의를 받기 어려운 내용은 조약에 포함시키지 않으려 한다. 국가에 따라서는 중요한 조약의 경우 입법부대표를 협상단 일원에 포함시켜 미리 교감을 구축하기도 한다. 그러면 조약의 체결과정에 입법부의 관여가 공식화된 기원은 어디서 연유하는가?

장 자크 루소는 국가간의 동맹이나 선전포고, 평화조약의 체결은 정치기구 전체가 관여된 주권자(sovereignty)의 행위라기보다는 지배자에게 유보된 권한이라고 보았다. 그는 대외적 권한 행사는 인민에게 적당치 않으며, 인민들은 지도자만큼 대외관계를 잘 알지도 못하고 관심도 없다고 생각하였다.[54] 블랙스톤 역시 대외문제에 관한한 왕이 인민의 대리인이요 대표자이며, 개인 집단이 대외관계를 담당할 수는 없다고 보았다.[55] 따라서 외국과의 조약이나 동맹의 체결은 왕의 대권에 속한다고 주장했다.[56] 이상은 18세기 후반까지 유럽 대륙에서의 일반적 사고였으며 조약 체결은 당연히 왕(집행부)의 대권에 속한다고 생각했다.

실질적인 변화는 미국에서 시작되었다. 최초의 성문헌법인 미국 헌법은 조약 체결에 있어서 입법부의 참여를 처음으로 규정했다. 제2조 제2항 2호는 대통령이 상원의원 2/3 이상의 "조언과 동의"(advice and consent) 아래 조약을 체결한다고 규정하고 있다. 이 조항은 현재까지도 그대로 유지되고 있으며, 이후 다른 국가의 헌법에 상당한 영향을 미쳤다.[57] 조약 체결에 관한 권한을 집행부와 입법부가 분점하는 이 같은 방식은 어디서 착안되었을까? 유럽에 유사한 선례가 있었는가?

일찍이 스위스의 밧텔은 조약은 주권자인 왕에 의해 체결될 수 있으며, 왕국을 소유하는 주권자는 그가 대표하는 국가의 이름으로 교섭할 권리가 있고, 그의 약속은 국가를 구속한다고 주장했다. 다만 밧텔은 인민의 지도자 모두가 독자적으로 조약을 체결할 권한이 있는 것은 아니며, 그들 중 일부는 Senate와 Representatives of the Nation의 조언을 받아야 한다고 설명했다.[58] 그는 이 같은 선례로 부르봉 왕조 이전 프랑스에서의 사례와 왕의 권한이 여러모로 의회의 제한

54) Jean-Jacques Rousseau, Lettres Ecrites De La Montagne(1764). P. Haggenmacher, Some Hints on the European Origin of Legislative Participation in the Treaty-making Function, in S. Riesenfeld & F. Abbott ed., Parliamentary Participation in tne Making and Operation of Treaties(Martinus Nijhoff Publishers, 1994), p.20에서 재인용.

55) W. Blackstone, Commentaries on the Laws of England(Child & Peterson, 1860)(원본 1765년간) Chapter 7, p.252.

56) 상게주, p.257.

57) 특히 멕시코와 필리핀의 경우 미국과 마찬가지로 조약 체결과정에서 상원 2/3 이상의 동의를 요한다. 멕시코 헌법 제89조 10호, 필리핀 헌법 제7장 제21조.

58) E. de Vattel, Le Le Droit des Gens(1758), The Law of Nations(ed. by B. Kapossy & R. Whatmore), Book II, Chapter XII, section 154(Liberty Fund, 2008), p.339.

을 받고 있던 영국, 그리고 스웨덴의 경우를 지적했다. 특히 1718년 Karl XII 사후 스웨덴에서 왕은 오늘날 하원(Riksdag)의 전신이라고 할 수 있는 Diet가 동의해야 선전포고를 할 수 있었고, Senate가 동의해야만 강화를 할 수 있었다.[59] 즉 대외적 합의에 관한 왕의 권한이 국내 정치기관에 의해 통제된 사례였다. 한편 밧텔의 조국인 스위스에서도 16세기의 베른이나 취리히, 18세기 중엽의 취리히와 같이 조약 체결시 주민의 의사를 묻는 칸톤이 있었다. 네덜란드 역시 중요한 대외문제의 결정은 지역 대표들의 동의를 받아 집행하는 제도를 갖고 있었다.[60] 1758년에 출간된 밧텔의 국제법서는 이러한 사례를 지적하고 있었으며 이 책은 미국 헌법제정에도 영향을 미쳤다고 보인다. 훗날 미국 헌법의 초안자가 된 벤자민 플랭클린은 필라델피아 대륙회의 때부터 밧텔의 국제법서를 3권이나 구입한 바 있으며, 당시 그는 이 책이 적절한 시기에 도착해 여러 위원들이 참고했다고 술회했다.[61]

미국은 규모에 있어서 차이가 많은 13개 주를 하나의 연방국가로 묶기 위한 타협책으로 각주가 동등한 대표권을 갖는 상원과 인구 비례에 따라 대표수가 결정되는 하원을 두는 양원제를 채택했다. 이때 상원은 어느 정도 기존의 대륙회의의 후신으로 인식되었다. 당초 미국 헌법 초안에 따르면 조약 체결권은 상원의 권한으로 예정되어 있었다. 그러자 일각에서 상원의 권한 비대를 지적했고, 특히 영토문제에 관해 상원이 조약체결을 통해 견제받지 않는 권한을 행사할 수 있다는 우려가 제기되었다. 이에 헌법 제정과정의 마지막 순간 조약 체결권을 새로운 제도인 대통령에게 부여하기로 변경되었고, 다만 대통령은 이 권한을 상원의 조언과 동의 하에 행사하도록 제한되었다. 사실 이 같은 변경은 헌법제정회의에서 심도 있는 토의의 산물은 아니었으며, 제헌과정의 막바지에 정치적 타협의 일환으로 어느 정도 급작스럽게 이룩된 결정이었다. 유럽의 유사사례들이 직접적으로 참조된 흔적도 없다고 한다. 그러나 제헌위원들의 결정과정에서 참고사항으로서의 역할은 하였을 것이다.[62]

이후 19세기를 거치며 조약 체결에 대한 입법부의 동의권 조항이 각국 헌법에 확산되어 오늘에 이르나, 실제 동의권의 범위는 각국별로 차이가 많다. 한국 헌법

59) 상게주, Book III, section 4, p.471; Book IV, Chapter II, section 10, p.656.
60) P. Haggenmacher(전게주 54), pp.29-31, 34.
61) P. Haggenmacher(전게주 54), p.28.
62) P. Haggenmacher(전게주 54), p.37.

제60조 1항은 프랑스 제4공화국 헌법을 모델로 했으며, 동의권의 대상이 조약의 유형을 비교적 상세히 규정한 편에 속한다. 구체적인 내용은 조약 체결에 관한 국내절차(제17장)에서 설명한다.

제 4 장

조약의 유보

1. 의　　의
   가. 유보의 개념
   나. 연　　혁
2. 유보의 첨부
   가. 허용 범위
   나. 표시 방법
   다. 양자조약에 대한 첨부
   라. 첨부의 시기
   마. 유보의 성립
   바. 유보에 대한 반대
   사. 재가입을 통한 유보 확대
   아. 철　　회
3. 유보의 효과
4. 허용 불가능한 유보
5. 인권조약에 대한 유보
6. 해석선언

제4장 조약의 유보

1. 의 의

가. 유보의 개념

유보(reservation)란 조약내 특정 조항의 법적 효과를 자국에 대해서는 적용을 배제시키거나 변경시키려는 의도의 일방적 선언이다. 즉 당사국이 조약상 의무의 일부를 제한하려는 선언이다. 이 같은 의도에서 첨부된 선언이면 유보라는 명칭을 사용하는지 여부는 중요하지 않다.[1)]

> "유보"란, 문구 또는 명칭에 관계없이 국가가 조약의 특정 규정을 자국에 적용함에 있어서 이를 통해 그 법적 효력을 배제하거나 변경하고자 하는 경우, 조약의 서명, 비준, 수락, 승인 또는 가입 시 그 국가가 행하는 일방적 성명을 의미한다.(비엔나 협약 제2조 1항 라호)
>
> "reservation" means a unilateral statement, however phrased or named, made by a State, when signing, ratifying, accepting, approving or acceding to a treaty, whereby it purports to exclude or to modify the legal effect of certain provisions of the treaty in their application to that State;

조약의 전반적 내용에는 찬동을 해도 일정한 부분에 대한 이견으로 선뜻 조약 당사국이 되지 않으려는 국가가 있을 수 있다. 유보는 이러한 국가도 조약 체제 속으로 끌어들이기 위한 방안이다. 즉 유보를 통해 국가는 일부 조항의 적용을 배제하는 조건 하에서 조약 당사국이 될 수 있다. 국제기구 역시 조약 당사자가 되려는 경우 유보를 첨부할 수 있음은 물론이다(국제기구의 조약법 협약 제19조 이하 참조). 유보를 첨부하는 가장 빈번한 이유는 국내법상 제약으로 인해 조약 내용의 일부를 이행할 수 없기 때문이다. 유보는 이러한 국가로 하여금 조약 내용과 충돌되는 국

---

1) 유보라는 인상을 피하기 위해 understanding, explanation, observation, declaration 등의 명칭으로 첨부되는 경우도 많다.

내법이나 정책을 변경하지 않고도 조약 가입을 가능하게 해 준다.

유보는 조약관계를 복잡화 시키고, 조약 본래의 의도를 달성하는데 방해가 될 수 있다. 그러나 협상중인 조약에 유보가 전혀 허용되지 않는다면 상당수의 참가국들은 조약 의무를 처음부터 완화시켜 작성하려 할지 모른다. 또는 그 조약을 회피하고 유사한 효과를 가진 다른 조약을 만들려고 할 수도 있다. 아예 조약을 외면하고 어떠한 국제법적 제약도 받지 않기를 택할 수도 있다. 이에 조약 참여가 주권국가의 재량에 속하는 한 국제법은 유보를 완전히 금지하기 어렵다.[2] 유보는 조약법 중에서 이론적으로 어려운 문제가 가장 많이 제기되는 분야중 하나이며, 따라서 이에 대한 연구도 적지 않다.

비엔나 협약은 유보가 다자조약에만 적용된다고 명시하지 않았으나, 성격상 양자조약에는 첨부될 수 없다.[3] 양자조약의 경우 한 당사국의 선언만으로 조약내용의 일부를 일방적으로 배제시킬 수 없기 때문이다. 양자조약에 대한 유보 선언은 조약의 개정요청으로 해석함이 보다 적절하다.

유보는 인권조약에서 특별한 비상시 제한된 기간 동안만 조약의 적용을 배제하려는 의미의 derogation(이행정지)과는 구별된다.[4] 이는 derogation은 원래 조약 자체의 허용조항이 있어야만 취할 수 있으며, 비상상황이 해제되면 조약은 다시 원래대로 적용되어야 한다. derogation은 유보와 달리 상호주의적으로 적용되지 않는다.

한편 유보는 조약상 의무를 축소하려는 의도의 표시이므로 조약상 의무를 확장하려는 유보는 법률적 의미의 유보라고 할 수 없다. 이러한 선언에 대하여는 상호주의적 효력적용이 불가능하기 때문이다. 이는 선언국의 일방적 의사표시로 보아야 한다.

비엔나 협약이 제시하고 있는 유보의 개념에 대해서는 몇 가지 의문이 제기될

2) E. Swaine, Treaty Reservations, in D. Hollis, Oxford Guide 2nd, p.297.

3) ILC, 「조약 유보에 관한 실행지침」(2011)(Guide to Practice on Reservation to Treaties), para.1.6.1 참조. 조약의 유보가 이론적으로 여러 가지 어려움을 제기하자 ILC는 1994년 "조약의 유보"를 주제로 검토를 시작해 끝에 마침내 2011년 제63차 회기에서 위 실행지침을 채택하고 UN 총회로 보고했다. 그 내용과 ILC 주석은 A/66/10/Add.1(Report of the International Law Commission: Sixty-third session에 포함되어 있다. 이 문서는 ILC, 「조약 유보에 관한 실행지침」(2011)으로 칭함.

4) 예를 들어 「시민적 및 정치적 권리에 관한 국제규약」 제4조, 「유럽인권협약」 제15조, 「미주인권협약」 제27조 참조.

수 있다.

첫째, 협약은 유보를 조약의 일정 조항(certain provisions of the treaty)의 법률적 효과를 배제·수정하는 것으로 정의하고 있다. 그렇다면 상황에 따라서 조약 전 조항의 적용을 배제한다는 유보는 불가능한가? 예를 들어 자국 내 일정 지역(또는 해외 속령)에 대해서는 조약의 모든 조항의 적용을 배제하는 유보가 불가능하지 않다. ILC 「조약유보에 관한 실행지침」(2011)은 조약의 특정 측면에 관해 조약 전체의 법적 효과를 배제하기 위한 유보도 인정하고 있다.[5)]

둘째, 협약은 유보를 조약의 법률상의 효과를 배제하거나 수정(to exclude or to modify)하려는 일방적 행위라고 정의했다. 그러나 조약의 일정한 법률적 효과를 배제한다는 표현만으로도 유보의 정의로 충분하다. "수정"에는 조약상의 의무를 제한하는 의미와 확대하는 의미가 모두 포함될 수 있으나, 유보를 통해 의무를 확대시킬 수는 없기 때문에 결국 의무의 제한만이 가능하다. 그렇다면 유보의 정의에 조약의 법률적 효과의 "배제" 외에 "수정"은 별달리 필요하지 않다.[6)]

나. 연 혁

20세기 초반까지는 관습국제법상 모든 조약 당사국들의 동의가 있어야만 유보를 첨부할 수 있었다. 이러한 실행은 국제연맹에서도 지지되었다.[7)] 즉 다른 당사국들이 만장일치로 동의하지 않으면 유보 첨부국은 유보를 포기하든가 아니면 당사국이 되기를 포기해야 했다. 모든 조약 당사국이 타국의 유보 첨부에 대해 거부권을 갖고 있는 셈이었다. 이는 조약 채택을 위해 만장일치의 찬성이 필요했던 관행과 논리적으로 일관되었다.

그러나 제2차 대전 이전에도 일부 동구국가는 만장일치 원칙에 반대하며, 국가는 설사 다른 국가들의 반대가 있을지라도 일방적으로 유보를 첨부하고 조약 당사국이 될 주권적 권리가 있다고 주장했다. 많은 중남미 국가들 역시 이러한 입장을 지지했다. 1932년 범미연합 이사회(Governing Board of the Pan-American Union)는 유보 첨부국과 이를 수락한 국가 사이에는 유보에 의해 변경된 내용의 조약이 적용되며, 유보 첨부국과 유보에 대한 반대국간에는 조약이 발효하지 않는다는 입

5) ILC, 「조약 유보에 관한 실행지침」(2011), para.1.1. (2).
6) I. Sinclair, Vienna Convention, p.54.
7) I. Sinclair, Vienna Convention, pp.55-56.

장을 정리했다. 이는 유보 첨부에 대해 일부 국가의 반대가 있을지라도 유보 첨부국이 조약 당사국이 될 수 있음을 인정하는 의미였다. 즉 유보 수락에 관한 전통적 만장일치 원칙으로부터의 이탈이었다.8)

유보의 허용 범위는 제2차 대전 후 「제노사이드방지 협약」에 대해 일부 국가들이 유보를 첨부한 사건을 통해 본격적인 조명을 받았다. 이 사건의 내용은 다음과 같다. 1948년 채택된 「제노사이드방지 협약」에는 유보의 허용 여부에 관한 조항이 없었는데, 일부 동구 국가들이 분쟁해결에 관해 ICJ의 관할권을 인정한 제9조를 유보하고 비준했다. 이들 유보를 수락한 국가도 있고 반대한 국가도 있었다. 동구권 국가들과 중남미 국가들은 유보에 일부 반대가 있을지라도 조약의 당사국이 될 수 있다는 입장을 지지했다. 이에 UN 총회는 이 같이 특정국가 유보에 일부 당사국이 반대를 해도 유보 첨부국이 조약 당사국이 될 수 있는지 여부와 유보를 첨부한 국가와 다른 당사국간 법적 관계는 어떻게 되느냐에 관해 ICJ에 권고적 의견을 구하기로 결정했다.

당시 ICJ는 특히 「제노사이드방지 협약」은 개별국가의 이해가 걸려 있지 않고 순수한 인도적 목적만을 갖는 조약으로서, 성격상 범세계적 적용을 지향한다는 점에 주목했다. 사실 이 조약은 당사국에게 특별한 권리를 부여하기 보다는 의무만을 부과한다. 따라서 재판부는 가능한 한 많은 국가를 참여시키기 위해 일부 조항을 배제하려는 국가도 조약 체제에서 굳이 제외시킬 이유가 없다고 판단했다. 이에 ICJ는 첨부된 유보 내용이 조약의 "대상 및 목적"(object and purpose)과 양립가능하다면 일부 국가의 반대가 있을지라도 유보 첨부국은 조약의 당사국이 될 수 있다고 결론내렸다. 다만 첨부된 유보 내용이 조약의 대상 및 목적과 양립 불가능하다고 판단하는 당사국은 유보국을 조약의 당사국으로 간주하지 않을 수 있으며, 반대로 유보 첨부국과 이를 수락한 국가와의 관계에서는 유보 조항을 제외한 조약의 나머지 내용만이 적용된다고 해석했다. ICJ의 이러한 입장은 유보에 관한 종전의 만장일치 원칙을 부인한 태도였다.9)

ICJ의 권고적 의견이 제시되자 다양한 이견이 제시되었다. 우선 McNair 등 4인의 ICJ 판사는 공동 반대의견에서 유보 수락에는 만장일치의 동의가 필요함이 기

8) I. Sinclair, Vienna Convention, p.57.

9) Reservation to the Convention on the Prevention and Punishment of the Crime of Genocide, Advisory Opinion, 1951 ICJ Reports 15.

존의 국제법 규칙임과 동시에 UN에서의 관행임을 강조했다. 이들은 단순한 보편성의 달성보다 협약 내용의 완결성이 더 중요하다고 전제하고, 공통된 의무 수락이야말로 가장 중요한 목적이며, 국제 공동체를 위해서는 협약상의 모든 의무를 무조건 수락한 국가의 반대에도 불구하고 유보국을 당사국으로 받아들이기보다는 차라리 그 국가를 배제시키는 편이 더 바람직하다고 주장했다.[10] ILC를 포함한 학계 역시 ICJ의 입장은 조약의 통일성을 저해하고, 다자조약을 여러 개의 양자조약으로 분해시키는 결과를 가져온다는 우려를 표명했다. 또한 조약의 "대상 및 목적과의 양립 가능성"이란 개념이 지닌 모호성을 걱정하며, 이는 다자조약에 적용하기에 부적절하다고 비판했다. 양립 가능성의 판단이 결국 개별국가에 맡겨지는 현실에서는 이의 통일적인 적용이 불가능하므로 유보국의 지위가 불확실해 진다고 지적했다. 유보 첨부국을 일부 국가는 당사국으로 수락하고, 일부 국가는 당사국으로 인정하지 않으면 유보국의 법적 지위에 혼선이 초래된다고 경고했다. ILC는 유보에 관한한 전통적인 만장일치 원칙의 고수가 바람직하다고 생각했다.[11]

그러나 UN 총회는 UN 사무총장에게 이 문제를 ICJ의 권고적 의견에 따라 처리하라고 요청했다.[12] 인권조약에 대한 유보라는 특수성을 전제로 했음에도 7:5라는 근소한 표차로 채택된 ICJ의 입장은 이후 국제사회에서는 차츰 일반적으로 수용되었다. 국제사회에서 국가 수가 급증함을 감안할 때 유보에 관해 만장일치제의 고수는 비현실적이라고 생각되었기 때문이다. 즉 국제공동체의 확대를 위해 유보에 대해 완화된 태도가 필요하다고 생각했다. 비엔나 협약의 유보조항도 이러한 기조 아래 작성되었다.

2. 유보의 첨부

가. 허용 범위

유보에 대한 당시까지 논의의 발전을 바탕으로 비엔나 협약은 광범위한 유보의 자유를 인정했다. 즉 ① 조약 자체가 유보를 금지하고 있거나 ② 조약이 특정한

10) 상게주, pp.46-47.

11) Yearbook of International Law Commission, 1951 part II, pp.130-131 참조. 이 같은 ILC의 입장은 Fitzmaurice(1955-1961년간 ILC 조약법 특별보고관)에 의해서도 지지되었다.

12) UN 총회 결의 제598호(VI)(1952. 1. 12.).

유보만을 할 수 있다고 한정적으로 지정하고 있지만 않다면, 오직 "조약의 대상 및 목적과 양립하지 않는(incompatible with the object and purpose of the treaty)" 경우에만 유보가 금지된다고 규정했다(제19조). 즉 기타의 경우에는 유보 첨부가 일반적으로 허용된다는 입장이다.

조약의 "대상 및 목적"과의 양립 가능성이란 개념은 모호하고 주관적일 수밖에 없어서 처음에는 혼란이 우려되기도 하였다. 조약 내용이 포괄적이고 방대할수록 "대상 및 목적"의 파악이 쉽지 않고, 하나의 "대상 및 목적"만을 갖는다고 보기 어려운 경우도 있을 것이다. 예를 들어 미주기구(OAS) 설립헌장의 대상 및 목적을 과연 하나로 요약할 수 있을까?

그러나 양립 가능성이란 기준은 그간 국제사회에서 비교적 큰 문제를 야기시키지 않고 잘 운영되어 왔다. 즉 다자조약 체결시 참가국들은 신중한 합의를 도출하도록 노력하며, 민감한 내용의 조약인 경우에는 유보의 허용 여부에 관해 미리 명문 규정을 두어 말썽의 소지를 예방하고 있다. ILC 「조약 유보에 관한 실행지침」은 "조약의 존재 이유를 손상시키는 방식으로 조약의 일반적 취지에 필요한 필수요소에 영향을 미친다면" 이는 조약의 대상 및 목적과 양립할 수 없는 유보에 해당한다고 설명하고 있다.[13]

실제로 적지 않은 조약은 유보를 금지하는 조항을 두고 있다. UN 해양법협약이나 국제형사재판소 설립에 관한 로마규정은 유보를 금지하고 있다.[14] 조약 내용 전체가 일괄타결(package deal)의 방식으로 합의된 경우 유보 금지 조항은 서로의 이해를 보장할 수 있는 안전판이 된다. 한 연구에 의하면 UN 사무국에 기탁되는 조약의 약 40%가 유보 금지 조항을 갖고 있다고 한다.[15]

조약에 따라서는 특정한 유보만이 가능하다고 한정적으로 지정하기도 한다. 이러한 방법은 유보의 허용 여부를 명확히 하는 장점이 있다. 예를 들어 「사형폐지에 관한 제2선택의정서」(1989)는 전시 군사적 성격의 중대범죄에 관해서만 사형을 적용할 수 있는 유보를 허용하고 있다.[16] 「화학무기금지협정」(1993)은 본 조약에

13) ILC, 「조약 유보에 관한 실행지침」(2011), para.3.1.5.

14) UN 해양법협약 제309조는 명시적으로 허용된 유보만을 인정하고 있으나, 협약 내에 유보가 명시적으로 허용된 조항은 없다. 로마 규정 제120조는 유보를 금지하고 있다.

15) E. Swaine(전게주 2), p.295.

16) 「사형폐지를 목적으로 하는 시민적 및 정치적 권리에 관한 국제규약 제2선택의정서」 제2조 1항.

대해서는 유보가 금지되나, 협약의 대상 및 목적과 양립되는 범위 내에서 부속서에 대한 유보만 허용하고 있다(제22조). 한편 유보가 가능한 구체적 조항을 지정하는 방식이 아니라, 유보가 가능한 내용 범위를 지정하는 경우도 있다. 유럽인권협약에 대해서는 협약 내용이 기존의 국내법과 충돌되는 범위 내에서만 유보를 할 수 있으며, 일반적 성격의 유보는 할 수 없다(제57조). 드문 경우지만 특정한 국가에게만 유보를 할 수 있도록 허용하는 경우도 있다.

또한 조약에 따라서는 유보 허용성 판단에 관한 계량적 기준을 마련한 경우도 있다. 예를 들어 「인종차별철폐협약」은 체약국 2/3 이상이 반대하는 유보는 양립 가능하지 않다고 간주하는 조항을 두고 있다(제20조 2항). 「향정신성 물질에 관한 협약(1971)」은 유보 첨부에 대해 12개월 내에 당사국의 1/3 이상이 반대하지 않으면 허용된 것으로 본다는 조항을 두고 있다(제32조 3항). 그러나 타국의 유보에 공식적인 반응을 삼가는 국제사회의 분위기를 감안할 때 특정국가의 유보에 그렇게 많은 수의 반대가 표출되기를 기대하기는 어렵다.

비엔나 협약이 당초 ILC가 마련했던 초안보다도 유보에 대해 더욱 광범위한 자유를 인정한 이유의 배후에는 정치적 이념대립도 개재되어 있었다. 협약이 채택된 1969년은 동서냉전이 절정을 이루던 시기였다. 월남전은 날로 심각한 상황으로 치달았고, 1968년 소련은 탈소 노선을 걷던 체코슬로바키아를 침공해서 지도부를 무력으로 진압했다. 동서 냉전시대에 소련은 유보에 대한 자유를 확대시킴으로써 국제사회에 대한 공산권 국가들의 진입장벽을 낮추려 했다. 기존의 서방 중심의 국제질서 속에서 자신들이 원하지 않는 내용은 유보로써 배제시키면서 참여의 문호를 넓히기를 원했기 때문이다.[17)]

한편 「제노사이드방지 협약」에 대한 유보와 관련하여 ICJ가 제시한 "조약의 대상 및 목적"은 단순히 유보의 허용성에 관한 판단기준에 머물지 않고, 비엔나 협약 전반에 걸친 핵심개념으로 자리 잡았다. 즉 대상 및 목적은 조약 발효 전 체약국이 삼가야 할 행동의 판단(제18조), 조약의 해석(제31조 1항), 조약 변경 가능성에 관한 판단(제41조 1항), 다자조약의 시행정지에 관한 판단(제58조 1항) 등에 있어서도 기준으로 작용한다.[18)]

---

17) G. Hafner, The Drawbacks and Lacunae of the Vienna Convention of the Law of the Treaties, 대한국제법학회 주최 학술회의 Four Decades of the Vienna Convention on the Law of the Treaties: Reflections and Prospects(2009. 11. 19) 발표자료집, pp.38−39.

나. 표시방법

유보에 관한 국가의 의사는 누구에 의해 표시될 수 있는가? 유보 역시 국가를 대표할 자격이 있는 자에 의해 표시되어야 한다. 직무상 국가를 대표할 자격이 인정되는 국가원수, 정부수반, 외교부 장관 등은 전권위임장의 제시 없이 유보에 관한 의사를 통지할 수 있다. 조약에 관한 행위에 전권위임장이 요구되는 경우에는 유보 첨부 시에도 전권위임장이 필요하다.[19)]

비엔나 협약은 유보의 첨부나 철회 모두 서면 통지를 요구하고 있다(제23조 4항). 유보의 특성상 묵시적 유보는 인정되지 않는다. 유보 통지시 첨부국이 그 이유를 설명할 의무는 없으나, ILC「조약 유보에 관한 실행지침」은 가능한 한 이유를 표시하기를 요청하고 있다.[20)] 관련국들이 원하는 경우 공동의 유보 첨부도 가능하다.[21)]

다. 양자조약에 대한 첨부

유보는 성격상 양자조약에 첨부될 수 없다고 하지만 미국은 독립 직후부터 양자조약에 대해 조약 내용의 수정을 조건으로 비준한 사례가 많다. 이는 주로 상원의 동의를 받는 과정에서 첨부되는 조건이다. 반드시 상원이 주도한 경우만은 아니고, 상원의 동의를 얻기 위해 행정부가 사전에 이런 조건을 붙이겠다고 제안한 사례도 많다. 이러한 예가 적어도 100건 넘게 보고되어 있다.[22)]

미국과의 관계에서 한국도 이를 경험한 바 있다. 1999년 11월 5일 미국 상원은 한·미 범죄인인도 조약에 동의하면서 아래와 같은 문언을 첨가했다. 1999년 12월 9일 미국의 클린턴 대통령은 이 같은 understanding 하에 조약을 비준한다는 의사를 비준서에 명기해 한국에 전달했다.

> "The Senate of the United States of America by its resolution of November 5, 1999, two-thirds of the Senators present and concurring therein, gave its advice and

---

18) 조약의 실질적 위반에 관한 판단기준(제60조 3항)에서는 "the object or purpose"가 사용되고 있다. 제60조까지 포함하면 비엔나 협약에서는 "the object and purpose"가 모두 8회 등장한다. 이상 지적된 조항 외에 추가로 제20조 2항과 제33조에서 사용되었다.

19) ILC,「조약 유보에 관한 실행지침」(2011), para.2.1.3 및 비엔나 협약 제7조 참조.

20) ILC,「조약 유보에 관한 실행지침」(2011), para.2.1.2.

21) ILC,「조약 유보에 관한 실행지침」(2011), para.1.1.5.

22) A. Aust, Treaty Law, p.119.

consent to ratification of the Treaty, subject to the following understanding:

PROHIBITION ON EXTRADITION TO THE INTERNATIONAL CRIMINAL COURT. — The United States understands that the protections contained in Article 15 concerning the Rule of Speciality would preclude the resurrender of any person from the United States to the International Criminal Court agreed to in Rome, Italy, on July 17, 1998, unless the United States consents to such resurrender; and the United States shall not consent to the transfer of any person extradited to the Republic of Korea by the United States to the International Criminal Court agreed to in Rome, Italy, on July 17, 1998, unless the treaty establishing that Court has entered into force for the United States by and with the advice and consent of the Senate, as required by Article II, section 2 of the United States constitution.

Now, therefore, I, William J. Clinton, President of the United States of America, ratify and confirm the Treaty, subject to the aforesaid understanding."

이 내용은 미국이 한국으로 인도한 자를 미국의 동의 없이 한국이 국제형사재판소로 재인도하지 말라는 취지로서 단순한 해석선언으로 보기는 어렵다. 한국의 행동을 제약하는 내용을 담고 있기 때문이다. 한국 정부는 비준서 교환시 이와 관련해 별다른 의사표시를 하지 않았다. 이 같은 내용은 국회 동의 이후 통지되었기 때문에 국회에 알려지지 않았다. 정식 조약문의 일부가 아니므로 국내에서 한미 범죄인인도 조약의 관보공포 시 수록되지 않았으며, 일반에게 잘 알려지지도 않았다. 이 같이 공개된 기록으로 남아 있지 않기 때문에 세월이 흐르면 외교부나 법무부 담당자들도 이 사실을 모르게 될 위험이 있다.

사실 이러한 현상은 오직 미국과의 조약에서만 발생한다. 양자조약에 서명 이후 일방 당사국이 조약의 적용범위에 실질적으로 영향을 줄 수 있는 이 같은 문서를 수교한 행위의 법적 의미는 무엇일까? 이를 단순히 조건부 비준이라고는 볼 수 없다. 비준은 무조건적이어야 하며, 유보 첨부가 아닌 한 조건부 비준은 허용되지 않기 때문이다.[23] 이 같은 문서를 한국이 별다른 반대 없이 접수했다면 한국 정부는 이를 묵시적으로 수락했다고 해석되어 그에 구속되는가? 그럼 이는 유보 첨부와 동일한 효과를 갖는가? 이 같은 조건이 양자조약의 성질상 유보라고 할 수 없다면 적어도 비엔나 협약 제31조에 규정된 "문맥(context)"을 구성하는가? 양자조약에 첨부된 조건에 동의할 수 없는 국가가 이의를 제기하면 조약은 비준되지 않고

23) A. Aust, Treaty Law, p.97.

폐기되거나 개정절차를 밟게 될 것이다.[24]

라. 첨부의 시기

비엔나 협약상 유보는 조약을 서명·비준·수락·승인 또는 가입할 때 첨부할 수 있다. 일단 당사국으로 구속받게 된 이후에는 유보를 추가할 수 없다. 서명 이후 비준·수락·승인 등 별도의 기속적 동의를 표시해야 하는 조약의 경우, 서명시 첨부된 유보는 당사국이 후일 비준 등을 할 때 다시 공식으로 확인해야 한다. 유보는 후에 확인된 일자에 첨부되었다고 처리되며, 비준시 재확인되지 않은 유보는 포기되었다고 간주된다. 그러나 타국의 서명시 첨부된 유보에 대한 다른 당사국의 반응은 비준시 반복되지 않아도 무방하다(제23조 1항 내지 3항). 단 ILC「조약 유보에 관한 실행지침」은 조약에서 명시적으로 허용된 유보의 경우, 서명시 첨부한 유보를 후일 기속적 동의를 표할 때 다시 확인할 필요가 없다고 일부 완화된 태도를 보이고 있다.[25]

한편 유보에 대한 UN 사무국의 실행은 비엔나 협약과 약간의 차이를 보인다. UN 사무총장은 자신이 수탁자인 조약에 대해 비준 이후 조약 당사국이 새로운 유보를 추가하거나 기존의 유보내용을 확대 수정하거나 경우에 따라서 철회 후 새롭게 변경된 유보를 첨부하는 경우에도 이를 다른 당사국들에게 회람해 12개월 이내에 반대 여부를 표명하도록 요청한다. 이 기간 중 어떠한 반대도 접수되지 않으면 새로운 유보가 묵시적으로 수락되었다고 해석한다.[26] ILC「조약 유보에 관한 실행지침」(2011) 역시 12개월 내에 어떠한 체약국의 반대도 없으면 유보의 지연 첨부나 기존 유보내용의 확대 수정이 가능하다는 입장을 제시하고 있다.[27] 이에 대하여는 비엔나 협약 위반이라는 비판론과 어떠한 조약 당사국의 반대도 없다면 결국 수락되었다고 보아야 한다는 옹호론이 대립한다. 모든 국가가 비엔나 협약의 당사국은 아닌 점을 감안하면 결국 UN에서의 실행이 통용되리라고 보인다.

---

24) 이와 관련된 미국-영국간 사례는 A. Aust, Treaty Law, pp.119-120 참조.
25) ILC,「조약 유보에 관한 실행지침」(2011), para.2.2.3.
26) UN Treaty Handbook(UN Sales No. E.12.V1)(2013). paras.3.5.3 & 3.5.8.
27) ILC,「조약 유보에 관한 실행지침」(2011), paras.2.3.1 & 2.3.4

마. 유보의 성립

유보는 첨부국의 선언만으로 바로 성립되는가? 유보는 일방적 선언이지만 첨부국의 선언만으로 무조건 성립되지는 않는다. 비엔나 협약은 유보의 성립에 관해 몇 가지 기준을 제시하고 있다.

첫째, 조약에서 명시적으로 허용하는 유보는 다른 체약국의 수락이 필요 없고 첨부국의 일방적 선언만으로 바로 성립된다(제20조 1항). 이 경우 유보에 대한 반대는 특별한 법적 의미를 갖지 못한다.

둘째, 한정된 교섭국의 숫자와 조약의 대상 및 목적에 비추어 보아 그 조약 전체를 모든 당사국에 적용함이 필수적이라고 인정되는 경우, 모든 당사국의 동의가 있어야만 유보 첨부가 가능하다(제20조 2항). 예를 들어 군축조약, 지역적 환경보호조약 등은 성격상 유보에 대해 모든 당사국의 동의가 필요하다고 판단된다.

셋째, 국제기구의 설립조약에 대한 유보는 그 기구의 권한 있는 기관의 수락을 필요로 한다(제20조 3항).

넷째, 기타 일반적인 경우 유보는 적어도 하나의 다른 체약국이 그 유보를 수락해야만 유효하다고 인정된다(제20조 4항 다호).

유보의 명시적 수락은 서면 통지가 요구되나,[28] 국제관계에서 타국 유보에 대해 적극적으로 동의를 표시하는 사례는 찾기 어렵다. 그런 경우 유보 통지를 받은 후 12개월이 경과하거나 또는 그 조약에 대한 자국의 기속적 동의를 표시한 일자까지 중 더 뒤 늦은 시점까지 이의를 제기하지 않으면 그 유보는 묵시적으로 수락되었다고 간주된다(제20조 5항). 결국 앞의 세 가지 특별한 경우가 아닌 한 유보의 성립 여부는 다른 당사국들의 반응에 달려 있다. 다만 일반적 다자조약에 있어서 특정 국가의 유보에 대해 다른 모든 당사국들이 반대하는 상황은 상상하기 힘들고, 실제 그런 일이 발생했던 사례도 없다. 그런 점에서도 비엔나 협약은 유보 첨부에 관대한 태도를 취하고 있다고 평가된다. 유보를 수락한다면 유보국과 수락국 사이에 조약관계가 성립됨을 의미하며, 일단 유보를 수락하면 이는 철회되거나 수정될 수 없다.[29]

국제기구 설립문서에 대한 유보를 수락할 수 있는 기관이란 1) 기구의 회원가입 결정권 2) 설립문서의 개정권 3) 설립문서의 해석권 등을 행사할 수 있는 기

28) ILC, 「조약 유보에 관한 실행지침」(2011), para.2.8.4.
29) ILC, 「조약 유보에 관한 실행지침」(2011), para.2.8.13.

관 등을 의미한다.[30] 유보 첨부국의 가입승인은 그 유보 수락의 의미로 해석된다. 국제기구 개별 회원국의 수락은 요구되지 않는다. 묵시적 수락은 원칙적으로 인정되지 않는다.[31] 이에 관련해서 기구 자체가 별도의 규칙을 정할 수 있음은 물론이다.

1958년 대륙붕에 관한 협약 제12조는 체약국이 제1조 내지 제3조를 제외한 다른 조항에 대해서만 유보를 첨부할 수 있다고 규정하고 있다. 이 같이 유보가 가능한 대상범위가 지정되어 있는 경우, 그런 조항(즉 제4조 이하)에 대한 유보에 관해서는 다른 당사국들이 이미 동의했다고 간주되는가? 영·불 대륙붕 사건(1977)의 중재재판부는 다음과 같은 이유에서 부정적으로 답하였다.

> "Such interpretation of Article 12 would amount almost to a licence to contracting States to write their own treaty and would manifestly go beyond the purpose of the Article. Only if the Article had authorized the making of specified reservations could Parties to the Convention be understood as having accepted a particular reservation in advance."[32]

즉 위 제12조의 내용은 협약 제20조 1항에 규정된 "명시적으로 인정된 유보"에 해당하지 않는다고 판단했다. 제4조 이하의 조항에 대한 유보는 일반적인 판단기준이 적용된다. 즉 "대상 및 목적"에 양립되는 경우에만 허용되며, 다른 당사국들은 첨부된 유보에 대해 반대할 수 있다.[33] 유사한 경우 혹시라도 있을 혼선을 피하여 위해 European Convention on Nationality(1997) 제29조 1항은 제1장, 제2장 및 제4장에 대한 유보를 금지하고, 나머지 조항에 대하여도 "대상 및 목적"과 양립되는 유보만이 허용된다는 점을 명시했다.

바. 유보에 대한 반대

일반적인 경우 유보첨부에 대해 다른 당사국들은 다음과 같이 반응할 수 있다. ① 유보를 수락하고 유보국을 당사국으로 인정. ② 단순한 무반응. ③ 유보에는

30) ILC, 「조약 유보에 관한 실행지침」(2011), para.2.8.9.
31) ILC, 「조약 유보에 관한 실행지침」(2011), para.2.8.10.
32) Arbitration between the U.K. and the French Republic on the Delimitation of the Continental Shelf(First Award)(1977), para.39.
33) ILC, 「조약 유보에 관한 실행지침」(2011), para.3.13 참조.

반대하나, 상호간 조약관계의 성립은 인정. ④ 유보에 반대하며, 조약관계의 성립도 부인.

유보에 대한 반대 역시 조약에 관해 국가를 대표할 자격이 있는 자에 의해 표시되어야 한다. 협약은 반대 또한 서면 통지를 요구한다(제23조 1항). 반대는 유보의 통지를 받은 후 12개월 이내 또는 조약에 대한 자국의 기속적 동의를 표시한 일자까지 중 더 뒤 늦은 시점 이전에 표시해야 한다(제20조 5항). 이 기간 내에는 처음 표시한 반대의 범위를 더 확대시킬 수도 있다.[34] 그 이후에 반대표시를 하는 경우 비엔나 협약상의 반대 효과가 발생하지 않는다.[35]

유보에 대한 반대는 반드시 조약의 대상 및 목적과 양립할 수 없는 경우에만 제기될 수 있지는 않다. 양립 가능한 유보라도 다른 당사국은 무슨 이유에서든 여전히 반대할 수 있다. 유보에 대한 반대국이 그 이유를 설명할 의무는 없다. 법적으로 허용될 수 없다는 이유로 반대하든 단지 정책적 이유에서 반대하든 그 효과는 동일하다. 반대는 첨부된 유보 내용에 대해서만 제기될 수도 있고, 유보 첨부국과의 조약관계의 성립 자체를 반대할 수도 있다. 후자의 경우 유보국과 반대국 사이에는 아무런 조약관계가 발생하지 않는다.

만약 유보에 대한 반대로 인해 조약관계의 성립 자체를 부인하려 한다면 국가는 그러한 의사를 적극적으로 표시해야 한다(제20조 4항 나호). 과거에는 유보가 다른 당사국의 만장일치 수락을 필요로 했기 때문에 일부 국가라도 수락하지 않는다면 유보국은 조약의 당사국이 되기를 포기하거나, 아니면 유보 첨부를 포기해야 했다. 따라서 유보에 대한 타국의 반응은 유보국에 대한 상당한 압력으로 작용할 수 있었다. 그러나 비엔나 협약은 유보국과의 조약 관계의 성립을 부인할 책임을 오히려 조약을 충실히 이행하려는 일반 당사국에 부담시키고 있다. 그렇다면 약소국은 강대국의 유보에 강력히 반발하는 데 심리적 부담을 느끼게 된다.[36] 원래 ILC 초안은 별다른 의사표시가 없으면 유보국과 반대국 사이에서는 조약 적용이 배제된다는 내용이었으나, 비엔나 회의에서 소련 등의 제안을 바탕으로 그 원칙이 바뀌었다. 대부분의 국가가 다른 나라의 유보 내용에 일일이 신경을 쓰지 않는 국제관계의 현실과 타국을 당사국으로 인정하지 않겠다는 반대 천명의 심리적 부담을

34) ILC,「조약 유보에 관한 실행지침」(2011), para.2.7.9.
35) ILC,「조약 유보에 관한 실행지침」(2011), para.2.6.13.
36) I. Sinclair, Vienna Convention, p.63.

감안한다면 비엔나 협약 내용은 유보 첨부국에게 유리한 환경을 제공하고 있다.

유보에 대한 반대를 이유로 유보국을 조약 당사국으로 인정하지 않는 예가 많지는 않으나 그렇다고 아주 없지도 않다. 바로 비엔나 협약에 관해서도 사례가 있다. 협약 제53조에 규정된 강행규범에 관한 분쟁에 대해서는 최종적으로 ICJ의 강제관할권이 인정된다(제66조). 영국은 이 조항이 안정적인 조약법 체제운영에 필수적인 조항이라고 생각해, 제66조의 적용을 배제하는 유보를 첨부한 러시아, 튀니지, 베트남에 대해서는 상호 비엔나 협약이 적용되지 않는다고 선언했다. 한편「제노사이드 방지협약」제9조는 협약의 해석과 적용에 관한 분쟁에 대해 ICJ의 강제관할권을 인정하고 있는데, 이 조항의 적용을 배제하는 유보를 첨부한 국가가 적지 않다. 네덜란드는 그 같은 유보를 한 미국, 중국, 스페인, 말레이시아, 싱가포르, 필리핀, 예멘, 베트남 등을 당사국으로 인정하지 않는다고 선언했다. 그리고 과거 역시 같은 유보를 했던 소련(러시아), 우크라이나, 백러시아, 헝가리, 불가리아 등에 대해서도 당사국 불인정 선언을 했다가, 후일 이들 국가가 유보를 철회하자 비로소 당사국으로 인정했다. 미국에 대해서도 제9조 유보를 철회하면 당사국으로 인정하겠다는 의사를 통고했다. 아직 한국이 유보를 이유로 타국을 당사국으로 인정하지 않는다는 선언을 한 사례는 없다.

유보 첨부와 이에 대한 타 당사국의 반대에 관해 흥미로운 사례가 있다. 국제포경규제협약은[37] 전 당사국으로 구성되는 국제포경위원회에서의 협약 부표의 개정을 통해 포경에 대한 실질적 규제를 실시하고 있다.[38] 1982년 국제포경위원회 총회가 모든 종류의 상업적 포경을 1986년부터 중단하라는 부표 10 (e)를 채택하자, 아이슬란드는 1992년 이 협약을 탈퇴했다. 아이슬란드는 부표 10 (e)에 대한 유보를 전제로 2001년 6월 협약 가입서를 다시 제출했다. 그러나 아이슬란드의 유보부 가입 통고는 2001년 제53차 연례총회에서 부결되었고, 아이슬란드에게는 옵저버 자격만 인정되었다. 아이슬란드의 가입 시도는 2002년 제54차 연례총회에서도 부결되었다. 아이슬란드는 재차 유보부 가입신청서를 제출해 이것이 2002년 10월 특별총회에서 1표 차(19 대 18)로 통과되었다. 아이슬란드의 유보에 반대한 18개국은 자신들의 반대의사를 별도로 공표했으나, 아이슬란드를 당사국으로 인정하지

37) International Convention for the Regulation of Whaling. 1946년 채택, 1948년 발효, 1978년 한국 가입.

38) 협약의 부표(Schedule)은 협약과 불가분의 일체를 이룬다(제1조 1항).

않는다는 선언은 하지 않았다. 이 협약상 가입을 원하는 국가는 서면통고만으로 당사국으로 가입할 수 있으며, 별다른 절차적 제한은 없다(제10조 참조). 유보의 허용 여부에 관한 조항도 없다. 국제포경위원회에 회원의 가입조건을 심사할 권한이 명시적으로 부여된 바 없다. 그럼에도 불구하고 국제포경위원회는 모든 당사국으로 구성된 총회가 이를 심사한 특이한 사례를 만들었다.

사. 재가입을 통한 유보 확대

유보를 뒤늦게 확대하는데 좀 더 논란이 있는 우회수단은 조약에서 일단 탈퇴 후 확대된 유보를 첨부해 재가입하는 방법이다. 트리니다드 토바고는 1980년 「시민적 및 정치적 권리에 관한 국제규약 선택의정서」를 비준해 당사국이 되었다. 트리니다드 토바고는 사형판결과 관련해 많은 개인통보가 제기되자 이 조항이 지나치게 악용되고 있다고 판단하고 1998년 5월 26일 선택의정서의 탈퇴를 통고했다. 선택의정서에는 당사국이 3개월 유예기간만 두면 탈퇴할 수 있다는 규정이 있으므로(제12조 1항), 8월 26일 자동적으로 탈퇴의 효과가 발생했다. 트리니다드 토바고는 탈퇴가 발효된 8월 26일 바로 사형판결과 관련된 개인통보는 수락하지 않겠다는 새로운 유보를 첨부해 선택의정서에 재가입했다. 선택의정서는 가입의사 통고만으로 당사국이 될 수 있는 개방조약이므로 이 같이 탈퇴 후 확대된 유보를 갖고 재가입하는 방식에 형식적 하자는 없었다. 그렇다고 하여 과연 이는 유효한 가입이라고 할 수 있는가?

트리니다드 토바고의 행위는 비엔나 협약에서는 인정되지 않으나 UN 실행상 수락되고 있는 유보의 지연 첨부의 일종이라고도 볼 수 있다. 그러나 중요한 차이는 UN에서의 지연 유보는 하나의 당사국이라도 반대가 있으면 수락되지 않는데 반해, 트리니다드 토바고는 새로운 가입의 형식을 취했기 때문에 형식상 하나의 당사국만 이를 수락하면 유효하게 된다(제20조 4항 다호). 현실적으로 다른 모든 당사국의 반대는 기대하기 어렵다. 그 후 가이아나도 1999년 인권규약에 새로운 유보를 첨부하기 위해 탈퇴와 재가입이라는 과정을 밟았다. 이에 대해 3개의 다른 당사국이 반대의사를 표명했다. 이 같은 ① 탈퇴 ② 재가입을 통한 유보 첨부의 효력은 그것이 2개의 법률행위로 볼지, 아니면 전체적으로 하나의 법률행위로 볼지에 따라 평가가 달라질 수 있다. 한편 트리니다드 토바고는 사형판결에 대한 개인통보를 금지한 자국의 유보가 Human Rights Committee에서 조약의 대상 및 목적에 반하므로 무효라는 판정을 받자 2000년 3월 27일 선택의정서를 아주 탈퇴해 버렸다.

스웨덴은 「복수국적자 병역의무에 관한 협약」(1963)을 1967년 비준했다가, 2002년 탈퇴 후 바로 다음 날 협약상 의무를 축소하는 선언을 첨부해 재가입했다. 이에 대해 다른 당사국의 공식적인 반대는 제기되지 않았다.[39] 이는 UN 실행에서의 뒤늦은 유보 확대와 결과적으로 동일하다.

아. 철 회

첨부된 유보는 언제든지 자유롭게 철회될 수 있으며, 유보 수락국의 동의를 필요로 하지 않는다(제22조 1항). 유보 철회는 조약관계를 원래의 의도대로 정상화시키는 조치이기 때문이다. 유보가 철회되면 당초 유보 첨부에 찬성했는지 반대했는지와 상관없이 해당조항은 당사국들간에 완전하게 적용되게 된다. 유보가 철회되면 유보로 인해 자국과의 조약 발효를 반대했던 당사국과의 관계에서도 조약이 발효하게 된다.

유보 철회 역시 첨부와 마찬가지로 국가를 대표할 수 있는 자격을 갖춘 자에 의해 실시되어야 한다.[40] 유보 철회는 다른 당사국에 서면으로 통지되어 접수되는 날 시행됨이 원칙이나(제23조 3항 가호), 철회국이 그 이후의 특정한 날짜를 시행일로 지정할 수 있다.[41] 유보 내용의 일부만 철회할 수도 있다.[42]

조약에 달리 규정되어 있지 않는 한 유보에 대한 다른 당사국의 반대도 언제든지 철회될 수 있다(제22조 2항). 유보에 대한 반대를 철회하면 유보를 수락했다고 추정된다.[43] 유보에 대한 반대를 철회하는 경우 역시 철회의사가 유보국에 통지되어야 시행됨이 원칙이다(제22조 3항 나호). 반대의 부분적 철회도 가능하다.[44]

한국이 첨부했던 유보를 나중에 철회한 사례로는 2023년 6월까지 모두 11건이 보고되고 있다. 그중 9건은 국내법과의 충돌을 이유로 인권조약 가입시 첨부한 유보를 후일 철회한 것이다. 그중 6건은 충돌되는 국내법이 개정되어 더 이상 유보의 필요가 없어졌다고 판단했기 때문이며,[45] 2건은 애당초 첨부의 필요가 없었던

---

39) A. Aust, Treaty Law, p.142.
40) ILC, 「조약 유보에 관한 실행지침」(2011), para.2.5.4 및 비엔나 협약 제7조 참조.
41) ILC, 「조약 유보에 관한 실행지침」(2011), para.2.5.9.
42) ILC, 「조약 유보에 관한 실행지침」(2011), para.2.5.10.
43) ILC, 「조약 유보에 관한 실행지침」(2011), para.2.7.4.
44) ILC, 「조약 유보에 관한 실행지침」(2011), para.2.7.7.

유보를 후일 재해석을 통해 철회했다.[46] 기타 2건이 있다.[47] 한국에서 유보 철회는 독립된 조약으로 처리되어 원 조약과는 별도의 조약 번호가 부여된다.[48]

▶판례: 유보의 법적 성격

Reservation to the Convention on the Prevention and Punishment of the Crime of Genocide, Advisory Opinion, 1951 ICJ Reports 15.

[「제노사이드방지 협약」 가입시 동구국가가 유보를 첨부하자, 이러한 유보에 반대하는 국가들이 있었다. 이에 UN 총회는 유보의 유효성과 법적 효과에 관해 ICJ에 권고적 의견을 구하기로 했다. 즉 "I. 1개 또는 수개 당사국이 유보에 반대하나 다른 국가들은 이에 반대하지 않을 경우, 유보를 첨부한 국가는 자신의 유보를 유지하면서 본 조약의 당사국으로 간주될 수 있는가? II. 만약 질문 I에 대한 답이 긍정적이면 유보국과 (a) 유보 반대국가간 (b) 유보 수락국가간에 유보의 효과는 무엇인가?" 아래는 질문 I에 대한 ICJ의 답변이다. 이 판결은 유보에 관한 법리 형성에 선도적 역할을 했다.]

"It is well established that in its treaty relations a State cannot be bound without its consent, and that consequently no reservation can be effective against any State without its agreement thereto. It is also a generally recognized principle that a multilateral convention is the result of an agreement freely concluded upon its clauses and that consequently none of the contracting parties is entitled to frustrate or impair, by means of unilateral decisions or particular agreements, the purpose and *raison d'etre* of the convention. To this principle was linked the notion of the integrity of the convention as adopted, a notion which in its traditional concept involved the proposition that no reservation was valid unless it was accepted by all the contracting parties without exception, as would have been the case if it had been stated during the negotiations. […]

In this state of international practice, it could certainly not be inferred from the absence of an article providing for reservations in a multilateral convention that the

45) 「시민적 및 정치적 권리에 관한 국제규약」 제23조 4항, 「여성차별철폐협약」 제9조 및 제16조 제1항 다호, 라호, 바호, 「아동권리협약」 제9조 3항 및 제21조 가호, 「난민지위협약」 제7조 및 「동 의정서」 같은 내용의 조항에 대한 유보 철회.

46) 「시민적 및 정치적 권리에 관한 국제규약」 제14조 5항 및 동 7항에 대한 유보 철회.

47) 「질식성, 독성 또는 기타 가스 및 세균학적 전쟁수단의 전시 사용금지에 관한 의정서」에 대한 유보 일부와 「특허협력조약」 제2장에 대한 유보 철회. 이상 한국의 유보 철회에 관해서는 외교부 홈페이지 조약정보난 기준(2023.6.7. 확인).

48) 최초의 유보 철회 사례였던 「특허협력조약」 제2장에 대한 유보 철회(1990)는 외교부고시로 처리되었으나, 이후의 모든 유보 철회는 조약으로 처리되었다.

contracting States are prohibited from making certain reservations. Account should also be taken of the fact that the absence of such an article or even the decision not to insert such an article can be explained by the desire not to invite a multiplicity of reservations. The character of a multilateral convention, its purpose, provisions, mode of preparation and adoption, are factors which must be considered in determining, in the absence of any express provision on the subject, the possibility of making reservations, as well as their validity and effect. [···]

It must now determine what kind of reservations may be made and what kind of objections may be taken to them.

The solution of these problems must be found in the special characteristics of the Genocide Convention. [···] The origins of the Convention show that it was the intention of the United Nations to condemn and punish genocide as 'a crime under international law' involving a denial of the right of existence of entire human groups, a denial which shocks the conscience of mankind and results in great losses to humanity, and which is contrary to moral law and to the spirit and aims of the United Nations (Resolution 96 (I) of the General Assembly, December 11th 1946). The first consequence arising from this conception is that the principles underlying the Convention are principles which are recognized by civilized nations as binding on States, even without any conventional obligation. A second consequence is the universal character both of the condemnation of genocide and of the co-operation required 'in order to liberate mankind from such an odious scourge' (Preamble to the Convention). The Genocide Convention was therefore intended by the General Assembly and by the contracting parties to be definitely universal in scope. It was in fact approved on December 9th, 1948, by a resolution which was unanimously adopted by fifty-six States.

The objects of such a convention must also be considered. The Convention was manifestly adopted for a purely humanitarian and civilizing purpose. It is indeed difficult to imagine a convention that might have this dual character to a greater degree, since its object on the one hand is to safeguard the very existence of certain human groups and on the other to confirm and endorse the most elementary principles of morality. In such a convention the contracting States do not have any interests of their own; they merely have, one and all, a common interest, namely, the accomplishment of those high purposes which are the *raison d'etre* of the convention. Consequently, in a convention of this type one cannot speak of individual advantages or disadvantages to States, or of the maintenance of a perfect contractual balance between rights and duties. The high ideals which inspired the Convention provide, by virtue of the common will of the parties, the foundation and measure of all its provisions.

The foregoing considerations, when applied to the question of reservations, and more particularly to the effects of objections to reservations, lead to the following conclusions.

The object and purpose of the Genocide Convention imply that it was the intention of the General Assembly and of the States which adopted it that as many States as possible should participate. The complete exclusion from the Convention of one or more States would not only restrict the scope of its application, but would detract from the authority of the moral and humanitarian principles which are its basis. It is inconceivable that the contracting parties readily contemplated that an objection to a minor reservation should produce such a result. But even less could the contracting parties have intended to sacrifice the very object of the Convention in favour of a vain desire to secure as many participants as possible. The object and purpose of the Convention thus limit both the freedom of making reservations and that of objecting to them. It follows that it is the compatibility of a reservation with the object and purpose of the Convention that must furnish the criterion for the attitude of a State in making the reservation on accession as well as for the appraisal by a State in objecting to the reservation. Such is the rule of conduct which must guide every State in the appraisal which it must make, individually and from its own standpoint, of the admissibility of any reservation."

▶판례: 유보의 허용성

Armed Activities on the Territory of the Congo(New Application: 2002) (Provisional Measures) (Congo v. Rwanda), 2002 ICJ Reports 219.

[콩고와 르완다는 모두 「인종차별철폐협약」과 「제노사이드방지 협약」 당사국이다. 르완다는 이들 조약 가입시 분쟁해결에 관해 ICJ의 강제관할권 부여를 규정한 조항들을 유보했으나, 당시 콩고는 별다른 반대를 표시하지 않았다. 그 후 콩고는 이 사건을 제소하며 르완다가 첨부한 유보의 유효성을 부인했다. 재판부는 르완다의 유보가 조약 내용을 대상으로 하지 않고, 분쟁 해결에 관한 ICJ 관할권 인정에 관한 부분이므로 조약의 대상 및 목적에 어긋나는 유보로 볼 수 없다고 판단했다.]

"70. Whereas in the present proceedings the Congo has challenged the validity of that reservation ([…]);

71. Whereas "the principles underlying the [Genocide] Convention are principles which are recognized by civilized nations as binding on States, even without any conventional obligation" and whereas a consequence of the conception thus adopted is "the universal character both of the condemnation of genocide and of the co-operation required 'in order to liberate mankind from such an odious scourge'

(Preamble to the Convention)" ([…]); whereas it follows "that the rights and obligations enshrined by the Convention are rights and obligations *erga omnes*" ([…]); whereas however, as the Court has already had occasion to point out, "the *erga omnes* character of a norm and the rule of consent to jurisdiction are two different things" (East Timor (Portugal v. Australia), Judgment, I.C.J. Reports 1995, p. 102, para.29); whereas it does not follow from the mere fact that rights and obligations *erga omnes* are at issue in a dispute that the Court has jurisdiction to adjudicate upon that dispute; whereas, as the Court has noted above (paragraph 57), it has jurisdiction in respect of States only to the extent that they have consented thereto; and whereas, when a compromissory clause in a treaty provides for the Court's jurisdiction, that jurisdiction exists only in respect of the parties to the treaty who are bound by that clause and within the limits set out in that clause;

72. Whereas the Genocide Convention does not prohibit reservations; whereas the Congo did not object to Rwanda's reservation when it was made; whereas that reservation does not bear on the substance of the law, but only on the Court's jurisdiction; whereas it therefore does not appear contrary to the object and purpose of the Convention; whereas it is immaterial that different solutions have been adopted for courts of a different character; whereas, specifically, it is immaterial that the International Criminal Tribunal for crimes committed in Rwanda was established at Rwanda's request by a mandatory decision of the Security Council or that Article 120 of the Statute of the International Criminal Court signed at Rome on 17 July 1998 prohibits all reservations to that Statute;"

▶판례: 유보의 허용성

Restriction to the Death Penalty(Arts. 4(2) and 4(4) American Convention on Human Rights), Advisory Opinion OC-3/83, Inter-American Court of Human Rights(1983).

[과테말라는 미주인권협약을 비준하면서 정치범 또는 이와 관련된 일반 범죄를 이유로 한 사형판결을 금지하고 있는 제4조 4항을 유보했다. 그런데 미주인권협약 제27조 2항은 제4조(생명권)를 국가비상시에도 정지시킬 수 없는 권리로 규정하고 있다. 그렇다면 과테말라의 유보는 미주인권협약의 대상 및 목적에 비추어 볼 때 허용 가능한가? 미주인권재판소는 권고적 의견에서 이 같은 유보가 생명권 전체를 부인하기 위한 내용은 아니므로, 협약의 대상 및 목적에 위배되지 않는다고 판단했다.]

"61. Consequently, the first question which arises when interpreting a reservation is whether it is compatible with the object and purpose of the treaty. Article 27 of the Convention allows the States Parties to suspend, in time of war, public danger, or other emergency that threatens their independence or security, the obligations they assumed by ratifying the Convention, provided that in doing so they do not suspend or derogate from certain basic or essential rights, among them the right to life guaranteed by Article 4. It would follow therefrom that a reservation which was designed to enable a State to suspend any of the non-derogable fundamental rights must be deemed to be incompatible with the object and purpose of the Convention and, consequently, not permitted by it.

The situation would be different if the reservation sought merely to restrict certain aspects of a non-derogable right without depriving the right as a whole of its basic purpose. Since the reservation referred to by the Commission in its submission does not appear to be of a type that is designed to deny the right to life as such, the Court concludes that to that extent it can be considered, in principle, as not being incompatible with the object and purpose of the Convention."

▶판례: 유보 철회의 방법

Armed Activities on the Territory of the Congo(New Application: 2002) (Jurisdiction and Admissibility) (Congo v. Rwanda), 2006 ICJ Reports 6.

[이 사건에서는 2가지 이유에서 「제노사이드방지 협약」에 대한 르완다의 유보가 철회되었는가가 문제되었다. 첫째, 1995년 르완다는 국제협약에 대한 모든 유보를 철회한다는 내용의 국내법을 제정했다. 그러나 르완다가 기존 유보의 철회 의사를 대외적으로 통보하지는 않았다. 그렇다면 르완다의 유보가 철회되었는지가 쟁점이 되자, 재판부는 철회의 효과를 부인했다(paras.43−44).

둘째, 르완다의 법무장관은 2005년 3월 17일 UN 인권위원회 제67차 회기에서 다음과 같이 발언했다.

"Rwanda is one of the countries that has ratified the greatest number of international human rights instruments. In 2004 alone, our Government ratified ten of them, including those concerning the rights of women, the prevention and repression of corruption, the prohibition of weapons of mass destruction, and the environment. The few instruments not yet ratified will shortly be ratified and past reservations not yet withdrawn will shortly be withdrawn."

이 발언으로 인해 「제노사이드방지 협약」 제9조(ICJ 관할권 인정 조항)에 대한 르완다의 유보가 철회되었는가가 문제되었다. 재판부는 일방적 선언에 구속력을 인정하기 위해서는 명확하고 구체적인 표현으로 발표될 필요가 있는데, 단순히 "past reservations not yet withdrawn"라는 표현은 어떤 조약을 가리키는지 명확하지 않으며(para.50), 유보 철회에 대한 구체적 일정이 제시되지 않았으며(para.51), 전체적으로 법무장관의 발언은 일반적 의사로서 인권보호에 관한 정책의 표시일 뿐(paras. 52—53), 이로 인하여 유보 철회의 법적 효과가 발생했다고 보지 않았다.]

"40. In regard to the first question, the Court notes that an instrument entitled "Décret-loi No. 014/01 of 15 February 1995 withdrawing all reservations entered by the Rwandese Republic at the accession, approval and ratification of international instruments" was adopted on 15 February 1995 by the President of the Rwandese Republic following an Opinion of the Council of Ministers and was countersigned by the Prime Minister and Minister of Justice of the Rwandese Republic. Article 1 of this décret-loi, which contains three articles, provides that "[a]ll reservations entered by the Rwandese Republic in respect of the accession, approval and ratification of international instruments are withdrawn"; […] The décret-loi was published in the Official Journal of the Rwandese Republic, on a date of which the Court has not been apprised, and entered into force.

41. The validity of this décret-loi under Rwandan domestic law has been denied by Rwanda. However, in the Court's view the question of the validity and effect of the décret-loi within the domestic legal order of Rwanda is different from that of its effect within the international legal order. Thus a clear distinction has to be drawn between a decision to withdraw a reservation to a treaty taken within a State's domestic legal order and the implementation of that decision by the competent national authorities within the international legal order, which can be effected only by notification of withdrawal of the reservation to the other States parties to the treaty in question. It is a rule of international law, deriving from the principle of legal security and well established in practice, that, subject to agreement to the contrary, the withdrawal by a contracting State of a reservation to a multilateral treaty takes effect in relation to the other contracting States only when they have received notification thereof. This rule is expressed in Article 22, paragraph 3 (a), of the Vienna Convention on the Law of Treaties, […].

42. The Court observes that in this case it has not been shown that Rwanda notified the withdrawal of its reservations to the other States parties to the ""international instruments"" referred to in Article 1 of décret-loi No. 014/01 of 15 February 1995, and in particular to the States parties to the Genocide Convention. Nor has it been shown that there was any agreement whereby such withdrawal could have become operative without notification. In the Court"s view, the adoption of that décret-loi and its publication in the Official Journal of the Rwandese Republic cannot in themselves amount to such notification. In order to have effect in international law, the withdrawal would have had to be the subject of a notice received at the international level.

43. The Court notes that, as regards the Genocide Convention, the Government of Rwanda has taken no action at international level on the basis of the décret-loi. It observes that this Convention is a multilateral treaty whose depositary is the Secretary-General of the United Nations, and it considers that it was normally through the latter that Rwanda should have notified withdrawal of its reservation. […] However, the Court does not have any evidence that Rwanda notified the Secretary-General of the withdrawal of this reservation.

44. In light of the foregoing, the Court finds that the adoption and publication of décret-loi No. 014/01 of 15 February 1995 by Rwanda did not, as a matter of international law, effect a withdrawal by that State of its reservation to Article IX of the Genocide Convention. […]

49. In order to determine the legal effect of that statement, the Court must, however, examine its actual content as well as the circumstances in which it was made ([…]).

50. On the first point, the Court recalls that a statement of this kind can create legal obligations only if it is made in clear and specific terms (see Nuclear Tests (Australia v. France) (New Zealand v. France), I.C.J. Reports 1974, p.267, para.43; p.269, para.51; p.472, para.46; p.474, para.53). In this regard the Court observes that in her statement the Minister of Justice of Rwanda indicated that "past reservations not yet withdrawn [would] shortly be withdrawn," without referring explicitly to the reservation made by Rwanda to Article IX of the Genocide Convention. The statement merely raises in general terms the question of Rwandan reservations. As such, the expression "past reservations not yet withdrawn" refers without distinction to any reservation made by Rwanda to any international treaty to which it is a party. Viewed in its context, this expression may, it is true, be interpreted as referring solely to the reservations made by Rwanda to "international human rights instruments", to which reference is made in an earlier passage of the statement. In this connection the Court notes, however, that the international instruments in question must in the circumstances be understood in a broad sense, since, according to the statement itself, they appear to encompass not only instruments "concerning the rights of women" but also those concerning "the prevention and repression of corruption, the prohibition of weapons of mass destruction, and the environment." The Court is therefore bound to note the indeterminate character of the international treaties referred to by the Rwandan Minister of Justice in her statement.

51. The Court further observes that this statement merely indicates that "past reservations not yet withdrawn will shortly be withdrawn", without indicating any precise time-frame for such withdrawals.

52. It follows from the foregoing that the statement by the Rwandan Minister of

Justice was not made in sufficiently specific terms in relation to the particular question of the withdrawal of reservations. Given the general nature of its wording, the statement cannot therefore be considered as confirmation by Rwanda of a previous decision to withdraw its reservation to Article IX of the Genocide Convention, or as any sort of unilateral commitment on its part having legal effects in regard to such withdrawal; at most, it can be interpreted as a declaration of intent, very general in scope.

53. This conclusion is corroborated by an examination of the circumstances in which the statement was made. Thus the Court notes that it was in the context of a presentation of general policy on the promotion and protection of human rights that the Minister of Justice of Rwanda made her statement before the United Nations Commission on Human Rights."

3. 유보의 효과

유보는 일방적 선언이지만 그 효과는 상호주의적이다. 유보국과 다른 당사국 간에는 유보의 내용이 서로 적용되지 않는다. 즉 유보국만 일방적으로 유보의 이익을 주장할 수 있는 것은 아니며, 다른 당사국들도 유보국에 대한 관계에서는 상대방의 유보 내용을 원용할 수 있다(제21조 1항). 유보국을 제외한 다른 당사국 사이에서는 원래의 조약이 그대로 적용됨은 물론이다(제21조 2항). 결국 모든 국가는 상호 공통된 동의의 범위에서만 조약의 적용을 받게 된다. 다만 조약의 성질상 유보의 상호주의적 적용이 어려운 경우도 있다. 예를 들어 인권조약이나 환경조약 같은 경우가 대표적이다.[49]

관습국제법을 성문화한 조약 규정에 대해서는 유보를 하더라도 조약과는 별개로 존재하는 관습국제법상의 의무로부터 벗어날 수는 없음은 당연하다.[50] 국제법상 강행규범에 해당하는 조약 조항을 유보해도 강행규범의 법적 효과로부터 벗어날 수 없다.[51] 그렇다고 하여 관습국제법을 성문화한 조항에 관한 유보가 법적으로 항상 무의미하지는 않다.[52] 예를 들어 그 조항에 대한 강제적 분쟁해결제도가 설치

49) 아래 5. 인권조약에 대한 유보 항목 참조.

50) "no reservation could release the reserving party from obligations of general maritime law existing outside and independently of the Convention," North Sea Continental Shelf, 1969 ICJ Reports 3, para.65.

51) ILC, 「조약 유보에 관한 실행지침」(2011), para.4.4.3.

52) ILC, 「조약 유보에 관한 실행지침」(2011), para.3.1.5.3 및 para.4.4.2 참조.

되어 있는 경우, 유보로써 해당 조항이 담고 있는 관습국제법상의 의무는 배제시킬 수 없을지라도 이에 대한 분쟁해결조항의 적용은 회피할 수 있기 때문이다.[53)]

유보를 수락한 경우와 유보에 반대한 경우의 차이는 무엇인가? 유보를 수락한 경우 유보국과 수락국 사이에서는 유보조항을 제외한 조약의 다른 조항들이 적용된다(제21조 1항). 한편 비엔나 협약 제21조 3항은 유보국과 유보 반대국(단 조약관계 성립은 인정) 사이에서는 유보의 범위에서 유보조항이 적용되지 아니한다고 규정하고 있다(the provisions to which the reservation relates do not apply as between the two States to the extent of the reservation).

이 두 조항의 적용결과는 실제로 어떻게 나타나는가? 예를 들어 갑(甲) 조약에 A국이 제3조의 적용을 배제한다는 유보를 했다고 가정하자. B국이 이러한 유보를 수락하면 A·B국간에는 제3조를 제외한 나머지 조약내용이 적용된다. 반면 B국이 양국간 조약관계 성립 자체는 인정하나 유보에 대해서는 반대를 한다면 양국간의 조약관계는 어떻게 되는가? A·B국간에는 유보의 범위 내의 조항이 적용되지 않으므로 여전히 제3조를 제외한 나머지 조약내용이 적용되게 된다. 그렇다면 유보에 대해 타국이 어떻게 반응하든 법적 결과는 같게 된다. 좀 더 복잡한 예를 들어 본다. 특정 조항의 적용을 배제시키려는 유보가 아닌, 조항의 효과를 부분적으로만 변경하려는 경우이다. 당사국 간에는 세탁기 수입관세를 10% 이하로 한다는 조항을 포함한 다자간 무역협정이 체결되었다고 가정하자. 그런데 A국이 이 협정에 가입하면서 세탁기 수입관세를 20% 이하로 할 수 있다는 유보를 첨부했다면 그 결과는 어떻게 될 것인가? 이것이 금지된 유보가 아니라고 전제한다면 다른 당사국들은 다양하게 반응할 수 있다. B국은 유보에 반대하며 A국을 당사국으로 인정하지 않겠다고 선언했다. C국은 유보를 수락했다. D국은 유보에는 반대하나 A국을 당사국으로 인정했다. 그 결과는 다음과 같다. A−B국간에는 무역협정이 아예 적용되지 않는다. A−C국간에는 유보의 내용대로 양국간 수입관세율은 20% 이하가 된다. 그러면 A−D간의 세탁기 관세율 상한은 어떻게 된다고 해석함이 합리적일까? A국은 20%까지 관세율을 부과해야 한다는 입장이고, D국은 이를 수락할 수 없는 입장이다. A국과 D국간에는 세탁기 관세율에 관해 합의가 없으므로 양국간에는 아무런 제한이 없다고 보아야 하는가? 그러나 A국과 D국 모두 세탁기 수입

53) Müller, Article 21, in O. Corten & P. Klein, Commentary, p.548.

관세율을 20% 이상으로 부과할 의도는 없다. 결국 세탁기 관세율에 관한한 20% 이하를 공통의 의사로 보는 편이 제한이 없다고 해석보다는 합리적 결과이다.[54)]

결국 유보로 인해 조약관계의 성립을 부정하지만 않는다면 유보를 명시적으로 수락하거나, 아무런 반응도 하지 않거나, 유보에 반대하나 모두 동일한 결과를 가져온다. 그렇다면 조약의 다른 당사국으로서는 유보국과의 조약관계 성립을 부정할 의도가 아닌 한 타국의 유보에 대해 예민하게 반응하지 않으려 할 것이다.

▶판례: 조약 유보의 국내적 효과

헌법재판소 1991.7.22. 89헌가106 결정

"다음으로 체약국의 가입과 동시에 시행에 필요한 조치를 취하도록 의무화하고 있는 "시민적및정치적권리에관한국제규약"의 제22조 제1항에도 "모든 사람은 자기의 이익을 보호하기 위하여 노동조합을 결성하고 이에 가입하는 권리를 포함하여 다른 사람과의 결사의 자유에 대한 권리를 갖는다."고 규정하고 있으나 [⋯] 특히 위 제22조는 우리의 국내법적인 수정의 필요에 따라 가입당시 유보되었기 때문에 직접적으로 국내법적 효력을 가지는 것도 아니다."[55)]

▶판례: 유보의 상호주의적 효과

Certain Norwegian Loans (France v. Norway), 1957 ICJ Reports 9.

[노르웨이 정부가 발행한 공채의 변제조건에 관해 프랑스와 분쟁이 발생하자, 프랑스는 이 사건을 ICJ에 제소했다. 원래 프랑스가 ICJ 규정의 선택조항을 수락할 때 "이 선언은 프랑스 정부가 이해하는대로 본질적으로 국내관할권에 속하는 사항에 관한 분쟁에는 적용되지 않는다"는 유보를 첨부했다(이른바 자동유보). 노르웨이는 프랑스의 유보를 원용해 이 사건 내용이 자신의 국내문제라며 관할권 불성립을 주장했다. 그 결과 ICJ는 유보의 상호주의적 효과에 따라 노르웨이의 주장을 인정했다.]

(p.23) "In considering this ground of the Objection the Court notes in the first place that the present case has been brought before it on the basis of Article 36, paragraph 2, of the Statute and of the corresponding Declarations of acceptance of

---

54) I. Sinclair, Vienna Convention, pp.76−77 참조.

55) 헌법재판소 2005.10.27. 2003헌바50−62, 2004헌바96, 2005헌바49(병합) 결정; 헌법재판소 2007.8.30. 2003헌바51, 2005헌가5(병합) 결정; 헌법재판소 2008.12.26. 2005헌마971·1193, 2006헌마198(병합) 결정; 헌법재판소 2008.12.26. 2006헌마462 결정; 헌법재판소 2008.12.26. 2006헌마518 결정 등도 동일한 판단을 보이고 있다.

compulsory jurisdiction; that in the present case the jurisdiction of the Court depends upon the Declarations made by the Parties in accordance with Article 36, paragraph 2, of the Statute on condition of reciprocity; and that, since two unilateral declarations are involved, such jurisdiction is conferred upon the Court only to the extent to which the Declarations coincide in conferring it. A comparison between the two Declarations shows that the French Declaration accepts the Court's jurisdiction within narrower limits than the Norwegian Declaration; consequently, the common will of the Parties, which is the basis of the Court's jurisdiction, exists within these narrower limits indicated by the French reservation. [⋯]

France has limited her acceptance of the compulsory jurisdiction of the Court by excluding beforehand disputes 'relating to matters which are essentially within the national jurisdiction as understood by the Government of the French Republic'. In accordance with the condition of reciprocity to which acceptance of the compulsory jurisdiction is made subject in both Declarations and which is provided for in Article 36, paragraph 3, of the Statute, Norway, equally with France, is entitled to except from the compulsory jurisdiction of the Court disputes understood by Norway to be essentially within its national jurisdiction."

해 설

당시 ICJ의 Lauterpacht 판사는 개별의견에서 프랑스의 자동유보(automatic reservation)는 관할권의 유무는 스스로 결정한다는 ICJ 규정 제36조 6항에 위배되므로 무효라고 판단했다. 그는 이 유보가 프랑스 입장의 본질적 내용을 구성하므로 프랑스의 선택조항 수락 자체가 무효로 된다고 보았다. 그러나 ICJ의 다수의견은 프랑스와 노르웨이 양 당사국의 견해가 일치한다는 이유에서 자동유보의 유효성을 정면으로 다루지 않았다(pp.26–27). 한편 Lauterpacht 판사는 그 이전 Interhandel case의 소수의견에서도 자동유보의 효력에 대해 동일한 입장을 피력했었다(1959 ICJ Reports 6, p.102).

4. 허용 불가능한 유보

과테말라가 1997년 7월 비엔나 협약을 비준하며 여러 가지 유보를 첨부하자, 여러 국가가 이에 반대의사를 표명했다. 그 중 핀란드·덴마크·스웨덴은 과테말라의 유보중 일부가 협약의 대상 및 목적과 양립 불가능하다는 판단(또는 의심)에서 반대했다. 이들 국가는 각기 자국과 과테말라 사이에 협약의 적용을 배제하지 않지만, 단 과테말라는 첨부한 유보의 이익을 받을 수 없다고 선언했다. 이에 대해 과테말라가 추가적인 반응을 보이지는 않았다. 핀란드 등의 선언의 의미는 무엇일까? 과테말라는 이들 국가와의 관계에서 유보의 이익 없이 협약을 적용할 의사가 있다고 보아야 하는가? 그런 조건이라면 과테말라도 핀란드 등과의 관계에서 협약의 적용이 없다고 선언 또는 주장할 수 있는가?

이는 조약의 대상 및 목적과 양립될 수 없는, 즉 허용 불가능한 유보의 법적 효과에 관한 문제이다. 이에 관해서는 2가지 관점에서의 검토가 필요하다.

첫째, 허용 불가능한 유보 자체의 효력 문제이다. 이러한 유보는 이론상 처음부터 무효(void *ab initio*)이므로 다른 당사국의 수락 대상이 될 수 없으며, 다른 당사국의 반응에 의해 효력이 좌우되지도 않는다.[56] 즉 다른 당사국이 반대표시를 하지 않아도 아무런 법적 효과가 발생하지 않는다. 그러나 조약의 대상 및 목적과 양립할 수 없는 유보라는 사실을 어떻게 확인할 수 있는가? 위 과테말라의 유보에 대해 한국을 포함한 비엔나 협약의 더 많은 당사국들은 별다른 반대를 표시하지 않았다. 허용 불가능한 유보라는 핀란드 등의 주장이 과연 타당한지 여부를 바로 객관적으로 확인할 절차나 방법이 없다. 유보의 효력에 대한 판단이 개별 국가에 맡겨져 있는 현실 속에서 조약의 대상 및 목적과 양립할 수 없는 유보인가 여부는 결국 다른 당사국의 반응을 통해 드러날 수밖에 없다. 따라서 허용 불가능한 유보를 첨부했어도 다른 당사국들이 이의를 제기하지 않으면 현실에서는 그 유보가 무효임을 확인할 기회를 찾기 어렵다. 이론상 허용 불가능한 유보라고 평가되어도, 조약의 다른 어떠한 당사국도 이의를 제기하지 않았다면 과연 이를 허용 불가능한 유보라고 할 수 있는가라는 의문도 제기된다.

둘째, 일단 유보가 허용 불가능하다고 확정되었다고 가정하자. 이를 첨부한 조약 당사국의 행위는 어떻게 해석되어야 할까? 이론적으로 3가지 각도에서 생각해 볼 수 있다.

① 유보조항을 배제한 나머지 조약내용만이 적용된다고 보는 입장. 이는 허용 불가능한 유보의 효과를 그대로 인정하는 태도로서 유보 첨부국의 의사를 존중하는 입장이다. 그렇게 된다면 무효인 유보와 유효한 유보를 구별할 수 없게 되고, 조약의 핵심적인 조항에 대해서도 자유롭게 유보할 수 있는 길을 열어주게 된다.

56) Report of the International Law Commission 66th session Supplement No.10(A/66/10, Add.1) (2011), p.509.

즉 유보의 허용 범위에 관한 모든 이론적 탐구를 무의미하게 만들어버려 비엔나 협약 체제와 조화되지 않는다. 이 같은 입장은 지지되기 어렵다.

② 허용 불가능한 유보의 첨부는 조약의 가입 자체를 무효로 만든다고 해석하는 입장. 유보 첨부국으로서는 만약 유보가 수락되지 않으면 조약 당사국이 될 의사가 없다고 간주하는 것이다. 그러나 이런 국가를 무조건 조약 체제에서 배제시킴이 항상 바람직하냐는 의문이 제기될 수 있다. 특히 인권조약에 대해 이러한 입장을 적용한다면 인권의 보편성 달성에 장애가 될 우려가 있다.

③ 허용 불가능한 유보의 첨부행위만을 무효라고 보고 유보 없는 조약 가입으로 취급하는 입장. 조약의 비준과 유보를 각기 분리시켜 그 효과를 별개로 판단하려는 태도이다. 국제공동체 확장에 가장 기여를 할 수 있는 입장이나, 이것이 항상 개별 당사국의 의사와 일치하느냐는 의문이 제기된다. 유보 첨부가 조약 동의의 본질적 내용에 해당하는 경우, 유보가 거부된다면 해당 국가로서는 조약의 당사국이 될 의사가 없다고 보아야 하기 때문이다.[57)]

이 문제는 획일적인 판단이 쉽지 않다. ICJ에서 다수의견이 이 문제를 정면으로 다룬 경우는 없으나, 다른 국제인권기관에서는 몇 차례 취급되었다. 이들 사건에서는 무효인 유보를 첨부한 경우 유보 없는 가입으로 해석되었다.

유럽인권재판소는 Belilos 사건에서 유럽인권협약 제6조에 대한 스위스의 유보가 무효이므로 스위스는 유보의 이익 없이 협약의 당사국이 되었다고 판단했다.[58)] 유럽인권재판소는 이후 다른 사건에서도 동일한 입장을 유지했다.[59)]

「시민적 및 정치적 권리에 관한 국제규약」의 Human Rights Committee도 같은 입장이다. 1994년 발표된 일반논평을 통해 허용될 수 없는 유보를 첨부한 국가는 유보 없이 당사국이 된다고 해석했다.[60)] 이러한 해석은 아래 Kennedy 사건에 그대로 적용되었다. 사형판결과 관련된 개인통보의 제기는 수락하지 않겠다는 트리니다드 토바고의 유보는 조약의 대상 및 목적에 위배되어 무효이므로 Committee는 유보 없는 비준으로 보고 사형판결과 관련된 개인통보를 취급할 권한이 있다고 판

57) 이상 3가지 입장에 관한 좀 더 상세한 소개는 이진규, 유보의 무효가 조약 형성에 미치는 법적 효과, 원광법학 제27권 제3호(2011), pp.142－144.

58) Belilos v. Switzerland, Case No.20/1986/118/167, para.60.

59) Loizidou v. Turkey(Preliminary Objections), Application No.15318/89(1995), paras.90－98; Weber v. Switzerland, Application No.11034/84(1990), para.38.

60) Human Rights Committee, General Comment No.24(1994), para.18.

단했다.[61)]

이들 사건은 모두 인권조약의 적용에 관한 사례라는 특수성을 지닌다. 인권조약의 경우 유보의 효력을 부인하면 당사국 주민의 개인적 권리가 신장되는 결과를 가져온다는 점에서 통상적인 조약과는 다른 특징을 지닌다.[62)] 유럽인권재판소로서도 유보가 무효라는 이유로 스위스(또는 터키)를 유럽인권조약 체제에서 배제시키는 결정을 내리기는 부담스러웠을 것이다.

허용될 수 없는 유보를 첨부한 경우의 법적 효과는 ILC「조약 유보에 관한 실행지침」(2011)에서도 분석되었다. ILC는 허용 불가능한 유보는 무효(null and void)이며 어떠한 법적 효과도 갖지 못하나,[63)] 이 같은 유보를 첨부한 국가가 조약의 당사자로 인정될지 여부는 1차적으로 유보 첨부국의 의사에 따르자고 제시했다. 무효인 유보의 첨부국이 별다른 의사표시를 하지 않는다면 일단 유보 없는 가입으로 간주하나, 다만 그 국가는 유보의 이익이 없이는 조약의 당사국이 될 의사가 없다는 점을 추후 언제라도 표시할 수 있다고 정리했다. 즉 국가가 유보 없이 조약의 당사국이 될지 또는 유보 없이는 당사국이 되지 않을지를 해당국가의 의사에 맡기자는 입장이다. 그러나 인권조약기구와 같은 기구가 특정국의 유보를 무효라고 판단한 경우, 그 국가가 조약의 당사국으로 남을 의사가 없다면 1년 이내에 탈퇴표시를 하라고 요구했다.[64)] 이러한 입장은 설사 유보가 무효라서 유보 첨부국이 유보의 이익을 받을 수 없다 해도 조약 당사국으로 남기 원하는 경우가 더 많으리라는 추정을 바탕으로 한다. 국제사회로서도 이 같은 추정을 통해 일단 조약의 당사국을 확대하는 편이 더 바람직할 것이다. 이는 단지 추정에 불과하므로 ILC는 당사국의 의해 번복될 수 있는 방안을 열어 두었다.

이 같은 ILC의 지침은 인권조약에 대한 유보를 일반 조약의 경우와 구별되는 별도의 카테고리로 취급하자는 일각의 주장을 물리치고 모든 조약의 유보를 같은 기준에서 다루고 있다. 이 지침은 당사국의 의사를 가급적 존중하는 입장이다. 무

61) R. Kennedy v. Trinidad and Tobago, CCPR/C/67/D/845/1999(1999).

62) A. Cassese는 당사국으로 하여금 국제적 인권기준의 구속을 받게 하려는 입장과 가급적 이런 기준을 피하려는 일부 국가와의 충돌에서 전자의 입장을 취하는 방안이 적절하다고 평가했다. P. Gaeta· J. Viňuales· S. Zappalà, Cassese's International Law 3rd ed.(Oxford UP, 2020), p.211.

63) ILC,「조약 유보에 관한 실행지침」(2011), para.4.5.1.

64) ILC,「조약 유보에 관한 실행지침」(2011), para.4.5.3.

효인 유보가 당사국의 조약 가입의 본질적 조건일수도 있고, 부수적·지엽적 조건일수도 있는 상황을 모두 포용하려는 태도이다. 대신 내용은 좀 복잡해졌다. 무효인 유보를 첨부한 국가의 지위에 관해서는 여전히 불확실성이 남아 있으며, 이 부분에 관한 국제법 규칙은 아직 명확하지 않다.

사실 유보에 관한 혼선과 모호함은 조약이 유보의 가능 여부를 조항별로 명확히 규정하면 대부분 해소될 수 있다. 그러나 현실에서 그러한 조약은 많지 않다. 조약 협상시 이 점을 별로 중요하다고 생각지 않아 간과되었을 수도 있고, 이 부분에 대해 합의를 볼 수 없어서 명시하지 못했을 수도 있다.[65]

▶판례: 조약의 대상 및 목적에 반하는 유보 첨부의 효과

Belilos v. Switzerland, European Court of Human Rights, 10 ECHR 466(1988).

[이 사건의 원고는 스위스에서 재판받을 때 유럽인권협약 제6조에 따른 공정한 재판을 받지 못했다고 주장했다. 스위스는 이 조약을 비준할 당시 제6조에 관한 해석선언을 첨부했다. 그런데 유럽인권협약 구 제64조상 협약의 당사국은 일반적 성격의 유보는 첨부할 수 없고, 오직 자국의 기존 국내법과 충돌되는 부분에 한하여만 협약상의 해당조항을 유보할 수 있었다. 재판부는 우선 스위스의 해석선언이 법적으로는 유보에 해당한다고 보았다. 그리고 그 내용이 협약 구 제64조상 허용되지 않는 일반적 성격의 유보이므로 무효라고 판단했다. 이어 재판부는 스위스가 유보의 혜택 없이 원래의 협약 제6조를 그대로 적용받아야 한다고 판단하고, 제6조상의 권리를 침해당했다는 청구인의 주장을 인용했다.]

"52. […] She now maintained that the declaration sought to remove all civil and criminal cases from the judiciary and transfer them to the executive, in disregard of a principle that was vital to any democratic society, namely the separation of powers. As "ultimate control by the judiciary" was a pretence if it did not cover the facts, such a system, she claimed, had the effect of excluding the guarantee of a fair trial, which was a cardinal rule of the Convention. Switzerland's declaration accordingly did not satisfy the basic requirements of Article 64, which expressly prohibited reservations of a general character and prohibited by implication those which were incompatible with the Convention. […]

54. […] In the Commission's view, the declaration appeared to have the consequence that anyone "charged with a criminal offence" was almost entirely deprived of the protection of the Convention, although there was nothing to show

65) A. Aust, Treaty Law, p.135.

that this had been Switzerland's intention. At least in respect of criminal proceedings, therefore, the declaration had general, unlimited scope.

55. The Court has reached the same conclusion. […] In short, they fall foul of the rule that reservations must not be of a general character. […]

60. In short, the declaration in question does not satisfy two of the requirements of Article 64 of the Convention, with the result that it must be held to be invalid. At the same time, it is beyond doubt that Switzerland is, and regards itself as, bound by the Convention irrespective of the validity of the declaration. Moreover, the Swiss Government recognised the Court's competence to determine the latter issue, which they argued before it. The Government's preliminary objection must therefore be rejected."

검 토

스위스의 해석선언(유보)에 대해 다른 협약 당사국의 반대가 표명된 바 없었는데도 이를 무효라고 볼 수 있는가?

▶판정: 조약의 대상 및 목적에 반하는 유보 첨부의 효과

R. Kennedy v. Trinidad and Tobago, Human Rights Committee, CCPR/C/67/D/845/1999(1999).

[「시민적 및 정치적 권리에 관한 국제규약 선택의정서」의 당사국인 트리니다드 토바고는, 이를 탈퇴했다가 사형판결과 관련된 개인통보는 수락하지 않겠다는 유보를 새로 첨부해 선택의정서에 재가입했다. 그러나 사형에 관한 개인통보가 다시 제기되자 Human Rights Committee는 트리니다드 토바고의 이 유보가 선택의정서의 대상 및 목적에 위배된다고 판단했다. 이에 Committee는 자신이 이에 관한 개인통보를 수락할 권한이 있다고 판단했다. 이에 대하여는 5명의 위원이 반대의견을 첨부했다.]

"6.7 The present reservation, which was entered after the publication of General Comment No. 24, does not purport to exclude the competence of the Committee under the Optional Protocol with regard to any specific provision of the Covenant, but rather to the entire Covenant for one particular group of complainants, namely prisoners under sentence of death. This does not, however, make it compatible with the object and purpose of the Optional Protocol. On the contrary, the Committee cannot accept a reservation which singles out a certain group of individuals for lesser procedural protection than that which is enjoyed by the rest of the population. In the view of the Committee, this constitutes a discrimination which runs counter to some of the basic principles embodied in the Covenant and its Protocols, and for this reason the reservation cannot be deemed compatible with the object and purpose of the Optional Protocol. The consequence is that the Committee is not precluded from considering the present communication under the Optional Protocol.

Individual dissenting opinion:

16. [⋯] The normal assumption will be that the ratification or accession is not dependent on the acceptability of the reservation and that the unacceptability of the reservation will not vitiate the reserving state's agreement to be a party to the Covenant. However, this assumption cannot apply when it is abundantly clear that the reserving state's agreement to becoming a party to the Covenant is *dependent* on the acceptability of the reservation. The same applies with reservations to the Optional Protocol.

17. As explained in para.6.2 of the Committee's Views, on 26 May, 1998 the State party denounced the Optional Protocol and immediately reacceded with the reservation. It also explained why it could not accept the Committee's competence to deal with communications from persons under sentence of death. In these particular circumstances it is quite clear that Trinidad and Tobago was not prepared to be a party to the Optional Protocol without the particular reservation, and that its reaccession was dependent on acceptability of that reservation. It follows that if we had accepted the Committee's view that the reservation is invalid we would have had to hold that Trinidad and Tobago is not a party to the Optional Protocol. This would, of course, also have made the communication inadmissible."

검 토

5인의 반대의견은 트리니다드 토바고의 유보가 허용 불가능한 내용이 아니라고 판단했다. 이들은 만약 허용 불가능한 유보라면 트리나다드 토바고를 당사국이 아니라고 취급해야 한다는 입장이었다. 위와 같은 HRC의 판정이 내려지자 트리니다드 토바고는 다시 선택의정서를 탈퇴했다. 결과적으로 이 판정으로 인해 트리니다드 토바고를 상대로는 어느 누구도 개인통보를 제출할 수 없게 되었다. 이러한 결과가 초래되었다면 정책적으로는 어느 편이 더 현명했을까를 생각하게 만든다.

5. 인권조약에 대한 유보

유보는 이론적으로 어려운 쟁점을 많이 제기하고 있으며, 학자들의 연구도 많다. 그러나 현실에서 유보는 우려만큼의 어려움을 야기하지 않는다. 상당수의 조약에 유보가 전혀 첨부되지 않으며, 예민한 사항에 대하여는 조약 자체가 유보에 관한 명문의 제한을 설정하고 있다. 첨부되는 유보들도 조약의 실체적 내용을 대상으로 하기보다는 분쟁해결, 해외영토에 대한 적용 여부, 기타 절차적인 사항에 관한 내용이 많았다. 대부분의 국가는 타국의 유보에 별다른 관심을 표하지도 않는다. 한국의 경우 2010년 1월부터 2023년 6월 사이 13년 반 동안 123건의 다자조약의 적용을 받게 되었는데, 그중 유보를 첨부한 경우는 2건뿐이며 그것도 모두 조약 자체가 허용하고 있는 유보였다.[66] 다만 조약에 대해 사전에 한층 세밀한 검토를 하는 선진국의 경우 유보 첨부가 상대적으로 많다. 영국의 경우 1975년부터 1995년 사이 330건의 다자조약의 당사국이 되었는데, 그중 45건(14%)에 대해 유보를 첨부했다고 한다.[67]

이러한 현상에 대한 예외는 인권조약이다. 인권조약이라고 하여 유보의 법적 효과가 특별하지는 않으나, 인권조약은 국민의 일상생활에 광범위하게 관련되어 우선 국내법과 충돌할 요인이 많고, 특히 사회적 전통이나 종교와 관련된 경우 각국이 민감하게 반응하기 때문이다. 이에 다른 어떠한 조약유형보다 인권조약에는 많은 유보가 첨부되고 있고, 이에 대한 타국의 반응(즉 반대)도 빈번하다.

인권조약은 유보의 효과면에서도 특징을 가진다. 일반적인 유보는 상호주의적 효과를 가지나, 인권조약에 대한 유보에 관하여는 상호주의를 적용하기 어렵다. 인권조약은 적용대상이 주로 자국민이므로, 타국이 일정 조항의 적용을 유보한다는 이유로 자신도 그 조항의 적용을 거부할 수 없다. 또한 A국이 국제인권규약상 표현의 자유보장 조항을 유보하고 가입했다고 하여, 다른 당사국들이 자국내 A국인에 대하여만 표현의 자유를 부인하기는 현실적으로 어렵다. 「조약 유보에 관한 실행지침」(2011)도 이런 현실을 감안해 "유보와 관련된 조항상의 의무가 그 성격이나 조약의 대상 및 목적에 비춰 볼 때 상호주의적 적용대상이 아니라면" 유보 첨부국 외 다른 당사국의 의무 내용은 영향을 받지 아니한다고 설명하고 있다.[68]

인권조약이란 주로 당사국 내에서 적용되어야 할 내용이기 때문에, 수락할 수

66) 「민사 또는 상사의 해외증거조사에 관한 협약」(조약 제1993호) 및 「국제적 아동탈취의 민사적 측면에 관한 협약」(조약 제2128호). 외교부 홈페이지 조약정보 기준.

67) A. Aust, Treaty Law, p.114.

68) para.4.2.5.

없는 유보를 첨부한 국가를 당사국으로 간주하지 않겠다는 반대 역시 별다른 영향력을 발휘할 수 없다. 조약관계의 불성립으로 유보국에게 가해지는 불이익이 거의 없기 때문이다. 실제 인권조약에 관해 유보에 대한 반대를 이유로 조약관계의 성립을 부인하는 사례는 희귀하다. 유보를 도저히 수락할 수 없는 경우라도 유보국을 인권조약체제 속에 붙잡아 두고 차츰 유보 철회를 설득하는 편이 더 바람직한 결과를 가져온다고 생각할 수 있다. 이 점은 인권조약에만 한정되지 않고 모든 다자조약에 적용될 수 있는 설명이다.

국제사회에서 통상적인 다자조약의 경우 유보의 유효성과 이로 인한 당사국간 조약의 적용 여부는 각국이 개별적으로 판단한다. 그런데 근래에 체결된 인권조약의 경우 조약 운영을 감시하는 독립적인 조약 위원회가 설립되어 있다. 「시민적 및 정치적 권리에 관한 국제규약」에 의하여 설립된 인권위원회(Human Rights Committee)는 일반논평 제24호에서 규약의 대상 및 목적과 특정한 유보의 양립 가능성을 판단할 권한이 자신에게 있으며, 나아가 수락할 수 없는 유보를 첨부한 국가는 유보 없이는 가입으로 취급되어야 한다고 입장을 표명했다(para.18). 이에 대하여는 인권위원회가 당사국에 대해 구속력 있는 결정을 내릴 수 있는 국제재판소가 아니라는 이유에서 각국의 반대의견이 표출되었다.[69] 즉 영국은 "조약 참여와 근본적으로 양립할 수 없는 유보 하에 인권조약을 비준하려는 국가는 자신의 유보를 철회하지 않는 한 당사국으로 전혀 간주될 수 없다"고 보아야 한다고 주장했다. 미국 역시 자국의 비준서에 담긴 유보는 규약에 대한 동의의 불가분의 일체이며, 유보 중 일부 내용이 수락될 수 없다면 비준 전체가 무효로 되어야 한다고 주장했다. 즉 국가가 명시적으로 동의를 보류한 조항에 대해 마음대로 구속력을 부여할 수는 없다고 보았다. 프랑스 역시 반대 입장을 밝혔다.[70]

이 문제에 대하여 ILC 「조약 유보에 관한 실행지침」(2011년)은 조약의 당사국, 독립적 조약감시기구 또는 분쟁해결기구 모두 유보의 허용 가능성을 판단할 수 있다고 보았다(para.3.2). 즉 조약감시기구가 설립되어 있어도 각 당사국 역시 여전히 첨부된 유보의 허용 가능성을 판단할 권한이 있으며(para.3.2.4), 이때 당사국은 조약감시기구의 판단을 반드시 고려하라고 했으나, 이에 구속된다고 제시하지 않았

69) A. Aust, Treaty Law, p.135.

70) D. Harris & S. Sivakumaran, Cases and Materials on International Law 9th ed.(Thomson Reuters, 2020), pp.665–667 참조.

다(para.3.2.3). 따라서 서로 상충되는 해석을 주장할 경우의 해결책은 마련되어 있지 않다.

한편 한국은 1990년 4월 10일「시민적 및 정치적 권리에 관한 국제규약」에 대한 비준서 기탁시 4개 조항에 대한 유보를 첨부했다가 그중 3개를 철회하고 현재는 다음의 유보를 유지하고 있다.

> "The Government of the Republic of Korea [declares] that the provisions of […], article 22 […] of the Covenant shall be so applied as to be in conformity with the provisions of the local laws including the Constitution of the Republic of Korea."

유보 첨부국은 유보를 통해 어떠한 법적 효과가 발생할지를 명확히 지정해야 조약의 다른 당사국들이 이에 대해 반응을 할 수 있다. 그런데 한국의 위와 같은 유보는 구체적으로 규약의 해당조항의 법적 효력이 어느 정도 배제되는지 또는 관련된 국내법이 무엇인지를 밝히고 있지 않다. 한국의 국내법에 정통할 수 없는 다른 당사국들이 한국의 유보문언만을 가지고는 이에 대해 명확한 입장을 취할지 쉽지 않다. 이러한 한국의 태도가 유보에 관한 국제법 원칙에 합치되는지 의문이다. 한국의 유보에 대해 영국은 다음과 같은 반응을 보였다. 즉 한국이 첨부한 유보의 법적 효과를 명확히 알 수 없으니, 이에 대해 반응할 권리도 유보하겠다는 취지이다. 충분히 이해가 가는 반응이다.

> "The Government of the United Kingdom have noted the statement formulated by the Government of the Republic of Korea on accession, under the title "Reservations." They are not however able to take a position on these purported reservations in the absence of a sufficient indication of their intended effect, in accordance with the terms of the Vienna Convention on the Law of Treaties and the practice of the Parties to the Covenant. Pending receipt of such indication, the Government of the United Kingdom reserve their rights under the Covenant in their entirety." (24 May 1991)

한국의 유보에 대해 1991년 6월 7일 체코슬로바키아와 1991년 6월 10일 네덜란드는 제14조 5항 및 7항(이상 현재는 유보 철회)과 제22조에 대한 한국의 유보가 규약의 대상 및 목적과 양립할 수 없다고 보아 수락할 수 없다는 반대의사를 표명했다.[71] 다만 이러한 반대가 양국간 규약의 발효를 방해하지 않는다고 선언했다. 이들 국가는 한국이 유보를 한 지 1년이 넘은 시점에 반대의사를 표시했으나, 수탁자인 UN 사무총장은 이 점에 대한 별다른 언급 없이 반대선언을 접수, 공표했다.

미국의 「제노사이드방지 협약」 비준시에도 유사한 문제가 제기되었다. 즉 비준시 미국은 이 협약이 미국 스스로의 해석에 입각한 미국 헌법상 금지되는 입법이나 행동을 요구하거나 허용하는 것은 아니라는 취지의 유보를 첨부했다.[72] 이는 협약을 미국 헌법 하에 둔다는 취지로서 다른 당사국으로서는 이 유보를 통해 미국이 구체적으로 협약 어느 부분의 적용을 배제하려는 의도인지 알 수 없다. 당연히 여러 국가가 이의를 제기했다. 즉 영국, 덴마크, 핀란드, 그리스, 아일랜드, 노르웨이, 스웨덴 등은 국내법을 이유로 조약 의무의 불이행을 변명할 수 없다며 미국의 유보에 반대했다. 네덜란드, 이탈리아, 에스토니아 등은 이 같은 유보는 미국의 조약상 의무 범위에 불안정성을 야기한다며 반대했다.

한편 여러 이슬람 국가들은 아동권리협약의 비준시 이슬람법에 위배되는 내용에 대해 적용을 배제한다는 유보를 첨부했다. 이 역시 타국의 입장에서는 아동권리협약의 조항 중 무엇을 어느 정도 배제하려는 의사표시인지 알 수 없다. 많은 국가들이 이 같은 유보는 조약의 대상 및 목적에 반하는 유보로 수락될 수 없다고 반대했으나, 조약관계의 성립 자체를 부인한 국가는 없었다.

● **Human Rights Committee, General Comment No. 24**(1994) — **인권조약에 대한 유보의 특징**

"8. 강행규범에 위배되는 유보는 규약의 대상 및 목적과 상충된다. 비록 국가간의 의무를 단순 교환하는 조약은 일반 국제법 규칙의 상호 적용을 유보할 수 있지만, 관할권 내 사람의 이익을 위한 인권 조약은 이와 다르다. 따라서 관습국제법(그리고 그것이 강행규범의 성격을 가지는 경우에는 더욱 더)을 나타내는 규약 조항은 유보

---

71) 네덜란드의 반대선언: "In the opinion of the Government of the Kingdom of the Netherlands it follows from the text and the history of the International Covenant on Civil and Political Rights that the reservations with respect to articles 14, paragraphs 5 and 7 and 22 of the Covenant made by the Government of the Republic of Korea are incompatible with the object and purpose of the Covenant. The Government of the Kingdom of the Netherlands therefore considers the reservation unacceptable and formally raises objection to it. This objection is not an obstacle to the entry into force of this Covenant between the Kingdom of the Netherlands and the Republic of Korea." (10 June 1991)

72) "That nothing in the Convention requires or authorizes legislation or other action by the United States of America prohibited by the Constitution of the United States as interpreted by the United States."

의 대상이 될 수 없다. 따라서 국가는 노예제도에 관계하거나, 고문하거나, 사람에게 잔혹한·비인도적인 또는 굴욕적인 취급 또는 형벌을 가하거나, 자의적으로 사람의 생명을 박탈하거나, 자의적으로 사람을 체포하고 감금하거나, 사상·양심 및 종교의 자유를 부인하거나, 무죄의 증명 없이 사람의 유죄를 추정하거나, 임산부나 아동의 사형을 집행하거나, 민족적·인종적·종교적 증오의 고취를 허용하거나, 혼인적령의 사람에게 혼인할 권리를 부인하거나, 소수집단에게 그들 자신의 문화를 향유하고, 그들 자신의 종교를 표명하고, 그들 자신의 언어를 사용할 권리를 부인하는 유보를 할 수 없다. 그리고 제14조의 특정 조항에 대한 유보는 허용된다 하더라도, 공정한 재판을 받을 권리에 대한 일반적 유보는 허용되지 않는다. […]

17. […] 본 규약위원회는 유보에 대한 국가의 반대의 역할을 설명하는 조항들이[73] 인권조약에 대한 유보문제를 다루는 데는 적절치 않다고 믿는다. 인권조약들, 특히 본 규약은 국가간 상호 의무의 교환을 위한 연결망이 아니다. 이 조약은 개인에게 권리를 부여하고 있다. […] 국가간 상호주의의 원칙은 적용될 여지가 없다. 유보에 관한 전통적 규칙은 본 규약에 적용하기 부적절하기 때문에, 당사국들은 종종 유보에 대해 이의를 제기할 법적 관심이나 필요성을 느끼지 않는다. 당사국이 항의를 하지 않는다 해도 그 유보가 규약의 대상 및 목적과 양립 가능함을 의미하지 않으며, 양립하지 않음을 의미하지도 않는다. 가끔 몇몇 국가들이 이의를 제기하기도 하나, 다른 국가들은 그렇지 않으며, 그 이유가 항상 구체적으로 제시되지도 않는다. 이의가 제기되는 경우에도 종종 그 법적 결과를 특정하지 않으며, 종종 반대국은 유보국과의 관계에서 규약이 적용되지 않는다고 간주하지는 않는다고 표시를 하기도 한다. 요컨대 행동양식이 매우 불분명해서 이의를 제기하지 않는 국가가 특정 유보를 수락한다고 추정함은 적절하지 않다. 위원회가 보기에는 인권조약으로서의 본 규약의 특수성 때문에 이의가 각 당사국 간에 어떠한 효력을 갖는가는 의문스럽다. 다만 유보에 대한 당사국의 이의는 위원회가 규약의 대상 및 목적과의 양립가능성을 해석함에 있어서 지침을 제공한다.

18. 특정 유보가 규약의 대상 및 목적과 양립하는지 여부의 결정은 필연적으로 위원회의 몫이다. 그 이유는 한편으로 앞에서 지적했듯이 이는 인권조약에 관련해 당사국들에게는 적합하지 않은 임무이기 때문이며, 다른 한편으로 위원회가 자신의 기능을 수행함에 있어서 피할 수 없는 임무이기 때문이기도 하다. 제40조에 따라 국가의 규약 준수 여부와 제1선택의정서에 따라 개인통보를 심사할 수 있는 위원회의 임무 범위를 알기 위해서도 위원회는 반드시 유보가 규약의 대상 및 목적 그리고 일반국제법과 양립하는지를 살펴보아야 한다. 인권조약의 특수성으로 인하여 유보가 규약의 대상 및 목적과 양립가능한지는 법원칙에 따라 객관적으로 확정해야 하며, 위

73) 「조약법에 관한 비엔나 협약」의 관련 조항 — 필자 주.

원회는 이 임무를 특히 잘 수행할 위치에 있다. 허용될 수 없는 유보의 통상적 결과는 규약이 유보국에 대해 전혀 효력을 갖지 못하는 것이 아니다. 오히려 유보의 혜택 없이 규약이 유보국에서 적용된다는 의미로 그 같은 유보는 일반적으로 분리시킬 수 있다."

▶판례: 인권조약에 대한 유보 첨부국이 당사국이 되는 시점

The Effect of Reservations on the Entry into Force of the American Convention on Human Rights(Arts. 74 and 75), Inter-American Court of Human Rights, Advisory Opinion OC-2/82(1982).

[미주인권협약 제74조는 11개국이 비준하면 이 협약이 발효하고, 이후에 비준한 국가에 대하여는 비준서를 기탁하는 날부터 발효한다고 규정하고 있다. 그리고 제75조는 이 협약에 대하여는 비엔나 조약법 협약에 따른 유보만이 허용된다고 규정하고 있다. 그렇다면 비엔나 조약법 협약 제20조에 비추어 볼 때, 일정한 유보 하에 미주인권조약을 비준한 국가에 대하여는 조약이 언제 발효하느냐에 관해 미주인권위원회가 권고적 의견을 구하였다. 재판부는 인권조약의 성격상 유보부 비준의 경우도 즉시 조약 발효의 효과를 갖는다고 판단했다.]

"29. The Court must emphasize, however, that modern human rights treaties in general, and the American Convention in particular, are not multilateral treaties of the traditional type concluded to accomplish the reciprocal exchange of rights for the mutual benefit of the contracting States. Their object and purpose is the protection of the basic rights of individual human beings irrespective of their nationality, both against the State of their nationality and all other contracting States. In concluding these human rights treaties, the States can be deemed to submit themselves to a legal order within which they, for the common good, assume various obligations, not in relation to other States, but towards all individuals within their jurisdiction. […]

33. Viewed in this light and considering that the Convention was designed to protect the basic rights of individual human beings irrespectives of their nationality, against States of their own nationality or any other State Party, the Convention must be seen for what in reality it is: a multilateral legal instrument of framework enabling States to make binding unilateral commitments not to violate the human rights of individuals within their jurisdiction.

34. In this context, it would be manifestly unreasonable to conclude that the reference in Article 75 to the Vienna Convention compels the application of the legal regime established by Article 20 (4), which makes the entry into force of a ratification with a reservation dependent upon its acceptance by another State. A

treaty which attaches such great importance to the protection of the individual that it makes the right of individual petition mandatory as of the moment of ratification, can hardly be deemed to have intended to delay the treaty's entry into force until at least one other State is prepared to accept the reserving State as a party. Given the institutional and normative framework of the Convention, no useful purpose would be served by such a delay. [⋯]

37. Having concluded that reservations expressly authorized by Article 75, that is, reservations compatible with the object and purpose of the Convention, do not require acceptance by the States Parties, the Court is of the opinion that the instruments of ratification or adherence containing them enter into force, pursuant to Article 74, as of the moment of their deposit.

38. The States Parties have a legitimate interest, of course, in barring reservations incompatible with the object and purpose of the Convention. They are free to assert that interest through the adjudicatory and advisory machinery established by the Convention. They have no interest in delaying the entry into force of the Convention and with it the protection that treaty is designed to offer individuals in relation to States ratifying or adhering to the Convention with reservations. [⋯]

40. For these reasons, with regard to the interpretation of Articles 74 and 75 of the American Convention on Human Rights concerning the effective date of the entry into force of the Convention in relation to a State which ratifies or adheres to it with one or more reservations.

THE COURT IS OF THE OPINION

By unanimous vote, that the Convention enters into force for a State which ratifies or adheres to it with or without a reservation on the date of the deposit of its instrument of ratification or adherence."

▶ 결정례: Lee Jeong-Eun v. Republic of Korea — 한국 유보조항의 적용 여부

Human Rights Committee, Communication No. 1119/2002. CCPR/C/84/D/1119/2002(2005).

[이 사건 통보자는 서울의 한 대학교의 부총학생회장으로 선출되어 자동적으로 한총련에 가입하게 되었고, 이로 인해 후일 이적단체 가입 혐의로 유죄판결을 받았다. 그는 이적단체에 소속되었다는 이유만으로의 처벌은 규약상 권리의 침해라고 주장하며 Human Rights Committee에 개인통보를 제출했다. 다음은 결사의 자유(제22조)에 대한 한국의 유보의 효력과 관련된 부분이다.]

"6.4 As regards the alleged violation of article 22 of the Covenant, the Committee notes that the State party has referred to the fact that relevant provisions of the

National Security Law are in conformity with its Constitution. However, it has not invoked its reservation *ratione materiae* to Article 22 that this guarantee only applies subject "to the provisions of the local laws including the Constitution of the Republic of Korea." Thus, the Committee does not need to examine the compatibility of this reservation with the object and purpose of the Covenant and can consider whether or not article 22 has been violated in this case.

6.5 The Committee therefore declares the communication admissible insofar as it appears to raise issues under articles 18, paragraph 1, 19 and 22, of the Covenant."

6. 해석선언

조약에 관해 때로 해석선언(interpretative declaration)이란 명칭의 조건을 첨부하는 국가가 있다. 해석선언이란 조약조항의 의미나 범위를 구체화하거나 명확히 하려고 발표하는 당사국의 일방적 선언이다.[74] 이 같은 의도에서 첨부된 내용이면 그 명칭이나 표현은 상관없다. 영국은 이미 1815년 비엔나회의 최종의정서에 대해 해석선언을 첨부했을 정도로 이는 오랜 역사를 갖고 있다.[75] 해석선언에 관해서는 비엔나 협약에 아무런 규정도 포함되지 않아 직접적인 적용대상이 아니다. 해석선언에 관한 법리는 관습국제법의 지배를 받을 뿐이다.

조약상 금지되어 있지 않는 한 조약 당사국은 해석선언을 첨부할 수 있다. 국제기구 역시 해석선언을 발표할 수 있음은 물론이다. 해석선언은 조약상 의무를 제한하려는 의도가 없다는 점에서 유보와 구별된다. 이론적으로야 양자가 명백히 구별되지만 실제로는 구별이 쉽지 않은 경우가 많다. 때로 이의 첨부국조차 선언 내용의 법적 효과를 명확히 이해하지 못하고 발표한 경우도 있다.

해석선언은 조약 의무의 내용을 자국이 어떻게 이해하고 있는가를 명확히 하기 위해 발표된다. 조약과 국내법의 조화적 해석을 확인하려는 의도에서 많이 활용된다. 예를 들어 일본은 국제인권규약을 가입하면서 경찰의 단결권 제한과 관련된 조항의 해석에 있어서 자국의 소방관도 이에 포함된다고 보는 선언을 첨부했다.[76]

---

74) ILC, 「조약 유보에 관한 실행지침」(2011), para.1.2.

75) A. Aust, Treaty Law, p.115.

76) 「경제적 · 사회적 및 문화적 권리에 관한 국제규약」 제8조 2항 및 「시민적 및 정치적 권리에 관한 국제규약」 제22조 2항 관련. 한국에서도 구법상 소방공무원은 공무원 노조 결성권이 부정되어 있었고((구)「공무원의 노동조합 설립 및 운영 등에 관한 법률」 제6조 제1항 제2호 참조), 이 같은 제한은 헌법재판소에 의해 합헌 판정이 내려진 바 있다. 헌법재판소 2008.12.26.

해석선언도 국가의 의사이므로 국가를 대표할 자격이 있는 사람에 의해 발표되어야 한다. 기본적으로 유보 첨부를 발표할 자격이 있는 자와 동일하다. 해석선언은 조약의 법률적 효과를 배제하는 것이 아니므로 양자조약에도 첨부될 수 있으며, 특별히 금지하는 조항이 없는 한 조약 발효 후에 첨부되거나 수정될 수 있다.77) 실제로 해석선언은 유보에 버금가게 널리 사용된다. 해석선언 역시 언제든지 철회가 가능하다.78) 유보와 같이 서명시 첨부된 해석선언은 후일 비준이나 수락시 재확인되어야 하는가? 「조약 유보에 관한 실행지침」(2011)은 해석선언의 경우 재확인이 필요 없다고 본다.79)

해석선언의 첨부는 본래 일방적 행위이나 예외적으로 전 당사국이 공동으로 해석선언을 첨부하는 경우도 있다. 예를 들어 「대한민국과 유럽연합 및 그 회원국 간의 기본협정」(조약 제2184호)에는 제45조와 제46조에 대해 공동 해석선언이 첨부되어 있다.

타국의 해석선언을 승인하면 표시된 해석에 동의하는 결과가 된다. 다른 모든 당사국에 의해 수락된 해석선언은 그 조약의 해석과 관련된 합의로 평가된다.80) 조약의 전 당사국이 공동의 해석선언을 첨부하거나 양자조약에 관한 일방의 해석선언을 타방이 수락하면 이는 일종의 유권해석으로 인정된다.81) 다만 타국의 해석선언에 반응을 보이는 국가는 거의 없다. 침묵한다고 해서 반드시 수락으로 추정되지는 않으며, 해석선언에 대한 수락 여부는 모든 관련상황을 고려해 당사국의 행동에 비추어 판단해야 한다.82) 물론 예민한 부분에 대해 해석선언이 발표된 경우 타국이 민감한 반응을 보이기도 한다. 시리아가 비엔나 협약 제52조와 관련하여 "힘(force)의 위협 또는 사용"에는 군사력은 물론 경제적·정치적·심리적 강제도 포함한다는 해석선언을 첨부하자, 미국·영국·일본 등은 이를 수락할 수 없다고 반대의사를 표명했다.

미국은 해석선언을 활발히 활용하는 국가이다. 1954년 발효된 한·미 상호방

2006헌마462 결정. 그러나 2021년 위 법조항이 개정되어 소방공무원의 노조 결성은 가능해졌다.

77) ILC, 「조약 유보에 관한 실행지침」(2011), paras.2.4.4 및 2.4.8; A. Aust, Treaty Law, p.116.

78) ILC, 「조약 유보에 관한 실행지침」(2011), para.2.5.12.

79) ILC, 「조약 유보에 관한 실행지침」(2011), para.2.4.6.

80) ILC, 「조약 유보에 관한 실행지침」(2011), para.4.7.3.

81) ILC, 「조약 유보에 관한 실행지침」(2011), para.1.6.3.

82) ILC, 「조약 유보에 관한 실행지침」(2011), paras.2.9.8-2.9.9.

위조약에 대해서도 미국은 다음과 같은 “understanding”을 첨부해 비준했다.[83)]

> “It is the understanding of the United States that neither party is obligated, under Article III of the above Treaty, to come to the aid of the other except in case of an external armed attack against such party ; nor shall anything in the present Treaty be construed as requiring the United States to give assistance to Korea except in the event of an armed attack against territory which has been recognized by the United States as lawfully brought under the administrative control of the Republic of Korea.”

이는 내용으로 보아 해석선언이라고 판단된다. 이 선언이 추가된 이유는 북진통일을 주장하는 한국이 북한을 공격해 발생한 사태에 대해서는 조약상 방위의무가 적용되지 않음을 분명히 하려는 미국 상원 의도의 반영이었다.

해석선언은 때로 위장된 형태의 유보일 수도 있다. 해석선언이 조약상 권리·의무를 제한하는 내용이라면 그 명칭과 관계없이 이는 유보에 해당하며, 유보의 효과를 발휘한다. 그 허용 여부 역시 유보에 관한 판단기준에 따라 결정된다. 각국이 해석선언을 위장된 유보로 활용하는 이유는 조약에 따라서는 유보가 금지되어 있기 때문일 수도 있고, 다른 국가의 반대를 회피하기 위한 목적에서 일수도 있고, 유보보다는 해석선언이 정치적으로 주목을 덜 받으며 용이하게 수용되기 때문일 수도 있다. 물론 자국의 선언이 조약상 의무를 제한하는 효과가 없다고 착각하고 해석선언이라는 명칭을 붙일 수도 있다.[84)]

조약의 당사국은 때로 유보도 아니고 해석선언도 아닌 일방적 선언을 첨부하기도 한다. 이는 조약의 구체적 내용과 관련된 의사표시라기보다는 대체로 자국의 정치적 입장(예: 이 조약의 당사국이 되는 것이 기존 당사국의 하나인 특정국가를 승인하는 의미가 아니라는 성명)이나 조약의 국내적 취급방침(예: 이 조약은 국내적으로 비자기집행적 성격을 지닌다는 성명) 등을 표명하는 경우가 많다. 이 역시 비엔나 협약의 적용범위에 포함되지 않음은 물론이다.[85)] 다자조약 수탁자는 이러한 성명 역시 다른 국가에 회람시키지만 그렇다고 하여 조약에 관해 특별한 국제법적 효과를 발생시키지 않는다.

83) 1953년 10월 1일 서명, 1954년 11월 18일 발효(조약 제34호).
84) E. Swain(전게주 2), pp.287-288.
85) 이러한 선언에는 ILC, 「조약 유보에 관한 실행지침」(2011)도 적용되지 않는다. 동 para.1.5.

▶판례: 해석선언으로 명명된 유보

Belilos v. Switzerland, European Court of Human Rights, 10 ECRR 466(1988).

[이 사건 당사국인 스위스는 유럽인권협약을 비준할 당시 제6조에 관한 해석선언을 첨부했다. 재판부는 스위스의 해석선언이 그 제목과 달리 협약의 일부 내용의 적용을 배제시키려는 의도의 표시이므로 유보에 해당한다고 판단했다.]

"49. The question whether a declaration described as "interpretative" must be regarded as a "reservation" is a difficult one, particularly — in the instant case — because the Swiss Government have made both "reservations" and "interpretative declarations" in the same instrument of ratification. […]

In order to establish the legal character of such a declaration, one must look behind the title given to it and seek to determine the substantive content. In the present case, it appears that Switzerland meant to remove certain categories of proceedings from the ambit of Article 6 (1) and to secure itself against an interpretation of that Article which it considered to be too broad. However, the Court must see to it that the obligations arising under the Convention are not subject to restrictions which would not satisfy the requirements of Article 64 as regards reservations. Accordingly, it will examine the validity of the interpretative declaration in question, as in the case of a reservation, in the context of this provision."

▶한국의 해석선언 및 기타 선언 사례

① 한국은 「전시 희생자 보호에 관한 1949년 제네바 4개 협약」에 1966년 가입할 당시 다음과 같은 선언을 첨부했다. 이러한 선언은 조약의 법적 효과를 제한하거나 해석을 위한 목적에서 비롯되었다기 보다는 일종의 정치적 의사의 표현이다. 한국은 1963년 「핵무기 실험금지 협약(NPT)」에 서명할 때와 비준서 기탁 시에도 유사한 내용의 선언을 첨부했다.

"대한민국 정부는 대한민국의 유일한 합법정부이며, 이 협약에의 가입은, 대한민국이 이제까지 승인하지 아니한 여하한 본 협약의 당사자를 승인하는 것으로 간주하여서는 아니 된다는 것을 이에 선언한다."

② 「환경변경기술의 군사적 또는 기타 적대적 사용의 금지에 관한 협약」에 대한 해석선언

"대한민국 정부는 하천의 자연적 상태의 고의적 변경을 위한 어떠한 기술도 협약 제2조에 규정된 '환경변경기술'이란 용어의 의미에 포함되는 것으로 간주한다. 또한 대한민국 정부는 홍수, 침수, 수위감소, 고갈, 수력시설의 파괴 또는 기타 해로운 결

과를 가져올 수 있는 기술의 군사적 또는 적대적 사용이, 제1조에 정의된 조건을 충족하는 경우에는, 이 협약의 범위에 포함되는 것으로 간주한다."

③「두만강 경제개발지역 및 동북아시아 개발을 위한 협의 위원회 설립 협정」에 대한 선언

"이 협정의 체결은 1992년 남·북한간에 체결된「남·북사이의 화해와 불가침 및 교류·협력에 관한 합의서」상의 남·북한 특수관계 및 자국의 영토에 관한 대한민국의 입장과 권리에 영향을 미치지 아니한다."

④「질식성, 독성 또는 기타 가스 및 세균학적 전쟁수단의 전시사용 금지에 관한 의정서」에 대한 해석선언

"1. 상기 의정서는 이 의정서를 서명하고 비준한 국가 또는 의정서에 가입하는 국가와의 관계에서만 대한민국 정부를 구속하며,

2. 동 의정서를 그 군대 또는 동맹국이 의정서에 규정된 금지사항을 준수하지 아니하는 적국과의 관계에서는 바로 그 사실에 의하여 대한민국 정부에 대한 구속력이 정지된다."

검 토

1. 대한민국이「외교관계에 관한 비엔나 협약」을 1970년 비준하자, 불가리아 정부와 루마니아 정부는 이 협약의 수탁자인 UN 사무총장에게 각각 "Its Governments considered the said ratification as null and void for the South Korean authorities could not speak on behalf of Korea"라는 통지를 했고, UN 사무총장은 이를 조약 수탁에 관련된 기록으로 유지하였다.[86] 이에 대하여 당시 한국 정부는 다음과 같은 입장을 사무총장에게 통고했다.

"The Republic of Korea took part in the United Nations Conference on Diplomatic Intercourse and Immunities, and contributed to the formulation of the Vienna Convention on Diplomatic Relations, done at Vienna on 18 April 1961, signed the Convention on the same day and duly deposited the instrument of ratification thereof with the Secretary-General of the United Nations on 28 December 1970.

86) 냉전시대에는 한국의 다자조약 가입 또는 서명시 공산국가들이 유사한 입장을 표명한 사례가 여러 건 있었다. 예를 들어 1969년 한국의 Vienna Convention on Road Traffic(1968) 및 Convention on Road Signs and Signals(1968) 서명, 1971년 한국의 Convention on Road Traffic(1949) 가입에 대하여도 불가리아, 몽골, 루마니아, 소련 등은 유사한 입장을 UN 사무총장에게 통보했다. 당시 한국 정부는 별다른 반응을 보이지 않았다. 현재 UN 조약정보난에서 해당국의 통지내용은 삭제되었고, 대신 한국항목 각주에 과거 그 같은 선언이 제출되었다는 사실이 부기되어 있다.

As the resolution 195 (III) of the General Assembly of the United Nations dated 12 December 1948 declares unmistakably, the Government of the Republic of Korea is the only lawful government in Korea.

Therefore, the rights and obligations of the Republic of Korea under the said Convention shall in no way be affected by any statement that has no basis in fact or unjustly distorts the legitimacy of the Government of the Republic of Korea."

이 같은 불가리아와 루마니아 정부의 입장 표명은 법적 성격이 무엇인가? 조약의 유보라고 볼 수 있는가? 위와 같은 입장에 따른다면 루마니아/불가리아와 한국간에는 「외교관계에 관한 비엔나 협약」이 조약으로 적용된다고 보아야 하는가? 동구권의 체제 변화 이후 한국은 루마니아 및 불가리아와 수교했고, 이후 루마니아와 불가리아 정부는 2002년 3월 13일과 10월 24일 각각 위 통고를 폐기(철회)했다.

2. 한국은 「아동 매매 · 아동 성매매 및 아동 음란물에 관한 아동권리에 관한 협약 선택의정서」를 2004년 비준할 때 다음과 같은 선언(declaration)을 첨부했다.

"The Government of the Republic of Korea understands that Article 3(1)(a)(ii) of the aforementioned Protocol is applicable only to States Parties to the Convention on Protection of Children and Co-operation in Respect of Intercountry Adoption, done at The Hague on 29 May 1993."

"대한민국은 제3조 제1항 가목 (2)의 규정은 국제입양관련아동의보호및협력에관한헤이그협약의 당사국에만 적용되는 것으로 해석한다."[87)]

이 선언의 성격은 무엇인가? 그런데 한국은 아직까지도 헤이그 입양협약 당사국이 아니다. 이 선언으로 문제의 조항이 한국에는 적용되지 않는다는 취지라면 이는 유보라고 보아야 하지 않은가?

한국의 선언은 미국이 2002년 같은 선택의정서를 비준할 때 첨부했던 다음의 유보 내용과 유사하다. 미국은 헤이그 입양협약 비준 이전에는 제3조 제1항 가목 (2)의 규정에 구속되지 않음을 분명히 표시했다.[88)] 미국은 2007년 위 입양협약을 비준했다.

(5) THE TERMS "APPLICABLE INTERNATIONAL LEGAL INSTRUMENTS" AND "IMPROPERLY INDUCING CONSENT"

(A) UNDERSTANDING OF "APPLICABLE INTERNATIONAL LEGAL INSTRUMENTS"

The United States understands that the term "applicable international legal instruments" in Articles 3(1)(a)(ii) and 3(5) of the Protocol refers to the Convention on Protection of Children and Co-operation in Respect of Intercountry Adoption

87) 제3조 제1항 가목 (2) 내용: "적용가능한 입양관련 국제법 문서를 위반하여 알선자로서 아동입양에 대한 동의를 부적절하게 유도하는 행위"를 당사국 형법에 의해 규율하도록 함.

88) 말레이시아도 유사한 내용의 유보를 했다.

done at The Hague on May 29, 1993 (in this paragraph referred to as "The Hague Convention").

(B) NO OBLIGATION TO TAKE CERTAIN ACTION.

The United States is not a party to The Hague Convention, but expects to become a party. Accordingly, until such time as the United States becomes a party to The Hague Convention, it understands that it is not obligated to criminalize conduct proscribed by Article 3(1)(a)(ii) of the Protocol or to take all appropriate legal and administrative measures required by Article 3(5) of the Protocol.

제 5 장

조약의 발효와 적용

제5장 조약의 발효와 적용

1. 발 효

조약은 사전에 합의된 시점이나 방법을 통해 발효한다. 조약 속에 발효에 관한 규정이 없거나 또는 별도의 합의가 없는 경우, 조약은 모든 교섭 당사국이 기속적 동의를 표시해야 발효한다(제24조 2항). 대개 조약은 서명이나 비준을 기준으로 즉시 발효하거나, 일정한 시차를 두고 발효한다. 구체적인 발효일자를 미리 합의하기도 한다. 오늘날 대부분의 조약은 후반부 이른바 최종조항의 일부로 발효방법에 관해 구체적인 규정을 두고 있기 때문에 이로 인한 혼선은 거의 발생하지 않는다.

다자조약의 경우 일정한 수의 비준서가 기탁된 이후 다시 일정한 시차를 두고 발효한다는 규정을 두는 예가 많다. 그 기간은 짧으면 1개월부터 길면 1년 정도이다. 그 사이 비준국은 필요한 국내법령의 제·개정이나 공포 등 국내이행을 위한 준비시간을 가질 수 있다. 근래에는 발효일을 명확히 하기 위해 필요한 수의 비준서 도달 후 몇 개월이 지난 다음 달의 1일과 같은 방식이 활용되기도 한다. 예를 들어 「모든 이주 노동자와 그 가족의 권리보호에 관한 국제협약」(1990)은 "이 협약은 20번째의 비준서 또는 가입서의 기탁일로부터 3개월 경과 후 다음 달 1일에 발효한다"(제87조 1항)고 규정하고 있다. 이에 따라 이 협약은 2003년 7월 1일 발효했다.

발효에 필요한 조건이 갖추어지면 수탁자는 발효일을 확정해 관련국가들에게 통보한다. 양자조약은 비준서 교환 후 추가적인 유예기간을 두지 않고 바로 발효하는 경우가 보통이다. 이행을 위한 국내 조치가 필요한 경우 비준서 교환을 늦추면 되기 때문이다. 근래 양자조약은 상호 필요한 국내조치가 완료되었음이 통고되는 경우 늦은 통고일을 기준으로 바로 발효하는 방식도 많이 취한다.

양자조약의 경우 그중 한 당사국에서 비준서를 교환하는 날 발효하기로 한 경우 시차로 인해 양국간 발효일자에 차이가 날 수도 있다. 예를 들어 한·미 상호방위조약은 미국 시간으로 1954년 11월 17일 워싱톤에서 비준서가 교환됨과 동시에 발효했다. 미국은 이 날짜를 발효일로 취급한다. 한국에서는 그 시각이 1954년 11월 18일이라 18일을 발효일로 삼고 있다.[1] 특정일 0시를 기해 조약이 발효한다면 여러 시간대를 사용하는 국가에서는 같은 국가 안에서도 발효시점에 약간의 차이가 발생한다.

다자조약 발효 이후 일부 국가의 탈퇴로 당사국 수가 다시 발효에 필요한 숫자 미만으로 감소되어도 일단 발효된 조약은 계속 효력을 유지한다(제55조). 단 최소 발효 요건을 채우기 전 비준국 중 일부가 비준을 철회하면 이 국가는 이후 발효에 필요한 숫자에 포함되지 않는다.[2] 기존 비준국의 일부가 더 이상 국가로서 존속하지 않는 경우도 같은 기준에서 처리된다.[3] 그런데 UN 사무국은 발효에 필요한 비준국의 숫자를 일단 채운 후 그러나 조약의 발효 전 그중 1개국이 철회해 다시 최소 비준국 숫자가 부족해져도 조약이 발효되는 것으로 처리하고 있다.[4]

조약에 따라서는 특별한 발효방법을 규정하고 있다. 1968년 NPT(핵무기 비확산에 관한 조약)는 발효에 미국·영국·소련을 포함한 40개국의 비준을 요했다. 1996년 CTBT(Comprehensive Nuclear-Test-Ban Treaty: 포괄적 핵실험 금지협약)는 부속서2에 명시된 44개 핵활동국 모두의 비준을 발효 조건으로 하고 있다. 2023년 6월 현재 177개국이 비준했으나, 44개 지정국중 아직 8개국(미국, 중국, 이집트, 이란, 이스라엘, 인도, 파키스탄, 북한)이 비준하지 않아 발효되지 못하고 있다. CTBT 자체에는 조약 종료에 관한 별다른 조항이 없으나, 44개 지정국이 모두 비준해 발효한 이후에도 그중 어느 한 지정국이 탈퇴를 한다면 효력을 상실한다고 해석된다. 「오존층 보호를 위한 몬트리올 의정서(1987)」는 CFC 소비의 2/3 이상을 차지하는 11개국 이상 국가의 비준을 필요로 했다. 「기후변화협약에 관한 교토의정서(1997)」는 부속서1에 명기된 국가를 포함한 55개국의 비준과 탄소의 55% 이상 소비국이 비준한다는 조건이 결합되어야 발효할 수 있었다. 이는 최소한 미국이나 러시아 중 1개국의 비준을 필요로 한다는 의미였다. 교토의정서는 2004년 러시아의 비준으로 2005년 일단 발효했으나, 그 후 국제환경의 변화로 역할을 할 수 없었다.

발효된 조약은 당사국에 대해 구속력을 지닌다(제26조). 당사국은 국내법을 이

1) 본서, pp.147-148 참조.
2) UN Summary of Practice of the Secretary-General as Depository of Multilateral Treaties (ST/LEG/7/Rev.1(1999), para.233.
3) 상동, para.235.
4) 상동, para.159. 그러나 A. Aust, Treaty Law, p.153은 이 같은 실행의 타당성을 비판하고 있다.

유로 조약을 준수할 수 없다는 변명을 할 수 없다(제27조). 발효된 조약이라도 비당사국에게는 조약으로서의 구속력이 없다. 언론에서는 예를 들어 특정조약은 35개국이 비준하면 국제법이 된다는 표현을 종종 사용한다. 이는 필요한 수의 국가가 비준하면 조약이 발효한다는 사실을 가리킨다. 그러나 "국제법이 된다"는 표현은 모든 국가에게 구속력을 갖는 규범이 된다는 의미로 오해될 소지가 있다.

비엔나 조약법 협약은 35개국이 비준하면 그로부터 30일 후에 발효하도록 예정되었다(제84조 1항). 토고가 1979년 12월 28일 35번째 비준서를 기탁하며 유보를 첨부했다. 비엔나 협약은 토고의 비준일로부터 30일 후에 발효하게 되었는가? 정상적인 경우라면 비엔나 협약은 1980년 1월 27일 발효되어야 한다. 비엔나 협약은 유보를 첨부한 기속적 동의표시는 적어도 한 개의 다른 체약국의 수락이 있어야 유효하다고 규정하고 있다(제20조 4항 다호). UN 사무총장은 토고의 유보부 비준에도 불구하고 협약이 30일 후 발효되는데 이의가 없는지를 모든 관련국에게 문의하는 서한을 보내고, 90일 이내에 답을 달라고 요청했다. 아무런 이의가 제기되지 않자 사무총장은 비엔나 협약이 1980년 1월 27일에 발효되었다고 발표했다.[5] 사실 UN 사무총장은 1952년 이래 모든 유보부 비준을 수락하고 그냥 당사국 수로 계산하고 있었는데,[6] 이때만 특별한 문의절차를 거쳤다. 「조약 유보에 관한 실행지침」(2011)은 조약이 아직 발효되지 않은 경우 유보국(기구)은 유보가 성립되어야 조약 발효에 필요한 국가수에 포함된다고 설명하고 있다.[7]

▶판례: 국내법을 이유로 한 조약 불준수 변명 불가

Questions Relating to the Obligation to Prosecute or Extradite (Belgium v. Senegal), 2012 ICJ Reports 422.

[세네갈은 고문방지협약 당사국이다. 협약 제7조 1항은 고문 혐의자가 자국 관할권 내에 있는 경우 그 국가는 그를 기소하든가, 다른 청구국으로 범죄인인도를 하라고 규정하고 있다. 1982년부터 1990년간 차드 대통령으로 재직한 Hissène Habré는 당시 수많은 고문, 전쟁범죄 및 인도에 반하는 범죄를 저지른 혐의를 받고 있었다. 그는 실각 이후 세네갈로 망명해 그곳에 거주했다. 차드 출신 자국민의 고발에 기해 벨기에는 2006년부터 세네갈에게 Habré를 인도해 달라고 요청했다. 그러나 세네갈

5) I. Sinclair, Vienna Convention, p.44.
6) G. Korontzis, Making the Treaties, in D. Hollis, Oxford Guide, p.203.
7) ILC, 「조약 유보에 관한 실행지침」(2011), para.4.2.2.

은 인도요청에 응하지 않았고, Habré를 기소하기 위한 국내절차도 시작하지 않았다. 그 이유의 하나로 국내법의 미비를 들었다.]

"113. The Court observes that, under Article 27 of the Vienna Convention on the Law of Treaties, which reflects customary law, Senegal cannot justify its breach of the obligation provided for in Article 7, paragraph 1, of the Convention against Torture by invoking provisions of its internal law, in particular by invoking the decisions as to lack of jurisdiction rendered by its courts in 2000 and 2001, or the fact that it did not adopt the necessary legislation pursuant to Article 5, paragraph 2, of that Convention until 2007."

▶판례: 조약 조항의 법적 권리 · 의무 창출

Case concerning Oil Platforms(Preliminary Objection) (Islamic Republic of Iran v. U.S.), 1996 ICJ Reports 803.

[조약은 법적 구속력을 지닌 합의이나, 조약의 모든 조항이 그 자체로 법률적 권리·의무를 창출하지는 않는다. 이 판결에서 ICJ는 이란과 미국간 1955년 Treaty of Amity, Economic Relations and Consular Rights 제1조가 조약 전반의 해석지침으로는 활용될 수 있으나, 법적 권리의무를 창설하기에는 너무 일반적 용어로 작성되었다고 평가했다.]

"24. Article I of the Treaty of 1955 provides that: "There shall be firm and enduring peace and sincere friendship between the United States ... and Iran." […]

52. […] Its Article I has, as already observed, been drafted in terms so general that by itself it is not capable of generating legal rights and obligations. This is not to say, however, that it cannot be invoked for the purpose of construing other provisions of the Treaty. The Court cannot lose sight of the fact that Article I states in general terms that there shall be firm and enduring peace and sincere friendship between the Parties. The spirit and intent set out in this Article animate and give meaning to the entire Treaty and must, in case of doubt, incline the Court to the construction which seems more in consonance with its overall objective of achieving friendly relations over the entire range of activities covered by the Treaty."

2. 적 용

가. 시적 범위

조약은 발효 시점부터 장래를 향해 적용된다. 따라서 조약은 발효 이전에 발생한 행위나 사실(any act or fact which took place) 또는 이미 종료된 상황(situation which ceased to exist)에 대하여는 그 국가를 구속하지 못한다(불소급의 원칙)(제28조). 다만 조약 발효 이전에 발생해 발효 이후에도 계속되는 상황은 "종료된 상황"이 아니므로 이에 대하여는 조약의 적용이 가능하다.

한편 소급적용의 의사가 조약상 나타나 있거나 달리 확정될 수 있으면 그에 따른다(제28조). 이중과세방지협정이나 사회보장협정과 같이 소급적용이 당사국 내 모든 적용대상자의 이익이 되는 경우 소급효를 인정한 예가 종종 있다.[8] 경우에 따라서 운영의 편의상 조약이 성립된 해의 1월 1일로 소급해 조약을 적용하기로 합의하기도 한다. 예를 들어 2019년도 한미 간 방위비 분담특별협정(제2412호)은 2019년 3월 8일 서명되었으나, 2019년 1월 1일로 소급해 적용이 개시되었다. 2021년도 한미 방위비 분담특별협정(제2484호)은 양국 정부간 이견으로 타결이 늦어져 미국의 정권 교체 이후인 2021년 4월 8일 서명되고 국회동의를 거쳐 같은 해 9월 1일 발효되었으나, 그 전 해인 2020년 1월 1일로 소급해 적용되었다. 과거 수출입 물량제한(쿼터 설정)에 관한 합의 역시 당해 연도 중간시점에 타결되었어도 운영의 편의상 그 해 1월 1일부터 소급적용하기로 합의된 경우가 자주 있었다.

나. 장소적 범위

조약은 당사국이 국제법상 책임을 지는 전 영역(territory)에서 적용됨이 원칙이다(제29조). 따라서 영해와 영공도 포함된다. 일반적으로 공해상에 위치한 당사국의 항공기나 선박도 적용 영역에 포함된다.

해외 영토를 가진 국가의 경우 조약에 따라 이런 지역에는 적용이 제한되는 경우가 적지 않다. 네덜란드는 아동권리협약 가입시 카리브해의 네덜란드령 Antilles에 일부 조항의 적용을 배제했다. EU 조약들 역시 네덜란드령 Antilles에 적용되지 않는다. EU 조약들은 덴마크의 일부인 그린란드에 적용되지 않는다.

8) 대한민국과 독일연방공화국간의 사회보장에 관한 협정(제1613호, 2003년 발효) 제22조 (2) "이 협정의 적용에 있어서 발효 이전에 완료된 가입기간과 발효 이전에 발생한 기타 법적 사안이 고려된다. 그러나 어느 체약당사국도 자국의 법령에 따라 가입기간이 인정될 수 있는 가장 빠른 일자 이전에 발생한 기간은 고려하지 아니한다"고 일종의 소급적 고려가 규정되어 있다. 한국-체코 사회보장에 관한 협정(제1910호, 2008년 발효) 제25조 2항, 대한민국 정부와 크로아티아 정부 간의 사회보장에 관한 협정(제2434호, 2019년 발효) 제25조 2항, 대한민국 정부와 뉴질랜드 정부 간의 사회보장에 관한 협정(제2500호, 2022년 발효) 등에도 유사한 조항이 설치되어 있다.

영역(territory)이라고 할 때 대륙붕과 배타적 경제수역은 일반적으로 이에 포함되지 않는다. 영역에서는 국가가 주권(sovereignty)을 행사하나, 대륙붕 등에는 주권적 권리(sovereign rights)만을 행사할 수 있다. 그렇다면 적용지역에 관해 조약상 별다른 언급이 없는 경우 자국이 당사국인 조약은 대륙붕과 배타적 경제수역에는 적용되지 않는가? 이 점을 명확히 하기 위해 조약에 따라서는 당사국이 관할권을 행사하는 지역을 명시적으로 포함시키는 경우가 있다. 예를 들어 한미 자유무역협정(FTA) 제1.4조는 대한민국의 영역을 다음과 같이 정의하였다.

> "가. 대한민국에 대하여는, 대한민국이 주권을 행사하는 육지, 해양 및 상공, 그리고 대한민국이 국제법과 그 국내법에 따라 주권적 권리 또는 관할권을 행사할 수 있는 영해의 외측한계에 인접하고 그 한계 밖에 있는 해저 및 하부토양을 포함한 해양지역"

연방국가의 경우 조약의 주제가 연방 아닌 주(州)의 관할에 속하는 경우 복잡한 문제가 발생할 수 있다. 연방국가가 조약 당사국이 되더라도 실제 이행은 주를 통해 이루어져야 하기 때문이다. 물론 대외적으로는 연방국가 자체만이 조약의 당사국이며, 주의 이행 여부는 해당 국가의 국내문제에 불과하다. 주가 조약 이행을 거부해 위반상태가 발생하면 대외적으로는 연방정부가 책임을 진다. 이 점을 명확히 하기 위해 「경제적·사회적 및 문화적 권리에 관한 국제규약」 제28조와 「시민적 및 정치적 권리에 관한 국제규약」 제50조는 "이 규약의 규정은 어떠한 제한이나 예외 없이 연방국가의 모든 지역에 적용된다"고 명시하고 있다. 그러나 이러한 조항이 때로는 연방국가로 하여금 조약 가입을 주저하게 만들 수도 있다.

반대로 연방국가의 국내적 어려움을 조약이 수용하는 경우도 있다. 예를 들어 1980년 「국제물품매매에 관한 UN 협약」 제93조 1항은 협약이 국내적으로 어느 지역에 적용되고 적용되지 않을지를 당사국이 선택할 수 있도록 허용하고 있다. 「세계문화유산 및 자연유산의 보호에 관한 협약」 제34조는 연방국가의 경우 중앙정부의 헌법적 권한을 넘어선 사항의 이행에 대해서는 지방정부에 대해 협약의 내용을 채택해 달라는 권고를 하라고만 요구하고 있다. 또는 연방국가가 조약 비준시 지방정부의 권한에 속하는 부분에 대한 이행책임을 유보하기도 한다. 연방국가에 대한 이 같은 의무 완화는 조약 이행에 관한 불확실성을 야기하고, 당사국들의 의무

이행간에 불평등을 초래한다. 중앙집권적 단일법 체제 국가로서는 연방국가에 대한 이 같은 의무 완화가 반가울리 없겠지만, 이렇게 해서라도 조약 당사국을 확장할 필요가 있다면 불가피하게 수용하게 된다.[9)]

조약은 성격에 따라 장소의 제한 없이 전세계적인 적용이 예정될 수 있다(국제기구 설립협정). 당사국 영역이 아닌 장소만을 적용지역으로 예정하기도 한다(예: 남위 60도 이남을 적용지역으로 하는 「남극조약」).[10)] 또는 장소와 관계없이 당사국 국민에게 속인적으로 적용될 수도 있다. 예를 들어 국제형사재판소 규정상 범죄혐의자의 국적국이 당사국이면 범행장소와 관계없이 재판소가 관할권을 행사할 수 있다(제12조 2항 나호). 다자조약의 경우 유보의 형식으로 당사국이 적용 대상지역을 제한하는 경우도 많다. 예를 들어 인권조약의 경우 자국이 통치하고 있는 해외속령에 대하여는 적용을 배제하는 유보가 첨부된 사례가 많았다.

조약의 당사국이 자국의 해외영토에도 조약 적용을 선언(또는 수락)하는 경우 해당 지역에 관해 영유권 분쟁이 있는 국가는 이에 반대하는 선언을 하기도 한다. 영국이 자국은 당사국인 조약이 포클랜드 제도나 남극의 영국령 주장지역에도 적용된다는 입장을 취할 때마다, 아르헨티나는 이에 반대하는 선언을 한다. UN 사무총장이 수탁자인 조약의 경우 이 선언은 통상적으로 관련국에게 회람된다.[11)]

▶판례: 조약의 소급효 부인

Ambatielos case(Jurisdiction) (Greece v. U.K.), 1952 ICJ Reports 28.

[그리스는 1926년 조약의 내용이 1886년 체결된 조약과 유사하다는 이유로 1922－1923년에 발생한 행위에 대해서도 적용 가능하다고 주장했으나, 재판부는 소급효를 인정하는 특별한 조항이나 목적이 없는 한 조약의 소급적용은 불가하다고 판단했다.]

(p.40) "These points raise the question of the retroactive operation of the Treaty of 1926 and are intended to meet what was described during the hearings as "the similar clauses theory", advanced on behalf of the Hellenic Government. The theory is that where in the 1926 Treaty there are substantive provisions similar to substantive provisions of the 1886 Treaty, then under Article 29 of the 1926 Treaty this Court can adjudicate upon the validity of a claim based on an alleged breach of

9) A. Aust, Treaty Law, pp.188－190.

10) 물론 이 경우에도 남위 60도 이남 지역에 있는 조약 당사국의 국민에게만 적용된다.

11) A. Aust, Treaty Law, p.187.

any of these similar provisions, even if the alleged breach took place wholly before the new treaty came into force. The Court cannot accept this theory for the following reasons:

(i) To accept this theory would mean giving retroactive effect to Article 29 of the Treaty of 1926, whereas Article 32 of this Treaty states that the Treaty, which must mean all the provisions of the Treaty, shall come into force immediately upon ratification. Such a conclusion might have been rebutted if there had been any special clause or any special object necessitating retroactive interpretation. There is no such clause or object in the present case. It is therefore impossible to hold that any of its provisions must be deemed to have been in force earlier.

[…] the Court observes that, in any event, the language of Article 32 of the Treaty of 1926 precludes any retroactive effect being given to selected provisions of that Treaty."

다. 인권조약의 역외 적용

과거 법의 역외적용이라 하면 외국에서의 행위가 자국 내 경제활동에 영향을 미칠 때 그 효과를 차단하기 위해 자국 경제관련법을 역외적용하는 경우가 주로 문제되었다. 그런데 오늘날 국가는 외국에서의 행위에 대해 관할권을 행사하는 경우가 적지 않고, 그 과정에서 발생한 인권침해 사건에 대해 그 국가가 당사국인 인권조약이 적용될 수 있는가가 종종 문제된다.

「시민적 및 정치적 권리에 관한 국제규약」은 "자국 영역 내에 있으며, 그 관할권 하에 있는 모든 개인"에게 적용이 예정되어 있다(제2조 1항). 국가가 해외에 체류 중인 자국민의 인권을 직접 보호할 수는 없기 때문에, 조약의 자국 내 적용을 취지로 하는 이 같은 조항이 만들어졌다. 그렇다면 국가기관이 해외에 체류 중인 자국민을 불법으로 납치한 경우, 피해자는 자국 영역 내에 있는 자에 해당하지 않으므로 인권규약의 보호를 받을 수 없다고 보아야 하는가? 언뜻 보기에도 그 같은 결론은 부당하다고 느껴진다. 이 경우 본국이 가입한 인권조약은 피해자가 외국에 있을 때도 역외적용 되어야 할까?

「시민적 및 정치적 권리에 관한 국제규약」은 위에 제시된 바와 같이 "자국 영역 내"에 있고 그리고(and) "관할권하에 있는 자"를 적용대상으로 한정하고 있다. 이 조항은 제2차 대전 직후 독일, 오스트리아, 일본 등을 통치하고 있던 미국이 자국 영토는 아니나, 관할권을 행사하는 이런 지역 내의 모든 사람들에게도 규약상

의 의무를 지는 것을 피하기 위해 제안한데서 비롯되었다.[12)]

우루과이의 Lopéz Burgos는 알젠틴에 체류중 우루과이 정부 요원에 의해 납치되어 비밀리에 우루과이로 압송되어 감금되었다. 그의 부인이 이 사건을 인권위원회(Human Rights Committee) 통보하고 구제를 요청했다. 이 사건은 발생장소가 외국이므로, 우루과이 영토가 아니었고 납치 당시 우루과이 관할권 아래 있지도 않았는데 인권위원회가 다룰 수 있는가가 문제되었다. 인권위원회는 설사 외국에서 발생한 사건이라도 우루과이 정부 요원에 의해 저질러진 사건이므로 규약 제2조 1항에 해당하는 자라고 판단했다.[13)] 한편 우루과이인 Vidal Martins는 멕시코에서 주로 활동하던 언론인이었다. 자신의 여권 유효기간이 만료되자 해외체류를 계속하려고 멕시코와 프랑스 내 우루과이 영사관에 여권 갱신신청을 했으나, 그녀의 반정부적 성향을 이유로 번번히 거부되었다. 그녀는 우루과이 정부가 여권 갱신거부를 통해 사람의 해외출국을 보장하고 있는「시민적 및 정치적 권리에 관한 국제규약」제12조 2항을 위반했다고 주장하며, 인권위원회에 구제를 요청했다. 인권위원회는 여권 발급이 우루과이 정부의 관할권에 속하는 문제이므로, 그 목적에 한해서는 Vidal Martins가 우루과이 관할권 내에 있는 자라고 해석하고 사건조사를 수락했다.[14)]

이상의 사건에서 피해자는 모두 규약 당사국의 국민이었다. 인권위원회는 규약 당사국이 자국 내에서 행하면 규약 위반인 행위는 해외에서 실행해도 역시 허용될 수 없다고 판단해 인권규약의 역외적용을 인정했다. 마찬가지로 규약 당사국의 해외군사기지와 같이 파견국 관할권 하에 있다고 해석되는 지역에서 피해를 당한 현지 주민은 국적에 관계 없이 규약의 보호를 받을 수 있다. 예를 들어 미국의 관타나모 기지나 아프가니스탄 내 기지 내 수용소에서 미군요원이 수감자를 고문한다면 비록 미국 영토 밖에서 벌어진 일이라도 미국이 당사국인「시민적 및 정치적 권리에 관한 국제규약」및「고문방지협약」위반이 된다.

그러면 규약 당사국 국민에 의해 외국에서 외국인의 권리가 침해당해도 규약상의 보호를 요청할 수 있는가? 이런 경우는 특히 해외에 진출한 기업에 의해 피해를 당한 현지주민이 기업의 본국이 가입한 인권조약의 보호를 받을 수 있는가라

12) 최지현, 국제인권조약의 장소적 적용범위 확대, 안암법학 제34권 하(2011), pp.1002－1004.
13) Human Rights Committee, Lopéz Burgos v. Uruguay, Communication No.52/1979(1981).
14) Human Rights Committee, Vidal Martins v. Uruguay, Communication No.57/1979(1982).

는 사례로 자주 제기된다. 특히 피해 발생지가 저개발 국가인 경우, 여러 가지 사정으로 피해자가 현지에서 제대로 구제를 받지 못하는 예가 많다. 이런 경우 보호의 확대를 위한 국제적 논의가 진행 중이다.[15]

외국 영토를 군사점령 중인 국가는 자국이 당사국인 인권조약을 점령지에도 적용할 의무가 있는가? 근래 국제인권기구와 국제재판소는 이를 긍정하는 판단을 내리고 있다. ICJ는 아래 제시된 2004년의 권고적 의견과 2005년의 재판사건 판결을 통해 점령국의 국제인권조약(국제인도법조약 포함) 적용의무를 긍정하며, 구체적인 적용목록을 제시하기도 했다(아래 첨부 판결문 참조).[16] 다만 어느 정도의 기간 동안 점령이 지속되어야 그 같은 적용의무가 발생하는지? 어떠한 범위의 인권조약이 점령지에 적용되어야 하는지는 아직 불분명하다.

▶결정례: 인권조약의 역외 적용

Lopéz Burgos v. Uruguay, Human Rights Committee, CCPR/C/13/D/52/1979 (1981).

"12.1 The Human Rights Committee further observes that although the arrest and initial detention and mistreatment of Lopéz Burgos allegedly took place on foreign territory, the Committee is not barred either by virtue of article 1 of the Optional Protocol ("··· individuals subject to its jurisdiction ···") or by virtue of article 2 (1) of the Covenant ("··· individuals within its territory and subject to its jurisdiction ···") from considering these allegations, together with the claim of subsequent abduction into Uruguayan territory, inasmuch as these acts were perpetrated by Uruguayan agents acting on foreign soil.

12.2 The reference in article 1 of the Optional Protocol to "individuals subject to its jurisdiction" does not affect the above conclusion because the reference in that article is not to the place where the violation occurred, but rather to the relationship between the individual and the State in relation to a violation of any of the rights set forth in the Covenant, wherever they occurred.

12.3 Article 2 (1) of the Covenant places an obligation upon a State party to

15) 경제적·사회적 및 문화적 권리 위원회 일반논평 제24호(2017), paras.24−37; 아동권리위원회 일반논평 제16호(2013), paras.43−44 참조. 기타 이상수, 국제인권법상 국가의 역외적 인권보호의무, 홍익법학 제22권 제3호(2021) 참조.

16) 이 같은 입장은 Human Rights Committee, Concluding Observations: Israel. CCPR/CO/78/ISR (2003), para.11; Committee on Economic, Social and Cultural Rights, Concluding Observations: Israel. E/C.12/1/Add.90(2003), paras.15, 31 등에서도 지지되었다.

respect and to ensure rights "to all individuals within its territory and subject to its jurisdiction," but it does not imply that the State party concerned cannot be held accountable for violations of rights under the Covenant which its agents commit upon the territory of another State, whether with the acquiescence of the Government of that State or in opposition to it. According to article 5 (1) of the Covenant: [···]

In line with this, it would be unconscionable to so interpret the responsibility under article 2 of the Covenant as to permit a State party to perpetrate violations of the Covenant on the territory of another State, which violations it could not perpetrate on its own territory."

▶판례: 군사점령지에서 조약의무의 적용

Armed Activities on the Territory of the Congo (Democratic Republic of the Congo v. Uganda), 2005 ICJ Reports, p.168.

[우간다가 콩고 영토를 침공해 이투리 지역을 점령했다. 다음은 우간다가 당사국인 국제인도법 및 국제인권법 관련 조약을 점령지인 콩고 영토에서도 적용할 의무가 있는가에 대한 판단이다. 재판부는 외국 영토의 군사점령기간 중에도 우간다는 이들 조약의 적용의무가 있다고 판단했다.]

"178. The Court thus concludes that Uganda was the occupying Power in Ituri at the relevant time. As such it was under an obligation, according to Article 43 of the Hague Regulations of 1907, to take all the measures in its power to restore, and ensure, as far as possible, public order and safety in the occupied area, while respecting, unless absolutely prevented, the laws in force in the DRC. This obligation comprised the duty to secure respect for the applicable rules of international human rights law and international humanitarian law, to protect the inhabitants of the occupied territory against acts of violence, and not to tolerate such violence by any third party. [···]

180. The Court notes that Uganda at all times has responsibility for all actions and omissions of its own military forces in the territory of the DRC in breach of its obligations under the rules of international human rights law and international humanitarian law which are relevant and applicable in the specific situation. [···]

216. [···] It thus concluded that both branches of international law, namely international human rights law and international humanitarian law, would have to be taken into consideration. The Court further concluded that international human rights instruments are applicable "in respect of acts done by a State in the exercise of its jurisdiction outside its own territory," particularly in occupied territories [···]

219. In view of the foregoing, the Court finds that the acts committed by the

UPDF[17] and officers and soldiers of the UPDF ([…]) are in clear violation of the obligations under the Hague Regulations of 1907, Articles 25, 27 and 28, as well as Articles 43, 46 and 47 with regard to obligations of an occupying Power. These obligations are binding on the Parties as customary international law. Uganda also violated the following provisions of the international humanitarian law and international human rights law instruments, to which both Uganda and the DRC are parties:

— Fourth Geneva Convention, Articles 27 and 32 as well as Article 53 with regard to obligations of an occupying Power;
— International Covenant on Civil and Political Rights, Articles 6, paragraph 1, and 7;
— First Protocol Additional to the Geneva Conventions of 12 August 1949, Articles 48, 51, 52, 57, 58 and 75, paragraphs 1 and 2;
— African Charter on Human and Peoples' Rights, Articles 4 and 5;
— Convention on the Rights of the Child, Article 38, paragraphs 2 and 3;
— Optional Protocol to the Convention on the Rights of the Child, Articles 1, 2, 3, paragraph 3, 4, 5 and 6.

220. The Court thus concludes that Uganda is internationally responsible for violations of international human rights law and international humanitarian law committed by the UPDF and by its members in the territory of the DRC and for failing to comply with its obligations as an occupying Power in Ituri in respect of violations of international human rights law and international humanitarian law in the occupied territory."

▶판례: 군사점령지에서 인권조약의 적용의무

Legal Consequences of the Construction of a Wall in the Occupied Palestinian Territory, Advisory Opinion, 2004 ICJ Reports 136.

[이스라엘이 팔레스타인 점령지에 이스라엘과 팔레스타인 지역을 분리시키는 장벽을 건설하는 행위에 대한 ICJ의 권고적 의견에서 이스라엘이 당사국인 국제인권조약들이 점령지에도 적용되는가가 문제되었다. ICJ는 이스라엘 당국이 점령지에 대해 실효적 관할권을 행사하고 있음을 지적하며, 이스라엘의 반대의견에도 불구하고 인권조약들이 점령지 주민에게도 적용된다고 판단했다.]

"107. It remains to be determined whether the two international Covenants and the Convention on the Rights of the Child are applicable only on the territories of the States parties thereto or whether they are also applicable outside those territories

17) Uganda People's Defence Forces — 필자 주.

and, if so, in what circumstances. […]

109. The Court would observe that, while the jurisdiction of States is primarily territorial, it may sometimes be exercised outside the national territory. Considering the object and purpose of the International Covenant on Civil and Political Rights, it would seem natural that, even when such is the case, States parties to the Covenant should be bound to comply with its provisions.

The constant practice of the Human Rights Committee is consistent with this. Thus, the Committee has found the Covenant applicable where the State exercises its jurisdiction on foreign territory. […][18)]

The *travaux préparatoires* of the Covenant confirm the Committee's interpretation of Article 2 of that instrument. These show that, in adopting the wording chosen, the drafters of the Covenant did not intend to allow States to escape from their obligations when they exercise jurisdiction outside their national territory. They only intended to prevent persons residing abroad from asserting, *vis-à-vis* their State of origin, rights that do not fall within the competence of that State, but of that of the State of residence […].

110. […] In 2003 in face of Israel's consistent position, to the effect that "the Covenant does not apply beyond its own territory, notably in the West Bank and Gaza …", the Committee reached the following conclusion:

"in the current circumstances, the provisions of the Covenant apply to the benefit of the population of the Occupied Territories, for all conduct by the State party's authorities or agents in those territories that affect the enjoyment of rights enshrined in the Covenant and fall within the ambit of State responsibility of Israel under the principles of public international law" […].

111. In conclusion, the Court considers that the International Covenant on Civil and Political Rights is applicable in respect of acts done by a State in the exercise of its jurisdiction outside its own territory.

112. The International Covenant on Economic, Social and Cultural Rights contains no provision on its scope of application. This may be explicable by the fact that this Covenant guarantees rights which are essentially territorial. However, it is not to be excluded that it applies both to territories over which a State party has sovereignty and to those over which that State exercises territorial jurisdiction. […].

In view of these observations, the Committee reiterated its concern about Israel's position and reaffirmed "its view that the State party's obligations under the Covenant apply to all territories and populations under its effective control" (E/C.12/1/Add.90,

18) 이어서 재판부는 위 Lopéz Burgos v. Uruguay 결정(1981)(본서, p.163 참조) 등 당사국의 해외에서 벌어진 사건에 대한 규약 적용의 예를 지적했다.

paras.15 and 31).

For the reasons explained in paragraph 106 above, the Court cannot accept Israel's view. It would also observe that the territories occupied by Israel have for over 37 years been subject to its territorial jurisdiction as the occupying Power. In the exercise of the powers available to it on this basis, Israel is bound by the provisions of the International Covenant on Economic, Social and Cultural Rights. Furthermore, it is under an obligation not to raise any obstacle to the exercise of such rights in those fields where competence has been transferred to Palestinian authorities.

113. As regards the Convention on the Rights of the Child of 20 November 1989, that instrument contains an Article 2 according to which "States Parties shall respect and ensure the rights set forth in the . . . Convention to each child within their jurisdiction . . ." That Convention is therefore applicable within the Occupied Palestinian Territory."

검 토

점령당국은 자신이 당사국인 인권조약을 점령지에 적용해야 한다면, 만약 기존 현지법이 국제인권조약에 위배되는 경우 점령당국은 이를 적용 정지 또는 개정할 의무가 있는가?

3. 잠정적용

가. 의 의

필요에 따라 조약은 발효 이전에도 전부 또는 일부가 잠정적으로 적용될 수 있다(provisional application).[19] 즉 ① 조약이 그러한 규정을 두고 있는 경우 ② 교섭국이 다른 방법으로 합의하는 경우 조약은 발효 이전에도 잠정적용될 수 있다(제25조). 다른 방법의 합의에는 별개의 조약을 통해 잠정적용에 합의할 수도 있고, 기타 국제회의에서의 합의나 일부 국가의 잠정적용 선언과 이에 대한 다른 국가의 수락 선언 등이 있을 수 있다. 국제기구가 참여하는 조약도 잠정적용의 대상이 될 수 있음은 물론이다.[20] 잠정적용은 조약이 아직 발효 전이지만 이를 적용하고 이행함으로써 조약내용을 실현하려는 목적을 갖는다.

잠정적용이라는 용어 자체가 비엔나 협약 이전에는 자주 사용되지 않았지만,

19) 잠정적용을 가리키는 용어(provisional)로 과거 temporary 또는 interim도 사용되었다.
20) 1986년 국제기구가 당사국인 비엔나 조약법 협약 제25조.

조약의 잠정적용의 역사는 의외로 깊다. 1648년 웨스트팔리아 조약도 그러한 예의 하나이다. 즉 웨스트팔리아 조약은 비준을 거쳐 발효하기로 예정되었지만, 조약 서명 이후 실체 조항들은 비준 이전이라도 가능한 범위에서 되도록 빨리 적용하기로 예정되었다.[21]

조약이 발효되기 전 잠정적용이 활용되는 이유는 무엇일까? 19세기를 지나며 조약 서명 이후 비준까지의 기간이 점차 길어졌다. 이에 가능한 범위에서 조약 내용을 되도록 빨리 실현시킬 필요가 있는 경우 잠정적용의 사례가 등장했다. 웨스트팔리아 조약만 하더라도 서명 이후 비준까지 약 3개월이 걸렸고, 대체로 프랑스 혁명 이전에는 조약 비준이 비교적 신속히 이루어졌다. 그러나 미국 헌법 이후 조약 발효에 입법부 동의를 필요로 하는 경우가 생기자 비준에 걸리는 시간이 크게 늘어났다. 이에 비준을 조건으로 서명 시부터 조약의 효력을 인정하는 일종의 조건부 발효의 형태로 잠정적용이 자주 활용되었다. 상품협정과 같은 경제관련조약에서 잠정적용 사례가 많았다는 사실은 쉽게 이해가 간다. 이 당시만 해도 비준 동의권을 갖는 의회가 조약의 사전적용에 관대했고, 사실 조약을 발효 이전에 잠정적용한다는 인식 자체가 분명하지 않았다. 그러나 제1차 대전 이후 조약 체결에 대한 입법부의 관여가 뚜렷해 졌고, 의회 절차로 인한 조약 적용의 지연을 우회하기 위해 "예외적으로" 잠정적용을 한다는 개념이 확실히 자리 잡으며 잠정적용이 본격적으로 활용되었다.[22] 1935년 Harvard 초안은 잠적적용을 직접 규정하지는 않았으나, 발효를 위한 비준서 교환 이전 조약이 적용된 예외적 사례를 설명하고 있다.[23]

국가에 따라서는 조약의 잠정적용이 국내법상 불가능한 경우도 있었지만, 잠정적용은 국제관계의 실무에서 이미 활용되고 있었으므로 ILC 논의과정에서는 이의 삽입에 대해 큰 반대가 없었다. 다만 ILC 최종초안에서는 Waldock의 제안을 바탕으로 제22조에 "잠정적 발효(entry into force provisionally)"라는 조항으로 마련되었으나, 비엔나 회의에서 현재와 같은 잠정적용(provisional application)으로 표현이 수정되었다. 당시의 실행에서는 주로 잠정적 발효라는 표현이 사용되었으나, 조약의 공식적인 "발효"와 단순한 "적용"은 구별되는 개념이므로 아직 공식적으로 발효되

21) R. Dalton, Provisional Application of Treaties, in D. Hollis ed., Oxford Guide, p.222.
22) 상게주, p.224.
23) Harvard Draft Convention on the Law of Treaties, AJIL vol.29, Supplement(1935), p.760 (comment on Article 7).

지 않은 조약에 대해서는 발효보다 적용이 더 적절하다는 문제제기가 있었기 때문이었다. 잠정적용은 조약의 발효를 전제로 별도 합의를 통해 미발효 조약을 임시로 실행한다는 의미이므로 비엔나 회의에서 이 같은 지적의 타당성이 인정되었다.[24)]

비엔나 협약에 잠정적용에 관한 규정이 설치된 이후 국제관계에서 잠정적용의 활용은 더 활발해졌다. UN 사무국 등록조약의 약 3%(대부분 양자조약)가 잠정적용 조항을 갖고 있었다는 조사도 있다.[25)] ILC는 2021년 제72차 회기에서 「조약의 잠정적용에 관한 지침」을 채택해 UN 총회로 보고한 바 있다.[26)] ILC는 이 지침의 목적이 비엔나 협약 제25조에 대한 명확한 해석제공이라고 했다. ILC는 지침이 그 자체로 법적 구속력이 있지는 않지만, 현행 관행의 관점에서 기존 국제법 규칙을 반영하고 명확히 하려는 시도라고 평가했다.[27)]

나. 실　　행

잠정적용은 조약에 규정된 바에 따라 또는 관련국이 합의한 일자, 조건, 절차에 따라 개시된다.[28)] 조약의 체결과정 어느 시점부터도 잠정적용이 시작될 수 있다. 반드시 조약의 모든 관련국이 잠정적용에 합의할 필요는 없으며, 일부 국가 간에도 잠정적용은 가능하다. 비엔나 협약 제25조는 교섭국(negotiating State)만을 언급하고 있으나, 조약 교섭국에 해당하지 않더라도 추후 참여해 조약의 잠정적용에 동의할 수 있음은 물론이다.[29)] 실제 잠정적용 합의의 대부분은 조약 자체 규정에 의하거나, 별도 협정을 통해 이루어진다고 한다.[30)] 잠정적용과 관련해서 유보 첨부가 금지되지 않는다.[31)]

---

24) R. Dalton(전게주 21), pp.228－229; I. Sinclair, Vienna Convention, p.247.

25) R. Dalton(전게주 21), p.234.

26) ILC, Guide to Provisional Application of Treaties(2021)(이하 ILC, 「잠정적용 지침」(2021)로 칭함).

27) ILC, Text of the Draft Guidelines of the Guide to Provisional Application of Treaties and Commentaries Thereto(2021), General Commentary, para.3. 이 책자는 이하 ILC, 「잠정적용 지침 주석」(2021)으로 칭함.

28) ILC, 「잠정적용 지침」(2021), 지침 5.

29) ILC, 「잠정적용 지침 주석」(2021), 지침 3, para.6.

30) S. Murphy, Provisional Application of Treaties and Other Topics: The Seventy－Second Session of the International Law Commission." American Journal of International Law, vol. 115, issue. 4(2021), p. 673.

31) ILC, 「잠정적용 지침 주석」(2021), 지침 7, para.4.

잠정적용 상태란 아직 조약이 정식으로 발효되기 이전을 의미하지만, 잠정적용국 사이에서는 마치 조약이 발효한 상태와 마찬가지로 확정적인 권리·의무가 발생한다.[32] 즉 비엔나 협약 제18조가 조약 발효 전에 단지 그 조약의 대상 및 목적을 저해하지 않을 소극적 의무만을 규정하고 있는 점과 달리, 잠정적용의 경우 해당국은 조약 전체를 신의성실하게 준수할 의무를 부담하며 조약 내용을 확정적으로 집행할 수 있다.

잠정적용에도 불구하고 조약을 이행하지 않으면 조약 위반을 주장하고 책임을 추궁할 수 있다.[33] 잠정적용 중 특정 국가에 의해 조약의 중대한 위반이 발생한 경우, 다른 당사국은 해당 국가에 대해 잠정적용을 종료 또는 정지시킬 수 있다(제60조).[34]

잠정적용에 동의한 국가는 잠정적용 따른 의무를 불이행한 이유로 국내법 규정을 원용할 수 없다.[35] 조약의 잠정적용에 합의할 권한에 관한 국내법 규정 위반이 명백하고 또한 본질적으로 중요한 국내법 규칙에 관련되지 않는 한, 국가는 자신의 동의를 무효화 하기 위해 그 동의가 국내법을 위반해서 표시되었다는 사실을 원용할 수 없다.[36]

조약의 잠정적용을 통해서는 해당 조약의 내용을 변경시킬 수 없다. 잠정적용의 범위는 해당 조약의 전체 또는 일부를 적용하는데로 제한되기 때문이다.[37] 조약의 개정 또는 변경은 그에 관한 별도의 절차에 의해야 한다.

잠정적용이 활용되는 가장 일반적인 이유는 조약의 신속한 적용 필요성이다. 예를 들어 유럽연합과의 조약으로 실제 발효에 모든 회원국의 동의가 필요한 경우 과도기간 동안 잠정적용이 자주 활용된다(예: 한국-EU 자유무역협정).[38] 「환경보호에 관한 남극조약 의정서」(1991)는 발효에 남극조약의 26개 모든 협의당사국의 참여가 필요해(동 제23조), 상당한 시일이 걸리리라 예상되었다. 이에 채택 당시 최종

---

32) ILC 「잠정적용 지침」(2021), 지침 6. I. Kardassopoulos v. Georgia, Decision on Jurisdiction (2007), ICSID Case No. ARB/05/18, para.210. R. Dalton(전게주 21), p.245.

33) ILC 「잠정적용 지침」(2021), 지침 8. Marty, Article 25 Provisional Application, in O. Corten & P. Klein, Commentary, p.652.

34) ILC, 「잠정적용 지침 주석」(2021), 지침 9, para.8.

35) ILC, 「잠정적용 지침」(2021), 지침 10.

36) ILC, 「잠정적용 지침」(2021), 지침 11.

37) ILC, 「잠정적용 지침 주석」(2021), 지침 6, para.7.

38) 본서, pp.174-175 참조.

의정서는 “각국 국내법에 따라 가능한 한” 잠정적용을 권장했다. 실제로 이 의정서는 1998년 1월에 발효되어 6년 3개월 이상이 소요되었다.

그 밖에도 오늘날 조약은 다양한 이유에서 잠정적용된다. 즉 조약이 선행 조약체제와의 계속성을 확보하기 위해 잠정적용이 활용되기도 한다. 새로운 국제기구를 수립하려는 조약인 경우 기구 설립의 준비작업을 원활히 진행하기 위해 잠정적용이 활용될 수 있다. 경우에 따라서는 조약이 이행되리라는 신뢰구축이 필요한 경우 잠정적용이 활용될 수도 있다(예: 군축 조약). 무슨 이유든 조약 발효에 장애가 발생한 경우 이를 우회하는 방법으로 잠정적용이 활용될 수 있다. 주제별로는 상품협정과 해양법 관련 조약에 관해 주목받는 잠정적용 사례가 많았다. 결국 국제교류의 활성화와 세계화 추세는 일단 합의된 조약을 신속히 적용하자는 국내외적 압력을 고양시키고, 이것이 잠정적용을 증가시키는 배경이 된다.[39]

잠정적용은 언제까지 가능한가? 일단 조약이 정식으로 발효하게 되면 더 이상 잠정적용의 필요가 없어진다. 단 다자조약은 발효한 이후에도 미비준 국가와의 관계에서 잠정적용이 계속될 수 있다. 당사국들이 잠정적용을 종료하기로 합의하는 경우에도 종료됨은 물론이다. 또한 일방 국가가 타방 국가에게 조약 당사국이 될 의사가 없음을 통고해도 잠정적용은 종료된다(제25조 2항). 잠정적용이 종료되면 해당국은 조약의무를 더 이상 이행하지 않아도 된다. 잠정적용의 종료 통고는 장래를 향해서만 효과가 있고 소급효가 없기 때문에 이미 확정적으로 형성된 법률관계에는 영향을 미치지 못한다.[40] 즉 잠정적용의 종료는 해당국간 조약의 종료와 비슷한 효과를 가져 온다. 한편 조약이 달리 규정하거나 교섭국이 달리 합의한 경우 잠정적용의 종료에 대해 별도의 특칙이 적용될 수 있다(제25조 2항). 예를 들어 잠정적용 기간이 조약에 미리 정해진 경우 그 날짜 이전에는 잠정적용을 일방적으로 종료시킬 수 없다. 또는 특정한 일자까지 조약의 비준국 숫자가 일정한 수준에 미치지 못한다면 잠정적용이 종료된다고 합의할 수도 있다. 잠정적용을 중단하고 일정 기간 경과 후 다시 조약을 비준해 정식의 당사국으로 조약체제에 편입될 수 있음은 물론이다.

잠정적용을 수락하면서 유보를 첨부할 수 있는가? 잠정적용 시 유보첨부의 사례는 찾기 어렵다. 유보가 필요하다고 판단하는 국가는 해당 부분을 잠정적용에

---

39) R. Dalton(전게주 21), pp.234, 246 참조.

40) ILC, 「잠정적용 지침」(2021), 지침 9, para.4.

서 배제시킴으로써 같은 목적을 달성할 수 있기 때문이다. 그렇다고 잠정적용에 관해서는 유보가 금지된다는 원칙은 없다. ILC「잠정적용 지침」(2021)은 "잠정적용과 관련된 유보의 문제에 어떠한 영향도 미치지 아니한다"고만 규정하고 있다(지침 7). 잠정적용 기간 중 일부 당사국의 중대한 조약의무 위반이 발생하면 다른 잠정적용국은 마치 조약이 발효된 경우와 같은 기준에서 조약의 종료나 시행정지를 주장할 수 있다.

일부 잠정적용 합의는 잠정적용의 종료(또는 철회)에도 불구하고 일정 기간 동안 잠정적용이 지속된다는 조항을 포함하는 경우가 있다(이른바 일몰 조항: sunset clause). Energy Charter Treaty 제45조 3항 b호는 서명국이 잠정적용을 종료시켜도 투자증진과 보호 및 분쟁해결에 관한 조항들은 종료 후 20년간 유효하다는 내용을 담고 있다. 이런 경우 해당 국가가 조약의 당사국이 될 의사가 없음을 통고해도 잠정적용 합의에 포함된 일몰 조항은 영향을 받지 않는다고 보아야 한다. 일몰 조항은 잠정적용의 종료에도 불구하고 효력을 유지하기 위해 설치되기 때문이다. 잠정적용 종료 통고와 함께 일몰 조항도 함께 종료된다면 이러한 조항의 설치가 무의미해진다.[41)]

반드시 잠정적용 중인 조약의 당사국이 될 의사가 없음을 표시하지 않아도 현재의 잠정적용을 일단 중단시킬 수 없는가? 예를 들어 잠정적용을 시작했으나, 조약 동의에 대한 국내 입법부에서 논란이 장기화되어 최종 판단이 내려지기 전에는 우선 잠정적용을 중단하는 편이 정치적으로 적절한 경우도 있을 수 있다. 비엔나 회의에서 이러한 필요성도 논의는 되었으나 별다른 해답은 협약에 포함되지 않았다. 한 학자는 잠정적용의 중단을 조약 당사국이 되지 않을 의사와 연계시킨 점은 잘못이라고 논평했다.[42)]

어느 국가에 의한 일방적 잠정적용도 가능한가? 일방적 잠정적용을 통해 자국의 조약 의무이행은 가능하겠지만, 잠정적용을 수락하지 않은 타국에 대해 조약상의 권리 주장을 할 수는 없다. 복수의 국가가 각기 일방적으로 잠정적용을 선언하고 그 내용이 중복되는 부분에 있어서는 상호 이행이 가능할 것이다.

잠정적용으로 유명한 사례는 GATT이다. GATT는 당초 국제무역기구(ITO) 협정이 발효될 때까지만 잠정적용될 예정이었으나, ITO 설립이 무산되자 이후 1995

41) D. Azaria, Provisional Application of Treaties, in D. Hollis, Oxford Guide 2nd, pp.252−253.
42) M. Villiger, Commentary, p.356.

년 WTO가 설립될 때까지 사실상 무기한 잠정적용되었다. GATT에는 각국이 기존의 국내법과 상충되는 내용의 조항은 적용을 배제시킬 수 있다는 조항이 있어서 잠정적용이 쉽게 수용되었다. UN 해양법 협약 1994년 이행협정도 처음에는 잠정적용의 형태로 적용되었다. UN 해양법 협약은 1994년 11월 16일 발효가 예정되었는데, 이를 개정하는 내용의 잠정협정이 그 직전인 1994년 7월 28일 채택되었다. 따라서 본협약과 잠정협정은 동시에 발효될 필요가 있었다. 이에 해양법 본협약의 발효일 이전에 이행협정이 발효되지 않으면 반대의사를 통지하지 않는 한 이행협정이 해양법 본협약 당사국에게 잠정적용되기로 예정했다(제7조). 실제로 이행협정은 1994년 11월 16일 이전에 발효하지 못하고, 2년 후인 1996년 7월 28일에야 발효했다. 그 사이 1994년 11월 16일부터 1996년 7월 27일까지는 이행협정이 잠정적용되었다. 당시 16개국이 잠정적용 반대를 통지했으나(opt-out), 후일 이들 국가 모두 이행협정의 적용을 승인했다. 한편 2004년 채택된 유럽인권협약 제14 의정서는 대대적인 제도 변화를 담고 있었는데, 모든 유럽인권협약 당사국의 비준이 있은 후 발효가 예정되었다(제19조). 러시아 1개국의 비준이 늦어지자 유럽심의회(Council of Europe)는 제14 의정서-bis를 채택해 3개국 이상만 이를 비준하면 이러한 국가간에는 제14 의정서를 우선 잠정적용하기로 합의했다. 러시아가 2010년 제14 의정서를 비준해 잠정적용은 중단되었고, 전 당사국에게 정식으로 적용되었다.

한편 잠정적용을 둘러싸고 흥미로운 사건이 진행중이다. 러시아 정부는 1994년 12월 에너지 산업에서의 투자와 교역을 촉진하기 위한 목적의 Energy Charter Treaty에 서명하고 비준을 위해 의회 동의를 요청했으나 하원의 반대에 부딪쳤다. 결국 러시아는 2009년 8월 20일 수탁국인 포르투갈에 더 이상 당사국이 될 의사가 없음을 통지했다. 이 조약 제45조는 조약에 서명하면 발효 전 그 국가의 국내법에 반하지 않는 범위에서 조약이 서명국에 대해 잠정적용된다고 규정하고 있다(제1항). 잠정적용을 원하지 않으면 서명시 이를 수락하지 않는다는 선언을 수탁국에 제출할 수 있다(제2항). 잠정적용에 관해 별다른 의사표시를 하지 않고 서명한 러시아에 대해 후일 이 조약이 1994년부터 2009년 사이 잠정적용되었는가가 문제되었다. 일단 러시아에 대한 조약 전체의 잠정적용을 전제로 국외 투자자들이 제기한 3건의 중재판정이 내려졌다.[43] 그러나 2016년 4월 헤이그 지방법원은 조약상 중재

43) Hulley Enterprises Limited v. Russia(2014)(PCA Case No.AA 226); Yukos Universal Limited v. Russia(2014)(PCA Case No.AA 227); Veteran Petroleum Limited v. Russia(2014)(PCA Case

회부에 관한 제26조가 러시아 국내법에 반해 잠정적용되지 않는다는 전제 하에 중재재판부의 관할권 성립을 부인하며, 그 결과 잠정적용 사실을 부인하고 따라서 위 중재판정들은 모두 관할권이 성립되지 않았다는 이유로 이를 취소하는 판결을 내렸다. 양자의 차이는 "국내법에 반하지 않는"의 의미를 달리 해석한 점이었다.[44] 그러나 1심 판결은 2020년 2월 헤이그 고등법원에 의해 번복되었고, 2021년 11월 네덜란드 대법원은 다시 파기하고 사건을 하급심으로 내려보냈다.[45] 이 사건은 여러 법원에서 복잡한 쟁점을 갖고 진행되고 있다.[46]

다. 한국에서의 잠정적용

조약의 잠정적용은 국제관계에서 유용한 역할을 할 수 있지만, 조약이 아직 정식으로 발효된 상태는 아니라는 점에서 각국 국내법상 여러 가지 문제를 야기할 수 있다. 조약의 주제가 입법부의 동의대상인 경우 잠정적용이 해당 국가의 국내법적으로 어떠한 효과를 가져오는지 불분명하거나 갈등을 야기할 소지가 있다. 특히 입법부 동의의 대상인 조약을 잠정적용했으나 최종적으로 동의를 받지 못하게 된 경우, 그 간에 성립된 국제법적 효력과는 별도로 이미 형성된 법률관계가 국내적으로도 계속 효력을 가질 수 있는가라는 문제가 제기된다.

한국은 헌법 등 국내법령에 조약의 잠정적용과 관련된 조항이 마련되어 있지 않다. 따라서 행정부가 잠정적용에 합의할 수 있는 권한의 범위와 잠정적용 상태인 조약의 국내법적 효력이 모호한 상황이다. 우선 국회 동의 없이 체결할 수 있는 조약의 경우 대통령이 필요에 따라 단독으로 잠정적용을 결정할 수 있다는 사실에는 별다른 이견이 없다.

헌법 제60조 1항상 국회 동의가 필요한 조약은 어떠한가? 국회 동의의 대상인 조약은 행정부 단독으로 잠정적용을 할 수 없다는 해석이 헌법의 취지에 합당하다.[47] 2010년 10월 6일 서명된 한국－EU 간 자유무역협정은 EU 회원 각국이 필요

No.AA 228).

44) 이 사건에 관한 상세는 임아영, 에너지헌장조약(ECT)의 잠정적용과 국제투자협정중재에의 동의, 통상법률 2016년 6월(통권 제129호), pp.12－28 참조.

45) Supreme Court of the Netherlands (2021.11.5.), ECLI:NL:HR:2021:1879.

46) 이 사건과 관련된 각종 자료는 https://www.yukoscase.com 참조.

47) 네덜란드의 조약 승인 및 공포에 관한 법률은 의회 승인을 필요로 하는 조약은 잠정적용을 할 수 없다고 금지하고 있다(제15조 2항).

한 국내법 절차를 마치기 전에는 일단 잠정적용을 하기로 합의했다. 한국-EU 간 자유무역협정은 헌법 제60조 1항에 해당하는 조약으로 한국에서는 2011년 5월 4일 국회동의를 받았다. EU에서는 전 회원국이 국내절차를 마쳐야 모든 내용이 정식으로 발효될 수 있으므로, 우선 EU 의회와 각료이사회의 승인을 받아 2011년 7월 1일부터 잠정적용을 시작했다. 이 협정은 국내적으로 2011년 6월 28일자 관보에 공포되었으나, 국회동의까지 받은 상태임에도 불구하고 잠정적용 상태라 조약번호가 부여되지 않았고 외교부 홈페이지에 조약으로 공개되지 않았다. 조약번호의 부여를 조약의 국내적 발효요건으로 보기는 어려우나 기형적인 모습의 적용으로 보였다. 이 협정은 EU 전 회원국이 국내절차를 완료한 다음인 2015년 12월 13일 정식으로 발효했다(조약 제2263호).

한편 한국 헌법 제6조 1항에 따르면 조약은 "공포"해야만 국내법과 같은 효력을 가질 수 있는데, 이제까지 대부분의 잠정적용 조약은 관보 공포 없이 적용되어 왔다. 예를 들어 1985년 2월 한국과 독일은 항공운수협정을 체결했는데 독일에서는 의회 동의가 필요해 즉각적인 발효가 어렵자 우선 잠정적용하기로 합의했다. 같은 해 12월 4일 한국은 이를 관보에 공포가 아닌 고시(제115호)만 하고 잠정적용을 시작했다. 이후 1993년 원 합의의 일부를 수정하는 과정을 거쳐 1995년 정식의 조약으로 서명했다. 1984년의 한국-가봉간 항공운수협정과 1989년의 한국-모리타니아간 무역협정도 상대국의 요청에 따라 잠정적용하기로 했는데, 이후 아무런 추가적인 조치가 이루어지지 않아 조약번호도 부여되지 않은 상태에서 계속 잠정적용 중이며 관보 공포도 없었기 때문에 국제법상의 지위와 달리 한국내 국내법적 지위는 아직까지도 모호한 상황이다.[48] 이들 조약은 상대국과의 관계가 원만한 시절 체결되었으나, 이후 정치정세의 변화로 양국관계가 소원해지자 방치되어 사실상 잊혀진 조약이 되어버렸다. 한국과 중국은 연금가입 상호면제에 관한 잠정조치협정을 양국이 교환각서를 교환한 2003년 2월 28일부터 잠정적용하기로 합의했다. 이 협정은 양국이 국내절차의 완료를 통고한 이후 한국에서는 2003년 5월 17일자 관보에 공포되었고, 2003년 5월 23일 정식으로 발효했다(조약 제1633호).[49] 약 80여 일간의 잠정적용 기간 중에는 조약번호도 부여되지 않았고, 관보에 공포되지도 않았

48) 배종인, 헌법과 조약체결(삼우사, 2009), pp.209-211 참조.

49) 이 잠정조치협정은 2013년 1월 한중간에 정식 사회보험협정(조약 제2119호)이 발효됨에 따라 종료되었다.

으나, 정부는 그 내용을 국내적으로 시행했다. 잠정조치협정이 잠정적용된 사례로 국내적으로는 일종의 유령조약으로 시행된 셈이었다.

이 같이 "공포"없는 잠정적용의 경우 헌법 제6조 1항상의 절차를 만족시키지 못했기 때문에 과연 국내적으로 어떠한 효력이 인정되는지가 애매하다. 공포되지도 않고 조약번호도 없는 상태의 조약은 통상적인 조약집이나 외교부 조약 DB에 등재되지 않기 때문에 해당 부처의 담당공무원을 제외하고는 일반 국민은 물론 타 부처 공무원조차 그런 조약의 존재와 내용을 알기 어렵다. 즉 현재 외교부는 잠정적용 중인 조약의 목록을 공식적으로 관리하지 않기 때문에 조약 담당자를 포함해 누구도 대한민국에 대해 당장 잠정적용 중인 조약의 목록을 정확하게 확인하기 어려운 실정이다. 조약의 잠정적용에 관해서는 국내법적 근거의 마련을 통한 제도정비가 필요하다.50)

▶판례: 조약의 잠정 적용에 따른 의무

Kardassopoulos v. Georgia(Decision on Jurisdiction), ICSID Case No. ARB/05/18(2007).

[이는 Energy Charter Treaty(ECT)의 잠정적용 중에 발생한 사건에 관한 판정이다. 그리스인 원고는 조지아에 대한 자신의 투자분을 몰수당했으나 적절한 보상을 받지 못했다고 주장했다. 몰수시점인 1995년부터 1997년 사이 그리스와 조지아는 모두 ECT를 잠정적용 중이었다. 여기서는 잠정적용에 따른 법적 의무가 무엇인지 논란이 되었다. 조지아는 잠정적용이 조약의 법적 구속력을 발생시키지 않아 원고의 투자분은 협약의 보호대상이 아니라고 주장했으나, 재판부를 이를 받아들이지 않았다.]

"209. Applying the ECT provisionally is used in contradistinction to its entry into force: "[...] agrees to apply this Treaty provisionally pending its entry into force [...]". Provisional application is therefore not the same as entry into force. But the ECT's provisional application is a course to which each signatory "agrees" in Article 45 (1): it is (subject to other provisions of the paragraph) thus a matter of legal obligation. The Tribunal cannot therefore accept Respondent's argument that provisional

50) 기타 한국의 조약 잠정적용 사례로는 다음과 같은 예가 있다. ① 대한민국 정부와 미합중국 정부간의 면직물·모직물 및 인조섬유직물의 교역에 관한 협정 연장(조약 제609호): 서명 직후인 1977년 10월 1일부터 잠정적용. 이후 국내절차를 마치고 1977년 11월 4일 정식 발효. ② 대한민국 정부와 미합중국 정부간의 면직물·모직물·인조섬유직물 및 직물 제품의 교역에 관한 각서교환(조약 제625호): 양국간 각서교환일인 1977년 12월 23일부터 잠정적용. 이후 국내절차를 마치고 1978년 2월 7일 정식 발효.

application is only aspirational in character.

210. It is "this Treaty" which is to be provisionally applied, i.e., the Treaty as a whole and in its entirety and not just a part of it; and use of the word "application" requires that the ECT be "applied". Since that application is to be provisional "pending its entry into force" the implication is that it would be applied on the same basis as would in due course result from the ECT's (definitive) entry into force, and as if it had already done so.

211. It follows that the language used in Article 45(1) is to be interpreted as meaning that each signatory State is obliged, even before the ECT has formally entered into force, to apply the whole ECT as if it had already done so. [⋯]

222. It is significant that were this not so, and were "entry into force" in Article 1 (6) to mean only definitive entry into force under Article 44 of the ECT, the effect would be to make the "Effective Date" in Article 1 (6) the date of definitive entry into force which would mean that "matters affecting ... Investments" before the date of entry into force, i.e., during the period of provisional application, would be excluded from the scope of the ECT: such a result would strike at the heart of the clearly intended provisional application regime."

제 6 장

연속적 전후 조약

1. 의　　의
2. 명시적 조항 설정
3. 비엔나 협약의 내용

제6장 연속적 전후 조약

1. 의　　의

중앙집권적 입법기관이 없는 국제사회에서는 동일한 주제를 다루는 전후 조약 간 내용 충돌은 낯선 현상이 아니다. 국제협력의 증진과 입법적 성격의 국제조약의 급속한 증대로 인해 동일 주제를 다루는 전후 조약의 충돌은 늘어날 수밖에 없다.[1] 국내법에서는 법령간 상하위계가 분명해 상위법에 모순되는 하위법은 효력을 발휘할 수 없으나, 국제법 규범에는 상하위계질서도 확립되어 있지 않다. 이를 전제로 동일한 주제에 관한 조약이 연속해서 체결된 경우 어느 조약의무가 우선하느냐가 본장의 주제이다.

전 조약과 후 조약의 당사국이 모두 동일하면 크게 어려운 문제가 발생하지 않는다.[2] 그러나 다자조약의 경우 당사국이 서로 다를 확률이 오히려 일반적이라 그럼 각기 다른 조약의 당사국 간에는 어떠한 권리 의무 관계가 발생하느냐의 판단이 복잡해진다. 오늘날 특히 환경보호조약과 관련해서 이런 문제가 발생할 가능성이 높다. 이 문제는 조약상 의무와 국제기구 회원국으로서의 의무가 충돌하는 방식으로도 나타날 수 있다.[3]

우선 쉬운 문제부터 정리한다. 양자조약 간의 관계는 비교적 간단하다. 서로 충돌되는 내용을 가진 연속적 양자조약의 당사국이 동일하면 후법우선 원칙에 의해 전 조약은 종료(또는 시행정지)되거나 전 조약은 후 조약과 양립가능한 범위 내에서 적용된다. 반면 갑국－을국간 전 조약과 갑국－병국간 후 조약 상의 의무가 상충되는 경우와 같이 당사국이 서로 다른 경우 전후 조약상의 의무는 서로 아무

---

1) I. Sinclair, Vienna Convention, p.93.

2) 협약 제30조 제목과 제1항의 successive treaties를 구 정부 번역본에서는 "계승적" 조약으로 번역했었다. 계승적이라 하면 "이어받는다"는 의미를 내포하는데, 여기의 successive treaties는 시간적 전후 관계의 조약을 가리킬 뿐 계승 관계를 의미하지는 않는다. 외교부의 2023년 번역 수정시 이를 "전/후 조약"으로 변경했다.

3) von der Decken, Article 30, in O. Dörr K. Schmalenbach, Commentrary 2nd, p.543.

런 영향을 받지 아니한다. 모순되는 의무를 지닌 갑국이 어느 한 조약을 개정하거나 종료시키도록 노력해야 한다. 그 사이 벌어지는 어느 조약의 의무 불이행에 대해서는 갑국이 조약 위반 책임을 지게 된다.[4)]

다자조약의 경우 모순되는 내용을 가진 연속적 전후 조약의 당사국이 동일하면 이 문제 역시 후법우선 원칙에 의해 해결될 수 있다. 그러나 소수의 당사국을 갖는 특수한 다자조약이 아니라면 전후 조약의 당사국이 모두 일치하기는 어렵다. 이런 경우 발생할 수 있는 문제를 다음의 예를 들어 설명한다.

1961년까지 국제사회에서는 범세계적 적용을 목표로 마약규제에 관한 9개의 조약이 작동하고 있었는데, 1962년 체결된 「마약에 관한 단일협약」은 1912년부터 1953년까지 채택된 9개의 기존 마약관련 조약을 모두 대체하기 위한 조약으로 탄생했다.[5)] 이 단일협약은 1972년 의정서로 개정되었고, 1971년 「향정신성 물질에 관한 협약」과 1988년 「마약 및 향정신성물질의 불법거래방지에 관한 국제연합협약」에 의해 보충되었다. 그런데 1988년 협약 제25조는 "이 협약의 규정은 1961년 협약, 1961년 개정협약 및 1971년 협약에 따라 이 협약의 당사국이 향유하는 권리 및 부담하는 의무에 영향을 미치지 아니한다."고 규정하고 있었다. 다음과 같은 가정을 해 보자. 갑국은 1961년 협약의 당사국이고, 을국은 1961년과 1971년 협약의 당사국이고, 병국은 1971년과 1988년 협약의 당사국이라고 한다. 그러면 갑－을국 간에는 공통된 1961년 협약이 적용되게 된다. 을－병국 간에는 공통된 1971년 협약이 적용된다. 그런데 갑－병 간에는 공통된 조약이 없으므로 적용될 조약이 없다고 해야 하는가? 이는 물론 바람직한 결과가 아니다. 이런 경우가 발생하지 않도록 새로 조약을 제정하는 경우 동일한 주제를 다루고 있는 기존 조약과의 관계를 염두에 두어야 한다. 아울러 미래에 새로 발생할 문제에 대한 대비조항이 필요한지도 검토함이 바람직하다.[6)]

4) A. Aust, Treaty Law, p.193.

5) 제44조 제1항은 "본 조약의 규정은 효력을 발생함으로써 당사국 간에 다음 제 조약 규정을 폐지하며 이를 대치한다."고 규정하고, 이어 대체대상인 9개 조약을 명기했다.

6) A. Aust, Treaty Law, pp.199－200.

2. 명시적 조항 설정

적지 않은 조약은 전후 조약 간의 관계를 명시적으로 규정해 이 문제를 대비한다. 전후 조약의 내용과 필요에 따라 다양한 방법이 사용된다. 몇 가지를 예시한다.

① 전 조약 우선을 규정: 조약에 따라서는 이로 인해 기존 조약상의 권리 의무에 영향을 미치지 않는다는 조항을 둔다. 전 조약 우선조항이다. 예를 들어 유럽경제공동체 수립을 위한 1957년 로마조약은 이 조약 발효 이전 회원국과 제3국 간에 체결된 협정상의 권리 의무는 로마조약에 의해 영향을 받지 아니한다는 조항을 두고 있다(제234조). 이런 조항은 회원국이나 제3국에게 모두 유용한 보장을 제공한다. 회원국으로서는 설사 로마조약과 충돌될지라도 제3국에 대한 기존 조약의무을 계속할 수 있기 때문이다.[7] 1991년 「남극조약 환경의정서(Antarctic Treaty Environmental Protocol)」는 남극 환경의 포괄적 보호를 목표로 체결되었다. 그런데 남극체제 속에서는 이미 여러 건의 환경보호조약이 성립된 바 있다. 환경의정서는 이의 어떠한 내용도 남극조약체제 속에서 발효 중인 다른 문서를 침해하지 아니한다는 조항을 두고 있다(제4조 2항). 환경의정서 채택 회의 최종의정서에도 이 내용이 남극 해양생물자원 보존 협약, 남극 물개협약, 국제포경협약의 내용을 침해하지 아니하며, 의정서에 규정된 환경영향평가는 이들 3개 협약 상 활동에는 적용되지 아니한다는 합의를 담았다.[8]

② 후 조약 우선을 규정: 앞서도 지적한 1962년 마약에 관한 단일협약에는 "본 조약의 규정은 효력을 발생함으로써 당사국간에 다음 제 조약 규정을 폐지하며 이를 대치한다."(제44조 1항)며 전후 조약 사이에 신 조약 우선을 명기하고 있다. 「테러자금조달의 억제를 위한 국제협약」(1999)은 "제2조에 규정된 범죄에 관한 당사국 간의 모든 범죄인인도조약 및 약정상의 규정은 이 협약과 양립할 수 없는 범위에서 수정된 것으로 간주된다."는 조항을 두고 있다(제11조 5항).

③ 미래의 보충협약 허용: 영사관계에 관한 비엔나 협약 제73조 2항은 "이 협약의 어떠한 규정도 제국이 이 협약의 제규정을 확인, 보충, 확대 또는 확장하는 국제협정을 체결하는 것을 배제하지 아니한다."는 조항을 두어 일부 당사국이 후

7) 로마조약은 일단 회원국으로 가입한 이후에는 회원국으로서의 의무와 충돌되는 조약은 더 이상 체결할 수 없다고 요구하고 있다.

8) A. Aust, Treaty Law, p.198.

조약을 통한 협약상 권리의 보충이나 확대 가능성을 인정하고 있다.

④ 유리한 내용 적용을 규정: 1994년「에너지 헌장 조약」제16조는 이 조약 제3부(투자증진보호)와 제5부(분쟁해결)에 관해 당사국간 기존 조약이나 향후 체결될 조약이 있다면 투자자와 투자에 보다 유리한 조항이 적용된다는 내용을 담고 있다. 인권조약의 경우에도 당사국의 법률이나 협정, 규칙, 관습 등에 의해 해당 인권조약보다 더 유리한 대우가 인정되고 있다면, 유리한 대우가 부여되어야 한다는 규정을 두는 예가 많다.[9] 이는 전후 관계 없이 유리한 내용을 적용하라는 의미로 일종의 최혜대우 조항이다.

이런 대비조항이 없더라도 사실 많은 경우는 양 조약 간 조화로운 해석과 특히 특별법 우선이라는 해석원칙에 의해 해결될 수 있다.[10]

3. 비엔나 협약의 내용

동일 주제에 관한 전후 조약 간의 관계를 위한 조항이 비엔나 협약 제30조이다. 여기서 "동일 주제"의 조약이란 무엇을 의미하는가? 이는 예를 들면 환경보호와 같이 양 조약의 전반적 주제가 동일한 경우만을 가리키는가? 박배근 교수는 이 조항은 실제 적용에서 동일 주제 여부는 고려되지 않고, 시간적 전후 관계에 있는 모든 조약 간 충돌에 적용될 수밖에 없다고 해석한다.[11] 환언하면 조약 사이의 충돌 발생 자체가 결국 양 조약이 동일 주제를 다루고 있는 증거라고 볼 수 있다고 설명했다.[12]

제30조의 요지는 아래와 같다.

첫째, UN 헌장상의 의무는 다른 모든 조약 의무에 우선한다. 이는 헌장 제103조의 내용을 확인하는 의미이다(제1항).

둘째, 조약 자체에 충돌해결에 관한 조항이 담겨 있는 경우, 그 내용에 따른다(제2항). 당사국의 의사를 우선하는 이 조항은 협약 제30조가 보충적 성격임을 표시한다.[13] 즉 ① 조약이 전후 조약 어느 편을 따르기로 명시하고 있다면 그에 따른

9) 예: 시민적 및 정치적 권리에 관한 국제규약 제5조 2항.

10) A. Aust, Treaty Law, p.193.

11) 박배근, 조약 간 충돌의 해소 원리에 관한 일고, 국제법평론 2023-I(통권 제64호), pp.11-14.

12) 상게주, p.21.

다. ② 조약이 전 또는 후 조약과 양립가능함을 표시하고 있는 경우에는 그 다른 조약이 적용된다.

셋째, 조약이 충돌해결조항을 갖고 있지 않은 경우에는 기본적으로 후법우선 원칙이 적용된다. 즉 ① 전 조약의 모든 당사국이 동시에 후 조약의 당사국이지만 후 조약 체결로 전 조약이 종료(시행정지)되지 않았다면, 전 조약은 후 조약과 양립 가능한 범위에서만 적용된다(제3항). ② 후 조약의 당사국이 전 조약의 모든 당사국으로 포함하지 못한 경우 1) 양 조약 모두의 당사국 사이에서는 후 조약의 규정이 적용되며, 2) 두 조약 모두의 당사국과 어느 한 조약만의 당사국 사이에서는 양국이 모두 당사국인 조약이 적용된다(제4항).

ILC 준비과정에서는 이 조항이 장시간의 논의대상이었지만, 비엔나 외교회의에서 특별한 토론이 없이 찬성 90, 반대 0(기권 14)로 채택되었다. 이 주제에 관한 실제 사례나 국제판례가 별로 없기는 하지만, 여러 학자들은 이를 관습국제법의 반영으로 해석하고 있다.[14)]

협약 제30조가 적용되기 위해서는 전후 조약이 모두 발효 중임을 전제로 하며, 전후 조약을 구별하는 기준시점은 발효일이 아니라 채택일이다.[15)] 후 조약의 채택이 바로 새로운 입법의도를 표시하기 때문이다.[16)]

그렇지만 협약 제30조는 만족스럽지 못한 조항으로 인식되고 있다.[17)] 전후 조약 간의 불일치 문제를 모두 해결하고 있지 못하기 때문이다. 몇 가지 예를 들어 보자.

조약 자체가 충돌해결조항을 갖고 있는 경우이다. A 조약이 다른 조약에 대한 우선을 규정하고 있는데, 이후 동일 주제의 B 조약이 체결되었다고 하자. A 조약과 B 조약의 당사국이 일치하면 별 문제가 생기지 않는다. 이들 당사국간에는 A 조약이 우선한다. 그러나 B 조약의 당사국이 A 조약보다 더 많은 경우라면, B 조약만의 당사국에는 A 조약 우선이 적용되지 않는다. 그렇다면 B 조약만의 당사국과 A, B 조약 모두의 당사국간의 관계에서 문제가 발생할 수 있다. 또는 동일 주제의 전후

13) I. Sinclair, Vienna Convention, p.97.

14) von der Decken(전게주 3), pp.542-543; Villiger, Commentary, p.410.

15) A. Aust, Treaty Law, p.204; von der Decken(전게주 3), pp.543-544.

16) I. Sinclair, Vienna Convention, p.98. Waldock 역시 비엔나 회의장에서 채택일 기준을 지지했다. 박배근(전게주 11), p.20.

17) I. Sinclair, Vienna Convention, p.97; von der Decken(전게주 3), p.552.

조약이 모두 다른 조약에 대한 우선을 규정한 조항을 갖고 있거나 모두 타 조약에 대한 양보를 규정한 조항을 갖고 있는 경우 어떻게 처리되어야 할지도 불분명하다.[18] 또한 동시에 체결된 조약간 관계에 대해서는 특별한 언급이 없다. 조약에 규정된 통상적 의무과 대세적 의무 사이에 구별이 필요하지 않은가라는 의문도 제기된다.

결국 제30조는 충돌되는 전후 조약의 문제에 대해 조약법 상의 완전한 해결책을 주고 있지는 못하다. 충돌되는 내용을 갖고 있는 전후 조약 중 어느 일방을 실행하면 다른 조약 위반이 발생할 수 있으며, 이는 국가책임의 문제로 귀결된다. 제5항은 이 점을 규정하고 있다. 사실 비엔나 협약 제73조에도 같은 내용이 규정되어 있으므로 제5항이 꼭 필요하지는 않으나, 이 점을 다시 한번 환기시키는 의의가 있다.

끝으로 연속적 전후조약의 문제는 조약의 개정과 구별해야 함을 첨언한다. 조약의 개정에 대해서는 협약 제4부(제39조 이하)가 별도로 만들어져 있다. 연속적 전후조약의 충돌문제와 조약의 개정은 전혀 다른 현상이지만 시간적 전후의 조약 관계를 설명하려 한다는 점에서는 유사성이 있다.

---

18) von der Decken(전게주 3), pp.547-548.

제 7 장

조약의 해석

1. 해석의 의의
2. 해석의 일반규칙
   가. 신 의 칙
   나. 문언의 통상적 의미
   다. 문　　맥
   라. 대상 및 목적
   마. 후속 합의와 후속 관행
   바. 관련 국제법 규칙
   사. 특별한 의미
3. 해석의 보충수단
4. 조약의 언어
5. 해석권자
6. 평　　가

제7장 조약의 해석

1. 해석의 의의

국제법 연구자들이나 실무자들에게 조약의 해석은 가장 일상적인 업무 중 하나이다. 오늘날 국가관계의 많은 부분이 조약을 출발점으로 진행되기 때문이다. 내국인만을 고객으로 하여 국내법 업무만을 주로 다루는 통상적인 법률가들에게도 조약 해석은 흔히 부딪치는 국제법적 문제이다. 국제문제와 국내문제의 경계가 날로 흐려지는 오늘날 적지 않은 국내법적 규제의 배후에는 국가간의 합의, 즉 조약이 자리 잡고 있다. 이런 경우 국내법의 정확한 이해와 실행을 위해서도 조약의 해석이 필요하다.

추상적 법조문을 구체적 사실에 접목시키려면 해석이 필요하다. 해석은 조약을 적용하고 이행하는데 있어서 불가결한 과정이다. 해석의 어려움은 성문법 자체가 갖는 숙명적 굴레이다. 특히 조약이 대립되는 이견을 조화시킨 타협의 산물일 경우 문언은 복잡한 이해관계를 최대한 만족시키기 위해 미묘하게 작성되거나 종종 불분명하거나 모호하게 작성된다. 당사국 수가 많을수록 그러한 문제에 부딪친다. 자연 조약은 크든 작든 일정한 정도 해석의 문제를 내포한다.[1] McNair는 해석은 조약법에서 가장 공포스러운 부분이라고까지 말했다.[2]

조약 해석에 관한 원칙을 모색하려는 시도는 근대 국제법 발달 초엽부터 있었으나, 해석에 관한 국제적 선례 집적은 19세기 중재재판의 발달을 배경으로 한다. 20세기 들어 상설국제사법재판소(PCIJ)의 창설은 조약 해석에 관한 일관된 실행이 축적되는 계기가 되었다.[3] 오늘날 조약 해석에 있어서 중요한 역할을 하는 대부분의 키워드는 PCIJ 판례를 통해 형성되기 시작하였다.[4]

---

1) A. Aust, Treaty Law, p.205.

2) McNair, The Law of Treaties(Oxford UP, 1961), p.364.

3) R. Gardiner, Treaty Interpretation(Oxford UP, 2010), p.52.

4) O. Dörr, Article 31, in O. Dörr & K. Schmalenbach, Commentary 2nd, p.564.

조약 해석이란 무엇인가? 해석의 목적이 무엇이냐에 관해서는 일찍부터 크게 3개의 입장이 대립되어 왔다.

첫째, 의사주의적 입장(intentional school). 이는 조약문이란 당사자 의사의 표현이므로 당사자 원래의 의사확인이 조약 해석의 출발점이요, 목적이라고 보는 입장이다. 이 입장은 당사자의 의도를 확인하기 위해 조약의 교섭기록 등 준비문서를 해석의 중요자료로 활용하려고 한다.

둘째, 문언주의적 입장(textual school). 이는 조약 문언의 통상적 의미 파악을 해석의 목적으로 보는 입장이다. 해석의 자의성과 편파성을 줄이기 위해 당사국이 무엇을 의도했느냐를 찾기보다는 무엇을 말했느냐에 주목해야 한다고 본다.

셋째, 목적주의적 입장(teleological school). 이는 조약체결의 대상과 목적에 가급적 효과가 부여되도록 해석해야 한다는 입장이다. 그것이 조약이 탄생한 의의에 봉사하는 방법이며, 조약을 변화하는 현실세계에 적응시킬 수 있다고 본다. 또한 이러한 해석을 통해 조약 문언이나 당사자 의사의 흠결을 보충할 수 있다고 생각한다. 예를 들어 국제기구 헌장의 경우 종종 설립 목적을 달성하기 위한 보다 유연한 해석이 정당화되기도 한다. 특히 후속관행과 결합해 실용적인 해석을 도출할 수 있다.[5] 오늘날 국제인권조약에서와 같이 특정한 개별조약의 이행감시기구가 마련된 경우, 이들 기구는 자신의 존립 기반인 조약의 목적을 가급적 실현하고자 하는 목적주의적 해석 경향을 보이게 마련이다.[6]

의사주의적 입장에 대하여는 다음과 같은 비판이 제기된다. 조약 해석에 관해 다툼이 생기면 각국은 자신에게 유리한 준비문서를 원용할 가능성이 크나, 이러한 기록 등은 대체로 불명확하고 상호 검증되지 않은 경우가 많다. 자연 이에 대한 지나친 의존은 조약 운영의 안정성을 해칠 우려가 있다. 때로 조약은 당사국간 의사가 완전히 일치되지 않은 상태에서 의도적으로 모호하게 합의되는 경우도 있다. 그러면 당사국은 서로 다른 의도를 주장할 수 있다. 다자조약의 경우 추후 가입국들은 초기 협상국들의 의도를 바탕으로 조약 가입을 판단하기 보다는 조약의 문언 내용을 보고 가입 여부를 결정한다. 51개국의 합의로 탄생한 UN 헌장의 해석에 있

---

5) M. Shaw, International Law 9th ed.(Cambridge UP, 2021), p.817; D. Akande, International Organizations, in M. Evans ed., International Law 5th ed.(Oxford UP, 2018), pp.237–238.

6) M. Herdegen, Interpretation in International Law, R. Wolfrum ed., The Max Planck Encyclopedia of Public International Law vol.VI(Oxford UP, 2012), para.6.

어서 회원국이 193개국으로 늘어난 오늘날까지 원래의 의도가 전가의 보도처럼 활용될 수는 없다. 또한 조약은 장기간의 적용을 통해 당초 의도와 다른 방향으로 발전할 수도 있다. 이런 경우 원래 의도에만 집착한다면 조약은 국제사회의 변화에 적응하지 못하고 과거 시점에 고정되게 된다. 이러한 여러 이유에서 지나친 의사주의적 해석은 경계해야 한다는 지적이다.

한편 문언주의적 입장 역시 모든 비판에서 자유로울 수는 없다. 과연 의문의 여지가 없는 객관적으로 명백한 의미의 조약 조항이 항상 가능하겠느냐는 비판이다. 해석의 어려움은 통상 문언의 모호성에서 출발한다. 대립되는 입장 어디와도 충돌되지 않도록 타결을 목적으로 조약 문언이 일부러 모호하게 합의되는 사례도 흔하다. 이런 경우 각국은 모두 자신의 해석이 문언의 객관적 의미라고 주장할 것이다. 엄격한 문언주의적 해석은 조약의 현실 적응력을 약화시킬 우려도 있다.

또한 목적주의적 입장에는 다음과 같은 비판이 제기된다. 목적론적 해석은 해석자의 주관에 크게 좌우되고 원래의 조약 의도와 전혀 다른 해석을 도출할 위험이 있다. 일부 당사국의 지나친 목적론적 해석을 다른 당사국은 받아들이지 않으려 할 가능성이 있으며, 목적론적 해석의 대립은 조약의 정치적 정당성을 훼손할 우려도 있다.[7] 지나친 목적론적 접근은 해석이 아니라 입법의 모습이 될 수도 있다.

조약의 요체는 군주간 합치된 의사라고 생각했던 근세 초엽까지는 조약의 객관적 해석보다는 군주의 주관적 의도 파악을 중요시했다.[8] 국민보다는 왕실의 이익보호를 더 중요한 덕목으로 생각했다. 근대로 접어들면서 군주의 조약체결권도 차츰 의회의 통제를 받게 되었다. 해석은 점차 객관적 문언에 보다 중점을 두었다.

그러나 해석에 관한 위의 3가지 입장이 반드시 상호 배척관계에 있지는 않다. 현실에서는 당사국의 의도를 무시하고 문언에만 집중해 조약을 해석하거나, 문언을 대한 주의는 게을리하고 조약의 목적이나 당사자의 의도만을 강조하거나, 조약의 실효성이란 측면은 외면하고 문언의 객관적 의미만을 고수하려는 해석 등 어느 일방에만 의지하려는 태도는 만족스러운 결과를 제시하지 못할 때가 많을 것이다.[9] 비엔나 협약 역시 이 3가지 입장 중 어느 한편에만 의지하기보다는 가급적 조

7) J. Klabbers, International Law 3rd ed(Cambridge UP, 2021), p.58.
8) 그로티우스도 조약 당사국의 의도 파악이 해석의 역할이라고 생각했다. R. Gardiner(전게주 3), p.52.

화롭게 수용하려는 태도를 보이고 있다.

비엔나 협약은 제31조와 제32조에서 해석의 일반규칙과 보충수단이라는 제목 아래 조약 해석에 관한 기본 원칙을 제시하고 있다. 이 두 조항은 조약 해석에 관한 하나의 통합된 체계를 구성하고 있기 때문에 항상 같이 읽어야 한다. 해석과정은 협약 제31조와 제32조에 제시된 다양한 해석수단에 대해 적절한 강조점을 부여하는 단일한 통합적 활동이다.[10)] 이 두 조항의 내용은 일반적으로 관습국제법으로 수락되고 있다.[11)]

다음에 예시된 3개의 사건에서 ICJ는 조약해석에 관해 미묘한 차이를 보이고 있다. 첫 번째와 두 번째로 제시된 사건에서 ICJ는 조약의 대상 및 목적을 실현시키기 위한 목적론적 해석을 거부하고, 조약에 규정된 문언을 중시하는 결정을 내렸다. 그러나 세 번째 UN의 배상청구사건에서는 UN 헌장에 명문의 규정은 없더라도 기구에 부여된 임무의 특징을 생각한다면 UN은 기구 직원에 대해 기능적 보호를 할 자격이 있음이 헌장으로부터 추론된다고 판단했다. 이 경우 ICJ는 이른바 목적론적 해석을 중시했다.

▶판례 ① 문언 중심의 조약 해석

Competence of Assembly regarding admission to the United Nations, Advisory Opinion, 1950 ICJ Reports 4.

[UN 초기 안보리 거부권으로 인해 신규 회원국의 가입 시도가 자주 벽에 부딪쳤다. 그러자 총회는 한국을 포함한 오스트리아, 실론, 핀란드, 아일랜드, 이탈리아, 요르단, 포르투갈, 네팔 등 9개국이 UN 회원국의 자격을 갖춘 국가임을 확인하는 한편, 안보리의 권고 없이 총회가 독자적으로 회원국 가입을 승인할 수 있는지 여부에 관해 ICJ에 권고적 의견을 묻기로 결정했다(GA Res. 296(IV)(1949)). 이에 대해 ICJ는 헌장의 해석상 반드시 안보리의 가입 권고가 있는 경우에만 총회가 가입 결정을 할 수 있다고 답했다. 다음 제시문은 조약의 해석에 있어서 재판부가 취해야 할 입장을 설시하고 있다. 즉 일단 문언의 문맥 속에서의 자연적이고 통상적인 의미 파악을 해석의 1차적 목적으로 보았다.]

---

9) A. Aust, Treaty Law, p.206.

10) ILC, Draft conclusions on subsequent agreements and subsequent practice in relation to the interpretation of treaties, with commentaries(2018), Conclusion 2, paras.11－12. 이 보고서는 이하 ILC, 「후속 합의 및 후속 관행에 관한 결론 주석」(2018)으로 약칭.

11) 하게주 109－112 참조

(p.8) "The Court considers it necessary to say that the first duty of a tribunal which is called upon to interpret and apply the provisions of a treaty, is to endeavour to give effect to them in their natural and ordinary meaning in the context in which they occur. If the relevant words in their natural and ordinary meaning make sense in their context, that is an end of the matter. If, on the other hand, the words in their natural and ordinary meaning are ambiguous or lead to an unreasonable result, then, and then only, must the Court, by resort to other methods of interpretation, seek to ascertain what the parties really did mean when they used these words. As the Permanent Court said in the case concerning the Polish Postal Service in Danzig (P.C.I.J., Series B, No.II, p.39):

"It is a cardinal principle of interpretation that words must be interpreted in the sense which they would normally have in their context, unless such interpretation would lead to something unreasonable or absurd."

When the Court can give effect to a provision of a treaty by giving to the words used in it their natural and ordinary meaning, it may not interpret the words by seeking to give them some other meaning. In the present case the Court finds no difficulty in ascertaining the natural and ordinary meaning of the words in question and no difficulty in giving effect to them. Some of the written statements submitted to the Court have invited it to investigate the *travaux préparatoires* of the Charter. Having regard, however, to the considerations above stated, the Court is of the opinion that it is not permissible, in this case, to resort to *travaux préparatoires*."

▶판례 ② 문언 중심의 조약 해석

Interpretation of Peace Treaties Case(2nd Phase), Advisory Opinion, 1950 ICJ Report 221.

[제2차 대전 연합국과 불가리아, 헝가리, 루마니아간 1947년 체결된 3개의 평화조약은 조약의 해석과 적용에 관한 분쟁이 발생한 경우에 대비한 절차를 마련하고 있었다. 즉 양 분쟁당사국이 각각 1명의 위원을 임명하고, 이 두 위원이 제3의 위원을 합의해 3인으로 위원회를 구성한다. 만약 1개월 내에 제3의 위원에 관해 합의하지 못하는 경우, 어느 일방 당사국은 UN 사무총장에게 이의 임명을 요청할 수 있도록 규정했다. 미국과 영국은 평화조약상의 인권보호조항이 이들 동구국가에 의해 제대로 준수되지 않는다는 이의를 제기하고, 이 문제의 해결을 위한 위원회 구성을 시도했다. 그러나 불가리아 등은 자국측 위원의 임명 자체를 거부해 위원회가 출범할 수 없었다. 이에 UN 총회는 일방 당사자가 자국측 위원 임명을 거부하는 가운데도 UN 사무총장이 제3의 위원을 임명할 수 있는가와 이들로만 구성된 위원회가 분쟁해결

에 관한 결정을 내릴 권한을 가질 수 있는가에 관해 ICJ에 권고적 의견을 구했다. ICJ는 원 조약의 문언에 충실하며 부정적으로 답했다.]

(p.227) “The question at issue is whether the provision empowering the Secretary-General to appoint the third member of the Commission applies to the present case, in which one of the parties refuses to appoint its own representative to the Commission.

It has been contended that the term ‘third member’ is used here simply to distinguish the neutral member from the two Commissioners appointed by the parties without implying that the third member can be appointed only when the two national Commissioners have already been appointed, and that therefore the mere fact of the failure of the parties, within the stipulated period, to select the third member by mutual agreement satisfies the condition required for the appointment of the latter by the Secretary-General.

The Court considers that the text of the Treaties does not admit of this interpretation. While the text in its literal sense does not completely exclude the possibility of the appointment of the third member before the appointment of both national Commissioners it is nevertheless true that according to the natural and ordinary meaning of the terms it was intended that the appointment of both the national Commissioners should precede that of the third member. This clearly results from the sequence of the events contemplated by the article: appointment of a national Commissioner by each party; selection of a third member by mutual agreement of the parties; failing such agreement within a month, his appointment by the Secretary-General. Moreover, this is the normal order followed in the practice of arbitration, and in the absence of any express provision to the contrary there is no reason to suppose that the parties wished to depart from it. […]

In short, the Secretary-General would be authorized to proceed to the appointment of a third member only if it were possible to constitute a Commission in conformity with the provisions of the Treaties. In the present case, the refusal by the Governments of Bulgaria, Hungary and Romania to appoint their own Commissioners has made the constitution of such a Commission impossible and has deprived the appointment of the third member by the Secretary-General of every purpose.

As the Court has declared in its Opinion of March 30th, 1950, the Governments of Bulgaria, Hungary and Romania are under an obligation to appoint their representatives to the Treaty Commissions, and it is clear that refusal to fulfil a treaty obligation involves international responsibility. Nevertheless, such a refusal cannot alter the conditions contemplated in the Treaties for the exercise by the Secretary-General of his power of appointment. These conditions are not present in this case, and their absence is not made good by the fact that it is due to the breach of a treaty obligation. The failure of machinery for settling disputes by reason of the practical impossibility of creating the Commission provided for in the Treaties is one thing; international responsibility is another. The breach of a treaty obligation cannot be remedied by creating a Commission which is not the kind of Commission contemplated by the Treaties. It is the duty of the Court to interpret the Treaties, not to revise them.

The principle of interpretation expressed in the maxim: *Ut res magis valeat quam pereat,*12) often referred to as the rule of effectiveness, cannot justify the Court in attributing to the provisions for the settlement of disputes in the Peace Treaties a meaning which, as stated above, would be contrary to their letter and spirit."

검 토

이 결정에서 반대의견을 제시한 Read 판사는 다수의견이 "deprive the Treaties of Peace of a great part of their value, and that it would conflict with their general purposes and objects."라고 비판하며, 누구도 자신의 잘못을 통해 이득을 얻지 못하게 해야 한다고 주장했다. "no party to a treaty can destroy the effect of the treaty itself by its own default or by its failure to exercise a right or a privilege. [⋯] refuse to let such a government profit from its own wrong." 그의 입장은 목적론적 해석에 무게를 둔 해석이었다.

▶판례 ③ 조약의 목적 달성을 위한 해석

Reparation for Injuries Suffered in the Service of the United Nations, Advisory Opinion, 1949 ICJ Report 174.

[1948년 9월 17일 스웨덴인 Bernadotte 백작이 예루살렘에서 일단의 테러집단에 의해 살해되었다. 당시 그는 팔레스타인 문제 UN 휴전협상 책임자였으며, 그가 살해된 지역은 이스라엘이 지배하고 있었다. 그의 죽음과 관련해 어떠한 조치가 가능한가, 특히 UN이라는 국제기구가 Bernadotte 피살사건에 대해 치안책임을 지닌 이스라엘에게 배상청구를 할 수 있는가에 관해 UN 총회는 ICJ에 권고적 의견을 구했다. ICJ는 UN 헌장 자체에는 그러한 권한이 규정되어 있지 않지만, UN의 원활한 임무수행이라는 목적을 위해 직원의 기능적 보호를 위한 권한이 필요함을 인정했다.]

(p.182) "The Charter does not expressly confer upon the Organization the capacity to include, in its claim for reparation, damage caused to the victim or to persons entitled through him. The Court must therefore begin by enquiring whether

12) That the thing may rather have effect than be destroyed. — 필자 주.

the provisions of the Charter concerning the functions of the Organization, and the part played by its agents in the performance of those functions, imply for the Organization power to afford its agents the limited protection that would consist in the bringing of a claim on their behalf for reparation for damage suffered in such circumstances. Under international law, the Organization must be deemed to have those powers which, though not expressly provided in the Charter, are conferred upon it by necessary implication as being essential to the performance of its duties. [···]

Having regard to its purposes and functions already referred to, the Organization may find it necessary, and has in fact found it necessary, to entrust its agents with important missions to be performed in disturbed parts of the world. Many missions, from their very nature, involve the agents in unusual dangers to which ordinary persons are not exposed. For the same reason, the injuries suffered by its agents in these circumstances will sometimes have occurred in such a manner that their national State would not be justified in bringing a claim for reparation on the ground of diplomatic protection, or, at any rate, would not feel disposed to do so. Both to ensure the efficient and independent performance of these missions and to afford effective support to its agents, the Organization must provide them with adequate protection. [···]

In order that the agent may perform his duties satisfactorily, he must feel that this protection is assured to him by the Organization, and that he may count on it. To ensure the independence of the agent, and, consequently, the independent action of the Organization itself, it is essential that in performing his duties he need not have to rely on any other protection than that of the Organization (save of course for the more direct and immediate protection due from the State in whose territory he may be). In particular, he should not have to rely on the protection of his own State. If he had to rely on that State, his independence might well be compromised, contrary to the principle applied by Article 100 of the Charter. And lastly, it is essential that — whether the agent belongs to a powerful or to a weak State; to one more affected or less affected by the complications of international life; to one in sympathy or not in sympathy with the mission of the agent — he should know that in the performance of his duties he is under the protection of the Organization. This assurance is even more necessary when the agent is stateless.

Upon examination of the character of the functions entrusted to the Organization and of the nature of the missions of its agents, it becomes clear that the capacity of the Organization to exercise a measure of functional protection of its agents arises by necessary intendment out of the Charter."

해 설

1935년 작성된 The Harvard Draft Convention on the Law of Treaties(1935)는 조약은 그것이 달성하고자 하는 일반적 목적에 비추어 해석되어야 한다고 제시함으로써 다분히 목적론적 입장을 반영하고 있었다.

Article 19 (Interpretation of Treaties)

(a) A treaty is to be interpreted in the light of the general purpose which it is intended to serve. The historical background of the treaty, travaux préparatoires, the circumstances of the parties at the time the treaty was entered into, the change in these circumstances sought to be effected, the subsequent conduct of the parties in applying the provisions of the treaty, and the conditions prevailing at the time interpretation is being made, are to be considered in connection with the general purpose which the treaty is intended to serve.

2. 해석의 일반규칙

조약 해석의 기본 원리는 "약속은 지켜져야 한다"(*pacta sunt servanda*)이다. 즉 조약은 당사국에 구속력이 있으며, 신의성실하게 이행되어야 한다. 비엔나 협약 제31조는 이를 이행하기 위한 해석의 일반규칙을 다음과 같이 제시하고 있다.

제31조(해석의 일반규칙)

1. 조약은 조약문의 문맥에서 그리고 조약의 대상 및 목적에 비추어, 그 조약의 문언에 부여되는 통상적 의미에 따라 신의에 좇아 성실하게 해석되어야 한다.
2. 조약 해석의 목적상, 문맥은 조약의 전문 및 부속서를 포함한 조약문에 추가하여 다음으로 구성된다.
   가. 조약 체결과 연계되어 모든 당사자 간에 이루어진 조약에 관한 합의
   나. 조약 체결과 연계되어 하나 또는 그 이상의 당사자가 작성하고, 다른 당사자가 모두 그 조약에 관련된 문서로 수락한 문서
3. 문맥과 함께 다음이 고려된다.
   가. 조약 해석 또는 조약 규정 적용에 관한 당사자 간 후속 합의
   나. 조약 해석에 관한 당사자의 합의를 증명하는 그 조약 적용에 있어서의 후속 관행
   다. 당사자 간의 관계에 적용될 수 있는 관련 국제법 규칙
4. 당사자가 특정 용어에 특별한 의미를 부여하기로 의도하였음이 증명되는 경우에는 그러한 의미가 부여된다.

Article 31 (General rule of interpretation)

1. A treaty shall be interpreted in good faith in accordance with the ordinary meaning to be given to the terms of the treaty in their context and in the light of its object and purpose.
2. The context for the purpose of the interpretation of a treaty shall comprise, in addition to the text, including its preamble and annexes:
   (a) any agreement relating to the treaty which was made between all the parties in connexion with the conclusion of the treaty;
   (b) any instrument which was made by one or more parties in connexion with the conclusion of the treaty and accepted by the other parties as an instrument related to the treaty.
3. There shall be taken into account, together with the context:
   (a) any subsequent agreement between the parties regarding the interpretation of the treaty or the application of its provisions;
   (b) any subsequent practice in the application of the treaty which establishes the agreement of the parties regarding its interpretation;
   (c) any relevant rules of international law applicable in the relations between the parties.
4. A special meaning shall be given to a term if it is established that the parties so intended.

협약은 제31조의 제목을 해석의 일반규칙(general rule), 즉 복수(rules)가 아닌 단수로 표현했다. 이는 제31조가 해석에서 고려되어야 할 다양한 요소를 제시했지만, 결국 전체가 하나로 결합되어 작용하는 내용임을 암시한다. 즉 이는 하나의 규칙을 구성할 뿐이다.[13] 제31조에 제시된 여러 요소 간에는 확립된 위계나 적용순서가 있지 않으며, 조항의 차례는 해석의 과정에서 적용되는 논리적 순서 이상이 아니다. 즉 해석자는 당연히 조약의 문언에서 해석을 시작해 문맥을 살피고, 이어 다른 요소 예를 들어 후속적인 재료도 검토하게 된다.[14]

---

13) ILC Final Draft Articles and Commentary on the Law of Treaties, Article 27 & 28, para.8 (Yearbook of the International Law Commission, 1966, vol.II, p.219).

14) A. Aust, Treaty Law, p.208.

가. 신 의 칙

조약은 "신의칙(in good faith)"에 맞게 해석되어야 한다. 신의칙은 수많은 국제법상의 규칙 중 가장 바탕이 되는 원칙으로, 조약의 운영 전 과정에 적용된다. 즉 조약 체결과정에서는 물론 조약 해석과 이행에 있어서도 기본 원칙을 이룬다. 신의칙은 *pacta sunt servanda* 원칙(협약 제26조)의 핵심을 이룬다.15) 신의칙은 해석에 있어서의 자의성을 방지하는 역할을 하는 동시에, 해석자에게 재량을 부여하는 역할도 한다.16) 그러면서도 신의칙은 추상적이고 포괄적인 개념으로 그 내용을 정확히 확정하기 쉽지 않다.

신의칙을 통해 조약상의 각 용어는 아무런 의미가 없기보다 가급적 어떤 의미를 지녔으리라는 추정을 받게 된다. 또한 신의칙은 조약 당사국들이 정직하고, 공정하고, 합리적으로 행동하는 한편, 부당한 이득을 편취하지 말 것을 요구한다. 타방 당사자의 합법적 기대는 존중되어야 하며, 권리는 자신의 의무를 회피하거나 타방에게 피해를 주는 방법으로 사용되지 말아야 한다(권리남용금지).

문언이 분명한 경우라도 그의 적용이 명백히 불합리한 결과를 초래한다면, 당사국들은 신의칙의 적용에 따라 새로운 해석을 시도할 수 있다. 비엔나 협약의 특별보고관이었으며 ICJ 판사를 역임한 H. Waldock의 후임자를 뽑는 과정을 예로 들어 본다. Waldock은 ICJ 판사 임기 말엽인 1981년 8월 15일 사망했다. 원래 그의 임기는 1982년 2월 5일까지였으므로 이때 임기가 만료되는 5인 판사의 후임자를 선출하는 절차는 이미 개시되어 1981년 9월 시작되는 UN 총회에서 선거가 실시될 예정이었다. 그런데 ICJ 규정에 따르면 예정에 없던 판사의 공석이 생길 경우 보궐선거를 실시해야 한다. 이 경우 UN 사무총장은 적어도 3개월 이상의 기간을 두고 각국 대표단에 후임자 추천을 요청해야 한다. 따라서 Waldock의 후임으로 1982년 2월 5일까지만 근무할 판사를 위한 보궐선거는 1981년 11월 하순 이전에 실시되기 어려웠다. 이는 1982년 2월 6일부터 임기가 시작되는 정규 후임판사의 선거보다도 더 늦게 실시될 상황이었다. UN 사무총장은 당시 안보리 의장 등과 상의한 후 Waldock 판사의 잔여임기만을 위한 보궐선거는 실시하지 않기로 했다. 이는 명백히 비합리적인 결과를 피하기 위해 신의칙에 맞게 조약을 해석한 사례였다(협약 제

15) "Just as the very rule of *pacta sunt servanda* in the law of treaties is based on good faith, […]." Nuclear Test case, 1974 ICJ Reports 253, para.46.

16) 김현주, 조약 관계에서의 신의성실원칙, (연세대) 법학연구 제25권 제2호(2015), p.5.

32조 나호 참조).[17]

한편 UN 헌장 제23조 1항에 규정되어 있는 안보리 상임이사국인 Republic of China는 현재 중화민국(대만)이 아니라 중화인민공화국을, Union of Soviet Socialist Republic은 현재의 러시아를 가리키는 의미로 해석되고 있다. 오늘날 헌장 문언과의 불일치를 주장하며 이와 다른 해석을 시도한다면 그 결과는 정치적으로 전혀 수락되지 않을 것이다.[18]

나. 문언의 통상적 의미

비엔나 협약 제31조는 해석에 관한 3대 입장을 가급적 조화시키려고 노력한 결과이다. 그러면서도 협약은 조심스럽게 조약 문언의 "통상적 의미(ordinary meaning)"를 해석의 출발점으로 제시하고 있다. ICJ 역시 "해석은 무엇보다도 조약의 문언을 바탕으로 해야 한다"는 입장이다.[19] 즉 당사자의 주장보다 객관적 기준에 근거해 조약이 해석되어야 함을 표시하고 있다. 반대의 증거가 없는 한 일단 조약 문언은 당사자의 의도가 가장 잘 반영된 문구라고 추정되기 때문이다.

통상적 의미를 찾기 위해 종종 사전이나 전문서적 상의 정의가 참고되기도 하지만, 여기서 통상적 의미란 반드시 순수하게 문법적 분석의 결과만을 가리키지 않는다. 문언의 통상적 의미는 개개의 단어별로 추상적으로 찾아질 수 없으며, 조약의 문맥 속에서 조약의 대상 및 목적에 비추어 결정되어야 한다. 즉 조약문의 전체적 상황 속에서 합리적으로 도출되는 의미를 가리킨다. 그런 점에서 조약 해석에서의 통상적 의미는 사전에서의 의미보다는 제한적인 내용을 갖는 경우가 많다.

통상적 의미는 원칙적으로 체결 당시의 통상적 의미를 말하나,[20] 경우에 따라서는 이후의 국제실행의 발전에 따른 의미변화를 고려할 수도 있다. 그럼 어떤 경우에 발전적 해석(evolutionary interpretation)이 허용될 수 있는가? ICJ는 조약이 일반적 용어를 사용하고 있는 경우, 당사자들은 시간의 경과에 따라 그 의미가 발전

---

17) I. Sinclair, Vienna Convention, p.120.

18) A. Aust, Treaty Law, p.209.

19) "Interpretation must be based above all upon the text of the treaty." Territorial Dispute, Libya/Chad, 1994 ICJ Reports 6, para.41; Maritime Delimitation and Territorial Questions between Qatar and Bahrain(Jurisdiction and Admissibility) (Qatar v. Bahrain), 1994 ICJ Reports 6, para.33.

20) Case concerning Rights of Nationals of the United States of America in Morocco (France v. U.S.A.), 1952 ICJ Reports 176, pp.188-189.

할 수 있다는 사실을 예상하고 있다고 판단했다. 특히 용어의 개념 자체가 정적이지 않고 발전적인 경우, 조약 당사국으로서는 시대의 흐름에 따른 변화를 수용할 수밖에 없다. 이러한 현상은 다자조약의 경우 더욱 빈번하게 발생한다. 발전적 해석을 적용할지 여부 판단에는 신의칙이 가장 중요한 역할을 하게 된다. 다음 판결문은 이 점을 설명하고 있다.

> "66. […] It is founded on the idea that, where the parties have used generic terms in a treaty, the parties necessarily having been aware that the meaning of the terms was likely to evolve over time, and where the treaty has been entered into for a very long period or is "of continuing duration", the parties must be presumed, as a general rule, to have intended those terms to have an evolving meaning."21)

그간 유럽인권재판소나 미주인권재판소는 상대적으로 발전적 해석을 적극적으로 활용해 왔지만, 대부분의 국제재판소는 발전적 해석을 별도의 해석방법으로 간주하지는 않는다. 비엔나 협약 제31조와 제32조의 다양한 해석수단을 적용한 결과 주어진 사건에서는 발전적 해석을 택하게 되었을 뿐이다. 그런 의미에서 발전적 해석이란 통상적 과정을 통한 조약해석의 결과이다.22)

다. 문 맥

조약은 "문맥에서(in their context)" 부여되는 용어의 통상적 의미에 따라 해석해야 한다. 조약 해석은 순수한 문법적 작업은 아니며, 조약 문언은 그것이 사용된 내외의 맥락 속에서 해석되어야 한다. 제2항에서 지적되어 있는 바와 같이 문맥에는 조약 본문 외에 전문(前文), 부속서, 그 조약 체결과 관련하여 전 당사국간의 합의, 당사국에 의해 수락된 관련문서가 포함된다. 즉 조약은 합의된 전체 내용이 종합적으로 해석되어야 하며, 특정부분만을 따로 떼어 독립적으로 해석되어서는 아니 된다. 예를 들어 조약에서 비행기라고 할 때 민간 비행기 뿐 아니라 군용 비행기도 포함되는가, 나아가 비행선까지 포함하는 개념인가는 문맥에 비추어 보아야 정확한 답을 얻게 된다. 육상이동수단이라고 할 때 주로 자동차나 기차를 가리키

---

21) Dispute regarding Navigational and Related Rights (Costa Rica v. Nicaragua), 2009 ICJ Reports 213. 본서, pp.223−224 수록 판례 참조.

22) ILC, 「후속 합의 및 후속 관행에 관한 결론 주석」(2018), Conclusion 8, para.8.

겠지만, 자전거도 이에 포함되는가에 관한 판단 역시 마찬가지이다.

조약의 전문(前文)에서는 종종 조약과 관련된 당사국들의 기본 입장이 표명되어 이들의 의도를 이해하는데 도움이 된다. 전문에는 조약 본문에는 반영되지 못한 논점이 표현되기도 한다. 국제재판에서도 특정조항의 의미를 파악하기 위해 전문을 참고하는 사례가 적지 않았다.

조약의 내용이나 적용범위를 분명히 하기 위해 당사국들이 별도 합의(agreement)를 채택하는 경우도 많다. 조약 당사국들은 때로는 정치적 이유로 인하여, 때로는 단순히 편의적인 이유에서 이 같은 별도의 합의를 한다.23) 합의는 조약 이행에 관한 내용일 수도 있고, 조약상 특정 용어의 해석을 위한 내용일 수도 있고, 조약 내용에 관한 설명일 수도 있다. 예를 들어 비엔나 조약법 회의에서 협약 제52조의 "힘(force)"의 의미와 관련하여 채택된 「군사적·정치적 또는 경제적 강박 금지에 관한 선언」이나, 유럽평의회(Council of Europe)에서 조약을 채택할 때마다 각국 정부 전문가들의 만장일치의 합의를 거쳐 발표되는 조약 내용에 관한 보고문(Explanatory Report) 등이 이에 해당한다.24) 때로는 조약 채택시 특정조항의 해석에 관해 당사국의 합의를 반영한 의장 성명이 채택되기도 한다. 물론 조약 체결 시에 채택된 문서가 모든 당사국의 합의를 표시하는지, 단순히 다수의 의사를 표시하는지 불분명한 경우도 적지 않다. 조약 해석에 관해 모든 당사국 간의 합의가 있다면 이는 최고의 권위를 갖게 된다. 문제는 실제 그 같은 합의가 있었는지 모호할 때, 합의가 지켜지지 않을 때, 일부 당사국이 그 같은 합의를 폐기시키려고 할 때 분쟁이 발생하게 된다.

조약 체결 과정에서 어느 일방이 작성한 문서를 다른 모든 당사국들이 조약과 관련된 문서로 수락하면 문맥의 일부가 될 수 있다. 문맥의 일부를 구성하는 문서가 반드시 조약의 일부에 해당할 필요는 없으나, 최소한 조약 체결과 관련되어 만들어져야 한다. 이는 문맥의 일부에 해당하기 위해서는 그 합의나 문서가 조약 체결시점과 어느 정도 근접한 시기에 만들어져야 함을 의미한다. 상당한 시간이 지난 후의 합의나 문서는 후속 실행에 해당하게 된다. 다른 당사국의 수락에는 묵시적 수락도 포함된다. 이때 수락이란 그 문서가 조약과 관련되었음을 인정한다는 의미이지, 반드시 그 내용에 대한 동의를 의미하지는 않는다. 예를 들어 조약 채

23) A. Aust, Treaty Law, p.211.

24) I. Sinclair, Vienna Convention, p.129.

택 시 특정국가가 첨부한 일방적 해석선언이 이에 해당할 수 있는데, 이를 관련문서로 수락한다는 사실이 반드시 다른 당사국들이 그 선언내용에 동의한다는 의미는 물론 아니다.[25] 이에 나호에서는 앞서 가호의 합의(agreement)와 구별하는 의미에서 문서(instrument)로 표현되고 있다.

끝으로 문맥은 협약 제32조에 규정된 "체결시의 사정(circumstances of its conclusion)"과 혼동되지 말아야 한다. 문맥은 해석시 반드시 고려되어야 하는 필수사항인 반면, 체결시의 사정은 필요시에만 활용되는 보충수단에 불과하다. 이는 곧 조약의 해석에 있어서 상황보다는 문언이 더 중요함을 표시한다.[26]

라. 대상 및 목적

조약 해석에 있어서는 조약의 "대상 및 목적(object and purpose)"에 비추어 통상적 의미를 찾는다. 즉 해석은 1차적으로 통상적 의미를 규명하고, 이를 다시 조약의 대상 및 목적에 비추어 그 내용을 확인하고 평가한다. 조약의 대상 및 목적이란 그 조약의 존재 이유 또는 조약에 내재하는 핵심적 가치라고 할 수 있다.[27] 조약의 대상 및 목적은 조약 규정의 의미가 추상적이거나 불분명한 경우 구체적이고 명확한 의미를 밝히는데 도움이 된다.[28] 보통 단어의 통상적 의미가 반드시 하나만은 아니라는 점에서도 조약문은 문맥과 대상 및 목적에 비추어 검토될 필요가 있다. 해석의 결과가 조약의 대상 및 목적과 모순된다면 이는 잘못된 해석일 가능성이 높다.

조약의 대상 및 목적은 어떻게 확인할 수 있는가? ILC는 조약의 대상 및 목적은 "조약의 제목과 전문과 같은 그 문맥 속에서의 조약의 용어들을 고려하여, 신의성실하게 판단되어야 한다. 또한 조약의 교섭기록과 체결시의 사정 및 적절한 경우 당사국들의 추후관행에 의존할 수 있다"고 제시하고 있다.[29] 조약의 제목, 전문(前文), 맨 앞 부분의 모두(冒頭)조항들은 통상 대상 및 목적이 표시되는 전형적인

25) O. Dörr, Article 31, in O. Dörr & K. Schmalenbach, Commentary 2nd, p.596.

26) R. Gardiner, The Vienna Convention Rules on Treaty Interpretation, in D. Hollis, Oxford Guide 2nd, p.466.

27) 김석현, 조약의 대상 및 목적과의 양립성의 의의와 그 평가, 국제법학회논총 제56권 제1호 (2011), p.35.

28) 상게주, p.19.

29) ILC, 「조약 유보에 관한 실행지침」(2011), para.3.1.5.1. (본서, p.107 각주 3 참조)

장소이다.[30]

무엇보다도 조약의 제목은 대상 및 목적을 함축하고 있는 대표적인 항목이다. 많은 조약이 제목에서 그 자체의 목적을 표시하고 있으며, 제목이 자신의 목적을 잘 나타내지 못하고 있다면 이는 잘된 작명이 아니다. 예를 들어「제노사이드 방지와 처벌에 관한 협약」,「전쟁범죄 및 인도에 반하는 죄에 대한 공소시효 부적용에 관한 협약」 등은 그 제목만으로도 조약이 무엇을 대상 및 목적으로 하는지를 충분히 알 수 있다.

이어서 조약의 전문(前文) 역시 대상 및 목적이 자주 표현되는 부분이다. 전문은 조약이 만들어진 동기와 전반적으로 추구하는 바를 설명하는 가장 통상적인 장소이다. 따라서 전문은 대상 및 목적의 결정을 포함해 조약 해석의 목적상 문맥(context)을 구성하는 중요한 역할을 한다(제31조 2항).[31]

다음으로 조약의 첫 머리에 위치한 조항들, 즉 모두조항도 주목할 필요가 있다. 적지 않은 조약들이 제1조 또는 제2조 정도에서 조약의 목적을 규정하고 있다. UN 헌장은 제1조에서 UN의 목적을 규정하고, 제2조에서 그 같은 목적을 추구하기 위한 행동원칙을 규정하고 있다.「장애인 권리에 관한 협약」 제1조도 "이 협약의 목적은 장애인의 모든 인권과 기본적인 자유를 완전하고 동등하게 향유하도록 증진, 보호 및 보장하고, 장애인의 천부적인 존엄성에 대한 존중을 증진하는 것"이라고 선언하고 있다.

그러나 이상의 방법만으로 조약의 대상 및 목적을 분명히 할 수 없는 조약들도 적지 않다. 그런 경우 조약 전반의 내용을 살펴 대상 및 목적을 찾을 수밖에 없다. 그렇다면 조약의 대상 및 목적을 찾는 행위는 결국 조약의 해석작업이 된다. 조약의 해석을 위해 대상 및 목적을 찾으려 했는데, 조약의 해석을 통해 대상 및 목적을 찾으라는 요구는 일종의 순환논리를 구성하게 된다. 때로 조약의 대상 및 목적은 직관에 의해 추구되어야 할지도 모른다.[32] 조약의 대상 및 목적이 명백하면 문언의 일반적 의미를 규명하는 데 상당한 영향을 미치겠지만, 현실에서의 조약은 다양하고 때로는 서로 모순되는 대상과 목적을 갖는 경우도 많다.

조약을 대상 및 목적에 비추어 해석한다면 조약에 가급적 실효성을 부여하는

30) 김석현(전게주 27), p.38 이하.

31) A. Aust, Treaty Law, p.368.

32) 김석현(전게주 27), pp.43–44.

방향으로 해석을 하게 될 것이다. 즉 조약이 적절한 효과를 발휘하도록 하는 해석도 가능하고, 반면 별다른 효과를 거두지 못하도록 할 해석도 가능하다면, 대상 및 목적의 고려는 전자를 택하게 만든다.[33] 다만 대상 및 목적의 지나친 강조는 목적론적 해석에 치우칠 우려가 있음을 경계해야 한다.

한편 조약의 대상 및 목적의 확인작업은 조약 당사국들의 의도의 확인과는 구별되어야 한다. 다자조약의 경우 조약 채택과정에 참여하지 않은 국가가 후일 당사국이 되기도 하는데, 이들 국가는 원 협상국의 의도가 아닌 조약 자체의 내용만 보고 가입하기 때문이다.[34]

대상과 목적은 각기 어떻게 구별되는가? 대체로 "목적(purpose)"은 조약을 통해 달성하고자 하는 결과(또는 목표)라고 한다면, "대상(object)"은 그러한 목적을 달성하고자 하는 수단이라고 구분할 수 있다.[35] 예를 들어 인접한 2개국이 공동으로 국경하천에 댐을 건설하고 전력을 생산해서 균등하게 분배하기로 한 조약을 체결한다면, 생산된 전력의 분배 획득은 이 조약의 목적이고 댐 건설은 대상이라고 이해할 수 있다. 대상이 객관적 성격을 지녔다면 목적은 다분히 주관적 성격을 지녔다. 사실 비엔나 협약에서 대상과 목적은 항상 같이 붙어서 동시에 등장하며,[36] 영어 표현에 있어서도 하나의 관사 아래 묶여서 사용되고 있기 때문에(the object and purpose) 양자의 개념을 구분할 의의는 그다지 크지 않다.

해석에 있어서 조약의 "대상 및 목적"의 활용은 비엔나 협약이 채택되기 이전부터 이미 국제재판소가 취하던 실행이었다. 다만 이를 가리키는 용어로는 PCIJ 이래 "주제(subject)," "목표 및 범위(the aim and the scope)," "목표 및 대상(the aim and object)" 등 유사한 표현이 사용되다가,[37] ICJ가 제노사이드 방지 협약에 대한 유보 사건에 관한 권고적 의견에서 "대상 및 목적(the object and purpose)"을 사용한 후 이 용어가 비엔나 조약법 협약에도 자리 잡았다.[38]

ICJ는 이미 1952년 모로코에서 미국인의 권리에 관한 판결에서 문제의 마드리

---

33) ILC Final Draft Articles and Commentary on the Law of Treaties, Article 27 & 28, para.6. Territorial Dispute (Libya/Chad), 1994 ICJ Reports 6, paras.51－52.

34) I. Sinclair, Vienna Convention, p.131.

35) 김석현(전게주 27), p.34 참조.

36) 비엔나 조약법 협약 제18조, 제19조 다호, 제20조 2항, 제33조 4항, 제41조 1항, 제58조 1항, 제60조 3항 등.

37) 이에 관해서는 김석현(전게주 27), pp.26－27 참조.

38) 본서, pp.109－110, 122－124 참조.

드 협정의 "목적 및 대상"은 그 전문에 담겨 있으며, 이런 상황에서 재판부는 그 같은 "목적 및 대상의 범위를 넘어서는 해석을 할 수 없다"고 판단했다. 만약 이를 넘어서는 해석을 한다면 "협정 내용의 급격한 변화와 추가를 의미"하게 되는데, "재판소의 임무는 조약의 해석이지 이의 개정이 아니다"라고 설시했다.[39] 비엔나 협약이 채택되자 이 협약이 발효하기 이전부터 조약의 해석에 있어서 "대상 및 목적"이 빈번하게 활용된 현상은 매우 당연한 결과였다.[40]

근래의 예를 하나 들어 본다. PCIJ 이래 20세기 말까지 ICJ는 규정 제41조에 근거한 잠정조치(provisional measures)가 소송 당사국에게 구속력을 갖는가에 관한 논란에 답을 주지 않고 있었다. 소송 청구취지의 대상인 권리가 급박하고도 회복불가능한 위험상태에 놓여 있을 경우 ICJ는 당사국의 권리를 보호하기 위해 필요하다고 인정되면 잠정조치를 내릴 수 있다. 그런데 ICJ 규정 등에는 잠정조치를 단시 제시한다(indicate, suggest)고만 표현하고 있어서 잠정조치는 구속력이 없다는 주장도 있었다. 그러나 LaGrand 사건에서 ICJ는 재판소 규정의 대상 및 목적에 비추어 볼 때 잠정조치는 구속력을 갖는다고 판단했다.[41]

아래 수록된 ICJ의 리비아-차드 간 영토분쟁 판결(1994),[42] 멕시코-미국 간 Avena 판결(2004)[43]을 통해서도 조약의 대상 및 목적이 해석에 있어서 어떻게 활용되는지를 확인할 수 있다.

마. 후속 합의와 후속 관행

조약 해석에 있어서는 관련 당사국들의 후속 합의(subsequent agreement)와 후속 관행(subsequent practice) 그리고 관련 국제법 규칙도 참작되어야 한다. 제31조 2항

39) 전게주 20 판결, p.196. 이 판결에서는 "대상"과 "목적"이 순서가 바뀌어 사용되었으나, 결국 같은 의미라고 판단된다.

40) 예를 들어 "In sum the relevant provisions of the Covenant and those of the Mandate itself preclude any doubt as to the establishment of definite legal obligations designed for the attainment of the object and purpose of the Mandate." Legal Consequences for States of the Continued Presence of South Africa in Namibia (South West Africa) notwithstanding Security Council Resolution 276(1970), Advisory Opinion, 1971 ICJ Reports 16, para.49. 불어까지 포함한 활용례에 관해서는 김석현(전게주 27), p.29 참조.

41) LaGrand case (Germany v. United States of America), 2001 ICJ Reports 466, para.102. 본서, pp.237-238 참조.

42) 본서 p.218 참조.

43) 본서 p.217 참조.

이 규정하고 있는 합의나 문서가 조약 체결시에 성립된 부분을 의미한다면 제3항에 규정된 후속 합의와 관행은 조약이 체결된 이후에 발생한 부분을 가리킨다.

조약과 관련된 후속 합의와 후속 관행을 통해 당사국들은 조약의 의미를 좀 더 명확히 할 수 있다. 후속 합의와 후속 관행은 조약의 의미를 당사국이 어떻게 이해하고 있는가에 대한 객관적 증거로서 신뢰할 수 있는 해석수단(authentic means of interpretation)이다.[44] 후속 합의와 후속 관행은 다른 해석수단과의 상호작용 속에서 조약의 의미를 명확히 하는데 기여한다. 즉 이를 참작해 일반적으로 가능한 해석의 범위를 해당 상황에 맞게 축소하거나, 확대하거나, 또는 다르게 결정하는 결과를 도출할 수 있다.[45] 국제재판소가 조약해석을 할 때는 일단 문언의 통상적 의미를 확인하는 작업부터 시작하고, 후속합의와 후속 관행은 그 이후 단계에서 통상적 의미에 관한 일응의 해석을 확인하거나 수정하는 역할을 한다. 조약 문언에 특별한 의미를 부여하게 될 경우에도 후속 합의와 후속 관행이 중요한 역할을 할 수 있다.[46]

후속 합의와 후속 관행은 다양한 형태를 취할 수 있으며, 해석에 있어서 차지하는 비중은 무엇보다도 그의 명확성과 구체성에 의해 좌우된다.[47] 후속 합의와 후속 관행은 체결된 지 오래된 조약의 해석에 있어서 체결 당시를 기준으로 해석함이 적절한지, 이후 시대의 변화를 반영하여 발전적 해석을 함이 적절할지를 판단하는데도 도움이 된다.[48] 그러나 후속 합의와 후속 관행은 해석에 있어서 참작의 대상일 뿐(be taken into consideration: 제31조 3항의 모두 문장), 해석에서 결정적인 구속력을 갖지는 않는다.

(1) 후속 합의

후속 합의란 조약의 해석이나 적용에 관해 조약 체결 이후 이루어진 모든 당사국간의 합의를 말한다. "후속"이라는 시점은 때로 조약 발효일보다 빠를 수 있다. 조약 문언이 최종적으로 합의되어 체택된 이후 그러나 발효 이전에 성립된 후속 합의나 후속 관행도 해석에 참작될 수 있기 때문이다.[49] 후속 합의는 모든 당사

44) ILC, 「후속 합의 및 후속 관행에 관한 결론」(2018), Conclusion 3.
45) ILC, 「후속 합의 및 후속 관행에 관한 결론」(2018), Conclusion 7 제1항.
46) ILC, 「후속 합의 및 후속 관행에 관한 결론 주석」(2018), Conclusion 7, para.3.
47) ILC, 「후속 합의 및 후속 관행에 관한 결론」(2018), Conclusion 9, 제1항.
48) ILC, 「후속 합의 및 후속 관행에 관한 결론」(2018), Conclusion 8.

국 공통된 행위나 조치만을 의미하며, 만약 모든 당사국의 합의까지 이르지 못한 경우에는 비엔나 협약 제32조의 해석의 보충 수단이 될 수 있다.[50)]

당사국들은 기존 조약의 개정에도 합의할 수 있으므로, 조약의 해석이나 적용에 관한 당사국간의 후속 합의가 있다면 이는 매우 중요한 참작 요소이다. 후속 합의는 반드시 구속력 있는 조약의 형식을 취해야 하지는 않으나,[51)] 합의인 만큼 여하간 당사국들의 공통의 의사가 확인될 수 있어야 한다. 합의에 특별한 형식이 요구되지는 않으며, 구두합의도 가능하다.

람사르 협약은 조약 개정의 경우 당사국의 2/3가 수락서를 기탁해야 발효한다고 규정하고 있다(제10조의 2).[52)] 그런데 2/3라는 수치의 판단시점이 개정안의 채택시를 기준으로 하는지 또는 발효 시가 기준인지에 대해 의문이 제기되었다. 1990년 당사국 총회는 개정안 채택시를 의미한다는 결의를 채택해 이 논란을 해결했다. EEC 설립조약인 1957년 로마협정은 유럽화폐단위를 ECU(European currency unit)로 표기하고 있었는데, 후일 회원국들은 Euro 제도를 도입하기로 했다. 회원국 수반들은 로마협정의 개정절차를 밟지 않고 일반적 용어인 ECU 대신 고유 명사인 Euro를 사용한다는 “공통의 합의”를 했다. 로마협정 개정에 대한 번거롭고 장시간이 소요될 각국내 비준절차를 피하기 위해서였다.[53)]

여기서의 후속 합의나 후속 관행은 1차적으로 조약 적용에 관련된 것으로서, 조약 당사국들이 이를 통해 조약의 개정이나 변경을 의도한다고는 추정되지 않는다.[54)] 특히 개정에 공식적인 절차가 필요한 경우 단순한 후속 합의만으로 개정과 같은 결과를 추구할 수 없다. 다만 해석에 관한 후속 합의인지, 조약의 개정인지의 구별이 어려운 경우도 종종 있다.

다만 외교실무에서는 후속 합의를 통해 조약 내용을 사실상 개정하기도 한다. 외교 실무가들은 종종 오랜 시간이 걸리고 성공 여부도 불확실한 조약 개정보다는 다른 방법을 통해 실질적으로 같은 효과를 발생시키는 방법을 선호하는 경향이 있

---

49) ILC, 「후속 합의 및 후속 관행에 관한 결론 주석」(2018), Conclusion 4, para.2.
50) ILC, 「후속 합의 및 후속 관행에 관한 결론 주석」(2018), Conclusion 4, para.12.
51) 이에 비엔나 협약은 여기서 통상적으로 사용하고 있는 treaty 대신 agreement를 사용했다.
52) 「물새서식처로서 국제적으로 중요한 습지에 관한 협약(Ramsar Convention)」(1971년 및 1982년 개정).
53) A. Aust, Treaty Law, p.213.
54) ILC, 「후속 합의 및 후속 관행에 관한 결론」(2018), Conclusion 3 제3항.

다.[55] 예를 들어 1982년 UN 해양법 협약은 최초 해양법재판소 판사의 선거를 협약 발효일로부터 6개월 이내에 실시한다고 규정하고 있었는데(제6부속서 제4조 3항), 막상 발효가 될 무렵의 사정상 이 시기는 지나치게 빠르다고 판단되었다. 이에 협약 당사국 총회는 이를 연기하기로 결정했다. 이 결정은 회의록에만 기록된 후 그대로 실시되었다.

(2) 후속 관행

후속 관행이란 조약 체결 이후 조약 적용에 관한 행위(conduct)로서 해석에 관한 당사국의 합의를 표시하는 실행을 의미한다.[56] 관행이란 용어는 개별적·산발적 행동이 아닌 일련의 일관된 행동임을 의미한다. 후속 관행은 그것이 얼마나 반복적이고, 일관되어 있는가에 의해 가치와 중요성이 결정된다.[57] 후속 관행을 구성하기 위해 적극적 참여가 요구되는 조약 당사국의 숫자는 일률적으로 말하기 어렵다. 만약 일정한 반응이 요구되는 상황에서 침묵을 했다면 이는 후속 관행의 수락에 해당할 수 있다.[58] 한편 조약 적용에 관한 당사국들간의 합의에 해당하지 않는 일부 국가만의 실행은 협약 제32조가 말하는 해석의 보충적 수단 이상은 될 수 없다.

후속 관행은 어떠한 행위로도 구성될 수 있다. 작위는 부작위도 이에 해당할 수 있다. 이 행위에는 조약 적용에 관한 국제적 또는 국내적 수준의 공식적 행위뿐만 아니라, 외교 회의에서의 발언과 같은 조약 해석에 관한 공식적 성명, 분쟁과정에서의 발언, 국내 법원의 판결, 조약으로 인한 공식적 통보, 국내법의 제정, 조약의 이행을 목적으로 하는 국제적 합의의 체결 등 다양한 내용이 포함될 수 있다.[59]

---

55) A. Aust, Treaty Law, p.214.

56) ILC, 「후속 합의 및 후속 관행에 관한 결론」(2018), Conclusion 4 제2항.

57) ILC, 「후속 합의 및 후속 관행에 관한 결론 주석」(2018), Conclusion 9.

58) ILC, 「후속 합의 및 후속 관행에 관한 결론 주석」(2018), Conclusion 10 제3항.

"it is clear that the circumstances were such as called for some reaction, within a reasonable period, on the part of the Siamese authorities, if they wished to disagree with the map or had any serious question to raise in regard to it. They did not do so, either then or for many years, and thereby must be held to have acquiesced." Temple of Preah Vihear (merits) (Cambodia v. Thailand), 1962 ICJ Reports 6, p.23.

"Under these circumstances the silence of Argentina permits the inference that the acts tended to confirm an interpretation of the meaning of the Treaty independent of the acts of jurisdiction themselves." Case concerning a Dispute between Argentina and Chile concerning the Beagle Channel(18 February 1977), UNRIAA, vol. XXI, part II, p.187, para. 169 (a).

59) ILC, 「후속 합의 및 후속 관행에 관한 결론 주석」(2018), Conclusion 4, paras.17－18.

조약 적용에 관한 행위라면 행정적, 입법적, 사법적, 기타 어떠한 국가기능의 행사든 관계없이 추후 관행에 해당할 수 있다.[60] 그러나 조약상 의무에 기인하지 않는 추후 행위는 조약 적용이나 해석에 관한 행위가 아니므로 협약 제31조에서 말하는 추후 행위에 해당하지 않는다.[61] 때로 후속 합의와 후속 관행의 구별이 어려운 경우도 있으나, 비엔나 협약 제31조는 양자의 법적 효과를 구별하지 않는다.[62]

후속 관행에 해당하기 위해서는 행위가 조약 당사국에 귀속될 수 있어야 한다. 여기서 "귀속"의 의미는 국제위법행위에 관한 국가책임 초안상의 개념과 동일하다. 즉 국가의 행위란 원칙적으로 국가기관의 행위를 의미한다. 조약 적용에 관해 실행은 고위 공무원(특히 국가원수, 행정수반, 외교장관, 외교공관장 등)에 의해 행하여지는 경우가 많겠으나, 상황에 따라서 하위직 공무원의 행위도 이에 해당할 수 있다.[63] 반드시 행정부의 행위만을 의미하지 아니하며, 중앙 정부의 행위만을 의미하지도 않는다. 국가기능의 정당한 행사라면 국가기관의 행위가 아닌 경우도 이에 해당할 수 있다.[64]

후속 관행은 때로 조약의 의무를 사실상 확장시키기도 한다. 국제민간항공협약 제5조는 전세기가 무착륙으로 특정국의 영공을 횡단하는 경우 허가가 필요 없다는 의미였다고 보이지만, 그 경우에도 허가를 요구하는 당사국의 오랜 관행은 이제 제5조를 허가가 필요하다는 의미로 해석함이 널리 수용되고 있다.[65]

후속 관행이 조약 해석시 중요한 요소로 고려되는 현상은 국제재판소에서의 확립된 관례이다. 실제 실행을 통해 당사국들이 조약을 어떻게 이해하고 있는가에 대한 지침을 얻을 수 있기 때문이다. ICJ는 아래 판결을 통해 한 당사국의 의뢰로 작성되어 내부 문서로만 남아 있고 상대국에는 알려지지 않은 기술자 보고서는 협약 제31조가 말하는 후속 관행에 포함되지 않는다고 해석했다.

> "55. The Court shares the view that the Eason Report and its surrounding circumstances cannot be regarded as representing "subsequent practice in the

60) ILC, 「후속 합의 및 후속 관행에 관한 결론」(2018), Conclusion 5 제1항.
61) ILC, 「후속 합의 및 후속 관행에 관한 결론 주석」(2018), Conclusion 6, para.7.
62) ILC, 「후속 합의 및 후속 관행에 관한 결론 주석」(2018), Conclusion 4, para.10.
63) Case concerning Rights of Nationals of the United States of America in Morocco, France v. U.S., 1952 ICJ Reports 176, p.211.
64) ILC, 「후속 합의 및 후속 관행에 관한 결론 주석」(2018), Conclusion 5, para.10.
65) ILC, 「후속 합의 및 후속 관행에 관한 결론 주석」(2018), Conclusion 7, para.11.

application of the treaty" of 1890, within the meaning of Article 31, paragraph 3 (b), of the Vienna Convention. It notes that the Report appears never to have been made known to Germany and to have remained at all times an internal document."[66]

후속 관행은 경우에 따라서 단순한 해석의 참작사유를 넘어 새로운 관습국제법으로 발전해 조약을 변경시킬 수도 있다.[67] UN 안보리에서의 표결시 상임이사국의 기권(또는 불참)이 거부권의 행사에 해당하느냐와 관련해 헌장 제27조 3항의 본래의 의도는 결의 성립에 모든 상임이사국의 적극적 찬성표를 필요로 하는 내용이었다고 판단된다.[68] 그러나 상임이사국의 기권(또는 불참)은 거부권의 행사로 보지 않는다는 해석이 안보리에서의 오랜 관행이었다. 이제 와서 헌장 본래의 의미에 충실하려면 기권은 거부권의 행사로 해석해야 한다고 주장을 해도 수용되지 않을 것이다. ICJ는 1971년 아래 권고적 의견에서 상임이사국의 기권이 안보리 결의 성립을 방해하지 않는다는 사실은 UN 회원국에 의하여 일반적으로 수락되어 왔고, UN의 일반적 관행에 해당한다고 평가했다.

"22. However, the proceedings of the Security Council extending over a long period supply abundant evidence that presidential rulings and the positions taken by members of the Council, in particular its permanent members, have consistently and uniformly interpreted the practice of voluntary abstention by a permanent member as not constituting a bar to the adoption of resolutions. By abstaining, a member does not signify its objection to the approval of what is being proposed; in order to prevent the adoption of a resolution requiring unanimity of the permanent members, a permanent member has only to cast a negative vote. This procedure followed by the Security Council […] has been generally accepted by Members of the United Nations and evidences a general practice of that Organization."[69]

그러나 ICJ를 포함한 국제재판소는 후속 관행에 의한 선 조약의 변경을 명시적으로 인정하기를 매우 주저한다.[70] 유사한 상황이 발생하면 폭넓은 해석을 통해

---

66) Kasikili/Sedudu Island (Botswana/Namibia), 1999 ICJ Reports 1045.

67) I. Sinclair, Vienna Convention, p.138.

68) 정인섭, 한국문제를 통한 UN 법의 발전, 서울국제법연구 제22권 2호(2015), pp.90-92 참조.

69) Legal Consequences for States of the Continued Presence of South Africa in Namibia(South West Africa) notwithstanding Security Council Resolution 276(1970)(Advisory Opinion), 1971 ICJ Reports 16.

70) ILC, 「추후 합의 및 추후 관행에 관한 결론 주석」(2018), Conclusion 7, paras.26-28. 기타

새로운 관습법을 가급적 조약의 의미 내로 포섭하려 하거나, 조약 변경이 아닌 다른 표현으로 때로는 모호하게 상황을 설명하려 한다.

국제기구 설립협정 해석에 있어서는 후속 실행이 종종 특별한 역할을 한다. 설립협정이 모든 상황을 예상하고 만들어지기는 어렵기 때문에 협정이 모호한 경우나 규정이 없는 경우 후속 관행은 본래의 협정을 변화된 환경에 적응할 수 있게 만든다. 그런데 국제기구의 의사결정은 다수결로 이루어지거나 제한된 수의 회원국으로만 구성된 내부 기관(organ)을 통해 이루어지기도 한다. 이러한 경우 기관의 결정은 때로 일부 회원국의 의사에 반하게 되며, 이는 "당사국의 합의"를 의미하지 않는다. ICJ는 기구 설립협정 해석에 있어서 국제기구 기관에서의 이 같은 후속 실행은 다른 방법으로 이미 내려진 결론을 재확인하는데 주로 활용하고 있다.71)

한편 비국가 행위자의 실행은 비엔나 협약 제31조와 제32조의 후속 관행에는 직접 해당하지는 않으나, 이 역시 조약 당사국의 후속 관행을 평가하는데 관련성을 가질 수 있다.72) 1949년 제네바 협약에 대해서는 정부간 기구는 아니나 국제적십자위원회의 해석과 실행은 개별 당사국의 후속 실행보다 훨씬 더 실질적인 영향을 미친다. 난민지위협약과 관련해 UNHCR이 내부적으로 작성한 실무지침서73)는 조약 당사국의 실행을 반영하는 한편, 당사국의 협약 해석에 대한 상당한 영향력을 행사한다. 이러한 비국가 행위자의 실행은 조약 당사국의 후속 실행에 대한 유용한 증거가 되기도 하며, 당사국의 실행을 평가하는데 커다란 도움이 된다.74)

조약에 따라서는 개인자격으로 활동하는 전문가로 구성된 조약 전문가 기구를 구성하기도 한다. 국제인권조약이 대표적인 사례이다. 이러한 인권조약기구는 국가보고서의 심의나 개인통보사건 처리를 통해 자신의 설립근거인 조약을 해석하게 된다. 종종 조약 개별조문 해석에 관한 자신들의 입장을 별도로 발표한다.75) 이러한 전문가 기구의 해석은 그 자체로 구속력을 지니지는 못한다. 당사국의 합의

Dispute regarding Navigational and Related Rights (Costa Rica v. Nicaragua), 2009 ICJ Reports 213, para.64 참조.

71) D. Akande, International Organizations, in M. Evans ed., International law 5th ed.(Oxford UP, 2018), p.238.

72) ILC, 「후속 합의 및 후속 관행에 관한 결론」(2018), Conclusion 5 제2항.

73) Handbook of the UNHCR on Procedures and Criteria for Determining Refugee Status under the 1951 Convention and the 1967 Protocol relating to the Status of Refugees(UNHCR).

74) ILC, 「후속 합의 및 후속 관행에 관한 결론 주석」(2018), Conclusion 5, paras.14-15.

75) 예를 들어 인권조약기구에서 발표하는 General Comment 또는 General Recommendation 등.

를 전제로 하지 않으므로 협약 제31조가 말하는 후속 합의나 후속 관행에도 해당하지 않는다.[76] 전문가 기구 발표에 대한 당사국의 침묵은 제시된 조약해석을 수락으로 추정되지 아니한다.[77] 다만 전문가 기구의 발표나 입장은 당사국들의 후속 합의나 후속 관행을 나타내거나 유발할 수 있다.[78] 전문가 기구를 설치한 국제인권조약의 대부분은 당사국 수가 매우 많아 협약 제31조가 말하는 "모든" 당사국의 수락을 달성하기가 결코 쉽지 않다.[79]

바. 관련 국제법 규칙

조약이 국제법 체제 전반과 조화를 이루도록 해석되기 위해 당사국 간에 적용될 수 있는 관련 국제법 규칙(relevant rules of international law)도 참작되어야 한다.[80] 즉 다른 의도가 명백하지 않으면 조약은 국제법의 일반원칙에 합당하게 해석돼야 한다. 또한 당사국은 관습국제법에 위배되게 행동하지 않았으리라고 추정된다.

여기서의 국제법 규칙이란 관습국제법과 같이 일반적으로 적용되는 국제법만을 가리키지 않는다. 비엔나 협약의 성안과정에서 "일반 국제법" 또는 "관습국제법"이란 용어의 사용이 모두 거부되고 단순히 "국제법"으로만 표현하기로 했다는 사실은 이 조항의 취지를 암시한다. 즉 "국제법"이란 조약, 관습국제법, 법의 일반원칙을 모두 포함하는 개념으로 이해된다.[81] 만약 일반 국제법이라는 용어를 사용했다면 당사국들만 구속하는 조약이나 지역 국제법이 배제될 가능성이 있기 때문이다.[82]

한편 이 경우의 국제법은 1차적으로 조약 체결시의 국제법이 기준이 된다. 해석이라는 명목 하에 체결 당시 당사국들이 전혀 예상하지 못하던 의무를 부과할 수는 없기 때문이다. 그러나 해석에 있어서도 국제사회와 국제법의 변화를 전혀 무시할 수 없으므로 때로 현재의 국제법이 참조되기도 한다.[83] ILC 초기 초안에서

---

76) ILC,「후속 합의 및 후속 관행에 관한 결론 주석」(2018), Conclusion 12, para.9.

77) ILC,「후속 합의 및 후속 관행에 관한 결론」(2018), Conclusion 12 제3항.

78) ILC,「후속 합의 및 후속 관행에 관한 결론」(2018), Conclusion 12 제3항.

79) ILC,「후속 합의 및 후속 관행에 관한 결론 주석」(2018), Conclusion 12, para.12.

80) 이 주제에 관한 보다 일반적 논의는 박현석, "조약 해석상 '국제법 관련규칙'의 참작," 국제법학회논총 제54권 제2호(2009) 참조.

81) Conclusions of the Work of the Study Group on the Fragmentation of International Law, paras.20－21, in Report of the ILC 58th Session(2006)(UN Doc. A/61/10), pp.414－415.

82) 박현석(전게주 80), p.197 참조.

83) 전게주 40의 Namibia case, paras. 52－53.

는 "체결 당시의 국제법"이라고 한정하고 있었으나, 법률용어의 해석에 있어서 시간의 경과에 따른 법의 발전도 참작할 필요가 있다는 주장에 따라 삭제되었다. 예를 들어 "공공정책," "공중도덕" 등과 같은 추상적이고 상대적 개념의 해석에서는 시대의 변화에 따른 발전을 반영할 필요가 높을 수 있다. 어떤 상황에서 어느 정도의 변화가 참작될 수 있는가는 조약문의 성질에 비추어 신의칙(in good faith)에 맞게 판단해야 한다.[84)]

"당사국 간(between parties)의 관계에 적용될 수 있는"의 의미는 어떻게 해석해야 할까? (가) 조약의 해석에 관해 분쟁이 제기되자 일방 당사국이 다른 조약 (나)의 내용을 관련 국제법 규칙으로 참작을 주장했다고 가정하자. 이때 (가) 조약에 관한 분쟁 당사국들이 (나) 조약의 당사국이면 참작될 수 있는가? 아니면 (가) 조약의 모든 당사국이 역시 (나) 조약의 당사국이어야만 참작이 가능한가? 만약 후자로 해석한다면 문제의 (가) 조약이 폭 넓은 당사국을 갖고 있는 다자조약인 경우 이에 해당될 수 있는 가능성이 매우 낮게 된다.[85)]

해석과정에서 관련 국제법 규칙의 참작은 의무적이다. 관련 국제법 규칙의 참작은 때로 조약의 빈 곳을 채우는 역할을 할 수 있고, 조약들간에 충돌이 발생할 때 이를 해소하는 역할을 할 수도 있다. 또한 "국제법의 파편화"의 우려 속에서 파편화의 간극을 이어주는 역할을 할 수 있으리라 기대되기도 한다. 그러나 국제법 규칙의 참작이 반드시 어떠한 결과를 도출해야 한다는 의미는 아니다.

사. 특별한 의미

경우에 따라서 당사자들이 특정 용어에 특별한 의미를 부여하기로 했으면, 조약은 그러한 의미로 해석된다(제31조 4항). 이런 경우 특별한 의미를 부여했다는 주장에 대하여는 주장자가 증명책임을 진다. Eastern Greenland 사건에서 노르웨이는 덴마크 법에서 말하는 "Greenland"란 지리적 의미의 그린란드섬이 아니라, 그린란드 서부해안의 실제 덴마크 식민지역만을 가리키는 의미라고 주장했다. 그러나 PCIJ는 특별한 의미를 주장국이 증명하지 못하면 이는 수락될 수 없다고 판단했다.

---

84) ILC Final Draft Articles and Commentary on the Law of Treaties, Article 27 & 28, para.8.

85) 박현석(전게주 80), pp.195－196은 "모든 당사자들"이라고 규정한 제31조 2항 가호와 달리 여기서는 단순히 "당사자들"이라고만 규정하고 있고, "당사자들 사이에 적용될 수 있는"이라는 문언을 함께 고려하면 본문 후자는 아니라는 해석이 유력하다고 본다. 단 반론도 가능하다고 설명.

"The geographical meaning of the "Greenland" […] must be regarded as the ordinary meaning of the word. If it is alleged by one of the Parties that some unusual or exceptional meaning is to be attributed to it, it lies on that Party to establish its contention."[86)]

▶판례: 문언의 통상적 의미는 체결 당시를 기준

Case concerning Rights of Nationals of the United States of America in Morocco (France v. U.S.A.), 1952 ICJ Reports 176.

[이 사건 논점의 하나는 1836년 조약상 재판조항의 적용범위에 관한 것이었다. 미국은 제20조가 민형사 분쟁 모두에 관해 영사재판권을 인정한 조항이라고 주장한 반면, 프랑스는 민사분쟁에 한정된다고 주장했다. 1836년 조약은 미국과 모로코간의 1787년 조약을 대체한 것인데, 과거 모로코가 체결한 조약에서는 민형사 분쟁이 구별되지 않았었고, 미국과의 조약 체결시점에 모로코에서는 민사사건과 형사사건이 제대로 구별되지 않았었다. 이에 재판부는 체결 당시의 "분쟁"이란 민형사 사건 모두를 포함하는 의미로 해석했다.]

(p.188) "The first point raised by the Submissions relates to the scope of the jurisdictional clauses of the Treaty of 1836, which read as follows:

"Article 20. - If any of the citizens of the United States, or any persons under their protection, shall have any dispute with each other, the Consul shall decide between the parties; and whenever the Consul shall require any aid, or assistance from Our government, to enforce his decisions, it shall be immediately granted to him. […]"

It is argued that Article 20 should be construed as giving consular jurisdiction over all disputes, civil and criminal, between United States citizens and protégés. France, on the other hand, contends that the word "dispute" is limited to civil cases. It has been argued that this word in its ordinary and natural sense would be confined to civil disputes, and that crimes are offences against the State and not disputes between private individuals. The Treaty of 1836 replaced an earlier treaty between the United States and Morocco which was concluded in 1787. The two treaties were substantially identical in terms and Articles 20 and 21 are the same in both. Accordingly, in construing the provisions of Article 20 - and, in particular, the expression "shall have any dispute with each other" - it is necessary to take into account the meaning of the word "dispute" at the times when the two treaties were concluded. For this purpose it is possible to look at - the way in which the word

86) Legal Status of Eastern Greenland, PCIJ Report Series A/B, No. 53(1933), p.49.

"dispute" or its French counterpart was used in the different treaties concluded by Morocco: e.g., with France in 1631 and 1682, with Great Britain in 1721, 1750, 1751, 1760 and 1801. It is clear that in these instances the word was used to cover both civil and criminal disputes.

It is also necessary to take into account that, at the times of these two treaties, the clear-cut distinction between civil and criminal matters had not yet been developed in Morocco. Accordingly, it is necessary to construe the word "dispute", as used in Article 20, as referring both to civil disputes and to criminal disputes, in so far as they relate to breaches of the criminal law committed by a United States citizen or protégé upon another United States citizen or protégé."

▶판례: 문언의 통상적 의미의 발전적 해석

Dispute regarding Navigational and Related Rights (Costa Rica v. Nicaragua), 2009 ICJ Reports 213.

[조약 문언은 체결시의 의미에 따라 해석함이 원칙이나, 경우에 따라서 시대의 흐름에 따른 의미 변화를 포용하기도 해야 한다. 특히 대상이 일반적인 용어이고, 장기간의 적용이 예정된 조약의 경우 시간의 경과에 따라 그 의미가 변할 수 있다는 사실을 예상해야 한다. 재판부는 1858년 체결된 조약의 "comercio"라는 용어가 체결 당시는 오늘날과 다른 의미를 가졌을지 모르나, 현재는 상업적 대가를 받고 승객을 나르는 행위를 포함하는 의미로 해석해야 한다고 판단했다.]

"63. […] It is true that the terms used in a treaty must be interpreted in light of what is determined to have been the parties' common intention, which is, by definition, contemporaneous with the treaty's conclusion. That may lead a court seised of a dispute, or the parties themselves, when they seek to determine the meaning of a treaty for purposes of good-faith compliance with it, to ascertain the meaning a term had when the treaty was drafted, since doing so can shed light on the parties' common intention. […]

64. This does not however signify that, where a term's meaning is no longer the same as it was at the date of conclusion, no account should ever be taken of its meaning at the time when the treaty is to be interpreted for purposes of applying it.

On the one hand, the subsequent practice of the parties, within the meaning of Article 31 (3) (b) of the Vienna Convention, can result in a departure from the original intent on the basis of a tacit agreement between the parties. On the other hand, there are situations in which the parties' intent upon conclusion of the treaty was, or may be presumed to have been, to give the terms used — or some of them — a meaning or content capable of evolving, not one fixed once and for all, so as to make allowance for, among other things, developments in international law. In such instances it is indeed in order to respect the parties' common intention at the time the treaty was concluded, not to depart from it, that account should be taken of the meaning acquired by the terms in question upon each occasion on which the treaty is to be applied. [⋯]

66. [⋯] It is founded on the idea that, where the parties have used generic terms in a treaty, the parties necessarily having been aware that the meaning of the terms was likely to evolve over time, and where the treaty has been entered into for a very long period or is "of continuing duration", the parties must be presumed, as a general rule, to have intended those terms to have an evolving meaning.

67. This is so in the present case in respect of the term "comercio" as used in Article VI of the 1858 Treaty. First, this is a generic term, referring to a class of activity. Second, the 1858 Treaty was entered into for an unlimited duration; from the outset it was intended to create a legal régime characterized by its perpetuity.

68. This last observation is buttressed by the object itself of the Treaty, which was to achieve a permanent settlement between the parties of their territorial disputes. The territorial rules laid down in treaties of this type are, by nature, particularly marked in their permanence, [⋯]

69. This is true as well of the right of free navigation guaranteed to Costa Rica by Article VI. This right, described as "perpetual," is so closely linked with the territorial settlement defined by the Treaty — to such an extent that it can be considered an integral part of it — that it is characterized by the same permanence as the territorial régime *stricto sensu* itself.

70. The Court concludes from the foregoing that the terms by which the extent of Costa Rica's right of free navigation has been defined, including in particular the term "comercio," must be understood to have the meaning they bear on each occasion on which the Treaty is to be applied, and not necessarily their original meaning. Thus, even assuming that the notion of "commerce" does not have the same meaning today as it did in the mid-nineteenth century, it is the present meaning which must be accepted for purposes of applying the Treaty.

71. Accordingly, the Court finds that the right of free navigation in question applies to the transport of persons as well as the transport of goods, as the activity of transporting persons can be commercial in nature nowadays. This is the case if the carrier engages in the activity for profit-making purposes. A decisive consideration in this respect is whether a price (other than a token price) is paid to the carrier — the boat operator — by the passengers or on their behalf. If so, then the carrier's activity is commercial in nature and the navigation in question must be regarded as "for the purposes of commerce" within the meaning of Article VI. The Court sees

no persuasive reason to exclude the transport of tourists from this category, subject to fulfilment of the same condition."

▶판례: 조약의 대상 및 목적을 고려한 해석

Territorial Dispute (Libya/Chad), 1994 ICJ Reports 6.

[1973년 리비아는 차드 북부 Aouzou 회랑지역이 역사적으로 자국령이라고 주장하며 이를 점령했다. 이 분쟁은 여러 국제기구에서의 논의를 거쳐 ICJ로 회부되었다. 차드는 1955년 프랑스(당시 차드의 식민당국)와 신생 독립국인 리비아간에 체결된 우호선린협정에는 국경조항이 포함되어 있으며, 그 내용은 계속 구속력을 갖는다고 주장했다. 반면 리비아는 이 조약에 해당지역의 국경을 획정하는 내용의 조항이 포함되지 않았다고 주장했다. 재판부는 조약의 대상 및 목적에 비추어 보았을 때, 국경조항이 포함되었다고 판단했다.]

"51. […] The text of Article 3 clearly conveys the intention of the parties to reach a definitive settlement of the question of their common frontiers. Article 3 and Annex 1 are intended to define frontiers by reference to legal instruments which would yield the course of such frontiers. Any other construction would be contrary to one of the fundamental principles of interpretation of treaties, consistently upheld by international jurisprudence, namely that of effectiveness ([…]).

52. Reading the 1955 Treaty in the light of its object and purpose one observes that it is a treaty of friendship and good neighbourliness concluded, according to its Preamble, "in a spirit of mutual understanding and on the basis of complete equality, independence and liberty". The parties stated in that Preamble their conviction that the signature of the treaty would "serve to facilitate the settlement of all such questions as arise for the two countries from their geographical location and interests in Africa and the Mediterranean", and that they were "Prompted by a will to strengthen economic, cultural and good-neighbourly relations between the two countries". The object and purpose of the Treaty thus recalled confirm the interpretation of the Treaty given above, inasmuch as that object and purpose led naturally to the definition of the territory of Libya, and thus the definition of its boundaries. Furthermore the presupposition that the Treaty did define the frontier underlies Article 4 of the Treaty, in which the parties undertake to take "all such measures as may be necessary for the maintenance of peace and security in the areas bordering on the frontiers". It also underlies Article 5 relating to consultations between the parties concerning "the defence of their respective territories". More particularly Article 5 adds that "With regard to Libya, this shall apply to the Libyan territory as defined in Article 3 of the present Treaty". To "define" a territory is to define its

frontiers. Thus, in Article 5 of the Treaty, the parties stated their own understanding of Article 3 as being a provision which itself defines the territory of Libya."

▶판례: 조약의 대상 및 목적을 고려한 해석

Avena and Other Mexican Nationals (Mexico v. U.S.A.), 2004 ICJ Reports 12.

[영사관계에 관한 비엔나 협약 제36조 1항 b호는 외국인을 구금한 당국은 지체 없이 그에게 자국 영사접견권을 통보해야 한다고 규정하고 있다. 멕시코는 "지체 없이"가 "체포 즉시 심문 이전"을 의미한다고 주장한 반면, 미국은 이를 "고의적 지연이 없이 그 상황에서 합리적으로 가능한 한 가장 빨리"라고 해석했다. ICJ는 협약의 대상 및 목적에 비추어 볼 때 "지체 없이"가 멕시코의 주장과 같이 해석되지 않는다고 판단했다.]

"78. […] According to Mexico, the timing of the notice to the detained person "is critical to the exercise of the rights provided by Article 36" and the phrase "without delay" in paragraph 1 (b) requires "unqualified immediacy". Mexico further contends that, in view of the object and purpose of Article 36, which is to enable "meaningful consular assistance" and the safeguarding of the vulnerability of foreign nationals in custody, "consular notification . . . must occur immediately upon detention and prior to any interrogation of the foreign detainee, so that the consul may offer useful advice about the foreign legal system and provide assistance in obtaining counsel before the foreign national makes any ill-informed decisions or the State takes any action potentially prejudicial to his rights." […]

81. The United States disputed this interpretation of the phrase "without delay". In its view it did not mean "immediately, and before interrogation" and such an understanding was supported neither by the terminology, nor by the object and purpose of the Vienna Convention, nor by its *travaux préparatoires*. In the booklet referred to in paragraph 63 above, the State Department explains that "without delay" means "there should be no deliberate delay" and that the required action should be taken "as soon as reasonably possible under the circumstances". It was normally to be expected that "notification to consular officers" would have been made "within 24 to 72 hours of the arrest or detention." […]

85. As for the object and purpose of the Convention, the Court observes that Article 36 provides for consular officers to be free to communicate with nationals of the sending State, to have access to them, to visit and speak with them and to arrange for their legal representation. It is not envisaged, either in Article 36, paragraph 1, or elsewhere in the Convention, that consular functions entail a consular officer himself or herself acting as the legal representative or more directly

engaging in the criminal justice process. Indeed, this is confirmed by the wording of Article 36, paragraph 2, of the Convention. Thus, neither the terms of the Convention as normally understood, nor its object and purpose, suggest that "without delay" is to be understood as "immediately upon arrest and before interrogation."

▶판례: 조약의 대상 및 목적을 고려한 해석

Prosecutor v. Delalic *et al.*, ICTY IT-96-21-A(2001)

[구 유고연방의 분열로 보스니아-헤르체고비나 공화국이 독립하자, 이에 거주하는 세르비아인들은 스르프스카 공화국의 독립을 일방적으로 선언하고 지역 내 무슬림계에 대한 학살과 인종청소를 자행했다. 구 유고 국제형사재판소에 기소된 세르비아계 피고에 대해 1949년 제네바 협약 제4협약 제4조의 적용문제가 제기되었다. 이 조항은 기본적으로 무력분쟁 당사국이 지역내 외국인을 보호할 의무를 규정하고 있다. 그런데 본 사건에서는 피고인과 피해자가 모두 형식상 보스니아-헤르체고비나 동일 국적을 갖고 있었기 때문에, 피고측은 제4조에 따른 보호의무 위반에 해당하지 않는다고 주장했다. 상소심 재판부는 무력분쟁 피해자 보호라는 협약의 목적에 비추어 볼 때, 이 경우 국적요건의 형식적 해석은 적절하지 않다고 판단했다.]

"59. […] It is essentially submitted that in order for victims to gain "protected persons" status, Geneva Convention IV requires that the person in question be of a different nationality than the perpetrators of the alleged offence, based on the national law on citizenship of Bosnia and Herzegovina. This interpretation is based on a "strict" interpretation of the Convention which is, in the appellants' view, mandated by the "traditional rules of treaty interpretation." […]

65. The appellants submit that "the traditional rules of treaty interpretation" should be applied to interpret strictly the nationality requirement set out in Article 4 of Geneva Convention IV. The word "national" should therefore be interpreted according to its natural and ordinary meaning. The appellants submit in addition that if the Geneva Conventions are now obsolete and need to be updated to take into consideration a "new reality," a diplomatic conference should be convened to revise them. […]

68. The Vienna Convention in effect adopted a textual, contextual and a teleological approach of interpretation, allowing for an interpretation of the natural and ordinary meaning of the terms of a treaty in their context, while having regard to the object and purpose of the treaty. […]

70. Where the interpretative rule set out in Article 31 does not provide a satisfactory conclusion recourse may be had to the *travaux préparatoires* as a subsidiary means of interpretation.

71. In finding that ethnicity may be taken into consideration when determining the nationality of the victims for the purposes of the application of Geneva Convention IV, the Appeals Chamber in Tadić concluded:

> Under these conditions, the requirement of nationality is even less adequate to define protected persons. In such conflicts, not only the text and the drafting history of the Convention but also, and more importantly, the Convention's object and purpose suggest that allegiance to a Party to the conflict and, correspondingly, control by this Party over persons in a given territory, may be regarded as the crucial test.

72. This reasoning was endorsed by the Appeals Chamber in Aleksovski:

The Appeals Chamber considers that this extended application of Article 4 meets the object and purpose of Geneva Convention IV, and is particularly apposite in the context of presentday inter-ethnic conflicts.

73. The Appeals Chamber finds that this interpretative approach is consistent with the rules of treaty interpretation set out in the Vienna Convention. Further, the Appeals Chamber in Tadić only relied on the *travaux préparatoires* to reinforce its conclusion reached upon an examination of the overall context of the Geneva Conventions. The Appeals Chamber is thus unconvinced by the appellants' argument and finds that the interpretation of the nationality requirement of Article 4 in the Tadić Appeals Judgement does not constitute a rewriting of Geneva Convention IV or a "re-creation" of the law. The nationality requirement in Article 4 of Geneva Convention IV should therefore be ascertained within the context of the object and purpose of humanitarian law, which "is directed to the protection of civilians to the maximum extent possible." This in turn must be done within the context of the changing nature of the armed conflicts since 1945, and in particular of the development of conflicts based on ethnic or religious grounds." (각주 생략)

해 설

제네바 제4협약 제4조 적용과 관련해 국적요건을 탄력적으로 해석해야 한다는 입장은 본 판결문 속에도 인용되어 있는 바와 같이 이미 Prosecutor v. Tadić(ICTY−94−1−A, 1999) 판결과 Prosecutor v. Aleksovski(ICTY−95−14/1−A, 2000) 판결에서 제시된 내용이다. 대상 및 목적에 따른 유연한 해석은 새삼스러운 현상은 아니나, 이 판결들은 민간인 보호라는 협정의 목적을 실현하기 위해 명문의 조항과도 다른 해석을 제시하고 있다는 점에서 더욱 적극적이다.[87)]

87) 이에 대한 상세는 김효권, 제네바 제4협약 제4조에 대한 구 유고슬라비아 국제형사재판소의 목적론적 해석, 국제법평론 2018−III, p.153 이하 참조.

▶판례: 후속 실행의 고려

Maritime Delimitation in the Area between Greenland and Jan Mayen (Denmark v. Norway), 1993 ICJ Reports 38.

[이 사건에서 ICJ는 덴마크와 노르웨이간 1965년 조약상의 중간선 원칙은 양국의 후속 실행에 비추어 볼 때 Skagerrak와 북해 일부지역에만 적용된다고 보아야 하며, 그린란드와 Jan Mayen간의 대륙붕 경계획정 시에는 적용되지 않는다고 해석했다.]

"28. It is also appropriate to take into account, for purposes of interpretation of the 1965 Agreement, the subsequent practice of the Parties. The Court first notes the terms of a Press Release issued by the Ministry of Foreign Affairs of Norway on 8 December 1965, which refers to the Agreement of that date as "the second Agreement entered into by Norway concerning the delimitation of the continental shelf in the North Sea" [⋯]. More significant is a subsequent treaty in the same field. On 15 June 1979, Denmark and Norway concluded an Agreement "concerning the Delimitation of the Continental Shelf in the Area between the Faroe Islands and Norway and concerning the Boundary between the Fishery Zone around the Faroe Islands and the Norwegian Economic Zone." According to that Agreement the continental shelf boundary between the Faroe Islands and Norway was to be "the median line" (Art.1), and the "boundary between the fishery zone near the Faroe Islands and the Norwegian economic zone" (Art.4) was to follow the boundary line which had been defined in Article 2 "in the application of the median line principle referred to in Article 1." No reference whatever was made in the 1979 Agreement to the existence or contents of the 1965 Agreement. The Court considers that if the intention of the 1965 Agreement had been to commit the Parties to the median line in all ensuing shelf delimitations, it would have been referred to in the 1979 Agreement.

29. This absence of relationship between the 1965 Agreement and the 1979 Agreement is confirmed by the terms of the official communication of the latter text to Parliament by the Nonwegian Government. Proposition No. 63 (1979-1980) to the Storting States that:

> "On 8 December 1965 Norway and Denmark signed an agreement concerning the delimitation of the continental shelf between the two States.
>
> The agreement did not cover the delimitation of the continental shelf boundary in the area between Norway and the Faroe Islands."

Since, as noted above, the 1965 Agreement did not contain any specific exclusion of the Faroe Islands area, or of any other area, this statement is consistent with an interpretation of the 1965 Agreement as applying only to the region for which it specified a boundary line defined by coordinates and a chart, i.e., the Skagerrak and part of the North Sea.

30. The Court is thus of the view that the 1965 Agreement should be interpreted as adopting the median line only for the delimitation of the continental shelf between Denmark and Norway in the Skagerrak and part of the North Sea. It did not result in a median line delimitation of the continental shelf between Greenland and Jan Mayen."

▶판례: 조약 해석시 관련 국제법 규칙의 참작

Oil Platforms(Judgment) (Iran v. U.S.A.), 2003 ICJ Reports 161.

[이란–이라크 전쟁 시기 미국 등은 페르시아만에서 원유 수송선 보호작전을 펼쳤다. 일부 유조선과 미국 군함이 미사일과 기뢰에 각각 피격되자, 미국은 이란을 책임국으로 지목했다. 이어 자위권의 명목으로 이란의 해양석유시설을 3곳을 공격해 파괴했다. 이란은 미국의 공격이 1955년 양국 우호조약과 국제법 위반이라고 주장하며, 이 사건을 ICJ에 제소했다. 1955년 우호조약은 조약의 해석과 적용에 관한 분쟁에 대해 ICJ 관할권을 수락하고 있었다(제21조 1항). 쟁점 중 하나는 "국제평화와 안전의 유지나 회복을 위한 당사국의 의무 이행을 위해 필요하거나 본질적 안보이익을 보호하기 위해 필요한 조치"를 취할 수 있다고 규정한 우호조약 제20조 1항 d호 의미의 해석이었다. 이 과정에서 ICJ는 관련 국제법 규칙의 참작을 아래와 같이 설시했다.]

"41. It should not be overlooked that Article 1 of the 1955 Treaty, quoted in paragraph 31 above, declares that "There shall be firm and enduring peace and sincere friendship between the United States of America and Iran." The Court found in 1996 that this Article "is such as to throw light on the interpretation of the other Treaty provisions" (I.C.J. Reports 1996(II), p.815, para.31). It is hardly consistent with Article 1 to interpret Article XX, paragraph 1 (d), to the effect that the "measures" there contemplated could include even an unlawful use of force by one party against the other. Moreover, under the general rules of treaty interpretation, as reflected in the 1969 Vienna Convention on the Law of Treaties, interpretation must take into account "any relevant rules of international law applicable in the relations between the parties"(Art.31, para.3 (c)). The Court cannot accept that Article XX, paragraph 1 (d), of the 1955 Treaty was intended to operate wholly independently of the relevant rules of international law on the use of force, so as to be capable of being successfully invoked, even in the limited context of a claim for breach of the Treaty, in relation to an unlawful use of force. The application of the relevant rules of international law relating to this question thus forms an integral part of the task of interpretation entrusted to the Court by Article XXI, paragraph 2, of the 1955 Treaty.

42. The Court is therefore satisfied that its jurisdiction under Article XXI, paragraph 2, of the 1955 Treaty to decide any question of interpretation or application of (inter alia) Article XX, paragraph 1 (d), of that Treaty extends, where appropriate, to the determination whether action alleged to be justified under that paragraph was or was not an unlawful use of force, by reference to international law applicable to this question, that is to Say, the provisions of the Charter of the United Nations and customary international law. […]

78. The Court thus concludes from the foregoing that the actions carried out by United States forces against Iranian oil installations on 19 October 1987 and 18 April 1988 cannot be justified, under Article XX, paragraph 1 (d), of the 1955 Treaty, as being measures necessary to protect the essential security interests of the United States, since those actions constituted recourse to armed force not qualifying, under international law on the question, as acts of self-defence, and thus did not fall within the category of measures contemplated, upon its correct interpretation, by that provision of the Treaty."

▶판례: 해석시 국제법 원칙의 발전을 고려

Legal Consequences for States of the Continued Presence of South Africa in Namibia(South West Africa) notwithstanding Security Council Resolution 276 (1970), Advisory Opinion, 1971 ICJ Reports 16.

[이 사건에서 재판부는 국제문서란 체결 당시 당사국의 의도를 기준으로 해석되어야 함이 원칙이나, 이후 국제사회와 국제법의 발전도 문언의 해석에 있어서 고려되어야 한다고 판단했다.]

"52. Furthermore, the subsequent development of international law in regard to non-self-governing territories, as enshrined in the Charter of the United Nations, made the principle of self-determination applicable to all of them. The concept of the sacred trust was confirmed and expanded to all "territories whose peoples have not yet attained a full measure of self-government"(Art. 73). Thus it clearly embraced territories under a colonial régime. Obviously the sacred trust continued to apply to League of Nations mandated territories on which an international status had been conferred earlier. A further important stage in this development was the Declaration on the Granting of Independence to Colonial Countries and Peoples (General Assembly resolution 1514(XV) of 14 December 1960), which embraces all peoples and territories which "have not yet attained independence." Nor is it possible to leave out of account the political history of mandated territories in general. All those which did not acquire independence, excluding Namibia, were placed under trusteeship. Today, only two out of fifteen, excluding Namibia, remain under United Nations tutelage. This is but a manifestation of the general development which has led to the birth of so many new States.

53. All these considerations are germane to the Court's evaluation of the present case. Mindful as it is of the primary necessity of interpreting an instrument in accordance with the intentions of the parties at the time of its conclusion, the Court is bound to take into account the fact that the concepts embodied in Article 22 of the Covenant - "the strenuous conditions of the modern world" and "the well-being and development" of the peoples concerned - were not static, but were by definition evolutionary, as also, therefore, was the concept of the "sacred trust". The parties to the Covenant must consequently be deemed to have accepted them as such. That is why, viewing the institutions of 1919, the Court must take into consideration the changes which have occurred in the supervening half-century, and its interpretation cannot remain unaffected by the subsequent development of law, through the Charter of the United Nations and by way of customary law. Moreover, an international instrument has to be interpreted and applied within the framework of the entire legal system prevailing at the time of the interpretation. In the domain to which the present proceedings relate, the last fifty years, as indicated above, have brought important developments. These developments leave little doubt that the ultimate objective of the sacred trust was the self-determination and independence of the peoples concerned. In this domain, as elsewhere, the corpus *iuris gentium* has been considerably enriched, and this the Court, if it is faithfully to discharge its functions, may not ignore."

▶판정: 관련 국제법 참작에서 당사자간의 의미

European Communities – Measures Affecting the Approval and Marketing of Biotech Products, Argentina, Canada & U.S. v. EC, WT/DS 291, 292, 293/R (2006)

[EC가 1990년대 후반부터 미국산 유전자변형식품(GMO)에 대한 판매제한 조치를 취하자, GMO 주요 생산국인 아르헨티나, 캐나다, 미국 등은 이러한 조치가 WTO 동식물위생협정(SPS)에 위반된다고 주장했다. 한편 생물다양성 협약의 카르타헤나 의정서는 사전주의 원칙에 따라 GMO에 대한 규제를 허용하고 있다. EC는 WTO와 카르타헤나 의정서 모두의 당사국이지만, 아르헨티나, 캐나다, 미국은 WTO만의 당사국이다. WTO DSU 제3.2조는 WTO 협정을 "in accordance with customary rules of interpretation of public international law"하에 해석하라고 규정하고 있다. 이에 비엔나 협약 제31조 3항 다호의 관련 국제법 규칙이 무엇을 가리키는가가 문제되었다. EC는 카르타헤나 의정서가 이 사건에서 가장 직접적으로 관련성을 갖는 조약이므로 WTO 협정체제의 해석에도 고려되어야 한다고 주장했다. 그러나 WTO 패널은 WTO 협정체제의 해석에 있어서는 분쟁 당사국간 공통으로 적용될 수 있는 조약만이 검토된다고 판단하고, 카르타헤나 의정서의 적용을 배제했다.][88]

"7.68. Furthermore, and importantly, Article 31(3)(c) indicates that it is only those rules of international law which are "applicable in the relations between the parties" that are to be taken into account in interpreting a treaty. This limitation gives rise to the question of what is meant by the term "the parties." In considering this issue, we note that Article 31(3)(c) does not refer to "one or more parties." Nor does it refer to "the parties to a dispute." We further note that Article 2.1(g) of the Vienna Convention defines the meaning of the term "party" for the purposes of the Vienna Convention. Thus, "party" means "a State which has consented to be bound by the treaty and for which the treaty is in force." It may be inferred from these elements that the rules of international law applicable in the relations between "the parties" are the rules of international law applicable in the relations between the States which have consented to be bound by the treaty which is being interpreted, and for which that treaty is in force. This understanding of the term "the parties" leads logically to the view that the rules of international law to be taken into account in interpreting the WTO agreements at issue in this dispute are those which are applicable in the relations between the WTO Members.

7.69. It is important to note that Article 31(3)(c) mandates a treaty interpreter to take into account other rules of international law ("[t]here shall be taken into account"); it does not merely give a treaty interpreter the option of doing so. It is true that the obligation is to "take account" of such rules, and thus no particular outcome is prescribed. However, Article 31(1) makes clear that a treaty is to be interpreted "in good faith." Thus, where consideration of all other interpretative elements set out in Article 31 results in more than one permissible interpretation, a treaty interpreter following the instructions of Article 31(3)(c) in good faith would in our view need to settle for that interpretation which is more in accord with other applicable rules of international law.

7.70. Taking account of the fact that Article 31(3)(c) mandates consideration of other applicable rules of international law, and that such consideration may prompt a treaty interpreter to adopt one interpretation rather than another, we think it makes sense to interpret Article 31(3)(c) as requiring consideration of those rules of

88) 이 결정에 대한 비판적 검토는 박현석(전게주 80), p.209 참조.

international law which are applicable in the relations between all parties to the treaty which is being interpreted. Requiring that a treaty be interpreted in the light of other rules of international law which bind the States parties to the treaty ensures or enhances the consistency of the rules of international law applicable to these States and thus contributes to avoiding conflicts between the relevant rules." (각주 생략 — 필자 주)

3. 해석의 보충수단

조약의 해석에 관해 분쟁이 발생하는 1차적 원인은 조약의 문언이 모호하거나 명료하지 못한 데서 기인한다. 이런 경우에는 조약의 준비작업과 체결시의 사정을 포함한 해석의 보충 수단을 활용할 필요가 있다.[89] 즉 비엔나 협약 제32조는 다음과 같은 경우 해석의 보충수단을 활용할 수 있다고 규정하고 있다.

> "제32조(해석의 보충 수단): 제31조의 적용으로부터 나오는 의미를 확인하거나, 제31조에 따른 해석시 다음과 같이 되는 경우 그 의미를 결정하기 위하여, 조약의 준비작업 및 그 체결 시의 사정을 포함한 해석의 보충 수단에 의존할 수 있다.
> 가. 의미가 모호해지거나 불명확하게 되는 경우, 또는
> 나. 명백히 부조리하거나 불합리한 결과를 초래하는 경우."

조약 체결시의 사정은 조약이 만들어진 역사적 배경을 파악하고, 조약의 대상 및 목적을 확인하는 데 유용하다. 협약은 조약 체결 시의 사정에 관한 정의를 내리고 있지 않으나, 조약을 체결하게 된 원인과 배경, 조약 내용에 영향을 미친 요소들, 체결과 관련된 모든 상황이 이에 포함된다.

당사국이 조약을 통해 규율하고자 하는 대상과 목적을 파악하려면 조약문과 더불어 준비작업(*travaux préparatoires*)이 매우 유용하다.[90] 비엔나 협약은 준비작업

---

89) 국내법의 해석에 있어서는 입법 준비문서 등 외적 원조를 고려하지 않는 전통이 있는 영국법원에서도 조약의 국내이행을 위한 국내법의 해석에 있어서는 조약 준비문서를 해석의 보충수단으로 활용하는 경향이 있다. I. Sinclair, Vienna Convention, pp.144-145.

90) 과거 *travaux prépatoires*는 정부 공식 번역본상 "교섭기록"이라고 번역했으나, 그 내용상 교섭기록 이외에도 조약의 준비와 협상과정에서 생산되는 다양한 문서와 자료를 포괄하는 의미이므로 2023년 수정된 정부 신 번역본에서는 "준비작업"으로 변경했다. 이 문제에 관한 논의는 황준식, 조약법상 준비문서의 지위(서울대학교 박사학위논문, 2022), pp.245-251 참조.

을 해석의 보충 수단으로만 규정하고 있지만, 실제 영향력은 더 클지 모른다. 외교 실무자들은 특별히 이를 통해 의미를 확인할 필요가 없거나 의미를 결정해야 할 상황이 아니라도, 관행적으로 준비작업을 살펴봄이 현실이기 때문이다.[91] 국제재판소도 조약의 정확한 의미를 확인하려는 목적에서 교섭기록 등의 준비작업을 참작하는 오랜 전통을 갖고 있다.[92]

준비작업이 일정한 정도 조약의 해석에 활용될 수 있다는 점에는 이론이 없으나, 준비작업이 과연 무엇을 의미하느냐와 준비작업이 어느 정도 활용될 수 있느냐에 대하여는 과거부터 논란이 많았다. 비엔나 협약은 의도적으로 준비작업의 정의를 내리지 않았다. 모든 상황을 망라하는 정의를 내릴 수 없으면, 경우에 따라서 이에 포함될 문서를 잘못 배제시킬 수 있다고 우려했기 때문이다. 준비작업에는 대체로 조약의 채택시 제안된 각종 초안들, 회의기록, 회의 영상물, 전문가 보고서, 회의시 의장의 해석선언, ILC의 초안 주석서 등이 포함된다. 다만 해석에 있어서 차지하는 비중은 각기 차이가 있다. 준비작업의 설득력은 이것이 조약에 관해 당사국들의 공통된 이해의 증거를 얼마나 제공하느냐에 달리게 된다. UN에서와 같이 독립된 사무국의 경험 많은 직원이 작성한 준비작업은 신뢰성이 높다.

다자조약 작성을 준비하는 ILC 작업문서가 해석의 보충수단인 준비작업이 될 수 있느냐에 대해서는 의문이 제기되기도 했다. 일부 위원은 ILC 초안은 외교회의와는 거리가 멀고, ILC 위원은 국가의 대표가 아닌 개인자격에서 활동하기 때문에 조약 정립의 주체인 국가는 ILC와 다른 이해를 가질 수 있다는 이유였다.[93] 이에 대해서는 조약 채택을 위한 국가대표의 외교회의는 ILC 초안을 토의 기반으로 하며, ILC가 준비한 조약 초안과 주석 내용은 외교회의에서 진지하게 논의되고, 외교회의는 ILC가 제시한 의미를 전제로 조문을 채택함이 통상적이라는 이유에서 반론이 제기되었다.[94] 외교회의는 ILC 준비작업 결과와 다른 내용의 조문을 채택하기도 한다는 점에서 ILC 작업내용은 주권국가의 의도와 차이가 있을 수 있다. 그런 의미에서 외교회의의 기록은 보다 1차적 자료가 될 수 있다. 이러한 전제 하에서 ILC 작업내용이 해석에서 중요한 역할을 함은 부인할 수 없다.

---

91) 조약 해석에 있어서 준비작업의 실질적 역할에 대한 분석은 황준식, 상게주 논문 참조.

92) A. Aust, Treaty Law, p.215.

93) S. Rosenne 위원 발언. Yearbook of the ILC 1966 vol.1 part 2, p.201(para.35).

94) M. Yasseen 의장 발언. 상게주, p.205(para.25).

그러나 조약문의 불명료성은 종종 협상 성공을 위해 의도적으로 모호한 문구를 사용했기 때문인 경우가 많다. 조약 타결과정에서 자주 중요한 역할을 하는 비공식 교섭이나 비밀교섭의 상황은 준비문서로 남지 않는다. 준비문서가 조약 협상시의 상황을 항상 정확히 제시하는 것도 아니다. 오랜 시간을 들여 준비작업을 조사해도 반드시 유용한 결과를 얻지 못하기도 한다. 자연 준비작업의 활용에는 한계가 있을 수밖에 없다. 실제에 있어서 준비작업은 해석에 관해 결정적인 새 단초를 제공하기보다는 일반규칙을 적용한 해석을 재확인하는데 더 자주 사용된다.

조약 채택시에는 참여하지 않았던 국가가 뒤늦게 조약에 가입한 경우, 준비작업의 내용을 근거로 이러한 국가에 대항할 수 있는가? 뒤늦은 조약 가입국은 과거의 준비작업을 모두 숙지할 의무가 있는가? 과거 오데르(Oder)강 위원회 사건에서 PCIJ는 베르사이유 조약 해석에 관해 관련국중 3개국이나 회담에 불참했기 때문에 준비작업을 참작할 수 없다고 판단했다.[95] 특히 공개되지 않은 준비작업을 후속 참가국에 대해 원용할 수는 없을 것이다. 그러나 뒤늦은 가입국에 대해 준비작업을 해석의 보충수단으로 사용할 수 없다면 동일한 조약에 관해 준비작업을 활용한 해석과 이의 이용을 부정한 해석, 즉 2종류의 해석이 나올 위험이 있다.[96] 비엔나 협약은 이 점에 대해 의도적으로 침묵했다.

모든 당사국의 합의를 확정하는 수준은 아니더라도 일부 당사국들만의 후속 관행은 제32조가 말하는 해석의 보충수단이 될 수 있다. 이러한 후속 관행에는 조약의 직접적 적용행위, 조약 의미에 관한 공식 성명, 불이행에 대한 항의, 다른 당사국의 행위나 성명에 대한 묵시적 수락 등이 포함될 수 있다.[97] 이러한 후속 관행 역시 조약 의미를 명확히 하는데 기여할 수 있다.[98] 다만 이러한 후속 관행의 해석적 가치는 모든 당사국의 합의를 확정하는 제31조 상의 후속 관행보다 떨어질 수밖에 없다.

때로는 분쟁 일방 당사국의 국내법도 해석의 보충수단으로 활용될 수도 있다.[99]

---

95) Territorial Jurisdiction of the International Commission of the River Oder case, PCIJ Report, Series A, No. 23(1929).

96) I. Sinclair, Vienna Convention, p.144.

97) ILC, 「후속 합의 및 후속 관행에 관한 결론 주석」(2018), Conclusion 4, para.35.

98) ILC, 「후속 합의 및 후속 관행에 관한 결론」(2018), Conclusion 7 제2항.

99) Anglo−Iranian Oil Co. Case(Preliminary Objection)(U.K. v. Iran), 1952 ICJ Reports 93, pp.106−107.

협약은 해석의 보충 수단을 준비문서와 체결시의 사정만으로 한정하고 있지 않다. 경우에 따라서 다른 조약들의 내용이나 용어 사용이 참고되기도 한다. 각국의 국내법이나 로마법상의 원칙이 참고될 수 있다. 인권위원회(Human Rights Committee)는 「시민적 및 정치적 권리에 관한 국제규약」이 탈퇴가 가능한 조약인가 여부를 해석하는 과정에서 관련된 다른 조약을 비교했다. 즉 규약 자체에는 탈퇴에 관한 조항이 없는데 반해, 동시에 만들어진 같은 규약의 선택의정서에는 탈퇴 조항이 있는 점을 주목했다. 또한 규약보다 불과 1년 전에 채택된 「인종차별방지협약」에는 명시적인 폐기 규정이 있음도 비교했다. 이에 규약에 탈퇴에 관한 조항이 누락된 이유는 단순히 기초자들의 부주의에서 비롯되지 않았으며, 의도적인 배제의 결과였다고 결론내렸다.[100)]

해석의 보충 수단은 매우 유용한 도구가 되기도 하나, 이에 대한 지나친 추종이나 의존은 경계해야 한다. 협약 제31조에서는 "shall"이 사용되고 있는데 반해, 보충수단에 관한 제32조에서는 "may"가 사용되었다. 이는 보충 수단의 활용이 필수가 아닌 선택 사항임을 나타낸다. 당사자 의도의 가장 정확한 표현은 조약문이라고 가정되므로 해석에 있어서 준비문서의 활용은 어디까지나 2차적, 보충적 수단에 머물러야 한다. 준비문서는 조약문의 의미를 명확히 하기 위해 사용되므로, 문언과 동떨어진 당사국의 의도를 찾기 위해 활용될 수는 없다.[101)] 당사국간에 구속력 있는 합의를 표시하는 수단은 조약문이지, 준비문서가 아니다. 따라서 조약문의 의미가 명백한 경우에는 준비작업에 의지할 필요가 없다.[102)]

▶판례: 해석시 준비서면의 활용

Litwa v. Poland, ECHR Application No. 26629/95(2000).

[유럽인권협약 제5조 1항 e호는 전염병 감염자와 더불어 "정신이상자, 알콜중독자(alcoholics), 마약중독자 및 부랑자"의 합법적 구금을 인정하고 있다. 이때 alcoholics에 숙취자도 포함되는가가 문제되었다. alcoholics은 통상적으로는 알콜중독자를 가리키는 단어이다. 그러나 재판부는 이런 사람을 구금할 수 있게 된 문맥을 고려하고,

100) HRC, General Comment No.26(1997), para.2.

101) A. Aust, Treaty Law, p.217.

102) "there is no occasion to resort to preparatory work if the text of a convention is sufficiently clear in itself." Admission of a State to the United Nations(Charter, Art.4), Advisory Opinion, 1948 ICJ Reports 57, p.63.

또한 협약의 대상 및 목적에 비추어 해석할 때 alcoholics은 알콜중독자라는 의미로만 한정되지 않고, 알콜의 섭취로 인해 공공질서나 본인 자신에게 위험을 야기할 수 있는 사람도 포함한다고 판단했다. 이어 협약의 준비서면의 검토를 통해 이 같은 해석을 확인했다. 이 판결은 조약의 해석시 통상적 의미의 파악을 위해 문맥과 대상 및 목적, 그리고 준비서면이 활용되는 모습을 보여준다.]

"60. The Court observes that the word "alcoholics," in its common usage, denotes persons who are addicted to alcohol. On the other hand, in Article 5 §1 of the Convention this term is found in a context that includes a reference to several other categories of individuals, that is, persons spreading infectious diseases, persons of unsound mind, drug addicts and vagrants. There is a link between all those persons in that they may be deprived of their liberty either in order to be given medical treatment or because of considerations dictated by social policy, or on both medical and social grounds. It is therefore legitimate to conclude from this context that a predominant reason why the Convention allows the persons mentioned in paragraph 1 (e) of Article 5 to be deprived of their liberty is not only that they are dangerous for public safety but also that their own interests may necessitate their detention […]

61. This *ratio legis* indicates how the term "alcoholics" should be understood in the light of the object and purpose of Article 5 §1 (e) of the Convention. It indicates that the object and purpose of this provision cannot be interpreted as only allowing the detention of "alcoholics" in the limited sense of persons in a clinical state of "alcoholism". The Court considers that, under Article 5 §1 (e) of the Convention, persons who are not medically diagnosed as "alcoholics", but whose conduct and behaviour under the influence of alcohol pose a threat to public order or themselves, can be taken into custody for the protection of the public or their own interests, such as their health or personal safety.

62. That does not mean that Article 5 §1 (e) of the Convention can be interpreted as permitting the detention of an individual merely because of his alcohol intake. However, the Court considers that in the text of Article 5 there is nothing to suggest that this provision prevents that measure from being applied by the State to an individual abusing alcohol, in order to limit the harm caused by alcohol to himself and the public, or to prevent dangerous behaviour after drinking. On this point, the Court observes that there can be no doubt that the harmful use of alcohol poses a danger to society and that a person who is in a state of intoxication may pose a danger to himself and others, regardless of whether or not he is addicted to alcohol.

63. The Court further finds that this meaning of the term "alcoholics" is confirmed by the preparatory work on the Convention ([…]). In that regard, the

Court observes that in the commentary on the preliminary draft Convention it is recorded that the text of the relevant Article covered the right of the signatory States to take measures to combat vagrancy and "drunkenness" ("l'alcoolisme" in French). It is further recorded that the Committee of Experts had no doubt that this could be agreed "since such restrictions were justified by the requirements of public morality and order."

64. On this basis, the Court concludes that the applicant's detention fell within the ambit of Article 5 §1 (e) of the Convention."

검 토

1965년 한일 청구권협정의 해석

1951년부터 시작된 한일 국교정상화 회담에서 대일(對日) 청구권을 주장하는 한국에 대해 일본은 이른바 대한(對韓) 청구권을 주장했다. 즉 제2차 대전 후 한반도의 38 이남 지역을 다스리던 주한 미군정청은 1945년 12월 6일 군정법령 제33호를 통해 일본국 및 일본국민의 모든 재한재산을 몰수했고, 미군정 종료와 동시에 그 재산은 대한민국으로 이양되었다(「한미간 재산 및 재정에 관한 최초 협정」). 샌프란시스코 평화조약 제4조 2항을 통해 일본은 미군 점령시 취해진 모든 조치를 수용하기로 약속했다.

그러나 한일회담에서 일본 정부는 사유재산까지 몰수한 미군정청의 조치는 헤이그 육전법규 제46조 등을 위반한 국제법상 위법조치였으며, 샌프란시스코 조약 제4조 2항에 따라 매각행위 자체의 효력은 인정할지라도 일본인 원 권리자는 그 재산권 승계자인 한국에 대해 매각대금의 청구권을 갖는다고 주장했다(이른바 신탁양도이론의 적용). 이에 대해 한국 정부는 몰수는 미국이 한 행위이며, 일본은 샌프란시스코 조약을 통해 미국의 모든 조치를 수용했으므로 더 이상의 대한 청구권을 주장할 수 없다고 반박했다.

초기의 한일회담에서는 일본의 대한 청구권 주장으로 구체적인 협상이 진행될 수 없었다. 결국 1958년부터의 제4차 한일회담을 시작하기 앞서 한일 양국은 이 문제에 대한 미국 정부의 견해를 물은 후 그 답변의 기조 위에서 청구권 협상을 진행하기로 합의했다. 주일 미국대사는 1957년 12월 31일자 공한을 통해 다음과 같은 미국정부의 견해를 일본측에 전달했다. 즉 샌프란시스코 조약 제4조 2항을 통해 일본은 재한일본인 재산에 대한 권리를 더 이상 주장할 수 없게 되었으나, 그러한 귀속조치가 한국의 대일 청구권중 일부를 만족시킨 점은 분명하며, 따라서 향후 양국간 청구권 협상에서도 이 점이 고려되어야 하겠지만 이에 관한 구체적 사항은 한일 양국이 결정할 문제라는 내용이었다. 미국 정부는 1952년 4월 29일자 국무장관 서한을 통해 이미 한국 정부에 같은 견해를 통보한 바 있었다. 이 공한을 계기로 일본 정부는 대한 청구권을 더 이상 주장하지 않고 한일회담에 임하기로 했다.

1965년 타결된 한일 청구권 협정에는 위와 같은 내용은 지적되어 있지 않았고, 이른바 일괄타결의 방식으로 일본이 한국에 지불할 총액만 규정했다. 후일 청구권협정을 통해 해결된 부분이 무엇인가에 관해 한국에서는 여러 이견이 제시된 사실은 잘 알려져 있다. 샌프란시스코 조약 제4조 2항에 관해서는 미국 정부의 견해를 존중하기로 한 1957년 한일 양국간의 합의는 1965년 청구권협정을 해석하는데 어떠한 의미를 지니는가? 이는 조약의 의미가 불분명한 경우 활용될 수 있는 해석의 보충수단에 해당하는가?

4. 조약의 언어

조약은 통상 복수 언어로 작성된다. 실제 조약 협상은 양자조약이나 다자조약 공히 영어 등 단일 언어로 진행되는 경우가 적지 않다. UN에서도 공식적인 조약 협상은 6개 언어로 진행됨이 원칙이나, 대부분의 비공식 협의는 영어로만 진행된다. 하나의 언어로 협상이 진행되는 이유는 통역의 번거로움과 비용 부담, 신속성, 편의성 등 때문이다. 조약문도 우선 영어로 작성된 후 다른 공식 언어본은 번역을 통해 작성되는 사례가 많다. 자연 번역본 사이에 미묘한 차이가 발생할 수 있다. 이런 경우 어느 언어본이 우선하는가?

조약이 여러 언어의 정본으로 작성된 경우 당사국간 별도의 합의가 없는 한 각 언어로 작성된 조약문은 동등한 권위를 지닌다(제33조 1항). 조약상 용어는 각 정본에서 동일한 의미를 지닌다고 추정된다(제33조 3항).

그러나 여러 언어본 간 완벽한 호환은 때로 불가능하다. 국가별 법체제나 법 개념의 차이로 동일한 개념이나 용어가 존재하지 않기도 한다. 특히 범세계적 적용을 목적으로 하는 다자조약의 경우 채택 시에는 1차적으로 영어본이 마련되고 다른 언어본은 나중에 작성되는데 장기간의 협상과정에 참여하지 않았던 대부분의 번역 담당자들이 최종 채택본의 정확한 의미를 잘 모르고 실수를 할 수도 있다.[103] 이에 비엔나 협약은 동등하게 정본인 조약문의 해석에 있어서 각 언어별로 차이가 있는 경우, 조약의 대상 및 목적을 고려해 조약문과 최대한 조화되는 의미를 채택한다고 규정하고 있다(제33조 4항). 형식적으로는 동등하게 정본이라도 그 실질적 의의는 반드시 대등하지 않다. 조약 협상시 사용된 주언어를 사용해 우선 작성된

103) A. Aust, Treaty Law, p.224.

정본이 더 무게감을 가지게 된다.

여러 언어의 정본으로 작성된 조약은 번역에서 오는 불일치를 피하기 위해 차이가 있을 경우의 우선본이 지정되기도 한다. 1965년 한일 기본관계조약은 한국어, 일어, 영어 3개국어본이 모두 동등한 정본이나, 해석에 상위가 있을 경우 영어본을 우선하기로 규정하고 있다. 복수 언어로 작성된 정본은 기본적으로 동등한 효력을 지닐지라도 언어본 상의 차이가 발생하면 조약 협상이 진행된 언어본을 우선하는 조항을 둔 조약도 있다.[104] 영어와 불어만 공식 언어로 사용되는 ICJ 재판에서는 정본이 아무리 여러 언어로 작성된 조약이라도 매우 특별한 경우가 아니면 오직 영어본과 불어본만이 활용된다. 따라서 제3의 언어본이 정본인 조약의 경우도 재판에서는 영어 또는 불어로 번역된 비공식본만이 활용된다. 이런 경우 조약 오역으로 인한 오판의 위험도 잠재한다.[105]

한국과 EU는 2010년 10월 6일 자유무역협정(FTA)에 서명하고, 한국 정부는 10월 25일 이 협정의 비준 동의안을 국회로 제출했다. 동의안이 국회에 계류중 협정의 영문본과 국문본에서 몇 가지 차이가 있음이 발견되었다. 예를 들어 품목별 원산지 기준 중 완구류 및 왁스류의 역외산 재료 허용 기준이 영문 협정문에선 50%이나, 국문 협정문에선 각각 40%, 20%로 돼 있는 사실이 발견됐다. 한-EU FTA는 형식상 국문본과 영문본이 동등하게 정본이나, 실질적으로는 영문본이 합의된 내용이고 국문본은 이의 번역본이었다. 위와 같은 차이는 영문본을 국문본으로 단시간에 번역하는 과정에서 생긴 실수였다. 결국 정부는 국문본상 오류를 수정해 2011년 3월 비준 동의안을 다시 국회로 제출했다.[106] 만약 위와 같이 차이가 간과되고 FTA가 국회동의를 받아 관보에 공포되었는데 그 부분과 관련된 소송이 국내 법원에 제기된 경우, 법원은 국문본과 영문본 어느 쪽을 기준으로 재판을 해야 하는가? 국문본과 영문본이 동등한 정본인 경우 법원은 국문본만을 기준으로 재판해도 무방한가? 한글밖에 모르는 한국 국민이 잘못된 국문 조약문을 신뢰해 행동한 경우 발생한 피해는 어떻게 되는가?

아래 제시된 대법원 1986.7.22. 선고, 82다카1372 판결과 서울고등법원 1998.

104) 예: Agreement on Interim Economic Partnership between Six African States and the European Union(2007) 제113조. A. Aust, Treaty Law, p.225에서 재인용.

105) A. Aust, Treaty Law, p.226 참조.

106) 조선일보 2011년 2월 24일 A6; 2011년 3월 29일 A10; 2011년 4월 5일 A6 등 참조.

8.27. 선고, 96나37321 판결에서는 재판부가 한글 공식 번역본상의 오류를 발견하고 조약의 외국어 정본을 직접 해석해 판결했다. 이 경우 한글 번역본이 관보에 공포된 내용이기는 하나 국제적으로는 정본의 효력을 지니지 못하는 점이 감안되었을 것이다. 그런데 만약 위 한-EU 자유무역협정의 경우와 같이 만약 동등하게 정본인 한글본에 내용상 오류가 있었다면 국내법원은 어떻게 재판해야 할까? 동등하게 정본인 조약문의 각 언어본상 차이가 있는 경우 조약의 대상 및 목적을 고려해 조약문과 가장 조화로운 의미를 채택한다는 비엔나 협약 제33조 4항에 비추어 볼 때 역시 정확한 내용을 반영하는 외국어본을 근거로 판결을 내리는 편이 타당하며, 혹시라도 발생할 수 있는 국제적 마찰을 회피할 수 있다. 이 경우 한글본을 믿었다가 불측의 손해를 본 내국인이 있다면 그에 대한 책임은 국가가 별도로 져야 한다.

▶판례: 각 정본상의 용어는 동일 의미로 추정

Kasikili/ Sedudu Island (Botswana/ Namibia), 1999 ICJ Reports 1045.

[영국과 독일간의 1890년 조약상 영어본의 "centre" of the main channel라는 표현이 독어본에서는 "thalweg" of that channel(Thalweg des Hauptlaufes)로 표현되어 있다. 재판부는 조약의 체결 당시 양 용어는 같은 의미로 사용되었다고 보고, 양자는 동일한 의미라고 판단했다.]

"25. The Court further notes that at the time of the conclusion of the 1890 Treaty, it may be that the terms "centre of the [main] channel" and "Thalweg" des Hauptlaufes were used interchangeably. In this respect, it is of interest to note that, some three years before the conclusion of the 1890 Treaty, the Institut de droit international stated the following in Article 3, paragraph 2, of the "Draft concerning the international regulation of fluvial navigation," adopted at Heidelberg on 9 September 1887: "The boundary of States separated by a river is indicated by the thalweg, that is to Say, the median line of the channel" (Annuaire de l'Institut de droit international, 1887-1888, p.182), the term "channel" being understood to refer to the passage open to navigation in the bed of the river, as is clear from the title of the draft. Indeed, the parties to the 1890 Treaty themselves used the terms "centre of the channel" and "thalweg" as synonyms, one being understood as the translation of the other([⋯]).

The Court observes, moreover, that in the course of the proceedings, Botswana and Namibia did not themselves express any real difference of opinion on this subject. The Court will accordingly treat the words "centre of the main channel" in

Article III, paragraph 2, of the 1890 Treaty as having the same meaning as the words "Thalweg des Hauptlaufes" (cf. 1969 Vienna Convention on the Law of Treaties, Article 33, paragraph 3, under which "the terms of the treaty are presumed to have the same meaning in each authentic text")."

▶판례: 정본상 의미의 불일치

The Mavromamtis Palestine Concessions(Jurisdiction) (Greece v. U.K.), 1924 PCIJ Reports, Series A, No.2.

[이 사건에서 문제의 조항의 불어본에 따르면 좀 더 폭 넓은 권한을 행사할 수 있고, 영어본은 보다 제한적 의미만을 가진다. 재판부는 이런 경우 제한적 의미를 취하는 편이 양측의 공통된 의사와 일치한다고 판단했다. 이 원칙은 후일 복수 언어로 작성된 조약의 해석에 있어서 커다란 영향을 미쳤다.]

(p.18-) "The Court feels that the present judgment should be based principally on the first part of paragraph 1 of Article 11.

After an introductory phrase laying down in general terms the fundamental duty of the Administration, namely to "take all necessary measures to safeguard the interests of the community in connection with the development of the country", Article II continues to the effect that the Administration of Palestine "shall have full power to provide for public ownership or control of any of the natural resources of the country or of the public works, services and utilities established or to be established therein" - *aura pleins pouvoirs pour décider quant à la propriété ou au contrôle public de toutes les ressources naturelles du pays, ou des travaux et services d'utilité publique déjà établis ou à y établir.*

The Court considers that, according to the French version, the powers thus attributed to the Palestine Administration may cover every kind of decision regarding public ownership and every form of "controle" which the Administration may exercise either as regards the development of the natural resources of the country or over public works, services and utilities. An interpretation restricting these powers to certain only of the measures which the Administration may take in regard to public ownership or to certain only of the ways in which public "controle" may be exercised over the activities in question, though not completely excluded by the very general wording of the French text, is not the natural interpretation of its terms: that is to say that the right to grant concessions with a view to the development of the natural resources of the country or of public works, services and utilities, as also the right to annul or cancel existing concessions, might fall within the terms of the French version of the clause under consideration.

The English version, however, seems to have a more restricted meaning. It contemplates the acquisition of "public ownership" or "public control" over any of the natural resources of the country or over the public works, services and utilities established or to be established therein. [⋯]

The Court is of opinion that, where two versions possessing equal authority exist one of which appears to have a wider bearing than the other, it is bound to adopt the more limited interpretation which can be made to harmonise with both versions and which, as far as it goes, is doubtless in accordance with the common intention of the Parties. In the present case this conclusion is indicated with especial force because the question concerns an instrument laying down the obligations of Great Britain in her capacity as Mandatory for Palestine and because the original draft of this instrument was probably made in English."

▶판례: 정본상 의미의 불일치

Sovereignty over Pulau Ligitan and Pulau Sipadan(Application by philippines for Permission to Intervene) (Indonesia v. Malaysia), 2001 ICJ Reports 575.

[ICJ 규정 제62조에 규정된 소송참가의 요건인 "사건의 결정에 의하여 영향을 받을 수 있는 법률적 성질의 이해관계"와 관련해 영어본 단어는 그 의미가 폭 넓게 해석될 수도 있고 좁게 해석될 수도 있으나, 불어본 단어는 폭 넓은 의미로 해석된다. 재판부는 이런 경우 양자의 공통된 의미는 폭 넓은 해석이라고 보았다. 또한 규정 초안이 원래 불어본으로 먼저 작성되었음도 감안했다.]

"47. The Court must first consider whether the terms of Article 62 of the Statute preclude, in any event, an "interest of a legal nature" of the State seeking to intervene in anything other than the operative decision of the Court in the existing case in which the intervention is sought. The English text of Article 62 refers in paragraph 1 to "an interest of a legal nature which may be affected by the decision in the case". The French text for its part refers to "un intérêt d'ordre juridique ... en cause" for the State seeking to intervene. The word "decision" in the English version of this provision could be read in a narrower or a broader sense. However, the French version clearly has a broader meaning. Given that a broader reading is the one which would be consistent with both language versions and bearing in mind that this Article of the Statute of the Court was originally drafted in French, the Court concludes that this is the interpretation to be given to this provision. Accordingly, the interest of a legal nature to be shown by a State seeking to intervene under Article 62 is not limited to the dispositif alone of a judgment. It may also relate to the reasons which constitute the necessary steps to the *dispositif*."

▶ 판례: 공식 언어본의 차이시 대상과 목적에 따른 해석

LaGrand Case (Germany v. USA), 2001 ICJ Reports 466.

[잠정조치에 관한 ICJ 규정상의 표현은 그 의미에 있어서 영어본과 불어본간에 차이가 있다. 비엔나 조약법 협약은 이런 경우 "조약의 대상과 목적을 고려하여 각 조약문과 최대한 조화되는 의미를 채택한다"고 규정하고 있으며(제33조 4항), 이는 관습국제법의 반영으로 판단되었다. 재판부는 불어본의 의미가 ICJ 규정의 대상과 목적에 더 부합한다고 판단하고 이를 취했다.]

"98. Neither the Permanent Court of International Justice, nor the present Court to date, has been called upon to determine the legal effects of orders made under Article 41 of the Statute. […]

99. […] The Court will therefore now proceed to the interpretation of Article 41 of the Statute. […]

100. The French text of Article 41 reads as follows:

"1. La Cour a le pouvoir *d'indicluer*, si elle estime que les circonstances l'exigent, quelles mesures conservatoires du droit de chacun *doivent* être prises à titre provisoire.

2. En attendant l'arrêt définitif, *l'indication* de ces mesures est immédiatement notifiée aux parties et au Conseil de sécurité." (Emphasis added.)

In this text, the terms "indiquer" and "l'indication" may be deemed to be neutral as to the mandatory character of the measure concerned; by contrast the words "doivent être prises" have an imperative character.

For its part, the English version of Article 41 reads as follows:

"1. The Court shall have the power to indicate, if it considers that circumstances so require, any provisional measures which ought to be taken to preserve the respective rights of either party.

2. Pending the final decision, notice of the measures suggested shall forthwith be given to the parties and to the Security Council." (Emphasis added.)

According to the United States, the use in the English version of "indicate" instead of "order", of "ought" instead of "must" or "shall", and of "suggested" instead of "ordered", is to be understood as implying that decisions under Article 41 lack mandatory effect. It might however be argued, having regard to the fact that in 1920 the French text was the original version, that such terms as "indicate" and "ought" have a meaning equivalent to "order" and "must" or "shall".

101. […] In the absence of agreement between the parties in this respect, it is appropriate to refer to paragraph 4 of Article 33 of the Vienna Convention on the Law of Treaties, which in the view of the Court again reflects customary

international law. This provision reads "when a comparison of the authentic texts discloses a difference of meaning which the application of Articles 31 and 32 does not remove, the meaning which best reconciles the texts, having regard to the object and purpose of the treaty, shall be adopted".

The Court will therefore now consider the object and purpose of the Statute together with the context of Article 41.

102. The object and purpose of the Statute is to enable the Court to fulfil the functions provided for therein, and, in particular, the basic function of judicial settlement of international disputes by binding decisions in accordance with Article 59 of the Statute. The context in which Article 41 has to be seen within the Statute is to prevent the Court from being hampered in the exercise of its functions because the respective rights of the parties to a dispute before the Court are not preserved. It follows from the object and purpose of the Statute, as well as from the terms of Article 41 when read in their context, that the power to indicate provisional measures entails that such measures should be binding, inasmuch as the power in question is based on the necessity, when the circumstances call for it, to safeguard, and to avoid prejudice to, the rights of the parties as determined by the final judgment of the Court. The contention that provisional measures indicated under Article 41 might not be binding would be contrary to the object and purpose of that Article. [···]

104. Given the conclusions reached by the Court above in interpreting the text of Article 41 of the Statute in the light of its object and purpose, it does not consider it necessary to resort to the preparatory work in order to determine the meaning of that Article. The Court would nevertheless point out that the preparatory work of the Statute does not preclude the conclusion that orders under Article 41 have binding force."

▶판례: 조약 한글 번역본상의 오류

대법원 1986.7. 22. 선고 82다카1372 판결

[한국이 당사국인 조약의 공식 한글 번역본이 조약 원본을 적절히 번역하고 있지 못한 경우 재판부는 무엇을 기준으로 판결을 내려야 하는가? 이 판결에서 재판부는 조약문의 공식 번역본에 의지하지 않고 조약의 정본인 영어본의 문언을 직접 합리적으로 해석해 결론을 내렸다.]

"바르샤바협약은 제3장(제17조 내지 제30조)에서 국제항공 운송인의 책임에 관하여 규정하면서 제24조 제1항에서 "제18조 및 제19조에 정하여진 경우에는 책임에 관한 소는 명의의 여하를 불문하고 본 협약에 정하여진 조건 및 제한 하에서만 제기할 수 있다"고 규정하고 있는바, 위 조항에서 "명의의 여하를 불문하고"라는 문언은 영어의 "however founded"에 대한 공식 번역이기는 하나 이를 다른 말로 풀이하면 "그 근거가 무엇이든지 간에" 내지는 "그 청구원인이 무엇이든지 간에"로 해석되는 것임이 분명하므로 국제항공 운송인에 대하여 그 항공운송 중에 생긴 화물훼손으로 인한 손해배상을 소구함에 있어서는 그 계약불이행을 청구원인으로 하는 것이든 불법행위를 청구원인으로 하는 것이든 모두 바르샤바협약에 정하여진 조건 및 제한 내에서만 가능한 것이라 할 것이고 그렇게 해석하는 것이 국제항공운송인의 책임에 관하여 위 협약의 규정과 다른 국내법 원리를 적용하여 협약의 규정을 배제하는 결과를 초래하는 것을 방지함으로써 국제항공운송에 관한 법률관계를 규율하는 통일된 규범을 창조하려는 위 협약의 제정목적에도 부합하는 것이라 하겠다.

위와 같은 취지에서 원심이 국제항공운송인 이 사건 화물운송 중에 생긴 화물의 훼손으로 인한 손해배상을 구하는 원고들의 이 사건 청구는 그 청구원인이 계약불이행이든 불법행위든 간에 모두 위 바르샤바협약에서 정한 조건과 제한의 적용을 받는 것이라고 판단한 것은 정당하고, 논지가 지적하는 바와 같이 바르샤바협약의 관계규정을 부당하게 확대 해석하거나 종전의 판례에 배치되는 판단을 한 잘못이 있다고 할 수 없다.

논지는 바르샤바협약 제20조 제1항, 제2항의 규정에 비추어 보면 동 협약 제3장에서 규정한 국제항공운송인의 책임의 법적성질은 계약불이행으로 인한 손해배상책임에 불과하여 불법행위로 인한 손해배상책임에 관하여는 바르샤바협약의 규정들이 적용될 여지가 없고 따라서 위 협약 제24조 제1항의"명의의 여하를 불문하고"라는 문언도 "사고의 종류가 무엇이든지 간에"라는 취지로 해석하여야 하며 그렇게 해석하는 것이 육상운송인과 해상운송인의 책임에 관하여 청구권경합설을 취하고 있는 당원의 판례의 취지에도 부합한다는 것으로 요약되나, 협약 제3장의 관련 조문들과 대비하여 보면 협약 제20조의 규정내용은 국제항공운송인의 책임이 무과실책임으로서의 결과책임이 아니라 과실책임임을 밝힌 것일 뿐 동 협약상 국제항공운송인의 책임의 법적성질이 채무불이행으로 인한 손해배상책임 임을 전제로 한 것이라고는 볼 수 없고, 또 협약 제18조와 제19조의 규정들이 이미 운송인에게 책임이 있는 각종 손해의 내용과 그 손해의 원인이 된 사고의 종류에 관한 규정들인 점에 비추어 보면 협약 제24조 제1항의 "명의의 여하를 불문하고"라는 문언을 논지와 같이 "사고의 종류가 무엇이든지간에"라고 풀이하는 것은 동 문언을 "제18조 및 제19조에 정하여진 경우에는"이라는 문언과 중복되어 불필요한 것으로 만드는 것이되어 부당하다 할 것이며, 또한 바르샤바협약 제24조 제1항의 규정은 국제항공운송인에 대한 손해배상청구가 내국법상으로는 채무불이행 혹은 불법행위의 어느 법리에 의하여서도 가능함은 당연한 전제로 하여 그 책임에 관한 소는 청구원인이 무엇이든간에 동 협약에 정하여진 조건 및 제한에 따른 것을 규정한 것이라고 보아야 할 것이므로 동

협약의 규정을 논지와 같이 해석하지 아니한다 하여 해상운송인과 육상운송인의 책임에 관하여 당원이 청구권경합설을 취하고 있는것과 반드시 모순되는 것도 아니라 할 것이므로 논지는 모두 이유없다.”

▶판례: 조약 한글 번역본상의 오류

서울고등법원 1998.8.27. 선고 96나37321 판결(확정)

“나. 승객의 유족인 원고들의 이 사건 소가 제척기간을 준수하였는지 여부

(1) 협약은 제17조에서 “운송인은 승객의 사망 또는 부상 기타의 신체상해의 경우에 있어서의 손해에 대하여서는 그 손해의 원인이 된 사고가 항공기 상에서 발생하거나 또는 승강을 위한 작업중에 발생하였을 때에는 책임을 진다.”고 규정하고 있고, 제24조는 제1항에서 “제18조 및 제19조에 정하여진 경우에는, 책임에 관한 소는 명의의 여하를 불문하고 본 협약에 정하여진 조건과 제한하에서만 제기할 수 있다.”고 규정하면서 같은 제2항에서 “전항의 규정은 제17조에 정하여진 경우에도 적용된다.”고 규정하고 있는바, 위 ‘명의의 여하를 불문하고’라는 문언은 영어의 ‘however founded’의 공식 번역으로서 그 취지는 ‘그 근거가 무엇이든지 간에’ 또는 ‘그 청구원인이 무엇이든지 간에’로 해석됨이 분명하므로, 이 사건과 같이 항공기상에서 발생한 사고에 관하여 국제항공 운송인에 대하여 그 승객의 사망으로 인한 손해배상을 구함에 있어서는 그 운송계약상 채무불이행을 청구원인으로 하는 것이든 원고들의 이 사건 소와 같이 불법행위를 청구원인으로 하는 것이든 모두 개정 협약에 정하여진 조건 및 제한 내에서만 가능한 것이라 할 것이고, 그렇게 해석하는 것이 국제항공운송인의 책임에 관하여 협약의 규정과 다른 국내법 원리를 적용하여 협약의 규정을 배제하는 결과를 초래하는 것을 방지함으로써 국제항공운송에 관한 법률관계를 규율하는 통일된 규범을 창조하려는 협약의 제정 목적에도 부합하는 것이다.

(2) 또한, 협약은 유족이 승객인 사망자들의 손해배상청구권을 상속하여 청구를 하는 경우는 물론이고, 유족이 그 고유한 위자료를 청구하는 경우에도 마찬가지로 적용된다. 그 근거는 다음과 같다.

첫째, 국제항공운송인의 손해배상책임에 관한 협약 제17조는 승객 자신의 손해만을 배상한다고 한정하고 있지는 않다.

둘째, 협약의 주요 내용은, 항공운송인의 책임을 제한하되(제22조 등 참조), 다른 한편으로 승객 등 피해자를 위하여는 손해배상에 관한 입증책임 부담을 덜어주고 책임의 한도를 유지시켜 주는(제17조, 제23조 등 참조) 것으로서, 이는 체약국들의 항공사로 하여금 손해배상에 따른 손실을 예상할 수 있게 함으로써 필요한 자본금과 적절한 보험에 가입하도록 유도하기 한 것이다.

셋째, 사망으로 인한 손해배상청구소송의 경우, 나라에 따라서는 ① 상속 이론을

취하지 아니하고 유족이 상실된 부양료를 자신의 고유한 손해로 이론 구성하여 직접 배상을 구하는 방식(이를 'wrongful death action'이라 한다), ② 유족이 망인의 손해배상청구권을 상속하거나 상속재산을 위하여 손해가 배상되는 방법으로 소송이 이루어지는 방식(이를 'survival action'이라 한다), 또는 ③ 위 두 가지를 혼용하는 방식 등이 취해지고 있는데, 협약은 이러한 각국의 다양한 손해배상청구 방식에도 불구하고 이를 통일하는 사법적 원칙을 마련한 것이다.

넷째, 그러하기 때문에 승객운송에 관한 협약 제24조 제2항(그중 'without prejudice to the questions as to who are the persons who have the right to bring suit and what are their respective rights' 부분에 관한 조약집상의 공식 번역 역시 부정확하다)은 "각 체약국에서 누가 손해배상청구권자로 정해지고 그 권리 내용이 어떻게 정해지느냐의 문제는 협약에 가입하였다고 해서 영향을 받는 것은 아니지만, 책임에 관한 소는 어디까지나 협약에 정하여진 조건 및 제한에 따라야 한다."는 취지로 해석함이 상당하고, 따라서 이 규정 역시 협약의 통일적 적용을 방해하는 것으로 볼 수는 없다."

5. 해석권자

비엔나 협약은 누가 조약을 해석할 권한을 갖는가에 대하여는 언급하지 않았다. 따라서 조약 자체 내에 별도의 제도가 마련되어 있지 않다면 현재의 국제사회에서는 조약 당사국들이 1차적 해석권자이다. 다만 조약에 따라서는 해석과 적용에 관한 다툼을 해결할 자체의 상설적 분쟁해결기관을 설치하고 있는 경우도 있고, 당사국 총회 같은 기관이 해석권자의 역할을 하는 경우도 있고, 해석에 관한 분쟁을 담당할 임시적 중재재판부의 구성을 예정하는 경우도 있고, 조약의 최종적 해석권한을 ICJ 같은 외부의 독립적 사법기관에 의뢰하고 있는 경우도 있다. 1960년대 중반 이후 체결된 중요한 인권조약의 경우 조약에 의해 설치된 위원회가 사실상 해석권자의 역할을 하고 있으나, 공식적으로 유권해석권을 부여받지는 않았다. 다만 어떠한 제도를 통해 조약을 해석해도 비엔나 협약 제31조 이하의 해석원칙을 적용하게 될 것이다.

▶판례: 조약의 해석권한

서울고등법원 2008.3.21. 선고 2007누18729 판결

"GATT 협정이 국내법령과 동일한 효력을 가지는 이상 구체적 분쟁에 관하여 조문의 해석권한은 헌법 제101조에 의하여 사법권이 귀속되는 법원에 있는 것이고, GATT 부속서 2 '분쟁해결규칙 및 절차에 관한 양해각서'(Understanding on Rules and Procedures Governing the Settlement of Dispute) 제23조 제1항, 제2항 (a)는 조약 체결 당사국들 사이에 GATT에 관련된 위반 또는 조약의 무효화 또는 조약이 정한 이익의 침해, 조약이 정한 목적 달성을 하지 못함으로 인하여 입는 손해의 구제조치를 추구할 때 WTO 분쟁해결기구(Dispute Settlement Body)만이 분쟁을 해결할 수 있도록 제한하고 있을 뿐 GATT를 체결한 국가의 법원이 자국 내 분쟁에 관하여 GATT를 해석하는 권한을 위 WTO 분쟁해결기구에 일임하였다고 볼 수 없다고 할 것이므로 이 사건 조례가 위 GATT에 위반하였는지는 이 법원의 심판범위에 속한다."

6. 평 가

조약의 해석은 반드시 국제법정만이 부딪치는 문제는 아니다. 오늘날에는 국내법원도 조약의 해석이라는 문제에 자주 직면한다. 국내법에만 익숙한 각국의 판사들은 공식본이 외국어로 작성되어 있는 조약 해석에 특히 어려움을 겪게 된다. 조약은 때로 주권국가간의 입장 차이를 애매한 표현으로 봉합해 성안되는 경우가 많기 때문에 국내법보다 해석이 어렵다.

대부분의 국가는 국내법의 해석방법을 법정화하지는 않는다. 국내법에서 해석방법은 통상 학술적 논의대상에 그치지, 입법의 대상이 되지는 않는다. 그러면 비엔나 협약이 조약의 해석방법을 제도화한 이유는 무엇일까? 대부분의 국가에서 국내법 규범은 상하 위계질서 속에 놓이며(헌법－법률－시행령 등), 법집행기관은 권력분립의 원칙 아래 조직화되어 있다. 어느 기관에 어떤 절차에 의해 무슨 권한을 행사할 수 있는지 그 범위와 한계가 명확하다. 해석의 역할은 상대적으로 제한되어 있다. 특히 국내법의 최종적 해석권은 각국별 최고법원을 정점으로 체계화된 사법부가 갖고 있다. 이는 안정적이고 통일적인 국내법 작동을 가능하게 한다. 법해석의 기본 원칙이 법질서 속에 내재되어 있는 셈이다.

반면 국제법은 국내법에 비해 내용상 흠결도 많고 안정적이지도 못하다. 상대적으로 해석의 역할이 더 커진다. 그러나 현재의 국제법 질서 내에 중앙집권적이거나 모든 국가에 강제관할권을 갖는 법해석기관은 없다. 주권평등 체제에서는 입법자와 해석권자가 동일하여 모든 국가가 국제법의 해석권자가 될 수 있다. 이러한 국제법의 해석을 개별국가의 완전한 재량에 맡겨 두면, 각국이 자신에게만 유리한 해석을 고집해도 통제하기가 어려워진다. 국제법은 통일성을 확보하지 못하고 존재 의의 자체를 부정당할지 모른다. 이에 대응방안의 하나로 국제사회는 조약 해석의 자유를 통제하는 방법을 발전시켰다. 즉 조약의 객관적 해석방법을 발전시키고 이의 준수를 각국에게 의무화함으로써 개별 주권국가에 의한 자의적 조약 해석을 억제하고, 국제법의 내용에 정합성을 확보하려는 취지이다. 그 결과가 비엔나 협약 제31조 이하의 조항들이다.107)

비엔나 협약 제31조와 제32조의 내용은 해석의 순서를 설명하기보다는 해석과정에서 고려되어야 할 각종 요소의 상대적 가치와 비중을 제시하고 있다. 그러나 해석의 기술은 모든 상황에 자동적으로 적용될 수 있는 몇 개의 원칙으로 압축될 수 없다. 이들 조항이 해석에서 적용될 수 있는 모든 요소와 기술을 망라했다고는 볼 수 없으며, 지나치게 일반적이라는 비판도 가능하다. 그러나 비엔나 협약은 해석의 핵심적 요소를 표현하고 있으며, 해석의 근본목적을 제시하고 있다는 점에 가치가 있다.

아마도 조약 해석에 관한 제31조와 제32조는 비엔나 협약중 가장 성공적인 조항이라고 평가해도 과장이 아닐 것이다. 현재 국제사회에서는 해석에 관한 비엔나 협약의 내용을 관습국제법의 표현으로 간주하는 데 별다른 반대가 없다.108) ICJ 역시 협약의 해석조항이 관습국제법의 반영이라는 점을 반복적으로 밝혀 왔다.109) 국제해양법재판소도 마찬가지이다.110) WTO에서도 역시 이 원칙에 따라 협정을 해석한다. 「WTO 분쟁해결규칙 및 절차에 관한 양해」 제3조 2항은 "국제공법의 해

107) M. Bos, A Methodology of International Law(Elsevier Science Publishers B.V., 1984) pp.127－130 참조. 김부찬, 국제법상 유추의 역할 및 한계에 대한 소고, 국제법학회논총 제61권 제4호(2016), pp.52－53 참조.

108) I. Sinclair, Vienna Convention, p.153.

109) Territorial Dispute (Libya/Chad), 1994 ICJ Reports 6, para.41; Oil Platforms(Preliminary Objection) (Iran v. U.S.A.), 1996 ICJ Reports 803, para.23; Kasikili/Sedudu Island (Botswana/Namibia), 1999 ICJ Reports 1045, para.18; Sovereignty over Pulau Ligitan and Pulau Sipadan (Indonesia v. Malaysia), 2002 ICJ Reports 466, para.99; Avena and Other Mexican Nationals (Mexico v. U.S.A.), 2004 ICJ Reports 466, para.83; Legal Consequences of the Construction of a Wall in the Occupied Territory (Advisory Opinion), 2004 ICJ Reports 136, para.94 ; Dispute regarding Navigational and Related Rights (Costa Rica v. Nicaragua), 2009 ICJ Reports 213, para.46; Pulp Mills on the River Uruguay (Argentina v. Uruguay), 2010 ICJ Reports 14, para.65 등.

110) Responsibilities and Obligations of States Sponsoring Persons and Entities with respect to Activities in the Area, Case No.17(Advisory Opinion), 2011 ITLOS Reports 10, para.57.

석에 관한 관례적인 규칙"에 따라 협정을 해석하도록 규정하고 있는데, 이것이 곧 비엔나 협약 제31조 등의 해석규칙을 가리키는 의미로 운영하고 있다.111) 유럽인권재판소와 미주인권재판소도 같은 입장이다.112)

조약은 당사국의 수가 많을수록 비엔나 협약이 규정하고 있는 해석 원칙을 적용하는 데 어려움을 겪게 된다. 왜냐하면 당사국이 많고 특히 뒤 늦은 가입국이 많다면 조약의 대상 및 목적을 확정하기가 더욱 힘들고, 원 당사국의 의도나 준비문서들은 중요성을 상실하게 되며, 일관된 후속 관행을 확인하기도 어려워지기 때문이다. 따라서 그런 경우 국제재판소는 조약 해석에 있어서 더욱 유연하게 재량권을 발휘하려 한다.113)

1982년 영국과 아르헨티나간의 포클랜드전 때 아르헨티나군 포로를 수용하기 위한 막사 텐트를 수송 중이던 영국 선박이 침몰했다. 영국은 아르헨티나군 포로에게 당장 숙소를 제공할 수 없게 되었다. 제네바 협약은 육상포로를 선박에 수용하는 행위를 금지하고 있다. 그래도 포로를 지상에 방치하기보다는 선박에 수용하는 편이 바람직하다고 판단되어 영국군은 국제적십자위원회와 협의한 후 포로를 일단 상선과 군함에 분산 수용했다. 이러한 예에서 볼 수 있듯이 좋은 해석은 종종 상식의 적용에 불과하다.114)

사실 조약 해석이란 체계적인 원칙의 적용을 통한 정확한 과학적 결론의 추구가 아니다. 이는 어느 정도 예술에 가까운 작업이다.115) 해석은 조약과 관련된 다양한 고려사항 중 가장 관련성 높은 대상을 해석자가 선택해 적용함으로써 새로운

111) WTO, The Report of the Appellate Body, United States – Standards for Reformulated and Conventional Gasoline, WT/DS2/AB/R(1996), pp.16–18, 23; WTO, The Reports of the Penal, China – Definitive Anti–Dumping Duties on X–Ray Security Inspection Equipment from the European Union, WT/DS425/R(2013), para.7.3 등. 이에 관한 일반적 설명은 김인숙, WTO 분쟁해결기구에서의 조약법 협약 제31조의 적용에 관한 연구, 서울국제법연구 제20권 2호(2013) 참조.

112) 유럽인권재판소: Witold Litwa v. Poland, No.26629/95(2000), ECHR 2000–III, para.58; Demir and Baykara v. Turkey[GC], No.34503/97(2008), ECHR 2008, para.65; Hassan v. U.K. [GC], No.29750/09(2014), ECHR 2014, para.100. 등. 미주인권재판소: Hilaire, Constantine and Benjamin et al. v. Trinidad Tobago (2002), Inter–Am. Ct. H.R. Series CNo.94, para.19 등.

113) M. Dixon, R. McCorquodale & S. Williams, Cases & Materials on International Law 6th ed. (Oxford UP, 2016), p.89.

114) A. Aust, Treaty Law, p.222.

115) ILC Final Draft Articles and Commentary on the Law of Treaties, Article 27 & 28, para.4. (Yearbook of the International Law Commission, 1966, vol.II, p.218)

결과를 만들어내기도 한다는 점에서 창의적 성격도 갖는다. 이에 때로 조약의 혁신적 해석을 통해 국제법이 발전하기도 한다. 예를 들어 UN 헌장이나 인권조약의 해석을 통해 국가주권이나 국내문제의 개념은 20세기 후반 크게 변천했다. 또한 조약 해석은 그 자체가 국제정치 역학관계의 반영이기도 하다. 조약은 다양한 정치적 이해관계와 선호 속에서 정치적으로 해석되기도 하며, 그 문제에 관해 국제질서를 주도하는 국가들의 해석이 통용될 가능성이 더 높기 때문이다.

▶판례: 비엔나 협약의 해석조항은 관습국제법의 반영

Kasikili/ Sedudu Island (Botswana/ Namibia), 1999 ICJ Reports 1045.

"18. The law applicable to the present case has its source first of all in the 1890 Treaty, which Botswana and Namibia acknowledge to be binding on them.

As regards the interpretation of that Treaty, the Court notes that neither Botswana nor Namibia are parties to the Vienna Convention on the Law of Treaties of 23 May 1969, but that both of them consider that Article 31 of the Vienna Convention is applicable inasmuch as it reflects customary international law. The Court itself has already had occasion in the past to hold that customary international law found expression in Article 31 of the Vienna Convention(see Territorial Dispute (Libyan Arab Jamahiriya/ Chad), Judgement, I.C.J. Reports 1994, p.21, para.41; Oil Platforms (Islamic Republic of Iran v. United States of America), Preliminary Objections, Judgment, I.C.J. Reports 1996(II), p.812, para.23). Article 4 of the Convention, which provides that it "applies only to treaties which are concluded by States after the entry into force of the . . . Convention with regard to such States" does not, therefore, prevent the Court from interpreting the 1890 Treaty in accordance with the rules reflected in Article 31 of the Convention."

▶판례: 비엔나 협약의 해석조항은 관습국제법의 반영

Sovereignty over Pulau Ligitan and Pulau Sipadan (Indonesia/ Malaysia), 2002 ICJ Reports 625.

"37. The Court notes that Indonesia is not a party to the Vienna Convention of 23 May 1969 on the Law of Treaties; the Court would nevertheless recall that, in accordance with customary international law, reflected in Articles 31 and 32 of that Convention:

"a treaty must be interpreted in good faith in accordance with the ordinary meaning to be given to its terms in their context and in the light of its object and purpose. Interpretation must be based above all upon the text of the treaty. As a supplementary measure recourse may be had to means of interpretation such as the preparatory work of the treaty and the circumstances of its conclusion." (Territorial Dispute (Libyan Arab Jamahiriya/Chad), Judgment, I.C.J. Reports 1994, pp.21-22, para.41; see also Maritime Delimitation and Territorial Questions between Qatar and Bahrain (Qatar v. Bahrain), Jurisdiction and Admissibility, Judgment, I.C.J. Reports 1995, p.18, para.33; Oil Platforms (Islamic Republic of Iran v. United States of America), Preliminary Objection, Judgment, I.C.J. Reports 1996 (II), p.812, para.23; Kasikili/Sedudu Island (Botswana1 Namibia), Judgment, I.C.J. Reports 1999(II), p.1059, para.18.)

Moreover, with respect to Article 31, paragraph 3, the Court has had occasion to state that this provision also reflects customary law, stipulating that there shall be taken into account, together with the context, the subsequent conduct of the parties to the treaty, i.e., "any subsequent agreement" (subpara.(a)) and "any subsequent practice" (subpara.(b)) (see in particular Legality of the Use by a State of Nuclear Weapons in Armed Conflict, Advisory Opinion, I.C.J. Reports 1996(I), p.75, para.19; *Kasikili/Sedudu Island*(Botswana/Namibia), *Judgment, I.C.J. Reports 1999*(II), p.1075, para.48).

Indonesia does not dispute that these are the applicable rules. Nor is the applicability of the rule contained in Article 31, paragraph 2, contested by the Parties."

▶판례: 조약의 해석원칙

서울행정법원 2004.2.13. 선고 2002구합33943 판결

[한일 청구권협정에 관한 정보공개청구와 관련해 재판부는 조약 해석이란 "조약의 목적과 의도에 따라 그 문언의 의미를 밝힘으로써 당사국의 의사를 확인"하는 것으로 설명하고 있다. 이러한 입장이 비엔나 협약의 규정과 일치하는가?]

"청구권협정 및 합의의사록의 내용만으로는 원고들의 개인적 손해배상청구권의 소멸 여부에 관한 합치된 해석이 어려워 많은 논란이 있음은 앞서 본 바와 같고, 조약의 해석에 관하여는 조약의 목적과 의도에 따라 그 문언의 의미를 밝힘으로써 당사국의 의사를 확인하여야 하고 여기에 조약 체결시의 역사적 상황이 고려되어야 하며 조약 문언의 해석이 의심스러운 경우에는 조약의 준비문서도 해석을 위하여 이용되어야 하는 점에 비추어 보면 청구권협정 해석의 보충적 수단으로서 이 사건 문서를 이용할 필요성이 크다고 할 것이므로, 이 사건 문서의 공개가 불필요하다고 할 수 없다.

또 정부가 앞서 본 보상 관련 법률에 의하여 이미 마쳤거나 현재 실시하고 있는 일본 강점기의 피해에 대한 보상은 피해 국민 일부에 대한 그리고 피해의 일부에 대한 보상에 그친 것이므로, 그러한 보상이 행하여졌다고 하여 그 보상대상으로 정하지 않은 피해를 입은 국민이나 신고기간 내에 신고를 하지 못한 국민이 더 이상 일본이나 일본기업에 대하여 손해배상청구권을 가지지 못하게 된다고 볼 합리적 근거가 되지는 아니한다고 할 것이니, 그러한 보상 등을 이유로 원고들이 이 사건 문서의 공개를 통하여 보호받을 실제의 이익이 없다는 주장은 이유 없다(다만, 이 사건 문서를 보충적 수단으로 삼아 청구권협정의 의미를 해석하는 경우에도 원고들의 개인적 손해배상청구권이 소멸된 것으로 볼 것인지 여부는 장차의 판단 사항일 뿐이다)."

▶판례: 조약의 해석원칙

대법원 2018.10.30. 선고 2013다61381 판결

"조약은 전문·부속서를 포함하는 조약문의 문맥 및 조약의 대상과 목적에 비추어 그 조약의 문언에 부여되는 통상적인 의미에 따라 성실하게 해석되어야 한다. 여기서 문맥은 조약문(전문 및 부속서를 포함한다) 외에 조약의 체결과 관련하여 당사국 사이에 이루어진 그 조약에 관한 합의 등을 포함하며, 조약 문언의 의미가 모호하거나 애매한 경우 등에는 조약의 교섭 기록 및 체결 시의 사정 등을 보충적으로 고려하여 그 의미를 밝혀야 한다."

제 8 장

조약과 제3국

제8장 조약과 제3국

제3국(third State)이란 조약의 당사자가 아닌 국가를 의미한다(제2조 2항 아호). 조약은 당사국에 대해서만 구속력을 가지며, 제3국에 대하여는 그의 동의 없이 의무나 권리를 창설하지 못한다(제34조)(*pacta tertiis nec nocent nec prosunt*).[1] 국가 주권과 독립성에 대한 존중을 바탕으로 하는 이 원칙은 오래 전부터 법에 있어서의 기본 상식으로 받아들여졌다.

제3국에 대한 조약의 적용문제는 양차 대전 사이의 PCIJ 판례와 대전 이후 몇몇 국가의 실행의 영향을 크게 받아 발전했다.[2] 비엔나 협약은 제34조 내지 제38조(제3부 제4절)에서 조약과 제3국간의 관계를 규정하고 있다. 이 내용이 과연 과거의 국가관행이나 국제판례를 정확히 반영한 결과이냐에 대해 의문이 제기되기도 했으나, 1969년 채택 이래 국제관계에서 별다른 도전을 받지 않았다는 점에서 성공적인 입법이요 적절한 조문화였다고 평가된다.[3]

1. 제3국에 대한 의무 부과

비엔나 협약상 조약은 제3국의 서면동의가 있어야만 제3국에 의무를 부과할 수 있다(제35조). 제3국이 의무에 대한 동의를 했다고 하여 조약의 당사국이 되는 것은 아니며, 제3국 의무의 근거는 조약 자체가 아닌 자신의 동의이다. 제3국에게 부여된 의무를 변경할 때에는 제3국의 새로운 동의가 필요하다. 제3국 역시 일단 수락한 의무를 일방적으로 취소나 변경할 수 없다(제37조 1항). 구두조약도 가능하

1) "Treaties do not impose any obligations, nor confer any rights, on third states." 이는 로마법에서 직접적으로 유래하는 문구는 아니고, 로마 사법상의 원칙을 후일 국제법상 조약에 유추해 창안된 된 문구로 알려져 있다. F. Salerno, Treaties Establishing Objective Regimes, in E. Cannizzaro ed., The Law of Treaties beyond the Vienna Convention(Oxford UP, 2011), p.229.

2) D. Bederman, Third Party Rights and Obligations in Treaties, in D. Hollis, Oxford Guide, p.330.

3) D. Bederman(상게주), p.345.

므로 이론적으로는 반드시 서면 형식의 동의가 요구되는 것은 물론 아니다.

비엔나 협약은 조약이 제3국에 의무를 강제할 수 없다는 점에 대한 아무런 예외도 설정하고 있지 않다. 단지 조약 내용이 관습국제법에 해당하는 경우에는 동의 여부와 관계없이 관습국제법의 자격으로 제3국을 구속할 수 있을 뿐이다(제38조). 이는 매우 당연한 내용이나 비엔나 협약에는 약간 미묘한 표현이 담겨 있다. 즉 단순한 "관습국제법"이 아니라 "as a customary rule of international law, recognized as such"로 규정되어 있다. 여기서 "recognized as such"는 비엔나 회의에서 시리아의 제안으로 논란 끝에 여러 제3세계 국가들의 지지를 바탕으로 추가된 표현이다. 이는 신생국이 다수 출현하는 세계를 감안해 그 국가에 의해 인정받은 관습국제법이란 의미를 내포하고 있다. 관습국제법이 개개 신생국가의 승인을 받아야 한다는 입장은 관습국제법의 전통적인 정의와 일치하지 않는다. 사실 제38조에 그 같은 내용이 명시적으로 표시되어 있지도 않지만, 언뜻 보기에 필요성이 의심되는 "recognized as such"라는 표현의 삽입은 이 같은 입법연혁을 알아야만 이해할 수 있다.[4)]

한편 UN 헌장 제2조 6항은 UN이 "국제연합의 회원국이 아닌 국가가 국제평화와 안전을 유지하는 데 필요한 한, 이러한 원칙에 따라 행동하도록 확보한다"고 규정해 제3국에 대한 의무의 부과를 규정하고 있다. 이는 UN 헌장의 특별한 성격에 근거해 인정되는 특칙이다. 과거 안보리가 로디지아, 남아프리카 공화국 및 이라크 등을 상대로 경제제재를 결의했을 때 비회원국이던 한국도 이를 준수하는 보고서를 UN에 제출한 바 있다.[5)] 1990년 쿠웨이트를 침공한 이라크에 대하여 안보리가 경제제재 결의를 하자 당시 UN 비회원국인 스위스 역시 이의 이행을 통고했다.[6)]

---

4) D. Bederman(전게주 2), p.338.

5) 1966년 로디지아에 대한 안보리의 경제금수 결의가 채택되자(제221호 및 제232호) 한국은 상공부장관령을 통해 로디지아와의 모든 무역거래를 금지시켰음을 UN에 통보했다(S/7781, Annex 2, p.33(1967)). 1977년 남아프리카공화국에 대한 무기 및 전략물자 금수 결의가 채택되자, 한국은 이 결의에 대한 지지와 준수를 UN에 통보했다(S/12440(1977), S/12770(1978)). 1990년 쿠웨이트를 침공한 이라크에 대한 제재결의가 채택되자, 한국 정부는 이 내용을 이행하고 있음을 UN에 통보했다(S/21487(1990), S/21617(1990), S/23016(1991)). 정인섭, "한국과 UN, 그 관계 발전과 국제법학계의 과제," 국제법학회논총 제58권 제3호(2013), pp.60-61.

6) 다만 스위스는 이라크 제재에 대한 안보리 결의를 독자적으로 준수하겠다고 통보함으로써 법적 의무라기보다 자국의 자유의사에 따른 행동임을 표시했다. B. Conforti & C. Focarelli, The Law and Practice of the United Nations 5th revised ed.(Brill, 2016), pp.166-167.

2. 제3국에 대한 권리 부여

제3국을 위한 권리 부여를 금지하는 국제법 원칙은 없다. 오스만 터키, 영국, 프랑스 등 10개국이 서명한 1888년 콘스탄티노플 조약 제1조는 수에즈 운하를 모든 국가에게 개방한다고 규정하고 있다. 이와 같이 국제운하나 수로의 개방을 규정한 조약은 전형적인 제3국에 대한 권리 부여 조약이다. UN 비회원국도 자신이 당사자인 분쟁에 관해 총회나 안보리에 주의를 환기할 수 있다는 헌장 제35조는 제3국의 권리를 규정하고 있는 사례이다. 제1차 대전 후 베르사이유 평화조약은 비당사국인 덴마크(제109조)와 스위스(제358조 및 제374조)를 위한 조항을 포함시켰다.

비엔나 협약 성안시 조약이 제3국에게 권리를 부여하는 경우에도 해당국의 동의가 필요한가에 대해 논란이 제기되었으나, "은혜는 강요될 수 없다"는 법언과 같이 권리 부여에도 제3국의 동의를 필요로 하도록 규정했다. 다만 권리 부여의 경우 제3국의 반대표시가 없는 한 동의는 추정된다(제36조 1항). 이에 따라 권리를 행사하는 제3국은 조약상 조건을 준수해야 한다. 아무리 명시적 동의 하에 중요한 권리를 부여받았다고 할지라도 제3국이 조약의 당사국이 되는 것은 물론 아니다.

한편 제3국에 대한 권리 부여시 국가는 동의가 추정되나, 국제기구의 동의는 추정되지 않는다. 왜냐하면 국제기구의 능력은 설립헌장에 의해 제한되며, 국제기구라는 사실만으로 국제법상 무제한한 권한을 인정받지 못한다. 따라서 제3국들이 합의를 통해 국제기구에 일정한 권리를 부여한다고 해도 그 내용이 해당 국제기구의 권한 범위에 속할지는 알 수 없다. 이에 국제기구 조약법 협약도 국제기구의 동의는 해당 기구의 관련 규칙에 따른다고 규정하고 있다(제36조 2항 2문).

일단 부여된 권리 역시 제3국의 동의 없이는 변경되지 않도록 의도되었다면 동의를 얻어야만 변경이 가능하며 일방적으로 변경하거나 취소할 수 없다(제37조 2항). 단 제3국이 권리부여를 명시적으로 동의하기 전까지 조약 당사국들은 자유롭게 해당 조항을 개정 또는 취소할 수 있다.[7] 제3국은 부여받은 권리를 일방적으로 취소할 수 있는가? 제3국은 단순히 부여받은 권리를 행사하지 않으면 취소와 같은 결과가 발생하므로 이를 위한 별도의 취소절차를 필요로 하지 않는다.[8]

제3국에 대해 권리와 의무를 동시에 부과하는 조약의 경우 엄격한 원칙을 적

7) Yearbook of the International Law Commission, 1966, Vol.II. p.229(para.5).

8) A. Aust, Treaty Law, p.230.

용해 서면동의가 필요하다고 해석된다. 국제하천 하구에 보다 가까운 A국과 B국이 조약을 체결해 이들보다 내륙국인 C국의 선박에 대하여도 자국 영역 내 하천의 통항을 보장하되 항해 안전을 위해 일정한 운항규칙을 실시한다면, C국의 선박이 A국과 B국의 영역을 통과하는 경우 정해진 운항규칙을 준수해야 한다. 이에 따른 통항권을 행사하는 한 C국의 동의는 추정된다. 한편 A국과 B국이 내륙국인 C국 선박의 자국 영역 통과를 허용하는 대신 자국 선박 역시 C국 영역을 자유로이 통과할 수 있다는 내용의 조약을 체결한다면 이러한 합의는 C국에 대해 권리와 의무를 동시에 부과하는 의미가 되므로, C국의 서면동의를 필요로 한다.[9)]

제3국 권리의 성립근거는 조약 자체인가? 아니면 제3국의 동의인가? 전자라면 반대를 하지 않는 한 제3국의 권리는 조약의 성립과 동시에 바로 발생한다. 이 경우 제3국의 동의는 단지 권리 부여를 거부하지 않겠다는 의사 확인에 불과하다. 반면 후자라면 조약은 단지 제3국에게 권리를 부여하겠다는 의사표시에 불과하고, 묵시적이라도 제3국의 동의가 있어야 비로소 제3국의 권리가 성립한다. 비엔나 협약 성안 당시 이 점에 관한 이론적 논란이 있었다. 특별보고자 Waldock을 포함한 다수 ILC 위원들은 전자의 입장을 선호했으나, 국제관계에서 권리·의무의 성립의 근거는 당사국의 동의라고 보는 좀 더 보수적인 입장(소련, 인도 등)에서는 후자를 지지했다. 그러나 협약은 제3국의 권리가 조약에서 발생하는지, 제3국의 동의에서 발생하는지를 명확히 하지 않고 일종의 “open question”으로 남겨 두었다. 사실 현실에서는 양자가 별다른 차이를 가져 오지 않으리라 생각되어 일종의 타협을 한 셈이다.[10)]

한편 제3국에게 단순히 이익을 주는 조약은 여기서 말하는 제3국에 대한 권리 부여 조약이 아니다. 예를 들어 두 국가가 공해물질 배출을 규제하는 조약을 체결한 결과 인접국들도 혜택을 받는 경우가 이에 해당한다.[11)]

제2차 대전 후 샌프란시스코 대일평화조약 제21조는 한국이 제2조, 제4조, 제9조, 제12조의 이익을 가질 권리를 취득한다(shall be entitled to)고 규정하고 있다.[12)]

---

9) I. Sinclair, Vienna Convention, pp.102－103 참조.

10) ILC Final Drafts Articles and Commentary(1966), Article 32, in A. Watts ed., The International Law Commission 1949-1998 vol.II: The Treaties Part II(Oxford University Press, 1999), pp.702－704 참조.

11) A. Aust, Treaty Law, p.228.

12) 제2조 1항은 일본이 한국의 독립을 승인하고 한국에 대한 모든 권리, 권원, 청구권을 포기한

주지하다시피 한국은 샌프란시스코 대일평화조약 협상에 당사국의 일원으로 참여하기 원했으나, 주요 연합국과 일본의 반대로 무산되고 대신 제21조에 따른 이익 수혜국으로 규정되는데 그쳤다. 비엔나 조약법 협약이 소급효는 없으나 그 이전에도 조약이 제3국에 대한 권리 부여를 금지하는 국제법 규칙은 없었으므로,[13] 한국은 제3국으로서 대일평화조약 제21조에 규정된 이익을 향유할 권리를 부여받았다.[14] 그렇다면 한국은 대일평화조약 제21조의 규정내용을 수락했는가? 한국 정부가 대일평화조약의 제3국으로서 제21조에 규정된 권리 부여에 동의한다는 의사를 명시적으로 발표한 사실 여부는 확인하지 못했다. 그러나 한국 정부의 일련의 태도를 보면 대일평화조약 제21조의 권리를 수락했다고 해석된다. 예를 한국 정부의 「한일회담백서」는 "동 조약(샌프란시스코 대일평화조약 – 필자 주) 제21조의 규정에 의하여 동 조약 제2조(영토조항), 제4조(청구권), 제9조(어업협정 체결문제) 및 제12조(통상항해조약 체결시까지의 경과 조치)의 이익을 받을 권리를 갖게 되었으며, 그중 제4조가 한일간 청구권문제의 기초가 되어" 있다고 전제하며,[15] 대일 청구권 협상과 관련된 설명을 시종 대일평화조약 제4조에 입각해 진행하고 있다. 결과적으로 대일평화조약 제14조에 규정된 전승국의 "손해와 고통"에 대한 배상청구권을 인정받지 못한 한국으로서는 "일본국에 요구하는 청구권을 국제법에 적용해서 보면 영토의 분리 분할에서 오는 재정상 및 민사상 청구권 해결 문제"라고 설명한다.[16] 또한 한국 정부가 1956년 9월 20일자로 일본 정부에 보낸 외교공한에서 "우리의 견해는 일본국이 한국의 독립을 승인하고 […] 대한민국은 권리로서 제2조의 이익을 주장할 수 있다"라고 표명한 점에서 제2조의 이익을 받을 권리를 수락하는 의사표시였다고 볼 수 있다.[17]

다고 규정하고 있다. 제4조는 연합국의 점령 시 일본국 및 일본 국민 재산처리 효력의 승인, 제9조는 어업협정의 체결, 제12조는 통상에 있어서 최혜국, 내국민 대우 등에 관한 규정이다.

13) "It cannot be lightly presumed that stipulations favourable to a third State have been adopted with the object of creating an actual right in its favour. There is however nothing to prevent the will of sovereign States from having this object and this effect. The question of the existence of a right acquired under an instrument drawn between other States is therefore one to be decided in each particular case." The Free Zones of Upper Savoy and the District of Gex, PCIJ Series A/B No.46(1932), pp.147–148.

14) 과거의 관련 관습국제법에 관한 논의는 정재민, 대일강화조약 제2조가 한국에 미치는 효력, 국제법학회논총 제58권 제2호(2013), pp.50–52 참조.

15) 대한민국 정부, 한일회담백서(1965), pp.39–40.

16) 상게주, p.41.

17) "독도에 관한 일본정부의 견해를 반박하는 대한민국의 견해, 외무부, 독도관계자료집 (1) 왕복외교문서(1952–76)(1977), p.196.

3. 객관적 체제

조약이 그 내용과 체결 상황에 따라서는 당사국만이 아닌 다른 모든 국가에 대해 대세적(*erga omnes*) 효력을 갖는 객관적 체제(objective regime)를 수립할 수 있는가? 이를 지지하는 입장은 예를 들어 특정한 지역을 비무장화 하거나 중립화 하는 조약이나 수에즈 운하의 통항에 관한 조약 등은 제3국에게도 당연히 그 법적 효력이 미친다고 주장한다. 과거 주로 영역이나 국제수로의 이용과 관련된 조약에 대해 이러한 효과가 주장되었다.

1907년 Åland 섬 분쟁은 이에 관한 고전적 사례이다. 크리미아 전쟁 후 체결된 1856년 조약에 따라 러시아는 이 섬의 무장화를 금지당하고 있었는데, 러시아가 이를 위반한다면 1856년 조약의 비당사국인 스웨덴이 러시아의 조약 위반을 추궁할 수 있느냐는 문제가 제기되었다. 당시 학계의 대체적 견해는 스웨덴은 그 같은 권리가 없고, 만약 러시아에 항의를 하고 싶다면 1856년 조약의 다른 당사국에게 요청할 수 있을 뿐이라고 보았다. 그러나 제1차 대전 후 국제연맹에 의해 임명된 법률가위원회(Committee of Jurists)는 1856년 조약이 당사국 이상으로 효력을 미치는 객관적 법(objective law)를 형성하고 있다고 해석했다.[18] 반면 PCIJ는 1929년 그 같은 개념을 부인하고 1921년 바르셀로나 협약은 비 당사국인 폴란드에 구속력이 없다고 판단했다.[19] PCIJ는 또한 1932년 Free Zones 판결에서 아무리 제3국에 우호적인 조약이라 하여 제3국에게 권리를 부여한다고 가볍게 추정되어서는 아니된다고 설시했다.[20] 아직까지 객관적 체제의 개념을 명시적으로 수락한 ICJ 판례는 찾을 수 없다.

비엔나 협약 초안과정에서는 Fitzmaurice가 국제수로조약과 같은 일정 조약은 여러 이유에서 제3국에게도 영향을 미친다고 지적하며, 객관적 체제에 해당하는 개념을 제시했고, Waldock이 이를 이어 받았다. Waldock은 1964년 제출한 그의 제3차 보고서에서 다음과 같은 조항을 제안했다.

---

18) Committee of Jurists, Åland Islands Affair, League of Nations Official Journal, Special Supplement No.3(October 1920) 18. D. Bederman(전게주 2), p.331에서 재인.

19) Case relating Territorial Jurisdiction of the International Commission of the River Oder (U.K. v. Poland), 1929 PCIJ Reports Series A, No.23, pp.20－22.

20) Free Zones of Upper Savoy and the District of Gex (France v. Swiss), 1932 PCIJ Reports Series A/B No.46, p.147.

> "조약의 문언과 체결 시의 상황으로 보아 당사국들의 의도가 일반의 이익을 위해 특정지역, 국가, 영역, 지방, 하천, 수로 또는 바다나 해저, 상공의 특정 지역에 관해 일반적 권리·의무를 창설하려는 경우 조약은 객관적 체제를 수립한다. 단 당사국에는 그 조약의 주제에 관해 영토적 권한을 가진 모든 국가가 포함되거나, 그러한 국가가 문제의 조항에 동의했어야 한다."(제63조 1항).[21]

그는 이의 주석에서 국제하천·수로의 항행에 관한 조약, 특정 영역 또는 지역의 중립화나 비무장화에 관한 조약, 특졍 영역의 위임통치나 신탁통치에 관한 조약, 새로운 국가나 국제기구를 수립하는 조약, 영토 할양 및 국경조약 등을 객관적 체제의 후보군으로 예시했다.[22]

그러나 객관적 체제 개념은 ILC에 많은 논란 끝에 "일반적으로 수락되기 어려웠기 때문에" 협약 ILC 최종 초안에서는 삭제하기로 결정되었다.[23] 비엔나 협약에서의 탈락은 객관적 체제가 국제사회에서 수락되는데 타격을 가했다.

오늘날 객관적 체제를 수립했다고 주장될 만한 가장 대표적인 조약으로는 UN 헌장과 남극조약을 들 수 있다.[24] UN 헌장은 사실상 모든 국가가 당사국이므로 이의 구속력 확인을 위해 굳이 객관적 체제라는 개념을 동원할 필요가 없다. 한편 현재(2023년 2월) 남극조약의 당사국은 56개국에 불과하지만 남극조약체제는 내용상 제3국을 포함한 모든 국가의 준수를 기대하면서 만들어졌다. 남극 활동에 참여할 능력이 있는 거의 모든 국가가 당사국이기도 하다. 따라서 오늘날 남극조약은 객관적 체제에 해당한다는 주장도 일리가 있다. 반면 남극조약의 보편적 구속력을 반대하는 비당사국도 있는 것이 사실이다.

객관적 체제의 개념이 수락된다면 조약은 동의 없이 제3국의 권리·의무를 창설할 수 없다는 원칙에 대한 중대한 예외가 된다. 그러나 현실적으로 강대국만이 객관적 체제를 수립할 수 있다. 이 개념은 강대국들이 자신의 의사를 타국에게 합법적으로 강제하는 통로가 되어 주권평등 원칙을 침해할 수 있다는 우려가 컸다. 과거 객관적 체제를 수립했다고 제시되는 조약들도 결국 제3국의 묵인이나 승인이

---

21) Yearbook of the International Law Commission 1964 vol.I, p.26.

22) 상게주, p.27(para.4).

23) Yearbook of the International Law Commission 1966 vol.II, p.231(para.4). 이에 관한 ILC에서의 논의는 류아현, 객관적 체제 설정조약의 개념적 재평가(서울대학교 법학석사논문, 2017), pp.170-176 참조.

24) D. Bederman(전게주 2), pp.343-344.

일반적 효력의 근거가 되었을 뿐, 이 개념이 별도로 필요하지 않다고 반박되기도 한다. 다만 앞으로 인권조약이나 환경조약과 같이 국제 공익을 위해 범세계적 적용이 필요한 조약의 경우 이러한 개념이 주장될 가능성은 여전히 남아 있다.[25] 객관적 체제 개념의 수용 여부는 국제의무의 원천은 여전히 국가의 동의뿐인가라는 질문과 밀접하게 관련된다.

4. 기타 제3국과의 관계

현실에서 조약은 법적 권리·의무 여부와 관계없이 제3국에 실질적 영향을 미치는 경우가 많다. 예를 들어 일정한 국가들간의 자유무역협정이나 지역경제통합조약은 비당사국 상품의 역내 경쟁력에 커다란 영향을 미친다. A국과 B국이 해당 지역 주민의 국적변경까지 포함하는 영토할양조약을 체결하면 제3국으로서는 그 같은 국적변경의 결과를 인정하지 않을 방법이 사실상 없다.

한편 제3국 국민이 조약 당사국에 소재하는 경우 속지주의 원칙에 따라 개인적으로 조약의 적용을 받는 경우가 많다. 예를 들어 범죄인인도 조약을 체결한 국가에 소재하는 개인은 해당 조약의 당사국 국민이 아니라도, 조약에 따른 범죄인인도의 대상자가 될 수 있다. 「시민적 및 정치적 권리에 관한 국제규약」은 국적과 관계없이 당사국의 영토 내에서 관할권에 복종하는 모든 개인에 대해 적용됨을 원칙으로 한다(제2조 1항).

경우에 따라서 제3국의 대표가 조약에 증인으로 서명하기도 한다. 제3국 국가원수나 대표가 정치적으로 중요한 조약에 증인으로 서명하는 전통은 유럽의 중세 시절에도 있었다. 근래의 예를 들면 이집트와 이스라엘간의 Camp David 협정(1979)에는 미국 대통령이 증인으로 서명했다. 유고 사태에 관한 Dayton 협정(1995)에는 당사국들 외에 미국과 프랑스의 대통령, 영국과 독일의 수상, 러시아 총리, EU 대표가 증인으로 서명했다. 단 이는 정치적 의미를 지닐 뿐, 증인국이 서명국에 대해 어떠한 법적 의무를 부담하지는 않는다. 조약에 대한 정치적 비중을 높여주며, 조약 내용의 성공적인 이행을 바란다는 희망을 표시함에 불과하다.[26]

---

25) C. F. de Casadevante Romani, Objective Regime, The Max Planck Encyclopidia of Public International Law vol.VII(Oxford UP, 2012), pp.912−915; J. Klabbers, International Law 3rd ed.(Cambridge UP, 2021), p.62. 이에 대한 반론 D. Bederman(전게주 2), p.344.

26) A. Aust, Treaty Law, pp.93−94.

▶판례: 조약의 제3국에 대한 효력

Free Zones of Upper Savoy and the District of Gex (France v. Swiss), 1932 PCIJ Reports Series A/B No.46.

[제3국에 우호적인 조약이라 하여 제3국에게 권리를 부여한다고 가볍게 추정되어서는 아니된다. 단 조약 당사국이 제3국을 위한 권리 부여에 합의하고, 제3국이 이를 수락하면 제3국을 위한 권리 창설이 가능하다.]

(p.147) "It cannot be lightly presumed that stipulations favourable to a third State have been adopted with the object of creating an actual right in its favour. There is however nothing to prevent the will of sovereign States from having this object and this effect. The question of the existence of a right acquired under an instrument drawn between other States is therefore one to be decided in each particular case: it must be ascertained whether the States which have stipulated in favour of a third State meant to create for that State an actual right which the latter has accepted as such."

제9장

조약의 개정과 변경

1. 개　　정
   가. 의　　의
   나. 비엔나 협약의 내용
   다. 특수한 개정방식
   라. 비공식적 개정
2. 변　　경

제 9 장 조약의 개정과 변경

1. 개　　정

가. 의　　의

대부분의 조약은 당사국간 법률관계를 일정기간 이상 지속적으로 규율할 목적으로 체결된다. 그러나 처음 조약을 교섭할 당시에는 예상하지 못했던 상황이 새롭게 발생하거나 조약의 대상 및 목적에 대한 당사국의 이해가 바뀌면 조약 개정이 필요하게 된다. 또는 다른 국제법 분야에서의 변화로 인해 조약 개정 필요가 발생하기도 한다.

조약 개정은 과거 학자들의 주목을 받던 주제가 아니었다. 단순히 기술적 사항 정도로 생각하는 경우가 많았고, 자연 이에 관한 연구도 많지 않았다. 따라서 이에 관한 관습국제법은 제대로 발달되지 않았다. ILC 논의과정에서도 Fitzmaurice 초안에는 이 문제가 포함되지 않았다가, Waldock 초안에서 비로소 처음 등장했다.[1] Waldock 초안에 관한 초기 토의과정에서 적지 않은 위원은 협약에 이를 포함시킬 필요성에 회의적이었다.[2]

조약 개정이 필요한 궁극적인 이유는 변화된 상황에 대처함으로써 기존 조약관계의 붕괴를 막기 위함이다. 제1차 대전이 끝나고 1919년 베르사이유 평화조약이 체결되었다. 후일 독일은 이 조약의 전면적 개정을 요구했으나, 다른 당사국들은 독일의 충실한 이행만을 고집했다. 그러자 1930년대 들어 독일은 조약 상의 군사적 의무를 외면하고 라인 좌안 지역을 재무장했고, 궁극적으로는 제2차 대전이 발발했다. 역사가들은 가혹한 조건의 1919년 평화조약이 제2차 대전 발발 원인의 하나였다고 평가한다. 적절한 개정방법이 마련되지 않은 조약은 때로 무력에 의한 조약 파괴라는 극단적인 결과를 가져온다.

---

1) M. Villiger, Commentary, p.510.

2) M. Villiger, Commentary, p.521.

조약은 개정이 너무 어려우면 외부 환경 변화에 대응하지 못하게 된다. 개정을 원하는 당사자들의 이탈을 초래할 수 있어 오히려 조약의 목적 달성이 어려움에 처할 수 있다. 반대로 조약이 지나치게 쉽게 개정될 수 있으면 조약의 안정성이 위협받을 수 있다. 조약의 개정 방법은 조약의 안정성과 현실 적응력 그리고 주권보호 등이 균형을 이룰 수 있는 지점에 자리 잡아야 이상적이며, 비엔나 협약은 이의 실현을 목표로 하고 있다. 사실 조약 개정은 현실에서 매우 빈번하게 발생하고 있다. 특히 다자조약을 성안하는 과정에서는 장래의 개정을 염두에 두고 작업이 진행되기도 한다. 그런 의미에서 비엔나 협약의 개정조항은 이용 가능성이 높은 조항이라고 할 수 있다.

제2차 대전 이전까지 조약 개정은 대체로 만장일치의 동의를 필요로 했으므로 개정 자체가 쉽지 않았다. 조약 내 개정 절차가 미리 만들어져 있던 예도 비교적 드물었다. 20세기 중반을 지나며 주권국가 수의 증가로 인해 다자조약 당사국 수가 함께 증가했으며, 내용상으로도 장기적 적용을 예정하는 다자조약이 늘었다. 조약 속에 미래의 개정을 위한 대비책을 마련할 필요도 커졌다. 만장일치제의 고수는 점차 힘들어졌고, 만장일치가 없더라도 개정에 동의하는 당사국들에게만 새 조항을 적용시키는 실행이 발전했다.[3)]

나. 비엔나 협약의 내용

비엔나 협약은 제39조 이하에 조약의 개정(amendment)에 관한 규정을 두고 있다. 조약은 당사국이 합의하면 개정될 수 있다(제39조). 조약 개정의 합의가 반드시 새로운 조약의 형식을 취해야 하는 것은 아니며, 당사국 회의에서의 결의 등 다양한 방식으로 추진될 수 있다. 합의가 반드시 문서로 표시되어야 하지도 않는다. 합의만 성립되면 구두 개정합의도 가능하다.

양자조약의 경우 두 국가의 합의만 성립되면 개정이 가능하므로 비교적 간단하다. 설사 원 조약에 개정을 금지하는 조항이 있더라도 양 당사국이 합의만 하면 이 역시 언제든지 개정할 수 있다. 비엔나 협약도 양자조약의 개정에 관해서는 별달리 구체적 규정을 두지 않았다.

반면 다자조약의 개정은 기술적으로 보다 복잡한 문제를 야기한다. 개정은 때

---

3) A. Aust, Treaty Law, p.232.

로 조약의 제정만큼이나 어려운 작업이 되기도 한다. 그러나 존속기한의 예정이 없는 다자조약일수록 현실에 적응하기 위한 개정은 조약의 생명력을 연장시켜 주게 된다. 이에 적지 않은 조약이 자신의 개정을 위한 절차조항을 미리 마련해 두고 있으며, 그런 경우 자체 규정이 우선적으로 적용된다(제39조). 그러나 모든 조약이 개정을 대비할 필요는 없다. 예를 들어 국경조약 같은 경우 개정조항의 포함은 정치적으로 바람직하지 못하다.[4)]

비엔나 협약은 다자조약 개정에 적용될 몇 가지 기본 원칙을 제시하고 있다(제40조). 개정을 위한 제안은 모든 체약국(contracting State)에게 통지되어야 하며, 체약국은 개정을 위한 교섭에 참여할 권리를 가진다(제40조 2항). 당연하게 보이는 이 조항은 과거 일부 당사국(특히 강대국)들만의 논의로 조약이 개정되는 경우도 종종 있었던 경험에서 그 같은 사태의 재발을 막기 위한 조항이다. 체약국이라 함은 조약의 발효 여부와 상관없이 그 조약에 대해 기속되기로 동의한 국가를 의미한다(제2조 1항 바호). 이는 조약의 발효를 전제로 하는 당사국(party) 보다 넓은 개념이다(제2조 1항 사호 참조). 다만 조약 개정 절차에 참여는 체약국의 권리이지 의무가 아니다.

조약의 당사국이 될 자격을 가진 국가는 개정조약의 당사국이 될 자격도 갖는다(제40조 3항). 협약의 준비과정에서는 조약의 당사국이 될 자격을 가진 국가라면 비록 비당사국이라도 개정절차에 참여할 자격을 인정할지에 관해 논란이 벌어졌다. 조약의 당사국과 비당사국 간에는 지위에 있어서 일정한 차이를 둘 필요가 있을 수 있다는 의미에서 아직 기속적 동의의사를 표시하지 않은 비당사국에게는 원조약과 개정 조약의 당사국이 될 자격은 인정되어도 개정 절차에 참여할 자격은 인정되지 않았다.

조약 개정은 이에 동의한 국가에게만 적용되며, 이에 동의하지 않는 기존 당사국에게는 원래의 조약이 계속 적용된다(제40조 4항). 이 조항은 조약이 동의 없이는 비당사국에게 어떠한 권리나 의무도 부과하지 않는다는 원칙과 같은 맥락이다(제34조 참조). 그럼에도 불구하고 아래 예로 든 UN 헌장 제108조와 같이 개정 조항의 강제적용을 위한 별도의 특칙 설정도 물론 가능하다.

조약이 개정되었으나 일부 국가들만 이의 당사국이 되고, 다른 일부 국가들은

4) A. Aust, Treaty Law, p.234.

여전히 원 조약의 당사국으로 머물고 있는 경우 이들 간에 조약은 어떻게 적용되게 되나? 이 경우 개정에 동의한 국가와 동의하지 않는 국가 사이에는 원 조약이 적용된다. 이들 국가간 공통된 합의는 원 조약이기 때문이다. 개정이 발효된 후에 조약 당사국이 된 국가는 별도의 의사표시가 없는 한 개정조약의 당사국이 되었다고 간주된다. 단 개정에 동의하지 않은 기존 당사국과의 관계에서는 원 조약이 적용되며, 만약 이를 원하지 않으면 다른 의사표시를 해야 한다(제40조 5항).

비엔나 협약은 조약 개정이 개시될 수 있는 시간적 한계를 설정하지 않았다. 당사국들이 원하면 언제든지 조약 개정을 시도할 수 있다. 따라서 원 조약의 발효 이전이라도 개정을 시도할 수 있다.[5] 비엔나 협약이 조약의 개정 제안을 모든 당사국 아닌 모든 체약국에게 통지해야 한다고 규정한 사실 자체가 발효 전 개정 가능성을 염두에 둔 조치이다. 오늘날 다자조약에 따라서는 채택 이후 발효까지 장시간이 걸리는 경우도 있고, 그 사이의 사회변화를 수용하기 위해서는 발효 이전의 개정이 필요할 수 있다. 1982년 채택된 UN 해양법협약은 1994년 11월에 발효했는데, 이를 실질적으로 개정하는 이행협정이 1994년 7월 채택되었음은 잘 알려진 사실이다. UN 해양법협약은 개정에 관한 자체 조항을 포함하고 있었지만, 미처 협약이 발효하기 전에 개정할 필요가 발생해 별도의 이행협정을 체결하는 방식을 취했다.

비엔나 협약은 조약 개정에 관한 기본 규칙을 제시함으로써 조약 개정시 절차에 관한 당사국들의 논란을 감소시키고, 내용에 관한 협의에 좀 더 집중할 수 있게 만든다는데 의의가 있다. 개개 조약에 개정 절차나 효과에 관한 별도의 규정이 마련되어 있으면 그에 따르게 되며, 비엔나 협약의 내용은 그러한 조항이 없는 경우 적용되는 보충 장치에 불과하다(제40조 1항).

과거에는 일부 조항만이 아니라 조약 전체를 재검토하는 절차를 특별히 revision이라고 불렀다. 때로 revision은 정치적 함의가 강한 개정을 가리키는 의미로 사용되기도 했다.[6] 조약에 따라서는 일정 기간 운영 이후 전반적 재검토를 위한 절차를 규정해 놓는 경우도 있다(예: 국제형사재판소 규정 제123조). 그러나 오늘날 revision과 amendment는 법적 성격에서 별다른 차이가 없다. 비엔나 협약은 조

5) M. Villiger, Commentary, pp.522－523.

6) 1815년 비엔나 회의에서 체결된 일부 조약은 최종의정서 서명국 전체의 동의도 없이 일부 강대국들만의 합의로 개정된(revised) 사례가 있다. 국제연맹 시절 revision은 부정의하거나(unjust) 불평등한 조약의 평화적 변경이라는 궁극적으로 실패한 개념과 밀접히 관련되었다. M. Villiger, Commentary, pp.510－511.

약 개정을 가리키는 용어로 amendment만을 사용하고 있다.

한편 조약 개정은 추가조약과는 구별되어야 한다. 조약에 따라서는 추가의정서(protocol)의 형식으로 원 조약을 보충하는 경우가 적지 않다. 추가조약을 통해 원 조약상 의무를 구체화하거나 확대하는 경우가 많다. 추가조약은 원 조약과는 형식상 독립된 별개 조약이며, 반드시 원 조약의 당사국만 추가조약 당사국이 될 수 있지는 않다. 사형폐지에 관한 선택의정서는 원 조약인 「시민적 및 정치적 권리에 관한 국제규약」의 당사국만이 가입을 할 수 있다. 그러나 「난민지위에 관한 의정서」(1967)는 반드시 원 조약인 「난민지위협약」의 당사국이 아니라도 이것에만 가입할 수 있다.

다. 특수한 개정방식

20세기 후반 이후의 다자조약은 개정에 관한 특별한 절차와 효과를 마련하고 있는 경우가 적지 않다. 국제기구 설립조약의 경우 개정조항이 발효하면 전 당사국에게 동시에 적용될 필요가 있기 때문에 개정절차를 다소 엄격하게 규정하는 대신 일단 발효하면 전 당사국에 대한 강제적용을 예정하는 예가 많다. 예를 들어 UN 헌장은 5개 상임이사국을 포함한 회원국 2/3가 개정조항을 비준하면 전 회원국에게 발효한다(헌장 제108조). 「국제형사재판소 규정」도 당사국의 7/8이 개정조항을 비준하면 전 당사국에 대해 발효하게 된다(규정 제121조 제4항). 조약은 동의하는 국가에 대해서만 구속력을 갖는다는 원칙에 위배되는 이 같은 결과로 인해 개정을 수락할 의사가 없는 국가는 탈퇴할 수밖에 없다. 「국제형사재판소 규정」의 경우 개정 내용을 수락할 수 없는 당사국은 개정 발효 후 1년 이내에 탈퇴할 수 있다는 내용을 명시하고 있다(제121조 제6항). 「국제해사기구협약」의 경우 2/3 이상의 당사국이 개정안을 수락하면 12개월 후 전 당사국에 발효하며, 개정안에 반대해 위 12개월 중 첫 60일 내 탈퇴를 통고한 당사국은 개정이 발효함과 동시에 탈퇴하게 된다(제71조).

조약 개정을 좀 더 용이하게 할 목적으로 기존 당사국이 일정 기간내 개정안에 명시적으로 반대의사를 표시하지 않으면 개정을 수락했다고 간주하는 방식을 채용하는 경우도 적지 않다. 이 방식은 전세계적으로 조속히 통일적으로 적용될 필요가 있는 분야에서 유용하다. 이 방식은 전통적 동의원칙을 무시하지 않으면서, 적극적 지지에 관심이 없으나 적극적 반대의사 표명에 부담을 느끼는 국가를 유연하게 포섭할 수 있어 개정을 용이하게 한다.[7] 이때 개정을 무산시키려면 일정 수 이상의 당사국이 적극적 반대를 표명하도록 요구하는 경우가 많다. 예를 들어 「선박으로부터의 오염방지를 위한 국제협약(1973)」은 부속서 부록의 경우 세계상선 선복량의 50% 이상이 되는 2/3 이상의 당사국이 수락하면 개정안이 발효될 수 있는데, 제시된 개정안에 대해 정해진 기간 내에 반대하지 않으면 개정안을 수락했다고 간주된다. 다만 개정안에 대해 정해진 기간 내 당사국의 1/3 이상 또는 세계상선 선복량의 50% 이상의 당사국이 반대통보를 하면 개정은 무산된다(제16조). 상선 안전에 관한 SOLAS 협약은 개정안이 회람된 후 2년 내에 세계 상선 선복량 50% 이상에 해당하는 1/3 이상의 당사국이 반대하지 않으면 개정안은 자동으로 성립한다. 그랬더니 오히려 너무 빈번한 개정이 문제되기도 했다.[8] 「도로교통에 관한 협약(1949)」은 2/3 이상의 당사국이 개정안을 수락하면 90일 후 모든 당사국에 대해 발효한다. 단 개정안 발효 이전에 반대를 표명한 국가에 대해서는 적용되지 아니한다(제31조).

당사국 수가 많은 다자조약의 개정은 항상 여러 가지 어려운 문제를 야기시킨다. 이에 개정의 필요성은 자주 제기되나 기술적 성격이 강하고 전세계적으로 동시에 적용될 필요가 있는 조약은 개정 대신 아예 주기적으로 새로운 조약을 체결하는 방식을 취한다. 예를 들어 「만국우편협약」은 주기적으로 개정되며, 개정조약이 발효되면 기존 조약은 종료되는 형식을 취해 왔다. 통상 이 협약은 “다음 총회의 조약이 발효할 때까지 효력이 있다”는 조항을 두었다.[9] 형식상 신 조약 체결이나 내용상으로는 개정에 해당한다. 「국제사탕협정」 역시 일정 기간만 시행하고 종료시키는 한편, 이를 대체하는 신 조약을 체결하는 방식을 취한다. 이 역시 내용상으로는 개정에 해당한다.

7) 김현주, 조약 부록(appendix)의 개정 절차에 관한 고찰, 국제법학회논총 제62권 제3호(2017), pp.51－52.

8) 김현주(상게주), p.57.

9) 2018년 1월 1일부터 발효된 만국우편협약(한국 조약번호 제2375호). 2022년 7월 1일부터 발효된 현행 협약(한국 조약번호 제2515호)은 “무기한 유효하다”(제41조 1항)는 조항을 두었다. 조약의 특성상 “연합의 목표와 목적에 부합되지 않는 유보는 허용되지 않는다”는 금지조항도 포함하고 있다(2022년 발효 협약 제39조 1항).

라. 비공식적 개정

조약의 개정 효과는 반드시 공식적인 개정 절차에 의해서만 발생하지 않는다. 조약에 대한 해석의 변경이나 또는 당사국들의 관행을 통해 사실상 개정과 같은 결과가 발생하기도 한다. 예를 들어 UN 헌장 제27조 3항은 원래 안보리 상임이사국의 기권이 거부권 행사에 해당하는 의미였다고 보인다.10) 그러나 이 조항에 관한 안보리에서의 후속 실행과 해석은 이제 기권이 거부권 행사에 해당하지 않는 의미로 공고화되었다.11)

국제기구 설립조약에 관해서는 이른바 묵시적 권한론(implied power doctrine)을 통해 조약 내용이 사실상 확대 개정되는 현상이 자주 발견된다. 이는 조약이 현실 변화에 적응하는 방법이기도 하다. 많은 사람들은 1949년의 NATO가 현재의 NATO와 같은 권한과 역할을 하리라고는 예상하지 않았다.

다만 이러한 비공식적 개정 현상은 조약 내용에 절차적 보장을 위협하고 궁극적으로는 조약 자체의 안정성을 해할 수 있음을 유념해야 한다.12) 현재의 조약 내용을 지지하고 이에 대한 엄격한 개정절차를 신뢰해 조약의 당사국이 되었는데, 예기치 못한 방법으로 조약 내용이 사실상 변경되는 현상이 반복된다면 국제사회에서는 조약의 안정성 자체에 대한 의구심이 늘어날 위험이 있다.

▶판례: 조약 개정 전후 당사국간 조약적용

대법원 1986.7.22. 선고 82다카1372 판결

"국제항공운송에 관하여는 정부가 국무회의의 의결과 국회의 비준을 거쳐 1967.10.11자로 "1929.10.12 바르샤바에서 서명된 국제항공운송에 있어서의 일부 규칙의 통일에 관한 협약을 개정하기 위한 의정서"(이하 헤이그 의정서라 한다)를 조약 제259호로 공포하였는바, 헤이그 의정서 제23조 제2항에서는 "협약의 당사국이 아닌 국가에 의한 본 의정서에의 가입은 본 의정서에 의한 개정된 협약에의 가입의 효력을 가진다"고 규정하고 있고, 동 제19조가 "본 의정서의 당사국간에 있어서는 협약과 의정서는 합쳐서 하나의 단일문서로 읽어지고 또한 해석되며 1955. 헤이그에서 개정된 바르샤바 협약이라고 알려 진다"고 규정하고 있으므로 대한민국은 위와 같이 헤이그 의정서에 가입함으로써 1929.10.12 바르샤바에서 서명된 "국제항공운송에

10) 정인섭, 신국제법강의(제13판), pp.854-855 참조.
11) 본서, p.450 참조.
12) J. Klabbers, International Law 3rd ed.(Cambridge UP, 2021), p.63.

있어서의 일부 규칙의 통일에 관한 협약"(이하 바르샤바협약이라 한다)에의 가입의 효력이 발생하였고 따라서 바르샤바협약은 헤이그 의정서에 의하여 개정된 내용대로 국내법과 동일한 효력을 가지게 되어서 국제항공운송에 관한 법률관계에 대하여는 일반법인 민법에 대한 특별법으로서 1955년 헤이그에서 개정된 바르샤바 협약(이하 개정된 바르샤바협약이라 한다)이 우선 적용되어야 할 것이다.

그리고 개정된 바르샤바협약이 적용될 국제항공운송이라 함은 당사자간의 협정에 의하여 출발지 및 도착지가 2개의 체약국의 영역내에 있거나 또는 출발지 및 도착지가 단일 체약국의 영역내에 있는 운송으로서 타국의 영역내에 예정기항지가 있는 것을 지칭하는 것임은 개정된 바르샤바협약 제1조 제2항에 규정되어 있는 바 이고, 위 규정에서 사용하고 있는 용어인 "체약국"이란 개념은 바르샤바협약과 헤이그 의정서에 모두 가입한 국가는 물론 대한민국과 같이 바르샤바협약에는 가입하지 않고 있다가 헤이그 의정서에 가입함으로써 바르샤바협약에 가입한 효력이 발생한 국가와 바르샤바협약에는 가입하였으나 헤이그 의정서에는 아직 가입하지 아니한 국가를 모두 포함하는 것으로 보아야 함은 헤이그 의정서가 바르샤바협약 자체를 폐기하고 국제항공운송에 관한 새로운 협약을 한 것이 아니라 바르샤바협약의 존재를 전제로 하여 이를 개정한 것에 불과한 것임이 앞서본 헤이그 의정서 제19조와 제23조 제2항의 규정내용에 비추어 명백하고 따라서 개정된 바르샤바협약 제1조 제2항의 "본협약"은 헤이그 의정서를 지칭하는 것이 아니라 바르샤바 협약을 지칭하는 것으로 해석되지 않을 수 없는 점에 비추어 분명하다.

원심판결 이유에 의하면, 원심은 피고회사의 대리인인 미국의 인터콘티넨탈 에어프레이트 인코퍼레이티드(INTERCONTINENTAL AIR FRT INC)와 이 사건 화물의 하송인인 소외 디지탈 이퀴프먼트 코오포레이션(DIGITAL EQUIPMENT CORPORATION) 사이에서 체결된 이 사건 항공운송계약은 그 출발지를 미국의 보스톤, 도착지를 대한민국 서울로 한 것임을 적법하게 확정한 후, 미국은 헤이그 의정서에는 가입하지 아니하였으나 바르샤바협약에는 가입한 국가로서 개정된 바르샤바협약 제1조 제2항에서 들고있는 "체약국"에 해당한다고 보아 이 사건 화물의 운송은 민법에 우선하여 위 개정된 바르샤바협약의 적용대상이 되는 국제항공운송이라는 취지로 판단하였음을 알 수 있는바, 원심의 위와 같은 판단은 앞서 설시한 바와 같은 견해에 따른 것으로서 정당하다 할 것이고 바르샤바협약에는 가입하였으나 헤이그 의정서에는 가입하지 아니한 국가는 헤이그 의정서에 의하여 개정된 바르샤바협약 제1조 제2항 소정의 체약국으로 볼 수 없으므로 미국을 출발지로 하는 이 사건 화물의 운송은 국제항공운송으로 볼 수 없어 개정된 바르샤바협약은 물론 개정전의 바르샤바협약도 적용될 수 없다는 논지는 독자적인 견해로서 받아들일 수 없다."[13]

13) 서울민사지방법원 1987.2.3. 선고 85가합4258 판결 및 이의 항소심 서울고등법원 1987.12.21.

2. 변 경

다자조약의 경우 일부 당사국들은 자신들 간에만 조약 내용을 바꿀 수 있다. 이때 원 조약은 그대로 유지되고 적용되는 가운데, 오직 일부 당사국 사이에만 적용되는 조약 내용이 바뀌는 결과가 되므로 이를 개정과 구별해 변경(modification)이라고 한다.

변경의 합의는 첫째 그 같은 가능성이 조약에 규정되어 있는 경우에 가능하다. 둘째, 명시적으로 허용되고 있지는 않더라도, 변경이 조약에 의해 금지되지 않았고, 다른 당사국들의 권리·의무에 영향을 주지 아니하며, 전체 조약의 대상 및 목적의 효과적 수행과 양립가능하다면 역시 가능하다(제41조 1항). 예를 들어 환경조약의 일부 당사국들이 원 조약보다 더 강화된 환경기준 적용에 합의할 수 있다. 그러나 일부 국가들이 자기들 간에는 환경기준을 대폭 완화시키는 합의를 한다면 이는 조약의 대상 및 목적과 양립되기 어려우므로 허용되지 않을 것이다.

조약 변경을 시도하는 국가들은 그러한 의사와 내용을 다른 조약 당사국들에게 통고해야 함이 원칙이다(제41조 2항). 단 실제로 조약 변경이 시도되는 사례는 많지 않다.

조약의 개정과 변경이 법적으로는 쉽게 구별되는 개념이나, 실제로는 양자의 구별이 모호한 경우도 많다. 조약의 개정을 시도했으나 최종적으로는 모든 당사국이 아닌 일부 당사국의 동의밖에 얻을 수 없었다면, 그 결과는 변경과 같아진다. 궁극적으로는 모든 당사국이 개정에 동의할지라도 동의를 얻어가는 과도기에는 변경과 같은 현상이 나타난다. 반면 조약의 변경을 의도했을지라도 나중에 모든 당사국이 이에 동의하게 된다면 결과는 개정과 같아진다.

선고 1987나1017 판결(확정)도 동일 취지. 단 바르샤바 협약과 헤이그 의정서의 관계는 조약의 개정이라기보다는 동일 주제에 대한 신구 조약, 즉 비엔나 협약 제30조가 적용된 관계에 해당한다는 해석으로는 김대순·김민서·박지현, 바르샤바협약과 헤이그의정서의 관계: 계승적 조약과 개정조약의 구분, 국제법학회논총 제56권 제4호(2011) 참조. 그러나 박배근, 조약 간 충돌의 해소원리에 관한 일고, 국제법평론 2023-I(통권 제64호), pp.17-18은 협약 제40조가 적용될 개정 관계로 해석한다.

제10장

조약의 무효

제10장 조약의 무효

1. 의　　의

조약은 적법한 절차에 따라 당사자간 하자 없는 의사일치를 통해 성립되어야 한다. 비엔나 협약은 제46조 이하에서 조약을 무효로 만들 수 있는 8가지 사유를 규정하고 있다. 그 내용은 주로 조약 성립 절차상의 하자, 즉 국가의 정상적인 동의 의사가 있었느냐에 중점을 두고 있다. 체결과정에서 그 같은 잘못된 상황이 없었다면 해당 국가는 조약 동의를 하지 않았으리라는 전제이다. 오직 한 가지 사유(강행규범 위반)만 조약 내용을 이유로 한 무효를 규정하고 있다.

조약체결상의 하자로 인해 조약이 무효로 되는 상황은 이론적으로 학자들의 적지 않은 관심을 끌어 왔으나, 현실에서 자주 발생하는 사건은 아니다.[1] 국가가 자신이 체결한 조약을 나중에 무효라고 주장한 사례는 많지 않으며, 조약이 실제로 무효로 판정된 사례는 더욱 드물다. 그러나 실용성이 낮다고 하여 조약의 유효성 판단 기준에 대한 검토를 외면할 수는 없다.

비엔나 협약은 각 무효사유를 구체적으로 제시하기에 앞서 제42조 이하에서 무효에 관해 적용될 몇 가지 일반원칙을 설명하고 있다. 첫째, 조약이 무효로 되거나 종료되어도 관습국제법과 같이 조약과 별도의 국제법상 의무는 계속 이행되어야 한다(제43조). 둘째, 조약의 무효·종료·탈퇴·정지 등을 주장하는 경우 조약 전체에 대해 원용함을 원칙으로 한다. 조약이 달리 규정하고 있거나, 당사국이 달리 합의하거나, 조약의 일부를 분리시켜도 불합리하지 않은 경우에 한해 일부 조항만의 무효·종료·탈퇴·정지 등을 주장할 수 있다. 단 강박을 통해 성립되었거나 강행규범 위반의 조약은 항상 조약 전체가 무효이다(제44조). 셋째, 조약의 무효·종료·

1) A. Aust는 약 55년 이상 조약 업무를 다루는 가운데 조약 무효가 제기된 사례는 단 1건 뿐이었다고 회고했다. 이 같이 현실적 필요성은 낮음에도 불구하고 조약의 무효가 제기하는 이론적 흥미 때문에 국제법서들이 많은 지면을 이 주제에 할애하고 있다고 평했다. A. Aust, Treaty Law, p.273.

탈퇴·정지를 주장할 수 있는 국가가 사후에 명시적으로든 묵시적으로든 조약의 유효성에 동의한다면 그 하자는 치유된다(제45조). 비엔나 협약상 조약의 무효에 관한 규정은 오직 조약법의 범위에서만 적용되며, 무효에 책임이 있는 국가에 대한 국가책임의 추궁 등 국제법상 다른 분야의 법리까지 포괄하지는 않는다(제73조).

한편 비엔나 협약상 조약의 무효사유는 이해 당사국의 무효 주장이 있어야만 무효로 인정되는 상대적 무효(제46조 내지 제50조)와 그 같은 주장이 없더라도 처음부터 아무런 법적 효과를 발생시키지 않는 절대적 무효(제51조 내지 제53조)로 구별될 수 있다. 비엔나 협약은 무효에 관해 양자조약과 다자조약의 경우를 특별히 구별하고 있지 않다. 그러나 실제에서는 차이가 발생한다. 예를 들어 다자조약의 경우 상대적 무효사유가 발생한 경우 특정국가와의 관계에서만 조약이 무효로 되고, 다른 당사국간에는 여전히 조약이 존속할 수 있다(제69조 4항 참조). 오직 절대적 무효사유가 있는 경우에만 조약은 모든 당사국에 대해 완전히 소멸된다. 그러나 양자조약의 경우 상대적 무효사유만 인정되어도 조약은 결국 소멸하게 된다는 점에서 절대적 무효사유와 동일한 결과를 가져온다.

조약의 무효에 관해 비엔나 협약은 일종의 자기완비적 체제를 지향한다. 조약의 유효성은 오직 이 협약의 적용을 통해서만 부정될 수 있다고 규정하고 있기 때문이다(제42조 1항). 이는 곧 협약의 무효 사유가 망라적임을 전제로 한다. 그러나 과연 협약 규정에 조약이 무효로 될 수 있는 모든 사유가 제시되고 있는가에는 의문도 제기된다. 조약을 무효로 할 수 있는 사유라고 인정되지만 딱히 협약의 어느 조항에 해당한다고 보기 어려운 경우가 있기 때문이다. 예를 들어 사인(私人)이 본국과는 관계없이 순전히 개인적 행동으로 조약 협상장의 상대국 국가대표를 매수해 조약이 타결되었다고 가정하자. 이 같은 뇌물은 비엔나 협약이 커버하지 못하지만(제50조 참조), 그에 따른 조약을 무효로 해야 할 필요성은 충분하다.[2]

제42조 1항은 조약 체제의 안정성을 위한 취지에서 도입되었다고 볼 수 있지만, 입법자의 의도가 충분히 성공했다고는 보이지 않는다. 실제 국제관계에서 벌어지는 다양한 실행을 몇몇 조문으로 망라하기는 어렵기 때문이다. 협약 제42조는 관습국제법의 반영이 아니었고, 이후에도 관습국제법은 되지 못했다는 평가이다.[3] 이하에서는 협약에 규정된 조약의 무효사유를 구체적으로 알아본다.

---

2) J. Klabbers, The Validity and Invalidity of Treaties, in D. Hollis, Oxford Guide 2nd, p.552.

3) J. Klabbers(상게주), p.553.

▶판례: 체결상 하자의 묵인

Maritime Delimitation in the Indian Ocean(Preliminary Objections) (Somalia v. Kenya), 2017 ICJ Reports 3.

[해양경계분쟁을 겪고 있는 케냐와 소말리아는 2009년 4월 양국이 UN 대륙붕경계위원회에 서로 상대방의 자료제출에 반대하지 않는다는 요지의 양해각서를 채택했다. 각서는 서명으로 발효한다는 조항을 담고 있었다. 2009년 6월 케냐는 이 각서를 UN 헌장 제102조에 따른 등록을 했다. 그런데 2009년 8월 1일 소말리아 의회는 이 각서에 대한 동의를 거부했다. 그러나 각서와 관련해 소말리아 수상이 2009년 8월 19일 UN 사무총장에게 보낸 서한에서는 이 문서의 효력을 부인하는 언급이 없었다. 그러나 후일 ICJ에서의 재판에서 소말리아는 이 문서의 법적 구속력을 여러 가지 근거에서 부인했다. 다음은 설사 각서가 하자 있는 조약이었더라도, 이후의 소말리아 측의 행동은 이를 묵인함으로써 더 이상 무효를 주장할 수 없다고 보았다.][4]

49. […] Moreover, even after the MOU had been rejected by the Somali Parliament, the Prime Minister of Somalia did not question its validity in his letter to the Secretary-General of the United Nations dated 19 August 2009. In this respect, the Court observes that under customary international law, reflected in Article 45 of the Vienna Convention, a State may not invoke a ground for invalidating a treaty on the basis of, *inter alia*, provisions of its internal law regarding competence to conclude treaties if, after having become aware of the facts, it must by reason of its conduct be considered as having acquiesced in the validity of that treaty. Somalia did not begin to express its doubts in this respect until some time later, in March 2010 ([…]). The Court further notes that Somalia has never directly notified Kenya of any alleged defect in its consent to be bound by the MOU.

2. 국내법 위반의 조약

조약 체결권한에 관한 국내법을 위반해 체결된 조약의 효력은 어떻게 되는가? 이는 국제법과 국내법의 관계에 관한 이론 대립과도 관계가 있다. 즉 국내법 우위설이 주류를 이루었던 19세기 말까지는 그의 논리적 귀결로서 학설상 국내법에 위반된 조약의 성립을 부인하려는 경향이 강했다. 그러나 국제사회의 실행은 국내법상 제약과 상관없이 조약의 국제적 효력을 긍정했다.

비엔나 협약은 국제법 우위를 기본원칙으로 하면서도 다음과 같은 약간의 예

4) 이 사건에 대한 상세는 본서 p.28 참조.

외를 인정했다. 즉 국내법 위반이 “명백하며 본질적으로 중대한 국내법 규칙에 관련”(manifest and concerned a rule of its internal law of fundamental importance)된 경우에만 이를 조약 동의의 무효사유로 원용할 수 있다(제46조 1항). 이 조항이 부정형(not … unless)으로 표현되어 있다는 사실은 국내법 위반의 주장이 예외적으로만 인용될 수 있음을 암시한다. 조약 협상에 참여하는 국가대표로서는 상대국 대표가 정당한 권한 범위 내에서 행동하리라고 신뢰할 수밖에 없으며, 각국 정부는 자신의 대표가 무엇을 하고 있는지 잘 알아야 할 의무가 있다는 점에서도 이 조항의 원용이 쉽게 수락되지는 않을 듯하다. 사실 조약의 협상, 서명, 비준 등의 긴 절차를 거치는 동안 자국의 대표가 국내법을 위반했는지 여부를 인식하지 못했다는 주장은 쉽게 납득되기 어려울 듯하다.

국내법 위반이 명백하다 함은 일반적으로 모든 국가에게 객관적으로 분명한 경우를 가리킨다. 중대한 국내법 규칙이라고 하면 이는 아마도 헌법이나 헌법적 법률 정도를 가리키겠지만, 그렇다고 헌법을 위반한 모든 경우가 중대한 위반이라고는 결코 인정되지 않는다. 아래 제시된 카메룬－나이지리아 판결(2002)에서 ICJ는 국가가 인접국의 헌법 내용을 알고 있어야 할 의무는 없다고 판단했다.

제46조가 말하고 있는 상황은 국제관계에서보다는 주로 국내 정치적으로 헌법상 권한쟁의의 형태로 제기된다. 예를 들어 미국은 제4차 중동전 이후 이스라엘과 이집트간의 평화협정을 중재하고, 평화체제 보장을 위한 Sinai II 협정을 1975년 9월 행정부 단독의 행정협정으로 체결했다. 당시 미국 의회에서는 이 협정 내용의 일부가 상원의 동의를 필요로 하는 조약이며, 따라서 국제법적으로 무효라는 주장이 제기되어 논란이 벌어졌다. 그러나 미국에서 어떠한 조약이 상원의 동의를 필요로 하는가 여부가 일반적으로 외국에도 명백하다고 주장하기는 어렵다고 보인다. 이 문제제기 역시 논란으로만 그쳤다.

국내법 위반 조약의 효력에 관해서는 종전부터 이론적 연구는 많았으나, 실제로 문제된 사례는 드물었고 무효 주장에 성공한 사례는 더욱 찾기 어렵다. 아마도 현실에 있어서 조약 당사국은 국내법 위반을 이유로 조약의 무효를 주장하기 보다는 모순되는 국내법을 개정하거나 또는 조약의 개정을 시도할 가능성이 차라리 더 높다.

한편 발효된 조약에 관해 일부 당사국이 국내 정치지형의 변화로 인해 뒤늦게 국내법 위반의 무효를 주장할 가능성도 있다. 그러나 설사 근거가 있는 주장이라

할지라도 발효되어 실행되고 있는 조약이라면 뒤늦은 무효 주장에 대해서는 이미 묵인되었다고 반박될 수 있다.[5] 혹시 국내법 위반을 해당국이 아닌 상대국이 지적하며 조약의 무효를 주장할 수 있을까? 아마도 그 같은 주장은 수용될 수 없을 듯하다. 한편 국내법 위반으로 조약이 무효로 된다 하면 그로 인한 국가책임은 별도로 제기될 수 있다.

▶판례: 국내법 위반 조약의 효력

Land and Maritime Boundary between Cameroon and Nigeria (Cameroon v. Nigeria), 2002 ICJ Reports 303.

[이는 나이지리아와 카메룬 간의 국경분쟁 사건이다. 나이지리아는 1975년 6월 양국 정상이 서명한 Maroua 선언이 자국 헌법상 요구되는 최고군사위원회의 승인을 받지 못했기 때문에 발효되지 않았다고 주장했다. 이어 각국은 조약체결권의 제한과 같은 국가관계에 영향을 미치는 인접국의 법제도를 알고 있어야 한다고 주장했다(para.258). 그러나 ICJ는 Maroua 선언이 비준의 필요 없이 서명만으로 발효되는 형태를 취하고 있다고 판단했다. 이어 조약체결권한에 관한 나이지리아의 국내법상 제한이 Maroua 선언의 효력에 영향을 미치지 않는다고 보았다.]

"258. Nigeria likewise regards the Maroua Declaration as lacking legal validity, since it "was not ratified by the Supreme Military Council" after being signed by the Nigerian Head of State. It states that under the Nigerian constitution in force at the relevant time - June 1975 - executive acts were in general to be carried out by the Supreme Military Council or subject to its approval. It notes that States are normally expected to follow legislative and constitutional developments in neighbouring States which have an impact upon the inter-State relations of those States, and that few limits can be more important than those affecting the treaty-making power. It adds that on 23 August 1974, nine months before the Maroua Declaration, the then Head of State of Nigeria had written to the then Head of State of Cameroon, explaining, with reference to a meeting with the latter in August 1972 at Garoua, that "the proposals of the experts based on the documents they prepared on the 4th April 1971 were not acceptable to the Nigerian Government," and that the views and recommendations of the joint commission "must be subject to the agreement of the two Governments." Nigeria contends that this shows that any arrangements that might be agreed between the two Heads of State were subject to the subsequent and

5) P. Reuter(trans. by J. Mico & P. Haggenmancher), Introduction to the Law of Treaties(Pinter Publishers, 1989), p.136.

separate approval of the Nigerian Government.

Nigeria says that Cameroon, according to an objective test based upon the provisions of the Vienna Convention, either knew or, conducting itself in a normally prudent manner, should have known that the Head of State of Nigeria did not have the authority to make legally binding commitments without referring back to the Nigerian Government - at that time the Supreme Military Council - and that it should therefore have been "objectively evident" to Cameroon, within the meaning of Article 46, paragraph 2, of the Vienna Convention on the Law of Treaties that the Head of State of Nigeria did not have unrestricted authority. Nigeria adds that Article 7, paragraph 2, of the Vienna Convention on the Law of Treaties, which provides that Heads of State and Heads of Government "[i]n virtue of their functions and without having to produce full powers . . . are considered as representing their State," is solely concerned with the way in which a person's function as a state's representative is established, but does not deal with the extent of that person's powers when exercising that representative function. […]

265. The Court will now address Nigeria's argument that its constitutional rules regarding the conclusion of treaties were not complied with. […] The rules concerning the authority to sign treaties for a State are constitutional rules of fundamental importance. However, a limitation of a Head of State's capacity in this respect is not manifest in the sense of Article 46, paragraph 2, unless at least properly publicized. This is particularly so because Heads of State belong to the group of persons who, in accordance with Article 7, paragraph 2, of the Convention "[i]n virtue of their functions and without having to produce full powers" are considered as representing their State.

The Court cannot accept Nigeria's argument that Article 7, paragraph 2, of the Vienna Convention on the Law of Treaties is solely concerned with the way in which a person's function as a state's representative is established, but does not deal with the extent of that person's powers when exercising that representative function. The Court notes that the commentary of the International Law Commission on Article 7, paragraph 2, expressly states that "Heads of State … are considered as representing their State for the purpose of performing all acts relating to the conclusion of a treaty" ([…]).

266. Nigeria further argues that Cameroon knew, or ought to have known, that the Head of State of Nigeria had no power legally to bind Nigeria without consulting the Nigerian Government. In this regard the Court notes that there is no general legal obligation for States to keep themselves informed of legislative and constitutional developments in other States which are or may become important for the international relations of these States. […]

267. The Court further observes that in July 1975 the two Parties inserted a correction in the Maroua Declaration, that in so acting they treated the Declaration as valid and applicable, and that Nigeria does not claim to have contested its validity or applicability prior to 1977.

268. In these circumstances the Maroua Declaration, as well as the Yaoundé II Declaration, have to be considered as binding and as establishing a legal obligation on Nigeria."

3. 대표권의 제한

대표의 권한을 초과한 조약 동의는 그에 대한 특별한 제한이 동의를 표시하기 이전 상대국에게 통고된 경우에 한해 조약의 무효사유로 원용될 수 있다(제47조). 이 조문 또한 부정형으로 표현되어 있다는 사실은 대표권 제한이 쉽게 인용되기 어려움을 암시한다. 국가는 자국 대표의 행위를 잘 알고 있어야 하며, 자국 대표의 행위에 대해서는 국가가 1차적 책임을 져야 한다는 점에서 이 조항의 원용 역시 쉽게 성공하기 힘들다.

국가대표가 자신의 권한을 초과해 조약 동의를 했는가 여부는 주로 조약의 채택과 서명시 문제되게 되므로, 국가가 추후 비준, 수락, 승인 등을 통해 별도의 기속적 동의를 표시해야 구속력이 발생하는 조약에 관해서는 이 같은 문제가 제기될 가능성이 없다. 협상대표가 권한을 초과해 합의한 조약이라면 국가가 단순히 비준을 외면하면 되기 때문이다.

4. 착　　오

국가의 동의에 필수적 기초를 이루는 사실이나 상황(facts or situation)에 관한 착오(error)가 있었을 경우 이를 이유로 동의의 무효를 원용할 수 있다(제48조). 착오론의 전제는 모든 당사자들이 필수적인 사실을 동등하게 알고 있는 경우에만 진정한 동의가 성립한다는 명제이다.[6] 착오는 양자조약과 다자조약 모두에 대해 주장할 수 있다.[7]

6) M. Villiger, Commentary, p.605.
7) M. Villiger, Commentary, p.607.

현실의 국제관계에서 착오의 원용은 종종 있었으나, 이런 주장이 수락된 예는 찾기 쉽지 않다. 과거 국제관계에서 주장된 착오의 상당수는 지도와 관련된 사항이었다.[8] 통상적인 조약의 협상과 체결에는 여러 사람들이 관여하고 상당한 시간이 걸린다는 점을 고려하면 착오가 현실로 발생할 가능성은 매우 낮다.[9] 그런 의미에서 비엔나 협약 이전에는 적지 않은 학자들이 착오를 이유로 조약의 무효를 주장할 수 있다는 관습국제법의 존재 자체에 대해 회의적이었다.[10]

조약법에서 착오론은 ICJ의 Temple of Preah Vihear 판결(1962)의 영향을 크게 받았다. ICJ는 태국의 주장을 판단하는 가운데 착오를 원용할 수 없는 몇 가지 이유를 정리해 설명했다. 즉 착오 주장의 가능성 자체를 무조건 봉쇄하지 않았으나, 해당 사건에서는 착오 주장이 수락될 수 없다고 판단했다.[11] 이 판결은 이후 비엔나 협약 제48조의 성안 과정에 커다란 영향을 미쳤다.

제48조의 착오가 적용될 수 있는 요건은 다음과 같다. 첫째, 착오란 사실과 상황에 대한 착오를 말하며, 법률에 대한 착오까지 포함하지는 않는다. 물론 양자의 구별이 때로 쉽지 않을 것이다. 법률이란 국제법을 가리킨다. 사실(또는 상황)에 대한 착오가 아닌 동기나 판단 또는 기대의 착오는 제48조 적용대상이 아니다. 예를 들어 외국과 경제협력협정을 체결했는데 몇 년이 지나도 기대만큼 경제적 이득이 없었다면 이는 제48조 착오의 문제가 아니다.[12]

둘째, 착오는 조약이 체결된 당시 존재했어야 한다. 조약의 이행과정에서 발생한 착오는 포함되지 않는다.

셋째, 기속적 동의의 필수적 기초(essential basis)를 형성하는 것에 관한 착오여야 한다. 즉 그 같은 착오가 없었더라면 조약을 체결하지 않았을 정도로 중요한 착오를 의미한다.[13]

착오는 일방 당사국의 착오일 수 있고, 쌍방 모두의 착오일 수도 있다.[14] 착오가 고의적 행위의 결과인가, 과실에서 유래한지는 문제되지 않는다.[15] 정치인의

---

8) A. Aust, Treaty Law, p.275.

9) M. Shaw, International Law 9th ed.(Cambridge UP, 2021), p.821.

10) Wyler & Samson, Article 48, in O. Corten & P. Klein, Commentary, p.1119,

11) Case concerning the Temple of Preah Vihear(Merits) (Cambodia v. Thailand), 1962 ICJ Reports 6, pp.26–27.

12) M. Villiger, Commentary, p.608.

13) M. Villiger, Commentary, pp.608–609.

14) Harvard Research는 article 29에서 mutual error만을 규정했다.

판단 착오는 조약의 무효사유로 인정되지 않는다. 만약 그런 사유를 무효로 인정하면 판도라의 상자 개봉과 같이 걷잡을 수 없는 결과가 발생할 우려가 크다. 동부 그린란드 사건에서 노르웨이 외교장관이 이 지역에 대한 덴마크의 주권에 항의하지 않겠다는 약속의 의미를 미처 깨닫지 못했었다는 주장은 재판소에 의해 가볍게 배척되었다.16)

한편 착오 발생에 일정한 책임이 있는 국가는 이를 이유로 한 조약 무효를 주장할 수 없다. 즉 국가의 행동이 착오에 기여했거나 또는 국가가 착오를 감지할 수 있는 상황에 있었다면, 그 국가는 착오를 조약의 무효사유로 원용할 수 없다(제48조 2항).

착오로 인해 조약의 무효가 확정되면 그 조약은 당초부터 무효이다.17) 착오에 대한 증명책임은 주장국이 진다. 협약 제65조 이하의 절차는 착오를 이유로 한 조약의 무효 주장에도 적용된다. 다만 단순한 언어표현상의 착오는 이 조항의 적용대상이 아니며, 이는 협약 제79조에 의해 정정될 수 있다(제48조 3항).

▶판례: 착오의 주장

Case concerning the Temple of Preah Vihear(Merits), Cambodia v. Thailand, 1962 ICJ Reports 6.

[프레비히어 사원은 태국과 캄보디아 국경지대에 위치하고 있다. 1904년과 1907년 태국(구 샴)과 프랑스(당시 캄보디아의 보호국)는 분수령에 따라 이 일대 국경을 정하기로 하는 조약을 체결하고, 구체적인 경계획정은 양국 혼성위원회에서 결정하기로 합의했다. 그리고 태국은 프랑스측에 자세한 국경지도의 제작을 의뢰하기로 했다. 프랑스측에 의해 제작된 지도가 1908년 태국에게 전달되었다. 프레비히어 지역은 실제 분수령을 기준으로 할 때는 태국측에 속하나, 이 지도에서는 캄보디아령으로 표기되었다. 당시 태국은 별다른 이의를 제기하지 않고 지도를 수령하고 국내적으로 활용했다. 나중에 태국은 지도상 국경이 분수령과 일치하지 않음을 발견하고, 프레비히어 지역이 태국령이라고 주장했다. 재판과정에서 태국은 문제의 지도가 중대한 오류를 포함하고 있으며, 만약 태국이 이 지도를 수락했을지라도 지도상 국경선이 분수령과 일치한다고 생각한 착오에서 비롯되었다고 주장했다. 그러나 ICJ는 여러 상황을 고려

---

15) M. Villiger, Commentary, p.607.
16) J. Klabbers(전게주 2), p.558.
17) A. Aust, Treaty Law, p.276.

해 볼 때 태국이 지도상의 착오를 주장할 수 없다고 판결했다.]

(p.23-) "It has been contended on behalf of Thailand that this communication of the maps by the French authorities was, so to speak, *ex parte*,[18] and that no formal acknowledgment of it was either requested of, or given by, Thailand. In fact, as will be seen presently, an acknowledgment by conduct was undoubtedly made in a very definite way; but even if it were otherwise, it is clear that the circumstances were such as called for some reaction, within a reasonable period, on the part of the Siamese authorities, if they wished to disagree with the map or had any serious question to raise in regard to it. They did not do so, either then or for many years, and thereby must be held to have acquiesced. […]

It follows from the preceding findings that the Siamese authorities in due course received the Annex I map and that they accepted it. Now, however, it is contended on behalf of Thailand, so far as the disputed area of Preah Vihear is concerned, that an error was committed, an error of which the Siamese authorities were unaware at the time when they accepted the map.

It is an established rule of law that the plea of error cannot be allowed as an element vitiating consent if the party advancing it contributed by its own conduct to the error, or could have avoided it, or if the circumstances were such as to put that party on notice of a possible error. The Court considers that the character and qualifications of the persons who saw the Annex I map on the Siamese side would alone make it difficult for Thailand to plead error in law. These persons included the members of the very Commission of Delimitation within whose competence this sector of the frontier had lain. But even apart from this, the Court thinks that there were other circumstances relating to the Annex I map which make the plea of error difficult to receive.

An inspection indicates that the map itself drew such pointed attention to the Preah Vihear region that no interested person, nor anyone charged with the duty of scrutinizing it, could have failed to see what the map was purporting to do in respect of that region. If, as Thailand has argued, the geographical configuration of the place is such as to make it obvious to anyone who has been there that the watershed must lie along the line of the escarpment (a fact which, if true, must have been no less evident in 1908), then the map made it quite plain that the Annex I line did not follow the escarpment in this region since it was plainly drawn appreciably to the north of the whole Preah Vihear promontory. Nobody looking at the map could be under any misapprehension about that.

Next, the map marked Preah Vihear itself quite clearly as lying on the Cambodian

18) 일방적인 — 필자 주.

side of the line, using for the Temple a symbol which seems to indicate a rough plan of the building and its stairways.

It would thus seem that, to anyone who considered that the line of the watershed at Preah Vihear ought to follow the line of the escarpment, or whose duty it was to scrutinize the map, there was everything in the Annex I map to put him upon enquiry. Furthermore, as has already been pointed out, the Siamese Government knew or must be presumed to have known, through the Siamese members of the Mixed Commission, that the Annex I map had never been formally adopted by the Commission. The Siamese authorities knew it was the work of French topographical officers to whom they had themselves entrusted the work of producing the maps. They accepted it without any independent investigation, and cannot therefore now plead any error vitiating the reality of their consent. The Court concludes therefore that the plea of error has not been made out."

5. 기 만

조약체결이 상대방의 기만행위(fraudulent conduct)에 의해 유인된 경우, 이는 조약동의의 무효사유로 원용될 수 있다(제49조). 기만이란 그것이 없었다면 부여되지 않았을 동의를 얻기 위해 제시된 허위 발언, 거짓 증거의 제시, 기타 사기적 행동 등을 가리킨다. 발생의 외관이 착오와 유사해 실제 문제가 된다면 착오와 동시에 주장될 가능성도 높다. 단 스스로의 잘못에서 비롯되는 착오와 달리 기만에 의한 조약 체결은 상대방의 위법행위로 인해 유발된다. 분리 가능하다면 조약의 일부 조항에 대해서만 기만에 의한 무효를 주장할 수도 있다. 다만 기만의 경우 역시 국제관계에서 실제로 적용된 예는 찾기 어렵다. ILC도 실제 사례를 제시하지 못했다. 그렇다고 해도 이 조항이 표방하는 법원칙을 부인할 수 없다.

6. 부정행위

상대국 대표에 대한 부정행위(corruption)의 결과 조약동의가 성립되었다면, 이는 동의의 무효사유로 원용할 수 있다(제50조). 이 역시 조약의 일부 조항에 대하여만 부정행위로 인한 무효를 주장할 수 있다. 부정행위는 상대방의 악의적 행동으로 인해 잘못된 합의가 유도되었다는 점에서 기만과 유사하다.

ILC에서 비엔나 협약을 성안하는 과정에서는 부정행위를 독자적인 조약의 무효 원인으로 설치할지 여부에 관해 논란이 있었다. 반대론자들은 과거에도 부정행위가 있었지만 이것이 조약의 무효원인이 되었던 예가 없었으며, 부정행위를 통해 조약 동의의사가 만들어졌는지 여부에 대한 심리적 요소의 증명이 어려우며, 부정행위와 의례적 선물과의 구별이 힘들고, 실제 조약 체결과정에서는 대개 본국 정부와 세세한 협의를 함이 보통인데 자국대표가 매수되었다면 국가도 감독책임을 져야 하며, 심각한 부정행위는 기만의 한 유형으로 처리할 수 있으므로 이를 별도의 무효원인으로 하지 않아도 무방하다는 등의 주장을 펼쳤다.

이에 대해 찬성론자들은 오늘날 조약의 다양화·전문화로 기술관료나 비교적 하위직 담당자가 조약 협상에 참여하는 경우가 많으므로 부정행위의 위험성이 높아졌고, 실제로는 사기나 강박보다 매수가 발생할 가능성이 더 높고, 과거와 같이 힘의 위협을 통한 조약 체결이 어려워진 상황에서는 강대국에 의한 개도국 대표의 매수가 목적 달성을 위한 수단으로 활용될 가능성이 있으므로 이를 별도의 무효원인으로 규정할 필요가 있다고 주장했다.[19]

대표권의 제한을 초과한 조약이 체결되었다고 주장할 경우 부정행위를 그 원인으로 같이 주장할 가능성이 있다. 통상적인 상황이라면 각국은 체면 때문이라도 자국 대표가 매수되었음을 공개적으로 시인하고 싶지 않겠지만, 혁명정부가 구정권의 조약을 부인하는 구실로 사용될 수 있다. 이 또한 실제 적용된 사례는 찾기 어렵다. 부정행위가 실제 문제되어도 의례적 선물과 뇌물의 구별이 쉽지 않을 가능성이 높다.

검 토

1. 기만이나 부정행위에 의한 조약은 무효로 할 수 있다는 주장은 논리적으로 수긍할 수 있으나, 실제 사례는 없었다. 이에 관한 법적 확신은 있어도 관행은 없는 상황인데, 이를 관습국제법으로 간주할 수 있는가?

2. 사학자의 연구에 의하면 을사조약의 체결 전후하여 고종황제를 포함해 대한제국의 대신들에 대해 일본이 상당한 금원을 제공했다고 한다.[20] 이것이 조약의 무효

---

19) 이에 관한 상세는 박배근, 한국 병합관련조약의 효력과 국가대표의 매수, 서울국제법연구 제17권 2호(2010), pp.162－167 참조.

20) 이상찬, 「주한 일본공사관기록」과 「일본외교문서」의 을사조약 관련기록의 재검토, 규장각 제30집(2007), pp.186－188.

원인이 될 수 있는가? 이 질문에 대해 국내의 한 연구는 을사조약 체결 당시 국가대표의 부정행위가 조약의 무효원인이라는 관습국제법의 존재를 확인할 수 없고, 일제의 금원 제공사실만으로는 을사조약 체결과의 인과관계 증명이 어렵고, 대부분의 금원이 조약 체결 이후 지급되어 사전의 뇌물제공을 통한 매수라고 판단하기 힘들다는 등의 이유에서 을사조약의 무효 원인으로 주장하기에는 어려움이 있다고 분석했다.21)

7. 강 박

가. 의 의

조약은 당사국 사이에 하자 없는 의사표시의 합치가 있어야 성립되므로, 상대를 강박(coercion)하여 얻은 동의는 어떠한 법적 효력도 없다. 조약법은 기본 법리의 상당 부분을 사법상의 계약법 원리로부터 차용해 왔다. 국내법에서 당사자 간 자유로운 의사 합치가 없는 경우 유효한 계약이 성립될 수 없다. 이에 국제법도 국가대표 개인에 대한 강박조약이 무효라는 점을 오래 전부터 인정해 왔다(제51조). 국가대표에 대한 강박에는 개인에게 가해지는 모든 종류의 물리적 억압과 협박이 포함된다. 반드시 국가기관의 자격에 대한 협박뿐 아니라, 개인적 비리의 폭로 위협이나 가족에 대한 협박도 이에 해당할 수 있다.

비엔나 협약은 국가대표를 강박해 체결된 조약과 아울러 국가를 강박해 체결된 조약을 모두 무효로 규정하고 있다. 협약이 규정하고 있는 조약의 무효사유 중 강박은 정치적으로 가장 관심을 끄는 민감한 주제이다.

나. 국가에 대한 강박

국가도 독립된 법인격을 갖는다고 인정되면, 국가를 강박해서 체결된 조약도 무효인가? 국가 자체에 대한 강박조약을 무효로 하는 주장은 비교적 현대적 현상이다. 20세기 초엽까지 국제법은 국가의 무력사용을 통제하지 못했기 때문에 무력사용의 결과로 탄생한 조약의 효력도 문제 삼기 어려웠다. 제국주의 시대 강대국은 무력을 바탕으로 대외진출을 도모했으므로 강박조약은 그 같은 대외적 성취의 결과물이기도 하였다. 과거 대부분의 평화조약은 대표적 강박조약이었으나, 그 유

---

21) 박배근(전게주 19), pp.174–176.

효성이 의심되지 않았다.

일찍이 그로티우스는 전쟁 중에 행해지거나 전쟁을 종료시키기 위한 약속은 부당한 강박을 사용했음을 이유로 무효화될 수 없다고 주장했다. 즉 국가대표에 대한 강박과 국가에 대한 강박을 구별해 전자만을 무효라고 파악했다. 이 같은 인식 태도는 국제법 질서 속에서 오랫동안 수용되었다. 물론 사람이 아닌 국가라는 단체에 대해 심리적 요소가 중심이 되는 강박이 과연 가능한가라는 의문도 제기되었다. 그러나 국가를 인식과 의지를 보유하는 윤리적 인격체로 간주하는 법인격실재설에 입각한다면 국가 자신도 강박의 대상이 되는 의사주체로 인정되었으며, 이 같은 이론은 19세기 유럽 대륙에서 상당한 지지를 받았다.[22)]

20세기 초반까지는 국제사회에서 국가정책으로서 무력을 사용하는 방안이 용인되었고, 적지 않은 국제분쟁이 무력의 위협이나 실제 사용을 통해 해결되었다. 그 결과로서의 합의(조약)는 일정한 강박의 산물이었다. 이러한 강박조약을 무효라고 본다면 당시의 국제질서는 심각한 혼돈에 빠졌을지도 모른다. 이에 20세기 초반에 출간된 L. Oppenheim의 국제법서는 조약이란 당사자의 진정한 동의를 필요로 한다고 전제하면서도, 패전이나 약소국에 대한 강대국의 협박에 따른 궁박한 처지는 조약에 동의하는 당사자 행동의 자유를 배제한다고 간주하지 않았다. 즉 행동의 자유란 오직 체약국의 대표에게만 적용되며, 국가가 강박에 의해 조약을 체결했을지라도 후일 이 같은 조약상의 의무를 모면할 수 없다고 설명했다.[23)] 조약법에 관한 1935년 Harvard 초안은 국가대표에 대한 강박만을 무효사유로 규정했지(제32조 1항), 국가 자체에 대한 강박에 대하여는 침묵했다.[24)] 1961년 발간된 McNair의 조약법서도 "최근까지(until recently)"라는 제한을 붙여 국가가 강박을 당해 조약을 체결했을지라도 그 조약은 당해 국가에 구속력을 지니며, 국가대표에게 강박이 적용된 경우에만 조약이 무효화된다는 입장은 다수의 학자들에 의해 수락되어 온 전통적 견해라고 설명했다.[25)]

---

22) 이근관, 국제조약법상 강박이론의 재검토, 이태진 외, 한국병합의 불법성 연구(서울대학교 출판부, 2003), pp.263-266 참조.

23) L. Oppenheim, International Law, A Treatise(Peace) 2nd ed.(Longmans, Green and Co., 1912), p.547.

24) Harvard Research in International Law, "Draft Convention on the Law of Treaties with Comment," American Journal of International Law vol. 29(1935), Supplement, p.1148 이하.

25) McNair, The Law of Treaties(Oxford, 1961), p.207.

그러나 국가의 의사는 이를 대표하는 기관(대표자)을 통해 표시되고, 기관의 의사는 국가의 의사로 귀속되기 때문에 국가대표에 대한 강박과 국가에 대한 강박 효과를 구별하려는 의도가 현실적 논의였는지는 의심스럽다. 국가대표에 대한 강박을 통해 체결된 조약도 국가가 이를 무효화시킬 수 있는 힘(force)이나 국제적 체제가 존재하지 않는 한 그 효력은 유지될 수밖에 없다. 이러한 결과를 뒤집을 방법이 국가의 힘 밖에 없다면, 국가대표에 대한 강박과 국가에 대한 강박은 현실에서 구별의 의의가 없어진다. 국가대표에 대한 강박조약이나 국가에 대한 강박조약 모두 국가에 대한 강박을 통해 유지된다는 점이 핵심이기 때문이다. 그럼에도 불구하고 무력사용에 대한 통제를 외면했던 전통 국제법이 국가대표에 대한 강박조약만은 무효라고 단정한 태도는 부자연스럽고 비현실적 억설이었다.[26] 그런 의미에서 강박조약의 효력 여부는 본질적으로 조약법의 문제가 아니었다. 무력사용문제를 외면했던 국제법 체제 속에서 나타난 조약법의 특수한 측면이었으며, 무력사용에 관한 국제법의 태도가 바뀌자 그 효력도 함께 변했다.[27]

국제사회에서는 이미 제1차 대전 이후부터 무력사용의 합법성에 대한 인식에 있어서 중대한 변화를 겪어 왔다. 국제연맹은 국가가 무력을 사용할 자유를 절차적 측면에서 통제하기 시작했으며, 1928년 부전조약의 당사국들은 전쟁을 국제분쟁의 해결수단으로 활용하지 않겠다고 약속했다. 제2차 대전 후 탄생한 UN은 국가가 재량으로 무력을 사용할 수 있는 상황을 자위권 행사로 한정시켰다. 제2차 대전의 개시자는 침략 범죄자로 처벌을 받았다. 국제사회에서 무력의 사용이나 위협은 일반적으로 금지되었다. 국제관계에서 전쟁이 불법화됨에 따라 무력사용의 결과를 강제하는 합의의 효력이 의심받게 됨은 당연한 결과였다. 그 결과 국가대표에 대한 강박조약과 국가에 대한 강박조약의 효력을 구분하는 의의는 사라지게 되었다.[28]

이상과 같은 국제관계의 변화는 비엔나 협약의 초안에도 그대로 반영되었다. 조약법 협약에 관한 특별보고관 H. Lauterpacht가 1953년 ILC에 제출한 협약 초안 제12조는 UN 헌장의 원칙을 위반해 타국에 대한 무력의 사용 또는 위협의 결과인 조약은 어떠한 국가라도 국제사법재판소에 요청해서 그러한 사실을 확인하면 무효라고 제안했다.[29] Lauterpacht는 국제사법재판소에 요청이라는 절차 부분을 제외한

26) 배재식, 한일기본조약연구, 국제법학회논총 제15권 제1호(1970), p.257 참조.
27) J. Brierly, The Law of Nations 6th ed.(edited by H. Waldock)(Oxford UP. 1963), p.319.
28) 이에 관한 좀더 상세한 설명은 이근관(전게주 22), pp.264-274 참조.

이 조항의 실체적 내용이 기존 국제법의 성문화라고 평가했다.[30] 반면 Lauterpacht를 이은 Fitzmaurice는 국가대표에 대한 강박조약의 효력만을 부정하고, 국가에 대한 강박을 조약의 무효원인으로 제안하지 않았다(제14조).[31] 그러나 마지막 특별보고관인 H. Waldock은 현재의 비엔나 협약과 같이 국가대표에 대한 강박과 국가에 대한 강박을 구별해 수록하고 양자 모두 무효로 제안해 현재에 이른다.

비엔나 협약은 국가대표와 국가에 대한 강박의 결과 탄생한 조약을 모두 무효로 선언했지만, 오늘날 아무리 간단한 조약이라 해도 여러 사람의 참여와 여러 단계의 절차를 거쳐 성립하는 현실을 감안한다면 국가 아닌 국가대표에 대한 강박만을 통해 조약이 성립되는 시나리오는 사실 상상하기 힘들다.[32] 국가대표에 대한 강박조약의 국제법적 효력이 오래전부터 부인되어 왔음에도 불구하고, 실제로 인정된 사례를 찾기 어려운 이유도 그 때문이다.[33]

다. 강박의 의미

비엔나 회의에서 강박의 개념은 다시 한번 논란의 중심이 되었다. 협약의 채택과정에서 국가대표에 대한 강박조약은 물론 국가에 대한 강박조약도 무효로 하자는 점에는 별다른 이견이 없었으나, 어떠한 강박을 조약의 무효사유로 하느냐에 대하여는 격렬한 논쟁이 벌어졌다. 당초 ILC가 제시한 초안은 "조약의 체결이 UN 헌장 원칙을 위반하는 힘(force)의 위협 또는 사용에 의해 획득된 경우에 그 조약은 무효이다"였다.[34] 논의과정에서 경제적 압박도 강박의 개념에 포함시켜야 한다는 주장이 제기되었으나, ILC는 이 개념에 포함되는 정확한 행동범위는 헌장 해석의 실행에 맡기겠다는 입장이었다.[35]

UN 헌장 제정과정에서의 논의나 당시의 국제관계의 형편상 여기서의 힘(force)

29) Yearbook of the International Law Commission 1953 vol.II, pp.147−152.
30) 상동, p.150.
31) Yearbook of the International Law Commission 1958 vol.II, pp.38−39.
32) J. Klabbers, International Law 3rd ed.(Cambridge UP, 2021), p.65.
33) 조약법 협약에 관한 특별보고관 Waldock이 ILC에 제출한 보고서는 나치 시절 독일이 보헤미아와 모라비아를 보호령으로 획득하기 위해 체코슬로바키아의 대통령과 외교장관을 위협해 체결한 1939년 베를린 조약을 국가대표와 국가 자체에게 강박이 행사된 예로 들었다.
34) Article 49 (Coercion of a State by the threat or use of force) A treaty is void if its conclusion has been procured by the threat or use of force in violation of the principles of the Charter of the United Nations.
35) ILC Final Draft Articles and Commentary(1966), Article 49, para.3.

의 개념에 경제적·정치적 압력까지 포함된다고 보기는 어려웠다. UN 헌장에서 힘의 위협이나 행사(the threat or use of force)를 금지하고 있는 일반조항은 제2조 4항인데 샌프란시스코 헌장 제정회의에서 force의 개념에 경제적 강박도 포함시키자는 브라질의 제안은 거부된 바 있다.[36)]

그러나 비엔나 회의에서 제3세계 국가들은 정치적·경제적 압력도 조약의 무효사유인 강박에 해당할 수 있다고 주장하고, 아시아·아프리카·중남미의 19개국은 이를 반영하기 위한 정식의 개정안을 제출했다. 즉 적지 않은 제3세계 국가들은 심각한 경제적 압력만으로도 무력 사용이나 위협에 못지않은 강박을 느끼는 것이 현실이라고 주장했다. 예를 들어 국가경제가 단일 또는 소수의 농산물이나 광물의 수출에 크게 의존하는 개발도상국의 경우 해당 물건의 보이코트 위협 등 경제적 압박은 군사적 압력에 못지않은 강제에 해당하므로 그 같은 신식민주의적 압력도 강박의 개념에 포함시켜야 한다는 입장이었다.

다수의 서구 국가들은 이 같은 주장에 크게 반발하며 무력 사용을 통한 강박만을 조약 무효사유로 인정해야 한다는 입장이었다. 정치적·경제적 압력이란 모호한 개념을 조약 무효사유로 인정하면 조약 체결 이후 조금이라도 불리한 입장에 처했다고 생각하는 당사국이 수시로 강박조약임을 주장해 국제관계를 불안정하게 만드리라 우려했다. 정치적·경제적 압력까지 조약의 무효사유로 규정된다면 서구 국가들은 회의장으로부터 철수하겠다는 주장까지 제기되었다. 결국 19개국 개정안은 표결에 붙여지지 않은 대신, 조약 본문에서는 "UN 헌장에 구현된 국제법 원칙을 위반하는 force의 위협이나 사용에 의하여 체결된" 조약은 무효로 규정하고(제52조), 조약 체결을 강제하기 위한 어떠한 형태의 군사적·정치적·경제적 압력의 위협이나 사용도 비난한다는 선언을 협약에 부속서로 첨부하기로 타협이 이루어졌다.[37)] 사실 국제관계에서 일정한 정치적·외교적 영향력의 행사는 일상적인 협상기술이기도 하다.[38)] 비엔나 협약 해석과 관련해 아직까지는 UN 헌장

36) Randelshofer & Dörr, Article 2(4), para.18 in B. Simma, DE. Khan, G. Nolte & A. Paulus eds., The Charter of the United Nations 3rd ed.(Oxford UP, 2012).

37) Declaration on the Prohibition of Military, Political or Economic Coercion in the Conclusion of Treaties.

38) "mere influences and pressures cannot be equated with the concept of coercion as it is known in international law." Dubai/Sharjah Border Arbitration(1981), 91 International Law Reports 543, p.571(1993).

상의 "force"란 무력 사용을 지칭하며, 정치적·경제적 압력까지 포함하는 개념으로 보기 어렵다.39)

하나 더 주목할 사항은 금지되는 강박의 대상을 당초 ILC는 "UN 헌장 원칙"에 위반되는 무력의 위협 또는 사용이라고 제안했으나, 비엔나 회의에서 체코슬로바키아 등 14개국 개정안을 통해 "UN 헌장에 구현된 국제법 원칙"을 위반하는 무력의 위협 또는 사용으로 수정된 점이다. 즉 ILC 원안에 따르면 국가에 대한 강박조약의 무효는 UN 성립 이후의 조약에 대해서만 주장할 수 있는데 반해, 개정안은 국제사회에서의 무력사용 금지의 원칙은 국제연맹 규약이나 부전조약 등을 통해 그 이전부터 발달했으므로 이를 수용할 필요가 있다는 이유에서 제시되었다. 이 개정안은 표결로써 채택되어 현재의 비엔나 협약 제52조가 되었다. 다만 비엔나 협약 제4조가 소급효 금지를 규정하고 있으므로, 이 같은 문구 변화에도 불구하고 제52조가 비엔나 협약 발효 이전의 강박조약에는 여전히 적용되지 않는다. 이러한 내용은 비엔나 협약 발효 이전의 조약에 대해 오직 관습국제법의 자격으로 적용될 수 있을 뿐이다.40) 이미 ICJ는 비엔나 협약이 발효(1980년)되기 이전인 1973년 Fisheries Jurisdiction 판결에서 무력의 위협이나 사용을 통해 체결된 조약은 현대 국제법상 무효임은 의심의 여지가 없다고 판단했다.41) 그러나 국가에 대한 강박조약은 무효라는 원칙이 정확히 언제 관습국제법으로 성립되었는가에 대한 판단은 쉬운 문제가 아니다. 사실 강박을 이유로 조약이 무효로 된 실제 사례는 별로 없다.

협약 제52조는 합법적인 무력의 위협이나 사용에는 적용되지 않는다. 안보리 결의를 바탕으로 한 무력사용의 결과 체결된 합의는 무효인 강박조약에 해당하지 않는다.42) 또한 UN 헌장에 따라 침략국에 대해 부과된 조약상 의무에 대해서는 제52조가 적용되지 아니한다(제75조).

---

39) I. Sinclair, Vienna Convention, pp.177–179; J. Crawford, Brownlie's Principles of Public International Law 9th ed.((Oxford UP, 2019), p.720; P. Gaeta·J. Viñuales & A. Zappalà, Cassese's International Law 3rd ed.(Oxford UP, 2020), p.57; G. Hernández, International Law(Oxford UP, 2019), p.349; J. Klabbers(전게주 32), p.65.

40) I. Sinclair, Vienna Convention, pp.179–180.

41) "There can be little doubt, […] that under contemporary international law an agreement concluded under the threat or use of force is void. Fisheries Jurisdiction(Jurisdiction of the Court) (U.K. v. Iceland), 1973 ICJ Reports 3, para.24.

42) 이에 관련하여 1999년 구 유고연방–NATO 간 Kumanovo Military Technical Agreement의 합법성 논란은 A. Aust, Treaty Law, p.278 참조.

제52조는 조약 체결이 강박으로 이루어진 경우 무효라는 조항이므로, 상대국으로 하여금 조약 협상의 테이블로 나오게 만들거나 조약 협상의 초기 과정에서만 강박이 행사된 경우, 조약 체결 이후 후속 이행과정에서 강박이 행사된 경우는 이 조항의 적용대상이 아니다.[43] 즉 강박을 통해 새로운 조약상의 권리·의무가 창설된 경우만을 대상으로 한다.

라. 절대적 무효

비엔나 협약의 다른 조약 무효사유들은 모두 조약 무효를 주장할 수 있는 사유에 불과하며, 사후 추인 등을 통해 하자가 치유될 수도 있다. 이른바 상대적 무효사유이다. 그러나 제51조와 제52조에 규정된 강박조약은 절대적 무효로서, 처음부터 무효이다. 피해국의 묵인이나 추인을 통해서도 하자가 치유될 수 없다. 제3국은 물론, 극단적으로는 강박 행사국도 무효를 주장할 수 있다. 또한 강박에 의한 조약은 내용의 일부만 분리시켜 무효화할 수 없으며, 조약 전체가 무효로 된다(제44조 5항).

만약에 강박 피해국이 강박에서 벗어난 이후 그래도 조약에 불만이 없다면 강박조약의 효력을 유지시켜 주어도 무방하지 않을까? 비엔나 회의과정에서 미국은 강박을 상대적 무효사유로만 규정하자고 제안했으나, 그렇게 된다면 강대국의 교활한 강제를 쉽게 구별하기 어려울 수 있다는 이유에서 채택되지 않았다. ILC는 그런 경우라도 UN 헌장 원칙에 위배되는 강박조약은 처음부터 무효로 만들고, 당사국이 대등한 입장에서의 자유로운 합의를 통해 새롭게 조약을 체결하도록 하는 편이 바람직하다고 생각했다.[44]

비엔나 협약은 제52조의 적용에 관해 양자조약과 다자조약을 구분하지 않고 있다. 그렇다면 한 국가가 강박에 의해 기존의 다자조약에 억지로 가입하거나 또는 탈퇴당한 경우의 효력은 어떻게 되는가? 이 같은 경우 무효의 효과를 일반적으로 확대시켜 해당 다자조약 성립 전체를 무산시킨다면 물론 불합리하다. 강박을 당한 국가의 의사표시만이 무효가 된다(제69조 4항 참조).[45]

---

43) M. Villiger, Commentary, p.645.
44) ILC Final Draft Articles and Commentary(1966), Article 49, para.6.
45) K. Schmalenbach, Article 52, in O. Dörr & K. Schmalenbach, Commentary 2nd, p.945.

마. 1900년대 한일간 조약

국가에 대한 강박 역시 주로 국가기관인 사람에 대한 강박을 통해 이루어지므로 국가대표에 대한 강박과의 구별이 사실 어렵다. 그럼에도 불구하고 전통 국제법에서는 국가대표에 대한 강박조약만을 무효로 인정하고, 국가에 대한 강박의 효력은 문제삼지 않았다. 1905년 을사조약이 대한제국의 대신들에 대한 일제의 무력위협 속에서 강제적으로 체결된 점은 누구도 부인할 수 없다. 그러나 을사조약이 국가대표에 대한 강박조약이냐, 국가에 대한 강박조약이냐에 대한 판단은 그렇게 간단하지 않다. 그 이후의 현실은 대한제국 전체가 일제의 뜻대로 강제되어 을사조약의 내용이 그대로 실현된 것도 사실이기 때문이다. 이에 아직도 서양의 저명한 국제법서의 하나는 1910년 대한제국이 "자발적으로" 일본의 일부가 되었다고 설명하고 있다.[46)]

한편 강박을 통한 1910년 합병조약의 체결 후 이에 대한 서양 열강의 반응을 우려한 일본 정부는 주영 대사에게 조약의 유효성에 관해 영국 정부와 협의토록 지시했다. 당시 영국 정부는 강박을 이유로 항의를 하거나 합의의 유효성에 의문을 제기하지 않았다. 단지 조선에서 자국의 상업적 이익 등을 계속 확보할 수 있었던 사실에 만족했다.[47)]

1965년 한국과 일본간의 「기본관계조약」 제2조는 "1910년 8월 22일 및 그 이전에 대한제국과 대일본제국간에 체결된 모든 조약 및 협정이 이미 무효임을 확인한다"고 규정했다.[48)] 이에 대하여도 한국 정부는 소급적으로 당초부터 무효임이 확인되었다고 해석하는 반면,[49)] 일본 정부는 과거 유효했던 조약이 1965년이란 시점에서 볼 때 이미 무효로 되어 있음을 확인하는 의미에 불과하다고 해석하고 있다. 즉 일본 당국자는 1910년 강제 병합조약은 1948년 8월 15일 대한민국의 수립시점에 무효로 되었고, 이 사실은 1952년 샌프란시스코 대일평화조약에 의해 확인되었으며, 1965년 조약은 이 점을 재차 지적했을 뿐이라는 입장이다.[50)]

---

46) R. Jennings & A. Watts, Oppenheim's International Law 9th ed. vol.1 Peace(Longman, 1992), p.210.

47) McNair(전게주 25), p.209.

48) 최우선적 효력을 갖는 영어 정본은 다음과 같다. "It is confirmed that all treaties or agreements concluded between the Empire of Korea and the Empire of Japan on or before August 22, 1910 are already null and void."

49) 대한민국 정부, 대한민국과 일본국간의 조약 및 협정해설(1965), p.11.

50) 1965년 10월 16일 일본 참의원 본회의에서 椎名 외무장관의 답변. 1965년 10월 16일 참의

한편 Waldock이 1963년 국제법위원회에 제출한 제2차 보고서는 1905년 을사조약도 국가대표에 대한 강박조약의 사례로 열거했으나, 그 이후의 보고서에서는 이 부분이 삭제되었다.[51] 국제법위원회의 보고서는 연례적으로 UN 총회에 보고된다. 이에 국내 일부 언론은 1963년 UN이 을사조약을 강박조약으로 무효라고 판정했다고 보도한 적이 있으나[52] 이는 사실과 다르다.

Waldock의 2차 보고서에 위와 같은 내용이 포함된 배경은 무엇이었을까? 이는 1935년 조약법에 관한 Harvard 초안의 주석 속에 을사조약이 국가대표에 대한 강박조약의 사례로 열거되어 있었던 영향이었다.[53] 그럼 Harvard 초안은 왜 을사조약을 국가대표에 대한 강박조약의 사례로 지적했을까? 을사조약이 체결된 직후 프랑스 학자 Francis Reny의 La Situation internationale de la Coree(Revue General de Droit international, tome XIII(1906))라는 논문에서 이 조약이 국가대표에 대한 강박조약으로 설명되었다.[54] Harvard 초안 작성시 국가대표에 대한 강박조약의 사례를 찾다가 이 논문의 지적이 활용되었던 것이다.

▶판례: 강박조약의 주장

Territorial and Maritime Dispute(Preliminary Objections), Nicaragua v. Columbia, 2007 ICJ Reports 832.

[이 사건에서 니카라과는 콜롬비아와의 1928년 조약이 첫째 당시 자국 헌법에 위배되는 내용이었고, 둘째 미국의 군사적 점령 하에 강요된 조약이었으므로 무효라고 주장했다(para.75). 그러나 ICJ는 니카라과가 이 조약을 1932년 국제연맹에 등록을 했고(para.78), 1980년까지 50년 이상 이의 무효를 주장하지 않고 유효한 조약으로 취급해 왔다(para.79)는 점에서 이러한 주장을 수락하지 않았다.]

"75. With respect to the validity of the 1928 Treaty, Nicaragua contends that the Treaty is invalid for two reasons. […] Its second argument is that at the time the Treaty was concluded, Nicaragua was under military occupation by the United States

---

원특별위원회 회의록, pp.42−43 등. 外務省條約局條約課, 日韓條約國會審議要旨(1966), pp.97−99 수록.

51) H. Waldock의 1963년 제2차 보고서 pp.42−43 참조. 다만 당시 ILC에서 을사조약이 적절한 사례인가에 대한 논의는 없었다.

52) 경향신문 1993년 2월 17일자, p.2; 서울신문 1993년 2월 17일자, p.6 등. 이는 일본의 每日新聞 1993년 2월 16일자 보도를 보고 작성된 기사였다.

53) Harvard Research in International Law(전게주 24), p.1157.

54) 이 논문은 이태진 편, 일본의 대한제국 강점(까치, 1995)에 번역 수록되어 있다.

and was precluded from concluding treaties that ran contrary to the interests of the United States and from rejecting the conclusion of treaties that the United States demanded it to conclude. Nicaragua submits that Colombia was aware of this situation and "took advantage of the US occupation of Nicaragua to extort from her the conclusion of the 1928 Treaty." Nicaragua claims that it remained under the influence of the United States even after the withdrawal of the last United States troops at the beginning of 1933. […]

78. […] The Court notes that there is no evidence that the States parties to the Pact of Bogotá of 1948, including Nicaragua, considered the 1928 Treaty to be invalid. On 25 May 1932, Nicaragua registered the Treaty and Protocol with the League of Nations as a binding agreement, pursuant to Article 18 of the Covenant of the League, Colombia having already registered the Treaty on 16 August 1930.

79. The Court recalls that Nicaragua advanced "the nullity and lack of validity" of the 1928 Treaty for the first time in an official declaration and White Paper published on 4 February 1980 […]. The Court thus notes that, for more than 50 years, Nicaragua has treated the 1928 Treaty as valid and never contended that it was not bound by the Treaty, even after the withdrawal of the last United States troops at the beginning of 1933. At no time in those 50 years, even after it became a Member of the United Nations in 1945 and even after it joined the Organization of American States in 1948, did Nicaragua contend that the Treaty was invalid for whatever reason, including that it had been concluded in violation of its Constitution or under foreign coercion. On the contrary, Nicaragua has, in significant ways, acted as if the 1928 Treaty was valid. Thus, in 1969, when Nicaragua responded to Colombia's claim that the 82nd meridian, referred to in the 1930 Protocol, constituted the maritime boundary between the two States, Nicaragua did not invoke the invalidity of the Treaty but argued instead that the 1928 Treaty and 1930 Protocol did not effect a maritime delimitation. Similarly, in 1971 when Nicaragua made representations to the United States reserving its rights over Roncador, Quitasueño and Serrana, it did not call into question the validity of the 1928 Treaty.

80. The Court thus finds that Nicaragua cannot today be heard to assert that the 1928 Treaty was not in force in 1948.

81. In light of all the foregoing, the Court finds that the 1928 Treaty was valid […]."

▶판례: 강박의 개념

Fisheries Jurisdiction(Jurisdiction of the Court) (United Kingdom v. Iceland), 1973 ICJ Reports 3.

[Nervo 판사는 소수의견에서 강대국이 직접 무력을 행사하지 않아도, 약소국으로서는 그에 못지않은 실제 압박을 느끼는 경우가 많음을 지적하고 있다.]

P. Nervo Dissenting: (p.47) "A big power can use force and pressure against a small nation in many ways, even by the very fact of diplomatically insisting in having its view recognized and accepted. The Royal Navy did not need to use armed force, its mere presence on the seas inside the fishery limits of the coastal State could be enough pressure. It is well known by professors, jurists and diplomats acquainted with international relations and foreign policies, that certain "Notes" delivered by the government of a strong power to the government of a small nation, may have the same purpose and the same effect as the use or threat of force. There are moral and political pressures which cannot be proved by the so-called documentary evidence, but which are in fact indisputably real and which have, in history, given rise to treaties and conventions claimed to be freely concluded and subjected to the principle of pacta sunt servanda."

8. 강행규범 위반

가. 의 의

국가는 자유 의사에 입각한다면 어떠한 내용의 합의도 할 수 있는가? 국내법에서는 로마법 이래 개인의 합의만으로 이탈할 수 없는 강행법규라는 개념이 인정된다.[55] 국제법에서 역시 당사국의 합의를 통하여도 위반할 수 없는 근본적 성격의 규범이 인정되는가?

국내법과는 달리 국제법 질서에서는 강행법규에 위반된 합의의 무효를 확인할 수 있는 제도적 장치가 마련되어 있지 못하며, 위반에 대한 제재방안도 마땅치 않다. 그럼에도 불구하고 국제법에도 개별국가의 의사만으로 이탈할 수 없는 상위규범이 있다는 사실은 이제 부인하기 어렵다.[56] 비엔나 협약 역시 체결 당시 조약

55) *Jus publicum privatorum pactis mutari non potest.* 공적 권리는 사인간의 합의로 변경될 수 없다.
56) 현대 국제법에서 강행규범 개념이 본격적인 주목을 받게 된 계기는 나치의 발호를 배경으로 한 A. Verdross, Forbidden Treaties in International Law, AJIL vol.31(1937), pp.571-577의 글이었다고 평가된다. J. Klabbers(전게주 2), p.562.

이 일반 국제법상 강행규범(*jus cogens*)과 상충되는 경우 무효라고 규정했다(제53조). 즉 강행규범에 위반되는 조약은 당초부터 무효이다. 주권국가의 동의를 국제법의 가장 기본적 연원이라고 생각해 온 국제법 질서 속에서 국가간 자유로운 합의를 제한하는 강행규범의 도입은 일종의 헌법적인 최상위 규범의 설정을 의미한다. 앞서 설명한 조약의 다른 무효사유가 모두 합의가 이루어지는 과정상 하자를 원인으로 하고 있다면, 강행규범 위반의 경우는 합의 내용이 국제사회의 기본 가치를 침해하기 때문에 무효로 되는 사유이다. 강행규범의 인정은 주권국가라고 할지라도 조약 체결에 있어서 과거와 같이 무제한적 자유를 누릴 수 없음을 의미한다. 이는 국가에 대한 강박조약을 무효라고 선언한 입장과도 일맥상통한다.

강행규범은 오랜 자연법적 전통에 기원하고 있지만, 이 개념을 처음으로 성문화한 다자조약은 비엔나 협약이다. ILC의 논의과정에서 특별보고관 Fitzmaurice는 조약이 강행규범적 성질을 갖는 국제법 규칙과 합치되어야 한다고 제안했었다.[57] 그를 이은 Waldock 역시 이 개념을 지지했다. 당시 ILC에서는 과연 강행규범이 존재하는가? 이는 소급효를 갖는가? 협약 내에서 강행규범의 지위는 무엇인가? 조약중 강행규범과 상충되는 조항만 무효로 되는가? 등이 주요 쟁점이 되었다. 다수 위원들이 강행규범 개념의 도입을 지지했으며, ILC의 중간 초안 회람시 많은 국가들이 찬성했다.[58]

비엔나 회의에서 대체로 사회주의 국가와 제3세계 국가들은 강행규범 개념을 지지했으나, 서구 국가들은 이의 도입에 반대했다. 사회주의 국가들은 강행규범이 체제가 다른 국가간 평화공존을 보장하기 위한 정치적 수단이 될 수 있기를 희망했다. 제3세계 국가들은 이 개념이 식민주의에 대항하는 수단이 되기를 기대했다. 1968년 비엔나 회의에서 시에라레온 대표가 강행규범을 통해 “제국주의, 노예제도, 강제노동 그리고 모든 인간의 평등과 국가의 주권평등 원칙을 침해하는 모든 관행을 비난할 수 있는 황금의 기회를 제공받을 것”이라고 한 발언에는 제3세계 국가들의 기대가 잘 표현되어 있다.[59] 반면 국제관계에서 여전히 주도권을 행사하던 미국, 영국, 프랑스 등 서구국가들은 강행규범 도입으로 자신의 행동반경에 대한 제약이 늘어날지 모른다고 우려했다. 또한 기존 조약이 후일 자신에게 불리하다고

57) Article 16(Legality of the object), Yearbook of the I.L.C. 1958 vol.II, p.26.

58) M. Villiger, Commentary, pp.666–667.

59) P. Gaeta · J. Viñuales & A. Zappalà(전게주 39), pp.233–234.

생각하는 국가들이 강행규범 위반으로 무효라는 주장을 남발하면 국제관계의 안정성이 무너진다고 걱정하며 이에 반대했다.

비엔나 회의에서 격렬한 논쟁이 벌어졌으나 결국 국제사회 다수의 지지를 받는 강행규범을 협약 제53조에 규정하는 대신, 이에 관한 분쟁에 대해서는 ICJ의 강제관할권을 인정하는 선에서 타협이 이루어졌다(제66조).[60] 이에 강행규범에 관한 분쟁해결조항을 유보하는 경우 민감하게 반응하는 국가도 적지 않다.[61] 프랑스는 강행규범 도입에 대한 불만으로 비엔나 조약 협약에 대한 최종 표결에서 반대했으며, 이는 또한 프랑스가 아직까지 협약을 비준하지 않는 주요 이유이다.[62]

국제사회가 강행규범이라는 개념을 필요로 하는 이유는 무엇인가? 이는 국제관습법상의 기본적 규범에 대한 특정국가의 지속적 반대를 극복하거나 일부국가들의 이탈시도를 저지하는 데 유용하다.[63] 보다 근본적으로는 국가와 인류의 생존이나 인간의 기본적 가치를 위협하기 때문에 국제사회에서 더 이상 용납될 수 없는 행동을 금지할 필요가 있기 때문이다.[64] 강행규범의 등장은 모든 국제법 규칙이 주권국가의 동의를 통해 성립된다는 원칙으로부터의 탈피로서, 국제법의 발전을 의미한다. 그러나 강행규범 위반으로 무효라는 주장은 "*pacta sunt servanda*(약속은 지켜야 한다)"라는 법의 대원칙을 깨뜨리는 결과를 가져오므로 충분한 증거에 근거해 신중하게 수락되어야 한다. 이것이 단기적인 정치적 목적을 위해 무분별하게 주장되면 국제질서의 안정성을 해치게 된다.

비엔나 협약이 강행규범을 포함시켰을 때, 일부 국가에게는 희망을 제공하고 다른 일부 국가에게는 반대와 두려움을 야기했다. 그러나 협약이 채택된지 반세기 이상 지났지만 실제로 강행규범 위반으로 조약이 무효로 확인되는 사례는 만나기

60) 비엔나 회의에서 강행규범에 관한 논의과정은 이병조, 국제강행규범론(일조각, 1974), pp.110–137 참조.

61) 예를 들어 영국은 강행규범에 대한 ICJ의 최종 관할권 행사조항을 유보하고 가입한 튀니지, 러시아(소련), 베트남에 대하여는 상호 비엔나 협약 전체가 적용되지 않는다고 선언하였다. 튀니지의 제66조 유보에 대해 독일, 스웨덴, 네덜란드, 일본 등은 튀니지와의 관계에서 협약 제53조와 제64조는 적용되지 않는다고 선언했다.

62) M. Villiger, Commentary, p.668; Schmalenbach, Article 53, in O. Dörr & K. Schmalenbach, Commentary 2nd, p.974.

63) D. Shelton, International Law and Relative Normativity, in M Evans ed., International Law 4th ed.(Oxford UP, 2014), p.151.

64) Drafts Articles on Responsibility of States for Internationally Wrongful Acts, with Commentaries Article 40, para.3. Yearbook of the International Law Commission 2001 vol. II Part 2.

어렵다. 그런 의미에서 강행규범 도입이 아직은 조약법에 새로운 생명을 불어 넣어주지 못했으며, 그렇다고 조약 파괴의 무질서를 야기하지도 않았다.[65)]

나. 강행규범의 내용

비엔나 협약은 강행규범을 국제공동체(international community of States as a whole) 전체가 수락하고 인정한(accepted and recognized) 규범으로 이탈이 허용되지 않는 절대규범(peremptory norm)으로 정의하고 있다(제53조). 강행규범 개념을 인정함에 있어서 가장 어려운 문제는 이것이 어떠한 과정을 통해 성립하는가와 그 구체적 내용이 무엇인가라는 점이다. ILC는 2022년 「일반국제법상 강행규범의 확인과 법적 효과」를 채택해 강행규범 이해에 도움을 주고 있다.[66)]

중앙 입법기관이 없는 국제사회에서 모든 주권국가를 구속하는 규범이 어떻게 만들어지느냐는 쉽게 답을 찾기 어려운 문제이다. 협약은 국제공동체 전체라는 개념을 대안으로 제시하고 있으나, 국제공동체 역시 제도화된 형태로 존재하지 않기 때문에 여전히 근본적인 해답은 되지 못한다. 결국 아직은 개별 국가의 판단에 적지 않게 영향을 받을 수밖에 없다. 국제공동체 전체의 수락과 인정이 필요하다면 모든 개별국가는 강행규범 성립과정에서 거부권을 갖는가? "국제공동체 전체"라는 개념은 분명 "개개의 모든 국가(every States)"와는 구별된다. ILC는 강행규범의 확인을 위해서는 아주 많은 그리고 대표성 있는 다수 국가들(a very large and representative majority of States)의 수락과 인정이 요구되나, 그렇다고 모든 국가의 수락과 인정이 필요하지는 않다고 설명한다.[67)]

강행규범이라는 수락과 인정의 증거는 어떻게 확인할 수 있는가? 그 증거는 다양한 형태를 가질 수 있는데, 국가를 대표한 공적 성명·공식 출판물·정부의 법률 의견·외교 공한·가국 헌법 규정·각국 입법부 및 행정부의 행위·국내법원의 결정·조약 규정·국제기구 또는 국제회의에서 채택된 결의 및 그 밖의 국가 행위 등이 이에 해당할 수 있다.[68)] 국제재판소의 판결이나 학자들의 학설은 강행규범

---

65) P. Gaeta·J. Viňuales & A. Zappalà(전게주 39), p.235.

66) ILC, Draft Conclusions on Identification and legal consequences of peremptory norms of general international law(*jus cogens*), with Commentaries(2022). 이 규정은 이하 ILC, 「일반국제법상 강행규범의 확인과 법적 효과」(2022)로 약칭.

67) ILC, 「일반국제법상 강행규범의 확인과 법적 효과」(2022), Conclusion 7 제2항.

68) ILC, 「일반국제법상 강행규범의 확인과 법적 효과」(2022), Conclusion 8 제2항.

판단의 보조수단이 될 수 있다.[69)]

관습국제법은 강행규범의 가장 공통된 근거가 된다.[70)] 관습국제법의 성립과 마찬가지로 강행규범도 이에 특별한 관계를 갖는 일부 국가의 실행이 선도되고, 다른 국가들의 지지, 그리고 나머지 국가들의 묵시적 수락의 과정을 통해 성립될 것이다. 오늘날은 UN과 같은 국제기구와 대규모 국제회의가 발달함으로써 일정한 법규칙에 대한 다수 국가의 실행이나 지지 또는 반대를 확인하기가 비교적 용이해졌다. 그러나 아직 국제판례에서 강행규범이 어떠한 과정을 통해 성립되는지에 관해 구체적 설명이 제시된 예는 없다.

강행규범의 형성에는 국제기구의 참여도 필요한가? 1986년 채택된「국제기구의 조약법에 관한 비엔나 협약」제53조는 1969년 비엔나 협약 제53조와 동일하다. 국제기구와 관련된 강행규범이라면 국가의 국제공동체(international community of States)에 더해 국제기구의 수락과 승인은 필요한가? 1986년 협약의 논의시 국가 다음에 "국제기구"를 추가로 삽입하거나, "국가"를 삭제하고 단순히 국제공동체(international community)라고만 표현하는 방안도 검토되었다. 그러나 최종적으로는 1969년 협약의 표현을 고수하기로 결론내렸다. 그 이유는 국제기구 역시 국가로 구성되어 있으며, 현재의 국제사회에서 강행규범을 수락하고 승인하는 주체는 역시 국가라는 점을 명백히 하는 편이 바람직하다고 판단했기 때문이었다.[71)] ILC,「일반국제법상 강행규범의 확인과 법적 효과」(2022) 역시 국가 이외 다른 행위자(예: 국제기구)의 입장은 국제공동체 전체에 의한 수락과 인정을 평가하고 의미를 부여하는 데는 유의미 할지라도, 비국가 행위자의 입장 그 자체는 그러한 수락과 인정의 일부를 형성하지 못한다고 설명한다.[72)]

강행규범에 관한 또 다른 어려움은 현재의 국제질서 속에서 무엇이 이에 해당하느냐이다. 사실 비엔나 협약 제53조는 강행규범의 법적 효과만을 서술하고 있지, 강행규범의 내용적 특징은 설명하지 않고 있기 때문에 핵심을 찌르는 좋은 정의규정이 아니다. 강행규범이란 이탈할 수 없는 규범이라는 정의는 순환논법에 빠져 강행규범의 내용파악에 관해 아무런 단서도 주지 못한다.[73)]

69) ILC,「일반국제법상 강행규범의 확인과 법적 효과」(2022), Conclusion 9.
70) ILC,「일반국제법상 강행규범의 확인과 법적 효과」(2022), Conclusion 5 제1항.
71) Lagerwall, Article 53, in O. Corten & P. Klein, Commentary, p.1235.
72) ILC,「일반국제법상 강행규범의 확인과 법적 효과」(2022), Conclusion 7 제3항.
73) E. Jimenez de Aréchaga, International Law in the Past Third of a Century, Recueil des Cours

ILC의 조약법협약 초안 과정에서는 ① UN 헌장에 위반되는 위법한 무력행사의 합의 ② 국제법상의 범죄를 수행하자는 합의 ③ 노예무역, 해적, 제노사이드와 같이 그 진압에 모든 국가의 협력이 요구되는 행위를 수행하자는 합의 등이 강행규범 위반의 예로 제시된 바 있다. 그러나 ILC는 비엔나 협약 자체에 이 같은 예를 포함시키지 않기로 하였다. 아무리 사려 깊게 예를 선정하더라도 그에 포함되지 않은 행위에 대한 오해를 불러일으킬 소지가 있다고 보았기 때문이다. 또한 국제법상 강행규범의 예를 제시하는 일은 조약법에 관한 협약에 포함될 작업은 아니라고 판단했다.[74] 비엔나 협약은 강행규범의 내용에 대한 판단기준이나 실례를 지적하는 대신, 이에 관한 분쟁이 있을 시 그에 대한 최종 판단권을 ICJ에 부여하는 선에서 머물렀다(제66조). 강행규범의 실체는 백지상태로 남겨진 셈이다. 아직까지 강행규범 위반 조약이라는 이유만으로 사건이 ICJ에 회부된 사례는 없었다.

사실 비엔나 협약이 채택될 무렵까지 특정한 규범이 국제법상 강행규범에 해당한다는 법적 확신에 입각했던 국가실행은 찾기 어렵다. 특정 규범이 강행규범에 해당하느냐 여부에 관한 국제재판도 없었다. 어떠한 국제재판소도 특정 규범이 강행규범이라는 전제 하에 재판을 진행한 사례도 없었다. 그런 상황에서 비엔나 협약이 강행규범의 구체적 사례를 제시하거나 내용 판단을 위한 구체적 기준을 포함시키기는 어려웠다. 사실 아직까지도 강행규범의 판단기준에 관해 국제사회의 일반적 합의는 없다는 것이 정확한 평가이다. 예를 들어 인권조약이 국가비상시에도 계속 적용되어야 한다고 규정한 내용(no derogation clause)이라 하여 모두 강행규범은 아니다. 외교사절 신체의 불가침과 같이 국제사회에서 예외가 없을 정도로 폭 넓은 지지를 받는 법규범이라 하여 강행규범은 아니다. 당사국들간에 합의만 있으면 이러한 특권을 부인할 수 있기 때문이다. 다만 오늘의 현실에서는 각 분야의 전문가들마다 자기 분야의 중요한 원칙을 강행규범이라고 주장해 강행규범 후보목록이 폭발적으로 늘고 있다.

ILC는 「일반국제법상 강행규범의 확인과 법적 효과」(2022)를 완성하며 부속서에 다음 8개 항목을 현행 강행규범의 목록으로 예시했다. 즉 ① 침략 금지 ② 집단살해 금지 ③ 인도에 반하는 죄의 금지 ④ 국제인도법의 기본규칙 ⑤ 인종차별과 아파르테이드 금지 ⑥ 노예제 금지 ⑦ 고문 금지 ⑧ 자결권.[75]

vol.159(1978－I)(Sijthoff & Noordhoff, 1979), p.64.

74) Yearbook of the I.L.C. 1966 vol. II, p.248.

다. 강행규범의 효과

강행규범은 이탈을 허용하지 않기 때문에 이와 상충되는 합의는 처음부터 무효로서 아무런 법적 효력을 갖지 못한다. 조약 일부가 강행규범에 저촉되어도 조약 전체가 무효로 된다(제44조 5항). 강행규범과의 충돌로 무효로 된 조약의 당사자는 강행규범과 상충되는 조약 규정에 근거해 이미 이행된 행위의 결과를 가능한 한 제거해야 하며 한다.[76] 다만 ① 강행규범과 상충되는 조약 규정이 조약의 나머지 부분으로부터 분리 적용될 수 있고 ② 그 규정의 수락이 조약 전체에 대한 기속적 동의의 필수적인 기초가 아니라는 점이 조약으로부터 나타나거나 또는 달리 증명되며 ③ 조약 나머지 부분의 계속적 이행이 부당하지 않은 경우에는 강행규범과 상충되는 부분만 분리되어 무효로 된다.[77]

체결 시에는 별 문제가 없었으나, 후일 새로운 강행규범 형성으로 뒤늦게 무효로 된 조약은 장래를 향하여만 종료된다(제64조). 즉 소급효는 없다. 후속 강행규범에 의한 무효화는 엄밀히 말하면 조약의 종료에 해당한다.

ILC는 강행규범의 성격을 가진 조약 규정에 대해서는 유보를 첨부할 수 없으며, 강행규범에 대해서는 지속적 반대자론이 적용될 수 없다고 보고 있다.[78] 한편 안보리의 결의 역시 비록 조약은 아닐지라도 강행규범에 위반되면 무효라고 해석된다.[79] 강행규범에 위반된 결의가 UN 회원국에게 강제될 수는 없기 때문이다.

강행규범은 모든 국가들이 법적 이해를 갖는 국제공동체 전체에 대한 대세적 의무를 창출하며, 강행규범 위반 행위에 대해서는 어떠한 국가도 국제위법행위에 대한 책임을 추궁할 수 있다.[80] 한 국가가 강행규범에 따른 의무를 심각하게 위반하면, 다른 국가들은 적법한 수단을 통해 이를 종료시키도록 협력해야 하며, 위반으로 인해 만들어진 상황을 적법하다고 승인하지 말아야 하며, 그러한 상황이 유지되도록 원조나 지원을 해서도 안 된다.[81]

한번 성립된 강행규범이라도 영원히 고정될 수는 없다. 강행규범은 동일한 성

75) ILC, 「일반국제법상 강행규범의 확인과 법적 효과」(2022), Conclusion 23 & Annex.
76) ILC, 「일반국제법상 강행규범의 확인과 법적 효과」(2022), Conclusion 12 제1항.
77) ILC, 「일반국제법상 강행규범의 확인과 법적 효과」(2022), Conclusion11.
78) ILC, 「일반국제법상 강행규범의 확인과 법적 효과」(2022), Conclusion 13 & 14.
79) J. Klabbers(전게주 32), p.67.
80) ILC, 「일반국제법상 강행규범의 확인과 법적 효과」(2022), Conclusion 17.
81) ILC, 「일반국제법상 강행규범의 확인과 법적 효과」(2022), Conclusion 19.

질의 후속규범 - 새로운 내용의 강행규범 - 에 의해 변경될 수 있다(제53조 후단).

그런데 강행규범이란 "이탈이 허용되지 않는 규범"이라는 속성으로부터 몇 가지 해결하기 어려운 의문이 제기된다. 첫째, 기존의 강행규범과는 다른 새로운 내용의 강행규범이 과연 어떻게 형성될 수 있는가라는 의문이다. ILC 보고서는 일반적 다자조약에 의해 기존 강행규범이 수정될 수 있다고 지적했다.[82] 그런데 기존의 강행규범과 다른 내용을 갖는 일반적 다자조약은 강행규범 위반으로 처음부터 무효로 된다. 이 같은 조약이 강행규범으로 승격되는 현상이 이론상 가능한가? 사실 이 점은 기존의 관습국제법을 대체하는 새로운 관습국제법이 어떻게 성립될 수 있는가와 동일한 차원의 의문이기도 하다. 둘째, 일단 성립된 강행규범은 반드시 새로운 강행규범에 의해서만 대체될 수 있는가? 대체 강행규범의 성립 없이 강행규범으로서의 성격을 상실하고 그냥 사라질 수는 없는가? 사실 국제관계의 변화에 따라 그런 가능성도 부인하기는 어렵다. 문제는 기존의 강행규범성을 부인하는 실행은 그 자체 무효인데, 어떻게 그 같은 실행이 축적되어 기존 강행규범의 성격을 무력화시킬 수 있느냐는 점이다.

라. 국제재판에서의 강행규범

비엔나 협약은 일반적 다자조약으로는 최초로 "강행규범" 위반을 조약 무효사유로 규정했으나, 이후 강행규범은 조약법 이외의 분야에서 더 많이 원용되었다. 강행규범에 관해 최근의 긍정적 변화는 국제재판소들이 판결에서 이 개념을 인정하기 시작했다는 사실이다. 비엔나 회의 때만 해도 강행규범의 존재 여부가 논란의 대상이 되었으나, 이제 이의 존부를 다투는 주장은 거의 제기되지 않는다. 오늘날의 관심은 주로 강행규범의 내용과 적용이다.

구유고 국제형사재판소는 1998년 Z. Delalić 1심 판결에서 국제재판소로는 처음으로 고문금지가 강행규범에 해당한다고 판단했다.[83] 유럽인권재판소 역시 2001

---

82) Yearbook of the I.L.C. 1966 vol.Ⅱ, p.248.

83) "454. Based on the foregoing, it can be said that the prohibition on torture is a norm of customary law. It further constitutes a norm of *jus cogens*," Prosecutor v. Z. Delalić *et al.* ICTY Judgment, Case No. IT−96−21−T(1998). 곧 이어 Prosecutor v. Furundzija, Judgment, Case No. IT-95-17/1-T(1998), para.153; Prosecutor v. Zoran Kupreskic *et al.*, Judgment, Case No. IT−95−16−T(2000), para.520; Prosecutor v. D. Kunarac *et al.*, Judgment, Case No. IT−96−23−T IT−96−23/1−T(2001), para.466에서도 고문금지를 강행규범으로 인정했다.

년 Al Adsani 판결에서 고문금지를 강행규범으로 확인했다.[84] 미주인권재판소는 2003년의 한 권고적 의견에서 차별금지원칙이 강행규범이라고 인정하는 등[85] 다른 어떤 국제재판소보다 폭넓게 강행규범의 개념을 인정하고 있다.[86]

ICJ는 관습국제법상 강행규범 개념을 흔쾌히 받아들이지 않고 있다는 평을 들을 정도로 이에 대한 명시적인 수락 여부를 오랫동안 표명하지 않고 있다가,[87] 2006년의 판결에서 제노사이드의 금지가 강행규범에 해당함을 처음으로 인정했다.[88] 이어 ICJ는 2012년의 다른 판결에서 고문금지가 관습국제법의 일부이자 국제법상의 강행규범이라고 판단했다. 이 판결에서 ICJ는 고문금지가 광범위한 국제적 실행과 각국의 법적 확신에 근거하고 있다고 설명했다. 고문금지는 수많은 범세계적 국제인권조약에 등장하고 있고, 거의 모든 국가의 국내법이 고문을 금지하고 있으며, 고문행위는 국제적으로나 국내적으로 지속적으로 비난받고 있음을 지적하였다.[89] 한편 제노사이드 금지나 고문금지가 강행규범이라고 인정되어도 과연 무엇이 이에 해당하는 제노사이드나 고문인가에 대한 판단은 또 다른 난제이다.

국제재판소가 강행규범의 개념을 인정하기 시작했을지라도 이의 실제 적용에는 여전히 소극적이다. 우선 이의 위반을 이유로 조약이 실제로 무효로 판정된 사례는 아직 찾기 어렵다. 근래 국제재판소는 물론 여러 국가의 국내 재판소에서 주권면제의 인정과 관련해 강행규범이 어떠한 역할을 할 수 있느냐에 관한 문제가 제기된 바 있는데, 강행규범은 여전히 주권면제의 방패를 뚫지 못하고 있다. 이에 관한 사건으로는 ICJ에서의 Ferrini 판결이 가장 유명하다.[90]

---

84) Al Adsani v. U.K. ECHR, 34 E.H.R.R. 273(2002), para.61.

85) Judicial Condition and Rights of the Undocumented Migrants(Advisory Opinion), Inter-American Court of Human Rights, OC-18/03 Ser.A, No. 18(2003).

86) 이진규, 국제재판에서의 강행규범의 발전, 원광법학 제26권 제1호(2010), pp.524−525 참조.

87) ICJ는 과거 "Further these fundamental rules are to be observed by all States [···], because they constitute intransgressible principles of international customary law." (Legality of the Threat or Use of Nuclear Weapons, Advisory Opinion, 1996 ICJ Reports 226, para.79)와 같은 표현을 통해 유사한 개념을 지적한 바 있다.

88) Armed Activities(New Application: 2002) (Democratic Republic of Congo v. Rwanda), 2006 ICJ Reports 6, para.64.

89) "In the Court's opinion, the prohibition of torture is part of customary international law and it has become a peremptory norm(*jus cogens*)." Questions Relating to the Obligation to Prosecute or Extradite (Belgium v. Senegal), 2012 ICJ 422, para.99.

90) Jurisdictional Immunities of the State (Germany v. Italy, Greece Intervening), 2012 ICJ Reports 99.

이 사건의 내용은 다음과 같다. 이탈리아인 Ferrini는 제2차 대전 중인 1944년 8월 독일군에 의해 체포되어 독일로 강제이송된 후 종전 시까지 강제노역에 종사했다. 이에 대해 보상을 받을 수 없었던 Ferrini는 1998년 이탈리아 법원에 독일국을 상대로 보상청구소송을 제기했으나, 하급심에서는 주권면제를 이유로 청구가 받아들여지지 않았다. 그러나 2004년 이탈리아의 최고심인 Court of Cassation은 국제범죄에 해당하는 행위에 관하여는 주권면제를 인정할 필요가 없으므로 이탈리아 법원이 이 사건에 대해 재판관할권을 행사할 수 있다고 판시했다. 이후 사건을 환송받은 하급심은 독일에게 배상의무를 선고했다. 이 판결을 계기로 이탈리아에서는 독일을 상대로 약 250건의 유사한 성격의 보상청구소송이 제출되었으며, 여러 건의 재판에서 동일한 입장이 확인되었다. 그리스에서도 독일을 상대로 유사한 판결이 내려진 바 있다. 이에 독일은 이탈리아의 행위가 국제법 위반이라며 사건을 ICJ에 제소했다.

재판과정에서 이탈리아는 문제의 독일군 행위가 전쟁범죄와 인도에 반하는 죄에 해당하는 심각한 국제법 위반행위이며, 또한 이는 국제법상 강행규범 위반행위이므로 이탈리아 법원은 독일에 대한 재판관할권을 행사할 수 있다고 주장했다. 독일도 제2차 대전 중 자국의 행위가 국제법 위반임을 부인하지 않았다. 그러나 ICJ는 다음과 같은 이유에서 독일의 주권면제 향유를 부인한 이탈리아의 행위가 국제법 위반이라고 판단했다.

첫째, ICJ는 주권면제가 인정되면 국가는 재판절차에서 처음부터 배제되므로, 국가가 주권면제를 향유하느냐 여부는 사건의 본안 내용을 검토하기에 앞서 우선 결정될 사항이라고 보았다.[91] 그렇다면 혹시 피소국의 행위가 심각한 국제법 위반이었다고 주장하기만 하면 그 국가는 주권면제의 적용을 바로 배제당하는가? 그러나 각국의 실행이나 주권면제에 관한 조약들을 검토한 ICJ는 국가가 국제인권법이나 국제인도법을 심각하게 위반해 피소되었다는 이유만으로는 주권면제의 적용을 박탈당하는 관습국제법은 없다고 판단했다.[92]

둘째, ICJ는 주권면제란 성격상 절차에 관한 문제로서, 이는 국내법원이 타국에 대해 재판관할권을 행사할 수 있느냐를 결정하는 법칙에 불과하다고 보았다. 이는 제소의 원인이 된 행위가 위법하냐 여부와는 관계가 없으며,[93] 따라서 주권

91) 위 2012년 ICJ의 같은 판결, para.82.
92) 같은 판결, para.91.

면제 법리는 강행규범의 내용과 서로 충돌의 여지가 없다고 판단했다.[94] 즉 문제의 행위가 강행규범 위반이냐 여부는 주권면제의 적용 여부에 아무런 영향을 미칠 수 없다고 결론내렸다.[95]

즉 이 판결은 실체법과 절차법의 구별이라는 형식논리를 통해 강행규범의 우월성을 사실상 무력화시켰다. ICJ가 지적한 바와 같이 주권면제는 국내법원이 주권국가를 자신의 관할권에 복종하도록 강제할 수 없다는 절차적 개념임은 사실이다. 그러나 주권면제가 국가 사이의 관계에서 개별 국가의 기능을 보호하기 위한 개념이라면, 강행규범은 개별 국가의 재량 범위를 넘어서는 국제사회의 근본적인 공통가치를 보호하기 위한 개념이다. 강행규범이란 어떠한 경우에도 이탈이 허용되지 않는 규범인데 이를 위반한 국가의 책임을 추궁하는 과정에서 주권면제가 어떻게 이탈의 결과를 용인하는 방패가 될 수 있는지에 대한 논란은 계속되리라고 보인다.[96] 결국 ICJ를 포함한 국제재판소는 아직은 주로 수평적인 국제법 질서 속에서 강행규범을 수용함으로써 각국이 부담하게 될 새로운 비용의 부과를 주저하고 있는 것이다.[97]

한편 ICJ에서의 체포영장 사건에서도 유사한 논란이 제기된 바 있다. 벨기에는 2000년 4월 인도에 반하는 죄와 전쟁범죄와 같이 국제법상 심각한 범죄에 대해서는 면제가 부여될 수 없다고 주장하며(para.56), 콩고의 현직 외교장관 Yerodia에 대해 체포영장을 발부했다. 반면 콩고측은 외교장관에 대해서는 절대적 면제가 인정되어야 한다며(para.57) 이 사건을 ICJ에 제소했다. ICJ는 관습국제법상 현직 외교장관에 대한 체포영장 발부는 국제법 위반이라고 판단했다.[98] 이 사건에서 역시 외교장관의 행위가 강행규범 위반의 국제범죄라면 왜 상위법(강행규범)을 위반한 자가 하위법(국제법상의 면제 부여)을 통한 보호를 받을 수 있느냐는 논란이 제기되었다.[99]

93) 같은 판결, para.93.

94) 같은 판결, para.95.

95) 같은 판결, para.97. 이 판결의 다수의견과 소수의견에 관한 보다 상세한 소개는 이성덕, 강행규범과 국가면제: 2012년 ICJ 관할권 면제 사건을 중심으로, 중앙법학 제14집 제4호(2012), p.230 이하 참조.

96) 동지, P. Gaeta · J. Viňuales & A. Zappalà,(전게주 39), p.128.

97) J. Klabbers(전게주 2), p.565.

98) Arrest Warrant of 11 April 2000 (Congo v. Belgium), 2002 ICJ Reports 3.

99) 위 판결의 Dissenting Opinion of Judge *ad hoc* van den Wyngaert, para.28. 기타 영국, 캐나다, 그리스, 이탈리아 등의 국내법원이 주권면제와 강행규범 간의 충돌문제를 다룬 판례에 관해서는 이성덕(전게주 95), pp.213－225 참조.

▶판례: 고문금지의 강행규범성

Prosecutor v. Furundzija, Judgment, ICTY, Case No. IT-95-17/1-T, Trial Chamber (1998).

"153. While the *erga omnes* nature just mentioned appertains to the area of international enforcement (lato sensu), the other major feature of the principle proscribing torture relates to the hierarchy of rules in the international normative order. Because of the importance of the values it protects, this principle has evolved into a peremptory norm or *jus cogens*, that is, a norm that enjoys a higher rank in the international hierarchy than treaty law and even "ordinary" customary rules. The most conspicuous consequence of this higher rank is that the principle at issue cannot be derogated from by States through international treaties or local or special customs or even general customary rules not endowed with the same normative force.

154. Clearly, the *jus cogens* nature of the prohibition against torture articulates the notion that the prohibition has now become one of the most fundamental standards of the international community. Furthermore, this prohibition is designed to produce a deterrent effect, in that it signals to all members of the international community and the individuals over whom they wield authority that the prohibition of torture is an absolute value from which nobody must deviate." (각주 생략)

▶판례: 국제인도법 규범의 강행규범성

Prosecutor v. Zoran Kupreskic et al., Judgment, ICTY, Case No. IT-95-16-T (2000)

"520. Furthermore, most norms of international humanitarian law, in particular those prohibiting war crimes, crimes against humanity and genocide, are also peremptory norms of international law or *jus cogens*, i.e. of a non-derogable and overriding character."

▶판례: 고문금지의 강행규범성

Questions Relating to the Obligation to Prosecute or Extradite (Belgium v. Senegal), 2012 ICJ Reports 422.

[재판부는 강행규범으로 평가한 이유를 제시함으로써 판단기준을 암시하고 있다. 결국은 광범한 관행과 법적 확신을 기준으로 판단했다.]

"99. In the Court's opinion, the prohibition of torture is part of customary international law and it has become a peremptory norm (*jus cogens*).

That prohibition is grounded in a widespread international practice and on the *opinio juris* of States. It appears in numerous international instruments of universal application (in particular the Universal Declaration of Human Rights of 1948, the 1949 Geneva Conventions for the protection of war victims; the International Covenant on Civil and Political Rights of 1966; General Assembly resolution 3452/30 of 9 December 1975 on the Protection of All Persons from Being Subjected to Torture and Other Cruel, Inhuman or Degrading Treatment or Punishment), and it has been introduced into the domestic law of almost all States; finally, acts of torture are regularly denounced within national and international fora."

▶판례: 강행규범 위반과 주권면제

Jurisdictional Immunities of the State (Germany v. Italy, Greece Intervening), 2012 ICJ Reports 99.

"93. […] Assuming for this purpose that the rules of the law of armed conflict which prohibit the murder of civilians in occupied territory, the deportation of civilian inhabitants to slave labour and the deportation of prisoners of war to slave labour are rules of *jus cogens*, there is no conflict between those rules and the rules on State immunity. The two sets of rules address different matters. The rules of State immunity are procedural in character and are confined to determining whether or not the courts of one State may exercise jurisdiction in respect of another State. They do not bear upon the question whether or not the conduct in respect of which the proceedings are brought was lawful or unlawful. […] For the same reason, recognizing the immunity of a foreign State in accordance with customary international law does not amount to recognizing as lawful a situation created by the breach of a *jus cogens* rule, or rendering aid and assistance in maintaining that situation, and so cannot contravene the principle in Article 41 of the International Law Commission's Articles on State Responsibility.

94. In the present case, the violation of the rules prohibiting murder, deportation and slave labour took place in the period 1943-1945. The illegality of these acts is openly acknowledged by all concerned. The application of rules of State immunity to determine whether or not the Italian courts have jurisdiction to hear claims arising out of those violations cannot involve any conflict with the rules which were violated. Nor is the argument strengthened by focusing upon the duty of the wrongdoing State to make reparation, rather than upon the original wrongful act. The duty to make reparation is a rule which exists independently of those rules which concern

the means by which it is to be effected. The law of State immunity concerns only the latter; a decision that a foreign State is immune no more conflicts with the duty to make reparation than it does with the rule prohibiting the original wrongful act. Moreover, against the background of a century of practice in which almost every peace treaty or post-war settlement has involved either a decision not to require the payment of reparations or the use of lump sum settlements and set-offs, it is difficult to see that international law contains a rule requiring the payment of full compensation to each and every individual victim as a rule accepted by the international community of States as a whole as one from which no derogation is permitted.

95. To the extent that it is argued that no rule which is not of the status of *jus cogens* may be applied if to do so would hinder the enforcement of a *jus cogens* rule, even in the absence of a direct conflict, the Court sees no basis for such a proposition. A *jus cogens* rule is one from which no derogation is permitted but the rules which determine the scope and extent of jurisdiction and when that jurisdiction may be exercised do not derogate from those substantive rules which possess *jus cogens* status, nor is there anything inherent in the concept of *jus cogens* which would require their modification or would displace their application [⋯]

97. Accordingly, the Court concludes that even on the assumption that the proceedings in the Italian courts involved violations of *jus cogens* rules, the applicability of the customary international law on State immunity was not affected."

검 토

강행규범(*jus cogens*)과 대세적 의무(obligation *erga omnes*) 그리고 국제범죄(international crimes)는 상호 유사한 성격을 지니고 있으며, 종종 개념상의 혼선을 야기한다. 이 세 개념은 각각 다음과 같이 적용된다.[100] 침략행위를 예로 들어 본다. 제3국을 침략하기로 한 합의는 *jus cogens* 위반으로 무효이고, 침략행위가 있었다면 이는 다른 모든 국가에 대한 의무 즉 *erga omnes* 의무 위반행위가 된다. 그리고 침략행위는 국제범죄이므로 이를 감행한 자는 처벌대상이 된다. 즉 각각의 개념은 작동하는 목표가 서로 다르다. 어느 한 개념에 해당한다고 하여 자동적으로 다른 두 개념에 해당하는 행위가 되는 것도 아니다. 예를 들어 모든 강행규범은 대세적 의무에 해당하나, 반대로 모든 대세적 의무가 강행규범에 해당하지는 않는다. 또한 인종차별금지는 대세적 의무에 해당하나, 이의 위반이 아직 국제범죄에 해당한다고는 보기 어렵다. 대세적 의무와 강행규범은 제시되는 예가 중복되어 구별에 어려움을 느끼기도 한다.

100) 정인섭, 신국제법강의(제13판)(박영사, 2023), p.365.

강행규범은 다른 국제법 규칙보다 상위의 규범이라는데 초점이 맞춰진 개념이며, 이 규범의 위반은 국제법상 무효라는 결과가 발생한다. 대세적 의무는 적용 범위에 초점이 맞춰진 개념이며, 그 자체로 다른 규범에 대한 우월적 효력은 없다.[101] 즉 대세적 의무는 국제사회 전체가 이에 관한 이해를 가지며, 이를 위반하는 경우 모든 국가가 위반의 중단을 요구할 권리가 발생한다. 그리고 국제범죄는 이를 위반한 개인을 형사처벌하기 위한 개념이다. 아직 국가 자체의 국제범죄라는 개념은 인정되지 않는다.

대세적 의무는 한 국가의 일방적 의사를 통해서도 성립될 수 있으나,[102] 강행규범과 국제범죄는 성격상 이 같은 일방적 성립이 불가능하다.

9. 기타 사유

비엔나 협약 제46조 내지 제53조의 규정은 조약의 무효 근거에 대한 망라적 제시인가? 협약 제42조 1항은 조약의 적법성 또는 조약에 대한 기속적 동의의 적법성은 본 협약의 적용을 통해서만 부정될 수 있다고 규정하여 더 이상의 무효 사유를 부정하고 있다.[103] 다만 비엔나 협약도 국가승계, 국가책임 또는 적대행위 발발에 따른 조약의 무효 가능성은 부인하고 있지 않다(제73조).

과거 제국주의 시절 강대국과 약소국간에는 많은 불평등조약이 체결되었는데, 불평등조약이라는 점을 이유로 조약의 무효를 주장할 수 있을까? 주권국가들은 법형식적으로는 평등하나, 외교력·경제력·군사력 등 실질적 능력에 있어서는 전혀 대등하지 않다. 그런 의미에서 거의 모든 양자조약은 어느 정도의 불평등성을 내포하고 있을지 모른다. 강박 등에 이르지 않고 단순히 불평등한 내용의 조약이라는 이유만으로 조약의 무효를 인정하면 국제관계의 안정에 커다란 타격이 될 것이다. 비엔나 협약은 불평등조약을 별도로 언급하지 않고 있다.

---

101) Report of the Study Group of the ILC, Fragmentation of International Law: Difficulties Arsing from the Diversification and Expansion of International Law(A/CN.4/L.682 & Corr.1(2006)), para.380.

102) Nuclear Test, 1974 ICJ Reports 253, para.253. 본서, p.42 참조.

103) 본장 각주 2-3 및 관련 본문 참조.

▶판례: 조약 체결상의 불평등

Territorial Dispute (Libya/Chad), 1994 ICJ Reports 6.

[이 사건에서 리비아는 프랑스와의 1955년 조약을 체결할 당시 자신은 어려운 국제협상의 경험이 없었고, 프랑스는 오랜 국제경험이 있었으므로 조약 체결과정에서 자신이 불이익을 당했다고 주장했다. 이에 재판부가 조약을 해석할 때 이 점을 고려해야 한다고 주장했다. 그러나 재판부는 리비아의 주장을 수용하지 않았다. 다음은 관련 판결문이다.]

"36. It is recognized by both Parties that the 1955 Treaty is the logical starting-point for consideration of the issues before the Court. Neither Party questions the validity of the 1955 Treaty, nor does Libya question Chad's right to invoke against Libya any such provisions thereof as relate to the frontiers of Chad. However, although the Treaty states that it has been entered into "on the basis of complete equality, independence and liberty," Libya has contended that, at the time of the Treaty's conclusion, it lacked the experience to engage in difficult negotiations with a Power enjoying the benefit of long international experience. On this ground, Libya has suggested that there was an attempt by the French negotiators to take advantage of Libya's lack of knowledge of the relevant facts, that Libya was consequently placed at a disadvantage in relation to the provisions concerning the boundaries, and that the Court should take this into account when interpreting the Treaty; it has not however taken this argument so far as to suggest it as a ground for invalidity of the Treaty itself." (Territorial Dispute, Libya/Chad, 1994 ICJ Reports 6)

10. 무효 주장의 절차

비엔나 협약에 따라 조약의 무효사유를 원용하기 위해서는 일정한 절차를 따라야 한다. 일단 그 같은 주장을 다른 당사국에게 서면으로 통보해야 한다. 이때 조약에 관해 취하고자 하는 조치내용과 그 이유도 같이 설명해야 한다(제65조 1항 및 제67조). 최소 3개월의 유예기간 동안 다른 당사국이 이의제기를 하지 않으면 통보가 수락되었다고 보고 원래 제시한 조치를 실행할 수 있다(제65조 2항). 그러나 이의가 제기되면 최소 12개월 동안 평화적 수단을 통한 해결을 모색해야 한다(제65조 3항 및 제66조). 그 기간 내에 합의가 이루어지지 않으면 비엔나 협약 부속서에 규정된 조정절차를 개시할 수 있다(제66조 나호). 단 강행규범과 관련된 분쟁은 중재재판에 회부를 합의하거나, 그 같은 합의가 성립되지 않으면 ICJ의 재판에 회부될 수 있다(제66조 가호). 결국 협약에 따른 조약의 무효주장과 관련된 분쟁은 당사국이 끝까지 동의하지 않으면 강제적 분쟁해결제도로 회부될 방법은 없으며, 이 점에 있어서 유일한 예외는 강행규범에 관한 분쟁뿐이다. 강박이나 강행규범 위반을 이유로 한 무효주장이 아닌 경우 당사국이 명시적 또는 묵시적으로 조약의 적법성에 동의를 표시했다면 무효사유를 원용할 권리는 상실된다(제45조).

그러나 조약의 무효를 주장하기 위한 이 같은 절차조항은 사실상 사문화되어 있다. 어떤 국가도 이런 절차를 이용한 예가 없고, 아마 앞으로도 활용될 가능성은 없을 듯하다.[104)]

104) J. Klabbers(전게주 32), p.70.

제11장

조약의 종료

1. 의 의
2. 조약 규정에 의한 종료
3. 당사국의 종료 합의
4. 당사국의 폐기 및 탈퇴
   가. 적용 요건
   나. 조약 유형별 검토
5. 후 조약 체결을 통한 종료
6. 중대한 위반
   가. 조약 위반에의 대처
   나. 위반의 조약법상 결과
7. 후발적 이행불능
8. 사정변경
   가. 의 의
   나. 적용요건
   다. 적용사례
9. 새로운 강행규범 출현
10. 기타 사유
   가. 무력분쟁
   나. 당사국 소멸
   다. 조약의 이행
   라. 외교관계 단절
   마. 국가책임법상 위법성 조각사유
11. 절차 및 분쟁해결
   가. 통고
   나. 이의제기
   다. 분쟁해결

제11장 조약의 종료

1. 의 의

주권국가가 자발적으로 합의한 조약이라면 일단 발효된 이후에는 체결국으로서는 도피할 수 없는 영원한 굴레가 되는가? 종료를 허용하는 규정이 없다면 그 조약의 생명은 무한히 유지되는가? 아니면 자발적인 합의인 만큼 주권국가는 자유의지에 의해 조약상 의무로부터 언제라도 이탈할 수 있는가? 만약 국가가 더 이상 이득이 없다고 생각하는 조약을 자유로이 폐기시킬 수 있다면 국제관계에서 *pacta sunt servanda*(약속은 지켜져야 한다)의 원칙은 무슨 의의를 지닐까?[1] 이에 조약의무를 질서 있게 벗어나기 위한 종료에 관한 규칙이 필요하다. 오랫동안 조약의 종료조항은 학자들의 큰 관심을 끌지 못했지만, 근래에는 이에 관한 연구가 늘고 있다.[2]

모든 국가들은 자신의 이익을 위해 조약을 체결하지만, 상황이 변하면 조약을 종료(termination)시켜 조약의무로부터 벗어나고 싶은 경우가 당연히 발생한다. 종료란 조약이 수명을 마치고, 이후 모든 당사국에 대해 조약을 이행할 의무가 해제됨을 의미한다. 조약의 종료는 일단 유효하게 성립된 조약이 새로운 사정 발생으로 장래를 향해서만 적용이 중단된다는 점에서 조약이 당초부터 성립되지 않았음을 확인하는 조약의 무효(협약 제5부 제2절)와 구별된다.

실제 많은 수의 조약이 폐기나 탈퇴에 관한 조항을 두고 있다. 조약을 폐기(denunciation)시키거나 조약에서 탈퇴(withdrawal)를 한다면 해당국가에 대하여는 조약이 종료되는 효과가 발생한다. 탈퇴는 탈퇴하는 국가에 대해서만 조약 의무가 해제되고, 나머지 당사국간에는 조약 의무가 유지된다. 폐기란 당사국이 조약에 대한 참여를 종료시킨다는 일방적 선언이다. 양자조약은 일방 당사국이 합법적으로 조약을 폐기하면 그 조약은 종료될 수밖에 없으나, 다자조약은 어느 한 당사국의

1) Christakis, Article 56, in O. Corten & P. Klein, Commentary, p.1252.
2) L. Helfer, Terminating Treaties, in D. Hollis, Oxford Guide 2nd, p.624.

폐기선언에도 불구하고 조약은 존속함이 일반적이다. 폐기선언을 한 국가에 대해서만 조약관계가 종료되고, 나머지 다른 당사국 간에는 조약이 유지된다.[3] 폐기나 탈퇴는 모두 이를 실행한 국가에 대해 조약 종료의 효과가 발생한다는 점에서 동일한 기능을 한다. 비엔나 협약 제56조에서도 폐기와 탈퇴는 "or"를 통해 항상 같이 사용되고 있다. 또한 제70조 2항에서도 양자는 구별되지 않고 사용되고 있다.

비엔나 협약은 어떠한 경우에 조약이 종료되는가를 처음으로 명확히 제시했다. 협약은 종료사유로 조약 규정에 따른 종료와 당사국 합의(제54조), 당사국의 폐기·탈퇴(제56조), 후 조약 체결을 통한 종료(제59조), 조약의 중대한 위반(제60조), 후발적 이행불능(제61조), 사정변경(제62조), 새로운 강행규범과의 충돌(제64조) 등을 규정하고 있다.

조약이 종료되어도 당사국간의 기존의 권리·의무나 법적 상태에는 영향을 미치지 않으며, 오직 장래의 이행의무만을 면제시킨다(제70조). 단 종료된 조약의 내용이 관습국제법에 해당한다면 이의 준수의무는 면제되지 않는다(제43조).

자발적으로 조약 당사국이 되었던 국가는 왜 조약관계를 종료시키려 하는가? 그 이유는 여러 가지이다. 첫째, 조약 내용에 더 이상 동의하지 않고 이의 변화를 촉구하려는 의도에서 폐기나 탈퇴를 한다. 일본이 1965년 한일 어업협정에 대해 1998년 폐기 통고를 한 사례는 이에 해당한다. 둘째, 기존 조약을 대체하는 새로운 조약을 체결하기 위해 구 조약을 폐기하기도 한다. 셋째, 국제기구에서 영향력 확대를 노리거나 다른 국가와의 협상력을 강화하기 위해 탈퇴하기도 한다. 미국은 UNESCO 운영방식에 불만을 품고 1984년 이를 탈퇴했다가 2003년 복귀했다. 이후 2018년 말 다시 이를 탈퇴했으나, 2023년 재복귀했다. 미국은 ILO 운영에도 불만을 표시하며 1977년 11월 탈퇴를 했다가, 협상 끝에 1980년 복귀했다. 넷째, 조약 상대국에 대한 불만이나 상대국의 상황변화로 더 이상 조약관계를 원하지 않을 수도 있다. 중국이 홍콩에 대한 일국양제에 대한 틀을 훼손하고 중국식 사법운영을 강화하자, 2020년 미국·영국·캐나다·호주·뉴질랜드 등은 홍콩과의 범죄인인도조약 폐기를 통고했다. 홍콩의 사법체계를 더 이상 신뢰를 할 수 없다는 이유였다.[4]

어떠한 국가도 자국에게 불이익만 주는 조약에 계속 구속받고 싶지 않을 것이

3) Giegerich, Article 56, in O. Dörr & K. Schmalenbach, Commentary 2nd, p.1045.

4) 조선일보 2020.7.29. A14. 이들 범죄인인도조약은 통상 6개월의 유예기간을 두고 폐기를 통고할 수 있다는 조항을 두고 있다.

다. 조약의 종료제도는 주권국가에게 불확실한 미래를 대비하는 위험관리 수단이요, 일종의 보험과 같은 역할을 한다. 다른 모든 사정이 같다면 조약 종료 조항의 존재는 더 많은 국가의 참여를 고취시키는 역할을 하게 된다. 다만 너무 쉬운 종료 조항은 조약 체제를 쉽게 붕괴시킬 위험이 있다.[5)]

한편 조약은 법규범으로서의 존재를 계속하면서 일시적으로 적용이 정지될 수도 있다. 정지 사유가 사라지면 조약은 다시 원래대로 적용되게 된다. 정지는 그 사유가 인정되는 기간 동안에만 조약의 이행의무가 해제되며, 조약에 의해 이미 확정된 기존의 법적 관계에는 영향을 주지 않는다(제72조 1항). 정지기간 동안 당사국은 그 조약의 시행 재개를 방해하는 행위를 해서는 아니된다(제72조 2항).

▶판례: 조약의 정지 사유가 해제되면 준수의무가 부활

Gabcikovo-Nagymaros Project (Hungary/Slovakia), 1997 ICJ Reports 7.

"101. The Court will now turn to the first ground advanced by Hungary, that of the state of necessity. In this respect, the Court will merely observe that, even if a state of necessity is found to exist, it is not a ground for the termination of a treaty. It may only be invoked to exonerate from its responsibility a State which has failed to implement a treaty. Even if found justified, it does not terminate a Treaty; the Treaty may be ineffective as long as the condition of necessity continues to exist; it may in fact be dormant, but - unless the parties by mutual agreement terminate the Treaty - it continues to exist. As soon as the state of necessity ceases to exist, the duty to comply with treaty obligations revives."

2. 조약 규정에 의한 종료

조약은 자체 규정에 따라 종료될 수 있다(제54조 가호). 근래에는 다수의 조약이 종료나 존속기간에 관한 규정을 두고 있다. 조약이 종료에 관한 규정을 두고 있는 경우, 그에 해당하는 상황이 발생하면 종료되거나 종료시킬 수 있다. 조약을 종료시키는 상황으로 주로 많이 규정되는 예는 일정 기간의 경과(조약의 존속기간 만료), 특정 사건의 발생, 이를 대체하는 후속조약의 발효, 조약 기구에 의한 결정 등이다.

5) L. Helfer(전게주 2), p.639.

19세기 후반까지의 조약들은 대체로 종료에 관한 규정을 두지 않았으나, 20세기 들어서 종료 조항을 두는 예가 늘어났다. 1933년의 한 연구에 의하면 1885년 이래 약 반세기 동안 체결된 다자조약 중 1/3 정도만이 폐기조항을 두고 있었으나,[6] 1967년부터 1971년 사이 UN 사무국에 등록된 약 2400건의 양자 및 다자 조약중 폐기조항이 없는 경우는 250건에 불과했다.[7] 이제 의미 있는 실체적 내용을 갖는 조약에서는 폐기조항을 두지 않는 경우가 오히려 예외적이다. 심지어 「노예폐지협약」(1927년 및 1957년 추가협약), 「제노사이드 방지협약」(1948), 「인종차별방지협약」(1965)과 같이 누구도 부인할 수 없는 기본적 인권을 보장하는 조약조차 폐기조항을 포함하고 있다.[8] 이러한 현상은 국가가 조약을 체결하고도 폐기조항을 통해 자신의 행동의 자유를 위한 최후의 비상구를 유지하는 한편, 폐기의 무분별한 남용을 막기 위해 일정한 절차적 통제장치를 설치하고 있다고 설명될 수 있다.[9] 실제로 국제관계에서 조약의 폐기나 탈퇴가 이제는 더 이상 예외적이거나 일탈적인 현상이 아니다.[10]

예를 들어 조약이 일정한 유효기간을 예정하고 있는 경우 그 기한이 도래하면 조약은 자동으로 종료된다. 「대한민국 어선의 오징어 채낚기 어업에 관한 대한민국 정부와 호주 정부간의 부속약정」(1983)은 1년간 예정으로 발효해(동 제10조) 그 기간이 만료되자 종료했다. 고정된 유효기간을 갖는 조약은 종종 연장을 위한 절차를 마련하고 있다. 조약이 유효기간은 두지 않은 대신 일정 기간 이후에는 당사국에게 언제라도 폐기 또는 탈퇴할 수 있는 권리를 인정하고 있는 경우도 많다. 한일 대륙붕공동개발협정은 발효 후 50년간 유효하고, 이후 일방 당사국은 3년 전의 서면통고로써 종료시킬 수 있다(동 제31조).[11]

일정한 다자조약은 탈퇴에 제한을 설정하거나 조건을 부과하기도 한다. 예를

6) H. Tobin, The Termination of Multipartite Treaties(Columbia UP, 1933), p.200. Christakis(전게주 1), p.1253에서 재인.

7) Christakis(전게주 1), p.1253.

8) 본문 앞에서부터 1927년 협약 제10조, 1957년 추가협약 제14조, 1948년 협약 제14조, 1965년 협약 제21조.

9) Christakis(전게주 1), p.1253.

10) 1945년부터 2004년까지 UN에 등록된 5416개의 다자조약 중 실제 탈퇴나 폐기가 있었던 조약은 1546건(29%)이었다. 양자조약의 경우 그 비율이 더 높다고 한다. L. Helfer, Exiting Treaties, Virginia Law Review vol.91(2005), pp.1602－1603.

11) 정식 명칭 「대한민국과 일본국 간의 양국에 인접한 대륙붕 남부구역 공동개발에 관한 협정」. 1974년 서명, 1978년 발효.

들어 대부분의 ILO 협정은 일단 당사국이 되면 10년간 적용되고, 그 때 탈퇴의사를 밝히지 않으면 다시 10년간 적용되는 방식을 취하고 있다. 「제노사이드방지 협약」은 일단 발효하면 10년의 효력을 갖고, 이 기간 만료 6개월 전 폐기를 통고하지 않은 당사국에 대해서는 이후 5년 단위로 효력이 연장된다(제14조). 조약 종료 후에도 과도적 유지기간을 두는 경우도 있다. 투자보호에 관한 조약은 조약이 종료된 이후에도 일정기간(10년, 15년 등)은 기존의 보호가 유지된다는 조항을 갖고 있는 예가 많다.

비엔나 협약은 조약에 달리 규정되어 있지 않는 한 일단 발효된 다자조약은 당사국 수가 조약에 규정된 발효에 필요한 숫자 미만으로 감소한 사실만으로 종료하지 않음을 분명히 하고 있다(제55조). 그러나 나머지 당사국들이 당사국 수 감소를 이유로 조약 종료를 별도로 합의할 수 있다. 「여성의 정치적 권리에 관한 협약」(1953)은 6개국 이상의 비준으로 발효하며(제6조), 발효 이후에도 탈퇴로 당사국 수가 6개국 아래로 되면 효력을 상실한다고 규정하고 있다(제8조 2항). 2023년 6월 현재 이 조약의 당사국은 123개국이므로 6개국 미만으로 그 숫자가 줄을 가능성은 없다.

① 북한의 NPT 탈퇴 통고: 「핵무기 비확산에 관한 조약(NPT)」은 조약상의 문제와 관련된 비상사태(extraordinary events)가 회원국의 최고 이익(supreme interest)을 위태롭게 하는 경우 3개월의 유예기간을 두고 탈퇴할 수 있다고 규정하고 있다. 이때 탈퇴국은 그 사정을 설명해야 한다(제10조 1항). IAEA가 1992년 진행한 북한 핵시설 사찰에서 의심스러운 핵활동의 징표가 발견되자 미신고 시설에 대한 특별사찰을 하겠다고 통고했다. 북한은 이를 거부하고 1993년 3월 12일 미국이 한반도에서의 군사훈련을 통해 자신에 대한 핵전쟁을 위협하고 있으며, IAEA의 사찰요구도 부당하다고 주장하며 NPT 탈퇴를 통고했다. 그러자 NPT 3개 수탁국인 미국, 영국, 러시아는 1993년 4월 1일 북한의 핵안전협정 이행을 촉구하고, NPT 탈퇴 철회를 요구하는 공동성명을 발표함으로써 북한의 주장이 NPT 탈퇴요건에 합당한가에 의문을 제기했다.[12] 안보리도 북한의 복귀를 촉구하는 결의를 채택했다(1993.5.11. 결의 제825호). 미·북 협상 끝에 북한은 3개월의 유예기간이 끝나기 하루 전인 1993년 6월 11일 NPT 탈퇴의 유보를 발표했다. 이후 1994년 10월 21일

12) 동아일보 1993.4.3., p.3

자 미·북 제네바 합의를 통해 북한에 경수로 원자력발전소 건설 계획이 진행되었다. 한동안 소강상태였던 북한 핵문제는 다시 악화되어 2003년 1월 10일 북한은 앞서의 탈퇴 유보조치를 철회하고 즉각 NPT를 탈퇴한다고 선언했다. 미국 등 주요 당사국들은 북한의 탈퇴가 조약상의 조건을 충족시키지 않는다며 여전히 회원국으로서의 의무를 준수하라고 요구하고 있다. 안보리 역시 북한이 탈퇴선언을 철회하고, NPT 및 국제원자력기구의 안전조치로의 복귀를 요구하는 결의를 다시 채택했다(2003.3.7. 제2094호).

이와 관련하여 몇 가지 문제가 제기될 수 있다. 첫째, 이를 통해 북한의 NPT 탈퇴가 확정되었다면 그 시점은 2003년 1월 11일인가? 4월 10일인가? 북한은 1993년 3월 12일 탈퇴를 통고했다가 이의 발효 하루 전인 1993년 6월 11일 탈퇴를 "유보"했을 뿐이다. 즉 3월 12일자 통지를 취소하지는 않았다. 이후 2003년 1월 10일 탈퇴 유보를 철회했다면 탈퇴의 발효에는 추가로 하루만 필요한가 또는 새로운 3개월이 필요한가? 탈퇴 발효에 유예기간을 둔 취지를 감안한다면 새로운 3개월이 필요하다는 해석이 신의칙에 합당하다. 둘째, 북한은 여전히 NPT의 당사국인가? 미국 등은 북한의 주장이 NPT 탈퇴의 사유가 될 수 없다고 주장하며, 북한의 복귀를 촉구하고 있다. 안보리 역시 북한의 핵실험과 관련해서 여러 차례의 결의를 채택한 바 있는데, 이들 결의의 내용이 북한에게 NPT와 IAEA 안전조치협정 준수를 요구하고 있는 점에서 북한이 여전히 당사국임을 전제로 하고 있다고 판단된다.[13] UN 군축사무국은 북한의 NPT 당사자로서의 지위에 여러 견해가 있다고 부기하며 일단 당사국 목록에 포함시키고 있다.[14] 북한의 주장이 객관적으로 NPT 탈퇴요건에 부합된다고 보기는 어렵다.[15] 그러나 탈퇴로 인한 모든 불이익을 감수할 국가에 대해서는 국제사회가 딱히 현실적인 대응을 하기 어려운 점도 사실이다.

② 한·일 군사비밀정보 보호협정: 2016년 11월 23일 서명·발효된 한일 군사비밀정보의 보호에 관한 협정은 기본적으로 1년간 유효하고, 이후 일방 당사국이 종료 의사를 90일 전에 통보하지 않으면 자동적으로 1년씩 연장된다(제21조 3항). 한일간 외교 갈등으로 한국은 2019년 8월 22일 한·일 군사비밀정보 보호협정 종

13) 안보리 결의 제1718호(2006), 제1874호(2009), 제2094호(2013), 제2270호(2016), 제2321호(2016), 제2375호(2017) 등. 이에 대한 분석은 김두영, 북한의 핵무기확산조약(NPT) 당사국 지위, 국제법학회논총 제68권 제1호(2023), pp.43-48 참조.

14) http://treaties.unoda.org/t/npt(2023.6.15 확인).

15) 김두영(전게주 13), pp.29-33.

료를 일본에 통고했다. 이의 연장 여부에 관해 한·미·일 3각 갈등이 전개된 끝에 한국 정부는 90일의 마지막 날인 11월 22일 오후 6시 "언제든지 종료할 수 있다는 전제 하에 종료통지의 효력을 일시정지" 한다고 일본에 통고했다.[16] 이에 협정은 일단 현상유지를 하게 되었다.

당시 한국 정부 관계자는 "언제라도 이 문서의 효력을 다시 활성화시킬 수 있는 권한이 있고, 이럴 경우 다시 종료되는 것"이라고 설명했다. 이 같은 주장은 과연 타당했는가? 군사비밀정보 보호협정에 따르면 협정은 매년 11월 23일을 지남으로써 1년 단위로 효력이 연장되며, 협정이 일단 효력이 발생하면 어느 일방이 중도에 효력을 종료시킬 수 없다. 언제든지 종료시킬 수 있다는 전제 하에 종료통지의 효력을 일시 정지함으로써 한국은 아무 때나 협정을 종료시킬 수 있다는 해석은 협정 조문에 반하는 해석이다. 양자조약 상대방을 일방적으로 불안정한 지위로 몰아넣게 되는 이러한 주장은 신의칙에 반하며, 일종의 권리남용으로 보인다. 협정은 조약 문언대로 1년 단위로 효력이 연장되며, 한국이 종료통지의 효력을 재활성화시켜도 협정 종료시점은 그 이후 다가오는 11월 22일이라고 보아야 한다. 정권 교체 이후 한국 정부는 2023년 3월 21일 2019년에 통고한 2건의 위 외교공한의 내용을 철회한다고 일본 정부에 서면 통지했다.[17]

3. 당사국의 종료 합의

조약은 모든 당사국의 합의에 의해 종료될 수 있다(제54조 나호). 조약 규정에 따른 종료가 사전 합의에 근거한 종료라면, 이는 사후 합의에 의한 종료이다. 이때 반드시 원 조약과 같은 형식의 종료 합의가 필요하지는 않다. 합의의 형식에는 제약이 없다. 조약 일부에 관한 종료 합의도 가능하다. 제3국에 대한 의무 부담을 포함하는 조약의 경우 종료에는 제3국의 동의도 필요하다(제37조 1항). 당사국간 합의에 따라 종료된 예로「대한민국과 미합중국 정부간의 평화봉사단에 관한 교환각서」를 들 수 있다. 1966년 체결된 이 조약은 한미 양국 정부의 합의로 1981년 종료되었다.

16) 동아일보 2019.11.23., A1.
17) 조선일보 2023.3.22.. A1.

4. 당사국의 폐기 및 탈퇴

가. 적용 요건

조약에 폐기나 탈퇴에 관한 조항이 없는 경우 주권국가는 원한다면 언제라도 조약관계를 종료시킬 수 있는가? 비엔나 협약은 폐기나 탈퇴에 관한 명문의 규정이 없는 경우를 대비해 제56조를 마련하고 있다. 즉 당사국들이 폐기나 탈퇴의 가능성을 인정했음이 증명되는 경우와 폐기나 탈퇴의 권리가 조약의 성질상 묵시적으로 인정되는 경우가 아닌 한 조약 당사국은 일방적으로 폐기나 탈퇴를 할 수 없다.

비엔나 협약이 탄생하기 이전에는 명시적 규정이 없어도 당사국에게 조약을 폐기할 권한이 인정되는가에 관해 국제관습법이 불분명했다. 당시까지 이 문제에 관해서는 대체로 3가지 입장이 존재하였다. 첫째, 당사자의 의도로부터 폐기 가능성이 명백히 인정되는 경우 외에 일방적 폐기는 원칙적으로 금지된다고 보는 입장. 둘째, 약간의 예외를 제외한다면 묵시적 폐기권이 폭넓게 인정된다고 보는 정반대의 입장. 셋째, 묵시적 폐기권은 원칙적으로 인정되지 않지만, 일정한 조약에서는 폐기권이 추론된다고 보는 절충적 입장. Waldock의 생각은 두 번째 입장에 가장 가까웠다. 그는 종료에 관한 규정이 없는 조약은 기본적으로 일방적 폐기나 탈퇴의 대상이 된다고 보았다. 그러나 ILC 논의에서 이에 대한 적지 않은 비판이 제기되었다. 결국 ILC의 최종 초안은 일방적 폐기 가능성을 당사국들이 의도했다고 인정되는 경우에만 폐기할 수 있다고 제한했다. 즉 당사국들의 의도를 판단기준으로 제시했다.[18)]

이러한 내용은 비엔나 회의에서 다시 한번 논란이 되었다. 여러 종류의 개정안이 제시되었고, 그중 영국의 제안에 따라 조약의 성질(character)로부터도 묵시적 폐기권이 인정될 수 있다는 조항이 제1항 나호로 추가되었다. 영국의 개정안은 단 1표차로 통과되었을 뿐이었으나, 나중에 제56조는 비엔나 회의 최종표결에서 반대 없는 압도적인 지지를 받았다(찬 95, 반대 0, 기권 6). 이 같은 성립 경과에 비추어 본다면 적어도 비엔나 회의 시까지 이 문제에 관한 관습국제법은 명확하지 못했다.

비엔나 협약 제56조는 "종료에 관한 규정을 포함하지 아니하며, 또한 폐기 또는 탈퇴를 규정하고 있지 아니하는 조약"의 경우 아래에서 설명하는 두 가지 상황

18) M. Villiger, Commentary, pp.699-700.

에 해당되지 않는 한 일방적 폐기나 탈퇴가 인정되지 않는다고 규정하고 있다. 즉 대부분의 조약이 폐기나 탈퇴 조항을 포함시키는 관행에도 불구하고 이 같은 조항을 탈락시켰다면, 기본적인 의도는 폐기나 탈퇴를 인정하지 않는 것이라고 전제한 셈이다. 오늘날 조약의 마지막 부분에 발효나 종료 등에 관한 내용을 담는 최종조항의 유형은 널리 알려져 있기 때문에 조약 체결 담당자의 의도와 달리 실수나 부주의로 이 같은 조항이 포함되지 않았을 가능성은 거의 없다. 종료 등에 관한 조항을 포함시키지 않았다면 이 또한 조약 당사자들 간 합치된 의도에서 비롯되었다고 보인다. 비엔나 협약상 폐기나 탈퇴 조항이 없어도 이를 실행할 수 있는 경우는 다음과 같다.

① "당사국들이 폐기 또는 탈퇴의 가능성을 인정하고자 하였음이 증명되는(established) 경우"(제1항 나호).

이는 당사국들의 주관적 의도를 기준으로 한 판단이다. 일견 쉽게 이해될 수 있는 내용이나, 반면 당사국들이 애초에 그러한 의도를 갖고 있었다면 왜 통상적인 조약에서와 같이 이를 명문화하지 않았는가라는 의문도 제기된다. 아마도 조약 당사국들은 폐기나 탈퇴의 가능성을 명시적으로 규정해 이의 실행을 부추기는 인상을 주기보다 차라리 침묵하기를 택할 수도 있다. 명문의 탈퇴규정을 두어 무려 16개 회원국이 탈퇴를 했던 국제연맹에 비해 UN은 탈퇴에 관한 규정을 의도적으로 두지 않음으로써 탈퇴가 특별히 예외적인 상황에서만 가능하다는 인상을 주고 있다. 샌프란시스코 회의에서의 분위기가 회원국의 탈퇴를 금지하려는 의도는 아니었다.[19]

당사국들의 의도는 어떻게 확인하는가? 당사국의 의도는 조약 체결 전이나 체결과 함께 또는 체결 이후, 어느 시기에도 확인될 수 있다. 공통된 의도를 설명해 주는 직접적인 증거가 없다면, 이는 마치 명문의 조항을 해석하듯 조약 체결과 관련된 합의, 관련된 문서, 해석의 보충적 자료, 체결시의 사정, 후속 합의, 후속 실행 등을 고려해 파악할 수밖에 없다.

그런데 의도는 당사국들간의 합의된 의도만을 가리키는가? 개별 국가의 일방적 의도도 존중되는가? 이는 공통의 의도로 보아야 할 것이다. 어느 일방의 폐기·

19) Christakis(전게주 1), p.1266.

탈퇴의 의도는 존중되나, 원래 그러한 의도를 갖지 않은 다른 당사국은 폐기·탈퇴의 권한이 없다고 보면 불균형적 결과가 되기 때문이다. 제56조 1항 가호의 문언도 "당사국들"의 의도(the parties intended)라는 복수형을 취하고 있다.

1948년 미국이 WHO 헌장을 비준하면서 헌장에 탈퇴에 관한 조항이 없기 때문에 자신은 1년 전의 통고를 통해 탈퇴할 수 있는 권리를 유보한다는 선언을 첨부했다. 이 조약 수탁자인 UN 사무총장은 미국이 WHO의 당사국이 될 수 있는가 여부를 판단하기 어렵다고 생각해 이 문제를 WHO 총회로 회부했다. 회원국들은 미국의 가입을 만장일치로 승인했다. 이 같은 미국의 선언은 2가지로 해석이 가능하다. 하나는 일종의 해석선언으로 볼 수 있다. 그러면 미국은 WHO 헌장이 탈퇴가 묵시적으로 허용되는 조약임을 명백히 하고 가입했고, 이러한 해석이 다른 회원국에 의해서도 널리 수용되어 타 회원국 역시 동일한 권리를 갖는다고 간주된다. 다른 하나의 해석은 미국의 선언은 일종의 유보이며, 미국의 유보가 다른 회원국에 의해 수락되었다고 보는 해석이다.[20)]

② "폐기 또는 탈퇴의 권리가 조약의 성질(nature)상 묵시적으로(implied) 인정되는 경우"(제1항 나호).

이는 조약의 성질이라는 객관적 요소를 기준으로 한 판단이다. 본래의 ILC의 최종 초안에는 없던 내용인데 비엔나 회의과정에서 추가되었다. 비엔나 협약에는 조약의 "성질"이 무엇을 의미하는지에 관해 아무런 예시나 암시도 없으므로 이에 관한 판단이 쉽지 않다. 다만 일정한 유형의 조약은 본질적으로 임시적 성격만을 갖고 있는 경우가 있다. 예를 들어 잠정협정(*modi vivendi*) 같은 경우 일시적 또는 임시적 성격의 조약이므로 명문의 허용조항이 없더라도 당사국의 일방적 폐기나 탈퇴가 가능한 조약이라고 볼 수 있다. 아래의 항목에서 내용에 따라 성질상 탈퇴나 폐기의 권리가 묵시적으로 인정될 수 있다고 보이는 조약의 유형을 별도로 검토해 볼 예정이다.

③ 절차 등: 탈퇴 등을 할 수 있는 경우를 "…가 아닌한(unless)"이라는 부정형으로 표현하고 있는 점에서 제1항 가호와 나호는 예외적인 상황에 적용되며 그 증명책임은 탈퇴 등을 주장하는 측이 부담한다. 한편 비엔나 협약의 규정상 가호와 나호는 "or"로 연결되어 있기 때문에 문언만 보면 조약의 탈퇴나 폐기를 인정하는

20) Christakis(전게주 1), pp.1268–1269.

당사국의 의도나 조약의 성질 중 어느 한 편만 인정되면 그 같은 권리의 행사가 허용된다고 해석된다. 그러나 아무리 조약의 성질상 조약의 폐기나 탈퇴가 허용된다고 보여도 당사국들의 의도가 명백히 반대인 경우에도 폐기나 탈퇴가 가능한가라는 의문도 제기된다.[21)]

조약이 폐기나 탈퇴에 관한 조항을 미리 규정해 놓는 경우, 이 통보가 발효하기까지 일정한 유예기간을 설정함이 통례이다. ILC는 조약에 폐기 또는 탈퇴에 관한 규정이 없이 단지 묵시적으로 이 권리가 인정되어도 합리적인 통보기간을 두어야 한다고 보았다. 과거 사례를 검토한 결과 6개월을 인정하는 경우도 있었지만 다른 조약 당사국의 이해를 적절히 보호하기 위해서는 좀 더 긴 1년으로 규정하는 정도가 바람직스럽다고 판단했다.[22)] 이에 협약은 조약의 폐기 또는 탈퇴 의사를 적어도 12개월 전에 통보하도록 요구하고 있다(제56조 2항). 비엔나 협약의 당사국이 아닌 경우 어느 정도의 기간이 합리적인가는 12개월이 일응의 기준이 되겠지만 결국 개별 사례별로 판단할 수밖에 없다. Gabcikovo－Nagymaros Project 사건에서 ICJ는 단 6일간의 유예기간만 준 헝가리의 조약 폐기 통보는 너무 짧았다고 평가했다.[23)]

사실 조약의 폐기·탈퇴 규정이 없는 경우는 물론 있는 경우에도 개별 당사국이 실제 폐기권을 행사했을 때 과연 합법적 폐기행위에 해당하는지 판단이 쉽지 않은 경우가 많다. 북한의 NPT 탈퇴 주장과 같이 다른 당사국들은 탈퇴의 요건에 해당하지 않는다고 이의를 해도 조약에 이 문제를 해결하기 위한 별도의 강제적 분쟁해결 체제가 마련되어 있지 않다면 탈퇴로 인한 불이익을 감수하려는 국가를 막을 방법은 마땅치 않다.

조약을 폐기하거나 탈퇴하면 장래의 의무만 면제되며 그 효과는 소급하지 않음이 원칙이다. 즉 이미 확정된 의무는 이행해야 한다. 조약 내용 일부에 대한 종료나 폐기 또는 탈퇴도 가능하다.

나. 조약 유형별 검토

탈퇴나 폐기에 관한 명문의 조항이 없어도 구체적으로 어떠한 성질의 조약에서는 그러한 권리가 인정되고, 어떠한 조약은 탈퇴나 폐기가 불가능하다고 평가되

21) Giegerich(전게주 3), p.1051.
22) ILC Final Draft Articles and Commentary on the Law of Treaties, Article 53, para.6.
23) Gabcikovo－Nagymaros Project (Hungary/Slovakia), 1997 ICJ Reports 7, para.109.

는가? 이를 몇 가지로 유형화하여 검토한다.[24] 다만 현실에서는 개개의 조약별로 판단해야 함은 물론이다.

① 무역협정: ILC 논의 과정에 일방적 통보에 의한 종료가 묵시적으로 인정된다고 지적된 유형이다. Oppenheim 이래 적지 않은 영미권 학자들은 무역협정이란 영속성을 지닌다고 볼 수 없고, 일방적 종료가 원칙적으로 가능하다고 평가하며 20세기 초반의 몇 가지 사례를 지적했다.[25] 그러나 이러한 주장이 오늘날까지 타당한가에 대해서는 의문도 제기된다. 이제 중요한 무역협정의 경우 탈퇴에 관한 명시적인 조항을 두지 않는 경우는 상상하기 어려우므로 무역협정이 과연 일방적 폐기가 가능한 유형의 조약인가를 논하기는 별다른 실익 없는 수고에 불과하다.

② 동맹조약: 동맹조약이나 군사협력에 관한 조약은 종료 조항이 없더라도 일방적 탈퇴가 가능하다고 본다. 다만 이러한 성격의 조약이 존속에 관한 조항을 포함하지 않는 경우는 근래 찾기 어려우며, 일방적 폐기 사례도 찾기 힘들다.

③ 분쟁의 사법적 해결에 관한 조약: Waldock은 이를 일방적 폐기가 가능한 조약이라고 제시했으나, ILC 내 논의 과정에서는 남용을 우려한 강력한 반대도 제기되었다. ICJ의 강제관할권을 수락하는 선택조항(ICJ 규정 제36조 2항)의 수락은 일방적으로 철회할 수 있다고 인정된다.[26]

니카라과 콘트라 반군 지원사건에 관해 니카라과가 ICJ에 미국을 제소하리라는 정보를 입수한 미국은 1946년 제출한 ICJ 선택조항 수락선언을 즉시 철회한다고 통보했다. 미국의 철회통보는 니카라과의 제소보다 단 3일 전 ICJ에 접수되었다. 그러나 1946년 선택조항 수락시 미국은 6개월 전의 사전 통보로 관할권 수락을 철회할 권리를 보유한다고 선언했었다. 이 사건에서 ICJ는 미국이 과거 수락선언의 내용을 변경하거나 종료시킬 권리를 갖고 있을지라도 스스로 인정한 6개월의 유예기간을 부정함으로써 다른 국가에 대한 의무까지 벗어날 수는 없다고 판단했다.[27] 이 판결 이후 여러 국가가 자국의 ICJ 관할권 수락을 필요한 경우 유예기간 없이 바로 철회할 수 있도록 유보내용을 수정했다.[28]

24) 이 유형화는 기본적으로 ILC에서의 논의된 사항을 출발점으로 한다. 특히 ①-④가 이에 해당한다. Giegerich(전게주 3), p.979.

25) Christakis(전게주 1), p.1272.

26) Giegerich(전게주 3), p.1054; Christakis(전게주 1), p.1274.

27) Military and Paramilitary Activities in and against Nicaragua(Jurisdiction and Admissibility) (Nicaragua v. USA), 1984 ICJ Reports 392, para.61.

「영사관계에 관한 비엔나 협약 분쟁의 강제적 해결에 관한 선택의정서」는「영사관계에 관한 비엔나 협약」의 해석과 적용에 관한 분쟁에 관해 최종적으로는 ICJ에 강제관할권을 부여하고 있다(제1조). 선택의정서의 당사국이던 미국은 자국내 외국인 영사접견권이 보장되지 않은 사건이 빈발해 여러 차례 ICJ에 피소되자 2005년 3월 탈퇴를 통보했다. 선택의정서 속에는 탈퇴에 관해 아무런 조항도 없으나, 다른 당사국들로부터 탈퇴가 불가능한 조약이라는 항의는 없었다. 미국의 탈퇴는 일반적으로 수용되었다.「분쟁해결에 관한 선택의정서」가 별도의 조약으로 채택된 이유는 ICJ 강제관할권 수락에 관해「영사관계에 관한 비엔나 협약」당사국에게 보다 많은 재량을 부여하기 위함이었다. 조약의 성질상 일방적 탈퇴가 가능한 조약이라고 평가된다.

④ 국제기구 설립협정: 대부분의 국제기구 설립협정은 탈퇴에 관한 조항을 포함하고 있으나, 앞서 지적된 UN이나 WHO와 같이 이에 관한 조항이 없는 경우도 있다. Waldock은 국제기구 설립협정에 탈퇴에 관한 권리가 묵시적으로 내재되어 있다고 보았다. 적지 않은 학자들은 국제기구로부터 탈퇴 여부는 국가주권에 속하는 문제로 간주하고 있다.[29] UN 헌장도 기초자들은 탈퇴가 불가능한 조약이라고 생각하지 않았다.

과거 국제기구에서는 탈퇴를 통고했다가 후일 복귀한 사례가 적지 않다. WHO는 1949년과 1950년 9개 회원국이 탈퇴를 통고했을 때, 이를 탈퇴로 수락하지 않았다. UNESCO 역시 1952년과 1953년 3개 회원국이 탈퇴를 통고했을 때, 역시 이를 탈퇴로 처리하지 않았다. 후일 탈퇴국들이 다시 기구로 복귀했을 때 이들은 재가입 절차를 밟지 않았고, 그 기간 동안 단순히 활동을 정지했던 회원국으로 처리되었다. 1965년 1월 인도네시아가 UN에 탈퇴를 통고하자 UN 사무국은 탈퇴를 전제로 모든 사무적 정리를 했었는데, 약 1년 8개월 후 복귀 의사를 전하자 그 기간 동안 단순히 회원국으로서의 협력을 정지했다고만 간주하고 원 회원국의 지위를 회복시켜 주었다. 협력정지기간 동안 인도네시아는 정규 분담금 중 일부만 부담하기로 합의했다.

과거 유럽공동체 결성조약은 무기한으로 발효한다는 조항을 갖고 있어 탈퇴가 불가능한 조약이라는 평가가 강했다. 덴마크의 일부인 그린란드의 탈퇴는 EC

28) 영국, 호주, 페루, 나이지리아, 슬로바키아, 사이프러스, 기니 등.
29) Christakis(전게주 1), p.1275.

협정의 개정을 통해 실행되었다. 그러나 2009년 리스본 조약은 처음으로 유럽연합에서의 탈퇴에 관한 규정을 명문화했다.

한편 국제기구 설립협정의 탈퇴와 관련하여 중미에서는 흥미로운 일이 벌어졌었다. 1991년 12월 중미 국가들은 「테구시갈파 의정서」를 채택하고 1993년 2월 중미 전체를 통괄하는 중미통합체제(Sistema de Integracion Centroamericana(SICA): Central American Integration System)를 창설했다. 그 조직은 EU와 유사하다. 파나마는 그중 중미 의회(Central American Parliament)의 역할과 구성 등에 불만을 품고 2009년 중미 의회 설립협정으로부터의 탈퇴를 통고했다. 이 협정에는 명시적인 탈퇴조항이 없었으나, 파나마는 이 협정이 비엔나 협약 제56조 1항 나호 규정된 조약의 성질상 탈퇴의 권리가 묵시적으로 인정된 경우라고 주장했다. 중미통합체제의 다른 회원국들은 파나마의 중미 의회 탈퇴에 반대하며, 이의 합법성에 관해 중미사법재판소(Central American Court of Justice)에 권고적 의견을 구했다. 중미사법재판소는 파나마의 중미 의회 설립협정 탈퇴가 위법하다고 판단했다. 즉 이 조약은 탈퇴에 관한 조항을 두지 않음으로써 탈퇴 가능성을 인정하지 않고 있으며, 중미 의회로부터의 탈퇴는 중미통합의 제도화와 발전을 목적으로 하는 「테구시갈파 의정서」의 성실한 이행에 반하는 행동이라고 보았다. 즉 중미 의회는 중미통합을 위한 필수적 기구인데 이의 설립협정으로부터의 탈퇴는 중미통합을 위한 기본조약 위반이라는 판단이었다.[30] 2012년에는 파나마 대법원도 같은 취지의 판결을 내리자 파나마는 중미 의회에 복귀했다. 이 사건에서 파나마가 탈퇴하려던 대상은 중미통합체제 속의 한 기구(중미 의회)를 설립하는 조약이었는데, 이의 탈퇴는 보다 기본이 되는 중미통합체제 설립협정에 위배된다고 판단한 점이 관심을 끈다.

⑤ 인권조약: 1997년 8월 23일 북한은 「시민적 및 정치적 권리에 관한 국제규약」을 탈퇴하겠다고 수탁자인 UN 사무총장에게 통고하였다. 1997년 8월 21일 UN 인권위원회 산하 (구) 「차별방지 소수자 보호 소위원회」에서 북한 인권문제 개선을 촉구하는 결의를 채택한 사실이 그 원인이었다. 규약에는 탈퇴에 관한 조항이 없다. UN 사무총장은 1997년 9월 23일자 서한을 통해 다른 모든 당사국이 동의하지 않는 한 규약 탈퇴는 가능하지 않다는 의견을 북한에 전달했다. 당시 덴마크는 사무총장의 견해에 동의하며 자국은 북한의 탈퇴에 반대한다고 통지했다. 이 사건을 계기로

30) Central American Court of Justice, Advisory Opinion, No.6-14-08-2009.

인권위원회(Human Rights Committee)는 일반논평 제27호(1997)를 발표했다. HRC는 규약의 권리는 당사국 영토 내에 거주하는 사람들에게 속하며, 일단 사람들에게 규약상 권리보호가 부여되면 그 같은 보호는 해당 영역에 부착되어 주민에게 계속 귀속되고, 규약 당사국이 이를 폐기하거나 탈퇴할 수 없다고 주장했다. 1999년 말 북한은 제2차 국가보고서를 제출해 탈퇴의사를 철회한 듯 보였는데, 단 그 내용은 1997년도까지의 상황만을 대상으로 했다.[31] 이후 북한은 더 이상의 국가보고서를 제출하지 않았다. 규약 탈퇴 의사를 취소하지 않았고, 그렇다고 하여 공식적인 탈퇴 통지를 다시 제출하지도 않았다. UN에서 북한은 규약의 당사국으로 간주되고 있다. 인권규약이 성격상 탈퇴가 불가능한 조약이라는 판단은 상당한 지지를 얻고 있다.

⑥ 기타 탈퇴 불가 조약: 국경획정 조약, 영토할양 조약, 평화조약, 국제운하 이용 개방에 관한 조약과 같이 일종의 항구적 제도를 수립하는 조약 등은 성질상 탈퇴가 불가능한 조약으로 간주된다.[32] 관습국제법을 법전화한 조약이라면 탈퇴한 국가도 여전히 같은 내용의 관습국제법의 구속을 받게 된다.

● **Human Rights Committee, General Comment No. 26(Continuity of Obligations) (1997)**

1. 「시민적 및 정치적 자유에 관한 국제규약」은 종료에 관한 조항을 포함하지 않으며, 폐기나 탈퇴에 대해서도 규정하지 않았다. 따라서 종료, 폐기 또는 탈퇴의 가능성은 「조약법에 관한 비엔나 협약」에 반영되어 있는 관습국제법상의 적용가능한 규칙에 비추어 고려되어야 한다. 이를 기초로 당사국들이 폐기나 탈퇴의 가능성을 인정하고자 했음이 분명하거나 조약의 성질상 그러한 권리가 내포된 경우가 아니라면 규약은 폐기나 탈퇴를 인정하지 않는다.

2. 규약 당사국들이 폐기 가능성을 인정하지 않았으며 폐기에 관한 언급의 누락이 단순한 부주의가 아니었다는 점은 규약 자체에 관한 폐기나 철회조항이 없는 반면, 규약 제41조 제2항이 적절한 통지에 의해 국가간 통보제도를 검토하는 규약위원회 권한에 대한 당사국의 수락 철회를 허용한 사실에 의해서도 나타난다. 더구나 규약과 동시에 교섭되어 채택된 규약 선택의정서는 당사국의 폐기를 허용하고 있다. 또한 규약보다 1년 앞서 채택된 「모든 형태의 인종차별철폐에 관한 국제협약」은 폐기를 명시적으로 허용하고 있음이 대비된다. 그러므로 규약 기초자들은 의도적으로 폐기의 가능성을 배제시키려 했다는 결론을 내릴 수 있다. 초안과정에서 폐기조항이

31) CCPR/C/PRK/2002/2(2000).

32) A. Aust, Treaty Law, p.256.

의도적으로 삭제된 제2선택의정서에 대하여도 같은 결론이 적용된다.

3. 더욱이 규약은 성격상 폐기의 권리를 내포한 유형의 조약이 아님이 분명하다. 「경제적·사회적 및 문화적 권리에 관한 국제규약」과 동시에 작성되어 채택된 본 규약은 세계인권선언에 규정된 보편적 인권을 조약의 형태로 성문화했으며, 이 세 개의 문서는 흔히 "국제인권장전"으로 불린다. 이처럼 규약은 폐기에 관한 구체적 조항이 없을지라도 폐기권이 인정된다고 판단되는 전형적 조약으로서의 임시적인 성격을 갖고 있지 않다.

4. 규약에 규정된 권리는 당사국 영토 내에 거주하는 사람들에게 속한다. 규약위원회는 오랜 실행을 통해 증명되듯이 일단 사람들에게 규약상 권리보호가 부여되면 그 같은 보호는 1개국 이상으로의 국가분리나 국가승계를 포함해 당사국 정부의 변경이 있거나 또는 규약상의 권리를 박탈하려는 당사국의 어떠한 후속조치에도 불구하고 해당영토에 부착되어 주민에게 계속 귀속된다는 입장을 항상 취해 왔다.

5. 따라서 규약위원회는 규약을 비준, 가입 또는 승계한 당사국은 이를 폐기하거나 탈퇴함을 국제법이 허용하지 않는다는 확고한 입장을 갖고 있다.

▶판례: 조약 폐기의 통고기간

Gabcikovo-Nagymaros Project (Hungary/Slovakia), 1997 ICJ Reports 7.

[1977년 헝가리와 체코슬로바키아는 다뉴브강에서의 수력발전, 항행조건 개선, 홍수 방지 등의 목적으로 종합적인 공동 개발계획에 관한 조약을 체결했다. 1989년 헝가리는 환경문제를 이유로 이 계획을 일방적으로 정지, 취소했다. 이에 체코슬로바키아는 자국내 사업내용을 원래의 조약상 합의와는 달리 변경하기로 했다. 그러자 1992년 헝가리는 이 같은 계획 변경은 1977년 조약의 위반이므로 1977년 조약은 6일 후 종료된다고 통고했다. 1993년 체코슬로바키아는 체코와 슬로바키아로 분리되었고, 문제의 지역은 슬로바키아 영역에 속했다. 양국은 이 사건을 ICJ에 회부하기로 합의했다.]

"109. In this regard, it should be noted that, according to Hungary's Declaration of 19 May 1992, the termination of the 1977 Treaty was to take effect as from 25 May 1992, that is only six days later. Both Parties agree that Articles 65 to 67 of the Vienna Convention on the Law of Treaties, if not codifying customary law, at least generally reflect customary international law and contain certain procedural principles which are based on an obligation to act in good faith. As the Court stated in its Advisory Opinion on the *Interpretation of the Agreement of 25 March 1951 between the WHO und Egypt* (in which case the Vienna Convention did not apply):

"Precisely what periods of time may be involved in the observance of the duties to consult and negotiate, and what period of notice of termination should be given, are matters which necessarily vary according to the requirements of the particular case. In principle, therefore, it is for the parties in each case to determine the length of those periods by consultation and negotiation in good faith." (I.C.J. Reports 1980, p.96, para.49.)

The termination of the Treaty by Hungary was to take effect six days after its notification. On neither of these dates had Hungary suffered injury resulting from acts of Czechoslovakia. The Court must therefore confirm its conclusion that Hungary's termination of the Treaty was premature."

5. 후 조약 체결을 통한 종료

기존 조약을 대체하는 새로운 조약이 체결되어 구 조약이 종료될 수도 있다. 단 원 조약의 모든 당사국이 새로운 대체조약의 당사국이 되는 경우에만 기존 조약이 종료된다. 이때 후 조약은 기존 조약의 내용을 대신 규율할 의도에서 체결되었으며, 양 조약이 동시에 적용될 수 없을 정도로 후 조약의 내용이 기존 조약과 도저히 양립될 수 없어야 한다(제59조 1항). 예를 들어 한국이 1985년에 가입한 「1983년 국제열대목협정」은 1997년 발효된 「1994년 국제열대목협정」에 의해 대체 종료되었다. 1957년 발효된 한미 항공운수협정은 1998년 발효된 한미간 신 항공운수협정에 의해 대체 종료되었다. 전시 군대 부상병 상황 개선을 위한 1864년 제네바 협약[33]은 이후 동일 주제에 관한 1906년 제네바 협약, 1929년 제네바 협약, 1949년 제네바 협약에 의해 계속 대체되며, 그 내용이 강화되었다. 그러나 57개국이 당사국이던 1864년 협약은 1966년 공식적으로 종료되었다. 이렇게 늦어진 이유는 1864년 협약의 당사국인 대한제국이 일제의 지배로 후속 1906년 협약과 1929년 협약에 가입할 수 없었고, 대한민국은 1966년에야 1949년 협약의 당사국이 되었기 때문이다.

후 조약을 통한 조약 종료의 문제는 협약 제30조가 규정하고 있는 연속적(successive) 전후 조약의 문제와는 별개이다. 제30조는 동일한 주제를 다루는 전 조약과 후 조약이 모두 유효한 경우, 어느 조약이 우선적으로 적용되느냐의 문제를 다루는 조항이다.

---

33) Convention for the Amelioration of the Condition of the Wounded in Armies in the Field(22 August 1864).

경우에 따라서 후 조약은 기존조약을 완전히 종료시키는 대신 이의 시행을 정지시키기만 할 수도 있다(제59조 2항).

6. 중대한 위반

가. 조약 위반에의 대처

조약은 그 내용을 상호 이행하기 위해 합의되었지만, 현실에서는 조약 위반 역시 자주 발생한다. 국제관계에서 조약이 담당하는 역할이 늘어갈수록 조약의무의 완벽한 이행은 더욱 기대하기 어려워질지 모른다. 한 당사국이 조약의무를 위반한 경우 다른 당사국(들)은 어떻게 대응을 할 수 있는가? 대부분의 국가는 위반의 내용이나 정도에 따라 1차적으로 외교교섭이나 항의, 여론에의 호소 등과 같은 법외적(法外的) 해결방법을 모색한다. 이것이 미흡하다고 판단되면 법적인 대응방법을 모색하게 된다. 국제법적 대응은 위반된 조약의 유형이나 위반의 양상에 따라 다양하게 나타날 수 있어서 이를 일반화하기가 쉽지 않으나, 대체로 다음과 같은 방법을 생각해 볼 수 있다.

첫째, 가장 낮은 단계의 조치로는 보복(retorsion)을 취할 수 있다. 보복이란 상대국에게 비우호적이기는 하나 그 자체로는 위법하지 않은 조치이다. 예를 들어 조약 위반에 대한 보복으로 상대국 고위관리의 초청을 취소한다거나, 상대국과의 문화교류행사를 취소하는 행위가 이에 해당한다.

둘째, 조약 속에 위반에 대한 대처방법이 미리 정해져 있어 이에 따른 조치가 취해질 수 있다. 예를 들어 UN에서 만 2년분 이상의 회비를 납부하지 않으면 총회에서의 표결권이 정지된다(UN 헌장 제19조). UN 헌장을 위반해 무력을 행사하는 국가에 대해 안보리는 경제적 또는 군사적 제재를 결정할 수 있다(헌장 제39조 내지 제42조). 인권조약이나 환경조약, 통상조약 역시 다양하고 독특한 대응방안을 마련하고 있다.

셋째, 다른 국제법적 근거에 의한 대처가 가능한 경우도 있다. 예를 들어 문제의 조약 위반 사건에 대해 사전의 선택조항 수락을 근거로 한 ICJ 재판관할권이 성립될 경우 피해국은 위반국을 이에 제소할 수 있다.

넷째, 국가책임법에 따라 위법행위의 책임을 추궁할 수 있다. 즉 상대국의 조약 위반으로 피해를 받은 국가는 대응조치(countermeasures)를 취할 수 있다.[34] 피해국은 상대방에 대한 국제법적 의무 이행을 거부함으로써 조약을 준수하도록 압박할 수 있다. 이때 반드시 상대국이 위반하고 있는 동일한 조약상의 의무만을 거부할 수 있도록 한정되지 않으며, 그와 직접 관계없는 다른 국제법상 의무를 거부할 수도 있다. 대응조치는 반드시 중대한 조약 의무의 위반이 아닌 경우에도 적용할 수 있다. 상대국의 조약 위반으로 손해를 입게 된 국가는 그에 대한 배상을 청구할 수 있다.[35]

다섯째, 중대한 위반이 있는 경우 비엔나 협약 제60조에 따라 다른 당사국은 조약의 일부 또는 전부를 정지시키거나 종료시킬 수 있다. 앞서의 방법들은 대체로 조약의 존폐 여부에는 영향을 미치지 않는 대응방법이다. 오히려 조약 당사국은 위반행위를 중지하고 조약의무를 계속 이행할 것을 전제로 한다. 그러나 협약 제60조의 방안은 위반이 중대한 경우 조약 자체를 소멸(또는 정지)시키는 내용이다.

나. 위반의 조약법상 결과

(1) 기본 원칙

조약 위반이 있다고 하여 곧바로 조약 자체가 종료되지는 않는다. 조약 위반이 항상 고의로 발생하지는 않으며, 경미한 위반은 외교경로를 통해 대체로 쉽게 해결되는 경우가 많다. 사실 조약의 사소한 위반인 경우 상대방은 이를 모른 척 무시하며 아무 대응을 하지 않기도 한다. 설사 양자조약의 두 당사국이 모두 조약을 위반한 경우라도 조약이 무조건 종료되지는 않는다.[36] 그러나 중대한 위반으로 인해 조약관계를 지속시키는 편이 오히려 불합리한 경우도 있을 수 있다. 비엔나 협약 제60조는 이러한 경우 조약 위반의 효과를 취급하고 있다. 이는 협약 중에서 조약 위반을 다루고 있는 유일한 조항이다. 기본적으로는 조약 일방 당사국의 위반행위로 인해 무너진 상호관계상 균형을 회복시킴을 목적으로 한다.[37]

비엔나 협약은 조약 위반에 대해 상당히 신중한 입장을 취하고 있다. 즉 일방

34) ILC 국가책임규정(2001) 제49조.

35) 정인섭, 신국제법강의(제13판), pp.374-375 참조.

36) "The Court is of the view, however, that although it has found that both Hungary and Czechoslovakia failed to comply with their obligations under the 1977 Treaty, this reciprocal wrongful conduct did not bring the Treaty to an end nor justify its termination." Gabčíkovo-Nagymaros Project (Hungary/Slovakia), 1997 ICJ Reports 7, para.114.

37) Giegerich, Article 60, in O. Dörr & K. Schmalenbach, Commentary 2nd, p.1097.

당사국의 위반행위가 있더라도 자동적으로 조약이 종료되거나 위반국에게 불이익이 발생하지 않는다. 오직 중대한 위반(material breach)이 발생한 경우 타방 당사국에게 위반된 조약 전체 또는 일부에 관해 이를 완전히 종료시키거나 시행을 일시 정지시킬 수 권리를 부여할 뿐이다. 즉 협약 제60조는 조약 위반시 발생할 결과를 직접 규정하지 않고, 상대방으로 하여금 어떻게 대응할지에 관해 몇 가지 선택방안을 제시하고 있다. 따라서 반드시 어떠한 조치를 취할 의무를 부과하지는 않으므로, 아무 대응도 하지 않고 그냥 넘어가도 무방하다. 물론 종료나 시행정지 중 반드시 하나만을 선택해야 하지는 않으며, 일단 시행정지를 원용하다가 추후 완전 종료를 주장할 수도 있다. 미국과 소련이 1987년 체결한 중단거리 핵무기제한 조약[38]에 대해 미국은 러시아의 조약 위반을 주장하며 2019년 2월 1일 이의 시행정지를 통고했다. 이어 6개월 후인 2019년 8월 2일 이 조약의 탈퇴를 선언했다.[39]

결국 제60조는 조약 위반에 대해 직접적인 제재나 벌칙을 규정하지 않고 피해국에게 일종의 자력구제 방안만을 제시하고 있는 셈이다. 아직 현대 국제법 질서 속에서 조약 위반에 대한 일반적인 강제적 구제절차가 마련되어 있지 않으므로 피해국으로서는 기본적으로 자조(自助)의 방법으로 대응할 수밖에 없다. 그런데 자력구제의 시도를 개별 국가의 재량에 맡기면 필연적으로 남용의 우려가 발생한다.[40] 특히 조약의 사소한 위반시 상대국이 곧바로 조약 폐기를 선언할 수 있으면 조약의 법적 안정성이 위협받을 우려가 크다. 이에 제60조는 적용대상을 중대한 위반에 한정함으로써 조약의 안정성을 확보할 필요와 무고한 피해자를 보호할 필요 사이에서 균형을 모색하고 있다.[41] ICJ는 협약이 채택된 직후부터 협약 제60조가 많은 부분에서(in many aspects) 관습국제법의 반영이라고 평가했다.[42] 과거 하버드 초안 역시 조약 위반에 대해서는 다른 당사국에게 조약을 종료(또는 정지)시킬 수

38) Treaty between the United States of America and the Union of Soviet Socialist Republics on the Elimination of Their Intermediate－Range and Shorter－Range Missiles.

39) 이 과정에 관한 상세는 최지현, 조약법에 관한 비엔나협약 제60조상 조약의 시행정지, 국제법평론 2019－III(통권 제54호), pp.91－96.

40) Giegerich(전게주 37), p.1097.

41) M. Fitzmaurice, The Practical Working of the Law of Treaties, in M. Evans ed., International Law 5th ed.(Oxford UP, 2018), p.167.

42) Legal Consequences for States of the Continued Presence of South Africa in Namibia notwithstanding Security Council Resolution 276(1970), Advisory Opinion, 1971 ICJ Reports 16, para.94; Gabčíkovo-Nagymaros Project (Hungary/Slovakia), 1997 ICJ Reports 7, para.46.

단을 인정했을 뿐이었다(제27조).

한편 비엔나 협약은 중대하지 않은 조약 위반에 대한 대처방안은 특별히 규정하고 있지 않다.

(2) 중대한 위반에 대한 대응

협약 제60조는 조약의 중대한 위반에 대해 신중한 입장을 취하다 보니 다소 복잡한 내용으로 되었다. 타방 당사자에 대한 조약 위반의 영향은 양자조약과 다자조약이 달리 나타나므로 협약은 이를 구별하고 있다. 구체적인 적용 요건은 다음과 같다.

① 중대한 위반: 제60조는 중대한(material) 위반인 경우에만 적용될 수 있다. 중대한 위반의 경우로 대응상황을 한정한 이유는 조약의 법적 안정성을 보장하려는 의도에서 비롯되었다. 중대하지 않은 위반에 대해서는 아무 언급이 없으므로 이런 경우 개별 국가가 비엔나 협약 차원의 대응을 할 방안은 없고 필요하다면 국가책임법을 통한 대응을 해야 한다.

중대한 위반이란 다음과 두 가지 상황을 의미한다(제60조 3항).

첫째, 비엔나 협약이 용인하지 아니하는 조약의 이행 거부(repudiation)이다. 협약은 이행거부가 무엇인지를 정의하지 않았으나, 성안과정에서의 논의에 비추어 볼 때 이행 거부란 당사자가 조약상 의무로부터 이탈하려는 의도의 모든 행위를 가리키는 것이 분명하다.[43] 즉 조약의 종료나 무효의 주장, 시행정지를 통한 이행거부를 모두 포함한다. 또한 이행거부란 조약의 특정 조항의 위반이 아닌, 조약 전체의 이행을 부인하는 행위를 의미한다.[44] 비엔나 협약이나 다른 국제법적 근거가 있는 조약의 불이행은 물론 이에 해당하지 않는다. 예를 들어 협약이 규정하고 있는 조약의 무효사유(협약 제46조 내지 제53조)나 종료 또는 시행정지사유(제54조 내지 제64조)에 근거한 이행거부는 중대한 위반에 해당하지 않는다. 그런데 협약에 의해 용인된 사유를 근거로 한 이행거부는 아닐지라도 수락될 수밖에 없는 경우도 있다. 예를 들어 국가책임법상 위법성 조각사유를 근거로 하는 이행거부는 여기의 중대한 위반에는 해당하지 않는다. UN 헌장 제7장에 근거한 안보리 결의로 인해 조약을 이행할 수 없게 되었어도 중대한 위반에는 해당하지 않는다. 협약 제42조와는

43) Simma & Tams, Article 60, in O. Corten & P. Klein, Commentary, p.1358.

44) M. Villiger, Commentary, p.742.

차이가 나는 해석이나 불가피한 결론이라고 판단된다.[45)]

둘째, 조약의 대상 및 목적의 달성에 필수적인(essential) 규정의 위반이다. 따라서 필수적이 아닌 조항에 관해서는 아무리 중대한 위반이 발생해도 다른 당사국은 조약법상의 대응을 할 수 없다. 무엇이 필수적 규정인가는 당사국들이 조약을 체결한 이유를 분석함으로써 파악해야 한다. 즉 조약의 대상 및 목적에 비추어 보았을 때, 조약의 핵심에 해당하는 조항으로서 이를 배제한다면 당사국들로서는 조약을 이행할 관심을 사라지게 하는 조항을 필수적이라고 할 수 있다.[46)] 중대한 위반 여부를 판단할 때 당사자가 왜 위반을 했는가, 그 의도는 문제 삼지 않는다. 오직 위반의 결과만을 가지고 판단한다.

협약 제60조 3항은 중대한 위반을 정의하기 위한 최초의 시도였으나, 이상과 같은 기준을 실제 상황에 적용하기는 쉽지 않다. "중대한" 위반 여부는 위반의 정도나 심각성을 기준으로 판단되어야 할 것 같으나, 협약은 "조약의 대상과 목적의 달성에 필수적인 규정의 위반"으로 정의함으로써 이것이 과연 바람직한 태도인지는 의문이 제기된다. 하여간 협약에 따르면 필수적인 규정은 사소한 위반만 있어도 중대한 위반에 해당하는데, 필수적이지 않은 규정은 아무리 심각한 위반이 있어도 중대한 위반에 해당하지 않게 되었다.[47)] 그러나 조약의 종료사유에 해당하는 중대한 위반이냐 여부가 국제재판에서 문제된다면, 재판부는 "조항"의 중요성보다 아닌 위반의 "심각성"을 더 고려해 이를 판단하리라고 예상된다.[48)]

② 대응방법: 일단 당사국의 중대한 위반이 발생한 경우 다른 당사국은 다음과 같이 대응할 수 있다.[49)] 단 비엔나 협약 당사국 간에는 이 같은 권리 행사에 제65조 이하의 절차가 적용된다.

양자조약의 경우 중대한 위반이 있으면 타방 당사국은 조약의 전체 또는 일부를 종료시키거나 정지시킬 수 있는 사유로 이를 원용할 수 있다(제60조 1항). 따라서 중대한 위반에도 불구하고 타방 당사국이 원하면 조약을 계속 유지시킬 수 있

45) Giegerich, Article 60, in O. Dörr & K. Schmalenbach, Commentary 2nd, p.1105.
46) Simma & Tams(전게주 43), pp.1359-1360.
47) B. Simma & C. Tams, Reacting against Treaty Breaches, in D. Hollis, Oxford Guide 2nd, p.575.
48) J. Klabbers, International Law 3rd ed.(Cambridge UP, 2021), p.69.
49) 그 같은 조치는 위반을 하지 않은 무고한 당사국만이 취할 수 있지, 위반국이나 위반에 기여한 국가에게는 이런 조치를 취할 권한이 인정되지 않는다. Factory at Chorzow(Jurisdiction), Judgment No.8, 1927 PCIJ Series A, No.9, p.31; Gabčíkovo-Nagymaros Project (Hungary/Slovakia), 1997 ICJ Reports 7, para.110. 비엔나 협약 제61조 2항 및 제62조 2항 나호 참조.

다. 스스로 중대한 위반행위를 저지른 당사국은 먼저 조약의 종료나 정지를 주장할 수 없다.

다자조약은 한 당사국의 중대한 조약 위반이 반드시 다른 모든 당사국에게 영향을 미치지 않기 때문에 대응방법도 좀 복잡하게 규정되어 있다. 중대한 위반의 경우 다른 당사국들이 "전원일치의 합의"를 하면 ① 위반국과의 관계에서 조약을 종료시키거나 조약의 일부 또는 전부를 정지시킬 수 있고 ② 중대한 위반으로 조약의 존재 의의가 상실되었다고 판단되면 아예 모든 당사국들에 대해 조약을 종료시키거나 또는 조약의 일부 또는 전부를 정지시킬 수 있다(제60조 2항 가호). 전자는 위반국만을 영구적으로(종료) 또는 일시적으로(정지) 조약 체제에서 배제시키고 나머지 국가 사이에는 조약을 정상적으로 유지하는 방안이다. 후자는 모든 당사국간에 조약을 종료(또는 정지)시키는 방안이 된다. 이 경우는 협약 제65조 이하의 절차적 제한도 적용되지 않아 즉각 종료(정지)시킬 수 있다. 제1항 양자조약의 경우 상대국에게 위반을 원용할 권리만을 부여하고 있으므로 협약 제65조 이하의 절차적 규제가 적용되나, 제2항 다자조약의 경우는 조치를 취할 권리를 바로 부여하고 있기 때문에 제65조 이하의 절차가 적용되지 않는다. 이는 전원일치를 통해서만 실시될 수 있기 때문에 제3국에 대한 선의의 피해가 발생할 가능성이 낮기 때문이다. 다만 당사국 숫자가 많은 다자조약의 경우 전원일치를 통한 종료(정지) 합의는 사실상 기대하기 어려울 것이다.

반면 다른 당사국들 전원일치의 합의가 없는 경우는 조약 자체를 바로 종료시킬 수 있는 권리는 발생하지 않는다. 우선 위반에 의해 특별히 영향을 받는 당사국은 자신과 의무 불이행국 사이에서만 조약의 전부 또는 일부를 정지시키기 위한 사유로 위반을 원용할 수 있다(제60조 2항 나호). 예를 들어 한 당사국이 환경조약을 중대하게 위반해 인접한 특정 당사국에게 개별적인 손해가 발생하는 경우가 이에 해당한다. 또는 한 국가가 특정 국가의 외교관에 대해서만 외교관계에 관한 조약을 위반하는 경우도 이에 해당한다. 이러한 상황이라면 다자조약 체제에서도 특정 국가만 특별한 영향을 받게 된다.[50] 특별한 영향을 받은 국가는 조약을 정지시킬 수 있을 뿐 조약을 종료시키거나 탈퇴할 수는 없다. 이는 조약을 가급적 유지시켜 법적 안정성을 도모하는 한편, 위반으로부터 아무런 영향을 받지 않는 국가를 보

---

50) Simma & Tams(전게주 47), p.581.

호하기 위한 의도이다. 조항의 취지상 단순히 당사국으로서 조약 이행의 기대가 무산되었다는 점만으로는 특별한 영향을 받았다고 하기 어렵다.

한편 위반으로 인해 이후 의무이행에 관한 모든 당사국의 입장을 근본적으로(radically) 변경시키는 성격의 조약인 경우라면 의무 불이행국이 아닌 다른 당사국에 대해서도 조약 전부 또는 일부의 정지를 주장할 수 있다(제60조 2항 다호). 예를 들어 한 당사국이 다자간 군축조약을 위반하고 급격한 군비증강을 한다면 다른 당사국 전체의 입장을 변경시키는 결과가 되므로 비위반국들 사이에도 조약을 준수할 의의가 없어질 수 있기 때문이다.

결론적으로 다자조약의 경우 전원일치의 합의가 없는 한 어느 당사국의 중대한 위반이 있더라도 조약을 종료시킬 수는 없다. 협약은 전반적으로 중대한 위반이 있더라도 조약을 종료시키기 보다는 가급적 유지시키며 시행정지를 통해 대응하는 방안을 우선시 하고 있다. 되도록 조약의 법적 안정성을 유지시키기 위한 의도라고 해석된다.

여하간 중대한 위반이 있을 경우에만 조약을 종료시킬 수 있다는 제한은 2가지 의미에서 조약의 안정성에 기여한다. 즉 일방 당사국의 사소한 위반이 있다고 하여도 조약이 종료되지는 않으므로 조약의 안정성이 보장된다. 또한 중대한 위반을 저질러 조약이 종료되면 위반국은 조약의 다른 모든 혜택을 상실하게 되므로 이 역시 조약 위반을 억지하는 작용을 하게 된다.

③ 조치의 대상 조약: 조약 위반으로 인해 종료 또는 정지시킬 수 있는 조약은 위반된 당해 조약에 한정된다. 이러한 제한은 경우에 따라 불합리한 결과를 초래할 수 있다. 국가들은 경우에 따라 주제가 전혀 다른 여러 조약을 일괄교섭의 형태로 타결하는 경우도 있다. 1965년 한일 국교정상화 합의시 재일한국인 법적지위협정, 청구권협정, 어업협정, 문화재 반환 협정 등과 같은 여러 조약이 동시에 타결된 것이 그러한 예에 해당한다. 이중 어업협정은 일본의 요구가 주로 반영된 조약인 반면, 다른 조약들은 주로 한국측의 요구가 반영된 결과이다. 이렇게 여러 조약이 하나의 맥락에서 타결된 경우라면, 일방 당사국이 그중 한 조약을 중대하게 위반한 경우 동시에 일괄 타결된 다른 조약의 존폐를 검토할 필요가 있을 수 있다. 그러나 비엔나 협약으로부터는 조약 위반으로 피해를 입은 국가가 위반된 조약이 아닌 다른 조약을 종료 또는 정지시킬 수 있는 권리가 나올 수 없다.

한편 인도적 성격의 조약에 포함된 인신보호에 관한 조항, 특히 그 같은 조약의 보호를 받는 자에 대해 어떠한 형태의 복구(reprisals)도 금지하는 조항만은 아무리 상대방이 중대한 위반을 저질렀을지라도 종료 또는 정지시킬 수 없다(제60조 5항). 비엔나 회의에서 스위스의 제안으로 삽입된 조항으로 국가가 조약을 위반한 경우라도 무고한 시민의 기본적 인권은 보호하려는 취지이다. 1949년 제네바 협약을 염두에 두고 만들어진 조항이다.

그러나 이 조항은 다음과 같은 이유에서 그 존재의의가 의심스럽다. 첫째, 다자인권조약의 경우 한 국가의 위반으로 인해 다른 당사국들이 조약을 종료(정지)시킬 권한이 발생하는 상황은 거의 상상하기 어렵기 때문에, 당연한 점을 명확히 한다는 점 이외에 이 조항의 실질적 의의는 크지 않으리라 보인다.[51)]

둘째, 이 조항은 상대방이 중대한 위반을 저지를 경우 종료 또는 정지시킬 수 없는 조약은 인도적 성질의 조약에 포함된 인신보호에 관한 규정에 한정된다는 잘못된 암시를 줄 수 있다.[52)] 예를 들어 화학무기 사용금지 협약의 경우 한 당사국이 이를 심각하게 위반해도 다른 당사국들은 계속 협약을 준수하고 화학무기 사용금지 의무를 부담한다고 해석되어야 한다. 환경보호에 관한 범세계적 조약을 한 당사국이 중대하게 위반해도 다른 당사국들이 이 조약을 종료시켜서는 아니되며 준수를 계속하도록 해야 한다. 이같이 국제공동체의 공익을 보호하기 위한 조약은 특별한 취급을 받을 필요가 있다.

상대방의 중대한 위반에도 불구하고 조약의 종료나 정지를 주장하기 어려운 다른 조약은 없을까? 후보의 하나로 외교사절의 특권과 면제를 규정하고 있는 「외교관계에 관한 비엔나 협약」을 생각해 볼 수 있다. 상대국이 이를 중대하게 위반한 경우 양국간 조약관계의 종료를 선언하고 자국에 근무 중이던 상대 외교관에게 일체의 특권과 면제를 부인할 수 있을까? 아마도 대부분의 국가들은 이런 경우에도 최소한의 면제는 보장되어야 한다고 생각할 것이다.[53)] 비엔나 협약의 상당 부분은 관습국제법화 되어 있으므로 이로 인한 의무는 회피할 수 없기 때문이다. 한편 상대방의 중대한 조약 위반에도 불구하고 이의 종료나 정지가 국제법상 강행규범 위반의 결과를 초래하게 된다면 이는 허용되지 않는다.[54)]

---

51) B. Simma & C. Tams(전게주 47), p.579.

52) J. Klabbers(전게주 48), p.69.

53) 이에 관한 논의는 Simma & Tams(전게주 43), p.1370 참조.

54) Simma & Tams(전게주 43), p.1369.

④ 원용할 권리의 상실: 조약의 중대한 위반이 발생해도 다음과 같은 경우에는 상대국이 조약의 종료 또는 정지를 원용할 권리를 상실한다. 즉 1) 해당 조약이 유효하다거나, 계속 효력이 있다거나, 계속 시행된다는 점에 그 국가가 명시적으로 동의한 경우, 2) 그 국가의 행동으로 보아 조약의 유효성 또는 그 효력이나 시행의 존속을 묵인했다고 간주되어야 하는 경우(제45조).

(3) 국가책임법상 대응조치와의 비교

조약 위반에 대한 대처로서 비엔나 협약 제60조는 국가책임법 상의 대응조치(countermeasures)와 비교할 때 다음과 같은 차이가 있다.

협약 제60조는 일방의 조약 위반으로 인해 무너진 당사국 관계의 균형을 회복하는데 주목적이 있다면, 국가책임법상의 대응조치는 위반국으로 하여금 본래의 의무를 이행하도록 유도하는데 주목적이 있다. 협약 제60조에 따르면 중대한 위반이 발생한 경우 조약관계를 종료(또는 정지)시킬 수 있으나, 국가책임법상의 대응조치는 조약관계의 변화를 목적으로 하지 않는다.

협약 제60조는 조약의 중대한 위반에 대해서만 조치를 취할 수 있도록 규정하고 있는 반면 국가책임법상의 대응조치는 조약의 어떠한 위반에 대해서도 발동할 수 있다. 즉 국가책임법은 중대하지 않은 위반에도 조치를 취할 수 있으므로 적용 범위의 폭이 더 넓다.

협약 제60조는 위반된 조약 자체만을 조치의 대상으로 할 수 있으나, 국가책임법상의 대응조치는 원칙적으로 다른 조약을 포함한 어떠한 국제의무를 대상으로도 발동할 수 있다.[55] 즉 국가책임법은 위반과 대응 대상 간에 직접적 관련성을 요구하지 않는다.

협약 제60조에 따른 조치를 취하기 위해서는 협약 제65조 이하에 규정된 절차를 따라야 한다. 특히 최소한 3개월의 유예기간을 두어야 한다(제65조 2항). 그러나 국가책임법상 대응조치는 사전에 유책국에 통고해야 할 의무가 있을 뿐이며, 비엔나 협약에서와 같이 구체적인 유예기간이 정해져 있지 않다.[56]

전반적으로 협약 제60조는 조약의 법적 안정성을 보호하기 위해 조약 위반에 대한 대응방안을 지나치게 억제하고 있어서 균형이 상실되었다는 비판을 받고 있

55) 단 ILC 「국제위법행위에 대한 국가책임 규정」(2001) 제50조는 UN 헌장에 위반되는 무력행사의 금지 등 대응조치의 대상이 될 수 없는 몇 가지 의무를 규정하고 있다.

56) 상동 규정, 제52조 1항.

다. 국가의 입장에서는 제60조에 근거한 대응에 별다른 매력을 느끼기 어렵게 되어 오히려 이 조항의 실효성을 살리지 못하고 있다. 이에 상대방의 조약 위반에 대하여 국가책임법 등 조약법 이외의 분야를 통한 대응을 선호하게 되었으며, 조약 자체에 위반에 대한 대비책을 미리 삽입하는 예가 늘었다.

검 토

1983년 9월 1일 대한항공 007기가 소련 영공에서 군용기에 의해 격추되어 탑승객 전원이 사망했다. 당시 일부 국가는 소련과의 항공협정을 즉각 정지시키고, 소련의 아에로풀르트 항공사 비행기의 자국 이착륙을 금지했다. 이들 국가는 소련의 행위가 항공협정의 근본적(fundamental) 기반을 침해하는 위반이라고 주장했다. 중대한(material) 위반보다 더 심각한 근본적 위반이란 개념이 있는가? 이에 해당하면 전원일치의 합의가 없어도 일부 국가가 즉각적인 조약 종료(또는 정지)를 주장할 수 있는가? 비엔나 협약은 그 같은 구별을 하고 있지 않다.[57] 이 사건은 냉전시대에 발생한 워낙 충격적인 사건이었기 때문에 비엔나 협약상의 절차는 주목을 받기 어려웠다. 특히 당시 소련은 비엔나 협약의 당사국이 아니었기 때문에 (러시아 1986년 가입) 협약 제60조상 즉각 정지가 불가하다는 주장을 할 수 없었다.

▶판례: 조약의 중대한 위반

Legal Consequences for States of the Continued Presence of South Africa in Namibia notwithstanding Security Council Resolution 276(1970), Advisory Opinion, 1971 ICJ Report 16.

[국제연맹은 남아프리카 공화국에게 나미비아(서남 아프리카)에 대한 위임통치권을 부여했다. 후일 UN 총회와 안전보장이사회는 나미비아에 대한 남아프리카 공화국의 위임통치가 종료되었다고 결의했으나, 남아프리카 공화국은 이를 무시했다. 결국 안보리는 남아프리카 공화국의 나미비아 지배가 위법하다고 결의했다(1970년 결의 제276호). 이에 총회는 나미비아에서 남아프리카 공화국의 잔류의 법적 결과가 무엇인가에 대한 권고적 의견을 ICJ에 요청했다. ICJ는 남아프리카 공화국의 위임통치는 이미 종료되었고, 남아프리카 공화국은 나미비아 통치로부터 철수할 의무를 지며, 다른 국가들은 나미비아에서의 남아프리카 공화국의 지배로 인한 어떠한 결과도 승인하지 않을 의무가 있다고 답했다. 특히 위임통치의 합의 역시 조약의 일종으로 일방의 중대한 위반이 있으면 이를 종료시킬 수 있다고 판단했다. 다음은 일방 당사

57) A. Aust, Treaty Law, p.261.

국의 중대한 위반이 있으면 조약을 종료시킬 수 있다는 설시 부분이다.]

"94. In examining this action of the General Assembly it is appropriate to have regard to the general principles of international law regulating termination of a treaty relationship on account of breach. For even if the mandate is viewed as having the character of an institution, as is maintained, it depends on those international agreements which created the system and regulated its application. As the Court indicated in 1962 'this Mandate, like practically all other similar Mandates' was 'a special type of instrument composite in nature and instituting a novel international regime. It incorporates a definite agreement …' (I.C.J. Reports 1962, p.331). The Court stated conclusively in that Judgment that the Mandate '… in fact and in law, is an international agreement having the character of a treaty or convention'(I.C.J. Reports 1962, p.330). The rules laid down by the Vienna Convention on the Law of Treaties concerning termination of a treaty relationship on account of breach (adopted without a dissenting vote) may in many respects be considered as a codification of existing customary law on the subject. In the light of these rules, only a material breach of a treaty justifies termination, […]

95. General Assembly resolution 2145 (XXI) determines that both forms of material breach had occurred in this case. By stressing that South Africa 'has, in fact, disavowed the Mandate', the General Assembly declared in fact that it had repudiated it. The resolution in question is therefore to be viewed as the exercise of the right to terminate a relationship in case of a deliberate and persistent violation of obligations which destroys the very object and purpose of that relationship.

96. It has been contended that the Covenant of the League of Nations did not confer on the Council of the League power to terminate a mandate for misconduct of the mandatory and that no such power could therefore be exercised by the United Nations, since it could not derive from the League greater powers than the latter itself had. For this objection to prevail it would be necessary to show that the mandates system, as established under the League, excluded the application of the general principle of law that a right of termination on account of breach must be presumed to exist in respect of all treaties, except as regards provisions relating to the protection of the human person contained in treaties of a humanitarian character (as indicated in Art. 60, para.5, of the Vienna Convention). The silence of a treaty as to the existence of such a right cannot be interpreted as implying the exclusion of a right which has its source outside of the treaty, in general international law, and is dependent on the occurrence of circumstances which are not normally envisaged when a treaty is concluded."

▶판례: 중대한 위반의 발생만이 조약의 종료사유

Gabčíkovo-Nagymaros Project (Hungary/Slovakia), 1997 ICJ Reports 7.

[ICJ는 비엔나 협약 제60조 내지 제62조의 조약 종료에 관한 조항이 관습국제법에 해당한다고 판단했다(para.46). 이어 ICJ는 조약의 중대한 위반만이 조약 종료를 주장할 근거가 되며, 그에 이르지 못하는 위반은 대응조치 등의 근거는 될 수 있을지라도 조약법상 조약 종료의 사유는 되지 못한다고 설시했다. 또한 조약 위반의 결과가 실제로 발생한 이후에만 종료권을 행사할 수 있으며, 위반의 결과를 예상하여 미리 종료시킬 수는 없다고 판단했다.]

"46. The Court has no need to dwell upon the question of the applicability in the present case of the Vienna Convention of 1969 on the Law of Treaties. It needs only to be mindful of the fact that it has several times had occasion to hold that some of the rules laid down in that Convention might be considered as a codification of existing customary law. The Court takes the view that in many respects this applies to the provisions of the Vienna Convention concerning the termination and the suspension of the operation of treaties, set forth in Articles 60 to 62 [⋯]

105. The Court will now examine Hungary's argument that it was entitled to terminate the 1977 Treaty on the ground that Czechoslovakia had violated its Articles 15, 19 and 20 (as well as a number of other conventions and rules of general international law); and that the planning, construction and putting into operation of Variant C also amounted to a material breach of the 1977 Treaty.

106. As to that part of Hungary's argument which was based on other treaties and general rules of international law, the Court is of the view that it is only a material breach of the treaty itself, by a State party to that treaty, which entitles the other party to rely on it as a ground for terminating the treaty. The violation of other treaty rules or of rules of general international law may justify the taking of certain measures, including countermeasures, by the injured State, but it does not constitute a ground for termination under the law of treaties.

107. Hungary contended that Czechoslovakia had violated Articles 15, 19 and 20 of the Treaty by refusing to enter into negotiations with Hungary in order to adapt the Joint Contractual Plan to new scientific and legal developments regarding the environment. [⋯] The Court has not found sufficient evidence to conclude that Czechoslovakia had consistently refused to consult with Hungary about the desirability or necessity of measures for the preservation of the environment. The record rather shows that, while both parties indicated, in principle, a willingness to undertake further studies, in practice Czechoslovakia refused to countenance a suspension of the works at Dunakiliti and, later, on Variant C, while Hungary

required suspension as a prior condition of environmental investigation because it claimed continuation of the work would prejudice the outcome of negotiations. In this regard it cannot be left out of consideration that Hungary itself, by suspending the works at Nagymaros and Dunakiliti, contributed to the creation of a situation which was not conducive to the conduct of fruitful negotiations.

108. Hungary's main argument for invoking a material breach of the Treaty was the construction and putting into operation of Variant C. As the Court has found in paragraph 79 above, Czechoslovakia violated the Treaty only when it diverted the waters of the Danube into the bypass canal in October 1992. In constructing the works which would lead to the putting into operation of Variant C, Czechoslovakia did not act unlawfully. In the Court's view, therefore, the notification of termination by Hungary on 19 May 1992 was premature. No breach of the Treaty by Czechoslovakia had yet taken place and consequently Hungary was not entitled to invoke any such breach of the Treaty as a ground for terminating it when it did.

109. [···] The termination of the Treaty by Hungary was to take effect six days after its notification. On neither of these dates had Hungary suffered injury resulting from acts of Czechoslovakia. The Court must therefore confirm its conclusion that Hungary's termination of the Treaty was premature."

7. 후발적 이행불능

조약 이행에 불가결한 대상(an object indispensable)이 영구적으로 소멸되거나 파괴된 경우, 당사국은 그 조약을 종료 또는 탈퇴하기 위한 사유로 이행불능을 원용할 수 있다. 단 이행불능이 일시적인 경우 조약의 시행정지를 위한 사유로 원용할 수 있다(제61조 1항). 이행불능을 원용하려면 우선 그 상황이 일시적인지 영구적인지를 판단해야 한다. 이행불능 사태가 발생하여도 자동적으로 조약이 종료되지는 않으며, 당사국이 협약 제65조 이하의 절차에 따라 종료를 통고해야 한다. 조약 내용이 가분적인 경우 이행불능을 이유로 조약 일부에 대한 종료나 정지도 가능하다.

예를 들어 국경하천에 건설된 댐의 공동 이용에 관한 조약의 경우, 만약 댐이 지진으로 붕괴된다면 더 이상 조약 내용의 이행은 불가능해진다. 공동개발을 합의한 조약의 대상인 섬이 완전히 수몰된다거나, 타국에 대여하기로 약속했던 보물이 소실된 경우도 이에 해당한다. 그러나 실제에 있어서는 어떠한 상황이 이행불능에 해당하는가를 판단하기 쉽지 않은 경우가 많을 것이다. 때로 사정변경과의 구별도 쉽지 않다. ILC 논의에서는 이 조항과 사정변경에 관한 조항을 하나로 합치자는 제안도 있었으나, 양자가 법적으로 다른 상황이라는 이유에서 분리안이 유지되었다.

이 조항이 불가결한 "대상(object)"이라고 표현한 이유는 제도적인 이유로 이행불능에 빠진 경우는 적용범위에 포함시키지 않는다는 의미로 해석된다. 즉 물리적 대상으로 한정하려는 의도였다.

비엔나 회의에서 재정적 어려움으로 인한 지불불능 상황도 이에 포함시키자는 제안은 지지를 받지 못했다. 예를 들어 국가가 조약을 통해 외채를 도입했는데 경제운영이 잘못되어 약속된 대외채무를 변제할 수 없는 상황이라면 후발적 이행불능으로 조약 종료사유는 될 수 없다. 다만 상황에 따라 국가책임법상 위법성 조각사유인 불가항력에는 해당할 수 있다. 조약 의무를 이행할 국가가 소멸해 버린 경우도 이행불능 상황이라고 할 수 있지만 이는 국가승계의 문제로 된다(제73조 참조).

"불가결한(indispensable)"이란 무슨 의미일까? 이는 소멸되거나 파괴된 대상이 조약 이행에 필수적이고, 절대적으로 필요함을 의미한다. 단순히 조약 이행에 바람직하거나 유용한 정도는 이에 해당하지 않는다. 특히 조약 이행과 그 대상 간에 직접적인 인과관계가 인정될 수 있어야 한다.[58)]

국제재판에서 후발적 이행불능을 이유로 조약 종료가 인정된 실제 사례는 찾기 어렵다. PCIJ 시절 2건의 사건에서 후발적 이행불능이 주장되었으나 재판부는 모두 인정하지 않았다.[59)] 아래 ICJ의 Gabčíkovo-Nagymaros Project 사건에서도 헝가리가 후발적 이행불능을 주장했으나, 재판부는 이를 받아들이지 않았다.

비엔나 협약은 국제의무를 위반함으로써 이행불능을 야기한 국가는 이 사유를 원용할 수 없다고 규정하고 있다(제61조 2항). 예를 들어 국경하천에 건설된 댐을 통한 수력발전을 위해 상호 하천 수량보호 조항을 포함한 협정을 체결했음에도 불구하고, 한 당사국이 상류의 물을 비밀리에 자국 농업용수로 빼돌려 더 이상 발전을 할 수 없게 되었다고 가정하자. 이 경우 수량고갈의 유책국은 후발적 이행불능

58) M. Villiger, Commentary, pp.756－757.

59) Case concerning the Payment of Various Serbian Loans Issued in France (France v. Yugoslavia), PCIJ Reports Series A No.20(1929): Case concerning the Payment in Gold of Brazilian Federal Loans Contracted in France (France v. Brazil), PCIJ Reports Series A No.21 (1929).

에 의한 조약 종료를 주장할 수 없다.60) 그러나 아무리 일방 당사국의 유책행위에서 비롯된 이행불능일지라도 돌이킬 수 없을 정도로 불능상태가 이미 확정되었다면 제2항은 별다른 의미를 지닐 수 없다. 어차피 의무를 더 이상 이행할 수 없기 때문이다. 그러한 상황은 원인유발국의 국가책임의 문제로 취급될 수밖에 없다.

후발적 이행불능은 반드시 대상의 영구적 소멸이나 파괴를 원인으로만 발생할까? 예를 들어 양국간 외교관계가 단절되면 일정한 조약은 대상의 영구적 소멸이나 파괴가 없이도 이행불능 상태에 빠질 수 있다(제63조 참조).

한편 이행불능이 일시적인 경우에는 조약의 시행을 정지시킬 수 있다(제61조 1항 2문). 1982년 영국과 아르헨티나간의 포클랜드 전쟁 때 영국이 아르헨티나 포로를 수용하기 위한 텐트를 수송하고 가던 배가 격침당했다. 1949년 포로대우에 관한 제네바 제3협약 제22조는 포로가 육지 수용소에만 억류될 수 있다고 규정하고 있어서 선박 수용이 금지되어 있다. 텐트를 실은 다음 배가 오기 전까지 이 규정을 이행할 방법이 없었던 영국은 국제적십사위원회 측과 협의한 끝에 약 1만명에 이르는 아르헨티나 포로를 우선 영국 선박에 수용했다. 이 방법이 포로를 추운 날씨에 육지에서 노숙시키기 보다는 나았기 때문이다. 일종의 일시적 이행불능으로 인한 제네바 협약 조항의 시행정지 사례였다.61)

▶판례: 재정적 어려움과 후발적 이행불능(부정)

Gabčíkovo-Nagymaros Project (Hungary/Slovakia), 1997 ICJ Reports 7.

"102. Hungary also relied on the principle of the impossibility of performance as reflected in Article 61 of the Vienna Convention on the Law of Treaties. Hungary's interpretation of the wording of Article 61 is, however, not in conformity with the terms of that Article, nor with the intentions of the Diplomatic Conference which adopted the Convention. Article 61, paragraph 1, requires the "permanent disappearance or destruction of an object indispensable for the execution" of the treaty to justify the termination of a treaty on grounds of impossibility of performance. During the conference, a proposal was made to extend the scope of the article by including in it cases such as the impossibility to make certain payments because of serious financial difficulties ([…]). Although it was recognized that such situations could lead to a preclusion of the wrongfulness of non-performance by a

60) J. Klabbers(전게주 48), pp.69－70.

61) A. Aust, Treaty Law, p.262.

party of its treaty obligations, the participating States were not prepared to consider such situations to be a ground for terminating or suspending a treaty, and preferred to limit themselves to a narrower concept.

103. Hungary contended that the essential object of the Treaty – an economic joint investment which was consistent with environmental protection and which was operated by the two contracting parties jointly - had permanently disappeared and that the Treaty had thus become impossible to perform. It is not necessary for the Court to determine whether the term "object" in Article 61 can also be understood to embrace a legal régime as in any event, even if that were the case, it would have to conclude that in this instance that régime had not definitively ceased to exist. The 1977 Treaty - and in particular its Articles 15, 19 and 20 - actually made available to the parties the necessary means to proceed at any time, by negotiation, to the required readjustments between economic imperatives and ecological imperatives. The Court would add that, if the joint exploitation of the investment was no longer possible, this was originally because Hungary did not carry out most of the works for which it was responsible under the 1977 Treaty; Article 61, paragraph 2, of the Vienna Convention expressly provides that impossibility of performance may not be invoked for the termination of a treaty by a party to that treaty when it results from that party's own breach of an obligation flowing from that treaty."

8. 사정변경

가. 의 의

비엔나 협약 제62조는 조약을 체결할 당시에 비해 근본적 사정변경(fundamental change of circumtances)이 있을 경우, 이를 조약의 종료 또는 탈퇴사유로 원용할 수 있다고 규정하고 있다(*rebus sic stantibus*). 경우에 따라서 시행정지의 사유로 원용할 수도 있다. 조약 체결의 전제가 되는 사정이 근본적으로 변했다면 조약의 계속적 이행의 요구가 오히려 불합리한 경우가 있을 수 있기 때문이다.

사정변경의 원칙은 서양의 교회법(또는 로마법)에서 유래하는 내용으로 각국의 사법(私法) 분야에서는 이미 오래 전에 잘 확립된 원칙의 하나였다. 사법의 이 원리를 근대 국제법 속으로 도입시킨 학자는 Gentili였다. 그는 조약의 체결시 예견할 수 없던 변화로 인해 조건이 변경된다면 조약은 이행되지 않아도 된다고 보았다. 이 이론의 지지자들은 기존 조건의 지속이 조약을 유지하기 위한 암묵의 조건이며, 상황이 변하면 조약도 종료된다는 묵시적 의사 속에서 조약을 체결한다고 주장했다. 그러나 Grotius와 Pufendorf는 사정변경원칙의 인정에 엄격한 입장을 취했다. 반면 Vattel은 약속의 성립에 필수적이던 사정이 변경된다면, 그 같은 사정변경은 약속의 준수의무를 면제시켜 준다고 주장했다.[62] 이후 학계에서는 이의 지지론이 다수를 이루었다. 국제관계에서는 흑해 중립화를 규정한 1856년 파리 조약을 철갑선의 등장이라는 사정변경을 근거로 1870년 러시아가 폐기를 주장함으로써 이 원칙이 크게 주목받았다.

러시아가 사정변경을 이유로 1856년 파리 조약의 폐기를 선언하자, 새로운 협상 끝에 이를 대체하는 1871년 런던 조약이 채택되었지만 다른 당사국들이 러시아의 일방적 조약 폐기권을 인정한 결과는 아니었다. 실제 어떠한 요건 하에서 사정변경원칙이 적용될 수 있는가에 대한 판단기준은 찾기 어려웠다. 원칙의 존재를 인정해도 세부적인 내용에 있어서는 이해의 차이가 적지 않았으며, 반대론 역시 만만치 않았다. 사실 제1차 대전 이후 상당수의 국가들이 변화된 정세를 바탕으로 사정변경 원칙을 원용하며 자신에게 불리한 구 조약의 종료를 주장했다. 국제연맹 규약 제19조는 시간의 경과에 따라 조약의 적용이 불가능해지면 당사국들은 재협의를 해야 한다는 원칙을 수용했으나, 이는 일방적 폐기권을 인정했다기보다 합의를 통한 변경을 의미했다. 1935년 Harvard 초안 제28조는 조약 체결의 기초사실이 본질적으로 변경된 경우 국제재판소나 권한 있는 국제기관에 의해 이행 중지가 결정될 수 있다고 규정했다. 즉 Harvard 초안 역시 사정변경을 주장하는 당사자에 의한 일방적 이행 중지는 인정하지 않았다.

나. 적용요건

이러한 배경 하에서 만들어진 비엔나 협약 제62조는 사정변경에 따른 변화의 필요성을 수용하는 한편 조약 운영의 안정성 역시 조화시키기 위한 노력의 산물이다. 원칙을 인정하면서도 실제 적용에 있어서는 여러 가지 제한을 가하고 있다. 우선 부정형의 문장 구조(may not be invoked … unless)부터가 이의 원용 성공을 어렵게 한다. 내용면에서도 매우 한정적인 조건 아래서만 이를 원용할 수 있도록 규정하고 있다. 실제 그러한 조건이 발생했다고 해도 조약이 자동적으로 종료되지는 않으며, 당사국에게 종료를 주장할 수 있는 권리를 부여할 뿐이다. 협약상 사정변

62) I. Sinclair, Vienna Convention, p.192.

경 원칙에 따른 조약 종료는 다음 모든 사정이 갖추어진 경우에만 주장할 수 있다.

첫째, 당사국의 기속적 동의의 필수적 기초(essential basis)를 구성하는 사정의 변경이 있어야 한다. 즉 조약 당사국이 체결 당시에 존재하던 일정한 사정의 사후 변경을 예상했었다면 처음부터 그런 조약을 체결하지 않았거나, 크게 다른 내용으로 체결했으리라는 점을 전제로 한다. 사실 대부분의 조약 체결시 당사국들이 관련 사정을 일일이 검토하고 향후 이의 변화 가능성까지 진지하게 고려해서 결론내지 않는다. 여기서는 만약 이후의 사정변경을 당사국이 알았더라면 과연 그러한 조약을 체결했을까 여부가 중요하다.[63] 이에 대한 판단은 사정변경을 주장하는 당사국의 주관적 평가가 아니라, 전반적인 사정을 고려한 객관적 평가에 근거해야 한다.

둘째, 사정변경이 조약상 의무범위를 급격하게(radically) 변화시켜야 한다.[64] 의무 범위의 급격한 변화란 원래의 약속과는 근본적으로 다른 정도로 의무 이행의 부담을 증가시킴을 의미한다.[65] "may not … unless"라는 형식의 문구는 이 원칙의 예외적 성격을 강조하고 있다. 단순한 당사국의 정책변경은 조약을 종료시킬 수 있는 사정변경에 해당하지 아니한다. Gabčíkovo-Nagymaros Project 사건(1997)에서 헝가리는 사회주의 경제체제의 변화와 환경적 재앙의 인식 등에 따른 사정변경을 이유로 1977년 협정의 종료를 주장했으나,[66] ICJ는 그것이 사정변경의 원칙이 적용될 정도의 사안은 아니라고 판단했다.[67]

셋째, 사정변경이 당사국들은 예견하지 못한(was not foreseen by parties) 내용이어야 한다. 그러한 사정을 알았다면 다른 내용의 조약을 체결했을 것이 명백한 경우 예견이 불가능했다고 할 수 있다. 당사국이 예상한 변경이라면 사정변경 원칙이 적용을 주장할 수 없다. 러시아가 흑해 중립화를 규정한 1856년 파리 조약의 폐기를 주장하며 제시한 근거는 알지도 못했고 예견할 수도 없었던 철갑선의 출현으로 해군력의 불평등이 심화되었다는 이유였다.

넷째, 사정변경 원칙은 장래에 대한 의무(obligations still to be performed)의 이행을 종료시킬 수 있다는 의미이므로 계속적 의무관계를 포함하는 조약에 대해서

---

63) M. Villiger, Commemtary, p.774.

64) 경우에 따라서 당사국은 사정변경을 단지 조약의 시행을 정지시키기 위한 사유로만 원용할 수도 있다(제3항).

65) Fisheries Jurisdiction(Jurisdiction of the Court) (U.K. v. Iceland), 1973 ICJ Reports 3, para.43.

66) Gabčíkovo-Nagymaros Project, 1997 ICJ Reports 7, para.95.

67) 상동, para.105.

만 적용될 수 있다. 즉 사정변경을 이유로 이미 이행이 종료된 과거의 조약 내용을 돌이킬 수는 없다. 그렇다고 하여 이 원칙이 반드시 종료조항이 없는 조약이나 무기한 존속을 예정한 조약에만 적용되지는 않는다.

한편 협약은 사정변경을 원용할 수 없는 2가지 상황을 규정하고 있다(제2항). 첫째, 국경설정조약에 대하여는 이 원칙을 원용할 수 없다(가호). 심의과정에서 이 조항은 자결권과 모순될 수 있다는 주장이 제기되었으나, 국경설정 조약에 대해서는 사정변경원칙을 예외 없이 배제시키자는 원안이 고수되었다. 국제질서의 안정을 위한 현실적 선택이었다. 아프가니스탄, 모로코, 오만 등은 불평등하고 불법적인 조약과 자결권에 위배되는 조약에 대해서는 이 조항의 적용을 배제한다는 취지의 유보를 첨부했고, 아르헨티나 · 알제리 · 미국 등은 이에 대한 반대를 표명했다.[68] 여기서의 경계는 육지 국경만을 의미하는가? 아니면 해양경계도 포함하는 개념인가? 비엔나 협약은 특별히 육상경계만을 지칭하지 않고 단순히 "경계(boundary)"라고만 표현하고 있고 해양경계 역시 이러한 규칙이 적용될 필요성에서 차이가 없다는 사실을 감안하면 해양경계를 포함한 모든 경계라고 판단된다.

해수면 상승으로 기존 해양경계획정 조약의 기초가 되었던 지형이 크게 변하면 사정변경원칙에 의한 조약 종료를 주장할 수 있는가? 예를 들어 섬의 수몰과 같은 특별한 사정이 발생하면 해양법협약에 맞춘 새로운 조약의 체결을 주장할 수 있는가? ILC가 "국제법에 관한 해수면 상승"에 관해 2020년 발표한 첫 번째 쟁점 보고서는 법적 안정성, 안전, 확실성, 예측가능성 등을 확보하기 위해 협약이나 판결을 통해 확정된 기존 해양경계를 보존할 필요가 있으며, 해수면 상승이 비엔나 협약상 사정변경원칙의 적용 근거가 될 수 없다고 제시했다.[69] 한편 2014년의 한 중재판정 역시 기후변화와 이의 영향이 국가간 합의나 국제재판을 통해 확정된 해양경계를 위험에 빠뜨리지 않으리라는 견해를 피력한 바 있다.[70] 해수면 상승이

---

68) 이 점에 관한 상세는 Shaw & Fournet, Article 62, in O. Corten & P. Klein, Commentary, pp.1422－1424.

69) First issues paper by Bogdan Aurescu and Nilüfer Oral, Co－Chairs of the Study Group on sea－level rise in relation to international law. UN Doc. A/CN.4/740(2020), para.141.

70) "216. The Tribunal notes that maritime delimitations, like land boundaries, must be stable and definitive to ensure a peaceful relationship between the States concerned in the long term. As the International Court of Justice noted in its decision in the *Temple of Preah Vihear* case, "[i]n general, when two countries establish a frontier between them, one of the primary objects is to achieve stability and finality" ([· · ·]). The same consideration applies to

아직 이 같은 효과를 발휘할 수준으로 진행되지는 않았기 때문에 이러한 문제가 본격적으로 제기된 바는 없다.

둘째, 사정변경이 이를 원용하려는 국가의 의무위반에서 비롯된 경우, 그에 책임이 있는 국가는 이를 원용할 수 없다(나호). 이는 자신의 잘못된 행위로 혜택을 받을 수 없다는 법의 일반원칙이 적용된 결과로서 신의칙에 부합된다.

중대한 사정변경이 발생하면 이후 언제라도 일방 당사국은 사정변경원칙의 적용을 주장할 수 있는가? 비엔나 협약에는 주장의 시한이 특별히 언급되어 있지 않다. ILC의 협약 초안 주석서는 PCIJ의 Free Zones case에서 스위스측은 프랑스 정부가 사정변경을 알고도 불합리할 정도로 오랜 기간 이를 주장하지 않았음을 지적하고, 재판부가 이러한 스위스측 주장을 지지하였음을 지적했다.[71] 아무리 중대한 사정의 변경이라도 변경된 사정을 장기간 방치했다면 새로운 사정에 대한 묵인이 될 수 있다. 어느 정도의 기간이 지나면 사정변경원칙의 적용을 주장할 수 없을 정도가 되는가는 신의칙에 따라 해석해야 한다.

비엔나 협약은 제65조 이하에서 조약의 종료나 정지사유를 원용하는 절차를 규정하고 있다. 최소한 3개월 이상의 유예기간을 두고 서면으로 이를 통지해야 하며, 상대방의 이의가 제기되면 12개월의 기간을 두고 분쟁해결절차를 밟아야 한다. 다만 이 같은 절차가 관습국제법적 요건은 아니므로 협약의 비당사국은 적용받지 않는다.

한편 사정변경이 있어도 다음과 같은 경우에는 상대국이 조약의 종료 또는 정지사유를 원용할 권리를 상실한다. 즉 1) 해당 조약이 유효하다거나 계속 효력이 있다거나, 계속 시행된다는 점에 그 국가가 명시적으로 동의한 경우, 2) 그 국가의 행동으로 보아 조약의 유효성이나 시행의 존속을 묵인했다고 간주되어야 하는 경우(제45조).

---

maritime boundaries.

217. In the view of the Tribunal, neither the prospect of climate change nor its possible effects can jeopardize the large number of settled maritime boundaries throughout the world. This applies equally to maritime boundaries agreed between States and to those established through international adjudication." In the Matter of the Bay of Bengal Maritime Boundary Arbitration between Bangladesh and India(2014).

71) ILC Final Draft Articles and Commentary(1966), Article 59, para.4.

다. 적용사례

오늘날의 국제관계에서 사정변경을 이유로 조약의 종료나 정지를 주장한 사례는 종종 만나게 된다. 예를 들어 1982년 수리남 정부가 군사 쿠테타로 붕괴되고 인권침해사태가 발생하자, 네덜란드 정부는 사정의 근본적 변경을 이유로 이미 합의된 개발원조협정의 이행을 중단했다.72) 1972년 미소가 체결한 ABM 조약에는 만약 이 조약의 대상과 관련된 특별한 사건이 국익을 위협한다고 판단되면 국가주권의 행사로서 조약을 탈퇴할 수 있다는 규정이 있었다(제15조 2항). 2001년 부시 대통령은 미국이 냉전시대와는 전혀 다른 형태의 위협에 직면하는 등 국가안보에 영향을 주는 사정이 근본적으로 변했음에도 불구하고, ABM 조약은 국가안보를 일반적으로 해치는 조건을 부과하고 있다고 주장하며 이 조약의 폐기를 선언했다. 이 경우 미국은 조약 제15조 2항에 규정된 권리를 행사했으나, 그 내용은 사정변경을 이유로 했다.73) 당시 러시아는 조약 폐기에 반대했었다. 과연 냉전 종식과 불량국가의 위협 등이 예견되지 못한 사정의 근본적 변경이 될 수 있는지는 의문이나, 이를 객관적으로 판정할 방법은 없었다.

국제재판소 역시 이 원칙의 존재 자체는 부인하지 않으나, 실제 이를 적용해 기존 조약의 무효를 선언한 국제판례는 찾기 쉽지 않다. ICJ는 비엔나 협약이 발효되기 전에도 사정변경에 관한 제62조가 관습국제법의 표현이라고 평가했으나,74) 실제 적용은 오직 예외적인 경우에만 가능하다고 보았다.75) 그런 점에서 다음의 판정은 예외적이다.

유고 내전과 이에 따른 국가분열 사태가 발생하자 EEC는 1991년 11월 11일 EEC – 유고사회주의연방공화국 협력협정(1980)에 규정된 무역특혜를 정지하는 내용의 Council Regulation No. 3300/91을 발령했다. 그 결과 유고연방산 포도주의 독일로의 수입관세가 인상되자, 이에 관한 분쟁이 독일 법정에 제소되었다. 유럽사법재판소(ECJ)는 이에 관한 선결적 판정(Preliminary Ruling)에서 EEC의 조약 적용 정지 조치는 사정변경의 원칙에 비추어 볼 때 명백한 잘못(manifest error of assessment)은

---

72) M. Villiger, Commentary, p.772.

73) M. Fitzmaurice, Exceptional Circumstances and Treaty Commitments, in D. Hollis, Oxford Guide 2nd, pp.609–610.

74) Fisheries Jurisdiction case(Jurisdiction of the Court) (U.K. v. Iceland), 1973 ICJ Reports 3, para.36.

75) Gabcikovo–Nagymaros Project (Hungary/Slovakia), 1997 ICJ Reports 7, para.104.

아니라고 판단해 이의 효력을 지지했다. 즉 유고 연방과의 평화관계가 더 이상 존재하지 않고, 유고 연방이 여러 국가로 분열된 상황에서는 1980년 협정상의 특혜가 계속 주어질 필요가 없다고 판단했다.[76] 다만 이 판결은 사정변경원칙을 적용하여 직접 조약 종료를 인정한 사례가 아니라, EC 각료위원회 결정의 위법성 판단에 불과했으므로 사정변경 인정에 좀 더 관대할 수 있었으리라 보인다. 비엔나 협약 제73조는 국가간 적대행위의 발발은 협약의 적용을 배제한다고 규정하고 있으나, 이 사건은 무력분쟁으로 인한 변화가 사정변경에 해당할 수 있음을 암시해 준다.[77]

한편 이란-미국 청구권재판소(the Iran-United States Claims Tribunal)의 한 판결은 사정변경원칙을 보다 적극적으로 인정했다.[78] 다만 이 판결은 조약이 아닌 계약을 대상으로 하는 사건이라는 점에 유의해야 한다.

이 사건의 원고는 이란 국방부와 전력증강 사업계약을 맺었던 미국 회사였는데 1978-79년의 이란 혁명으로 사업이 진행되지 못했다. 이란측은 1979년 후반 계약 종료를 통지했다. 원고는 혁명 상황이 정리된 이후에는 계약을 이행해야 한다고 주장하며, 계약 위반에 따른 손해배상을 청구했다. 피고인 이란 국방부는 혁명으로 인해 사정이 근본적으로 변경되었기 때문에 양자간 계약은 종료되었다고 주장하며, 일방적 파기의 책임을 부인했다. 재판부는 이란 혁명으로 인한 정치·외교적 변화라는 사정변경이 피고에게 계약 종료를 주장할 권리를 부여했다고 판단했다.

> "The fundamental changes in the political conditions as a consequence of the Revolution in Iran, the different attitude of the new Government and the new foreign policy especially towards the United States which had considerable support in large sections of the people, the drastically changed significance of highly sensitive military contracts […] especially those to which United States companies were parties, are all factors that brought about such a change of circumstances as to give the Respondent a right to terminate the Contract."[79]

---

76) Racke GmbH & Co. v. Hauptzollamt Mainz, ECJ Case C-162/96(1998). 본서, pp.353-354 수록.

77) M. Fitzmaurice(전게주 73), p.608.

78) Questech, Inc. v. Ministry of National Defense of the Islamic Republic of Iran, Iran- U.S. Claims Tribunal, AWD 191-59-1(1985). M. Leich ed., Judicial Decisions, AJIL Vol.80, No.2 (1986), pp.362-364에 내용 수록.

79) M. Leich(상게주), p.363에서 인용.

이어 재판부는 계약 종료 전까지 이행부분에 대한 경비와 계약 종료로 인한 직접적인 손해만은 피고가 배상하라고 판결했다. 그러나 장래의 일실이익에 대한 부분은 배상에서 제외하였다. 이 판결에 대해서는 사정변경원칙의 적용 요건에 부합하지 않으며, 차라리 협약 제56조를 유추해 계약의 성격상 일방적 폐기권이 묵시되어 있는 합의로 간주해 이란의 폐기권을 인정함이 타당하지 않았는가라는 문제제기도 있었다.[80)]

사정변경의 적용은 때로 협약 제61조 후발적 이행불능과 구별이 쉽지 않다. 조약 이행의 불가결한 대상의 영구적 소멸이나 파괴 등은 바로 제62조가 규정하고 있는 사정의 근본적 변경에 해당한다고 볼 수 있기 때문이다. ILC 논의과정에서도 양자의 구별이 명확하지 않으므로 두 개의 조문을 하나로 합치자는 제안이 있었다. 그러나 ILC는 비록 양자가 중복적인 성격이 없지는 않으나, 양자는 조약 종료에 관한 별도의 근거로서 분리시키는 방안이 옳다고 판단했다.[81)] 협약 제61조(후발적 이행불능)가 조약 이행이 현실적으로 전혀 불가능해 진 경우를 다룬다면, 제62조는 불가능까지는 아니더라도 더 이상의 조약 이행이 바람직하지 않거나 합리적으로 기대하기 어려운 경우를 다룬다.[82)] 자연 국제관계에서 이행불능보다는 사정변경에 의한 조약의 종료나 폐기가 훨씬 더 자주 주장되었다.

결론적으로 이 원칙은 자주 원용된다면 국제관계를 불안정하게 만들게 된다. 그러나 국제사회에서 새로운 합의를 통해서만 기존 조약이 변경될 수 있다고 한다면, 합의가 쉽지 않을 때 일방 국가는 법의 바깥에서, 즉 힘을 통한 변경을 시도할 가능성이 있다. 그런 의미에서 사정변경의 원칙은 국제관계에서 과열된 보일러의 폭발을 막는 안전장치와 같은 역할을 하게 된다. 다만 사정변경은 국제법상 일종의 예외적 상황이므로 국가에 의해 조심스럽게 원용되어야 하며, 재판소에서도 신중히 다루어지고 있다. 한편 실제 사법적 사례가 적어 이에 관한 여러 이론적 연구는 가정적인 상황에 불과하다는 한계를 지닌다.[83)]

80) M. Leich(전게주 78), p.365.

81) ILC Final Draft Article and Commentary on the Law of Treaties(1966), Article 58, para.1.

82) 그런 의미에서 후발적 이행불능을 사정변경의 특수한 한 형태로 보기도 한다.

83) M. Fitzmaurice(전게주 73), p.612.

▶판례: 사정변경원칙의 적용(부정)

Fisheries Jurisdiction(Jurisdiction of the Court) Case (U.K. v. Iceland), 1973 ICJ Reports 3.

[1961년 영국과 아이슬란드는 12해리 배타적 어업수역을 인정하는 교환공문에 합의했다. 국제적으로 연안국의 해양관할권이 확대되는 추세를 보이자, 1972년 아이슬란드는 자국 어업수역을 50해리로 확대하는 일방적 조치를 발령했다. 1961년 합의에는 향후 어업수역 확장에 관한 분쟁이 발생하면 이를 ICJ에 회부한다는 분쟁해결조항이 포함되어 있었다. 이를 근거로 영국 등은 아이슬란드를 ICJ에 제소했다. 그러나 아이슬란드는 어로기술의 발달에 따른 자국 근해의 어족자원에 대한 지속적 남획이라는 사정변경으로 인해 1961년 교환공문은 종료되었으며, 따라서 교환공문상의 분쟁해결조항도 적용될 수 없다고 주장했다. 그러나 ICJ는 관할권 존부에 관한 다음의 판결에서 이 같은 아이슬란드의 주장을 배척했다.]

"36. In these statements the Government of Iceland is basing itself on the principle of termination of a treaty by reason of change of circumstances. International law admits that a fundamental change in the circumstances which determined the parties to accept a treaty, if it has resulted in a radical transformation of the extent of the obligations imposed by it, may, under certain conditions, afford the party affected a ground for invoking the termination or suspension of the treaty. This principle, and the conditions and exceptions to which it is subject, have been embodied in Article 62 of the Vienna Convention on the Law of Treaties, which may in many respects be considered as a codification of existing customary law on the subject of the termination of a treaty relationship on account of change of circumstances. […]

40. The Court, at the present stage of the proceedings, does not need to pronounce on this question of fact, as to which there appears to be a serious divergence of views between the two Governments. If, as contended by Iceland, there have been any fundamental changes in fishing techniques in the waters around Iceland, those changes might be relevant for the decision on the merits of the dispute, and the Court might need to examine the contention at that stage, together with any other arguments that Iceland might advance in support of the validity of the extension of its fisheries jurisdiction beyond what was agreed to in the 1961 Exchange of Notes. But the alleged changes could not affect in the least the obligation to submit to the Court's jurisdiction, which is the only issue at the present stage of the proceedings. It follows that the apprehended dangers for the vital interests of Iceland, resulting from changes in fishing techniques, cannot constitute a fundamental change with respect to the lapse or subsistence of the

compromissory clause establishing the Court's jurisdiction. [···]

43. Moreover, in order that a change of circumstances may give rise to a ground for invoking the termination of a treaty it is also necessary that it should have resulted in a radical transformation of the extent of the obligations still to be performed. The change must have increased the burden of the obligations to be executed to the extent of rendering the performance something essentially different from that originally undertaken. In respect of the obligation with which the Court is here concerned, this condition is wholly unsatisfied; the change of circumstances alleged by Iceland cannot be said to have transformed radically the extent of the jurisdictional obligation which is imposed in the 1961 Exchange of Notes. The compromissory clause enabled either of the parties to submit to the Court any dispute between them relating to an extension of Icelandic fisheries jurisdiction in the waters above its continental shelf beyond the 12-mile limit. The present dispute is exactly of the character anticipated in the compromissory clause of the Exchange of Notes. Not only has the jurisdictional obligation not been radically transformed in its extent; it has remained precisely what it was in 1961."

▶판례: 사정변경원칙의 적용(부정)

Gabcikovo-Nagymaros Project (Hungary/Slovakia), 1997 ICJ Reports 7.

[헝가리는 1977년 조약 체결 이후 사회주의체제가 시장경제체제로 변화했고, 이에 따라 댐 건설의 경제성이 없어진 점과 환경보호 문제의 대두 등을 조약을 종료시킬 수 있는 사정변경에 해당한다고 주장했으나, 재판부는 이를 받아들이지 않았다.]

"95. As to "fundamental change of circumstances", Hungary relied on Article 62 of the Vienna Convention on the Law of Treaties [···].

Hungary identified a number of "substantive elements" present at the conclusion of the 1977 Treaty which it said had changed fundamentally by the date of notification of termination. These included the notion of "socialist integration," for which the Treaty had originally been a "vehicle," but which subsequently disappeared; the "single and indivisible operational system," which was to be replaced by a unilateral scheme; the fact that the basis of the planned joint investment had been overturned by the sudden emergence of both States into a market economy; the attitude of Czechoslovakia which had turned the "framework treaty" into an "immutable norm"; and, finally, the transformation of a treaty consistent with environmental protection into "a prescription for environmental disaster."

Slovakia, for its part, contended that the changes identified by Hungary had not altered the nature of the obligations under the Treaty from those originally undertaken, so that no entitlement to terminate it arose from them. […]

104. Hungary further argued that it was entitled to invoke a number of events which, cumulatively, would have constituted a fundamental change of circumstances. In this respect it specified profound changes of a political nature, the Project's diminishing economic viability, the progress of environmental knowledge and the development of new norms and prescriptions of international environmental law ([…]).

The Court recalls that, in the Fisheries Jurisdiction case, it stated that

"Article 62 of the Vienna Convention on the Law of Treaties, . . . may in many respects be considered as a codification of existing customary law on the subject of the termination of a treaty relationship on account of change of circumstances" (I. C. J. Reports 1973, p.63, para.36).

The prevailing political situation was certainly relevant for the conclusion of the 1977 Treaty. But the Court will recall that the Treaty provided for a joint investment programme for the production of energy, the control of floods and the improvement of navigation on the Danube. In the Court's view, the prevalent political conditions were thus not so closely linked to the object and purpose of the Treaty that they constituted an essential basis of the consent of the parties and, in changing, radically altered the extent of the obligations still to be performed. The same holds good for the economic system in force at the time of the conclusion of the 1977 Treaty. Besides, even though the estimated profitability of the Project might have appeared less in 1992 than in 1977, it does not appear from the record before the Court that it was bound to diminish to such an extent that the treaty obligations of the parties would have been radically transformed as a result.

The Court does not consider that new developments in the state of environmental knowledge and of environmental law can be said to have been completely unforeseen. What is more, the formulation of Articles 15, 19 and 20, designed to accommodate change, made it possible for the parties to take account of such developments and to apply them when implementing those treaty provisions.

The changed circumstances advanced by Hungary are, in the Court's view, not of such a nature, either individually or collectively, that their effect would radically transform the extent of the obligations still to be performed in order to accomplish the Project. A fundamental change of circumstances must have been unforeseen; the existence of the circumstances at the time of the Treaty's conclusion must have constituted an essential basis of the consent of the parties to be bound by the Treaty. The negative and conditional wording of Article 62 of the Vienna Convention on the Law of Treaties is a clear indication moreover that the stability of treaty relations requires that the plea of fundamental change of circumstances be applied only in exceptional cases."

▶ 판례: 사정변경원칙의 적용(긍정)

Racke GmbH & Co. v. Hauptzollamt Mainz, European Court of Justice Case C-162/96(1998).

[유고 내전과 국가분열 사태가 발생하자 EEC는 1991.11.11. EEC－유고사회주의 연방공화국 협력협정(1980)에 규정된 무역특혜를 정지하는 내용의 Council Regulation No. 3300/91을 발령했다. 이로 인해 유고연방산 포도주를 독일로 수입하는데 따른 관세에 관한 분쟁이 발생했다. 재판부는 EEC의 조치가 사정변경원칙의 적용에 의해 합법화 될 수 있다고 긍정했다.]

"53. For it to be possible to contemplate the termination or suspension of an agreement by reason of a fundamental change of circumstances, customary international law, as codified in Article 62(1) of the Vienna Convention, lays down two conditions. First, the existence of those circumstances must have constituted an essential basis of the consent of the parties to be bound by the treaty; secondly, that change must have had the effect of radically transforming the extent of the obligations still to be performed under the treaty.

54. Concerning the first condition, the preamble to the Cooperation Agreement States that the contracting parties are resolved 'to promote the development and diversification of economic, financial and trade cooperation in order to foster a better balance and an improvement in the structure of their trade and expand its volume and to improve the welfare of their populations' and that they are conscious 'of the need to take into account the significance of the new situation created by the enlargement of the Community for the organisation of more harmonious economic and trade relations between the Community and the Socialist Federal Republic of Yugoslavia.' Pursuant to those considerations, Article 1 of the Agreement provides that its object 'is to promote overall cooperation between the contracting parties with a view to contributing to the economic and social development of the Socialist Federal Republic of Yugoslavia and helping to strengthen relations between the parties.'

55. In view of such a wide-ranging objective, the maintenance of a situation of Peace in Yugoslavia, indispensable for neighbourly relations, and the existence of institutions capable of ensuring implementation of the cooperation envisaged by the Agreement throughout the territory of Yugoslavia constituted an essential condition for initiating and pursuing that cooperation.

56. Regarding the second condition, it does not appear that, by holding in the second recital in the preamble to the disputed regulation that 'the pursuit of hostilities and their consequences on economic and trade relations, both between the

Republics of Yugoslavia and with the Community, constitute a radical change in the conditions under which the Cooperation Agreement between the European Economic Community and the Socialist Federal Republic of Yugoslavia and its Protocols ... were concluded' and that 'they call into question the application of such Agreements and Protocols,' the Council made a manifest error of assessment. […]

60. Examination of the first question has thus disclosed no factor of such a kind as to affect the validity of the suspending regulation."

검 토

1. 다음은 (가) 1992년 4월 26일자 동아일보 1면 (나) 1992년 4월 27일자 동아일보 22면에 실린 기사 내용이다. 다음의 지적과 사정변경의 원칙이 1965년「한일 청구권협정」에 적용될 수 있는가 검토해 보라. 단 다음 기사에서 지적된 법무부 의견서는 최종적인 공식 견해가 아니었으며 내부 검토단계에서 작성된 초안에 불과했다.

(가) "일제시대 여자정신대로 동원된 당사자와 유족들에 대한 피해보상을 우리 정부가 일본 정부에 직접 요구해야 한다는 법무부의 의견서가 나왔다. 정신대피해가 다시 거론되기 시작한 1월부터 정부의 대일 배상청구권 문제를 법이론적으로 검토해 온 법무부는 25일 정부차원의 배상청구가 가능하며 필요하다는 내용의 의견서를 작성, 관련부처로 구성된 정부의 정신대문제 실무대책반에 최근 보고했다고 밝혔다. 법무부는 의견서에서 한일협정이 대일 청구권문제의 해결을 포괄적으로 규정하고 있으나 정신대 동원은 지극히 잔학한 반인륜적 범죄이며 피해자도 광범위하다고 지적하고 한일협정 당시 예상치 못한 중대한 사정변경 사항이 발생한만큼 시효에 구애받을 필요가 없으며 국제법상의「사정변경 원칙」에 따라 정부가 법적해결을 요구해야 한다고 밝혔다. 의견서는 또 조선총독부령인「여자정신근로령」이 새로 발견되는 등 일본정부가 정신대 동원에 직접 관여한 증거가 드러난 이상 한일협정의 포괄성에도 불구하고 국제법상 사정변경 원칙에 따라 손해배상문제는 법적으로 재론이 가능하므로 별도 협상으로 해결해야 한다고 지적하고 있다."

(나) "법무부의 의견은「65년에 체결된 한일협정으로 양국간의 모든 배상문제가 종결돼 이 문제를 다시 제기하기 어렵다」는 종래의 양국 정부 입장을 뒤집은 것으로 크게 주목된다. 법무부의 입장은 한마디로 정신대문제는 국제법상의「중대한 사정변경 원칙」에 해당되므로 65년 한일협정에도 불구, 이 문제의 법적 재론이 가능하며 따라서 일본 정부와 별도의 협상으로 해결하겠다는 의지를 표명한 것이다. 즉 정신대 동원은「지극히 잔학한 반인륜적 행위」로 피해자가 10만여 명으로 추산되는 등 대상자가 광범위해 한일협정 당시 이 사실이 알려졌더라면 협정내용에「본질적 변화」를 줄 수 있는 사안이었다는 것, 지금까지 정신대문제에 대한 일반적인 인식은 한일협정으로 대일청구권 문제가 완전하게 최종적으로 타결됐기 때문에 더 이상 새

로운 법적 문제제기는 불가능하다는 것이었다. 법무부입장도 정부의 공식입장이 아닌 법무부차원의 법이론적 검토의견에 불과하고 외무부 등 정부 관련부처에서조차 일본과의 미묘한 외교관계를 고려, 새로운 법적 문제제기가 곤란하다는 입장이어서 아직은 문제제기차원에 불과하다고 볼 수 있다."

2. 한국과 러시아는 1997년 서울 소재 구 러시아 공관부지 해결의 조건으로 한국이 러시아에 약 244억 6천만원 상당의 금액을 지불하기로 합의했다.[84] 이 협정 체결 직후 1997년 말 한국은 외환위기에 빠져 원화 가치가 순식간에 절반 이하로 급락했다. "원화"를 기본 통화로 합의한 위 협정상 금액의 가치 역시 폭락했다. 당시 러시아는 사정변경을 이유로 한국 정부의 추가적인 금액제공을 요구했다. 한국은 이 같은 요구를 수용할 법적 의무가 있었는가?

9. 새로운 강행규범 출현

조약은 새로 등장한 강행규범과 충돌되면 무효로 되어 종료한다(제64조). 그러한 조약의 당사자는 향후 조약 이행의무로부터 해제된다. 무효의 효과는 원칙적으로 소급하지 않으나, 기존의 권리·의무 또는 상황은 새로운 강행규범과 충돌하지 않는 범위 내에서만 이후 유지될 수 있다(제71조 2항).

10. 기타 사유

비엔나 협약은 협약에 규정된 사유를 통해서만 조약을 폐기·종료 또는 정지시킬 수 있다고 규정해(제42조 2항), 제시된 사유가 이에 관한 망라적 열거임을 표시하고 있다. 다만 국가승계, 국가책임 또는 적대행위 발발에 따른 조약의 무효 가능성은 부인하지 않으므로(제73조), 이는 별도로 검토할 필요가 있다. 아래에서 몇 가지 관련 항목을 검토한다. 한편 조약 당사국간 외교(영사)관계의 단절은 곧바로 양국간 조약관계의 종료를 가져오지 않음이 원칙이다(제63조).

가. 무력분쟁

전쟁과 같은 무력분쟁이 발생하면 기존 조약관계는 크게 영향을 받을 수밖에 없다. 비엔나 협약은 국가간 적대행위의 발발로 인한 문제는 다루지 않으므로(제73

84) 정인섭, 신국제법강의(제13판), pp.637-639 참조

조), 이는 주로 관습국제법의 적용을 받는다. 현대로 와서는 무력충돌의 양상이 크게 변해 조약에 대한 영향도 변화가 있을 수밖에 없다. UN 체제 하에서는 무력행사가 불법화되었지만, 현실 세계에서 무력분쟁은 계속 발생하고 있으므로 이와 관련된 법규칙의 파악은 여전히 중요하다.[85] 그러나 이 문제에 관해서는 변변한 국제판례가 존재하지 않으며, 국가의 관행도 충분치 않다. 오늘 날에는 전면전보다 제한적 무력분쟁이 많기 때문에 과연 전통적 의미의 전쟁인가 여부를 판단하기 어려운 경우가 많다. 전쟁이 공식적으로 선언되는 경우가 드물기 때문에 언제 전쟁이 발발했고, 언제 종료했는지조차 명확히 파악하기 어렵다. 자연 이에 관한 관습국제법의 확인은 더욱 어렵다.

전통적으로 전쟁 발발은 국가간의 기존 관계를 붕괴시켜 조약을 종료시킨다고 보는 경향이 강했다.[86] 물론 당시에도 국경조약, 영토이용 관련 조약, 제3자에 대한 권리부여 조약 등은 원칙적으로 존속했다. 한편 20세기 초반부터 점차 일정한 예외를 제외하고 전쟁은 기존 조약을 일반적으로 종료시키지 않는다는 주장이 대두되었다. 1910년의 North Atlantic Coast Fisheries 중재판정은 국제법의 발전에 따라 많은 수의 조약의무가 전쟁에 의해 무효로 되지 않으며, 단지 정지될 뿐이라는 점을 인정하게 되었다고 평가했다.[87] 1935년 Harvard Research도 전쟁이 조약을 정지시키기는 해도 기존 조약을 무효로 만들지는 않는다고 설명했다. 이러한 견해는 일견 과거의 전통적 입장과 반대되는 내용이기는 하나, 사실 양 입장은 각기 많은 예외를 인정하고 있었으므로 서로 극단적 대칭점에 자리 잡고 있지는 않았다.[88]

제2차 대전과 같은 대규모 전쟁에도 불구하고 이로 인해 정지된 조약은 많지 않았으며, 종료된 조약은 더욱 적었다.[89] 6.25 전쟁(1950-1953)이나 베트남전쟁(1957-1975)은 교전 당사국들간 조약관계가 별로 없었기 때문에 종료될 조약도 없었다. 제2차 대전 이후 다수의 무력충돌의 사례를 조사해 봐도 이로 인해 조약관계가 전반적으로 종료 또는 정지된 사례를 찾기 힘들고, 오직 제한된 특별한 조약만

85) A. Aust, Treaty Law, p.271.

86) The Effect of Armed Conflict on Treaties: an Examination of Practice and Doctrine (Memorandum by the Secretariat), A/CN.4/550(2005), para.14.

87) "international Law in its modern development recognizes that a great number of treaty obligations are not annulled by war, but at most suspended by it." RIAA XI, 167, 181.

88) A/CN.4/550(2005), para.15.

89) A/CN.4/550(2005), paras.79-81.

이 영향을 받았다.[90] McNair는 이미 오래 전에 "전쟁이 그 자체로 적대적 교전국간에 존재하던 전쟁 전의 조약 의무를 종료시키지 않음은 명백하다"고 정리했다.[91]

여하간 무력분쟁으로 인해 조약이 종료 또는 정지되는 관행은 현대로 올수록 줄어들고 있다. 그 배후에는 자위권을 제외한 무력행사가 일반적으로 금지된 UN 체제 속에서 위법한 무력행사가 기존의 적법한 조약관계를 종료시키는 원인이 되기 어렵다는 사정이 있다. 또한 오늘날 다자조약은 인류 공동의 이익을 보호하는 내용을 가진 경우가 많으므로 무력충돌을 이유로 개별 국가가 조약의무에서 이탈하기 어렵다는 사정도 있다.

국제법위원회(ILC)는 2004년 조약에 대한 무력분쟁의 영향에 관한 연구를 수행하기로 결정하고 I. Brownlie를 특별보고관으로 임명했다. 이 임무는 2009년부터 L. Callisch가 이어 받았다. ILC는 2011년 18개 조항으로 구성된 작업을 완성해 UN 총회로 보고했고,[92] 총회는 이를 결의로 채택했다(2011.12.9. 결의 제66/99호). 내용 요지는 다음과 같다.

ILC 작업 내용은 근래 국제관계의 변화를 반영하고 있다. 일단 무력분쟁이란 국가간에 무력을 사용하는 상황 뿐 아니라, 특정국가의 정부 당국과 조직화된 무력집단 간에 장기간 무력을 사용하는 상황도 포함된다(제2조 b호).[93] 당장 무력 충돌이 벌어지고 있지는 않아도, 영토가 점령되고 있는 상황은 이에 포함된다.

이 규정은 무력분쟁 당사국간의 조약은 물론 분쟁 당사국과 제3국 간의 조약

90) A/CN.4/550(2005), paras.93−109는 다음의 다양한 국가간 무력충돌 사례가 조약에 미친 영향을 검토하고 있다. 즉 1956년 스에즈 운하 분쟁, 1962년 중국−인도 전쟁, 1965년 및 1971년 인도−파키스탄 전쟁, 1974년 터키−사이프러스 전쟁, 1979−1989년 소련−아프가니스탄 전쟁, 1980−1988년 이란−이락 전쟁, 1982년 영국−아르헨티나 포클랜드 전쟁, 1991년 걸프전쟁 등. 이 보고서 para.110 이하에서는 내전의 영향을 정리했다.

91) McNair, The Law of Treaties(Oxford UP, 1961), p.697.

92) ILC Draft Articles on the Effects of Armed Conflicts on Treaties(2011). 이하 ILC, 「무력분쟁 영향 규정 초안」(2011)로 약칭. 이의 주석(Commentaries)은 ILC, 「무력분쟁 영향 규정 초안 주석」(2011)으로 칭함.

93) 이러한 무력분쟁의 정의는 "an armed conflict exists whenever there is a resort to armed force between States or protracted armed violence between governmental authorities and organized armed groups or between such groups within a State."라는 구 유고슬라비아 국제형사재판소 판결을 주로 의지한 내용이다. Prosecutor v. Duško Tadić a/k/a "Dule", Case No. IT−94−1−AR72, Decision on the Defence Motion of Interlocutory Appeal on Jurisdiction, Decision of 2 October 1995, para.70. 그러나 한 국가 내에서 조직화된 무력집단들 간 분쟁은 이 규정의 적용대상에서 제외된다. ILC, 「무력분쟁 영향 규정 초안 주석」(2011), 제2조, para.4

은 무력분쟁만으로 자동적으로 종료 또는 정지되지 않음을 일반원칙으로 선언하고 있다(제3조).[94] 즉 조약관계의 안정성 확보를 1차적 목표로 하고 있다. 만약 조약 자체에 무력분쟁 상황에서의 시행 여부에 관한 조항을 두고 있다면, 물론 그 조항이 우선 적용된다(제4조). 그러한 조항을 두지 않은 조약의 경우 무력분쟁으로 인해 조약의 종료·탈퇴·정지가 허용되는지 여부는 조약의 해석문제로 귀착된다(제5조). 규정은 무력분쟁으로 인해 조약의 종료·정지·탈퇴 등이 허용될지 여부는 다음과 같은 다양한 요소를 고려해 판단해야 한다고 보았다. 첫째는 조약의 성격, 예를 들어 조약의 주제·대상 및 목적·조약의 내용·당사국 수 등. 둘째, 무력분쟁의 성격, 즉 충돌의 영토적 범위, 규모와 분쟁의 강도, 지속기간, 비국제적 무력분쟁의 경우 외부개입의 정도 등(제6조). 그러나 정치적 성격의 조약이나 양국간 정치적 우호관계를 전제로 하는 조약들은 종료 또는 정지된다고 해석된다.[95]

일정한 조약들은 그 성격상 무력분쟁 발발에도 불구하고 적용이 계속된다고 보았다. ILC는 국제인도법을 포함한 무력분쟁법에 관한 조약, 육지나 해상의 경계 획정조약과 같이 항구적인 체제나 권리를 규정하는 조약, 다자간 입법조약, 국제형사사법에 관한 조약, 사인(私人)의 권리보호에 관한 조약, 국제인권조약, 국제환경보호조약, 국제운하 및 관계시설에 관한 조약, 국제기구 설립조약, 분쟁의 평화적 해결에 관한 조약, 외교(영사)관계에 관한 조약 등을 그러한 예로 제시하였다(제7조 및 동 부속서). 관습국제법을 반영하고 있는 조약 의무의 경우 무력분쟁에도 불구하고 이를 거부할 수 없음은 물론이다(제10조).

무력분쟁으로 인해 조약을 종료·탈퇴·정지하려는 당사국은 그 같은 의도를 다른 당사국 등에 통고해야 하며, 이는 원칙적으로 통고받을 때 효력을 발생한다. 다만 타 당사국들은 이 같은 통고에 대해 합리적 기간 내 이의를 제기할 수 있다(제9조). 무력분쟁으로 조약이 종료나 정지되는 경우 다른 사정이 없는 한 원칙적으로 조약 전체가 종료 또는 정지된다(제11조).[96] 한편 침략을 자행한 국가는 자국의

94) 이 규정 초안은 조약이 국가간의 관계에 미치는 영향만을 규정하고 있으며, 국제기구에 대한 영향은 규율하지 않는다(제1조). 국제기구는 체결한 조약이 영향을 받을 만큼 무력충돌에 관여하는 경우가 거의 없기 때문이다. ILC, 「무력분쟁 영향 규정 초안 주석」(2011), 제1조, para.4. 단 적용대상인 '조약'에는 국제기구가 당사자로 포함된 국가간의 조약도 포함된다(제2조).

95) McNair(전게주 91), p.703.

96) 단 일부 내용이 분리가 가능하고, 문제의 조항이 다른 당사국의 조약 전체의 수락에 필수적 기초가 아니었고, 잔여 부분의 이행 계속이 부당하지 않은 경우에는 분리 종료 등이 가능하다. 제11조.

이익을 위해 무력분쟁을 이유로 한 조약의 종료·탈퇴·정지를 주장할 수 없다(제15조).

무력분쟁이 종료되면 당사국들은 이로 인해 종료 또는 정지된 조약을 재적용하기로 합의할 수 있으며, 무력분쟁으로 인해 정지되었던 조약은 그 원인이 되었던 사유를 고려해 재적용이 결정된다(제13조).

ILC 작업내용은 대체로 조약의 안정성과 지속성에 중점을 두고 있다고 평가된다.

나. 당사국 소멸

다자조약과 달리 양자조약의 경우 한 당사국이 소멸하면 조약도 종료된다. 양자조약 한 당사국의 소멸은 제61조에 규정된 후발적 이행불능에 따른 조약 종료의 일종이라고도 해석할 수 있다. 그러나 ILC가 비엔나 협약에 당사국 소멸을 후발적 이행불능의 한 유형으로 포함시키지 않은 이유는 국가 소멸의 상황은 조약법의 문제로만 다룰 수 없고 반드시 국가승계의 문제가 같이 다루어져야 하기 때문이었다.[97] 비엔나 협약은 조약에 대한 국가승계의 영향은 다루지 않기로 하였다(제73조). 따라서 비엔나 협약에는 조약에 대한 국가소멸의 효과를 직접적으로 다룬 조항이 없다.

한국과 조약관계를 맺고 있다가 소멸한 국가의 예로 월남공화국이 있다. 한국은 구 월남공화국과 총 10개(조약의 개정합의 포함)의 조약을 체결하고 있었는데, 1975년 월남이 패망하고 남북 베트남이 통일되었다. 한국은 1976년 7월 2일 베트남 사회주의공화국 수립으로 구 조약은 모두 효력이 상실되었다고 처리하고, 1992년 현재의 베트남과 수교한 이후 조약관계를 새로이 시작했다.

한국은 1989년 12월 구 유고슬라비아 사회주의연방공화국과 수교한 후 항공운수협정을 발효시킨 바 있다(1991년). 그러나 1991년부터 구 유고연방은 붕괴하기 시작했다. UN 안보리는 1992년 9월 19일 유고 사회주의연방공화국은 더 이상 존속하지 않으며, 신 유고연방은 구 유고연방의 UN 회원자격을 자동적으로 계속할 수 없다고 결의했다(결의 제777호). 총회 역시 1992년 9월 22일 유사한 결의를 채택했다(결의 제47/1호). 그러나 한국은 신 유고연방에 대해 새로운 국가승인을 부여하거

97) ILC Final Draft Article and Commentary on the Law of Treaties(1966), Article 58, para.6.

나 새로이 수교 합의를 하지 않고 기존 외교관계를 그대로 유지하는 방식으로 관계를 지속했다. 구 유고연방은 2006년 몬테네그로의 분리 이후 국호를 세르비아 공화국으로 바꾸었다. 한국은 1992년 구 유고연방의 해체로 기존의 항공운수협정은 폐기되었다고 간주하다가,[98] 2016년 2월 세르비아 공화국과 새로운 항공업무협정을 체결했다(2016년 11월 발효).

다. 조약의 이행

1국의 국보를 외국에 일정 기간 대여·전시하기로 한 조약을 체결하고, 실제 전시가 실시된 후 국보는 다시 원 국가로 반환되었다면 대여·전시에 관한 조약은 종료되고 더 이상 이행할 부분도 그로 인한 추가적인 법적 효과도 남지 않는다. 1국이 타국에 일정한 금액을 대여해 주는 조약을 체결하고, 이후 예정대로 전액 상환이 이루어진 경우도 마찬가지이다. 이 같은 조약은 별도로 종료를 합의하지 않아도 당연히 종료되었다고 평가된다.[99]

라. 외교관계 단절

1992년 8월 24일 한국은 오랫동안의 우방국 중화민국(대만)과의 외교관계를 단절하고, 중화인민공화국과 수교하며 이른바 하나의 중국 원칙을 수용했다. 대만과의 단교는 중국의 합법적 대표가 대만 정부가 아닌 북경 정부임을 인정하는 의미이며, 단교 이후에도 대만은 사실상의 국가로서 존속하고 있기 때문에 국가의 소멸이라기보다는 정부 승인대상의 변경이다.[100]

비엔나 협약 제63조는 외교관계의 단절은 외교관계의 존재가 그 조약의 적용에 불가결한 경우를 제외하고 조약에 의해 확립된 당사국간 법적 관계에 영향을 주지 아니한다고 규정하고 있다. 즉 외교관계 단절의 경우에도 *pacta sunt servanda* 원칙을 확인하고 있다. 한국－대만 단교 이후 기존 조약관계는 어떻게 처리되었는가? 이 점에 관해 한국 정부의 입장은 모호한 면이 있다.

단교 당시 양국 간에는 12개의 조약이 발효 중이었다. 단교 직후에는 대만측

98) 외교통상부, 대한민국 조약목록(1948－2010)(외교통상부, 2011), p.572.

99) A. Aust, Treaty Law, p.269.

100) 이근관, 대만정부와의 외교관계단절(1992) 이후 한국－대만간 조약관계에 관한 고찰, (서울대) 법학 제47권 제2호(2006), p.284 참조.

의 악화된 감정으로 아무런 공식 관계가 진행될 수 없었다. 한국 항공기의 대만 이착륙도 금지되었다. 한국 외교부는 일단「한·대만간 체결된 조약의 효력에 관한 방침」(1993.2.12.)을 통해「대한민국과 중화민국간의 우호조약」(1964)을 제외한 항공운수협정·해운협정 등 기존에 발효 중인 나머지 11개 조약은 대만과의 비공식 관계가 정리되어 새로운 합의에 의해 대체될 때까지 계속 효력을 인정하겠다는 입장을 발표했다.[101] 이후 1993년 7월 27일 한국과 대만은 민간대표부 설치를 포함한 비공식 관계 수립에 합의했다. 아울러 기존 11개 조약들은 새로운 민간약정으로 대체하되, 대체 이전에는 기존 협정이 잠정적으로 유효하다고 확인했다. 이후 한국과 대만간의 외교적 합의는 공식 조약이 아닌 민간약정의 형식으로 처리되고 있다. 이상의 방침과 합의에 입각한다면 한국－대만간의 우호관계조약을 제외한 여타의 기존 조약은 단교 후에도 일단 효력을 유지했다고 보아야 한다.

그러나 한국 정부 발행의「대한민국 조약목록」1997년, 2002년, 2005년도 발행판은 과거 대만과의 조약에 관해 아무런 설명 없이 마치 유효한 조약 같이 "대만"이라는 국호 하에 목록을 수록하고 있었다. 그러나 2011년 발행판에서는 한국－대만간 조약은 1992년 8월 이후 효력이 정지되었다고 설명하고 있다.[102] 그리고 현재 외교부 홈페이지 조약정보난에 대만과의 조약은 등재되어 있지 않다.

대만과의 조약의 효력문제는 법원에 소송으로도 제기된 바 있다.[103] 한국과 대만은 1986년 항공운수협정을 체결한 바 있고(1990년 개정), 이에 근거해 한국 정부는 대한항공을 중심으로 취항면허를 부여했으나 단교 이후 운항이 정지되었다. 이후 2004년 양측이 민간항공운협정을 체결하고 취항면허를 다시 부여하는 과정에서 과거보다 대한항공의 몫이 줄어들고, 아시아나 항공의 몫이 늘어났다. 대한항공은 구 면허와 같은 비율의 노선 회복을 요구했고, 이 과정에서 구 항공운수협정의 효력이 검토되었다. 당시 외교통상부는 기존 조약이 종료되었다는 입장을 취했었다. 즉 대만과의 조약관계는 일반적 외교관계 단절이란 시각에서 파악할 수 없고,

101) 미국 역시 1979년 1월 북경의 중국 정부와 수교를 하며 과거 대만과 체결된 조약중 상호방위조약만 폐기하고 나머지 조약들은 효력이 지속되도록 처리한 바 있다. Section 4(c), Taiwan Relations Act(1979), PL No.96－8. 이근관(상게주), p.274 참조.

102) 외교통상부, 대한민국 조약목록(2011), p.102.

103) 서울행정법원 2005.9.8. 선고 2004구합35615 판결 및 서울행정법원 2005.9.8. 선고 2004구합35622 판결. 이 두 건의 판결은 각기 다른 재판부에서 내려졌다. 전 판결은 아래에 수록되어 있고, 이 두 판결문은 백충현·정인섭, 우리 법원에서의 국제법 관련 판결, 서울국제법연구 제12권 2호(2005), p.189 이하 수록.

대만의 국가성 또는 법인격 상실에 해당하여 조약 종료사유로 볼 수 있다는 해석이었다.[104] 한편 소송의 피고인 건설교통부측은 "원고가 종전에 보유하고 있던 서울-타이베이 노선면허에 관한 정기항공운송사업권 내지 운수권은 그 성립요건이자 존속요건인 항공운수협정의 효력이 우리나라와 대만 간의 국교단절 및 대만의 단항조치 등으로 인하여 소멸함으로써 그 효력이 상실"되었다고 해석했다.[105]

이에 관한 판결에서는 재판부마다 입장에 차이가 났다. 즉 서울행정법원 2004구합35615 판결은 단교 이후 한국과 대만 정부가 취한 입장에 비추어 보면 "대만과 국교를 단절하였다는 사유만으로 항공운수협정의 효력이 확정적으로 소멸되었다고 단정할 수 없다 할 것이다"고 해석했다. 반면 같은 날 다른 재판부의 서울행정법원 2004구합35622 판결에서는 "대만 정부는 항공운수협정의 효력을 종지하고 항공운항을 정지시키는 등 단항조치를 취한 점"이라고 표현해 기존 조약이 종료된 듯 해석하고 있다. 결과적으로는 2건 모두에서 원고인 대한항공은 패소했고, 원고 항소포기로 1심 판결의 결과가 확정되었다.

이상을 종합하면 대만과의 단교가 기존조약에 미친 영향에 관해 한국 정부는 "(잠정) 유효," "정지," "종료" 3가지 입장을 모두 취한 바 있다. 종료된 경우도 어느 시점에 어떤 방식으로 종료되는지를 명확히 발표한 바 없다. 민간약정에 의해 대체되었다고 할지라도 헌법 제6조 1항에 의해 "국내법과 같은 효력"을 지니는 조약이 국제법적 구속력이 없는 민간약정에 의해 대체·종료될 수는 없기 때문에 종료에 대해서는 별도의 법적 근거가 필요하다.

▶판결: 대만 단교 후 구 항공협정의 효력

서울행정법원 2005.9.8. 선고 2004구합35615 판결

[한국과 대만은 1986년 11월 14일 항공운수협정(아래 판결문상 "구 항공운수협정")을 체결했다. 당시 정부는 대한항공을 대만 취항항공사로 지정했다. 이후 1990년 9월 4일 한국과 대만은 항공운수협정의 일부를 개정해 복수지정 항공사제를 도입하기로 하고, 한국 정부는 아시아나 항공에게도 취항면허를 부여했다. 그런데 한국은 1992년 8월 24일자로 중화인민공화국과 국교를 수립하고 대만과의 외교관계를 단절했다. 대만은 곧 바로 한국-대만간의 항공운항을 정지시켰다. 이후 한국과 대만은

104) 외교통상부 조약국, 한·대만 항공노선 운수권 배분처분 취소청구소송의 국제법적 관련사항에 대한 의견서(2005.3.29.), 이근관(전게주 100), p.259에서 재인.

105) 서울행정법원 2005.9.8. 선고 2004구합35622 판결 참조.

1993년 7월 27일 비공식 외교관계를 수립하고 각각 민간대표부를 설치하기로 합의했다. 2004년 9월 1일 주타이베이 한국대표부와 주한 타이베이 대표부와 민간항공운수협정을 체결하고 양국간 국적기 항공운항을 재개하기로 합의했다. 이에 대한항공측은 구 항공운수협정 당시에 상응하는 비중의 운항권을 보장하라고 요구했다. 반면 정부는 대만과의 국교단절로 구 항공운수협정은 종료했고, 대한항공의 서울－대만간 구 노선면허도 대만의 단항통보로 이미 소멸했다고 주장했다. 재판부는 판결과정에서 대만과의 국교단절이 기존 조약에 미친 영향을 분석했다.]

"(나) 대만간의 국교단절 또는 단항통보에 의하여 항공운수협정의 효력이 소멸되었는지 여부

① 중국과의 국교수교와 대만과의 국교단절

㉮ 인정사실

그런데 우리나라 정부는 1992. 8. 24. 자로 중국과의 사이에 국교를 수립하면서 대만과 단교를 한 사실은 앞서 본 바와 같고, […] 단교 후 우리나라 정부는 대만과의 단교 이전에 양국 사이에 체결된 각종 조약의 효력 여부에 관하여 일부 적용상의 혼란이 발생하자 1993. 2. 12. '1964년에 체결된 우호조약을 제외한 항공운수협정, 해운협정 등 11개 조약에 대해서는 대만과의 비공식관계가 정립되어 새로운 협정에 의하여 대체될 때까지 잠정적으로 그 효력을 계속 인정한다.'는 내용이 기재된 <한·대만간 체결조약의 효력에 관한 방침>을 각 해당 부처에 통보한 사실, 또한 우리나라와 대만은 1993. 7. 27. 비공식관계를 수립하고 민간대표부를 상호 설립하면서 항공운수협정과 해운협정 등 11개 조약을 새로운 협정으로 대체하되 대체협정이 완료될 때까지는 기존협정이 잠정적으로 유효하다는데 견해를 같이 한 사실, 한편 국가간의 조약에 적용되는 비엔나 협약은 제63조(외교 또는 영사 관계의 단절)에서 '조약 당사국간의 외교 또는 영사관계의 단절은 외교 또는 영사관계의 존재가 그 조약의 적용에 불가결한 경우를 제외하고, 그 조약에 의하여 그 당사국간에 확립된 법적 관계에 영향을 주지 아니한다.'고 규정되어 있는 사실을 인정할 수 있고, […].

㉯ 판　　단

위 비엔나 협약의 규정에 의하면, 외교 또는 영사 관계의 존재가 그 조약의 적용에 불가결한 경우에 해당한다고 보기 어려운 항공운수협정은 우리나라가 대만과 국교를 단절하였다고 하더라도 그 효력은 계속 유효하다고 볼 여지가 있을 뿐만 아니라, 위에서 인정한 바와 같이 우리나라는 대만간의 국교단절 이후에도 항공운수협정 등은 유효하다고 의견을 밝힘과 아울러 대만과 비공식관계를 수립하면서 항공운수협정 등이 새로운 협정으로 대체되기 전까지 잠정적으로 유효하다고 상호 합의를 한 점에 비추어 볼 때, 우리나라가 대만과 국교를 단절하였다는 사유만으로 항공운수협정의 효력이 확정적으로 소멸되었다고 단정할 수는 없다 할 것이다.

② 단항통보

㉮ 인정사실

항공운수협정 제17조는, "각 체약당사국은 언제든지 타방 체약당사국에 이 협정의 종료의사를 서면으로 통보할 수 있다. 이 경우 종료통고가 기간만료 전에 합의에 의하여 철회되지 아니하는 한 타방 체약당사국에 의한 협정통고의 접수일자로부터 1년 후에 종료한다."고 규정한 사실과 우리나라 정부가 1992. 8. 24. 자로 중국과의 국교 수립 및 대만과의 국교단절을 하자, 대만의 교통부 민용항공국장이 1992. 9. 1. 원고와 참가인에게 항공운수협정의 효력을 1992. 9. 15. 자로 중단한다는 단항통보를 한 사실은 앞서 본 바와 같다.

㉯ 판　　단

그런데 위 인정사실에 의하면, 항공운수협정이 종료되기 위해서는 각 체약당사국이 타방 체약당사국에 대하여 종료의사를 통보하여야 하는데, 당시 국교가 단절되어 공식적인 외교채널이 가동되지 아니한 상태인 점을 감안하더라도 대만 측에서 우리나라 정부가 아닌 민간 항공사인 원고와 참가인에게 단항통보를 한 사실만으로 항공운수협정의 효력이 확정적으로 소멸되었다고 단정할 수는 없다 할 것이다.

㉰ 민간항공운수협정으로 인하여 항공운수협정의 효력이 회복되었는지 여부

한편 앞서 본 바와 같이, 항공운수협정은 우리나라 정부와 대만과의 사이에 체결된 조약인 반면, 민간항공운수협정은 주타이베이 대한민국대표부와 주한타이베이대표부 사이에 체결된 민간협정으로서 그 체결의 주체가 서로 다르고, 내용에 관하여 보더라도 항공운수협정은 공급단위를 기종계수로, 공급횟수는 여객·화물 구분 없이 우리나라/대만 노선 주 210단위로 설정되었고, 이원권도 교환하여 운항하도록 한 반면, 민간항공운수협정은 공급단위가 운항횟수이고 공급횟수는 여객과 화물을 구분하여 서울/타이베이 여객노선 주 18회, 화물노선은 최소한 주 2회 이상으로 정하였으며, 이원권은 서로 교환하지 않기로 정하였고, 노선도 단순화된 점 및 구 항공운수협정은 잠정항공운수협정을 대체한다는 내용이 있음에 반하여 민간항공운수협정에는 항공운수협정과의 관계에 관한 내용이 기재되어 있지 아니한 점을 종합하여 볼 때, 민간항공운수협정의 성격이 반드시 항공운수협정의 효력을 회복시키는 복항협정이라고 단정할 수도 없다 할 것이다."

해　설

위 판결은 대만과의 단교가 기존 조약관계를 바로 종료시켰다고 보지 않았다. 그러나 서울행정법원 2005. 9. 8. 선고 2004구합35622 판결은

"이 사건에서 우리나라 정부는 1992. 8. 24.자로 중국과 국교를 수립하면서 대만과의 외교관계를 단절하였고 이에 대하여 대만 정부는 항공운수협정의 효력을 종지하고 항공운항을 정지시키는 등 단항조치를 취한 점, 이에 따라 원고의 이 사건 정

기항공운송사업은 단항조치 이후 이 사건 처분 당시까지 약 12년간 중단되었던 점 및 우리나라와 대만 사이에 2004. 9. 민간항공운수협정이 체결되었으나 위 협정은 위 항공운수협정과의 관계에 관하여 아무런 규정을 두고 있지 않은 점 등을 종합하여 보면, 이 사건 노선면허는 이 사건 처분 당시에는 그 목적사업의 장기간 실현 불능 및 항공시장의 여건 변화 등의 사유로 인하여 실효되었다고 봄이 상당하다."

고 판단해 단교로 인해 대만과의 조약관계가 바로 종료된 듯 설명하고 있다.

마. 국가책임법상 위법성 조각사유

조약의 이행과 관련하여 국가책임법에서 말하는 긴급피난(necessity)이나 불가항력(force majeure) 같은 사태가 발생한 경우에도 조약이 종료(또는 정지)되거나 무효화될 수 있는가? 실제로 각국은 국가책임법상의 위법성 조각사유를 근거로 조약의 종료 등을 주장하기도 한다.

비엔나 협약은 조약의 종료나 폐기, 정지 등은 조약 자체의 규정이나 비엔나 협약의 적용을 통해서만 가능하다고 규정하고 있다(제42조 2항). 한편 긴급피난이나 불가항력은 국가책임법상의 위법성 조각사유로서 위법행위에 대한 국가책임을 면제시켜줄 뿐이며, 이론적으로는 조약의 효력과 직접 관계가 없다. 긴급피난이나 불가항력은 특별히 비상한 상황에서만 적용되는 임시적 성격의 조치로서, 적용사유가 종료되면 국가간의 관계는 원래의 조약관계로 복귀하게 된다. 이 같이 조약법과 국가책임법은 서로 적용영역이 다른 법규칙이다. 조약법은 국제법상 1차 규칙이고, 국가책임법은 1차 규칙의 위반상황에 적용되는 2차 규칙이라는 점에서 그 성격이 명확히 구별된다.

그러나 조약법과 국가책임법은 동일한 상황에 적용될 수 있으므로 양자의 구분이 생각처럼 쉽지는 않다. 조약을 위반해도 긴급피난이나 불가항력에 해당하는 사유가 있다면 조약 위반국은 위법행위의 책임을 지지 않는다. 만약 불가항력이나 긴급피난의 사유가 지속되어 조약 불이행이 계속된다면 그 결과는 조약의 종료나 무효화 또는 최소한 정지와 사실상 같을 수도 있다. 물론 긴급피난이나 불가항력의 사태가 조약법상의 후발적 이행불능이나 중대한 사정변경에 해당하면 조약법에 의해서도 조약의 종료(정지)나 무효사유가 된다. 그러나 조약법상의 후발적 이행불능이나 중대한 사정변경보다는 일반적으로 국가책임법의 위법성 조각사유인 긴급피난이나 불가항력의 적용요건이 덜 엄격하다. 따라서 조약법상의 조약 종료(정지)나 무효화 사유에 못 미치더라도 국가책임법상의 위법성 조각사유를 주장함으로써 사실상 동일한 효과를 거둘 수 있다. 이는 2차 규칙(국가책임법)이 1차 규칙(조약법)의 종료(정지) 근거로 원용되는 셈이라 이론적 정합성이 부족하다는 비판이 가능하다. 이런 점에서 조약법과 국가책임법의 관계는 여전히 모호한 부분이 있다.[106]

11. 절차 및 분쟁해결

비엔나 협약에 분쟁해결제도를 포함시킬지 여부는 ILC 준비과정에서부터 논란거리였다. 폭 넓은 강제적 분쟁해결제도를 설치하면 협약 자체에 대한 지지가 낮아질지 모른다고 우려했기 때문이다. 결국 협약 전체를 대상으로 하는 분쟁해결제도는 도입되지 않고, 단지 협약 제5부의 한 절(제4절)로서 조약의 무효·종료·탈퇴·시행정지에 관한 절차만을 마련했다.

가. 통 보

조약에 대한 자신의 기속적 동의표시 상의 흠결을 주장하거나, 조약의 무효·종료·탈퇴·시행정지 사유를 원용하려는 당사국은 다른 당사국에 대해 그 주장을 통보해야 한다. 통보에는 그 조약에 관해 취하고자 하는 조치와 그 이유를 표시해야 한다(제65조 1항). 이 통보는 서면으로 이루어져야 한다(제67조 1항). 따라서 외교 당국자가 연설 등에서 한 발언 등은 통보의 요건을 충족시키지 못한다.

나. 이의제기

만약 통보를 받은 지 3개월 내 다른 당사국의 이의제기가 없을 경우, 통보국은 자신의 의도하는 조치를 취할 수 있다. 그러나 위와 같은 조약의 무효·종료·탈퇴·시행정지 등의 통보에 이의가 있는 다른 당사국은 3개월 내에 이의를 제기할 수 있다. 단 긴급한 경우 이 기간은 단축될 수 있다(제65조 2항). 긴급 사태를 주장하는 당사국은 적정한 시한과 그 이유를 설명해야 한다. 당사국들이 합의하면 물론 더 긴 기간을 기다릴 수도 있다.[107] 이의는 취하려는 조치내용에 대해서 제기될 수도 있고, 그 이유에 대해 제기될 수도 있다.[108]

---

106) M. Fitzmaurice(전게주 73), pp.618-622 참조.
107) Krieger, Article 65, in O. Dörr & K. Schmalenbach, Commentary 2nd, p.1227.
108) Krieger(상게주), p.1225.

다. 분쟁해결

이의가 제기되는 경우 당사국은 UN 헌장 제33조에 열거된 수단을 통해 그 해결을 도모해야 한다. "분쟁해결"이 아닌 "해결을 도모해야 한다(seek a solution)"는 비교적 완곡한 표현을 사용한 이유는 제65조가 엄격한 사법절차를 의미하지 않음을 표시한다.

분쟁해결절차가 진행되는 동안에도 당사국은 조약상 의무를 이행해야 하는가? 조약의 무효·종료·탈퇴·시행정지 사유를 원용(invoke)할 수 있을 뿐이라는 문언을 감안한다면, 당사국 간 별도의 합의가 없는 한 조약은 계속 적용되며 잠정적으로조차 정지되지 않는다고 해석된다.[109]

만약 조약 내에 분쟁해결에 관한 별도 조항이 설치되어 있거나, 당사국이 분쟁해결에 관한 별도 합의를 한다면 그 같은 당사국들의 의사가 우선한다(제65조 4항).

그런데 이의가 제기된 이후 12개월이 되도록 분쟁이 해결되지 않을 경우, 당사국이 원하면 보다 강제적 절차에 돌입할 수 있다.

첫째, 협약 제53조와 제64조, 즉 강행규범과 관련된 분쟁의 경우, 일방 당사국은 사건을 ICJ에 제소할 수 있다. 이때 ICJ의 관할권은 강제적이다. 이는 비엔나 협약에 강행규범 개념을 도입한 대신, 이 개념의 무분별한 남용을 우려하는 측을 위해 타협책으로 도입된 제도였다. 이 내용은 관습국제법이라고 할 수 없으며,[110] 비엔나 협약 조항 중 가장 많은 유보가 첨부된 대상이기도 하다. 이 소송을 통해 ICJ는 특정한 강행규범의 존재 여부와 이 규범과 조약 간의 충돌 여부를 판단할 수 있다. ICJ가 다자조약의 특정 조항이 강행규범 위반으로 무효라고 판정하면, 판결의 효력은 일단 소송 당사국에만 직접 적용된다. 단 다른 당사국들은 ICJ의 권위를 근거로 조약 불이행 또는 무효를 주장할 수 있을 뿐이다.[111]

둘째, 강행규범 외 제5부 내 다른 조항에 관한 분쟁은 비엔나 협약 부속서에 규정된 조정절차에 회부될 수 있다. 그럴 경우 양 분쟁 당사국이 지명한 각 2명의 조정위원과 이들이 합의한 위원장 도합 5인으로 조정위원회가 구성된다. 조정위원회는 구성된지 12개월 내로 다수결을 통한 보고서를 작성해야 하는데, 조정의 특

109) Krieger(전게주 107), p.1228.

110) Armed Activities on the Territory of the Congo(New Application: 2002)(Jurisdiction and Admissibility)(Democratic Republic of the Congo v. Rwanda), 2006 ICJ Reports 6, para.125.

111) Krieger(전게주 107), p.1238; M Villiger, Commentary, p.821.

성상 그 내용이 구속력을 갖지는 않는다.

비엔나 협약은 나름 진취적인 분쟁해결제도를 마련했으나, 실제 이용은 거의 없다. 특히 강행규범에 관한 ICJ 강제 관할권 행사 사례는 한 건도 없었다.

제12장

조약의 수탁·등록·공표

1. 수　탁
2. 등　록
3. 공　표

제12장 조약의 수탁 · 등록 · 공표

1. 수　탁

수탁자란 조약의 유효기간 동안 조약과 관련된 내용의 이행이나 절차들이 적절히 진행되고 있는지를 기록하고 보증하는 역할을 담당하는 자(또는 기구)이다. 누구를 수탁자로 할지는 조약 자체에 규정하거나, 조약과는 별도의 합의를 통해 결정한다.

개별 국가가 수탁자로서의 역할을 맡기도 하고, 국제기구가 이 임무를 담당하기도 한다. 수탁국은 대개 신속히 그 조약을 비준하겠지만, 반드시 조약의 당사국이 되어야 한다는 국제법상 요구는 없다. 수탁국과 외교관계가 없는 국가 또는 미승인국도 조약의 당사국이 될 수 있으므로 외교적 말썽의 방지를 위해 복수의 국가가 지정되기도 한다. 이런 경우 조약과 관련된 절차는 어느 한 수탁국을 통해 진행하면 된다. 1967년 우주조약이나 1968년 NPT가 복수의 국가(미국 · 영국 · 소련)를 수탁자로 지정한 이유는 특히 동독과 중국(북경)의 가입자격에 관한 논란의 발생을 막기 위한 조치였다. 이런 방식으로 다자조약의 당사국이 된 국가들 상호간에 국가승인의 법적 효과가 발생하지 않음은 물론이다.

국제기구 내에서 또는 국제기구가 주최한 회의에서 채택된 조약의 경우 통상 그 기구의 행정책임자가 수탁자로 지정된다. 국제기구 자체를 수탁자로 지정하기도 한다. 오늘날 UN을 배경으로 채택된 범세계적 다자조약의 거의 대부분은 UN 사무총장을 수탁자로 지정하고 있다. UN과 관련 없는 조약이라도 국제적 이해관계에 관한 내용으로 UN이나 관련 기구의 임무에 지장을 일으키지 않는다면 UN 사무총장이 수탁자 역할을 맡기도 한다.

비엔나 협약은 수탁자의 임무를 다음과 같이 예시하고 있다(제77조 1항). ① 수탁자에 송달된 조약 및 전권위임장 원본의 보관, ② 원본의 인증등본 작성, 조약상 요구되는 경우 다른 언어로의 조약문 작성 및 관련국으로의 전달, ③ 조약 서명의 접수, 조약에 관련된 각종 문서·통보·전달사항 등의 접수와 보관, ④ 서명 또는 조약에 관련된 각종 문서·통보 등이 적절한가의 검토, 필요한 경우에 해당 국가에 문제점 환기, ⑤ 관련국들에게 그 조약에 관련된 각종 행위·통보·전달사항의 통지, ⑥ 조약 발효에 필요한 수의 기속적 동의가 접수된 경우 조약의 당사국이 될 수 있는 권리를 가진 국가에의 통지, ⑦ UN 사무국에 조약 등록 등.

조약 수탁자의 임무는 "국제적 성격을 지니며, 기탁처는 그 임무 수행에 있어서 공정하게 행동할 의무를 진다"(제76조 2항). 수탁자의 공정의무의 연장선에서 볼 때 수탁국이 특정국의 가입서를 수락하고 이를 당사국 명단에 올려 수탁국에게 요구되는 각종 연락을 유지할지라도, 수탁국이 그 국가를 승인했다고 간주되지는 않는다.[1]

수탁자는 때로 어려운 정치적 문제에 부딪치기도 한다. 예를 들어 팔레스타인은 주권국가만 당사국이 될 수 있는 조약에 가입할 수 있는가? 과거 UN 상주 옵저버 자격을 갖고 있던 팔레스타인이 「전시희생자 보호를 위한 제네바 4개 협약」(1949) 가입서를 1989년 수탁국인 스위스 정부에 제출했다. 제네바 협약은 가입서만 제출하면 특별한 심사절차 없이 당사국이 될 수 있는 조약이다. 가입의 합법성 여부가 문제될 때 수탁국이 이의 심판관이 될 자격까지는 없으며, 이런 문제를 최종적으로 결정할 권한은 별도의 규정이 없다면 당사국들에게 있다. 당시 스위스 정부는 팔레스타인의 가입서를 모든 당사국에 회람해 수락 여부에 대한 의견을 물었다. 물론 다른 당사국 역시 이에 답할 의무는 없으며, 무응답이 묵시적 수락을 의미하지도 않는다. 결국 당시는 팔레스타인이 가입을 포기했다.[2] 1993년 이스라엘과 팔레스타인은 점령지 일부에 팔레스타인 임시자치정부의 수립을 합의했고, 2012년 UN 총회는 팔레스타인에게 옵저버 국가의 지위를 인정했다.[3] 팔레스타인은 2014년 제네바 4개 협약에 가입했다. 현재 팔레스타인은 100개 이상의 다자조약의 당사국이다. 북사이프러스 터키공화국의 경우 UN 안보리가 이를 국가로 승인하지 말라고 결의한 바 있으므로[4] 수탁국으로서는 이의 가입 신청서를 독자적으로 거부할 수 있다.

---

1) A. Aust, Treaty Law, p.288.
2) A. Aust, Treaty Law, p.288.
3) UN 총회 결의 제67/19호(2012).
4) UN 안보리 결의 제541호(1983).

2. 등 록

UN 헌장 제102조는 회원국간 체결되는 조약은 가능한 한 신속히 사무국에 등록하라고 요구하며, 등록되지 않는 조약의 당사국은 UN 기관에 대해 그 내용을 원용할 수 없다고 규정하고 있다. 비엔나 협약 역시 발효된 조약은 등록을 위해 UN 사무국으로 전달하라고 규정하고 있다(제80조). UN 헌장 제102조는 등록대상을 “Every treaty and every international agreement entered into”로 규정하고 있는데, 이는 발효된 조약을 의미한다고 해석되었다. 비엔나 협약 제80조 1항은 “after their entry into force”로 표현해 “발효 이후 등록”을 좀 더 분명히 했다. 비엔나 협약은 조약의 UN 등록에 관해 구체적인 조항은 두지 않고, 그 운영방법을 UN에 맡기고 있다.

조약의 등록과 공개는 미국 윌슨 대통령의 제안으로 국제연맹이 시작한 제도로 제국주의 시대에 흔히 있었던 비밀외교의 청산을 목적으로 도입되었다. 조약 공개는 윌슨 대통령이 제창한 평화를 위한 14개 조항상 공개 외교를 실현하기 위한 기본 요건에 해당했다.[5] 연맹 규약은 등록을 조약의 발효 요건으로 규정했다는 점에서 당시로서는 혁신적인 조치였다.[6] 등록된 조약은 책자로 발간되어 공개되었다. 다만 미등록 조약이라 해 반드시 당사국 간 효력이 부인되지는 않았으며, 특히 연맹 비회원국과 체결한 미등록 조약은 효력이 부인되기 어려웠다.[7] 이러한 조약의 등록과 공개는 조약법 발전의 기반이 되었다. 연맹시절에는 모두 4,834건의 조약이 등록되었다.[8]

UN 시대에도 조약의 등록제도는 헌장 제102조를 통해 계승되었다. 다만 연맹시절과는 약간의 변화가 있었다. 첫째 연맹 규약은 등록대상을 “조약과 국제합의(treaty and international engagement)”로 규정해 이중 국제합의의 정확한 의미가 무엇이냐에 관해 논란이 있었다. 이는 반드시 국제법상 조약이 아니더라도 국가간 합의를 표시하는 다른 문서도 포함된다는 의미로 이해되었고, 자연 정확한 등록대상

5) P. Klein, 1969 Vienna Convention Article 80, in Corten & Klein, Commentary, p.1797.

6) 연맹 규약 제18조 2문: “No such treaty or international engagement shall be binding until so registered.”

7) 연맹 시절의 상황에 대해서는 이춘선, 국제법상 조약 등록제도와 비밀조약에 대한 검토, 국제법학회논총 제66권 제4호(2021), pp.134－135 참조.

8) A. Aust, Treaty Law, p.297.

과 등록의 법적 효과에 대한 논란이 있었다. 이에 비해 UN 헌장은 등록대상을 "조약과 국제협정(treaty and international agreement)"으로 규정해 국제법상 구속력을 지닌 문서만을 의미한다는 점을 분명히 했다. 둘째, 연맹 규약은 등록을 조약의 효력요건으로 규정해 현실적인 이행에 어려움이 있었으나, UN 헌장은 등록의 효과를 UN에 대한 대항력으로만 인정했다. 즉 미등록 조약은 UN에 대해 원용할 수 없을 뿐, 조약 자체의 효력에는 아무 영향이 없다. UN 시대에는 2011년 말까지 약 7만건의 문서가 등록 신청되었으며, 그중 63,000건 이상이 등록되었다. 등록이 거부되는 주요 이유는 서류 불충분, 조약의 미발효, 다른 당사국에 의해 이미 등록됨 등이었다.[9)]

UN에서의 등록은 다음과 같은 원칙 하에서 진행된다.[10)] 최소한 2개 이상의 당사국에 발효된 조약만 등록대상으로 한다. 발효 후 가능한 한 신속한 등록이 요구되고 있으나 특별한 시한은 없다. 등록에는 반드시 모든 당사국들의 합의가 필요하지 않으며, 조약의 어느 한 당사국의 의사만으로도 등록될 수 있다. 한 국가가 조약을 등록하면 다른 당사국들은 더 이상 등록의무를 지지 않는다. 예외적으로 공동 등록을 하는 경우도 있다. UN이 수탁자이거나 UN이 당사자인 조약은 UN이 직권으로 등록한다. 조약의 종료나 탈퇴와 같은 행위도 등록된다. 이미 종료된 조약도 등록이 가능하다.

아직 발효되지는 않았으나 잠정적용 중인 조약도 등록될 수 있는가? UN은 초기에 일단 발효된 조약만 등록한다는 원칙을 수립했었으나, 이후 발효의 의미를 좀더 넓게 해석해 조약의 일부 당사국에 의해 잠정적용되는 조약은 발효된 조약의 일종으로 취급해 등록을 일단 받는다.

한편 UN 비회원국과의 조약 또한 등록이 가능하다. 이에 UN에 가입하기 이전 한국이 체결한 조약도 등록된 예가 적지 않다. 예를 들어 1954년 한미 상호방위조약은 미국의 신청으로 UN에 등록되었다. 1965년 한일 기본관계조약은 일본의 신청으로 등록되었다. 국가에 따라서는 체결된 조약 중 중요한 조약만을 등록하는 경우가 많아 UN에 등록된 조약이 전 세계에서 발효 중인 모든 조약을 망라하지는 못한다.

---

9) A. Aust, Treaty Law, p.298.

10) UN 총회는 창설 직후 조약 등록에 관한 원칙을 설정하였고(총회 결의 제97(I)호(1946), 이후 수차례 개정되었다. 총회 결의 제364(B)(IV)호(1949), 제482(V)호(1959), 제33/141(A)호(1978) 등.

한편 UN 사무국은 반드시 국가간 합의가 아니더라도 법적 구속력 있는 일방적 조치도 등록대상에 포함시키고 있다. 예를 들어 ICJ 규정 제36조 2항 선택조항 수락 선언도 등록을 받고 있다. 1957년 이집트가 수에즈 운하 국유화 이후 운하 이용에 관한 1888년 콘스탄티노플 협정을 존중하겠다고 발표한 일방적 선언도 등록되었다.

UN에 등록을 위해 접수된 문서는 우선 과연 "조약"인지가 검토된다. 등록 대상이 아니라고 판단되면 등록이 거부된다. UN에 등록되었다고 하여 조약이 아닌 문서가 조약으로 되지는 않으며, 등록되지 않았다고 하여 조약으로서의 효력을 부인당하지는 않는다. 일단 등록을 했다는 사실은 문서 성격에 대한 당사국의 의도를 표시한다. 조약으로서의 성격에 논란이 있는 경우, 일방 당사국이 등록을 하고 타방 당사국이 이에 항의하지 않았다고 하여 문서의 조약적 성격에 대한 묵시적 수락으로 해석되지 않는다. 사실 타국의 조약 등록행위를 일일이 확인하고 있는 국가는 거의 없다.

조약의 등록은 오직 UN에 대한 대항요건으로서만 의의를 지닌다. 그러나 실제로는 등록되지 않은 조약이라고 하여 UN이 그 효력을 부인하지 않는다. 즉 UN의 회의나 ICJ의 소송에서 등록 여부에 따라 조약의 효력이 달리 취급되지 않았다. 현실적으로 조약의 미등록을 이유로 UN에서 효력문제가 제기된 경우는 거의 없었다.[11] 연맹 규약이 등록되지 않은 조약은 구속력이 발생하지 않는다고 규정했던 점에 비하면, UN 체제에서는 등록의 법적 의의가 크게 축소되었다.

▶판례: 조약의 UN 등록의 의미

Maritime Delimitation und Territorial Questions between Qatar and Bahrain (Jurisdiction and Admissibility) (Qatar v. Bahrain), 1994 ICJ Reports 112.

[조약의 UN 등록의 거부나 지연은 조약의 유효성과는 관계가 없으며, 그러한 지연으로부터 해당 합의가 조약이 아니라는 추론은 나오지 않는다.]

"28. Bahrain [···] maintains that the subsequent conduct of the Parties showed that they never considered the 1990 Minutes to be an agreement of this kind; and that not only was this the position of Bahrain, but it was also that of Qatar. Bahrain

11) Martens, Article 102, in B. Simma, DE. Khan, G. Nolte & A. Paulus eds., The Charter of the United Nations 3rd ed.(Oxford UP, 2012), paras.52-57.

points out that Qatar waited until June 1991 before it applied to the United Nations Secretariat to register the Minutes of December 1990 under Article 102 of the Charter; and moreover that Bahrain objected to such registration. Bahrain also observes that, contrary to what is laid down in Article 17 of the Pact of the League of Arab States, Qatar did not file the 1990 Minutes with the General Secretariat of the League; nor did it follow the procedures required by its own Constitution for the conclusion of treaties. This conduct showed that Qatar, like Bahrain, never considered the 1990 Minutes to be an international agreement.

29. The Court would observe that an international agreement or treaty that has not been registered with the Secretariat of the United Nations may not, according to the provisions of Article 102 of the Charter, be invoked by the parties before any organ of the United Nations. Non-registration or late registration, on the other hand, does not have any consequence for the actual validity of the agreement, which remains no less binding upon the parties. The Court therefore cannot infer from the fact that Qatar did not apply for registration of the 1990 Minutes until six months after they were signed that Qatar considered, in December 1990, that those Minutes did not constitute an international agreement. The same conclusion follows as regards the non-registration of the text with the General Secretariat of the Arab League. [⋯] Accordingly Bahrain's argument on these points also cannot be accepted."

3. 공 표

국제법상 조약 당사국이 조약을 공표할 의무는 없다. UN에서의 조약등록은 공표를 강제하기 위한 제도이다. UN은 등록된 조약을 공표한다(제102조 1항). UN은 등록된 조약을 홈페이지를 통해 공개하고, United Nations Treaty Series라는 책자로 간행한다. 매년 등록되는 조약의 숫자가 많아 등록과 발간에는 상당한 시차가 발생한다. 이 조약집의 수록 순서는 조약의 채택일이나 발효일이 아닌 등록일을 기준으로 한다.

개별 국가가 자국이 체결한 조약을 공표할지 여부는 각국의 의사나 제도에 따른다. 한국은 헌법 제6조 1항에 의해 공포된 조약만이 국내법으로서의 효력을 지닌다. 공포는 관보에 의한다. 대부분의 국가가 조약을 관보나 유사한 정부 기관지를 통해 공표하며, 자국이 당사국인 조약을 모아 공식 조약집을 발간한다. 개인이 이 같은 조약집을 갖추기는 어려우므로 한국의 경우 외교부 홈페이지의 조약정보란이나 법제처 국가법령정보센터의 현행법령검색란을 통해 발효 중인 조약을 확인할 수 있다.

국가에 따라서는 모든 조약을 공표하지 않는 경우도 많다. 의도적으로 비밀조약이 체결되기도 한다. 국제법상 비밀조약이 금지되지 않으므로, 공개되지 않은 조약이라 해 무효는 아니다. 한국에서는 헌법 제6조 1항으로 인해 비밀조약이 국내법적 효력을 갖기 어렵다. 다만 국내 공포가 되지 않았다는 이유만으로 한국이 체결한 비밀조약의 국제법적 효력이 바로 부인되지는 않는다.

제13장

조약의 승계

1. 국가승계
   가. 의 의
   나. 유 형
   다. 법 원
2. 조약승계에 관한 국제법
   가. 20세기의 경향
   나. 「조약의 국가승계에 관한 비엔나 협약」
   다. 특별한 유형의 조약
3. 조약승계의 실제
   가. 독일 통일
   나. 소련방 해산
   다. 발트 3국의 주권 회복
   라. 유고슬라비아 해체
   마. 체코슬로바키아 해체
   바. 분단국 통일
4. 대한민국과 조약승계
   가. 대한제국 조약의 승계
   나. 통일과 조약승계

제13장 조약의 승계

1. 국가승계

가. 의 의

국가는 역사 속에서 흥망성쇠의 과정을 거친다. 새로운 국가가 탄생하는가 하면, 영역이 변경되기도 하고, 기존의 국가가 타국으로 흡수되어 소멸하기도 한다. 국가영역의 일부가 떨어져 나와 새로운 국가를 형성하면 기존 국가의 권리의무는 신생국과 어떠한 관계를 갖는가?[1)]

어느 국가의 영역의 일부가 타국으로 이양된다면 그 지역에 거주하는 주민의 국적은 어떻게 되는가? 동서독이 통합된 이후 독일은 구 서독의 계속인가? 아니면 법적으로 새로운 국가의 탄생인가? 구 소련방이 15개 국가로 분열된 이후의 러시아는 구 소련과 동일한 국가라고 볼 수 있는가? 유고슬라비아가 복수의 국가로 해체된 이후 구 유고의 중심이었던 현재의 세르비아는 구 유고슬라비아를 계승한 동일한 국가인가?

일정 영역의 국제관계상 책임 주체가 한 국가에서 다른 국가로 대체되는 현상을 국가승계(State Succession)라고 한다.

> "succession of States" means the replacement of one State by another in the responsibility for the international relations of territory." (Vienna Convention on Succession of States in respect of Treaties(1978) 제2조 1항 나호)[2)]

---

1) 여기의 1. 국가승계 소항목은 정인섭, 신국제법강의(제13판), pp.610–615의 내용을 주로 참고했다.

2) Vienna Convention on Succession of States in respect of State Property, Archives and Debts (1985) 제2조도 동일한 정의 규정을 갖고 있다. 이는 국가승계에 관한 정의로서 오늘날 폭넓게 수용되고 있다. G. Hafner & G. Novak, State Succession in Respect of Treaty Relationships, in D. Hollis, Oxford Guide 2nd, p.386.

여기서 국가승계를 정의함에 있어서 "주권"의 대체 등과 같은 표현을 사용하지 않고, "국제관계에 관한 책임"의 대체로 규정한 이유는 신탁통치 · 위임통치 · 보호관계로부터의 독립 등 반드시 주권의 이양이 아닌 경우까지 폭 넓게 포함시키려는 의도였다.[3)]

국가승계는 복수의 국가가 관련되어 발생하는 국제법적 현상이다. 따라서 한 국가 내 혁명을 통한 국가체제의 변경이나 정권의 교체만으로는 국가승계가 발생하지 않는다. 국가승계는 사법상(私法上) 상속과 유사하나, 상속인의 사망을 전제로 하는 사법상 상속과 달리 국가승계에서는 반드시 선행국(先行國, predecessor State)의 소멸을 전제하지 않는다는 점에 차이가 난다. 사법상 상속에서는 피상속인의 권리 · 의무가 상속인에게 포괄적으로 승계됨을 원칙으로 하나, 국가승계에서는 반드시 그러한 계속성이 전제되지는 않는다는 점에서도 구별된다. 새로이 책임을 담당하게 된 승계국(successor State)은 기존 국가일수도 있고, 신생국일수도 있다. 국제관계의 안정을 희망하는 제3국의 입장에서는 국가승계가 일어나는 경우 기존 국경이나 조약관계, 경제적 기득권 등이 유지될 수 있는지 등에 관해 지대한 관심을 갖지 않을 수 없다.

국가승계는 한국으로서 특별한 관심을 기울일 수밖에 없는 주제이다. 대한제국이 일제 식민지배를 받고, 다시 제2차 대전 후 남북 분단, 장래 통일 한국의 지향 – 이러한 과정들이 모두 국가승계에 해당할 수 있기 때문이다. 일제의 식민지배는 법적으로 무효이며, 대한제국과 대한민국은 법적으로 동일한 국가의 계속이라고 본다면 엄밀히 말해 이는 복수 국가간에 발생한 국가승계가 아니게 된다. 그러나 35년간 일제의 지배 사실과 3년의 미군정을 거친 역사의 과정은 국가승계를 통해 설명될 수밖에 없는 부분이 적지 않다.[4)] 따라서 국가승계에 대한 연구는 우리의 지난 역사를 정리하는 데 필요할뿐더러, 미래의 역사를 대비하기 위하여도 필요하다.

국가승계를 보는 시각에 있어서는 기본적으로 2가지 입장이 대립되고 있다.

첫째는 계속성 이론이다. 국가승계가 발생해도 해당 지역의 권리 · 의무관계는

3) ILC Final Draft Articles and Commentary: State Succession in Respect of Treaties(1974), Article 2, para.3.

4) 북한은 전체 조선인민을 대표하는 유일 합법정부는 북한정부이며, 조선 반도에서는 북한만이 모든 국제법상 권리의무를 계승할 권리를 가진다고 주장하고 있다. 국제법학(법학부용)(김일성종합대학출판사, 1992), pp.52, 59.

계속되며, 오직 영역주권의 주체라는 정치적 상부구조만 변경된다고 보는 입장이다. 사법의 상속이론을 국가승계에도 최대한 유추해서 적용하려는 입장이다. 기존 권리·의무관계를 가급적 유지시키려 하기 때문에 국제관계의 안정성 확보와 제3국 신뢰보호에 유리하다. 기존 관습국제법 규칙이 이의 형성에 참여하지 못했던 신생국에게 구속력을 갖는 현상과도 맥이 일치한다. 국가 영토의 일부가 분리되어도 선행국이 존속되는 경우에 적용이 용이한 입장이다.

둘째, 단절론의 입장에서는 국가승계가 주권적 권리의무의 승계가 아니라 기존 주권질서의 파괴라고 본다. 선행국의 주권은 소멸하고, 승계국은 새로운 주권을 획득하게 되므로, 기존의 권리·의무가 승계국에 구속력을 가질 수 없다고 본다. 백지출발주의(clean slate doctrine)로 표현될 수 있는 이 입장은 19세기 이래 민족자결원칙의 보완수단이라고 생각되었다.[5] 그러나 선행국의 권리·의무를 존속시키는 편이 승계국에 유리한 경우도 적지 않다.

역사적으로 19세기 중엽 유럽 대륙에서의 국가승계는 독일과 이탈리아의 통일운동으로 대표되듯이 다수의 소국이 민족국가로 통합되는 현상이 주류를 이루었다. 이때 제3국의 입장에서는 기존 질서가 가급적 존중되기를 희망했고 정치적으로 계속성 이론이 지지를 받았다. 19세기 중남미 독립의 과정에서도 같은 현상이 나타났다. 반면 서유럽 세력이 아시아·아프리카에서 식민지를 확장하는 과정에서는 가급적 기존 법률관계의 구애를 받지 않으려 했다. 자연 단절론이 지지를 얻었다. 20세기 후반 탈식민 과정에서도 신생국은 기존 조약관계의 의무적 지속을 원하지 않았다.

그러나 실제의 국가승계는 계속론과 단절론이 혼합되어 처리되는 경우가 대부분일 것이다. 결국 국가승계에 있어서 현실적 쟁점은 승계국이 선행국의 권리·의무를 승계한다고 주장하는가 또는 단절되었다고 주장하는가, 그리고 이 주장에 타국은 어떻게 반응하는가이다.

국가의 승계 여부는 우선 사실의 문제이나, 그 사실의 확정부터 쉽지 않은 경우가 많다. 예를 들면 국가승계의 발생시점조차 불분명한 경우도 있다. 왜냐하면 명확한 일자에 신생국이 출현하기도 하지만, 때로 구 유고슬라비아의 해체과정과 같이 점진적인 과도기를 거치면서 구 국가의 해체와 신생국의 독립이 순차적으로

---

5) G. Hafner & G. Novak(전게주 2), p.393.

진행되기도 하기 때문이다. 실제에 있어서 국가승계의 효과는 당사국과 이해관계국이 정치적으로 어떠한 태도를 취하느냐에 크게 좌우된다. 국가가 탄생하고, 소멸하고, 영토가 이양되는 등의 사태는 국제관계에 있어서 변화와 위기의 일종이다. 이러한 사태는 다양한 상황 속에서 다양한 형태로 진행되기 때문에 일률적으로 적용될 법규칙을 찾기가 쉽지 않으며, 특정 사례의 결과를 바로 일반화하기도 어렵다. 이러한 이유들이 국가승계에 관한 국제법의 형성과 운영을 어렵게 만든다.

나. 유 형

국가승계는 다양한 유형으로 발생한다. 대표적인 유형별로 구분해 본다.

(1) 식민지 독립

식민지 독립(newly independent state)은 20세기 후반 가장 일반적인 국가승계 형태였다. 제2차 대전 후 약 100여 개의 국가가 식민지배를 벗어나 독립했다. 오늘날은 국제적으로 식민지 독립이 거의 달성되었다.

(2) 기존 국가 일부의 분리 독립

기존 국가 일부의 분리 독립(separation)은 1991년 구 소련방에서 14개 공화국이 분리, 독립한 경우가 근래의 대표적인 사례다. 1971년 파키스탄으로부터 방글라데시의 독립, 1993년 에티오피아로부터 에리트레아의 독립도 분리의 예이다. 기존 국가로부터의 분리 독립이라는 점에서는 식민지 독립과 같은 모습이나, 기존의 양자관계가 지배·종속관계라고 할 수 없다는 점에서 차이가 있다.

(3) 국가 해체

국가 해체(dissolution)란 국가승계로 인해 기존 국가는 소멸하고, 복수의 신생국만 존재하게 되는 유형이다. 구 유고 사회주의 연방공화국은 1992년 이후 점차적으로 모두 7개의 국가로 해체되었다. 분열 이후 어느 국가도 구 유고연방의 계속이라고 인정되지 않아, 모두 새로이 UN에 가입했다. 1992년 말 체코슬로바키아도 체코 공화국과 슬로바키아로 해체되어 각각 UN에 신규로 가입했다.

(4) 국가 통합

국가 통합(uniting of states)이란 복수의 국가가 통합해 단일한 국가로 발전하는 승계 유형이다. 1964년 탕카니카와 잔지바르의 통합에 의한 탄자니아의 성립, 1976년 베트남 민주공화국과 베트남 공화국의 남북통합에 의한 베트남 사회주의 공화국의 수립, 1990년 남북 예멘의 통합에 의한 예멘 공화국의 수립, 1990년 동서독 통합 등이 이에 해당한다. 이 중 독일 통일은 동독이 자진하여 독일연방공화국의 일부로 편입되는 형식을 취했다.

(5) 영토 일부 이전

기존 국가의 영토 일부가 다른 주권국가로 소속이 바뀌는 승계이다. 가장 자주 발생하던 승계유형이다. 과거 전쟁의 패전국은 영토 일부를 승전국에게 할양한 사례가 많았다. 기타 매매, 증여, 교환 등 그 원인은 다양하다.

이 이외에도 원 국가로의 복귀라는 승계유형도 검토해 볼 수 있다. 예를 들어 발트 3국, 즉 에스토니아·라트비아·리투아니아는 1940년 강압에 의해 소련에 편입되었다가, 소련방 분열 이후 1991년 독립을 회복했다. 미국·영국 등 적지 않은 서방 국가들은 그 기간 중 소련의 발트 3국 합병을 사실상 승인만 하고, 법률상 승인은 하지 않고 있었다. 발트 3국은 자신이 소련방에서 분리 독립한 신생국이 아니라, 과거의 발트 3국으로 다시 복귀(또는 주권 회복)했다고 주장했다. 구 조약 관계의 일부도 부활시켰다. 대한제국과 광복 후 대한민국간의 관계에도 적용이 가능한 이론이나, 원 국가로의 복귀는 국가승계의 문제라기보다 구 국가와 신 국가 간 동일성 판단의 문제라고 볼 수도 있다. 이를 국가승계의 문제로 본다 해도 실제 사례가 많지 않아 과연 하나의 독자적 승계유형에 해당할까라는 의문이 제기되기도 한다. 아직 국제법상 확립된 이론이라고 하기 어려운 것이 사실이다.[6]

제2차 대전 이후 20세기 후반부에는 탈식민과정을 통한 신생 독립국의 탄생이 국가승계의 주요 발생유형이었다면, 최근 20여 년 동안에는 국가의 통합이나 해체가 주로 발생한 승계 유형이었다.

다. 법　　원

국가승계는 아리스토텔레스의 저작에서도 언급되고 있으며, 그로티우스 시절에는 이미 국제법적 관심사였다. 근대 국제법 발달 초기에는 주로 로마 사법의 상속이론이 국가승계에 유추 적용되었다. 유럽의 절대주의 왕권 시절에는 국가와 주

6) 정인섭, 신국제법강의(제13판), pp.633－636.

권자로서의 왕이 동일시되었기 때문에, 국가 영역의 이양이 사유 재산 이전과 동일시될 수 있었다. 그러나 점차 국가가 독립된 법인격으로 인정됨에 따라 국가승계에서는 사법 이론의 적용에 따른 권리·의무의 이전이 부인되게 되었다.

국가승계에 대해서는 「조약법에 관한 비엔나협약」이 적용되지 않는다(제73조). 대신 현재 국가승계에 관하여는 UN 국제법위원회(ILC)가 준비한 2개의 조약과 1개의 UN 총회 결의가 성립되어 있다. ILC의 오랜 준비 끝에 1978년 「조약의 국가승계에 관한 비엔나협약」이 채택되었고(이하 주로 「조약의 국가승계협약」으로 약칭),[7] 1983년에는 「국가재산, 문서 및 부채의 국가승계에 관한 비엔나협약」이 채택되었다.[8] 이어 UN 총회는 2000년 「국가승계에 관련된 자연인의 국적」을 결의의 형식으로 채택했다.[9]

그러나 이들 조약은 국제사회의 호응을 크게 받지 못하였다. 「조약의 국가승계협약」은 찬성 78, 반대 0, 기권 2의 압도적 다수결로 채택되었음에도 불구하고 실제 발효에는 오랜 시간이 걸렸다. 동구권 격변으로 출현한 여러 신국들의 가입으로 채택한지 18년만인 1996년에 겨우 발효할 수 있었으나, 아직 당사국의 숫자가 적고 그 지역도 동구권과 아프리카 국가들에 치중되어 있어 실제 조약으로 적용될 가능성은 많지 않다. 일각에서는 이 조약 내용이 관습국제법의 반영이라고 평가하고 있으나, 많은 내용이 국제법의 새로운 입법(progressive development of international law)을 표시할 뿐이라는 반론도 거세다. 이들 조약은 식민지 독립이라는 승계 유형을 중심으로 작성되었는데, 이러한 상황은 오늘의 국제사회에서 더 이상 중요하지 않다. 그나마 지나치게 신생국 위주의 내용으로 구성되었다는 이유에서 반발하는 국가도 있었다.[10] 따라서 이들 조약이 채택된 이후 발생한 국가승계에 있어서 지도적 역할을 확실히 하지는 못했다.[11] 사실 국가승계는 매 사례마다 특유의 정치적 배경이 중요한 변수가 되기 때문에 통일적 법전화 작업이 쉽지 않은 분야이다.[12]

---

7) Vienna Convention on Succession of States in respect of Treaties.

8) Vienna Convention on Succession of States in respect of Property, Archives and Debts. 미발효.

9) Nationality of Natural Persons in relation to the Succession of States. UN 총회 결의 제55/153호(2000).

10) D. Vagts, "State Succession: The Codifiers' View," Virginia Journal of International Law vol. 33 (1993), p.283.

11) 이 협약에는 소급불가 조항이 있으므로(제7조 1항), 발효 이전에 발생한 국가승계에 대해는 법적으로 적용되지 않는다.

그렇다고 하여 국가승계에 관한 관습국제법이 명확하지도 않다. 제3세계 국가들은 과거의 관행이 다분히 강대국 중심의 처리였다고 생각한다. 특히 제2차 대전 이전 발생한 국가승계의 상당부분은 이제 선례로서의 가치를 많이 상실했다고 보아도 과언이 아니다. 국가승계 시마다 공통된 원칙이 적용되기보다는 상황의 특수성을 반영해 양자 합의를 통해 처리된 경우가 많았다. 그런 의미에서 국가승계에 관해서는 여전히 다양한 견해와 실행이 혼재한다. 그럼에도 불구하고 주제(예: 국경조약)에 따라서는 관습국제법으로 평가될 정도로 국제사회의 광범위한 지지를 받는 실행이 성립되어 있으며, 그에 이르지는 않더라도 주요국의 선례를 바탕으로 뚜렷한 경향성이 형성되어 있는 주제도 있다. 인권조약의 자동승계 논의와 같이 새로운 주제가 부각되기도 한다.

2. 조약승계에 관한 국제법

가. 20세기의 경향

조약은 이를 체결한 국제법 주체간의 법적 관계라고 할 수 있으나, 한편 이것이 적용되는 영역간의 법적 관계라는 측면도 있다. 새로운 국가가 일정 영역의 국제관계에 관한 책임을 인수하게 되면, 그 영역에 적용되던 기존 조약상의 권리의무는 어떻게 되는가?

20세기에 발생한 가장 일반적인 국가승계 현상은 식민지 독립이었다. 식민지 독립에서도 조약승계의 모습은 각 사례마다 다양하게 발현해 하나의 관습국제법 규칙으로 정리하기 쉽지 않지만, 그래도 몇 가지 두드러진 특징을 유형화해 볼 수 있다.

20세기 전반부까지는 19세기 이래의 포괄승계(universal succession)적 관점이 크게 작용했다. 즉 신생국은 과거부터 그 지역에 적용되던 조약상 권리·의무를 가능한 한 일괄적으로 승계한다는 입장이다. 이를 반영해 수많은 해외령을 갖고 있었던 영국은 20세기 중엽 자국의 통치로부터 독립하는 국가와 독립 이전부터 적용

12) D. O'Connell, "Reflections on the State Succession Convention," Zeitschrift für Ausländisches Öffentliches Recht und Völkerrecht vol. 39(1979), p.726. 이에 O'Connell은 국가승계의 법전화는 법의 발전을 저지시키고, 법을 특정한 시간과 이념에 묶어두게 된다고 비판했다. 상동, p.739.

되던 기존 조약상의 모든 권리·의무를 적용가능한 범위에서 신생 독립국이 계속 부담하기로 한다는 일종의 이양협정(devolution agreement)을 체결했다. 즉 이에 따르면 기존 조약에 따른 영국 정부의 모든 의무와 책임은 적용가능한 한 새로운 독립국으로 이전되며, 영국은 그 지역에 대한 조약상 의무와 책임으로부터 해제된다.[13] 영국은 1931년 위임통치에서 벗어나는 이라크와 이 방식의 협정을 체결했고, 이후에도 감비아를 제외한 아프리카 식민지 독립국 등 약 20여 개국과 같은 유형의 합의를 했다.[14] 영국의 입장에서는 이 같은 방식이 구 지배령에 적용되던 조약관계에 대한 책임 이전을 명백히 하고, 신생국으로서는 독립 직후 필연적으로 발생할 수 있는 대외관계 상의 법적 공백을 방지할 수 있었다. 그 무렵 프랑스로부터 독립한 여러 아프리카 국가들도 공식적인 이양협정을 체결하지는 않았지만, 독립 이전부터 자국에 적용되던 조약의 당사국임을 선언하고 이를 UN 사무총장에게 통지했다.

그러나 이 방식은 선행국과 승계국간 양자 합의에 불과하므로 승계국이 제3국에 대해 그 법적 효과의 수락을 강제할 수 없다는 문제점을 지니고 있었다.[15] 반면 영국과 같은 선행국은 이양협정이 없더라도 조약경계이동의 원칙에 의해 구 식민지 지역에 대한 조약의무가 면제된다고 주장할 수 있다. 신생 독립국이 과연 자발적으로 이 같은 협정을 체결했을까 라는 의문도 제기되었다. UN도 점차 식민지 독립 이후 이양협정의 내용에 관해 신생국의 의사를 재확인하게 되었다. UN 사무총

13) 다음은 전형적인 내용을 보여 주는 영국과 가나 사이의 합의문이다. 양국은 여러 차례의 교섭 끝에 다음과 같은 공한을 교환하기로 합의했다. 즉 1957년 11월 25일 영국의 High Commissioner는 가나 수도 아크라에서 가나 수상에게 아래와 같은 내용을 담은 서한을 전달했다.

"(i) All obligations and responsibilities of the Government of the United Kingdom which arise from any valid international instrument shall henceforth, in so far as such instrument may be held to have application to Ghana, be assumed by the Government of Ghana.

(ii) The rights and benefits heretofore enjoyed by the Government of the United Kingdom in virtue of the application of any such international instrument to the Gold Coast shall henceforth be enjoyed by the Government of Ghana."

가나 수상은 같은 일자에 자국 정부가 이 내용에 합의함을 확인하는 공한을 답신해 합의는 즉시 발효했다.

14) 영국은 실론, 말레이시아, 가나, 사이프러스, 나이지리아, 시에라리온, 자메이카, 트리니다드 토바고 등과 이 같은 협정을 체결했으며, 네덜란드는 인도네시아와 협정을 체결했다. 이순천, 조약의 국가승계(열린책들, 2012), p.58.

15) A. Aust, Treaty Law, p.325.

장은 이양협정을 통고받았다고 해 바로 자신이 수탁자인 다자조약의 당사국 명단을 변경시키지 않음이 원칙이었다.[16)]

1961년 12월 탕카니카의 Nyerere 대통령은 이양협정을 체결해도 자국은 제3국에 대해 기존 조약상의 의무이행을 요구하기 어렵다는 이유에서 이를 체결하지 않겠다고 선언했다. 대신 탕카니카는 별도의 합의가 없다면 영국이 체결해 적용되던 기존 양자조약을 독립 후 2년간 상호주의적으로 잠정적용하겠으나, 그 기간 내에 별도의 통지나 합의가 없다면 2년 이후에는 모두 실효된 조약으로 처리한다고 선언했다. 한편 영국이 체결해 적용되던 다자조약에 대해서는 개별 검토 후 자국의 입장을 통고한다고 발표했다.[17)] 이는 백지출발주의(clean slate doctrine)에 입각해 신생국이 최대한 재량권을 행사하려는 한편, 독립 초기 기존 조약의 잠정적용을 수락하고 있다는 점에서 실용적인 태도라고 평가되었다. 이 입장은 동아프리카 국가 독립 시에 상당한 영향을 미쳤다.[18)]

한편 1964년 9월 잠비아는 자국이 기존 조약을 소멸했다고 판단하지 않는 한, 계속 적용을 인정한다고 UN에 통고했다. 그러나 구체적으로 언제까지 소멸 여부를 판단할지에 관한 기한은 명시하지 않았다. 다만 잠비아는 조약의 유지나 종료에 대한 자신의 판단이 관습국제법에 근거한다고 주장했다. 이후 가이아나, 바베이도스, 모리셔스 통가, 피지 등도 잠비아와 유사한 선언을 했다.[19)]

이러한 방식들은 기존 조약이 효력을 지속하느냐 여부를 독립국이 주도적으로 결정하겠다는 취지였다. 1960년대 독립을 달성한 적지 않은 국가들이 이러한 방식을 따랐지만, 이 역시 일방적 선언만으로는 타국에 대해 법적 구속력을 강제할 수 없다는 한계를 지니고 있었다.[20)] UN 사무총장 역시 신생독립국의 요청이 있으면 위와 같이 포괄적 내용의 일방적 선언을 회원국에 회람시켜 주기는 했으나, 구체적 조약이 특정되지 않은 포괄적 선언은 자신이 수탁자로 있는 조약에 대한 승계효과를 발생시키는 유효한 문서로 간주하지 않는다는 점을 신생독립국에게 주

16) Summary of Practice of the Secretary－General as Depositary of Multinational Treaties, UN Doc. ST/LEG/7/Rev.1(UN, 1994), paras.308－310.

17) 이를 당시 탕카니카 대통령의 이름을 따 Nyerere doctrine이라고도 한다. 우간다, 케냐, 말라위 등도 기본적으로 이 방식을 채택했다. 이순천(전게주 14), p.66.

18) G. Hafner & G. Novak(전게주 2), p.410.

19) 이순천(전제주 14), pp.67－68.

20) 기타 카메룬, 코트디브와르, 니제르 등은 몇몇 특정 조약만 지정하여, 이의 승계를 선언했다. 이를 근거로 한 실제 실행에 관해서는 이순천(전게주 14), pp.61－70 참조.

지시켰다.[21)]

결국 아래 설명하는 「조약의 국가승계에 관한 비엔나 협약」은 이상과 같은 이양협정이나 승계국의 일방적 선언만으로는 기존 조약상 권리 · 의무가 승계국이나 제3국의 권리 · 의무로 지속될 수 없다고 규정해 논란 가능성을 봉쇄했다(제8조 및 제9조). 조약은 제3국의 동의 없이 그에 대한 권리 · 의무를 창설하지 못한다는 원칙에 충실한 내용이었다. 국제사회에서 국가승계는 빈번하게 발생했으나, 이에 관한 관습국제법은 여전히 불분명했다.

자료: 1961년 12월 9일 Nyerere 선언

"The Government of Tanganyika is mindful of the desirability of maintaining to the fullest extent compatible with the emergence into full independence of the State of Tanganyika, legal continuity between Tanganyika and the several States with which, through the actions of the United Kingdom, the territory of Tanganyika was prior to independence in treaty relations. Accordingly, the Government of Tanganyika takes the present opportunity of making the following declaration:

As regards bilateral treaties validly concluded by the United Kingdom on behalf of the territory of Tanganyika or validly applied or extended by the former to the territory of the latter, the Government of Tanganyika is willing to continue to apply within its territory, on a basis of reciprocity, the terms of all such treaties for a period of two years from the date of independence(i.e. until December 8, 1963) unless abrogated or modified earlier by mutual consent. At the expiry of that period, the Government of Tanganyika will regard such of those treaties which could not by the application of the rules of customary international law be regarded as otherwise surviving, as having terminated.

The Government of Tanganyika is conscious that the above declaration applicable to bilateral treaties cannot with equal facility be applied to multilateral treaties. As regards these, therefore, the Government of Tanganyika proposes to review each of them individually and to indicate to the depositary in each case what steps it wishes to take in relation to each such instrument-whether by confirmation of termination confirmation of succession or accession. During such interim period of review any party to a multilateral treaty which has prior to independence been applied or extended to Tanganyika may, on a basis of reciprocity, rely as against Tanganika on the terms of such treaty."

21) 전게주 16, paras.303–306.

나. 「조약의 국가승계에 관한 비엔나 협약」

(1) 채택 경위

UN 국제법위원회(ILC)는 1949년 제1차 회의에서 "국가 및 정부의 승계"를 국제법 법전화를 위한 우선적 주제를 선정했으나, 초기에는 이 문제가 적극적으로 검토되지 않았다. 1950년대 말부터 식민지 독립이 본격화 되자 UN 총회는 1962년 ILC가 국가 및 정부 승계의 성문화 작업을 우선적으로 진행하라고 요청하는 결의를 채택했다.[22] ILC는 1963년부터 이 문제를 본격적으로 검토하기 시작하고 M. Lachs를 특별보고관으로 임명했다. 1967년 M. Lachs가 위원직을 사퇴하자, ILC는 국가승계문제를 3개 주제로 세분해, 조약에 관해서는 H. Waldock을, 조약 외 분야에 관해서는 M. Bedjaoui를 특별보고관으로 임명하는 한편, 국제기구 회원지위 승계문제는 당분간 특별보고관을 임명하지 않기로 결정했다. H. Waldock은 1968년부터 1972년까지 모두 5차례 보고서를 제출했으나 작업은 완료되지 않았다. 1973년부터는 F. Vallet가 새로운 특별보고관으로 임명되었다. ILC는 1974년 최종 초안을 완성해 UN 총회로 보고했다. 총회는 이를 조약으로 채택하기 위한 회의를 1977년 소집했다. 조약의 국가승계에 관한 UN 회의가 1977년 4–5월 비엔나에서 개최되었으나, 시간 부족으로 조약 채택에 이르지 못했다. 1978년 7–8월 재차 비엔나 회의가 소집되었고, 마침내 1978년 8월 22일 전문과 총 50개 조문 및 부속서로 구성된 「조약의 국가승계에 관한 비엔나 협약」이 채택되었다(찬 78, 반 0, 기권 2). 이 협약은 15개국 이상이 비준서를 기탁하면 30일째 되는 날 발효한다는 조항에 따라 1996년 11월 6일 발효했다.

(2) 적용 범위

협약은 영역의 국제관계 책임이 한 국가에서 다른 국가로 대체되는 국가승계에 관해 적용된다(제2조 1항 나호). ILC는 처음 국가 및 정부승계 문제를 포괄적으로 다루려고 의도했지만, 현 협약은 국가승계만을 대상으로 성안되었다. 협약의 논의 과정에서 소련 등 사회주의 국가들은 한 국가 내에서의 사회혁명을 통한 변화도 국가승계에 포함시켜야 한다고 주장했지만 받아들여지지 않았다. EU의 경우와 같이 국가기능의 일부가 국제기구로 이전되는 현상도 적용대상에 포함되지 않는다.

협약은 국가간 문서로 된 조약에만 적용되며(제1조), 국가와 국가가 아닌 국제

22) UN 총회 결의 제1686호(XVI)(1962).

법 주체간의 합의나 문서 형태의 합의가 아닌 조약에는 적용되지 않는다(제3조). 이 협약에 규정되지 않는 내용에 대해서는 관습국제법이 적용된다(협약 전문). 협약은 UN 헌장에 규정된 원칙에 합치되게 발생한 국가승계에만 적용되므로(제6조), 무력 정복과 같은 국제법 위반 행위를 통해 발생할 수 있는 국가승계에는 적용되지 아니한다. 적대행위 개시와 군사점령에서 비롯된 조약에 관한 문제에 대해서도 이 협약은 적용되지 않는다(제39조 및 제40조).

소급효가 인정되지 않아서 달리 합의되지 않는 한 이 협약이 발효한 이후 발생한 국가승계에 대해서만 적용된다. 이는 당연한 법원칙 같지만 국가승계에 관해서는 특별한 문제가 제기된다. 어느 국가가 협약의 당사국이 되기 위해서는 일단 국가승계가 먼저 발생해 독립국이 되어야 한다. 이후 협약의 당사국이 되면 소급효 금지에 따라 자국의 독립과정에는 협약이 적용될 여지가 없어진다. 결국 협약은 이미 당사국인 기존 국가에서 국가승계가 발생하는 경우에만 적용이 가능하므로 이는 협약의 적용 가능성을 크게 축소시키게 된다.[23] 협약의 성안과정에서는 논란 끝에 승계국이 협약 발효 이전에 발생한 자국의 국가승계에 대해 이 협약의 적용을 인정하는 선언을 할 수 있고, 이 같은 선언을 수락한 다른 당사국 사이에는 소급적용도 가능하다고 규정했다(제7조). 협약 논의 과정에서 일부 국가들은 과거 식민지배국이 신생 독립국과 체결한 불평등 조약의 해소를 위한 목적에서는 소급적용을 인정하라고 주장했으나 받아들여지지 않았다.

(3) 주요 내용

협약은 국가승계를 4가지 유형으로 구분하고, 각각의 유형마다 조약에 대한 국가승계의 효과를 다르게 규정하였다.

㈎ 영토 일부 이전

영토 일부가 한 국가에서 타국으로 이양된 경우(succession in respect of part of territory) 해당 지역에는 신 국가(승계국)의 조약이 확대 적용되고, 구 국가(선행국)의 조약은 더 이상 적용되지 않는다. 단 이로 인해 조약의 대상 및 목적과 양립이 불가능한 결과를 가져오는 경우나, 조약 이행조건의 급격한 변화를 초래하는 경우는 그러하지 아니한다(제15조). 이를 조약경계이동 원칙(moving treaty-frontier rule)이라

---

23) 신각수, 조약에 관한 국가승계, 국제법학회논총 제27권 제1호(1982), p.181.

고 한다. 현재 이는 관습국제법의 표현이라고 보아도 무방하다.[24] 이는 조약이 당사국 전 영역에 적용됨을 원칙으로 하는 「조약법에 관한 비엔나 협약」 제29조의 내용과도 합치된다.[25]

㈏ 신생 독립국

협약이 채택되던 1978년 무렵까지 국가승계에 관한 국제사회의 관심은 단연 식민지 독립이었다. 협약도 식민지 독립으로 인한 조약승계에 가장 커다란 비중을 두고 있다.

종속관계로부터 독립한 신생국(newly independent state)으로서는 과거 자국영역에 적용되던 선행국의 조약을 계속 인정할 의무가 없다는 이른바 백지출발주의(clean slate principle)를 기본 원칙으로 한다. 이는 국가란 자신이 동의하지 않는 어떠한 조약상 의무에도 구속되지 않는다는 관습국제법 원칙과 부합하며, 자결권과 주권평등의 원칙과도 일치한다. 논의 과정에서 입법적 다자조약에 대해서는 백지출발주의의 적용을 제한하자는 주장이 있었으나, 개도국 측의 반대로 수락되지 않았다.

그러면서도 신생독립국이 원한다면 선행국의 다자조약의 경우 승계통고로써 기존 조약의 당사국 지위를 유지할 수 있다(제17조 1항). 이는 일방적 선언만으로 조약승계가 발생하지 않는다는 원칙에 대한 일종의 예외이다. 통고는 수탁자에게 서면으로 해야 한다. 승계통고를 해야 할 시한은 규정되지 않았으나, 적어도 합리적 기간 내에 신생국의 의사표시가 있어야 할 것이다. 승계통고로써 신생국은 독립일(당시 미발효 조약은 이후 조약 발효일)로부터 조약 당사국의 지위를 인정받으나, 단 독립일과 승계통고일 사이의 기간에는 적용이 정지된다(제23조). 또한 발효 중인 다자조약에 대해 신생독립국이 잠정적용의 의사를 통지하는 경우, 이에 명시적으로 동의하거나 묵시적 동의로 간주되는 국가와의 사이에는 해당조약이 잠정적용된다(제27조 1항).

선행국이 기속적 동의를 부여했으나 아직 미발효 조약인 경우, 신생 독립국은 승계통고로써 이에 대한 체약국의 지위를 획득하며(제18조 1항), 국가승계일 이후 발효하는 조약의 당사국이 될 수 있음이 원칙이다(제18조 2항). 선행국이 비준·수

---

24) G. Hafner & G. Novak(전게주 2), p.397; M. Shaw, International Law 9th ed.(Cambridge UP, 2021), p.849.

25) 이한기, 국제법강의(신정판)(박영사, 1997), p.237.

락·승인 등을 조건으로 다자조약에 서명한 경우, 원칙적으로 신생 독립국은 마치 자신이 그 조약에 서명한 듯이 후일 이를 비준·수락·승인 등을 할 수 있다(제19조 1항).

조약 유보와 관련해 신생국이 별다른 의사표시를 하지 않으면 선행국의 유보를 유지한다고 간주되나, 신생국은 새로운 유보를 첨부하거나 기존 유보를 변경할 수도 있다(제20조).[26]

이상 전반적으로 신생국의 입장을 최대한 존중한 내용이다. 다만 승계가 조약의 대상 및 목적과 양립할 수 없거나, 조약 이행조건의 급격한 변화를 초래하는 경우, 조약의 성격상 제한된 국가의 참여만이 전제되어 있는 경우 등에는 통고만으로 조약 당사국의 지위를 획득할 수 없다(제17조 2항 및 3항, 제18조 3항 및 4항, 제19조 3항 및 4항). 승계통고의 효과가 독립일로 바로 소급하지 않고, 신생국은 기존 유보를 변경할 권리를 인정받음으로써 조약의 승계와 신규 가입은 그다지 큰 차이가 없어졌다.

신생국으로서는 선행국의 조약에 구속될 의무는 없으나, 갑작스러운 모든 조약관계의 단절이 신생국에게 불리한 결과를 가져올 수도 있다. 예를 들어 항공협정, 관세협정, 비자면제협정 등과 같은 조약의 경우 당장은 유지시키는 편이 신생국에게 유리할 수 있다. 다만 양자조약의 경우는 누가 조약 당사국이냐가 다자조약보다 중요하므로 단순한 통고만으로 조약관계를 유지시킬 수 없다고 보았다. 즉 상대국의 명시적 또는 묵시적 동의가 있어야만 조약관계가 유지된다고 규정했다. 단 국가승계 발생시 이미 발효 중인 조약에 한한다(제24조 1항). 조약의 효력은 달리 합의하지 않는 한 국가승계 발생 시부터 적용된다(제24조 2항). 양자조약의 경우 신생국과 기존 당사국간에는 합의를 통해 새로운 조약관계가 성립된 결과가 되므로, 후일 선행국과 타방 당사국간에 조약의 종료, 개정, 정지 등이 발생해도 신생국에게는 영향을 미치지 않는다(제26조).

한편 당사국이 명시적으로 합의하거나 묵시적으로 인정한다면 기존 양자조약의 잠정적용도 가능하다(제28조). 신생국은 독립과 동시에 수많은 구 조약관계의 유지 필요성 여부에 대해 신속히 판단을 내릴 인적·물적 자원이 부족하다는 사실을 감안해 이를 인정한 것이다.

26) 근래의 국제실행상 승계국이 기존 유보를 유지하는 경우는 있어도, 새로운 유보는 잘 첨부하지는 않는다고 한다. G. Hafner & G. Novak(전제주 2), p.425.

협약이 채택되기 이전 조약승계에 관한 신생 독립국의 실행은 다양한 모습을 보인 것이 사실이나, 적어도 협약 채택 이후에는 이 내용이 크게 추종되었다.27) 그러나 막상 조약이 발효할 무렵이 되었을 때는 식민지 독립이 더 이상 국제사회의 관심사가 아니었다. 식민지 독립이 거의 완수되었기 때문이었다. 그 결과 「조약의 국가승계협약」은 발효와 동시에 효용성이 떨어질 수밖에 없었고, 국제사회의 주목도 끌지 못하였다.

(다) 국가 통합

복수의 국가가 1개 국가로 통합된 경우(uniting of states) 별도 합의가 없다면 통합 이전의 양자조약과 다자조약은 구별 없이 각기 기존의 적용지역에 한해 계속 적용된다. 이른바 계속성의 원칙이 적용된다. 단 그 같은 적용이 조약의 대상 및 목적에 어긋난다거나 조약 이행의 조건을 급격히 변경시키는 경우에는 그러하지 아니한다. 다자조약의 경우 승계국이 기존 조약을 새로운 전 영역에 적용하겠다고 통보할 수 있다(제31조).

ILC가 이 협약 조항을 준비하면서 참고했던 선례는 1871년의 독일 통일, 1848년 스위스 연방 헌법, 1895년 Greater Republic of Central America, 1923년 러시아, 우크라이나, 벨라루스, 트랜스코카시안 국가들의 소련방으로의 통합, 1845년 텍사스 공화국의 미국 가입, 1958년 이집트와 시리아의 통일 아랍공화국 결성, 1964년 탕카니카와 잔지바르의 탄자니아로의 통합 등이었다. 이 중 텍사스의 경우를 제외하고는 모두 통합 이후에도 일정 범위의 기존 조약이 통합국가, 특히 기존 조약의 적용지역에 계속 적용됨을 선언하고 있었다.28) 따라서 ILC는 협약 제31조 이하의 내용이 국제관례에도 부합된다고 생각했다. 여기에는 승계국이 기존 조약을 자의로 종료시키지 못하게 함으로써 국제관계의 안정성을 도모하기 위한 의도가 담겨 있었다.

국가통합은 남북한이 통일되면 가장 부합되는 국가승계 유형인데, 정작 협약 내용은 국제적으로 지지를 받기보다는 주로 비판의 대상이 되었다. 즉 협약은 통합 이후에도 서로 다른 법제도의 적용을 예정함으로써 국가통합을 오히려 방해하는 결과를 가져오며, 경우에 따라서는 한 국가 내에 서로 모순되는 내용의 조약을

27) G. Hafner & G. Novak(전게주 2), p.396.

28) United Nations Conference on Succession of States in respect of Treaties Official Records Vol. III(United Nations, 1979), pp.82-86에 상세.

동시에 적용시킴으로써 국내법적 문제를 야기시킬 우려가 있다는 이유 때문이다.[29)] 국가통합에는 두 개 이상의 국가가 통합해 새로운 국가를 출범시키는 경우와 1국이 타국에 합병되어 기존 국가가 확대된 형태로 존속하는 경우가 있는데, 협약은 사실상 전자만을 주목하고 있다.[30)] 전자 유형의 통합은 종종 연방제 국가를 탄생시켜 협약 내용이 타당할 수 있지만,[31)] 한 국가로의 흡수통합의 경우 조약경계이동 원칙의 적용이 보다 일반적이다. 비엔나 회의에서도 독일 대표는 협약 제31조 내용에 이의를 제기하며 국가통일의 경우는 승계국과 제3국간의 협의를 통한 문제해결이 바람직하다는 결의안을 제출해 통과시켰다. 국가통합에 관한 한 협약 내용은 채택 회의석상에서부터 일반적 원칙으로서의 지위를 의심받은 셈이었다.[32)] 근래 이 조항 내용과 같은 승계실행은 찾기 어려우며, 이를 관습국제법으로 보기 힘들다.[33)]

㈑ 국가 분리

기존 국가 영역의 일부가 분리해 별개의 승계국(들)을 형성하는 국가분리의 경우(separation), 선행국 존속 여부와 관계없이 계속성 원칙을 적용해 선행국 전역에 적용되던 조약은 각 승계국 모두에 적용되며, 선행국 일부에만 적용되던 조약은 해당지역에만 적용된다.[34)] 단 그 같은 적용이 조약의 대상 및 목적에 어긋난다

---

29) Oeter, German Unification and State Succession, Zeitschrift für Ausländisches Offentlich Recht und Völkerrecht band 51(1991), p.355; K. Hailbronner, Legal Aspects of the Unification of the Two German States, European Journal of International Law Vol. 2 No.1(1991), pp.33－34.

30) P. K. Menon은 협약 제31조 내지 제33조가 적용 대상은 2개 이상의 국가가 새로운 국가를 형성하는 경우만이며, 독일 통일의 예와 같이 한 국가가 기존 국가로 흡수 통합되는 경우에는 적용되지 않는다고 주장했으나(P. Menon, The Succession of States in respect to Treaties, State Property, Archives, and Debts(The Edwin Mellen Press, 1991), p.48), 이는 협약 제정 당시 ILC의 의도나 그 후의 일반적 해석과 맞지 않는다. United Nations Conference in Succession of States in respect of Treaties Official Records, Vol.II(United Nations, 1979), p.82 참조.

31) 예를 들어 1958년 이집트와 시리아의 통일아랍공화국 수립, 1964년 탕카니카와 잔지바르의 탄자니아 수립의 경우. M. Shaw(전게주 24), p.848.

32) Resolution relating to incompatible treaty obligations and rights arising from a uniting states, A/CONF. 80/32(1978), K. Hailbronner(전게주 29), p.34에서 재인용.

33) 한형건, 분단 한국의 재통일에 관한 국제법적 고찰, 국제법학회논총 제37권 제1호(1992), p.8; K. Hailbronner(전게주 29), p.34; Tomuschat, A United Germany within the European Community, Common Market Law Review Vol.27(1990), pp.420－422; Papenfűss, The Fate of the International Treaties of the GDR within the Framework of German Unification, American Journal of International Law, Vol.92(1998), p.473; Oeter(전게주 29), pp.358－359 등.

거나 조약 이행의 조건을 급격히 변경시키는 경우에는 그러하지 아니한다(제34조). 국제질서의 안정을 위해 채택된 원칙이나, 이 역시 관습국제법의 반영으로 보기는 어렵다.[35)]

식민지 독립과 달리 국가분리는 선행국과 승계국이 지배종속관계에 있지 않았던 경우를 가리킨다고 할 수 있으나, 양자의 구별이 항상 쉬운 일은 아니다. 예를 들어 1965년 말레이시아로부터 독립한 싱가포르는 자신의 경우가 국가분리가 아닌 신생 독립국에 해당한다고 주장했다.[36)] ILC 최종 초안에는 국가분리의 상황이 본질적으로 신생 독립국과 동일한 성격을 지녔다면 승계국을 신생 독립국으로 간주하자는 조항을 제안했으나, 이 조항이 기존 국가로부터의 분리 독립운동을 자극할 수 있으며 탈식민 운동의 대의에 오히려 침해할 수 있다는 우려로 인해 삭제되었다.[37)] 결국 양자는 내용상 부분적인 중첩성에도 불구하고 완전히 다른 법적 효과를 지니도록 규정되었다.

협약이 채택되기 이전 20세기 중반의 실행은 본다면 1944년 덴마크로부터 독립한 아이슬란드는 일시적으로만 기존 조약의 적용을 인정했다. 1960년 말리연방 해체 후 세네갈은 구 연방이 체결한 조약의 유효성을 인정했으나, 말리는 그 효력을 부인했다. 1961년 시리아가 이집트와의 통일아랍공화국에서 다시 분리했을 때 통합 시절 체결한 조약의 준수를 약속했다. 1965년 싱가포르가 말레이시아로부터 분리했을 때 기존에 적용되는 조약의 계속을 인정했다. 대체로 기존 국가와 분리된 국가간의 정치적 관계에 따라 기존 조약의 유지 여부가 크게 좌우되었다.

다. 특별한 유형의 조약

(1) 국경조약 등

국가승계시 기존 조약의 효력에 관하여는 백지출발주의나 계속성 원칙, 조약경계이동 원칙 등 승계 유형과 승계국의 태도에 따라 다양한 법원칙이 적용될 수 있으나, 국경조약과 국경제도에 대하여만은 기존 조약의 내용이 계속되어야 한다

---

34) 조약의 국가승계협약과 달리 1983년 「국가재산, 문서 및 부채의 국가승계에 관한 비엔나협약」에서는 선행국이 존속하는 경우는 분리독립(separation)으로, 선행국이 소멸하는 경우는 해체(dissolution)로 구별했다.

35) M. Shaw(전게주 24), p.850.

36) 이순천(전게주 14), p.118.

37) 이순천(전게주 14), pp.107-108.

는 원칙이 일찍부터 인정되었다.

「조약의 국가승계협약」 제11조는 승계의 유형과 상관없이 ① 조약에 의해 수립된 국경 ② 조약에 의해 수립된 국경제도와 관련된 권리의무에 대하여는 국가승계가 영향을 미치지 못한다고 규정했다. 또한 제12조는 영역 이용에 관한 권리의무를 설정하는 조약 역시 국가승계의 영향을 받지 아니한다고 규정하고 있다.[38] 국제하천의 항행권, 수자원 이용권, 특정지역의 비무장 또는 중립화 등에 관한 합의, 국제운하 이용제도 등이 영역이용에 관한 예에 해당한다.[39] 이러한 내용은 대체로 자신의 영역 이용을 제한하는 조약이나 자신의 영역을 다수 국가의 이용에 제공하기로 하는 조약들이다.[40] 다만 외국 군사기지의 설치에 관한 조약은 국가승계의 영향을 받지 않는 대상에서 배제된다(제12조 3항).[41]

한편 협약 성안과정에서 개도국들은 영토이용제도의 계속 의무가 자국 내 천연자원 개발에 관한 외국인들의 기득권 유지에 악용될 수 있다고 우려했다. 논란 끝에 "이 협약의 어떠한 내용도 천연자원과 부에 대한 영구주권을 확인하는 국제법 원칙에 영향을 미치지 아니한다"라는 조항(제13조)을 설치하는 선에서 타협했다. 그러나 협약이 발효될 무렵에는 탈식민화가 사실상 완료되어 이 조항의 의의가 퇴색했다.

계약적 합의를 표시하는 조약이 당사자의 계속적 존속에 크게 의존함과 달리, 처분적 성격의 조약은 해당 영역에 화체된 권리를 형성해 당사자의 존속과 무관하게 유지된다는 입장이 반영된 결과이다. 이는 "누구도 자기가 갖지 않은 것을 줄 수 없다(*nemo det quo non habet*)," "속지적 조약은 토지와 같이 이전된다(*res transit cum suo onere*)" 등의 법언과도 일치한다. 국가승계는 특정한 영토 내에서 발생하므로, 국가승계의 결과 승계국은 선행국의 영토적 권리 이상을 취득할 수 없다는 해석이다.

한편 이러한 원칙은 기존 질서의 유지를 원하는 측의 기득권을 옹호하는 역할

38) 조약의 국가승계협약의 국경관련 조항의 채택과정에 관한 설명은 이근관, "통일 후 한중 국경문제에 관한 국제법적 고찰," 국제법학회논총 제55권 제4호(2010), pp.124－134 참조.

39) ILC Final Draft Articles and Commentary(전게주 3), Artcle 12, para.30.

40) ILC Final Draft Articles and Commentary(전게주 3), Artcle 12, para.35.

41) 관련 사례로 제2차 대전 중인 1941년 영국은 자국이 지배하던 카리브해 내의 여러 섬에 99년간 미군기지의 조차권을 인정했었다. 1960년대 이들 섬이 독립하게 되자 미국은 기존 조차권의 지속을 주장하지 않았다.

을 하는 게 됨이 사실이다.[42] 국경조약의 승계의무에 관하여는 여러 이론적 근거가 주장되고 있지만, 그 근저에는 국제관계의 안정화라는 정책적 목적이 깔려 있음을 부인할 수 없다. 이는 「조약법에 관한 비엔나 협약」 제62조가 국경획정조약에 대해서는 사정변경원칙의 적용을 인정하지 않는 점이나 현상유지의 원칙(*uti possidetis*)과도 일맥상통한다. 본래 국경조약 합의의 최우선적 목적도 안정성과 항구성의 달성이다.[43]

여기서 한 가지 유의할 사항은 국가승계에 의해 영향받지 않는 대상은 국경조약 자체가 아니라, 국경조약에 의해 만들어진 결과라는 점이다. 즉 일단 국경조약이 유효하게 성립되면 그에 따른 국경은 이의 근거가 된 조약의 지속 여부와 관계없이 효력을 유지한다. 국가승계의 유형과 관계없이 기존 육상 및 해상 국경조약의 내용이 존중되어야 한다는 원칙은 오늘날 관습국제법에 해당한다고 평가된다.[44] 아래 제시된 판례들에서 볼 수 있듯이 ICJ도 이에 대한 지지를 여러 차례 표명한 바 있다.

▶판례: 국경조약의 승계

Case concerning the Territorial Dispute (Lybia/Chad), 1994 ICJ Reports 6.

[1973년 리비아는 차드 북부 Aouzou 회랑지역이 역사적으로 자국령이라고 주장하며 이를 점령했다. 이 분쟁은 여러 국제기구에서의 논의를 거쳐 ICJ로 회부되었다. 차드는 1955년 프랑스(당시 차드의 식민당국)와 신생 독립국인 리비아간에 체결된 우호선린협정에 국경조항이 포함되어 있으며, 그 내용이 계속 구속력을 갖는다고 주장했다. 반면 리비아는 이 조약에 해당지역의 국경을 획정하는 내용의 조항이 포함되지 않았다고 주장했다. 그런데 1955년 조약은 유효기간을 일단 20년으로 예정하고, 이후 일방의 통고로 종료될 수 있다고 규정되어 있었다. 재판과정에서는 이 조약을 통해 국경이 획정되었는가, 그리고 조약상의 국경은 원 조약이 종료되었을지라도 여전히 구속력을 갖는가의 문제가 제기되었다. ICJ는 이 두 가지 쟁점에 대해 모두 그렇다는 답을 제시했다.]

"72. Article 11 of the 1955 Treaty provides that:

"The present Treaty is concluded for a period of 20 years. […]

---

42) E. Bello, "Reflections on Succession of States in the Light of the Vienna Convention on Succession of States in Respect of Treaties 1978," German Yearbook of International Law vol.24(1981), p.307.

43) Temple of Preah Vihear(Merits) (Cambodia v. Thailand), 1962 ICJ Reports 6, p.34.

44) G. Hafner & G. Novak(전게주 2), p.405.

The present Treaty can be terminated by either Party 20 years after its entry into force, or at any later time, provided that one year's notice is given to the other Party."

These provisions notwithstanding, the Treaty must, in the view of the Court, be taken to have determined a permanent frontier. There is nothing in the 1955 Treaty to indicate that the boundary agreed was to be provisional or temporary; on the contrary it bears all the hallmarks of finality. The establishment of this boundary is a fact which, from the outset, has had a legal life of its own, independently of the fate of the 1955 Treaty. Once agreed, the boundary stands, for any other approach would vitiate the fundamental principle of the stability of boundaries, the importance of which has been repeatedly emphasized by the Court (Temple of Preah Vihear, I.C.J. Reports 1962, p.34; Aegean Sea Continental Shelf, I.C.J. Reports 1978, p.36).

73. A boundary established by treaty thus achieves a permanence which the treaty itself does not necessarily enjoy. The treaty can cease to be in force without in any way affecting the continuance of the boundary. In this instance the Parties have not exercised their option to terminate the Treaty, but whether or not the option be exercised, the boundary remains. This is not to say that two States may not by mutual agreement vary the border between them; such a result can of course be achieved by mutual consent, but when a boundary has been the subject of agreement, the continued existence of that boundary is not dependent upon the continuing life of the treaty under which the boundary is agreed. […]

75. It will be evident from the preceding discussion that the dispute before the Court, whether described as a territorial dispute or a boundary dispute, is conclusively determined by a Treaty to which Libya is an original party and Chad a party in succession to France. The Court's conclusion that the Treaty contains an agreed boundary renders it unnecessary to consider the history of the "Borderlands" claimed by Libya on the basis of title inherited from the indigenous people, the Senoussi Order, the Ottoman Empire and Italy. Moreover, in this case, it is Libya, an original party to the Treaty, rather than a successor State, that contests its resolution of the territorial or boundary question."

▶판례: 영토주권에 관한 합의 결과의 영속성

Territorial and Maritime Dispute(Preliminary Objections) (Nicaragua v. Colombia), 2007 ICJ Reports 832.

"89. […] With regard to Nicaragua's further assertion that the 1928 Treaty has been terminated by material breach due to the interpretation adopted by Colombia from 1969 onwards, as the Court stated in paragraph 82 above, that issue will not be addressed by the Court at this stage since it is not relevant to the question of its jurisdiction by reference to Article VI of the Pact of Bogotá. Even if the Court were to find that the 1928 Treaty has been terminated, as claimed by Nicaragua, this would not affect the sovereignty of Colombia over the islands of San André, Providencia and Santa Catalina. The Court recalls that it is a principle of international law that a territorial regime established by treaty "achieves a permanence which the treaty itself does not necessarily enjoy" and the continued existence of that regime is not dependent upon the continuing life of the treaty under which the regime is agreed."45)

▶판례: 영역 이용에 관한 조약의 승계의무

Gabčíkovo-Nagymaros Project (Hungary/Slovakia), 1997 ICJ Reports 7.

[이 판결에서 ICJ는 영토적 성격을 지니는 조약들은 국가승계의 영향을 받지 않고 효력이 유지된다는 원칙이 관습국제법에 해당한다고 평가했다. 이에 체코슬로바키아가 체코와 슬로바키아로 분리되었음에도 불구하고 1977년 체코슬로바키아와 헝가리간 조약은 슬로바키아에 계속 구속력을 갖는다고 판단했다.]

"123. [···] The Treaty also established the navigational regime for an important sector of an international waterway, in particular the relocation of the main international shipping lane to the bypass canal. In so doing, it inescapably created a situation in which the interests of other users of the Danube were affected. Furthermore, the interests of third States were expressly acknowledged in Article 18, whereby the parties undertook to ensure "uninterrupted and safe navigation on the international fairway" in accordance with their obligations under the Convention of 18 August 1948 concerning the Regime of Navigation on the Danube.

In its Commentary on the Draft Articles on Succession of States in respect of Treaties, adopted at its twenty-sixth session, the International Law Commission identified "treaties of a territorial character" as having been regarded both in traditional doctrine and in modern opinion as unaffected by a succession of States ([···]). The draft text of Article 12, which reflects this principle, was subsequently adopted unchanged in the 1978 Vienna Convention. The Court considers that Article 12 reflects a rule of customary international law; it notes that neither of the Parties disputed this. Moreover, the Commission indicated that "treaties concerning water rights or navigation on rivers are commonly regarded as candidates for inclusion in the category of territorial treaties." [···]

45) 이 내용은 The Dispute regarding Navigational and Related Rights (Costa Rica v. Nicaragua), 2009 ICJ Reports 213, para.68에서도 그대로 인용되며 재확인되었다.

Taking all these factors into account, the Court finds that the content of the 1977 Treaty indicates that it must be regarded as establishing a territorial regime within the meaning of Article 12 of the 1978 Vienna Convention. It created rights and obligations "attaching to" the parts of the Danube to which it relates; thus the Treaty itself cannot be affected by a succession of States. The Court therefore concludes that the 1977 Treaty became binding upon Slovakia on 1 January 1993."

(2) 인권조약

㈎ **문제의 제기**

국경조약에 따른 권리·의무는 국가승계의 영향을 받지 않고 해당 영역에 합체되어 있다고 보는 것과 같이 국제인권조약이나 국제인도법 조약상의 권리도 국가승계와 관계없이 기존 지역의 주민에게 화체되어 개인의 권리로서 계속 적용된다고 볼 수 없는가? 주로 국가에게 권리·의무를 부과하는 일반조약과 달리 국제인권조약은 개인에 대한 직접 적용을 목표로 하며, 개인에게 국제적 구제수단을 부여하는 경우가 많다는 특징으로 인해 이러한 주장이 제기된다. 특히 20세기 말 구 소련과 구 유고 연방의 해산과 같은 사건에 즈음해 주목을 받은 이론이다. 조약의 국가승계협약에는 이 점에 대해 별다른 언급이 없다.

인권위원회(Human Rights Committee)는 1992년 10월 7일자 결정(decision)으로 통해 「시민적 및 정치적 권리에 관한 국제규약」 당사국이던 구 유고연방 해체로 인해 새로 탄생한 국가의 모든 주민들은 계속 규약의 보호를 받는다고 강조하며, 보스니아-헤르체고비나·크로아티아·세르비아-몬테네그로 등은 자국 인권상황에 관한 특별 보고서를 제출하라고 요청했다.[46] 이어 1993년 3월-4월의 제47차 회기에서 역시 규약 당사국이던 구 소련 영역내의 모든 주민은 규약의 보호를 계속 받으며, 구 소련에서 분리한 독립국들은 독립과 동시에 규약상 의무에 구속받는다고 지적했다. 이어서 1997년 일반논평(General Comment) 제26호에서 「시민적 및 정치적 권리에 관한 국제규약」과 같은 기본적 인권조약은 당사국의 해체나 승계에도 불구하고 기존 주민에게 계속 적용되며, 일단 당사국이 되면 탈퇴할 수 없다고 해석했다.[47] 즉 중요한 인권조약의 경우 조약상의 권리는 국가가 아닌 주민

46) Special Decisions by the Human Rights Committee concerning Reports of Particular States: A. Bosnia and Herzegovina, B. Croatia, C. Serbia and Montenegro(1992.10.7. 채택, 1992.10.19. 제1178차 회의에서 확인). Report of the Human Rights Committee(A/48/40 (Part I), pp.212-214.

에 속하는 권리이므로, 국가승계가 있어도 권리 보유에 변동이 발생하지 않으며, 승계국은 자동적으로 기존 인권조약의 당사국이 된다는 입장이다.

㈏ **국제 실행**

구 유고연방 해체과정에서 발생한 「제노사이드방지 협약」 적용과 관련된 ICJ 재판에서 신 유고연방(또는 세르비아)을 제소했던 보스니아-헤르체고비나와 크로아티아는 자동승계를 통한 제노사이드 협약의 자국 적용을 주장했었다.[48] 그러나 두 사건에서 모두 다수의견은 이 문제에 대한 판단을 내리지 않았다. 즉 협약의 적용 자체는 인정했으나, 그 근거가 자동승계인지 이들 국가의 승계선언인지를 명확히 하지 않았다. 다만 S. Weeramantry 판사와 Shahabuddeen 판사는 아래 제시된 개별의견에서 인권조약의 자동승계원칙을 지지했으며, Cançado Trindade 판사 역시 다른 판결의 반대의견에서 인권조약의 자동승계를 지지하는 설시를 했다.[49] 이에 반해 유럽인권재판소와 구 유고 국제형사재판소는 아래 수록된 판결과 같이 인권조약의 자동승계를 지지한 바 있다.

그러나 근래 주요 승계사건에 관한 국가 실행에서 인권조약이 자동승계된 사례는 찾기 어렵다. 1991년 말 구 소련방은 15개 공화국으로 해산되었는데, 그중 우크라이나와 벨라루스의 경우 UN 창설 회원국으로 이미 다양한 조약에 독자적으로 가입하고 있었으므로 인권조약의 승계 여부가 문제되지 않았다.[50] 발틱 3국은 자신들이 소련으로부터 새로이 분리 독립한 국가 아니라, 과거 독립국으로서의 지위를 회복한 사례라고 주장했다. 당연히 구 소련 조약의 승계를 원칙적으로 인정하지 않

47) CCPR/C/21/Rev.1/Add.8(1997). 본서, pp.324-325 참조. UN (구)인권위원회 역시 결의 1993/23, 1994/16, 1995/18을 통해 승계국이 선행국의 국제인권조약상의 의무에 계속 구속됨을 확인하라고 촉구했었다.

48) Application of the Convention on the Prevention and Punishment of the Crime of Genocide (Preliminary Objections) (Bosnia and Herzegovina v. Yugoslavia), 1996 ICJ Reports 595, para.21; Application of the Convention on the Prevention and Punishment of the Crime of Genocide(Judgment) (Croatia v. Serbia), 2015 ICJ Reports 3, para.94 참조.

49) "I am of the view that there is automatic State succession to universal human rights treaties, and that Serbia has succeeded to the Genocide Convention(under customary law), without the need for any formal confirmation of adherence as the successor State." Application of the Convention on the Prevention and Punishment of the Crime of Genocide(Judgment) (Croatia v. Serbia), 2015 ICJ Reports 3. Dissenting Opinion, para.33.

50) 벨라루스 및 우크라이나는 소련방 해산 이전 국제인권규약, 제노사이드 방지협약, 인종차별철폐협약, 여성차별철폐협약, 고문방지협약, 아동권리협약, 1949년 제네바 협약 등 주요 인권(인도법)조약에 구 소련과는 별도로 독자적인 당사국이 되어 있었다.

았으며, 인권조약 역시 예외가 아니었다. 예를 들어 구 소련이 1954년 비준한 제노사이드 방지협약과 1987년 비준한 고문방지협약의 경우, 에스토니아는 1991년 10월 21일, 라트비아는 1992년 4월 12일, 리투아니아는 1996년 2월 1일 각각 신규 가입을 하고 자동승계를 인정하지 않았다. 나머지 새로이 독립한 9개국들 역시 구 소련이 당사국이던 국제인권규약, 인종차별철폐협약, 여성차별철폐협약, 고문방지협약, 아동권리협약, 제노사이드 방지협약 등의 핵심 인권조약에 대해 독립 이후 신규 가입의 형식으로 당사국이 되었으며, 자동승계를 인정한 국가는 없었다.

독일 통일에 있어서 과거 동독이 당사국이던 인권조약이 통일 독일로 자동승계 되거나 구 동독주민에 대한 계속 적용을 인정된 예는 없다. 통일 독일은 과거 동독만이 당사국이던 다자조약은 2건만을 승계하고 나머지는 모두 종료되었다고 처리했는데, 인권조약이라 하여 예외를 인정하지 않았다. 범세계성이 약한 조약이기는 하나 서독은 당사국이 아니었고 동독만 당사국이던「공소시효 부적용 협약(Convention on the Non-Allicability of Statutory Limitations to War Crimes and Crimes against Humanity)」(동독 1973년 3월 27일 가입)과「아파타이트 범죄 진압과 처벌에 관한 협약(International Convention on the Suppression and Punishment of the Crime of Apartheid)」(동독 1974년 8월 12일 비준)의 경우 통일 독일은 이들 조약의 당사국이기를 인정하지 않았다.

한편 홍콩과 마카오에는 다른 방식이 적용되었다. 홍콩은 1997년 7월 1일 영국으로부터, 마카오는 1999년 12월 20일 포르투갈로부터 중국으로 각기 통치권이 이양되었다. 통치권 이양시 제노사이드 방지협약, 인종차별철폐협약, 여성차별철폐협약, 고문방지협약, 아동권리협약에는 영국, 포르투갈, 중국 모두가 당사국이었으므로 홍콩과 마카오에 계속 적용이 기본적으로 별 문제되지 않았다. 홍콩에 관해 영국과 중국은 통치권 이양 직전 이들 조약이 계속 적용될 예정임을 UN 사무국에 통고했다. 마카오에 대해서도 포르투갈과 중국은 통치권 이양 이전에 이들 조약이 계속 적용될 예정임을 UN 사무국에 통고했는데, 다만 중국은 이들 조약이 중국의 유보 하에 적용된다는 의사를 첨부했다.「시민적 및 정치적 권리에 관한 국제규약」과「경제적·사회적 및 문화적 권리에 관한 국제규약」의 경우 영국과 포르투갈은 당사국이었으나, 중국은 비당사국이었다. 영국과 중국 그리고 포르투갈과 중국은 이 두 개의 인권규약이 홍콩과 마카오에 계속 적용될 예정임을 각각 UN 사무국에 통고했는데, 다만 마카오에 관한 통고시 중국은 자신이 첨부한 성명을 조건으로 적용된다는 점을 밝혔다. 중국은 2001년 「경제적·사회적 및 문화적 권리에 관한 국제규약」의 당사국으로 가입했다. 종합한다면 홍콩과 마카오의 경우 선행국과 승계국의 합의를 통해 국제인권규약을 계속 적용한 사례이며, 자동승계 문제는 거론되지 않았다.

결국 20세기 말 이후 최근의 국가승계과정에서 인권조약은 자동승계 되기보다 대부분 해당 국가의 개별적 결정에 따라 처리되었다고 평가된다.[51] 오늘날 관습국제법상 인권조약의 자동승계가 인정되는가 여부는 아직 불분명하다.[52]

▶판례: 인권조약의 자동승계

Bijelic v. Montenegro and Serbia, ECHR Application No. 11890/05(2009).

"69. In view of the above, given the practical requirements of Article 46 of the Convention, as well as the principle that fundamental rights protected by international human rights treaties should indeed belong to individuals living in the territory of the State party concerned, notwithstanding its subsequent dissolution or succession ([…]), the Court considers that both the Convention and Protocol No. 1 should be deemed as having continuously been in force in respect of Montenegro as of 3 March 2004, between 3 March 2004 and 5 June 2006 as well as thereafter ([…])."

▶판례: 인권조약의 자동승계

Čelebići case, Prosecutor v. Delacic et al., 2001 ICTY Case No. IT-96-21-A.

"111. […] The Appeals Chamber is of the view that irrespective of any findings as to formal succession, Bosnia and Herzegovina would in any event have succeeded to the Geneva Conventions under customary law, as this type of convention entails automatic succession, i.e., without the need for any formal confirmation of adherence by the successor State. It may be now considered in international law that there is automatic State succession to multilateral humanitarian treaties in the broad sense, i.e., treaties of universal character which express fundamental human rights."

---

51) 박소민, 인권조약의 자동승계에 관한 고찰(2017, 서울대학교 석사논문), pp.130−154 참조.

52) M. Shaw(전게주 24), p.857; G. Hafner & G. Novak(전게주 2), p.407. A. Aust는 인권조약이 자동승계보다는 관습국제법의 자격으로 승계국에 계속 구속력을 갖는다고 해석함이 보다 적절하다고 주장한다. A. Aust, Treaty Law, p.324.

▶판례: 인권조약의 자동승계

Application of the Convention on the Prevention and Punishment of the Crime of Genocide(Preliminary Objections) (Bosnia-Herzegovina v. Yugoslavia), 1996 ICJ Reports 595, 649.

(Separate Opinion of Judge Weeramantry) "If the contention is sound that there is no principle of automatic succession to human rights and humanitarian treaties, the strange situation would result of the people within a State, who enjoy the full benefit of a human rights treaty, such as the International Covenant on Civil and Political Rights, and have enjoyed it for many years, being suddenly deprived of it as though these are special privileges that can be given or withdrawn at the whim or fancy of governments. Populations once protected cease to be protected, may be protected again, and may again cease to be protected, depending on the vagaries of political events. Such a legal position seems to be altogether untenable, especially at this stage in the development of human rights. [⋯]

All of the foregoing reasons combine to create what seems to me to be a principle of contemporary international law that there is automatic State succession to so vital a human rights convention as the Genocide Convention. Nowhere is the protection of the quintessential human right — the right to life — more heavily concentrated than in that Convention."

(3) 국제기구 설립조약

국제기구는 회원국 가입에 나름의 조건을 설치하고 있는 경우가 많다. 이에 국가승계를 통해 회원국 자격이 승계될 수 있느냐는 1차적으로 국제기구의 설립조약 또는 내부 규칙에 따르게 된다. 조약의 국가승계협약도 회원 자격 획득에 관해서는 기구 설립조약이나 내부적으로 채택된 자체 규칙에 우선적 효력을 인정한다(제4조). 국가승계 발생시 지분율 조정이 필요한 국제금융기구는 거의 예외 없이 회원자격의 자동승계를 인정하지 않는다.

이에 관한 통상적인 실행은 영토의 일부 이전이나 국가 분리, 해체 등의 경우 신생국에게 회원국 자격의 승계가 인정되지 않고, 신규 가입절차가 요구된다. 그러나 국가 통합시에는 통합국의 회원자격 유지나 신국으로의 대체가 대부분 인정된다.[53]

53) G. Hafner & G. Novak(전제주 2), p.410.

(4) 입법조약

입법조약(law-making treaty)의 경우 자동승계를 인정해야 한다는 주장도 제기된다. 모든 국가에게 적용을 목표로 한 보편적 조약은 국가승계에 의해 그 적용이 단절되지 말아야 한다는 주장이 그 근거이다.

국제공동체 전체에 자동으로 적용되는 조약을 만들 수 있는 중앙집권적 입법기관이 없는 국제사회이지만 현실에서는 국제입법이라는 용어가 종종 사용되는 것도 사실이다. 입법조약이란 한마디로 정의하기 쉽지 않으나, 통상 일반적 적용을 목표로 한 보편적 성격의 규칙을 설정하는 조약을 가리킨다. 성격상 대다수 국가의 참여를 전제로 하며, 국제사회의 미래를 향도할 성격의 내용을 갖는 경우가 보통이다.[54] 이러한 조약이라면 국가승계의 영향을 받지 않고 자동승계되어야 한다는 주장이다.

그러나 입법조약 개념의 모호함과 이에 해당 여부 확정의 어려움, 조약은 당사국에게만 적용된다는 원칙 훼손에 대한 두려움 등으로 인해 이 같은 주장은 1969년 조약법에 관한 비엔나 협약과 1978년 조약의 국가승계에 관한 비엔나 협약에 반영되지 못했으며, 현재 관습국제법으로 수락되어 있다고 보기 어렵다. 이른바 입법조약으로 수락되었다고 판단되는 조약이라면 그 핵심내용은 이미 관습국제법화 되었을 가능성이 높다. 그러나 어떠한 조약이라도 그 조약의 조항 전체 내용이 보편적 성격을 갖기는 불가능하다. 예를 들어 특정 조약 내 분쟁해결조항, 탈퇴에 관한 조항 등은 보편적 성격을 지닌다고 할 수 없다. 그렇다면 아무리 입법조약이라도 조약 전체의 자동승계는 수락되기 어렵다.

한편 조약상 권리·의무가 대세적 효력을 갖는 이른바 객관적 체제(objective regime)를 창설하는 조약은 그 개념상 자동적 승계가 인정되어야 한다는 주장도 제시되었다. 비엔나 조약법 협약 초안시 특별보고자 Waldock은 이 개념에 특별히 애착을 가졌으나, ILC에서 적지 않은 반대에 부딪쳤다. 결국 긴 논의 끝에 객관적 체제를 창설하는 조약에 관한 규정은 비엔나 협약에 포함되지 않았고, 그 결과 이 개념도 타격을 받았다.[55]

---

54) M. Shaw(전게주 24), p.80.

55) 본서, pp.255-257 참조.

3. 조약승계의 실제

국가승계는 오늘날 그 중요성에도 불구하고, 이에 관한 국제법 규칙은 아직 모호하고 불확실한 부분이 많다. 법이 불확실한 부분에 있어서는 개별 국가의 주장과 이에 대한 제3국의 태도가 법적 처리에 있어서 중요한 결정요인으로 작용한다. 또한 국제정치적 고려가 커다란 역할을 한다. 1980년대로 접어들 무렵 국제적으로 탈식민화의 과정은 거의 완성되었기 때문에 국가승계라는 주제가 국제법 내에서 더 이상 중요하게 인식되지 않기도 했다. 그러나 1990년대 들어 구 공산권 체제의 붕괴 그리고 독일 통일과 같은 대형 국가승계 사례가 발생했다. 남북통일을 지향하는 대한민국으로서는 이 같은 실제 사례를 면밀히 살피고 필요한 시사점을 얻어야 한다. 이하에서는 근래 발생한 주요 국가승계의 사례에서 조약승계가 어떻게 처리되었는가를 살펴본다.

가. 독일 통일

(1) 서독 조약의 확장 적용

1989년 11월 베를린 장벽이 붕괴된 후 동서독은 1990년 9월 12일 독일문제 최종해결에 관한 조약(2+4 조약)을 체결하고, 1990년 10월 3일 동독 5개주가 독일 연방공화국으로 통합됨으로써 통일이 완수되었다. 독일 통일은 독일연방공화국(서독)의 기본법 제23조에 따라 동독이 자발적으로 편입되는 형식을 취했다.[56] 즉 1990년 3월 18일의 동독 총선으로 구성된 동독 인민의회가 자발적으로 독일연방공화국으로의 가입을 결의했다. 이는 기존 서독의 기본법을 유지하면서 가장 신속하고 간이한 방식으로 통일을 달성한 방법이었다. 기본법 제146조는 전체 독일 국민에 의한 신헌법 제정을 통한 통일을 규정하고 있었으나, 이러한 절차는 장기간의 복잡한 과정을 필요로 해 통일을 지연시키리라 우려됐기 때문이었다. 통독은 전형적인 흡수통일이었다.[57]

독일 통일조약 제11조는 "국제기구 회원 가입을 규정한 조약을 포함한 서독의 국제조약 및 협정은 계속 유효하며 […] (동독)지역에도 적용된다. 개별적 조정이 필

56) 독일 연방공화국과 독일 민주공화국간의 독일 통일회복에 관한 조약(1990년 8월 31일 체결, 10월 3일 발효) 제1조(이하 독일 통일조약으로 약칭).

57) 독일 항목은 정인섭, 통일과 조약승계, 경희법학 제34권 제2호(1999), pp.216-221의 내용을 중심으로 했음.

요한 경우에는 통일 독일정부가 해당 조약 상대국과 협의한다"고 규정하고 있었다. 다만 제2차 대전 처리를 위한 전승국과의 조약 일부와 NATO 관련 외국군의 지위에 관한 조약 등 일부 조약만은 적용지역이 동독으로 확대되지 않는다고 규정했다.[58] 독일은 NATO에 잔류하나, 동독 지역에는 NATO군이 주둔하지 않기로 했다.

---

58) 동독지역으로 적용이 확대되지 않은 서독의 조약은 다음과 같았다:
통일조약 제8조 및 제11조에 따른 연방법 적용에 관한 특별경과 규정 부록 I 제1장 제1절: 조약 제3조에 명시된 지역에서의 법률적용에 있어서 조약 제11조에 의거하여 다음 내용은 제외된다.

1. 1954.10.23에 개정된 점령 정부의 종식에 대한 의정서(BUBI, 1955. II.P.305) 목록 I에 의하여 1952.5.26에 체결된 서독과 세 강대국 사이의 관계에 대한 조약.
2. 1954.10.23에 개정된 점령정부의 종식에 대한 의정서 (GBBI, 1955. II. P.405) 목록 IV에 의하여 1952.5.26에 제정된 전쟁과 점령으로 인한 문제의 규정을 위한 조약.
3. 1954.10.23에 제정된 서독주둔 외국군대에 대한 조약을 포함하여 이에 따른 1955.3.24에 제정된 조약법(BGBI, 1955. II. P.253)
4. 독일·프랑스간의 정부협정－독일에서 프랑스 군대의 주둔권과 지위의 문제
－1966.12.21.의 문서교환의 본문(1966. 12. 23. 관보 제161호, 1304쪽).
5. 1951.6.19.에 제정된 NATO 군의 지위 및 1961.8.11.에 제정된 이에 따른 조약법(BGBI, 1961. II. P.1183, 1190)
6. NATO군의 지위에 대한 추가협정
   －1959.8.3.에 제정된 서독에 주둔하는 외국군대와 관련하여 그 군대의 법적지위에 관한 북대서양 조약을 체결한 당사국들 사이에 이루어진 협정의 추가협정(BUNI, 1961. II. O.118,1218) 및 1961.8.18.에 제정된 조약법의 1971.10.21.에 개정된 내용.
   －1959.8.3.에 제정된 추가협정에 대한 조인의정서 및 1961.5.18에 제정된 법에 있는 1961.8.18.에 제정된 부속 조약법 (BGBI, 1961. II. P.1183, 1313).
   －1959.8.3.에 제정된 서독에 주둔하는 외국군대와 관련하여, 그 군대의 법적 지위에 관한 북대서양조약을 체결한 당사국들 사이에 이루어진 협정에 대한 추가협정의 제45조 제5항에 대한 협정 및 1961.8 18.에 제정된 부속 조약법(BUBI, 1961. II. P.1983, 1355).
   －1959.8.3에 서독, 캐나다와 영국 사이에 이루어진 솔타우드뤼네베르그 지역에서의 기동연습의 시행과 기타 훈련에 대한 협정 및 1970.5.12.에 개정된 협약에 들어 있는(BGBI. 1971. II. P.1078) 1961.8.18.에 제정된 부속 조약법(BGBI. 1971. 11. S.1183, 1362).
   －1959.8.3.에 독일연방공화국과 벨기에 왕국간에 체결된 분쟁조정에 관한 직접 해결에 관한 조약 및 1961.8.18.의 부속 조약법(BGBI. 1961. 11. S.1183, 1368).
   －독일연방공화국과 프랑스공화국 사이에 맺어진 분쟁조정의 직접 해결에 관한 조약(BGBI. 1961. 11. S.1183, 1371).
   －독일연방공화국과 영국 사이에 맺어진 분쟁 조정의 직접 해결에 관한 조약(BGBI. 1961. 11. S.1183, 1374).
   －독일연방공화국과 미합중국 사이에 맺어진 분쟁 조정의 직접 해결에 관한 조약(BGBI. 1961. 11. S.1183, 1382)
   －1959.8.3에 체결된 독일연방공화국과 미합중국 사이의 휴가병들의 법적지위에 대한 협정 및 1961.8.18의 부속 조약법(BGBI. 1961. 11. S.1183, 1385).
7. 1952.8.28. 북대서양 조약기구가 설립한 북대서양 조약군 본부의 법적 지위에 관한 의정서 및 1969.10.17.에 체결된 부속 조약법(BGBI. 1961. 11. S.1997).
8. 1967.3.13.에 독일연방공화국과 유럽의 점령군 최고 사령부 사이에 체결된 독일연방공화국

즉 독일 통일조약은 존속국인 서독의 조약이 조약경계이동 원칙(moving treaty-frontier rule)에 따라 소멸되는 동독지역으로 확장된다는 내용을 핵심으로 하였다.

이 같은 독일 정부의 입장은 조약 타방 당사국들에 의해 일반적으로 수용되었다. 오직 네덜란드만이 서독의 기존 조약을 동독지역으로 확대 적용하기 위해서는 자신의 동의가 필요하다고 주장했다. 이에 양국은 협의의 결과 1994년 1월 25일자 의정서를 통해 2개 조약에 대한 조정에 합의했다.[59] 독일 통일의 사례는 1국이 타국으로 흡수되는 국가통합의 경우 조약의 대상 및 목적에 위배되는 결과를 초래하거나, 조약 당사국의 의도에 명백히 반하지 않는 한 존속국의 조약이 전체 영역으로 확대되는 조약경계이동 원칙이 관습국제법의 해당함을 더욱 공고히 확인했다.

다자조약의 경우 동독이 가입했던 대부분의 조약은 서독도 이미 당사국이었기 때문에 큰 문제가 제기되지 않았다. 다만 통일 후 독일은 과거 독일연방공화국(Federal Republic of Germany)라고 표기되던 자신의 국명을 단순히 독일(Germany)로 변경한다고 통보했다. 양독이 모두 당사국이었던 다자조약의 경우 서독의 가입일을 공식 가입일로 유지하기로 하였다. 한편 동독만 가입했던 다자조약 중에서는 2개를 제외한 모든 조약의 당사국 지위를 유지하지 않기로 하고, 이 점을 분명히 하기 위해 통일 독일은 소멸하는 구 동독 가입 다자조약의 목록을 발표했다.[60]

(2) 동독 조약의 처리

㈎ 통일전 동독의 자체 처리

통일협상이 마무리되기 전 동독은 조약의 국가승계협약 제31조에 규정된 바와 같이 자신의 기존 조약들이 동독지역에 계속 적용될 예정이라는 견해를 대외적으로 통지한바 있었다.[61] 그러나 서로 전혀 다른 경제체제간의 통합으로 동독이

에 있어서의 국제 군사령부의 설치와 운영을 위한 특별조건에 관한 조약 -추가조약- 및 1969.10.17에 체결된 부속 조약법(BGBI. 1969. 11. S.1997, 2009).

9. 1987.12.11.에 체결된 미국, 벨기에, 독일, 이탈리아, 네덜란드와 영국 사이의 미국과 소련 사이에 체결된 중·단거리 미사일 제거에 관한 조약 -주둔군 국가들 협정- 및 1988.4.20. 에 체결된 부속 조약법(BGBI. 1988. 11. S.429) 감독에 관한 협정.

10. 미합중국과 소련사회주의공화국 사이에 1987.12.8에 체결된 중·단거리 미사일 철수에 관한 조약과 관련한 1988.5.3.에 체결된 소련과 서독간의 사찰에 관한 각서 교환.

59) Papenfüss(전게주 33), p.476.

60) 신용호, 구동독체결조약의 처리와 협력의 국제법, 국제법평론 2012-I(통권 제35호), p.105.

61) 1990년 5월 동독정부는 자신의 조약 파트너들에게 다음과 같은 비망록을 보내어 첨부 목록상의 조약은 동독지역에 계속 적용될 예정이라는 견해를 통보한 바 있다. 그 영어 원문은 다

어떠한 조약을 체결하고 있는지조차 정확히 파악하지 못하고 있던 서독으로서는 이 같은 동독 입장을 수용할 수 없었다. 통일 이후의 처리는 다음과 같이 진행되었다.

통독이 임박하자 일부 정치적으로 민감하거나 통일 후 부담을 야기할 우려가 있는 조약에 대하여는 동독 스스로가 조약 종료를 통고하는 형식을 취했다. 이는 통일 이후의 처리 부담을 사전에 덜기 위한 조치였다. 1990년 9월 동독 정부는 통일 후 문제의 소지가 있는 조약은 상대국에게 해지를 통보했다. 예를 들어 바르샤바 조약기구와 관련된 조약에 대해서는 동독이 1990년 9월 29일 사정변경을 근거로 10월 3일 자로 종료됨을 통고했다(바르샤바 조약기구는 1991년 3월 31일 공식 해체). 소련 외교부는 동독의 회원 자격 상실을 이해한다고 발표했다. 동독 군사령부와 바르샤바 동맹군 사령부는 이후 상호 어떠한 요구나 의무이행도 촉구하기 않기로 합의했다. 또한 10월 2일 동독 정부는 자신의 COMECON 회원 자격이 독일 통일과 동시에 종료됨을 다른 회원국들에게 통고했다(COMECON은 1991년 6월 28일 공식 해체).[62] 이 같이 민감한 조약에 관한 조치는 물론 사전에 정치적 조율과정을 거친 결과였다. 이 무렵 동독은 북한과 1964년 6월 체결된 우호협력조약의 폐지도 통고했다.

또한 1990년 9월 5일 동독 정부는 식량·농업·임업분야의 양자 및 다자간 조약들도 1990년 말까지 종료시키기로 결정했다. 그리고 과거 약 70개국과 체결한 교역 및 지불관련 양자협약들도 사정변경을 이유로 10월 3일 통일과 동시에 종료됨을 통고하기로 결정하고, 이에 관한 이해를 구하는 공한을 9월 12일과 13일 양일간 발송했다. 통일 후 동독 지역이 유럽연합의 영역으로 편입됨에 따른 불가피한 조치였다.[63] 이에 북한과의 교역과 항행에 관한 조약과 관련해서도 "독일민주공화

음과 같다.

"The unification of the two German states raises the question of the successor state continuing the treaties entered into by the German Democratic Republic. In line with valid international law, the German Democratic Republic is committed to the contractual obligations it has assumed and it seeks to ensure that the level of co-operation reached will not be hampered by succession to such treaties. In that regard, it is guided by the principle of the continuation in force of treaties, as set out in Article 31 of the Vienna Convention on Succession of States in respect of Treaties of 23 August 1978, a principle which in the view of German Democratic Republic reflects existing customary law. The German Democratic Republic would request the partner state to transmit its legal position on the question of the succession of states and to set forth its interests as regards the continuation by successor state of the treaties entered into with the German Democratic Republic." Papenfűss(전게주 33), p.477에서 재인용.

62) Papenfűss(전게주 33), p.479.

국의 독일연방공화국 가입에 따라 대외교역과 무역정책에 관한 권한이 유럽공동체로 이양되게 됩니다. 이에는 이 같은 유형의 조약을 체결하고 당사자가 되는 권한이 포함됩니다. 이에 독일민주공화국은 1969년 5월 23일자 조약법에 관한 비엔나협약 제62조에 의거, 1961년 12월 29일 체결된 독일민주공화국과 조선민주주의인민공화국간의 교역과 항해에 관한 협약을 1990년 10월 3일자로 종료됨을 통보합니다"라는 공한을 보냈다.

동독이 위와 같이 조약 종료를 통지하는 공한을 발송했지만 1990년 10월 3일 통독조약 발효로 동독이 소멸함으로써 미처 상대국의 반응도 접수할 여유가 없었다. 적지 않은 국가는 동독의 일방적 종료 선언을 받아들일 수 없다고 반발했다. 결국 구 동독조약의 대부분은 통일 후 독일정부와 협의과정을 거치게 되었다. 북한은 통일 이후 독일과의 협의에서 양국간 관계가 정상화될 때까지 교역과 항행에 관한 조약의 존속을 주장했다.[64)]

사실 동독의 기존 양자조약에 대해서는 조약 상대국도 사정변경 등을 이유로 종료를 주장할 수 있겠으나, 그런 사례는 발견되지 않았다. 다만 베를린 장벽 개방 직전 동독 주민들이 헝가리로 대거 몰려들어 서독행을 요구하자, 1989년 9월 14일 헝가리는 동독과 체결한 1969년 동독주민에 관한 협약을 폐지한다고 선언한 바 있다.[65)]

㈏ 통일 이후의 처리

독일 통일조약은 동독 조약의 운명에 관해 "조약의 계속 적용, 조정 또는 효력 상실 여부 등을 규정 또는 확인하기 위해 당사국과 협의한다"고 규정하고, 다만 이 작업은 신뢰보호 · 관련국들의 이익 · 서독측의 조약상 의무의 관점에서, 그리고 자유 · 민주 · 법치국가적 기본원칙에 따라, 또한 EC의 권한을 존중하는 범위 내에서 진행하기로 예정했다(제12조 1항). 이어 제3항에서는 과거 동독만이 가입하고 있던 국제기구나 다자조약에 통일 독일이 가입하려 할 경우 독일은 모든 당사국과, EC의 권한이 관련된 경우에는 EC와 협의한 후 결정한다고 규정했다. 원만한 통일을 달성하기 위한 정치적 고려에 따라 모든 동독 조약의 자동 소멸을 주장하기 부담

---

63) 신용호(전게주 60), p.89.

64) 이상 통일 전 동독의 자체 처리 과정에 관한 상세는 신용호(전게주 60), pp.88-92 참조. 북한에 대한 공한도 이 글 p.89 각주 19로부터 재인용.

65) 신용호(전게주 60), p.91.

스러웠던 독일은 일단 동독 조약의 운명을 일률적으로 규정하지 않고 처리방향만을 표시한 셈이었다.[66] 다만 통독조약은 조약 상대국과 협의할 의사만을 규정했지, 합의를 통한 처리를 예정하지는 않았다.

흡수되어 소멸하는 국가의 조약을 어떻게 처리하느냐에 관해서는 관습국제법이 존재하는지 분명하지 않다. 조약에 관한 국가승계협약은 국가통합(uniting of States)의 경우 기존 지역에서의 계속 적용을 규정하고 있었으나(제34조), 과거의 실행을 보면 흡수된 소멸국 조약은 종료된 경우가 많았다. 독일 통일조약은 조약 상대국과의 협의를 규정함으로써 나름 새로운 모델을 제시했다.

통일이 되자 독일은 외교부를 중심으로 제12조에 규정된 바에 따라 구 동독조약을 처리하는 작업에 착수했다. 과거 동독의 조약은 5% 정도만이 관보에 공포되었으며 나머지 거의 대부분의 조약 내용은 일반적으로 공개되지 않았다. 통일 시까지 동독은 137개국과 약 2600여 건의 조약을 체결하고 있었다고 하나, 등록된 모든 조약을 과연 국제법적 의미의 조약이라고 볼 수 있는가는 의문스러웠다.[67] 따라서 동독이 실제 체결한 조약의 숫자를 명확히 산정하기도 어려웠다. 한편 통일 이전 양독은 235개의 다자조약에 가입하고 있었으며, 그중 동독만 가입한 조약은 35개였다.[68]

독일이 동독 조약의 협상에 임하는 기본자세는 다음과 같았다. 먼저 통일 독일의 성격은 2개 국가의 합의를 통한 새로운 국가의 탄생이 아니라, 한 국가(동독)가 스스로 국제법 주체성을 포기하고 타국(서독)으로의 편입이다. 이러한 국가승계시 기존 조약의 처리를 규정한 일반적 국제조약은 존재하지 않는다. 다만 조약경계이동 원칙과 이른바 지역화된 조약(localized treaty)의 효력계속원칙은 관습국제법으로 적용된다. 통일 독일은 동독의 구 조약을 완전히 무시하지는 않으며, 통일조약 제12조에 규정된 바와 같이 조약 상대방과의 협의를 통해 그 효력의 지속 여부

66) 단 독일 통일조약 부록 II 제1장 I절에 의해 구 동독의 다음 2개의 조약만은 동독지역에서 계속 적용이 예정되었다.
① 소련과 미국 간에 중단거리 로켓트 철거를 위해 1987년 12월 11일 체결된 조약과 관련하여 동독·소련·체코슬로바키아 간에 체결된 조사에 관한 협정.
② 1987년 12월 8일 미소간의 중단거리 로켓트 제거를 위한 조약과 이와 관련된 조사를 위한 부속 의정서와 관련하여 동독과 미국 간에 1987년 12월 23일에 체결된 각서교환.

67) 과거 동독은 국제적 승인을 얻기 위한 정치적 수단으로 매년 300개의 조약을 체결하는 목표를 갖고 있었다고 한다.

68) 단, COMECON 관련 조약은 이에 산입되지 않았음. Papenfűss(전게주 33), p.484.

를 판단한다.[69] 협의과정에서는 상대국의 신뢰보호와 관계국의 이해를 고려할 예정이나 이 점이 조약의 계속성을 전제로 한다는 의미는 아니다. 반드시 상대국과의 합의 도출을 필요로 하지는 않으며, 종료가 합의되지 않는다고 해도 조약 존속을 의미하지는 않았다. 조약 존속에 관한 최종적인 판단은 어디까지나 독일 자신이 한다.[70] 특히 통일조약 제12조가 기존 국제법의 표현은 아니며 단지 업무처리를 위한 절차로서 규정되었을 뿐이라고 보았다.[71]

동독조약의 처리를 위하여 독일은 조약처리 협상담당관(Commissioner for Negotiations on Treatment of International Treaties of the GDR)을 임명했다. 조약의 건수도 적고 내용상 별문제가 없는 국가와는 서면교환만을 통해 조약의 효력 문제를 처리했으나, 동독의 주요 조약 상대국과는 직접 협상을 진행했다.

정치체제가 다른 동독이 체결한 조약은 통일 후 그 대부분 종료될 수밖에 없었다. 통일이라는 사정변경은 구 동독 조약을 사실상 무의미하게 만들었으며, 협의 결과 동독 조약의 대부분은 종료가 합의되었다. 비엔나 조약법 협약은 국가승계에 관해서는 적용되지 않으므로(제73조) 이 협약 제62조에 규정된 사정변경 원칙이 구 동독조약 처리에 적용될 수 있느냐는 의문이 제기될 수도 있겠지만, 대부분의 조약 상대국들은 독일 통일로 인한 사정의 근본적 변경으로 동독과의 조약이 종료된다는 점에 별다른 이의를 제기하지 않았다.[72]

종료가 합의된 조약은 수시로 그 목록이 연방 관보를 통해 공개되었다. 조사 결과 통독 이전에 이미 많은 조약이 이행완료 등으로 인해 종료된 상태였으며, 상당수 우호협력조약은 독일 통일시 실효된다는 조항을 갖고 있었다. 또한 동일한 주제에 관해 구 서독이나 EC의 조약이 존재해 통일과 동시에 이들 조약이 동독지역으로 확대 적용된 결과 동독 조약은 존속 의의를 상실한 경우도 많았다. 협의의 성격에 관해 독일은 동독 조약의 존속 여부는 국제법에 따라 자동적으로 결정되며, 상대국과의 협의는 단지 이를 확인하는 의미를 지닐 뿐이라는 입장이었다.[73] 조약의 종료일은 다소 불분명한 점이 없지는 않으나, 대부분의 조약이 사정변경에 의해

69) Papenfűss(전게주 33), pp.486-487.

70) Papenfűss(전게주 33), p.482.

71) Papenfűss(전게주 33), p.487.

72) 이 점에 관해서는 신용호(전게주 60), pp.101-104 참조.

73) Papenfűss(전게주 33), p.486.

종료되었다고 판단되는 만큼 독일 정부 담당자는 양독이 법적으로 통일된 1990년 10월 3일을 종료 기준일로 해석한다.[74)]

결과적으로 극히 제한적인 숫자의 동독 조약만 존속의 필요가 있다고 판단되었다. 존속된 양자조약을 유형별로 보면 다음과 같았다. 첫째, 지역화된 조약(localized treaties). 예를 들어 덴마크 및 폴란드와의 발틱해 대륙붕경계 획정조약, 체코슬로바키아 및 폴란드와의 국경협정 및 통행협정, 상호주의에 입각한 외교관용 부동산 공여협정 등이 이에 속한다. 둘째, 오스트리아(1987.8.21.), 핀란드(1984.10.3.), 덴마크(1987.12.3.), 스웨덴(1986.10.24.) 등과 체결한 구 전쟁피해에 대한 일괄 보상협정. 셋째, 외국과 합의된 일정한 사회보장협정은 갑작스런 적용 중지에 따른 개인의 피해를 막기 위해 1992년 연말까지만 한시적으로 적용을 인정했다.

한편 동독만이 가입했던 다자조약 중 독일은 Interspunik 조약[75)]과 동독·폴란드·소련간의 3자 조약인 발틱해 대륙붕 공동 석유개발협정[76)] 2건에 대하여만 당사국 지위를 승계했다.[77)]

국가통합 후 승계국이 소멸국의 모든 양자조약의 효력을 상대국과 개별적으로 협의한 것은 유례 없는 일이었다. 이러한 독일식 모델은 상대방의 신뢰를 보호할 수 있었다는 점에서 국제법상 전혀 흠잡을 데 없었고 향후 유사 사례에 가치 있는 선례로 작용하리라 생각된다.[78)]

나. 소련방 해산

1991년 12월 21일의 알마티 의정서가 소련방 소멸을 선언함으로써 구 소련방은 해산되고 개별 공화국은 독립을 인정받았다. 그러나 법적으로 러시아 공화국은 명칭만 변경된 소련방의 계속으로 인정되어 소련과 러시아 간에는 국가승계가 적

74) Papenfűss(전게주 33), p.483.

75) Agreement on the Creation of an International System and Organization for Cosmic Telecommunications, 1971년 11월 15일 채택. 통일 독일은 1990년 10월 3일 기구 사무국에 동독의 지위 승계의사를 통지했고, 기구 회원국들은 10월 15일－19일간 진행된 회의에서 독일의 요청을 수락했다. 신용호(전게주 60), p.105.

76) Agreement on Joint Petroleum Exploration on the Continental Shelf in the Baltic Sea (PETROBALTIC), 1975년 11월 7일 채택, 1990년 7월 12일 개정.

77) Papenfűss(전게주 33), p.479. 한편 독일은 통일 이후인 1991년 1월 14일자로 「발트해 순찰에 관한 공동기구 활동에 관한 협약」에 승계의사를 통고했다고 한다. 신용호(전게주 60), p.105.

78) M. Shaw(전게주 24), p.847.

용되지 않았다.[79] 일반적으로 구 소련방은 러시아에 의해 계속되고, 다른 구성 공화국들만 소련방에서 분리 독립했다고 인정되었다.

러시아는 구 소련방이 체결한 모든 조약상 의무와 대외 채권채무를 계속 부담했다.[80] 예를 들어 1991년 12월 24일 옐친 러시아 대통령은 UN 사무총장에게 러시아가 상임이사국의 지위를 포함해 소련의 UN 회원국으로서의 지위를 계속한다고 통보했다. 이에 대해 다른 UN 회원국으로부터 이의가 제기되지 않았으며 러시아는 별다른 조치 없이 UN 안전보장이사회의 상임이사국 등 기존 지위를 유지했다.[81] 1992년 1월 러시아는 유럽 평의회(Council of Europe)에 대해서도 기존의 가입 조약을 포함한 소련의 국제적 책임을 이행하겠다고 통보했고, 유럽 평의회측도 러시아의 조약 당사국 지위 유지에 동의했다.[82] 다만 일부 양자조약은 소련방 붕괴라는 사정변경을 감안해 기존 조약을 종료시키고 새로운 협정으로 대체된 경우도 있다. 예를 들어 핀란드와 소련이 1948년 체결한 우호협력상호원조 조약은 1992년 1월 핀란드-러시아간의 새 선린협력조약으로 대체되었다. 양국간 무역협정 등 일부 조약은 재검토과정을 거쳐 1992년 7월 종료가 확인되었다.[83] 한국과 구 소련방 간의 기존 조약은 연방 해산 이후에도 별도의 조치 없이 러시아와의 조약으로 계속 적용되었다.[84]

소련방으로부터 새로 독립한 15개 공화국 중 발트 3국을 제외한 12개 공화국은 러시아와 독립국가연합(CIS)이라는 국가연합을 결성했는데, 현재는 러시아를 포함한 9개 공화국만이 회원으로 있다. CIS 국가들은 1992년 7월 6일 소련 조약의 승계에 관한 양해각서를 체결했는데, 이에 따르면 기존 다자조약은 각 조약의 성격과 내용을 고려해 각국이 개별적으로 승계 여부를 결정하기로 했다. 단 국경획정

79) 러시아는 소련방의 영토의 약 77%, 인구의 55%를 차지했다.

80) 단 오스트리아는 러시아와 소련방 간의 법적 동일성을 인정하지 않고, 1993년 6월 교환각서를 통해 러시아와 구 소련과의 조약을 계속 적용한다는 별도의 합의를 했다. 그러나 1995년 1월 오스트리아의 EU 가입 이후 EU의 정책에 따라 양자간의 법적 동일성을 인정하기로 했다. 이순천(전게주 14), p.194.

81) 이순천(전게주 14), p.195.

82) 이순천(전게주 14), p.198.

83) 이순천(전게주 14), pp.199-200.

84) 한국은 알마티 선언 직후인 1991년 12월 27일 러시아 연방의 "독립"을 승인했다(외교부, 2018 러시아 개황(2018), p.128). 즉 구 소련방은 소멸하고 새로운 국가로서 러시아가 성립했다고 판단했다(상동, p.130). 그러나 러시아연방이 국제법적으로 구 소련방의 계속이라면 새로운 국가승인은 불필요했다.

조약만은 계속 효력을 갖는다고 확인했다.[85] 이에 개별 국가나 조약에 따라 대처 방법이 각각 달랐다.

우크라이나와 벨라루스는 UN 원 회원국으로 이미 많은 다자조약과 국제기구의 회원국이었으므로 이런 경우 신규 가입이 필요하지 않았다. 그러나 소련만이 당사국이던 다자 및 양자조약에 관해서는 협의를 거쳐 승계 여부를 결정한 예가 많았다. 이 두 나라를 제외한 다른 CIS 국가들은 기존 조약에 새로이 가입한 경우도 있고, 승계의 형식으로 당사국 지위를 유지한 경우도 있었다. 예를 들어 1949년 제네바 4개 협약 및 추가의정서에 대해 카자흐스탄, 키르키스탄, 타지키스탄, 투르크메니스탄은 이를 승계한다고 발표했으나, 아르메니아, 아제르바이잔, 그루지아, 몰도바, 우즈베키스탄은 새로이 가입했다. 다른 조약의 경우 대체로 승계보다는 신규 가입의 방식을 택한 경우가 더 많았다.[86]

한편 미국은 과거 소련방과 체결한 양자조약들이 분리된 새 국가에도 유효한가를 공식 확인하는 과정을 거쳤다. 즉 기존 조약 중 완료되었거나 사실상 실효된 조약을 제외하고 1854년 제정 러시아와 체결한 조약까지 포함해 계속 준수를 요구하는 조약 목록을 작성하여 수교시 교환각서의 형식으로 합의했다. 이의 준수를 수교 조건으로 삼았는데, 미국은 특히 대량파괴무기 통제에 관한 기존 조약의 이행을 요구했다. 기본적으로 조약의 국가승계협약 제34조의 계속성 원칙을 바탕으로 했다. 한편 영국은 일단 구소련과의 기존 양자조약들은 분리된 공화국에 대하여도 계속 유효하다고 통지하고, 이후 개별 공화국과의 협의를 통해 조약의 존속 여부를 별도로 판단했다.[87] 구 소련의 핵무기는 러시아를 비롯하여 벨라루스, 카자흐스탄, 우크라이나 등에 분산되어 있었다. 이들 국가와 미국 등은 협의를 통해 러시아만 NPT상의 핵보유국의 지위를 유지하고, 다른 국가들은 비핵보유국의 자격으로 NPT에 참여하기로 합의했다. 한국의 경우 소련방에서 분리된 개별 공화국과의 조약 관계는 별다른 협의 없이 완전히 새롭게 시작했다.

다. 발트 3국의 주권 회복

1940년 소련에 합병되었던 에스토니아, 라트비아, 리투아니아의 발트 3국은

85) 이순천(전게주 14), pp.197－198.
86) 이순천(전게주 14), p.202.
87) A. Aust, Treaty Law, p.328.

1991년 독립을 달성한 이후 자신들을 구 소련방의 승계국으로 인정하지 않았다. 자신들은 주권을 회복했다고 주장했다.[88] 미국 · 영국 등은 소련의 발트 3국 합병을 법률상으로 승인하지 않고, 사실상 승인만을 하고 있었으며, 독립 이후 과거의 외교관계를 복원시켰다.[89]

발트 3국은 UN 사무총장에게 자신들은 소련이 체결한 어떠한 조약에도 국가승계를 통한 당사국이 되지 않는다고 통지했다. 이들은 독립국이던 제1차 대전 종료 시부터 제2차 대전 사이에 체결된 다자조약을 원칙적으로 재적용했으며, 양자조약도 회복된다고 주장해 실제 일부 부활을 인정받았다.

예를 들어 영국은 제2차 대전 이전에 체결된 에스토니아 및 라트비아와의 비자면제협정을 재적용시켰다. 벨기에, 오스트리아 등도 구 조약의 재적용을 인정했다. 그러나 약 50년간의 소련방의 지배기간 동안 상당수의 구 양자조약은 이미 무의미해졌음이 사실이었다. 그런 의미에서 일부 구 조약의 재적용은 이들 국가가 소련의 발틱 3국 병합을 법률적으로 승인하지 않았다는 사실을 표시하는 상징적 의미가 강했다. 한편 발틱 국가 역시 현실적 필요에 따라 소련이 인접국과 체결했던 조약 일부는 효력을 일정 기간 유지시켰다.[90] 예를 들어 핀란드와 에스토니아는 과거 핀란드와 소련 간 체결된 16개 조약을 3년간 잠정적용하기로 합의했다.[91]

다자조약의 경우 라트비아는 1929년 「항공운송에 관한 바르샤바협약」을 계속 적용하기로 했다.[92] 발트 3국은 병합 이전 회원국이던 ILO에 재가입형식으로 회원

---

88) 1990년 3월 11일 리투아니아는 「리투아니아국 복원에 관한 법률」을 채택해 자신이 리투아니아의 역사적 국경 내에서 다시 영토에 대한 완전한 지배권을 갖는다고 선언했다. 1990년 3월 30일 에스토니아 최고 소비에트는 「에스토니아의 국가 지위에 관한 결의」를 채택해 1940년 소련에 의한 병합의 불법성과 에스토니아 공화국 복원을 선언했다. 1990년 5월 4일 라트비아 최고 소비에트 역시 「라트비아 공화국 독립 회복에 관한 선언」을 채택해 법률상 라트비아 공화국은 국제법 주체로서 존속했다고 주장했다. 도경옥, 국제법상 한국의 계속성: 한반도 통일에의 함의, 통일과 법률 2018년 5월, pp.10－11.

89) 그동안 영국은 제2차 대전 이전 런던에 예치된 발틱 3국 소유의 금을 소련에 인도하지 않고 있다가, 독립 이후 이를 원소유국에 반환했다. 독일은 베를린 주재 에스토니아 대사관 건물을 봉인하고 있다가, 독립 이후 반환했다. 이순천(전게주 14), p.208. 한편 소련의 발트 3국 병합을 법률상 승인했던 네덜란드, 스페인, 스웨덴 등은 발트 3국을 신국가로 승인하고, 외교관계를 새로이 맺었다. 도경옥(상게주), p.11.

90) A. Aust, Treaty Law, p.329.

91) 이순천(전게주 14), p.207.

92) 1929 Warsaw Convention on the Unification of Certain Rules relating to International Carriage by Air.

국이 되었으며, 과거 당사국이던 ILO 협약도 재적용했다.[93] 또한 발트 3국은 1925년 「독가스의 사용금지에 관한 제네바의정서」의 당사국 지위를 회복시켰다.[94]

정치적으로 민감한 사안은 국경문제였다. 에스토니아와 소련은 1920년 Tartu 조약을 통해, 라트비아와 소련은 Riga 조약을 통해 양국간 국경을 획정했었다. 그러나 지배 기간 중 소련은 이들 공화국의 경계 일부를 변경했다. 이 과정에서 에스토니아는 약 2,334㎢의 영토를, 라트비아는 약 1,600㎢의 영토를 러시아에 넘겨주었다. 리투아니아는 러시아에 영토 일부를 상실한 대신, 구 독일령 Vilnius 지역 등을 새로이 얻었다. 이에 독립 회복 직후 특히 에스토니아와 라트비아는 구 국경조약의 부활을 주장했다. 그러나 발틱 3국이 EU와 NATO에 가입하기 위해서는 국경 확정이 선행되어야만 했다. 결국 에스토니아와 라트비아는 구 영토 회복 주장을 철회하고, 1991년 독립 달성 당시의 국경을 그대로 인정하는 새로운 국경협정을 러시아와 체결했다.[95]

라. 유고슬라비아 해체

티토 사후 유고슬라비아는 혼란에 빠져 여러 국가로 분열되었다. 유고 사회주의 연방공화국(구 유고 연방)은 1991년 6월 29일 슬로베니아와 크로아티아의 독립 선언을 시발로 연이어 마케도니아와 보스니아-헤르체고비나도 독립을 선언했다. 1992년까지 기존 유고 연방에 남아 있던 세르비아-몬테네그로(신 유고연방) 등 5개의 공화국으로 분열했다.

새로이 독립한 공화국들은 신규 회원국의 자격으로 UN에 가입했으나, 구 유고연방의 중심이던 세르비아-몬테네그로는 자신이 구 유고연방과 동일한 국가의 계속이라고 주장했다.[96] 그러나 UN은 이 같은 구 유고연방 지위의 계속을 인정하지 않았다. 안보리는 1992년 9월 19일 유고 사회주의 연방공화국은 더 이상 존속하지 않으며, 신 유고연방은 구 유고연방의 회원자격을 자동적으로 승계할 수 없다고 결정했다(결의 제777호). 총회 역시 1992년 9월 22일 신 유고연방은 구 유고연방

93) 이순천(전게주 14), p.208.

94) 1925 The Protocol for the Prohibition of the Use in War of Asphyxiating, Poisonous or other Gases, and of Bacteriological Methods of Warfare. 이후 에스토니아는 이 조약을 탈퇴.

95) 이순천(전게주 14), p.209. 에스토니아 - 러시아간 국경조약은 2014년 2월 17일, 라트비아 - 러시아간 국경조약은 2007년 3월 27일에 서명 및 발효되었다.

96) 당시 세르비아-몬테네그로는 구 유고연방 영토의 약 40%, 인구의 약 44%를 차지하고 있었다.

의 회원자격을 자동적으로 승계할 수 없으며, 새로이 가입신청을 하라고 결의했다(결의 제47/1호). 이후 UN 사무국은 신 유고연방이 UN 총회 등에 참석할 수 없다고 판단했다. 그렇다고 해서 구 유고연방의 회원 자격이 공식으로 완전 종료되거나 정지되지도 않았다. 새 유고연방의 대표는 UN에서의 다른 기능은 그대로 수행했다. 구 유고연방의 국기는 계속 UN 본부에 게양되었으며, 명패도 유지되었다.[97] UN 분담금 산정시 신 유고 연방도 포함되었으며, 신 유고 연방 대표부의 특권·면제도 인정되었다. 1999년 신 유고연방이 ICJ의 강제관할권 수락서를 기탁하였을 때도 사무총장은 이를 일단 수락했다. 당시 신 유고연방의 지위는 애매하고, 모호하고, 어떻게 보면 모순된 상태였다. 당시 유고의 이 같은 애매한 지위는 1992년 안보리 결의 제777호 채택시 러시아가 제시한 정치적 타협안에 따른 결과였다.[98]

결국 세르비아-몬테네그로는 밀로셰비치 대통령이 실각한 이후인 2000년 유고 연방공화국이라는 명칭으로 UN에 새로 가입했다. 신 유고연방은 2001년 3월 12일 구 유고연방이 당사국이던 약 240여 개의 다자조약의 당사국으로서의 지위를 그대로 승계하겠다는 내용의 공한을 UN 사무총장에게 통지했다. 이러한 통지는 다른 국가들의 반대 없이 수락되었는데, 다만 신 유고연방이 기존 다자조약의 당사국으로 인정받게 된 법적 근거가 무엇인지는 명확히 하지 않았다.[99] 한편 신유고연방은 제노사이드방지 협약에 관해서는 동일자로 신규 가입서를 기탁하며, ICJ 강제관할권에 관한 제9조를 유보했다. 이에 대해 크로아티아와 보스니아-헤르체고비나는 신유고연방이 그 이전에도 이미 협약의 구속을 받고 있는 상태라며 신규 가입에 반대를 표명했다. 양자조약에 관해서는 일부 주요 국가와의 양자협정을 통해 계속 존속하는 조약의 목록을 합의했다.

유고 사태는 구 유고연방으로부터 비 세르비아계 공화국들이 분리·독립했다는 해석이 실질에 부합된 평가라고 보이나, 국제정치의 현실은 신 유고연방과 구 유고연방간의 동일성을 부인함으로써 법적으로 구 유고연방은 해체·소멸되었다고 간주되었다. 발칸 반도는 이후에도 혼란이 계속되어 2006년 몬테네그로가 추가로 분리 독립을 함으로써 신 유고연방도 해체되고 국호도 세르비아로 변경했다. 2008년에는 코소보도 독립을 선언했다.

---

97) UN Doc. A/47/485(1992) 참조.
98) 이순천(전게주 14), p.213.
99) A. Aust, Treaty Law, pp.331-332.

한편 슬로베니아 독립 당시의 새 헌법은 구 유고연방이 체결한 조약으로 슬로베니아에 관한 부분은 자신에 대해 계속 유효하다고 규정했다(제3조). 크로아티아 역시 자국 헌법에 위배되지 않는 한 구 유고연방이 체결한 모든 조약을 존중하겠다는 의사를 표시했다.[100] 슬로베니아, 크로아티아, 마케도니아, 보스니아-헤르체고비나 4국은 국가승계를 통해 구 유고연방이 당사국이던 다자조약에 자신들은 계속 구속된다는 입장을 UN 사무총장에게 문서로 통지했다. 또한 이들 국가는 구 유고연방의 주요 양자조약 상대국과 개별 협의를 통해 계속 효력을 갖는 조약의 목록을 합의했다. 특히 슬로베니아는 20개국 이상과 이 같은 합의를 했다.[101]

유럽 평의회(Council of Europe)는 구 유고연방이 당사국이던 16개 조약은 구 유고연방의 소멸로 조약관계가 종료되었다고 해석했다. 이에 구 유고연방에서 분리된 국가들은 이들 조약을 승계할 수 없고, 신규 가입해야 했다.[102]

1989년 구 유고연방과 수교한 한국은 구 유고연방에서 분리된 국가들에 대하여는 각각 별도의 국가승인을 부여하고 신규로 수교하는 방식을 적용했으며, 한국이 구 유고연방과 체결한 조약으로 이들 국가에 대해 효력이 유지된다고 본 조약은 없다. 예를 들어 한국은 구 유고연방과 체결했던 항공협정의 존재는 무시하고, 크로아티아와 새로운 항공협정을 체결했다(2015년 서명, 2016년 발효). 그러나 신 유고연방에 대하여는 새로운 국가승인을 부여하거나 새로이 수교하지 않고 기존의 외교관계를 그대로 유지하는 방식으로 관계를 지속했다. 다만 외교부 담당자는 이것이 신 유고연방과 구 유고연방을 동일한 국가로 인정한다는 의미는 아니라고 주장했다.[103] 한국 정부는 구 유고연방과 1990년 체결한 항공운수협정(조약 제1054호)을 구 유고연방 해체로 폐기되었다고 간주하다가,[104] 2016년 2월 세르비아 공화국과 새로운 항공업무협정을 체결했다(2016년 11월 발효). 신 협정은 이의 발효와 동시에 1990년 구 협정은 종료된다고 확인하고 있다(제22조 2항).

100) G. Hafner & G. Novak(전게주 2), p.404.
101) A. Aust, Treaty Law, p.330.
102) 이순천(전게주 14), p.224.
103) 오진희, "외교실무에서 본 국가의 국제법 주체성," 국제법평론 2006-I(통권 제23호), p.9.
104) 외교통상부, 대한민국 조약목록 1948-2010(2011), p.572.

▶판례: 국가의 분리 독립과 제노사이드 협약의 승계

Case concerning Application of the Convention on the Prevention and Punishment of the Crime of Genocide(Preliminary Objection) (Bosnia-Herzegovina v. Yugoslavia), 1996 ICJ Reports 595.

[구 유고사회주의연방(구 유고)의 중심을 이루던 신 유고연방(세르비아－몬테네그로)은 분리된 국가내 세르비아인들의 반란을 지원했으며, 더 많은 영역을 차지하기 위한 인종청소, 학살 등 여러 범죄행위를 저질렀다. 특히 보스니아－헤르체고비나내 이슬람교도에 대한 잔학행위는 악명이 높았다.

신 유고연방은 자신이 구 유고의 법적 승계국이라고 주장하며, 구 유고 연방의 국제적 의무를 계속 부담한다고 선언했다(para.17). 한편 보스니아－헤르체고비나는 1992년 12월 구 유고의 일부였던 자신도 제노사이드 협약 당사국의 지위를 승계한다는 의사를 UN 사무총장에게 통고했다(para.18). 이후 1993년 보스니아－헤르체고비나는 신 유고연방이 1948년 제노사이드 협약 등을 위반한 잔학행위를 자행했음을 주장하며 이 사건을 ICJ에 제소했다. 이에 대해 신 유고연방은 이 사건에 대한 ICJ의 관할권을 부인하는 선결적 항변을 제출하며, 그 이유 중의 하나로 보스니아－헤르체고비나는 제노사이드 협약의 당사국이 아니라고 주장했다. 이에 재판부는 보스니아－헤르체고비나가 구 유고연방의 제노사이드 협약 당사국 지위를 승계해 이 협약의 당사국이 되었는가를 검토했다. 특히 보스니아－헤르체고비나는 인권조약인 제노사이드 협약에 관하여는 이른바 자동승계원칙(rule of automatic succession)이 적용되어, 자국의 독립과 동시에 자동적으로 협약의 당사국이 되었다고 주장한 반면, 신 유고연방은 자동승계를 부인했다(para.21). 재판부는 관할권 결정에 있어서는 보스니아－헤르체고비나가 자동승계했는지를 판단할 필요 없이, 여하간 국가승계에 의해 당사국이 되었다고 판단했다.]

"18. For its part, on 29 December 1992, Bosnia-Herzegovina transmitted to the Secretary-General of the United Nations, as depositary of the Genocide Convention, a Notice of Succession in the following terms:

"the Government of the Republic of Bosnia and Herzegovina, having considered the Convention on the Prevention and Punishment of the Crime of Genocide, of December 9, 1948, to which the former Socialist Federal Republic of Yugoslavia was a party, wishes to succeed to the same and undertakes faithfully to perform and carry out all the stipulations therein contained with effect from March 6, 1992, the date on which the Republic of Bosnia and Herzegovina became independent."

On 18 March 1993, the Secretary-General communicated the following Depositary Notification to the parties to the Genocide Convention:

"On 29 December 1992, the notification of succession by the Government of

Bosnia and Herzegovina to the above-mentioned Convention was deposited with the Secretary-General, with effect from 6 March 1992, the date on which Bosnia and Herzegovina assumed responsibility for its international relations." […]

20. It is clear from the foregoing that Bosnia-Herzegovina could become a party to the Convention through the mechanism of State succession. Moreover, the Secretary-General of the United Nations considered that this had been the case, and the Court took note of this in its Order of 8 April 1993 (I.C.J. Reports 1993, p. 16, para. 25).

21. The Parties to the dispute differed as to the legal consequences to be drawn from the occurrence of a State succession in the present case. In this context, Bosnia-Herzegovina has, among other things, contended that the Genocide Convention falls within the category of instruments for the protection of human rights, and that consequently, the rule of "automatic succession" necessarily applies. Bosnia-Herzegovina concluded therefrom that it became a party to the Convention with effect from its accession to independence. Yugoslavia disputed any "automatic succession" of Bosnia-Herzegovina to the Genocide Convention on this or any other basis. […]

23. Without prejudice as to whether or not the principle of "automatic succession" applies in the case of certain types of international treaties or conventions, the Court does not consider it necessary, in order to decide on its jurisdiction in this case, to make a determination on the legal issues concerning State succession in respect to treaties which have been raised by the Parties. Whether Bosnia-Herzegovina automatically became party to the Genocide Convention on the date of its accession to independence on 6 March 1992, or whether it became a party as a result — retroactive or not — of its Notice of Succession of 29 December 1992, at all events it was a party to it on the date of the filing of its Application on 20 March 1993."

▶판례: 구 유고연방의 국가승계와 국유재산 분배

Republic of Croatia et al. v. Girocredit Bank A.G. Der Sparkassen, Oberster Gerichtshof, Austria, 4 Ob 2304/96v(1996).[105)]

[유고사회주의연방(구 유고연방) 중앙은행은 이 사건 피고인 오스트리아의 은행과 계약을 체결하고 일정한 자산을 오스트리아에 투자했다. 1991년-92년 사이 구 유고연방이 5개국으로 분열되자 해외에 소재한 국유재산의 처리방법이 문제되었다. 구 유고연방의 중심세력이던 세르비아계가 수립한 신 유고연방의 국립은행은 자신이 오스트리아 은행에 투자된 재산의 단독 승계자라고 주장했다. 반면 구 유고연방 해체 후 독립한 크로아티아와 마케도니아 등은 이 재산에 대한 지분을 주장했다. 오

105) 이 판결문은 International Legal Materials vol.36(1997), p.1520 이하에 번역 수록되었음.

스트리아 대법원(Oberster Gerichtshof)에서는 신 유고연방이 구 유고의 단독 승계국인가? 신 유고연방의 중앙은행은 구 유고연방 중앙은행의 해외재산의 단독 승계자인가 등이 문제되었다. 재판부는 구 유고연방은 해체되어 소멸되고 5개 승계국으로 대체되었다고 보았다. 이에 과거의 해외재산은 5개 승계국이 공동으로 소유하게 되었으므로 합의를 통해 처리되어야 한다고 판단했다.]

"The SFRY has been dissolved by "*dismembratio*". The successor States of Croatia, Macedonia, Slovenia, Bosnia-Herzegovina and the Federal Republic of Yugoslavia have so far not reached any agreement on the distribution of the assets and liabilities of the SFRY. The National Bank of the Federal Republic of Yugoslavia, founded in 1993, claims to be the sole lawful successor to the former National Bank of the SFRY. [⋯]

While the Federal Republic of Yugoslavia considers itself to be the sole successor State to the SFRY and identical with it, the international community unanimously views the disintegration of the SFRY as a case of "*dismembratio*". In international law this means the complete dissolution of the predecessor State and replacement by several successor States [⋯].

In terms of international law, the disintegration of the SFRY therefore is to be regarded as a case of "*dismembratio*". The SFRY as a subject of international law has ceased to exist, its State territory has been divided among five successor States, which have in the meantime been recognized by Austria.

Under customary international law, in the case of "*dismembratio*" State property is to be distributed according to the international principle of "equity" [⋯]. In such a case Art. 18 of the "Vienna Convention on Succession of States in Respect of State Property, Archives and Debts" of 1983 prepared by the International Law Commission provides for the passing of movable State property to the successor States in "equitable proportions". Thus, the successor States have an international law title to distribution recognized by the community of States. [⋯]

As a result of the disintegration of the SFRY by "*dismembratio*" the legal personalities of that State and its National Bank ceased to exist. The property attributable to the State (of the SFRY) is to be distributed among the successor States in accordance with international agreements still to be concluded. [⋯] Each member of this community thus has only a joint-ownership claim vis-a-vis the Defendant, which would be - illegally - infringed upon by any unilateral acts of disposal by one of them. Hence, each member of this community has a private law claim to the maintenance of the *status quo*, thus also a legal claim against the Defendant to desist from any disposal of such property as long as the successor States do not jointly dispose of such funds and assets."(각주 생략)

해 설

이 판결이 조약승계에 관한 규칙이 적용된 결과는 아니나, 구유고 연방 해체의 법적 성격을 나타내 준다. 이후 2001년 구 유고연방의 구성 공화국들은 해외재산 분배에 합의했다. 즉 신유고연방은 38%, 크로아티아 23%, 슬로베니아 16%, 보스니아-헤르체고비나 15.5%, 마케도니아 7.5%의 비율로 분배되었다.[106)]

마. 체코슬로바키아 해체

체코슬로바키아는 1993년 1월 1일 체코 공화국과 슬로바키아 2개국으로 해체되었다. 체코와 슬로바키아 양국 의회는 정식 독립 직전인 1992년 12월 특별한 사정이 없는 한 체코슬로바키아가 당사국인 모든 다자 및 양자조약의 구속을 받는다고 선언했다. 체코 헌법 No.4/1993은 자신이 체코슬로바키아의 국제법상 권리·의무를 승계한다고 규정했고, 슬로바키아 헌법 제153조도 구 체코슬로바키아에 구속력을 갖던 국제조약상의 모든 권리·의무를 승계한다고 규정했다.

이에 체코와 슬로바키아는 체코슬로바키아가 당사국이던 다자조약의 수탁자인 UN 사무총장이나 다른 수탁국에게 위와 같은 내용의 통지를 했고, 다른 조약 당사국들로부터 별다른 이의가 제기되지 않았다. 양국 어느 쪽도 구 체코슬로바키아의 유일한 승계국임을 주장하지 않았고, UN에는 1993년 1월 각각 신규 가입했다. UN 내 기관의 이사국 지위는 양국 합의에 따라 분배되었다. 유럽 평의회에도 양국은 1993년 6월 신규로 가입했다. IMF는 체코슬로바키아의 지위를 양국이 동시에 승계한다고 인정했고, IBRD에서 체코슬로바키아의 자산과 책임은 양국간에 할당되었다.[107)]

양자조약에 관해서도 체코와 슬로바키아는 기존 조약의 승계를 원칙으로 선언하고, 각국과의 외교교섭을 통해 조약의 존속 여부를 확인하는 절차를 거쳤다. 한편 체코는 체코슬로바키아가 체결한 지역적 조약으로 그 조약상의 권리·의무가 체코의 영토주권 밖에 있는 경우 이를 승계하지 않는다는 입장을 표명했다. 이는 당시 이미 국제문제화 되어 있던 다뉴브강 종합개발계획에 관한 부다페스트 협정(1977)을 염두에 둔 조치였다. 그 결과 이 조약의 이해관계국은 헝가리와 슬로바키아로 한정되었다. 후일 ICJ는 부다페스트 협정은 영토제도에 관한 조약으로 국가승

106) 김도형, 구유고연방의 해체와 1993년 국가재산, 국가문서 및 국가채무의 국가승계에 관한 비엔나협약, 서울국제법연구 제9권 2호(2002), p.193 이하 참고.

107) 이순천(전게주 14), pp.225-226.

계의 영향을 받지 않고 슬로바키아에 계속 구속력을 갖는다고 판단했다.[108)]

한국은 1990년 3월 체코슬로바키아와 수교한 바 있으나, 1993년 1월 1일 체코와 슬로바키아가 2개국으로 해체되자 바로 그 날짜에 각각 재수교하는 방식으로 승인을 부여하고 외교관계를 계속했다.[109)] 한국은 구 체코슬로바키아 해체 이후 체코에 대해서는 기존 조약관계를 계속시켰으나, 슬로바키아와의 관계에서는 종료되었다고 처리했다. 즉 한국과 체코슬로바키아 간에 1991년 발효된 「무역 및 경제협력에 관한 협정」(조약 제1045호)의 경우 분리 이후 체코와는 2003년 추가 협정을 통해 계속 효력을 유지하기로 합의했으나, 슬로바키아와는 별도 합의를 통해 종료시켰다(고시 제481호). 체코슬로바키아와 사이에 1990년 발효된 항공협정의 경우 분리 이후 체코와는 효력을 유지시켰으나, 슬로바키아와는 적용을 종료시켰다. 체코슬로바키아 시절 서명은 했으나 분리 이전에 미쳐 발효되지 않았던 「이중과세 회피와 탈세방지 협약」(조약 제1275호)과 「투자증진 및 상호보호에 관한 협정」(조약 제1276호)은 분리 이후 체코 공화국 하고만 비준절차를 진행해 발효시켰다. 슬로바키아와는 같은 종류의 조약을 이후 별도로 체결했다(조약 제1643호 및 제1761호).

체코슬로바키아 해체는 한반도 정전협정체제에도 영향을 미쳤다. 체코슬로바키아는 정전협정 중립국감시위원단의 일원이었다. 해체 이후 체코가 이 지위를 승계하려 했으나, 북한은 체코의 승계를 부인하고 북한지역으로부터의 철수를 요구해 관철시켰다.[110)] 이는 1991년 이래 군사정전위원회 체제를 무력화시키려는 북한 정책의 적용이었다. 체코는 1993년 이후 더 이상 중립국감시위원단 활동을 하지 못했다.[111)]

---

108) 본서, p.398 참조.

109) 오진희(전게주 103), p.9.

110) 경향신문 1993.2.28., p.1; 경향신문 1993.3.1., p.3; 동아일보 1993.3.3., p.3. 국방정보본부, 군사정전위원회 편람(2007), pp.106－109.

111) 6.25 정전협정시 공산측이 지명한 또 다른 중립국감시위원국인 폴란드에 대해서도 북한은 1995.2.28.까지 철수를 요구해 관철시켰다. 동아일보 1995..2.24, p.3; 경향신문 1995.3.1., p.5. 폴란드는 중립국감시위원단 활동 지속을 원해 현재 한반도에 상주대표는 두고 있지 않으나, 연 2－3회 정도 한국으로 대표를 파견해 스위스·스웨덴 등 UN군측 위원국과의 회의에 참가하고 있다.

바. 분단국 통일[112)]

남북 예멘(Yemen Arab Republic 및 People's Democratic Republic of Yemen)간에는 1990년 5월 22일자로 통합조약이 성립됨으로써, 새로운 국호의 예멘 공화국(Republic of Yemen)이 탄생했다. 예멘 공화국은 기존 국가 중 어느 1국이 당사국인 조약은 계속 준수를 선언했고, 이에 대해 UN을 포함한 국제사회는 별다른 이견이 없었다. 국제기구 회원 자격도 같은 기준에서 처리되어 남북 예멘 중 일방이 먼저 가입한 시기부터 회원국으로 인정받았다. 1994년 내전 이후 국내 정치적으로는 북예멘 주도의 통합이 진행되었다. 한국과 예멘간에는 통일 이전 별다른 양자조약 관계가 없었다.

분단국이던 베트남의 경우 1975년 5월 월남(South Viet-Nam)이 공산화되고 1976년 7월 2일을 기해 베트남 민주공화국(Democratic Republic of Viet-Nam)과 남베트남 공화국(Republic of South Viet-Nam)이 통일되어 베트남 사회주의공화국(Socialist Republic of Viet-Nam)이 새로이 수립되었다. 실제로 베트남 통합은 오랜 내전 끝에 북베트남에 의한 무력 통일이었으므로 통일 후 북베트남의 조약이 전 베트남에 적용되고 과거 남베트남의 조약관계는 무시되었다. 이러한 결과는 국제사회에서 일반적으로 수용되었으며 UN도 과거 남베트남이 가입한 다자조약의 당사국 자격은 모두 종료되었다고 처리했다.[113)]

한국 역시 과거 남베트남과 체결한 양자조약은 1976년 7월 2일 베트남 사회주의 공화국의 수립으로 인해 효력이 상실된 것으로 처리하고 있다. 결과적으로 베트남 통일에 따라 소멸된 남베트남의 조약관계는 일률적으로 종료되고, 북베트남의 조약관계가 전 베트남에 적용되었다. 다만 통일 베트남이 과거 남베트남의 일체의 대외적 권리의무를 무시하지는 않았으며, 일부 남베트남의 권리의무를 승계했다. 통일 베트남은 ESCAP나 ADB에 대한 남베트남의 권리의무를 승계했으며,[114)] 1973년-74년간 남베트남이 미국에 대해 진 부채 1억 4천 6백 달러에 대한 상환협

---

112) 이 항목은 정인섭(전게주 57), p.222 항목을 주로 참조.

113) 예를 들어 남베트남은 「제노사이드 방지 협약」을 1950년 8월 11일 비준했으나, 현재는 통일 베트남이 이를 비준한 1981년 6월 9일 이후부터 당사국 자격을 인정하고 있다. 「외교관계에 관한 비엔나 협약」에 남베트남은 1973년 5월 10일에 가입한바 있었으나, 현재는 통일 베트남이 이를 비준한 1980년 8월 26일을 당사국 기준일로 삼고 있다.

114) 신성수, 영역주권의 변경에 따른 국가승계에 관한 연구(경희대학교 박사학위논문, 1994), p.189.

정을 1997년 4월 6일 체결한바 있다.[115] 한편 한국은 베트남과 1992년 말 재수교하면서 과거 월남과의 수교시 양국이 상대국에 보유하던 대사관과 부지를 상호 반환하여 공관으로 다시 사용하기로 합의했다.[116]

4. 대한민국과 조약 승계

가. 대한제국 조약의 승계

대한제국은 1910년까지 모두 6건의 다자조약의 당사국이었다. 1986년 8월 8일 한국 정부는 그중 아직도 유효한 2건의 다자조약과 관련 1건의 다자조약 등 모두 3건의 조약이 여전히 대한민국에게 효력을 가진다는 확인조치를 발표했다. 대상조약은 ①「전시 병원선에 대한 국가이익을 위하여 부과되는 각종의 부과금 및 조세의 지불면제에 관한 협약」(1904년 12월 21일 헤이그에서 채택, 1904년 대한제국 서명, 1907년 3월 26일 일제가 비준서 기탁) ②「육전(陸戰)의 법 및 관습에 관한 협약(II)」(1899년 7월 29일 헤이그에서 채택, 1903년 3월 17일 대한제국 가입) ③「1864년 8월 22일자 제네바 협약의 제원칙을 해전에 적용하기 위한 협약(III)」(1899년 7월 29일 헤이그에서 채택, 1903년 2월 7일 대한제국 가입)이었다. 그중 ③ 1864년 협약은 한국이 당사국인 1949년 제네바 협약으로 대체되었지만, ①과 ② 협약과 관련되는 한에서만 효력을 가진다는 설명이 부기되었다. 이들 조약은 새로운 조약번호가 부여되어 한글 번역본과 함께 관보에 공포되었다.

대한제국이 가입한 조약은 국내에서 오랫동안 잊혀진 조약이었으나, 서독 정부가 1981년 6월 9일자 구상서를 통해 구 한말 가입한「육전(陸戰)의 법과 관습에 관한 협약(II)」(일명 헤이그 육전조약)이 여전히 한국에 대해 구속력을 갖고 있느냐는 질의를 보내온 것이 재검토의 계기가 되었다.[117] 조사결과 한국 정부는 대한제국의 6건의 다자조약 중 3건에 대해 효력확인을 선언하기로 결정했고, 나머지 3건에 대해서는 별다른 조치가 필요 없다고 판단했다. 한국은 이 같은 선언사실을 수탁국인 네덜란드와 당초의 질의국인 서독 정부에도 통지했다.[118]

---

115) 중앙일보 1997년 4월 7일자.

116) 조선일보 1992년 8월 17일자.

117) 장효상, 현대국제법(박영사, 1987), p.72.

118) 한편 과거 독일의 경우 서독은 독일제국의 법적 승계자로서 별도의 조치가 필요 없이 당연히 이들 조약이 자신에게 적용된다는 입장이었고, 동독은 1959년 2월 9일자로 1907년 헤이

이러한 입장은 대한민국이 법적으로 대한제국을 승계한다는 정신의 표현이었다. 실제로 한국 정부의 선언 이전에도 위 3개 협약의 수탁국인 네덜란드는 대한민국을 대한제국의 법적 승계자로 보아 이미 조약의 당사국으로 취급하며 협약에 관한 변동사항을 통보하고 있었다. 반면 북한은 이들 3개 협약의 당사국으로 인정되지 않고 있다.[119)]

한편 효력 확인 조치에서 제외된 나머지 3건의 다자조약은 다음과 같다.

① 만국우편연합 헌장: 주미공사 이범진과 통신원총판 민상호가 제5차 워싱톤 회의에 대표로 참석해 1897년 5월 20일 조약에 서명했고, 1898년 7월 29일자로 비준을 통고했다. 일제의 방해로 적용이 잠정 연기되다가 대한제국은 1900년 1월 1일 정식 회원국으로 가입했다.[120)] 광복 후인 1949년 12월 17일 만국우편연합 본부는 별다른 재가입 절차 없이 대한민국이란 국호로 회원국 자격이 자동적으로 회복되었다고 통고했다.[121)] 대한제국의 대한민국으로의 승계를 인정한 결과이다. 한국은 1952년부터 당사국 총회 등에 참석해 왔다. 현재도 만국우편연합에서는 대한민국을 1900년 이래의 회원국으로 표기하고 있다.[122)] 북한은 1974년 6월 6일 만국우편연합에 가입했다.[123)] 한국은 구 조약을 대체하는 신 헌장의 당사국이 되어 있어서 구 조약의 효력을 확인할 필요가 없었다.

② 제1차 적십자협약(1864년 8월 2일 채택, 1903년 1월 8일 대한제국 가입) 및 제2차 적십자협약(1906년 채택, 당시 일본 정부가 가입절차를 진행)의 경우 한국이 1966년 가입한 1949년 전쟁희생자 보호에 관한 제네바협약(I)에 의해 대체되어 더 이상 적용의 여지가 없어졌다. 이 협약의 수탁국인 스위스는 1966년 이전까지 한국에게는 1864년 제1차 협약이 적용된다고 간주했었다.[124)]

그 육전법규와 1904년 전시 병원선에 관한 조약을 재적용(reapply) 한다고 수탁국인 네덜란드 정부에 통보했었다. 외교부 설명자료(1986), p.7. 이순천(전게주 14), p.251 재인용.

119) http://www.minbuza.nl/en/treaties/003276, 002338, 002339 등 참조.

120) 만국우편연합에서는 1922년 1월 1일부터 조선(Chosen)이란 명칭으로 남아 있었다. 이상 경과는 이석영, 국제연합전문기구(UPU를 중심으로)(상현문화사, 1967), p.168 및 pp.171-174 참조.

121) 이순천(전게주 14), pp.245-246.

122) http://www.upu.int/en/the-upu/member-countries/southern-asia-and-oceania/korea-rep.html 참조(2018.4.8. 확인).

123) https://www.upu.int/en/Universal-Postal-Union/About-UPU/Member-Countries?csid=-1&cid=166#mb—1(2023.8.1. 확인). 과거 만국우편연합은 홈페이지에 북한의 가입연도로 1900년과 1974년 2가지를 병기했었으나, 현재는 1974년만 표기되고 있다.

한편 대한제국 시절 다수의 양자조약도 체결되었으나, 불평등한 내용을 담고 있는 경우가 많았다.[125] 병합조약 공포 1주일 후인 1910년 8월 29일 일본 정부는 독일, 미국, 오스트리아·헝가리, 벨기에, 청, 덴마크, 프랑스, 영국, 러시아의 각 정부에 대해 대한제국과 이들 국가간의 조약은 당연히 무효로 되었고, 대신 일본이 이들 국가와 체결한 조약들이 가능한 한 조선에도 적용된다고 통지했다.[126] 일본 정부의 이 같은 선언은 국제관계에서의 일반적 관행으로 받아들여졌으며, 상대국들의 별다른 반발은 없었다.[127] 대한민국 정부 수립 이후 이승만 대통령이 1882년 한미 수호통상조약이 여전히 유효하다는 주장을 제기했었다. 이 문제를 검토한 미국 애치슨 국무장관은 한일합병에 이르는 일련의 구 한말조약으로 인해 1882년 조약은 이미 효력을 상실했으며, 이의 재적용에는 상원의 새로운 조치가 필요하다고 판단했다. 이어 만약 이승만 대통령이 위와 같은 설명에 부정적으로 반응하면 1882년 조약은 시간의 경과와 상황변화로 더이상 적용될 수 없으므로 새로운 우호통상조약이 필요하다고 설명하라는 지시를 주한 대사관측에 전했다. 주한 무초대사는 즉각 이러한 입장을 이승만 대통령에게 전달했다.[128] 즉 구 한말 조약은 한일합병

---

124) 본서, p.326 참조.

125) 양자조약의 목록과 내용은 국회도서관 입법조사국편, 구한말 조약휘찬 전 3권(국회도서관 입법조사국, 1964－1965)으로 간행된 바 있고, 이 내용은 동북아역사재단에 의해 근대 한국 조약자료집(2010)으로 재발간되었다. 이들 책자에는 11개국과의 114개 양자조약이 수록되어 있으나, 그 중에서 일부 조약이 아닌 내용도 포함되어 있으며 누락된 조약도 있을 것으로 추정된다.

126) 단, 대한제국과의 기존 조약국들에게 일본은 향후 10년간 조선으로의 수출입 관세를 기존의 세율로 유지하며, 10년간 조선의 개항장에서 연안무역에 종사할 수 있도록 허용했다.

127) 당시 영국의 반응에 대해서는 본서 p.289 참조.

128) 711.952 / 4－1549: Telegram

"The Secretary of State to the American Mission in Korea

Washington, April 15, 1949

For your information, the Department has in past taken position provisions of Treaty of 1882 (Proclaimed 1883) were rendered inapplicable by series agreements entered into by Korean Government with Japanese Government during period 1904 to 1910 and that Treaty therefore no longer in effect. Assuming this to be case, revival of Treaty would require Senate action. Admission that Treaty had continued in effect might raise question of our failure take action under Art I thereof against "unjust" and "oppressive" conduct of Japanese during period annexation.

If you feel President Rhee would at this juncture react unfavorably to foregoing view, you may consider it preferable to say that inasmuch as many details of Treaty obviously been rendered inapplicable by passage of time and changed circumstances this Government believes it would be appropriate consider negotiation new treaty of friendship and

으로 국제법적으로 실효되었으며, 설사 그렇지 않더라도 사정변경으로 더 이상 적용될 수 없다는 입장이었다.

한국 정부는 구 한말 체결된 양자조약에 관해서는 별다른 조치를 취한 적이 없으나, 이후의 사정변경으로 모두 실효되었다고 판단된다. 일본과의 조약들은 1965년 한일 기본관계조약에 의해 "1910년 8월 22일 및 그 이전에 대한제국과 대일본제국 간에 체결된 모든 조약 및 협정이 이미 무효임을 확인한다"(제2조)고 선언되었다. 이 조항의 의미에 관해서는 한일 정부의 공식적 견해에 차이가 있다.

한국 정부는 이 조항에 의해 "1910년 8월 22일의 소위 한일합병조약과 그 이전에 대한제국과 일본제국간에 체결된 모든 조약, 협정, 의정서 등 명칭 여하를 불문하고 국가간의 합의문서는 모두 무효"로 확인되었고, 무효로 된 시점은 "null and void 용어 자체가 국제법상의 관용구로 무효를 가장 강하게 표시하는 문귀이며, 당초부터 효력이 발생되지 않는 것을 의미하는 것으로서 '이미'라고 강조되어 있는 이상 소급하여 무효"라는 입장이다.[129)]

반면 일본 정부는 과거 조약이 당초부터 당연히 무효는 아니며, 1965년의 시점에서 볼 때 "이미 무효"가 되었음을 확인한 셈에 불과하다고 해석한다. 즉 1910년 8월 22일 이전 양국간 조약들은 각 조약 소정의 조건 성취나 병합조약을 통한 대한제국의 소멸로 이미 그 당시에 무효화되었고, 병합조약은 샌프란시스코 평화조약에 의해 한국의 독립을 승인한 효과로서 대한민국의 독립 시점인 1948년 8월 15일에 무효화되었다는 입장이다.[130)]

---

commerce. You may also in your discretion inform him that US adheres to principles enunciated in Art I (amity clause) of Treaty of 1882; in view fact Japanese succeeded annexing Korea despite existence Treaty however, public reference by Rhee to that provision or to Treaty in general would appear be undesirable. Although the Department not anxious take such action at this time, you may if circumstances require advise Rhee this Government prepared issue appropriate statement this subject here.

Acheson"

Foreign Relations of the United States, 1949, The Far East and Australasia, Volume VII, Part 2 (https://history.state.gov/historicaldocuments/frus1949v07p2/d221. 2023.8.1. 확인).

129) 대한민국 정부, 대한민국과 일본국간의 조약 및 협정 해설(1965), p.11.

130) 推名 일본 외무장관 답변, 1965년 11월 1일 일본 중의원 일본국과 대한민국간의 조약 및 협정 등에 관한 특별위원회 회의록, p.2. 外務省條約局條約課, 日韓條約國會審議要旨(1966), p.98 수록; 福田博, 基本關係, 法律時報 1965년 9월호, p.64. 특히 한일 국교정상화 협상 일본측 실무진의 하나였던 福田博은 한일합병에 의해 대한제국은 소멸되었고, 대한민국은 전후 일본으로부터 새로이 분리 독립했으므로 대한제국과 대한민국 간에는 어떠한 관계도 없

광복 후 대한민국 정부는 대외관계에 있어서는 일제와의 어떠한 법적 연계도 인정하지 않았기 때문에 식민지 시절 일본이 당사국으로 조선에 적용되던 조약에 관하여는 아무런 승계도 인정하지 않았다. 즉 철저한 백지출발주의에 입각했다.

나. 통일과 조약승계

남북 통일이 된다면 조약승계문제는 어떻게 처리될 것인가? 이는 통일이 어떠한 형식으로 전개될지에 의해 커다란 영향을 받는다. 즉 남북한간 대등한 합의 통일이 될지, 아니면 어느 일방에 의한 흡수통일이 될지, 혹시 무력분쟁을 거칠지 등등이 중요한 영향요소가 될 것이다. 현실적으로는 제3국의 태도도 많은 영향을 미치게 된다. 이러한 모든 가정에 따른 각각의 전개방향을 예상하기는 어렵다. 일단 자유민주적 기본질서와 시장경제제도를 기본으로 하는 대한민국 체제가 평화적 과정을 통해 전 한반도로 확대 발전되고, 현재의 북한체제가 소멸되는 형태의 통일을 전제로 논의를 진행한다. 남북 통일은 「조약의 국가승계협약」상 국가통합(uniting of states)에 해당한다. 그러나 이 협약의 국가통합에 관한 조항(제31조 내지 제33조)은 관습국제법의 반영으로 평가되지 않으며, 근래의 국가통합 사례에서도 지도적 역할을 하지 못했다. 한국 통일에 있어서는 분단국이던 독일의 통일사례가 많은 참고가 되겠지만, 그 모든 내용이 관습국제법에 해당하지는 않는다. 한국의 조약과 북한의 조약을 구분해 통일의 효과를 검토한다.

(1) 한국의 조약

국가통합 이후에도 각기 기존 지역에는 기존 조약의 유지를 원칙으로 하는 「조약의 국가승계에 관한 비엔나 협약」의 내용은 비당사국인 한국으로서 이를 따를 의무가 없으며, 최근의 주요 국가승계에서 적용된 사례도 없다. 특히 북한과 같이 전혀 사회체제가 달랐던 국가의 조약을 통일 이후에도 존속시킴은 통일 한국의 입장에서 바람직하지 않다.

독일이나 베트남의 경우와 같이 분단국 중 일방에 의한 흡수통일의 경우는 이른바 조약경계이동 원칙에 따라 통일의 주체가 다자조약을 포함한 기존의 조약을 흡수영토로 확장 적용시켰다. 통일 이후 한국 역시 기존 조약을 북한지역으로까지

으나 역사적·지리적 관련성을 고려해 구 조약 무효조항을 설치했을 뿐이라고 주장한다. 상게주, p.60.

확장 적용할 수 있을 것이다. 국내법상으로도 전 한반도가 한국의 영토로 규정되어 있으며(헌법 제3조), 한국의 사법부는 국내법의 효력이 북한지역에도 미친다는 입장을 여러 차례 밝힌 바 있다. 조약 역시 국내법의 일부이므로 통일 이후 기존 조약이 북한지역으로 확장 적용됨은 이 같은 한국의 기존 입장과도 일관된다. 한국과 조약의 타방 당사국 역시 기존 조약의 북한으로의 확장이 조약의 대상 및 목적에 위배되지 않는 한 북한지역 적용을 거부할 권리가 없다고 본다.

한편 한국은 정책적 판단에 따라 일부 조약을 북한지역으로 확장 적용시키지 않아도 무방한가? 통일 독일도 정책적 판단 하에 일정한 조약은 동독지역에 적용하지 않았다. 국가통합 후 조약경계이동 원칙의 적용은 승계국의 권리이지 의무라고는 할 수 없으며, 한국 역시 필요하다면 기존 조약의 적용 범위를 북한지역으로 확장시키지 않을 재량이 있다. 예를 들어 주한 미군 주둔과 관련된 조약의 적용범위를 남한 지역으로 한정하여 운영함도 가능하다.

관련하여 몇 가지 쟁점을 검토한다. 첫째, 1965년 한일 청구권협정으로 북한지역의 대일 청구권도 해결되었다고 판단해야 하는가? 냉전시대 첨예한 남북 대립 하에 진행되던 한일 국교정상화 회담과정에서 한국은 전 한반도의 대표로서 북한지역의 청구권도 행사하기를 원했으나, 일본은 한국 정부가 실제 통치권을 행사하는 지역만을 대상으로 협정을 체결할 수 있다고 주장했다. 결국 이에 대한 명확한 결론은 보류한 체 절충점으로 찾아 낸 방안이 기본관계조약에 "대한민국 정부가 UN 총회의 결의 제195(III)호에 명시된 바와 같이 한반도에 있어서 유일한 합법정부임을 확인한다"(제3조)는 조항의 설치였다. 주지하다시피 1948년 12월 UN 총회 결의 제195호(III)의 내용이 한국 정부가 남한에서의 유일 합법정부를 의미하는지, 아니면 한반도 전체를 대표하는 유일 합법정부를 의미하는지에 대해 견해가 일치되지 못하고 있으며,[131] 한국과 일본 정부는 각기 기존 입장에 따라 기본관계조약 제3조를 해석해 왔다. 즉 한국 정부는 이 조항이 대한민국 정부의 관할권을 휴전선 이남으로만 한정시키려는 일본 정부의 의도를 봉쇄시킨 효과를 가져 왔다고 주장한다.[132] 반면 한일회담시 일본 외무성 실무주역의 하나인 福田博은 UN 총회

131) 정인섭, UN 총회 한국정부 승인 결의(제195호) 성립 과정과 의미 분석, 서울국제법연구 제29권 1호(2022), p.241 이하; 김명기, 국제연합 총회의 결의 제195(III)호에 관한 연구, 국제법학회논총 제28권 1호, p.5 이하; 이영진·최민경, 남북한의 법적지위, 현대 법학의 이론과 과제(법영사, 1990), p.225 이하.

132) 대한민국 정부, 한일회담백서(1965), p.21.

결의가 휴전선 이남에 대해서만 한국 정부가 관할권을 행사하는 사실을 확인하는 의미로서 기본관계조약 제3조는 북한 부분과 관계가 없다고 주장했다.[133] 별개의 조약으로 체결된 청구권협정에는 이 정도의 단서조차 담겨 있지 않으나, 회담의 전반적인 맥락상 북한의 청구권까지 포함하는 의미라고는 보기 어려울 듯하다. 이후 1990년대 들어 시작된 북일 수교 협상과정에서 일본은 북한의 대일 청구권을 부인하지 않았으며, 한국 역시 그 명분과 내용에 있어서는 일정한 한계가 있어야 된다는 전제를 달기는 했지만 북한의 대일 청구권 자체는 부인하지 않았다. 따라서 통일 한국이 북한지역의 대일 청구권을 별도로 주장하는 경우 일본이 이를 부인할 수 없으리라고 판단된다.

둘째, 다자조약의 유보문제. 남북한이 모두 가입하고 있는 다자조약의 경우 통일한국의 당사국 지위가 자동적으로 유지되는데 아무런 어려움이 없겠지만, 기존의 유보로 인해 양측이 부담하는 의무에 차이가 있는 경우 이에 대한 검토를 필요로 한다. 일반적으로 한국의 기존 조약이 북한지역으로 확장 적용된다는 입장에서 보면 통일 이후에는 한국이 가입한 범위 내에서 북한지역에 해당조약이 적용된다고 해석된다. 한국이 북한보다 더 많은 유보를 첨부하고 있는 경우 북한지역에 대한 유보가 추가되는 셈이나, 국가승계에 따른 이 같은 결과는 비엔나 협약상 조약 가입 후 추가 유보금지라는 제한에 저촉되지 않는다.[134]

한편 남북한이 모두 가입하고 있는 「시민적 및 정치적 권리에 관한 국제규약」의 유보에 관해서는 좀 더 검토가 필요하다. 현재 한국은 규약 제22조 결사의 자유의 적용을 국내법의 범위 내로 한다는 유보를 첨부하고 있으나, 북한은 아무 유보 없이 당사국이 되었다. 통일 한국은 제22조에 대한 유보를 북한 지역으로 확장시킬 수 있는가? 이에 관해 유의할 사항은 인권위원회(Human Rights Committee)가 1997년 10월 29일 채택한 일반논평(General Comment) 제26호이다.[135] 일반논평 제26호는 일단 규약상의 권리가 지역 주민에게 부여되면 이후 정부의 변화, 국가승계, 국가분리 등의 사태의 발생에 의해 철회될 수 없고 기존 권리는 계속 해당 주민에게 속한다고 발표했다.[136] 이 입장에 따르면 남북 통일로 인해 북한주민에 대

133) 福田博, 基本關係, 時の法令別册 日韓條約と國內法の解說(大藏省印刷局, 1966), p.16.

134) 「조약법에 관한 비엔나 협약」 제73조 참조.

135) CCPR/C/21/Rev.1/Add.8/Rev.1(1997). 본서, p.324 참조.

136) 일반논평 제26호가 나온 배경은 동구권의 정치적 격변에 따라 규약 당사국이 복수의 국가로 해체되는 경우 분리된 신국이 계속 규약의 적용을 받느냐가 문제되기도 하였고, 또한 북

한 기존 규약상의 보호가 축소되지 말아야 하므로 한국의 유보가 적용될 수 없다는 결론이 된다. 일반논평의 입장이 과연 관습국제법의 반영인가에 대해서는 논란이 있으며, 북한 주민에게 인권규약 상의 권리가 실제 보장되고 있지도 않다고 판단되지만, 이 문제는 통일 이후 제기될 수 있는 흥미로운 논점의 하나이다.

(2) 북한의 조약

통일 후 북한의 기존 조약은 어떻게 처리해야 하는가? 이 문제를 검토하기 위해서는 현재 북한의 조약체결 현황의 정확한 파악이 무엇보다도 중요하다. 그러나 북한은 조약 체결 현황을 공표하거나 외부에서도 접근할 수 있는 체계적인 조약집을 발간하지 않으므로 구체적인 내용을 알기가 매우 어렵다. 동독의 경우도 공포한 조약이 전체 체결 조약의 5%선에 불과했었다는 사실에서 미루어 볼 때, 한층 폐쇄적인 북한의 조약체결 현황은 더욱 알기 어려울 수밖에 없다.137)

현재 한국으로서는 통일이 달성된 경우 북한의 기존 조약의 효력을 어떻게 처리하느냐에 관해 어떠한 조약상의 의무도 부담하고 있지 않다. 「조약의 국가승계에 관한 비엔나 협약」상 국가통합에 관한 조항은 통일한국의 상황에 적용하기에 별다른 유용성이 없다고 판단되므로 앞으로도 가입할 필요가 없다고 본다. 따라서 국가통합 후 소멸국 조약의 효력에 관한 관습국제법상의 의무를 제외하면 그 처리의 주도권은 통일 한국이 행사할 수 있을 것이다. 특히 한국의 통일은 일반적인 국가 통합과 달리 분단국의 통합이라는 특수성을 최대한 강조하여 재량의 폭을 넓히도록 노력해야 한다.

통일 한국은 북한의 조약에 대해 승계와 종료 두 가지 입장을 모두 취할 수 있다고 본다. 종래 국가통합시 소멸국의 조약은 관습국제법상 존속이 요구되는 특수한 경우를 제외하고는 대부분이 종료되었다.138) 이는 특수한 경우를 제외하고는 승계국이 소멸국의 조약을 승계할 국제법상 의무가 없음을 의미한다. 반면 종료시킬 의무 또한 없음은 물론이다. 실제로 승계국의 필요에 따라 소멸국 조약을 존속시킨 예도 적지 않다. 따라서 통일 한국은 북한 조약의 효력을 어떻게 처리할지에

한이 자국 인권 상황에 대한 인권기구의 비판에 불만을 품고 규약의 탈퇴를 선언했기 때문에 이에 대한 통일된 견해를 표명하기 위해서였다.

137) 북한의 조약의 개략적 특징에 관해서는 정인섭(전게주 57), pp.228-229 참조.

138) Restatement of the Foreign Relations Law of the United States 3rd ed.(1987), §210(2)도 이러한 원칙에 입각하고 있다.

대해 폭 넓은 재량권을 갖고 있다고 판단된다. 이를 전제로 할 때 북한조약의 효력 문제는 다음과 같은 원칙에 따라 처리함이 바람직스럽다.[139)]

첫째, 북한의 모든 조약은 원칙적으로 종료시킨다. 남북 통일은 정치·경제 체제가 전혀 다른 사회의 결합이며, 이를 통해 북한체제가 소멸한다면 이는 기존 북한 조약의 이행을 종료시킬 만큼의 중대한 사정변경이다. 북한체제와는 전혀 다른 통일 한국을 건설함에 있어서 특별한 사유가 없는 한 북한의 기존 법질서를 유지시킬 필요는 없다고 본다.

동서독 통일의 경우 동독 조약의 효력은 개별국가와 협의를 거쳐 확인했지만, 이런 과정을 거치는 방안이 반드시 관습국제법상 요구되지는 않는다. 통일 한국은 대부분의 북한의 양자조약들이 사정변경에 의해 종료되었다고 선언할 수 있다. 다만 일정한 기간을 설정해 북한의 조약 상대국이 원하는 경우 개별적 협의 요청을 수용하고 조약 존속 여부를 확인하는 길을 열어 두면 혹시 발생할지 모르는 분쟁을 예방하게 될 것이다.

둘째, 국가승계에 있어서 관습국제법상 요구되는 최소한의 조약만은 당연히 존중한다. 통상적으로 국경설정조약과 속지적 또는 지역적 조약이 이에 해당한다. 이 점은 별도로 논한다.

셋째, 관습국제법상 반드시 준수가 요구되지는 않을지라도 상대국의 신뢰보호의 필요가 큰 경우나 통일 한국이 존속을 필요로 하는 조약에 대하여는 개별적으로 검토한다.

이 같은 기준에서 볼 때 현재까지 알려진 북한의 조약 중 통일 이후 실질적으로 주목할 필요가 있는 대상은 극히 제한적이다.

과거 북한의 주요 조약 상대국은 공산권 국가들이었는데 동구의 정치적 격변 이후 이들 국가와의 실질 관계가 변해 공산체제의 결속을 전제로 하던 수많은 합의는 이미 존립 기반을 상실했다. 특히 과거 공산권 국가와 많이 체결된 00년도 교류계획 형태의 합의는 당해 연도나 기간을 경과함으로써 이미 자동적으로 종료되었다. 기타 국가와의 많은 합의도 구체적이고 실질적인 내용을 지닌 조약보다는 교류 친선을 도모하자는 선언적 의미의 조약이 많고, 북한이 문화 협정·경제 과학기술 협력 협정·기타 교류 협정을 체결한 다수의 국가와 한국이 이미 동일 또는

---

139) 정인섭(전게주 57), pp.230－231.

유사한 내용의 조약을 체결한 바 있기 때문에 이에 의해 대체될 수 있다.

한편 국제기구 설립협정을 포함해 다자조약의 경우 북한은 한국에 비해 비교적 소수의 조약에만 가입하고 있고, 그 대부분의 조약에 한국도 이미 가입하고 있으므로 일단 한국이 가입한 다자조약을 북한지역으로의 확대 적용한다는 원칙에서 처리하면 별다른 문제점이 없을 것이다. 북한만이 가입하고 있던 다자조약의 경우 통일 한국이 북한의 당사국 자격을 승계하기 보다는 일률적으로 종료를 선언하고, 필요로 한다면 신규 가입의 절차를 밟는 편이 바람직하다. 이러한 방안이 조약 실행을 위한 국내법 정비의 시간을 벌고, 승계될 조약의 국내법상 효력 근거에 대한 헌법적 논란을 피할 수 있기 때문이다. 구 공산권 국가들과의 조약을 제외하면 북한만이 가입하고 있는 다자조약이 소수에 불과하기 때문에 일률적 종료를 선언해도 별다른 혼선의 발생이 우려되지 않는다.

결국 북한의 조약 중 통일 한국이 효력 유지 여부를 검토할 필요성이 있는 부분은 중국 및 러시아와의 국경조약과 국경지대에서의 교류이용과 관련된 속지적 조약 정도라고 판단된다.

한편 북한의 일부조약을 존속시킨다면 이에 대한 국내법적 근거가 별도로 필요하다. 북한의 조약은 "헌법에 의하여 체결된 조약"이 아니므로 "국내법과 같은 효력"을 지니기 위한 별도의 법적 근거가 요구되기 때문이다. 통일 헌법 제정을 위한 개헌을 통해 근거가 마련되지 않는다면, 별도의 조치가 필요하다.

(3) 북한의 국경조약

남북 통일이 되면 아마도 가장 큰 관심사는 국경획정이 될 것이다. 북한은 중국과 이른바 조중 변계조약을 체결하여(1962년 서명, 1964년 발효) 압록강과 두만강을 경계로 하는 국경획정에 합의했다. 이 조약은 서해에서의 북한과 중국 영해 경계에 관한 조항도 포함하고 있다. 즉 압록강 하구 동경 124도 10분 6초를 기준점으로 남쪽으로 공해에 이르는 직선을 경계선으로 합의했다(제2조 2항). 단 영해 폭에 관한 언급은 없었다.[140] 러시아와는 1985년 두만강의 주수류를 경계로 하는 국경선에 관한 협정을 체결했고, 1986년에는 경제수역 및 대륙붕 경계획정에 관한 협정을 체결했다.[141] 1994년에는 북한, 중국, 러시아 3국이 국경 접촉점 획정에 관한

140) 북한과 중국과의 서해 배타적 경제수역의 경계는 아직 합의되지 않았다.

141) 러시아와의 국경조약에 관해서는 정인섭, 통일후 한러 국경의 획정, 서울국제법연구 제14권 1호(2007)에 상세.

협정을 체결했다. 이들 협정을 통해 중국과 천지를 대체로 양분하는 선에서 백두산 경계가 획정되었고, 간도와 녹둔도는 각기 중국과 러시아령으로 인정되었다.

그간 국내 일각에서는 간도와 녹둔도가 본래 조선의 영역이었으므로 간도의 중국령을 확인한 1909년 청·일 간도협약과 녹둔도의 러시아령을 규정한 1860년 청·러시아 북경조약은 조선을 배제한 가운데 체결된 무효의 조약이라고 주장하며, 통일 이후 이의 회복을 요구하는 입장이 있다. 이를 위해 간도협약 등의 무효 입증에 주력하고 있다. 그러나 「조약의 국가승계협약」 제11조나 관습국제법과 국제판례의 경향에 비추어 볼 때 통일 한국이 북한이 체결한 기존의 국경조약의 효력을 부인하기 어렵다. 이는 통일이 대한민국에 의한 흡수 통일이든, 남북한간 대등한 합의에 의한 통일이든 상관없이 동일하다. 그럼에도 불구하고 분단국의 통일이라면 특례가 적용될 여지가 없는가? 최근의 중요 통일 사례인 동서독이나 남북 예멘의 경우를 살펴보아도 통일 한국이 북한이 체결한 기존 국경조약의 효력을 부인할 수 있는 시사점은 찾기 어렵다. 남북한이 동시에 UN에 가입한 현실 속에서 한국 정부만이 한반도를 대표하는 합법 정부이므로 북한이 체결한 국경조약은 본래 무효라는 주장 역시 국제사회에서 수락되지 않을 것이다. 결국 통일 한국이 간도나 녹둔도의 영유권을 주장하기 위한 진정한 장애물은 과거의 간도협약이나 북경조약이 아니라, 바로 북한이 근래 중국 및 러시아와 체결한 국경조약이다.

「조약의 국가승계협약」 제12조는 영토의 이용에 관한 권리의무나 그 영토에 부속된 기존 조약상의 권리의무는 국가승계에 의해 영향을 받지 않는다고 규정하고 있으며, 이 역시 관습국제법의 반영으로 평가된다. 이에 북한이 중국 또는 러시아와 체결한 압록강 및 두만강 이용에 관한 조약이나 국경관리조약들 역시 통일한국이 승계의무를 지는 속지적 조약에 해당한다.[142]

한편 북한은 러시아와 1985년 국경조약을 통해 두만강 하구의 영해 경계를 획정하고, 1986년에는 동해에서의 대륙붕과 배타적 경제수역에 관한 경계협정을 체결한 바 있다. 일반 국경조약과 마찬가지로 통일 한국은 이 같은 해양경계협정도 승계의무를 지는가? 일단 영해는 영토와 마찬가지로 그 경계협정에 대하여는 승계의무가 발생한다고 보는데 크게 이론이 없는듯 하다. 그러나 대륙붕이나 배타적 경제수역에 대하여는 아직 국제적 선례의 발달이나 학설의 논의가 뚜렷하지 않다.

142) 정인섭(전게주 57), pp.234−236 참조.

다만 전혀 사례가 없는 것은 아니다. 구동독과 폴란드가 체결하였던 해양경계협정은 통일 독일에 의해 그대로 수용되었으며, 독일은 폴란드와 이를 확인하는 별도의 조약도 체결했다. 1989년 Guinea-Bissau와 Senegal간 해양경계획정 중재재판에서는 국경승계의 법리와 *uti possidetis* 원칙이 대륙붕 경계에 대하여도 적용된다는 판정이 내려졌다.[143)]

143) The Delimitation of Maritime Boundary between Guinea－Bissau and Senegal, XX R.I.A.A. 119(1989). 이 점에 관한 상세는 신창훈, "통일 이후 북한이 체결한 기존 해양경계획정협정의 승계문제," 서울국제법연구 제16권 2호(2009) 참조.

제14장

국제기구와 조약

1. 국제기구와 조약법
2. 1986년 비엔나 협약
3. 국제기구의 조약 체결능력
4. 국제기구 체결조약의 구속력 범위
5. 국제기구 설립협정의 해석
   가. 특 징
   나. 해석권자

제14장 국제기구와 조약

1. 국제기구와 조약법

현대는 국제기구의 시대라고 불러도 과언이 아닐 정도로 오늘날 수많은 국제기구가 다방면에 걸쳐 활약하고 있다. 국제기구의 활동범위도 국제평화의 유지, 인권의 국제적 보호, 국제경제질서의 규율, 환경의 국제적 보호 등 우리의 일상생활 모든 면에 미치고 있다. 이제 국제기구 없이는 국제사회의 원활한 작동이 어려울 정도이다. 국제기구의 확산과 역할 증대는 현대 국제법의 중요한 특징 중 하나이다.

국제기구란 무엇인가? 어떤 실체가 국제기구인가를 인식하는 일은 비교적 어렵지 않으나, 모든 국제기구에 적용될 수 있는 공통된 정의를 내리기는 쉽지 않다.[1)]국내외 적지 않은 국제법 개설서들도 국제기구를 특별히 정의하지 않고, 그 법적 성격과 특징만을 설명하고 있다. 국제법위원회(ILC)가 마련한 「국제기구의 책임에 관한 규정」(2011)은 국제기구란 "국제법에 의해 지배를 받는 조약 등에 의해 창설되어 독자의 법인격을 갖는 기구"라고 정의했다(제2조 a호).[2)] 몇몇 조약에서는 이를 단지 정부간 기구(inter-governmental organization)라고 간략히 정의하고 있다.[3)] 이는 NGO와 구별하기 위한 기준으로는 의미가 있지만, 국제기구가 무엇인지를 파악하는데는 별 도움이 되지 않는다.

국제기구는 대체로 다음과 같은 기본적 특징을 지니고 있다. 첫째, 다자조약

---

1) J. Klabbers, An Introduction to International Institutional Law 2nd ed.(Cambridge UP, 2009), p.6. Klabbers는 국제기구가 정확히 무엇이냐는 질문은 가장 답하기 어려운 질문이라고 평했다.

2) Article 2 (a) "international organization" means an organization established by a treaty or other instrument governed by international law and possessing its own international legal personality. ILC Draft Articles on the Responsibility of International Organizations(2011).

3) Vienna Convention on the Representation of States in their Relations with International Organizations of a Universal Character(1975) 제1조 제1항 제1호; Vienna Convention on Succession on States in respect of Treaties(1978) 제2조 1항 (n); Vienna Convention on the Law of Treaties between States and International Organizations or International Organizations(1986) 제2조 제1항 (i).

(설립협정)에 의해 수립됨이 원칙이다.[4] 둘째, 회원 자격은 국가(또는 다른 국제기구)에 한정됨이 원칙이다. 따라서 통상적인 국제기구를 정부간 기구(GO: inter-governmental organization)라고 한다. 이에 비해 NGO(non-governmental organization)는 국가가 아닌 민간단체 또는 민간인들을 구성원으로 결성된 기구이며, 대개 본부가 소재한 국가의 국내법인으로서의 지위를 지닐 뿐이다. 국제법의 관심사는 물론 정부간 기구(GO)이다. 셋째, 기구 자체가 회원국과는 별도의 법인격을 지닌다. 넷째, 상설 사무국이 운영된다. 다섯째, 기구의 운영비는 회원국이 분담한다.[5] 여섯째, 국제기구는 대체로 전체 회원국으로 구성되는 총회(assembly), 제한된 수의 국가만이 참여하는 집행기구(executive body), 상설적 사무국의 3개 기관을 중심으로 운영된다.[6]

대부분의 국제기구는 조약에 의해 설립되기 때문에 국제기구는 본질적으로 조약법과 밀접한 관련을 가질 수밖에 없다. 국제기구는 다음과 같은 이유에서 조약법과 관련된 관심을 야기한다.

첫째, 국제기구 설립협정 자체가 지닌 특징 때문이다. 국제기구의 설립협정은 새로운 국제법 주체를 창설하는 한편 이의 운영 근거가 되는 조약이라는 점에서 일반 다자조약과 다른 특징을 갖는다. 설립협정은 변화하는 국제환경 속에서 기구의 목적을 수행하기 위한 살아 있는 문서이기 때문에 일반 조약에 비해 유연하고 목적지향적 해석이 선호된다.[7]

둘째, 국제기구가 조약의 체결주체로 등장한다는 점이다. 국제법상 법인격이 인정되는 국제기구는 국제관계에서 자신의 명의로 권리·의무를 담당하고, 유효한 법률행위를 할 수 있다. 이때 국제기구가 국제사회에서 독자적 활동을 하기 위해 필요로 하는 대표적인 권한은 조약 체결권이다. 어떠한 국제기구가 조약 체결권을 갖는가에 대한 판단기준은 1차적으로 기구 설립협정이다. 그러나 상당수의 국제기구 설립협정은 조약 체결권 보유 여부에 대해 명시적 규정을 두고 있지 않

---

4) 때로는 국제기구나 국제회의에서의 결의를 통해 국제기구가 설립되기도 한다. 예를 들어 UN 난민기구(UNHCR)이나 UN 환경계획(UNEP)은 UN 총회 결의를 통해 설립되었다. 한국에 설치된 녹색기후기금(GCF)은 2010년 기후변화협약 당사국 총회의 결의를 바탕으로 설립되었다.

5) A. Aust, Treaty Law, pp.178－179.

6) 정인섭, 신국제법강의(제13판), p.820.

7) 본서, p.189 및 p.447 참조.

다. 오늘날 법인격이 인정되는 국제기구는 대체로 임무의 범위 내에서 조약 체결권을 향유한다고 추정된다. UN 역시 직접적인 조항 이상으로 매우 광범위한 범위의 조약 체결권을 갖는다는 점에 의심의 여지가 없다. 「국제기구의 조약법에 관한 비엔나 협약」(1986)[8] 제6조도 기구의 조약 체결능력은 "기구의 규칙(the rules of that organization)"에 따른다고 규정하고 있다. 이때의 "rules"은 설립협정 외에 그에 따라 채택된 결정과 결의 및 확립된 관행도 포함한다.[9] 이 역시 국제기구가 설립조약상 명문의 규정 이상으로 조약 체결권을 행사할 수 있음을 의미한다.

셋째, 현대의 국제기구는 수 많은 다자조약 탄생의 산파역 겸 운영자 역을 맡고 있다. 오늘날 많은 다자조약은 국제기구의 틀 속에서 협상이 진행되고, 채택된다. 즉 국제기구가 직접 조약 체결의 주체로 등장하지 않는 경우도 대부분의 중요 다자조약은 국제기구 총회와 같은 기관의 결의 형식으로 채택되거나, 국제기구가 소집한 국제회의에서 채택되고 있다. 국제기구는 단순히 회의의 알선과 준비와 같은 사무적 편의를 제공하는데 그치지 않고, 관련 자료를 수집·분석하고 조약 초안을 마련함으로써 조약 내용 형성에 실질적인 영향력을 행사한다. UN의 경우 일정한 임기로 임명된 국제법 전문가들이 국제법위원회(ILC)에서 정기적으로 회합해 조약 체결과 관련된 쟁점을 검토하고, 국제사회에 제시할 초안을 마련하고 있다. 국제기구의 틀 속에서 성립된 조약의 경우 국제기구는 수탁, 이행점검, 개정 준비, 분쟁해결 등 각종 사후 관리도 담당하고 있다. 오늘날 국제기구는 다자조약의 채택과 운영에 용이한 환경을 제공하는데 그치지 않고, 국가가 조약을 채택·적용·해석하는데 커다란 영향을 미치고 있다.

2. 1986년 비엔나 협약

1969년 비엔나 조약법 협약은 국가가 당사자인 조약만을 적용대상으로 한다(제1조). 1969년 협약이 국제기구가 체결 주체인 조약을 대상에서 제외시킨 이유는 편의성 때문이었다. Brierly 이후 Waldock에 이르기까지 ILC에서 조약법에 관한 특별보고관 직책을 맡았던 4명 모두는 국제기구도 아우르는 포괄적인 조약법 협약의

8) Vienna Convention on the Law of Treaties between States and International Organizations or International Organizations(1986).

9) 동 협약 제2조 1항 (j) 참조.

성안을 원했으나, 그런 경우 작업이 지나치게 복잡해지고 시간이 많이 걸리리라 우려한 ILC가 국제기구가 참여하는 조약에 관한 협약은 별도로 분리시켜 작업하기로 결정했다.

ILC는 1969년 조약법 협약이 채택된 이후 국제기구의 조약법 협약 작성작업에 착수했다. P. Reuter가 이 작업의 특별보고관으로 임명되었다. ILC에서의 작업은 조약 체결에 국제기구가 참여하는 경우 1969년 협약과 어떠한 차이가 발생할 수 있느냐를 찾는데 집중되었다. 그러면서 혼선을 피하기 위해 가능한 한 많은 내용을 1969년 비엔나 협약과 동일하게 규정하기로 하고, "국가"를 가리키는 표현에 "국제기구"를 더하는 수준으로 작업을 진행했다.

ILC는 1982년 작업을 마치고, 국제기구가 포함되는 조약법 협약에 관한 초안을 UN 총회로 제출했다. 협약을 채택하기 위한 국제회의가 1986년 소집되었다. 최종적으로 채택된 협약은 원래의 ILC 초안보다 1969년 협약과 더 유사해졌고, 새롭게 제기되는 쟁점이 별로 없다는 판단 아래 비교적 쉽게 합의되었다.[10] 특징적인 점은 이 회의에 국제기구가 별로 참여를 하지 않았다는 사실이다. 비교적 한정된 국제기구만이 1986년 회의에 초대받았고, 실제 참가는 더욱 적었다. 1986년 회의에서 국제기구에게는 표결권이 부여되지 않았으며, 국제기구는 독자적인 개정안 제출권도 인정받지 못했다. 사실 국제기구들은 새로운 협약의 성립으로 조약 체결에 관한 자신들의 자유가 지나치게 구속당하지 않을까 우려했다. 원래 다수의 국제기구는 비구속적 선언의 문서가 만들어져 향후 관습국제법 발전의 발판이 마련되는 정도를 기대했었다.[11]

1986년 협약 내용의 대부분은 1969년 비엔나 협약에서 "국가"를 칭하는 대목에 "국제기구"를 추가하거나 대체하는데 그치며, 국제기구만을 위한 새로운 조항은 별로 많지 않다. 양 협약은 제72조까지는 실질 내용의 순서와 조문번호도 일치한다. 그래도 국제기구라는 특징이 반영된 조항으로는 다음 몇몇이 있다. 첫째, 국가의 "비준" 대신 국제기구의 경우는 "공식 확인행위(act of formal confirmation)"를 사용하고 있다(제2조 (b) bis, 제14조, 제16조, 제83조 등). 즉 공식 확인행위는 국가의 비준에 상응해 조약에 대한 국제기구의 기속적 동의를 확정하는 국제적 행위를 말

10) A. Aust, Treaty Law, pp.348–349.

11) O. Elias, Who Can Make Treaties? – International Organizations, in D. Hollis, Oxford Guide 2nd, p.100.

한다(제2조 (b) bis). 둘째, 국제기구의 내부 규칙(rules of the organization)에 일정한 역할을 인정하고 있다(예: 제5조, 제6조, 제35조, 제36조, 제39조, 제65조 등). 이는 1969년 협약이 국가의 국내법에 거의 아무런 역할도 인정하지 않는 점과 대비된다. 셋째, ICJ 권고적 의견에 관한 조항이 포함되어 있다(제66조 2항 b). 넷째, 복수의 국가와 국제기구가 모두 당사자로 참여하는 조약의 경우, 그중 국가 당사자간의 관계에 대해서는 1969년 비엔나 협약이 우선 적용됨을 확인하고 있다(제73조).

일관성을 위해 1986년 협약을 가급적 1969년 협약의 복사판으로 만든 의도는 나름 일리가 있었지만, 결과적으로 국제기구가 참여하는 조약에 관한 새로운 조약법 협약을 만들려는 시도가 용두사미로 그치고 새 협약의 존재 의의를 부각시키지 못하게 되었다는 평가를 받기도 하였다. 바로 그 유사성으로 인해 각국은 번거로운 국내절차를 거쳐 1986년 협약을 새롭게 비준할 필요성을 별로 못 느끼고 있다.[12] 국가는 사실 국제기구와 조약을 자주 체결하지도 않는다. 이에 1986년 협약은 채택된지 30년이 지났지만 아직 발효조차 못하고 있으며, 외교 실무에도 별다른 존재감을 보이지 못했다. 2023년 6월 기준 협약의 당사자는 총 45개로서 그중 국가는 33개국, 국제기구가 12개이다(발효에는 35개 국가의 비준이 필요). 흥미로운 점은 국제기구 당사자 12개 중 11개는 2000년 이후 이 협약을 비준했는데 반해, 2000년 이후 비준한 국가는 7개국에 그치고 있다는 사실이다. 현재 주권국가는 1986년 협약에 대한 관심을 잃어버렸다. 안보리 상임이사국 중 비준국은 영국뿐이다. 한국 역시 비준하지 않았다.

3. 국제기구의 조약 체결능력

제2차 대전 이전에도 국제기구가 조약을 체결한 사례가 없지 않았으나, 일반적인 현상은 아니었다. 국제기구가 과연 조약 체결권이 있는가에 관한 의문도 완전히 가시지 않았었다. 그 같은 의구심은 제2차 대전 후 UN 체제가 출범하면서 사라졌다. UN 헌장은 UN이 조약을 체결할 수 있음을 규정하고 있다(예: 제43조, 제63조, 제77조 이하 등). 또한 UN은 헌장에 명기되지 않았을지라도 자신의 임무를 수행하기 위한 폭 넓은 권한을 갖는다고 이해되었다. 이제 국제법상 법인격이 인정되는

12) A. Aust, Treaty Law, p.348.

국제기구는 국제관계에서 자신의 명의로 권리·의무를 담당하고 유효한 법률행위를 할 수 있다고 인정되며, 이때 국제기구의 대표적인 권한은 조약 체결권이다.

국제법상 법인격이 인정되는 국제기구라 할지라도 자동적으로 조약 체결권을 보유하지는 않는다. 어떠한 국제기구가 조약 체결권을 갖는가에 대한 판단기준은 1차적으로 기구의 설립조약이다. 그러나 상당수의 국제기구 설립조약은 조약 체결권의 보유 여부에 대해 명시적 규정을 두지 않고 있다. 일단 법인격이 인정되는 국제기구는 임무의 범위 내에서 조약 체결권을 향유한다고 추정된다. 1986년 협약의 전문은 "국제기구가 자신의 기능을 행사하고 자신의 목적을 달성하는 데에 필요한 조약을 체결할 권능을 가진다는 점에 유의"한다고 전제하고 있다. 이어서 제6조는 "국제기구의 조약체력능력은 그 기구의 규칙(rules)에 따른다"고 규정하고 있다. 이 때의 "규칙"에는 설립협정 외에 그에 따라 채택된 결정과 결의 및 확립된 관행도 포함된다.[13] 즉 설립협정에 특별한 조항이 없어도 기구 자체의 결정이나 실행을 통해서도 조약 체결권을 확인할 수 있다. 이를 종합하면 국제기구는 설립조약상 반드시 명문의 규정이 없어도 기능 수행에 필요한 범위에서 묵시적으로 조약 체결권을 가진다.[14] 대부분의 국제기구는 본래부터 소재지국과의 본부협정이나 특권·면제에 관한 조약을 체결할 수 있다고 추정된다.[15]

1969년 비엔나 협약 제6조는 "모든 국가는 조약을 체결하는 능력을 가진다"고 규정하고 있으며, 조약의 내용범위에 대해서는 별다른 제한이 없다. 주권국가는 국제법상 어떠한 분야에 관해서도 조약을 체결할 수 있다. 그러나 국제기구는 국가와 같이 모든 주제에 관하여 조약을 체결하지 못한다. 국제기구는 설립 목적에 부합하는 범위에서 활동을 할 존재로 예정되어 있기 때문이다. 국제기구의 조약 체

---

13) 동 협약 제2조 1항 (j) 참조.

14) ICJ도 UN 활동과 관련하여 기구가 자신의 임무달성에 적절하다고 주장하는 행동은 기구의 권한범위를 넘어서지 않는 것으로 추정된다고 평가했다. "But when the Organization takes action which warrants the assertion that it was appropriate for the fulfillment of one of the stated purposes of the United Nations, the presumption is that such action is not ultra vires the Organization." Certain Expenses of the United Nations(Article 17, paragraph 2, of the Charter), Advisory Opinion, 1962 ICJ Reports 1962, 151, p.168.

15) O. Elias(전게주 11), p.104. 국제기구의 특권과 면제에 관한 협정은 때로 기구는 배제하고 회원국만의 조약으로 체결되기도 한다. 예: 1946년 Convention on the Privileges and Immunities of the United Nations, 1949년 Agreement on the Privileges and Immunities of the Council of Europe, 2002년 Agreement on the Privileges and Immunities of the International Criminal Court 등.

결능력을 일률적으로 규정하기 어렵고 또한 주권국가의 그것과 동일시 할 수 없다는 사실은 1969년 비엔나 협약이 국가만을 적용 대상으로 한정하고, 국제기구의 조약을 배제하게 된 이유 중의 하나이다.[16)]

만약 국제기구가 자신의 권한 범위를 넘어서는 주제에 관해 조약을 체결하면 어떻게 되는가? 1969년 비엔나 협약 제46조와 마찬가지로 1986년 협약 제46조 2항은 "조약 체결권에 관한 기구 규칙의 위반이 명백하며 본질적으로 중요한 규칙에 관련된 경우가 아닌 한, 국제기구는 조약에 대한 자신의 기속적 동의가 그 기구 규칙에 위반하여 표시되었다는 사실을 그 동의를 무효로 하는 근거로 원용할 수 없다"고 규정하고 있다. 즉 국제기구 역시 극히 예외적인 상황이 아니라면 자신의 규칙에 위반된 조약일지라도 구속된다. 무엇이 명백하고 중요한 위반인가는 국제기구에 있어서 역시 판단이 쉽지 않은 문제이다. 물론 회원국의 의사를 중시할 수밖에 없는 국제기구가 본질적으로 중요한 규칙을 명백히 위반해 조약을 체결하는 일은 쉽게 상상하기 어렵다.[17)]

실제로 EU(구 EC)에서 이런 문제가 몇 차례 제기되었다. 예를 들어 EC는 1991년 미국과 경쟁법 적용에 관한 조약을 체결했는데, 프랑스는 이 조약 체결이 EEC 조약 위반이라고 주장했다.[18)] 즉 EEC 조약 제228조 1항에 따르면 EC와 외국과의 조약의 경우 Commission은 협상할 권한만 있고 유럽의회와의 협의 후 최종적으로 Council이 체결하도록 규정되어 있는데, Commission이 조약을 서명·발효시킨 행위는 무효라는 주장이었다.[19)] 반면 Commission은 이 조약이 행정협정과 같은 성격이므로 자신이 독자적으로 체결할 수 있다고 주장했다.[20)] 유럽사법재판소는 이 조약이 EC의 내부규정을 위반해 체결되었음을 인정했으나,[21)] 국제법상 무효로서 EC를 구속할 수 없다고 판단하지는 않았다.[22)] EC 내부규정의 복잡성을 감안하면 이 같은 위반이 명백했다고 인정되기는 어려웠을 듯 하다.[23)] EC 자체가 1969년 비엔나 협약의 당사자는 아니나, 제46조의 내용은 관습국제법의 반영으로 간주했다.

16) O. Elias(전게주 11), p.102.
17) O. Elias(전게주 11), p.105.
18) France v. Commission [1994] ECR I−3641(Case C−327/91).
19) 상동, para.20.
20) 상동, para.21.
21) 상동, paras.37−42.
22) 상동, para.25.
23) A. Aust, Treaty Law, p.274.

2004년 EC는 항공사가 승객의 인적 정보를 미국 정부기관에 통지하기로 하는 협정을 미국과 체결하기로 결정했다.[24] 유럽의회는 이 같은 결정이 EC Council과 Commission의 권한을 초과하는 위법한 결정으로 무효라고 주장하는 소를 유럽사법재판소에 제기했다.[25] 재판소는 EC가 이러한 조약을 체결할 법적 근거가 없다고 판단했으나,[26] EC가 자체 법률을 협정 불이행의 정당화 근거로 삼을 수는 없다고 보았다.[27] 대신 90일의 사전통고로 협정을 종료시킬 수 있는 조항이 설치되어 있음을 주목해 일단 4개월 동안만 협정의 효력을 인정하고, 그 이후에는 무효라고 판결했다.[28] 그 결과 EC는 유예기간 동안 미국과 재협상을 실시해 새로운 협정을 타결했다.

4. 국제기구 체결조약의 구속력 범위

국제기구가 당사자로 체결한 조약에 기구 자신이 구속됨은 당연하다. 국제기구 내부의 모든 기관도 기구가 체결한 조약의 구속을 받는다. 반대로 국제기구 내의 한 기관이 조약을 체결하면 이는 해당 기관만을 구속하는가, 아니면 기구 전체를 구속하는가? 예를 들어 UN 안보리는 헌장 제43조에 따라 회원국과 특별협정을 체결할 수 있다. 그런 경우 특별협정은 안보리만을 구속하는가? 국제기구는 오직 하나의 법인격만을 갖기 때문에, 기관이 체결한 조약은 곧 국제기구가 체결한 조약이 되며, 기구의 모든 기관을 구속한다. 즉 회원국이 UN의 기관과 체결한 조약은 UN과 체결한 것이 된다.[29]

국제기구가 체결한 조약에는 기구의 회원국이나 회원기구도 구속받는가? 「Treaty on the Functioning of the European Union」 제216조 2항은 Union이 체결한 조약은 회원국에게도 구속력을 가짐을 명기하고 있다. 이런 규정이 없는 경우는 어떻게 해석되는가? 1986년 협약에는 이 문제에 관한 별다른 조항이 없다.

24) Council Decision 2004/496/EC of 17 May 2004 & Commission Decision 2004/535/EC of 14 May 2004.

25) European Parliament v. Council & Commission of the EC, C−317/04 & C−318/04(2006).

26) 상동, paras.67−69.

27) 상동, para.73.

28) 상동, para.74.

29) A. Aust, Treaty Law, p.352; O. Elias(전게주 11), p.107.

ILC는 1986년 협약을 성안하는 과정에서 회원국에 대한 구속성이 조약속에 규정되어 있고, 회원국이 동의를 한 경우에는 국제기구가 체결한 조약이 회원국에 구속력을 가질 수 있다는 조항 초안을 마련했었으나, 최종적으로는 포함시키지 않았다. 국제기구가 체결한 조약은 원칙적으로 기구에만 구속력을 갖는다는 입장이 반영된 결과였다. 일단 국제기구는 회원국과는 독립된 법인격을 가지므로 기구의 합의는 기구 자신만을 구속하며, 회원국은 일종의 제3자라고 할 수 있다. 그러나 국제기구가 체결한 조약이 성격상 회원국에 구속력을 가질 수밖에 없는 경우도 있다. 예를 들어 국제기구가 소재지국과 본부협정을 체결하고 그 속에 기구 회원국(또는 회원국 대표)의 지위에 관한 조항이 포함되었다면, 회원국은 그 조항에 구속받는다.

국제기구가 체결한 조약으로 인해 일정한 위반책임을 져야 할 경우 그 책임은 기구에 대해서만 추궁할 수 있는가, 아니면 회원국에게도 2차적 책임을 추궁할 수 있는가? 이는 물론 조약법상의 문제는 아니지만, 이 경우 회원국들과는 별개의 법인격을 가진 국제기구만이 책임을 전담한다고 할 수 있다. 그러나 기구는 단지 회원국의 도구와 같은 역할만을 했어도 회원국은 일체의 법적 책임으로부터 면제될 수 있느냐는 질문이 여전히 제기될 수 있다. 예를 들어 회원국 만장일치 결정에 따라 국제기구가 행동한 경우, 이 기구의 행위는 회원국 의사의 집적에 불과하지 이를 과연 회원국과는 별개의 법주체인 기구의 독립된 의지의 표현이라고 할 수 있을까?[30] 국제기구를 상대로 법적 책임을 추궁하는 제도가 국가를 상대로 하는 경우보다 발달하지 못했음을 감안하면 이 점에 대해 일정한 재검토의 필요성을 무시 못 한다. 그러나 ILC가 성안해 UN 총회로 보고한 「국제기구의 책임 규정」(2011)[31]은 국제기구의 위법행위에 대해서는 국제기구가 책임을 지며(제3조), 회원국이라는 이유만으로 기구의 행위에 대한 책임을 부담하지 않는다고 전제하고 있다. 즉 기구와는 별도로 회원국에게도 책임 귀속사유가 인정될 수 있어야 회원국의 책임이 발생한다.

30) O. Elias(전게주 11), pp.108－110 참조.

31) Draft Articles on the Responsibility of International Organizations(2011).

5. 국제기구 설립협정의 해석

가. 특 징

국제기구의 권한과 기능의 파악은 설립협정에서부터 출발한다. 설립협정은 또한 회원국의 권리·의무를 창출한다. 이에 설립협정의 해석은 기구의 운영에 있어서 가장 중요한 업무 중의 하나이다. 설립협정도 조약의 일종이나, 이를 통해 새로운 국제법 주체가 탄생하고 새로운 제도가 만들어진다는 점에서 계약적 내용을 중심으로 하는 일반 조약과는 다른 특별한 성격을 지닌다. 1969년 비엔나 협약이 국제기구의 설립협정과 국제기구 내에서 채택되는 조약에 관해서는 "국제기구의 관련 규칙을 침해함이" 없는 범위에서 자신이 적용되어야 한다(제5조)고 선언한 이유도 설립협정이 일반 조약과는 다른 특징을 지니고 있음을 인정했기 때문이다. 설립협정의 이 같은 성격은 해석에 있어서도 특별한 접근을 필요로 한다.

첫째, 국제기구 설립협정의 경우 일반 조약에 비해 목적론적 해석이 강조된다. 설립협정도 조약의 일종이므로 문언의 의미가 명백하면 문언에 충실한 해석이 우선이다. 그러나 문언이 충분히 명백하지 않아 그야말로 해석이 필요한 경우 "실효성의 원칙"이[32] 중요한 역할을 하게 된다. 국제기구 설립협정의 당사국들은 협정을 통해 새로운 국제법 주체를 창설하고, 설립 목적의 원활한 달성을 위해 국제기구에 일정한 자율성을 부여했다. 이에 국제기구는 설립협정을 통해 명시적으로 부여받은 권한 외에 목적 달성에 필요한 보조적 권한을 갖는다고 간주된다. 이를 통상 묵시적 권한이라고 부른다. 설립협정의 해석에 있어서는 기구 설립 목적의 실현을 위한 해석의 필요성이 강조되는 이유이다. 따라서 일반 조약의 경우보다 협정 당사자의 의도나 협정의 준비작업 등은 상대적으로 덜 주목을 받는다.[33]

> "The powers conferred on international organizations are normally the subject of an express statement in their constituent instruments. Nevertheless, the necessities of international life may point to the need for organizations, in order to achieve their

---

32) 조약의 대상 및 목적이 무엇인가를 찾아 이를 실현하기에 적합한 해석을 모색하려는 입장. 대표적인 예는 조약에 명시적으로 규정되어 있지 않아도 목적 달성에 필요한 권한을 인정하는 묵시적 권한론이다. D. Akande, International Organizations, in M. Evans ed., International Law 5th ed.(Oxford UP, 2018), p.237.

33) M. Shaw, International Law 9th ed.(Cambridge UP, 2021), p.1151.

objectives, to possess subsidiary powers which are not expressly provided for in the basic instruments which govern their activities. It is generally accepted that international organizations can exercise such powers, known as "implied" powers."[34)]

둘째, 설립협정 해석에서는 국제기구 자신의 관행이 중요한 요소로 작용한다. 설립협정은 끊임없이 변화하는 국제사회 속에서 국제기구의 창설목적을 실현하기 위한 살아있는 조약이므로, 기구의 실행은 협정 해석에 있어서 특히 중요한 의미를 지닌다.[35)] 조약의 해석에 있어서 "후속 관행(subsequent practices)"은 중요한 참작대상이다(1969년 및 1986년 협약 제31조 3항 나호). 그러나 국제기구의 관행은 이 같은 "후속 관행"과는 다른 개념이다. 즉 협약 제31조 3항 나호의 후속 관행은 협정 당사국에 귀속되는 당사국의 실행을 의미하는 반면, 기구의 관행이란 당사국의 실행과는 별도로 기구 자신에게 귀속되는 기구의 실행을 의미한다.[36)] 1986년 협약은 국제기구의 확립된 관행을 기구 규칙(rules of the organization)의 일종으로 인정하고 있다(제2조 1항 j호). 이는 곧 국제기구 설립협정의 해석에 있어서는 기구의 자율성을 존중할 필요가 있음을 의미한다. ICJ 역시 국제기구 설립협정의 해석에 있어서 기구 자신의 관행을 중요시해 왔다.[37)]

다만 국제기구 내 특정기관의 실행에 관해서는 유의할 점이 있다. 그런 기관은 기구 일부 회원국만으로 구성되는 경우가 많고, 통상 다수결로 의사를 결정한다. 따라서 기구 기관에서의 설립협정 해석은 전체 회원국의 의사와 차이가 날 수 있다. 이는 비엔나 협약 제31조 2항에서 말하는 당사국의 합의를 확정하는 후속 관행과는 거리가 있게 된다. 이에 실제로 ICJ가 국제기구 기관의 실행을 해석에 적용하는 경우, 다른 방법을 통해 이미 내려진 해석을 재확인하는 정도로 활용함이 보

34) Legality of the Use by a State of Nuclear Weapons in Armed Conflict (Advisory Opinion), 1996 ICJ Reports 66, para.25.

35) D. Akande(전게주 32), p.238. "21. Interpreted in accordance with their ordinary meaning, in their context and in the light of the object and purpose of the WHO Constitution, as well as of the practice followed by the Organization," Legality of the Use by a State of Nuclear Weapons in Armed Conflict(Advisory Opinion), 1996 ICJ Reports 66.

36) C. Brölmann, Specialized Rules of Treaty Interpretation: International Organizations, in D. Hollis, Oxford Guide 2nd, p.531.

37) 예: Constitution of the Maritime Safety Committee of the Inter-Governmental Maritime Consultative Organization (Advisory Opinion), 1960 ICJ Reports 150, pp.167-169; Legality of the Use by a State of Nuclear Weapons in Armed Conflict (Advisory Opinion), 1996 ICJ Reports 66, para.21 등.

통이다.[38)]

나. 해석권자

전통적으로 조약에 별도의 규정이 없는 한 당사국이 조약의 1차적 해석권자이자 최종적 해석권자의 역할을 한다. 국제기구 역시 누가 공식적인 해석권한을 갖느냐는 설립협정의 규정에 따른다. 설립협정이 특정 기관(예: 총회, 이사회 등)에 협정 해석권을 명시적으로 부여한 경우, 그 결과는 해석과 관련된 분쟁 당사자에게 구속력을 갖는 경우가 많다. 그러한 권한 부여 없이 이루어진 국제기구 기관의 협정 해석은 원칙적으로 회원국에게 구속력을 지니지 못한다.[39)]

명시적 규정 여부와 상관없이 일상적 업무 속에서 국제기구 설립협정은 1차적으로 기구 자신에 의해 해석된다. 대개 기구 사무국이 1차적 해석자의 역할을 한다. 설사 국제기구 자신이 공식적인 해석권한을 부여받지 못한 경우라도 기구의 해석은 당사국의 해석보다 한층 높은 권위를 인정받는다. 설립협정 해석에 관한 국제기구 자신이 경험도 더 많고, 개별국가의 이해로부터 상대적으로 독립적이므로 보다 공평하리라 추정되기 때문이다. 개별국가로서는 기구의 해석에 반론을 제기하기도 쉽지 않다. 설립협정 해석에 있어서 협정 당사국은 일단 2선에 머물게 된다.[40)]

국제기구에 따라서는 설립협정의 해석을 담당할 기관을 창설하거나 지정한다. 이러한 기관은 통상 설립협정에 근거를 두고 있지만, 협정 당사국의 결의를 통해 수립되기도 한다. 세계무역기구(WTO) 설립협정은 협정 해석에 관한 독점적 권한을 각료회의와 일반이사회에 부여했다. 해석의 채택에 관한 결정은 회원국 3/4 다수결에 의한다(제9조 2항).

UN의 경우 ICJ가 "주요한 사법기관(principal judicial organ)"으로 규정되어 있지만(헌장 제92조), 헌장에 대한 유권적 해석권한은 부여받지 못했다. 샌프란시스코 회의에서 헌장의 최종 해석권을 ICJ에게 주자는 제안은 거부되었고, 결국 UN의 경우 각 기관이 자신의 관할권을 결정할 권한을 가졌다고 해석된다.[41)] ICJ에게는 질

38) D. Akande(전게주 32), p.238.

39) D. Akande(전게주 32), p.236.

40) C. Brölmann(전게주 36), p.537.

41) "Proposals made during the drafting of the Charter to place the ultimate authority to interpret the Charter in the International Court of Justice were not accepted; […] As anticipated in

의가 들어오는 경우 구속력 없는 권고적 의견을 제시할 수 있는 수동적 권한만이 인정되었다(헌장 제96조). 그러나 이 같은 공식적 역할과는 상관없이 ICJ가 재판사건의 판결이나 권고적 의견 부여과정에서 UN 헌장을 해석하는 경우 이는 가장 권위 있는 해석으로 수락되고 일반적으로 수용되었다.

▶판례: 국제기구 설립협정 해석상의 특수성

Legality of the Use by a State of Nuclear Weapons in Armed Conflict (Advisory Opinion), 1996 ICJ Reports 66.

"19. In order to delineate the field of activity or the area of competence of an international organization, one must refer to the relevant rules of the organization and, in the first place, to its constitution. From a formal standpoint, the constituent instruments of international organizations are multilateral treaties, to which the well-established rules of treaty interpretation apply. […]

But the constituent instruments of international organizations are also treaties of a particular type; their object is to create new subjects of law endowed with a certain autonomy, to which the parties entrust the task of realizing common goals. Such treaties can raise specific problems of interpretation owing, *inter alia*, to their character which is conventional and at the same time institutional; the very nature of the organization created, the objectives which have been assigned to it by its founders, the imperatives associated with the effective performance of its functions, as well as its own practice, are all elements which may deserve special attention when the time comes to interpret these constituent treaties."

▶판례: 헌장 해석에 있어서 관행의 중시

Legal Consequences for States of the Continued Presence of South Africa in Namibia (South West Africa) notwithstanding Security Council Resolution 276 (1970) (Advisory Opinion), 1971 ICJ Reports 16.

[UN 헌장 제27조 3항의 해석과 관련하여 ICJ는 안보리 표결시 상임이사국의 기권이 거부권 행사에 해당하는가 여부를 판단함에 있어서 안보리에서의 오랜 실행상 거부권으로 해석되지 않았음을 중시했다.]

"21. The first objection is that in the voting on the resolution two permanent

---

1945, therefore, each organ must, in the first place at least, determine its own jurisdiction." Certain Expenses of the United Nations (Article 17, Paragraph 2, of the Charter) (Advisory Opinion), 1962 ICJ Reports 151, p.168.

members of the Security Council abstained. It is contended that the resolution was consequently not adopted by an affirmative vote of nine members, including the concurring votes of the permanent members, as required by Article 27, paragraph 3, of the Charter of the United Nations.

22. However, the proceedings of the Security Council extending over a long period supply abundant evidence that presidential rulings and the positions taken by members of the Council, in particular its permanent members, have consistently and uniformly interpreted the practice of voluntary abstention by a permanent member as not constituting a bar to the adoption of resolutions. By abstaining, a member does not signify its objection to the approval of what is being proposed; in order to prevent the adoption of a resolution requiring unanimity of the permanent members, a permanent member has only to cast a negative vote. This procedure followed by the Security Council, which has continued unchanged after the amendment in 1965 of Article 27 of the Charter, has been generally accepted by Members of the United Nations and evidences a general practice of that Organization."

제15장

비구속적 합의

1. 의　　의
2. 법적 성격
3. 한미 쇠고기 수입합의서
4. 위안부 피해자 문제에 관한 한·일 외교부 장관 발표
5. 사드 배치 합의
6. 남북한간 합의
    가. 남북 기본합의서
    나. 남북 경협합의서 등
    다. 판문점 선언
    라. 2018년 평양공동선언 및 군사분야 합의서

제15장 비구속적 합의

1. 의 의

국가간 합의인 조약이 구속력을 갖는 이유는 당사국들이 구속력을 부여하기로 의도했기 때문이다. 그러나 경우에 따라서 국가는 구속력 없는 합의도 한다. 예를 들어 국가간 정상회담을 하면 대개 공동 합의문이나 성명이 발표되는데, 이는 분명 국가대표간 합의임에도 불구하고 법적 구속력이 인정되지 않음이 보통이다. 제2차 대전 중 발표된 대서양 헌장, 카이로 선언, 포츠담 선언과 같은 중요한 국제문서들 역시 미국이나 영국은 구속력 있는 합의로 간주하지 않았다.[1)] 제2차 대전 후 한반도 신탁통치를 제안했던 1945년 12월의 미 · 영 · 소 3국 모스코바 합의도 비구속적 합의에 해당한다.[2)] 구속력 없는 합의는 당연히 조약이 아니다.[3)]

합의의 구속성 여부는 무엇보다도 당사자의 의도에 의해 결정된다. 이 의도는 어떻게 확인할 수 있는가? 국가대표들이 합의를 하면서 특별히 구속력이 없다고 명기하는 경우는 드물다.[4)] 합의문에 서명하는 국가대표의 지위만을 갖고 이의 구속력 여부를 판단하기도 어렵다. 합의의 명칭만으로는 합의의 성격을 정확하게 파악하기 어렵다. 특정 합의가 구속력 있는가 여부는 전반적인 내용과 합의문의 용어, 체결시의 상황, 체결 이후의 태도를 종합적으로 판단해야 한다. 이는 결국 합의

1) 반면 소련은 이 같은 국제문서가 당사국의 권리 · 의무를 창설할 뿐 아니라, 국제법상의 중요 원칙을 수립하는 구속력 있는 문서라고 주장했다.

2) 이에 대한 분석은 정인섭, 대한민국 정부 수립과정 상 UN 총회의 역할, 국제법학회논총 제66권 제2호(2021), pp.174−175.

3) 비구속적 합의에 관한 일반적 설명으로는 O. Schachter, The Twilight Existence of Nonbinding International Agreements, American Journal of International Law, vol. 71(1977), p.296 이하; 박배근, 국제법상의 비구속적 합의, 국제법평론 2005−II(통권 제22호), p.1 이하 참조.

4) 1987 OSCE(Organization for Security and Co−operation in Europe) Document of the Stockholm Conference on Confidence and Security−Building Measures and Disarmament in Europe과 1994 Code of Conduct on Politico−Military Aspects of Security는 이 문서가 "정치적 구속력(politically binding)"을 갖는다고 규정하고 있다. 이는 비구속적 합의임을 표시하는 문구이다. A. Aust, Treaty Law, p.32.

의 해석문제로 귀착된다.

합의를 성립시키는 형식이 조약 체결 방식을 취하고 있다거나 합의 이후 당사국이 국내적으로 조약 성립 절차를 취한다면 이는 구속력 있는 합의임을 표시하는 증거가 된다. 협상 맥락에서 판단할 때 합의가 구체적인 약속을 명확히 표시하고 있다면, 반대의 의도가 분명히 드러나지 않는 한 합의에는 구속력이 추정된다. 한편 비구속적 합의는 대체로 일정한 공동 목표의 확인이나 원칙의 선언, 양측의 의도 표현과 같이 구속력을 부여하기에는 너무 추상적이거나 구체성이 없는 내용을 담고 있는 경우가 많다. 그러나 문화협력협정 같은 유형의 조약은 추상적인 공동의 목표만을 규정하고 있는 경우가 보통이다.[5] 사실 UN 헌장의 적지 않은 내용도 그러하다. 그러나 합의의 당사국들은 일반적이고 선언적 문언을 사용하면서도 때로 자신들의 발표가 제3자에게 진지하게 받아들여지기를 원한다. 그렇기 때문에 합의 내용만을 갖고 구속력 여부를 평가하기 어려운 경우도 많다.[6] 분쟁을 강제적인 국제분쟁해결절차로 회부하기로 하는 합의는 비구속적 합의라는 개념과 조화되기 어렵다.[7] 비구속적 합의도 종종 분쟁해결방법을 규정하는데, 대개 당사자간의 협상을 통해 분쟁을 해결한다는 내용이 보통이다. 또한 국내 발효절차를 규정하고 있다면 합의의 구속성을 인정할 수 있는 유력한 요소가 된다.

한편 국가간의 구속력 없는 합의라도 모두 구체성이 부족하고 일반적인 내용만을 담고 있지는 않다. 때로 조약과 같은 형태로 국가간의 세세한 합의사항을 담고 있으며, 양국은 그 합의를 준수할 의사를 명백히 갖고 있고, 일정 기간 실제 잘 이행도 되지만, 법적 구속력은 없다는 이해 하에 성립되는 합의도 있다. 이런 합의를 통상 신사협정(gentlemen's agreement)이라고 부른다. 신사협정은 20세기 초부터 활용된 사례들이 보고되나, 국제관계에서 본격적인 주목과 활용의 대상이 되기는 제2차 대전 이후부터라고 할 수 있다.[8] 신사협정이라 하여 반드시 국가대표가 아닌 개인 자격에서의 합의는 아니다. 신사협정은 구속력은 없지만 합의내용이 상호

5) 조약이라 하여도 너무 일반적인 용어로 작성된 조항은 법적 권리·의무를 발생시키지 못한다. Case concerning Oil Platforms(Preliminary Objection) (Islamic Republic of Iran v. U.S.), 1996 ICJ Reports 803, para.52.

6) O. Schachter(전게주 3), pp.297–298.

7) A. Aust, Treaty Law, pp.32, 44.

8) P. Gautier, Non–binding Agreements, in R. Wolfrum ed., The Max Flanck Encyclopedia of Public International Law(Oxford UP, 2012), vol.VII, p.708.

준수되리라는 기대 하에 체결된다.

1907년 미·일 외무장관의 합의는 신사협정의 고전적인 예로 불린다. 미국으로 향한 일본계 이민의 증가로 갈등이 발생하자 일본은 자국인의 미국 이민을 자율규제하고, 미국은 일본인 이민자를 차별하지 않겠다는 합의가 성립되었다. 이 합의는 1924년 미국 의회가 일본인 이민자에 대한 차별법을 제정함으로써 종료될 때까지 준수되었다. UN 안보리 의석 배분에 관한 상임이사국간의 1946년 런던 합의도 신사협정의 사례이다. 1975년 8월 1일 체결된 「헬싱키 최종협정」은 냉전시대 유럽의 국제질서에 관한 구체적이고도 세밀한 내용을 담고 있다. 오랜 협상 끝에 타결된 문서로서 35개국의 국가원수 또는 그에 준하는 고위급 대표가 서명한 역사적 문서이다. 각국 대표는 "이 의정서에 포함된 조항에 따라 행동할 결심"을 표명했으나, 자체에 UN 헌장 제102조에 의한 등록대상이 아니라고 규정하고 있다. 채택 회의시 참석했던 여러 국가의 대표들도 이 문서는 법적 구속력이 없음을 확인하는 발언을 하였다.[9] OSCE(Organization for Security and Co-operation in Europe)의 1990년 파리 헌장도 UN에 등록 대상이 아님을 명시해 법적 구속력이 없다는 의도를 표시했다.

1991년 1월 10일 한일 외무장관간에 서명된 「재일한국인 후손 법적 지위에 관한 합의」는 재일한국인의 법적 지위에 관해 양국이 다년간 협상 끝에 타결시킨 매우 구체적인 합의를 담고 있었으나 조약의 형식으로 성립되지는 않았다. 당초 한국은 이 문서가 조약으로 체결되기 원했으나, 국회 동의절차를 피하기 위해 조약이 아닌 형식으로 타결하기 원한 일본 정부측 의사가 반영된 결과이다.[10] 명확한 법적 의무를 피하기 위해 합의문에 "일본국 정부로서는 … 최대한 노력한다," "조치를 강구하기로 한다," "조치를 취하기로 한다," "다음의 방향으로 대처한다" 등과 같은 표현이 사용되었다. 합의 내용은 일본의 국내법 개정이나 행정조치를 통해 이행되었다.

북한에 경수로 공급을 약속했던 1994년 10월 21일자 미국과 북한간 제네바 합의도 신사협정의 일종이었다. 이 합의문은 형식과 용어 사용에 있어서 조약으

9) 참여국을 대표해 이 문서를 UN 사무총장에게 전달한 핀란드 정부도 다른 조약·협정과 같이 헌장 제102조에 의한 등록대상이 아님을 명시한 서한을 첨부했다.

10) 그 내용과 일본측 이행경과에 대해서는 정인섭, 재일교포의 법적 지위(서울대학교 출판부, 1996), pp.72-86.

로서의 성격을 피하기 위한 여러 조치를 담고 있다. 우선 제목부터 Agreement나 Convention과 같은 용어를 사용하지 않고, Agreed Framework로 표현되어 있다. 조문 번호가 통상의 조약에서 사용하는 article 1(제1조)과 같은 형식이 아니라, 단순히 I, II, 1), 2)로 나가고 있다. 당사국을 지칭하는 Parties란 용어를 피하고, Both sides(쌍방)가 사용되고 있다. 조약에서 약속을 표시할 때 보통 사용되는 shall을 피하고, will을 사용하고 있다. 합의문은 단순히 Document로 표현하고 있다. 맨 뒤의 대표 서명란에도 각기 자국 또는 자국 정부를 대표해 서명한다는 표현이 빠져 있다. 발효에 관한 조항도 포함되어 있지 않다. 이 이외에도 조약에서 통상 사용되는 많은 용어들이 회피되고 있다. 물론 위와 같은 용어 사용만을 이유로 조약과 신사협정을 구별할 수는 없지만, 제네바 합의는 처음부터 조약으로 의도되지 않았기 때문에 위와 같은 모습으로 만들어졌다.

이와 같이 비구속적 합의를 하는 경우 실무담당자들은 합의가 구속력 있는 조약으로 오해되지 않도록 통상적인 조약 용어의 사용을 회피한다. 흔히 지적되는 예로는 다음과 같은 용어들이 있다. [ ] 안의 앞의 단어는 조약에서 통상 사용되는 용어이고, 뒤는 비구속적 합의에서 사용되는 용어이다. 즉 [article – paragraph], [agree – decide, accept, approve], [agreement - arrangement, understanding], [in force - to have effect], [enter into force - come into effect], [obligation - commitment], [party - participant], [right - benefit], [shall - will], [undertake - carry out] 등이다.[11]

국제사회에서 법적 구속력 없는 신사협정이 활용되는 이유는 무엇일까? 무엇보다도 국가간 합의 내용에 구속력을 부여하기 적당하지 않다고 판단될 때 활용된다. 정치적 또는 정책적인 합의에 불과한 경우나 자발적 행동규칙에 관한 합의에는 국가가 구속력을 부여하기 꺼리기 때문이다. 때로 국가는 미래에 대한 예측이 불확실할 때(예를 들어 재정적인 이유) 비구속적 합의를 선택하게 된다. 국제법상 새로운 분야에 관한 합의에 있어서 당장의 법적 구속력이 있는 조약보다 우선하여 활용될 수 있다(예를 들어 환경의 국제적 규제에 관한 1992년 리우 선언).[12] 또한 비구속적 성격으로 인해 일단 합의가 신속하고 간이하게 성립될 수 있다는 편의성을 지닌다. 법적 구속력을 지닌 합의가 불가능한 상황에서 정치적·도의적 책임이라

11) A. Aust, Treaty Law, p.31.

12) P. Gautier(전게주 8), p.707.

도 부과할 수 있는 합의를 얻을 수 있다는 장점이 있다. 신사협정의 체결이 정치적 합의를 보다 강화시키는 효과도 있다. 또한 국가간 합의에 대해 입법부의 통제를 피하고 싶은 경우나, 합의 내용을 비밀에 부치고 싶은 경우에 활용되기도 한다. 미승인 국가와 합의에도 활용된다.

협상 담당자들은 합의의 중요성, 정치적 합의, 효율성과 편의성 등을 감안해 구속력 있는 합의를 성립시킬지 여부를 결정하게 된다. 때로 정치·경제적으로 민감한 주제의 경우 국가간 협상이 통상적인 외교경로가 아닌 비공식적 루트를 통하기도 하고, 공식 정부대표가 아닌 행위자가 협상의 주요 역할을 담당함으로써 합의 결과가 조약으로 성립하기 어려운 경우도 있다.

사례 ①: 재일한국인 후손 법적지위에 관한 한일 외무장관 합의각서(1991년 1월 10일)

"1. 입관법관계의 각 사항에 관하여는 1990년 4월 30일의 대처방침을 토대로 재일한국인 3세 이하의 자손에 대하여 일본국 정부로서 다음 조치를 취하기 위하여 필요한 개정법안을 금번 통상국회에 제출하도록 최대한 노력한다. 이 경우 (2) 및 (3)에 관하여는 재일한국인 1세 및 2세에 대하여도 재일한국인 3세 이하 자손과 같은 조치를 강구하기로 한다.

(1) 간소화된 절차로, 기속적으로 영주를 인정한다.

(2) 퇴거강제 사유는 내란, 외환의 죄, 국교, 외교상의 이익에 관한 죄 및 이에 준하는 중대한 범죄에 한정한다.

(3) 재입국허가에 대하여는 출국기간을 최대한 5년으로 한다.

2. 외국인등록법 관계의 각 사항에 관하여는, 1990년 4월 30일의 대처방침에 의거하여, 다음의 조치를 취하기로 한다.

(1) 지문날인에 관하여는, 지문날인에 대신하는 수단을 가능한 한 조기에 개발하며, 이에 의하여 재일한국인 3세 이하의 자손은 물론, 재일한국인 1세 및 2세에 관하여도 지문날인을 행하지 아니하기로 한다. 이를 위하여 금후 2년 이내에 지문날인에 대신하는 조치를 실시할 수 있도록 필요한 개정법안을 차기 통상 국회에 제출하기 위하여 최대한 노력한다. 지문날인에 대신하는 수단으로서는 사진, 서명 및 외국인 등록에 가족사항을 가미하는 것을 중심으로 검토한다.

(2) 외국인등록증의 휴대제도에 관하여는, 운용의 방법도 포함하여, 적절한 해결책에 관하여 계속 검토한다. 동 제도의 운용에 관하여는 금후로도 재일한국인의 입장을 배려한 상식적이고 탄력적인 운용을 보다 철저하게 행하도록 노력한다." (이하 생략)

사례 ②: Agreed Framework between the United States of America and the Democratic People's Republic of Korea(1994)[13)]

[…]

The U.S. and DPRK decided to take the following actions for the resolution of the nuclear issue:

I. Both sides will cooperate to replace the DPRK's graphite−moderated reactors and related facilities with light−water reactor(LWR) power plants.

1) In accordance with the October 20, 1994 letter of assurance from the U.S. President, the U.S. will undertake to make arrangements for the provision to the DPRK of a light−water reactor project with a total generating capacity of approximately 2,000 MWe by a target date of 2003.

-The U.S. will organize under its leadership an international consortium to finance and supply the light-water reactor project to be provided to the DPRK.

The U.S., representing the international consortium, will serve as the principal point of contact with the DPRK for the LWR project.

[…]

Kang Sok Ju	Roberts L. Gallucci
Head of the Delegation of	Head of the Delegation of
The Democratic People's	The United Sates of
Republic of Korea	America
First Vice−Minister	Ambassador at Large

▶판례: 한 · 중 마늘 합의서의 법적 성격

헌법재판소 2004.12.16. 2002헌마579 결정

[2000. 7. 31. 한국과 중국은 양국간 마늘교역에 관한 합의서에 서명했다. 이에 따르면 한국은 2000년부터 3년간 매년 일정량의 중국산 마늘을 수입하고 중국은 한국산 휴대전화단말기 등에 대한 수입중단조치를 철회하기로 했으며, 다만 한국이 이미 결정한 중국산 마늘에 대한 3년간의 긴급수입제한 조치는 계속 유지하기로 했다. 그런데 중국과의 합의에는 '2003. 1. 1.부터 한국의 민간기업이 (추가관세를 물지 않고 마늘을) 자유롭게 수입할 수 있다'는 내용이 부가되어 있었다. 이는 한국측 통상대표가 위 합의서의 '부속서한'의 형태로 작성해 중국측에 전달되었다. 이 같은 부속서의

13) 이 합의의 전문(영문 및 한글본)은 서울국제법연구 제2권 2호(1995), pp.115−121 수록.

내용을 공식적으로 공개되지 않다가 약 2년 후 다른 경로로 알려졌다. 이 사건의 청구인들은 합의서와 부속서 중 '2003. 1. 1.부터 한국의 민간기업이 자유롭게 수입할 수 있다'는 부분은 2003년부터는 우리 정부가 중국으로부터의 마늘수입에 대해 긴급수입제한 조치를 취하지 않겠다고 중국과 합의한 의미이므로, 이는 주권적 사항의 포기행위이며 이를 정식 합의서에 포함시키지 않고 별도의 이면서신을 교부하는 방법으로 합의한 결과는 마늘 재배자인 청구인들의 알권리를 침해하게 되어 이러한 방식 자체가 적법절차에 위배되며, 또한 이는 주권의 제약에 관한 조약·국가나 국민에게 중대한 재정적 부담을 지우는 조약 또는 입법사항에 관한 조약에 해당하므로 국회의 동의를 받아야 함에도 불구하고 이를 받지 아니했으므로 헌법에 위반된다고 주장했다.

이에 대해 외교통상부 장관은 부속서한이 노력하겠다는 약속인 이른바 '신사협정'에 불과하며 곧바로 국가 간의 법률관계가 발생하는 것이 아니며, 설사 이 사건 조항을 조약으로 본다고 하더라도 헌법 제60조 제1항에서 정하는 재정적 부담을 지우거나 주권의 제약에 관한 내용을 담고 있지 않으므로 국회의 동의를 받아야 할 대상이 아니라고 주장했다.]

"공포의무가 인정되는 일정범위의 조약의 경우에는 공개청구가 없더라도 알 권리에 상응하는 공개의무가 예외적으로 인정되는 것으로 생각해 볼 수도 있다.

그러나 이 사건 부속서의 경우 그 내용이 이 사건 합의서에 표기된 연도의 의미를 명확히 하고 한국이 이미 행한 3년간의 중국산 마늘에 대한 긴급수입제한 조치를 그 이후에는 다시 연장하지 않겠다는 방침을 선언한 것으로 집행적인 성격이 강하고, 특히 긴급수입제한조치의 연장은 국내법상 이해관계인의 산업피해조사 신청이 있는 경우 무역위원회의 조사와 건의를 거쳐 중앙행정기관의 장이 결정하도록 되어 있어(불공정무역행위조사및산업피해구제에관한법률 제20조) 중국과의 합의로 그 연장여부가 최종적으로 결정된 것으로 볼 수 없는 점에 비추어 헌법적으로 정부가 반드시 공포하여 국내법과 같은 효력을 부여해야한다고 단정할 수 없다.

따라서 공포에 대한 헌법규정의 위반여부와는 별도로 청구인들의 정보공개청구가 없었던 이 사건의 경우 이 사건 조항을 사전에 마늘재배농가들에게 공개할 정부의 의무가 존재한다고 볼 특별한 사정이 있다고 보기는 어렵다."

해 설

재판과정에서 외교부는 이 합의가 신사협정에 불과하다고 주장했고, 헌법재판소도 이 합의의 조약성을 부인했다. 그러나 한중간의 통상분쟁의 해결이란 맥락 하에서 체결된 이 합의서의 구속력을 한국이 "상대국의 관계에서 쉽게 부정하기는 힘들다고 보며, 제3자의 시각에서 볼 때 이러한 유의 합의서는 국제적으로 유효한 합의

로 인식될 개연성이 높다"는 비판이 가능하다.[14)]

▶판례: 쌀 관세화 유예에 관한 합의문의 법적 성격

헌법재판소 2007.7.26. 2005헌라8 결정[15)]

[한국 정부는 1995년부터 2004년까지 10년간 쌀 관세화를 유예받았던 특별대우를 2014년까지 10년간 추가로 연장하기 위해 세계무역기구(WTO) 회원국들과 사이에 소위 쌀 협상을 했고, 그 결과 다시 10년간 쌀 관세화를 유예하기로 하는 내용의 "대한민국 양허표 일부개정안"을 체결했다. 이 쌀 협상 과정에서 이해관계국인 미국, 인도, 이집트와 사이에 쌀 관세화 유예기간을 연장하는 대가로 이들 국가의 요구사항을 일부 수용하는 내용의 각 합의문을 작성했다. 정부가 위 양허표 일부개정안에 대한 동의안을 국회로 제출하면서 미국 등과의 개별 합의문은 포함시키지 않았다. 국회의원인 이 사건 청구인들은 이를 포함하는 동의안을 제출하라고 요구했으나, 정부는 이를 거부했다. 정부측은 이 합의문이 국가 간에 법적 구속력을 가지는 '조약'이 아니라 정치적·도덕적 구속력만을 가지는 '신사협정'에 불과해 국회의 체결·비준 동의의 대상이 아니라고 주장했다. 이에 청구인들은 국회의 동의 없이 이 사건 합의문을 체결·비준한 행위로 인해 국회의 조약 체결·비준 동의권 및 청구인들의 조약안 심의·표결권이 침해되었다고 주장했다.

재판부는 이 합의문이 일응 조약이라 할지라도 현행법 체계 하에서 개별 국회의원은 국회의 조약에 대한 체결·비준 동의권의 침해를 주장하는 권한쟁의심판을 청구할 수 없다고 보아 각하를 결정했다. 다수의견은 이 합의문의 법적 성격에 관한 판단을 내리지 않았지만, 재판관 1인은 이를 신사협정으로 해석하는 별개의견을 제시해 이 부분만을 참고로 수록한다.]

재판관 이동흡 별개의견:

"'조약법에 관한 비인(Wien) 협약' 제2조 제1항 a호가 '조약은 단일의 문서 또는 둘 이상의 관련문서에 구현되고 있는가에 관계없이, 또한 그 특정의 명칭에 관계없이, 서면형식으로 국가 간에 체결되고 또한 국제법에 의하여 규율되는 국제적 합의'라고 규정하고 있는 점에 비추어 조약은 '국제법 주체 간에 권리·의무관계를 창출하기 위하여 서면형식으로 체결되고 국제법에 의하여 규율되는 합의'라고 정의할 수 있고, 한편 신사협정은 당사국 간에 법적인 권리·의무관계를 창출하지 않는 모든 형태의 합의로서, 합의에 법적 구속력이 있는지 여부에 의해 조약과 구별된다.

그런데 먼저 이 사건 합의문은 법적 효력을 발생하게 하는 조약체결을 위한 국내절차인 국무회의 심의, 대통령 재가, 공포 등을 전혀 거치지 아니하였는바, 이는 이

14) 배종인, 헌법과 조약체결(삼우사, 2009), p.56.
15) 같은 취지의 판결: 서울중앙지방법원 2018.6.15. 선고 2016가합552135 판결.

사건 합의문에 발효를 위한 국내절차규정이 포함되어 있지 아니함을 의미하므로 체결 당사자 사이에 법적 구속력을 부여할 의도가 없었다고 보이고, 다음으로 피청구인의 주장에 의하면 이 사건 합의문은 재외공관장들 간의 외교서한의 형태로서 특별한 명칭이 없거나 양해록(record of understanding)으로 되어 있는바, 조약의 일반적인 명칭에 비추어 이는 위 합의문을 조약의 형태로 체결할 의사가 없었음을 의미하며, 또한 다자간 조약인 이 사건 양허안 개정안의 원만한 체결을 위하여 이해관계국과 사이의 신의에 기초하여 이 사건 합의문을 작성하였다고 볼 수 있는 점 등을 고려하면, 이 사건 합의문은 법적 구속력이 있는 헌법상의 조약이라고 보기보다는 당사국 간의 신의에 기초하여 이루어진 신사협정이라고 봄이 상당하다.

그렇다면 이 사건 합의문이 조약임을 전제로 조약에 대한 국회의 체결·비준 동의권과 국회의원의 심의·표결권이 침해되었음을 주장하는 이 사건 심판청구는 심판의 대상이 부존재하여 부적법하므로 각하되어야 한다."

2. 법적 성격

신사협정은 조약에 못지않게 잘 준수되고 상당기간 존속하기도 하지만, 위반을 해도 법적 책임이 뒤따르지는 않는다. 어느 일방의 위반이 배상이나 다른 법적 구제를 청구할 근거도 되지 않는다. 이의 위반이 보복 대상은 될 수 있으나, 복구(reprisal)의 대상은 되지 않는다. 그런 의미에서 신사협정은 국제법의 지배를 받지 않으며, 비엔나 협약도 당연히 적용되지 않는다. 그렇지만 신사협정의 해석이나 적용에서는 조약에 관한 법규칙들이 참고될 수 있다. 예를 들어 영토적 적용범위, 불소급의 원칙, 해석에 관한 원칙 등은 조약과 마찬가지로 적용되게 된다.[16)]

신사협정은 국제법적 구속력은 없어도 합의가 법적으로 아주 무의미하지는 않다. 합의 내용은 국내적으로 행정의 지침이 되거나 또는 국내법에 반영되어 이행될 수 있다. 합의가 법적 구속력은 없다고 하여 당사국이 완전한 행동의 자유를 가진다고는 생각되지 않는다. 합의를 이행하지 않을 경우, 비우호적 행동으로 이해되어 상대국에 대한 항의나 비판 또는 보복의 근거가 될 수 있으며, 상대국은 합의가 신사협정이라는 이유만으로 이러한 항의를 무시하기 사실 곤란하다. 기존의 조약과 관련된 신사협정이 나중에 성립되었다면 조약 해석상의 문맥을 구성하거나, 후속 합의나 후속 실행의 자격으로 본 조약의 해석에 활용될 수도 있다.

16) O. Schachter(전게주 3), pp.302−303.

한편 비구속적 합의라도 오랫동안 적용되다 보면 타국의 신뢰를 보호할 필요가 조성될 수도 있다.[17] A. Aust는 다음과 같은 예를 들고 있다. A국과 B국은 우호증진을 위해 신사협정을 통해 A국은 B국이 댐을 건설하는 비용(이를 테면 40억 유로)의 절반 정도를 10년에 걸쳐 나누어 지원하기로 약속하고 처음 5년간 이 약속을 이행했다. B국 역시 같은 액수의 건설비를 투여했다. 그런데 A국의 정권이 교체되자 B국에 대해 더 이상 지원을 할 수 없다고 선언했다. B국은 재정 형편상 댐 건설을 단독 추진하기 어려워 더 이상의 사업 추진이 불가능하다면 B국이 이미 투자한 돈은 어떻게 되는가? 이런 경우 A국의 행동은 신의칙에 위반되며 당초의 합의가 비구속적이라는 이유만으로 A국은 행동의 완전한 재량을 갖는다고 주장하기 어렵다.[18]

신사협정은 존속하는 동안 존속한다. 즉 법적 구속력이 없기 때문에 합의가 위반되면 그로써 종료하는 경우가 대부분이다. 다만 법적 구속력이 있는 조약의 경우도 위반에 대한 강제적 구제절차가 마땅치 않은 경우가 많으므로, 사실 현실에 있어서 조약과 신사협정의 차이는 생각처럼 크지 않다고 볼 수도 있다. 신사협정이 도덕적·정치적으로 중요한 약속을 담고 있다면, 이의 위반은 구속력 있는 조약 위반 이상의 비난을 받게 된다.

3. 한미 쇠고기 수입합의서

2001년 한국은 미국산 쇠고기 수입을 완전 개방했다가, 2003년 미국에서 광우병이 발생하자 미국산 쇠고기의 수입을 금지했다. 2006년 1월 국제수역사무국의 기준을 기초로 한국은 30개월 미만인 미국산 쇠고기의 살코기 수입을 허용하고, 미국과 추가적인 수입위생조건에 대하여도 합의한 바 있다. 2007년 5월 미국은 국제수역사무국으로부터 광우병 위험통제국으로 지정받았다. 이는 소의 연령별로 뇌, 척수 등 위험물질만 제거하면 소의 연령이나 부위에 관계없이 교역이 가능하게 되었음을 의미한다. 이에 미국은 한국에 대해 새로운 수입위생조건의 체결을 요청했다. 2008년 4월 18일 한미 양국은 향후 2단계로 미국산 쇠고기 수입을 개방하기로 합의했다("쇠고기에 관한 한·미 협의 합의요록").

당시 한국에서는 이에 반대하는 격렬한 시위가 발생했고, 한편 4월 18일자 쇠

17) O. Schachter(전게주 3), p.301.
18) A. Aust, Treaty Law, p.51.

고기 수입합의서의 법적 성격이 국제법상 조약인가에 대한 논란이 벌어졌다. 이 합의를 비판하는 측은 재협의를 요구했고, 이에 대해서는 서명과 동시에 이미 발효된 조약에 해당하므로 재협상이 사실상 곤란하다는 반론이 제시되었다. 내용에 대한 찬반과 상관없이 당시 국내 학계에서는 이 합의서가 한미 양국간의 구체적 권리·의무관계를 설정한 조약이라는 견해가 우세했다.[19]

그러나 이 합의를 조약으로 볼 경우 여러 국내법적 쟁점이 제기된다.[20] 우선 한국 정부는 통상적인 조약 체결절차를 밟지 않았다. 헌법상 요구되는 국무회의의 심의와 관보 공포절차가 없었다. 국회 동의 역시 물론 없었으며, 조약번호도 부여되지 않았다. 합의서의 서명 주체는 한국의 농림수산부 차관과 미국의 농무부 국장급으로 이들은 전권위임장이 없이는 통상적으로 조약에 서명할 권한이 없다. 합의서가 조약이라면 국내법상으로는 위헌성이 제기된다. 한편 미국 정부 역시 이 합의를 Case Act에 따른 의회보고를 하지 않았으며, 미국의 현행 조약 목록인 Treaties in Force에도 포함시키지 않았다. 양국 정부가 모두 국내법상 조약에 관한 절차를 적용시키지 않았다는 사실은 문제의 합의에 대한 양국 정부의 의도를 표시한다고 보아야 하지 않는가?

사실 합의서는 제목부터가 통상적인 조약의 명칭과는 다르다. 합의서의 형식이나 사용된 용어를 보아도 조약과는 거리가 있다. 즉 제○조와 같은 형식을 취하지 않았고, 필요한 경우 item이라고 칭하였다. shall 대신 will이 사용된 경우가 많았다. 상대방에 대한 약속을 양측이 각기 자국측 입장을 기술하는(state 또는 report) 방식으로 설명하고 있다. 합의서는 거의 조약에 포함되는 최종조항(final clauses)이 없어서, 어떤 방식으로 발효하는가에 대한 언급도 없다.

이상의 상황을 종합하면 2008년 4월 한미 쇠고기 합의서는 조약이 아닌 신사협정으로 해석된다. 비구속적 신사협정이라면 합의가 헌법상의 절차를 밟지 않아 위헌이라는 주장은 성립될 수 없다. 이후 양측은 각기 국내조치로 합의의 내용을 이행하였다. 한국이 농림수산식품부 장관 고시의 형식으로 합의서를 이행할 수 있

19) 김선표, "WTO 협정 체제하 양자간 무역관련 합의서의 법적 성격에 관한 소고," 국제법학회논총 제54권 제1호(2009), p.31; 최원목, "한미 쇠고기 협상 합의문에 대한 국제법적 평가와 대책방향," 통상법률 2008년 8월호(제82호), p.13; 김영석, "한미 소고기 수입합의의 국제법적 검토," 서울국제법연구 제15권 2호(2008), p.44; 김대원, "미국산 쇠고기 위생조건 합의서와 가축전염예방법에 관한 국제통상법적 고찰," 안암법학 제33호(2010. 9), p.466 등.

20) 조약을 전제로 한 문제제기에 관해서는 김영석(상게주), pp.33-44 참조.

었다면 합의서의 내용은 헌법 제60조 1항의 주권의 제약이나 입법사항에 해당한다고 볼 수 없다.

Agreed Minutes of the Korea - United States Consultation on Beef(쇠고기에 관한 한-미 협의 합의 요록)

During the week of April 11-18, 2008, the governments of the Republic of Korea ("Korea") and the United States of America ("United States") held consultations in Seoul, Korea on the conditions for resumption of U.S. beef imports into Korea. The two delegations reached agreement on a new protocol for the importation of beef and beef products from the United States into Korea. A copy of the agreed protocol is attached to these minutes. […]

Cooking as an Effective Risk Mitigation

With respect to the acceptance of cooking as an effective risk mitigation measure for the diseases of concern identified in item 2 of the protocol, the Korean government stated that it would consider, through a risk assessment, processing parameters proposed by the United States.

Foot-and-Mouth Disease

In line with its commitment to recognize OIE disease classifications, the United States stated that it has initiated a review of the OIE designation of Korea's FMD status. USDA conducted a site visit during the week of March 17, 2008, and received a substantial amount of data from Korea. USDA technical experts are in the process of reviewing this data and will inform the Korean government in writing before May 15th of any additional data necessary to expedite completion of its risk assessment. The United States will conduct its risk assessment and subsequent rulemaking in as expedited a manner as possible within the parameters of the U.S. Administrative Procedures Act. […]

U.S. Deboned Product in Pipeline

Upon effective implementation of the protocol, the Korean government stated that it will conduct, under the terms of the new protocol, import quarantine inspection of U.S. deboned beef produced specifically for Korea and slaughtered before October 5, 2007, that remains at Korea's ports of entry or in storage in the United States.

Enhanced Feed Ban

The United States reported that, for some time, it has been considering strengthening its 1997 feed ban and is now in the final stages of the rulemaking process under the U.S. Administrative Procedures Act. Korea stated that if the United States publicly announces the enhanced feed ban rule, it will expand the scope of the protocol at that time to include products from animals of all ages, consistent with OIE guidelines. […]

Timeline for Implementation of Protocol

Korea stated that no later than April 22, 2008, the Ministry for Food, Agriculture, Forestry and Fisheries will publish for public comment the import health requirements for beef and beef products contained in the protocol. As soon as the public comment period required by Korea's Administrative Procedures Act closes (20 days after publication), the protocol will be published as a final regulation. If the United States has publicly announced its enhanced feed ban regulation during the public comment period, Korea stated that it will expand the coverage of the new protocol from beef and beef products derived from cattle less than 30 months of age to also provide access for beef and beef products 30 months and older. Korea indicated that it expects the regulatory process will be concluded and enter into force as of May 15, 2008.

Min Dong-Seok	A. Ellen Terpstra
Deputy Minister	Deputy Under Secretary
MIFAFF	USDA
On behalf of Korea	On behalf of the United States

4. 위안부 피해자 문제에 관한 한 · 일 외교부 장관 발표

2015년 12월 28일 한 · 일 외교부 장관은 서울에서 회담을 갖고 일본군 위안부 피해자 문제에 대해 양국이 수용할 수 있는 내용의 합의를 도출할 수 있었다고 발표하며, 기자회견장에서 다음과 같이 각각의 입장을 밝혔다. 다음은 양측의 발표내용이다.

첫째, 일본 기시다 외교부 장관 발표내용.

"① 위안부 문제는 당시 군의 관여 하에 다수의 여성의 명예와 존엄에 깊은 상처를 입힌 문제로서, 이러한 관점에서 일본 정부는 책임을 통감합니다. 아베 내각총리대신은 일본국 내각총리대신으로서 다시 한번 위안부로서 많은 고통을 겪고 심신에 걸쳐 치유하기 어려운 상처를 입은 모든 분들에 대해 마음으로부터 사죄와 반성의 마음을 표명합니다.

② 일본 정부는 지금까지도 본 문제에 진지하게 임해 왔으며, 그러한 경험에 기초하여 이번에 일본 정부의 예산에 의해 모든 前 위안부분들의 마음의 상처를 치유하는 조치를 강구합니다. 구체적으로는 한국 정부가 前 위안부분들의 지원을 목적으로 하는 재단을 설립하고, 이에 일본 정부 예산으로 자금을 일괄 거출하고, 일한 양국 정부가 협력하여 모든 前 위안부분들의 명예와 존엄의 회복 및 마음의 상처 치유를 위한 사업을 행하기로 합니다.

③ 일본 정부는 이상을 표명함과 함께, 이상 말씀드린 조치를 착실히 실시한다는 것을 전제로, 이번 발표를 통해 동 문제가 최종적 및 불가역적으로 해결될 것임을 확인합니다. 또한 일본 정부는 한국 정부와 함께 향후 유엔 등 국제사회에서 동 문제에 대해 상호 비난·비판하는 것을 자제합니다.

또한 앞서 말씀드린 예산 조치에 대해서는 대략 10억엔 정도를 상정하고 있습니다. 이상 말씀드린 것은 일·한 양 정상의 지시에 따라 협의를 진행해 온 결과이며, 이로 인해 일한관계가 신시대에 돌입하게 될 것을 확신합니다."

둘째, 한국 윤병세 외교부 장관 발표내용.

"① 한국 정부는 일본 정부의 표명과 이번 발표에 이르기까지의 조치를 평가하고, 일본 정부가 앞서 표명한 조치를 착실히 실시한다는 것을 전제로, 이번 발표를 통해 일본 정부와 함께 이 문제가 최종적 및 불가역적으로 해결될 것임을 확인한다. 한국 정부는 일본 정부가 실시하는 조치에 협력한다.

② 한국 정부는 일본 정부가 주한일본대사관 앞의 소녀상에 대해 공관의 안녕·위엄의 유지라는 관점에서 우려하고 있는 점을 인지하고, 한국 정부로서도 가능한 대응방향에 대해 관련 단체와의 협의 등을 통해 적절히 해결되도록 노력한다.

③ 한국 정부는 이번에 일본 정부가 표명한 조치가 착실히 실시된다는 것을 전제로, 일본 정부와 함께 향후 유엔 등 국제사회에서 이 문제에 대해 상호 비난·비판을 자제한다."[21)]

이에 대해 당시 야당 대표인 문재인 의원 등은 "이번 합의는 국민의 권리를 포기하는 조약이나 협약에 해당하기 때문에 국회의 동의를 받아야 한다"며 "국회 동의가 없었으므로 무효임을 선언한다"고 말했다.[22)] 이 합의는 조약으로 국회동의의 대상이었는가?

합의내용은 당시 서명된 문서로 작성되지 않고 구두로만 발표되었다. 특히 한국측에서 문서 작성을 원하지 않았다고 알려졌다. 한일 양국은 모두 이 합의에 관

21) http://me2.do/GOYEle1U.

22) 조선일보 2015.12.31. A4.

해 국내적으로 조약에 해당하는 절차를 밟지 않았다. 학계에서도 이 합의는 여러 가지 점에서 조약에는 해당하지 않는다는 평가가 우세했다.[23] 정권 교체 후 문재인 정부에서 설치된 「한 · 일 일본군 위안부 피해자 문제 합의(2015.12.28.) 검토 태스크포스」가 발표한 결과보고서(2017.12.27.)는 이 합의가 공식적인 약속이나 그 성격이 조약은 아니며 정치적 합의라고 판단했다.

헌법재판소 역시 "이 사건 합의는 서면으로 이루어지지 않았고, 통상적으로 조약에 부여되는 명칭이나 주로 쓰이는 조문 형식을 사용하지 않았으며, 합의의 효력에 관한 양 당사자의 의사가 표시되어 있지 않을 뿐만 아니라, 구체적인 법적 권리·의무를 창설하는 내용을 포함하고 있지 않다. [···] 사정을 종합하며 이 사건 합의가 법적 구속력 있는 조약에 해당한다고 보기 어려우며"라고 판단했다.[24]

위 검토 태스크포스나 헌법재판소의 판단과 같이 이 합의는 조약은 아니며, 한일 양국간 비구속적 합의의 일종이었다.

▶판례: 한일 외무장관 위안부 문제 합의의 법적 성격

헌법재판소 2019.12.27. 2016헌마253 결정

"국가는 경우에 따라 조약과는 달리 법적 효력 내지 구속력이 없는 합의도 하는데, 이러한 합의는 많은 경우 일정한 공동 목표의 확인이나 원칙의 선언과 같이 구속력을 부여하기에는 너무 추상적이거나 구체성이 없는 내용을 담고 있으며, 대체로 조약체결의 형식적 절차를 거치지 않는다. 이러한 합의도 합의 내용이 상호 준수되리라는 기대 하에 체결되므로 합의를 이행하지 않는 국가에 대해 항의나 비판의 근거가 될 수는 있으나, 이는 법적 구속력과는 구분된다.

조약과 비구속적 합의를 구분함에 있어서는 합의의 명칭, 합의가 서면으로 이루어졌는지 여부, 국내법상 요구되는 절차를 거쳤는지 여부와 같은 형식적 측면 외에도 합의의 과정과 내용 · 표현에 비추어 법적 구속력을 부여하려는 당사자의 의도가 인정되는지 여부, 법적 효력을 부여할 수 있는 구체적인 권리 · 의무를 창설하는지 여부 등 실체적 측면을 종합적으로 고려하여야 한다. 이에 따라 비구속적 합의로 인

---

23) 조시현, 2015년 한·일 외교장관 합의의 법적 함의, 민주법학 제60호(2016), p.97; 박배근, 2015년 한일 위안부 합의의 국제법적 지위, (부산대) 법학연구 제59권 제2호, p.274(2018) 등.

24) 헌법재판소 2019.12.27. 2016헌마253 결정. 서울중앙지방법원 2018.6.15. 선고 2016가합552135 판결 역시 "이 사건 위안부 합의는 법적 구속력이 없는 한 · 일 양국 간의 정치적 합의에 해당하므로, 이 사건 위안부 합의에 관하여 사전에 국회의 동의를 얻지 않은 피고(대한민국-필자 주)의 행위가 위법하다고 평가할 수 없다"고 판단했다.

정되는 때에는 그로 인하여 국민의 법적 지위가 영향을 받지 않는다고 할 것이므로, 이를 대상으로 한 헌법소원 심판청구는 허용되지 않는다.

(3) 이 사건 합의가 양국 외교장관의 공동 발표와 정상의 추인을 거친 공식적인 약속이라는 점은 이 사건 합의의 경과에 비추어 분명하다. 그러나 이 사건 합의는 서면으로 이루어지지 않았고, 통상적으로 조약에 부여되는 명칭이나 주로 쓰이는 조문 형식을 사용하지 않았으며, 합의의 효력에 관한 양 당사자의 의사가 표시되어 있지 않을 뿐만 아니라, 구체적인 법적 권리·의무를 창설하는 내용을 포함하고 있지 않다.

구체적으로 살펴본다. 우선, 일반적인 조약이 서면의 형식으로 체결되는 것과 달리 이 사건 합의는 구두 형식의 합의이다. 한·일 양국의 외교부 홈페이지에 게재된 바에 따르면, 표제로 대한민국은 '기자회견', 일본은 '기자발표(記者發表)'라는 용어를 사용하여 일반적 조약의 표제와는 다른 명칭을 붙였고, 한·일 양국이 각자의 입장을 발표하는 형식을 취하면서 ①, ②, ③ 번호를 붙였으나 이는 통상적으로 조약에서 사용되는 조문의 형식은 아니다. 구두 발표 시에는 심판대상에서 살핀 것처럼, 일본 외무대신의 경우 "이상 말씀드린 조치"를 착실히 실시한다는 것을 전제로, 대한민국 외교부장관의 경우 "앞서 표명한 조치"를 착실히 실시한다는 것을 전제로 각 일본군 '위안부' 피해자 문제의 해결을 언급하였으나, 일본 외무성 홈페이지에 게재된 발표문에서는 일본 외무대신은 "상기 ②의 조치"를 착실히 실시한다는 것을 전제로, 대한민국 외교부장관은 "상기 1.②의 조치"를 착실히 실시한다는 것을 전제로 각 문제의 해결을 표시하여, 구두 발표의 표현과 홈페이지에 게재된 발표문의 표현조차 일치하지 않는 부분이 존재하였다. 또 합의의 효력과 관련하여 비구속적 의도를 명시하지는 않았으나, 국제법상 구속적 의도를 추단할 수 있을만한 표현 역시 사용하지 않았으며, 전체적으로 모호하거나 일상적인 언어로 표현되어 있다.

또한 이 사건 합의는 한·일 양국 간 첨예한 갈등이 존재하는 문제이자 국민의 기본권과 관련되어 있는 일본군 '위안부' 피해자의 피해 회복에 관한 문제를 다루면서도 국무회의 심의나 국회의 동의 등 위 (2)항에서 살핀 헌법상의 조약체결절차를 거치지 않았고, 간이한 내용의 조약으로서 관행에 따라 처리되는 고시류조약과 같이 조약번호를 부여하거나 고시하지도 않았으며, 이 점은 일본도 마찬가지이다.

무엇보다 이 사건 합의의 내용상, 한·일 양국의 구체적인 권리·의무의 창설 여부가 불분명하다.

이 사건 합의 중 일본 총리대신이 일본군 '위안부' 피해자에 대한 사죄와 반성의 마음을 표시하는 부분의 경우, 일본군 '위안부' 피해자의 권리구제를 목적으로 하는지 여부가 드러나지 않아 법적 의미를 확정하기 어렵다. 또한 이 사건 합의에는 일본군 '위안부' 피해자가 입은 피해의 원인이나 국제법 위반에 관한 국가책임이 적시되어 있지 않고, 일본군의 관여의 강제성이나 불법성 역시 명시되어 있지 않다. 더

구나 일본 정부는 이 사건 합의 이후에도 계속하여, 1965년 한일청구권협정으로 일본군 '위안부' 피해자 문제가 해결되었으므로 법적 책임이 존재하지 않는다는 입장을 보이고 있다. 따라서 위와 같은 사죄의 표시가 일본군 '위안부' 피해자의 피해 회복을 위한 법적 조치에 해당한다고 보기 어렵다.

다음으로, 일본군 '위안부' 피해자 지원을 위한 재단설립과 일본 정부의 출연에 관한 부분은 내용의 구체화 여부에 따라 법적 관계의 창설로 이해할 여지가 없는 것은 아니지만, 이 사건 합의로 나타난 것은 '강구한다,' '하기로 한다,' '협력한다'와 같은 표현에서 드러나는 것처럼 구체적인 계획이나 의무 이행의 시기·방법, 불이행의 책임이 정해지지 않은 추상적·선언적 내용뿐이다. 이 사건 합의에는 '해야 한다'라는 법적 의무를 지시하는 표현이 전혀 사용되지 않았다. '대략 10억 엔 정도'의 일본 정부 출연금 규모가 언급되었다고는 하나, 정확한 출연금액, 시기, 방법은 언급되지 않았고, 위와 같은 출연금 규모의 언급은 일본 외무성 홈페이지 게재 발표문에는 표시조차 되지 않았다. 결과적으로 일본 정부의 출연 및 재단설립이 이루어진 점은 앞서 살핀 바와 같으나, 이를 합의의 법적 구속력에 의한 것이라고 단정하기는 어렵다. 국가 간 정치적 합의에 따른 협력조치의 시행은 얼마든지 가능하고, 일본 정부는 과거에도 '여성을 위한 아시아 평화국민기금'을 일본군 '위안부' 피해자를 위한 의료·복지 용도로 사용하도록 한 적이 있다.

주한 일본 대사관 앞의 소녀상에 관한 대한민국 정부의 견해 표명 부분도, '일본 정부의 우려를 인지하고 관련 단체와의 협의 등을 통해 적절히 해결되도록 노력한다'고만 할 뿐, 관련 단체를 특정하지 않았고, '적절한 해결'의 의미나 방법을 규정하지 않았으며, 해결시기 및 미이행에 따르는 책임도 정하고 있지 않으므로 양국의 권리·의무를 구체화하고 있다고 볼 내용이 없다.

그 밖에, 일본군 '위안부' 피해자 문제의 '최종적·불가역적 해결', '국제사회에서의 비난·비판 자제'에 관한 한·일 양국의 언급은, 근본적으로 일본군 '위안부' 피해자 문제가 과연 무엇인가에 대한 공통의 인식이 존재하지 않는다는 점, 앞서 살핀 것처럼 '최종적·불가역적 해결' 및 '비난·비판 자제'의 전제로 언급된 조치의 실시와 관련하여 기자회견에서의 구두발표 내용과 일본 외무성 홈페이지에 게재된 내용의 표현이 일치하지 않음에 따라 그 전제의 의미가 불분명하게 된 점, '국제사회에서의 비난·비판'의 의미나 '자제'의 의미, 이에 위반한 경우의 제재나 책임이 명시되지 않은 점 등에서 한·일 양국의 법적 관계 창설에 관한 의도가 명백히 존재하였다고 보기 어렵다.

(4) 앞서 살핀 사정을 종합하면 이 사건 합의가 법적 구속력 있는 조약에 해당한다고 보기 어려우며,

[…] 이 사건 합의는 일본군 '위안부' 피해자 문제의 해결을 위한 외교적 협의 과정에서의 정치적 합의이며, 과거사 문제의 해결과 한·일 양국 간 협력관계의 지속

을 위한 외교정책적 판단으로서 이에 대한 다양한 평가는 정치의 영역에 속한다. 이 사건 합의의 절차와 형식에 있어서나, 실질에 있어서 구체적 권리·의무의 창설이 인정되지 않고, 이 사건 합의를 통해 일본군 '위안부' 피해자들의 권리가 처분되었다거나 대한민국 정부의 외교적 보호권한이 소멸하였다고 볼 수 없는 이상 이 사건 합의로 인하여 일본군 '위안부' 피해자들의 법적 지위가 영향을 받는다고 볼 수 없으므로 위 피해자들의 배상청구권 등 기본권을 침해할 가능성이 있다고 보기 어렵다."

5. 사드 배치 합의

2016년 초부터 한미 양국은 미국의 고고도 미사일 방어체계(Terminal High Altitude Area Defense: THAAD, 이하 사드)의 한반도 배치에 관한 공식 협의를 시작했다. 3월 4일 한국의 국방부 국방정책실장과 주한 미군사령부 참모장은 사드 배치 가능성을 협의하기 위한 공동실무단 구성에 관한 약정[25]을 체결하여 실무 차원의 협의기구를 만들었다.[26] 7월 8일 역시 국방부 국방정책실장과 주한 미군사령부 참모장은 공동 기자회견을 통해 사드를 주한 미군에 배치하기로 최종 결정했음을 발표했다.[27] 7월 13일 양국 공동실무단은 경북 성주를 배치지역으로 건의했고, 양국 국방부장관은 이를 승인했다.[28]

이와 관련하여 몇 가지 국제법 관련쟁점이 제기되었다. 야당은 사드 배치합의가 안전보장에 관한 조약 또는 중대한 재정적 부담을 지우는 조약이라 국회 동의가 필요하다고 주장했다. 이에 대해 황교안 국무총리는 7월 12일자 국회 답변에서 그 같은 동의가 불필요하다고 반박했다.[29] 이에 관한 논란은 2017년 대통령 선거시까지도 이어졌다. 관련 합의의 법적 성격과 국회 동의 필요 여부를 검토한다.

첫째, 2016년 3월 4일자 공동실무단 구성에 관한 약정. 발표된 바에 따르면 이 약정은 사드 배치와 관련하여 한미 양측이 공동으로 서명한 유일한 문서이다. 이 약정의 체결자는 한국과 미국 국가를 대표하는 자격으로 이에 서명하지 않았으며, 서명자에 대한 전권위임장의 발부도 없었음은 물론이다. 조약 체결에 관한 통상적

25) Terms of Reference governing the Formation of a THAAD Stationing Feasibility Joint Working Group.
26) 조선일보 2016.3.5. A6.
27) 조선일보 2016.7.9. A1.
28) 조선일보 2016.7.14. A1.
29) 조선일보 2016.7.12. A5.

인 절차도 밟지 않았다. 더욱이 약정 내에는 상호 법적 구속력이 있는 의무를 부과하지 않는다는 점이 명시되었다고 알려졌다. 결국 3월 4일자 합의는 법적 구속력 없는 기관간 약정(agency-to-agency arrangement)의 일종이다. 즉 정부내 기관이 소관 업무범위에 속하는 사항에 관해 외국의 해당기관과의 사이에 체결되는 국제법적 구속력 없는 합의이다.[30] 이 같은 합의가 헌법 제60조 1항에 따른 국회 동의의 대상이 되지 않음은 물론이다.

둘째, 2016년 7월 8일자 사드 배치 결정에 관한 발표. 이는 사드 배치 과정에서 가장 중요한 결정의 하나이다. 이는 한미 양국 공동 실무단의 검토 결과를 바탕으로 한 건의를 양국 국방부 당국자가 수용하는 형식으로 양국 국방부 담당자의 공동 기자회견을 통해 발표되었다. 이에 관해 합의서 등과 같은 공동문서 작성은 없었다고 알려졌다. 이어 7월 13일 공동 실무단은 경북 성주를 사드 배치의 최적지로 판단한 보고서를 작성해 한미 양국 국방부장관에게 보고했다. 양국 국방부장관은 이 결과를 승인하고 이 사실을 발표했다. 부지에 관한 논란이 계속되자 후일 배치 지역은 경북 성주군 내 한 민간 골프장으로 최종 확정되었다.[31]

이에 대해 민주사회를 위한 변호사모임 미군문제연구위원회는 이 배치결정이 "① 국제법 주체인 한미 간에 ② 토지 공여와 시설 건설 및 관리, 무기체계 도입이라는 권리·의무관계를 창출하기 위하여 ③ 한미 공동실무단의 운영결과 보고서 등 서면형식으로 체결되며 ④ 국제법에 의하여 규율되는 합의로써, 그 형식이 어떠하든 조약이라고 보아야 할 것이다"라는 주장을 내 놓았다.[32]

그러나 이 같은 주장에 대해서는 몇 가지 의문이 제기된다. 우선 한미 양국이 사드 배치 결정을 구속력 있는 합의로 의도했느냐는 점이다. 사드 배치 결정은 공동 실무단의 검토보고를 양국 국방장관이 각기 승인하는 형식으로 이루어졌다. 양국 국방 당국간 사드 배치에 관한 합의 자체는 있었다고 간주되나 이 합의 성립에 통상적인 조약 체결 절차가 적용되지 않았다. 전권위임장의 제시가 없었으며 합의문서조차 작성되지 않았다. 합의 이후 양국에서 조약 체결에 관한 절차가 적용되지 않았음은 물론이다. 사드 배치 결정을 이러한 방식을 취한 이유는 양국이 이 합

30) 외국정부기관과의 기관간 약정 체결 및 관리에 관한 규정 제2조 1호.

31) 조선일보 2016.10.1. A1.

32) 민주사회를 위한 변호사모임 미군문제연구위원회, 사드 배치 결정에 대한 법적 검토 의견서 (2016.7.18.). http://minbyun.or.kr/?p=32843.

의에 조약으로서의 성격을 부여하지 않으려는 의도적인 조치였다고 판단된다. 즉 이 합의는 비구속적 합의에 불과하다고 판단된다. 예를 들어 무슨 이유에서든 미국이 사드 배치 결정을 일방적으로 철회하더라도 한국이 미국에 합의 이행을 법적으로 요구할 권리는 없다고 보아야 한다. 마찬가지로 미국 역시 결정의 이행을 한국에 법적으로 요구할 권리는 없는 합의에 불과하다.

결론적으로 사드 배치합의는 조약이 아닌 일종의 비구속적 합의이다. 이는 한미 상호방위조약과 주한미군 주둔군지위협정 등에 의해 한국에 주둔하고 있는 미군의 신형무기 도입 결정에 불과하며, 국회동의 대상에 해당하지 않는다.

6. 남북한간 합의

1948년 제헌헌법 이래 “대한민국 영토는 한반도와 그 부속도서로 한다”는 헌법 조항(현 제3조)을 근거로 한국 정부는 북한 지역도 규범적으로는 한국의 영토로서 한국의 주권과 부딪치는 어떠한 국가단체도 인정할 수 없으며, 어떠한 공적 교류도 하지 않는다는 정책을 장기간 유지했다.

1972년 7.4 공동선언으로 남북 정부간 교류의 단초가 시작되었다. 1987년 개정 헌법은 영토 조항 다음 제4조에서 “대한민국은 통일을 지향하며, 자유민주적 기본 질서에 입각한 평화적 통일정책을 수립하고 이를 추진한다”고 규정하고, 이는 법제에도 반영되어 “군사분계선 이남지역(이하 “남한”이라 한다)과 그 이북지역(이하 “북한”이라 한다)간의 상호교류와 협력을 촉진하기”(제1조) 위해 1990년 8월 「남북교류협력에 관한 법률」이 제정되었다. 이어 1991년 9월 남북한은 UN에 동시 가입을 했고, 1991년 12월 남북한은 「남북 사이의 화해와 불가침 및 교류협정에 관한 합의서」를 채택해 1992년 2월 19일 발효시켰다.

시대 상황에 맞추어 헌법재판소는 1993.7.29, 92헌바48 결정을 기점으로 북한은 “대남 적화노선을 고수하면서 우리 자유민주체제의 전복을 획책하고 있는 반국가단체”임과 동시에, “조국의 평화적 통일을 위한 대화와 협력의 동반자”라는 이중적 성격을 갖는다고 판단하고 있다. 대법원 역시 1999.7.23, 선고 99두3690 판결 이후 북한의 기본적 법적 지위를 동반자 겸 반국가단체라는 2중적 성격으로 파악하고 있다.[33)]

남북한은 1971년부터 2022년 말까지 모두 258건의 합의서를 채택했다.[34)] 합의서가 채택될 때마다, 그 법적 성격이나 국내적 효력이 논란이 된 사례가 많았다. 남북한 간 특수한 정치 상황으로 인해 합의 내용의 법적 구속력 여부나 어떠한 절차를 통해 발효시킬지 등을 불분명하게 처리한 경우가 많기 때문이다.

가. 남북 기본합의서

정부 간 합의가 때로는 신사협정인지 여부가 논란의 대상이 되기도 한다. 1991년 12월 13일 남측의 정원식 국무총리와 북측의 연형묵 정무원총리는 남북 기본합의서(「남북사이의 화해와 불가침 및 교류·협력에 관한 합의서」)에 서명하고, 1992년 2월 19일 이를 발효시켰다. 합의서 제1조는 "남과 북은 서로 상대방의 체제를 인정하고 존중한다"고 규정하고, 제17조는 "남과 북은 민족구성원들의 자유로운 왕래와 접촉을 실현한다"고 규정했다. 이후 무단 방북 등을 이유로 기소된 문익환 목사 등은 재판과정에서 북한을 반국가단체로 전제한 국가보안법은 남북 기본합의서 성립으로 달리 해석되어야 한다고 주장했다. 이에 대해 헌법재판소는 다음과 같이 판단했다.

> "1991. 12. 13. 남·북한의 정부당국자가 소위 남북합의서("남북사이의 화해와 불가침 및 교류·협력에 관한 합의서")에 서명하였고 1992. 2. 19. 이 합의서가 발효되었다. 그러나 이 합의서는 남북관계를 "나라와 나라 사이의 관계가 아닌 통일을 지향하는 과정에서 잠정적으로 형성되는 특수관계"(전문 참조) 임을 전제로 하여 이루어진 합의문서인 바, 이는 한민족공동체 내부의 특수관계를 바탕으로 한 당국간의 합의로서 남북당국의 성의있는 이행을 상호 약속하는 일종의 공동성명 또는 신사협정에 준하는 성격을 가짐에 불과하다." (헌법재판소 1997.1.16. 89헌마240 결정)[35]

대법원 역시 남북 기본합의서는 법적 구속력이 있는 조약이 아니라고 판단하였다.

> "남북 사이의 화해와 불가침 및 교류협력에 관한 합의서([…])는 남북관계가 '나라와 나라 사이의 관계가 아닌 통일을 지향하는 과정에서 잠정적으로 형성되는 특수

---

33) 정인섭, 한국법원에서의 국제법 판례(박영사, 2018), pp.144–145.

34) 통일부, 2023 통일백서(통일부, 2023), p.272.

35) 동일 취지의 헌법재판소 결정 – 헌법재판소 1997.1.6. 92헌바6,26, 93헌바34,35,36 (병합) 결정; 헌법재판소 2000.7.20. 98헌바63 결정.

관계'(합의서 전문)임을 전제로, 조국의 평화적 통일을 이룩해야 할 공동의 정치적 책무를 지는 남북한 당국이 특수관계인 남북관계에 관하여 채택한 합의문서로서, 남북한 당국이 각기 정치적인 책임을 지고 상호간에 그 성의 있는 이행을 약속한 것이기는 하나 법적 구속력이 있는 것은 아니어서 이를 국가 간의 조약 또는 이에 준하는 것으로 볼 수 없고, 따라서 국내법과 동일한 효력이 인정되는 것도 아니다." (대법원 1999.7.23. 선고 98두14525 판결)

사실 남북 기본합의서의 법적 성격과 국내 발효 방법에 대해서는 합의 성립 직후부터 논란이 제기되었다. 남북 기본합의서를 성립시킨 노태우 정부는 합의서 내용을 국무총리가 국회에 보고하고, 국회가 이에 대한 지지 결의를 통과시키는 방법으로 국내적 처리를 할 예정이었다. 그러나 당시 야당인 민주당은 합의서의 내용이 매우 중요하니 국회에서 충분한 심의를 거쳐 동의를 받아야 한다고 주장했다. 그러나 정부와 여당은 남북 기본합의서는 국가간 조약이 아니므로 국회 동의는 불필요하고, 대통령의 재가만으로 국내 발효절차가 완료된다고 주장했다.[36]

합의서의 서명 직후 최호중 통일원장관은 만약 이를 조약으로 보고 국회 동의 절차를 밟는다면 남북한을 2개의 국가로 인정해서 분단의 고착화를 가져오고, 향후 남북간 경제교류도 국가간 거래로 인정되어 국제무역규범의 통제를 받게 될 우려가 있으며, 앞으로 남북간 추가적인 합의서가 체결될 때마다 국회의 동의를 받아야 하면 이런 문제가 불필요하게 정치적 토론의 대상이 된다며 부정적 입장을 피력했다. 동서독은 1972년 기본관계조약(Vertrag über die Grundlagen: Basic Treaty)을 체결했다는 지적에 대해서는 동서독의 경우 양측이 상대를 주권국가로 인정하고 정식 국호를 사용하며 체결된 합의인 반면, 남북 기본합의서는 "나라와 나라 사이의 관계가 아닌" 것을 전제로 하여 각기 정식 국호도 사용하지 않는 등 그 성격이 서로 다르다고 주장했다.[37] 당시 국내 한 재야단체의 질의에 대해서도 법무부는 북한을 승인하지 않은 상태에서 합의서를 조약으로 볼 수 없고, 조약이 아닌 한 우리 헌법 체계상 법적 효력을 부여할 수 없으므로 이는 공동성명 또는 신사협정에 준한다는 입장을 회신한 바 있었다.[38] 위 헌법재판소의 결정 등은 이 같은 정부

36) 조선일보 1991.12.17. p.2.
37) 제156회 국회 외무통일위원회 회의록 제10호(1991.12.16.)(통일정책특별위원회와의 연석회의), pp.33-34.
38) 동아일보 1992.4.25. p.2; 한겨레신문 1992.4.26. p.14.

입장을 반영한 판단이다.

남북한 양측이 남북 기본합의서의 법적 성격을 어떻게 의도했는지는 판단하기 쉽지 않다. 기본합의서는 법적 구속력 있는 조약으로 의도된 합의가 아니었다는 주장도 일정 부분 근거가 있다.[39] 즉 합의서는 남북한 관계가 국가간의 관계가 아님을 명시하고 있고, 서로를 정식 국호가 아닌 "남"과 "북"으로만 호칭하고 있다. 기본합의서 성립 직후 개최된 핵통제공동위원회에서 북한측은 남북 기본합의서가 강제성 없는 문서라고 주장하며, 핵사찰을 위해서는 별도의 합의서를 다시 만들어 이를 바탕으로 실천규정을 새로 합의해야 한다고 주장했다고 한다.[40] 한국 정부도 남북 기본합의서가 조약이 아님을 강조했고, 합의서가 조약이나 법률로서의 구속력을 발생시키기 위한 통상적인 국내법 절차를 취하지 않았다. 국회 동의를 받지도 않았다. 대통령 공고만으로 그 내용이 국내에서 법률적 효력을 가질 수는 없다.

그러나 기본합의서 제24조는 "이 합의서는 쌍방의 합의에 의하여 수정·보충할 수 있다"고 규정하고 있고, 제25조는 "이 합의서는 남과 북이 각기 발효에 필요한 절차를 거쳐 그 문본을 서로 교환한 날부터 효력을 발생한다"고 규정하고 있다. 한국 정부는 남북 기본합의서가 "1991년 12월 16일 제62회 국무회의 심의를 거쳐, 1992년 2월 17일 대통령이 결재함으로써 발효에 필요한 절차를 완료했으며, 1992년 2월 19일 제6차 남북 고위급회담에서 그 문본이 교환되어 발효"되었다고 전 국무장관의 부서와 함께 노태우 대통령 명의로 관보에 공고했다.[41] 북한의 경우 최고인민회의 상설회의의 승인을 받았다고 알려졌다.[42] ICJ 역시 발효조항의 포함은 그 문서의 구속성을 표시하는 증거로 본다.[43] 남북 기본합의서는 6.25 전쟁 휴전 이후 남북한 간에 체결된 가장 중요한 합의로서 남북한 관계에 관한 여러 구체적인 내용과 약속을 담고 있다. 합의서의 내용과 개정 및 발효조항의 존재, 그리고 관보상의 공고문을 보면 기본합의서는 국제법적 구속력을 가진 문서로 보인다. 합

---

39) 도경옥, 헌법상 조약과 남북관계발전법상 남북합의서의 이원화 체계의 재검토, 국제법학회논총 제65권 제3호(2020), p.112는 남북한 당국이 국가승인문제를 회피하기 위해 기본합의서를 조약으로 의도하지 않은 점이 분명하다는 입장이다.

40) 경향신문 1992.4.28. p.2. 사실 남북 기본합의서에는 핵사찰에 관한 내용이 명시되어 있지 않다.

41) 대통령공고 제118호. 관보 제12060호(1992년 3월 6일).

42) 조선일보 1992.2.18. p.2.

43) "The inclusion of a provision addressing the entry into force of the MOU is indicative of the instrument's binding character." Maritime Delimitation in the Indian Ocean(Preliminary Objections) (Somalia v. Kenya), 2017 ICJ Reports 3, para.42.

의서의 국제법적 효력이 국내법적 효력에 의해 좌우되지 않음은 물론이다. 그렇다면 남북 기본합의서는 국내법적 효력에 관한 논란과 상관없이 이의 국제법적 성격은 남북한을 법적으로 구속하는 문서 즉 조약으로 볼 수밖에 없다고 판단된다.[44] 한국 정부가 기본합의서 이후 2000년부터 2004년 사이에 체결된 남북간 13개의 합의서는 조약으로 간주했음에 비추어 보아도 이의 조약성을 인정할 수 있다.

검 토

헌법재판소 89헌마240 결정은 남북 기본합의서가 남북한 관계를 나라와 나라 사이의 관계가 아닌 통일을 지향하는 잠정적 특수관계임을 전제로 성립된 합의문서라는 이유로 이의 법적 구속력을 부인하였다. 같은 논리에 입각한다면 남북한 간에는 법적 구속력 있는 어떠한 양자합의도 성립될 수 없다고 보아야 하는가?

나. 남북 경협합의서 등

2000년 6월 15일 김대중 대통령의 평양 방문으로 남북 정상회담이 열리고, 이후 후속조치로서 남북간에는 주로 경제협력에 관한 여러 합의서가 채택되었다. 2000년 12월 16일 평양에서는 「남북 사이의 투자보장에 관한 합의서」, 「남북 사이의 소득에 대한 이중과세방지 합의서」, 「남북 사이의 상사분쟁 해결절차에 관한 합의서」, 「남북 사이의 청산결제에 관한 합의서」 등 4개 남북 경제협력 합의서(이하 경협합의서)가 서명되었다. 경협합의서는 서명 후 남북이 "각기 발효에 필요한 절차를 거쳐 그 문본을 교환한 날로부터 효력을 발생"하기로 예정되었다.

경협합의서에는 국민의 재산과 권리·의무에 직접 영향을 주는 내용이 다수 담겨 있어 정부도 앞서의 남북 기본합의서와 같이 단순한 신사협정으로 처리할 수 없었다. 이에 국내법적 효력을 부여하는 방안으로 경협합의서의 내용을 그대로 담은 법률을 제정하는 방안도 검토되었으나, 당시 여소야대의 국회 상황에서는 몇 가지 애로가 예상되었다. 즉 첫째, 국회의 법률제정 과정에서 경협합의서의 내용이 변경될 우려가 있고, 둘째, 경협합의서의 내용 그대로 법률을 제정하라고 요구하면 국회의 입법권에 대한 침해 아니냐는 논란이 제기될 우려가 있고, 셋째 향후 합의서 내용이 개정될 경우마다 새로이 국내법률 개정절차를 밟아야 함을 우려했다.[45]

---

44) 제성호, 남북한 특수관계론(한울아카데미, 1995), pp.44-74; 배종인(전게주 14), p.239.
45) 통일부, 남북경협 합의서 해설자료(2001.5.25.).

이에 정부는 경협합의서를 조약에 준하는 방식으로 국내 발효를 도모했다. 즉 4개 경협합의서는 국무회의 심의를 거쳐 2003년 6월 30일 국회 동의를 받았다. 당시 정부는 경협합의서에 관한 동의안을 국회로 제출하면서 그 근거를 조약 동의에 관한 "헌법 제60조 1항의 규정"에 의해 제출한다고 명시했다. 국회 심사과정에서도 4개 합의서는 입법사항에 관한 내용을 포함하고 있어서 국회 동의를 받게 되었다고 지적되었다.[46] 당시 국회 논의과정에서는 합의서가 과연 헌법 제60조 1항에 따른 동의대상인가는 별달리 문제되지 않고 통과되었다.[47] 정부로서는 반드시 국가 간에만 조약이 체결될 수 있다고는 볼 수 없고, 과거 동서독 간에도 조약이 체결된 사례가 있고, 개별 경협합의서마다 전문에 남북교류가 "나라와 나라 사이가 아닌 민족 내부의 거래임"을 확인하고 있기 때문에 조약 방식의 처리가 반드시 북한에 대한 국가승인을 의미하지 않는다고 해석했다.[48] 남북 기본합의서 처리 시와는 정부의 입장이 정반대로 되었다. 국회 동의 후 2003년 8월 20일 남북 당국은 4개 경협합의서 문본을 상호 교환하고 8월 23일 관보 공포절차를 거쳤다.

경협합의서는 조약 동의에 관한 헌법 제60조 1항에 따라 국회 동의를 받았으나, 모든 면에서 조약과 동일한 절차를 밟지는 않았다. 경협합의서는 관보 공포시 조약란이 아닌 기타 항목에 포함되었으며, 국내적으로 조약 번호가 부여되지는 않고 "남북 사이의 합의서"라는 새로운 유형을 만들어 제1호 내지 제4호의 번호가 부여되었다. 국내적으로 어떠한 유형의 문서로 분류되었는지와는 상관없이 경협합의서는 국제법상 조약의 성격을 지닌 문서였다. 즉 합의서에 따라 약간씩의 차이는 있으나 대체로 발효조항, 개정에 관한 조항, 분쟁해결에 관한 조항 등을 포함하고 있으며, 내용이 구체적 권리·의무를 발생시킬 수 있도록 상세하며, 모두 조문 형식으로 규정되는 등 구속력 있는 문서로서의 전형적인 형태를 갖추고 있었다. 남북한 당국 모두 이를 구속력 있는 합의로 의도했다고 판단된다.

이후 2002년부터 2004년 사이 남북한은 「개성공업지구 통관에 관한 합의서」 등 모두 9건의 합의서를 추가로 채택해 동일한 절차를 거쳤다. 2004년 국회 동의를 받아 2005년 8월 1일 남북한이 문본 교환을 통한 발효 절차를 마치고, 국내적으로

46) 통일외교통상위원회 전문위원, 남북 사이의 투자보장에 관한 합의서 체결동의안 검토보고 (2001.6) 등.

47) 제240회 국회(임시회) 국회 본회의 회의록 제7호(2003.6.30.), p.21 이하. 이 점은 통일외교통상위원회 회의에서도 마찬가지였다.

48) 통일부(전게주 45).

는 2005년 8월 8일자 관보에 9건을 일괄 공포했다. 역시 관보 기타 항목에 "남북 사이의 합의서" 제5호부터 제13호의 번호가 부여되었다.49)

이후 국내에서는 「남북관계 발전에 관한 법률」이 제정(2006년 6월 30일 시행)되어 남북한 간의 각종 합의서는 더 이상 헌법 제60조 1항을 근거로 국회 동의절차를 밟지 않아도 되게 되었다. 이 법은 대통령이 남북 합의서를 체결·비준할 수 있으며, 단 "국회는 국가나 국민에게 중대한 재정적 부담을 지우는 남북합의서 또는 입법사항에 관한 남북합의서의 체결·비준에 대한 동의권을 갖는다"고 규정하고 있다(제21조). 남북합의서는 「법령등 공포에 관한 법률」 규정에 따라 대통령이 공포한다(제22조). 이 법은 남북합의서의 법적 성격과 국내법적 효력을 명확히 규정하지는 않았으나, 전반적인 취지로 보아 남북합의서는 국제법상 조약임을 전제하고 있고 국내적으로 그 내용이 법률의 효력을 갖는 문서로 간주한다고 보인다.50) 그러나 정작 이 법이 성립된 이후 이에 따라 국회동의를 받은 남북한 합의는 없다. 2007년 10월 노무현 정부 시절의 남북 정상회담 이후 "남북관계 발전과 평화번영 위한 선언 이행에 관한 제1차 남북총리회담 합의서 비준동의안"이 「남북관계 발전에 관한 법률」에 따라 국회 동의에 회부되었으나, 처리되지 못하고 국회 임기만료로 폐기되었다.

▶판례: 남북 경협 합의서의 법적 성격

청주지방법원 2011.6.9. 선고 2010구합2024 판결

[남북한은 금강산 관광사업 등을 계기로 남한과 북한은 2000.12.16. 남북 사이의 경제교류와 협력을 촉진하고, 어느 일방에서 발생한 소득에 대한 과세권 경합을 조정함으로써 조세의 이중부담을 방지하기 위해, 한국의 통일부장관과 북한의 내각책임참사가 평양에서 '남북사이의 소득에 대한 이중과세방지 합의서' 등 4개 경협 합의서를 체결했다. 정부는 헌법 제60조 1항에 따라 이 합의서에 대한 국회동의를 요청하여 2003년 6월 30일 동의를 받았다. 2003년 8월 20일 북한측과 발효를 위한 문본교환을 하고, 2003년 8월 23일 관보에 공포했다. 다음은 이 합의서의 법적 성격에 대한 판단이다.]

"이 사건 합의서는, 남북관계가 나라와 나라 사이의 관계가 아닌 통일을 지향하는

49) 2005년 8월 10일 서명되어 2006년 4월 24일 발효한 「남북해운합의서의 이행과 준수를 위한 부속합의서의 수정·보충 합의서」(남북 사이의 합의서 제14호)만은 국회동의 없이 공포시켰다.
50) 「남북관계 발전에 관한 법률」에 대한 설명은 배종인(전게주 14), pp.245-256 참조.

과정에서 잠정적으로 형성되는 특수관계임을 전제로, 조국의 평화적 통일을 이룩해야 할 공동의 정치적 책무를 지는 남북한 당국이 특수관계인 남북관계에 관하여 채택한 합의문서로서, 남북한 당국이 각기 정치적인 책임을 지고 상호간에 그 성의 있는 이행을 약속한 것이라고 할 것이나, 이를 국가 간의 조약 또는 이에 준하는 것으로 볼 수는 없다고 할 것이다. 다만 이 사건 합의서는 일방의 기업이 상대방 안의 고정사업장을 통하여 얻은 기업이윤 중 고정사업장에 귀속시킬 수 있는 이윤에 대하여 그 상대방이 과세할 수 있도록 하되, 이중과세를 방지하기 위한 방법으로 자기 지역의 거주자가 상대방에서 얻은 소득에 대하여 상대방에게 세금을 납부하였거나 납부하여야 할 경우에 일방은 그 소득에 대한 세금을 면제하도록 하여 남북 사이의 경제적 측면에서의 교류와 협력을 촉진하기 위하여 작성된 것이고, 국회가 이를 의결함으로써, 원칙적으로 과세권한을 행사할 수 있는 내국법인의 북한에서 얻는 소득에 대하여 과세당국의 과세권을 제한할 수 있는 근거를 마련한 것이라고 할 것이다."

해 설

이 사건의 2심도 "이 사건 합의서가 조세조약과 동일한 효력이 있다고 보기 어려우므로, 이 사건 합의서 제22조의 규정을 통상적인 조세조약에서의 이중과세방지 조항과 동일하게 보기는 어려운 점"이라고 판단했다(대전고등법원 (청주) 2012.5.10. 선고 2011누342 판결. 이 사건은 대법원 2012.10.11. 선고 2012두12532 판결로 확정되었는데, 대법원에서는 합의서의 효력에 관해 별다른 언급이 없었다. 이 합의서의 법적 성격에 관한 재판부의 설시는 남북 기본합의서에 관한 대법원 98두14525 판결의 입장을 그대로 반복하고 있다. 그러나 이 판결의 재판부는 남북 기본합의서와 달리 이 경협합의서는 헌법 제60조 1항에 따른 국회동의가 부여되었다는 차이를 주목하지 않고 있다.

다. 판문점 선언

2018년 4월 27일 문재인 대통령과 김정은 위원장 간의 판문점 회담이 성사되고, 「한반도의 평화와 번영, 통일을 위한 판문점 선언」(이하 판문점 선언)이 양 정상의 서명을 거쳐 발표되었다.[51] 문재인 대통령은 곧 이은 4월 30일 청와대 수석·보좌관 회의에서 「남북관계 발전에 관한 법률」에 따라 판문점 선언을 조속히 국회 동의절차에 회부하라고 지시했다.[52] 사실 문 대통령은 남북정상회담의 준비과정에서도 "남

---

51) 이하 본 항목의 내용은 정인섭, 판문점 선언의 국제법적 성격과 국회 동의, 대한국제법학회 편, 국제법으로 세상 읽기(박영사, 2020), p.181 이하를 주로 참고해 작성되었음.

52) 조선일보 2018.5.1., A8.

북 정상회담 합의 내용을 이행하자면 국가재정도 투입되는 만큼 반드시 국회 동의를 얻을 필요가 있다"고 지적하며, "국회 비준을 받아야 정치상황이 바뀌어도 합의가 영속적으로 추진된다"고 강조했다.[53] 판문점 선언의 법적 성격은 무엇이며, 이는 「남북관계발전에 관한 법률」에 따른 국회동의의 대상인가?

그 이전 남북간 합의서 선례를 참조하며 판문점 선언의 법적 성격을 검토해 본다. 일단 이 선언은 법조문 형식을 취하지 않았으며, 내용에 있어서도 남북 공동연락사무소 설치, 8.15 이산가족 상봉, DMZ 확성기 방송 중단 등 몇몇 항목을 제외하면 대체로 향후 추진방향을 제시하고 있는데 불과했다. 대부분의 내용이 구체적 실천을 위해서는 추가적인 협상과 합의가 필요했다. UN 안보리의 대북제재가 해제되지 않으면 실현되기 어려운 항목도 있었다. 과거 남북한간 법적 구속력 있다고 판단되는 합의서는 모두 법조문의 형식을 취하고 있었으며,[54] 발효조항을 설치하고 있었다. 고위급 합의서들은 서명과 발효절차를 분리시키고 있었으며, 개정 및 폐기 조항도 설치하고 있었다. 이에 비해 판문점 선언은 법적 구속력을 추정할 수 있는 위와 같은 형식을 갖추지 않고 있으며, 과거 2차례의 남북 정상회담 선언문과 같은 비구속적 합의의 모습을 취하고 있다. 문 대통령은 국회동의를 받아 비준·발효시키자는 의도를 표시했으나, 이 합의서는 발효에 관한 절차조항을 포함하고 있지 않다. 만약 남북한 양 정상 모두가 판문점 선언을 법적 구속력 있는 합의로 채택하는데 의견일치가 분명히 있었다면 위와 같은 형식상의 문제점에도 불구하고 물론 법적 구속력 있는 조약이 될 수 있다. 그러나 그 같은 의사가 합의문에 특별히 표현되어 있지는 않다. 이상의 논의를 종합한다면 판문점 선언은 국제법적 구속력이 없는 합의라고 해석함이 합리적이다.

문 대통령은 판문점 선언의 국회동의를 통해 이의 국내법제화를 의도했다고 보인다. 국제법적 구속력이 없는 합의라 해도 한국이 스스로의 판단에 의해 이를 국내법제화 하여 실천하는 일은 물론 가능하다. 다만 이런 경우에는 다음 문제점이 지적될 필요가 있다.

첫째, 북한은 판문점 선언을 비구속적 합의로 채택했다고 생각한다면, 한국만 국내적으로 이를 구속력 있는 합의로 변환시키려는 시도가 현명한 태도일까? 남북한 간 정치상황을 감안한다면 이는 결코 바람직하지 않다.

53) 조선일보 2018.3.22., A3.

54) 1992년 비핵화공동선언을 구속력 있는 합의로 본다면 이것만 예외.

둘째, 만약 판문점 선언이 비구속적 합의라고 전제한다면 국회의 동의를 받는다 해서 과연 법률적 효력이 창출될 수 있는가? 정부 제출 동의안에 국회가 동의나 의결을 했다 하여 그 대상이 항상 법률적 효력을 갖게 되지는 않는다. 예를 들어 정부 제출 예산안을 국회가 의결한다 해도 예산서의 세부내용이 법률적 효력을 갖게 되지 않는다. 예산안은 당초부터 법률적 효과의 발생이 예정된 문서가 아니기 때문이다. 원래 법적 구속력의 발생이 예정된 조약에 대한 국회동의와 달리, 당초부터 법적 구속력이 없는 문서에는 국회가 동의한다 하여 국내에서 법률적 효과가 발생한다고 보기 어렵다. 국회동의란 입법과는 구별되는 행위이기 때문이다.

셋째, 판문점 선언은 「남북관계 발전에 관한 법률」 취지에 합당한 국회동의의 대상으로 보기도 어렵다. 이 법에 따라 국회는 남북한간 합의서의 "체결 · 비준"에 대한 동의권을 행사한다(제21조 3항). 즉 국회동의란 추후 대통령의 "체결 · 비준"을 위한 중간단계의 행위이다. 그러나 판문점선언은 남북 정상의 서명을 통해 2018년 4월 27일 확정적으로 성립된 문서이며, "체결 · 비준"이란 추가적 조치가 예정되어 있지 않다. 즉 국회동의의 대상 자체가 부존재한 경우에 해당한다.

정부는 문 대통령의 의사에 따라 「남북관계 발전에 관한 법률」에 따라 이를 발효시키고자 2018년 9월 11일 「한반도의 평화와 번영, 통일을 위한 판문점 선언 비준동의안」을 국회로 제출했으나,[55] 제20대 국회 임기 만료 시까지 처리되지 못해 2020년 5월 자동 폐기되었다. 제20대 국회는 집권 여당이 국회 다수당이었음에도 불구하고 이의 처리에 적극성을 보이지 않았기 때문이었다. 판문점 선언은 애당초 「남북관계 발전에 관한 법률」에 따른 국회동의에 적합한 문서가 아니었음에도 불구하고, 이를 강행하려다 국회동의에 실패함으로써 외견상 "발효에 실패한 문서"가 되었다. 이는 선언의 정치적 성격만 훼손시키는 결과가 되었다.

라. 2018년 평양공동선언 및 군사분야 합의서

문재인 대통령은 2018년 9월 평양을 방문해 남북 정상회담을 진행하고, 9월 19일 양국 정상이 서명한 평양공동선언을 발표했다. 아울러 같은 날짜에 남북한 국방장관은 「판문점 선언 이행을 위한 군사분야 합의서」에 서명했다.

우선 남북한 정상의 평양공동선언의 법적 성격은 무엇인가? 이는 법적 구속

55) "판문점선언을 「남북관계 발전에 관한 법률」에 따라 발효하고자 함." 정부, 한반도의 평화와 번영, 통일을 위한 판문점 선언 비준동의안(2018), p.1.

력 있는 문서인가? 평양공동선언은 모두 6개 조로 구성되어 남북한 간 군사적 긴장 완화, 각종 교류 협력의 촉진, 이산가족 문제 해결을 위한 인도적 협력 강화, 문화교류의 추진, 비핵화 추진 협력 등을 규정하고 있다. 남북한 정상이 이를 구속력 있는 문서로 의도했는지 여부를 직접적으로 알 수 있는 표현은 없다.

평양공동선언은 남북 철도 및 도로 연결, 개성공단과 금강산 관광 정상화, 이산가족 상설면회소 개설, 동창리 엔진 시험장 폐기 등 비핵화 관련 사업 등 여러 가지 구체적 사업을 내용으로 하고 있다. 그러나 선언문 전체가 통상적인 조약 조문 형식으로 구성되지 않았고, 표현에서도 "합의하였다," "· · · 한다"와 같은 단정적인 문언을 피하고, 대부분 "하기로 하였다"와 같은 완곡한 표현만을 사용하고 있다. 또한 함께 체결된 군사분야 합의서가 발효와 개정 조항을 포함하고 있는데 반하여, 평양공동선언에는 이 같은 내용이 포함되어 있지 않다. 이 같은 외형상의 특징이나 과거 남북간 체결된 합의서의 전례와 비교할 때, 평양공동선언은 구속력 있는 문서로 보기는 어렵다.

법제처는 평양공동선언에 따른 재정적 부담이 이미 앞선 판문점 선언의 내용에 "포함되어 있거나 이를 구체화한 것이므로 이미 국회 비준동의를 요청한 판문점 선언에 따른 중대한 재정적 부담 외에 별도의 중대한 재정적 부담을 발생시키는 것으로 보이지 않는다"고 판단했다.[56] 이에 평양공동선언은 국무회의 심의만을 거쳐 2018년 10월 29일자 관보에 남북합의서 제24호로 공포했다. 관보 공포를 마친 평양공동선언의 법적 성격은 무엇인가?

첫째, 평양공동선언이 본래부터 비구속적 합의에 불과하다면 국무회의 심의와 관보 공포를 통해서는 아무런 법적 효력이 발생하지 않는다. 이는 설사 국회동의를 거쳤다 해도 마찬가지이다. 이는 노무현 대통령과 김정일 위원장이 서명한 2007년 10월 4일 「남북관계 발전과 평화번영을 위한 선언」이 국회동의 대상이 아니라고 보아 단순히 국무회의 심의만 거쳐 관보에 공포했던 사례와 동일하다. 당시 한국 정부는 이 공동선언을 법적 구속력 있는 문서로 간주하지 않았다.

둘째, 평양공동선언이 원래 법적 구속력 있는 합의라면 이의 국내법적 효과 발생을 위한 전제로는 국회동의가 필요하다. 그런데 정부는 평양공동선언의 내용이 앞서 판문점 선언 내용에 "포함되어 있거나, 이를 구체화한 것"인데, 판문점 선

56) 국회 외교통일위원회 전문위원, 「한반도의 평화와 번영, 통일을 위한 판문점 선언」 비준동의안 검토보고서(2018), p.11.

언에 대한 국회동의를 이미 요청했으므로 평양공동선언에 대한 추가적 국회동의는 불필요하다고 판단했다. 문제는 판문점 선언에 대한 국회동의가 무산되었다는 사실이다. 이로 인해 평양공동선언은 정부측 논리에 입각하더라도 법적 효력의 근거를 상실해 버렸다. 이는 마치 모법은 성립되지도 않았는데, 시행령을 미리 만들어 발효시키겠다고 주장하다가 그 근거가 무너진 셈이다.

군사분야 합의서는 평양공동선언의 부속서 형식으로 체결되었으나, 서명자는 남북한 국방장관이다. 이는 국무회의 심의를 거쳐 2018년 10월 25일 발효조항에 따른 문본교환을 통해 발효되었으며, 국내에서는 2018년 11월 2일자 관보에 공포되었다. 주요 내용은 남북한 접경지역 부근에서의 군사적 적대행위 중지, 비무장지대의 평화지대화, 서해 평화수역 조성, 남북간 군사적 신뢰구축 조치 등의 내용을 담고 있다. 군사분야 합의서는 평양공동선언과 달리 "합의하였다," "· · · 한다" 등과 같은 단정적 표현을 사용한 부분이 많으며, 발효조항과 개정조항도 포함하고 있다. 즉 서명만으로 성립되지 않고, 남북 양측이 발효에 필요한 국내 절차를 거쳐 문본교환이라는 추가행위를 통한 발효를 예정했다. 내용도 양측에 대한 매우 구체적이고 상세한 행위규제를 포함하고 있다. 군사분야 합의서는 법적 구속력 있는 합의로 체결되었다고 판단된다.

군사분야 합의서는 남북관계 발전법에 의한 국회동의의 대상이라고 판단된다. 판문점 선언이 남북간 군사적 긴장 완화를 위한 일반적 원칙을 설정했다면, 군사분야 합의서는 이를 실현하기 위한 구체적 행동계획을 규정하고 있다. 남북한의 구체적 행동의무는 군사분야 합의서를 통해 비로소 성립된다고 판단된다. 그런데 정부는 판문점 선언이 국회동의에 회부되어 있다는 이유로 군사분야 합의서의 국회동의 절차를 생략했다. 판문점 선언의 국회동의 실패로 군사분야 합의서 역시 방향타를 잃고 표류하는 선박이 되어 버렸다. 다만 군사분야 합의서를 통한 남북간의 합의는 국내 처리절차 상의 혼란과 관계없이 유효하며, 내용은 정부의 정책적 판단에 따른 이행이 가능하다.

제16장

조약과 국내법의 관계

제16장 조약과 국내법의 관계

1. 일원론과 이원론

"발효 중인 모든 조약은 당사자를 구속하며 또한 당사자에 의해 신의에 좇아 성실하게 이행되어야 한다"(제26조)(*pacta sunt servanda*). 어떠한 국가라도 일단 조약의 당사국이 되면 국내법의 제약을 이유로 조약의 불이행을 변명할 수 없다(제27조).[1] 국제재판소는 분쟁 당사국간에 유효한 조약을 재판의 준칙으로 활용하지만,[2] 당사국들의 별다른 합의가 없는 한 국내법에는 그 같은 역할이 주어지지 않는다. 국제관계에서 이상과 같은 국제법 우위 원칙은 이론이 없을 정도로 널리 수락된 원칙이다. 결국 조약과 국내법의 관계를 검토한다면 각국 국내법 질서 속에서 조약은 어떠한 효력을 갖느냐만이 주목 대상이 될 뿐이다.

조약 협상에 참여하는 자는 체결 이후 조약이 자국은 물론 상대국 내에서도 잘 이행될지 여부에 관심을 갖지 않을 수 없다. 발효된 조약은 당사국 내에서 당연히 또는 자동적으로 법적 효력을 갖는가? 발효된 조약은 당사국 국내법의 일부로 적용되는가? 조약과 다른 내용의 국내법이 존재하는 경우에도 조약은 그 나라에서 실행될 수 있는가?

조약의 국내적 효력은 비단 외교업무에 관여하는 자만의 관심사는 아니다. 국내법을 주로 다루는 대부분의 법조인들 역시 조약의 국내적 효력을 어떻게 취급할지에 관한 문제에 종종 부딪친다. 자국이 당사국인 조약과 다른 내용의 국내법이 존재하는 경우 법조인은 어느 편을 우선시해야 하는가? 자국이 당사국인 조약과 동일한 내용의 국내법이 없을지라도 조약이 국내적으로 실현될 수 있는가? 오늘날은 조약이 개인의 권리·의무나 사기업의 행동을 규율하는 경우도 많으므로 국내법만을 다루는 법조인이라 할지라도 조약의 효력에 관해 아주 무관심하기는 어렵다.

그런데 국제법은 당사국이 조약 의무를 국내적으로 어떠한 방법을 통해 이행

---

1) 단 비엔나 협약 제46조 참조.

2) ICJ 규정 제38조 1항.

하는지에 대해 관심을 두지 않는다. 비엔나 협약 역시 조약 의무의 국내적 이행방법에 대해 별다른 규정을 두고 있지 않다. 조약의 국내적 이행방법은 각 당사국의 재량 사항에 속하므로, 조약의 국내법적 효력 문제는 궁극적으로 각국 헌법체제 속에서 결정될 사항으로 귀결된다. 국가에 따라서는 조약이 그 자체로 국내적으로 적용되고, 사법재판의 근거가 되기도 한다. 반면 국가에 따라서는 조약이 그 자체로 아무런 국내법적 효력을 갖지 못하고, 국내 이행을 위한 새로운 입법을 필요로 하기도 한다.

조약과 국내법의 관계는 더 큰 틀에서는 국제법과 국내법의 관계에 관한 문제의 일부이다. 국제법과 국내법이 상호 어떠한 관계인가는 특히 국제법 학계의 오랜 논쟁거리였다.[3] 국제법은 국제사회의 법으로서 국가간의 관계를 규율하고, 국내법은 한 국가 내에서 개인간의 관계 또는 개인과 국가간의 관계를 규율하는 법이라고 구분하면 양자를 서로 관계가 없는 별개의 법체계로 인식해도 무리가 아니다. 과거에는 그러한 구분이 일반적으로 받아들여졌다. 그러나 오늘날에는 국제법과 국내법이 동일한 대상을 규율하는 경우가 많아졌다. 현대 사회에서는 과거 국내법의 전유물로만 여겨지던 주제에 대해 국제적 규제가 가해지는 예가 확대되어 왔으며, 국제법적 사항에 관한 국내법이 제정되는 예 역시 늘고 있다. 자연 양자간의 충돌 가능성이 높아졌다. 국제법과 국내법의 내용이 충돌하는 경우 이 문제는 어떻게 처리되어야 하는가? 양자 관계는 전통적으로 일원론과 이원론이라는 관점에서 설명되어 왔다. 이 자리에서는 이 문제를 오직 조약과 국내법의 관계라는 점에만 초점을 맞추어 살펴본다.

일원론(monism)은 조약이 일단 국가에 의해 체결되어 발효되면 별도의 입법이 없이 바로 국내법의 일부로 된다고 보는 입장이다. 즉 조약이 국내법으로 수용(incorporation)되었다고 설명한다. 조약이 국내적으로 직접 적용되고, 사법부도 조약에 직접 근거해 재판을 내림으로서 조약의 국내적 이행을 보장한다. 다만 수용이론을 취하는 경우에도 조약이 국내법적으로 어떠한 위계에 놓이는가는 개별국가에 따라 다르다. 조약이 국내법률과 동등한 효력을 지녀 상호충돌이 발생하는 경우 후법 우선, 특별법 우선과 같은 해석원칙을 적용하는 국가도 있다. 조약을 국내법률보다 우선시하고 때로는 일정한 요건을 갖춘 조약에는 헌법보다 우월한 효력

3) 국제법과 국내법의 관계에 대한 이론적 대립의 변천에 관해서는 정인섭, 신국제법강의(제13판), pp.92−95 참조.

을 인정하는 국가도 있다. 조약을 입법부의 동의를 받아 체결했는가 여부에 따라 국내법적 효력을 구별하는 국가도 있다. 그런데 수용이론을 취하는 국가에서도 조약에 따라서는 이를 국내적으로 이행하기 위한 별도의 입법이 필요한 조약, 즉 비자기집행적 조약(non-self-executing treaty)이라는 개념을 인정함이 보통이다.

이원론(dualism)은 조약이 그 자체로 국내적으로 적용될 수 없고, 반드시 국내법으로 변형(transformation)되어 국내법의 자격으로만 적용될 수 있다고 보는 입장이다.[4] 변형이란 국가가 조약과 동일한 내용의 국내법을 제정해 국내적으로는 국내법의 형식으로 조약 내용을 실현하는 방식이다. 즉 변형 이전의 조약은 국내적으로 아무런 법적 효력을 지니지 못한다. 조약이 국제법 차원에서 종료해도 변형이론에 입각한 국가에서는 이를 국내에 적용하기 위해 제정된 국내법의 효력에 직접적인 영향이 없다. 그 내용은 후속 국내법의 개정이나 폐기에 좌우될 뿐이다. 이런 국가의 국내 재판소는 오직 국내법만을 적용해 판결을 내리면 된다.

이원론의 입장은 국내 법조인들에게 현재 무엇이 국내적으로 유효한 법규범인가를 보다 명확하게 보여 주는 장점을 갖는다. 그러나 이원론 국가에서는 입법부가 조약을 국내법화 하는 가운데 고의든 실수든 미묘한 변경이 가해져 조약의무 이행에 차질이 발생할 수 있다. 조약의 국내적 변형에는 필연적으로 일정한 시간을 요하게 되므로 국내이행이 지체될 수 있고, 국제기구의 구속력 있는 결의를 즉각적으로 실천하기도 어렵다.[5] 반면 일원론 국가에서는 국제법과 국내법이 불일치하여 갈등이 발생할 가능성이 낮다. 그러나 어느 나라나 대부분의 법조인들은 조약과 같은 국제법에 익숙하지 못하므로 일원론 국가의 법조인들은 무엇이 현행 법규범인지 파악하는데 실수를 범할 가능성이 상대적으로 높다.

사실 일원론과 이원론은 조약을 포함한 국제법과 국내법의 관계를 일반적인

4) "incorporation"과 "transformation"은 본문과 같이 그 의미가 구별되어 사용됨이 통례이나(A. Orakhelashvili, Akerhurst's Modern Introduction to International Law 8th ed.(Routledge, 2019), p.69; M. Shaw, International Law 9th ed.(Cambridge UP, 2021), pp.120-121; 김대순, 국제법론(제21판)(삼영사, 2022), pp.270-273; Trendtex Trading Corporation v. Central Bank of Nigeria, [1977] QB 529 U.K.), 때로 "incorporation"은 단순히 국제법의 국내적용을 총칭하는 의미로 사용되기도 한다(M.Dixon, R. McCorquodale & S. Williams, Cases & Materials on International Law 6th ed.(Oxford UP, 2016), p.110; P. Gaeta · J. Viñuales· A. Zappalà, Cassese's International Law(Oxford UP, 2020), p.223.

5) A. Aust, Treaty Law, p.174; 김대순(상계주), pp.302-303; 정인섭, 신국제법강의(제13판) pp.104-105.

틀 속에서 설명하기 위해 학자들이 유사한 입장을 대칭적으로 그룹화 하면서 발전시킨 이론이다. 그러나 현실의 적지 않은 국가의 헌법체제는 순수한 일원론이나 이원론에 입각해서 운영되지 않는다. 특히 관습국제법은 거의 모든 나라에서 일원론적으로 수용되고 있다. 관습국제법을 일일이 변형시켜 국내법으로 적용시키는 일은 사실상 불가능하기 때문이다. 조약의 경우도 각국 현실은 일원론과 이원론 양극단 사이의 연속선 상 중간의 어느 한 지점에 해당하며, 양 이론의 요소들을 일부라도 모두 포함하는 경우가 많다.[6] 따라서 조약과 국내법의 관계는 개별국가마다 조금씩 다르게 형성되어 있으며, 어느 입장이 더 우월한가는 단정적으로 말하기 어렵다. 각국별로 자국의 역사 속에서 헌법적 전통을 발전시켜 왔을 뿐이다. 결국 조약과 국내법의 관계는 개별국가별로 살펴보아야 정확한 실상을 파악할 수 있다.

▶판례: 국제관계에서 국내법에 대한 조약의 우위

Applicability of the Obligation to Arbitrate under Section 21 of the United Nations Headquarters Agreement of 26 June 1947 (Advisory Opinion), 1988 ICJ Reports 12.

[PLO는 1974년 이래 UN 총회 옵저버로 인정받아 뉴욕에 대표부 사무소를 설치해 활동하고 있었다. 미국은 1987년 새로운 테러방지법이 제정되자, 미국 법무부는 PLO 대표부와 그 구성원이 이 법의 규제대상에 해당한다며 사무소 폐쇄를 시도했다. UN 총회 등은 이에 반발하며 PLO에게 옵저버로서의 적절한 지위를 보장하라고 요구했다. 이 권고적 의견은 이러한 대립과정 속에서 내려진 것이다. ICJ는 PLO 사무실 문제와 관련해 UN과 미국간에는 본부협정 제21조가 예정하고 있는 분쟁이 존재하며, 따라서 이 조약에 따라 미국은 중재재판에 응할 의무가 있다고 판단했다. 이 과정에서 재판부는 국내법에 대한 조약의 우위를 명확히 표명했다.]

"57. […] The fact remains however that, as the Court has already observed, the United States has declared (letter from the Permanent Representative, 11 March 1988) that its measures against the PLO Observer Mission were taken "irrespective of any obligations the United States may have under the [Headquarters] Agreement." If it were necessary to interpret that statement as intended to refer not only to the substantive obligations laid down in, for example, sections 11, 12 and 13, but also to the obligation to arbitrate provided for in section 21, this conclusion would remain intact. It would be sufficient to recall the fundamental principle of international law

6) 정인섭, 신국제법강의(제13판), p.95.

that international law prevails over domestic law. This principle was endorsed by judicial decision as long ago as the arbitral award of 14 September 1872 in the Alabama case between Great Britain and the United States, and has frequently been recalled since, for example in the case concerning the *Greco-Bulgarian "Communities"* in which the Permanent Court of International Justice laid it down that

"it is a generally accepted principle of international law that in the relations between Powers who are contracting Parties to a treaty, the provisions of municipal law cannot prevail over those of the treaty" (P.C.I.J., Series B, No.17, p.32)."

2. 주요 국가의 실행[7)]

가. 영 국

영국에서 조약은 의회가 법제정을 통해 그 내용에 국내적 효력을 부여해야만 집행될 수 있다. 이는 관습국제법의 경우 영국에서 Common Law의 일부를 구성하며, 바로 국내법으로서의 효력을 지니는 점과 대비된다.

영국의 조약 체결은 형식상 왕의 대권 행사이며, 의회는 조약 성립에 관해 공식적인 역할이 없다. 따라서 조약의 직접적인 효력을 인정한다면 왕은 의회의 동의 없이 독자적으로 국내법을 제정하는 결과가 된다. 이에 의회 입법권을 보호하기 위해 영국에서 조약은 의회 제정법을 통해야만 국내법적 효력을 지닐 수 있다는 원칙이 확립되었다. 그렇기 때문에 의회 제정법과 조약이 모순된다면 당연히 제정법이 우월한 효력을 지닌다. 의회가 입법을 거부해 국내적으로 실행을 못하는 조약 역시 영국이 국제법적 이행 책임을 지고 있음은 물론이다. 이와 같이 영국에서는 조약의 국제적 효력과 국내적 효력이 명확히 구분된다. 다만 영국에서도 의회 입법권을 침해하지 않는 조약, 국내법 변경을 필요로 하지 않는 행정협정, 왕이 의회 동의 없이 행할 수 있는 권한에 속하는 분야에 관한 조약은 별도의 의회 입법을 필요로 하지 않는다. 상당수의 영미법계 국가들도 영국과 유사한 태도를 보이고 있다.

한편 조약체결 과정에 의회의 공식적인 역할이 없던 영국에서 1924년 이후 정부가 비준을 필요로 하는 조약은 사전에 의회로 통보해 적어도 21일 이상 공개하는 절차를 거쳤다(Ponsonby Rule). 이를 통해 정부가 추진하는 조약의 목록과 내용

7) 이 부분은 정인섭, 신국제법강의(제13판), p.102 이하의 내용을 중심으로 함.

을 의회에 알리는 효과를 가졌다. 단 이는 관행적인 절차에 불과했으며, 별다른 법적 근거는 없었다. 따라서 의회가 설사 통고된 목록에 있는 특정조약의 비준에 반대해도 아무런 법적 구속력이 없었다. 그런데 2010년 Constitutional Reform and Governance Act의 발효를 통해 영국 의회의 조약 심사에는 좀 더 구체적 절차가 마련되었다. 이에 따르면 영국 정부는 비준을 필요로 하는 조약을 최소 비준 21일 이전에 의회로 제출해야 한다. 이 기간 중 하원이 조약 비준에 반대하는 결의를 채택하지 않아야만 정부가 조약을 비준할 수 있다(Section 20 (1)-(2)).[8] 그러나 하원이 반대를 결의해도 정부는 왜 해당조약의 비준이 필요한가에 관한 의견서를 다시 제출할 수 있으며, 이때 21일 이내에 하원이 또 다시 반대결의를 채택하지 않으면 정부는 조약을 비준할 수 있다(Section 20 (4)).[9] 만약 예외적으로 정부가 이러한 의회 심사절차를 거칠 수 없는 이유가 있다고 판단하는 경우, 정부는 그 이유를 통지하고 바로 조약을 비준할 수도 있다(Section 22). 다만 이러한 절차를 거친 조약도 영국에서 바로 국내적 효력을 갖지 못함은 과거와 마찬가지이다.

정부의 조약 체결 이후 영국에서 조약이 국내법화 되는 방법은 대체로 다음과 같다.[10]

첫째, 조약을 국내법으로 수용하려는 목적을 갖는 법률을 제정하는 방법이다. 조약의 전부 또는 일부를 첨부한 후 "영국에서 법적 효력을 갖는다"고 규정한 법률을 제정한다. 조약 정본 중에 영어본이 없다면 조약의 외국어 정본에 영어 번역본을 추가한다. 경우에 따라서 조약문의 첨부 없이 조약 내용을 실행할 수 있도록 국내법률을 제정 또는 개정하거나, 조약에 합당하게 기존 시행령의 개정을 요구하는 법률을 제정하기도 한다.

둘째, 현재 또는 장래의 조약상의 의무이행에 필요한 모든 권한을 미리 정부에 부여하는 법률을 제정하는 방법이다. 예를 들어 양자간 항공협정은 매번 체결될 때마다 새로운 입법을 필요로 하지 않도록, 정부가 그런 내용을 이행할 수 있도록 미리 포괄적 규정을 둔 법률을 제정해 두었다.

셋째, 일정한 분야의 조약(주로 양자조약)을 이행할 수 있도록 시행령을 제정할

8) 단, 상원에게는 비준 반대권이 인정되지 않는다. 상원만 반대하는 경우 정부는 비준의 필요성에 관한 의견서만 제출하고 조약을 비준할 수 있다. Section 20 (7)-(8).

9) 이때 하원이 재차 반대결의를 해도 정부가 조약비준을 원하는 경우 횟수 제한 없이 의회로 조약안을 다시 제출할 수 있다. Section 20 (6).

10) A. Aust, Treaty Law, pp.169–170.

권한을 정부에 부여하는 법률을 제정하는 방법이다. 이중과세방지 협정, 범죄인인도 협정, 사회보장 협정, 국제기구에 특권과 면제를 부여하는 협정 등에 자주 활용된다.

조약이 의회 제정법을 통해 국내적으로 실행되는 영국에서 사법부는 조약 해석과 관련하여 대체로 다음과 같은 입장을 취하고 있다. 첫째, 조약의 이행을 위한 국내법률의 문언이 명백하다면 법원은 국내법률에 의하여만 판단하고 원 조약의 문언은 참고하지 않는다. 둘째, 국내법률의 문언이 명확하지 않으면 법원은 필요한 경우 원 조약문을 참고하며 국내법을 해석한다. 셋째, 국내법률의 내용이 모호한 경우 가급적 영국의 국제의무와 일치하는 방향으로 해석을 한다. 넷째, 국내 이행 법률에 첨부된 조약문은 비엔나 조약법 협약의 해석원칙에 따라 해석한다.[11)]

▶판례: 조약의 국내적 효력

International Tin Council 사건(J. H. Rayner(Mincing Lane Ltd. v. Department of Trade and Industry)), [1990] 2 AC 418, House of Lords, U.K.

[이는 국제기구인 International Tin Council(ITC)이 자체의 부채를 변제하지 못하게 되자 개인 채권자들이 제기한 소송에 관한 판결이다. ITC는 조약(the 6th International Tin Agreement)에 의해 설립되어 영국과의 본부협정을 통해 런던에 소재하였다. 그런데 이 조약 자체는 영국 국내법으로 편입되지 않았었다. 청구자들은 조약을 근거로 하여 ITC가 아닌 관련국에 대해 직접 소송을 제기할 권리가 있다고 주장했으나, 당시 영국의 최고심인 House of Lords는 만장일치로 이 주장을 물리쳤다. 국내법화 되지 않은 조약은 영국에서 그 자체로 개인의 권리의무의 근거가 될 수 없고, 조약의 체결은 단지 사실의 문제에 불과하다는 이유에서였다.]

"It is axiomatic that municipal courts have not and cannot have the competence to adjudicate upon or to enforce the rights arising out of transactions entered into by independent sovereign states between themselves on the plane of international law. That was firmly established by this House [⋯]

On the domestic plane, the power of the Crown to conclude treaties with other sovereign states is an exercise of the Royal Prerogative, the validity of which cannot be challenged in municipal law: [⋯] The Sovereign acts "throughout the making of the treaty and in relation to each and every of its stipulations in her sovereign character, and by her own inherent authority; and, as in making the treaty, so in

---

11) A. Aust, Treaty Law, p.172.

performing the treaty, she is beyond the control of municipal law, and her acts are not to be examined in her own courts:" […]

That is the first of the underlying principles. The second is that, as a matter of the constitutional law of the United Kingdom, the Royal Prerogative, whilst it embraces the making of treaties, does not extend to altering the law or conferring rights upon individuals or depriving individuals of rights which they enjoy in domestic law without the intervention of Parliament. Treaties, as it is sometimes expressed, are not self-executing. Quite simply, a treaty is not part of English law unless and until it has been incorporated into the law by legislation. So far as individuals are concerned, it is *res inter alios acta*[12] from which they cannot derive rights and by which they cannot be deprived of rights or subjected to obligations; […]

It must be borne in mind, furthermore, that the conclusion of an international treaty and its terms are as much matters of fact as any other fact. […]

The creation and regulation by a number of sovereign states of an international organisation for their common political and economic purposes was an act *jure imperii* and an adjudication of the rights and obligations between themselves and that organisation or, *inter se*, can be undertaken only on the plane of international law. The transactions here concerned — the participation and concurrence in the proceedings of the council authorising or countenancing the acts of the buffer stock manager — were transactions of sovereign states with and within the international organisation which they have created and are not to be subjected to the processes of our courts in order to determine what liabilities arising out of them attached to the members in favour of the I.T.C."

나. 미 국

미국 연방헌법은 "이 헌법, 헌법에 의해 제정된 합중국 법률 및 합중국의 권한에 의해 체결된 또는 장래 체결될 모든 조약은 국가의 최고법(supreme law of the Land)"이라고 규정하고 있다(제6조 2항).[13]

이 조항이 만들어진 배경은 다음과 같다. 독립 직후 미국 국정운영상의 문제 중 하나는 연방정부가 체결한 조약을 개별 주(州)가 종종 무시하려 한다는 사실이

12) A matter between others is not our business. — 필자 주.

13) 영미법계 국가에 속하는 미국에서도 관습국제법은 자동적으로 미국법의 일부를 구성한다. 영국과 마찬가지로 연방 제정법은 관습국제법보다 우월한 효력을 지닌다. "the law in this court remains clear: no enactment of Congress can be challenged on the ground that it violates customary international law." Committee of U.S. Citizens Living in Nicaragua v. Reagan, 859 F.2d 929, 939(1988).

었다. 영국식 관념에 따라 주는 주의회의 이행입법이 없는 한 연방의 조약을 이행할 의무가 없다고 생각하는 경향이 있었다. 실제로 일부 주가 미국과 영국간의 평화조약을 제대로 준수하지 않으려 했다. 이에 헌법 기초자들은 13개 주를 하나의 국가로 결속시키기 위해서는 연방 법률과 조약이 각 주에 대해 즉각 구속력을 지닐 필요가 있다고 판단했다. 그러한 배경에서 조약을 미국의 최고 법이라고 선언한 헌법 조항이 만들어졌다.14)

이 헌법 조항에 따라 미국에서 조약은 연방헌법보다는 하위이나 연방법률과는 동격의 효력을 갖는다고 해석되고 있다. 따라서 조약은 주헌법을 포함한 주법(州法)보다 우선한다. 만약 조약과 연방법률이 서로 다른 내용을 규정하고 있다면, 법원은 해석상 가능한 범위에서 양자 모두에게 효력을 부여하려고 노력한다. 그러나 양자의 내용이 명백히 충돌되는 경우라면 후법 우선, 특별법 우선의 원칙이 적용된다.15)

한편 미국 연방대법원은 건국 초기부터 조약의 국내적 효력을 의회의 입법적 조력이 없이도 법원이 직접 적용할 수 있는 자기집행적 조약(self-executing treaty)과 의회의 이행입법이 있어야만 집행이 가능한 비자기집행적 조약(non-self-executing treaty)으로 구분하고 있다. 당초 미국 헌법의 제정 의도는 연방이 체결한 모든 조약은 전국적으로 바로 구속력을 지니며, 사법부에 의해 바로 적용되게 한다는 의미였다. 즉 모든 조약은 명백한 사유가 없다면 당연히 자기집행적 효력을 갖는다고 예정했었다.16) 그런데 후일 사법부는 일정한 조약은 의회의 입법이 있어야만 실행될 수 있다고 판단했다.

미 연방대법원이 이러한 입장을 최초로 밝힌 판결은 Foster v. Nelson(1829) 판결이었다.17) 이 사건에서 원고는 1819년 미국－스페인 조약을 통해 미국이 스페인으로부터 할양받은 서 플로리다 지역 내 문제된 토지는 1804년 스페인 총독으로부터 부여받은 자신의 소유라고 주장했다. 원고는 1819년 조약 제8조가 스페인에 의

14) J. Paust, "Self-Executing Treaties," AJIL vol.82(1988), pp.760－764.

15) "When the two relate to the same subject, the courts will always endeavor to construe them so as to give effect to both, if that can be done without violating the language of either; but, if the two are inconsistent, the one last in date will control the other: provided, always, the stipulation of the treaty on the subject is self-executing." Whitney v. Robertson, 124 U.S. 190, 194(1888).

16) J. Paust(전게주 14), pp.765－771.

17) 27 U.S.(2 Pet.) 253(1829).

해 미국에 할양된 토지에 있어서 과거 "스페인 국왕 또는 그의 합법적 당국에 의한 토지의 부여는 … 모든 그 토지 점유자에 관해 승인되고 확인된다(shall be ratified and confirmed to the parties in possession thereof)"고 규정하고 있는 점을 근거로 미국 역시 자신의 토지소유권을 인정해야 한다고 주장했다. 당시 Marshall 판사가 이끄는 미국 연방대법원은 원고의 이 같은 주장을 배척하며, 그 이유를 다음과 같이 설명하였다.

"미국헌법은 조약을 국가의 최고 법이라고 선언하고 있다. 따라서 조약이 어떠한 입법규정의 조력 없이도 스스로 작동할 때에는 법원에서 입법부의 법률과 동등하다고 간주된다. 그러나 규정의 문언이 계약을 의미할 때, 당사국 중 어느 편이 특정한 행위를 행할 것을 약속할 때의 조약은 사법부문이 아닌 정치부문을 향하고 있다. 이것은 법원의 준칙이 되기에 앞서 입법부가 그 계약을 집행해야 한다." 그런데 문제된 조약 조항은 스페인 국왕에 의한 부여를 확인(are hereby confirmed)하지 않고, 승인되고 확인된다(shall be ratified and confirmed)고 규정하고 있으므로, 연방대법원은 이를 "계약의 문언"으로 보아 미국 법원에서 집행되려면 의회의 이행입법이 필요하다고 보았다.[18] 즉 이 판결에서 미국 사법부는 (비)자기집행적이라는 용어를 사용하지는 않았지만, "입법규정의 조력 없이도 스스로 작동"이라는 표현을 통해 그러한 개념을 창출했다. 비자기집행적 조약은 그 자체로는 충돌되는 기존의 연방법률이나 주법률에 대해 우선적 효력을 당장 발휘하지 못한다.

> What we mean by "self-executing" is that the treaty has automatic domestic effect as federal law upon ratification. Conversely, a "non-self-executing" treaty does not by itself give rise to domestically enforceable federal law. Whether such a treaty has domestic effect depends upon implementing legislation passed by Congress.[19]

현실적인 문제는 자기집행적 조약과 비자기집행적 조약을 어떻게 구분하느냐이다. 미국에서 양자의 구분은 사법부 판례를 통해 발전되어 왔으며, 그 기준이 입법화되지는 않았다. 종래의 판례를 바탕으로 발전되어 온 구별기준을 살펴보면 다음과 같다.

18) 위 판결, 314-315. 단 1819년 조약 성격에 대한 연방대법원의 입장은 4년 후 U.S. v. Percheman, 32 U.S.(7 Pet.) 51, 89(1833) 판결을 통해 자기집행적 조약으로 바뀌었다.

19) Medellin v. Texas, 552 U.S. 491, 505 footnote 2(2008).

첫째, 주관적 기준. 조약의 자기집행성 여부는 1차적으로 당사자 의도에 달려 있다. 예를 들면 조약 자체에 이행을 위한 국내법의 제정이 필요하다고 명기할 수도 있다. 조약의 자기집행성 여부는 미국의 국내문제이므로 여기서의 의도는 기본적으로 미국의 의도를 의미한다. 때로는 상원이 조약 비준에 동의를 하면서 해당 조약은 비자기집행적 조약이라는 선언을 첨부하기도 한다. 특히 「제노사이드방지협약」, 「고문방지협약」, 「인종차별철폐협약」, 「시민적 및 정치적 권리에 관한 국제규약」 등과 같은 국제인권조약에 이 같은 사례가 많다.[20)]

둘째, 객관적 기준. 조약의 취급주제에 따라 자기집행성 여부가 판단되는 경향이 있다. 예를 들어 예산 지출을 필요로 하는 조약, 형법 규정과 관련된 조약, 미국 영토나 재산의 처분에 관한 조약, 기타 종전부터 의회가 주로 규제해 오던 주제에 관한 조약은 비자기집행적 조약으로 판단되는 경향이다. 그 다음 조약 내용이 구체성과 명확성을 지니지 못한다거나 단순히 목표를 표시하는 데 그치는 조약 또한 비자기집행적 조약으로 판단되는 경향이다. 자기집행성 여부는 개별조약 단위로 평가되지 않으며, 동일한 조약 내에서 자기집행적 조항과 비자기집행적 조항이 동시에 존재할 수도 있다.

자기집행적 조약은 사법부가 조약의 최종적인 실행책임을 지는 셈이며, 비자기집행적 조약의 경우 의회가 이의 국내적 실행을 위한 책임을 부담하는 결과가 된다. 그러나 궁극적인 통제권은 의회에 있다고 해석된다. 왜냐하면 미국 의회는 선(先) 조약을 무효화시키는 후(後) 법률을 제정함으로써 자기집행적 조약의 국내이행을 봉쇄시킬 수 있기 때문이다. 그러나 양자의 구분이 항상 쉽지는 않다. 건국 초기에 비해 미국 사법부는 비자기집행적 조약의 범위를 지속적으로 확대시켜 왔다.[21)] 이는 국제법의 영향으로부터 국내법을 보호하려는 보수적 경향의 표현이다. 다만 비자기집행적 조약이라도 미국이 대외적으로 이행의무를 진다는 점에서는 자기집행적 조약과 차이가 없다.

이행을 위한 국내 입법조치가 아직 마련되지 않은 경우 비자기집행적 조약은

20) 상원이 조약 동의시 자기집행성 여부에 관한 선언을 첨부한다면 이는 조약 동의의 조건으로서 법원을 구속한다고 해석된다. Restatement of the Law: The Foreign Relations Law of the United States 3rd(American Law Institute, 1987), §111(4)(b).

21) 양자 구별에 관한 상세는 Restatement of the Law: The Foreign Relations Law of the United States 3rd(상게주), §111; J. Paust, 전게주 14 논문; C. Vázquez, "The Four Doctrine of Self-Executing Treaties," AJIL vol.89, p.695 이하(1995) 등 참조.

국내법적으로 어떠한 의미를 지니는가? 일단 비자기집행적 조약은 그 자체로 사법부를 구속하지 못하며, 이와 충돌되는 연방법이나 주법에 우선하는 효력도 지니지 못한다. 그렇다고 하여 국내법적으로 전혀 무의미하지는 않다. 첫째, 비자기집행적 조약은 최소한 국내법의 해석기준으로 작동하게 된다. 이를 위반하면 미국은 국제법 위반 책임을 지게 되므로, 가급적 합치의 추정 하에 동일한 주제를 취급하는 국내법을 해석하게 된다. 그런 의미에서 간접적 영향력을 행사한다. 둘째, 비자기집행적 조약은 내용에 따라 관습국제법의 증거로 활용될 수 있다. 셋째, 비자기집행적 조약은 당연히 의회 입법을 촉진하는 계기가 된다. 그러나 비자기집행적 조약이 입법부에 국내 이행입법을 제정할 의무를 부과한다고는 보지 않는다. 경우에 따라서 입법부는 이행입법의 제정을 거부하거나 모순되는 국내법을 제정함으로써 비자기집행적 조약에 대한 반대의사를 표시할 수 있기 때문이다.

미국 사법부가 발전시켜 온 조약의 자기집행성 여부는 미국 헌법의 해석과정에서 제기된 문제이나, 여기서 제기되는 쟁점은 한국 등 조약의 국내적 시행에 관하여 수용이론을 취하고 있는 모든 국가에서 제기될 수 있는 문제이다.

▶판례: 조약의 자기집행성

Sei Fujii v. State of California, 242 P.2d 617(1952). Supreme Court of California, U.S.A.

[판결 당시 캘리포니아의 외국인토지법은 미국 시민권을 취득할 자격이 봉쇄된 외국인은 캘리포니아에서 토지를 취득할 수 없다고 규정하고 있었다. 원고는 이 조항이 인종의 구별 없이 인권과 기본적 자유의 존중을 규정한 UN 헌장 전문 및 제1조, 제55조, 제56조에 위반되어 무효화되었다고 주장했다. 이 사건에서의 쟁점은 UN 헌장 해당조항이 미국 내에서 자기집행력을 갖느냐 여부였다. 캘리포니아 외국인토지법은 원래 아시아계 주민의 토지 취득을 막으려는 취지로 제정된 법이었으나, 이 사건이 문제될 무렵에는 일본인이 주 적용대상이었다. 왜냐하면 필리핀, 중국, 인도인들은 시민권 취득에 별 문제가 없었기 때문이었다. 이 판결의 재판부는 UN 헌장 해당 조항의 자기집행성을 부인했으나, 대신 문제의 토지법은 미국 연방헌법 수정 제14조 평등보호조항 위반이라는 이유로 무효화시켰다.]

"It is first contended that the land law has been invalidated and superseded by the provisions of the United Nations Charter pledging the member nations to promote the observance of human rights and fundamental freedoms without distinction as to race. Plaintiff relies on statements in the preamble and in Articles 1, 55 and 56 of the Charter, 59 Stat. 1035.

It is not disputed that the Charter is a treaty, and our federal Constitution provides that treaties made under the authority of the United States are part of the supreme law of the land and that the judges in every state are bound thereby. U.S. Const., art. VI. A treaty, however, does not automatically supersede local laws which are inconsistent with it unless the treaty provisions are self-executing. In the words of Chief Justice Marshall: A treaty is 'to be regarded in courts of justice as equivalent to an act of the Legislature, whenever it operates of itself, without the aid of any legislative provision. But when the terms of the stipulation import a contract when either of the parties engages to perform a particular act, the treaty addresses itself to the political, not the judicial department; and the Legislature must execute the contract, before it can become a rule for the court.' […]

In determining whether a treaty is self-executing courts look to the intent of the signatory parties as manifested by the language of the instrument, and, if the instrument is uncertain, recourse may be had to the circumstances surrounding its execution. […] In order for a treaty provision to be operative without the aid of implementing legislation and to have the force and effect of a statute, it must appear that the framers of the treaty intended to prescribe a rule that, standing alone, would be enforceable in the courts. […]

It is clear that the provisions of the preamble and of Article 1 of the Charter which are claimed to be in conflict with the alien land law are not self-executing. They state general purposes and objectives of the United Nations Organization and do not purport to impose legal obligations on the individual member nations or to create rights in private persons. It is equally clear that none of the other provisions relied on by plaintiff is self-executing. Article 55 declares that the United Nations 'shall promote: … universal respect for, and observance of, human rights and fundamental freedoms for all without distinction as to race, sex, language, or religion,' and in Article 56, the member nations 'pledge themselves to take joint and separate action in cooperation with the Organization for the achievement of the purposes set forth in Article 55.' Although the member nations have obligated themselves to cooperate with the international organization in promoting respect for, and observance of, human rights, it is plain that it was contemplated that future legislative action by the several nations would be required to accomplish the declared objectives, and there is nothing to indicate that these provisions were intended to become rules of law for the courts of this country upon the ratification of the Charter.

The language used in Articles 55 and 56 is not the type customarily employed in treaties which have been held to be self-executing and to create rights and duties in individuals. […]

The provisions in the Charter pledging cooperation in promoting observance of fundamental freedoms lack the mandatory quality and definiteness which would indicate an intent to create justiciable rights in private persons immediately upon ratification. […]

We are satisfied, however, that the Charter provisions relied on by plaintiff were not intended to supersede existing domestic legislation, and we cannot hold that they operate to invalidate the alien land law."

▶판례: 조약과 제정법간의 충돌: 후법 우선

Breard v. Greene: Republic of Paraguay v. Gilmore, 523 U.S. 371(1998)

[파라과이인 Breard는 1급 살인 등의 혐의로 미국 버지니아 주법원에서 사형판결이 확정되었다. 그는 뒤늦게 체포 당시 「영사관계에 관한 비엔나 협약」에 규정되어 있는 본국 영사와의 접촉권을 보장받지 못했다며 연방법원에 인신보호영장을 청구했다. 이 사건은 조약과 의회 제정법이 충돌한다면 미국 법원에서 어떻게 처리되는가를 보여 준다. 재판부는 후법 우선의 원칙에 따라 국내 제정법이 우선한다고 판시했다.]

"Second, although treaties are recognized by our Constitution as the supreme law of the land, that status is no less true of provisions of the Constitution itself, to which rules of procedural default apply. We have held "that an Act of Congress … is on a full parity with a treaty, and that when a statute which is subsequent in time is inconsistent with a treaty, the statute to the extent of conflict renders the treaty null." […] The Vienna Convention — which arguably confers on an individual the right to consular assistance following arrest — has continuously been in effect since 1969. But in 1996, before Breard filed his habeas petition raising claims under the Vienna Convention, Congress enacted the Antiterrorism and Effective Death Penalty Act(AEDPA), which provides that a habeas petitioner alleging that he is held in violation of "treaties of the United States" will, as a general rule, not be afforded an evidentiary hearing if he "has failed to develop the factual basis of [the] claim in State court proceedings." 28 U.S.C. section 2254(a), (e)(2) (1994 ed., Supp. IV). Breard's ability to obtain relief based on violations of the Vienna Convention is subject to this subsequently enacted rule, just as any claim arising under the United States Constitution would be. This rule prevents Breard from establishing that the violation of his Vienna Convention rights prejudiced him. Without a hearing, Breard cannot establish how the Consul would have advised him, how the advice of his attorneys differed from the advice the Consul could have provided, and what factors he considered in electing to reject the plea bargain that the State offered him."

다. 프 랑 스

프랑스에서 "적절하게 비준 또는 승인된 조약이나 협정은 그것이 상대방에 의해서도 동일하게 적용된다는 조건 하에 공포 즉시 의회의 법률에 우선한다"(헌법 제55조). 여기서의 법률은 모든 법률을 의미하므로 후 법률도 선 조약에 우선하지 못한다.[22] 공포는 관보 게재를 의미하며, 특히 개인의 권리·의무에 관한 조약은 반드시 공포되어야 효력을 가질 수 있다. 국제기구 공보에 프랑스어로 조약이 공표되어도 헌법상의 요건을 만족시킨다고 해석한다.[23] 단 조약은 헌법보다 하위의 규범이며, 헌법위원회(Conseil constitutionnel)는 조약의 위헌 여부를 사전에 심사할 수 있다.[24]

위 헌법 조항 중 상호주의적 적용 부분은 조약 상대국의 태도에 따라 프랑스에서의 조약 효력이 좌우될 수 있다는 점에서 복잡한 문제를 제기할 수 있다. 다자조약의 경우에도 상호주의에 따라 프랑스 내 조약의 효력을 판단함이 과연 타당한가? 인권조약이나 인도주의적 조약도 상호주의에 따라 프랑스 내에서의 효력을 결정할 수 있는가? 판사 개인이 외국에서도 조약이 적절히 적용되고 있는가를 판단할 능력이 있을까? 이에 Conseil d'État는 당사자가 문제를 제기하는 경우에만 상호주의의 문제를 검토하며, 일반적으로 양자조약에 한해 상호주의 기준을 적용한다. 프랑스 사법부는 전통적으로 상호주의적 적용 여부를 외교부에 문의하고 그 견해를 그대로 추종했었다.[25] 조약의 의미 해석에 관해서도 프랑스 사법부는 오랫동안 외교부의 의견을 문의한 후 이를 존중해 왔다. 그러나 2003년 유럽 인권재판소는 Chevrol 판결에서 프랑스 법원이 법의 적용에 관해 행정부의 견해를 추종하는 정책은 공정한 재판을 받을 권리를 침해한다고 판결했다.[26] 이에 근래에는 사법부가 행정부의 의견에 공식으로 구속되지 않고 스스로 조약을 해석한다는 태도를 확립

22) E. Decaux, France, in D. Shelton, International Law and Domestic Legal Systems(Oxford UP, 2011), p.209.

23) 전학선, 프랑스 헌법소송론(한국문화사, 2022), p.321.

24) 전학선(상게주), p.338 참조.

25) E. Decaux(전게주 22), p.227.

26) Chevrol v. France, ECHR Application No.49636/99(2003).

하고 있다.[27)]

라. 독 일

독일에서 의회 동의를 받은 조약은 법률과 같은 효력을 지닌다(기본법 제59조 2항).[28)] 조약의 국내적 효력에 관해 기본법 제59조 2항 제1문은 "연방의 정치적 관계를 규율하거나 연방 입법사항에 관련되는 조약은 연방법률의 형식으로 당해 문제에 관한 연방입법을 다룰 권한이 있는 기관의 동의나 참여를 필요로 한다"고 규정하고 있다. 여기서 연방입법을 다룰 권한이 있는 기관은 연방 의회를 의미한다. 동의나 참여는 연방법률을 채택하는 형식으로 이루어진다.[29)] 이에 의회 동의를 얻은 조약은 발효되면 독일에서 연방법률과 같은 효력을 인정받는다. 조약은 연방법률과 동등하므로 헌법보다 하위이며, 후(後) 연방법률은 선(先) 조약을 무력화시킬 수 있다.

독일에서도 자기집행적 조약과 비자기집행적 조약이 구별되고 있으며, 대체로 다음과 같은 조약은 비자기집행적이라고 판단된다. 즉 ① 조약 자체가 명시적으로 직접 적용을 배제하고 있는 경우, ② 조약 자체가 이행입법의 필요성을 지적하고 있는 경우, ③ 조약이 담당 행정부서를 지정하지 않거나, 필요한 행정절차를 규정하지 않거나, 특정한 법원의 재판관할권을 지정하지 않는 경우 등. 개인의 권리·의무를 창설하는 국제조약도 독일에서 별도의 이행입법을 필요로 하는 비자기집행적 조약이라고 해석된다. 독일 사법부는 비자기집행적 조약의 범위를 매우 폭넓게 인정하는 경향이다.[30)] 비자기집행적 조약은 소송에서 사적 당사자가 직접 원용할 수 없다.

한편 기본법 제59조 2항 제2문은 "행정협정에 대하여는 연방행정에 관한 규정이 준용된다"고 규정하고 있다. 시행령의 제정 등 행정행위는 법률보다 하위의 효력을 지니기 때문에 의회의 동의를 받지 않고 체결된 행정협정은 연방법률과 충돌되지 않는 범위 내에서만 적용된다.

---

27) E. Decaux(전게주 22), p.228.

28) 독일은 관습국제법에 연방법률보다 상위의 효력을 인정한다. 기본법 제25조.

29) 김대순(전게주 4), pp.304-306.

30) H. Folz, International Law in the German System, German National Reports to the 18th International Congress of Comparative Law(Mohr Siebeck, 2010), pp.460-461; H. Folz, Germany, in D. Shelton(전게주 22), p.243.

조약 해석에 있어서 독일 사법부에는 프랑스와 같은 외교문제에 관한 행정부 존중의 전통이 없다. 조약의 적용과 이행은 법률문제로서 사법부의 권한에 속하며, 영미식의 법정조언자(*amicus curiae*) 제도가 없어서 행정부는 특정조약의 해석에 관해 자신의 견해를 사법부에 전달하는데 애를 먹기도 한다.[31] 그러나 독일 사법부 역시 조약과 국내법의 조화적 해석에 노력한다. 헌법재판소는 모든 독일의 법규범은 국제법이 독일에게 부과하는 요구를 충족시키려 한다는 바탕 위에 헌법이 자리 잡고 있다고 본다.[32]

마. 네덜란드와 룩셈부르크

조약의 국내적 효력에 관해 특이한 태도를 가진 국가는 네덜란드이다. 네덜란드는 조약에 대해 국내법률보다 우월한 효력을 인정할 뿐만 아니라, 헌법과 모순되는 조약도 그것이 의회에서 개헌 정족수인 2/3 이상의 다수결로 승인을 받은 경우 조약의 우위를 인정한다.[33] 그러나 실제로 이 조항은 거의 활용되지 않는다. 네덜란드 사법부는 조약이나 법률의 위헌 여부를 판단할 권한이 없으므로(헌법 제120조) 위헌 조약이 단순 다수결로 의회의 승인을 받을지라도 실제로는 헌법보다 우선적으로 적용되게 된다.[34]

비교법적으로 조약에 헌법 보다 상위의 효력을 부여하는 국가는 드물다. 그러면 네덜란드는 왜 조약에 헌법 이상의 효력까지 인정하고 있을까? 네덜란드는 인구 규모나 국토의 면적에 있어서 비교적 소국이며, 위치상 강대국에 둘러싸여 있다. 자체 자원보다는 대외 무역 등을 통해 국가경제를 발전시켜 왔다. 국내 총생산액보다 대외무역액이 더 많을 정도로 국제교역이 중요한 의미를 지닌다. 이러한 지정학적 형편상 네덜란드는 원활한 국제관계를 중시하지 않을 수 없었다. 국가의 대외적 약속은 반드시 준수함이 국익보호에 중요하다고 인식해 왔다. 이러한 배경하에 어느 나라보다도 국제법을 중시하는 독특한 법전통을 발전시켜 왔다.[35]

31) H. Folz(상게주), p.244.

32) H. Folz(상게주), p.245.

33) 네덜란드 헌법 제91조 3항: "헌법에 위반되거나 헌법 위반을 초래하는 조약의 조항은 의회의 양원 2/3 이상의 찬성으로 승인될 수 있다." J. Brouwer, "National Treaty Law and Practice: The Netherlands," in D. Hollis M. Blakeslee & L. Ederington ed., National Treaty Law and Practice(Martinus Nijhoff, 2005), p.493.

34) E. Alkema, Netherlands, in D. Shelton(전게주 22), p.422.

35) P. Malanczuk, Akerhurst's Modern Introduction to International Law 7th revised ed.(Routledge,

룩셈부르크 역시 조약에 대해 국내법률뿐만 아니라 헌법보다도 우월한 효력을 인정한다. 룩셈부르크 헌법에 조약과 법률 사이의 위계에 관한 구체적 규정은 없으나, 법원은 오래 전부터 일관되게 조약의 우위를 선고해 왔다. 신 법률도 구 조약에 우선하지 못한다. 또한 룩셈부르크 헌법재판소는 발효 중인 조약에 관해 위헌판정을 할 수 없다. 강대국에 둘러 쌓인 소국 룩셈부르크 역시 국내법을 이유로 대외적인 의무를 회피할 수 없다는 사실을 명심하고 있으며, 이러한 태도가 사법운영에도 그대로 반영되고 있다.[36]

바. 기 타

공산정권 시절에는 국제법에 대해 경계심을 늦추지 않던 러시아도 조약에 대해 국내법률보다 우위의 효력을 인정하고 있다. 즉 러시아 헌법(1993) 제15조 4항은 "일반적으로 승인된 국제법 원칙 및 규범과 러시아 연방의 국제조약은 러시아 연방의 법률체제의 구성 부분이다. 러시아 연방의 국제조약이 법률의 규정과 다른 규칙을 제정하고 있는 경우, 국제조약 상의 규칙이 적용된다"고 규정하고 있다. 현재 러시아는 의회의 동의를 받아 비준된 조약에 한해 법률보다 우월한 효력을 인정하고 있다. 과거 공산정권 시절 구소련 헌법 하에서는 국내 법원에서 조약의 직접 적용이 인정되지 않았다.

일본은 헌법 제98조 2항은 "일본국이 체결한 조약 및 확립된 국제법규는 이를 성실하게 준수해야 한다"고 규정하고 있는데, 일본에서는 이의 의미를 조약과 관습국제법이 국내 법률보다 우위의 효력을 지녔다고 해석한다.[37] 또한 국제법은 국내 입법조치 없이도 직접 국내적 효력을 지닌다고 보고 있다. 다만 실제에 있어서 일본의 재판소는 국내법이 국제법과 충돌된다는 해석을 극력 피함으로써 국내법의 효력을 가급적 유지시키려는 태도를 보이고 있다.[38]

1997), pp.67－68.

36) P. Kirsch, Luxembourg, in D. Shelton(전게주 21), pp.400－404.

37) 山本草二, 國際法(新版)(有斐閣, 1994), p.110; 杉原高嶺, 國際法學講義(有斐閣, 2008), pp.112, 115; 杉原高領·水上千之 外, 現代國際法講義 第5版(有斐閣, 2012), pp.32－33.

38) 일본 국내법상 국제법의 지위에 관한 전반적 설명은 유혁수·권철·강광문 편, 일본법강의(박영사, 2021) 중 제8장(소홍범 집필) 참조.

3. 한국에서 조약의 국내법적 지위

"헌법에 의하여 체결된 조약과 일반적으로 승인된 국제법규는 국내법과 같은 효력을 가진다"(헌법 제6조 1항). 이는 이른바 국제법의 국내적 효력을 규정한 조항이다. 이 조항은 조문 번호만 변경되었지 1948년 헌법부터 현재까지 사실상 동일한 내용으로 유지되고 있다.[39] 이 조항의 의미를 정확히 이해하기 위해서는 다음 두 가지 각도의 검토를 필요로 한다. 첫째, "국내법과 같은 효력을 가진다"면 조약은 국내법으로의 변형 없이 직접 적용될 수 있는가? 둘째, 이때의 "국내법"이란 구체적으로 무엇을 가리키는가?[40] 대부분의 국가에서 이 같은 추상적 헌법 조항의 구체적 의미는 사법부의 실행을 통해 확정된다.

가. 조약의 국내 직접 적용

조약이 국내적으로 적용되는 방식은 크게 수용과 변형 2가지가 있다고 했다. 국내에서는 헌법 제6조 1항에 의해 조약이 국내법으로의 변형 없이 직접 적용될 수 있다는 점에 별다른 이견이 없으며, 이를 확인하는 판례도 적지 않다.[41] 헌법 제정 직후 유진오 선생도 우리 헌법이 "비준·공포된 국제조약은 국내법과 동일한 효력이 있다고 규정하였으므로 다시 그에 관해 법률을 제정할 필요는 없다"고 설명했다.[42] 조약이 국내적으로 바로 구속력을 지닌다는 점에 대해서는 학설상으로 헌법 제정 직후부터 별다른 이견이 없다.[43]

---

39) 단, 1948년 제헌헌법에서는 본 조항이 단순히 "비준·공포된 조약"으로 시작했으나(제7조), 1963년 제3공화국 헌법부터 "이 헌법에 의하여 체결·공포된"으로 변경되었다(제5조). 비준의 대상이 아닌 조약이 있음을 감안한 개정이었다(박일경, 신헌법해의(진명문화사, 1963), p.67). 그 후 1980년 제정된 제5공화국 헌법부터는 맨 앞의 "이"가 빠졌다. "이 헌법"이라고 하면 과거의 헌법은 제외하는 듯한 인상을 준다는 것이 당시의 삭제 이유였다.

40) 이하 한국에 관한 항목은 정인섭, 조약의 국내법적 효력에 관한 한국 판례와 학설의 검토, 서울국제법연구 제22권 1호(2015), p.27 이하가 주로 참고되었음.

41) 아래 설명에서 제시된 판례 외에도 헌법재판소 2001.9.27. 2000헌바20 결정; 대법원 2002. 10.22. 선고 2002다32523, 32530 판결; 대법원 2005.9.9. 선고 2004추10 판결; 대법원 2008. 12.24. 선고 2004추72 판결; 서울고등법원 1998.8.27. 선고 96나37321 판결(확정); 서울고등법원 2001.7.24. 선고 2001나11385 판결(확정); 서울고등법원 2008.3.21. 선고 2007누18729 판결(확정); 서울지방법원 1996.8.14. 선고 93가합63988 판결; 서울지방법원 1996.11.28. 선고 96가합5709 판결(조정) 등.

42) 유진오, 헌법해의(명세당, 1949), p.106. 그의 이러한 입장은 이후에도 일관된다. 유진오, 신고 헌법해의(일조각, 1953), p.161 등 참조.

그러면 한국에서 모든 조약은 직접 적용될 수 있는가? 조약에 따라서는 국내 입법을 통한 이행을 예정하는 경우도 많다. 예를 들어 한국도 가입한 고문방지협약은 “당사국은 모든 고문행위가 자기 나라 형법에 따라 범죄가 되도록 보장하며,” “이러한 범죄가 그 심각성이 고려된 적절한 형벌로 처벌될 수 있도록 한다”고 규정하고 있다(제4조). 이 조항만을 근거로 한 고문 행위자의 형사처벌은 불가능하며, 형량을 포함한 구체적인 국내법이 있어야만 처벌이 가능해진다. 이러한 조약 규정은 비자기집행적일 수밖에 없다.

▶판례: 조약의 직접 적용 – 형사처벌 가중의 근거

헌법재판소 1998.11.26. 97헌바65 결정

[한국이 WTO 협정에 가입함에 따라 관세율이 변화했다. 그 결과 형사처벌을 가중받게 된 피고인이 국회 입법이 아닌 조약을 근거로 처벌이 강화된 결과는 헌법상 죄형법정주의 위반이라고 주장했다. 그러나 헌법재판소는 조약을 근거로 형사처벌이 가중되더라도 이는 국내법률을 통한 가중과 동일한 효력을 갖는 것이라고 판단했다. 조약의 직접 적용을 인정한 예이다.]

“청구인은 관세법위반죄를 범한 자에 대한 처벌을 가중하려면 관세법이나 특가법을 개정하여야 함에도 불구하고 단지 조약에 의하여 관세법위반자의 처벌을 가중하는 것은 중대한 기본권의 침해이며 죄형법정주의에 어긋나는 것이라고 주장한다.

그러나 헌법 제12조 후문 후단은 “누구든지 … 법률과 적법한 절차에 의하지 아니하고는 처벌·보안처분 또는 강제노역을 받지 아니한다”고 규정하여 법률과 적법절차에 의한 형사처벌을 규정하고 있고, 헌법 제13조 제1항 전단은 “모든 국민은 행위시의 법률에 의하여 범죄를 구성하지 아니하는 행위로 소추되지 아니하며”라고 규정하여 행위시의 법률에 의하지 아니한 형사처벌의 금지를 규정하고 있으며, 헌법 제6조 제1항은 “헌법에 의하여 체결·공포된 조약과 일반적으로 승인된 국제법규는 국내법과 같은 효력을 가진다”고 규정하여 적법하게 체결되어 공포된 조약은 국내법과 같은 효력을 가진다고 규정하고 있다. 마라케쉬협정도 적법하게 체결되어 공포

---

43) 이창수, 증보 대한민국 헌법대의(동아인쇄관, 1948), p.161; 박천일, 헌법개론(대지사, 1954), p.201; 이종극, 헌법해의(숭문사, 1954), pp.92–93; 박일경, 신헌법(박영사, 1964), pp.147–148(이후에도 같은 입장 지속); 김정균·성재호, 국제법(제5개정판)(박영사, 2006), p.79; 김정건, 국제법(신판)(박영사, 2004), pp.114–115; 김정건·장신·이재곤·박덕영, 국제법(박영사, 2010), pp.140–141; 채형복, 국제법(제2판)(법영사, 2010), p.123; 백진현, 조약의 국내적 효력, 국제법학회논총 제45권 제1호(2000), p.116; 남복현, 헌법 제6조 제1항의 구체적 의미, 한양법학 제23집(2008), p.205 등 참조.

된 조약이므로 국내법과 같은 효력을 갖는 것이어서 그로 인하여 새로운 범죄를 구성하거나 범죄자에 대한 처벌이 가중된다고 하더라도 이것은 국내법에 의하여 형사처벌을 가중한 것과 같은 효력을 갖게 되는 것이다. 따라서 마라케쉬협정에 의하여 관세법 위반자의 처벌이 가중된다고 하더라도 이를 들어 법률에 의하지 아니한 형사처벌이라거나 행위시의 법률에 의하지 아니한 형사처벌이라고 할 수 없으므로, 마라케쉬협정에 의하여 가중된 처벌을 하게 된 구 특가법 제6조 제2항 제1호나 농안법 제10조의3이 죄형법정주의에 어긋나거나 청구인의 기본적 인권과 신체의 자유를 침해하는 것이라고 할 수 없다."

▶판례: 조약의 직접 적용: 형면제의 근거

대법원 2023.3.13. 선고 2021도3652 판결

"대한민국헌법 제6조 제1항은 "헌법에 의하여 체결·공포된 조약과 일반적으로 승인된 국제법규는 국내법과 같은 효력을 지닌다."라고 규정하였다. 대한민국헌법에서 국제평화주의와 국제법 존중주의는 국가질서 형성의 기본방향을 결정하는 중요한 원리로 인정되고 있으며, 입법부와 행정부는 물론 사법부 등 모든 국가기구가 국제적 협력의 정신을 존중하여 국제법규의 취지를 살릴 수 있도록 노력할 것이 요청된다.

「난민의 지위에 관한 협약」(이하 '난민협약'이라 한다)의 경우 [···] 국회 동의를 얻어 체결된 조약이므로 대한민국헌법 제6조 제1항에 따라 국내법과 동일한 효력을 가지고 그 효력은 법률에 준하는 것으로, 개별 규정의 구체적인 내용과 성질 등에 따라 직접적인 재판규범이 될 수 있다.

난민의 불법 입국 또는 체류에 따른 형사처벌과 관련하여, 난민협약 제31조 제1호는 "체약국은 그 생명 또는 자유가 제1조의 의미에 있어서 위협되고 있는 영역으로부터 직접 온 난민으로서 허가 없이 그 영역에 입국하거나 또는 그 영역 내에 있는 자에 대하여 불법으로 입국하거나 또는 불법으로 있는 것을 이유로 형벌을 과하여서는 아니 된다. [···]"고 규정하였다.

앞서 본 바와 같이 난민협약이 기본적으로 법률과 동일한 국내법적 효력을 갖는 점에다가 위 조항이 체약국에 구체적인 요건을 충족한 난민에 대하여 형벌을 과하지 아니할 것을 직접적으로 요구한 점을 더하여 보면, 위 조항은 난민협약에 가입하고 이를 비준한 우리나라 형사재판에서 형 면제의 근거조항이 된다.

이때 형 면제 대상이 되는 '불법으로 입국하는 것'이란 출입국 관련 법령에서 정한 절차를 위반한 입국 행위 및 이와 직접적·불가분적으로 관련된 행위로서 국가의 출입국관리업무에 지장을 주는 행위를 의미하므로, 출입국관리법에 따른 입국허가·사증 등을 받지 아니한 채 불법적으로 입국하거나 불법적인 방법으로 입국허가·사증 등을 받아 입국함으로써 해당 절차 관련 출입국관리법위반죄를 구성하는 행위는 물론 이를 구성요건으로 하는 형법상 범죄행위도 이에 포함된다."

▶판례: 특별법으로서 조약의 직접 우선 적용

대법원 1986.7.22. 선고 82다카1372 판결

"항공운송에 관하여 아직까지 국내법이 제정된 바 없으므로 이에 관한 법률관계는 일응 일반법인 민법의 적용 대상이 된다고 하겠다.

[…] 대한민국은 위와 같이 헤이그 의정서에 가입함으로써 1929.10.12 바르샤바에서 서명된 "국제항공운송에 있어서의 일부 규칙의 통일에 관한 협약"(이하 바르샤바협약이라 한다)에의 가입의 효력이 발생하였고 따라서 바르샤바협약은 헤이그 의정서에 의하여 개정된 내용대로 국내법과 동일한 효력을 가지게 되어서 국제항공운송에 관한 법률관계에 대하여는 일반법인 민법에 대한 특별법으로서 1955년 헤이그에서 개정된 바르샤바 협약(이하 개정된 바르샤바협약이라 한다)이 우선 적용되어야 할 것이다."[44]

▶판례: 특별법으로서 조약의 직접 우선 적용

서울민사지방법원 1984.4.12. 선고 83가합7051 판결(항소 후 화해)

"3. 외국중재판정의 승인 및 집행에 관한 준거법

(1) 우리나라가 1973. 2. 8. "외국중재판정의 승인 및 집행에 관한 유엔협약(The United Nations Convention on the Recognition and Enforcement of Foreign Arbitral Awards, 1958. 6. 10. 성립, 1959. 6. 7. 발효, 이하 뉴욕협약이라고 약칭한다.)"에 상사한정 및 상호주의 유보선언하에 가입하여 위 협약 제12조 제1항의 규정에 따라 그 90일 뒤인 1973. 5. 9.자로 제42번째 가입국이 된 사실 및 일본국 역시 뉴욕협약에 가입하고 있는 사실(1961. 9. 18. 발효)은 당원에 현저한 바 있고, 위 뉴욕협약은 조약과 마찬가지의 효력을 지닌 것이라 하겠으므로 이 사건 중재판정의 승인 및 집행에 관하여는 뉴욕협약이 국내법에 우선하여 적용되고 위 협약이 규정하고 있지 아니한 사항에 대해서는 보충적으로 우리나라 중재법이 적용된다고 할 것이다."

---

44) 동일 취지의 판결: 대법원 2004.7.22. 선고 2001다67164 판결, 대법원 2006.4.28. 2005다30184 판결 등. 현재는 2011년 상법 개정으로 "항공운송"에 관련된 국내법률이 제정되어 있다.

▶판례: 조약의 자기집행성(긍정)

헌법재판소 2001.9.27. 2000헌바20 결정

[이 사건은 국제통화기금(IMF) 협정 제9조 제3항(사법절차의 면제) 및 제8항(직원 및 피용자의 면제와 특권), 전문기구의특권과면제에관한협약 제4절 및 제19절(a)의 위헌 여부를 다투는 소송이었다. 헌법재판소는 이들 조항이 성질상 국내에 바로 적용될 수 있는 법규범임을 확인하고 있다.]

"헌법재판소법 제68조 제2항은 심판대상을 "법률"로 규정하고 있으나, 여기서의 "법률"에는 "조약"이 포함된다고 볼 것이다. [⋯]

이 사건 조항은 각 국회의 동의를 얻어 체결된 것이므로 헌법 제6조 제1항에 따라 국내법적 효력을 가지며, 그 효력의 정도는 법률에 준하는 효력이라고 이해된다. 한편 이 사건 조항은 재판권 면제에 관한 것이므로 성질상 국내에 바로 적용될 수 있는 법규범으로서 위헌법률심판의 대상이 된다고 할 것이다."

▶판례: 조약의 자기집행성여부(부정)

대법원 2009.1.30. 선고 2008두17936 판결

"'1994년 국제무역기구 설립을 위한 마라케쉬협정'([⋯] WTO 협정)의 일부인 '1994년 관세 및 무역에 관한 일반협정([⋯] GATT 1994) 제6조의 이행에 관한 협정' 중 그 판시 덤핑규제 관련 규정을 근거로 이 사건 규칙의 적법 여부를 다투는 주장도 포함되어 있으나, 위 협정은 국가와 국가 사이의 권리·의무관계를 설정하는 국제협정으로, 그 내용 및 성질에 비추어 이와 관련한 법적 분쟁은 위 WTO 분쟁해결기구에서 해결하는 것이 원칙이고, 사인(私人)에 대하여는 위 협정의 직접 효력이 미치지 아니한다고 보아야 할 것이므로, 위 협정에 따른 회원국 정부의 반덤핑부과처분이 WTO 협정위반이라는 이유만으로 사인이 직접 국내 법원에 회원국 정부를 상대로 그 처분의 취소를 구하는 소를 제기하거나 위 협정위반을 처분의 독립된 취소사유로 주장할 수는 없다"

나. 조약의 국내법상 위계

(1) 사법부의 입장

조약이 국내적으로 직접 적용될 수 있다면 조약은 국내법상 어떠한 위계에 해당하는가? 국내법에는 헌법부터 시행령 및 그 이하에 이르기까지 폭 넓은 위계가 존재한다. 헌법 제6조 1항에서 말하는 "국내법"이란 무엇인가?

현행 헌법에서 "국내법"이란 용어가 사용되고 있는 조항은 제6조 1항 뿐이다.

헌법에서 국내법을 가리키는 통상적인 표현으로는 거의 "법률"이 사용되고 있으며, "법령"이 3번(제114조 6항, 제117조, 부칙 제5조), "법"(제11조 1항)이 한 번 등장한다. 제6조 1항의 "국내법"이 반드시 "법률"을 의미하지 않는다는 전제한다면 이 조항은 조약의 국내법적 위계에 대해 다양한 해석을 가능하게 한다.[45)]

우선 "국내법"에 헌법이 포함될 수 있는가? 헌법재판소는 조약도 위헌법률심판의 대상에 포함된다고 판단함으로써 부정적인 입장을 분명히 하고 있다. 다음은 이 점에 관한 대표적인 설시들이다.

> "헌법재판소법 제68조 제2항은 심판대상을 "법률"로 규정하고 있으나, 여기서의 "법률"에는 "조약"이 포함된다고 볼 것이다. 헌법재판소는 국내법과 같은 효력을 가지는 조약이 헌법재판소의 위헌법률심판대상이 된다고 전제하여 그에 관한 본안판단을 한 바 있다([…]). 이 사건 조항은 각 국회의 동의를 얻어 체결된 것이므로 헌법 제6조 제1항에 따라 국내법적 효력을 가지며, 그 효력의 정도는 법률에 준하는 효력이라고 이해된다. 한편 이 사건 조항은 […] 위헌법률심판의 대상이 된다고 할 것이다."(헌법재판소 2001.9.27. 2000헌바20 결정)

> "우리 헌법 제6조 제1항은 '헌법에 의하여 체결·공포된 조약과 일반적으로 승인된 국제법규는 국내법과 같은 효력을 가진다.'고 규정하고, 헌법 부칙 제5조는 '이 헌법 시행 당시의 법령과 조약은 이 헌법에 위배되지 않는 한 그 효력을 지속한다.'고 규정하는바, 우리 헌법은 조약에 대한 헌법의 우위를 전제하고 있으며, 헌법과 동일한 효력을 가지는 이른바 헌법적 조약을 인정하지 아니한다고 볼 것이다. 한미무역협정의 경우, 헌법 제60조 제1항에 의하여 국회의 동의를 필요로 하는 우호통상항해조약의 하나로서 법률적 효력이 인정되므로, 규범통제의 대상이 됨은 별론으로 하고, 그에 의하여 성문헌법이 개정될 수는 없다."(헌법재판소 2013.11.28. 2012헌마166 결정)

헌법재판소는 이 같이 조약에 대한 헌법 우위의 입장을 기회 있을 때마다 밝혀 왔다.[46)] 아래 설명하는 바와 같이 국내 학계의 일반적 견해 역시 이와 다르지

45) 제헌 당시의 국회 회의록을 보아도 이 문제에 대한 입법자들의 의도를 짐작할 수 있는 아무런 논의가 없었다. 제헌헌법 제7조와 관련된 실질적 논의로는 1948년 7월 1일 제22차 회의시 이 조항은 일종의 해석원칙이므로 이를 헌법에 넣을 필요가 없다는 취지에서 서순영 의원 외 10인이 삭제동의안을 제출했으나 찬 8, 반 101로 부결된 정도가 있을 뿐이다. 헌법제정회의록(국회, 1967), pp.378－379.

46) 기타 헌법재판소 1995.12.28. 95헌바3 결정; 헌법재판소 1996.6.13. 94헌바20 결정; 헌법재판소 1999.4.29. 97헌가14 결정; 헌법재판소 2013.2.28. 2009헌바129 결정; 헌법재판소 2013.3.

않다.

그렇다면 헌법의 우위를 전제로 한국 사법부는 조약의 국내법적 위계를 구체적으로 어떻게 파악하고 있는가? 그간 판례에서는 이를 표현하는 용어로 "국내법과 같은 효력," "법률과 같은 효력," "법률적 효력," "법률에 준하는 효력," "국내 법령과 동일한 효력" 등 다양한 표현이 사용되어 왔다. 이를 구분하여 정리하면 다음과 같다.

첫째, 적지 않은 판결에서는 헌법 제6조 1항의 문언 그대로 조약은 단순히 "국내법과 같은 효력을 지닌다"는 표현이 사용되고 있다. 예를 들어 WTO 설립에 관한 마라케쉬 협정은 "적법하게 체결되어 공포된 조약이므로 국내법과 같은 효력을 갖는 것"(헌법재판소 1998.11.26. 97헌바65 결정); 국제형사재판소에 관한 로마규정은 "'헌법에 의하여 체결·공포된 조약'으로서 국내법과 같은 효력을 갖는다"(헌법재판소 2004.12.14. 2004헌마889 결정); "'외교관계에 관한 빈 협약'과 같이 헌법에 의하여 체결·공포된 조약은 국내법과 같은 효력을 가진다"(헌법재판소 2010.10.28. 2010헌마111 결정); 한일 청구권협정은 "헌법에 의하여 체결·공포된 조약으로서 헌법 제6조 제1항에 따라 국내법과 같은 효력을 가진다"(헌법재판소 2011.8.30. 2006헌마788 결정); "국제노동기구협약 제135호 '기업의근로자대표에게제공되는보호및편의에관한협약'은 1971년 국제노동기구에서 채택된 것으로 2002. 12. 27. 우리나라도 비준하여 발효되었으므로 국내법과 마찬가지로 이를 준수할 의무가 있다."(헌법재판소 2014. 5.29. 2010헌마606 결정); "파리협약이 국내법과 동일한 효력이 있어"(대법원 1990.7.24. 선고 89후1479 판결); 한미행정협정은 "국내법으로서의 효력을 가진다"(대구지방법원 1995.12.21. 선고 95가합3866 판결) 등이 이에 해당한다. 즉 이들 판례들은 "국내법"이 구체적으로 법률, 시행령, 시행규칙 등 무엇을 가리키는지를 직접 표시하지 않았다.[47] 참고로 여기서 언급된 조약은 국제노동기구협약 제135호 외에는 모두 국회동의를 거쳐 체결된 조약이었다.

둘째, 일부 판결은 조약이 국내 "법률"과 같은 효력을 지닌다고 지적하고 있다. 예를 들어 헌법재판소는 한일 신어업협정이 "국내적으로 '법률'과 같은 효력을 가

---

21. 2010헌바132 등 결정. 단 대법원이 이 점에 대한 입장을 명시적으로 표시한 사례는 발견하지 못했다.

47) 다만 이중 일부 판결의 경우 다른 부분에서의 설명을 통해 "국내법"이 법률에 해당함을 파악할 수 있다. 예: 헌법재판소 1998.11.26. 97헌바65 결정.

진다"(헌법재판소 2001.3.21. 99헌마139 등 결정)고 설시했다. 또한 조약이 "국내법"과 같은 효력을 지닌다고 설시하고 있지만, 같은 문장 내의 보완 설명을 통해 그 국내법이 "법률"을 의미함을 쉽게 알 수 있는 경우도 있다. 예를 들어 "바르샤바협약은 […] 국내법과 동일한 효력을 가지게 되어서 국제항공운송에 관한 법률관계에 대하여는 일반법인 민법에 대한 특별법으로서 […] 바르샤바 협약[…]이 우선 적용되어야 할 것이다"(대법원 1986.7.22. 선고 82다카1372 판결; 대법원 2006.4.28. 선고 2005다30184 판결; 서울고등법원 1998.8.27. 선고 96나37321 판결; 대전지방법원 2009.6.26. 선고 2007가합3098 판결 등)가 이에 해당한다. 여기서 언급된 조약들은 국회 동의를 거친 경우이다.

셋째, "법률적 효력"을 지닌다는 표현도 때로 사용되고 있다. 예를 들어 한미자유무역협정은 "국회의 동의를 필요로 하는 우호통상항해조약의 하나로서 법률적 효력이 인정"(헌법재판소 2013.11.28. 2012헌마166 결정); 「아시아·태평양지역에서의 고등교육의 수학, 졸업증서 및 학위인정에 관한 지역협약」은 "그 법적 지위가 헌법적인 것은 아니며 법률적 효력을 갖는 것이라 할 것"(헌법재판소 2003.4.24. 2002헌마611 결정) 등이 이에 해당한다. "법률적 효력"은 위의 "법률과 같은 효력"과 같은 의미라고 판단된다. 여기서 「아시아·태평양지역에서의 고등교육의 수학, 졸업증서 및 학위인정에 관한 지역협약」은 국회 동의 없이 체결된 조약이다.

넷째, 일부 판결에서는 "법률에 준하는 효력"이라는 표현이 사용되고 있다. 예를 들어 헌법재판소는 「국제통화기구(IMF) 협정」과 「전문기구의 특권과 면제에 관한 협약」이 "국회의 동의를 얻어 체결된 것이므로 헌법 제6조 제1항에 따라 국내법적 효력을 가지며, 그 효력의 정도는 법률에 준하는 효력이라고 이해된다"고 설시했다(헌법재판소 2001.9.27. 2000헌바20 결정). 또한 국내 각급법원 역시 조세조약에 관한 사건을 판결하면서 "국회의 동의를 얻어 체결된 조세조약은 법률에 준하는 효력을 가지고, 나아가 조세조약에서 규율하고 있는 법률관계에 있어서는 당해 조약이 국내법의 특별법적인 지위에 있으므로 국내법보다 우선하여 적용된다"는 표현을 일률적으로 사용하고 있다.[48] 조세조약을 포함해 여기서 언급된 조약 역시

48) 서울고등법원 2010.2.12. 선고 2009누8016 판결; 대전고등법원 2010.10.28. 선고 2010누755 판결; 대전고등법원 2011.2.17. 선고 2010누762 판결; 서울행정법원 2009.2.16. 선고 2007구합37650 판결; 서울행정법원 2009.5.29. 선고 2007구합43419, 2007구합16882(병합), 2007구합16899(병합), 2007구합16905(병합) 판결; 서울행정법원 2009.6.26. 선고 2008구합16889 판결; 서울행정법원 2009.11.12. 선고 2008구합24972 판결; 서울행정법원 2010.5.27. 선고 2009구합

모두 국회 동의를 거친 경우이다. "법률에 준하는 효력"이란 표현은 결국 법률과 같은 효력을 지닌다는 의미라고 판단된다. 즉 조약이 법률과는 다른 형식의 규범이지만 그 국내적 효력은 법률과 동일함을 가리키는 표현으로 이해된다.

다섯째, 조약이 "국내 법령과 동일한 효력"을 갖는다고 설시한 판결도 있다. 대법원은 WTO 협정이 "헌법 제6조 제1항에 의하여 국내법령과 동일한 효력을 가지므로 지방자치단체가 제정한 조례가 GATT나 AGP에 위반되는 경우에는 그 효력이 없다"고 판단했다(대법원 2005.9.9. 선고 2004추10 판결). 이 경우에는 왜 굳이 법률과 시행령을 모두 포함하는 "법령"이라는 표현이 사용되었는지 명확하지 않으나, 법률과 그에 근거한 시행령 모두가 조례보다 상위의 효력을 지닌다는 사실을 지적하기 위해서라고 추정된다. 국회 동의를 거쳐 체결된 WTO 협정이 시행령의 효력을 지닐 수도 있다는 입장은 아니라고 본다. 다만 이 표현은 오해를 유발할 수 있으므로 바람직하지 않다고 본다.[49]

여섯째, 국회 동의 여부에 따라 조약의 국내적 효력을 법률과 시행령으로 구분한 경우가 있다. 즉 "헌법 규정 아래에서는 국회의 동의를 요하는 조약은 법률과 동일한 효력을, 국회의 동의를 요하지 않는 조약은 대통령령과 같은 효력을 인정하는 것이라고 해석함이 타당"하다는 입장이다(서울고등법원 2006.7.27. 선고 2006토1 결정; 서울고등법원 2013.1.3. 선고 2012토1 결정). 결정문의 전반적인 표현으로 보아 후 결정은 앞선 결정을 그대로 모방한 것이다. 이렇듯 조약의 국내적 효력을 국회 동의 여부에 따라 명확히 구분한 판례로는 범죄인인도에 관한 위 서울고등법원 결정에서만 발견된다.

이상의 판례들을 통해 조약의 국내법적 위계에 관한 사법부의 실행을 정리해 본다. ① 헌법이 조약보다 상위 규범이라는 점에 헌법재판소는 일관된 지지를 표시하고 있다. ② 국회 동의를 거친 조약이 "법률"의 효력을 지닌다는 점에서도 사법부의 판례상 이견이 없다. 이 점을 명확히 표현하지 않은 판례들이 없지 않으나, 적어도 국회 동의를 거친 조약을 법률보다 하위인 시행령 이하의 위계에 해당한다고 해석한 판례는 없다. 한편 조약이 "법률"보다 상위의 효력을 지닌다고 판결한

16442 판결; 서울행정법원 2011.2.18. 선고 2009구합3538 판결; 대전지방법원 2011.11.16. 선고 2010구합2649 판결 등.

49) 제시된 분류 중 둘째부터 다섯째까지의 경우는 표현상 차이가 있지만 그 의미는 사실상 같다고 보인다. 가급적 용어에 통일을 기함이 바람직하다.

판례 역시 없다. ③ 국회 비동의 조약의 국내법적 효력에 대한 사법부의 입장은 명확하지 않다. 서울고등법원은 범죄인 인도와 관한 결정에서 국회 비동의 조약이 시행령과 같은 효력을 지닌다고 설시했다(2006토1 결정 및 2012토1 결정). 반면 헌법재판소에서는 비동의 조약인 「아시아·태평양지역에서의 고등교육의 수학, 졸업증서 및 학위인정에 관한 지역협약」이 "법률적 효력"을 갖는다고 설시한 예가 있다(2002헌마611 결정). 아직까지 대법원이나 헌법재판소에서 비동의 조약이 시행령의 효력을 지닌다고 직접 명시한 판결은 한 건도 내려지지 않았으나, 반대로 국회 비동의 조약이 "법률"의 효력을 갖는다고 해석한 추가적인 판례도 없다.[50] 따라서 과연 한 건의 사례만을 근거로 헌법재판소가 국회 비동의 조약도 "법률"의 효력을 갖는다고 보는 입장이라고 결론내리기는 조심스럽다. 이 점에 관한 사법부의 입장은 아직 "불분명"하다고 평가함이 올바른 판단일 것이다.

▶판례: 조약의 국내법상 위계

① 헌법재판소 2001.3.21. 99헌마139, 142, 156, 160(병합) 결정

"헌법 제6조 제1항은 "헌법에 의하여 체결·공포된 조약과 일반적으로 승인된 국제법규는 국내법과 같은 효력을 가진다."라고 규정하고 있는바, 이 사건 협정은 우리나라와 일본간의 어업에 관해 '헌법에 의하여 체결·공포된 조약'으로서 국내적으로 '법률'과 같은 효력을 가진다. 따라서 위에서 살핀 바와 같이, 법령을 집행하는 행위가 존재하지 아니하고 바로 법령으로 말미암아 직접 기본권이 침해되는 예외적인 경우에만 법령에 대한 헌법소원이 가능한바, 이 사건 협정이 직접 기본권을 침해하는지 여부를 살펴보기로 한다."

② 헌법재판소 2003.4.24. 2002헌마611 결정

"청구인들은 예비시험 조항이 "아시아·태평양지역에서의고등교육의수학,졸업증서및학위인정에관한지역협약"에 위반하여, 다른 당사국에서 취득한 학력을 제대로 인정하지 않고 국내 면허취득에 추가적 제한을 가하고 있다고 주장한다. 이 조약은 우리나라도 가입하고 있으나(조약 제990호. 발효일 1989. 9. 29.), 그 법적 지위가 헌법적인 것은 아니며 법률적 효력을 갖는 것이라 할 것이므로 예비시험 조항의 유무효에 대한 심사척도가 될 수는 없고, 한편 동 조약은 국내법으로 "관련전문직 종사

50) 다만 헌법재판소가 국회 비동의 조약인 「기업의근로자대표에게제공되는보호및편의에관한협약」을 "국내법과 마찬가지로 준수"해야 한다고 설시한 예가 있다. 헌법재판소 2014.5.29. 2010헌마606 결정.

의 조건"을 규정할 수 있는 여지를 주고 있다(제1조 제1항 나호 참조)."

③ 서울고등법원 2006.7.27. 선고 2006토1 결정(확정)

[사안: 우엔 후 창은 베트남 출신의 미국 거주자로서 스스로 자유베트남혁명정부를 조직하여 내각총리로 자칭하며, 반 베트남 활동을 벌인 자이다. 베트남 정부는 그가 1999년부터 2001년 사이 여러 차례 조직원으로 하여금 베트남에서 폭탄 테러 공격을 하도록 사주했으나, 모두 실패했다고 한다. 그가 한국에 입국시 베트남 정부로부터 범죄인인도가 청구되어 한국 검찰은 그를 체포하여 범죄인인도를 시도했다.]

"이 사건 인도심사청구에서의 주요 쟁점은 대한민국이 범죄인을 청구국에 인도하여야 할 국제법상의 의무가 있는지, 아니면 이 사건 대상 범죄가 정치범죄로서 정치범 불인도의 원칙에 따라 범죄인을 청구국에 인도하여서는 아니 되는 것인지 여부이다.

이 점에 관하여는 국내법으로서 1988. 8. 5. 공포되어 시행되고 있는 범죄인인도법과 조약으로서 대한민국과 청구국 사이에 2003. 9. 15. 체결하여 2005. 4. 19. 발효된 "대한민국과 베트남사회주의공화국 간의 범죄인인도조약(이하 '이 사건 인도조약'이라 한다)"에 관련 규정이 있는데, 우리나라 헌법은 "헌법에 의하여 체결·공포된 조약과 일반적으로 승인된 국제법규는 국내법과 같은 효력을 가진다"고 규정하고 있고(헌법 제6조 제1항), 이러한 헌법 규정 아래에서는 국회의 동의를 요하는 조약은 법률과 동일한 효력을, 국회의 동의를 요하지 않는 조약은 대통령령과 같은 효력을 인정하는 것이라고 해석함이 타당하므로, 이 사건 인도조약은 국회의 비준을 거친 조약으로서 법률과 동일한 효력을 가지는 것이라 할 것이고, 따라서 대한민국이 청구국에 대하여 범죄인을 인도할 의무가 있는지 여부를 판단함에 있어서는 신법 우선의 원칙, 특별법 우선의 원칙 등 법률해석의 일반원칙에 의하여 이 사건 인도조약이 범죄인인도법에 우선하여 적용되어야 한다."[51)]

④ 지방자치단체 조례에 대한 조약의 우위[52)]

대법원 2005.9.9. 선고 2004추10 판결

"GATT는 1994. 12. 16. 국회의 동의를 얻어 같은 달 23. 대통령의 비준을 거쳐 같은 달 30. 공포되고 1995. 1. 1. 시행된 조약인 WTO협정(조약 1265호)의 부속 협정(다자간 무역협정)이고, '정부조달에 관한 협정'(Agreement on Government Procurement, 이하 'AGP'라 한다)은 1994. 12. 16. 국회의 동의를 얻어 1997. 1. 3. 공포·시행된 조

51) 서울고등법원 2013.1.3. 선고 2012토1 결정(확정)도 이 점에 관해서는 동일한 설시를 하고 있다.

52) GATT 1994에 위반된 지방자치단체의 조례는 무효라는 판결로는 대법원 2008.12.24. 선고 2004추72 판결; 서울행정법원 2007.7.4. 선고 2006구합37738 판결 및 동항소심 서울고등법원 2008.3.21. 선고 2007누18729 판결(확정) 등도 있다.

약(조약 1363호, 복수국가간 무역협정)으로서 각 헌법 제6조 제1항에 의하여 국내법령과 동일한 효력을 가지므로 지방자치단체가 제정한 조례가 GATT나 AGP에 위반되는 경우에는 그 효력이 없다고 할 것이다. […]

그런데 앞서 거시한 이 사건 조례안의 각 조항은 학교급식을 위해 우수농산물, 즉 전라북도에서 생산되는 우수농산물 등을 우선적으로 사용하도록 하고 그러한 우수농산물을 사용하는 자를 선별하여 식재료나 식재료 구입비의 일부를 지원하며 지원을 받은 학교는 지원금을 반드시 우수농산물을 구입하는 데 사용하도록 하는 것을 내용으로 하고 있으므로 결국 국내산품의 생산보호를 위하여 수입산품을 국내산품보다 불리한 대우를 하는 것으로서 내국민대우원칙을 규정한 GATT 제3조 제1항, 제4항에 위반된다고 할 것이다. […]

그렇다면 원고의 다른 주장에 관하여 더 나아가 판단할 것도 없이 이 사건 조례안중 일부가 위법한 이상 이 사건 조례안에 대한 재의결은 전부 효력이 부인되어야 할 것 […]."

▶한국 정부 입장: 후(後) 조약은 선(先) 국내법에 우선적 효력

Second periodic reports of States parties due in 1996: Republic of Korea. CCPR/C/114/Add. 1. (1998).

[「시민적 및 정치적 권리에 관한 국제규약」에 관한 다음의 한국의 국가 보고서는 헌법 제6조 1항의 해석상 국회 동의 하에 비준·공포된 조약은 별도의 국내입법 없이 바로 국내법으로서의 효력을 지니며, 만약 모순되는 선행 국내법이 있다면 규약이 우선적 효력을 지닌다고 설명하고 있다.]

"The Covenant in relation to the domestic laws of the Republic of Korea

9. Article 6, paragraph 1, of the Constitution provides that "treaties duly concluded and promulgated under the Constitution and the generally recognized rules of international law shall have the same effect as the domestic laws of the Republic of Korea." As the Covenant was ratified and promulgated by the Government in consent with the National Assembly, it has the authority of domestic law without requiring additional legislation. Accordingly, the Administration and the Court are obliged to observe the Covenant when exercising their powers. Most rights guaranteed by the Covenant are guaranteed by the Constitution. Article 37, paragraph 1, of the Constitution provides that "freedoms and rights of citizens shall not be neglected on the grounds that they are not enumerated in the Constitution." Therefore, the Covenant is to be respected, even if not directly stipulated in the Constitution. In the event that a law enacted prior to the Covenant's ratification conflicts with its provisions, the Covenant has greater authority. No law enacted in

the Republic of Korea may encroach on the rights provided in the Covenant; any such law would be viewed as unconstitutional."

검 토

1. 국회의 동의를 받지 않고 체결하는 조약도 국내의 법률과 같은 효력을 갖는지 여부에 대한 재무부장관의 질의에 대해 법무부는 다음과 같은 유권해석을 내린 적이 있다(법무 810-7475, 1982. 4. 8).

「헌법 제5조(현행 헌법 제6조 — 필자 주)는 '헌법에 의하여 체결·공포된 조약과 일반적으로 승인된 국제법규는 국내법과 같은 효력을 가진다'고 규정하고 있을 뿐이므로 헌법의 의하여 체결·공포된 조약이라면 국회의 동의 유무에 불구하고 국내법과 같은 효력이 있다고 하겠으며, 여기에서 말하는 "국내법"이라는 것은 "국내법률"을 의미한다는 점에 대하여는 이견이 없다. 다만, 조약이 국내의 법률과 같은 효력을 갖는다고 할지라도 그와 같은 조약이 국내법과 상충할 경우 그 실질적 효력을 판단함에 있어서는 그 조약 체결에 대한 국회의 동의 유무가 하나의 판단기준이 될 수 있을 것이다.」[53)]

2. 위의 ③ 판결에서 재판부는 법률해석의 일반원칙에 의해 한·베트남간 범죄인인도 조약이 국내법인 범죄인인도법에 우선 적용된다고 판시했으나, 범죄인인도법 제3조의2는 "범죄인인도에 관하여 인도조약에 이 법과 다른 규정이 있는 경우에는 그 규정에 따른다"고 이미 규정하고 있으므로 양자관계는 법해석의 일반원칙이 적용될 사항이 아니다.

3. 1999년 1월 성립된 '대한민국과 일본국간의 어업에 관한 협정' 비준 등 위헌확인 사건에서 헌법재판소 결정문에는 한일 양국은 배타적 경제수역에 관한 국내법을 제정하였음에도 불구하고 "양국간에는 1965년 체결된 '대한민국과 일본국간의 어업에 관한 협정'이 유효함으로 인하여 국내법에 대한 국제법 우위의 원칙에 의해 종전의 영해 및 공해의 수역구분이 유효한 것이었고, 따라서 양국의 어민들은 종전과 마찬가지로 어로활동을 영위할 수 있었다"라는 표현이 등장한다(헌법재판소 2001.3.21. 99헌마139, 142, 156, 160(병합) 결정).

이는 마치 한국 헌법이 국내법률에 대한 조약의 우위를 규정하고 있는 것으로 해석된다는 오해를 불러일으킨다. 한일 양국이 배타적 경제수역에 대한 국내법을 제정하고 있음에도 불구하고 양국간에는 1965년 어업협정이 적용된 현상은 국내법에 대한 국제법 우위의 원칙이 적용되었다기보다는 특별법이 일반법에 우선하여 적용된 결과로 해석해야 한다. 그리고 한국의 배타적 경제수역법 제5조 1항도 외국과의 협정에 의해 동법과 다른 내용이 정해질 수 있음을 인정하고 있다.

53) 법무부, 법령해석질의응답집 제14집(1983), pp.112-114.

(2) 학설의 입장

㈎ 다 수 설

국내 학설상으로도 조약이 국내적으로 직접 적용될 수 있다는 점(incorpora-tion)과 헌법이 조약보다는 법형식상 상위 규범이라는 점에는 이견이 거의 없다. 대체로 조약은 헌법보다 하위의 효력을 가지며, 따라서 헌법 제6조 1항의 "국내법"에는 헌법이 포함되지 않으며, 조약도 헌법재판소의 위헌법률심판의 대상이 된다는 점에 학계의 의견이 수렴된다.[54]

조약이 헌법보다 하위 규범이라고 하였을 때 구체적으로 국내법상 어떠한 위계에 해당한다는 말인가? 학설상으로는 국회 동의를 기준으로 이를 거친 조약은 "법률"과 같은 효력을 지니고, 비동의 조약은 그 아래 시행령 등의 효력만을 지닌다는 입장이 지배적이다. 다만 엄격히 따진다면 다수설의 표현방식은 몇 가지로 세분될 수 있다. 첫째, 국회 동의 하에 체결된 조약은 법률의 효력을, 국회 비동의 조약은 시행령의 효력을 갖는다는 입장.[55] 둘째, 국회 동의 하에 체결된 조약은 법률의 효력을, 국회 비동의 조약은 시행령 또는 시행규칙의 효력을 갖는다는 입장.[56] 셋째, 국회 동의 하에 체결된 조약은 법률의 효력을, 국회 비동의 조약은 단

---

54) 성낙인, 헌법학(제22판)(법문사, 2022), p.338; 정종섭, 헌법학원론(제12판)(박영사, 2018), p.265; 장영수, 헌법학(제12판)(홍문사, 2020), p.244; 한수웅, 헌법학(제12판)(법문사, 2022), p.359; 전광석, 한국헌법론(제16판)(집현재, 2021), p.171; 구병삭, 신헌법원론(보정판)(박영사, 1989), p.251; 양건, 국제법과 국내법의 관계, 국제법학회논총 제43·44호(1978), pp.180; 이준일, 헌법학강의(제7판)(홍문사, 2019), p.192; 이한기, 국제법강의(신정판)(박영사, 1997), p.144; 김대순(전게주 4), p.333; 이병조·이중범, 국제법신강(제9개정 제2보완수정판)(일조각, 2008), p.26; 김정건·장신·이재곤·박덕영(전게주 43), p.141; 김정건(전게주 43), p.115; 김정균·성재호(전게주 43), p.80; 채형복(전게주 43), p.123; 김한택, 국제법원론(지인북스, 2010), p.77; 김현수·이민효, 국제법(제3판)(연경문화사, 2015), p.25; 정용태·유재형, 국제법학(대왕사, 1997), p.103; 서석순, 대한민국 헌법과 국제법, 국제법학회논총 제1권(1956), p.25; 이상철, 조약의 국내법적 효력, 법제연구 제16호(1999), p.180; 김민서, 조약의 유형에 따른 국내법적 지위의 구분, 국제법학회논총 제46권 제3호(2001), pp.41-42; 이상훈, 헌법상 조약의 법적 성격에 대한 고찰, 법제 제550호(2003.10), p.7 등.

55) 허영, 한국헌법론(전정 19판)(박영사, 2023), p.211; 양건, 헌법강의(제10판)(법문사, 2021), p.169; 한수웅(상게주), p.353; 강경근, 일반헌법학(법문사, 2014), p.86; 권영성, 헌법학원론(2009년판)(법문사, 2009), p.177(국회 비동의 조약의 국내적 효력에 대해 명확한 설명은 하고 있지 않으나, 고시류 조약을 명령의 효력을 갖는다고 지적하고 있다); 정문식, 헌법 제6조, 한국헌법학회편, 헌법주석 I(박영사, 2013), 171; 남복현(전게주 43), p.207; 장영수, 국제인권규약의 국내법적 의의와 효력, (고려대) 법학논집 제34집(1998), p.53. 그리고 국제법학자로는 김명기, 국제법원론(상)(박영사, 1996), p.119.

56) 장영수(전게주 54), p.244; 홍성방, 헌법학 상(제3판)(박영사, 2016), p.280; 문광삼, 한국헌법

순히 법률보다 하위의 효력을 갖는다고만 설명하는 입장.[57] 비록 미묘한 차이가 없지는 않으나 국회 동의 조약에 대해서는 법률의 효력을, 국회 비동의 조약의 경우 법률보다 하위인 시행령 등의 효력을 인정하는 점에서 이상의 입장들은 사실상 동일한 견해라고 보아도 크게 무리가 없다.

국내 다수설이 국회 비동의 조약에 법률보다 하위의 효력만을 인정하려는 이유는 다음과 같다. 즉 일반 법률이 국회에서 재적 과반수 출석과 출석 의원 과반수의 찬성으로 통과되는데, 조약 동의안 역시 국회에서 동일한 정족수로 통과되므로 국회 동의를 거쳐 성립된 조약은 법률과 같은 효력을 지닌다고 본다. 반면 이 같은 절차를 거치지 않는 조약은 그 효력을 구별할 필요가 있으며, 특히 대통령이 단독으로 체결하는 비동의 조약에 법률의 효력을 인정하면 결국 대통령이 국회의 관여 없이 법률을 제정하는 결과가 되어 국회의 입법권을 침해하고 삼권분립의 원리에도 어긋난다는 해석이다. 따라서 비동의 조약에는 헌법상 대통령이 단독으로 제정할 수 있는 시행령 이하의 효력만을 인정함이 타당하다는 논리이다.

결국 국회 동의 조약이 법률의 효력을 지닌다고 보는 점에서 판례나 학설상 큰 이론은 없다. 그러나 국회 비동의 조약의 국내법적 위계에 관해 사법부의 입장이 아직 명확하지 않은 반면, 학설은 비동의 조약이 법률보다 하위의 효력만을 지닌다는 주장이 다수설이다.[58] 다음 항목에서는 이에 관한 다수설의 입장을 분석한다.

학(제2판) (삼영사, 2015), p.814. 그리고 국제법학자로는 이병조·이중범(전게주 54), p.26.

57) 성낙인(전게주 54), p.336; 이준일(전게주 54), p.191. 그리고 국제법학자로는 김민서(전게주 54), pp.42－43.

58) 적지 않은 국제법 학자들은 단순히 조약이 법률과 같은 효력을 지닌다고만 지적하고 있는 점이 눈길을 끈다. 이 입장은 보기에 따라서 국회 동의 여부와 관계없이 모든 조약은 법률의 효력을 가진다는 주장으로 해석될 수도 있다. 그런데 거의 모든 헌법학자들이 국회 동의 여부에 따라 조약의 국내법적 효력을 구분하며, 국회 비동의 조약은 법률보다 하위인 시행령 등의 효력만을 지닌다고 주장함을 익히 알면서도 왜 이들은 국회 동의 여부에 따른 효력 구분에 대해 구체적으로 입장을 밝히지 않았을까? 이를 단순히 무지나 실수로 인한 간과로 보기는 어렵다. 이들은 일종의 의도된 침묵을 통해 국회 비동의 조약의 효력에 관한 입장 표명을 자제하거나 회피하고 있다고 추정된다. 따라서 이들 대부분은 국회 비동의 조약의 효력에 대한 견해 표명을 유보하고 있다고 해석함이 올바른 이해 같다. 이한기(전게주 54), p.144; 김정건(전게주 43), p.115; 김정건·장신·이재곤·박덕영(전게주 43), p.141; 김정균·성재호(전게주 43), p.80; 김영석, 국제법(제3판)(박영사, 2023), p.85; 김한택(전게주 54), p.77; 채형복(전게주 43), p.123; 김현수·이민효(전게주 54), p.25; 정용태·유재형(전게주 54), p.103; 김부찬, 국제법특강(개정판)(보고사, 2018), p.115(단 국회 동의 조약과 비동의 조약이 동일한 효력을 갖는지에 관해 검토의 여지가 있다고만 지적하고 있음); 심영규, 국제법규의 국내적 수용과 사회국가의 실현, 한양법학 제23권 제1집(2012), p.327.

㈏ 다수설의 비판적 분석

① 다수설은 불가피한 결론인가?

국회 비동의 조약에 법률의 효력을 인정하면 대통령에게 법률 제정권을 인정하게 되어 국회의 입법권을 침해하고 삼권분립의 원리에도 어긋나게 되므로 비동의 조약은 시행령 이하의 효력만을 지닌다는 다수설의 입장은 일견 논리적이기도 하며, 매우 강력한 근거를 갖춘 듯이 보인다. 그러나 이러한 주장은 한국의 헌법과 조약 체결 실행을 제대로 이해하지 못하는데서 비롯된 근거 없는 우려에 입각하고 있다. 그 이유는 다음과 같다.

한국이 체결하려는 조약이 기존 국내법률과 충돌되는 내용을 갖고 있거나, 이행을 위한 새로운 법률의 제정을 필요로 한다면 이는 헌법 제60조 1항의 "입법사항에 관한 조약"에 해당하여 국회 동의의 대상이다.[59] 이러한 경우 정부는 3가지 방법으로 대처한다.

첫째, 이 같은 조약은 헌법 제60조 1항에 따라 국회 동의를 먼저 얻은 후 당사국이 되는 방법이다. 예를 들어 조세와 관련된 양자조약은 국회 동의를 얻은 후 조약을 성립시키고, 별도로 국내법률을 개정함 없이 조약 자체를 국내 이행의 법적 근거로 삼는다. 예를 들어 한국과 A국이 국회 동의를 받아 이중과세방지 조약을 체결하면 이 조약은 법률의 효력을 가지고 일반 조세법률에 대한 특별법의 자격으로 우선 적용된다. 이는 기존의 조세법률 속에 A국만을 위한 특례조항을 설치한다거나 A국에만 적용되는 독립된 조세 특별법을 제정하는 방식보다 조약의 내용을 이행하는데 간명하고 편리한 방법이기도 하다.

둘째, 정부의 조약 동의안을 국회에서 통과시킴과 동시(또는 직후)에 이 조약의 이행을 위한 국내법을 정비(제정 또는 개정)해 해당 조약과 국내법률이 국내적으로 동시에 시행되는 경우도 많다. 다자조약의 경우 이러한 방법이 자주 사용된다. 예를 들어 「국제적 아동탈취의 민사적 측면에 관한 협약」의 가입 동의를 국회에서 받은(2012년 2월 27일) 이후 이의 국내적 이행을 위한 「헤이그 국제아동탈취협약 이행에 관한 법률」이 제정(2012년 12월 11일)됨과 사실상 거의 동시에 비준서를 기탁

---

59) 외교부는 "입법사항에 관한 조약"이란 "국내법의 수정, 변경을 요하는 사항, 국내법의 제정 없이는 조약을 실시할 수 없는 사항 등을 칭한다"라고 설명한 바 있다. 외교부, 조약업무처리지침(외교부, 1985), p.80. 이에 대한 좀 더 구체적인 설명은 본서 제17장 3.다.(8)(p.567 이하) 및 도경옥, 입법사항에 관한 조약의 체결·비준에 대한 국회의 동의권, 서울국제법연구 제20권 1호(2013) 참조.

했고(2012년 12월 13일) 양자는 국내적으로 동시에 발효되었다(2013년 3월 1일). 국회 동의를 받은 조약은 법률의 지위를 가지므로 설사 국내법률을 정비하지 않더라도 조약이 특별법 또는 후법의 자격으로 우선 적용될 수 있다. 그러나 조약 자신이 이행을 위한 국내 입법을 요구하고 있는 경우나 조약만으로는 국내적 이행에 미흡한 부분이 있는 경우 국내법률을 제정 또는 개정할 필요가 있다. 또한 그런 필요가 없는 경우라도 조약과 충돌되는 국내법률을 명확히 정비하는 편이 조약에 익숙하지 않은 담당 부처나 국민의 입장에서는 현행법을 파악하고 이행하기에 용이할 것이다.[60)]

셋째, 정부가 특정 조약의 체결을 추진하는 경우 정부가 법안 발의권을 행사하거나 정당과의 사전협의를 통한 의원입법을 통해 국회에서 국내법률을 조약에 합치되도록 먼저 정비한 이후, 국회 동의 없이 행정부가 단독으로 조약을 체결하는 방법을 택하기도 한다. 이 경우 국내법률이 사전 정비됨으로써 조약 실행을 위한 국내법률의 제·개정이 더 이상 필요하지 않아 국회 동의가 필요한 "입법사항에 관한 조약"에 해당하지 않기 때문이다. 이 같은 방안은 조약 당사국이 되기 앞서 국내법을 제·개정함으로써 미리 국민에게 조약 시행을 대비시키는 효과가 있으므로 특히 국내적 파장이 큰 조약에 관해 종종 사용된다. 다만 미리 마련된 국내법률은 조약의 국내적 적용보다 앞서 시행되는 경우도 있고, 조약의 국내적 적용에 맞추어 동시에 시행되기도 한다.

경제적으로나 사회적으로 적지 않은 비중을 가진 조약 중 세 번째 방식으로 국회 동의 없이 체결된 사례가 적지 않다. 예를 들어 지구 오존층 보호를 위해 프레온가스 등의 사용을 규제하는 「오존층 보호를 위한 비엔나협약」과 「오존층 파괴물질에 관한 몬트리올의정서」의 경우 이에 가입해 갑자기 실행하면 적지 않은 국내적 혼란이 발생할 것을 우려해 먼저 1991년 1월 「오존층보호를 위한 특정물질의 제조규제등에 관한 법률」을 제정하여 국내 산업계의 대비를 유도했다(1992년 1월 1일부터 시행).[61)] 이후 1992년 2월 27일 한국 정부는 국회 동의 없이 이들 조약의 비

60) 도경옥, 입법조치를 통한 조약의 이행: 한국의 입법례를 중심으로, 국제법학회논총 제59권 제2호(2014), pp.42–46.

61) 이 법 제1조는 "이 법은 오존층보호를위한비엔나협약과 오존층파괴물질에관한몬트리올의정서의 시행을 위하여 특정물질의 제조 및 사용등을 규제하고 대체물질의 개발 및 이용의 촉진과 특정물질의 배출억제 및 사용합리화등을 효율적으로 추진하는 것을 목적으로 한다"고 명기했다.

준서를 기탁해 3개월 후부터 적용을 받았다(조약 제1089호 및 조약 제1090호). 「유해폐기물의 국가간 이동 및 그 처리에 통제에 관한 바젤협약」의 경우 이를 국내적으로 이행하기 위한 「폐기물의 국가간 이동 및 그 처리에 관한 법률」을 미리 제정한(1992년 12월 8일) 후[62], 한국 정부는 국회 동의 없이 1994년 2월 28일 가입서를 기탁해 같은 해 5월 29일부터 협약의 적용을 받았다(조약 제1221호). 「멸종위기에 처한 야생동식물의 국제거래에 관한 협약」의 경우도 이를 국내적으로 이행하기 위한 「자연환경보전법」을 1991년 12월 31일 제정해 1992년 9월 1일부터 시행한 이후[63], 정부는 국회 동의 없이 1993년 7월 9일 가입서를 기탁했다(조약 제1194호). 「특허협력조약」의 경우에도 이의 가입에 대비해 1982년 11월 29일 조약상의 국제특허출원 절차에 관한 내용을 국내 「특허법」에 설치하기 위한 개정을 먼저 했다. 이후 정부는 국회 동의 없이 1984년 5월 10일 이 조약의 가입서를 기탁해 1984년 8월 10일부터 적용을 받았다(조약 제840호). 또한 "저작권 관계 국제조약의 가입을 전제로"[64] 국내 「저작권법」이 1986년 12월 31일 전부 개정된 이후 한국 정부는 「1971년 7월 24일 파리에서 개정된 세계저작권협약」(조약 제933호), 「무국적자 및 난민의 저작물에 대한 1971년 7월 24일 파리에서 개정된 세계저작권 협약의 적용에 관한 동 협약의 제1부속 의정서」(조약 제934호), 「일정 국제기구의 저작물에 대한 1971년 7월 24일 파리에서 개정된 세계저작권 협약의 적용에 관한 동 협약의 제2부속의정서」(조약 제935호), 「세계저작권협약」(조약 제936호), 「음반의 무단복제로부터 음반제작자를 보호하기 위한 협약」(조약 제937호) 등에 관해 국회 동의절차 없이 1987년 7월 1일 일괄하여 가입서를 기탁했다. 「바이오 안전성에 관한 생물다양성협약 카르타헤나 의정서」가 2000년 채택되자, 한국은 이의 가입을 위해 먼저 「유전자변형 생물체의 국가간 이동 등에 관한 법률」을 2001년 3월 제정했다.[65] 이후 정부는 국회

62) 이 법 제1조는 "이 법은 유해폐기물의 국가간 이동 및 그 처리의 통제에 관한 바젤협약의 시행"을 입법 목적의 하나로 함을 명기했다.

63) 「자연환경보전법」의 제정 이유 중 하나가 "생물종의 다양성 보호를 위하여 특정야생동·식물을 지정·보호하며 멸종위기에 처한 야생동·식물 및 이를 이용한 상품의 국제교역 등을 규제함"이었다. 국회 보건사회위원장, 자연환경보전법안(대안)(1991), p.4. 이는 국회 홈페이지 의안정보란에서 확인 가능. 한편 이 법은 현재 「야생동식물보호법」으로 전면 개정되었다.

64) 정부, 저작권법개정법률안(1986), p.1. 이는 국회 홈페이지 의안정보란에서 확인 가능.

65) 이 법은 제1조(목적)에서 "이 법은 바이오안전성에관한카르타헤나의정서(이하 "의정서"라 한다)의 시행과 유전자변형생물체의 개발·생산·수입·수출·유통 등에 관한 안전성의 확보를 위하여 필요한 사항을 정함으로써 유전자변형생물체로 인한 국민의 건강과 생물다양성의 보전 및 지속적인 이용에 미치는 위해를 사전에 방지하고 국민생활의 향상 및 국제협력을 증진

동의 없이 2007년 비준서를 기탁하여 2008년 1월 1일부터 적용을 받았으며, 위 국내법률도 동시에 시행되었다.

이상과 같은 국내의 조약 체결 과정을 감안한다면 국회 동의를 거친 조약은 법률의 효과를 가지며, 비동의 조약은 대통령령 이하의 효력을 지닌다고 기계적으로 구분하는 학설이 과연 현실에 합당한 해석인가 의문이 제기된다. 비동의 조약이 시행령 등의 효력만을 갖는다고 주장하는 이면에는 비동의 조약은 내용상 중요하지 않은 행정적·기술적 조약일 것이라는 오해가 개재되어 있다. 그러나 실제로는 국민의 권리·의무에 광범위한 영향을 미치는 중요한 조약이기 때문에 사전 입법을 한 이후 국회 동의 없이 조약을 체결하기도 하는데 이런 경우 비동의 조약이라는 이유만으로 시행령적 효력 밖에 갖지 못한다는 해석은 불합리한 결과를 초래할 수 있다.[66] 위에 예시된 조약들은 그 내용이 국민의 권리·의무와 직접적인 관련을 갖는 법률적 의미를 갖는다고 보기에 부족함이 없음에도 불구하고, 다수설과 같이 비동의 조약은 단순히 시행령적 효력을 지닌다고 판단하면 관련 국내법률에 대한 특별법으로서의 지위를 박탈당해 불측의 혼란이 야기될 수도 있다.

보다 근본적으로 국회 비동의 조약에 법률적 효력을 부여하면 국회의 관여 없이 대통령이 법률을 제정하는 결과가 된다는 우려 자체가 한국 헌법 하에서는 잘못된 기우이다. 왜냐하면 조약 시행을 위해 국내법률의 제·개정이 필요한 경우 이는 헌법 제60조 1항의 "입법사항에 관한 조약"에 해당하므로, 이는 반드시 국회 동의를 거쳐야만 한다. 따라서 대통령은 어디까지나 기존 법률의 범위 내에서 시행가능한 조약만을 단독 체결할 수 있다. 만약 "입법사항에 관한 조약"을 대통령이 단독으로 체결한다면 적어도 국내적으로는 위헌 무효의 조약이 된다. 즉 다수설이 우려하는 바와 같이 국회 비동의 조약의 체결을 통해 대통령이 단독으로 새로운 법률을 제정하는 효과는 발생할 수가 없다. 그런 점에서 국회 비동의 조약이 시행령 이하의 효력만을 가져야 된다는 다수설의 주장은 헌법 해석상 불가피한 결론이 아니다.[67]

② 조약 운영상의 부적법 초래

국회 비동의 조약은 시행령 이하의 효력만을 가진다는 다수설의 입장은 조약

함을 목적으로 한다"고 명기하고 있다.

66) 동지, 이상훈(전게주 54), p.8.

67) 동지, 이상철(전게주 54), p.186.

운영에 있어서 국내법 체계상 여러 가지 불합리와 부적법을 초래하기도 한다. 그 현실을 살펴본다.

i) 유보 철회에 따른 문제

다자조약의 일부 조항이 국내법과 충돌되는 경우 일단 이를 유보하고 가입했다가, 후일 문제의 국내법이 개정되어 충돌이 해소되면 유보를 철회하는 사례가 종종 있다. 유보 철회 조항은 국내적으로 독립된 조약으로 처리되어 별도의 조약 번호가 부여된다. 그런데 원 조약에 대한 유보부 가입은 국회 동의를 얻었을지라도 유보 철회에 대해서는 별도의 국회 동의를 거치지 않는다. 유보 철회 시에는 그 조항의 내용이 더 이상 국내법과 충돌되지 않기 때문이다.

이런 경우 다수설에 따르면 유보 조항을 제외한 원 조약은 국회 동의를 거쳤기 때문에 법률의 효력을 지니지만, 후일 유보 철회의 대상이 된 조항만은 시행령 이하의 효력을 지니게 된다. 즉 동일한 조약에 법률의 효력을 갖는 조항과 시행령 이하의 효력을 지닌 조항이 병존하는 이상한 결과가 된다.

예를 들어 한국은 국회 동의를 거쳐 1990년 4월 10일 「시민적 및 정치적 권리에 관한 국제규약」의 가입서를 기탁했다(조약 제1007호). 당시 한국 정부는 규약 제14조 5항(상소권 보장), 제14조 7항(일사부재리), 제22조(결사의 자유), 제23조 4항(혼인 관련 남녀평등)을 유보한다는 조건 하에 국회의 동의를 받았다. 한국은 1991년 3월 8일 제23조 4항에 대해(조약 제1042호), 1993년 1월 21일 제14조 7항에 대해(조약 제1122호), 2007년 4월 2일 제14조 5항에 대해(조약 제1840호) 각각의 유보를 국회 동의 없이 철회했다. 당초 제14조 7항에 대한 유보는 원 조항의 의미를 잘못 해석해 불필요한 유보를 했었기 때문에 이를 정정했고, 제23조 4항에 대한 유보는 충돌되는 민법 조항 등이 개정되어 철회했고, 제14조 5항에 대한 유보는 국내법의 해석상 유보가 필요 없다고 판단하여 뒤늦게 철회했다. 어떠한 이유에서 유보를 철회했든 다수설에 의하면 규약 중에서 이들 3개 조항은 모두 시행령 이하의 효력만을 갖게 된다.

또 다른 예를 들면 한국은 국회 동의를 거쳐 1984년 12월 27일 「여성차별철폐협약」 가입서를 기탁하면서 제9조와 제16조 1항 (다), (라), (바), (사)호를 유보했다(조약 제855호). 민법 등 국내법상 필요한 남녀평등이 보장되지 못했기 때문이었다. 후일 국내 관련 법률이 개정되자 1991년 3월 5일 제16조 1항 (다), (라), (바)호에 대한 유보를 철회했고(조약 제1041호), 1999년 8월 24일 제9조에 대한 유보를 철회했다(조약 제1492호). 유보 철회시 별도의 국회 동의를 거치지 않았음은 물론이다. 다수설에 따르면 「여성차별 철폐협약」은 기본적으로 국내법률과 같은 효력을 지니나, 제9조(국적에 관한 남녀평등)와 제16조 1항 (다), (라), (바)호(혼인 관계에서의 남녀평등에 관한 내용)는 같은 조약 내의 조항들임에도 불구하고 시행령 이하의 효력만을 지닌다는 결론이다.

국내법 체제에서 법률과 시행령이 하나의 법단위 속에 공존할 수 있는가? 다수설은 국내법 체계에 맞추려고 국회 동의 여부에 따라 조약의 효력을 구분했는데, 그 결과는 국내법 체계 상 존재할 수 없는 기이한 결과를 초래하게 된다. 동일한 조약 내에서 조항에 따라 국내법적 효력이 다르다면 관련법 운영에 혼선을 초래할 우려가 크다. 조약 가입의 구체적 연혁을 알기 어려운 국민은 물론 행정부처의 담당관조차 조항별 효력을 정확히 파악하기 힘들게 된다. 반면 국회의 조약 동의 여부와 상관없이 모든 조약은 동등하게 법률의 효력을 갖는다고 전제하면 아무런 문제가 발생하지 않는다. 국회의 동의 의사가 해당 조약의 조문별로 각기 다른 방법으로 표시되었을 뿐, 전체 조약 내용이 국회의 지지를 받았다는 점에는 다름이 없기 때문에 굳이 이를 구별해야 할 필연적 이유도 없다.[68]

ii) 조약 개정 및 기간 연장의 처리 문제

국회동의를 거쳐 조약을 체결한 이후 조약의 본질적 내용에 해당하지 않는 간단한 사항만을 개정하는 합의를 하거나 조약의 유효기간만을 제한적으로 연장하는 합의는 통상 국회 동의 없이 처리된다.[69] 또는 조약의 실질 내용이 개정된 경우라도 관련 국내법상 실행이 가능하다면 역시 국회 동의 없이 개정조항을 수락한다. 이러한 조약개정이나 기간연장의 합의 역시 형식상 독립된 조약으로 처리되고, 별도의 조약 번호가 부여된다.

---

68) 서울중앙지방법원 2002.1.29. 선고 2001고합1050 판결은 당초의 유보를 국회동의 없이 철회한 시민적 및 정치적 권리에 관한 국제규약 제14조 7항에 관해 다음과 같은 설시를 한 바 있다. 즉 "제14조 7항에 대해서는 유보했다가 1993.1.21. 위 유보를 철회하였다(조약 제1122호) [···] 위 B규약 제14조 제7항은 헌법 제6조 제1항에 따라 일응 국내법과 같은 효력을 가진다고 보인다." 여기서 말하는 "국내법"은 국내법률을 의미한다고 추정된다. 다만 이 설시가 국회 동의 없는 유보철회 조항의 국내적 효력을 충분히 고려한 끝에 나온 표현인지는 미지수이다. 이혜영, 법원의 국제인권조약 적용 현황과 과제(사법정책연구원, 2020), p.143.

69) 그러나 원 조약의 실질적 내용에 변화를 초래하는 경우 개정이라도 국회 동의를 거친다. 예: 1998년 국제이동위성기구 협약 개정(조약 제1708호) 및 동 운영협정 개정(조약 제1709호). 이 경우 원 조약(조약 제868호)은 오히려 국회 동의 없이 가입했었다.

이런 경우에도 다수설에 따르면 이상한 결과가 발생한다. 국제적으로는 조약이 개정되었고 한국 역시 이를 수락했는데, 국내적 효력에 있어서는 여전히 구 조항이 상위법의 자격을 갖게 된다. 구 조약은 국회 동의를 거쳐 체결되어 법률의 효력을 가지나, 개정 조항을 수락하는 신 조항에 대해서는 국회 동의가 없었기 때문에 시행령 등의 효력만 인정되기 때문이다.

예를 들어 「국제통화기금(IMF) 협정」을 한국은 국회 동의를 거쳐 1955년에 가입했는데(조약 제24호), 1976년 채택된 개정 조항에 대해서는 국회 동의 없이 수락하여 1978년부터 적용을 받았다(조약 제631호).[70] 1990년 개정 조항도 국회 동의 없이 수락하여 1992년부터 적용을 받았다. 다수설에 따르면 국내적으로는 새로운 개정 조항은 시행령 이하의 효력만을 지니므로 법률적 효력을 지니는 구 조항이 상위법으로서 우선되어야 하는 기이한 결과가 된다.

한국은 국회 동의 하에 「1969년 유류오염손해에 대한 민사책임에 관한 국제협약을 개정하는 1992년 의정서」를 가입해 1998년부터 적용을 받았다(조약 제1453호). 경제 사정의 변화에 따라 민사책임금액의 한도를 상향시키는 개정 조항이 2000년도 채택되어 2003년부터 발효되었고, 한국은 국회 동의를 거치지 않고 이를 수락했다.[71] 다수설에 따르면 상위법(법률)에 충돌되는 하위법(시행령)이 되어버린 개정 조항이 국내적으로 어떻게 실행될 수 있는가라는 의문이 제기된다.

기간연장의 예를 본다. 한국은 「1971년 소맥무역협약」을 국회 동의를 거쳐 비준했다(조약 제417호). 이 협약은 원래 1974년 6월 30일까지만 유효하도록 예정되어 있었다(제27조 1항). 그러나 대체협정 체결이 늦어져 최종적으로 1983년 6월 30일까지 적용되었다. 그 사이에는 1－2년마다 새로운 기간연장협정이 체결되었으며, 한국은 국회 동의 없이 연장협정을 비준했다.[72] 그런데 다수설에 따르면 1974년 6월까지 발효하는 원 협약만 법률의 효력을 지니고, 이후의 연장협정은 모두 시행령 이하의 효력만 지닌다. 하위법이 상위법을 개폐할 수 없기 때문에 기간연장협정의

70) 다만 필자는 1976년 개정 조항은 IMF 체제에 중요한 변화를 초래하는 개정이었으므로 국회 동의 대상이었다고 생각한다.

71) 국제해사기구 법률위원회에서 개정안의 채택된 후 18개월 이내에 반대 의사를 표시하지 않으면 수락한 것으로 간주되는 체제여서 별도의 수락통지는 하지 않았으나, 개정 조항이 발효되자 이는 외교통상부 고시 제478호로 고시되었다.

72) 1974년 연장(조약 제509호), 1975년 연장(조약 제537호), 1978년 연장(외무부고시 제18호), 1979년 연장(외무부고시 제40호), 1981년 연장(외무부고시 제68호), 1982년 연장(외무부고시 제89호).

발효 이후에도 국내적으로는 원 협정이 우월적 효력을 지니므로 조약이 실효되었다고 보아야 하는가?

국회 동의를 거친 조약의 일부 개정이나 기간 연장이 국회 동의 없이 처리된 예는 이 외에도 적지 않다.[73] 결국 다수설은 조약의 특성을 이해하지 못하고 국내법 체계만을 염두에 둔 이론을 전개함으로써 국내법 체계에도 맞지 않는 이상한 결과를 초래하고 있다. 물론 이 경우 국회 동의를 거친 조약은 아무리 사소한 개정이나 기간 연장이라도 다시 국회 동의를 거치게 하면 위와 같은 우려는 피할 수 있다. 그러나 지난 반 세기를 훨씬 넘게 한국의 조약 체결 실행이 그 같이 운영되지 않았으며, 국회 동의 없는 일부 개정이나 기간연장이 후법으로서 우선적 효력을 발휘해 왔다는 사실이다. 이러한 한국의 실행은 국회 동의 여부와 상관없이 모든 조약은 국내적으로 동일한 효력을 지닌다고 해석해야만 합리적으로 이해될 수 있다.

iii) 조약 우선 조항으로 인한 문제

국내법률 중에는 조약에 달리 규정되어 있으면 그 조약 내용을 우선한다는 조항이 포함된 경우가 적지 않다. 예를 들어 선박안전법 제5조는 "국제항해에 취항하는 선박의 감항성 및 인명의 안전과 관련하여 국제적으로 발효된 국제협약의 안전기준과 이 법의 규정내용이 다른 때에는 해당 국제협약의 효력을 우선한다"고 규정하고 있다. 국제민사사법공조법 제3조는 "이 법에 정한 사법공조절차에 관하여 조약 기타 이에 준하는 국제법규에 다른 규정이 있는 경우에는 그 규정에 따른다"고 규정하고 있다. 국제수형자이송법 제3조도 국제수형자이송에 관하여 "조약에 이 법과 다른 규정이 있는 때에는 그 조약의 규정에 의한다"고 규정하고 있다. 국내법률보다 조약이 우선한다는 조항은 이 외에도 외국인투자촉진법 제30조 9항, 중재법 제2조, 공공차관의 도입 및 관리에 관한 법률 제20조, 국민연금법 제127조, 조세특례제한법 제3조 1항 등 그 예가 적지 않다.[74]

---

73) 국제기구에 관한 조약 개정의 국내 처리 실행에 관해서는 정인섭, 국제기구에 관한 조약의 국회동의, 국제법학회논총 제56권 제3호(2011), pp.194-196 참조.

74) 구 우편법 제11조와 구 특허법 제26조, 그리고 구 특허법 제26조를 준용하고 있던 구 상표법 제5조, 구 실용신안법 제3조, 구 디자인보호법 제4조의25 등에도 조약에 다른 규정이 있는 경우에는 조약에 따른다는 조항이 있었으나, 한미 FTA 발효를 위한 국내법 개정 과정에서 모두 삭제되었다. 그 이유는 다음과 같다. 한미 FTA에는 협정상의 규정과 미국법이 불일치하는 경우 협정 조항이 미국에서 자동적으로 효력을 발휘하지 못한다는 내용이 담겨 있었다. 이에 한미 FTA의 영향을 받는 분야에 있어서 한국만 조약 우위의 기존 조항을 유지하는 것

이 같은 조항들은 국회 동의 여부와 관계없이 조약이 국내법률에 대한 특별법의 지위를 가짐을 명백히 하고 있다. 이는 조약과 다른 내용의 국내법률이 후법으로 만들어지더라도 한국의 국제법 위반을 방지하는 기능을 하게 된다. 그런데 특별법 우선의 원칙은 양자가 동등한 법원이라는 점이 전제되어야 한다. 양자가 상하관계라면 특별법 우선이 적용될 여지가 없다. 결국 국내법률에 조약과 법률의 내용이 서로 다르면 조약이 우선한다는 조항이 다수 존재한다는 사실은 한국의 법체계상 조약과 법률이 대등한 관계임을 표시하고 있다.[75)]

혹시 이런 법률조항을 하위법인 시행령적 조약을 통해서도 특례를 인정할 수 있도록 규정한 일종의 위임입법으로 볼 수는 없을까? 그러나 헌법 제75조에 따라 "대통령은 법률에서 구체적으로 범위를 정하여 위임받은 사항과 법률을 집행하기 위해 필요한 사항에 관하여 대통령령을 발할 수" 있을 뿐이므로, 아무런 범위 제한도 없이 무조건 하위법을 우선시키는 규정은 위헌이다.[76)] 다수설의 주장과 같이 국회 비동의 조약이 시행령 이하의 효력을 갖는다면 이 같은 조약에 우선적 효력을 인정하는 국내법률 조항은 위헌이 된다. 다수설이 위헌이 되지 않으려면 국회 동의를 받은 조약만이 국내법률에 우선한다는 제한이 추가되어야 하나, 조약 우선을 규정한 국내법률 중에 그런 내용을 추가로 갖고 있는 경우는 하나도 없다.

만약 해당 법률의 모든 관련 조약이 국회 동의를 거친 경우라면 다수설도 위헌적 결과를 모면할 수 있을 것이다. 그러나 조약 체결과정에서 위와 같은 법률 조항의 존재를 이유로 국회 동의의 필요 여부가 판단되지 않는다.[77)] 오직 헌법 제60조 1항에 열거된 사유에 해당하느냐 여부만이 국회 동의의 필요성을 결정하는 기준이 된다.

결국 국회 비동의 조약은 시행령 이하의 효력만을 갖는다는 다수설에 입각한

은 불공평하다는 판단에서 2011년 법개정시 삭제되었다. 국회 지식경제위원회 우편법 일부개정법률안 검토보고서(2011), pp.3-8 및 국회 지식경제위원회 특허법 일부개정법률안 검토보고서(2011), pp.3-10 참조.

75) 이상철(전게주 54), pp.189-190.

76) 이상철(전게주 54), p.190.

77) 실제로 국회 동의를 거치지 않은 조약이 위와 같은 법률에 의해 우선적 적용이 보장된 사례가 있다. 예를 들어 「범죄인인도법」 제3조의2에는 "범죄인 인도에 관하여 인도조약에 이 법과 다른 규정이 있는 경우에는 그 규정에 따른다"는 규정이 있는데, 한국-호주 범죄인인도조약(조약 제1023호)은 국회 동의 없이 체결되었다. 「국제형사사법공조법」 제3조에는 "공조에 관하여 공조조약에 이 법과 다른 규정이 있는 경우에는 그 규정에 따른다"는 규정이 있는데, 한국-호주 형사사법공조조약은 국회 동의를 거치지 않고 체결되었다.

다면 조약 우선을 규정한 국내법률 조항들은 포괄적 위임입법 금지 원칙을 위반하는 결과가 된다. 이는 국회 동의 여부와 상관없이 모든 조약은 국내법률과 같은 효력을 지닌다는 해석을 통해서만 합리적으로 이해될 수 있다.

③ 오해의 출발점

국회 동의 여부를 기준으로 조약의 국내적 위계를 구별하려는 입장이 그간 국내 학계의 다수설로 자리 잡게 된 배경은 무엇일까? 무엇보다도 국내 학계가 조약 체결의 과정과 국회 동의의 실행을 직접 조사하지 않고 해당 헌법 조문을 나름의 상식만으로 해석했기 때문이라고 생각한다. 한국이 체결한 조약의 다수가 국회 동의를 거치며, 비교적 간이하고 기술적·세부적 사항을 규정하는 덜 중요한 조약만이 국회 동의 없이 체결되리라고 막연히 생각하는 국내학자들이 의외로 많다.

사실 국회 동의의 대상을 규정한 헌법 제60조 1항은 제헌헌법 제42조 이래 거의 동일한 골격을 유지하고 있다. 비교법적으로 볼 때 이 조항은 국회 동의의 대상 조약의 유형을 상세히 규정하고 있는 편이다. 유진오 선생은 이에 "열거된 조약의 종류는 대단히 광범위 하므로 국회의 동의를 요하지 않는 조약의 범위는 극히 국한되어 있는 것이다"라고 자평했었다.[78] 아마도 조약이란 원칙적으로 비준을 거쳐 성립되며, 그러한 조약의 대부분은 국회 동의를 거칠 것으로 생각한 듯하다.[79] 이에 유진오 초안에 따라 성립된 1948년 헌법 제7조는 "비준·공포된 국제조약과 일반적으로 승인된 국제법규는 국내법과 동일한 효력을 가진다"고 규정하였고, 제42조는 "국회는 국제조직에 관한 조약, […] 입법사항에 관한 조약의 비준과 선전포고에 대하여 동의권을 가진다"고 규정했다. 이 조항의 문언들은 헌법이 마치 "비준"을 거치는 조약만을 염두에 둔 듯하다. 조약에 대한 이 같은 부정확한 인식은 조약의 효력에 대한 국내 헌법학계 오해의 출발점이었다.

조약이 원칙적으로 국회의 동의를 거쳐 체결되리라는 오해는 이후에도 국내 학계에 지속되었다.[80] 자연히 중요한 조약들은 모두 국회 동의를 거치며, 국회 동

78) 유진오(전게주 42), p.105.

79) 유진오 선생도 비준 없이 성립하는 조약의 존재를 모르지는 않았다. 그가 경성제대 학생 시절 작성한 원고를 바탕으로 졸업 직후 발표한 조약비준론(조선지광 1929년 4월호), p.74에는 "조약에 따라서는 전연히 비준을 요치 안는 것이 있다"는 설명이 나온다.

80) "비준·공포한 국제조약은 대부분이 이미 국회의 동의를 얻은 것." 서석순(전게주 54), p.26; "조약의 비준에는 원칙적으로 국회의 동의가 필요." 이경호, 헌법강의(일한도서출판사, 1959), p.86; "비준을 요하지 않는 조약도 동의를 요하게 되어 동의의 범위가 극히 광범하다." 박일경, 신헌법해의(진명문화사, 1963), p.246; "원래 조약은 헌법 제56조에 의하여 국회의 동의를

의를 거치지 않는 조약은 중요하지 않은 조약일 것이라는 또 다른 오해를 파생시켰다. 그 결과 국회 동의를 거치지 않는 조약은 “단순한 행정협조적 또는 기술적 사항에 관한 조약”이거나 “모조약을 구체적으로 집행하기 위한 세부조약에 불과할 것”이라는 오해가 현재까지도 국내 헌법학계에 광범위하게 유포되어 있다.[81] 국회 동의가 필요 없는 조약으로 헌법학자들이 가장 공통적으로 제시하는 예가 하필 비자면제협정이라는 사실은 흥미로울 정도이다. 이러한 전제 속에서라면 조약은 국내법률과 같은 효력을 지니나, 국회 동의를 거치지 않는 행정협조적·기술적 사항의 조약은 법률보다 하위인 시행령 이하의 효력만을 지닌다는 결론이 자연스러울 수 있다. 실제로 대부분의 국내 헌법 교과서는 조약이 국내적으로 법률의 효력을 지니나, 국회 비동의 조약에 한하여만 시행령적 효력을 지니는 것처럼 설명하고 있다. 즉 전자가 원칙이고, 후자는 예외 같은 인상을 주고 있다.

그러나 제헌 헌법 이래 중요하지 않다거나, 단순히 행정적·기술적 성격이라거나, 모조약의 세부사항을 규정하는 조약만이 국회 동의에서 제외되지 않았다. 앞서 설명한 바와 같이 사회나 국민의 생활에 커다란 영향을 미치는 적지 않은 조약이 국회 동의 없이 체결되었으며, 오히려 사회적 파장이 큰 조약이기 때문에 국회의 직접적인 조약 동의가 아닌 사전 국내법 정비라는 방식을 통해 조약 체결 절차가 진행되었다. 이렇게 본다면 조약 체결에 대한 국회의 의사가 반드시 직접적인

얻어야 한다.” 문홍주, 한국헌법(법문사, 1965), p.135 등.

81) “헌법에 특별히 열거되지 아니한 국가간의 단순한 행정협조적이고 기술적인 사항에 관한 조약(예컨대 Visa 협정, 문화교류를 내용으로 하는 협정 등)의 체결·비준에는 국회의 동의를 요하지 않는다.” 허영(전게주 55), p.210; “개념적으로 국회의 동의를 요하지 않는 조약은 입법사항이 아니거나 혹은 중요한 사안에 대하여 이미 이루어진 합의를 구체적으로 집행하기 위하여 필요한 세부적인 사안에 대한 합의를 내용으로 하는 행정협정의 범주에 속한다고 보아야 한다.” 전광석(전게주 54), p.170; “국가간의 단순한 행정협조적 또는 기술적 사항에 관한 조약, 예컨대 Visa 협정, 문화교류에 관한 협정 등이 국회의 동의를 요하지 않는 행정협정에 속한다.” 한수웅(전게주 54), p.356; “따라서 단순히 행정기술적 사항(Visa 협정 등)에 관한 조약은 이(국회 동의 — 필자 주)에서 배제된다.” 강경근, 헌법(법문사, 2002), p.114; “비자 협정과 문화교류를 내용으로 하는 협정 등과 같이 헌법에 열거되지 아니한 단순한 행정협조적·기술적 사항에 관한 조약의 체결·비준에는 국회의 동의가 필요없다.” 홍성방(전게주 56), p.242; “즉 국가간의 단순한 행정협조적 또는 기술적 사항에 관한 조약의 체결·비준에는 국회의 동의를 요하지 않는다.” 장영수(전게주 54), p.243; “모든 조약의 체결 비준이 국회의 동의를 받아야 하는 것은 아니다.” “단순히 행정협조적이고 기술적인 사항에 관한 조약의 체결 비준에서는 국회의 동의가 필요 없다.” 이준일(전게주 54), p.190; “기본조약의 실시세목을 정하는 기술적·절차적·사무적인 조약은 행정부만에 의해 체결될 수 있으므로 국회의 동의를 필요로 하지 않는다.” 구병삭(전게주 54), p.246.

조약 동의안을 통해서만 확인되는 것은 아니라고도 할 수 있다. 그런 점에서 국회 동의와 상관없이 모든 조약은 국내적으로 법률의 효력을 지닌다는 해석이 과거 교수가 아닌 법제처 법제관 등 실무적 경험이 많았던 사람에 의해 지지된 점은 주목할 만하다.[82)]

조약중 국회 동의를 거치는 비율을 살펴 보아도 헌법을 기초한 유진오 선생이 전혀 예상하지 못한 방향으로 조약 동의가 운영되어 왔음을 알 수 있다.[83)] 즉 고시류 조약까지 포함하면 한국이 당사국인 조약의 근 8할은 국회 동의 없이 체결되며, 고시류 조약을 제외해도 약 7할의 조약이 국회 동의 없이 체결된다.[84)] 이 같은 수치만을 기준으로 평가하면 한국의 조약 체결에 있어서 국회 동의는 예외이며, 오히려 국회 비동의가 원칙이었다. 이러한 현실을 바탕으로 조약의 국내법적 효력을 설명한다면 다수설의 입장은 조약이란 국내법적으로 시행령 이하의 효력만을 지니나, 국회 동의를 받는 제한된 숫자의 조약만이 예외적으로 법률과 같은 효력을 지닌다고 주장하는 결과가 된다. 국내의 다수설이 이러한 조약 체결의 현실을 과연 얼마나 알고 판단을 내리고 있는지 의문이다.

㈐ 기타 학설의 검토

① 법률에 대한 입법적 다자조약 상위설

학설 중에는 국회 동의를 받은 조약중 "입법적 다자조약은 법률에 우선하며," "계약적 양자조약은 법률과 같은 가치"를 가지나, 국회 동의 없이 체결된 조약은 "법률보다 하위에 놓인다"는 견해도 있다.[85)] 이러한 주장은 이른바 입법적 다자조약은 국제사회에서 일반적으로 수용되고 있는 조약이므로 국내적으로 법률보다 상위의 효력을 인정함이 바람직하다는 취지에서 이해가 가는 측면도 있다. 그러나 이를 실제 적용하기에는 몇 가지 문제점에 부딪치게 된다.

---

82) 이상철(전게주 54)과 이상훈(전게주 54 및 하게주 96)의 논문 참조.

83) 유진오 선생은 조약 동의에 관한 외국 사례에 관해서도 별다른 조예가 없었던 듯하다. 단적인 예로 그는 미국을 모든 조약이 입법부의 동의를 얻어야 하는 유형의 국가로 알고 있었고, 영국 등의 경우 중요한 조약만 동의를 얻는데 한국은 후자의 예를 따랐다고 설명하고 있다. 유진오(1949)(전게주 42), p.105. 실제에 있어서 미국의 경우 입법부의 동의를 거치는 조약의 비율은 일부임에도 불구하고, 국내에서 유진오 식의 오류는 일부 법률 교과서에 1980년대까지 지속되었었다.

84) 정인섭, 한국의 조약정보 관리상의 오류 실태, 국제법학회논총 제54권 제1호(2009). pp.159-166.

85) 김대순(전게주 4), p.334.

첫째, 입법적 다자조약이 법령상의 용어도 아니고 이에 대한 확립된 정의가 없는 상황에서 이를 기준으로 조약의 국내법적 효력을 구분하려는 시도는 바람직하지 않다. 둘째, 실제 판례에서도 이 같은 입장이 지지된 경우는 한 건도 없으므로 이 같은 주장은 국내 실행과 맞지 않는다. 셋째, 국회 동의의 조약은 입법부의 협력 하에 대통령이 제정하는 규범이다. 그런데 우리 헌법상 국회나 대통령 모두 법률보다 상위의 규범을 만들 수 있는 권한은 없다. 한국은 조약의 법률 우위 가능성이 헌법에 규정된 국가가 아님에도 불구하고, 법률보다 상위 규범인 조약을 만들 권한이 어디서 나올 수 있는지 의문이다. 넷째, 입법적 다자조약이 법률보다 상위규범이면 국회의 입법권도 이를 뛰어 넘을 수 없다. 조약에 국회가 한번 동의했다고 영원히 이에 구속되어야 한다는 이론은 비현실적 주장이다. 다섯째, 모든 다자조약이 입법적 다자조약에 해당하지는 않을 것이다. 그러면 입법적 다자조약도 아니고 계약적 양자조약에도 해당하지 않는 조약의 국내법적 효력은 어떻게 되는지 모호하다. 여섯째, "입법적 다자조약이 법률에 우선"한다는 취지는 법률에 대한 조약 우위론을 주장하지 않아도, 일반적으로 특별법 우선의 원칙에 의해 달성될 수 있으므로 법운용상 반드시 필요한 이론이 아니다. 이상의 여러 점을 감안하면 이 같은 주장은 우리 헌법의 해석상 취할만한 입장이 못 된다.

② 국제인권규약 등의 헌법적 효력설

일부 학설은 조약중 일부가 헌법적 효력을 가진다고 주장한다. 이러한 입장들이 모두 통일된 견해를 주장하는 것은 아니나, 공통적으로 국제인권규약은 헌법적 효력을 지닌다는 입장이다. 김철수 교수 등은 국회 동의 여부를 기준으로 조약의 효력을 법률과 명령·규칙 등으로 구분하나, 국제인권규약 같은 조약은 헌법률적 효력을 가진다고 주장한다.[86] 단 구체적인 근거는 제시하지 않고 있다. 다만 이명웅은 "ICESCR과 ICCPR(국제인권규약 - 역자주) 같은 국제인권법은 통상의 조약과 다른 특수한 성격을 지니고 있는바 헌법적 차원의 효력을 지니는 것으로 보아야 한다"고 주장하며[87] 이에 대해 비교적 구체적인 논증을 시도하고 있다. 그는 "헌법과 같이 근본적인 자유와 인권을 개인에게 보장하고 있는 ICESCR과 ICCPR 역시 헌법적 차원의 성질을 가진 법규범이라고 보아야 할 것"이며, "다만 헌법과 조화되는

86) 김철수, 헌법학개론(제21전정신판) (박영사, 2013), p.291. 정재황은 국제연합 헌장이나 국제인권규약이 헌법률적 효력을 지닌다고 주장한다. 정재황 헌법학(박영사, 2021), p.404.

87) 이명웅, 국제인권법과 헌법 재판, 저스티스 통권 제83호(2005), p.183.

범위 내에서 보완적으로 효력을 가진다고 봄이 상당하다"고 주장한다.[88] 그는 헌법재판소가 몇몇 사건에서 국내법률의 위헌 여부를 검토하면서 아울러 이것이 국제인권규약에 위배되는가를 평가한 바 있는데,[89] 이는 곧 규약이 헌법적 차원의 법규범임을 전제로 하는 증거라고 해석한다. 즉 규약이 단순히 법률의 효력을 갖는다면 국내법률이 이에 위반되는지 여부를 헌법재판소가 따질 필요가 없지 않느냐고 반문한다.[90]

주목할 만한 주장이나 이에 대해서도 몇 가지 의문이 제기된다.[91] 첫째, 대상법률의 위헌을 주장하는 원고가 마침 헌법과 유사 또는 동일한 내용을 규정한 인권조약과의 충돌도 아울러 주장하는 경우 헌법재판소로서는 헌법의 올바른 해석을 위해서도 조약 내용을 검토할 필요가 있을 것이다. 헌법재판소가 국내법률의 위헌성을 검토하면서 조약과의 합치 여부를 검토했다고 하여 곧바로 그 조약을 헌법적 규범이라고 볼 수 있는가에 대한 의문이다. 사실 근거로 제시된 위 헌법재판소 판례들 중 실제로 국내법률이 조약에 위반된다고 판정된 사례는 하나도 없었다. 둘째, "헌법적 차원의 법규범"이란 구체적으로 어떤 개념인지 불분명하다. 이명웅은 "국제인권법은 헌법과 법률 사이에 위치하는 것이 아니라, 헌법 기본권의 보완적 내용을 이루는 것으로서 헌법적 차원의 것이며, 다만 헌법보다 우선할 수 없다는 뜻"이라고 주장한다.[92] 그런데 기존 헌법의 내용 범위 내에서만 국제인권법이 헌법적 차원의 효력을 갖는다는 주장은 헌법 해석시 존중되어야 할 중요한 참고조문이라는 주장(이른바 간접적용설)과 결과적으로 무엇이 다른지 충분히 이해되지 않는다. 셋째, 국제인권규약 등이 개인의 근본적인 자유와 인권을 규정하고 있으며 그 내용 대부분이 헌법상의 기본권 목록과 일치한다는 이유에서 헌법적 효력을 갖는다고 주장하면, 헌법상의 내용을 담고 있는 모든 조약은 헌법적 효력을 갖게 되는가? 반대로 국제인권규약에는 규정되어 있으나, 우리 헌법에는 규정되어 있지 않

88) 이명웅(상게주), pp.184-185. 한편 오승진도 다소 근거에는 차이가 있으나, 헌법과 동일한 내용을 규정하고 있는 국제인권규약은 헌법적 성격을 지닌다고 주장한다. 오승진, 국제인권조약의 국내적 적용과 문제점, 국제법학회논총 제56권 제2호(2011), p.124.

89) 헌재 1998. 10. 29. 98헌마4 결정; 헌재 1997. 1. 29. 97헌바23 결정; 헌재 2001. 4. 26. 99헌가13 결정 등.

90) 이명웅(전게주 87), pp.186-188.

91) 김철수와 정재황은 주장에 대해 별다른 이유를 제시하지 않고 있으므로, 구체적인 근거를 제시하고 있는 이명웅의 주장을 중심으로 검토한다.

92) 이명웅(전게주 87), p.185.

은 권리(예를 들어 소수자의 권리)의 성격은 어떻게 판단해야 하는가? 헌법적 효력을 가진 조약을 구분하는 기준이 명확하지 않다면 이러한 주장이 객관성과 설득력을 갖기 어렵다. 넷째, 헌법재판소의 한 결정은 문제된 "이 사건 노조법 조항들이 위 협약에 배치된다고 보기 어렵다"고 판단한 바 있는데(2014년 5월 29일 선고, 2010헌마606 결정), 이 경우 국내법률의 위헌성 판단시 참고 기준이 되었던 협약은 국회 비동의 조약인 「기업의근로자대표에게제공되는보호및편의에관한협약」(조약 제1618호)이었다. 그럼 이 협약도 헌법적 차원의 법규범이라고 할 수 있을까? 다섯째, 위 김대순 교수 주장에 대한 세 번째와 네 번째 비판이 이 경우에도 동일하게 적용될 수 있다. 결론적으로 헌법재판소가 국내법률이 조약과의 합치 여부를 검토했다는 이유만으로는 그 조약을 헌법적 차원의 법규범으로 보기는 어렵다고 본다.

③ 조항 내용에 따른 효력 구분설

이는 주로 법제처 실무진의 입장에서 주장되는 입장으로 한 개의 조약에 법률적 효력의 규정과 하위 시행령 등의 효력을 지니는 규정이 모두 포함될 수 있다고 보고, 조약의 국내법적 위계를 조약 단위가 아닌 매 조항별로 판단하자는 견해이다. 즉 조약 조항이 국내법상 법률적 내용을 규정하고 있으면 법률의 효력을, 시행령적 내용을 규정하고 있으면 시행령의 효력을 가졌다고 보자는 입장이다.[93]

이러한 주장은 조약의 국회 동의 여부를 판단해야 하는 법제처의 입장에서는 편리할지 모른다. 그러나 앞서 다수설에 관한 비판에서도 지적되었듯이 국내법 체제에서 법률과 시행령이 하나의 법단위 속에 공존할 수 있는가라는 의문에 부딪친다. 설사 가능하다 하더라도 이는 국민과 행정 실무 부서나 사법부에 큰 혼선을 야기하리라 우려된다. 조약의 각 조항마다 어떤 법적 효력을 지니는지 사전에 누구도 명확히 알기 어렵기 때문이다. 조약의 위헌 판단기관도 조항별로 헌법재판소와 대법원으로 나뉘게 되는데, 이러한 구분 시도 자체가 혼란을 불러일으킬 것이다.

국내법에서는 법령의 공포시 법률, 시행령, 시행규칙 등 그 위계를 명시하여 효력 관계를 분명히 하고 있고, 설사 시행령에 시행규칙적인 내용이 포함되었다고 하여도 해당 조항은 시행규칙의 효력을 지닌다고 하지 않는다. 결과적으로 조항별

93) 김철수와 정재황은 헌법 제6조 1항에 아울러 규정되어 있는 "일반적으로 승인된 국제법규"의 국내법적 효력을 그 내용에 따라 헌법적 효력, 법률적 효력, 명령적 효력을 갖는다고 보아야 한다고 주장한다. 김철수(전게주 86), p.290; 정재황(전게주 86), p.407. 이를 조약에 유추 적용하면 조약 내용에 따른 효력 구분설과 상통한다.

효력 구분설은 행정부의 자기 편의적이거나 자의적 행정을 초래할 우려가 높다. 왜냐하면 조약 시행의 1차적 책임을 담당하는 행정부처가 내부적·비공식적 기준만을 근거로 조약의 조항별로 법적 효력을 달리 제시하는 경우, 조약 전문가가 아닌 국민으로서는 별달리 대응할 방법도 없기 때문이다. 조약의 법적 효력은 조약 단위로 통일적으로 파악하는 태도가 국내법 체계상으로도 합당하고, 이행상 혼란도 야기하지 않을 것이다.

(3) 정책적 입장에서의 평가

이상 국회 비동의 조약에 국내법적으로 시행령 이하의 효력을 부여하는데 따른 이론적 모순점을 지적했다. 또한 정책적 입장에서 판단해도 시행령적 조약을 인정하는 입장은 바람직하지 않다.

먼저 조약의 위헌 심사라는 관점에서 분석해 본다. 현행 헌법상 법률의 위헌 여부에 대하여는 헌법재판소만이 심판할 수 있고, 명령 이하의 국내법이 헌법이나 다른 상위법에 위반되는지 여부는 대법원이 최종적으로 심사할 권한을 가진다(헌법 제107조). 자연 다수설은 국회 동의를 받은 조약의 위헌 여부는 헌법재판소가 판단하고, 비동의 조약의 위헌 여부는 대법원이 최종 판단을 할 수 있다고 본다.[94]

그러나 조약의 특수성을 감안한 정책적 입장에서 본다면 조약의 위헌 여부는 헌법재판소로 일원화 하는 방안이 바람직하다. 왜냐하면 조약은 국내적으로 위헌 무효가 선언되어도 이의 국제적 효력이 손상될 가능성이 거의 없고, 여전히 대한민국은 이의 준수 의무를 부담하기 때문이다.[95] 국내 사법부의 조약 무효 선언은 자칫 대한민국의 국제법 위반만을 초래할 뿐이다. 그런 의미에서 조약의 경우 일반 국내 법령의 위헌 판단보다 훨씬 신중한 접근이 필요하다. 여러 국가의 사법부가 대외관계에 관련된 사건에서는 사법적 판단을 자제하는 입장을 취하는 태도도 같은 이유이다.

따라서 조약의 국내적 효력에 관해서는 규범통제기관을 단일화해 이 문제를 통일적으로 다루는 방안이 정책적으로 바람직하다. 판례와 다수설상 국회 동의 조약의 위헌 여부 판단은 헌법재판소의 권한 범위에 속한다는데 이견이 없기 때문에 위헌 심사기관을 일원화한다면 결국 헌법재판소가 이를 담당해야 한다.

94) 성낙인(전게주 54), p.338; 한수웅(전게주 43), p.355; 정재황(전게주 86), pp.409-410; 구병삭(전게주 54), p.251; 강경근(전게주 55), p.87 등.

95) 비엔나 협약 제27조 및 제46조 참조.

설사 조약이 위헌으로 판단되는 경우에도 일반 법원과 달리 헌법재판소는 헌법 불합치 판정을 통해 위헌 조약의 즉각적 적용중단을 회피하고 잠정적 존속을 인정하는 수단을 갖고 있다는 점도 장점이 된다.[96] 왜냐하면 정부는 그 사이에 조약의 탈퇴나 개정 협상 등 대외적 대응을 할 수 있기 때문이다.[97] 이 점에서 모든 조약은 국내적으로 "법률"의 효력을 지닌다고 보는 입장이 바람직한 결과를 가져온다.

한편 다수설과 같이 비동의 조약이 시행령적 효력을 갖고 있다고 전제하면 단순히 국내법률에 위배되어도 무효로 된다. 즉 비동의 조약 체결 후 국회가 이와 저촉되는 내용의 법률을 제정하면 조약은 상위법에 위배되어 무효로 된다. 그러나 비동의 조약도 법률의 효력을 지닌다고 해석하면 모순되는 후법이 제정되어도 조약은 특별법으로 효력을 지속할 수 있다. 만약 입법부가 정말로 선 조약을 무력화시킬 의도라면 그러한 의도를 명백히 하는 입법을 하면 된다. 이러한 상황을 고려해도 조약은 역시 국내법률과 같은 효력을 지닌다고 판단하는 입장이 바람직한 법운영의 결과를 가져온다는 결론이다.

사회학적 관점에서 보아도 다수설의 입장은 대한민국의 정치·경제적 발전과 번영에 도움이 되지 않을 것이다. 오늘날의 한국이 단시간 내에 경제적 도약을 이룰 수 있었던 원동력은 활발한 대외교류였다. 지정학적으로 강대국에 둘러싸인 대한민국은 안정적 국제관계의 유지와 국제법을 중시하는 대외정책을 전개할 필요가 누구보다 크다. 유럽에서도 대한민국과 지정학적 상황이 유사한 네덜란드나 룩셈부르크 같은 국가는 유독 조약의 중요성을 강조하며 국내적으로 헌법 이상의 효력도 인정한다. 이들은 역사적 체험을 통해 대외적 약속의 준수가 국가발전에 얼마나 중요한가를 익히 알고 있기 때문이다. 이는 국가의 운영의 모든 면에 있어서 대외 의존도가 높은 대한민국에게 좋은 시사점을 제공한다. 즉 한국은 통상적인 국가보다 국제법의 활용과 의존에 더욱 유의해야 하며, 국제법의 국내법적 효력을 더욱 중요시해야 한다. 범세계적으로 국제교류가 활발해지면 해질수록 국제법에 대한 존중이 강화되는 추세이다.[98] 이러한 시각에서 살펴보아도 한국이 체결한 조

96) 이상훈(전계주 54), p.15; 이상훈, 조약의 국내법적 효력과 규범통제에 대한 고찰, 국제법 동향과 실무 vol.3, No.1(통권 제7호(2004) p.158.
97) 이와 관련하여 본서 제14장 국제기구와 조약의 각주 24 내지 28 및 관련 본문의 사례 참조.
98) 정인섭, 생활 속의 국제법 읽기(일조각, 2012), pp.218-225.

약의 대부분을 시행령적 조약으로 만들고 있는 다수설의 입장은 국가의 미래를 위해 바람직하지 않다.

조약상의 의무는 그 출발이 국제법이지, 국내법이 아니다. 그런데 법률 – 시행령 – 시행규칙과 같은 법령간의 위계는 국내법상의 개념에 불과하며, 강행규범의 개념을 제외하면 국제법상으로는 그 같은 상하 단계가 존재하지 않는다. 즉 조약은 내용에 따라 정치적 비중이야 다르겠지만 형식적으로는 국제법상 모두 동일한 법적 효력을 지닌다는 점을 전제로 해 만들어진다. 그렇다면 헌법 명문의 조항과 충돌되지 않는 한 조약의 국내법적 효력도 가급적 국제법과 같은 기조에서 파악하는 편이 바람직할 것이다.[99]

그럼에도 불구하고 본래 동등한 법적 효력을 지닌 조약을 국내 체결절차를 이유로 한국 내에서의 효력을 상하관계로 구별하려는 다수설의 입장은 국제법과 국내법 간의 불일치를 야기할 우려만 초래한다. 독일 「기본법」이 국회 동의 여부에 따라 조약의 국내적 효력에 차이를 두는 근거조항(제59조 2항)을 두고 있는 점과 달리, 한국 헌법에는 국내적 처리절차에 따라 조약의 효력을 구분하는 조항이 없다. 국내 법령이 법률, 시행령, 시행규칙으로 그 효력이 구분되어 공포됨과 달리, 조약은 국내에서 조약이라는 별도의 단일 형식으로 공포된다. 즉 한국에서는 국회 동의 여부를 통해 조약의 국내법적 효력을 구분할 필연적 이유는 없는 것이다. 국회 비동의 조약에 법률의 효력을 인정하면 대통령에게 단독으로 법률 제정권을 인정하는 결과가 된다는 우려 역시 앞서 설명된 바와 같이 한국 헌법의 해석상 기우에 불과하다.

물론 조약에 따라서는 이를 법률이라 보기에 매우 지엽적인 내용의 합의도 있다. 국내법에 비유하면 시행령에조차 못 미칠 내용도 있다. 모 조약을 실현하기 위한 하위법적 성격의 조약도 있다. 그렇지만 국회 비동의 조약은 시행령적 효력을 지닌다고 파악하는 다수설의 입장은 이상에서 분석한 바와 같이 국내 법질서 속에서 오히려 여러 가지 부조화 또는 부적법을 야기할 뿐이다. 결론적으로 한국 헌법의 해석상 모든 조약은 "법률"과 같은 효력을 지닌다고 보는 입장이 기존 조약 운영의 실태나 국내법 체계와 조화를 이룰 수 있으며, 정책적으로도 바람직한 결과를 얻을 수 있다.

---

99) 정인섭, 신국제법강의(제13판), p.125.

조약의 국내법적 효력을 어떻게 파악할지는 다분히 각국의 역사적 경험을 바탕으로 한 정책적 결단의 문제이다. 어떤 국가는 조약에 헌법 이상의 지위를 부여하기도 하고, 어떤 국가는 조약에 법률보다 상위의 효력을 부여하기도 하고, 어떤 국가는 조약과 법률을 동등하게 파악하기도 하고, 어떤 국가는 조약의 국내적 직접 적용을 부인하기도 한다. 이 같은 태도를 명문의 법을 통해 실행하기도 하고, 불문의 사법전통을 통해 실행하기도 한다. 한국이 어떠한 방향을 택할지는 한국의 헌법질서 속에서 역사적·정치적·경제적·법률적 고려사항을 종합해 결론내릴 문제이다. 경우에 따라서는 커다란 불합리·부적절을 피하기 위해 작은 불합리·부적절은 감수해야 한다. 한국의 경우 국회 비동의 조약에게도 법률의 효력을 인정함이 현명하다.

4. 조약과 국내법의 조화 노력

과거 국제법이란 국가간의 법, 국내법이란 국가와 개인 또는 개인과 개인간의 법이라고 쉽게 구별할 수 있었으나 현대로 올수록 양자관계는 사실 모호해지고 있다. 국가간 상호의존성의 강화, 국제교류의 폭발적인 증가, 과거 국내법 영역에 대한 국제법의 지속적 침투, 국제기구의 발달과 권한 확대 등등으로 인해 조약을 중심으로 한 국제법의 적용범위는 꾸준히 확대되고 있다. 한편 조약과 관련된 사건이 국내법원에 회부되는 경우가 증가함에 따라 조약이 국내법원에 의해 해석되는 경우도 늘어났다.

조약과 국내법은 별개의 입법주체에 의해 별개의 과정을 통해 형성되기 때문에 양자간 충돌이 발생할 가능성이 크다고 상상할지 모른다. 그러나 현실 세계에서 양자간 충돌이 우려만큼 자주 발생하지는 않는다. 무엇보다도 조약은 국가의 명시적 동의 하에 체결되기 때문에 각국은 명백히 자국법과 충돌되는 조약은 체결하지 않거나, 국내법의 변경을 전제로 조약 체결에 참여하기 때문이다.

또한 대부분 국가의 사법부는 자국법을 조약을 포함한 국제법과 가급적 조화적으로 해석하려고 노력한다. 국내법의 문언이 도저히 조약과 조화를 이룰 수 없는 경우라든가 또는 조약과 충돌되는 내용의 국내법을 제정하려는 입법부의 의도가 명백한 경우가 아니라면, 가급적 조약과 국내법을 조화적으로 해석하여 국제법을 위반하는 결과의 발생을 피하려 한다.[100] 다음은 이 같은 사법적 전통이 깊은

영국과 미국의 사례이다.[101)]

"I think we are entitled to look at it because it is an instrument which is binding in international law and we ought always to interpret our statutes so as to be in conformity with international law."(Saloman v. Commissioners of Customs and Excise [1967] 2 QB 116)

" ... unless this power clearly and unequivocally exercised, this court is under a duty to interpret statutes in a manner consonant with existing treaty obligation. This is a rule of statutory construction sustained by an unbroken line of authority for over a century and a half."(U.S. v. The Palestine Liberation Organization and Others 695 F. Supp. 1456(1988))

이에 조약 내용 확정이 국내재판의 전제가 되는 경우 주요 국가의 사법부는 먼저 대외관계를 책임지는 행정부의 입장을 직간접으로 확인하는 절차를 취하는 예가 많다.[102)] 이때 조약에 대한 행정부의 해석이 사법부에 대해 법적 구속력을 발휘하지는 않더라도 각국의 사법부는 조약에 관한 한 행정부의 입장을 되도록 존중함으로써 국제법과 국내법의 충돌을 막으려 한다.[103)]

아래는 국제법과 국내법간의 조화적 해석에 관련된 국내 판결들이다. 각 판결마다 미묘한 차이를 보이고 있는데, 아직까지 한국의 헌법재판소나 대법원은 조약을 포함한 국제법과의 조화를 위해 기존 국내법 해석 태도를 바꾸는데 소극적이다.

▶판례 ① 헌법재판소 2005.10.27. 2003헌바50 등 결정

"우리 헌법은 헌법에 의하여 체결·공포된 조약은 물론 일반적으로 승인된 국제법규를 국내법과 마찬가지로 준수하고 성실히 이행함으로써 국제질서를 존중하여

100) E. Denza, The Relationship between International and National Law, in M. Evans, International Law 5th ed.(Oxford UP, 2018), p.401 참조.

101) "An act of Congress ought never to be construed to violate the law of nations if any other possible construction remains." Murray v. Schooner Charming Besty 6 U.S. 64(1804). 이 판결에서의 국제법은 관습국제법을 가리킨다.

102) 국내 법원에서의 재판의 경우 "국가기관과 지방자치단체는 공익과 관련된 사항에 관하여 대법원에 재판에 관한 의견서를 제출할 수" 있다(민사소송규칙 제134조의2, 형사소송규칙 제161조의2). 기타 헌법재판소법 제30조 2항, 헌법재판소심판규칙 제13조 등 참조.

103) E. Denza(전게주 100), p.403.

항구적 세계평화와 인류공영에 이바지함을 기본이념의 하나로 하고 있으므로(헌법 전문 및 제6조 제1항 참조), 국제적 협력의 정신을 존중하여 될 수 있는 한 국제법규의 취지를 살릴 수 있도록 노력할 것이 요청됨은 당연하다. 그러나 그 현실적 적용과 관련한 우리 헌법의 해석과 운용에 있어서 우리 사회의 전통과 현실 및 국민의 법감정과 조화를 이루도록 노력을 기울여야 한다는 것 또한 당연한 요청이다."

▶판례 ② 헌법재판소 1991.7.22. 89헌가106 결정

"우리 헌법은 헌법에 의하여 체결·공포된 조약을 물론 일반적으로 승인된 국제법규를 국내법과 마찬가지로 준수하고 성실히 이행함으로써 국제질서를 존중하여 항구적 세계평화와 인류공영에 이바지함을 기본이념의 하나로 하고 있다(헌법 전문 및 제6조 제1항 참조).

국제연합(UN)의 "인권에 관한 세계선언"은 아래에서 보는 바와 같이 선언적인 의미를 가지고 있을 뿐 법적 구속력을 가진 것은 아니고, 우리나라가 아직 국제노동기구의 정식회원국은 아니기 때문에 이 기구의 제87호 조약 및 제98호 조약이 국내법적 효력을 갖는 것은 아니지만(헌법 제6조 제1항, 위 87호 조약 제15조 제1항, 98호 조약 제8조 제1항 참조), 다년간 국제연합교육과학문학기구의 회원국으로 활동하여 오고 있으며, 국회의 동의를 얻어 국제연합의 인권규약의 대부분을 수락한 체약국으로서 위 각 선언이나 조약 또는 권고에 나타나 있는 국제적 협력의 정신을 존중하여 되도록 그 취지를 살릴 수 있도록 노력하여야 함은 말할 나위도 없다. 그러나 그의 현실적 적용과 관련한 우리 헌법의 해석과 운용에 있어서 우리 사회의 전통과 현실 및 국민의 법감정과 조화를 이루도록 노력을 기울여야 한다는 것 또한 당연한 요청이다."

▶판례 ③ 헌법재판소 2007.8.30. 2004헌마670 결정

"우리나라가 비준하여 1990. 7. 10.부터 적용(조약 제1006호)된 '국제연합(UN)의 경제적·사회적 및 문화적 권리에 관한 국제규약'(이른바 '사회권규약' 또는 'A규약')은, "이 규약의 각 당사국은 이 규약에서 선언된 권리들이 인종, 피부색, 성, 언어, 종교, 정치적 또는 기타의 의견, 민족적 또는 사회적 출신, 재산, 출생 또는 기타의 신분 등에 의한 어떠한 종류의 차별도 없이 행사되도록 보장할 것을 약속한다."고 규정하고 있고(제2조 제2항), 이러한 사회권규약에 의하여 보장되는 권리에는 '동등한 가치의 노동에 대한 동등한 보수를 포함한 근로조건을 향유할 권리'(제7조) 등이 포함되어 있으므로, 이러한 규약의 내용은 우리 헌법의 해석에서 고려되어야 할 것이다."

▶판례 ④ 헌법재판소 2008.4.24. 2004헌바47 결정

(재판관 송두환의 반대의견) "나아가, 헌법 제6조 제1항은 "헌법에 의하여 체결, 공포된 조약은 물론 일반적으로 승인된 국제법규는 국내법과 같은 효력을 가진다" 고 규정하여 국제법을 수용하고 존중함을 천명하고 있고, 현재 우리나라는 국회의 동의를 얻어 국제인권규약들의 대부분을 수락한 체약국이자 국제노동기구의 정식회원국이기도 하다. 따라서, 헌법의 개별 조항을 해석함에 있어서는 국제연합의 세계인권선언이나 국제인권규약들, 국제노동기구의 협약과 권고 등 국제법 규범과 조화되도록 해석하여야 할 것이고, 국내법이 이러한 국제적 규범에 위배된다고 하여 막바로 위헌이라고 할 수는 없다 하더라도, 그 국내법의 위헌 여부를 판단함에 있어 중요한 기준으로 삼아야 할 것이다."

▶판례 ⑤ 대법원 2018.12.13. 선고 2018다240387 판결

"중재법 제36조 제2항 제1호 (라)목은 중재판정의 취소사유 중 하나로 '중재판정부의 구성 또는 중재절차가 이 법의 강행규정에 반하지 않는 당사자 간의 합의에 따르지 않았거나 그러한 합의가 없는 경우에는 이 법에 따르지 않았다는 사실'을 정하고 있다. 이는 중재절차의 계약적 성격에서 비롯된 것으로, 중재절차는 원칙적으로 당사자의 자치와 합의로 형성되지만, 당사자 간의 합의가 없는 경우에는 보충적으로 해당 중재에 적용되는 임의규정에 따라 이루어진다는 취지이다.

위 규정에서 정한 중재판정 취소사유에 해당하려면 단순히 당사자 간의 합의나 임의규정을 위반하였다는 것만으로는 부족하고, 해당 중재절차에 의한 당사자의 절차적 권리에 대한 침해 정도가 현저하여 용인할 수 없는 경우라야 한다[대법원 2017. 12.22. 선고 2017다238837 판결은 위 조항과 동일하게 정하고 있는 외국중재판정의 승인 및 집행에 관한 유엔협약(이하 '뉴욕협약'이라 한다) 제5조 제1항 (라)호에 관하여 같은 취지로 판단하였다].

국제거래법위원회(UNCITRAL) 모델중재법(Model Law on International Commercial Arbitration) 제34조는 뉴욕협약 제5조에서 정한 승인 또는 집행거부 사유와 동일한 사유를 중재판정 취소사유로 정하고 있다. 1999.12.31. 법률 제6083호로 전부 개정되어 현재에 이르고 있는 우리나라 중재법 제36조도 UNCITRAL 모델중재법 제34조를 기초로 중재판정 취소사유를 입법화하였으므로, 국제적으로 확립된 기준을 통일적으로 적용하기 위해서 위와 같이 해석하는 것이 타당하다."

▶판례 ⑥ 대전지방법원 1999.4.1. 선고 98고합532 판결[104)]

"인권이사회는 국제인권규약에 따라 위 사건을 접수하여 심리한 결과, 위 박○○, 김○○의 위와 같은 행위들을 처벌한 위 유죄 판결들은 모두 국제인권규약 제19조 소정의 표현의 자유 및 그 제한에 관한 규정을 위반한 것이라는 취지의 견해를 채택하여 통보번호 628-1995호 및 574-1994호로써 대한민국에 통보하면서, 특히, 위와 같이 판결한 사법부에 직접 위 인권이사회의 견해를 통보할 것을 요구하고 있다. 이에 관하여 보건대, 대한민국은 헌법 제6조 1항에서 '헌법에 의하여 체결·공포된 조약과 일반적으로 승인된 국제법규는 국내법과 동일한 효력을 가진다'라고 규정함으로써 국제법을 국내법에 수용하고 이를 존중하는 국제법 존중주의 입장을 취하고 있음에 비추어 볼 때, 대한민국은 구체적인 위 사건들에 대하여 위 인권이사회의 결정에 따른 조치를 취할 국제법상의 의무를 부담하는 것은 물론이고, 나아가 사법부를 포함한 국가기관은 국가보안법에 관한 위 인권이사회의 견해를 가증한 한 최대한 수용하는 것이 바람직하다고 할 것이다. 이러한 국제법 존중의 입장에서 국내법을 해석, 적용하는 것은 단지 국제기준에 따른 인권보장을 이루는 것일 뿐만 아니라, 오히려 이러한 국제적 기준에 따라 우리 국민의 기본적 인권을 보장함으로써 국내사회에 있어서의 정치, 경제, 문화의 각 분야의 발전에 이바지함과 아울러 인류사회 문화발전에 기여하는 기틀을 마련하는 것이라고 할 것이며, 궁극적으로는 이러한 국제법 존중은 국내 판결에 의한 국내법의 실현이 곧바로 국제법의 실현이며 이를 통하여 인류 공통의 문화발전을 이루는 것이라고 하지 않을 수 없다. 따라서, 위 인권이사회의 결정이 있는 이상, 향후 국가보안법을 해석, 적용함에 있어서는 앞서의 한청련이나 전민련에 관한 위 인권이사회의 결정 및 해석기준을 깊이 고려하여, 반국가활동성 및 이적 목적성을 판단하여야만 할 것이다."

판례 ⑦ 서울중앙지방법원 2015.5.7. 선고 2015고단992 판결

[양심적 병역 거부자인 피고는 병역법 제88조 제1항의 '정당한 사유'에는 '양심상의 결정에 따른 입영거부행위'가 포함되어야 하는데, 그렇지 않을 경우 헌법 제6조 제1항에 따라 대한민국 비준한 「시민적 및 정치적 권리에 관한 국제규약」(International Covenant on Civil and Political Rights) 제9조 및 제18조에도 반한다고 주장했다.]

"이 사건 규약 제9조 및 제18조의 해석에 있어서는, 가입국들이 자국의 국가안보와 관련하여 오랜 동안 축적해온 역사적 경험 및 그에 따라 가입국 국민들이 병역의무에 대하여 형성해온 가치, 가입국이 처한 현재의 정치, 경제, 사회, 문화, 종교적 문제 상황과 미래적 결단 등 국가별로 상이하고도 다양한 여러 요소에 기반을 둔 정

104) 이 판결은 대전고등법원 1999.11.19. 선고 99노229 판결로 파기·번복되어 확정되었다.

책적 선택이 존중되어야 할 것인바, 모든 가입국들에 있어서 이 사건 규약 제9조 및 제18조의 해석상 '양심상의 결정에 따른 입영거부행위'를 정당화할 구체적 권리가 당연히 도출된다고는 보기 어렵다."

검 토

1. 이러한 입장에 따른다면 조약은 국내 적용시 개별 당사국의 사정에 따라 달리 해석될 수 있다는 것인가?

2. 국제형사재판소(ICC)에서는 국가원수나 정부 수반과 같이 일반적으로 국제법상 면제를 향유하는 공직자도 처벌대상이 된다(규정 제27조). 한국 헌법 제84조는 "대통령은 내란 또는 외환의 죄를 범한 경우를 제외하고는 재직 중 형사소추를 당하지 아니한다"라고 규정하고 있다. 만약 국제형사재판소가 대한민국에게 현직 대통령이 로마규정상의 국제범죄를 저질렀다는 혐의로 인도를 요청하면 이에 응해야 하는가?

로마 규정의 비준시는 물론 국내 이행법률을 제정할 때에도 이 점이 논란의 대상이 되었다. 국회와 헌법재판소가 대통령의 탄핵을 결정하여 파면되거나(헌법 제65조 및 제113조), 대통령의 혐의 내용이 국내법상의 "내란 또는 외환의 죄"에 해당하면 대통령의 강제인도를 위한 법적 제약은 사라진다. 그러나 다른 범죄 혐의를 받는 경우에도 헌법 제84조와 로마규정을 조화롭게 해석하여 대통령의 강제인도가 가능하다고 해석할 수 있는가?

국내 일각에서는 헌법 제84조를 관습국제법의 성격을 지니는 ICC 규정 제27조와 합치되게 해석해 대통령이 ICC 관할범죄를 범하는 경우 재직 중이라도 형사상 특권을 향유할 수 없다고 본다. 헌법 제84조상의 "재직중"이란 주로 대통령의 공적 행위를 의미한다고 보고, ICC 관할범죄를 저지르는 행위는 대통령의 공적 행위에 해당할 수 없으므로 헌법상 면책특권의 대상이 되지 않는다고 해석한다.[105] 이러한 해석에 동의하는가?

105) 김영석, 국제형사재판소법 강의(개정판)(법문사, 2014), pp.136−137.

제17장

조약체결에 관한 국내절차

1. 조약의 체결권자
2. 조약체결의 국내절차
   가. 행정부내 절차
   나. 공포상 문제점
3. 조약체결에 대한 국회 동의
   가. 동의제도의 성격
   나. 동의의 시기
   다. 동의대상 조약의 유형
   라. 부수적 문제
4. 조약의 종료
   가. 현재의 실행
   나. 조약 종료와 국회의 역할
5. 특수한 형태의 조약
   가. 고시류 조약
   나. 기관간 약정

제17장 조약체결에 관한 국내절차

1. 조약의 체결권자

국제법은 개별 국가 내부적으로 어느 기관이 실제 조약 체결권을 행사하는지에 대해서는 관여하지 않는다. 한국에서는 "국가의 원수이며 외국에 대하여 국가를 대표"하는 대통령이 조약을 체결·비준한다(헌법 제66조 1항 및 제73조). 국가에 따라서는 국가원수의 조약 체결권이 형식적·의례적 권한행사에 그치는 경우도 있으나, 한국 헌법상 대통령의 조약 체결권은 모든 실질적 권한을 포함한다. 즉 대통령은 조약 상대방의 결정, 조약 협상의 개시와 진행, 조약 내용의 합의, 조약의 서명이나 비준 등에 관한 모든 권한을 행사할 수 있으며, 최종적 결정권자이다. 대통령의 조약 체결권 행사에 대하여는 국무회의 심의(헌법 제89조 3호), 국회동의(헌법 제60조 1항), 국무위원의 부서(「법령 등 공포에 관한 법률」 제6조)와 같은 절차적 통제가 있을 뿐이다.[1] 조약 체결권은 대통령의 전속적 권한이기 때문에 국회의 결의로도 대통령에게 특정 조약의 체결을 강제할 수 없으며, 조약 체결에 관해 국회의 동의를 받은 이후에도 어떠한 이유에서든 대통령은 그 조약의 당사국이 되기를 거부할 수도 있다.

외교부장관은 국제사회에서 국제법상 당연히 대한민국을 대표하고 조약체결에 관한 모든 행위를 할 수 있지만(협약 제7조 2항 가호), 국내법적으로는 대통령을 수반으로 하는 행정부의 일원으로 대통령의 조약체결권을 위임받아 행사하는 자에 불과하다. 외교부장관이 조약에 서명 또는 비준 등을 할 때는 행정부 내에서 대통령의 재가를 받아 실시한다(고시류 조약 제외). 「정부대표 및 특별사절의 임명과 권한에 관한 법률」은 "외교부장관은 외국정부 또는 국제기구와의 교섭, 국제회의 참석, 조약의 서명 또는 가서명을 할 때 정부대표가 된다"고 규정하고 있다(제3조). 통상적인 조약에 서명(가서명 포함)할 정부대표는 외교부장관이 임명하며, 이들을

1) 한편 통상조약의 경우 「통상조약의 체결절차 및 이행에 관한 법률」에 따라 추진과정에서 국회 보고, 국내영향평가의 실시 등 강화된 절차가 적용된다.

위한 전권위임장도 외교부장관이 발급한다. 단 중요한 조약의 경우 외교부장관의 제청으로 국무총리를 거쳐 대통령이 정부대표를 임명한다(같은 법 제5조).[2]

한편 한국의 국무총리는 전권위임장 없이 당연히 국가를 대표할 수 있는 정부 수반(Head of Government)에 해당하는가? 한국 헌법상 대통령은 국가의 원수(Head of State)이자 정부의 수반이다(헌법 제66조). 반면 국무총리는 대통령을 보좌하며 대통령의 명을 받아 행정각부는 통할하는 자로서(헌법 제86조 2항) 정부 수반이 아니다. 따라서 국무총리가 조약 체결행위를 하려 한다면 국내적으로 대통령으로부터 권한위임을 받아야 함은 물론, 조약 상대국이 전권위임장을 요구하면 이를 제시해야 한다.[3] 또한 대통령이나 외교부장관과 달리 국무총리는 자신의 명의로 전권위임장을 발부할 수 없다.[4] 다만 외교부장관보다 상급자인 국무총리는 그 지위와 역할을 감안할 때 상대국이 전권위임장을 요구하지 않는다면 한국 정부의 입장에서는 전권위임장 없이 조약에 서명할 권한이 있다고 해석한다.[5]

재외공관장은 부임국과의 양자조약을 채택할 목적으로는 전권위임장의 제시 없이도 본국을 대표한다고 간주된다(협약 제7조 2항 나호). 그러나 채택 이상 서명이나 비준 등의 행위를 할 수 있는가에 대해서는 각국별로 관행이 다르다. 한국은 상대국의 주한 외교공관장이 조약의 채택 이상 서명 등을 할 때 전권위임장을 요구한다.[6]

▶판례: 대통령의 조약체결행위의 법적 성격

헌법재판소 2001.3.21. 99헌마139, 142, 156, 160(병합) 결정

[한일 신 어업협정에 관한 이 결정에서 헌법재판소의 다수의견은 대통령의 조약체결행위는 공권력의 행사에 해당하며, 조약체결의 결과 기본권 침해 가능성이 인정되면 헌법소원심판을 청구할 수 있다고 보았다. 다만 이 사건의 대상 조약은 그 내용이 현저히 균형을 잃었다고 보이지는 않는다고 평가되어 청구인 측이 주장하는 기본권 침해가 없었다고 판단했다. 그렇다면 이 결정은 조약내용이 현저히 균형을 잃어 국민에게 커다란 불이익이 야기된다면 위헌적 공권력 행사라는 판단을 할 수

2) 단 통상조약 체결시의 특례는 같은 법 제11조 참조.
3) 배종인, 헌법과 조약체결: 한국의 조약체결 권한과 절차(삼우사, 2009), p.115.
4) 「정부대표 및 특별사절의 임명과 권한에 관한 법률」 제5조 3항.
5) 외무부, 조약업무처리지침(1985), p.45.
6) 외교통상부, 알기 쉬운 조약업무(2006), p.43.

있다는 해석 가능성을 열어 놓고 있다.]

"헌법소원심판의 대상이 되는 것은 헌법에 위반된 "공권력의 행사 또는 불행사" 이다. 여기서 '공권력'이란 입법권·행정권·사법권을 행사하는 모든 국가기관·공공단체 등의 고권적 작용이라고 할 수 있는바, 이 사건 협정은 우리나라 정부가 일본정부와의 사이에서 어업에 관해 체결·공포한 조약(조약 제1477호)으로서 헌법 제6조 제1항에 의하여 국내법과 같은 효력을 가지므로, 그 체결행위는 고권적 행위로서 '공권력의 행사'에 해당한다. […]

그 경위야 어찌되었든 한일 양국 간에 이 사건 협정이 새로이 발효됨으로 인하여, 우리나라의 어민들은 종전에 자유로이 어로활동을 영위할 수 있었던 수역에서 더 이상 자유로운 어로활동을 영위할 수 없게 된 셈이다. 이로 인해 이 사건 청구인들이 주장하는 기본권의 침해 가능성이 인정되고, 따라서 이 사건 협정은 법령을 집행하는 행위가 존재하지 아니하고 바로 법령으로 말미암아 직접 기본권이 침해되는 예외적인 경우에 해당한다 할 것이고, 이 사건 협정에 대한 헌법소원심판의 청구는 일응 적법하다 할 것이다. […]

이처럼 이 사건 협정은 배타적경제수역체제의 도입이라는 새로운 해양법 질서 하에서도 어업에 관한 한일 양국의 이해를 타협·절충함에 있어서 현저히 균형을 잃은 것으로는 보이지 않는다고 일응 판단되며, 청구인들이 주장하는 바와 같이 이 사건 협정으로 인해 조업수역이 극히 제한되어 어획량이 감소되고 65년 협정에 비하여 우리 어민들에게 엄청난 불이익을 야기하여 헌법상 보장하는 행복추구권, 직업선택의 자유, 재산권, 평등권, 보건권이 침해되었다는 주장은 사실에 반하므로 그 이유 없다 할 것이다."

▶판례: 외교문제에 관한 정부 입장의 존중

서울행정법원 2007.2.2. 선고 2006구합23098 판결

"정부가 미국과 한·미 FTA 체결을 위한 협상과정에서 작성·교환된 이 사건 각 협정문 초안은 상품의 관세 인하·철폐, 무역구제, 서비스 및 투자 자유화 등 무역장벽의 제거를 위한 한·미 양국의 구체적 주장 및 대응 내용, 교섭방침 등을 담고 있어 그 내용이 공식적으로 공표될 경우 이후의 통상교섭에 있어 다른 국가들의 교섭정보로서 활용될 수 있을 뿐만 아니라 양자합의의 속성상 한·미 양국 사이의 이해관계의 충돌이 발생할 가능성이 높다. 또한, 외국과의 통상에 관한 협상 과정에서 생성된 문서를 비공개하기로 한 한·미 양국의 합의를 준수하는 것도 국제적 신뢰관계 유지를 위한 국가의 이익에 부합하고, 외교관계에 관한 사항은 특히 전문적 판단을 요하므로 이에 관하여는 피고의 판단을 최대한 존중하는 것이 바람직하다 할 것이다."[7]

▶판례: 국민이 국가에게 조약 체결을 요구할 권리가 있는가?(부정)

헌법재판소 1998.5.28. 97헌마282 결정

[이 사건 청구인은 독일 거주자로 독일에서 한국 여자와 혼인해 생활하다가 이혼했는데, 독일 법원은 전 부인을 그들간 자녀의 친권자로 지정했다. 청구인은 수년 전부터 한국 정부가 미성년자보호협약에 가입하거나 독일과 별도 조약을 체결해 재독 국민인 자신에게 독일 민법이 강제 적용되는 피해를 막아달라고 요청했음에도 불구하고, 정부가 이 같은 공권력의 행사를 게을리 해 자신의 권리가 침해되었다고 주장했다. 재판부는 개인에게 그러한 권리가 인정되지 않다며 소를 각하했다.]

"행정권력 내지 사법행정권의 부작위에 대한 헌법소원은 공권력의 주체에게 헌법에서 유래하는 작위의무가 특별히 구체적으로 규정되어 있어 이에 의거하여 기본권의 주체가 행정행위 등 공권력의 행사를 청구할 수 있음에도 공권력의 주체가 그 의무를 해태하는 경우에 허용되는 것인데([…]), 헌법 제2조 제2항은 "국가는 법률이 정하는 바에 의하여 재외국민을 보호할 의무를 진다"고 규정하고 있으나, 위 규정이나 다른 헌법규정으로부터도 청구인이 외교통상부장관이나 법원행정처장에게 청구인 주장과 같은 공권력의 행사를 청구할 수 있다고는 인정되지 아니하므로 이 부분에 관한 이 사건 헌법소원심판청구는 부적법하다."

2. 조약체결의 국내절차

가. 행정부내 절차

한국에는 조약체결절차에 관한 일반법이 없어 여러 개별법의 관련 조항과 관행에 따라 업무가 진행된다.[8] 외교부를 중심으로 조약내용에 관한 대외협상이 마무리 되면 조약성립을 위한 국내절차가 적용된다. 즉 법제처 심사－차관회의－국무회의 심의－국무위원의 부서와 대통령 재가 — 필요시 국회동의 — 대외적으로 조약동의 의사의 통고－관보공포 등의 순으로 진행된다.

법제처는 조약안이 기존 국내법령과 충돌이 없는가, 조약 이행을 위한 새로운 입법이 필요한가, 헌법 제60조 1항에 따른 국회동의가 필요한가 여부 등을 심사한

7) 유사한 입장으로 헌법재판소 2011.8.30. 2006헌마788 결정의 반대의견 참조.

8) 중국, 러시아, 북한 등 주로 (구)사회주의권 국가들은 조약체결절차에 관한 일반법을 갖고 있으나, 서구국가들은 네덜란드 등과 같은 예외적 경우를 제외하면 대체로 조약체결에 관한 일반법을 제정하지 않고 있다. 국내에서도 이에 관한 입법안이 국회에 수차례 제안되었으나 아직 성사되지 못했다.

다. 심사를 마친 조약안은 차관회의를 거쳐 헌법 제89조 3호에 따라 국무회의의 심의를 거친다. 이후 외교부장관과 국무총리가 부서한 후 대통령의 재가를 받는다. 이로써 조약에 대한 정부의 최종적 의사가 확정된다. 조약 내용이 헌법상 국회동의를 필요로 하는 경우 조약동의안이 국회로 송부된다. 대통령의 재가 또는 국회동의 이후 비준이나 서명 등 정해진 방법을 통해 조약의 구속력을 받겠다는 의사를 대외적으로 표시한다.

조약은 헌법 제6조 1항에 의해 공포되어야 국내법으로 효력을 가질 수 있다. "조약 공포문의 전문에는 국회의 동의 또는 국무회의의 심의를 거친 사실을 적고, 대통령이 서명한 후 대통령인을 찍고 그 공포일을 명기하여 국무총리와 관계 국무위원이 부서한다."[9] 조약은 통상 정본인 외국어본과 한글 번역본이 함께 관보에 게재되는 방식으로 공포된다.[10] 관보 게재일이 곧 조약 공포일이 된다. 과거에는 관보의 공식 발행일과 실제 보급일 간에 상당한 시차가 발생했었다(1960년대까지는 약 2주). 이 같은 시차가 문제된 사건에서 법원은 관보가 정부간행물센터 등에 도착하여 국민이 실제 이를 접할 수 있는 도착일을 공포일로 해석했다.[11] 현재는 관보가 공식 발행일 이전 사전에 제작·배포되어 발행일에 바로 보급될 수 있도록 준비되고 있으며, 전자관보도 동일한 효력을 인정받으므로 발행일과 도착일 간의 시차 발생 가능성이 없어졌다.[12]

외교부는 수년마다 「대한민국 조약목록」을 발간했으나, 2011년판을 마지막으로 책자 형태의 「대한민국 조약목록」은 더 이상 발간하지 않고 있다. 현재 한국에 대해 발효 중인 조약의 원문 및 국문 번역본은 외교부 홈페이지 내 조약정보란을 통해 확인할 수 있다. 국가법령정보센터 홈페이지를 통해서도 한국에 대해 발효 중인 조약의 국문본을 확인할 수 있다.

나. 공포상 문제점

한국에서는 대부분의 조약이 국제적으로 이미 발효된 이후 국내 공포가 이루

9) 「법령등 공포에 관한 법률」 제6조.

10) 「법령등 공포에 관한 법률」 제11조 1항. 조약체결을 관한 국내절차의 상세는 배종인(전게주 3), pp.161-205 참조.

11) 대법원 1976. 7. 21. 선고 70누76 판결; 대구고등법원 1981. 9. 25. 선고 81노747, 81감노73 판결(확정).

12) 「법령등 공포에 관한 법률」 제11조 3항 및 4항.

어진다. 그 결과 국제적 발효일과 국내적 발효일이 서로 다르게 된다.[13] 서명과 동시에 발효하는 조약의 경우 이 같은 지연이 불가피하기도 하나, 사전준비가 항상 불가능하지는 않다. 조약 발효 요건의 확정과 실제 발효일 사이에 일정한 시차가 있는 조약의 경우(예를 들어 20개국이 비준한 후 3개월 후에 발효하는 조약) 발효 이전에 국내절차를 준비할 수 있다. 그러나 이런 경우에도 정부는 미리 미리 국내 공포절차를 취하지 않는 예가 적지 않았다.

이로 인해 두 가지 문제가 생길 수 있다. 첫째, 국제적으로 발효된 조약도 공포 전에는 국내적으로 적용될 수 없다. 이에 한국의 대외적 의무발생과 국내적 의무이행 사이에 시차가 발생한다. 특히 개인의 권리·의무에 관한 조약의 경우 이로 인해 이해의 충돌이 발생할 가능성도 없지 않다. 둘째, 국내법령과 달리 대부분의 조약은 국내 시행일을 명기하지 않고 공포된다. 이에 조약은 언제부터 국내적으로 효력을 갖는가라는 의문이 제기된다. 헌법 제53조 7항과 「법령등 공포에 관한 법률」 제13조에 따르면 법률이나 대통령령 등은 특별한 규정이 없으면 공포일로부터 20일이 경과한 다음 발효한다. 특별한 조항이 없으면 조약 역시 같은 기준의 적용을 받게 된다. 그렇다면 조약의 국내 적용일은 더욱 늦어진다. 조약 공포시 이미 발효된 조약은 즉시 시행한다는 문구라도 추가함이 바람직하다.

한편 과거 행정처리가 제대로 되지 않아 조약번호가 부여되지 않고, 관보에 공포되지 않은 일종의 유령조약들도 있다. 외교부는 이 같은 조약을 발굴해 뒤늦게 조약번호를 부여한 사례가 있다.[14] 1993년 37개의 양자조약(조약번호 제1124호 내지 제1160호)을 발굴해 새로이 조약번호를 부여했다.[15] 이들 조약에 대하여는 조약번호만 부여했을 뿐, 관보 공포절차는 취하지 않았다. 이중에는 6.25 발발시 한국군의 작전지휘권을 이양한 대전협정(제1135호, 1950.7.12. 발효)과 6.25 전시 및 50년대 한국경제 운영의 중요한 역할을 하였던 속칭 Meyer 협정(제1145호, 1952.5.24. 발효)과 같은 정치경제적으로 중요한 조약도 포함되어 있었다. 이들 양자조약은 이

13) 오래 전에는 조약 발효일과 관보 공포일을 맞추기 위해 관보 발행일을 소급해 호외 형식으로 제작했었다. 제1공화국의 조약 공포는 거의 이런 방식으로 이루어졌다. 이에 관한 실태와 문제점은 정인섭, 한국의 조약정보 관리상의 오류 실태, 국제법학회논총 제54권 제1호(2008), pp.171–172 참조.

14) 이 부분의 내용은 정인섭(상게주), pp.169–170이 기반이 됨.

15) 그중 제1129호, 제1131호, 제1146호는 과거 국회 동의까지 거쳐 체결된 조약이었으나, 당시 조약번호조차 부여되지 않았다.

후 대체조약의 체결로 종료되었거나, 내용 처리가 완료되어 존재 의의는 이미 상실된 조약들이었다.

외교부는 1997년 다시 20개의 다자조약(조약번호 제1380호 내지 제1399호)을 발굴해 관보 공포는 없이 조약번호만 부여한 바 있다.16) 그런데 이들 다자조약에는 현재까지 발효 중인 조약도 여러 건 있다. 그중 1951년 1월 12일에 발효된「집단살해죄의 방지와 처벌에 관한 협약」(제1382호)만은 2008년 5월 22일자로 뒤늦게 관보 공포를 했다. 그리고 1949년 8월 17일 발효된「세계보건기구(WHO) 헌장」(제6호)도 가입 후 근 60년만인 2008년 5월 22일자 관보에 공포되었다. 그러나 1997년 발굴된「국제식량농업기구(FAO) 헌장」(제1380호),17)「국제연합공업개발기구(UNIDO) 헌장」(제1398호),「상품공동기구 설립협정」(제1399호) 등과 같이 현재까지도 중요한 의미를 지닌 일부 조약은 이후에도 국내 관보 공포가 없었다.

한편 정부가 의도적으로 공포하지 않았다고 판단되는 조약도 있다. 조약번호 제272호, 제382호, 제648호, 제656호는 관보에 공포되지 않았다. 모두 군사관련 한미 양자조약이다.18) 이 이외에도 약 10건의 조약은 조약호수와 제목(때로는 내용요지)만 관보에 수록되고, 그 조문 내용은 공개되지 않았다. 대부분 군사관련 조약이다.

이러한 경우 조약의 국내적 효력은 어떻게 되는가? 미공개 또는 미공포 양자조약은 주로 군사관련 조약으로 개인의 권리·의무와는 관계가 없고, 국가간에 처리될 사항을 규정한 것이다. 공포에 따른 국내법상 발효 여부와 관계없이 오래 전에 그 이행이 완료되었으리라 추측된다. 몇몇 국제기구에 관한 조약은 미공포에도 불구하고 당연히 유효하다고 간주되어 모든 업무가 처리되고 있다. 혹시라도 개인의 권리·의무와 관련된 문제가 발생하면 이론적으로는 여전히 논란이 제기될 가능성이 있다.

---

16) 그중 조약번호 제1382호, 제1398호, 제1399호는 과거 국회 동의까지 거쳐 체결된 조약이었으나, 당시 조약 번호조차 부여되지 않았었다.

17) 과거 외교통상부 조약국 조약대장에는 FAO 헌장이 1949.11.25 관보에 공포되었다고 기록되어 있었으나, 동일자 관보에서는 이 조약의 공포를 찾을 수 없다.

18) 과거「대한민국 조약목록」(1997)은 제272호를 1968.4.29 공포, 제382호를 1971.4.22 공포라고 기록하고 있으나, 해당일 관보에서 이 사실을 찾을 수 없었다. 나중에는 제382호를 목록에서 아예 삭제해 버렸다.

검 토

한국 헌법 제6조 1항은 "헌법에 의하여 체결·공포된 조약과 일반적으로 승인된 국제법규는 국내법과 같은 효력을 가진다"고 규정하고 있다. 그럼에도 불구하고 한국이 구두조약을 체결하거나 그 내용이 공포되지 않는 비밀조약을 체결할 수 있는가? 이러한 조약이 체결된다면 국내법적 효력을 발휘할 수 있는가?

3. 조약체결에 대한 국회 동의

가. 동의제도의 성격

헌법 제60조 1항은 "국회는 상호원조 또는 안전보장에 관한 조약, 중요한 국제조직에 관한 조약, 우호통상항해조약, 주권의 제약에 관한 조약, 강화조약, 국가나 국민에게 중대한 재정적 부담을 주는 조약 또는 입법사항에 관한 조약의 체결·비준에 대한 동의권을 가진다"고 규정하고 있다. 대외적으로 조약을 교섭하고 체결하는 권한은 행정부 수반이 행사하지만, 일정한 조약의 체결과정에 대한 입법부의 개입은 범세계적 현상이기도 하다.

입법부가 조약 체결에 관한 국내절차에 개입하는 이유는 무엇인가? 국회의 조약 동의제도의 존재의의는 통상 대통령의 조약 체결·비준권 행사에 대한 민주적 통제에 있다고 설명된다.[19] 즉 헌법 제73조에 의하여 조약의 체결·비준권은 대통령에게 부여되어 있지만, 헌법 제60조 1항에 규정된 중요한 조약에 대하여는 대의기관인 국회가 동의의 형식으로 통제권을 행사함으로써 대통령의 자의를 방지하는 역할을 한다고 본다. 또한 국회의 조약 동의제도는 대통령이 체결·비준한 조약에 대한 민주적 정당성을 부여하는 역할을 한다고 설명된다.[20] 조약은 국내법과 같은 효력을 지니므로 대통령이 체결·비준한 조약에 대해 입법기관인 국회가 동의를 부여함으로써 조약의 국내적 효력발휘에 대한 정당성을 부여하는 역할을 한

19) 김선택, 헌법 제60조 제1항에 열거된 조약의 체결·비준에 대한 국회의 동의권(2006.11.3. 헌법재판소 헌법판례연구회 발표문), p.15; 정진석, 조약의 체결·비준에 대한 국회의 동의권, 서울국제법연구 제11권 1호(2004), p.162; 김부찬, 조약 체결에 대한 국회 동의권에 관한 고찰, 국제법학회논총 제52권 2호(2007), p.60; 임지봉, 헌법적 관점에서 본 국회의 동의를 요하는 조약, 국제법 동향과 실무 제3권 1호(2004), p.113; 이상훈, 헌법 제60조 제1항에 대한 고찰: 국회동의의 법적 성격 및 입법사항에 관한 조약을 중심으로, 국제법 동향과 실무 제2권 3호(2003), p.96 등.

20) 김부찬(상게주), p.60; 이상훈(상게주), p.96

다는 주장이다.

국내 일각에서는 헌법 제6조 1항에 따라 조약은 국회동의로써 국내법률과 동일한 효력을 인정받게 되므로 조약의 체결·비준에 대한 동의권은 법적 성격상 입법권의 범주에 속하며,21) 조약 체결·비준권도 대통령의 전속적 권한이라기보다 국회의 대등한 동의권과 결합해 완성되는 권한이라고 보기도 한다.22) 자연 이러한 입장에서는 정부의 조약 체결과정에 국회의 폭넓은 관여가 이루어져야 하며, 국회가 조약 동의권을 적극적이고 폭넓게 행사할 권한이 있다고 주장한다.23)

이러한 주장에 대하여는 몇 가지 의문이 제기된다. 첫째, 헌법 제40조가 입법권은 국회의 권한에 속한다고 규정하고 있다고 하여 입법적 효과를 가져 오는 모든 활동이 궁극적으로 국회의 권한에 속하냐는 의문이다. 대통령의 조약 체결·비준권은 헌법상 별개의 조항인 제73조에 근거를 두고 있다. 헌법 제40조를 제73조에 대한 일종의 상위 규정으로 이해하기 전에는 대통령의 조약 체결·비준권을 고유 권한이 아닌 단지 위임받은 권한이라는 해석은 불가능하다. 예를 들어 국회가 의결한 법률안은 대통령이 공포해야 발효할 수 있으며, 경우에 따라 대통령은 국회가 의결한 법률안을 거부할 수 있는데, 입법과 관한 대통령의 이러한 권한 역시 헌법에 근거한 고유 권한이지 국회 입법권에 근거해 위임받은 권한이라고 할 수 없다.

둘째, 헌법 제60조 1항에 규정된 유형의 조약에 대한 국회 동의권 행사가 조약의 국내법적 효력 발생에 필수적 과정이라는 이유만으로 조약 체결·비준권이 대통령의 전속적 권한이 아니라거나, 국회 동의권이 대통령의 체결·비준권과 대등한 관계에 있다는 결론은 나올 수 없다. 국회 동의는 조약의 성립과정상 중간절차에 불과하다. 조약은 성립의 전과정을 대통령이 주도할 수밖에 없고, 설사 국회가 조약 동의안을 가결하더라도 대통령은 그에 구속되지 않고 비준을 거부할 수 있다. 예를 들어 대통령의 국무총리 임명에 국회의 동의가 필요하다고 하여, 국무총리 임명에 관해 대통령과 국회가 동등한 권한을 갖는다고 보지 않으며, 대통령이 법률안 공포권과 거부권을 가진다는 이유로 법률 제정권을 국회의 전속적 권한

21) 오동석, 민주주의 관점에서 본 한미 FTA 협상과정의 문제점, 민주법학 제32호(2006), p.163; 엄순영, 법의 세계화, 민주법학 제32호(2006), p.197.
22) 오동석(상게주), p.166.
23) 오동석(전게주 21), p.166. 엄순영(전게주 21), p.204도 동지.

이 아니라고 보지 않는다. 같은 기준에서 헌법상 조약의 체결·비준권은 대통령의 전속적 권한이다.

헌법에는 조약의 체결·비준 외에도 동의권 행사에 관한 조항이 적지 않다. 즉 선전포고·국군의 해외파병·외국군대의 국내 주류에 대한 국회의 동의권(제60조 2항), 대통령의 일반사면 명령(제79조 2항)·국무총리 임명(제86조 1항)·감사원장 임명(제98조 1항)·대법원장 및 대법관 임명(제104조)·헌법재판소장 임명(제111조 4항)에 대한 국회의 동의권과 국회의 예산안 심의시 예산지출 각항 금액의 증가나 새 비목 설치에 대한 정부의 동의권(제57조) 등이 그것이다. 이상에서 볼 수 있는 바와 같이 동의권의 행사는 권력분립의 원칙상 타기관에 부여된 권한사항에 대한 견제적 성격의 권한행사이다. 동의권이란 개념 자체가 타기관이 결정한 대상에 대한 가부를 표시하는 소극적 권한에 불과하다.[24] 즉 아무리 타기관의 동의가 대상행위의 완성에 필수적 과정이라고 해도 양기관이 대등한 권한을 갖는다고 해석되지는 않는다.

일각에서는 조약에 대한 민주적 정당성 확보에 국회 동의권의 의의를 두고 국회에 가급적 폭 넓은 동의권을 인정해야 한다고 주장한다. 확실히 국회 동의를 거친다면 조약의 국내적 실시에 대한 민주적 정당성을 고양시킨다는 점에는 이론이 없다. 그러나 이 과정에서 간과하지 말아야 할 사실은 서유럽식 의원내각제와 한국의 대통령제의 차이이다. 의원내각제 국가에서는 조약의 체결권자인 대통령이나 수상이 국민에 의해 직접 선출되지 않고, 의회에서 간선된다. 이에 국민이 직접 선출한 의원으로 구성된 입법부가 조약 체결에 동의를 부여함으로써 민주적 정당성이 확보될 수 있다는 주장이 타당성을 갖는다. 그러나 한국에서는 조약체결권자인 대통령이 국민 직선으로 선출되므로 국회와 대등한 수준으로 독자의 민주적 정당성을 확보하고 있다. 마치 국회 동의를 조약의 민주적 정당성의 유일한 보루처럼 설명한다면 이는 지나친 과장이다.[25] 대통령제 국가인 미국에서 상원의 조약동의의 근거로 민주적 정당성 확보가 별로 주장되지 않는 점은 같은 이유에서이다. 그런 의미에서 국회의 조약 동의권의 본질은 권력기관 간의 견제에 있으며, 조약 체결에 관한한 국회의 역할은 기본적으로 보조적일 수밖에 없다.

헌법 제60조 1항은 국회가 "조약의 체결·비준에 대한 동의권을 가진다"고 규정하고 있다. 한때 국내 일각에서는 체결이란 협상부터 시작해 조약의 성립을 위

24) 김선택(전게주 19), p.17.
25) 김선택(전게주 19), p.15.

한 일련의 과정을 모두 포함하는 개념이라며 헌법의 문언상 국회는 체결과 비준에 대한 각각의 동의권을 행사할 수 있다는 주장이 제기되었다.[26] 그러나 가운데 점 [·]을 매개로 2개의 단어를 연결시킨 경우 어의상 반드시 각각의 개념을 대등하게 나열하는 의미로만 사용되지는 않으며, 가운데 점을 매개로 한 2개의 용어가 종합적으로 한 개의 개념을 가리키는 방식으로도 사용된다.[27] 연혁적으로 1948년 헌법에는 국회가 조약의 "비준"에 대하여만 동의권을 가진다고 규정되어 있었다(제42조). 그러나 비준절차 없이 서명만으로 발효하는 조약도 있다는 이유에서 1963년 제3공화국 헌법부터 현재와 같이 "체결·비준"에 대한 동의권으로 수정되었다.[28] 헌법 운영의 관행상으로도 국회의 동의권은 "체결 또는 비준"에 대한 1회적 권한으로 행사되어 왔으며, 이 같은 해석이 합리적이다. 비교법적으로도 행정부의 조약체결과정에서 입법부가 2번의 동의권을 행사하는 국가는 찾을 수 없다. 이 같은 논란을 감안한다면 헌법 제60조 1항의 표현을 "국회는 …에 관한 조약에 대하여 동의권을 가진다"라고 단순화함이 바람직하다.[29]

▶판례: 국회 동의권의 성격

헌법재판소 2007.10.25. 2006헌라5 결정

[한미 FTA 추진과 관련해 강기갑 의원 외 국회의원 22인이 정부는 협상 개시 전에 국회로부터 "조약 체결"에 대한 동의를 1차로 받아야 하는데, 이를 이행하지 않아 국회의 조약 동의권과 국회의원의 심의·표결권을 침해했다고 주장하는 소송을 헌법재판소에 제기했다. 재판부는 결정에서 국회의 조약동의권의 법적 성격 분석했다. 아울러 별개의견도 첨부한다.]

"국회의 동의권과 국회의원의 심의·표결권은 비록 국회의 동의권이 개별 국회의원의 심의·표결절차를 거쳐 행사되기는 하지만 그 권한의 귀속주체가 다르고, 또 심의·표결권의 행사는 국회의 의사를 형성하기 위한 국회 내부의 행위로서 구체적

26) 2006년 9월 11일 강기갑 의원 외 국회의원 22인의 헌법재판소에 대한 권한쟁의심판 청구; 최원목, "한국 통상절차법안의 문제점과 법제정 방향," 통상법률 2006년 12월호, p.19; 김종서, "한미 FTA와 민주주의," 민주법학 제32호(2006), pp.134, 136.

27) 예를 들어 "사과·배·자두를 사와라"고 하면 사과, 배, 자두를 각각 사오라는 의미가 되지만, "공주·논산, 천안·천원 등 각 지역구에서 2명의 의원을 선출한다"고 하는 경우 공주와 논산은 통합적으로 1개의 선거구만을 가리킨다. 이에 관한 상세는 정인섭, "조약의 체결·비준에 대한 국회의 동의권," 서울국제법연구 제15권 1호(2008), pp.104-105.

28) 박일경, 신헌법해의(진명문화사, 1963), pp.244-245; 한태연, 헌법(3정판)(법문사, 1964), p.396.

29) 이 점에 관한 상세한 분석은 정인섭의 전게주 27의 논문 참조.

인 의안 처리와 관련하여 각 국회의원에게 부여되는 데 비하여, 동의권의 행사는 국회가 그 의결을 통하여 다른 국가기관에 대한 의사표시로서 행해지며 대외적인 법적 효과가 발생한다는 점에서 구분된다.

따라서 국회의 동의권이 침해되었다고 하여 동시에 국회의원의 심의·표결권이 침해된다고 할 수 없고, 또 국회의원의 심의·표결권은 국회의 대내적인 관계에서 행사되고 침해될 수 있을 뿐 다른 국가기관과의 대외적인 관계에서는 침해될 수 없는 것이므로, 국회의원들 상호간 또는 국회의원과 국회의장 사이와 같이 국회 내부적으로만 직접적인 법적 연관성을 발생시킬 수 있을 뿐이고 대통령 등 국회 이외의 국가기관과 사이에서는 권한침해의 직접적인 법적 효과를 발생시키지 아니한다.

따라서 피청구인 대통령이 국회의 동의 없이 조약을 체결·비준하였다 하더라도 국회의 체결·비준 동의권이 침해될 수는 있어도 국회의원인 청구인들의 심의·표결권이 침해될 가능성은 없다."

(재판관 이공현 별개의견) "조약의 체결·비준에 관한 국회의 동의권은 대통령·정부의 조약의 체결·비준에 대한 관여로서 일종의 국정통제권한으로 이해할 수 있다. 그런데 국회의 이와 같은 권한은 '소극적 통제'로서의 성질에 그칠 뿐이며, 정부의 권한행사를 일정한 방향으로 형성해가는 적극적 참여권한으로서의 성격을 인정할 수 없다. 따라서 조약 체결과정의 개개 협상행위에 관여한다는 의미에서의 국회의 조약 체결·비준에 관한 동의권한은 존재하지 아니한다고 할 것이고, 결국 조약문이 확정되어 기속적 동의표시가 요청되기 이전에 국회의 동의권한 내지 국회의원의 심의·표결권한이 침해될 위험성은 없다고 볼 것이다.

그렇다면 이 사건 협상행위가 국회의 동의권을 배제하는 것을 전제로 하여 이루어지고 있음이 명백하지 아니한 이상 청구인들의 권한이 침해되거나 침해될 현저한 위험성이 있다고 보기 어렵고, 피청구인들이 동의안 제출 이후에도 정보를 공개하지 아니하거나 국회의 출석 및 답변요구 등에 불응할 것이라는 점이 이 사건 정보 비공개를 통하여 명백하게 드러나지 아니한 이상 청구인들의 권한을 침해할 현저한 위험성이 있다고 보기 어렵다."

해 설

위 결정의 다수의견은 헌법재판소 2007.7.26. 2005헌라8 결정을 그대로 인용했다. 헌법재판소 2008.1.17. 2005헌라10 결정; 헌법재판소 2011.8.30. 2011헌라2 결정; 헌법재판소 2015.11.26. 2013헌라3 결정도 동일 취지.

나. 동의의 시기

조약 체결에 대한 국회동의는 언제 이루어져야 하나? 사전동의가 원칙이라는 점에는 이론이 없으나, 경우에 따라 사후동의도 허용되는가?

국가에 따라서는 입법부의 사후동의 가능성을 헌법 등에서 명문으로 인정하고 있다. 일본 헌법 제73조 3호는 조약 체결에 대한 국회의 승인은 사전에 받아야 하나 상황에 따라서는 사후에 받도록 규정하고 있다. 네덜란드의 조약승인 및 공포법[30] 제10조는 긴박한 성격의 예외적 상황으로 의회 동의를 받기 전 조약의 구속을 받아야 할 국가적 이해관계가 인정되는 경우, 조약의 내용이 헌법과 충돌되지 않는다면 우선 적용을 인정하고 사후에 승인을 요청할 수 있다고 규정하고 있다. 콜롬비아 헌법 제224조는 국제기구에서 결정된 경제적 및 상업적 성격의 조약은 대통령이 우선 잠정적용을 결정하고, 즉시 의회에 승인을 요청할 수 있다고 규정하고 있다. 그러나 사후동의의 가능성을 입법화 하고 있는 국가는 예외적이며, 대부분의 국가의 헌법 등은 동의시기에 관해 명문의 규정을 두지 않고 있다. 한국에도 이에 관한 특별한 조항은 없다.

국내에서는 과거 적지 않은 학자들이 사후동의의 가능성을 인정했다.[31] 예를 들어 서명만으로 발효하는 조약의 경우, 긴급을 요하여 사전 동의를 얻을 시간적 여유가 없는 경우, 국회가 해산된 경우 등과 같은 상황에서는 사후동의도 불가피하다고 인정했다. 그러나 이러한 입장이 한국의 조약 동의실행까지 분석하고 내린 결론은 아니었으며, 아마도 헌법이 명문으로 사후동의 가능성을 인정하고 있는 일본의 영향을 받은 주장으로 짐작된다.

실제 한국에서 사후동의 사례가 있었는가? 필자의 조사에 의하면 과거 한국에서는 약 20여 건의 조약이 국회의 사후동의를 받았었다.[32] 한국이 체결한 조약 전체 건수에 비하면 매우 적은 숫자이나, 그렇다고 무시하기 어려운 숫자이기도 하다. 그렇다면 불가피한 사정이 인정되는 경우 한국도 사후동의를 활용해 온 관행이 성립되어 있다고 할 수 있는가?

그러나 그간 한국에서 사후동의를 받았던 사례를 구체적으로 분석해 보면 다

---

30) 영문 번역명 Kingdom Act of on the Approval and Publication of Treaties.

31) 이경호, 헌법강의(일한도서출판사, 1959), p.298; 양용식, 조약의 체결비준과 국회의 동의, 사법행정 제6권 11호(1965. 11), p.17; 한웅길, 조약에 관한 헌법조항, 고시계 1970년 10월호, p.35; 제성호, 조약의 체결비준에 대한 국회동의권, 국제법학회논총 제33권 제2호(1988.12) p.294; 문준조, 조약의 체결절차와 시행에 관한 연구(한국법제연구원, 1994), pp.77－78; 김철수, 제21전정신판 헌법학개론(박영사, 2013), p.1383.

32) 정인섭, 조약체결에 대한 국회의 사후동의, 서울국제법연구 제9권 1호(2002)에는 17건의 사후동의 사례가 제시되어 있다. 이 논문 발표 후 필자는 수건의 사후동의 사례를 더 찾았다.

음과 같은 경향을 발견하게 된다.[33] 첫째, 사후동의의 사례는 과반수가 1950년대에 발생했으며, 1970년대 중반 이후에는 더 이상 발생하지 않았다. 즉 사후동의는 여러 가지 면에서 국가 행정의 틀이 제대로 잡혀 있지 않던 시기에 발생했었다. 둘째, 사후동의를 받게 된 원인을 보면 사안의 불가피성이나 업무의 시급성을 이유로 했던 사례는 찾기 어려우며, 대부분이 업무처리 미숙에서 비롯되었다. 셋째, 정부의 사후 요청에 대해 국회의원의 질타가 있던 경우, 정부가 불가피한 사정을 주장하거나 변명한 예가 없었고 대부분 지연을 사과했을 뿐이었다. 넷째, 조약의 주무부서인 외교부도 사전동의를 받아야 한다는 입장이다. 서명만으로 발효하는 조약이 국회동의를 필요로 하는 경우 정식 서명 이전에 동의를 받도록 성립절차를 운영하고 있다.[34] 다섯째, 비교법적으로 보아도 사후동의 가능성이 법령에 명문화되어 있지 않은 국가는 당연히 사전동의를 의미한다고 해석·운영되고 있다.[35]

이상을 종합하여 볼 때 과거 있었던 국회의 사후동의는 불가피한 상황에 따른 허용될 수밖에 없는 예외가 아니라, 국가행정체제가 미숙한 가운데 담당자의 실수에서 비롯된 잘못된 예외였다. 지난 40년 이상 동안 더 이상 사후동의의 사례가 없었을 정도로 이제는 사전동의의 관행이 확고하게 성립되어 있다. 헌법이 중요한 조약에 대한 국회동의제도를 설치한 취지에도 사전동의가 합당함은 물론이다. 이제는 국내 학설 역시 주로 사전동의를 의미한다고 해석한다.[36]

만약 무슨 이유로든 새로운 사후동의가 발생하면 그 조약의 효력은 어떻게 되는가? 한국이 국회동의 없이 헌법 제60조 1항에 해당하는 조약의 당사국이 되면 일단 국내적으로는 위헌조약이 된다. 다만 이 경우 사후라도 국회동의를 받으면 조약의 국내적 효력발생 요건상의 하자는 치유된다고 본다. 이미 국제적으로 발효중인 조약을 국내절차상의 하자를 이유로 무효화시키는 결과는 최대한 피해야 되기 때문이다. 그렇다면 헌법 제60조 1항이 처음부터 사후동의를 허용한다고 해석하는 편과 무슨 차이가 있는가? 국회동의는 사전동의만을 의미한다고 해석되면 헌

33) 개별 사후동의 조약에 대한 분석은 정인섭(상게주), pp.4−16 참조.

34) 외무부(전게주 5), pp.78−79.

35) 정인섭(전게주 32), pp.16−17.

36) 권영성, 헌법학원론(개정판)(법문사, 2010), p.895; 성낙인, 헌법학(제22판)(법문사, 2022), p.334; 양건, 헌법강의(제10판)(법문사, 2021), p.1204; 정종섭, 헌법학원론(제12판)(박영사, 2018), p.1160; 한수웅, 헌법학(제12판)(법문사, 2022), p.356; 홍성방, 헌법학(하)(제3판)(박영사, 2014), p.143; 정재황, 신헌법입문(제11판)(박영사, 2021), p.746.

법 제60조 1항의 조약을 사전동의 없이 체결하는 행위는 자체가 위법하게 된다. 국회의 사후동의는 조약의 국내적 발효에 장애가 되던 법적 하자만 치유할 뿐, 그 같은 체결행위의 국내적 위법성까지 조각하지는 않는다. 그러나 사후동의도 가능하다고 해석되면, 국회동의의 대상인 조약을 동의 없이 체결한 행위를 곧 바로 위법한 행위라고 평가할 수 없다. 또한 사후동의가 허용된다면 언제까지 동의가 지체되어도 무방한가라는 문제가 발생하고, 만약 장기간 동의를 받지 못한 경우 대외적 의무이행에 복잡한 사태가 발생하게 된다.

헌법재판소 역시 제60조 1항의 국회동의는 사전동의를 의미한다고 해석하고 있으나,[37] 무슨 이유에서든 사후동의를 받게 되어도 해당 조약은 국내법과 같은 효력을 지닌다고 본다(아래 판례 참조).

▶판례: 국회의 조약 사후동의

헌법재판소 2018.02.22. 2016헌마780 결정

"제2차 세계대전이 끝난 후 국제민간항공 수송체계 및 질서를 확립하기 위하여 52개국의 참여로 '국제민간항공협약', 일명 '시카고 협약(Chicago Convention)'이 1944. 12. 7. 미국 시카고에서 작성·채택되어 1947. 4. 4. 최초 발효되었다. 이 협약은 다자간 국제조약으로 우리나라는 1952. 12. 11. 가입하여 조약 제38호로 발효되었고, 1957. 2. 4. 국회에서 비준동의를 받았다.

헌법 제6조 제1항은 "헌법에 의하여 체결·공포된 조약과 일반적으로 승인된 국제법규는 국내법과 같은 효력을 가진다."라고 규정하고 있고, 헌법 제60조 제1항은 국회의 조약 체결·비준에 대한 동의권을 규정하고 있는바, 국제민간항공협약은 우리나라가 가입과 동시에 발효되었고 사후에 국회의 비준동의도 받았으므로 국내법과 같은 효력을 가지고, 위 협약의 국내 이행을 위해서 '항공보안법'이 마련되어 있다."

다. 동의대상 조약의 유형

(1) 헌법조항의 변천

1948년 헌법 제42조는 "국회는 국제조직에 관한 조약, 상호원조에 관한 조약, 강화조약, 통상조약, 국가 또는 국민에게 재정적 부담을 지우는 조약, 입법사항에 관한 조약의 비준"에 대하여 동의권을 가진다고 규정했다. 이 조항의 모델은 프랑

37) "특히 중요한 사항에 관한 조약의 체결·비준은 사전에 국회의 동의를 얻도록 하는 한편." 헌법재판소 2008.3.27. 2006헌라4 결정.

스 제4공화국 헌법 제27조였다.[38] 제헌 이후 이 조항의 내용은 부분적인 변화를 겪었으나, 기본적으로는 오늘날까지 거의 유사한 골격이 고수되고 있다. 이 조항은 그다지 정치성이 높지 않기 때문에 한국의 굴곡진 헌정사에서 큰 주목을 받지 않고 유지된 조항이라고 평가될 수 있다.

그간의 변화를 일별한다면 4.19 이후 제정된 제2공화국 헌법(1960) 제42조에서는 아무런 변화가 없었다. 5.16 이후 제정된 제3공화국 헌법(1963) 제56조도 기본적으로는 이전 헌법과 동일한 내용을 가졌으나, "상호원조에 관한 조약"이 "상호원조 또는 안전보장에 관한 조약"으로 그 표현이 좀 더 구체화되었고, "어업조약"과 "외국군대의 지위에 관한 조약"이 국회동의의 대상으로 새로이 추가되었다. 어업조약은 당시 진행 중이던 한일회담에서 평화선 문제가 중요 협상대상임을 감안해 신설되었으며, 외국군대의 지위에 관한 조약은 주한미군 주둔군지위협정(SOFA)의 개정 추진을 염두에 두고 설치되었다. 실제 한일 어업협정은 1965년 타결되어 국회 동의를 받았고, 새로운 SOFA 역시 1966년 타결되어 국회 동의를 받았다. 1972년 제4공화국 헌법에서는 국회동의에 관한 조항이 조문번호만 제95조로 되었을 뿐, 제3공화국 헌법과 내용은 동일하였다.

1980년 제5공화국 헌법에서는 조문의 위치가 제96조 1항으로 되었고, 내용에서도 약간의 변화가 있었다. 국회동의 대상에서 기존의 "통상조약"이 "우호통상항해조약"으로 변경되었고, "주권의 제약에 관한 조약"이 신설된 대신 "외국군대의 지위에 관한 조약"이 삭제되었다. 그리고 기존의 "국제조직에 관한 조약"과 "재정적 부담을 지우는 조약"의 앞에 각각 "중요한"과 "중대한"이라는 수식어가 첨부되었다.

당시 정부 발간 해설서는 그 이유를 다음과 같이 설명했다. 어업조약이 삭제된 이유는 한일 어업협정의 타결로 중요한 문제가 이미 해결되었고, 새로이 체결되는 어업협정은 대체로 기술적·전문적·행정적 사항을 내용으로 하고 있을 뿐이며, 때로 원양어업의 진출을 위해 관련 국가와의 신속한 조약체결이 요청되기 때문에 국회동의 대상에서 제외했다고 한다. 또한 우리나라 연근해에서 어업자원의 보존에 필요한 조약은 주권의 제약에 관한 조약의 일종으로 국회동의 대상에 포함

38) 헌법 제정에 역할이 컸던 유진오는 이 조항이 프랑스 헌법과 바이말 헌법 등의 예를 따라 작성되었다고 했으나(유진오, 헌법해의(명세당, 1949), p.105.), 바이말 공화국 헌법과는 차이가 컸다.

시킬 수 있다고 보았다.[39]

외국군대의 지위에 관한 조약 역시 한미 SOFA가 타결되어 더 이상 현실적 의의가 없어졌으며, 새롭게 외국군대의 주둔이 문제가 될 경우 일정한 특권과 면제의 부여가 포함됨이 상례이므로 이 역시 주권의 제약에 관한 조약에 해당하리라고 판단했다.[40]

통상조약이 우호통상항해조약으로 변경된 이유는 중요한 통상조약으로만 동의대상을 제한하려는 의도였다.

국제기구 앞에 "중요한"이 추가된 이유는 오늘날 국제기구의 대부분이 극히 기술적·전문적·행정적 성격을 갖는데 불과하므로 이러한 모든 국제기구에 관한 조약이 국회의 동의를 받게 할 성질은 아니라고 보아, 동의대상을 중요한 국제기구에 관한 조약으로 한정시켰다고 설명했다.[41] "중대한" 재정적 부담 역시 같은 기준에서 변경되었다.

이러한 내용은 1987년 개헌시에도 조문 번호만 현재의 제60조 1항으로 변경되어 그대로 유지되고 있다. 이상에서 살펴 볼 수 있는 바와 같이 국회 동의의 대상인 조약 유형은 개헌시마다 약간의 첨삭은 있었으나, 기본적으로는 1948년 헌법과 유사한 골격이 유지되어 왔다. 그 개별적 사유를 검토한다.

(2) 상호원조 또는 안전보장에 관한 조약

㈎ 의의

1948년 헌법에는 "상호원조에 관한 조약"이 국회의 동의를 요하는 조약으로 규정되어 여기서의 "상호원조"가 무엇을 의미하는지 불분명했다. 이는 제3공화국 헌법 개정시 "상호원조 또는 안전보장에 관한 조약"으로 변경되어 군사적 의미의 원조라는 점이 분명해졌다. 따라서 비군사적 분야에서의 지원을 규정하는 기술협력협정, 문화협력협정 등은 이에 해당하지 않는다. 경제원조협정 역시 이에 해당하지 않으며, 그 내용이 아래의 "중대한 재정적 부담을 지우는 조약"이냐 여부만 문제될 뿐이다.

---

39) 법제처, 헌법연구반 보고서(법제처, 1980), p.282; 김용진, 국회의 동의를 요하는 조약의 범위, 법제 제244호(1988.10.10.), p.29.

40) 법제처(상게주), pp.282-283.

41) 법제처(전게주 39), pp.281-282. 법제처편, 법제처사(법제처, 1983), pp.103-104도 같은 설명을 반복하고 있다.

"상호원조에 관한 조약"이 왜 1948년 헌법 제42조 국회동의의 대상으로 포함되었는지 그 이유는 잘 알려져 있지 않다. 제헌 과정에서도 별다른 설명이나 논의가 없었다.[42] 이 조항의 모델인 프랑스 제4공화국 헌법에도 이러한 항목은 없으며, 비교법적으로도 단순히 상호원조에 관한 조약을 국회동의의 대상으로 하고 있는 예는 오늘날까지 찾기 어렵다. 한편 군사적 성격의 조약, 국가안보에 관한 조약, 동맹조약 등을 국회동의의 대상으로 하고 있는 국가는 적지 않다.[43]

한국이 본격적인 의미의 군사적 안보조약을 체결한 상대는 미국뿐이다. 1954년 발효된 「대한민국과 미합중국간의 상호방위조약」(조약 제34호), 「대한민국 정부와 미합중국 정부간의 전시지원에 관한 일괄협정」(조약 제1104호) 등이 대표적인 예이다. 기타 한국에 대한 미국의 군사 원조적 성격을 갖는 세부 조약들의 상당수는 국회 동의 없이 체결되었다. 헌법 제60조 1항이 그러한 세부적 성격의 조약까지 동의를 요구하는 취지라고는 생각되지 않는다.

만약 개헌을 한다면 현재의 "상호원조 또는 안전보장에 관한 조약"은 그 취지를 명확히 하도록 "안전보장에 관한 조약"으로 단순화시킴이 바람직하다.

㈏ 한일 군사비밀정보보호협정

2016년 11월 한일 군사비밀정보보호협정이 서명·발효되자 국내 야당 일각에서는 이 조약이 국회동의를 필요로 한다고 반발했다. 한일 군사비밀정보보호협정은 제목만으로 볼 때 "상호원조 및 국가안보에 관한 조약"에 해당할 가능성이 있다고 보인다. 한일간 상호 군사비밀정보 교류에 관한 내용을 담고 있는 이 조약은 일단 광의의 국가안보에 관련된 조약이라고 할 수 있다. 그러나 과연 이 조약이 국회동의의 대상인가는 좀 더 분석을 요한다.

한일 군사비밀정보보호협정은 우선 양국 국내법에 부합되는 범위 내에서 이행됨을 전제로 하고 있고(제1조), 그 내용도 상대방이 제공한 비밀정보에 대한 보호

42) 제헌국회에 제출된 이른바 유진오안과 권승렬안에서 모두 "상호원조"는 국회 조약동의 대상 유형으로 규정되어 있지 않았고, 국회 헌법기초위원회 심의를 거쳐 본회의에 보고된 초안에도 이 항목은 포함되어 있지 않았다. 국회 제헌심의 제2독회 중 진헌식 외 44명 의원이 동의 대상에 "상호원조에 관한 조약"을 추가하자고 제안해 수정안이 재석 157, 찬성 84, 반대 0으로 가결되었다. 수정 결의 당시에도 국회 본회의장에서는 별다른 설명이나 논의가 없었다. 국회 제27차 회의(1948.7.7.), 제1회 국회속기록 제27호, p.4.

43) 예: 러시아연방조약법 제15조 1항 d호, 스페인 헌법 제94조 1항, 슬로바키아 헌법 제7조 4항, 체코 헌법 제49조 2호, 포르투갈 헌법 제161조, 폴란드 헌법 제89조 1항 등.

절차를 규정하고 있는데 불과하다. 즉 이 협정의 내용은 상대로부터 제공받은 군사정보의 비밀유지 약속이라는 비교적 상식적인 수준이다. 즉 이 협정을 통해 정보제공 의무나 군사협력 의무가 새로이 발생하지 않으며, 한국이 일본측에게 어떠한 군사정보를 제공할지는 한국 스스로 판단하게 된다. 한편 이제까지 타국과의 유사한 군사정보보호 협정 역시 모두 국회동의 없이 체결되어 왔다. 그 대상에는 과거 적성국가로 분류되던 상당수의 구 공산권 국가들도 포함되어 있다.

이상을 종합하면 한일 군사비밀정보보호협정은 헌법 제60조 1항에 규정된 국회동의 대상에 해당하지 않는 대통령 단독으로 체결할 수 있는 유형의 조약이라고 판단된다.

검 토

국회 입법을 통한 조약 정지

한일 군사비밀정보보호협정이 발효하자 야당 국회의원 54명은 「대한민국과 일본정부간의 군사비밀정보보호협정 효력정지 특별법안」을 발의하기도 했다(2016년 11월 24일). 이 법안의 내용은 "한일 군사비밀정보호협정(GSOMIA)의 효력을 정지한다"는 한 줄뿐이다. 국내 법률로 조약 자체를 종료시킬 수는 없기 때문에 정지라는 표현을 사용했다. 만약 이 법안이 법률로 성립된다면 한일 군사비밀정보보호협정의 효력은 어떻게 되는가?

첫째, 이 협정은 국제법적으로 아무런 하자 없이 성립되었으므로 국내법적 이유에 의해 국제법상의 효력이 종료 또는 정지되지 않는다. 설사 한국에서는 국회동의가 필요한 조약인데 이를 거치지 않았다 해도 이 협정의 국제법적 효력에는 아무런 영향이 없다. 한국에서 국회동의 필요 여부가 비엔나 협약 제46조 1항이 규정한 "국내법 규정의 위반이 명백"한 경우에는 해당되기 어렵기 때문이다.

둘째, 이 협정의 국내법적 효력에 관해서는 좀 더 검토를 필요로 한다. 일단 2가지 해석이 가능하다.

① 국회는 조약의 국내적 이행을 봉쇄시키는 법률을 제정할 권한이 있다는 입장. 즉 국내적으로 조약이 법률보다 상위의 효력을 지니지는 않으며, 국회는 기존 법률을 개정하는 신법을 제정할 권한이 있는 만큼, 국회가 선 조약과 모순되는 후 법률을 제정할 경우 후 법률을 통해 선 조약의 국내적 이행이 봉쇄할 수 있다. 조약 체결권이 대통령의 외교에 관한 권한의 일부라고 할지라도 이 역시 법률의 범위 내에서 이루어져야 한다.

② 발효 중인 조약의 국내 이행을 봉쇄시키는 입법은 헌법에 규정된 대통령의 조

약체결권을 침해하는 위헌법률이라는 입장. 조약 체결권은 헌법 제73조에 따라 대통령의 전속적 권한에 속하며, 국회는 헌법 제60조 1항이 규정된 유형의 조약 체결에 한해 동의권을 행사할 수 있을 뿐이다(헌법재판소 2008.3.27. 2006헌라4 결정). 국회 동의의 대상인 조약도 일단 동의가 부여되면 그 실행에 관한 권한은 전적으로 대통령에 속하게 되므로 조약을 종료시킬 권한도 원칙적으로 대통령에게 속한다. 이에 대통령이 헌법과 법률에 따라 체결한 조약의 국내이행을 국회가 일방적으로 정지시키는 법률을 제정한다면 이는 헌법상의 삼권분립에 어긋나는 행위이며, 헌법 제73조에 규정된 대통령 권한을 침해하는 위헌법률이다. 특히 이 같은 법률에도 불구하고 대한민국의 대외적 이행 책임이 계속된다는 사실에는 변함이 없다. 따라서 이 같은 입법은 고의적으로 대한민국의 국제법 위반사태를 초래하므로 우리 헌법의 기본원리의 하나인 국제법 존중주의에도 어긋나는 결과를 야기한다.

한국 헌법 해석상 어느 입장이 타당하다고 생각하는가?

(3) 중요한 국제조직에 관한 조약

㈎ 의의

제헌 이래 국제조직에 관한 조약은 국회동의의 대상으로 규정되어 왔으며, 다만 1980년 제5공화국 헌법부터 국제조직 앞에 "중요한"이란 수식어가 추가되었다. 이에 과연 무엇이 중요한 국제조직에 해당하느냐에 대한 판단이 어려운 문제로 부각되었다.

비교법적으로 국제기구에 관한 조약을 입법부의 동의대상으로 헌법에 명시하고 있는 국가는 많지 않다.[44] 더욱이 제헌 당시인 1948년으로 거슬러 올라가면 국제사회에서 국제기구란 제도가 일반화되는 초기 단계에 불과했기 때문에 이에 관한 조약을 국회동의의 대상으로 규정하고 있던 국가는 더욱 희소했다. 유진오 초안이 "국제조직에 관한 조약"을 국회동의의 대상으로 포함시킨 모델은 바로 프랑스 제4공화국 헌법 제27조였다. 프랑스 헌법은 제헌헌법과 마찬가지로 국제기구에 관한 조약을 국회동의 대상조약의 첫 번째 항목으로 규정하고 있었다.[45]

44) 국회도서관이 조사 번역한 세계 35개 주요 국가의 현행 헌법을 살펴보면 프랑스 헌법 제53조 1항, 그리스 헌법 제36조, 체코 헌법 제49조, 슬로바키아 헌법 제86조, 포르투갈 헌법 제161조 9호, 폴란드 헌법 제89조 1항 3호 정도만이 국제기구에 관한 조약을 입법부의 동의대상으로 규정하고 있다. 국회도서관편, 「세계의 헌법: 35개국 헌법 전문 I, II」(개정판)(국회도서관, 2013).

45) 현행 프랑스 제5공화국 헌법에서는 국제기구에 관한 조약이 국회동의 대상의 세 번째 항목으로 순서가 조정되었다.

1980년 이후 지난 40여 년간 헌법운영의 실행을 보면 국제조직에 관한 조약으로 국회동의를 거친 사례는 대략 절반 정도이다.[46] 국회동의를 받은 사례의 특징을 살펴 보면 한국이 회원국이 됨으로써 ① 기구에게 일정한 특권·면제를 부여할 의무가 발생하는 조약, ② 상당한 재정부담의 의무가 발생하는 조약, ③ 국내법을 보완할 의무가 발생하는 조약(입법사항), ④ 기구가 회원국에 대해 강제력 있는 의사결정을 할 권한을 갖고 있거나, 분쟁에 대해 강제적 해결절차의 적용을 예정하고 있는 조약 등임을 발견하게 된다. 반대로 중요한 국제조직이 아니라고 판단되어 국회동의 없이 가입한 기구들은 대체로 가입이 커다란 재정적 부담을 수반하지 않았으며, 기구가 회원국에게 구속력 있는 결정을 내릴 권한이 특별히 없었다.[47]

이 항목과 관련하여 다음 2가지 검토사항이 있다.

㈏ 국제조직이란 용어

헌법 제60조 1항에서는 "국제조직"이란 용어가 사용되고 있다. 이는 제헌헌법 이래 사용되어 온 용어이다. 그러나 헌법상의 사용례를 제외하면 국내법령에서는 물론 한국이 당사국인 조약문의 번역에서도 "국제조직"이란 용어는 거의 사용되지 않고, 대부분 "국제기구"가 널리 사용되고 있다.

헌법에서는 왜 제헌 이래 "국제조직"이란 용어가 사용되었을까? 헌법상 "국제조직"은 일반 법률이나 일상생활에서 주로 사용되는 "국제기구"와 동일한 개념의 용어인가? 사실 국어학적으로 양 용어가 명백히 구별된다고는 보기 어렵다. 그래도 "국제조직"이라고 할 때는 조약을 설립근거로 하지 않은 국제적 민간기구나 비공식 단체까지 폭넓게 포함하는 의미로 자주 사용된다.[48] 일상생활에서 국제마약범죄조직, 국제테러조직이라고는 해도 국제마약범죄기구 또는 국제테러기구라고는 잘 부

---

46) 1980년 이전에는 대부분의 국제기구에 관한 조약은 국회의 동의를 거쳤다. 일부 국회동의를 받지 않은 조약도 있었는데, 행정처리 미숙이 중요 원인이었던 것으로 보인다. 정인섭, "국제기구에 관한 조약의 국회동의," 국제법학회논총 제56권 제3호(2011), pp.188−190.

47) 그러나 이 부분에 관한 한국의 실행이 반드시 일관성을 유지하고 있지는 못하다. 이 항목에 관한 구체적 분석은 정인섭(상게주), pp.190−194 참조.

48) 「병원체자원의 수집·관리 및 활용 촉진에 관한 법률」이나 「세균무기(생물무기) 및 독소무기의 개발, 생산 및 비축의 금지와 그 폐기에 관한 협약」(제925호), 「심각한 한발 또는 사막화를 겪고 있는 아프리카지역 국가 등 일부 국가들의 사막화 방지를 위한 국제연합협약」(제1497호), 「아시아에서의 해적행위 및 선박에 대한 무장강도행위 퇴치에 관한 지역협력협정」(제1806호) 등 극히 일부 조약에는 "국제조직"이 등장하고 있는데, 이 경우의 "국제조직"은 비정부간 단체까지 포함하는 의미라고 판단된다.

르지 않는다. "축구 승부조작 배후에 국제조직이 있다"고 표현하지,[49] 국제기구가 있다고는 하지 않는다. 헌법 제60조 1항의 "국제조직"이 이러한 경우도 포용하려는 의미는 물론 아니다. 헌법 상의 "국제조직"은 조약을 통해 설립되어 자신의 회원국과 조직을 갖추고 공통의 목적이나 활동을 수행하는 공적 결사를 가리킨다.

그렇다면 헌법에는 왜 국제조직이 등장했을까 그 이유를 추측해 본다. 혹시 1948년 제헌 당시에는 헌법상 취지에 합치되는 용어로 "국제기구"보다 "국제조직"이 더욱 일반적으로 사용되었을까? 필자가 광복 직후부터 1955년도까지 약 10년간 동아일보와 조선일보 기사제목을 조사한 결과 언제나 국제기구만이 사용되었으며, 국제조직이 사용된 예는 찾을 수 없었다.[50] 그런 의미에서 "국제조직"이란 용어는 제헌 당시의 일상 언어생활에도 부합되지 않았다.

헌법에서 "국제조직"이 사용된 이유는 한국의 법률용어에 압도적 영향을 끼친 일본 법학의 영향이었다는 것이 필자의 판단이다. 왜냐하면 전전 일본에서는 立作太郎의 平時國際公法(三)(日本評論社, 1928), 安井郁의 國際法學(弘文堂書房, 1939) 등 대표적 국제법 개설서들이 "국제조직"을 사용한 반면, 법률서적에 "국제기구"가 사용된 예는 발견하기 힘들다. 제2차 대전 직후의 일본 법률서적에서도 국제조직이 주로 사용되었다.[51] 자연 일제시 법학을 배운 제헌의 주역들에게는 국제조직이 보다 익숙한 법률용어였다. 제헌헌법에 이 용어가 사용된 이래 현재까지 지속되고 있다고 판단된다.[52] 다만 일본에서도 비교적 근래에는 "국제기구"를 사용하는 예가 늘고 있다.[53] 중국에서는 주로 국제조직이 사용된다.[54]

---

49) 동아일보 2011.7.16, p.22.

50) 조선일보 및 동아일보 각사 기사 DB를 통한 검색 결과.

51) 橫田喜三郎, 「國際組織の發展」((日本評論社, 1950), 橫田喜三郎, 「國際法」(靑林書院, 1956), 高野雄一, 「國際組織法」(有斐閣, 1961) 등에서도 모두 국제조직이 사용되었다. 大石義雄, 「世界各國の憲法」(三和書房, 1952), p.130에서 역시 프랑스 제4공화국 헌법 제27조 속의 용어를 국제조직으로 번역했다.

52) 정부 수립 직후 국내에서 발간된 프랑스 제4공화국 헌법 제27조의 번역시 국제조직이 사용되었다. 법제처 법제조사국편, 「현행 각국헌법전」(법제처 법제조사국, 1949), p.11. 당시 국내 법률서적에서는 국제조직이 자주 사용되었다. 박관숙, 「국제법」(이화여자대학출판부, 1954), p.62 등. P. Jessup(이한기역), 「현대국제법」(일한도서출판사, 1952)에서는 국제기구와 국제조직이 모두 사용되고 있었고, 이한기, 「국제법학 상」(박영사, 1958)에서는 국제조직이 주로 사용되었다.

53) 日本國際法學會가 편찬한 「國際法辭典」(鹿島出版會, 1975), p.193은 국제조직 대신 국제기구를 채택했다. 이의 개정판에 해당하는 日本國際法學會編, 「國際法關係辭典」(三省堂, 1995), p.250 역시 마찬가지이다. 근래 일본의 법률서적에서는 국제기구와 국제조직이 두루 겸용되

국내에서는 헌법 교과서들에서조차 국제기구가 주로 사용된다는 사실에서 알 수 있듯이, 국제조직은 일상 언어생활에서는 물론 법률용어상으로도 정착하지 못하고, 헌법 속에만 고립된 용어가 되어 버렸다. 앞으로 개헌의 기회가 있다면 국내의 다른 법령이나 조약상의 용어사용과 조화를 이루도록 "국제조직"을 "국제기구"로 변경함이 바람직하다.

㈐ **국제조직 항목의 필요성**

보다 근본적으로 이 항목이 헌법 제60조 1항에 유지될 필요가 있는가를 검토해 본다. 1980년 제5공화국 헌법 시행으로 국회동의 대상이 "중요한 국제조직에 관한 조약"으로 축소된 이후 실태를 보면 대략 절반 정도의 국제조직에 관한 조약이 국회 동의를 받았다.

동의를 받았던 국제조직에 관한 조약은 다른 한편 "중대한 재정적 부담"이나 "주권제약," "입법사항" 등 다른 국회동의사유에도 중복적으로 해당한다.[55] 현 실행 속에서는 "국제조직에 관한 조약"이 헌법에서 삭제될지라도 국회동의의 대상이 될 조약 범위는 축소되지 않으리라 예상된다. 이 항목은 독자적 존재 의의를 갖지 못한다.[56]

비교법적으로도 국제기구에 관한 조약을 입법부의 동의대상으로 헌법에 규정하고 있는 경우는 많지 않은 편이다. 한국 헌법의 모델이 되었던 프랑스의 경우 현 헌법 제53조는 여전히 국제기구에 관한 조약을 동의대상으로 규정하고 있으나, 실제로는 자국의 주권에 관련된 결정이나 제한을 할 수 있는 권한을 가진 상설적 국제기구에 관한 조약만이 입법부의 동의를 요한다고 헌법위원회(Conseil Constitutionnel)가 해석하고 있다.[57] 한국 헌법에는 주권의 제약에 관한 조약이 별도로 규정되어 있기 때문에 프랑스식 기준을 적용하는 경우에도 이 국제조직에

고 있다. 예: 櫻井雅夫, 「國際機構法」(第一法規, 1994), 橫田洋三, 「國際組織法」(有斐閣, 1999), 佐藤哲夫, 「國際組織法」(有斐閣, 2005), 中村道, 「國際機構法の研究」(東信堂, 2009) 등.

54) 雷崧生, 「國際組織」(臺灣商務印書館, 1955), 饒戈平 主編, 「國際組織法」(北京大學出版社, 2003) 등.

55) 정인섭, 개헌시 국회동의 대상조약 항목의 재검토, 국제법학회논총 제62권 제2호(2017), pp.237－238 참조.

56) 정인섭(전게주 46), pp.197－198. 정인섭(상게주), pp.237－238.

57) DC no. 92－308, April 9, 1992; DC no. 98－408, January 22, 1999. P. Eisemann & R. Rivier, National Treaty Law and Practice: France, in D. Hollis, M. Blakeslee & L. Ederington ed., National Treaty Law and Practice(Martunus Nijhoff, 2005), p.260에서 재인용.

관한 조약의 존재의의는 없는 셈이다.

(4) 우호통상항해조약

1948년 헌법 이래 "통상조약"이 국회동의를 요하는 조약으로 규정되어 오다가,[58] 제5공화국 헌법부터 "우호통상항해조약"으로 수정되었다. 비교법적으로 보면 "통상조약"을 국회동의의 대상으로 명기하고 있는 국가는 찾기 쉽지 않다. 주요 국가 중에는 제헌헌법의 모델이 된 프랑스 헌법 정도가 눈에 뜨일 뿐이다. 1980년 헌법에서 국회 동의대상을 "우호통상항해조약"으로 변경한 이유는 모든 통상조약을 대상으로 함은 지나치게 광범위하므로 범위를 제한할 필요가 있다는 이유 때문이었다.[59]

우호통상항해조약은 19세기 이래 우호국가간의 관계를 포괄적으로 규정하던 조약으로 체약국 국민의 출입국과 체류, 신체의 안전, 경제활동, 재산권 보장, 사회보장, 수출입에 대한 관세 등 정치·경제·사회 분야에 관한 전반적 내용을 담고, 일반적으로 최혜국민 대우와 내국민 대우를 기본원칙으로 포함하고 있다. 그러나 20세기 후반을 거치면서 국제사회에서 이러한 형태의 조약은 더 이상 활용되고 있지 않다. 대한민국이 이제까지 우호통상항해조약이란 명칭의 조약을 체결한 사례도 1957년 발효된 미국과의 조약 1건뿐이다(조약 제40호). 제5공화국 헌법 발효 이후에는 단 한 건의 체결 사례도 없다. 이렇듯 국제무대에서 이미 사라진 유형의 조약을 제5공화국 헌법에 새롭게 국회 동의의 대상으로 설치한 결정은 시대에 뒤처진 발상이었다는 비판을 면할 수 없다. 앞으로 개헌의 기회가 있다면 개정이 필요한 대상이다. 사실 중요한 통상조약이라면 시행을 위해 국내법 개정이 불가피하므로 당연히 입법사항에 관한 조약에 해당한다. 따라서 "우호통상항행조약"이란 문구를 헌법 제60조 1항에서 삭제해도 국회동의 대상이 될 조약의 범위에는 별다른 영향을 미치지 않게 된다.

"우호통상항해조약"을 삭제한다면 대신 제헌 이래 제4공화국 헌법까지 국회동의대상으로 규정되었던 "통상조약"을 부활시켜야 하나? 이를 판단하기 앞서 "통상조약"을 국회동의 대상으로 규정하고 있던 제헌 이래 제4공화국 헌법까지의 실태를 살펴본다.[60]

---

58) 과거 "통상조약"이라는 항목이 유지되던 제4공화국까지의 관련 국회동의 실태에 대해서는 정인섭(전게주, 55), pp.239-240 참조.

59) 법제처(전게주 39), p.282.

이 기간 중 한국이 단순히 통상조약이라는 명칭으로 체결한 조약은 찾기 어렵다. 다만 개념상 통상조약에 가장 부합되는 유형으로는 적지 않은 숫자의 양자간 무역협정을 체결한 바 있다. 한국은 1980년 10월 말까지 39개국과 무역협정을 체결했다.[61] 그리고 다른 2개국과는 통상협력(또는 증진)에 관한 협정을 체결했다.[62] 그러나 이들 41개국과의 양자협정 중 단 1건도 국회동의를 거치지 않았다. 이러한 실행을 바탕으로 한다면 무역협정은 당시 헌법상의 "통상조약"에 해당하지 않는다고 보아야 한다. 통상관련조약으로는 다자조약인 「관세와 무역에 관한 일반협정(GATT)」만이 국회동의를 거쳤다.[63] GATT 가입은 폭넓은 국내법령 개정을 필요로 했으므로 입법사항에 관한 조약이라는 이유에서도 국회동의가 필요한 조약이었다. 그렇다면 제헌 이래 제4공화국 헌법까지 국회동의 대상으로서의 "통상조약"은 특별한 독자적 역할이 없었던 항목이라고 결론내릴 수 있다.

통상관련 조약으로는 최근 사회적·정치적 관심의 초점이 되었던 조약은 자유

60) 정인섭(전게주 55), pp.239−240 참조.

61) 한국이 1980년 10월 말까지 무역협정을 체결한 국가. ( ) 안은 조약 발효일 및 조약 번호. 이하 상대국명의 영어 알파벳순. 호주(1965년 9월 21일 제154호, 이는 1975년 6월 17일 제536호로 대체됨), 오스트리아(1971년 10월 30일 제400호), 방글라데시(1973년 7월 21일 제482호), 브라질(1963년 5월 21일 제116호), 캄보디아(1964년 12월 8일 제133호), 캐나다(1966년 12월 20일 제226호), 중앙아프리카(1973년 5월 10일 제480호), 차드(1978년 1월 27일 제627호), 칠레(1978년 7월 14일 제649호), 코스타리카(1975년 6월 27일 제539호), 엘살바도르(1971년 1월 26일 제366호), 독일(1965년 4월 9일 제144호), 그리스(1974년 10월 4일 제514호), 과테말라(1978년 4월 28일 제637호), 가이아나(1973년 3월 26일 제478호), 아이티(1978년 4월 27일 제636호), 인도(1964년 4월 29일 제124호, 1974년 8월 12일 제511호로 대체), 이란(1976년 6월 14일 제578호), 이탈리아(1965년 3월 9일 제142호), 자메이카(1979년 5월 19일 제684호), 일본(1966년 3월 24일 제190호), 요르단(1973년 3월 12일 제477호), 케냐(1978년 3월 31일 제630호), 말레이시아(1962년 12월 31일 제105호), 멕시코(1969년 3월 17일 제293호), 모로코(1976년 5월 22일 제575호), 미얀마(1964년 6월 7일 제125호, 1967년 9월 30일 제256호로 대체), 네팔(1971년 5월 6일 제384호), 뉴질랜드(1967년 1월 31일 제231호), 니제르(1969년 12월 17일 323호), 파키스탄(1968년 10월 21일 제287호), 페루(1976년 5월 5일 제573호), 필리핀(1961년 2월 24일 제73호, 1978년 11월 6일 제660호로 대체), 포르투갈(1977년 12월 2일 제611호), 세네갈(1976년 6월 23일 제579호), 수단(1978년 6월 27일 제647호), 대만(1961년 3월 3일 제75호), 태국(1961년 9월 15일 제82호), 튀니지(1970년 5월 19일 제335호), 터키(1977년 12월 6일 제614호), 베트남(1962년 12월 19일 제104호). 위 일부 조약은 "무역 및 경제협력 협정" 또는 "무역 및 지불협정," "무역 및 경제기술협력 협정"이란 명칭을 갖고 있다. 특정한 품목만을 대상으로 한 무역협정 체결국은 제외하였다.

62) 인도네시아(1971년 8월 24일 제398호), 카메룬(1977년 11월 18일 제610호).

63) 조약 제243호 「관세와 무역에 관한 일반협정(GATT)에의 대한민국 가입을 위한 의정서」. 1967년 4월 14일 발효.

무역협정이었다. 한국의 자유무역협정의 체결이 증가하자 이에 대한 국회차원의 감시 강화와 국민적 이해 고양, 절차의 투명성 제고 등의 명분으로 「통상조약의 체결절차 및 이행에 관한 법률」이 제정되었다(동법 제1조). 이 법이 대상으로 하는 통상조약은 포괄적 대외시장개방을 핵심요소로 하고 있다.[64] 포괄적인 대외 시장개방을 목적으로 하는 조약이라면 필연적으로 국내 관련법률의 개폐를 요구하게 된다. 이 같은 조약은 어차피 입법사항에 관한 조약에 해당해 국회동의를 피할 수 없다. 한·미 FTA나 한·EU FTA 같은 중요한 자유무역협정들이 국회동의를 받은 이유도 입법사항에 관한 조약이기 때문이라고 설명되었다.[65]

비교법적으로 보면 "통상조약"을 국회동의의 대상으로 명기하고 있는 국가는 찾기 쉽지 않다. 주요 국가 중에는 제헌헌법의 모델이 된 프랑스 헌법 정도가 눈에 뜨일 뿐이다. 그리고 그리스, 체코, 슬로바키아 헌법이 유사하지만 좀 더 포괄적인 개념의 경제조약을 국회동의 대상으로 규정하고 있다.[66] 그렇지만 국내법의 개폐를 필요로 하는 조약은 대부분의 국가에서 국회동의 대상이므로 국가경제에 중요한 영향을 미치는 통상조약은 어차피 입법부의 통제를 피할 수 없다. 결론적으로 헌법 제60조 1항에서 "우호통상항해조약"을 단순히 삭제해도 국회동의 대상조약의 범위에는 별다른 영향을 미치지 않는다. 국가경제에 중요한 영향을 미치는 통상조약이라면 입법사항에 관한 조약에 해당하여 국회동의를 피할 수 없기 때문이다.[67]

64) 제2조 "1. "통상조약"이란 우리나라가 세계무역기구 등 국제기구 또는 경제연합체에 가입하거나 다른 국가 등과 체결하는 다음 각 목의 조약 중 대한민국 헌법 제60조 제1항에 따른 국회동의 대상인 조약을 말한다.
가. 세계무역기구 등 국제기구 차원에서 체결되어 포괄적인 대외 시장개방을 목적으로 하는 조약
나. 지역무역협정 또는 자유무역협정 등 지역적 또는 양자 차원에서 체결되어 포괄적인 대외 시장개방을 목적으로 하는 조약
다. 그 밖에 경제통상 각 분야의 대외 시장개방으로 인하여 국민경제에 중요한 영향을 미치는 조약"

65) 「국회 외교통상통일위원회 한·미 FTA 검토보고서」(2011), p.14 및 「국회 외교통상통일위원회 한·EU FTA 검토보고서」(2011), p.7.

66) 그리스 헌법 제36조 2항 "무역, 과세, 경제협력"에 관한 협정. 체코 헌법 제49조 3호 "일반적인 경제적 성격의 국제협정." 슬로바키아 헌법 제86조 d호 "일반적 성격의 국제경제조약" 등. 이상은 단순한 통상조약보다 더 포괄적인 자유무역협정 같은 조약을 가리킨다고 판단된다.

67) 정인섭(전게주 55), p.241.

(5) 주권의 제약에 관한 조약

주권의 제약에 관한 조약이라는 용어는 제5공화국 헌법에 처음으로 삽입되었다. 개헌 당시 정부에 설치되었던 헌법연구반의 설명에 따르면 이 유형의 조약은 제4공화국 헌법까지 국회동의의 대상으로 규정되었던 어업조약이나 외국 군대의 지위에 관한 조약을 포괄하는 규정으로 삽입되었으며, 한국이 인접국과 새로이 해양 경계를 획정하는 경우 이에 포함된다고 설명했다.[68]

사실 주권의 제약에 관한 조약이 무엇을 의미하는지는 좀 막연하다. 모든 조약은 당사국에 법적 구속력을 가지며, 그 범위 내에서는 주권의 제약을 의미한다. 제60조 1항에 규정된 "주권의 제약에 관한 조약"이 그렇게 포괄적 의미를 갖지는 않을 것이다. 비교법적으로도 주권의 제약에 관한 조약을 국회동의의 대상으로 규정하고 있는 국가는 찾기 어려워 외국의 예를 참고하기도 어렵다.[69]

그동안 주권의 제약에 관한 조약으로서 국회의 동의를 받은 조약의 유형은 크게 3가지로 분류할 수 있다. 첫째, 조약이 일정한 국가행위의 포기나 국가의사에 대한 제약을 규정하고 있는 경우. 예를 들어 당사국이 자국내 화학무기 생산시설의 신고 및 폐기 의무를 부담하며 당사국에 대한 강제 사찰 등을 규정하고 있는 「화학무기의 개발·생산·비축·사용금지 및 폐기에 관한 협약」(제1377호), 당사국의 핵실험 금지와 현장사찰 등을 규정하고 있는 「포괄적 핵실험금지 조약」(미발효) 등이 이에 해당한다. 둘째, 조약이 국제기구 등에 대해 대한민국 내에서의 특권과 면제를 인정하는 경우. UN 헌장(조약 제1059호), 「국제백신연구소 설립에 관한 협정」(조약 제1411호), 「경제협력개발기구에 부여하는 특권과 면제에 관한 대한민국 정부와 경제협력개발기구간 협정」(조약 제1357호), 「유럽부흥은행 설립협정」(조약 제1048호) 등이 이에 해당한다. 셋째, 해당조약에 관해 강제적 분쟁해결제도가 성립되어 있는 경우. 즉 조약과 관련된 분쟁이 발생하는 경우 일방 당사자의 신청에 의해 사법재판이나 중재재판에의 회부가 강제될 수 있는 경우를 의미한다. 조약에 관한 분쟁 발생시 최종적으로 국제사법재판소의 관할을 인정하는 조항을 가진 「인질억류방지에 관한 협약」(조약 제812호), 「난민지위에 관한 협약」(조약 제1115호), 「고문방지협약」(조약 제1272호) 등이 이에 해당한다.

그러나 과거 한국의 국회동의 실태를 보면 이러한 기준이 일관성 있게 적용되

68) 법제처(전게주 39), pp.282–283.
69) 정인섭(전게주 55), p.241.

지는 않았다. 특히 논란이 제기될 수 있는 유형은 분쟁의 강제적 해결 조항을 포함한 조약이다. ICJ로의 강제회부조항을 갖고 있는 경우는 대체로 국회동의를 받았으나, 기타 중재재판 회부를 규정한 경우는 동의를 받지 않은 경우도 많아 실행의 일관성이 유지되지 않았다. 예를 들어 거의 모든 투자보장협정은 분쟁이 발생하면 중재재판에 회부할 수 있다는 내용을 포함하고 있다. 주권의 제약에 관한 조약이 국회동의의 대상으로 규정된 제5공화국 헌법(1980) 이래 2015년 말까지 한국은 88건의 투자보장에 관한 협정을 발효시켰는데. 이중 국회동의를 거친 조약은 단 2건뿐이다(조약 제1614호 및 제2183호). 1980년 이전에도 투자보장협정은 1건의 예외를 제외하고 국회의 동의를 받지 않았다.[70] 과거 법제처의 한 담당관은 투자보장에 관한 분쟁이 실제 중재재판에 회부되는 사례는 극히 예외적이고, 투자보장협정은 그 내용도 국제적으로 정형화된 형식을 취하고 있으며, 정부의 적극적이고 신속한 대외정책을 추진할 필요상 국회 동의를 받지 않아도 무방하다고 해석했다.[71] 그러나 강제적 분쟁해결절차가 실제로 적용될 가능성이 적다는 점을 이유로 국회 동의의 필요성을 부정한다면 투자보장협정 뿐 아니라, 다른 조약들에 대하여도 동일한 기준이 적용되어야 할 것이다. 실제로 정부 수립 이래 대한민국이 국가간 중재재판이나 사법재판에 당사국이 되었던 예는 한 건도 없었으므로, 회부 가능성을 기준으로 한다면 강제적 분쟁해결절차를 포함한 어떠한 조약도 국회동의를 받을 필요가 없다고 해야 한다. 조약의 내용이 정형적이라거나, 정부의 적극적인 대외정책의 전개를 위해 국회동의 절차를 생략하자는 논리 역시 이유가 될 수 없다. 투자보장협정은 근래 입법사항에 관한 조항 자격으로 국회동의를 받고 있다.

항공협정 역시 관행적으로 강제적 중재재판조항을 포함시키고 있는 대표적 유형의 조약인데 개별국가와의 어떠한 항공협정도 국회 동의를 거친바 없다. 이에 대해 법제처 관계자 등은 이미 국회 동의를 받은 국제민간항공협약 제18장에 민간항공에 관한 국제재판의 기속력을 인정하고 있으므로, 이를 구체화시키는 성격을 지닌 개별국가와의 항공협정에 중재재판 회부 조항이 삽입되어도 별도의 국회 동의는 불필요하다고 해석하고 있다.[72] 그러나 개별국가와의 항공협정과 국제민간항

70) 제5공화국 이전의 투자보장협정으로 국회동의를 받은 조약은 독일과의 「투자증진 및 상호보호에 관한 협정」(1964년 국회 동의, 1967년 발효).
71) 박세진, 조약심사 기준 및 조약심사 업무 개선방향, 순간 법제 287호(1989.12), p.33.
72) 박세진(상게주), p.35; 김용진(전게주 39), p.32; 문준조(전게주 31), p.86.

공협약은 엄연히 별개의 독립적 조약이다. 또한 국제민간항공협약 제18장은 당해 협약과 부속서의 해석과 적용에 관해 체약국간의 의견 상충이 교섭으로 해결되지 않으면, 이사회가 이를 결정하고, 이 이사회의 결정에 불복하는 회원국은 중재재판이나 ICJ에 제소할 수 있다는 내용이다. 따라서 이는 개별국가간 항공협정의 해석과 적용에 관한 분쟁과는 별개의 내용이며, 개별항공협정에 관해 분쟁이 발생하면 이 분쟁은 해당국간의 항공협정에 따라서만 강제적 해결절차에 회부될 수 있다. 따라서 국회 동의를 받은 국제민간항공협정에 강제적 분쟁해결절차가 마련되어 있다는 점으로부터 개별국가와의 항공협정은 국회동의를 필요로 하지 않는다는 결론은 나올 수 없다.

한편 일각에서는 조약에 강제적 분쟁해결절차가 적용된다는 사유만으로 주권의 제약은 아니라고 해석한다. 즉 분쟁해결절차는 새로운 권리·의무를 창출하는 것이 아니라, 조약에서 이미 약속된 내용을 재확인하는 제도에 불과하기 때문에 단지 이 조항만을 이유로 주권의 제약에 관한 조약이라고 할 수 있냐는 의문을 제기한다. 아울러 분쟁의 강제해결조항이 보편화되는 실정 속에서 이러한 조항의 존재만을 이유로 국회 동의를 받으라는 요구는 비현실적이라고 주장한다.[73] 이 역시 유의할 만한 주장이다. 반면 많은 조약이 분쟁의 강제적 해결조항을 포함하고 있지 않은 실정에서 특정한 조약은 이 같은 강제절차를 설치했다면 국가 의사에 대한 본의 아닌 제약을 발생시킬 수 있다는 의미에서 주권의 제약으로 해석될 수 있을 것이다.[74] 양 해석은 모두 나름 일리가 있다. 비교법적으로도 분쟁의 강제적 해결 조항을 이유로 입법부의 동의를 요구하는 법제는 드물다. 실제로는 거의 활용되지 않는 이 조항만을 이유로 국회동의를 받아야 한다면 조약체결절차를 불필요하게 번거롭게 만드는 점도 사실이다. 이론적으로는 국회동의 필요론이 더 타당하다고 보이나, 이 점은 한국이 스스로의 관행을 발전시킴으로써 입장을 정리할 수 있는 부분이 아닌가 한다.

(6) 강화조약

국가간 전쟁상태를 법적으로 종결시키는 조약을 강화조약이라 한다. 제헌 이래 강화조약은 국회 동의를 요하는 조약으로 규정되어 왔다. 그간 대한민국은 타

73) 배종인(전게주 3), p.148.
74) 김용진(전게주 39), p.31.

국과 전쟁상태임을 선언한 예가 없었으며, 국회동의를 거쳐 강화조약을 체결한 사례도 없었다. 국가간의 무력행사가 일반적으로 금지되고 있는 UN 체제 하에서 한국이 실제로 강화조약을 체결할 기회가 과연 있을지는 의심스럽다.

전쟁을 종결시키는 중간과정에서 휴전협정이 체결되는 경우가 많다. 휴전협정도 조약의 일종이다.75) 휴전협정도 강화조약의 일종으로 국회동의를 필요로 하는가? 6.25 전쟁에 관한 휴전협정은 사실상 전쟁을 종료시키는 효과를 가져왔으나, 이를 강화조약이나 평화조약이라고는 부르지 않는다. 통상적인 휴전협정은 전쟁의 최종 종료 합의가 아닌 임시적 조치로서 신속한 발효를 필요로 하므로 전시 군지휘관 사이에 서명만으로 성립되며 입법부의 동의를 받지 않음이 통례이다. 예를 들어 제1차 대전과 제2차 대전시 적대행위를 종료시키는 항복문서는 군사령관의 명의만으로 체결·발효되었고, 베르사이유 평화조약이나 샌프란시스코 대일 평화조약은 상당 기간이 지난 후 체결·발효되었다. 휴전협정도 국회동의를 거쳐야 한다면 서명과 발효 사이의 기간 동안 전투가 계속됨에 따라 휴전의 전제조건이 무산될 위험에 자주 노정될 수 있다. 휴전협정을 입법부의 동의대상으로 한다면 그 속성상 비현실적이며, 바람직하지도 않다. 휴전은 대통령의 군통수권 속에서 법적 근거를 찾을 수 있을 것이다.76) 휴전에 대한 국회동의 여부와 상관없이 대통령은 상대방과의 무력충돌 중지를 결정할 수 있기 때문이다. 한국전쟁에서의 1953년 휴전협정에 관하여는 대한민국이 당사국이냐에 관한 논란과는 별도로, 한국 정부가 이에 조약번호를 부여하고 조약 목록에 등재하는 등 조약으로서의 형식을 부여하지 않았다.

남북한이 평화조약을 맺으면 이는 헌법상 국회동의를 필요로 하는 강화조약에 해당하는가? 일단 이에 해당한다고 판단된다. 다만 한반도 전체가 규범적으로는 대한민국 영토이며, 평화통일의 지향을 규정하고 있는 헌법에 비추어 볼 때, 남북한을 별개의 주권국가임을 확인하는 성격을 가질 평화조약에 대하여는 위헌문제가 제기될 가능성이 있다. 남북한 평화조약은 헌법 제3조와 달리 대한민국의 영토를 휴전선 이남으로 확정하게 되고, 제4조 평화적 통일 추진을 무력화시키는 내용이 되기 때문이다.

한편 강화조약은 헌법에 국회동의의 대상으로 열거된 안전보장에 관한 조약

75) 이한기, 신정판 국제법강의(박영사, 1997), p.827.
76) 이상돈, 조약의 체결·비준에 관한 국회동의권, 고시계 1985년 10월호, p.51.

의 일종으로 해석할 수 있으므로, 헌법 제60조 1항에서 삭제되어도 동의 대상에 포함됨에는 차이가 없다고 판단된다.77) 강화조약은 실제 체결된다면 최고의 정치적 상징성을 갖는 이유에서 많은 국가들이 국회동의 대상조약으로 규정하고 있다.

(7) 중대한 재정적 부담을 지우는 조약

1948년 헌법 이래 "재정적 부담을 지우는 조약"이 국회동의의 대상으로 규정되어 오다가, 제5공화국 헌법 개정시 그 앞에 "중대한"이 추가되어 동의대상이 부분적으로 축소되었다. 재정적 부담을 지우는 조약이란 이로 인해 당장 국가의 재정지출이 요구되거나 채무가 발생하는 조약을 가리킨다. 따라서 조약체결을 통해 장래 발생하리라고 예상되는 기대이익까지 계산해 최종적으로 국가에 부담을 초래하는 조약인가 여부를 판단하지 않는다. 예를 들어 한국이 외국에 유상 차관을 제공하는 경우 이는 재정적 부담을 야기하는 조약에 해당하며, 궁극적으로 상환 받게 되리라는 이유로 재정적 부담이 없는 조약으로 해석되지 않는다.

과거 재정적 부담을 지우는 대표적 조약유형은 공공차관 도입협정이었다. 한국은 1959년부터 공공차관도입을 시작해 1980년대 말까지 계속하였다. 당시 저리의 해외 공공차관은 한국경제 발전을 위한 중요한 재원이었다. 공공차관 도입협정은 국가에 상환의무를 부여하므로 1973년 초까지 국가에 재정적 부담을 지우는 조약으로 취급되었다. 공공차관 도입협정은 그 기간 중 국회동의를 받은 양자조약 숫자의 약 2/3에 해당할 정도로 큰 비중을 차지했다.78) 그러나 1973년 2월 제정된 「공공차관의 도입 및 관리에 관한 법률」에 따라 그 이후 도입된 공공차관 도입협정은 조약이 아닌 국가계약으로 처리했다. 이에 일부 국가와의 차관도입협정을 제외한 대부분의 차관도입 합의는 더 이상 조약으로 취급되지 않았다. 1990년을 끝으로 한국은 더 이상 일반적인 공공차관 도입협정을 체결하지 않고 있다.79) 이제는 차관도입협정으로 국회동의를 받을 일이 없다.

현재 재정적 부담을 지우는 조약 유형으로는 다음과 같은 것들이 있다. 첫째, 조약상 합의내용을 이행하기 위해 재정적 지출이 필요한 경우. 예를 들어 「구러시

77) 법제처(전게주 39), p.282.

78) 정인섭, "조약체결에 대한 국회의 동의제도 - 재정적 부담을 지우는 조약을 중심으로," (서울대) 「법학」 제43권 3호(2002), p.81.

79) 당시까지 공공차관도입협정과 이에 대한 국회동의 실태에 관한 상세는 정인섭(상게주), pp.81－90 참조.

아 공사관 부지문제 해결에 관한 대한민국과 러시아 연방정부간의 협정」(조약 제1437호)을 시행하기 위해 한국 정부는 러시아 정부에 약 244억 6천만원을 지불해야 했다. 둘째, 국제금융기구 설립협정과 같이 조약 가입으로 인해 분담금 납입 등 일정한 재정지출이 발생하는 경우. 예를 들어 「아프리카 개발기금 설립협정」(조약 제804호), 「유럽부흥개발은행 설립협정」(조약 1048호) 등이 이에 해당한다. 셋째, 조약 시행을 위해 상당 기간 또는 매년 지속적으로 재정지출이 필요한 경우. 예를 들어 「국제백신연구소 설립에 관한 협정」(조약 제1411호)은 본부를 한국에 유치함에 따라 매년 운영비의 약 30%를 한국이 부담해야 하는 재정지출 수요가 발생했다. 어느 정도의 재정적 부담이 "중대"한가를 획일적으로 판단하기는 어려우며, 국가의 전반적 재정상황에 비추어 합리적으로 판단할 수밖에 없다.[80)]

제헌헌법은 이 항목 역시 프랑스 제4공화국 헌법 제27조를 모델로 삼아 국회동의 대상에 포함시켰으나, 국가에 재정적 부담을 지우는 조약을 국회동의 대상으로 명기하고 있는 국가는 많지 않은 편이다. 제헌 당시 이 같은 항목을 헌법에 명기한 주요 국가로는 프랑스와 이탈리아[81)] 정도였는데, 현재는 스페인이나 폴란드 헌법도 유사한 내용을 담고 있다.[82)] 그러면 다른 대부분의 국가에서는 중대한 재정적 부담을 초래하는 조약 체결이 행정부 재량사항에 속하는가? 그렇지는 않다. 국가의 재정부담은 어차피 국가예산을 통해서만 집행될 수 있기 때문에 입법부가 예산심의권을 갖는 국가에서는 결국 입법부의 동의를 거치게 된다. 따라서 재정적 부담을 지우는 조약을 국회동의 대상으로 명기하지 않아도 행정부의 일방적 실행은 불가능하다. 이에 프랑스에서도 연간 예산범위 재정만을 필요로 하는 조약은 별도의 의회동의를 필요로 하지 않고, 이를 초과하는 재정부담을 야기하는 조약만 의회동의를 거치고 있다.[83)] 헌법에 국회동의 조약의 유형을 구체적으로 열거하고 있지 않은 일본의 경우 연간 예산으로 집행이 가능한 조약은 국회 동의를 필요로 하지 않고, 이를 초과하는 지출이 필요한 조약만 동의를 받는다.[84)]

---

80) 정인섭, "조약체결에 대한 국회의 동의제도: 재정적 부담을 지우는 조약을 중심으로," (서울대학교) 법학 제43권 3호(2002) 참조.

81) 헌법 제80조에 따라 국가의 재정적 부담을 지우는 국제조약의 비준은 국회승인 필요.

82) 스페인 헌법 제94조 1항 4호 "국고에 재정적 부담을 주는 조약 또는 협정." 폴란드 헌법 제89조 1항 4호 "국가에 부과된 중대한 재정적 부담."

83) P. Eisemann & R. Rivier(전게주 57), p.260.

84) T. Kawakami, "National Treaty Law and Practices: Japan," in D. Hollis, M. Blakeslee & L. Ederington(전게주 57), p.420.

그렇다면 한국에서 역시 “중대한 재정적 부담을 지우는 조약”을 국회동의 대상에서 삭제해도 무방한가? 국가의 모든 재정지출은 결국 국회의 예산통제를 받는다는 의미에서 본다면 이 항목은 국회의 중복적 동의를 요구하는 결과가 된다. 그렇다고 해서 이 항목이 아무런 존재의의도 없지는 않다. 주한미군 주둔비용 분담금 협정 같은 조약은 5년간의 액수 결정을 한 번에 국회동의를 받게 함으로써 분담금 규모에 관한 대내외적 갈등을 매년 반복하지 않도록 해 준다. 예산안이 확정되기 이전에도 “중대한 재정적 부담을 지우는 조약”에 대한 국회의 동의의사를 미리 개별적으로 확인시켜 줌으로써 정부의 신속한 조약업무 추진을 가능하게 해 주기도 한다. 중대한 재정적 부담을 초래하는 조약의 경우 별도의 국회동의를 받게 함으로써 방대한 예산안 속에 묻혀 있는 경우보다 그 조약에 대한 사회적 관심을 고조시키고 재정적 소요에 대한 심의를 철저히 할 수 있다.

다만 이 항목에서 “국민의”라는 구절은 불필요하고, 단순히 “국가에 중대한 재정적 부담”으로 충분하다고 판단된다. 국가 재정은 국민의 납세를 바탕으로 하므로 국가의 재정적 부담은 궁극적으로 국민의 재정적 부담을 야기함이 사실이다. 그러나 조약의 체결주체는 국가이며, 조약으로 인한 재정적 부담은 1차적으로 국가에 대한 재정적 부담이고, 재정적 부담의 이행주체는 국민이 아닌 국가이기 때문이다. 혹시라도 국민에게 직접적 재정부담을 야기하는 조약이 있다 해도 이는 “입법사항에 관한 조약”의 관문을 피할 수 없다. 외국 사례를 보아도 “국가” 또는 “국고”의 재정적 부담으로만 규정하고 있지, 한국과 같이 “국민”의 재정적 부담을 병기한 국가는 찾기 어렵다. 개헌의 기회가 있다면 이 항목은 “국가에 중대한 재정적 부담을 지우는 조약”으로 단순화 하는 편이 논리적으로 타당하다.[85)]

검 토

국회 동의를 받아 2004년 발효된 「대한민국과 미합중국 군대의 서울지역으로부터의 이전에 관한 협정」(조약 제1701호, 이른바 용산기지이전협정)은 용산 미군기지를 2008년 말까지 서울 지역 밖으로 이전하고 그에 따른 직접 비용은 한국 측이 부담하기로 했다(제2조). 그러나 이전 사업이 지연됨에 따라 국회 동의 당시 보고된 비용추계보다 한국측이 부담할 규모가 크게 확대되었다. 이 같이 “중대한 재정적 부담”이 추가로 유발된 경우 조약 이행을 위해 국회 동의를 추가로 받아야 하는가?

---

85) 정인섭(전게주 55), p.245.

(8) 입법사항에 관한 조약

“입법사항에 관한 조약”은 1948년 헌법 이래 시종일관 동일한 표현으로 국회 동의의 대상으로 규정되어 왔다. 제헌 이래 동일한 표현으로 동의대상에 포함되어 있는 조약은 강화조약과 입법사항에 관한 조약 2개 유형뿐이다.

입법사항이란 무엇을 의미하는가? 입법사항을 폭넓게 해석하는 입장은 법률로 규정될 사항에 관한 조약은 모두 입법사항에 관한 조약이라고 본다. 즉 “국내법의 수정 · 변경을 요하는 사항, 국내법의 제정 없이는 조약을 실시할 수 없는 사항, 국내법으로 규율할 사항을 포함하는 사항, 국민의 권리의무에 중대한 영향을 주는 사항을 규율하는 조약”이 모두 포함된다고 주장한다.[86] 반면 정부는 조약 내용이 “국내법의 수정 · 변경을 요하는 사항, 국내법의 제정 없이는 조약을 실시할 수 없는 사항 등”을 포함하는 경우, 즉 새로운 입법의 필요가 발생하는 경우만을 입법사항에 관한 조약으로 해석하여 왔다.[87] 즉 후자는 기존의 국내법을 통해 국내시행이 가능한 조약에 대하여는 국회의 동의의사가 이미 표시되어 있으므로 국회 동의를 재차 얻을 필요가 없다는 입장인 반면,[88] 전자는 기존 국내법상 반영되어 있는 내용이라도 법률로 정할 사항에 관한 조약이면 국회의 동의를 받아야 한다고 보는 입장으로 대비될 수 있다.

이와 관련하여 행정부 내에서도 법제처와 법무부가 간혹 이견을 보인 경우가 있었다. 1987년 「세계저작권협약」 가입시 법무부는 조약 내용이 법률로 규정할 사항이므로 입법사항에 해당하는 조약으로 국회 동의가 필요하다는 의견이었으나, 법제처는 국회가 이 조약 가입에 대비해 이미 저작권법 등을 개정했으므로 추가적인 동의가 필요 없다고 보았다. 또한 1993년 「멸종위기에 처한 야생동식물의 국제거래에 관한 협약」 가입 시에도 법무부와 법제처는 각각 동일한 입장에서 견해가 대립했었다.[89] 두 경우 모두 법제처의 입장대로 국회 동의를 거치지 않았다. 그 이유를 법제처 법제관은 다음과 같이 설명했다. 첫째, 입법사항에 관한 조약을 법률로 제정해야 할 내용을 포함하는 모든 조약으로 해석한다면 거의 대부분의 조약이 이에 해당하게 되어 조약 체결절차를 크게 지연시키는 효과를 가져 오며, 이는 동

86) 정용태, “조약의 체결과 국회의 동의권,” 국제법학회논총 제22권 제1 · 2호(1977), p.202.
87) 외무부(전게주 5), p.80.
88) 김용진(전게주 39), p.33.
89) 박세진(전게주 71), p.30 및 박영태, 조약심사와 그 사례 소개, 법제 제473호(1997.5), p.115.

의대상 조약을 일정한 범위에서 한정적으로 열거하고 있는 헌법의 취지에 합당하지 않다. 둘째, 이미 국회 의결을 거친 국내법을 통해 국내 시행이 가능한 조약까지 재차 국회동의를 요구함은 불필요한 절차이다.[90)]

제헌 이래 외교부와 법제처를 포함한 정부와 국회는 "국내법의 수정·변경을 요하는 사항, 국내법의 제정 없이는 조약을 실시할 수 없는 사항 등"이 포함되는 경우에만 입법사항에 관한 조약으로 해석해 왔으며, 이는 이미 확고한 관행으로 정착되어 있다고 평가된다. 부연 설명한다면 "입법사항에 관한 조약이란 그 체결·비준으로 인해 국회의 입법권, 즉 법률의 제·개정 권한의 침해라는 결과가 수반되는 조약을 의미한다고 할 수 있다. 다른 방식으로 설명한다면 법규범 중에서도 특히 법률의 형식으로 규정되는 사항을 포함하는 조약으로서, 그 내용과 동일한 내용이 아직 법률에 규정되어 있지 않거나 그 근거가 법률에 마련되어 있지 않은 조약을 의미한다고 볼 수 있다. 조약의 내용이 국내법률에 대한 특례를 정하여 국내법률을 변경·수정하는 효과가 초래되는 경우나 국내법률이 새로이 마련되지 않고는 조약을 시행할 수 없는 경우, 그 같은 조약은 입법사항에 관한 조약에 해당한다. 입법사항에 관한 조약에 대한 이와 같은 개념정의 및 판단기준에 따르면, 법률에서 하위법령으로 정하도록 하고 있는 사항을 다루는 조약이나 국내법과 합치되는 범위 내에서의 이행을 전제로 하는 조약은 기본적으로 입법사항에 관한 조약에는 해당하지 않게 된다."[91)]

이 같은 관행이 내용면에서도 합리적이다. 실제로 정부가 국내법과 상충되는 내용의 조약체결을 추진하는 경우, 사전에 국회로 하여금 관련 국내법을 조약에 맞게 개정하도록 요청하고 법개정 이후에 국회동의 없이 조약의 당사국이 되는 방식이 빈번히 사용되어 왔다.[92)]

시행을 위해 국내법의 새로운 제정이나 개정 또는 폐지를 필요로 하는 조약은 비교법적으로 볼 때 가장 전형적인 국회동의 대상이다. 이러한 유형의 조약이 국회동의의 대상이 되지 않는 국가를 찾기 어려울 정도이다. 혹시 개헌의 기회가 있다면 입법사항의 의미를 명확히 하기 위해 표현을 "법률의 제정이나 개정을 필요

90) 김용진(전게주 39), p.33.

91) 도경옥, 입법사항에 관한 조약의 체결·비준에 대한 국회의 동의권, 서울국제법연구 제20권 1호(2013), p.125.

92) 입법사항에 관한 조약에 대한 일반적 설명으로는 도경옥, 상게주 논문 참조.

로 하는 조약" 등으로 수정함이 바람직한가? 사실 외국의 경우 그 같은 표현의 사용이 보다 일반적이다.[93] 그러나 "입법사항에 관한 조약"의 의미에 관해서는 이미 근 70년간 헌법 실행의 축적으로 나름 개념이 정립되어 있으므로 새삼 변경하지 않아도 무방하다고 생각한다.

검 토

정부가 제출한 조약 동의안이 국회에서 거부된 사례가 있었는가? 정부 수립 이래 조약 동의안이 국회에서 표결로써 부결된 사례는 한 번도 없었다. 다만 제5대 국회까지 회기 불계속 원칙에 따라 제출된 동의안이 그 회기에 처리되지 못하고 폐기되었던 사례는 7건이 있었다. 그 동의안은 이후 회기에 재제출되어 모두 통과되었다. 제6대 국회 이후에는 제출된 동의안이 처리되지 않고 국회의원 임기만료로 폐기된 사례가 8건 있었다. 이들 조약 동의안 역시 나중에 모두 통과되었고, 「전시문화재 보호에 관한 협약」 1건을 제외하고는 끝까지 동의받지 못한 사례가 없었다.[94]

라. 부수적 문제

(1) 망라적 열거인가

헌법 제60조 제1항에 제시된 유형의 조약은 국회 동의권의 대상을 망라적으로 열거했는가? 아니면 국회 동의 대상조약의 유형을 대표적으로 예시한 것에 불과한가? 만약 예시라고 한다면 국회는 법률의 제·개정을 통해서도 동의 대상조약을 확대시킬 수 있다. 반대로 망라적 열거라면 국회의 그 같은 확대 요구는 대통령의 조약 체결권을 침해하는 위헌이 된다.

국내 학계에는 이 조항을 예시적 열거로 해석하는 견해가 없지는 않으나,[95]

---

93) 러시아연방조약법 제15조 1항 a호, 오스트리아 헌법 제50조 1항, 중국 조약체결절차법 제7조 2항 4호, 프랑스 헌법 제53조 1항, 노르웨이 헌법 제26조 2항, 스웨덴 정부조직법 제10장 제3조 1호, 스페인 헌법 제94조 1항 5호 등.

94) 이에 관한 상세는 정인섭, 조약 체결에 대한 국회의 동의 거부, 서울국제법연구 제9권 2호(2002), p.1 이하 참조.

95) 제성호(전게주 31), p.290; 강경근, 일반헌법학(법문사, 2014), p.86; 김학성, 헌법학강의(성문사, 2001), p.675. 한편 오동석은 헌법 제6조 1항에 의해 조약의 국내법적 효력이 인정되고, 헌법 제40조에 의하여 입법권은 국회에 부여되어 있기 때문에, 조약의 체결·비준에 대한 동의권도 입법권의 범주에 속한다고 보고, 따라서 조약의 체결·비준이 대통령의 권한이라는 이유로 제60조 1항의 내용을 망라적 열거라고 해석함이 적절치 않다고 비판한다. 오히려 제60조 1항 중에서는 입법사항에 관한 조약이 국회 동의대상을 결정하는 기준원칙이고, 그 앞에 규정된 내용은 예시적 성격을 갖는다고 주장한다. 그러면서도 입법사항에 관한 조약이 동

망라적 열거로의 해석이 일반적 경향이다. 망라적 열거로 보는 근거는 다음과 같다. 즉 첫째, 조약 체결권은 헌법상 원칙적으로 대통령의 권한에 속하며, 제60조 1항은 그 중간과정에서 부분적인 통제를 가하는 규정이므로 이 같이 예외적인 사항은 문언 이상으로 확대해석하지 않음이 타당하다.[96] 둘째, 동의대상으로 7가지나 되는 유형을 구체적으로 열거하고 있으며,[97] "기타," "등"과 같은 표현이 사용되고 있지 않다.[98] 셋째, 이를 예시적 규정으로 해석한다면 동의대상 여부에 대한 소모적인 권한쟁의 다툼이 발생할 수 있으며, 이에 대한 판단기준도 마땅치 않다는 현실적 이유에서도 망라적 열거로 해석함이 합리적이다.[99]

그 같이 해석하는 또 다른 이유는 헌법 제정 이래 이 내용은 망라적 열거로 이해되어 운영되어 왔다는 헌법관행도 무시할 수 없다. 헌법 제60조 1항의 전신인 1948년 헌법 제42조를 구상한 유진오 자신부터 이를 망라적 열거로 생각했으며, 그는 헌법 조항상 동의대상으로 "열거한 조약의 종류가 대단히 광범위하므로 국회의 동의를 요하지 않는 조약의 범위가 극히 국한되어 있다"고 설명했다.[100] 국회 동의를 요하지 않는 조약이 매우 제한적이라는 유진오의 예상은 맞지 않았지만, 위의 설명에서 보듯이 그는 이 조항의 내용을 망라적 열거로 전제하며 만들었다고 판단된다. 1980년 제5공화국 헌법 제정시 법제처 심의자료로 작성된 보고서 역시 국회 동의대상 조약을 망라적 열거로 해석했다.[101] 정부는 물론이고, 국회에서도 제60조 1항(또는 구 제42조)의 내용이 예시적이라는 전제하에 조약의 국회 동의 여

의대상으로 규정되어 있기 때문에 제60조 1항에 제시된 내용이 망라적 열거인가, 예시적인가를 따지는 문제는 실익 자체가 없다고 주장한다. 오동석(전게주 21), pp.163-165. 그러나 이러한 입장은 헌법 제60조 1항의 입법사항에 관한 조약의 운영내용을 적절히 이해하지 못하여 나온 주장이다. 실제 한국에서의 조약 가입 실태를 알게 되면 입법사항을 왜 위와 같이 한정적으로 해석하는가를 이해할 수 있게 된다. 결과적으로 예를 들어 입법사항에 해당하지는 않으나 중요한 국제조직에 관한 조약, 중대한 재정적 부담을 지우는 조약, 강화조약 등등은 여전히 있을 수 있으며, 따라서 제60조 1항이 예시적이냐, 망라적이냐를 구별할 실익이 있다.

96) 정진석(전게주 19), p.163; 이상훈(전게주 19), p.100.

97) 정진석(전게주 19), p.163; 김부찬(전게주 19), p.62.

98) 배종인, 대통령의 조약 체결·비준권과 이에 대한 국회의 동의권, 세계헌법연구 제12권 1호(2006), p.139.

99) 이상훈(전게주 19), p.100; 배종인(상게주), p.140.

100) 유진오, 헌법해의(명세당, 1949), p.105. 이 같은 생각은 조약 체결의 실태를 잘 모르는 헌법학자들에 의해 상당히 오랫동안 유지되었다. 이경호, 헌법강의(일한도서출판사, 1959), p.297; 한동섭, 헌법(수정판)(박영사, 1971), p.258 등.

101) 법제처(전게주 39), p.281.

부를 논한 예를 찾기 어렵다.[102] 이 점에 대하여는 충분할 정도의 헌법관행이 국내적으로 이미 확립되어 있다고 판단된다. 이에 다수의 국내학자들이 헌법 제60조 1항의 내용을 망라적 열거로 해석하고 있다.[103] 헌법재판소 역시 이 조항의 의미를 직접적으로 다룬 사건은 아니었지만 "국회는 헌법 제60조 제1항에 규정된 일정한 조약에 대해서만 체결·비준에 대한 동의권을 가진다"는 의사를 피력한 바 있다.[104]

비교법적으로 보아도 한국과 같이 헌법에 입법부 동의를 요하는 조약의 종류를 구체적으로 나열한 경우 이를 단순히 예시적 성격으로 해석하는 예를 찾기 어렵다. 더욱이 국회 동의 사유를 모두 7가지로 열거하고 있는 한국 헌법 제60조 1항은 외국 헌법에 비해 상대적으로 자세한 편이다.

독일의 경우 행정부가 조약의 협상개시부터 체결까지 전권을 행사하며, 의회는 연방의 정치적 관계를 다루는 조약 및 연방입법에 관련된 조약에 대하여만 동의권을 행사한다(기본법 제59조 2항). 기타 조약에 관해서는 의회의 동의가 필요 없다. 심지어 의회의 허가를 통한 예산이 소요되는 재정적 부담을 지우는 조약에 대해서도 의회 동의는 요구되지 않는다.[105]

이탈리아의 경우 헌법 제80조는 정치적 성격의 조약, 분쟁의 중재재판이나 사법적 해결에 관한 조약, 영토에 관한 조약, 국가재정에 부담을 주는 조약, 법률의

102) 과거 몇 차례 정부가 단독으로 서명 발효시킨 조약이 국회동의 대상이라는 주장이 제기된 바 있었다. 예를 들어 1952년 5월 24일자로 서명, 발효된 「대한민국과 통합사령부의 자격으로 행동하는 미합중국간의 경제조정에 관한 협정」(조약 제1145호, 속칭 Meyer 협정)의 체결 사실을 정부가 국회 본회의에 보고하자, 일부 의원들이 국회 동의대상이라고 주장해 일단 법제사법위원회로 회부하기로 했다(제2대 국회 제14회 국회임시회의 속기록 제27호(1952. 11.22)(국회사무처), pp.2-3). 다만 제2대 국회까지는 상임위원회 속기록이 남아 있지 않아 이후의 논의는 확인할 수 없으며, 이 건 동의안은 국회 본회의에 더 이상 상정되지 않았다. 또한 1953년 12월 14일자로 서명, 발효된 「대한민국과 미합중국간의 경제재건과 재정안정 계획에 관한 합동위원회 협정」(조약 제1160호)과 1956년 3월 23일 서명된 「미합중국 잉여 농산물 협정」(조약 번호 미부여)에 대하여도 국회 동의의 필요성이 제기된 바 있었다. 동아일보 1956년 3월 23일자 및 김기수, 국제법연구(수도문화사, 1958), p.193. 이상에 대하여는 국가의 재정적 부담을 지우는 조약이라는 주장이었다. 김기수(상게서), p.196.

103) 권영성(전게주 36), p.895; 성낙인(전게주 36), p.334; 양건(전게주 36), pp.1202-1203; 정종섭(전게주 36), p.1157; 정재황(전게주 36), p.746; 이준일, 헌법학강의(제7판)(홍문사, 2019), p.892; 임지봉(전게주 19), pp.113-114; 한수웅(전게주 36), p.353 등.

104) 헌법재판소 2008.3.27. 2006헌라4 결정.

105) H. Beemelmans & H. Treviranus, Germany, in D. Hollis, M. Blakeslee & L. Ederington eds. (전게주 57), p.324.

변경을 요하는 조약은 의회의 동의를 요한다고 규정하고 있다. 이탈리아에서는 의회 동의대상 조약에 관한 헌법조항을 축소 해석하여 운영해 왔으며, 이에 대해 의회나 학계 모두 별다른 이의가 없다고 한다.106)

유진오가 1948년 헌법 제42조의 모델로 삼았던 프랑스 제4공화국 헌법 정도가 의회는 국제기구에 관한 조약, 평화조약, 상사조약, 국재재정을 필요로 하는 조약, 개인의 지위에 관한 조약, 해외 프랑스인의 소유권에 관한 법률에 관련된 조약, 입법사항에 관한 조약, 영토의 할양, 교환, 추가에 관한 조약 등 8가지 구체적 유형의 조약에 대해 동의권을 행사한다고 규정하고 있었다. 현행 프랑스 헌법 제53조에서는 해외 프랑스인의 소유권에 관한 법률에 관련된 조약이 의회 동의대상에서 제외되었다. 프랑스에서 역시 헌법 제53조는 의회 권한의 한계를 규정한 내용으로 해석되고 있다. 단 실제로는 정부가 그보다 폭넓은 조약의 동의를 요청하고 있다고 한다.107)

미국 헌법 제2조 2항 2호나 일본 헌법 제73조 3항은 의회의 동의를 요하는 조약을 구체화하지 않고 조약 체결은 의회의 동의를 요한다고 막연히 규정한 다음, 실제 헌법 운영의 관행을 통해 의회 동의를 요하는 조약을 판단하는 기준을 발달시켜 왔다. 양국 모두 매우 제한적인 비율의 조약만이 의회 동의를 받고 있다.

각국 헌법에 의회의 동의대상 조약이 열거되어 있을 경우, 의회는 그에 한해 동의권을 행사하는 이유는 거의 동일하다. 그런 국가의 헌법은 예외 없이 조약 체결권 자체는 행정부(또는 대통령)에게 부여되어 있으며, 국회의 동의권은 이에 대한 통제권으로 설정되어 있다. 따라서 헌법에 국회의 통제권한으로 명기되어 있는 않는 부분은 행정부의 권한에 속한다고 해석하고 있기 때문이다. 한국에서 역시 헌법 제60조 1항의 내용은 망라적 열거로 이해하는 입장이 타당하다.

물론 한국에서 반드시 헌법의 특정 동의사유에 해당하지 않더라도 그 내용의 중요성을 감안하여 정부 스스로 국회의 비준동의를 요청하는 경우가 있다. 예를 들어 한국은 1990년 「경제적 · 사회적 및 문화적 권리에 관한 국제규약」과 「시민적 및 정치적 권리에 관한 국제규약」을 국회동의를 받고 가입했으나, 헌법상의 어떠

106) G. Bognetti, The Role of Italian Parliament in the Treaty–Making Process, in S. Riesenfeld & F. Abbot eds., Parliamentary Participation in the Making and Operation of Treaties (Martinus Nijhoff Publishers, 1994), pp.94–95.

107) P. Eisemann & R. Rivier(전게주 57), pp.259–260.

한 동의사유에 해당하는지는 뚜렷하지 않다. 국제인권규약의 가입 당시 국내법과 충돌된다고 판단되는 부분은 모두 유보해 별도의 추가 입법은 필요 없다는 전제하에 한국이 가입했다. 이른바 입법사항에 관한 조약은 아니었다. 규약 가입으로 인한 국가보고서 제출의무 정도로 주권의 제약에 해당한다고 보기는 어렵다. 동일한 보고의무를 부과하고 있는 아동권리협약은 국내법과 충돌되는 조항은 모두 유보했다는 전제 하에 국회동의 없이 가입했다. 「시민적 및 정치적 권리에 관한 국제규약」 제41조의 국가간 통보제를 한국이 수락했다고는 하나, 이에 따른 최종결과가 당사국에 대하여 강제력을 지니지는 않으므로 주권의 제약이라고도 할 수 없다. 결국 국제인권규약 가입시 국회동의를 받은 이유는 이 조약이 지닌 정치적·사회적 중요성 때문이라고 밖에 해석되지 않는다. 1989년 10월 24일 정부가 국회에 제출한 국제인권규약 가입 동의안에도 국회 동의가 필요한 사유는 지적되어 있지 않으며, 1990년 3월 8일자 국회 외무통일위원회 심사보고서에서도 이 점에 관한 내용은 언급이 없다. 이러한 점은 국회동의를 받은 다른 주요 인권조약의 경우도 마찬가지이다. 헌법 제60조 1항의 어느 항목에 해당하는지는 분명치 않지만, 중요한 조약이므로 국회동의를 거쳐 당사국이 되었다.

헌법에 열거된 동의사유에는 반드시 해당하지 않을지라도 국민의 이해관계에 중대한 영향을 미치는 등 정치적으로 중대한 의미를 지니는 조약은 국회의 동의를 거치는 편이 물론 바람직하다.[108] 그러나 이러한 조약이 국회 동의절차를 거치지 않았다고 해도 위헌은 물론 아니다.

(2) 조건부 동의

국회는 정부가 제출한 조약 동의안에 대해 일정한 조건을 첨부할 수 있는가? 아니면 단순히 찬반 의결만 할 수 있는가? 이에 관해서는 헌법이나 법률상 특별한 규정이 없으므로 관행과 학설에 맡겨져 있다. 국회가 요구할 수 있는 조건부 동의로는 그 내용에 따라 다음 몇 가지 유형으로 나누어 생각해 볼 수 있다.

① **수정 조건부 동의**: 국회가 조약동의를 함에 있어서 조약 내용에 대한 수정을 조건으로 할 수 있는가?

그간 국내에서는 국회의 수정동의 불가론이 다수였다. 그 근거로 국회의 수정요구는 대통령의 조약 체결권에 대한 침해이며, 확정된 조약에 대해 국회가 수정

108) 김용진(전게주 39), p.37; 문준조(전게주 31), p.102.

을 가하려 한다면 조약 상대방과의 신뢰관계를 해치기 때문에 불가하다는 등의 설명이 주종을 이루었다.[109)]

그러나 이러한 설명 자체는 다음과 같은 이유에서 설득력이 없다. 첫째, 헌법 제60조 제1항에 규정된 조약에 관하여는 국회의 전면적 동의거부조차 대통령의 조약 체결권의 침해라고 볼 수 없는데, 부분적인 수정동의를 조약 체결권의 침해로 간주하기는 어렵다. 국회의 수정동의 의결이 대통령에게 수정내용을 실현시켜야 할 법적 의무를 부과하는 것은 아니기 때문이다. 둘째, 국회는 정부가 타결한 조약 전체를 거부해 상대방의 기대를 완전히 무산시킬 수도 있는데, 수정 동의를 의결하면 상대국의 신뢰를 해치므로 불가하다는 주장 역시 타당한 근거는 되지 못한다. 상대방의 신뢰를 보호해야 한다는 취지라면 국회는 조약 동의안을 무조건 승인해야 한다는 주장 밖에 되지 않으며, 이는 국회의 조약 동의제도의 존재 의의 자체를 부인하는 결과가 된다.

국회의 수정 동의안 의결을 통해 조약 자체가 바로 변경되지는 않는다. 이로 인해 새로운 조약 협상을 추진할지 또는 조약 당사국이 되기를 포기할지 여부는 대통령의 재량에 속한다. 결국 국회의 수정 동의 가능성 여부를 따지는 것은 무의미하며, 수정 동의는 동의 거부의 일종으로 해석하면 된다. 다자조약의 경우 국회가 수정을 요구한 조항을 유보하고 당사국이 될 수 있을까? 조약의 수정과 유보는 그 법적 효과가 같지 않기 때문에 수정 조건부 동의를 유보부 동의와 같은 의미로 해석할 수는 없다. 이런 경우 별도의 유보부 조약 동의안의 형식으로 처리되어야 할 것이다.

한국에서 국회가 회부된 조약안 내용의 수정을 조건으로 동의한 사례는 없었다. 참고로 미국 연방 대법원은 일찍부터 상원이 조약 동의시 이에 대한 찬반만을 의결할 수 있는 것은 아니고, 수정·변경을 요구할 수 있다고 본다.[110)]

② **유보 조건부 동의**: 정부의 조약 동의안 속의 유보를 국회가 변경하거나 새로

109) 김부찬(전게주 19), p.70; 이상훈(전게주 19), p.98; 엄순영(전게주 21), p.206; 김선택(전게주 19), p.18. 기타 추가적인 주장 근거에 대해서는 정인섭, 조약의 체결·비준에 대한 국회의 조건부 동의, (서울대학교) 법학 제49권 제3호(2008), p.162에 소개.

110) "If so, before it can become a law, the Senate, in whom rests the authority to ratify it, must agree to it. But the Senate are not required to adopt or reject it as a whole, but may modify or amend it, as was done with the treaty under consideration." Haver v. Yaker, 76 U.S. 32, 35(1869).

운 유보를 첨가할 수 있는가? 정부의 조약 동의안에 대해 국회가 찬반만을 결정할 수 있다고 보는 견해에 따르면 국회는 유보에 관한 변경을 시도할 수 없다. 그러나 유보는 성격상 국회가 수정할 수 없는 사항이라고 보기 어렵다.

국회의 조약동의는 국가가 조약 당사국이 될 의사를 확정하는 국내과정 중의 일부이다. 헌법 제60조 1항에 규정된 유형에 속하는 특정 조약에 대해 국회는 동의 거부를 통해 정부가 제안한 법적 효과를 전면적으로 거부할 수 있다면, 조약의 부분적 거부에 해당하는 유보의 내용도 변경할 권한이 있다고 보아야 한다. 체결·공포된 조약은 국내법과 같은 효력을 지닌다(헌법 제6조 1항)는 점을 고려할 때, 입법부는 조약 동의과정에서 이의 국내법적 효력 범위의 조정을 시도할 수 있다고 판단된다. 그렇다고 하여 정부가 국회의 유보 수정의견에 무조건 구속되지는 않는다. 만약 정부가 국회의 유보 수정을 수락하기 싫다면, 정부는 여전히 조약의 당사국이 되기를 포기할 재량이 있다. 단 대통령은 국회의 동의범위 내에서 조약의 당사국이 될 수 있으므로, 국회가 결의한 유보 내용을 재량으로 변경할 수는 없다.

비교법적으로 보아도 입법부의 조약 동의과정에서 정부안과 달리 유보를 변경할 수 있는 국가가 적지 않다. 미국,111) 오스트리아,112) 네덜란드,113) 스위스114) 등의 의회는 유보를 변경하거나 삭제할 수 있다. 다만 프랑스와 이탈리아에서는 관행상 의회의 유보 변경권이 인정되지 않는다.115)

③ **해석선언 조건부 동의**: 국회는 조약 동의시 독자적인 해석선언을 첨부할 수 있는가? 비교법적으로 보면 대체로 의회가 유보사항에 대한 변경권을 행사하는 미국, 네덜란드, 오스트리아, 스위스 같은 국가는 의회가 새로운 해석선언을 첨부하기도 하며, 정부가 제시한 내용을 변경시키기도 한다.116) 반면 의회가 유보내용을

111) Section 30, Standing Rule of Senate; American Law Institute, Restatement of Law 3rd, The Foreign Relations Law of the United States(1987), section 314.

112) F. Cede & G. Hafner, Austria, in D. Hollis, M. Blakeslee & L. Ederington eds.(전게주 57), p.65.

113) P. van Dijk & B. G. Tahzib, Parliamentary Participation in the Treaty-Making Process of the Netherlands, S. Riesenfeld & F. Abbott eds.(전게주 106), pp.122-123.

114) L. Wildhaber, Parliamentary Participation in the Treaty-Making: Report on Swiss Law, in S. Riesenfeld & F. Abbott eds.(전게주 106), p.137.

115) 프랑스는 F. Luchaire, The Participation of Parliament in the Elaboration and Application of Treaties, in S. Riesenfeld & F. Abbott eds.(전게주 106), p.46 참조. 이탈리아는 G. Bognetti (전게주 106), pp.97-98 참조.

116) P. van Dijk & B. G. Tahzib(전게주 113); p.124. F. Cede & G. Hafner(전게주 112), p.65; L.

변경할 권한이 없다고 보는 프랑스에서는 의회가 새로운 해석선언을 첨부할 수 없다고 보고 있다.[117]

과거 한국이 첨부했던 해석선언은 모두 정부안에서 비롯되었으나, 단 1961년 한미 경제기술원조협정의 경우만은 국회가 동의과정에서 독자적으로 양해사항을 첨부했다.[118] 당시 양해사항의 내용은 협정 내용을 부분적으로 수정하는 의미를 지녔다고 평가될 수도 있으나, 한편 조항의 구체적 의미를 명확히 한 해석선언에 불과하다고도 볼 수 있다.[119] 한국 정부는 국회 동의 직후 바로 주한 미국 대사관을 통해 첨부된 양해사항을 통고했다. 미국 대사관 대변인은 국회에서 첨부한 양해사항에 대해 반대하지 않으며, 이는 협정 적용의 기본정신을 명백히 하는 의미로 이해한다고 발표했다.[120] 미국 정부는 국회가 첨부한 양해사항을 해석선언 정도로 수용했다고 판단된다. 이러한 선례도 있었지만 국회가 유보사항에 대한 변경권도 행사할 수 있다고 보면 해석선언 역시 첨부하지 못할 이유는 없다고 본다.

④ **부대 조건부 동의**: 국회는 조약 동의시 일정한 부대조건을 첨부할 수 있는가? 부대조건이란 조약상의 의무와는 직접적인 관계없이 국내적 이행과 관련된 동의조건을 의미한다. 순전히 국내이행에만 관련된 내용이므로 조약 상대방에 통보될 필요도 없는 사항이다. 과거 국회는 부대조건을 첨부해 조약 동의안을 의결했던 경우가 적지 않았다. 정부는 조약에 대한 국회의 부대조건을 구속력 있는 결정으로 수용했었다. 부대조건만을 변경할 필요가 있어서도 정부가 국회의 수정동의를 받았었다.[121]

4. 조약의 종료

가. 현재의 실행

국가는 외교업무의 일환으로 조약을 체결하지만, 반대로 외교업무의 일환으로 기존 조약을 종료시킬 수도 있다. 한국에서 조약을 종료시킬 권한은 누가 행사하

Wildhaber(전게주 114), p.137.

117) F. Luchaire(전게주 115), p.46; P. Eisemann & R. Rivier(전게주 57), p.273.

118) 이 사건의 내용에 관해서는 정인섭(전게주 109), p.171 참조.

119) 당시 언론에서는 사실상의 수정이라고 평가하기도 했다. 조선일보 1961년 3월 1일자 1면.

120) 조선일보 1961년 3월 1일자 1면.

121) 그 구체적 사례의 정리는 정인섭(전게주 109), pp.172－176 참조.

는가? 대외적으로 국가를 대표하는 자는 대통령이므로(헌법 제66조 제1항), 대한민국에 대해 발효 중인 조약의 효력을 부인하는 대외적 행위 역시 대통령을 통해 표시된다. 그러면 대통령은 단독으로 대한민국이 당사국인 조약의 종료에 합의하거나 폐기 또는 탈퇴의 의사표시를 할 수 있는가? 조약의 체결과 효력에 관해 몇 개의 조항을 마련하고 있는 한국 헌법은 조약의 종료에 관하여는 아무런 조항도 두고 있지 않다. 이 절차를 규율하는 일반 법률도 없다.

이제까지 한국의 조약이 종료된 사례를 유형화시켜 보면 크게 다음과 같은 몇 가지로 구분할 수 있다. 첫째, 조약 자체가 규정하고 있는 종료조건이 실현됨으로써 자동으로 종료된 경우. 예를 들어 한국-호주간 "대한민국 어선의 오징어 채낚기 어업에 관한 대한민국 정부와 호주 정부간의 부속약정"(조약 제826호, 1983년 11월 24일 발효)이 이에 해당한다. 기간만료에 의한 조약 종료는 당초부터 예정되었던 사항이므로 별다른 문제가 제기되지 않는다. 둘째, 기존 조약을 대체하는 신 조약이 체결됨으로써 구 조약이 종료된 경우. 이에는 구조약을 대체한다는 당사국의 의사가 신조약에 명기된 경우도 있고, 신조약이 구조약을 대체한다는 사실은 명기되지 않았으나 같은 내용을 규율하는 신조약이 체결됨으로써 자연스럽게 구조약이 종료되는 경우도 있다. 셋째, 기존 조약에 대한 대체 조약의 체결 없이 구 조약만 종료시킨 경우.[122] 넷째, 월남의 패망과 같이 조약 상대국의 소멸 등 기타 국제법상의 사유에 의한 조약 종료. 중국과 수교에 따른 대만과의 조약 종료도 이에 해당한다.[123]

실제로는 한국이 기존 조약을 일방적으로 폐기 또는 탈퇴한 예는 찾기 어려우며, 대체로 합의에 의한 종료 또는 기존 조약을 대체하는 신 조약의 체결을 통한 종료가 대부분이었다. 후자 역시 합의에 의한 종료의 일종임은 물론이다.[124]

광복 이후 한국이 당사국이던 조약이 종료된 경우는 100건을 훨씬 밑돈다.[125]

---

122) 예를 들어 「대한민국과 미합중국 정간의 평화봉사단에 관한 교환각서」(조약 제215호, 1966년 9월 14일 발효)는 대체협정의 체결 없이 한미 양국간 종료가 합의되었고, 이 사실은 1981년 9월 30일자 외무부 고시 제70호로 발표되었다.

123) 본서, pp.360-362 참조.

124) 이상에 관한 구체적 사례는 정인섭, 조약의 종료와 국회 동의의 요부, 서울국제법연구 제11권 1호(2004), pp.142-144 참조.

125) 다만 「국제주석협정」, 「만국우편협약 관련협정」, 「국제소맥협정」, 「국제사탕협정」 등과 같이 주기적으로 구(舊) 조약을 소멸시키고 신(新) 조약을 채택하는 방식으로 조약 개정이 이루어지는 경우는 조약의 기본 내용이 계속된다고 보아 종료 조약 건수에 포함시키지 않는다.

그간 외교부가 조약 종료에 관해 취한 조치는 이 사실의 관보 고시였다. 즉 구 조약을 대체하는 신 조약이 체결되었으나 신 조약에 특정 구 조약의 종료 사실이 명기되지 않은 경우[126]와 대체 조약의 체결 없이 단순히 기존조약을 종료시키는 경우, 외교부장관은 구 조약의 종료사실을 관보에 고시했다. 다만 기존 조약을 대체하는 신 조약이 체결되고 신 조약 내에 기존 조약을 대체, 종료시킨다는 문구가 명기되어 있는 경우, 구 조약에 대한 종료절차가 별도로 취해지지 않았다. 신 조약의 체결·공포를 통해 구 조약 종료사실이 동시에 확인·공포되었으므로 구 조약에 대한 별도의 종료절차는 필요없다고 판단한 것으로 보인다.[127] 또한 조약이 존속기한 만료로 종료되는 경우나 조약 상대국의 소멸로 종료된 경우에도 공식적인 확인절차는 취해지지 않았다. 외교부에서 관리하는 대한민국 조약목록상에 종료사실이 부기될 뿐이다.

나. 조약의 종료와 국회의 역할

(1) 문제의 소재

현재 한국이 체결하는 절대다수의 조약은 국회의 직접 관여 없이 행정부 단독으로 추진·체결된다. 행정부가 자신의 권한 내에서 체결한 조약은 행정부 단독으로 종료시킬 수 있다는데 별다른 이견이 없을 듯하다. 그러나 헌법 제60조 1항에 따라 국회 동의를 받아 체결·공포된 조약도 행정부가 단독으로 종료시킬 수 있는가? 통상적인 국내 법률의 경우 대통령이 단독으로 이를 종료시킬 수는 없다. 국회가 기존 법률을 대체하는 새로운 법률을 제정하든가 또는 단순히 기존 법률을 폐기시키는 법률을 제정하는 등 반드시 국회의 폐기의사가 표명되어야 한다. 그렇다면 법률과 같은 효력을 지니는 조약 역시 국회 동의 없이는 대통령 단독으로 종료시킬 수 없다고 보아야 하는가?

이 점에 관한 법률이 없으면 확립된 관행이라도 있는가? 필자의 조사에 따르면 1948년 이래 2001년 사이 국회 동의를 받아 체결된 조약이 종료된 사례로는 양자조

---

126) 예를 들어 1957년 발효된 한미 항공운수협정(조약 제1157호)이 1998년 6월 9일 신 항공운수협정의 발효로 종료되게 되자, 외교부장관은 1998년 6월 8일자 고시 제341호로 조약 제1157호의 종료를 고시하였다.

127) 예를 들어 1965년 체결된 한일 어업협정은 1999년 1월부터 발효된 신 어업협정으로 대체되었고, 이 사실은 신 협정 제12조 3항에 명기되어 있다. 1965년 협정의 종료는 별도로 고시되지 않았다.

약 1건과 다자조약 4건 모두 5건이 있었다(단 구 월남 및 대만과의 조약은 제외).[128] 5건 모두 새로운 조약에 의해 대체·종료되었는데, 그중 4건의 신 조약은 국회 동의를 받아 체결되었다. 국회동의를 받은 1건의 조약만 국회동의 없는 조약 체결에 의해 종료되었다.[129] 이 4건의 경우를 검토하면 구 조약 종료에 대한 국회의 의사를 확인할 필요에 앞서 신 조약 자체가 국회 동의를 필요로 했었기 때문에 동의안이 제출된 사례였다. 이 정도의 사례로 관행의 성립을 검토하기에는 숫자가 너무 적다. 한국에서 국회 동의를 받은 조약을 종료시킬 때 재차 국회동의가 필요한가 여부에 대하여는 법규정이 없음은 물론, 이에 관한 뚜렷한 관행도 형성된 바 없다는 평가할 수 있다.

(2) 비교법적 검토

㈎ 의회의 동의가 필요한 국가

조약의 체결절차를 단일 법전으로 상세히 입법화하고 있는 국가는 비교적 드물다. 그런데 이 같은 조약체결절차법이 마련되어 있는 국가의 경우 그 속에 종료에 관한 절차도 포함하는 경향이다. 네덜란드의 「조약의 승인 및 공포에 관한 법률(Kingdom Act on the Approval and Publication of Treaties)」 제14조는 조약의 승인과 공포에 관한 조항은 조약 종료에도 동일하게 적용된다고 규정하고 있다. 이에 네덜란드에서는 체결시 의회 동의를 얻은 조약은 사전에 의회 동의를 받아야 종료시킬 수 있다고 해석된다. 다만 긴급한 사유가 있는 예외적인 경우 정부는 의회의 사전 허가 없이 조약을 종료시킬 수 있다.[130] 러시아의 국제조약법상으로도 비준에 대한 연방 의회의 동의를 거친 조약의 종료는 재차 의회 동의를 필요로 한다(제37조). 중국의 조약체결절차법 역시 조약 종료는 체결과 같은 절차를 따르도록 규정하고 있다(제19조). 중국에서 중요한 조약은 전국인민대표자회의 상임위원회의 동의를 받아야 하므로(제7조), 이의 종료 또한 같은 기관의 동의를 필요로 한다. 오스트리아만은 특별한 명문의 법적 근거는 없이 *actus contrarius* 법리에 따라 조약 체결시의 절차가 조약 종료에도 적용된다고 해석하고 있다. 즉 의회 동의를 받아 체결

128) 구체적 사례는 정인섭(전게주 124), pp.145−146 참조.

129) 국회 동의를 거쳐 가입한 「1960년 해상에 있어서 인명안전에 관한 국제협약」(조약 제151호) 이 후일 국회 동의 없이 가입한 「해상에 있어서 인명안전에 관한 1974년 국제협약」(조약 제730호)에 의해 대체되었다.

130) J. Brouwer, The Netherlands, in D. Hollis, M. Blakeslee & L. Ederington eds.(전게주 57), p.493.

된 조약을 종료시키기 위하여는 의회의 동의가 재차 필요하다. 조약의 종료사실은 연방관보에 게재된다.[131)]

㈏ **행정부 단독으로 종료시키는 국가**

상세한 단일의 조약체결절차법을 제정하고 있는 국가는 비교법적으로 볼 때 예외에 속한다. 대부분의 국가의 헌법은 일정한 조약의 체결에 입법부의 동의가 필요하다는 점만을 규정하고 있지, 조약의 종료 절차에 관하여는 아무런 규정을 두고 있지 않다. 이런 국가들의 경우 입법부의 동의를 받아 체결된 조약도 행정부가 단독으로 종료시킬 권한이 있다고 해석됨이 통례이다.

미국에서는 이 문제가 2차례 국내법원에 소송으로까지 전개된 바 있었다. 첫 번째 사건은 미국과 대만간의 상호방위조약의 폐기였다. 1978년 12월 당시 카터 미국 대통령이 북경 정부를 중국의 유일한 정부로 승인하며, 이에 따라 대만과의 상호방위조약을 종료시키기로 결정했다. 1년 전 사전통고로써 조약을 종료시킬 수 있다는 상호방위조약 제10조를 근거로 미국은 대만에 조약 종료를 통고했다. 이에 대해 Goldwater 상원의원 등 일단의 의원들이 상원 동의 하에 체결된 조약을 대통령이 단독으로 종료시킬 수 없으며, 상원도 조약 종료에 관한 권한의 일부를 가진다고 주장하는 소를 제기했다. 연방지방법원은 대통령의 조약 종료행위는 상원의 2/3 또는 상하원 과반수의 지지가 있어야만 헌법상 유효하다고 판결했다.[132)] 그러나 연방고등법원은 원심을 번복하고 대통령이 단독으로 대만과의 상호방위조약을 종료시킬 권한이 있다고 결론내렸다.[133)] 이 사건은 다시 연방대법원으로 상고되었다. 이는 미국에서 조약 종료권의 소재에 관해 연방대법원까지 올라간 현재까지의 유일한 소송이다. 연방대법원은 연방고등법원의 판결을 파기하며, 이 사건의 각하를 명했다. 9명의 대법원 판사 중 6명이 이 같은 결론에 달했으나, 그 이유는 조금

---

131) F. Cede & G. Hafner(전게주 112), p.70.

132) Goldwater *et al.* v. Carter, 481 F. Supp. 949(1979), p.965.

133) 그 이유는 다음과 같았다. 즉 헌법에 직접적 근거규정도 없이 상원이 조약 종료에 관한 권한을 갖는다고 쉽게 확장될 수는 없다. 조약 종료 시마다 상원의 동의를 얻어야 한다면 대통령의 외교정책 수행에 장애가 될 것이다. 미국에서 역사적으로 여러 가지 방법을 통해 조약을 종료시켜 왔으나, 대통령의 종료의사에도 불구하고 효력을 지속한 조약은 없었다. 외국정부 승인에 관한 권한은 대통령에게 속하는데, 북경 정부를 중국의 유일한 정부로 승인했다면 대만과의 상호방위조약의 종료는 당연한 결과이다. 더욱이 상원은 이 조약에 종료조항이 포함된 상태에서 동의를 했고, 종료권 행사에 대해 당시 별다른 조건을 달지 않았었다. 617 F.2d 697, 704－708(1979).

씩 달랐다. 그중 4명의 판사는 이 사건이 사법판단의 대상이 되기에 부적절한 정치문제라고 결론내렸다.[134] 다른 한 명의 판사는 이 사건이 사법심사를 받기에 충분히 성숙되지 못했다고 보았다.[135] 또 다른 한 명의 판사는 상호방위조약의 종료는 북경정부 승인의 당연한 부산물이며, 따라서 대통령의 외국정부 승인권에서 이 조약을 종료시킬 권한이 나온다고 보았다.[136] 이유는 여하 간에 결과적으로 사법부는 대통령의 조약 폐기를 저지시키지 않았다.

두 번째 사건은 러시아와의 ABM 조약에 대한 2001년 12월 13일 부시 대통령의 폐기권 행사였다. 당시 러시아는 이 조약의 존속을 원했었다. Kucinich 등 일단의 하원의원이 대통령의 일방적 조약 폐기를 저지하기 위한 소송을 제기했으나, 연방지방법원은 원고들이 개인적 피해를 주장하고 있지 않다는 점에서 원고적격이 없으며, 이 사건은 사법적으로 판단할 수 없는 정치문제라고 보아 소제기를 받아들이지 않았다.[137]

미국에서 이 문제에 대한 논란이 완전히 사라지지는 않았으나, 대통령은 원하는 경우 항상 실효적으로 조약을 종료시켜 왔고, 대통령의 이러한 시도가 의회나 법원에 의하여 봉쇄된 사례는 없었다.

프랑스의 경우 체결시 의회의 동의를 받아야 하는 조약의 유형에 관하여는 헌법 제53조가 규정하고 있다. 제4공화국 헌법 제28조는 의회의 동의를 받아 체결된 조약은 통상조약 외에는 의회의 동의 하에만 종료시킬 수 있다고 규정하고 있었으나, 1958년에 제정된 현행 헌법에서는 이 조항이 삭제되었다. 구 헌법에 비해 의회의 권한은 전반적으로 약화되었고, 대통령의 권한이 강화되었다는 연혁적인 이유에서 볼 때에도 현 프랑스 헌법 하에서는 행정부가 조약 종료에 관한 재량권을 가지며, 의회는 이에 관여하지 못한다고 해석되고 있다. 다만 체결이 관보(Journal Officiel)에 공포된 조약은 종료사실도 이에 공포되어야 한다.[138]

독일의 경우도 조약의 종료나 폐기는 전적으로 행정부의 책임 하에 진행되며

134) 444 U.S. 996, 1002－1003(1979).

135) 상동, p.1007.

136) 상동, p.1006.

137) Kucinich v. Bush, 236 F.Supp. 2d 1, 18(2002).

138) P. Eisemann & C. Kessedjian, National Treaty Law and Practice: France, in M. Leigh & M. Blakeslee ed., National Treaty Law and Practice: France, Germany, India, Switzerland, Thailland, United Kingdom(The American Society of International Law, 1995), p.15; P. Eisemann & R. Rivier(전게주 57), pp.273－274.

의회의 승인은 필요없다는 것이 통설이며, 독일 정부의 실행이기도 하다.[139)]

스위스에서 외교에 관한 일반적 권한은 Federal Council에 있으나, 조약의 발효와 종료에 대한 결정권은 연방정부가 단독으로 행사한다. 연방의회가 조약의 폐기를 결의해도 이는 권고적 성격을 지니는 데 불과하다.[140)]

일본은 조약 내에 종료에 관한 조항이 마련되어 있는 경우 정부는 이 조항을 근거로 단독으로 조약을 종료시킬 수 있다고 해석한다. 1998년 1월 일본 정부가 1965년에 체결된 한일 어업협정의 종료를 한국에 통고할 때에도 행정부 단독으로 실행하였다. 다만 종료조항이 없는 조약을 종료시킬 경우에 관하여는 별다른 관행이 성립되어 있지 않다.[141)]

기타 캐나다,[142)] 인도,[143)] 칠레,[144)] 이스라엘,[145)] 콜롬비아[146)] 등도 의회의 관여 없이 행정부 단독으로 조약 종료권을 행사한다.

한편 최근 영국과 남아프리카 공화국에서 2건의 흥미로운 관련 판결이 내려졌다.

첫째, 영국에서 국민투표를 통해 EU 탈퇴가 가결되자 영국 정부는 자신의 조치만으로 EU 조약 탈퇴절차를 밟으려 했다. 영국이 EU를 탈퇴하면 이의 회원국임을 전제로 한 국내법들도 실효될 수 밖에 없다. 그러자 그 같은 결과를 가져오는 EU 조약 종료에는 의회의 동의를 필요로 한다는 소송이 제기되었다. 영국 고등법

---

139) H. Treviranus & H. Beemelmans, National Treaty Law and Practice: Federal Republic of Germany, in M. Leigh & M. Blakeslee ed.(상게주), p.52; H. Beemelmans & H. Treviranus(전게주 105), p.326; J. Frowein & M. Hahn, The Participation of Parliament in the Treaty Process in the Federal Republic of Germany, in S. Riesenfeld & F. Abbott ed.(전게주 106), p.72. 단, 일부 학자들은 actus contrarius 법리에 따라 의회 동의를 받은 조약의 종료시 의회의 동의가 요구된다는 주장을 한다고 한다.

140) L. Wildhaber, Parliamentary Participation in the Treaty－Making: Report on Swiss Law, in S. Riesenfeld & F. Abbott ed.(전게주 106), p.139; L. Wildhaber, A. Scheidegger & M. Schinzel, Switzerland, in D. Hollis, M. Blakeslee & L. Ederington eds.(전게주 57), p.657

141) T. Kawakami, National Treaty Law and Practice: Japan, in M. Leigh, M. Blakeslee & L. Ederington ed.(전게주 57), p.118.

142) M. Copithorne, Canada, in D. Hollis, M. Blakeslee & L. Ederington eds.(전게주 57), p.102.

143) K. Thakore, India, in D. Hollis, M. Blakeslee & L. Ederington eds.(전게주 57), p.368.

144) F. Vicuna & F. Bauzá, Chile, in D. Hollis, M. Blakeslee & L. Ederington eds.(전게주 57), p.139.

145) R. Lapidoth, Israel, in D. Hollis, M. Blakeslee & L. Ederington eds.(전게주 57), p.399.

146) G. Cavelier, National Treaty Law and Practice, in M. Leigh, M. Blakeslee & L. Ederington ed.(전게주 57), p.81.

원은 조약 종료는 행정부의 권한이나, 단 EU 탈퇴가 영국법의 변경을 초래하는 경우에는 적절한 법률형식을 통한 의회의 동의가 필요하다고 판단했다.[147] 그러자 영국 의회는 곧 바로 EU 탈퇴를 지지하는 결의를 채택했다. 이 의회 결의 이후에도 영국 대법원은 EU 조약 탈퇴에는 의회의 사전동의가 필요함을 확인하는 판결을 내렸다.[148]

둘째, 남아프리카 공화국 정부는 2016년 11월 19일 국제형사재판소(ICC) 규정의 탈퇴를 통고했다. 이는 ICC 회원국 중 첫 번째 탈퇴 통고였다. 그러자 2017년 2월 22일 남아공 고등법원(Gauteng Devision, Pretoria)은 의회의 동의를 거쳐 가입한 ICC 규정의 탈퇴에는 의회의 사전동의가 필요하다고 판결했다. 남아공은 결국 ICC 탈퇴를 포기하고 당사국으로 잔류했다.

(3) 분석과 평가

한국에서 국회 동의를 거쳐 체결된 조약을 종료시키기 위해서는 재차 국회 동의가 필요한가?[149] 새로운 국회 동의가 필요하다는 논거로는 다음과 같은 주장이 제시될 수 있다.

첫째, 헌법 제60조 1항에 따라 국회의 동의를 받아 체결된 조약의 성립은 행정부 단독행위의 결과라기보다는 행정부와 입법부의 공동행위의 결과이므로 이를 행정부가 단독으로 무효화시킬 수는 없다.[150]

둘째, 대통령은 통상 기존의 법률을 충실히 지킬 의무를 지니며, 이를 개폐할 권한은 없다. 국회 동의를 받은 조약은 법률과 같은 효력을 지닌다고 본다면 이 같은 조약의 종료에는 국회의 동의가 필요하다. 특히 일정한 조약은 국민에 대한 권리 부여의 직접적 근거가 될 수 있는데, 이를 행정부 단독으로 종료시킨다면 국민의 법률상 권리를 행정부가 단독으로 박탈하는 결과가 된다.

셋째, 조약 체결이 대통령의 외교에 관한 권한행사의 일부라고 해도 타기관의

147) R(Miller and another) v. The Secretary of State for Exiting the European Union, [2016] EWHC 2768(Admin) & [2016] NIQB 85.

148) [2017] UKSC 5(2017.1.24.).

149) 국내에서는 이 문제를 본격적으로 논한 글이 없기 때문에 본 항목에서 제시하고 있는 각각의 논거는 기존 국내학계의 주장이 아니고, 외국에서 제시된 각각의 주장을 한국적 현실에 맞게 필자가 각색한 설명이다.

150) 이에 조약 종료 시 헌법 제60조 1항을 기준으로 국회동의의 필요 여부를 판단해야 한다는 주장으로는 배종인(전게주 3), p.235.

견제가 불가능하다는 결론은 나오지 않는다.

이에 대하여는 다음과 같은 반론이 가능하다.

첫째, 행정부가 국회 동의를 얻어 실행한 결과를 무효화시키기 위해 항상 국회의 동의가 다시 필요하지는 않다. 예를 들어 대통령이 국무총리를 임명하기 위해 국회의 사전 동의가 필요하나(헌법 제86조 제1항), 대통령은 국회 동의 없이 단독으로 이를 해임할 수 있다는데 이론이 없다.

둘째, 대통령의 조약 종료는 기본적으로 외교에 관한 권한 행사의 일종이다. 대통령은 고도의 정책적 판단 하에 신속히 때로는 즉시 조약을 종료시킬 필요가 있을 수 있다. 국회는 이러한 판단을 할 정보가 부족하며, 시의적절한 행동을 취하기에 적절한 구조를 갖고 있지 못하다. 조약 종료에 관한 판단은 외교에 관한 정보를 가장 많이 보유하고 있는 행정부의 판단에 맡기는 편이 정책적으로 적절하다.

셋째, 조약 체결권은 대통령의 권한이며, 국회는 조언자의 역할을 함에 불과하다. 법률의 경우와 달리 국회는 어떠한 경우에도 단독으로 조약을 성립시킬 수 없다. 대통령의 조약 체결권은 본질적으로 입법권의 일부가 아니다. 따라서 조약의 성립과 종료에 관해 법률이 침묵하고 있는 부분은 대통령의 재량사항으로 해석함이 타당하며, 국회의 권한을 확장하는 방향으로 해석함은 부적절하다.

넷째, 조약 종료의 본질은 국가의 국제의무 해제이며, 조약의 국내법으로서의 효력 상실은 이의 부수적 결과에 불과하다. 조약의 국내법적 효력은 이의 국제법적 효력을 전제로 한다. 어떤 사유에 의해 조약의 효력이 국제법상 종료된 경우에도 미처 국회의 종료동의가 성립되지 않았다는 이유에서 그 조약이 국내적으로 계속 재판의 준칙도 되고 행정의 근거가 될 수 있는가? 상대국이 조약상 중대한 의무의 이행을 거부하고 있어도, 국회의 종료동의가 성립되기 전까지 한국은 국내적으로 계속 조약의무를 이행하여야 한다면 이는 명백히 불합리하다. 즉 국제법적 효력을 상실한 조약이 국내적으로 유효할 수 있다면 본말이 전도된 결과이다.

다섯째, 대통령의 조약종료행위에도 불구하고 국회가 그 같은 조약내용이 국내적으로 계속 시행되기를 원한다면 동일한 내용의 국내법을 제정함으로써 목적을 달성할 수 있다.

여섯째, 특히 조약 속에 종료에 관한 조항이 포함되어 있고 국회의 동의시 이에 대한 별다른 제한의사가 표명되지 않은 경우, 국회는 조약 내용에 대한 동의를 통하여 종료조항의 행사에도 동의했다고 해석될 수 있다.

이상 양측의 주장은 모두 나름의 타당성을 갖고 있다. 그렇다면 정책적 입장에서는 어떻게 판단해야 현명할까? 일단 조약 종료권은 대통령의 권한으로 해석함이 보다 현실적으로 타당하다는 생각이다. 조약종료가 자주 발생하는 현상은 아니다. 조약종료의 성격은 기본적으로 국가의 대외적 행위로서, 때로는 고도의 정치적 판단을 바탕으로 하거나 때로는 신속한 결정을 필요로 할 수 있다. 조약이 아무리 국내법과 같은 효력을 지닌다 할지라도 조약 성립이 국회의 일반적인 입법권의 행사라고 평가될 수도 없다. 통상적인 국내법은 대한민국의 관할권 내에서만 효력을 가지나, 조약은 국제사회에서의 효력이 더욱 본질적이라는 성격상의 차이점도 무시되지 말아야 한다. 외국의 예를 보아도 조약 체결과정에는 입법부의 관여를 일정 부분 허용해도 조약의 종료는 대체로 행정부 단독권한으로 행사되고 있다. 이는 각국 나름의 오랜 경험에서 나온 결과라고 생각된다. 이 같은 사정을 종합해 볼 때, 현재로서는 조약 종료에 대한 국회의 사전동의가 필요하지 않는다고 해석함이 바람직하다.[151] 다만 조약 종료의 경우도 체결과 유사하게 국무회의 심의와 관보 공포의 과정을 거치도록 함이 바람직하다. 다만 통상적인 조약은 아니나, 「남북관계발전에 관한 법률」에는 "국가나 국민에게 중대한 재정적 부담은 지우는 남북합의서 또는 입법사항에 관한 남북합의서의 체결 · 비준"에 대해 국회는 동의권을 가지며(제21조 3항), 국회동의를 받았던 남북합의서를 대통령이 효력을 정지시키고자 할 때에는 국회의 동의를 얻어야 한다(제23조 3항)는 내용이 있다.

5. 특수한 형태의 조약

가. 고시류 조약

현재 국내에서는 외교부장관이 관계부처와의 협의만을 거쳐 그 내용을 관보에 고시함으로써 국내절차를 마치는 이른바 고시류(告示類) 조약이 널리 활용되고 있다. 일반조약과는 별도의 고시류 조약번호가 부여되며,[152] 조약이 관보에 대통

151) 대통령의 단독 종료권을 지지하는 입장. 권영성(전게주 36), p.896; 홍성방(전게주 36), p.144; 양건(전게주 36), p.1205.

152) 고시류 조약은 일반조약과는 별도의 일련번호가 누적되어 붙여졌다가, 1991년과 1992년 이후부터 관보 고시시 조약번호 앞에 해당연도가 추가되었다(예: 외무부 고시 제1992-216호) 그러나 2021년 후반부터는 다시 연도 표기는 없어지고 누적 번호만 등장한다. 예: 외교부 고시 제954호 대한민국 정부와 미합중국 정부 간의 과학 및 기술협력에 관한 협정의 연장

령의 명의로 공포됨과 달리 외교부장관 명의로 고시될 뿐이다. 이 같은 차이는 국내법상 문제에 불과하며, 고시류 조약도 국가간 구속력 있는 합의로서 국제법상 조약에 해당한다. 실제 한국이 체결하는 조약의 약 1/3이 고시류 조약으로 처리되고 있다. 그동안 고시류 조약의 형식으로 성립된 조약은 양자조약이 대부분이나 다자조약의 경우도 적지 않다.[153)]

고시류 조약이라는 특수한 유형의 조약이 활용되는 이유는 간이한 절차를 통해 조약을 성립시키려는 행정실무상의 편의 때문이다. 즉 이미 성립된 조약의 세부내용을 시행하기 위한 하위 집행적 성격의 합의, 조약의 본질적 내용을 변경함이 없이 미세한 내용을 수정하기 위한 합의, 조약의 유효기간을 단순히 연장하기 위한 합의 등에 주로 활용된다.[154)]

오늘날의 국제사회는 과거와는 비할 수 없이 긴밀하고 복잡하게 연계되어 있으며, 이를 위한 국가간 합의의 종류와 내용도 매우 다양하다. 이러한 국가간의 합의에는 우리가 통상적으로 생각하는 수준의 조약도 있지만, 상당수 합의는 단순하고 기술적 성격에 불과하거나 경미한 수준의 내용에 그치고 있다. 단순 행정적 사항으로 신속한 시행이 요구되어 복잡한 국내 성립절차를 거쳐야 한다면 지나치게 번거로운 경우도 있다. 이러한 이유로 인해 현대에 들어 각국은 합의 형식이나 발효 방법 등에 있어서 간이한 형태의 조약을 활용하는 예가 급증하고 있다. 조약 체결방식에 관한 국제사회에서의 변화는 각국의 국내절차에도 영향을 주게 된다. 한국도 과거에는 모든 조약을 국내적으로 동일한 절차를 통해 체결했지만, 조약 체결건수가 증가함에 따라 경미한 내용의 조약에 관한 한 간이한 절차의 필요성을 느끼었고, 이에 1976년부터 고시류 조약이라는 형식이 고안되었다. 고시류 조약 제1호는 1976년 체결된 "부산시 하수도 사업에 관한 대한민국 정부와 독일연방공화국 정부간의 기술협력을 위한 약정"이었다.[155)] 조약 체결절차의 효율성과 합목적

을 위한 교환각서(2022).

153) 고시류 조약이 활용되기 시작한 1976년부터 2023년 6월 15일까지 정식 조약은 약 2천 건이 체결되었는데, 고시류 조약은 967건이 체결되었다(발효일 기준).

154) 외교통상부(전게주 6), p.39. 정세정, 고시류 조약의 실행에 관한 연구, 국제법학회논총 제64권 제3호(2019), pp.209-221은 그간 체결된 고시류 조약의 내용별 유형을 분류하고 있다.

155) 이는 1972년 4월 10일 발효한 조약 제422호 「대한민국 정부와 독일연방공화국 정부 간의 부산시 종합하수도 계획 수립을 위한 기술 및 경제협력에 관한 보충약정)」의 근거한 추가 조약이었다. 당시 외무부는 이 조약의 국무회의 부의가 필요한지에 관해 법제처에 의견을 조회했고, 법제처는 약정기한의 연장에 불과하므로 국무회의의 부의가 불필요하다고 회신

성이라는 측면에서 그 필요성은 이해가 간다.[156)]

고시류 조약은 실무상 필요로 인해 널리 활용된 지 오래이나 문제는 이에 관해 뚜렷한 법적 근거가 없다는 점이다. 고시류 조약이란 명칭조차 법령상의 용어가 아니며, 외교부장관 고시로서 성립절차를 마친다는 사실에 착안해 실무상 통용되는 용어에 불과하다. 실무적으로 널리 활용되고 있으나, 이의 성립 절차나 적용 요건에 관해서는 법률적 근거는 물론 행정 훈령조차 마련되어 있지 않다. 고시류 조약이 직면하고 있는 가장 큰 법적 문제점은 이 역시 조약의 일종임에도 불구하고 헌법상 요구되는 국무회의 심의와 공포 절차를 거치지 않는다는 사실이다.

즉 고시류 조약은 헌법 제6조 1항이 요구하는 "공포"를 거치지 않고 있다. "고시" 역시 일정한 사항을 일반인에게 널리 알리기 위한 행정기관의 의사표시라는 점에서 그 실질적 효과는 "공포"와 별다른 차이가 없다. 그러나 현재 헌법개정, 법률, 대통령령, 부령의 제정 등 모든 입법행위는 관보에 "공포"라는 형식을 통해 알려야 하며, 관보 발간일이 공포일이 된다.[157)] 헌법상 조약 체결권자는 대통령이며, 통상적인 조약은 대통령 명의로 공포되며 국무총리와 외교부장관이 이에 부서하여 "공포"되어야만 국내법으로서의 효력을 지닌다.[158)] 국회제정 법률을 관보에 "고시"만 한 경우 이를 "공포"로 간주될 수 없듯이, 조약의 "고시"도 "공포"로 취급될 수는 없다. 이 문제는 고시류 조약의 체결에 관한 법적 근거가 마련될 수 있다면, 이러한 유형의 조약에 관하여는 관보에 공포할 수 있는 권한을 외교부장관에게 위임하는 근거와 절차를 수립하여 해결될 수 있을 것이다.

보다 어려운 문제는 국무회의 심의 절차이다. 현재 모든 조약안은 헌법상 국무회의 심의가 요구되고 있다(제89조 3호). 실무상 간이한 성립절차의 필요성이 인정된다거나, 외국에서도 간이한 조약체결절차가 널리 활용되고 있다는 이유만으로 헌법상의 요건이 회피될 수 있을까? 고시류 조약이라는 방식을 고안한 가장 큰 이유는 바로 경미한 내용의 조약은 법제처 심사와 국무회의 심의를 생략하자는 취지였다. 단순히 공포를 외교부장관 명의로 한다는 방안만으로는 고시류 조약을 도입한 취지를 살리기 어렵다. 일각에서는 "외교행정의 능률을 위해 위 헌법조항의 요

했다 정세정(상계주), p.208.

156) 배종인(전게주 3), p.49.

157) 헌법 제53조 및 제130조 3항, 「법령등 공포에 관한 법률」 제11조 및 제12조.

158) 헌법 제6조 1항 및 제73조, 「법령등 공포에 관한 법률」 제6조 및 제11조.

구에도 불구하고 이를 간편한 절차에 의하여 처리하는 것은 합리성이 있을 뿐만 아니라, 오랜 관례의 집적에 의하여 그와 같은 관행이 확립된 법원칙으로 인정되는 단계에 이르렀다면 이는 실정헌법조항에 위배되어 위헌적인 것이라고 판단하기보다 관습헌법사항으로 정립된 것이어서 합헌성이 인정된다고 보는 것이 정당하다 [···] 고시류 조약의 존재도 우리 헌법상 나타나는 관습헌법의 한 형태가 된다고 할 것이다"라고 주장한다.[159] 경청의 가치가 있는 주장이나 성문 헌법에 포함되어 있지 않은 헌법적 사항을 보완하는 차원에서의 관습헌법을 넘어서,[160] 성문헌법상의 조항과 충돌되는 내용의 관습헌법이 성립되기는 어렵지 않을까? 또한 모협정이 위임한 범위에서 체결되는 고시류 조약의 경우 모협정이 그 법적 근거가 된다고 주장도 있다.[161] 그러나 고시류 조약에는 모협정이 없는 경우도 있으며, 모협정이 헌법적 요구를 회피하는 근거가 될 수 있는지는 의문이다.

이 같은 문제가 발생하는 원인은 현행 헌법이 조약에 대해 지나치게 일률적인 규정만을 두고 있어 현대사회의 변화를 탄력적으로 수용하기 어렵기 때문이다. 고시류 조약을 수용할 수 있는 방향으로 헌법 제89조 3호가 개정되면 간단히 해결될 문제이나, 이 점만을 위한 개헌은 쉽게 상상하기 어렵다. 현 상태에서 실무상의 편의와 필요성을 수용하면서도 위헌의 문제를 회피할 수 있는 방안의 강구가 가능한가? 편법이기는 하나 국무회의가 일정한 유형의 조약에 대하여는 포괄적 사전심의를 할 수 있는 법률적 근거를 신설하여 반드시 개별조약마다 국무회의의 심의를 거치지 않을 수 있는 방안을 제안해 본다. 현재 고시류 조약으로 처리되는 유형을 그 대상으로 지정하는 것이다. 헌법과의 충돌을 하위 법령을 통해 해결하려는 점에서 논리적으로 모순된 해결책이라고 비판될 수 있겠으나, 아무런 법적 근거가 없는 현 상황보다는 개선으로 볼 수 있을 듯하다.

159) 김승대, 헌법관습의 법규범성에 대한 고찰, 헌법논총 제15집(2004), pp.164－165.

160) 예를 들어 대한민국의 수도는 서울이다, 한글과 한국어는 대한민국의 공용어이다 등이 관습헌법에 해당할 수 있다. 이 같은 내용은 헌법상 명문의 조항에 반하지 않는다. 김승대(상게주), pp.158－160 및 헌법재판소 2004. 10. 21. 2004헌마554·566(병합) 결정 참조.

161) 김민서, 조약의 유형에 따른 국내법적 지위의 구분, 국제법학회논총 제46권 제1호(2001), p.39.

▶판례: 고시류 조약

헌법재판소 2004.12.16. 2002헌마579 결정

(재판관 권성의 별개의견): "나. 이 사건 합의서는 소위 고시류조약에 해당하는 것으로 볼 것인바 이러한 고시류조약을 체결하는 행정부의 권한은 성질상 매우 폭넓은 재량을 수반하지 않을 수 없다. 국제관계에서 무엇을 얻고 무엇을 줄 것인가의 판단은 불가피하게 자국의 이익 중 어느 것을 어느 정도 우선시키고 어느 것을 어느 정도 희생시켜야 할 것인지에 대한 판단을 당연히 포함하는 것이다. 이러한 판단의 결과에 따라 자국민의 누군인가가 어떤 사항에 관하여 어느 정도의 직·간접적인 이익을 얻게 되고 반면 다른 일부의 국민이 다른 사항에 관하여 어느 정도의 직·간접적인 피해를 볼 수밖에 없게 된다. 그 재량은 누가 할 것인가. 어차피 행정부의 몫이 될 수밖에 없고 그 책임도 같은 곳에 귀속될 수밖에 없다.

행정부의 이러한 재량은 본질적으로 전술적임과 동시에 전략적인 사항인 데다가 상호주의에서 벗어날 수 없는 것이어서 결국은 상황을 종합적이고 통시적으로 파악하여 흐름을 장악하는 행정당국자의 식견의 수준에 그 품질이 좌우될 수밖에 없다.

다. 물론 고시류조약의 품질에 관하여 헌법재판소도 독자적인 평가를 못할 것은 없다. 그러나 국가의 권한을 책임의 원칙하에 독립된 여러 기관에 분산시켜야 한다는 이치에 비추어 볼 때 헌법재판소는 이 문제에 관하여 일단은 경원(敬遠)의 위치에 서 있으면서 고시류조약체결과 관련하여 헌법과 법률이 정한 절차를 현저히 일탈하거나 남용한 것이 두드러지게 들어난 경우에 한하여 기본권침해의 유무를 살피는 것이 옳다.

그렇다면 헌법과 법률이 정한 절차를 현저히 일탈하거나 남용한 것이 아닌 한 이 사건의 고시류조약체결과 관련한 정부의 권한행사 및 그 내용은 헌법소원의 대상이 되지 못하고 따라서 이 소원은 각하되어야 한다."

해 설

본서 제15장 비구속적 합의, p.459. "한·중 마늘 합의서의 법적 성격"의 사안 설명 참조. 한·중 마늘의 법적 성격이 문제되자, 헌법재판소 역시 일종의 정부 방침선언으로 조약은 아니라고 판단했다. 위와 같이 재판관 1명이 별개의견으로 이를 고시류 조약이라고 규정했는데, 이는 실무상 활용되고 있는 고시류 조약의 성격에 대한 이해 부족에서 비롯된 착오이다.

나. 기관간 약정

국제관계의 긴밀화에 따라 국가 대 국가 차원의 교류뿐만 아니라, 정부내 개별부처나 산하기관들도 직접 국제교류와 교섭에 나서는 경우가 많아졌다. 그 과정에서 타국의 관계부처와의 사이에서 소관업무에 관한 구체적 합의가 성립되기도 한다. 예를 들어 한국이 A국과 문화협력협정을 체결했다고 가정하자. 이를 바탕으로 양국 문화관광부 관계자들이 금년 중으로 상호 30명 규모의 민속음악악단의 방문공연에 합의한다면 이 역시 조약에 해당하는가? 물론 이러한 합의가 국가간 조약으로 체결될 수도 있겠지만 1회성 내용에 비해 절차와 형식이 너무 번거로우므로 효율성을 위해 대체로 양국 문화관광부간의 합의로 처리된다. 체결 주체가 대한민국 정부가 아니라, 정부 내 한 기관이다. 이 같이 정부내 기관이 소관 업무범위에 속하는 사항에 관해 외국의 해당 기관과의 사이에서 체결되는 합의를 기관간 약정(agency-to-agency arrangement)이라고 한다.162)

기관간 약정은 국가를 대외적으로 대표하는 기관에 의해 체결된 합의가 아니므로 국제법적 의미의 조약은 아니며, 국제법적으로나 국내법적으로 법적 효력은 인정되지 않는다는 것이 한국 정부의 입장이다. 이에 기관간 약정을 체결함에 있어서 상대방의 오해를 유발하지 않도록 이것이 조약의 성격을 지니지 않으며, 기존 국내법령과 가용재정의 범위 내에서만 이행이 가능하다는 점을 이해시키도록 하고 있다.163) 용어에 있어서도 조약에서의 법적 구속력을 연상시키는 단어를 가급적 사용하지 말도록 권장하고 있다.

그렇지만 기관간 약정 역시 정부기관간의 합의이므로 대외적으로 공신력이 인정되며 대부분 내용이 충실히 이행된다. 기관간 약정이 활용되는 대표적인 유형으로는 첫째, 국가간에 체결된 모(母)조약을 근거로 실시되는 세부사업에 관한 일종의 자(子)조약적 성격의 합의와 둘째, 특별한 모조약이 없이도 관계부처가 소관업무의 범위 내에서 기술적 협력사항을 규율하는 합의가 있다.

국가에게 대한 직접적인 법률상의 권리·의무를 창설하는 내용, 소관부서의 예산을 초과하는 재정부담을 발생시키는 내용, 국내법령과 저촉되는 사항, 국가주권의 제약을 가져오는 사항, 관련법령의 범위를 넘어서 세금면제·국가시설이나

162) 「외국정부기관과의 기관간 약정 체결 및 관리에 관한 규정」 제2조 1호. 외교통상부, 알기 쉬운 기관간 약정업무(2007), p.22.

163) 「외국정부기관과의 기관간 약정 체결 및 관리에 관한 규정」 제4조 4항.

국가재산의 제공·재판권 면제·기타 특권과 면제의 부여 등 새로운 입법이 필요한 사항은 기관간 약정으로 체결하지 못하도록 하고 있다.[164] 이에 외교부는 기관간 약정 체결시 당해 합의가 국제법상 어떠한 의무도 창설하지 않는다는 문구를 삽입하도록 권하고 있으나, 그럴 경우 신뢰성을 문제 삼아 상대방이 약정체결을 거부할 수 있다. 이에 좀 더 완화된 표현으로 “이 약정은 양국 각자의 국내법령의 틀 내에서 그리고 양측의 적절한 재정 수준 및 인력의 가용 여부에 따라 이행된다”는 문구의 사용을 권장하고 있다.[165] 다만 한국 정부도 모협정에 근거해 체결된 약정은 원 협정과 불가분의 일체를 구성하며, 국가간의 권리·의무관계를 설정하는 준조약의 범주에 속한다고 본다.[166]

조약의 경우와 마찬가지로 기관간 약정의 명칭 역시 고정된 것은 없이 다양한 용어가 사용되고 있다. 대체로 모조약을 시행하는 성격의 기관간 약정은 Arrangement 또는 Implementing Arrangement를 주로 사용하며, 모조약의 근거가 없는 경우는 MOU, Plan, Programme 등을 사용한다.[167]

기관간 약정이 체결된 경우 당해 기관은 그 내용을 외교부에 등록해야 하며, 이는 통상 일반에게 공개되지 않는다.[168] 다만 외교부가 그 약정이 고시될 필요가 있다고 판단하는 경우 외교부장관의 고시로서 관보에 게재하기도 한다.[169]

한편 근래 지방자치단체도 외국의 기관 또는 외국의 지방자치단체와 합의를 성립시키는 사례가 많아졌다. 국가의 일부인 지방은 중앙정부의 허가가 없는 한 국제법상 조약 체결권을 갖지 못한다. 한국의 지방자치법도 지방자치단체는 외교·국방 등에 관한 국가사무를 원칙적으로 처리할 수 없다고 규정하고 있다(제11조). 그러나 지방자치단체도 권한의 범위 내에 속하는 분야에 있어서는 대외적 합의를 체결할 수 있으며, 그 법적 성격은 위의 기관간 약정과 동일하다. 즉 국가를 구속하는 조약은 아니다. 기존의 국내법령과 예산 등의 범위 내에서 지방자치단체가 합의를 이행할 수 있다.

164) 「외국정부기관과의 기관간 약정 체결 및 관리에 관한 규정」 제4조 3항.
165) 외교통상부(전게주 162), p.29.
166) 외교통상부(전게주 6), p.49. 다만 준조약의 법적 성격이 무엇인지는 밝히지 않고 있다.
167) 외교통상부(전게주 162), p.33.
168) 「외국정부기관과의 기관간 약정 체결 및 관리에 관한 규정」 제8조.
169) 외교통상부(전게주 6), p.51.

▶판례: 기관간 약정의 법적 효력

서울중앙지방법원 2023.2.7. 선고 2020가단5110659 판결(항소)

[이 사건 원고는 월남전 도중인 1968년 한국군의 주민학살로 가족이 살해당했고, 본인도 부상을 입었음을 이유로 대한민국을 상대로 손해배상을 청구했다. 이에 대해 피고 국가는 1965년 한·월 군사실무 약정서와 한·미 군사실무 약정서 제15조에 따른 한·미 보충실무약정서에 따르면 본건 같은 경우는 정부 간 협의 절차에 의해 해결해야 하므로, 당시 월남 국민인 원고가 대한민국 법원에 제기한 이 사건 소는 부적법하다고 본안전 항변을 제기했다. 다음은 실무약정서의 국제법적 효력에 대한 재판부의 설시 부분이다.]

"① 한·월 군사 실무 약정서는 1965.9.5. 대한민국 이세호 육군 소장과 남베트남의 탐(Tran Ngoc Tam) 육군 소장 사이에 체결되고, 그 다음 날 체결된 한·미 군사 실무 약정서 역시 대한민국 이세호 육군 소장과 미국의 라슨(W. B. Rarsen) 육군 소장 사이에서 체결되었다. 또한 한·미 보충실무약정서는 월남 주재 미 군사원조 사령부 참모장이었던 라슨과 대한민국군 사령부 부사령관인 이훈섭에 의해 체결되었다.

② 한·월 군사실무 약정서 제19조는 '한국군 요원에 의하여 가해진 월남공화국정부 또는 국민의 물자 및 인명피해의 보상에 관한 사항은 한·월 양국정부 당국 간에 별도 협상에 의한다'고 정하고 있다.

③ 한·미 군사실무 약정서 제15조는 '전투 또는 비전투 활동 시 한국군이 가한 월남정부나 개인의 재산 및 인명피해의 보상은 별도 약정서에 따른다'고 하고, 이에 따른 한·미 보충실무약정서 제1, 3조는 '주월한국군에 대하여 제기되는 비전투행위로 인한 손해배상청구사건은 주월한국군 소청사무소를 통해서 해결하고, 지불보증은 미국이 한다'고 하고 있으며, 한·미 보충실무약정서 부속서 A 제4, 5조는 '주월한국군의 전투준비, 전투작전, 전투 후 복귀 중 발생한 월남 정부나 개인의 손해에 관한 사건인 전투소청사건은 소청사건이 발생한 곳의 동장, 군수, 성장에게 의뢰'하여 해결하도록 정하고 있다(이하 통틀어 '이 사건 실무약정서 등'이라 한다).

2) 그러나 이 사건 실무약정서 등은 다음과 같은 이유로 한국과 월남, 한국과 미국의 군사 당국 간에 체결된 기관 간 합의에 불과하고, 대한민국이 체결한 조약으로 볼 수 없어 베트남 국민 개인인 원고의 대한민국에 대한 청구권을 배제하는 법적 효력을 가진다고 볼 수 없다.

① 헌법 제73조는 대통령을 조약 체결권자로 정하고, 조약법에 관한 비엔나협약 제7조는 국가원수, 정부수반 및 외무부장관, 외교공관장 또는 국제기구에 파견된 국가의 대표 등 외에는 적절한 전권위임장을 제시하는 경우에만 조약에 대한 국가의

기속적 동의를 표시할 수 있는 국가의 대표자로 인정하고 있다. 즉, 조약은 일정한 범위의 국가의 대표(또는 대표 자격을 위임받은 자)에 의해서만 유효하게 체결될 수 있다.

그런데 한·월 군사 실무약정서와 한·미 군사 실무약정서, 한·미 보충실무약정서를 체결한 당사자들이 조약을 체결할 정당한 권한을 가진 사람임을 인정할 근거가 없다(조약체결권자가 아니고, 이들이 이 사건 실무약정서 등 체결 당시 전권위임장을 제시하였다는 사정도 찾아볼 수 없다). 그렇다면 이 사건 실무약정서 등은 3국의 군사 실무에 관한 기관간의 합의에 불과하고 조약으로서 효력을 가진다고 볼 수 없다. 실제 이 사건 실무약정서 등은 외교부의 조약 목록에서도 발견되지 않는다.

② 한·미 보충실무약정서 부속서 A 제4조 및 제5조가 한국군에 의한 월남 민간인 피해에 대한 전투소청사건은 소청사건이 발생한 곳의 동장, 군수, 성장에게 의뢰하여 해결하도록 정한 것은 한·미간에 이루어진 합의이므로, 베트남 국민에 대하여 직접 구속력을 가진다고 볼 수도 없다.

③ 한·월 군사실무약정서 제19조는 월남 민간인 피해자에 대한 보상에 관한 사항을 한·월 양국정부 당국 간에 별도 협상에 의하기로 한다고 정하고 있는데, 그 후속조치로서 별도의 구체적인 협상 및 합의가 이루어진 것으로 보이는 사정을 찾아보기도 어렵다.

3) 한·월 군사실무약정서를 비롯하여 이 사건 실무약정서 등만으로 베트남 정부가 자국민 피해자의 손해배상 청구권을 포기하였다거나, 국가 간 합의에 따른 배상방식 외에 피해자가 직접 대한민국 법원에 소송을 제기할 권리를 포기하였다고 볼 수 없다.

따라서 피고의 이 부분 본안전항변은 이를 받아들이지 않는다.”

부 록

1. Vienna Convention on the Law of Treaties (1969)
   조약법에 관한 비엔나 협약
2. Vienna Convention on Succession of States in respect of Treaties (1978)
   조약의 국가승계에 관한 비엔나 협약
3. Vienna Convention on the Law of Treaties between States and International Organizations or between International Organizations (1986)
4. ILC 「조약 유보에 관한 실행지침」(2011)
5. ILC 「조약에 대한 무력분쟁의 영향」(2011)
6. ILC 「조약해석에 관한 후속 합의와 후속 관행」(2018)
7. ILC 「조약의 잠정적용」(2021)
8. ILC 「일반국제법상 절대규범(강행규범)의 확인과 법적 효과」(2022)
9. 정부대표 및 특별사절의 임명과 권한에 관한 법률
10. 통상조약의 체결절차 및 이행에 관한 법률

Vienna Convention on the Law of Treaties (1969)

The States Parties to the present Convention

Considering the fundamental role of treaties in the history of international relations,

Recognizing the ever-increasing importance of treaties as a source of international law and as a means of developing peaceful co-operation among nations, whatever their constitutional and social systems,

Noting that the principles of free consent and of good faith and the pacta sunt servanda rule are universally recognized,

Affirming that disputes concerning treaties, like other international disputes, should be settled by peaceful means and in conformity with the principles of justice and international law,

Recalling the determination of the peoples of the United Nations to establish conditions under which justice and respect for the obligations arising from treaties can be maintained,

Having in mind the principles of international law embodied in the Charter of the United Nations, such as the principles of the equal rights and self-determination of peoples, of the sovereign equality and independence of all States, of non-interference in the domestic affairs of States, of the prohibition of the threat or use of force and of universal respect for, and observance of, human rights and fundamental freedoms for all,

Believing that the codification and progressive development of the law of treaties achieved in the present Convention will promote the purposes of the United Nations set forth in the Charter, namely, the maintenance of international peace and security, the development of friendly relations and the achievement of co-op-

조약법에 관한 비엔나 협약[1)]

이 협약의 당사국은,

국제관계의 역사에서 조약의 기본 역할을 고려하고,

국제법의 법원으로서 그리고 각 국가의 헌법 제도 및 사회 제도와 관계없이 국가 간 평화적 협력을 발전시키는 수단으로서 조약의 점증하는 중요성을 인정하며,

자유로운 동의 원칙 및 신의성실의 원칙 그리고 약속은 지켜져야 한다는 규칙이 보편적으로 인정되고 있음에 유의하며,

다른 국제분쟁과 마찬가지로 조약에 관한 분쟁은 평화적 수단으로 또한 정의 원칙 및 국제법 원칙에 합치되도록 해결되어야 함을 확인하며,

정의 그리고 조약상 발생되는 의무에 대한 존중이 유지될 수 있는 조건을 확립하고자 하는 국제연합 각 국민의 결의를 상기하며,

각 국민의 평등권과 자결, 모든 국가의 주권 평등과 독립, 각국 국내문제에 대한 불간섭, 무력의 위협 또는 사용 금지, 그리고 모든 사람의 인권과 기본적 자유에 대한 보편적 존중 및 준수의 원칙과 같이 「국제연합헌장」에 구현된 국제법 원칙에 유념하며,

이 협약에서 성취된 조약법의 법전화와 점진적 발전이 「국제연합헌장」에 규정된 국제연합의 목적, 즉 국제평화 및 안보의 유지, 국가 간 우호관계의 발전과 협력의 달성을 증진하리라 믿으며,

1) 1969년 채택, 1980년 발효, 현 당사국 116개국. 1977년 한국 비준서 기탁. 외교부 2023. 6. 9. 번역 수정 공고.

eration among nations,

Affirming that the rules of customary international law will continue to govern questions not regulated by the provisions of the present Convention,

Have agreed as follows:

관습국제법 규칙이 이 협약의 규정에 따라 규제되지 않는 문제를 계속 규율함을 확인하며,

다음과 같이 합의하였다.

PART I INTRODUCTION

Article 1(Scope of the present Convention)

The present Convention applies to treaties between States.

Article 2(Use of terms)

1. For the purposes of the present Convention:

(a) 'treaty' means an international agreement concluded between States in written form and governed by international law, whether embodied in a single instrument or in two or more related instruments and whatever its particular designation;

(b) 'ratification', 'acceptance', 'approval' and 'accession' mean in each case the international act so named whereby a State establishes on the international plane its consent to be bound by a treaty;

(c) 'full powers' means a document emanating from the competent authority of a State designating a person or persons to represent the State for negotiating, adopting or authenticating the text of a treaty, for expressing the consent of the State to be bound by a treaty, or for accomplishing any other act with respect to a treaty;

(d) 'reservation' means a unilateral statement, however phrased or named, made by a State, when signing, ratifying, accepting, approving or acceding to a treaty, whereby it purports to exclude or to modify the legal effect of certain provisions of the trea-

제1부 총강

제1조(협약의 적용범위)

이 협약은 국가 간 조약에 적용된다.

제2조(용어 사용)

1. 이 협약의 목적상,

가. "조약"이란, 단일 문서에 또는 두 개 이상의 관련 문서에 구현되고 있는가에 관계없이 그리고 그 명칭이 어떠하든, 서면형식으로 국가 간에 체결되며 국제법에 따라 규율되는 국제 합의를 의미한다.

나. "비준", "수락", "승인" 및 "가입"이란, 국가가 국제적 측면에서 조약에 기속되겠다는 동의를 이를 통하여 확정하는 경우, 각 경우마다 그렇게 불리는 국제 행위를 의미한다.

다. "전권위임장"이란, 조약문을 교섭, 채택 또는 정본인증을 하거나, 조약에 대한 국가의 기속적 동의를 표시하거나 조약에 관한 그 밖의 행위를 수행할 수 있도록, 국가의 권한 있는 당국이 자국을 대표하는 한 명 또는 복수의 사람을 지정하는 문서를 의미한다.

라. "유보"란, 문구 또는 명칭에 관계없이 국가가 조약의 특정 규정을 자국에 적용함에 있어서 이를 통해 그 법적 효력을 배제하거나 변경하고자 하는 경우, 조약의 서명, 비준, 수락, 승인 또는 가입 시 그 국가가 행하는 일방적 성명을 의미한다.

ty in their application to that State;

(e) 'negotiating State' means a State which took part in the drawing up and adoption of the text of the treaty;

마. "교섭국"이란 조약문의 작성 및 채택에 참가한 국가를 의미한다.

(f) 'contracting State' means a State which has consented to be bound by the treaty, whether or not the treaty has entered into force;

바. "체약국"이란, 조약의 발효 여부와 관계없이, 그 조약에 기속되기로 동의한 국가를 의미한다.

(g) 'party' means a State which has consented to be bound by the treaty and for which the treaty is in force;

사. "당사자"란 조약에 기속되기로 동의하였고 자국에 대하여 그 조약이 발효 중인 국가를 의미한다.

(h) 'third State' means a State not a party to the treaty;

아. "제3국"이란 조약의 당사자가 아닌 국가를 의미한다.

(i) 'international organization' means an intergovernmental organization.

자. "국제기구"란 정부 간 기구를 의미한다.

2. The provisions of paragraph 1 regarding the use of terms in the present Convention are without prejudice to the use of those terms or to the meanings which may be given to them in the internal law of any State.

2. 이 협약상 용어 사용에 관한 제1항의 규정은 어느 국가의 국내법상 그 용어의 사용 또는 그 용어에 부여될 수 있는 의미를 침해하지 않는다.

Article 3(International agreements not within the scope of the present Convention)

제3조(협약의 적용범위에 속하지 않는 국제 합의)

The fact that the present Convention does not apply to international agreements concluded between States and other subjects of international law or between such other subjects of international law, or to international agreements not in written form, shall not affect:

국가와 다른 국제법 주체 간이나 그러한 다른 국제법 주체 간에 체결되는 국제 합의 또는 서면형식이 아닌 국제 합의에 대하여 이 협약이 적용되지 않는다는 사실은 다음 사항에 영향을 주지 않는다.

(a) the legal force of such agreements;

가. 그러한 합의의 법적 효력

(b) the application to them of any of the rules set forth in the present Convention to which they would be subject under international law independently of the Convention;

나. 이 협약과는 별도로 국제법에 따라 그러한 합의가 구속을 받는 이 협약상 규칙을 그 합의에 적용하는 것

(c) the application of the Convention to the relations of States as between themselves under international agreements to which other subjects of international law are also parties.

다. 국가 아닌 다른 국제법 주체도 당사자인 국제 합의에서 국가 간 관계에 이 협약을 적용하는 것

Article 4(Non-retroactivity of the present Convention)

제4조(협약의 불소급)

이 협약과는 별도로 국제법에 따라 조약이 구

Without prejudice to the application of any rules set forth in the present Convention to which treaties would be subject under international law independently of the Convention, the Convention applies only to treaties which are concluded by States after the entry into force of the present Convention with regard to such States.

속을 받는 이 협약상 규칙의 적용을 침해함이 없이, 이 협약은 국가에 대하여 발효한 후 해당 국가가 체결하는 조약에 대해서만 적용된다.

Article 5(Treaties constituting international organizations and treaties adopted within an international organization)

The present Convention applies to any treaty which is the constituent instrument of an international organization and to any treaty adopted within an international organization without prejudice to any relevant rules of the organization.

제5조(국제기구 설립 조약 및 국제기구 내에서 채택되는 조약)

국제기구의 관련 규칙을 침해함이 없이, 이 협약은 국제기구의 설립 문서가 되는 조약과 국제기구 내에서 채택되는 조약에 적용된다.

PART II CONCLUSION AND ENTRY INTO FORCE OF TREATIES

제2부 조약의 체결 및 발효

SECTION 1. CONCLUSION OF TREATIES

제1절 조약의 체결

Article 6(Capacity of States to conclude treaties)

Every State possesses capacity to conclude treaties.

제6조(국가의 조약체결능력)

모든 국가는 조약을 체결하는 능력을 가진다.

Article 7(Full powers)

1. A person is considered as representing a State for the purpose of adopting or authenticating the text of a treaty or for the purpose of expressing the consent of the State to be bound by a treaty if:

(a) he produces appropriate full powers; or

(b) it appears from the practice of the States concerned or from other circumstances that their intention was to consider that person as representing the State for such purposes and to dispense with full powers.

2. In virtue of their functions and without having to produce full powers, the following

제7조(전권위임장)

1. 다음과 같은 경우의 사람은 조약문의 채택 또는 정본인증을 위한 목적이나 조약에 대한 국가의 기속적 동의를 표시하기 위한 목적에서 국가를 대표한다고 간주된다.

가. 적절한 전권위임장을 제시하는 경우, 또는

나. 해당 국가의 관행 또는 그 밖의 사정으로 보아, 그 사람이 위의 목적을 위하여 국가를 대표한다고 간주되고 전권위임장의 생략이 그 국가의 의사로 보이는 경우

2. 다음의 사람은 전권위임장을 제시하지 않아도 자신의 직무상 자국을 대표한다고 간주된다.

are considered as representing their State:

(a) Heads of State, Heads of Government and Ministers for Foreign Affairs, for the purpose of performing all acts relating to the conclusion of a treaty;

(b) heads of diplomatic missions, for the purpose of adopting the text of a treaty between the accrediting State and the State to which they are accredited;

(c) representatives accredited by States to an international conference or to an international organization or one of its organs, for the purpose of adopting the text of a treaty in that conference, organization or organ.

가. 조약 체결과 관련된 모든 행위를 수행할 목적상, 국가원수, 정부수반 및 외교장관

나. 파견국과 접수국 간의 조약문을 채택할 목적상, 외교공관장

다. 국제회의, 국제기구 또는 국제기구 내 기관에서 조약문을 채택할 목적상, 국가가 그 국제회의, 국제기구 또는 국제기구 내 기관에 파견한 대표

Article 8(Subsequent confirmation of an act performed without authorization)

An act relating to the conclusion of a treaty performed by a person who cannot be considered under article 7 as authorized to represent a State for that purpose is without legal effect unless afterwards confirmed by that State.

제8조(권한 없이 수행한 행위의 추인)

제7조에 따라 조약체결 목적을 위하여 국가를 대표하는 권한을 부여받았다고 간주될 수 없는 사람이 수행한 조약체결과 관련된 행위는 그 국가가 추후 확인하지 않으면 법적 효력이 없다.

Article 9(Adoption of the text)

1. The adoption of the text of a treaty takes place by the consent of all the States participating in its drawing up except as provided in paragraph 2.

2. The adoption of the text of a treaty at an international conference takes place by the vote of two-thirds of the States present and voting, unless by the same majority they shall decide to apply a different rule.

제9조(조약문의 채택)

1. 조약문은, 제2항에 규정된 경우를 제외하고는, 그 작성에 참가한 모든 국가의 동의로 채택된다.

2. 국제회의에서 조약문은 출석하여 투표하는 국가 3분의 2의 찬성으로 채택되며, 다만 동일한 다수결로 다른 규칙의 적용을 결정하는 경우는 제외한다.

Article 10(Authentication of the text)

The text of a treaty is established as authentic and definitive:

(a) by such procedure as may be provided for in the text or agreed upon by the States participating in its drawing up; or

(b) failing such procedure, by the signature, signature *ad referendum* or initialling by the representatives of those States of the

제10조(조약문의 정본인증)

조약문은 다음의 방법으로 정본이며 최종적인 것으로 확정된다.

가. 조약문에 규정된 절차 또는 조약문 작성에 참가한 국가가 합의하는 절차, 또는

나. 그러한 절차가 없는 경우, 조약문 작성에 참가한 국가 대표의 조약문 또는 조약문을 포함하는 회의의 최종의정서 서명, 조건부

text of the treaty or of the Final Act of a conference incorporating the text.

Article 11(Means of expressing consent to be bound by a treaty)

The consent of a State to be bound by a treaty may be expressed by signature, exchange of instruments constituting a treaty, ratification, acceptance, approval or accession, or by any other means if so agreed.

Article 12(Consent to be bound by a treaty expressed by signature)

1. The consent of a State to be bound by a treaty is expressed by the signature of its representative when:

(a) the treaty provides that signature shall have that effect;

(b) it is otherwise established that the negotiating States were agreed that signature should have that effect; or

(c) the intention of the State to give that effect to the signature appears from the full powers of its representative or was expressed during the negotiation.

2. For the purposes of paragraph 1:

(a) the initialling of a text constitutes a signature of the treaty when it is established that the negotiating States so agreed;

(b) the signature ad referendum of a treaty by a representative, if confirmed by his State, constitutes a full signature of the treaty.

Article 13(Consent to be bound by a treaty expressed by an exchange of instruments constituting a treaty)

The consent of States to be bound by a treaty constituted by instruments exchanged between them is expressed by that exchange when:

(a) the instruments provide that their exchange shall have that effect; or

(b) it is otherwise established that those States were agreed that the exchange of instruments should have that effect

서명 또는 가서명

제11조(조약에 대한 기속적 동의의 표시방법)

조약에 대한 국가의 기속적 동의는 서명, 조약을 구성하는 문서의 교환, 비준, 수락, 승인 또는 가입이나 그 밖의 합의된 방법으로 표시된다.

제12조(서명으로 표시되는 조약에 대한 기속적 동의)

1. 조약에 대한 국가의 기속적 동의는 다음의 경우 국가 대표의 서명으로 표시된다.

가. 서명이 그러한 효력을 갖는다고 조약이 규정하고 있는 경우

나. 서명이 그러한 효력을 갖는다고 교섭국 간에 합의되었음이 달리 증명되는 경우, 또는

다. 서명에 그러한 효력을 부여하고자 하는 국가의 의사가 그 대표의 전권위임장에 나타나 있거나 교섭 중에 표시된 경우

2. 제1항의 목적상

가. 조약문의 가서명이 그 조약의 서명을 구성한다고 교섭국들이 합의하였음이 증명되는 경우, 가서명은 그 조약의 서명을 구성한다.

나. 대표에 의한 조약의 조건부 서명은, 그의 본국이 확정하는 경우, 그 조약의 완전한 서명을 구성한다.

제13조(조약을 구성하는 문서의 교환으로 표시되는 조약에 대한 기속적 동의)

국가 간에 교환된 문서에 의하여 구성되는 조약에 대한 국가의 기속적 동의는 다음의 경우 그 교환으로 표시된다.

가. 문서 교환이 그러한 효력을 갖는다고 해당 문서가 규정하는 경우, 또는

나. 문서 교환이 그러한 효력을 갖는다고 그 국가들 간에 합의되었음이 달리 증명되는 경우

Article 14(Consent to be bound by a treaty expressed by ratification, acceptance or approval)

1. The consent of a State to be bound by a treaty is expressed by ratification when:

(a) the treaty provides for such consent to be expressed by means of ratification;

(b) it is otherwise established that the negotiating States were agreed that ratification should be required;

(c) the representative of the State has signed the treaty subject to ratification; or

(d) the intention of the State to sign the treaty subject to ratification appears from the full powers of its representative or was expressed during the negotiation.

2. The consent of a State to be bound by a treaty is expressed by acceptance or approval under conditions similar to those which apply to ratification.

Article 15(Consent to be bound by a treaty expressed by accession)

The consent of a State to be bound by a treaty is expressed by accession when:

(a) the treaty provides that such consent may be expressed by that State by means of accession;

(b) it is otherwise established that the negotiating States were agreed that such consent may be expressed by that State by means of accession; or

(c) all the parties have subsequently agreed that such consent may be expressed by that State by means of accession.

Article 16(Exchange or deposit of instruments of ratification, acceptance, approval or accession)

Unless the treaty otherwise provides, instruments of ratification, acceptance, approval or accession establish the consent of a State to be bound by a treaty upon:

(a) their exchange between the contracting States;

제14조(비준, 수락 또는 승인으로 표시되는 조약에 대한 기속적 동의)

1. 조약에 대한 국가의 기속적 동의는 다음의 경우 비준으로 표시된다.

가. 그러한 동의가 비준으로 표시되기로 조약이 규정하는 경우

나. 비준이 필요하다고 교섭국 간에 합의되었음이 달리 증명되는 경우

다. 국가 대표가 비준을 조건으로 조약에 서명한 경우, 또는

라. 비준을 조건으로 조약에 서명한다는 국가의 의사가 그 대표의 전권위임장에 나타나 있거나 교섭 중에 표시된 경우

2. 조약에 대한 국가의 기속적 동의는 비준에 적용되는 것과 유사한 조건으로 수락 또는 승인으로 표시된다.

제15조(가입으로 표시되는 조약에 대한 기속적 동의)

조약에 대한 국가의 기속적 동의는 다음의 경우 가입으로 표시된다.

가. 국가가 가입의 방법으로 그러한 동의를 표시할 수 있음을 조약이 규정하고 있는 경우

나. 국가가 가입의 방법으로 그러한 동의를 표시할 수 있음이 교섭국 간에 합의되었다고 달리 증명되는 경우, 또는

다. 당사국이 가입의 방법으로 그러한 동의를 표시할 수 있음을 모든 당사자가 추후 합의한 경우

제16조(비준서, 수락서, 승인서 또는 가입서의 교환 또는 기탁)

조약이 달리 규정하지 않으면, 비준서, 수락서, 승인서 또는 가입서는 다음의 경우 조약에 기속되기로 한 국가의 동의를 증명한다.

가. 체약국 간 교환

(b) their deposit with the depositary; or
(c) their notification to the contracting States or to the depositary, if so agreed.

나. 기탁처에 기탁, 또는
다. 합의된 경우, 체약국 또는 기탁처에 통보

Article 17(Consent to be bound by part of a treaty and choice of differing provisions)

1. Without prejudice to articles 19 to 23, the consent of a State to be bound by part of a treaty is effective only if the treaty so permits or the other contracting States so agree.

2. The consent of a State to be bound by a treaty which permits a choice between differing provisions is effective only if it is made clear to which of the provisions the consent relates.

제17조(조약 일부에 대한 기속적 동의 및 상이한 규정 중의 선택에 의한 기속적 동의)

1. 제19조부터 제23조까지를 침해함이 없이, 조약 일부에 대한 국가의 기속적 동의는 그 조약이 이를 허용하거나 다른 체약국이 이에 동의하는 경우에만 유효하다.

2. 상이한 규정 중 선택을 허용하는 조약에 대한 국가의 기속적 동의는 그 동의가 어느 규정과 관련되는지가 명백한 경우에만 유효하다.

Article 18(Obligation not to defeat the object and purpose of a treaty prior to its entry into force)

A State is obliged to refrain from acts which would defeat the object and purpose of a treaty when:

(a) it has signed the treaty or has exchanged instruments constituting the treaty subject to ratification, acceptance or approval, until it shall have made its intention clear not to become a party to the treaty; or
(b) it has expressed its consent to be bound by the treaty, pending the entry into force of the treaty and provided that such entry into force is not unduly delayed.

제18조(조약 발효 전 그 조약의 대상 및 목적을 훼손하지 아니할 의무)

국가는 다음의 경우 조약의 대상 및 목적을 훼손하는 행위를 삼가야 할 의무를 진다.

가. 비준, 수락 또는 승인을 조건으로 조약에 서명하였거나 조약을 구성하는 문서를 교환한 경우, 그 조약의 당사자가 되지 않겠다는 의사를 명백히 할 때까지, 또는

나. 국가가 조약에 대한 기속적 동의를 표시한 경우, 발효가 부당하게 지연되지 않는다면 그 조약의 발효시까지

SECTION 2. RESERVATIONS

제2절 유보

Article 19(Formulation of reservations)

A State may, when signing, ratifying, accepting, approving or acceding to a treaty, formulate a reservation unless:

(a) the reservation is prohibited by the treaty;
(b) the treaty provides that only specified reservations, which do not include the reservation in question, may be made; or
(c) in cases not falling under sub-paragraphs

제19조(유보의 표명)

국가는, 다음의 경우에 해당하지 않으면, 조약에 서명, 비준, 수락, 승인 또는 가입 시 유보를 표명할 수 있다.

가. 조약이 유보를 금지한 경우
나. 조약이 해당 유보를 포함하지 않는 특정 유보만을 행할 수 있다고 규정하는 경우, 또는
다. 가호 및 나호에 해당되지 않더라도, 유보가

(a) and (b), the reservation is incompatible with the object and purpose of the treaty.

조약의 대상 및 목적과 양립하지 않는 경우

Article 20(Acceptance of and objection to reservations)

제20조(유보의 수락 및 유보에 대한 이의)

1. A reservation expressly authorized by a treaty does not require any subsequent acceptance by the other contracting States unless the treaty so provides.

1. 조약이 명시적으로 허용하는 유보는, 그 조약이 달리 규정하지 않으면, 다른 체약국의 추후 수락을 필요로 하지 않는다.

2. When it appears from the limited number of the negotiating States and the object and purpose of a treaty that the application of the treaty in its entirety between all the parties is an essential condition of the consent of each one to be bound by the treaty, a reservation requires acceptance by all the parties.

2. 교섭국의 한정된 수와 조약의 대상 및 목적에 비추어 조약 전체를 모든 당사자 간에 적용함이 그 조약에 대한 각 당사자의 기속적 동의의 필수 조건으로 보이는 경우, 유보는 모든 당사자의 수락을 필요로 한다.

3. When a treaty is a constituent instrument of an international organization and unless it otherwise provides, a reservation requires the acceptance of the competent organ of that organization.

3. 조약이 국제기구의 설립 문서인 경우 그 조약이 달리 규정하지 않으면, 유보는 그 기구의 권한 있는 기관의 수락을 필요로 한다.

4. In cases not falling under the preceding paragraphs and unless the treaty otherwise provides:

4. 위 각 항에 해당되지 않는 경우로서 그 조약이 달리 규정하지 않으면, 다음에 따른다.

(a) acceptance by another contracting State of a reservation constitutes the reserving State a party to the treaty in relation to that other State if or when the treaty is in force for those States;

가. 조약이 유보국과 다른 체약국에 대하여 발효한다면 또는 발효 중일 때, 그 다른 체약국에 의한 유보의 수락은 유보국을 그 체약국과의 관계에서 조약의 당사자가 되도록 한다.

(b) an objection by another contracting State to a reservation does not preclude the entry into force of the treaty as between the objecting and reserving States unless a contrary intention is definitely expressed by the objecting State;

나. 유보에 대한 다른 체약국의 이의는, 이의제기국이 확정적으로 반대의사를 표시하지 않으면, 이의제기국과 유보국 간 조약의 발효를 방해하지 않는다.

(c) an act expressing a State's consent to be bound by the treaty and containing a reservation is effective as soon as at least one other contracting State has accepted the reservation.

다. 조약에 대한 국가의 기속적 동의를 표시하며 유보를 포함하는 행위는 적어도 하나의 다른 체약국이 그 유보를 수락하는 즉시 유효하다.

5. For the purposes of paragraphs 2 and 4 and unless the treaty otherwise provides, a reser-

5. 조약이 달리 규정하지 않으면 제2항 및 제4항의 목적상, 국가가 유보를 통보받은 후 12개

vation is considered to have been accepted by a State if it shall have raised no objection to the reservation by the end of a period of twelve months after it was notified of the reservation or by the date on which it expressed its consent to be bound by the treaty, whichever is later.

월의 기간이 종료될 때 또는 그 국가가 조약에 대한 기속적 동의를 표시한 일자 중 어느 편이든 나중 시기까지 유보에 대하여 이의를 제기하지 않은 경우, 그 국가가 유보를 수락한 것으로 간주한다.

Article 21(Legal effects of reservations and of objections to reservations)

1. A reservation established with regard to another party in accordance with articles 19, 20 and 23:

(a) modifies for the reserving State in its relations with that other party the provisions of the treaty to which the reservation relates to the extent of the reservation; and

(b) modifies those provisions to the same extent for that other party in its relations with the reserving State.

2. The reservation does not modify the provisions of the treaty for the other parties to the treaty *inter se*.

3. When a State objecting to a reservation has not opposed the entry into force of the treaty between itself and the reserving State, the provisions to which the reservation relates do not apply as between the two States to the extent of the reservation.

제21조(유보 및 유보에 대한 이의의 법적 효력)

1. 제19조, 제20조 및 제23조에 따라 다른 당사자에 대하여 성립된 유보는 다음의 법적 효력을 가진다.

가. 유보국에 대해서는 다른 당사자와의 관계에 있어서 유보와 관련된 조약 규정을 그 유보의 범위에서 변경하며,

나. 다른 당사자에 대해서는 유보국과의 관계에 있어서 이들 규정을 동일한 범위에서 변경한다.

2. 유보는 조약의 다른 당사자 상호 간에는 그 조약 규정을 변경하지 않는다.

3. 유보에 이의가 있는 국가가 자국과 유보국 간의 조약 발효에 반대하지 않는 경우, 유보에 관련되는 규정은 그 유보의 범위에서 양국 간에 적용되지 않는다.

Article 22(Withdrawal of reservations and of objections to reservations)

1. Unless the treaty otherwise provides, a reservation may be withdrawn at any time and the consent of a State which has accepted the reservation is not required for its withdrawal.

2. Unless the treaty otherwise provides, an objection to a reservation may be withdrawn at any time.

3. Unless the treaty otherwise provides, or it is otherwise agreed:

(a) the withdrawal of a reservation becomes

제22조(유보의 철회 및 유보에 대한 이의의 철회)

1. 조약이 달리 규정하지 않으면, 유보는 언제든지 철회될 수 있으며, 그 철회를 위해서 유보를 수락한 국가의 동의는 필요하지 않다.

2. 조약이 달리 규정하지 않으면, 유보에 대한 이의는 언제든지 철회될 수 있다.

3. 조약이 달리 규정하거나 달리 합의되는 경우를 제외하고, 다음이 적용된다.

가. 유보의 철회는 다른 체약국이 그 통보를 접

operative in relation to another contracting State only when notice of it has been received by that State;

(b) the withdrawal of an objection to a reservation becomes operative only when notice of it has been received by the State which formulated the reservation.

수한 때에만 그 체약국에 관하여 효력이 발생한다.

나. 유보에 대한 이의의 철회는 유보를 표명한 국가가 그 통보를 접수한 때에만 효력이 발생한다.

Article 23(Procedure regarding reservations)

1. A reservation, an express acceptance of a reservation and an objection to a reservation must be formulated in writing and communicated to the contracting States and other States entitled to become parties to the treaty.

2. If formulated when signing the treaty subject to ratification, acceptance or approval, a reservation must be formally confirmed by the reserving State when expressing its consent to be bound by the treaty. In such a case the reservation shall be considered as having been made on the date of its confirmation.

3. An express acceptance of, or an objection to, a reservation made previously to confirmation of the reservation does not itself require confirmation.

4. The withdrawal of a reservation or of an objection to a reservation must be formulated in writing.

제23조(유보에 관한 절차)

1. 유보, 유보의 명시적 수락 및 유보에 대한 이의는 서면으로 표명되어야 하며, 체약국 및 조약의 당사자가 될 수 있는 자격을 가진 다른 국가에 통지되어야 한다.

2. 비준, 수락 또는 승인을 조건으로 조약에 서명할 때에 표명된 유보는 유보국이 그 조약에 대한 기속적 동의를 표시할 때에 유보국에 의하여 정식으로 확인되어야 한다. 그러한 경우 유보는 그 확인일자에 행해졌다고 간주된다.

3. 유보의 확인 이전에 행해진 유보의 명시적 수락 또는 유보에 대한 이의 자체는 확인을 필요로 하지 않는다.

4. 유보의 철회 또는 유보에 대한 이의의 철회는 서면으로 표명되어야 한다.

SECTION 3. ENTRY INTO FORCE AND PROVISIONAL APPLICATION OF TREATIES

제3절 조약의 발효 및 잠정적용

Article 24(Entry into force)

1. A treaty enters into force in such manner and upon such date as it may provide or as the negotiating States may agree.

2. Failing any such provision or agreement, a treaty enters into force as soon as consent to be bound by the treaty has been established for all the negotiating States.

3. When the consent of a State to be bound by a treaty is established on a date after the

제24조(발효)

1. 조약은 그 조약이 규정하거나 교섭국이 합의하는 방법과 일자에 따라 발효한다.

2. 그러한 규정 또는 합의가 없는 경우, 조약은 그 조약에 대한 기속적 동의가 모든 교섭국에 대하여 확정되는 즉시 발효한다.

3. 조약에 대한 국가의 기속적 동의가 그 조약이 발효한 이후 일자에 확정되는 경우, 그 조약

treaty has come into force, the treaty enters into force for that State on that date, unless the treaty otherwise provides.

이 달리 규정하지 않으면, 조약은 그 국가에 대하여 그 일자에 발효한다.

4. The provisions of a treaty regulating the authentication of its text, the establishment of the consent of States to be bound by the treaty, the manner or date of its entry into force, reservations, the functions of the depositary and other matters arising necessarily before the entry into force of the treaty apply from the time of the adoption of its text.

4. 조약문의 정본인증, 조약에 대한 국가의 기속적 동의의 확정, 조약 발효의 방법 또는 일자, 유보, 기탁처의 임무 및 조약 발효 전에 필연적으로 발생하는 그 밖의 사항을 규율하는 조약 규정은 조약문의 채택 시부터 적용된다.

Article 25(Provisional application)

1. A treaty or a part of a treaty is applied provisionally pending its entry into force if:
(a) the treaty itself so provides; or
(b) the negotiating States have in some other manner so agreed.

2. Unless the treaty otherwise provides or the negotiating States have otherwise agreed, the provisional application of a treaty or a part of a treaty with respect to a State shall be terminated if that State notifies the other States between which the treaty is being applied provisionally of its intention not to become a party to the treaty.

제25조(잠정적용)

1. 다음의 경우 조약 또는 조약의 일부는 그 발효시까지 잠정적으로 적용된다.
가. 조약 자체가 그렇게 규정하는 경우, 또는
나. 교섭국이 그 밖의 방법으로 그렇게 합의한 경우

2. 조약이 달리 규정하거나 교섭국이 달리 합의한 경우를 제외하고, 어느 국가에 대한 조약 또는 조약 일부의 잠정적용은 그 국가가 조약이 잠정적으로 적용되고 있는 다른 국가에게 그 조약의 당사자가 되지 않겠다는 의사를 통보하는 경우 종료된다.

PART III OBSERVANCE, APPLICATION AND INTERPRETATION OF TREATIES

제3부 조약의 준수, 적용 및 해석

SECTION 1. OBSERVANCE OF TREATIES

제1절 조약의 준수

Article 26(*Pacta sunt servanda*)

Every treaty in force is binding upon the parties to it and must be performed by them in good faith.

제26조(약속은 지켜져야 한다)

발효 중인 모든 조약은 당사자를 구속하며, 당사자에 의하여 신의에 좇아 성실하게 이행되어야 한다.

Article 27(Internal law and observance of treaties)

A party may not invoke the provisions of its internal law as justification for its failure to

제27조(국내법과 조약의 준수)

당사자는 자신의 조약 불이행에 대한 정당화 근거로서 자신의 국내법 규정을 원용할 수 없다. 이 규칙은 제46조의 적용을 방해하지 않는다.

perform a treaty. This rule is without prejudice to article 46.

SECTION 2. APPLICATION OF TREATIES

Article 28(Non-retroactivity of treaties)

Unless a different intention appears from the treaty or is otherwise established, its provisions do not bind a party in relation to any act or fact which took place or any situation which ceased to exist before the date of the entry into force of the treaty with respect to that party.

Article 29(Territorial scope of treaties)

Unless a different intention appears from the treaty or is otherwise established, a treaty is binding upon each party in respect of its entire territory.

Article 30(Application of successive treaties relating to the same subject-matter)

1. Subject to Article 103 of the Charter of the United Nations, the rights and obligations of States parties to successive treaties relating to the same subject-matter shall be determined in accordance with the following paragraphs.

2. When a treaty specifies that it is subject to, or that it is not to be considered as incompatible with, an earlier or later treaty, the provisions of that other treaty prevail.

3. When all the parties to the earlier treaty are parties also to the later treaty but the earlier treaty is not terminated or suspended in operation under article 59, the earlier treaty applies only to the extent that its provisions are compatible with those of the latter treaty.

4. When the parties to the later treaty do not include all the parties to the earlier one:

(a) as between States parties to both treaties the same rule applies as in paragraph 3;

(b) as between a State party to both treaties and a State party to only one of the trea-

제2절 조약의 적용

제28조(조약의 불소급)

다른 의사가 조약에 나타나거나 달리 증명되는 경우를 제외하고, 조약 규정은 조약이 당사자에 대하여 발효한 일자 이전에 발생한 어떠한 행위나 사실 또는 종료된 상황과 관련하여 그 당사자를 구속하지 않는다.

제29조(조약의 영역적 적용범위)

다른 의사가 조약에 나타나거나 달리 증명되는 경우를 제외하고, 조약은 각 당사자의 전체 영역에서 그 당사자를 구속한다.

제30조(동일한 주제에 관한 전/후 조약의 적용)

1. 「국제연합헌장」 제103조를 따른다는 조건으로 동일한 주제에 관한 전/후 조약의 당사국의 권리와 의무는 다음 각 항에 따라 결정된다.

2. 조약이 전 조약 또는 후 조약을 따른다고 명시하고 있거나, 전 조약 또는 후 조약과 양립하지 않는다고 간주되지 않음을 명시하고 있는 경우에는 그 다른 조약의 규정이 우선한다.

3. 전 조약의 모든 당사자가 동시에 후 조약의 당사자이지만, 전 조약이 제59조에 따라 종료 또는 시행정지 되지 않는 경우, 전 조약은 그 규정이 후 조약의 규정과 양립하는 범위 내에서만 적용된다.

4. 후 조약의 당사자가 전 조약의 모든 당사자를 포함하지 않는 경우, 다음이 적용된다.

가. 양 조약 모두의 당사국 간에는 제3항과 동일한 규칙이 적용된다.

나. 양 조약 모두의 당사국과 어느 한 조약만의 당사국 간에는, 양국 모두가 당사자인 조약

ties, the treaty to which both States are parties governs their mutual rights and obligations.

이 그들 상호 간의 권리와 의무를 규율한다.

5. Paragraph 4 is without prejudice to article 41, or to any question of the termination or suspension of the operation of a treaty under article 60 or to any question of responsibility which may arise for a State from the conclusion or application of a treaty, the provisions of which are incompatible with its obligations towards another State under another treaty.

5. 제4항은 제41조를 침해하지 않거나, 제60조에 따른 조약의 종료나 시행정지에 관한 문제, 또는 어느 국가가 다른 조약에 따라 타국에 지는 의무와 양립하지 않도록 규정된 조약을 체결하거나 적용함으로써 자국에 대해 발생할 수 있는 책임문제에 영향을 미치지 않는다.

SECTION 3. INTERPRETATION OF TREATIES

제3절 조약의 해석

Article 31(General rule of interpretation)

1. A treaty shall be interpreted in good faith in accordance with the ordinary meaning to be given to the terms of the treaty in their context and in the light of its object and purpose.

2. The context for the purpose of the interpretation of a treaty shall comprise, in addition to the text, including its preamble and annexes:

(a) any agreement relating to the treaty which was made between all the parties in connexion with the conclusion of the treaty;

(b) any instrument which was made by one or more parties in connexion with the conclusion of the treaty and accepted by the other parties as an instrument related to the treaty.

3. There shall be taken into account, together with the context:

(a) any subsequent agreement between the parties regarding the interpretation of the treaty or the application of its provisions;

(b) any subsequent practice in the application of the treaty which establishes the agreement of the parties regarding its interpretation;

제31조(해석의 일반 규칙)

1. 조약은 조약문의 문맥에서 그리고 조약의 대상 및 목적에 비추어, 그 조약의 문언에 부여되는 통상적 의미에 따라 신의에 좇아 성실하게 해석되어야 한다.

2. 조약 해석의 목적상, 문맥은 조약의 전문 및 부속서를 포함한 조약문에 추가하여 다음으로 구성된다.

가. 조약 체결과 연계되어 모든 당사자 간에 이루어진 조약에 관한 합의

나. 조약 체결과 연계되어 하나 또는 그 이상의 당사자가 작성하고, 다른 당사자가 모두 그 조약에 관련된 문서로 수락한 문서

3. 문맥과 함께 다음이 고려된다.

가. 조약 해석 또는 조약 규정 적용에 관한 당사자 간 후속 합의

나. 조약 해석에 관한 당사자의 합의를 증명하는 그 조약 적용에 있어서의 후속 관행

(c) any relevant rules of international law applicable in the relations between the parties.

4. A special meaning shall be given to a term if it is established that the parties so intended.

다. 당사자 간의 관계에 적용될 수 있는 관련 국제법 규칙

4. 당사자가 특정 용어에 특별한 의미를 부여하기로 의도하였음이 증명되는 경우에는 그러한 의미가 부여된다.

Article 32(Supplementary means of interpretation)

Recourse may be had to supplementary means of interpretation, including the preparatory work of the treaty and the circumstances of its conclusion, in order to confirm the meaning resulting from the application of article 31, or to determine the meaning when the interpretation according to article 31:

(a) leaves the meaning ambiguous or obscure; or

(b) leads to a result which is manifestly absurd or unreasonable.

제32조(해석의 보충수단)

제31조의 적용으로부터 나오는 의미를 확인하거나, 제31조에 따른 해석 시 다음과 같이 되는 경우 그 의미를 결정하기 위하여 조약의 준비작업 및 체결 시의 사정을 포함한 해석의 보충수단에 의존할 수 있다.

가. 의미가 모호해지거나 불명확하게 되는 경우, 또는

나. 명백히 부조리하거나 불합리한 결과를 초래하는 경우

Article 33(Interpretation of treaties authenticated in two or more languages)

1. When a treaty has been authenticated in two or more languages, the text is equally authoritative in each language, unless the treaty provides or the parties agree that, in case of divergence, a particular text shall prevail.

2. A version of the treaty in a language other than one of those in which the text was authenticated shall be considered an authentic text only if the treaty so provides or the parties so agree.

3. The terms of the treaty are presumed to have the same meaning in each authentic text.

4. Except where a particular text prevails in accordance with paragraph 1, when a comparison of the authentic texts discloses a difference of meaning which the application of articles 31 and 32 does not remove, the meaning which best reconciles the texts, having regard to the object and purpose of the treaty, shall be adopted.

제33조(둘 또는 그 이상의 언어로 정본인증된 조약의 해석)

1. 조약의 정본이 둘 또는 그 이상의 언어로 인증되었을 경우, 차이가 있다면 특정 조약문이 우선함을 그 조약이 규정하고 있거나 당사자가 그렇게 합의하는 경우를 제외하고, 각 언어본의 조약문은 동등한 권위를 갖는다.

2. 정본인증된 조약문 상 언어 중 하나의 언어 이외의 언어로 된 조약본은 조약이 이를 정본으로 규정하고 있거나 당사자들이 그렇게 합의한 경우에만 정본으로 간주된다.

3. 조약의 용어는 각 정본에서 동일한 의미를 가진다고 추정된다.

4. 제1항에 따라 특정 조약문이 우선하는 경우를 제외하고, 정본의 비교에서 제31조 및 제32조의 적용으로 해소되지 않는 의미의 차이가 드러나는 경우, 조약의 대상 및 목적을 고려하여 각 조약문과 최대한 조화되는 의미를 채택한다.

SECTION 4. TREATIES AND THIRD STATES

Article 34(General rule regarding third States)

A treaty does not create either obligations or rights for a third State without its consent.

Article 35(Treaties providing for obligations for third States)

An obligation arises for a third State from a provision of a treaty if the parties to the treaty intend the provision to be the means of establishing the obligation and the third State expressly accepts that obligation in writing.

Article 36(Treaties providing for rights for third States)

1. A right arises for a third State from a provision of a treaty if the parties to the treaty intend the provision to accord that right either to the third State, or to a group of States to which it belongs, or to all States, and the third State assents thereto. Its assent shall be presumed so long as the contrary is not indicated, unless the treaty otherwise provides.

2. A State exercising a right in accordance with paragraph 1 shall comply with the conditions for its exercise provided for in the treaty or established in conformity with the treaty.

Article 37(Revocation or modification of obligations or rights of third States)

1. When an obligation has arisen for a third State in conformity with article 35, the obligation may be revoked or modified only with the consent of the parties to the treaty and of the third State, unless it is established that they had otherwise agreed.

2. When a right has arisen for a third State in conformity with article 36, the right may not be revoked or modified by the parties if it is established that the right was intended not to be revocable or subject to modification without the consent of the third State.

제4절 조약과 제3국

제34조(제3국에 관한 일반 규칙)

조약은 제3국의 동의 없이는 그 국가에 대하여 의무 또는 권리를 창설하지 않는다.

제35조(제3국의 의무를 규정하는 조약)

조약 당사자가 조약 규정을 제3국의 의무를 설정하는 수단으로 삼고자 의도하고 제3국이 서면으로 그 의무를 명시적으로 수락하는 경우, 그 규정으로부터 제3국의 의무가 발생한다.

제36조(제3국의 권리를 규정하는 조약)

1. 조약 당사자가 조약 규정으로 제3국 또는 제3국이 속한 국가 집단 또는 모든 국가에 대하여 권리를 부여할 것을 의도하고 제3국이 이에 동의하는 경우, 그 규정으로부터 제3국의 권리가 발생한다. 조약이 달리 규정하지 않으면, 반대의사가 표시되지 않는 한 제3국의 동의는 추정된다.

2. 제1항에 따라 권리를 행사하는 국가는 조약에 규정되어 있거나 조약에 합치되게 설정된 권리행사의 조건을 따른다.

제37조(제3국의 의무 또는 권리의 취소 또는 변경)

1. 제35조에 따라 제3국의 의무가 발생한 때에는 조약 당사자와 제3국이 달리 합의하였음이 증명되는 경우가 아니면, 그 의무는 조약 당사자와 제3국이 동의하는 경우에만 취소 또는 변경될 수 있다.

2. 제36조에 따라 제3국의 권리가 발생한 때에는, 그 권리가 제3국의 동의 없이 취소 또는 변경되지 않도록 의도되었음이 증명되는 경우, 그 권리는 당사자에 의하여 취소 또는 변경될 수 없다.

Article 38(Rules in a treaty becoming binding on third States through international custom)
Nothing in articles 34 to 37 precludes a rule set forth in a treaty from becoming binding upon a third State as a customary rule of international law, recognized as such.

제38조(국제 관습을 통하여 제3국을 구속하게 되는 조약상 규칙)
제34조부터 제37조까지의 어떤 조도 조약에 규정된 규칙이 관습국제법 규칙으로 인정되어 제3국을 구속하게 됨을 방해하지 않는다.

PART IV AMENDMENT AND MODIFICATION OF TREATIES

제4부 조약의 개정 및 변경

Article 39(General rule regarding the amendment of treaties)
A treaty may be amended by agreement between the parties. The rules laid down in Part II apply to such an agreement except in so far as the treaty may otherwise provide.

제39조(조약의 개정에 관한 일반 규칙)
조약은 당사자 간 합의로 개정될 수 있다. 조약이 달리 규정하는 경우를 제외하고, 제2부에 규정된 규칙은 그러한 합의에 적용된다.

Article 40(Amendment of multilateral treaties)
1. Unless the treaty otherwise provides, the amendment of multilateral treaties shall be governed by the following paragraphs.
2. Any proposal to amend a multilateral treaty as between all the parties must be notified to all the contracting States, each one of which shall have the right to take part in:
(a) the decision as to the action to be taken in regard to such proposal;
(b) the negotiation and conclusion of any agreement for the amendment of the treaty.
3. Every State entitled to become a party to the treaty shall also be entitled to become a party to the treaty as amended.
4. The amending agreement does not bind any State already a party to the treaty which does not become a party to the amending agreement; article 30, paragraph 4 (b), applies in relation to such State.
5. Any State which becomes a party to the treaty after the entry into force of the amending agreement shall, failing an expression of a

제40조(다자조약의 개정)
1. 조약이 달리 규정하지 않으면, 다자조약의 개정은 다음 각 항에 따라 규율된다.
2. 모든 당사자 간에 다자조약을 개정하기 위한 제의는 모든 체약국에 통보되어야 하며, 각 체약국은 다음에 참여할 권리를 가진다.
가. 그러한 제의에 대해 취할 조치에 관한 결정
나. 그 조약의 개정을 위한 합의의 교섭 및 성립
3. 조약 당사자가 될 수 있는 자격을 가진 모든 국가는 개정되는 조약의 당사자가 될 자격도 가진다.
4. 개정 합의는 그 합의의 당사자가 되지 않는 기존 조약의 당사자인 어느 국가도 구속하지 않는다. 그러한 국가에 대하여 제30조제4항나호가 적용된다.
5. 개정 합의의 발효 이후 조약의 당사자가 되는 국가는 다른 의사 표시를 하지 않는 경우, 다음과 같이 간주된다.

different intention by that State:
(a) be considered as a party to the treaty as amended; and
(b) be considered as a party to the unamended treaty in relation to any party to the treaty not bound by the amending agreement.

가. 개정 조약의 당사자, 또한

나. 개정 합의에 구속되지 않는 조약 당사자와의 관계에서는 개정되지 않은 조약의 당사자

Article 41(Agreements to modify multilateral treaties between certain of the parties only)

1. Two or more of the parties to a multilateral treaty may conclude an agreement to modify the treaty as between themselves alone if:
(a) the possibility of such a modification is provided for by the treaty; or
(b) the modification in question is not prohibited by the treaty and:
(i) does not affect the enjoyment by the other parties of their rights under the treaty or the performance of their obligations;
(ii) does not relate to a provision, derogation from which is incompatible with the effective execution of the object and purpose of the treaty as a whole.

2. Unless in a case falling under paragraph 1(a) the treaty otherwise provides, the parties in question shall notify the other parties of their intention to conclude the agreement and of the modification to the treaty for which it provides.

제41조(일부 당사자 간에만 다자조약을 변경하는 합의)

1. 다자조약의 둘 또는 그 이상의 당사자는 다음의 경우 그들 간에만 조약을 변경하는 합의를 성립시킬 수 있다.
가. 그러한 변경 가능성이 조약에 규정된 경우, 또는
나. 해당 변경이 조약상 금지되지 않고,
1) 다른 당사자가 그 조약에 따라 권리를 향유하거나 의무를 이행하는 데 영향을 주지 않으며,
2) 어떤 규정으로부터의 이탈이 그 조약 전체의 대상 및 목적의 효과적인 수행과 양립하지 않을 때 그 규정과 관련되지 않은 경우

2. 제1항 가호에 해당하는 경우 조약이 달리 규정하지 않으면, 해당 당사자는 그러한 합의를 성립시키고자 하는 의사와 그 합의가 규정하는 조약의 변경을 다른 당사자에 통보한다.

PART V INVALIDITY, TERMINATION AND SUSPENSION OF THE OPERATION OF TREATIES

SECTION 1. GENERAL PROVISIONS

Article 42(Validity and continuance in force of treaties)

1. The validity of a treaty or of the consent of

제5부 조약의 무효, 종료 및 시행정지

제1절 일반 규정

제42조(조약의 유효성 및 효력의 지속)

1. 조약의 유효성 또는 조약에 대한 국가의 기

a State to be bound by a treaty may be impeached only through the application of the present Convention.

2. The termination of a treaty, its denunciation or the withdrawal of a party, may take place only as a result of the application of the provisions of the treaty or of the present Convention. The same rule applies to suspension of the operation of a treaty.

속적 동의의 유효성은 이 협약의 적용을 통해서만 부정될 수 있다.

2. 조약의 종료, 폐기 또는 당사자의 탈퇴는 그 조약 규정 또는 이 협약의 적용 결과로서만 행하여질 수 있다. 동일한 규칙이 조약의 시행정지에도 적용된다.

Article 43(Obligations imposed by international law independently of a treaty)

The invalidity, termination or denunciation of a treaty, the withdrawal of a party from it, or the suspension of its operation, as a result of the application of the present Convention or of the provisions of the treaty, shall not in any way impair the duty of any State to fulfil any obligation embodied in the treaty to which it would be subject under international law independently of the treaty.

제43조(조약과는 별도로 국제법에 따라 부과되는 의무)

이 협약 또는 조약 규정의 적용에 따른 조약의 무효, 종료 또는 폐기, 조약으로부터 당사자의 탈퇴 또는 시행정지는 그 조약과는 별도로 국제법에 따라 국가를 구속하는 의무로서 그 조약에 구현된 의무를 이행하는 국가의 책무에 어떠한 영향도 미치지 않는다.

Article 44(Separability of treaty provisions)

1. A right of a party, provided for in a treaty or arising under article 56, to denounce, withdraw from or suspend the operation of the treaty may be exercised only with respect to the whole treaty unless the treaty otherwise provides or the parties otherwise agree.

2. A ground for invalidating, terminating, withdrawing from or suspending the operation of a treaty recognized in the present Convention may be invoked only with respect to the whole treaty except as provided in the following paragraphs or in article 60.

3. If the ground relates solely to particular clauses, it may be invoked only with respect to those clauses where:

(a) the said clauses are separable from the remainder of the treaty with regard to their application;

(b) it appears from the treaty or is otherwise established that acceptance of those clauses

제44조(조약 규정의 분리가능성)

1. 조약에 규정되어 있거나 제56조에 따라 발생하는, 조약을 폐기, 탈퇴 또는 시행정지 시킬 수 있는 당사자의 권리는, 조약이 달리 규정하거나 당사자들이 달리 합의하는 경우를 제외하고, 조약 전체에 관해서만 행사될 수 있다.

2. 이 협약에서 인정되는 조약의 무효, 종료, 탈퇴 또는 시행정지의 사유는, 다음의 각 항이나 제60조에 규정되어 있는 경우를 제외하고, 조약 전체에 관해서만 원용될 수 있다.

3. 그 사유가 특정 조항에만 관련된다면, 다음의 경우에는 그러한 조항에 관해서만 원용될 수 있다.

가. 해당 조항이 그 적용과 관련하여 그 조약의 잔여부분으로부터 분리될 수 있고,

나. 그 조항의 수락이 하나 또는 그 이상의 다른 당사자의 조약 전체에 대한 기속적 동의

was not an essential basis of the consent of the other party or parties to be bound by the treaty as a whole; and

(c) continued performance of the remainder of the treaty would not be unjust.

4. In cases falling under articles 49 and 50 the State entitled to invoke the fraud or corruption may do so with respect either to the whole treaty or, subject to paragraph 3, to the particular clauses alone.

5. In cases falling under articles 51, 52 and 53, no separation of the provisions of the treaty is permitted.

의 필수적 기초가 아니었다는 점이 그 조약으로부터 나타나거나 달리 증명되며,

다. 그 조약의 잔여부분의 계속적 이행이 부당하지 않은 경우

4. 제49조 및 제50조에 해당하는 경우, 기만 또는 부정을 원용할 수 있는 권리를 가진 국가는 조약 전체에 관하여 이를 원용할 수도 있고, 또는 제3항을 따른다는 조건으로 특정 조항에 관해서만 이를 원용할 수 있다.

5. 제51조, 제52조 및 제53조에 해당하는 경우에는 조약 규정의 분리가 허용되지 않는다.

Article 45(Loss of a right to invoke a ground for invalidating, terminating, withdrawing from or suspending the operation of a treaty)

A State may no longer invoke a ground for invalidating, terminating, withdrawing from or suspending the operation of a treaty under articles 46 to 50 or articles 60 and 62 if, after becoming aware of the facts:

(a) it shall have expressly agreed that the treaty is valid or remains in force or continues in operation, as the case may be; or

(b) it must by reason of its conduct be considered as having acquiesced in the validity of the treaty or in its maintenance in force or in operation, as the case may be.

제45조(조약의 무효, 종료, 탈퇴 또는 시행정지의 사유를 원용할 수 있는 권리의 상실)

국가는 제46조부터 제50조 또는 제60조 및 제62조까지에 따른 조약의 무효, 종료, 탈퇴 또는 시행정지의 사유에 해당되는 사실을 알게 된 후, 다음의 경우에는 그 사유를 더 이상 원용할 수 없다.

가. 그 조약이 유효하다거나, 계속 효력이 있다거나, 계속 시행된다는 것에 국가가 명시적으로 동의한 경우, 또는

나. 국가의 행동으로 보아 조약의 유효성 또는 그 효력이나 시행의 존속을 묵인하였다고 간주되어야 하는 경우

SECTION 2. INVALIDITY OF TREATIES

제2절 조약의 무효

Article 46(Provisions of internal law regarding competence to conclude treaties)

1. A State may not invoke the fact that its consent to be bound by a treaty has been expressed in violation of a provision of its internal law regarding competence to conclude treaties as invalidating its consent unless that violation was manifest and concerned a rule of its internal law of fundamental importance.

2. A violation is manifest if it would be ob-

제46조(조약 체결권에 관한 국내법 규정)

1. 조약 체결권에 관한 국내법 규정의 위반이 명백하며 본질적으로 중요한 국내법 규칙에 관련된 경우가 아니면, 국가는 조약에 대한 자국의 기속적 동의가 그 국내법 규정에 위반하여 표시되었다는 사실을 그 동의를 무효로 하는 근거로 원용할 수 없다.

2. 통상의 관행에 따라 신의에 좇아 성실하게 행동하는 어떠한 국가에 대해서도 위반이 객관

jectively evident to any State conducting itself in the matter in accordance with normal practice and in good faith.

적으로 분명한 경우에는 명백한 것이 된다.

Article 47(Specific restrictions on authority to express the consent of a State)

If the authority of a representative to express the consent of a State to be bound by a particular treaty has been made subject to a specific restriction, his omission to observe that restriction may not be invoked as invalidating the consent expressed by him unless the restriction was notified to the other negotiating States prior to his expressing such consent.

제47조(국가의 동의 표시 권한에 대한 특별한 제한)

특정 조약에 대한 국가의 기속적 동의를 표시하는 대표의 권한이 특별한 제한을 따른다는 조건으로 부여된 경우, 대표가 그러한 동의를 표시하기 전에 그 제한이 다른 교섭국에 통보되지 않았다면, 대표가 제한을 준수하지 않은 사실은 그가 표시한 동의를 무효로 하는 근거로 원용될 수 없다.

Article 48(Error)

1. A State may invoke an error in a treaty as invalidating its consent to be bound by the treaty if the error relates to a fact or situation which was assumed by that State to exist at the time when the treaty was concluded and formed an essential basis of its consent to be bound by the treaty.
2. Paragraph 1 shall not apply if the State in question contributed by its own conduct to the error or if the circumstances were such as to put that State on notice of a possible error.
3. An error relating only to the wording of the text of a treaty does not affect its validity; article 79 then applies.

제48조(착오)

1. 국가가 조약의 체결 당시 존재한다고 상정했던 사실 또는 상황으로서, 그 조약에 대한 국가의 기속적 동의의 필수적 기초를 형성했던 것과 관련된 착오일 경우, 국가는 그 조약상의 착오를 해당 조약에 대한 기속적 동의를 무효로 하는 근거로 원용할 수 있다.
2. 해당 국가가 자국의 행동을 통해 착오에 기여했거나 착오의 가능성을 알 수 있는 상황이었다면, 제1항은 적용되지 않는다.
3. 조약문의 자구에만 관련된 착오는 조약의 유효성에 영향을 미치지 않는다. 그 경우에는 제79조가 적용된다.

Article 49(Fraud)

If a State has been induced to conclude a treaty by the fraudulent conduct of another negotiating State, the State may invoke the fraud as invalidating its consent to be bound by the treaty.

제49조(기만)

국가가 다른 교섭국의 기만행위에 의하여 조약을 체결하도록 유인된 경우, 국가는 그 기만을 조약에 대한 자신의 기속적 동의를 무효로 하는 근거로 원용할 수 있다.

Article 50(Corruption of a representative of a State)

If the expression of a State's consent to be bound by a treaty has been procured through the corruption of its representative directly or indirectly by another negotiating State, the State may invoke such corruption as invalid-

제50조(국가 대표의 부정)

조약에 대한 국가의 기속적 동의 표시가 직접적 또는 간접적으로 다른 교섭국이 그 대표로 하여금 부정을 저지르도록 하여 얻어진 경우, 국가는 그 부정을 조약에 대한 자신의 기속적 동의를 무효로 하는 근거로 원용할 수 있다.

ating its consent to be bound by the treaty.

Article 51(Coercion of a representative of a State)

The expression of a State's consent to be bound by a treaty which has been procured by the coercion of its representative through acts or threats directed against him shall be without any legal effect.

제51조(국가 대표에 대한 강박)

국가 대표에 대한 행동 또는 위협을 통하여 그 대표를 강박하여 얻어진 조약에 대한 국가의 기속적 동의 표시는 어떠한 법적 효력도 없다.

Article 52(Coercion of a State by the threat or use of force)

A treaty is void if its conclusion has been procured by the threat or use of force in violation of the principles of international law embodied in the Charter of the United Nations.

제52조(무력의 위협 또는 사용에 의한 국가에 대한 강박)

조약이 「국제연합헌장」에 구현된 국제법 원칙을 위반하는 무력의 위협 또는 사용에 의하여 체결된 경우, 그 조약은 무효이다.

Article 53(Treaties conflicting with a peremptory norm of general international law (*jus cogens*))

A treaty is void if, at the time of its conclusion, it conflicts with a peremptory norm of general international law. For the purposes of the present Convention, a peremptory norm of general international law is a norm accepted and recognized by the international community of States as a whole as a norm from which no derogation is permitted and which can be modified only by a subsequent norm of general international law having the same character.

제53조(일반국제법의 절대규범(강행규범)과 상충되는 조약)

조약이 체결 당시 일반국제법의 절대규범과 상충되는 경우 무효이다. 이 협약의 목적상 일반국제법의 절대규범이란 어떠한 이탈도 허용되지 않으며, 동일한 성질을 가진 일반국제법의 후속 규범에 의해서만 변경될 수 있는 규범으로 국제공동체 전체가 수락하고 인정하는 규범이다.

SECTION 3. TERMINATION AND SUSPENSION OF THE OPERATION OF TREATIES

제3절 조약의 종료 및 시행정지

Article 54(Termination of or withdrawal from a treaty under its provisions or by consent of the parties)

The termination of a treaty or the withdrawal of a party may take place:

(a) in conformity with the provisions of the treaty; or

(b) at any time by consent of all the parties after consultation with the other contract-

제54조(조약 규정 또는 당사자의 동의에 따른 조약의 종료 또는 탈퇴)

다음의 경우 조약이 종료되거나 당사자가 탈퇴할 수 있다.

가. 그 조약 규정에 합치되는 경우, 또는

나. 다른 체약국과 협의한 후 모든 당사자의 동의를 얻는 경우 언제든지

ing States.

Article 55(Reduction of the parties to a multilateral treaty below the number necessary for its entry into force)

Unless the treaty otherwise provides, a multilateral treaty does not terminate by reason only of the fact that the number of the parties falls below the number necessary for its entry into force.

Article 56(Denunciation of or withdrawal from a treaty containing no provision regarding termination, denunciation or withdrawal)

1. A treaty which contains no provision regarding its termination and which does not provide for denunciation or withdrawal is not subject to denunciation or withdrawal unless:

(a) it is established that the parties intended to admit the possibility of denunciation or withdrawal; or

(b) a right of denunciation or withdrawal may be implied by the nature of the treaty.

2. A party shall give not less than twelve months' notice of its intention to denounce or withdraw from a treaty under paragraph 1.

Article 57(Suspension of the operation of a treaty under its provisions or by consent of the parties)

The operation of a treaty in regard to all the parties or to a particular party may be suspended:

(a) in conformity with the provisions of the treaty; or

(b) at any time by consent of all the parties after consultation with the other contracting States.

Article 58(Suspension of the operation of a multilateral treaty by agreement between certain of the parties only)

1. Two or more parties to a multilateral treaty may conclude an agreement to suspend the operation of provisions of the treaty, tempora-

제55조(다자조약의 발효에 필요한 수 미만으로의 당사자 감소)

조약이 달리 규정하지 않으면, 다자조약은 당사자 수가 발효에 필요한 수 미만으로 감소한 사실만으로 종료하지 않는다.

제56조(종료, 폐기 또는 탈퇴에 관한 규정을 포함하지 않는 조약의 폐기 또는 탈퇴)

1. 종료에 관한 규정을 포함하지 않으며 폐기 또는 탈퇴도 규정하고 있지 않은 조약은, 다음의 경우에 해당되지 않으면, 폐기 또는 탈퇴의 대상이 되지 않는다.

가. 당사자가 폐기 또는 탈퇴의 가능성을 인정하고자 하였음이 증명되는 경우, 또는

나. 폐기 또는 탈퇴의 권리가 조약의 성질상 묵시적으로 인정되는 경우

2. 당사자는 제1항에 따른 조약의 폐기 또는 탈퇴 의사를 적어도 12개월 전에 통보하여야 한다.

제57조(조약 규정 또는 당사자의 동의에 의한 조약의 시행정지)

다음의 경우 모든 당사자 또는 특정 당사자에 대하여 조약의 시행이 정지될 수 있다.

가. 그 조약 규정에 합치되는 경우, 또는

나. 다른 체약국과 협의한 후 모든 당사자의 동의를 얻는 경우 언제든지

제58조(일부 당사자간만의 합의에 의한 다자조약의 시행정지)

1. 다자조약의 둘 또는 그 이상의 당사자는, 다음의 경우, 그들 사이에서만 일시적으로 조약 규정의 시행을 정지시키기 위한 합의를 성립시

rily and as between themselves alone, if:
(a) the possibility of such a suspension is provided for by the treaty; or
(b) the suspension in question is not prohibited by the treaty and:
(i) does not affect the enjoyment by the other parties of their rights under the treaty or the performance of their obligations;
(ii) is not incompatible with the object and purpose of the treaty.

2. Unless in a case falling under paragraph 1(a) the treaty otherwise provides, the parties in question shall notify the other parties of their intention to conclude the agreement and of those provisions of the treaty the operation of which they intend to suspend.

킬 수 있다.
가. 그러한 정지 가능성이 조약에 규정되어 있는 경우, 또는
나. 해당 정지가 조약상 금지되지 않고,
1) 다른 당사자의 조약상 권리 향유 또는 의무 이행에 영향을 주지 않으며,
2) 그 조약의 대상 및 목적과 양립할 수 없지 않은 경우

2. 제1항 가호에 해당하는 경우 조약이 달리 규정하지 않으면, 해당 당사자는 합의를 성립시키고자 하는 의사와 시행을 정지시키고자 하는 조약 규정을 다른 당사자에 통보한다.

Article 59(Termination or suspension of the operation of a treaty implied by conclusion of a later treaty)

1. A treaty shall be considered as terminated if all the parties to it conclude a later treaty relating to the same subject-matter and:
(a) it appears from the later treaty or is otherwise established that the parties intended that the matter should be governed by that treaty; or
(b) the provisions of the later treaty are so far incompatible with those of the earlier one that the two treaties are not capable of being applied at the same time.

2. The earlier treaty shall be considered as only suspended in operation if it appears from the later treaty or is otherwise established that such was the intention of the parties.

제59조(후 조약의 체결에 의하여 묵시적으로 인정되는 조약의 종료 또는 시행정지)

1. 조약의 모든 당사자가 동일한 사항에 관한 후 조약을 체결하고, 다음에 해당하는 경우, 그 조약은 종료된 것으로 간주된다.
가. 후 조약에 따라 그 사항이 규율되어야 함을 당사자가 의도하였음이 후 조약으로부터 나타나거나 달리 증명되는 경우, 또는
나. 후 조약의 규정이 전 조약의 규정과 도저히 양립하지 않아 양 조약이 동시에 적용될 수 없는 경우

2. 당사자의 의사가 전 조약의 시행정지만이라는 점이 후 조약으로부터 나타나거나 달리 증명되는 경우, 전 조약은 시행만 정지되는 것으로 간주된다.

Article 60(Termination or suspension of the operation of a treaty as a consequence of its breach)

1. A material breach of a bilateral treaty by one of the parties entitles the other to invoke the breach as a ground for terminating the

제60조(조약 위반의 결과로서의 조약의 종료 또는 시행정지)

1. 양자조약의 한쪽 당사자가 중대한 위반을 하는 경우 다른 쪽 당사자는 그 조약을 종료하거나 그 시행을 전부 또는 일부 정지시키기 위한

treaty or suspending its operation in whole or in part.

2. A material breach of a multilateral treaty by one of the parties entitles:

(a) the other parties by unanimous agreement to suspend the operation of the treaty in whole or in part or to terminate it either:
   (i) in the relations between themselves and the defaulting State, or
   (ii) as between all the parties;
(b) a party specially affected by the breach to invoke it as a ground for suspending the operation of the treaty in whole or in part in the relations between itself and the defaulting State;
(c) any party other than the defaulting State to invoke the breach as a ground for suspending the operation of the treaty in whole or in part with respect to itself if the treaty is of such a character that a material breach of its provisions by one party radically changes the position of every party with respect to the further performance of its obligations under the treaty.

3. A material breach of a treaty, for the purposes of this article, consists in:
(a) a repudiation of the treaty not sanctioned by the present Convention; or
(b) the violation of a provision essential to the accomplishment of the object or purpose of the treaty.

4. The foregoing paragraphs are without prejudice to any provision in the treaty applicable in the event of a breach.

5. Paragraphs 1 to 3 do not apply to provisions relating to the protection of the human person contained in treaties of a humanitarian character, in particular to provisions prohibiting any form of reprisals against persons protected by such treaties.

사유로 그 위반을 원용할 수 있는 권리를 갖는다.

2. 다자조약의 어느 당사자가 중대한 위반을 하는 경우, 관계 당사자는 다음의 권리를 갖는다.

가. 다른 당사자가 전원일치의 합의로
   1) 그 다른 당사자와 의무불이행국 간의 관계에서, 또는
   2) 모든 당사자 간에
   그 조약의 전부 또는 일부의 시행을 정지시키거나 그 조약을 종료시킬 권리
나. 위반에 의하여 특별히 영향을 받는 당사자가 자신과 의무불이행국 간의 관계에서 그 조약의 전부 또는 일부의 시행을 정지시키기 위한 사유로 그 위반을 원용할 수 있는 권리
다. 어느 당사자에 의한 조약 규정의 중대한 위반이 그 조약상 의무의 향후 이행에 관한 모든 당사자의 입장을 근본적으로 변경시키는 성격의 조약인 경우, 의무불이행국 이외의 당사자가 자신에 관하여 그 조약의 전부 또는 일부의 시행을 정지시키기 위한 사유로서 그 위반을 원용할 수 있는 권리

3. 이 조의 목적상, 다음의 경우는 조약의 중대한 위반에 해당한다.
가. 이 협약에서 허용되지 않는 조약의 이행거부, 또는
나. 조약의 대상 또는 목적 달성에 필수적인 규정의 위반

4. 위의 각 항은 위반 시 적용될 수 있는 조약상의 어떠한 규정도 침해하지 않는다.

5. 제1항부터 제3항까지의 조항은 인도적 성격의 조약에 포함된 인신보호에 관한 규정, 특히 그러한 조약에 따라 보호를 받는 사람에 대한 어떠한 형태의 복구도 금지하는 규정에는 적용되지 않는다.

Article 61(Supervening impossibility of performance)

1. A party may invoke the impossibility of performing a treaty as a ground for terminating or withdrawing from it if the impossibility results from the permanent disappearance or destruction of an object indispensable for the execution of the treaty. If the impossibility is temporary, it may be invoked only as a ground for suspending the operation of the treaty.

2. Impossibility of performance may not be invoked by a party as a ground for terminating, withdrawing from or suspending the operation of a treaty if the impossibility is the result of a breach by that party either of an obligation under the treaty or of any other international obligation owed to any other party to the treaty.

제61조(후발적 이행불능)

1. 조약의 이행불능이 그 조약 이행에 불가결한 대상의 영구적 소멸 또는 파괴로 인한 경우, 당사자는 조약을 종료시키거나 탈퇴하기 위한 사유로 이행불능을 원용할 수 있다. 이행불능이 일시적인 경우에는 조약의 시행정지를 위한 사유로만 원용될 수 있다.

2. 이행불능이 이를 원용하려는 당사자에 의한 조약상 의무나 그 조약의 다른 당사자에 대하여 지고 있는 그 밖의 국제의무 위반의 결과인 경우, 이행불능은 조약의 종료, 탈퇴 또는 시행정지를 위한 사유로 그 당사자에 의하여 원용될 수 없다.

Article 62(Fundamental change of circumstances)

1. A fundamental change of circumstances which has occurred with regard to those existing at the time of the conclusion of a treaty, and which was not foreseen by the parties, may not be invoked as a ground for terminating or withdrawing from the treaty unless:

(a) the existence of those circumstances constituted an essential basis of the consent of the parties to be bound by the treaty; and

(b) the effect of the change is radically to transform the extent of obligations still to be performed under the treaty.

2. A fundamental change of circumstances may not be invoked as a ground for terminating or withdrawing from a treaty:

(a) if the treaty establishes a boundary; or

(b) if the fundamental change is the result of a breach by the party invoking it either of an obligation under the treaty or of any other international obligation owed to any other party to the treaty.

제62조(사정의 근본적 변경)

1. 다음 경우에 해당되지 않으면, 조약 체결 당시 존재한 사정과 관련하여 발생하였고, 당사자가 예견하지 못한 사정의 근본적 변경은 조약의 종료 또는 탈퇴를 위한 사유로 원용될 수 없다.

가. 그러한 사정의 존재가 조약에 대한 당사자의 기속적 동의의 필수적 기초를 구성하였으며,

나. 변경의 효과로 조약에 따라 계속 이행되어야 할 의무의 범위가 근본적으로 변화되는 경우

2. 다음의 경우에는 사정의 근본적 변경이 조약의 종료 또는 탈퇴 사유로 원용될 수 없다.

가. 조약이 경계선을 확정하는 경우, 또는

나. 근본적 변경이 이를 원용하는 당사자에 의한 조약상 의무나 그 조약의 다른 당사자에 대하여 지고 있는 그 밖의 국제의무 위반의 결과인 경우

3. If, under the foregoing paragraphs, a party may invoke a fundamental change of circumstances as a ground for terminating or withdrawing from a treaty it may also invoke the change as a ground for suspending the operation of the treaty.

3. 위의 각 항에 따라 당사자가 조약의 종료 또는 탈퇴 사유로 사정의 근본적 변경을 원용할 수 있는 경우, 당사자는 그러한 변경을 조약의 시행정지 사유로도 원용할 수 있다.

Article 63(Severance of diplomatic or consular relations)

The severance of diplomatic or consular relations between parties to a treaty does not affect the legal relations established between them by the treaty except in so far as the existence of diplomatic or consular relations is indispensable for the application of the treaty.

제63조(외교 또는 영사 관계의 단절)

외교 또는 영사 관계의 존재가 조약 적용에 불가결한 경우를 제외하고, 조약 당사자 간의 외교 또는 영사 관계의 단절은 그 조약에 따라 당사자 간 확립된 법률관계에 영향을 주지 않는다.

Article 64(Emergence of a new peremptory norm of general international law (*jus cogens*))

If a new peremptory norm of general international law emerges, any existing treaty which is in conflict with that norm becomes void and terminates.

제64조(일반국제법상 새로운 절대규범(강행규범)의 출현)

일반국제법상 새로운 절대규범이 출현하는 경우, 그 규범과 충돌하는 기존 조약은 무효로 되어 종료한다.

SECTION 4. PROCEDURE

제4절 절차

Article 65(Procedure to be followed with respect to invalidity, termination, withdrawal from or suspension of the operation of a treaty)

1. A party which, under the provisions of the present Convention, invokes either a defect in its consent to be bound by a treaty or a ground for impeaching the validity of a treaty, terminating it, withdrawing from it or suspending its operation, must notify the other parties of its claim. The notification shall indicate the measure proposed to be taken with respect to the treaty and the reasons therefor.

2. If, after the expiry of a period which, except in cases of special urgency, shall not be less than three months after the receipt of the notification, no party has raised any objection, the party making the notification may carry out in the manner provided in article 67 the

제65조(조약의 무효, 종료, 탈퇴 또는 시행정지에 관하여 따라야 할 절차)

1. 이 협약의 규정에 따라 조약에 대한 자신의 기속적 동의 상의 흠결을 원용하거나, 조약의 유효성을 부정하거나 조약을 종료시키거나 조약으로부터 탈퇴하거나 그 시행을 정지시키기 위한 사유를 원용하는 당사자는 다른 당사자에게 자신의 주장을 통보하여야 한다. 통보에는 그 조약에 관하여 취하고자 제의하는 조치와 그 이유를 적시한다.

2. 특별히 긴급한 경우를 제외하고, 통보를 접수한 후 적어도 3개월의 기간이 만료될 때까지 어느 당사자도 이의를 제기하지 않은 경우, 통보를 한 당사자는 제67조에 규정된 방법으로 자신이 제의한 조치를 실행할 수 있다.

measure which it has proposed.

3. If, however, objection has been raised by any other party, the parties shall seek a solution through the means indicated in article 33 of the Charter of the United Nations.

4. Nothing in the foregoing paragraphs shall affect the rights or obligations of the parties under any provisions in force binding the parties with regard to the settlement of disputes.

5. Without prejudice to article 45, the fact that a State has not previously made the notification prescribed in paragraph 1 shall not prevent it from making such notification in answer to another party claiming performance of the treaty or alleging its violation.

3. 다만, 다른 당사자가 이의를 제기한 경우, 당사자는「국제연합헌장」제33조에 열거된 수단을 통해 해결을 도모한다.

4. 위의 어떠한 항도 분쟁 해결에 관하여 당사자를 구속하는 유효한 규정에 따른 당사자의 권리 또는 의무에 영향을 주지 않는다.

5. 제45조를 침해함이 없이, 어느 국가가 사전에 제1항에 규정된 통보를 하지 않은 사실은, 조약 이행을 요구하거나 조약 위반을 주장하는 다른 당사자에 대한 답변으로서 그 국가가 그러한 통보를 하는 것을 방해하지 않는다.

Article 66(Procedures for judicial settlement, arbitration and conciliation)

If, under paragraph 3 of article 65, no solution has been reached within a period of 12 months following the date on which the objection was raised, the following procedures shall be followed:

(a) any one of the parties to a dispute concerning the application or the interpretation of articles 53 or 64 may, by a written application, submit it to the International Court of Justice for a decision unless the parties by common consent agree to submit the dispute to arbitration;

(b) any one of the parties to a dispute concerning the application or the interpretation of any of the other articles in Part V of the present Convention may set in motion the procedure specified in the Annex to the Convention by submitting a request to that effect to the Secretary-General of the United Nations.

제66조(사법적 해결, 중재 및 조정을 위한 절차)

이의가 제기된 일자로부터 12개월의 기간 내에 제65조 제3항에 따른 해결에 이르지 못한 경우, 다음의 절차가 진행된다.

가. 제53조 또는 제64조의 적용이나 해석에 관한 분쟁의 어느 한쪽 당사자는, 당사자들이 공동으로 동의하여 분쟁을 중재에 회부하기로 합의하지 않으면, 결정을 위하여 서면 신청으로 분쟁을 국제사법재판소에 회부할 수 있다.

나. 이 협약 제5부의 다른 조의 적용이나 해석에 관한 분쟁의 어느 한쪽 당사자는 협약 부속서에 명시된 절차를 개시하겠다는 취지의 요청서를 국제연합 사무총장에게 제출함으로써 그러한 절차를 개시할 수 있다.

Article 67(Instruments for declaring invalid, terminating, withdrawing from or suspending the operation of a treaty)

제67조(조약의 무효선언, 종료, 탈퇴 또는 시행정지를 위한 문서)

1. The notification provided for under article 65 paragraph 1 must be made in writing.
2. Any act declaring invalid, terminating, withdrawing from or suspending the operation of a treaty pursuant to the provisions of the treaty or of paragraphs 2 or 3 of article 65 shall be carried out through an instrument communicated to the other parties. If the instrument is not signed by the Head of State, Head of Government or Minister for Foreign Affairs, the representative of the State communicating it may be called upon to produce full powers.

1. 제65조 제1항에 따라 규정된 통보는 서면으로 해야 한다.
2. 조약 규정이나 제65조 제2항 또는 제3항의 규정에 따른 그 조약의 무효선언, 종료, 탈퇴 또는 시행정지에 관한 행위는 다른 당사자에 전달되는 문서를 통하여 실시된다. 이 문서가 국가원수, 정부수반 또는 외교장관에 의하여 서명되지 않은 경우에는 이를 전달하는 국가 대표에게 전권위임장의 제시를 요구할 수 있다.

Article 68(Revocation of notifications and instruments provided for in articles 65 and 67)

A notification or instrument provided for in articles 65 or 67 may be revoked at any time before it takes effect.

제68조(제65조 및 제67조에 규정된 통보와 문서의 철회)

제65조 또는 제67조에 규정된 통보 또는 문서는 그 효력이 발생되기 전 언제든지 철회될 수 있다.

SECTION 5. CONSEQUENCES OF THE INVALIDITY, TERMINATION OR SUSPENSION OF THE OPERATION OF A TREATY

제5절 조약의 무효, 종료 또는 시행정지의 효과

Article 69(Consequences of the invalidity of a treaty)

1. A treaty the invalidity of which is established under the present Convention is void. The provisions of a void treaty have no legal force.
2. If acts have nevertheless been performed in reliance on such a treaty:
(a) each party may require any other party to establish as far as possible in their mutual relations the position that would have existed if the acts had not been performed;
(b) acts performed in good faith before the invalidity was invoked are not rendered unlawful by reason only of the invalidity of the treaty.
3. In cases falling under articles 49, 50, 51 or 52, paragraph 2 does not apply with respect to

제69조(조약 무효의 효과)

1. 이 협약에 따라 무효로 확정된 조약은 효력이 없다. 무효인 조약의 규정은 법적 효력이 없다.

2. 다만 그러한 조약에 따라 행위가 이행된 경우,
가. 각 당사자는 그 행위가 이행되지 않았더라면 존재하였을 상태를 당사자 상호관계에서 가능한 한 확립하도록 다른 당사자에게 요구할 수 있다.
나. 무효가 원용되기 전에 신의에 좇아 성실하게 이행된 행위는 그 조약의 무효만을 이유로 위법이 되지 않는다.

3. 제49조, 제50조, 제51조 또는 제52조에 해당하는 경우, 기만, 부정행위 또는 강박의 책임이

the party to which the fraud, the act of corruption or the coercion is imputable.

귀속되는 당사자에 대하여는 제2항이 적용되지 않는다.

4. In the case of the invalidity of a particular State's consent to be bound by a multilateral treaty, the foregoing rules apply in the relations between that State and the parties to the treaty.

4. 다자조약에 대한 특정 국가의 기속적 동의가 무효인 경우, 위 규칙들은 그 국가와 그 조약의 당사자 간의 관계에 적용된다.

Article 70(Consequences of the termination of a treaty)

제70조(조약 종료의 효과)

1. Unless the treaty otherwise provides or the parties otherwise agree, the termination of a treaty under its provisions or in accordance with the present Convention:

(a) releases the parties from any obligation further to perform the treaty;

(b) does not affect any right, obligation or legal situation of the parties created through the execution of the treaty prior to its termination.

1. 조약이 달리 규정하거나 당사자가 달리 합의하는 경우를 제외하고, 조약 규정 또는 이 협약에 따른 조약의 종료는 다음의 효과를 가져온다.

가. 당사자에 대하여 향후 그 조약을 이행할 의무를 해제한다.

나. 조약이 종료되기 전에 그 시행으로 발생한 당사자의 권리, 의무 또는 법적 상황에 영향을 주지 않는다.

2. If a State denounces or withdraws from a multilateral treaty, paragraph 1 applies in the relations between that State and each of the other parties to the treaty from the date when such denunciation or withdrawal takes effect.

2. 국가가 다자조약을 폐기하거나 탈퇴하는 경우, 그 폐기 또는 탈퇴의 효력이 발생하는 일자부터 그 국가와 조약의 다른 각 당사자 간의 관계에서는 제1항이 적용된다.

Article 71(Consequences of the invalidity of a treaty which conflicts with a peremptory norm of general international law)

제71조(일반국제법의 절대규범과 충돌하는 조약의 무효의 효과)

1. In the case of a treaty which is void under article 53 the parties shall:

(a) eliminate as far as possible the consequences of any act performed in reliance on any provision which conflicts with the peremptory norm of general international law; and

(b) bring their mutual relations into conformity with the peremptory norm of general international law.

1. 제53조에 따라 무효인 조약의 경우, 당사자는 다음의 조치를 취한다.

가. 일반국제법의 절대규범과 충돌하는 규정에 따라 이행된 행위의 효과를 가능한 한 제거하며,

나. 당사자의 상호관계가 일반국제법의 절대규범과 합치되도록 한다.

2. In the case of a treaty which becomes void and terminates under article 64, the termination of the treaty:

(a) releases the parties from any obligation

2. 제64조에 따라 무효로 되어 종료되는 조약의 경우, 그 조약의 종료는 다음의 효과를 가져온다.

가. 당사자에 대하여 향후 그 조약을 이행할 의

further to perform the treaty;

(b) does not affect any right, obligation or legal situation of the parties created through the execution of the treaty prior to its termination; provided that those rights, obligations or situations may thereafter be maintained only to the extent that their maintenance is not in itself in conflict with the new peremptory norm of general international law.

무를 해제한다.

나. 조약이 종료되기 전에 그 시행으로 발생한 당사자의 권리, 의무 또는 법적 상황에 영향을 주지 않는다. 다만, 그러한 권리, 의무 또는 상황은 그 유지 자체가 일반국제법의 새로운 절대규범과 충돌하지 않는 범위 내에서만 이후에도 유지될 수 있다.

Article 72(Consequences of the suspension of the operation of a treaty)

1. Unless the treaty otherwise provides or the parties otherwise agree, the suspension of the operation of a treaty under its provisions or in accordance with the present Convention:

(a) releases the parties between which the operation of the treaty is uspended from the obligation to perform the treaty in their mutual relations during the period of the suspension;

(b) does not otherwise affect the legal relations between the parties established by the treaty.

2. During the period of the suspension the parties shall refrain from acts tending to obstruct the resumption of the operation of the treaty.

제72조(조약 시행정지의 효과)

1. 조약이 달리 규정하거나 당사자가 달리 합의하는 경우를 제외하고, 조약 규정 또는 이 협약에 따른 조약의 시행정지는 다음의 효과를 가져온다.

가. 조약의 시행이 정지된 당사자 간에는 정지기간 동안 그들 상호관계에서 조약 이행 의무가 해제된다.

나. 조약에 따라 확립된 당사자 간의 법적 관계에 달리 영향을 주지 않는다.

2. 시행정지기간 동안 당사자는 그 조약의 시행 재개를 방해하게 되는 행위를 삼간다.

PART VI MISCELLANEOUS PROVISIONS

Article 73(Cases of State succession, State responsibility and outbreak of hostilities)

The provisions of the present Convention shall not prejudge any question that may arise in regard to a treaty from a succession of States or from the international responsibility of a State or from the outbreak of hostilities between States.

제6부 잡칙

제73조(국가승계, 국가책임 및 적대행위 발발의 경우)

이 협약의 규정은 국가승계, 국가의 국제책임 또는 국가 간 적대행위의 발발로부터 조약에 관하여 발생할 수 있는 어떠한 문제도 예단하지 않는다.

Article 74(Diplomatic and consular relations and the conclusion of treaties)

The severance or absence of diplomatic or consular relations between two or more States does not prevent the conclusion of treaties between those States. The conclusion of a treaty does not in itself affect the situation in regard to diplomatic or consular relations.

제74조(외교 및 영사관계와 조약의 체결)

둘 또는 그 이상의 국가 간 외교 또는 영사관계의 단절이나 부재는 그러한 국가 간의 조약체결을 방해하지 않는다. 조약의 체결은 그 자체로 외교 또는 영사관계에 관련된 상황에 영향을 주지 않는다.

Article 75(Case of an aggressor State)

The provisions of the present Convention are without prejudice to any obligation in relation to a treaty which may arise for an aggressor State in consequence of measures taken in conformity with the Charter of the United Nations with reference to that State's aggression.

제75조(침략국의 경우)

이 협약의 규정은 침략국의 침략에 관하여 「국제연합헌장」과 합치되게 취해진 조치의 결과로서 침략국에 대하여 발생할 수 있는 조약과 관련된 어떠한 의무에도 영향을 미치지 않는다.

PART VII DEPOSITARIES, NOTIFICATIONS, CORRECTIONS AND REGISTRATION

제7부(기탁처, 통보, 정정 및 등록)

Article 76(Depositaries of treaties)

1. The designation of the depositary of a treaty may be made by the negotiating States, either in the treaty itself or in some other manner. The depositary may be one or more States, an international organization or the chief administrative officer of the organization.

2. The functions of the depositary of a treaty are international in character and the depositary is under an obligation to act impartially in their performance. In particular, the fact that a treaty has not entered into force between certain of the parties or that a difference has appeared between a State and a depositary with regard to the performance of the latter's functions shall not affect that obligation.

제76조(조약의 기탁처)

1. 조약의 기탁처는 교섭국이 조약 그 자체에 또는 그 밖의 방법으로 지정될 수 있다. 기탁처는 하나 또는 그 이상의 국가, 국제기구 또는 국제기구의 최고행정책임자로 할 수 있다.

2. 조약 기탁처의 임무는 국제적 성격을 지니며, 기탁처는 그 임무 수행에 있어서 공정하게 행동할 의무를 진다. 특히, 조약이 일부 당사자 간에 발효하지 않았거나 기탁처의 임무 수행에 관하여 국가와 기탁처 간에 견해 차이가 발생한 사실은 그러한 의무에 영향을 주지 않는다.

Article 77(Functions of depositaries)

1. The functions of a depositary, unless otherwise provided in the treaty or agreed by the

제77조(기탁처의 임무)

1. 조약에 달리 규정되어 있거나 체약국이 달리 합의하는 경우를 제외하고, 기탁처의 임무는

contracting States, comprise in particular:

(a) keeping custody of the original text of the treaty and of any full powers delivered to the depositary;

(b) preparing certified copies of the original text and preparing any further text of the treaty in such additional languages as may be required by the treaty and transmitting them to the parties and to the States entitled to become parties to the treaty;

(c) receiving any signatures to the treaty and receiving and keeping custody of any instruments, notifications and communications relating to it;

(d) examining whether the signature or any instrument, notification or communication relating to the treaty is in due and proper form and, if need be, bringing the matter to the attention of the State in question;

(e) informing the parties and the States entitled to become parties to the treaty of acts, notifications and communications relating to the treaty;

(f) informing the States entitled to become parties to the treaty when the number of signatures or of instruments of ratification, acceptance, approval or accession required for the entry into force of the treaty has been received or deposited;

(g) registering the treaty with the Secretariat of the United Nations;

(h) performing the functions specified in other provisions of the present Convention.

2. In the event of any difference appearing between a State and the depositary as to the performance of the latter's functions, the depositary shall bring the question to the attention of the signatory States and the contracting States or, where appropriate, of the competent organ of the international organization concerned.

특히 다음으로 구성된다.

가. 기탁처에 송달된 조약 및 전권위임장의 원본을 보관한다.

나. 원본의 인증등본을 작성하고, 조약상 요구되는 추가 언어로 조약문을 작성하며, 조약의 당사자와 당사자가 될 수 있는 권리를 가진 국가에게 이를 전달한다.

다. 조약에 대한 서명을 접수하며, 조약에 관련된 문서, 통보 및 전달사항을 접수하고 보관한다.

라. 서명 또는 조약에 관련된 문서, 통보 또는 전달사항이 적절한 형식으로 되어 있는지 여부를 검토하고, 필요한 경우 그 사항에 대하여 해당 국가의 주의를 환기한다.

마. 조약의 당사자 및 당사자가 될 수 있는 권리를 가진 국가에 대하여 그 조약과 관련된 행위, 통보 및 전달사항을 통지한다.

바. 조약 발효에 필요한 수의 서명 또는 비준서, 수락서, 승인서 또는 가입서가 접수되거나 기탁되는 경우, 조약의 당사자가 될 수 있는 권리를 가진 국가에게 통지한다.

사. 국제연합 사무국에 조약을 등록한다.

아. 이 협약의 다른 규정에 명시된 임무를 수행한다.

2. 기탁처의 임무 수행에 관하여 국가와 기탁처 간에 견해 차이가 발생하는 경우, 기탁처는 그 문제에 대하여 서명국과 체약국 또는 적절한 경우 관련 국제기구의 권한 있는 기관의 주의를 환기한다.

Article 78(Notifications and communications)

Except as the treaty or the present Convention otherwise provide, any notification or communication to be made by any State under the present Convention shall:

(a) if there is no depositary, be transmitted direct to the States for which it is intended, or if there is a depositary, to the latter;

(b) be considered as having been made by the State in question only upon its receipt by the State to which it was transmitted or, as the case may be, upon its receipt by the depositary;

(c) if transmitted to a depositary, be considered as received by the State for which it was intended only when the latter State has been informed by the depositary in accordance with article 77, paragraph 1 (e).

제78조(통보 및 전달사항)

조약 또는 이 협약이 달리 규정하는 경우를 제외하고, 이 협약에 따라 국가가 행하는 통보 또는 전달사항은 다음과 같이 취급된다.

가. 기탁처가 없는 경우 이를 받을 국가에 직접 전달되며, 기탁처가 있는 경우에는 기탁처에게 전달된다.

나. 전달 대상 국가가 이를 접수한 경우나 사정에 따라서는 기탁처가 접수한 경우에만 해당 국가가 이를 전달한 것으로 간주된다.

다. 기탁처에 전달된 경우, 전달 대상 국가가 제77조 제1항 마호에 따라 기탁처로부터 통지받았을 때에만 그 국가에 접수된 것으로 간주된다.

Article 79(Correction of errors in texts or in certified copies of treaties)

1. Where, after the authentication of the text of a treaty, the signatory States and the contracting States are agreed that it contains an error, the error shall, unless they decide upon some other means of correction, be corrected:

(a) by having the appropriate correction made in the text and causing the correction to be initialled by duly authorized representatives;

(b) by executing or exchanging an instrument or instruments setting out the correction which it has been agreed to make; or

(c) by executing a corrected text of the whole treaty by the same procedure as in the case of the original text.

2. Where the treaty is one for which there is a depositary, the latter shall notify the signatory States and the contracting States of the error and of the proposal to correct it and shall specify an appropriate time-limit within which objection to the proposed correction

제79조(조약문 또는 인증등본상 오류 정정)

1. 조약문의 정본인증 후 서명국 및 체약국이 조약문에 오류가 있다고 합의하는 경우, 그들이 다른 정정방법을 결정하지 않으면, 오류는 다음에 따라 정정된다.

가. 조약문에 적절한 정정을 가하고, 정당하게 권한을 위임받은 대표가 그 정정에 가서명하도록 하는 방법

나. 합의된 정정을 기재한 하나 또는 그 이상의 문서를 작성하거나 이를 교환하는 방법, 또는

다. 원본의 경우와 동일한 절차에 의하여 조약 전체의 정정본을 작성하는 방법

2. 기탁처가 있는 조약의 경우, 기탁처는 서명국 및 체약국에게 착오와 그 정정안을 통보하며 정정안에 대하여 이의를 제기할 수 있는 적절한 기한을 명시한다. 그 기한이 만료되면 다음 조치를 취한다.

may be raised. If, on the expiry of the time-limit:

(a) no objection has been raised, the depositary shall make and initial the correction in the text and shall execute a proces-verbal of the rectification of the text and communicate a copy of it to the parties and to the States entitled to become parties to the treaty;

가. 이의가 제기되지 않은 경우, 기탁처는 조약문에 정정을 가하고 이에 가서명하며, 정정조서를 작성하여 그 사본을 조약 당사자 및 당사자가 될 수 있는 권리를 가진 국가에게 전달한다.

(b) an objection has been raised, the depositary shall communicate the objection to the signatory States and to the contracting States.

나. 이의가 제기된 경우, 기탁처는 그 이의를 서명국 및 체약국에 전달한다.

3. The rules in paragraphs 1 and 2 apply also where the text has been authenticated in two or more languages and it appears that there is a lack of concordance which the signatory States and the contracting States agree should be corrected.

3. 제1항 및 제2항의 규칙은 조약문이 둘 또는 그 이상의 언어로 정본인증되고, 서명국 및 체약국들이 정정되어야 한다고 합의하는 언어 간의 불합치가 있다고 보여지는 경우에도 적용된다.

4. The corrected text replaces the defective text ab initio, unless the signatory States and the contracting States otherwise decide.

4. 서명국 및 체약국이 달리 결정하지 않으면, 정정본은 처음부터 흠결본을 대체한다.

5. The correction of the text of a treaty that has been registered shall be notified to the Secretariat of the United Nations.

5. 등록된 조약문의 정정은 국제연합 사무국에 통보된다.

6. Where an error is discovered in a certified copy of a treaty, the depositary shall execute a proces-verbal specifying the rectification and communicate a copy of it to the signatory States and to the contracting Slates.

6. 조약의 인증등본에서 오류가 발견되는 경우, 기탁처는 정정을 명시하는 조서를 작성하여 그 사본을 서명국 및 체약국에 전달한다.

Article 80(Registration and publication of treaties)

제80조(조약의 등록 및 발간)

1. Treaties shall, after their entry into force, be transmitted to the Secretariat of the United Nations for registration or filing and recording, as the case may be, and for publication.

1. 조약은 발효 후 경우에 따라 등록 또는 편철과 기록을 위하여 또한 발간을 위하여 국제연합 사무국에 전달된다.

2. The designation of a depositary shall constitute authorization for it to perform the acts specified in the preceding paragraph.

2. 기탁처의 지정은 전항에 명시된 행위를 이행할 수 있는 권한을 기탁처에 부여하게 된다.

PART VIII FINAL PROVISIONS

Article 81(Signature)

The present Convention shall be open for signature by all States Members of the United Nations or of any of the specialized agencies or of the International Atomic Energy Agency or parties to the Statute of the International Court of Justice, and by any other State invited by the General Assembly of the United Nations to become a party to the Convention, as follows: until 30 November 1969, at the Federal Ministry for Foreign Affairs of the Republic of Austria, and subsequently, until 30 April 1970, at United Nations Headquarters, New York.

Article 82(Ratification)

The present Convention is subject to ratification. The instruments of ratification shall be deposited with the Secretary-General of the United Nations.

Article 83(Accession)

The present Convention shall remain open for accession by any State belonging to any of the categories mentioned in article 81. The instruments of accession shall be deposited with the Secretary-General of the United Nations.

Article 84(Entry into force)

1. The present Convention shall enter into force on the thirtieth day following the date of deposit of the thirty-fifth instrument of ratification or accession.

2. For each State ratifying or acceding to the Convention after the deposit of the thirty-fifth instrument of ratification or accession, the Convention shall enter into force on the thirtieth day after deposit by such State of its instrument of ratification or accession.

Article 85(Authentic texts)

The original of the present Convention, of

제8부 최종 조항

제81조(서명)

이 협약은 국제연합, 전문기구 또는 국제원자력기구의 모든 회원국, 국제사법재판소 규정 당사자 및 국제연합총회로부터 이 협약의 당사자가 되도록 초청받은 그 밖의 국가가 다음과 같이 서명할 수 있다. 1969년 11월 30일까지는 오스트리아 공화국의 연방 외교부에서 그리고 그 이후 1970년 4월 30일까지는 뉴욕에 있는 국제연합 본부에서 서명할 수 있다.

제82조(비준)

이 협약은 비준의 대상이 된다. 비준서는 국제연합 사무총장에게 기탁된다.

제83조(가입)

제81조에 언급된 범주 중 어느 하나에 속하는 어느 국가도 이 협약에 가입할 수 있다. 가입서는 국제연합 사무총장에게 기탁된다.

제84조(발효)

1. 이 협약은 35번째의 비준서 또는 가입서가 기탁된 날 후 30일째 되는 날에 발효한다.

2. 35번째 비준서 또는 가입서가 기탁된 후에 이 협약을 비준하거나 이에 가입하는 각 국가에 대하여, 이 협약은 해당 국가가 비준서 또는 가입서를 기탁한 후 30일째 되는 날에 발효한다.

제85조(정본)

중국어, 영어, 프랑스어, 러시아어 및 스페인어

which the Chinese, English, French, Russian and Spanish texts are equally authentic, shall be deposited with the Secretary-General of the United Nations.

본이 동등하게 정본인 이 협약의 원본은 국제연합 사무총장에게 기탁된다.

IN WITNESS WHEREOF the undersigned Plenipotentiaries, being duly authorized thereto by their respective Governments, have signed the present Convention.

DONE at Vienna, this twenty-third day of May, one thousand nine hundred and sixty-nine.

이상의 증거로, 아래 서명한 전권대표는 각자의 정부로부터 정당하게 권한을 위임받아 이 협약에 서명하였다.

1969년 5월 23일 비엔나에서 작성되었다.

ANNEX

1. A list of conciliators consisting of qualified jurists shall be drawn up and maintained by the Secretary-General of the United Nations. To this end, every State which is a Member of the United Nations or a party to the present Convention shall be invited to nominate two conciliators, and the names of the persons so nominated shall constitute the list. The term of a conciliator, including that of any conciliator nominated to fill a casual vacancy, shall be five years and may be renewed. A conciliator whose term expires shall continue to fulfil any function for which he shall have been chosen under the following paragraph.

2. When a request has been made to the Secretary-General under article 66, the Secretary-General shall bring the dispute before a conciliation commission constituted as follows:

The State or States constituting one of the parties to the dispute shall appoint:

(a) one conciliator of the nationality of that State or of one of those States, who may or may not be chosen from the list referred to in paragraph 1; and

부속서

1. 국제연합 사무총장은 자격 있는 법률가로 구성되는 조정위원 명부를 작성하여 유지한다. 국제연합의 회원국 또는 이 협약의 당사자인 모든 국가는 이러한 목적에서 2명의 조정위원을 지명하도록 초청받으며, 이렇게 지명된 인사의 명단은 그 명부에 포함된다. 불시의 공석을 채우기 위하여 지명된 조정위원의 경우를 포함하여, 조정위원의 임기는 5년이며 연임될 수 있다. 임기가 만료되는 조정위원은 다음 각 항에 따라 그가 선임된 목적상의 직무를 계속 수행한다.

2. 제66조에 따라 국제연합 사무총장에게 요청이 제기된 경우, 사무총장은 다음과 같이 구성되는 조정위원회에 분쟁을 회부한다.

분쟁의 일방 당사자를 구성하는 하나 또는 그 이상의 국가는 다음과 같이 임명한다.

가. 국가 또는 그 국가들 중 어느 한 국가의 국적을 가진 1명의 조정위원. 다만 그는 제1항에 언급된 명부에서 선임될 수도 있고, 아닐 수도 있다. 또한

(b) one conciliator not of the nationality of that State or of any of those States, who shall be chosen from the list.

나. 그 명부에서 선임되는 사람으로서 국가 또는 그 국가들 중 어느 한 국가의 국적을 갖지 않은 1명의 조정위원

The State or States constituting the other party to the dispute shall appoint two conciliators in the same way. The four conciliators chosen by the parties shall be appointed within sixty days following the date on which the Secretary-General receives the request.

분쟁의 타방 당사자를 구성하는 하나 또는 그 이상의 국가는 동일한 방법으로 2명의 조정위원을 임명한다. 당사자가 선임하는 4명의 조정위원은 사무총장이 요청받은 날 후 60일 이내에 임명된다.

The four conciliators shall, within sixty days following the date of the last of their own appointments, appoint a fifth conciliator chosen from the list, who shall be chairman.

4명의 조정위원은 그들 중 마지막으로 임명받은 사람의 임명일 후 60일 이내에 위 명부에서 제5의 조정위원을 선임하여 임명하고, 그가 조정위원장이 된다.

If the appointment of the chairman or of any of the other conciliators has not been made within the period prescribed above for such appointment, it shall be made by the Secretary-General within sixty days following the expiry of that period. The appointment of the chairman may be made by the Secretary-General either from the list or from the membership of the International Law Commission. Any of the periods within which appointments must be made may be extended by agreement between the parties to the dispute.

위원장 또는 다른 조정위원이 위 지정된 임명기간 내에 임명되지 않은 경우, 그 기간 만료 후 60일 이내에 사무총장이 임명한다. 위원장은 위 명부 또는 국제법위원회의 위원 중에서 사무총장이 임명할 수 있다. 임명기간은 분쟁당사자 간 합의로 연장될 수 있다.

Any vacancy shall be filled in the manner prescribed for the initial appointment.

공석은 최초의 임명에 관하여 지정된 방법으로 채워진다.

3. The Conciliation Commission shall decide its own procedure. The Commission, with the consent of the parties to the dispute, may invite any party to the treaty to submit to it its views orally or in writing. Decisions and recommendations of the Commission shall be made by a majority vote of the five members.

3. 조정위원회는 자체의 절차를 결정한다. 위원회는 분쟁당사자의 동의를 얻어 조약의 어느 당사자에 대하여도 그 견해를 구두 또는 서면으로 위원회에 제출하도록 요청할 수 있다. 위원회의 결정 및 권고는 5인으로 된 구성원의 다수결에 의한다.

4. The Commission may draw the attention of the parties to the dispute to any measures which might facilitate an amicable settlement.

4. 위원회는 우호적 해결을 촉진할 수 있는 조치에 대하여 분쟁당사자의 주의를 환기할 수 있다.

5. The Commission shall hear the parties, examine the claims and objections, and make proposals to the parties with a view to reach-

5. 위원회는 당사자의 의견을 청취하고, 청구와 이의를 심사하며, 분쟁의 우호적 해결에 도달하기 위하여 당사자에 제안한다.

ing an amicable settlement of the dispute.

6. The Commission shall report within twelve months of its constitution. Its report shall be deposited with the Secretary-General and transmitted to the parties to the dispute. The report of the Commission, including any conclusions stated therein regarding the facts or questions of law, shall not be binding upon the parties and it shall have no other character than that of recommendations submitted for the consideration of the parties in order to facilitate an amicable settlement of the dispute.

6. 위원회는 그 구성 후 12개월 이내에 보고한다. 그 보고서는 사무총장에게 기탁되며 분쟁당사자에 전달된다. 사실관계 또는 법적 문제에 관하여 위원회의 보고서에 기술된 결론을 포함한 위원회의 보고서는 분쟁당사자를 구속하지 않으며, 분쟁의 우호적 해결을 촉진하기 위하여 분쟁당사자의 고려를 위해 제출된 권고 이외의 다른 성격을 갖지 않는다.

7. The Secretary-General shall provide the Commission with such assistance and facilities as it may require. The expenses of the Commission shall be borne by the United Nations.

7. 사무총장은 위원회가 필요로 하는 협조와 편의를 위원회에 제공한다. 위원회의 경비는 국제연합이 부담한다.

Vienna Convention on Succession of States in respect of Treaties (1978)

조약의 국가승계에 관한 비엔나 협약[1)]

The States Parties to the present Convention,

Considering the profound transformation of the international community brought about by the decolonization process,

Considering also that other factors may lead to cases of succession of States in the future,

Convinced, in these circumstances, of the need for the codification and progressive development of the rules relating to succession of States in respect of treaties as a means for ensuring greater juridical security in international relations,

Noting that the principles of free consent, good faith and pacta sunt servanda are universally recognized,

Emphasizing that the consistent observance of general multilateral treaties which deal with the codification and progressive development of international law and those the object and purpose of which are of interest to the international community as a whole is of special importance for the strengthening of peace and international co-operation,

Having in mind the principles of international law embodied in the Charter of the United Nations, such as the principles of the equal rights and self-determination of peoples, of the sovereign equality and independence of all States, of non-interference in the domestic affairs of States, of the prohibition of the threat or use of force, and of universal respect for, and observance of, human rights and fundamental freedoms for all,

이 협약의 당사국은,

탈식민화 과정이 가져온 국제공동체의 엄청난 변화를 고려하고,

앞으로 다른 요인들이 국가승계의 사례를 유발할 수 있음 역시 고려하고,

이러한 상황에서 국제관계의 보다 확실한 법적 안정성을 확보하기 위한 수단으로서 조약의 국가승계와 관련된 규칙들의 법전화 및 진보적 발전의 필요성을 확신하고,

자유로운 동의, 신의 성실 및 합의 준수의 원칙이 일반적으로 승인되고 있음을 유의하며,

국제법의 법전화와 진보적 발전을 다루고 그 대상 및 목적이 국제공동체 전체의 관심사인 일반적 다자조약의 지속적 준수는 평화와 국제협력의 강화를 위해 특별히 중요함을 강조하며,

사람들의 동등한 권리와 자결, 모든 국가의 주권평등과 독립, 국가의 국내문제 불간섭, 무력사용 또는 위협의 금지, 모든 사람의 인권과 기본적 자유의 보편적 존중과 준수의 원칙들과 같은 국제연합 헌장에 포함된 국제법 원칙을 유념하면서,

1) 1978년 채택, 1996년 발효, 현 당사국 23개국. 한국 미비준. 정인섭 번역.

Recalling that respect for the territorial integrity and political independence of any State is required by the Charter of the United Nations,

Bearing in mind the provisions of the Vienna Convention on the Law of Treaties of 1969,

Bearing also in mind article 73 of that Convention,

Affirming that questions of the law of treaties other than those that may arise from a succession of States are governed by the relevant rules of international law, including those rules of customary international law which are embodied in the Vienna Convention on the Law of Treaties of 1969,

Affirming that the rules of customary international law will continue to govern questions not regulated by the provisions of the present Convention,

Have agreed as follows:

국가의 영토보존 및 정치적 독립의 존중이 국제연합 헌장에 의해 요구되고 있음을 상기하고,

1969년 조약법에 관한 비엔나 협약의 규정들을 유념하며,

이 협약 제73조를 아울러 유념하면서,

국가승계로부터 발생하는 문제 이외의 조약법에 관한 문제는 1969년 조약법에 관한 비엔나 협약에 구현된 관습국제법 규칙을 포함하는 국제법의 관련 규칙에 의해 규율됨을 확인하며,

이 협약의 규정들에 의해 규율되지 않는 문제들은 관습국제법 규칙이 계속 규율함을 확인하며,

다음과 같이 합의하였다.

PART I GENERAL PROVISIONS

Article 1(Scope of the present Convention)

The present Convention applies to the effects of a succession of States in respect of treaties between States.

Article 2(Use of terms)

1. For the purposes of the present Convention:

(a) "treaty" means an international agreement concluded between States in written form and governed by international law, whether embodied in a single instrument or in two or more related instruments and whatever its particular designation;

(b) "succession of States" means the replacement of one State by another in the responsibility for the international relations of territory;

(c) "predecessor State" means the State which

제1부 일반규정

제1조(협약의 적용범위)

이 협약은 국가간 조약에 관한 국가승계의 효과에 적용된다.

제2조(용어의 사용)

1. 이 협약의 목적상

가. "조약"이란 단일의 문서에 또는 두 개 이상의 관련문서에 구현되고 있는가에 관계없이 그리고 그 명칭이 어떠하든 서면형식으로 국가간에 체결되며 국제법에 따라 규율되는 국제 합의를 의미한다.

나. "국가승계"란 영토의 국제관계에 대한 책임이 한 국가에서 다른 국가로 대체됨을 의미한다.

다. "선행국"이란 국가승계의 발생에서 다른 국

has been replaced by another State on the occurrence of a succession of States;

(d) "successor State" means the State which has replaced another State on the occurrence of a succession of States;

(e) "date of the succession of States" means the date upon which the successor State replaced the predecessor State in the responsibility for the international relations of the territory to which the succession of States relates;

(f) "newly independent State" means a successor State the territory of which immediately before the date of the succession of States was a dependent territory for the international relations of which the predecessor State was responsible;

(g) "notification of succession" means in relation to a multilateral treaty any notification, however phrased or named, made by a successor State expressing its consent to be considered as bound by the treaty;

(h) "full powers" means in relation to a notification of succession or any other notification under the present Convention a document emanating from the competent authority of a State designating a person or persons to represent the State for communicating the notification of succession or, as the case may be, the notification;

(i) "ratification", "acceptance" and "approval" mean in each case the international act so named whereby a State establishes on the international plane its consent to be bound by a treaty;

(j) "reservation" means a unilateral statement, however phrased or named, made by a State when signing, ratifying, accepting, approving or acceding to a treaty or when making a notification of succession

가에 의해 대체된 국가를 의미한다.

라. "승계국"이란 국가승계의 발생에서 다른 국가를 대체한 국가를 의미한다.

마. "국가승계일"이란 국가승계가 관련되는 영토의 국제관계의 책임에 있어서 승계국이 선행국을 대체한 일자를 의미한다.

바. "신생독립국"이란 그 영토가 국가승계일 직전에는 선행국이 국제관계에 대한 책임을 지던 종속적 영토였던 국가를 의미한다.

사. "승계 통고"란 문구 또는 명칭에 관계없이 다자조약과 관련해 그 조약에 의해 구속된다고 간주되는 동의를 표시하는 승계국에 의한 통고를 의미한다.

아. "전권위임장"이란 승계 통고 또는 이 협약상의 다른 통고와 관련해 승계 통고 또는 경우에 따라 통고를 전달하기 위해 국가의 권한 있는 당국이 자국을 대표하는 한 명 또는 복수의 사람을 지정하는 문서를 의미한다.

자. "비준," "수락" 및 "승인"이란 국가가 국제적 측면에서 조약에 기속되겠다는 동의를 이를 통해 확정하는 경우, 각 경우마다 그렇게 불리는 국제 행위를 의미한다.

차. "유보"란 문구 또는 명칭에 관계없이 국가가 조약의 특정 규정을 자국에 적용함에 있어서 이를 통해 그 법적 효력을 배제하거나 변경하고자 하는 경우, 조약의 서명, 비준, 수락, 승인 또는 가입 시 그 국가가

to a treaty, whereby it purports to exclude or to modify the legal effect of certain provisions of the treaty in their application to that State;

행하는 일방적 성명을 의미한다.

(k) "contracting State" means a State which has consented to be bound by the treaty, whether or not the treaty has entered into force;

카. "체약국"이란 조약의 발효 여부와 관계없이 그 조약에 기속되기로 동의한 국가를 의미한다.

(l) "party" means a State which has consented to be bound by the treaty and for which the treaty is in force;

타. "당사자"란 조약에 기속되기로 동의하였고 자국에 대하여 그 조약이 발효 중인 국가를 의미한다.

(m) "other State party" means in relation to a successor State any party, other than the predecessor State, to a treaty in force at the date of a succession of States in respect of the territory to which that succession of States relates;

파. "다른 당사국"이란 승계국과의 관계에 있어서 국가승계가 관련되는 영토에 관해 국가승계일 당시 발효 중인 조약에 대한 선행국 이외의 모든 당사국을 의미한다.

(n) "international organization" means an intergovernmental organization.

하. "국제기구"란 정부간 기구를 의미한다.

2. The provisions of paragraph 1 regarding the use of terms in the present Convention are without prejudice to the use of those terms or to the meanings which may be given to them in the internal law of any State.

2. 이 협약상 용어 사용에 관한 제1항의 규정은 어느 국가의 국내법상 그 용어의 사용 또는 그 용어에 부여될 수 있는 의미를 침해하지 않는다.

Article 3(Cases not within the scope of the present Convention)

The fact that the present Convention does not apply to the effects of a succession of States in respect of international agreements concluded between States and other subjects of international law or in respect of international agreements not in written form shall not affect:

제3조(이 협약의 적용범위에 속하지 아니하는 경우)

국가와 다른 국제법 주체간에 체결된 국제 합의 또는 서면형식에 의하지 아니한 국제 합의와 관련된 국가승계의 효과에 대해 이 협약이 적용되지 않는다는 사실은 다음 사항에 영향을 주지 아니한다.

(a) the application to such cases of any of the rules set forth in the present Convention to which they are subject under international law independently of the Convention;

가. 이 협약과는 별도로 국제법에 따라 그 합의가 구속을 받는 이 협약상 규칙을 그 합의에 적용하는 것.

(b) the application as between States of the present Convention to the effects of a succession of States in respect of interna-

나. 국가 아닌 다른 국제법 주체도 당사자인 국제 합의에서 국가승계의 효과에 대해 국가간에 이 협약을 적용하는 것.

tional agreements to which other subjects of international law are also parties.

Article 4(Treaties constituting international organizations and treaties adopted within an international organization)

The present Convention applies to the effects of a succession of States in respect of:

(a) any treaty which is the constituent instrument of an international organization without prejudice to the rules concerning acquisition of membership and without prejudice to any other relevant rules of the organization;

(b) any treaty adopted within an international organization without prejudice to any relevant rules of the organization.

제4조(국제기구 설립 조약 및 국제기구 내에서 채택되는 조약)

이 협약은 다음과 관련된 국가승계의 효과에 대해 적용된다.

가. 회원 자격 획득에 관한 규칙 및 그 기구의 어떠한 다른 관계규칙도 침해함이 없이, 국제기구의 설립문서인 조약.

나. 기구의 어떠한 관계규칙도 침해함이 없이, 국제기구 내에서 채택되는 조약.

Article 5(Obligations imposed by international law independently of a treaty)

The fact that a treaty is not considered to be in force in respect of a State by virtue of the application of the present Convention shall not in any way impair the duty of that State to fulfil any obligation embodied in the treaty to which it is subject under international law independently of the treaty.

제5조(조약과는 별도로 국제법에 의해 부과되는 의무)

이 협약의 적용 결과 어느 국가에 관해 조약이 유효하다고 간주되지 않는 사실은 그 조약과는 별도로 국제법상 복종해야 하는 의무로서 그 조약에 구현된 의무를 이행해야 하는 국가의 책무를 어떠한 방법으로도 경감시키지 아니한다.

Article 6(Cases of succession of States covered by the present Convention)

The present Convention applies only to the effects of a succession of States occurring in conformity with international law and, in particular, the principles of international law embodied in the Charter of the United Nations.

제6조(이 협약이 적용되는 국가승계의 경우)

이 협약은 국제법 및 특히 국제연합 헌장에 구현된 국제법 원칙에 부합하게 발생하는 국가승계의 효과에만 적용된다.

Article 7(Temporal application of the present Convention)

1. Without prejudice to the application of any of the rules set forth in the present Convention to which the effects of a succession of States would be subject under international law independently of the Convention, the Convention applies only in respect of a suc-

제7조(이 협약의 시간적 적용)

1. 이 협약과는 별도로 국가승계의 효과가 국제법에 따라 복종해야 하는 협약상 규칙의 적용을 침해함이 없이, 이 협약은 달리 합의하지 아니하는 경우 협약의 발효 이후 발생한 국가승계에 대해서만 적용된다.

cession of States which has occurred after the entry into force of the Convention except as may be otherwise agreed.

2. A successor State may, at the time of expressing its consent to be bound by the present convention or at any time thereafter, make a declaration that it will apply the provisions of the Convention in respect of its own succession of States which has occurred before the entry into force of the Convention in relation to any other contracting State or State Party to the Convention which makes a declaration accepting the declaration of the successor State. Upon the entry into force of the Convention as between the States making the declarations or upon the making of the declaration of acceptance, whichever occurs later, the provisions of the Convention shall apply to the effects of the succession of States as from the date of that succession of States.

2. 승계국은 이 협약에 대한 기속적 동의를 표시할 때 또는 이후 언제라도 승계국의 선언을 수락하는 선언을 한 다른 체약국이나 당사국에 대해 협약의 발효 이전에 발생한 자신의 국가승계에 관해 협약의 규정을 적용한다는 선언을 할 수 있다. 그러한 선언을 한 국가간에는 협약의 발효 또는 수락의 선언 중 늦게 발생한 경우를 기준으로 이 협약 규정이 국가승계일로부터 국가승계의 효과에 대해 적용된다.

3. A successor State may at the time of signing or of expressing its consent to be bound by the present Convention make a declaration that it will apply the provisions of the Convention provisionally in respect of its own succession of States which has occurred before the entry into force of the Convention in relation to any other signatory or contracting State which makes a declaration accepting the declaration of the successor State; upon the making of the declaration of acceptance, those provisions shall apply provisionally to the effects of the succession of States as between those two States as from the date of that succession of States.

3. 승계국은 이 협약에 서명하거나 기속적 동의를 표시할 때, 승계국의 선언을 수락하는 선언을 한 다른 서명국 또는 체약국과의 관계에서는 협약 발효 이전에 발생한 자신의 국가승계에 대해 이 협약을 잠정적으로 적용하겠다는 선언을 할 수 있다.

4. Any declaration made in accordance with paragraph 2 or 3 shall be contained in a written notification communicated to the depositary, who shall inform the Parties and the States entitled to become Parties to the present Convention of the communication to him

4. 제2항 또는 제3항에 따른 어떠한 선언도 수탁자에 대한 서면통고에 포함되어야 하며, 수탁자는 자신에게 전달된 통고사실과 내용을 이 협약의 당사자와 당사자가 될 자격이 있는 국가에게 전달한다.

of that notification and of its terms.

Article 8(Agreements for the devolution of treaty obligations or rights from a predecessor State to a successor State)

1. The obligations or rights of a predecessor State under treaties in force in respect of a territory at the date of a succession of States do not become the obligations or rights of the successor State towards other States parties to those treaties by reason only of the fact that the predecessor State and the successor State have concluded an agreement providing that such obligations or rights shall devolve upon the successor State.

2. Notwithstanding the conclusion of such an agreement, the effects of a succession of States on treaties which, at the date of that succession of States, were in force in respect of the territory in question are governed by the present Convention.

Article 9(Unilateral declaration by a successor State regarding treaties of the predecessor State)

1. Obligations or rights under treaties in force in respect of a territory at the date of a succession of States do not become the obligations or rights of the successor State or of other States parties to those treaties by reason only of the fact that the successor State has made a unilateral declaration providing for the continuance in force of the treaties in respect of its territory.

2. In such a case, the effects of the succession of States on treaties which, at the date of that succession of States, were in force in respect of the territory in question are governed by the present Convention.

Article 10(Treaties providing for the participation of a successor State)

1. When a treaty provides that, on the occurrence of a succession of States, a successor

제8조(선행국에서 승계국으로 조약상의 의무 또는 권리의 이전을 위한 합의)

1. 국가승계일 당시 어떤 영토에 관해 발효 중인 조약에 따른 선행국의 의무 또는 권리는 선행국과 승계국이 그러한 의무 또는 권리가 승계국으로 이전된다고 규정한 합의를 체결한 사실만으로 그 조약의 다른 당사국에 대한 승계국의 의무나 권리로 되지 않는다.

2. 그러한 합의를 체결했을지라도 국가승계일 당시 문제의 영토에 관해 발효 중인 조약에 대한 국가승계의 효과는 이 협약에 의해 규율된다.

제9조(선행국 조약에 관한 승계국의 일방적 선언)

1. 국가승계일 당시 어떤 영토에 관해 발효 중인 조약상의 의무 또는 권리는 승계국이 그 영토에 관해 조약의 효력이 계속된다는 일방적 선언을 했다는 사실만으로 승계국 또는 그 조약의 다른 당사국의 의무나 권리로 되지 않는다.

2. 그러한 경우에 국가승계일 당시 문제의 영토에 관해 발효 중인 조약에 대한 국가승계의 효과는 이 협약에 의해 규율된다.

제10조(승계국의 참가를 규정하는 조약)

1. 국가승계 발생시 승계국이 자신을 조약의 당사자로 간주하는 선택권을 갖는다고 조약이

State shall have the option to consider itself a party to the treaty, it may notify its succession in respect of the treaty in conformity with the provisions of the treaty or, failing any such provisions, in conformity with the provisions of the present Convention.

규정하고 있는 경우, 그 조약의 규정에 따라 또는 그러한 규정이 없을 경우 이 협약의 규정에 따라 조약에 관한 자신의 승계를 통고할 수 있다.

2. If a treaty provides that, on the occurrence of a succession of States, a successor State shall be considered as a party to the treaty, that provision takes effects as such only if the successor State expressly accepts in writing to be so considered.

2. 국가승계 발생시 승계국은 조약 당사국으로 간주된다고 조약이 규정하고 있는 경우, 승계국이 그렇게 간주됨을 서면으로 명시적으로 수락하는 경우에만 그 조항은 효력을 가진다.

3. In cases falling under paragraph 1 or 2, a successor State which establishes its consent to be a party to the treaty is considered as a party from the date of the succession of States unless the treaty otherwise provides or it is otherwise agreed.

3. 제1항 또는 제2항에 해당되는 경우, 조약 당사국이 되는 동의를 명백히 한 승계국은 그 조약이 달리 규정하거나 또는 달리 합의되지 아니하는 한 국가승계일로부터 당사자로 간주된다.

Article 11(Boundary regimes)

A succession of States does not as such affect:

(a) a boundary established by a treaty; or

(b) obligations and rights established by a treaty and relating to the regime of a boundary.

제11조(국경제도)

국가승계는 그 자체로는 다음에 관해 영향을 미치지 않는다.

가. 조약에 의해 설정된 국경, 또는

나. 조약에 의해 설정된 국경제도와 관련된 의무 및 권리.

Article 12(Other territorial regimes)

1. A succession of States does not as such affect:

(a) obligations relating to the use of any territory, or to restrictions upon its use, established by a treaty for the benefit of any territory of a foreign State and considered as attaching to the territories in question;

(b) rights established by a treaty for the benefit of any territory and relating to the use, or to restrictions upon the use, of any territory of a foreign State and considered as attaching to the territories in question.

2. A succession of States does not as such affect:

제12조(기타 영토제도)

1. 국가승계는 그 자체로는 다음에 관해 영향을 미치지 않는다.

가. 외국의 어떠한 영토의 이익을 위해 조약에 의해 확립되었으며 또한 문제의 영토에 부속되었다고 간주되는 영토의 사용이나 그 사용의 제한과 관련된 의무.

나. 어떠한 영토의 이익을 위해 조약에 의해 확립되었으며 또한 외국의 어떠한 영토의 사용이나 그 사용의 제한과 관련된 것으로서, 문제의 영토에 부속되었다고 간주되는 권리.

2. 국가승계는 그 자체로는 다음에 관해 영향을 미치지 않는다.

(a) obligations relating to the use of any territory, or to restrictions upon its use, established by a treaty for the benefit of a group of States or of all States and considered as attaching to that territory;

(b) rights established by a treaty for the benefit of a group of States or of all States and relating to the use of any territory, or to restrictions upon its use, and considered as attaching to that territory.

3. The provisions of the present article do not apply to treaty obligations of the predecessor State providing for the establishment of foreign military bases on the territory to which the succession of States relates.

가. 일단의 국가 또는 모든 국가의 이익을 위해 조약에 의해 확립되었으며 또한 그 영토에 부속되었다고 간주되는 어떠한 영토의 사용이나 그 사용의 제한과 관련된 의무.

나. 일단의 국가 또는 모든 국가의 이익을 위해 조약에 의해 확립되었으며 또한 어떠한 영토의 이용이나 그 이용의 제한과 관련된 것으로서 그 영토에 부속되었다고 간주되는 권리.

3. 이 조의 규정들은 국가승계와 관련된 영토에 외국 군사기지를 설치하도록 한 선행국의 조약상 의무에는 적용되지 않는다.

Article 13(The present Convention and permanent sovereignty over natural wealth and resources)

Nothing in the present Convention shall affect the principles of international law affirming the permanent sovereignty of every people and every State over its natural wealth and resources.

제13조(이 협약과 천연자원과 부에 대한 영구 주권)

이 협약의 어떠한 내용도 천연자원과 부에 대한 영구 주권을 확인하는 국제법 원칙에 영향을 미치지 않는다.

Article 14(Questions relating to the validity of a treaty)

Nothing in the present Convention shall be considered as prejudging in any respect any question relating to the validity of a treaty.

제14조(조약의 유효성에 관련된 문제)

이 협약의 어떠한 내용도 조약의 유효성에 관련된 모든 문제를 어떠한 측면에서도 예단한다고 간주되지 않는다.

PART II SUCCESSION IN RESPECT OF PART OF TERRITORY

제2부 영토의 일부 승계

Article 15(Succession in respect of part of territory)

When part of the territory of a State, or when any territory for the international relations of which a State is responsible, not being part of the territory of that State, becomes part of the territory of another State:

(a) treaties of the predecessor State cease to

제15조(영토의 일부 승계)

어떤 국가 영토의 일부 또는 자국 영토의 일부는 아니나 그 국가가 국제관계의 책임을 지는 영토가 타국 영토의 일부로 되는 경우,

가. 선행국의 조약은 국가승계일로부터 국가승

be in force in respect of the territory to which the succession of States relates from the date of the succession of States; and

계가 관계되는 영토에 관해 효력이 중지된다. 또한

(b) treaties of the successor State are in force in respect of the territory to which the succession of States relates from the date of the succession of States, unless it appears from the treaty or is otherwise established that the application of the treaty to that territory would be incompatible with the object and purpose of the treaty or would radically change the conditions for its operation.

나. 승계국의 조약은 그 영토에 대한 적용이 조약의 대상 및 목적과 양립할 수 없거나 또는 그 운영 조건을 근본적으로 변경시킬 것으로 조약상 나타나거나 또는 달리 증명되지 않는 한, 국가승계일부터 국가승계가 관계되는 영토에 대해 효력을 가진다.

PART III NEWLY INDEPENDENT STATES

제3부 신생독립국

SECTION 1. GENERAL RULE

제1절 일반원칙

Article 16(Position in respect of the treaties of the predecessor State)

A newly independent State is not bound to maintain in force, or to become a party to, any treaty by reason only of the fact that at the date of the succession of States the treaty was in force in respect of the territory to which the succession of States relates.

제16조(선행국의 조약에 관한 입장)

신생독립국은 국가승계일 당시 국가승계가 관련되는 영토에 관해 조약이 발효 중이라는 사실만을 이유로 그 조약의 효력을 유지시키거나 그의 당사자가 되어야 할 의무는 없다.

SECTION 2. MULTILATERAL TREATIES

제2절 다자조약

Article 17(Participation in treaties in force at the date of the succession of States)

1. Subject to paragraphs 2 and 3, a newly independent State may, by a notification of succession, establish its status as a party to any multilateral treaty which at the date of the succession of States was in force in respect of the territory to which the succession of States relates.

제17조(국가승계일 당시 발효 중인 조약에의 참가)

1. 제2항과 제3항을 따른다는 조건 아래 국가승계가 관련되는 영토에 관해 국가승계일 당시발효 중인 다자조약에 대해 신생독립국은 승계 통고에 의해 당사자의 지위를 확립할 수 있다.

2. Paragraph 1 does not apply if it appears from the treaty or is otherwise established that the application of the treaty in respect of the newly independent State would be incompatible with the object and purpose of the treaty or would radically change the conditions for its operation.

2. 신생독립국에 대한 적용이 조약의 대상 및 목적과 양립할 수 없거나 또는 그 운영 조건을 근본적으로 변경시킬 것으로 조약상 나타나거나 또는 달리 증명되는 경우 제1항은 적용되지 않는다.

3. When, under the terms of the treaty or by reason of the limited number of the negotiating States and the object and purpose of the treaty, the participation of any other State in the treaty must be considered as requiring the consent of all the parties, the newly independent State may establish its status as a party to the treaty only with such consent.

3. 조약의 내용이나 조약 교섭국의 한정된 수와 그 대상 및 목적에 비추어 타국의 조약 참가가 모든 당사국의 동의를 필요로 한다고 간주되어야 할 경우, 신생독립국은 그러한 동의가 있어야만 조약 당사자의 지위를 확립할 수 있다.

Article 18(Participation in treaties not in force at the date of the succession of States)

제18조(국가승계일 당시 발효 중이 아닌 조약에의 참가)

1. Subject to paragraphs 3 and 4, a newly independent State may, by a notification of succession, establish its status as a contracting State to a multilateral treaty which is not in force if at the date of the succession of States the predecessor State was a contracting State in respect of the territory to which that succession of States relates.

1. 제3항과 제4항을 따른다는 조건 아래 국가승계가 관련되는 영토에 관해 선행국이 국가승계일 당시 체약국인 경우, 신생독립국은 승계 통고에 의해 미발효 다자조약에 대한 체약국의 지위를 확립할 수 있다.

2. Subject to paragraphs 3 and 4, a newly independent State may, by a notification of succession, establish its status as a party to a multilateral treaty which enters into force after the date of the succession of States if at the date of the succession of States the predecessor State was a contracting State in respect of the territory to which that succession of States relates.

2. 제3항과 제4항을 따른다는 조건 아래 국가승계가 관련되는 영토에 관해 선행국이 국가승계일 당시 체약국인 경우, 신생독립국은 승계 통고에 의해 국가승계일 이후에 발효하는 다자조약에 대한 당사자의 지위를 확립할 수 있다.

3. Paragraphs 1 and 2 do not apply if it appears from the treaty or is otherwise established that the application of the treaty in respect of the newly independent State would be incompatible with the object and purpose of the treaty or would radically change the conditions for its operation.

3. 신생독립국에 대한 적용이 조약의 대상 및 목적과 양립할 수 없거나 또는 그 운영 조건을 근본적으로 변경시킬 것으로 조약상 나타나거나 또는 달리 증명될 경우 제1항과 제2항은 적용되지 않는다.

4. When, under the terms of the treaty or by reason of the limited number of the negotiating States and the object and purpose of the treaty, the participation of any other State in the treaty must be considered as requiring the consent of all the parties or of all the contracting States, the newly independent State may establish its status as a party or as a contracting State to the treaty only with such consent.

4. 조약 내용이나 조약 교섭국의 한정된 수와 그 대상 및 목적에 비추어 타국의 조약 참가가 모든 당사국이나 모든 체약국의 동의를 요한다고 간주되어야 할 경우, 신생독립국은 그러한 동의가 있어야만 조약 당사자의 지위를 확립할 수 있다.

5. When a treaty provides that a specified number of contracting States shall be necessary for its entry into force, a newly independent State which establishes its status as a contracting State to the treaty under paragraph 1 shall be counted as a contracting State for the purpose of that provision unless a different intention appears from the treaty or is otherwise established.

5. 조약이 발효를 위해 특정한 수의 체약국이 필요하다고 규정하고 있을 경우, 제1항에 따라 조약 체약국의 지위를 확립한 신생독립국은 조약상 다른 의도가 나타나거나 또는 달리 증명되지 아니하는 한 그 조항의 목적상 체약국으로 간주된다.

Article 19(Participation in treaties signed by the predecessor State subject to ratification, acceptance or approval)

제19조(비준 · 수락 또는 승인을 조건으로 선행국에 의해 서명된 조약에의 참가)

1. Subject to paragraphs 3 and 4, if before the date of the succession of States the predecessor State signed a multilateral treaty subject to ratification, acceptance or approval and by the signature intended that the treaty should extend to the territory to which the succession of States relates, the newly independent State may ratify, accept or approve the treaty as if it had signed that treaty and may thereby become a party or a contracting State to it.

1. 제3항과 제4항을 따른다는 조건 아래 국가승계일 이전에 선행국이 비준·수락 또는 승인을 조건으로 하는 다자조약에 서명했으며 또한 그 서명에 의해 그 조약이 국가승계가 관련되는 영토에 적용되도록 의도했을 경우, 신생독립국은 자신이 그 조약에 서명한 것처럼 이를 비준·수락 또는 승인할 수 있으며 또한 이에 의해 당사자 또는 체약국이 될 수 있다.

2. For the purpose of paragraph 1, unless a different intention appears from the treaty or is otherwise established, the signature by the predecessor State of a treaty is considered to express the intention that the treaty should extend to the entire territory for the international relations of which the predecessor State was responsible.

2. 제1항의 목적상 다른 의도가 조약상 나타나거나 또는 달리 증명되지 아니하는 한, 선행국의 조약 서명은 선행국이 국제관계상 책임을 지는 전영토에 대해 조약이 적용된다는 의도를 표시했다고 간주된다.

3. Paragraph 1 does not apply if it appears from the treaty or is otherwise established that the application of the treaty in respect of the newly independent State would be incompatible with the object and purpose of the treaty or would radically change the conditions for its operation.

3. 신생독립국에 대한 적용이 조약의 대상 및 목적과 양립할 수 없거나 또는 그 운영 조건을 근본적으로 변경시킨다고 조약상 나타나거나 또는 달리 증명되는 경우 제1항은 적용되지 않는다.

4. When, under the terms of the treaty or by reason of the limited number of the negotiating States and the object and purpose of the treaty, the participation of any other State in the treaty must be considered as requiring the consent of all the parties or of all the contracting States, the newly independent State may become a party or a contracting State to the treaty only with such consent.

4. 조약의 내용이나 조약 교섭국의 한정된 수와 그 대상 및 목적에 비추어 타국의 참가가 모든 당사자나 모든 체약국의 동의를 요한다고 간주되어야 할 경우, 신생독립국은 그러한 동의가 있어야만 그 조약의 당사자 또는 체약국이 될 수 있다.

Article 20(Reservations)

1. When a newly independent State establishes its status as a party or as a contracting State to a multilateral treaty by a notification of succession under article 17 or 18, it shall be considered as maintaining any reservation to that treaty which was applicable at the date of the succession of States in respect of the territory to which the succession of States relates unless, when making the notification of succession, it expresses a contrary intention or formulates a reservation which relates to the same subject-matter as that reservation.

2. When making a notification of succession establishing its status as a party or as a contracting State to a multilateral treaty under article 17 or 18, a newly independent State may formulate a reservation unless the reservation is one the formulation of which would be excluded by the provisions of sub-paragraph (a), (b) or (c) of article 19 of the Vienna Convention on the Law of Treaties.

3. When a newly independent State formulates a reservation in conformity with paragraph 2, the rules set out in articles 20 to

제20조(유보)

1. 신생독립국이 제17조 또는 제18조에 따른 승계 통고에 의해 다자조약의 당사자 또는 체약국의 지위를 확립하는 경우, 승계통고시 다른 의도를 표시하거나 또는 기존 유보와 동일한 주제와 관련된 유보를 표명하지 아니하는 한, 국가승계일 당시 국가승계가 관련된 영토에 대해 적용될 수 있는 그 조약에 대한 어떠한 유보도 유지한다고 간주된다.

2. 조약법에 관한 비엔나협약 제19조 가, 나, 다호에 의해 배제되는 유보에 해당하지 않는 한, 신생독립국은 제16조 또는 제17조에 따라 다자조약의 당사자 또는 체약국으로서의 지위를 확립하려는 승계통고시 유보를 표명할 수 있다.

3. 신생독립국이 제2항에 따라 유보를 표명하는 경우, 조약법에 관한 비엔나협약 제20조 내지 제23조에 규정된 규칙이 그 유보에 관해 적

23 of the Vienna Convention on the Law of Treaties apply in respect of that reservation.

용된다.

Article 21(Consent to be bound by part of a treaty and choice between differing provisions)

1. When making a notification of succession under article 17 or 18 establishing its status as a party or contracting State to a multilateral treaty, a newly independent State may, if the treaty so permits, express its consent to be bound by part of the treaty or make a choice between differing provisions under the conditions laid down in the treaty for expressing such consent or making such choice.

2. A newly independent State may also exercise, under the same conditions as the other parties or contracting States, any right provided for in the treaty to withdraw or modify any consent expressed or choice made by itself or by the predecessor State in respect of the territory to which the succession of States relates.

3. If the newly independent State does not in conformity with paragraph 1 express its consent or make a choice, or in conformity with paragraph 2 withdraw or modify the consent or choice of the predecessor State, it shall be considered as maintaining:

(a) the consent of the predecessor State, in conformity with the treaty, to be bound, in respect of the territory to which the succession of States relates, by part of that treaty; or

(b) the choice of the predecessor State, in conformity with the treaty, between differing provisions in the application of the treaty in respect of the territory to which the succession of States relates.

제21조(조약 일부에 대한 기속적 동의 및 상이한 규정간의 선택)

1. 제17조 및 제18조에 따라 다자조약의 당사자 또는 체약국으로서의 지위를 확립하는 승계통고시 만약 조약상 가능하다면, 신생독립국은 그러한 동의나 선택에 관한 조약상 조건에 따라 조약 일부에 대한 기속적 동의를 표시하거나 또는 상이한 조항간 선택을 할 수 있다.

2. 신생독립국은 다른 당사자 또는 체약국과 동일한 조건 아래 국가승계가 관련된 영토에 대해 스스로 또는 선행국에 의해 이루어진 어떠한 동의 또는 선택을 철회하거나 수정할 수 있는 조약상 권리를 행사할 수 있다.

3. 신생독립국이 제1항에 따라 자신의 동의를 표시하거나 또는 선택을 하지 아니하는 경우 또는 제2항에 따라 선행국의 동의 또는 선택을 철회하거나 수정하지 아니할 경우, 신생독립국은 다음 사항을 유지한다고 간주된다.

가. 조약에 따라 국가승계가 관련된 영토에 관해 그 조약 일부에 대해서만 구속되겠다는 선행국의 동의.

나. 조약에 따라 국가승계가 관련된 영토에 관해 조약의 적용상 상이한 조항간 선행국의 선택.

Article 22(Notification of succession)

1. A notification of succession in respect of a multilateral treaty under article 17 or 18 shall

제22조(승계 통고)

1. 제17조 또는 제18조에 따른 다자조약에 관한 승계통고는 문서로 실시되어야 한다.

be made in writing.

2. If the notification of succession is not signed by the Head of State, Head of Government or Minister for Foreign Affairs, the representative of the State communicating it may be called upon to produce full powers.

3. Unless the treaty otherwise provides, the notification of succession shall:

(a) be transmitted by the newly independent State to the depositary, or, if there is no depositary, to the parties or the contracting States;

(b) be considered to be made by the newly independent State on the date on which it is received by the depositary or, if there is no depositary, on the date on which it is received by all the parties or, as the case may be, by all the contracting States.

4. Paragraph 3 does not affect any duty that the depositary may have, in accordance with the treaty or otherwise, to inform the parties or the contracting States of the notification of succession or any communication made in connection therewith by the newly independent State.

5. Subject to the provisions of the treaty, the notification of succession or the communication made in connection therewith shall be considered as received by the State for which it is intended only when the latter State has been informed by the depositary.

Article 23(Effects of a notification of succession)

1. Unless the treaty otherwise provides or it is otherwise agreed, a newly independent State which makes a notification of succession under article 17 or article 18, paragraph 2, shall be considered a party to the treaty from the date of the succession of States or from the date of entry into force of the treaty, whichever is the later date.

2. 승계통고가 국가원수, 정부수반 또는 외교장관에 의해 서명되지 아니한 경우, 이를 전달하는 국가대표는 전권위임장의 제시를 요구받을 수 있다.

3. 조약이 달리 규정하지 아니하는 한 승계통고는

가. 신생독립국에 의해 수탁자에게 전달되거나, 만약 수탁자가 없는 경우 당사국이나 체약국에게 전달된다.

나. 수탁자에 의해 접수되거나, 만약 수탁자가 없는 경우 모든 당사국에 의해 접수되거나 또는 경우에 따라 모든 체약국에 의해 접수된 일자에 신생독립국에 의해 실시되었다고 간주된다.

4. 제3항은 신생독립국에 의한 승계통고 또는 이와 관련된 의사표시를 조약에 따르거나 다른 방법으로 당사국 또는 체약국에 통보해야 할 수탁자의 의무에 영향을 미치지 않는다.

5. 조약의 규정을 따른다는 조건 아래, 그러한 승계통고 또는 관련 의사표시는 의도된 국가가 수탁자의 통보를 받은 경우에만 그 국가에 의해 접수되었다고 간주된다.

제23조(승계통고의 효과)

1. 조약이 달리 규정하고 있거나 또는 달리 합의되지 아니하는 한, 제17조 또는 제18조 제2항에 따라 승계통고를 한 신생독립국은 국가승계일 또는 그 조약의 발효일 중 늦은 일자부터 그 조약의 당사자로 간주된다.

2. Nevertheless, the operation of the treaty shall be considered as suspended as between the newly independent State and the other parties to the treaty until the date of making of the notification of succession except in so far as that treaty may be applied provisionally in accordance with article 27 or as may be otherwise agreed.

3. Unless the treaty otherwise provides or it is otherwise agreed, a newly independent State which makes a notification of succession under article 18, paragraph 1, shall be considered a contracting State to the treaty from the date on which the notification of succession is made.

SECTION 3. BILATERAL TREATIES

Article 24(Conditions under which a treaty is considered as being in force in the case of a succession of States)

1. A bilateral treaty which at the date of a succession of States was in force in respect of the territory to which the succession of States relates is considered as being in force between a newly independent State and the other State party when:

(a) they expressly so agree; or

(b) by reason of their conduct they are to be considered as having so agreed.

2. A treaty considered as being in force under paragraph 1 applies in the relations between the newly independent State and the other State party from the date of the succession of States, unless a different intention appears from their agreement or is otherwise established.

Article 25(The position as between the predecessor State and the newly independent State)

A treaty which under article 24 is considered

2. 그러나 제27조에 따라 조약이 잠정적으로 적용되거나 또는 달리 합의되는 경우를 제외하고, 신생독립국과 조약의 다른 당사자 사이에 그 조약의 시행은 승계통고일까지 정지된다고 간주된다.

3. 조약이 달리 규정하고 있거나 또는 달리 합의되지 아니하는 한, 제18조 제1항에 따라 승계통고를 하는 신생독립국은 승계통고가 실시된 일자부터 그 조약의 체약국으로 간주된다.

제3절 양자조약

제24조(국가승계의 경우 조약이 발효 중으로 간주되는 조건)

1. 국가승계가 관련되는 영토에 대해 국가승계일 당시 발효 중인 양자조약은 다음의 경우 신생독립국과 다른 당사국간에 발효 중으로 간주된다.

가. 그들이 명시적으로 그렇게 합의하는 경우, 또는

나. 그들의 행위로 인해 그들이 그렇게 합의했다고 간주되는 경우.

2. 다른 의도가 그들의 합의로부터 표시되거나 또는 달리 확립되지 아니하는 한, 제1항에 따라 유효하다고 간주되는 조약은 국가승계일부터 신생독립국과 다른 당사국간의 관계에 적용된다.

제25조(선행국과 신생독립국간의 지위)

제24조에 따라 신생독립국과 다른 당사국간에 발효 중으로 간주되는 조약은 그 사실만을 이

as being in force between a newly independent State and the other State party is not by reason only of that fact to be considered as being in force also in the relations between the predecessor State and the newly independent State.

유로 선행국과 신생독립국간의 관계에 있어서도 발효 중으로 간주되지 않는다.

Article 26(Termination, suspension of operation or amendment of the treaty as between the predecessor State and the other State party)

1. When under article 24 a treaty is considered as being in force between a newly independent State and the other State party, the treaty:

(a) does not cease to be in force between them by reason only of the fact that it has subsequently been terminated as between the predecessor State and the other State party;

(b) is not suspended in operation as between them by reason only of the fact that it has subsequently been suspended in operation as between the predecessor State and the other State party;

(c) is not amended as between them by reason only of the fact that it has subsequently been amended as between the predecessor State and the other State party.

2. The fact that a treaty has been terminated or, as the case may be, suspended in operation as between the predecessor State and the other State party after the date of the succession of States does not prevent the treaty from being considered to be in force or, as the case may be, in operation as between the newly independent State and the other State party if it is established in accordance with article 24 that they so agreed.

3. The fact that a treaty has been amended as between the predecessor State and the other State party after the date of the succession of

제26조(선행국과 기타 당사국간 조약의 종료, 적용정지 또는 개정)

1. 조약이 제24조에 따라 신생독립국과 다른 당사국간에 발효 중으로 간주되는 경우, 그 조약은,

가. 그것이 추후 선행국과 다른 당사국간에 종료되었다는 사실만을 이유로 그들간의 효력이 종료되지 않는다.

나. 그것이 추후 선행국과 다른 당사국간에 적용이 정지되었다는 사실만을 이유로 그들간에 적용이 정지되지 않는다.

다. 그것이 추후 선행국과 다른 당사국간에 개정되었다는 사실만을 이유로 그들간에 개정되지 않는다.

2. 제24조에 따라 그들이 합의하였음이 증명된다면, 국가승계일 이후 선행국과 다른 당사국간에 조약이 종료되거나 경우에 따라 적용이 정지되었다는 사실은 신생독립국과 다른 당사국간에 그 조약이 유효하거나 또는 경우에 따라 적용된다고 간주됨을 방해하지 않는다.

3. 국가승계일 이후 선행국과 다른 당사국간에 조약이 개정되었다는 사실은 개정된 조약이 그들간에 적용되기로 의도했음이 증명되지 아

States does not prevent the unamended treaty from being considered to be in force under article 24 as between the newly independent State and the other State party, unless it is established that they intended the treaty as amended to apply between them.

니하는 한, 제24조에 따라 신생독립국과 다른 당사국간에 개정되지 아니한 조약이 유효하다고 간주됨을 방해하지 않는다.

SECTION 4. PROVISIONAL APPLICATION

제4절 잠정작용

Article 27(Multilateral treaties)

1. If, at the date of the succession of States, a multilateral treaty was in force in respect of the territory to which the succession of States relates and the newly independent State gives notice of its intention that the treaty should be applied provisionally in respect of its territory, that treaty shall apply provisionally between the newly independent State and any party which expressly so agrees or by reason of its conduct is to be considered as having so agreed.

2. Nevertheless, in the case of a treaty which falls within the category mentioned in article 17, paragraph 3, the consent of all the parties to such provisional application is required.

3. If, at the date of the succession of States, a multilateral treaty not yet in force was being applied provisionally in respect of the territory to which the succession of States relates and the newly independent State gives notice of its intention that the treaty should continue to be applied provisionally in respect of its territory, that treaty shall apply provisionally between the newly independent State and any contracting State which expressly so agrees or by reason of its conduct is to be considered as having so agreed.

4. Nevertheless, in the case of a treaty which falls within the category mentioned in article 17, paragraph 3, the consent of all the con-

제27조(다자조약)

1. 다자조약이 국가승계일 당시 국가승계가 관련된 영토에 대해 발효 중이고 또한 신생독립국이 자신의 영토에 대해 그 조약이 잠정적으로 적용되어야 한다는 의도를 통고하는 경우, 신생독립국과 이에 명시적으로 동의하거나 또는 그의 행위로 보아 그렇게 동의했다고 간주되는 당사자간에 그 조약은 잠정적으로 적용된다.

2. 그러나 제17조 제3항에 언급된 범주에 속하는 조약의 경우, 그러한 잠정적용에는 모든 당사자의 동의가 필요하다.

3. 국가승계일 당시 아직 발효되지 않은 다자조약이 국가승계가 관련되는 영토에 대해 잠정적으로 적용되고 있고 또한 신생독립국이 자신의 영토에 대해 그 조약이 계속 잠정적으로 적용되어야 한다는 의도를 통고하는 경우, 신생독립국과 이에 명시적으로 동의하거나 또는 그의 행위로 보아 그렇게 동의했다고 간주되는 당사자간에 그 조약은 잠정적으로 적용된다.

4. 그러나 제17조 3항에 언급된 범주에 속하는 조약의 경우, 그러한 계속적인 잠정작용에는 모든 체약국의 동의가 필요하다.

tracting States to such continued provisional application is required.

5. Paragraphs 1 to 4 do not apply if it appears from the treaty or is otherwise established that the application of the treaty in respect of the newly independent State would be incompatible with the object and purpose of the treaty or would radically change the conditions for its operation.

5. 신생독립국에 대한 적용이 조약의 대상 및 목적과 양립할 수 없거나 이의 운영 조건을 근본적으로 변경시키는 것으로 조약상 나타나거나 또는 달리 증명되는 경우 제1항 내지 제4항은 적용되지 않는다.

Article 28(Bilateral treaties)

A bilateral treaty which at the date of a succession of States was in force or was being provisionally applied in respect of the territory to which the succession of States relates is considered as applying provisionally between the newly independent State and the other State concerned when:

(a) they expressly so agree; or

(b) by reason of their conduct they are to be considered as having so agreed.

제28조(양자조약)

국가승계가 관련되는 영토에 대해 국가승계일 당시 발효 중이거나 또는 잠정적으로 적용되던 양자조약은 다음의 경우 신생독립국과 다른 관련국간에 잠정적으로 적용된다고 간주된다.

가. 그들이 명시적으로 그렇게 합의한 경우, 또는

나. 그들의 행위로 보아 그렇게 합의했다고 간주되는 경우.

Article 29(Termination of provisional application)

1. Unless the treaty otherwise provides or it is otherwise agreed, the provisional application of a multilateral treaty under article 27 may be terminated:

(a) by reasonable notice of termination given by the newly independent State or the party or contracting State provisionally applying the treaty and the expiration of the notice; or

(b) in the case of a treaty which falls within the category mentioned in article 17, paragraph 3, by reasonable notice of termination given by the newly independent State or all of the parties or, as the case may be, all of the contracting States and the expiration of the notice.

2. Unless the treaty otherwise provides or it is otherwise agreed, the provisional applica-

제29조(잠정적용의 종료)

1. 조약이 달리 규정하고 있거나 또는 달리 합의되지 아니하는 한, 제27조에 따른 다자조약의 잠정적용은 다음에 의해 종료될 수 있다.

가. 조약을 잠정적으로 적용하고 있는 신생독립국, 당사자 또는 체약국에 의한 합리적인 종료 통고 및 그 통고의 만료, 또는

나. 제17조 제3항에 언급된 범주에 속하는 조약의 경우, 신생독립국, 당사자 또는 경우에 따라 체약국에 의한 합리적인 종료의 통고 및 그 통고의 만료.

2. 조약이 달리 규정하고 있거나 또는 달리 합의되지 아니하는 한, 제28조에 따른 양자조약

tion of a bilateral treaty under article 28 may be terminated by reasonable notice of termination given by the newly independent State or the other State concerned and the expiration of the notice.

의 잠정적용은 신생독립국 또는 다른 관련국의 합리적인 종료의 통고와 그 통고의 만료에 의해 종료될 수 있다.

3. Unless the treaty provides for a shorter period for its termination or it is otherwise agreed, reasonable notice of termination shall be twelve months' notice from the date on which it is received by the other State or States provisionally applying the treaty.

3. 조약이 종료를 위한 더 짧은 기간을 규정하고 있거나 또는 달리 합의되지 아니하는 한, 합리적인 종료의 통고란 그 조약을 잠정적으로 적용하는 다른 국가(들)에 의해 접수된 일자로부터 12개월의 통고이다.

4. Unless the treaty otherwise provides or it is otherwise agreed, the provisional application of a multilateral treaty under article 27 shall be terminated if the newly independent State gives notice of its intention not to become a party to the treaty.

4. 조약이 달리 규정하고 있거나 또는 달리 합의되지 아니하는 한, 제27조에 따른 다자조약의 잠정작용은 신생독립국이 그 조약의 당사자로 되지 않겠다는 의도를 통고하는 경우 종료된다.

SECTION 5. NEWLY INDEPENDENT STATES FORMED FROM TWO OR MORE TERRITORIES

제5절 두개 이상의 영토로 구성된 신생독립국

Article 30(Newly independent States formed from two or more territories)

1. Articles 16 to 29 apply in the case of a newly independent State formed from two or more territories.

2. When a newly independent State formed from two or more territories is considered as or becomes a party to a treaty by virtue of article 17, 18 or 24 and at the date of the succession of States the treaty was in force, or consent to be bound had been given, in respect of one or more, but not all, of those territories, the treaty shall apply in respect of the entire territory of that State unless:

(a) it appears from the treaty or is otherwise established that the application of the treaty in respect of the entire territory would be incompatible with the object and purpose of the treaty or would radi-

제30조(두개 이상의 영토로 구성된 신생독립국)

1. 제16조 내지 제29조는 두 개 이상의 영토로 구성된 신생독립국의 경우에도 적용된다.

2. 두 개 이상의 영토로 구성된 신생독립국이 제17조, 제18조 또는 제24조에 따라 조약의 당사자로 간주되거나 또는 당사자가 되고, 전부는 아니나 두개 이상의 영토에 관해 국가승계일 당시 조약이 발효 중이었거나 또는 기속적 동의가 표시되었다면, 그 조약은 다음에 해당하지 아니하는 한 그 국가의 전 영토에 대해 적용된다.

가. 전 영토에 대한 적용이 조약의 대상 및 목적과 양립할 수 없거나 또는 그 운영 조건을 근본적으로 변경시킨다고 조약상 나타나거나 또는 달리 증명되는 경우.

cally change the conditions for its operation;

(b) in the case of a multilateral treaty not falling under article 17, paragraph 3, or under article 18, paragraph 4, the notification of succession is restricted to the territory in respect of which the treaty was in force at the date of the succession of States, or in respect of which consent to be bound by the treaty had been given prior to that date;

(c) in the case of a multilateral treaty falling under article 17, paragraph 3, or under article 18, paragraph 4, the newly independent State and the other States parties or, as the case may be, the other contracting States otherwise agree; or

(d) in the case of a bilateral treaty, the newly independent State and the other State concerned otherwise agree.

3. When a newly independent State formed from two or more territories becomes a party to a multilateral treaty under article 19 and by the signature or signatures of the predecessor State or States it had been intended that the treaty should extend to one or more, but not all, of those territories, the treaty shall apply in respect of the entire territory of the newly independent State unless:

(a) it appears from the treaty or is otherwise established that the application of the treaty in respect of the entire territory would be incompatible with the object and purpose of the treaty or would radically change the conditions for its operation;

(b) in the case of a multilateral treaty not falling under article 19, paragraph 4, the ratification, acceptance or approval of the treaty is restricted to the territory or territories to which it was intended that the

나. 제17조 제3항 또는 제18조 제4항에 해당하지 아니하는 다자조약으로서, 승계통고가 국가승계일 당시 조약이 발효 중인 영토로 한정되었거나 또는 승계일 이전에 조약에 대한 기속적 동의가 행해진 경우.

다. 제17조 제3항 또는 제18조 제4항에 해당하는 다자조약으로서, 신생독립국과 다른 당사국이나 경우에 따라 다른 체약국이 달리 합의하는 경우, 또는

라. 양자조약으로서 신생독립국과 다른 관련국가가 달리 합의하는 경우,

3. 두개 이상의 영토로 구성된 신생독립국이 제19조에 따라 다자조약의 당사자로 되고 또한 선행국(들)의 서명에 의해 조약이 영토의 전부는 아니나 두개 이상의 영토에 확대되도록 의도되었을 때, 그 조약은 다음에 해당하지 아니하는 한 신생독립국의 전 영토에 대해 적용된다.

가. 전 영토에 대한 적용이 조약의 대상 및 목적과 양립할 수 없거나 또는 그 운영 조건을 근본적으로 변경시킨다고 조약상 나타나거나 또는 달리 증명되는 경우.

나. 제19조 제4항에 해당되지 아니하는 다자조약으로서, 그 조약의 비준·수락 또는 승인이 그 조약이 확대되어야 한다고 의도된 영토(들)에 한정되는 경우.

treaty should extend; or

(c) in the case of a multilateral treaty falling under article 19, paragraph 4, the newly independent State and the other States parties or, as the case may be, the other contracting States otherwise agree.

다. 제19조 제4항에 해당되는 다자조약으로서, 신생독립국과 다른 당사자나 경우에 따라 다른 체약국이 달리 합의하는 경우.

PART IV UNITING AND SEPARATION OF STATES

제4부 국가통합 및 분리

Article 31(Effects of a uniting of States in respect of treaties in force at the date of the succession of States)

1. When two or more States unite and so form one successor State, any treaty in force at the date of the succession of States in respect of any of them continues in force in respect of the successor State unless:

(a) the successor State and the other State party or States parties otherwise agree; or

(b) it appears from the treaty or is otherwise established that the application of the treaty in respect of the successor State would be incompatible with the object and purpose of the treaty or would radically change the conditions for its operation.

2. Any treaty continuing in force in conformity with paragraph 1 shall apply only in respect of the part of the territory of the successor State in respect of which the treaty was in force at the date of the succession of States unless:

(a) in the case of a multilateral treaty not falling within the category mentioned in article 17, paragraph 3, the successor State makes a notification that the treaty shall apply in respect of its entire territory;

(b) in the case of a multilateral treaty falling

제31조(국가승계일 당시 발효 중인 조약에 관한 국가통합의 효과)

1. 두개 이상의 국가가 통합해 하나의 승계국을 구성할 경우, 국가승계일 당시 그중 어느 국가에 발효 중인 조약은 다음에 해당하지 아니하는 한 승계국에 대해 효력을 지속한다.

가. 승계국과 다른 당사국(들)이 달리 합의하는 경우, 또는

나. 승계국에 관한 적용이 조약의 대상 및 목적과 양립할 수 없거나 또는 그 운영 조건을 근본적으로 변경시킨다고 조약상 나타나거나 또는 달리 증명되는 경우.

2. 제1항에 따라 효력이 지속되는 조약은 다음에 해당하지 아니하는 한 국가승계일 당시 조약이 발효 중이던 승계국의 해당 영토에 대해서만 적용된다.

가. 제17조 3항에 언급된 범주에 해당하지 않는 다자조약으로서, 승계국이 자신의 전 영토에 대해 조약이 적용된다는 통고를 행하는 경우.

나. 제17조 3항에 언급된 범주에 해당하는 다

within the category mentioned in article 17, paragraph 3, the successor State and the other States parties otherwise agree; or

자조약으로서, 승계국과 다른 당사국들이 달리 합의하는 경우, 또는

(c) in the case of a bilateral treaty, the successor State and the other State party otherwise agree.

다. 양자조약으로서 승계국과 다른 당사국이 달리 합의하는 경우.

3. Paragraph 2(a) does not apply if it appears from the treaty or is otherwise established that the application of the treaty in respect of the entire territory of the successor State would be incompatible with the object and purpose of the treaty or would radically change the conditions for its operation.

3. 승계국의 전 영토에 대한 적용이 조약의 대상 및 목적과 양립할 수 없거나 또는 그 운영 조건을 근본적으로 변경시킨다고 조약상 나타나거나 또는 달리 증명되는 경우 제2항 가호는 적용되지 않는다.

Article 32(Effects of a uniting of States in respect of treaties not in force at the date of the succession of States)

제32조(국가승계일 당시 미발효 조약에 관한 국가통합의 효과)

1. Subject to paragraphs 3 and 4, a successor State falling under article 31 may, by making a notification, establish its status as a contracting State to a multilateral treaty which is not in force if, at the date of the succession of States, any of the predecessor States was a contracting State to the treaty.

1. 국가승계일 당시 어느 선행국이 미발효 다자조약의 체약국일 경우, 제3항 및 제4항을 따른다는 조건 아래 제31조에 해당하는 승계국은 통고에 의해 그 조약의 체약국의 지위를 확립할 수 있다.

2. Subject to paragraphs 3 and 4, a successor State falling under article 31 may, by making a notification, establish its status as a party to a multilateral treaty which enters into force after the date of the succession of States if, at that date, any of the predecessor States was a contracting State to the treaty.

2. 국가승계일 당시 어느 선행국이 이후 발효하는 다자조약의 체약국일 경우, 제3항 및 제4항을 따른다는 조건 아래 제31조에 해당하는 승계국은 통고에 의해 그 조약의 당사국의 지위를 확립할 수 있다.

3. Paragraphs 1 and 2 do not apply if it appears from the treaty or is otherwise established that the application of the treaty in respect of the successor State would be incompatible with the object and purpose of the treaty or would radically change the conditions for its operation.

3. 승계국에 대한 적용이 조약의 대상 및 목적과 양립할 수 없거나 또는 그 운영 조건을 근본적으로 변경시킨다고 조약상 나타나거나 또는 달리 증명되는 경우 제1항 및 제2항은 적용되지 않는다.

4. If the treaty is one falling within the category mentioned in article 17, paragraph 3, the successor State may establish its status as

4. 조약이 제17조 제3항에 언급된 범주에 해당하는 경우, 승계국은 모든 당사자나 모든 체약국의 동의 하에서만 그 조약의 당사자 또는 체

a party or as a contracting State to the treaty only with the consent of all the parties or of all the contracting States.

5. Any treaty to which the successor State becomes a contracting State or a party in conformity with paragraph 1 or 2 shall apply only in respect of the part of the territory of the successor State in respect of which consent to be bound by the treaty had been given prior to the date of the succession of States unless:

(a) in the case of a multilateral treaty not falling within the category mentioned in article 17, paragraph 3, the successor State indicates in its notification made under paragraph 1 or 2 that the treaty shall apply in respect of its entire territory; or

(b) in the case of a multilateral treaty falling within the category mentioned in article 17, paragraph 3, the successor State and all the parties or, as the case may be, all the contracting States otherwise agree.

6. Paragraph 5(a) does not apply if it appears from the treaty or is otherwise established that the application of the treaty in respect of the entire territory of the successor State would be incompatible with the object and purpose of the treaty or would radically change the conditions for its operation.

Article 33(Effects of a uniting of States in respect of treaties signed by a predecessor State subject to ratification, acceptance or approval)

1. Subject to paragraphs 2 and 3, if before the date of the succession of States one of the predecessor States had signed a multilateral treaty subject to ratification, acceptance or approval, a successor State falling under article 31 may ratify, accept or approve the treaty as if it had signed that treaty and may thereby become a party or a contracting State to it.

약국으로서의 지위를 확립할 수 있다.

5. 제1항 또는 제2항에 따라 승계국이 체약국 또는 당사국으로 되는 조약은 다음에 해당하지 아니하는 한, 국가승계일 이전에 조약에 대한 기속적 동의가 부여된 승계국 영토 부분에 대해서만 적용된다.

가. 제17조 제3항에 언급된 범주에 속하지 아니하는 다자조약으로서 제1항 또는 제2항에 따라 실시된 통고에서 승계국이 자신의 전 영토에 대해 조약이 적용될 것임을 표시하는 경우.

나. 제17조 제3항에 언급된 범주에 속하는 다자조약으로서 승계국과 모든 당사국 또는 경우에 따라 모든 체약국이 달리 합의하는 경우.

6. 승계국의 전 영토에 대한 적용이 조약의 대상 및 목적과 양립할 수 없거나 또는 그 운영을 위한 조건을 근본적으로 변경시킨다고 조약상 나타나거나 또는 달리 확립되는 경우 제5항 가호는 적용되지 않는다.

제33조(비준 · 수락 또는 승인을 조건으로 선행국에 의해 서명된 조약에 관한 국가통합의 효과)

1. 제2항 및 제3항을 따른다는 조건 아래 국가승계일 이전에 선행국 중 하나가 비준·수락 또는 승인을 조건으로 다자조약에 서명했다면 제31조에 해당하는 승계국은 자신이 그 조약에 서명한 것처럼 조약을 비준·수락 또는 승인할 수 있으며 그에 의해 조약의 당사자 또는 체약국이 될 수 있다.

2. Paragraph 1 does not apply if it appears from the treaty or is otherwise established that the application of the treaty in respect of the successor State would be incompatible with the object and purpose of the treaty or would radically change the conditions for its operation.

2. 승계국에 관한 적용이 조약의 대상 및 목적과 양립할 수 없거나 또는 그 운영 조건을 근본적으로 변경시킨다고 조약상 나타나거나 또는 달리 증명되는 경우 제1항은 적용되지 않는다.

3. If the treaty is one falling within the category mentioned in article 17, paragraph 3, the successor State may become a party or a contracting State to the treaty only with the consent of all the parties or of all the contracting States.

3. 조약이 제17조 제3항에 언급된 범주에 속한다면 승계국은 모든 당사자나 모든 체약국의 동의 하에서만 그 조약의 당사자 또는 체약국이 될 수 있다.

4. Any treaty to which the successor State becomes a party or a contracting State in conformity with paragraph 1 shall apply only in respect of the part of the territory of the successor State in respect of which the treaty was signed by one of the predecessor States unless:

4. 승계국이 제1항에 따라 당사자 또는 체약국으로 되는 조약은 다음에 해당하지 아니하는 한, 어느 한 선행국에 의해 서명된 조약과 관련된 승계국의 영토 해당부분에 대해서만 적용된다.

(a) in the case of a multilateral treaty not falling within the category mentioned in article 17, paragraph 3, the successor State when ratifying, accepting or approving the treaty gives notice that the treaty shall apply in respect of its entire territory; or

가. 제17조 제3항에 언급된 범주에 속하지 아니하는 다자조약으로서 승계국이 조약을 비준·수락 또는 승인할 때 조약이 자신의 전 영토에 대해 적용된다는 통고를 하는 경우, 또는

(b) in the case of a multilateral treaty falling within the category mentioned in article 17, paragraph 3, the successor State and all the parties or, as the case may be, all the contracting States otherwise agree.

나. 제17조 3항에 언급된 범주에 속하는 다자조약으로서 승계국과 모든 당사국 또는 경우에 따라 모든 체약국이 달리 합의하는 경우.

5. Paragraph 4(a) does not apply if it appears from the treaty or is otherwise established that the application of the treaty in respect of the entire territory of the successor State would be incompatible with the object and purpose of the treaty or would radically change the conditions for its operation.

5. 승계국의 전 영토에 관한 적용이 조약의 대상 및 목적과 양립할 수 없거나 또는 그 운영조건을 근본적으로 변경시킨다고 조약상 나타나거나 또는 달리 증명될 경우 제4항 가호는 적용되지 않는다.

Article 34(Succession of States in cases of separation of parts of a State)

제34조(국가의 일부 분리의 경우의 국가승계)

1. 선행국이 계속 존속하는지 여부와 상관없

1. When a part or parts of the territory of a State separate to form one or more States, whether or not the predecessor State continues to exist:

이, 국가 영토의 일부(들)가 분리되어 하나 또는 그 이상의 국가를 형성할 경우,

(a) any treaty in force at the date of the succession of States in respect of the entire territory of the predecessor State continues in force in respect of each successor State so formed;

가. 국가승계일 당시 선행국의 전 영토에 대해 발효 중인 조약은 그렇게 형성된 각 승계국에 관해 계속 유효하다.

(b) any treaty in force at the date of the succession of States in respect only of that part of the territory of the predecessor State which has become a successor State continues in force in respect of that successor State alone.

나. 국가승계일 당시 승계국으로 된 선행국의 영토 일부에 대해서만 발효 중인 조약은 그 승계국에 대해서만 계속 유효하다.

2. Paragraph 1 does not apply if:
(a) the States concerned otherwise agree; or
(b) it appears from the treaty or is otherwise established that the application of the treaty in respect of the successor State would be incompatible with the object and purpose of the treaty or would radically change the conditions for its operation.

2. 다음의 경우 제1항은 적용되지 아니한다.
가. 관련국들이 달리 합의하는 경우, 또는
나. 승계국에 대한 적용이 조약의 대상 및 목적과 양립할 수 없거나 또는 그 운영 조건을 근본적으로 변경시킨다고 조약상 나타나거나 또는 달리 증명된 경우.

Article 35(Position if a State continues after separation of part of its territory)

When, after separation of any part of the territory of a State, the predecessor State continues to exist, any treaty which at the date of the succession of States was in force in respect of the predecessor State continues in force in respect of its remaining territory unless:

제35조(영토 일부의 분리 이후 국가가 존속하는 경우의 지위)

국가영토 일부의 분리 이후에도 선행국이 계속 존속하는 경우, 국가승계일 당시 선행국에 대해 발효 중인 조약은 다음에 해당하지 아니하는 한 그 나머지 영토에 대해 계속 유효하다.

(a) the States concerned otherwise agree;
(b) it is established that the treaty related only to the territory which has separated from the predecessor State; or
(c) it appears from the treaty or is otherwise established that the application of the treaty in respect of the predecessor State would be incompatible with the object

가. 관련국들이 달리 합의하는 경우.
나. 조약이 선행국으로부터 분리된 영토에만 관련되었다고 증명되는 경우, 또는
다. 선행국에 대한 적용이 조약의 대상 및 목적과 양립할 수 없거나 또는 그 운영 조건을 근본적으로 변경시킨다고 조약상 나타나거나 또는 달리 증명되는 경우.

and purpose of the treaty or would radically change the conditions for its operation.

Article 36(Participation in treaties not in force at the date of the succession of States in cases of separation of parts of a State)

1. Subject to paragraphs 3 and 4, a successor State falling under article 34, paragraph 1, may, by making a notification, establish its status as a contracting State to a multilateral treaty which is not in force if, at the date of the succession of States, the predecessor State was a contracting State to the treaty in respect of the territory to which the succession of States relates.

2. Subject to paragraphs 3 and 4, a successor State falling under article 34, paragraph 1, may, by making a notification, establish its status as a party to a multilateral treaty which enters into force after the date of the succession of States if at that date the predecessor State was a contracting State to the treaty in respect of the territory to which the succession of States relates.

3. Paragraphs 1 and 2 do not apply if it appears from the treaty or is otherwise established that the application of the treaty in respect of the successor State would be incompatible with the object and purpose of the treaty or would radically change the conditions for its operation.

4. If the treaty is one falling within the category mentioned in article 17, paragraph 3, the successor State may establish its status as a party or as a contracting State to the treaty only with the consent of all the parties or of all the contracting States.

Article 37(Participation in cases of separation of parts of a State in treaties signed by the predecessor State subject to ratification, acceptance or approval)

제36조(국가 일부 분리의 경우 국가승계일 당시 발효하지 않은 조약에의 참여)

1. 제3항 및 제4항을 따른다는 조건 아래 국가승계일 당시 선행국이 국가승계가 관련되는 영토에 관한 조약의 체약국이었다면, 제34조 제1항에 해당하는 승계국은 통고에 의해 미발효 다자조약 체약국의 지위를 확립할 수 있다.

2. 제3항 및 제4항을 따른다는 조건 아래 국가승계일 당시 선행국이 국가승계가 관련되는 영토에 관한 조약의 체약국이었다면, 제34조 제1항에 해당하는 승계국은 통고에 의해 국가승계일 이후 발효하는 다자조약 당사국의 지위를 확립할 수 있다.

3. 승계국에 관한 적용이 조약의 대상 및 목적과 양립할 수 없거나 또는 그 운영 조건을 근본적으로 변경시킨다고 조약상 나타나거나 또는 달리 증명되는 경우에는 제1항 및 제2항은 적용되지 않는다.

4. 조약이 제17조 제3항에 언급된 범주에 속할 경우, 승계국은 모든 당사국이나 모든 체약국의 동의 하에서만 그 조약의 당사자 또는 체약국으로서의 지위를 확립할 수 있다.

제37조(국가 일부 분리의 경우 비준 · 수락 또는 승인을 조건으로 선행국에 의해 서명된 조약에의 참가)

1. Subject to paragraphs 2 and 3, if before the date of the succession of States the predecessor State had signed a multilateral treaty subject to ratification, acceptance or approval and the treaty, if it had been in force at that date, would have applied in respect of the territory to which the succession of States relates, a successor State falling under article 34, paragraph 1, may ratify, accept or approve the treaty as if it had signed that treaty and may thereby become a party or a contracting State to it.

1. 제2항 및 제3항을 따른다는 조건 아래 선행국이 국가승계일 이전에 비준·수락 또는 승인을 조건으로 하는 다자조약에 서명하고 또한 조약이 그 일자에 발효 중으로 국가승계가 관련된 영토에 적용되고 있다면, 제34조 제1항에 해당하는 승계국은 그 조약에 서명했던 것처럼 비준·수락 또는 승인할 수 있으며 또한 이에 의해 그 조약의 당사자 또는 체약국이 될 수 있다.

2. Paragraph 1 does not apply if it appears from the treaty or is otherwise established that the application of the treaty in respect of the successor State would be incompatible with the object and purpose of the treaty or would radically change the conditions for its operation.

2. 승계국에 관한 적용이 조약의 대상 및 목적과 양립할 수 없거나 또는 그 운영 조건을 근본적으로 변경시킨다고 조약상 나타나거나 또는 달리 증명되는 경우, 제1항은 적용되지 않는다.

3. If the treaty is one falling within the category mentioned in article 17, paragraph 3, the successor State may become a party or a contracting State to the treaty only with the consent of all the parties or of all the contracting States.

3. 조약이 제17조 제3항에 언급된 범주에 속하다면 승계국은 모든 당사자나 모든 체약국의 동의 하에서만 그 조약의 당사자 또는 체약국이 될 수 있다.

Article 38(Notifications)

제38조(통고)

1. Any notification under articles 31, 32 or 36 shall be made in writing.

1. 제31조, 제32조 또는 제36조에 따른 통고는 서면으로 실시되어야 한다.

2. If the notification is not signed by the Head of State, Head of Government or Minister for Foreign Affairs, the representative of the State communicating it may be called upon to produce full powers.

2. 통고가 국가원수, 정부수반 또는 외무장관에 의해 서명되지 아니한 경우, 이를 통고하는 국가대표는 전권위임장을 제시하도록 요구받을 수 있다.

3. Unless the treaty otherwise provides, the notification shall:

3. 조약이 달리 규정하지 아니하는 한, 통고는:

(a) be transmitted by the successor State to the depositary, or, if there is no depositary, to the parties or the contracting States;

가. 승계국에 의해 수탁자에게 전달되거나, 만약 수탁자가 없는 경우 당사국이나 체약국에 전달된다.

(b) be considered to be made by the successor State on the date on which it is re-

나. 수탁자에게 접수된 일자, 만약 수탁자가 없는 경우 모든 당사자나 경우에 따라 모든

ceived by the depositary or, if there is no depositary, on the date on which it is received by all the parties or, as the case may be, by all the contracting States.

체약국에 의해 접수된 일자에 승계국에 의해 실시되었다고 간주된다.

4. Paragraph 3 does not affect any duty that the depositary may have, in accordance with the treaty or otherwise, to inform the parties or the contracting States of the notification or any communication made in connection therewith by the successor State.

4. 제3항은 승계국에 의한 통고 또는 이와 관련하여 이루어진 통지를 조약 등에 따라 당사자 또는 체약국에 통보해야 할 수탁자의 어떠한 의무에도 영향을 미치지 않는다.

5. Subject to the provisions of the treaty, such notification or communication shall be considered as received by the State for which it is intended only when the latter State has been informed by the depositary.

5. 조약 규정을 따른다는 조건 아래 그러한 통고 또는 통지는 수탁자에 의해 그것이 의도하는 국가에 통보된 때에만 그 국가에 의해 접수되었다고 간주된다.

PART V MISCELLANEOUS PROVISIONS

제5부 잡 칙

Article 39(Cases of State responsibility and outbreak of hostilities)

The provisions of the present Convention shall not prejudge any question that may arise in regard to the effects of a succession of States in respect of a treaty from the international responsibility of a State or from the outbreak of hostilities between States.

제39조(국가책임 및 적대행위 발발의 경우)

이 협약 규정은 조약에 관한 국가승계의 효과와 관련해 국가의 국제책임 또는 국가간의 적대행위의 발발로부터 발생될 수 있는 문제를 예단하지 않는다.

Article 40(Cases of military occupation)

The provisions of the present Convention shall not prejudge any question that may arise in regard to a treaty from the military occupation of a territory.

제40조(군사점령의 경우)

이 협약 규정은 조약과 관련해 영토의 군사적 점령으로부터 발생할 수 있는 문제를 예단하지 않는다.

PART VI SETTLEMENT OF DISPUTES

제6부 분쟁해결

Article 41(Consultation and negotiation)

If a dispute regarding the interpretation or application of the present Convention arises

제41조(협의와 협상)

이 협약의 해석이나 적용과 관련한 분쟁이 이 협약의 두개 이상의 당사자간에 발생하는 경

between two or more Parties to the Convention, they shall, upon the request of any of them, seek to resolve it by a process of consultation and negotiation.

우, 분쟁당사자들은 일방 당사자의 요청에 따라 협의와 협상 절차에 의해 이의 해결을 추구해야 한다.

Article 42(Conciliation)

If the dispute is not resolved within six months of the date on which the request referred to in article 41 has been made, any party to the dispute may submit it to the conciliation procedure specified in the Annex to the present Convention by submitting a request to that effect to the Secretary-General of the United Nations and informing the other party or parties to the dispute of the request.

제42조(조정)

분쟁이 제41조에 규정된 요청이 제출된 날로부터 6개월 이내에 해결되지 않으면, 어느 분쟁 당사자도 국제연합 사무총장에게 요청하고 다른 분쟁 당사자에게 이 요청을 알림으로써 분쟁을 협약 부속서에 명시된 조정절차에 회부할 수 있다.

Article 43(Judicial settlement and arbitration)

Any State at the time of signature or ratification of the present Convention or accession thereto or at any time thereafter, may, by notification to the depositary, declare that, where a dispute has not been resolved by the application of the procedures referred to in articles 41 and 42, that dispute may be submitted for a decision to the International Court of Justice by a written application of any party to the dispute, or in the alternative to arbitration, provided that the other party to the dispute has made a like declaration.

제43조(사법적 해결과 중재)

어떠한 국가도 이 협약의 서명·비준·가입 시 또는 이후 언제라도 수탁자에 대한 통고를 통해, 제41조와 제42조에 언급된 절차의 적용으로 분쟁이 해결되지 않는다면 다른 분쟁 당사국도 같은 선언을 하는 것을 조건으로 분쟁 당사국의 서면 신청에 의해 분쟁이 국제사법재판소 또는 중재에 회부될 수 있다는 선언을 할 수 있다.

Article 44(Settlement by common consent)

Notwithstanding articles 41, 42 and 43, if a dispute regarding the interpretation or application of the present Convention arises between two or more Parties to the Convention, they may by common consent agree to submit it to the International Court of Justice, or to arbitration, or to any other appropriate procedure for the settlement of disputes.

제44조(공동합의에 의한 해결)

제41조, 제42조, 제43조에도 불구하고, 이 협약의 해석 또는 적용과 관련된 분쟁이 두 개 이상의 당사국간에 발생하는 경우, 그 당사국들은 공통된 동의에 의해 국제사법재판소, 중재 또는 분쟁해결을 위한 다른 적절한 절차에 분쟁을 회부하기로 합의할 수 있다.

Article 45(Other provisions in force for the settlement of disputes)

Nothing in articles 41 to 44 shall affect the rights or obligations of the Parties to the

제45조(분쟁해결을 위한 다른 유효한 조항)

제41조 내지 제44조의 어떠한 내용도 분쟁해결에 관해 이 협약 당사국을 기속하는 다른 조항에 따른 그들의 권리와 의무에 영향을 미치

present Convention under any provisions in force binding them with regard to the settlement of disputes.

지 아니한다.

PART VII FINAL PROVISIONS

Article 46(Signature)

The present Convention shall be open for signature by all States until 28 February 1979 at the Federal Ministry for Foreign Affairs of the Republic of Austria, and subsequently, until 31 August 1979, at United Nations Headquarters in New York.

Article 47(Ratification)

The present Convention is subject to ratification. The instruments of ratification shall be deposited with the Secretary-General of the United Nations.

Article 48(Accession)

The present Convention shall remain open for accession by any State. The instruments of accession shall be deposited with the Secretary-General of the United Nations.

Article 49(Entry into force)

1. The present Convention shall enter into force on the thirtieth day following the date of deposit of the fifteenth instrument of ratification or accession.

2. For each State ratifying or acceding to the Convention after the deposit of the fifteenth instrument of ratification or accession, the Convention shall enter into force on the thirtieth day after deposit by such State of its instrument of ratification or accession.

Article 50(Authentic texts)

The original of the present Convention, of which the Arabic, Chinese, English, French, Russian and Spanish texts are equally authentic, shall be deposited with the Secretary-General of the United Nations.

제7부 최종조항

제46조(서명)

이 협약은 1979년 2월 28일 오스트리아 공화국 연방 외교부에서 모든 국가의 서명을 위해 개방되며, 이후 1979년 8월 31일까지 뉴욕의 국제연합 본부에서 개방된다.

제47조(비준)

이 협약은 비준되어야 한다. 비준서는 국제연합 사무총장에게 기탁된다.

제48조(가입)

이 협약은 모든 국가의 가입을 위해 개방된다. 가입서는 국제연합 사무총장에게 기탁된다.

제49조(발효)

1. 이 협약은 15번째 비준서 또는 가입서의 기탁일로부터 30일이 되는 날 발효한다.

2. 15번째 비준서 또는 가입서의 기탁 후 협약을 비준 또는 가입하는 국가에 대해 이 협약은 그 국가의 비준서 또는 가입서 기탁 후 30일이 되는 날 발효한다.

제50조(정본)

이 협약의 아랍어, 중국어, 영어, 프랑스어, 러시아어와 스페인어 본은 동등한 정본으로 국제연합 사무총장에게 기탁된다.

(부속서 생략)

Vienna Convention on the Law of Treaties between States and International Organizations or between International Organizations (1986)[1)]

The Parties to the present Convention,

Considering the fundamental role of treaties in the history of international relations,

Recognizing the consensual nature of treaties and their ever-increasing importance as a source of international law,

Noting that the principles of free consent and of good faith and the pacta sunt servanda rule are universally recognized,

Affirming the importance of enhancing the process of codification and progressive development of international law at a universal level,

Believing that the codification and progressive development of the rules relating to treaties between States and international organizations or between international organizations are means of enhancing legal order in international relations and of serving the purposes of the United Nations,

Having in mind the principles of international law embodied in the Charter of the United Nations, such as the principles of the equal rights and self-determination of peoples, of the sovereign equality and independence of all States, of non-interference in the domestic affairs of States, of the prohibition of the threat or use of force and of universal respect for, and observance of, human rights and fundamental freedoms for all,

Bearing in mind the provisions of the Vienna Convention on the Law of Treaties of 1969,

Recognizing the relationship between the law of treaties between States and the law of treaties between States and international organizations or between international organizations,

Considering the importance of treaties between States and international organizations or between international organizations as a useful means of developing international relations and ensuring conditions for peaceful cooperation among nations, whatever their constitutional and social systems,

Having in mind the specific features of treaties to which international organizations are parties as subjects of international law distinct from States,

Noting that international organizations possess the capacity to conclude treaties, which is necessary for the exercise of their functions and the fulfilment of their purposes,

Recognizing that the practice of international organizations in concluding treaties with States or between themselves should be in accordance with their constituent instruments,

Affirming that nothing in the present Convention should be interpreted as affecting those relations between an international organization and its members which are regulated by the rules of the organization,

Affirming also that disputes concerning treaties, like other international disputes, should be settled, in conformity with the Charter of the United Nations, by peaceful means and in conformity with the principles of justice and international law,

---

1) 1986년 채택, 미발효, 현 당사자 45개국(기구). 한국 미비준. 이 협약은 비엔나 조약법협약과 내용이 거의 비슷해 별도로 번역을 하지 않음.

Affirming also that the rules of customary international law will continue to govern questions not regulated by the provisions of the present Convention,

Have agreed as follows:

PART I INTRODUCTION

Article 1(Scope of the present Convention)

The present Convention applies to:

(a) treaties between one or more States and one or more international organizations, and

(b) treaties between international organizations.

Article 2(Use of terms)

1. For the purposes of the present Convention:

(a) "treaty" means an international agreement governed by international law and concluded in written form:

(i) between one or more States and one or more international organizations; or

(ii) between international organizations, whether that agreement is embodied in a single instrument or in two or more related instruments and whatever its particular designation;

(b) "ratification" means the international act so named whereby a State establishes on the international plane its consent to be bound by a treaty;

(b bis) "act of formal confirmation" means an international act corresponding to that of ratification by a State, whereby an international organization establishes on the international plane its consent to be bound by a treaty;

(b ter) "acceptance," "approval" and "accession" mean in each case the international act so named whereby a State or an international organization establishes on the international plane its consent to be bound by a treaty;

(c) "full powers" means a document emanating from the competent authority of a State or from the competent organ of an international organization designating a person or persons to represent the State or the organization for negotiating, adopting or authenticating the text of a treaty, for expressing the consent of the State or of the organization to be bound by a treaty, or for accomplishing any other act with respect to a treaty;

(d) "reservation" means a unilateral statement, however phrased or named, made by a State or by an international organization when signing, ratifying, formally confirming, accepting, approving or acceding to a treaty, whereby it purports to exclude or to modify the legal effect of certain provisions of the treaty in their application to that State or to that organization;

(e) "negotiating State" and "negotiating organization" mean respectively:

(i) a State, or

(ii) an international organization,

which took part in the drawing up and adoption of the text of the treaty;

(f) "contracting State" and "contracting organization" mean respectively:

(i) a State, or

(ii) an international organization,

which has consented to be bound by the treaty, whether or not the treaty has entered into force;

(g) "party" means a State or an international organization which has consented to be bound by the treaty and for which the treaty is in force;

(h) "third State" and "third organization" mean respectively:

(i) a State, or

(ii) an international organization,

not a party to the treaty;

(i) "international organization" means an intergovernmental organization;

(j) "rules of the organization" means, in particular, the constituent instruments, decisions and resolutions adopted in accordance with them, and established practice of the organization.

2. The provisions of paragraph 1 regarding the use of terms in the present Convention are without prejudice to the use of those terms or to the meanings which may be given to them in the internal law of any State or in the rules of any international organization.

Article 3(International agreements not within the scope of the present Convention)

The fact that the present Convention does not apply:

(i) to international agreements to which one or more States, one or more international organizations and one or more subjects of international law other than States or organizations are parties;

(ii) to international agreements to which one or more international organizations and one or more subjects of international law other than States or organizations are parties;

(iii) to international agreements not in written form between one or more States and one or more international organizations, or between international organizations; or

(iv) to international agreements between subjects of international law other than States or international organizations;

shall not affect:

(a) the legal force of such agreements;

(b) the application to them of any of the rules set forth in the present Convention to which they would be subject under international law independently of the Convention;

(c) the application of the Convention to the relations between States and international organizations or to the relations of organizations as between themselves, when those relations are governed by international agreements to which other subjects of international law are also parties.

Article 4(Non-retroactivity of the present Convention)

Without prejudice to the application of any rules set forth in the present Convention to which treaties between one or more States and one or more international organizations or between international organizations would be subject under international law independently of the Convention, the Convention applies only to such treaties concluded after the entry into force of the present Convention with regard to those States and those organizations.

Article 5(Treaties constituting international organizations and treaties adopted within an international organization)

The present Convention applies to any treaty between one or more States and one or more international organizations which is the constituent instrument of an international organization and to any treaty adopted within an international organization, without prejudice to any relevant rules of the organization.

PART II. CONCLUSION AND ENTRY INTO FORCE OF TREATIES

SECTION 1. CONCLUSION OF TREATIES

Article 6(Capacity of international organizations to conclude treaties)

The capacity of an international organization to conclude treaties is governed by the rules of that organization.

Article 7(Full powers)

1. A person is considered as representing a State for the purpose of adopting or authenticating the text of a treaty or for the purpose of expressing the consent of the State to be bound by a treaty if:

(a) that person produces appropriate full powers; or

(b) it appears from practice or from other circumstances that it was the intention of the States and international organizations concerned to consider that person as representing the State for such purposes without having to produce full powers.

2. In virtue of their functions and without having to produce full powers, the following are considered as representing their State:

(a) Heads of State, Heads of Government and Ministers for Foreign Affairs, for the purpose of performing all acts relating to the conclusion of a treaty between one or more States and one or more international organizations;

(b) representatives accredited by States to an international conference, for the purpose of adopting the text of a treaty between States and international organizations;

(c) representatives accredited by States to an international organization or one of its organs, for the purpose of adopting the text of a treaty in that organization or organ;

(d) heads of permanent missions to an international organization, for the purpose of adopting the text of a treaty between the accrediting States and that organization.

3. A person is considered as representing an international organization for the purpose of adopting or authenticating the text of a treaty, or expressing the consent of that organization to be bound by a treaty, if:

(a) that person produces appropriate full powers; or

(b) it appears from the circumstances that it was the intention of the States and international organizations concerned to consider that person as representing the organization for such purposes, in accordance with the rules of the organization, without having to produce full powers.

Article 8(Subsequent confirmation of an act performed without authorization)

An act relating to the conclusion of a treaty performed by a person who cannot be considered under article 7 as authorized to represent a State or an international organization for that purpose is without legal effect unless afterwards confirmed by that State or that organization.

Article 9(Adoption of the text)

1. The adoption of the text of a treaty takes place by the consent of all the States and international organizations or, as the case may be, all the organizations participating in its drawing up except as provided in paragraph 2.

2. The adoption of the text of a treaty at an international conference takes place in accordance with the procedure agreed upon by the participants in that conference. If, however, no agreement is reached on any such procedure, the adoption of the text shall take place by the vote of two thirds of the participants present and voting unless by the same majority they shall decide to apply a different rule.

Article 10(Authentication of the text)

1. The text of a treaty between one or more States and one or more international organizations is established as authentic and definitive:

(a) by such procedure as may be provided for in the text or agreed upon by the States and organizations participating in its drawing up; or

(b) failing such procedure, by the signature, signature *ad referendum* or initialling by the representatives of those States and those organizations of the text of the treaty or of the Final Act of a conference incorporating the text.

2. The text of a treaty between international organizations is established as authentic and definitive:

(a) by such procedure as may be provided for in the text or agreed upon by the organizations participating in its drawing up; or

(b) failing such procedure, by the signature, signature *ad referendum* or initialling by the representatives of those States and those organizations of the text of the treaty or of the Final Act of a conference incorporating the text.

Article 11(Means of expressing consent to be bound by a treaty)

1. The consent of a State to be bound by a treaty may be expressed by signature, exchange of instruments constituting a treaty, ratification, acceptance, approval or accession, or by any other means if so agreed.

2. The consent of an international organization to be bound by a treaty may be expressed by signature, exchange of instruments constituting a treaty, act of formal confirmation, acceptance, approval or accession, or by any other means if so agreed.

Article 12(Consent to be bound by a treaty expressed by signature)

1. The consent of a State or of an international organization to be bound by a treaty is expressed by the signature of the representative of that State or of that organization when:

(a) the treaty provides that signature shall have that effect;

(b) it is otherwise established that the negotiating States and negotiating organizations or, as the case may be, the negotiating organizations were agreed that signature should have that effect; or

(c) the intention of the State or organization to give that effect to the signature appears from the full powers of its representative or was expressed during the negotiation.

2. For the purposes of paragraph 1:

(a) the initialling of a text constitutes a signature of the treaty when it is established that the negotiating States and negotiating organizations or, as the case may be, the negotiating organizations so agreed;

(b) the signature ad referendum of a treaty by the representative of a State or an international organization, if confirmed by his State or organization, constitutes a full signature of the treaty.

Article 13(Consent to be bound by a treaty expressed by an exchange of instruments constituting a treaty)

The consent of States or of international organizations to be bound by a treaty constituted by instruments exchanged between them is expressed by that exchange when:

(a) the instruments provide that their exchange shall have that effect; or

(b) it is otherwise established that those States and those organizations or, as the case may be, those organizations were agreed that the exchange of instruments should have that effect.

Article 14(Consent to be bound by a treaty expressed by ratification, act of formal confirmation, acceptance or approval)

1. The consent of a State to be bound by a treaty is expressed by ratification when:

(a) the treaty provides for such consent to be expressed by means of ratification;

(b) it is otherwise established that the negotiating States and negotiating organizations were agreed that ratification should be required;

(c) the representative of the State has signed the treaty subject to ratification; or

(d) the intention of the State to sign the treaty subject to ratification appears from the full powers of its representative or was expressed during the negotiation.

2. The consent of an international organization to be bound by a treaty is expressed by an act of formal confirmation when:

(a) the treaty provides for such consent to be expressed by means of an act of formal confirmation;

(b) it is otherwise established that the negotiating States and negotiating organizations or, as the case may be, the negotiating organizations were agreed that an act of formal confirmation should be required;

(c) the representative of the organization has signed the treaty subject to an act of formal confirmation; or

(d) the intention of the organization to sign the treaty subject to an act of formal confirmation appears from the full powers of its representative or was expressed during the negotiation.

3. The consent of a State or of an international organization to be bound by a treaty is expressed by acceptance or approval under conditions similar to those which apply to ratification or, as the case may be, to an act of formal confirmation.

Article 15(Consent to be bound by a treaty expressed by accession)

The consent of a State or of an international organization to be bound by a treaty is expressed by accession when:

(a) the treaty provides that such consent may be expressed by that State or that organization by means of accession;

(b) it is otherwise established that the negotiating States and negotiating organizations or, as the case may be, the negotiating organizations were agreed that such consent may be expressed by that State or that organization by means of accession; or

(c) all the parties have subsequently agreed that such consent may be expressed by that State or that organization by means of accession.

Article 16(Exchange or deposit of instruments of ratification, formal confirmation, acceptance, approval or accession)

1. Unless the treaty otherwise provides, instruments of ratification, instruments relating to an act of formal confirmation or instruments of acceptance, approval or accession establish the consent of a State or of an international organization to be bound by a treaty between one or more States and one or more international organizations upon:

(a) their exchange between the contracting States and contracting organizations;

(b) their deposit with the depositary; or

(c) their notification to the contracting States and to the contracting organizations or to the depositary, if so agreed.

2. Unless the treaty otherwise provides, instruments relating to an act of formal confirmation or instruments of acceptance, approval or accession establish the consent of an international organization to be bound by a treaty between international organizations upon:

(a) their exchange between the contracting organizations;

(b) their deposit with the depositary; or

(c) their notification to the contracting organizations or to the depositary, if so agreed.

Article 17(Consent to be bound by part of a treaty and choice of differing provisions)

1. Without prejudice to articles 19 to 23, the consent of a State or of an international organization to be bound by part of a treaty is effective only if the treaty so permits, or if the contracting States and contracting organizations or, as the case may be, the contracting organizations so agree.

2. The consent of a State or of an international organization to be bound by a treaty which permits a choice between differing provisions is effective only if it is made clear to which of the provisions the consent relates.

Article 18(Obligation not to defeat the object and purpose of a treaty prior to its entry into force)

A State or an international organization is obliged to refrain from acts which would defeat the object and purpose of a treaty when:

(a) that State or that organization has signed the treaty or has exchanged instruments constituting the treaty subject to ratification, act of formal confirmation, acceptance or approval, until that State or that organization shall have made its intention clear not to become a party to the treaty; or

(b) that State or that organization has expressed its consent to be bound by the treaty, pending the entry into force of the treaty and provided that such entry into force is not unduly delayed.

SECTION 2. RESERVATIONS

Article 19(Formulation of reservations)

A State or an international organization may, when signing, ratifying, formally confirming, accepting, approving or acceding to a treaty, formulate a reservation unless:

(a) the reservation is prohibited by the treaty;

(b) the treaty provides that only specified reservations, which do not include the reservation in question, may be made; or

(c) in cases not falling under subparagraphs (a) and (b), the reservation is incompatible with the object and purpose of the treaty.

Article 20(Acceptance of and objection to reservations)

1. A reservation expressly authorized by a treaty does not require any subsequent acceptance by the contracting States and contracting organizations or, as the case may be, by the contracting organizations unless the treaty so provides.

2. When it appears from the limited number of the negotiating States and negotiating organizations or, as the case may be, of the negotiating organizations and the object and purpose of a treaty that the application of the treaty in its entirety between all the parties is an essential condition of the consent of each one to be bound by the treaty, a reservation requires acceptance by all the parties.

3. When a treaty is a constituent instrument of an international organization and unless it otherwise provides, a reservation requires the acceptance of the competent organ of that organization.

4. In cases not falling under the preceding paragraphs and unless the treaty otherwise provides:

(a) acceptance of a reservation by a contracting State or by a contracting organization constitutes the reserving State or international organization a party to the treaty in relation to the accepting State or organization if or when the treaty is in force for the reserving State or organization and for the accepting State or organization;

(b) an objection by a contracting State or by a contracting organization to a reservation does not preclude the entry into force of the treaty as between the objecting State or international organization and the reserving State or organization unless a contrary intention is definitely expressed by the objecting State or organization;

(c) an act expressing the consent of a State or of an international organization to be bound by the treaty and containing a reservation is effective as soon as at least one contracting State or one contracting organization has accepted the reservation.

5. For the purposes of paragraphs 2 and 4, and unless the treaty otherwise provides, a reservation is considered to have been accepted by a State or an international organization if it shall have raised no objection to the reservation by the end of a period of twelve months after it was notified of the reservation or by the date on which it expressed its consent to be bound by the treaty, whichever is later.

Article 21(Legal effects of reservations and of objections to reservations)

1. A reservation established with regard to another party in accordance with articles 19, 20 and 23:

(a) modifies for the reserving State or international organization in its relations with that other party the provisions of the treaty to which the reservation relates to the extent of the reservation; and

(b) modifies those provisions to the same extent for that other party in its relations with the reserving State or international organization.

2. The reservation does not modify the provisions of the treaty for the other parties to the treaty *inter se*.

3. When a State or an international organization objecting to a reservation has not opposed the entry into force of the treaty between itself and the reserving State or organization, the provisions to

which the reservation relates do not apply as between the reserving State or organization and the objecting State or organization to the extent of the reservation.

Article 22(Withdrawal of reservations and of objections to reservations)

1. Unless the treaty otherwise provides, a reservation may be withdrawn at any time and the consent of a State or of an international organization which has accepted the reservation is not required for its withdrawal.

2. Unless the treaty otherwise provides, an objection to a reservation may be withdrawn at any time.

3. Unless the treaty otherwise provides, or it is otherwise agreed:

(a) the withdrawal of a reservation becomes operative in relation to a contracting State or a contracting organization only when notice of it has been received by that State or that organization;

(b) the withdrawal of an objection to a reservation becomes operative only when notice of it has been received by the State or international organization which formulated the reservation.

Article 23(Procedure regarding reservations)

1. A reservation, an express acceptance of a reservation and an objection to a reservation must be formulated in writing and communicated to the contracting States and contracting organizations and other States and international organizations entitled to become parties to the treaty.

2. If formulated when signing the treaty subject to ratification, act of formal confirmation, acceptance or approval, a reservation must be formally confirmed by the reserving State or international organization when expressing its consent to be bound by the treaty. In such a case the reservation shall be considered as having been made on the date of its confirmation.

3. An express acceptance of, or an objection to, a reservation made previously to confirmation of the reservation does not itself require confirmation.

4. The withdrawal of a reservation or of an objection to a reservation must be formulated in writing.

SECTION 3. ENTRY INTO FORCE AND PROVISIONAL APPLICATION OF TREATIES

Article 24(Entry into force)

1. A treaty enters into force in such manner and upon such date as it may provide or as the negotiating States and negotiating organizations or, as the case may be, the negotiating organizations may agree.

2. Failing any such provision or agreement, a treaty enters into force as soon as consent to be bound by the treaty has been established for all the negotiating States and negotiating organizations or, as the case may be, all the negotiating organizations.

3. When the consent of a State or of an international organization to be bound by a treaty is established on a date after the treaty has come into force, the treaty enters into force for that State or that organization on that date, unless the treaty otherwise provides.

4. The provisions of a treaty regulating the authentication of its text, the establishment of consent to be bound by the treaty, the manner or date of its entry into force, reservations, the functions of the depositary and other matters arising necessarily before the entry into force of the treaty apply from the time of the adoption of its text.

Article 25(Provisional application)

1. A treaty or a part of a treaty is applied provisionally pending its entry into force if:

(a) the treaty itself so provides; or

(b) the negotiating States and negotiating organizations or, as the case may be, the negotiating organizations have in some other manner so agreed.

2. Unless the treaty otherwise provides or the negotiating States and negotiating organizations or, as the case may be, the negotiating organizations have otherwise agreed, the provisional application of a treaty or a part of a treaty with respect to a State or an international organization shall be terminated if that State or that organization notifies the States and organizations with regard to which the treaty is being applied provisionally of its intention not to become a party to the treaty.

PART III. OBSERVANCE, APPLICATION AND INTERPRETATION OF TREATIES

SECTION 1. OBSERVANCE OF TREATIES

Article 26(*Pacta sunt servanda*)

Every treaty in force is binding upon the parties to it and must be performed by them in good faith.

Article 27(Internal law of States, rules of international organizations and observance of treaties)

1. A State party to a treaty may not invoke the provisions of its internal law as justification for its failure to perform the treaty.

2. An international organization party to a treaty may not invoke the rules of the organization as justification for its failure to perform the treaty.

3. The rules contained in the preceding paragraphs are without prejudice to article

SECTION 2. APPLICATION OF TREATIES

Article 28(Non-retroactivity of treaties)

Unless a different intention appears from the treaty or is otherwise established, its provisions do not bind a party in relation to any act or fact which took place or any situation which ceased to exist before the date of the entry into force of the treaty with respect to that party.

Article 29(Territorial scope of treaties)

Unless a different intention appears from the treaty or is otherwise established, a treaty between one or more States and one or more international organizations is binding upon each State party in respect of its entire territory.

Article 30(Application of successive treaties relating to the same subject matter)

1. The rights and obligations of States and international organizations parties to successive treaties relating to the same subject matter shall be determined in accordance with the following paragraphs.

2. When a treaty specifies that it is subject to, or that it is not to be considered as incompatible with, an earlier or later treaty, the provisions of that other treaty prevail.

3. When all the parties to the earlier treaty are parties also to the later treaty but the earlier treaty is not terminated or suspended in operation under article 59, the earlier treaty applies to the extent that its provisions are compatible with those of the later treaty.
4. When the parties to the later treaty do not include all the parties to the earlier one:
(a) as between two parties, each of which is a party to both treaties, the same rule applies as in paragraph 3;
(b) as between a party to both treaties and a party to only one of the treaties, the treaty to which both are parties governs their mutual rights and obligations.
5. aragraph 4 is without prejudice to article 41, or to any question of the termination or suspension of the operation of a treaty under article 60 or to any question of responsibility which may arise for a State or for an international organization from the conclusion or application of a treaty the provisions of which are incompatible with its obligations towards a State or an organization under another treaty.
6. The preceding paragraphs are without prejudice to the fact that, in the event of a conflict between obligations under the Charter of the United Nations and obligations under a treaty, the obligations under the Charter shall prevail.

SECTION 3. INTERPRETATION OF TREATIES

Article 31(General rule of interpretation)

1. A treaty shall be interpreted in good faith in accordance with the ordinary meaning to be given to the terms of the treaty in their context and in the light of its object and purpose.
2. The context for the purpose of the interpretation of a treaty shall comprise, in addition to the text, including its preamble and annexes:
(a) any agreement relating to the treaty which was made between all the parties in connection with the conclusion of the treaty;
(b) any instrument which was made by one or more parties in connection with the conclusion of the treaty and accepted by the other parties as an instrument related to the treaty.
3. There shall be taken into account, together with the context:
(a) any subsequent agreement between the parties regarding the interpretation of the treaty or the application of its provisions;
(b) any subsequent practice in the application of the treaty which establishes the agreement of the parties regarding its interpretation;
(c) any relevant rules of international law applicable in the relations between the parties.
4. A special meaning shall be given to a term if it is established that the parties so intended.

Article 32(Supplementary means of interpretation)

Recourse may be had to supplementary means of interpretation, including the preparatory work of the treaty and the circumstances of its conclusion, in order to confirm the meaning resulting from the application of article 31, or to determine the meaning when the interpretation according to article 31:
(a) leaves the meaning ambiguous or obscure; or

(b) leads to a result which is manifestly absurd or unreasonable.

Article 33(Interpretation of treaties authenticated in two or more languages)

1. When a treaty has been authenticated in two or more languages, the text is equally authoritative in each language, unless the treaty provides or the parties agree that, in case of divergence, a particular text shall prevail.

2. A version of the treaty in a language other than one of those in which the text was authenticated shall be considered an authentic text only if the treaty so provides or the parties so agree.

3. The terms of a treaty are presumed to have the same meaning in each authentic text.

4. Except where a particular text prevails in accordance with paragraph 1, when a comparison of the authentic texts discloses a difference of meaning which the application of articles 31 and 32 does not remove, the meaning which best reconciles the texts, having regard to the object and purpose of the treaty, shall be adopted.

SECTION 4. TREATIES AND THIRD STATES OR THIRD ORGANIZATIONS

Article 34(General rule regarding third States and third organizations)

A treaty does not create either obligations or rights for a third State or a third organization without the consent of that State or that organization.

Article 35(Treaties providing for obligations for third States or third organizations)

An obligation arises for a third State or a third organization from a provision of a treaty if the parties to the treaty intend the provision to be the means of establishing the obligation and the third State or the third organization expressly accepts that obligation in writing. Acceptance by the third organization of such an obligation shall be governed by the rules of that organization.

Article 36(Treaties providing for rights for third States or third organizations)

1. A right arises for a third State from a provision of a treaty if the parties to the treaty intend the provision to accord that right either to the third State, or to a group of States to which it belongs, or to all States, and the third State assents thereto. Its assent shall be presumed so long as the contrary is not indicated, unless the treaty otherwise provides.

2. A right arises for a third organization from a provision of a treaty if the parties to the treaty intend the provision to accord that right either to the third organization, or to a group of international organizations to which it belongs, or to all organizations, and the third organization assents thereto. Its assent shall be governed by the rules of the organization.

3. A State or an international organization exercising a right in accordance with paragraph 1 or 2 shall comply with the conditions for its exercise provided for in the treaty or established in conformity with the treaty.

Article 37(Revocation or modification of obligations or rights of third States or third organizations)

1. When an obligation has arisen for a third State or a third organization in conformity with article 35, the obligation may be revoked or modified only with the consent of the parties to the treaty and of the third State or the third organization, unless it is established that they had otherwise agreed.

2. When a right has arisen for a third State or a third organization in conformity with article 36, the right may not be revoked or modified by the parties if it is established that the right was in-

tended not to be revocable or subject to modification without the consent of the third State or the third organization.

3. The consent of an international organization party to the treaty or of a third organization, as provided for in the foregoing paragraphs, shall be governed by the rules of that organization.

Article 38(Rules in a treaty becoming binding on third States or third organizations through international custom)

Nothing in articles 34 to 37 precludes a rule set forth in a treaty from becoming binding upon a third State or a third organization as a customary rule of international law, recognized as such.

PART IV. AMENDMENT AND MODIFICATION OF TREATIES

Article 39(General rule regarding the amendment of treaties)

1. A treaty may be amended by agreement between the parties. The rules laid down in Part II apply to such an agreement except insofar as the treaty may otherwise provide.

2. The consent of an international organization to an agreement provided for in paragraph 1 shall be governed by the rules of that organization.

Article 40(Amendment of multilateral treaties)

1. Unless the treaty otherwise provides, the amendment of multilateral treaties shall be governed by the following paragraphs.

2. Any proposal to amend a multilateral treaty as between all the parties must be notified to all the contracting States and all the contracting organizations, each one of which shall have the right to take part in:

(a) the decision as to the action to be taken in regard to such proposal;

(b) the negotiation and conclusion of any agreement for the amendment of the treaty.

3. Every State or international organization entitled to become a party to the treaty shall also be entitled to become a party to the treaty as amended.

4. The amending agreement does not bind any State or international organization already a party to the treaty which does not become a party to the amending agreement; article 30, paragraph 4 (b), applies in relation to such State or organization.

5. Any State or international organization which becomes a party to the treaty after the entry into force of the amending agreement shall, failing an expression of a different intention by that State or that organization:

(a) be considered as a party to the treaty as amended; and

(b) be considered as a party to the unamended treaty in relation to any party to the treaty not bound by the amending agreement.

Article 41(Agreements to modify multilateral treaties between certain of the parties only)

1. Two or more of the parties to a multilateral treaty may conclude an agreement to modify the treaty as between themselves alone if:

(a) the possibility of such a modification is provided for by the treaty; or

(b) the modification in question is not prohibited by the treaty and:

(i) does not affect the enjoyment by the other parties of their rights under the treaty or the performance of their obligations;

(ii) does not relate to a provision, derogation from which is incompatible with the effective execution of the object and purpose of the treaty as a whole.

2. Unless in a case falling under paragraph 1 (a) the treaty otherwise provides, the parties in question shall notify the other parties of their intention to conclude the agreement and of the modification to the treaty for which it provides.

PART V. INVALIDITY, TERMINATION AND SUSPENSION OF THE OPERATION OF TREATIES

SECTION 1. GENERAL PROVISIONS

Article 42(Validity and continuance in force of treaties)

1.The validity of a treaty or of the consent of a State or an international organization to be bound by a treaty may be impeached only through the application of the present Convention.

2. The termination of a treaty, its denunciation or the withdrawal of a party, may take place only as a result of the application of the provisions of the treaty or of the present Convention. The same rule applies to suspension of the operation of a treaty.

Article 43(Obligations imposed by international law independently of a treaty)

The invalidity, termination or denunciation of a treaty, the withdrawal of a party from it, or the suspension of its operation, as a result of the application of the present Convention or of the provisions of the treaty, shall not in any way impair the duty of any State or of any international organization to fulfil any obligation embodied in the treaty to which that State or that organization would be subject under international law independently of the treaty.

Article 44(Separability of treaty provisions)

1. A right of a party, provided for in a treaty or arising under article 56, to denounce, withdraw from or suspend the operation of the treaty may be exercised only with respect to the whole treaty unless the treaty otherwise provides or the parties otherwise agree.

2. A ground for invalidating, terminating, withdrawing from or suspending the operation of a treaty recognized in the present Convention may be invoked only with respect to the whole treaty except as provided in the following paragraphs or in article 60.

3. If the ground relates solely to particular clauses, it may be invoked only with respect to those clauses where:

(a) the said clauses are separable from the remainder of the treaty with regard to their application;

(b) it appears from the treaty or is otherwise established that acceptance of those clauses was not an essential basis of the consent of the other party or parties to be bound by the treaty as a whole; and

(c) continued performance of the remainder of the treaty would not be unjust.

4. In cases falling under articles 49 and 50, the State or international organization entitled to invoke

the fraud or corruption may do so with respect either to the whole treaty or, subject to paragraph 3, to the particular clauses alone.

5. In cases falling under articles 51, 52 and 53, no separation of the provisions of the treaty is permitted.

Article 45(Loss of a right to invoke a ground for invalidating, terminating, withdrawing from or suspending the operation of a treaty)

1. A State may no longer invoke a ground for invalidating, terminating, withdrawing from or suspending the operation of a treaty under articles 46 to 50 or articles 60 and 62 if, after becoming aware of the facts:

(a) it shall have expressly agreed that the treaty is valid or remains in force or continues in operation, as the case may be; or

(b) it must by reason of its conduct be considered as having acquiesced in the validity of the treaty or in its maintenance in force or in operation, as the case may be.

2. An international organization may no longer invoke a ground for invalidating, terminating, withdrawing from or suspending the operation of a treaty under articles 46 to 50 or articles 60 and 62 if, after becoming aware of the facts:

(a) it shall have expressly agreed that the treaty is valid or remains in force or continues in operation, as the case may be; or

(b) it must by reason of the conduct of the competent organ be considered as having renounced the right to invoke that ground.

SECTION 2. INVALIDITY OF TREATIES

Article 46(Provisions of internal law of a State and rules of an international organization regarding competence to conclude treaties)

1. A State may not invoke the fact that its consent to be bound by a treaty has been expressed in violation of a provision of its internal law regarding competence to conclude treaties as invalidating its consent unless that violation was manifest and concerned a rule of its internal law of fundamental importance.

2. An international organization may not invoke the fact that its consent to be bound by a treaty has been expressed in violation of the rules of the organization regarding competence to conclude treaties as invalidating its consent unless that violation was manifest and concerned a rule of fundamental importance.

3. A violation is manifest if it would be objectively evident to any State or any international organization conducting itself in the matter in accordance with the normal practice of States and, where appropriate, of international organizations and in good faith.

Article 47(Specific restrictions on authority to express the consent of a State or an international organization)

If the authority of a representative to express the consent of a State or of an international organization to be bound by a particular treaty has been made subject to a specific restriction, his omission to observe that restriction may not be invoked as invalidating the consent expressed by him unless the restriction was notified to the negotiating States and negotiating organizations prior to his expressing such consent.

Article 48(Error)

1. A State or an international organization may invoke an error in a treaty as invalidating its consent to be bound by the treaty if the error relates to a fact or situation which was assumed by that State or that organization to exist at the time when the treaty was concluded and formed an essential basis of the consent of that State or that organization to be bound by the treaty.
2. Paragraph 1 shall not apply if the State or international organization in question contributed by its own conduct to the error or if the circumstances were such as to put that State or that organization on notice of a possible error.
3. An error relating only to the wording of the text of a treaty does not affect its validity; article 80 then applies.

Article 49(Fraud)

A State or an international organization induced to conclude a treaty by the fraudulent conduct of a negotiating State or a negotiating organization may invoke the fraud as invalidating its consent to be bound by the treaty.

Article 50(Corruption of a representative of a State or of an international organization)

A State or an international organization the expression of whose consent to be bound by a treaty has been procured through the corruption of its representative directly or indirectly by a negotiating State or a negotiating organization may invoke such corruption as invalidating its consent to be bound by the treaty.

Article 51(Coercion of a representative of a State or of an international organization)

The expression by a State or an international organization of consent to be bound by a treaty which has been procured by the coercion of the representative of that State or that organization through acts or threats directed against him shall be without any legal effect.

Article 52(Coercion of a State or of an international organization by the threat or use of force)

A treaty is void if its conclusion has been procured by the threat or use of force in violation of the principles of international law embodied in the Chatter of the United Nations.

Article 53(Treaties conflicting with a peremptory norm of general international law (*jus cogens*))

A treaty is void if, at the time of its conclusion, it conflicts with a peremptory norm of general international law. For the purposes of the present Convention, a peremptory norm of general international law is a norm accepted and recognized by the international community of States as a whole as a norm from which no derogation is permitted and which can be modified only by a subsequent norm of general international law having the same character.

SECTION 3. TERMINATION AND SUSPENSION OF THE OPERATION OF TREATIES

ARTICLE 54(Termination of or withdrawal from a treaty under its provisions or by consent of the parties)

The termination of a treaty or the withdrawal of a party may take place:

(a) in conformity with the provisions of the treaty; or

(b) at any time by consent of all the parties after consultation with the contracting States and contracting organizations.

Article 55(Reduction of the parties to a multilateral treaty below the number necessary for its entry into force)

Unless the treaty otherwise provides, a multilateral treaty does not terminate by reason only of the fact that the number of the parties falls below the number necessary for its entry into force.

Article 56(Denunciation of or withdrawal from a treaty containing no provision regarding termination, denunciation or withdrawal)

1. A treaty which contains no provision regarding its termination and which does not provide for denunciation or withdrawal is not subject to denunciation or withdrawal unless:

(a) it is established that the parties intended to admit the possibility of denunciation or withdrawal; or

(b) a right of denunciation or withdrawal may be implied by the nature of the treaty.

2. A party shall give not less than twelve months' notice of its intention to denounce or withdraw from a treaty under paragraph 1.

Article 57(Suspension of the operation of a treaty under its provisions or by consent of the parties)

The operation of a treaty in regard to all the parties or to a particular party may be suspended:

(a) in conformity with the provisions of the treaty; or

(b) at any time by consent of all the parties after consultation with the contracting States and contracting organizations.

Article 58(Suspension of the operation of a multilateral treaty by agreement between certain of the parties only)

1. Two or more parties to a multilateral treaty may conclude an agreement to suspend the operation of provisions of the treaty, temporarily and as between themselves alone, if:

(a) the possibility of such a suspension is provided for by the treaty; or

(b) the suspension in question is not prohibited by the treaty and:

(i) does not affect the enjoyment by the other parties of their rights under the treaty or the performance of their obligations;

(ii) is not incompatible with the object and purpose of the treaty.

2. Unless in a case falling under paragraph 1 (a) the treaty otherwise provides, the parties in question shall notify the other parties of their intention to conclude the agreement and of those provisions of the treaty the operation of which they intend to suspend.

Article 59(Termination or suspension of the operation of a treaty implied by conclusion of a later treaty)

1. A treaty shall be considered as terminated if all the parties to it conclude a later treaty relating to the same subject matter and:

(a) it appears from the later treaty or is otherwise established that the parties intended that the matter should be governed by that treaty; or

(b) the provisions of the later treaty are so far incompatible with those of the earlier one that the two treaties are not capable of being applied at the same time.

2. The earlier treaty shall be considered as only suspended in operation if it appears from the later

treaty or is otherwise established that such was the intention of the parties.

Article 60(Termination or suspension of the operation of a treaty as a consequence of its breach)

1. A material breach of a bilateral treaty by one of the parties entitles the other to invoke the breach as a ground for terminating the treaty or suspending its operation in whole or in part.

2. A material breach of a multilateral treaty by one of the parties entitles:

(a) the other parties by unanimous agreement to suspend the operation of the treaty in whole or in part or to terminate it either:

(i) in the relations between themselves and the defaulting State or international organization; or

(ii) as between all the parties;

(b) a party specially affected by the breach to invoke it as a ground for suspending the operation of the treaty in whole or in part in the relations between itself and the defaulting State or international organization;

(c) any party other than the defaulting State or international organization to invoke the breach as a ground for suspending the operation of the treaty in whole or in part with respect to itself if the treaty is of such a character that a material breach of its provisions by one party radically changes the position of every party with respect to the further performance of its obligations under the treaty.

3. A material breach of a treaty, for the purposes of this article, consists in:

(a) a repudiation of the treaty not sanctioned by the present Convention; or

(b) the violation of a provision essential to the accomplishment of the object or purpose of the treaty.

4. The foregoing paragraphs are without prejudice to any provision in the treaty applicable in the event of a breach.

5. Paragraphs 1 to 3 do not apply to provisions relating to the protection of the human person contained in treaties of a humanitarian character, in particular to provisions prohibiting any form of reprisals against persons protected by such treaties.

Article 61(Supervening impossibility of performance)

1. A party may invoke the impossibility of performing a treaty as a ground for terminating or withdrawing from it if the impossibility results from the permanent disappearance or destruction of an object indispensable for the execution of the treaty. If the impossibility is temporary, it may be invoked only as a ground for suspending the operation of the treaty.

2. Impossibility of performance may not be invoked by a party as a ground for terminating, withdrawing from or suspending the operation of a treaty if the impossibility is the result of a breach by that party either of an obligation under the treaty or of any other international obligation owed to any other party to the treaty.

Article 62(Fundamental change of circumstances)

1. A fundamental change of circumstances which has occurred with regard to those existing at the time of the conclusion of a treaty, and which was not foreseen by the parties, may not be invoked as a ground for terminating or withdrawing from the treaty unless:

(a) the existence of those circumstances constituted an essential basis of the consent of the parties to be bound by the treaty; and

(b) the effect of the change is radically to transform the extent of obligations still to be performed under the treaty.

2. A fundamental change of circumstances may not be invoked as a ground for terminating or withdrawing from a treaty between two or more States and one or more international organizations if the treaty establishes a boundary.

3. A fundamental change of circumstances may not be invoked as a ground for terminating or withdrawing from a treaty if the fundamental change is the result of a breach by the party invoking it either of an obligation under the treaty or of any other international obligation owed to any other party to the treaty.

4. If, under the foregoing paragraphs, a party may invoke a fundamental change of circumstances as a ground for terminating or withdrawing from a treaty it may also invoke the change as a ground for suspending the operation of the treaty.

Article 63(Severance of diplomatic or consular relations)

The severance of diplomatic or consular relations between States Parties to a treaty between two or more States and one or more international organizations does not affect the legal relations established between those States by the treaty except insofar as the existence of diplomatic or consular relations is indispensable for the application of the treaty.

Article 64(Emergence of a new peremptory norm of general international law (jus cogens))

If a new peremptory norm of general international law emerges, any existing treaty which is in conflict with that norm becomes void and terminates.

SECTION 4. PROCEDURE

Article 65(Procedure to be followed with respect to invalidity, termination, withdrawal from or suspension of the operation of a treaty)

1. A party which, under the provisions of the present Convention, invokes either a defect in its consent to be bound by a treaty or a ground for impeaching the validity of a treaty, terminating it, withdrawing from it or suspending its operation, must notify the other parties of its claim. The notification shall indicate the measure proposed to be taken with respect to the treaty and the reasons therefor.

2. If, after the expiry of a period which, except in cases of special urgency, shall not be less than three months after the receipt of the notification, no party has raised any objection, the party making the notification may carry out in the manner provided in article 67 the measure which it has proposed.

3. If, however, objection has been raised by any other party, the parties shall seek a solution through the means indicated in Article 33 of the Charter of the United Nations.

4. The notification or objection made by an international organization shall be governed by the rules of that organization.

5. Nothing in the foregoing paragraphs shall affect the rights or obligations of the parties under any provisions in force binding the parties with regard to the settlement of disputes.

6. Without prejudice to article 45, the fact that a State or an international organization has not previously made the notification prescribed in paragraph 1 shall not prevent it from making such notification in answer to another party claiming performance of the treaty or alleging its violation.

Article 66(Procedures for judicial settlement, arbitration and conciliation)

1. If, under paragraph 3 of article 65, no solution has been reached within a period of twelve months following the date on which the objection was raised, the procedures specified in the following paragraphs shall be followed.

2. With respect to a dispute concerning the application or the interpretation of article 53 or 64:

(a) if a State is a party to the dispute with one or more States, it may, by a written application, submit the dispute to the International Court of Justice for a decision;

(b) if a State is a party to the dispute to which one or more international organizations are parties, the State may, through a Member State of the United Nations if necessary, request the General Assembly or the Security Council or, where appropriate, the competent organ of an international organization which is a party to the dispute and is authorized in accordance with Article 96 of the Charter of the United Nations, to request an advisory opinion of the International Court of Justice in accordance with Article 65 of the Statute of the Court;

(c) if the United Nations or an international organization that is authorized in accordance with Article 96 of the Charter of the United Nations is a party to the dispute, it may request an advisory opinion of the International Court of Justice in accordance with Article 65 of the Statute of the Court;

(d) if an international organization other than those referred to in subparagraph (c) is a party to the dispute, it may, through a Member State of the United Nations, follow the procedure specified in subparagraph (b);

(e) the advisory opinion given pursuant to subparagraph (b), (c) or (d) shall be accepted as decisive by all the parties to the dispute concerned;

(f) if the request under subparagraph (b), (c) or (d) for an advisory opinion of the Court is not granted, any one of the parties to the dispute may, by written notification to the other party or parties, submit it to arbitration in accordance with the provisions of the Annex to the present Convention.

3. The provisions of paragraph 2 apply unless all the parties to a dispute referred to in that paragraph by common consent agree to submit the dispute to an arbitration procedure, including the one specified in the Annex to the present Convention.

4. With respect to a dispute concerning the application or the interpretation of any of the articles in Part V, other than articles 53 and 64, of the present Convention, any one of the parties to the dispute may set in motion the conciliation procedure specified in the Annex to the Convention by submitting a request to that effect to the Secretary-General of the United Nations.

Article 67(Instruments for declaring invalid, terminating, withdrawing from or suspending the operation of a treaty)

1. The notification provided for under article 65, paragraph 1, must be made in writing.

2. Any act declaring invalid, terminating, withdrawing from or suspending the operation of a treaty pursuant to the provisions of the treaty or of paragraphs 2 or 3 of article 65 shall be carried out

through an instrument communicated to the other parties. If the instrument emanating from a State is not signed by the Head of State, Head of Government or Minister for Foreign Affairs, the representative of the State communicating it may be called upon to produce full powers. If the instrument emanates from an international organization, the representative of the organization communicating it may be called upon to produce full powers.

Article 68(Revocation of notifications and instruments provided for in articles 65 and 67)

A notification or instrument provided for in articles 65 or 67 may be revoked at any time before it takes effect.

SECTION 5. CONSEQUENCES OF THE INVALIDITY, TERMINATION OR SUSPENSION OF THE OPERATION OF A TREATY

Article 69(Consequences of the invalidity of a treaty)

1. A treaty the invalidity of which is established under the present Convention is void. The provisions of a void treaty have no legal force.

2. If acts have nevertheless been performed in reliance on such a treaty:

(a) each party may require any other party to establish as far as possible in their mutual relations the position that would have existed if the acts had not been performed;

(b) acts performed in good faith before the invalidity was invoked are not rendered unlawful by reason only of the invalidity of the treaty.

3. In cases falling under articles 49, 50, 51 or 52, paragraph 2 does not apply with respect to the party to which the fraud, the act of corruption or the coercion is imputable.

4. In the case of the invalidity of the consent of a particular State or a particular international organization to be bound by a multilateral treaty, the foregoing rules apply in the relations between that State or that organization and the parties to the treaty.

Article 70(Consequences of the termination of a treaty)

1. Unless the treaty otherwise provides or the parties otherwise agree, the termination of a treaty under its provisions or in accordance with the present Convention:

(a) releases the parties from any obligation further to perform the treaty;

(b) does not affect any right, obligation or legal situation of the parties created through the execution of the treaty prior to its termination.

2. If a State or an international organization denounces or withdraws from a multilateral treaty, paragraph 1 applies in the relations between that State or that organization and each of the other parties to the treaty from the date when such denunciation or withdrawal takes effect.

Article 71(Consequences of the invalidity of a treaty which conflicts with a peremptory norm of general international law)

1. In the case of a treaty which is void under article 53 the parties shall:

(a) eliminate as far as possible the consequences of any act performed in reliance on any provision which conflicts with the peremptory norm of general international law; and

(b) bring their mutual relations into conformity with the peremptory norm of general international law.

2. In the case of a treaty which becomes void and terminates under article 64, the termination of the treaty:

(a) releases the parties from any obligation further to perform the treaty;

(b) does not affect any right, obligation or legal situation of the parties created through the execution of the treaty prior to its termination; provided that those rights, obligations or situations may thereafter be maintained only to the extent that their maintenance is not in itself in conflict with the new peremptory norm of general international law.

Article 72(Consequences of the suspension of the operation of a treaty)

1. Unless the treaty otherwise provides or the parties otherwise agree, the suspension of the operation of a treaty under its provisions or in accordance with the present Convention:

(a) releases the parties between which the operation of the treaty is suspended from the obligation to perform the treaty in their mutual relations during the period of the suspension;

(b) does not otherwise affect the legal relations between the parties established by the treaty.

2. During the period of the suspension the parties shall refrain from acts tending to obstruct the resumption of the operation of the treaty.

PART VI. MISCELLANEOUS PROVISIONS

Article 73(Relationship to the Vienna Convention on the Law of Treaties)

As between States Parties to the Vienna Convention on the Law of Treaties of 1969, the relations of those States under a treaty between two or more States and one or more international organizations shall be governed by that Convention.

Article 74(Questions not prejudged by the present Convention)

1. The provisions of the present Convention shall not prejudge any question that may arise in regard to a treaty between one or more States and one or more international organizations from a succession of States or from the international responsibility of a State or from the outbreak of hostilities between States.

2. The provisions of the present Convention shall not prejudge any question that may arise in regard to a treaty from the international responsibility of an international organization, from the termination of the existence of the organization or from the termination of participation by a State in the membership of the organization.

3. The provisions of the present Convention shall not prejudge any question that may arise in regard to the establishment of obligations and rights for States members of an international organization under a treaty to which that organization is a party.

Article 75(Diplomatic and consular relations and the conclusion of treaties)

The severance or absence of diplomatic or consular relations between two or more States does not prevent the conclusion of treaties between two or more of those States and one or more international organizations. The conclusion of such a treaty does not in itself affect the situation in regard to diplomatic or consular relations.

Article 76(Case of an aggressor State)

The provisions of the present Convention are without prejudice to any obligation in relation to a treaty between one or more States and one or more international organizations which may arise for an aggressor State in consequence of measures taken in conformity with the Charter of the United Nations with reference to that State's aggression.

PART VII. DEPOSITARIES, NOTIFICATIONS, CORRECTONS AND REGISTRATION

Article 77(Depositaries of treaties)

1. The designation of the depositary of a treaty may be made by the negotiating States and negotiating organizations or, as the case may be, the negotiating organizations, either in the treaty itself or in some other manner. The depositary may be one or more States, an international organization or the chief administrative officer of the organization.

2. The functions of the depositary of a treaty are international in character and the depositary is under an obligation to act impartially in their performance. In particular, the fact that a treaty has not entered into force between certain of the parties or that a difference has appeared between a State or an international organization and a depositary with regard to the performance of the latter's functions shall not affect that obligation.

Article 78(Functions of depositaries)

1. The functions of a depositary, unless otherwise provided in the treaty or agreed by the contracting States and contracting organizations or, as the case may be, by the contracting organizations, comprise in particular:

(a) keeping custody of the original text of the treaty and of any full powers delivered to the depositary;

(b) preparing certified copies of the original text and preparing any further text of the treaty in such additional languages as may be required by the treaty and transmitting them to the parties and to the States and international organizations entitled to become parties to the treaty;

(c) receiving any signatures to the treaty and receiving and keeping custody of any instruments, notifications and communications relating to it;

(d) examining whether the signature or any instrument, notification or communication relating to the treaty is in due and proper form and, if need be, bringing the matter to the attention of the State or international organization in question;

(e) informing the parties and the States and international organizations entitled to become parties to the treaty of acts, notifications and communications relating to the treaty;

(f) informing the States and international organizations entitled to become parties to the treaty when the number of signatures or of instruments of ratification, instruments relating to an act of formal confirmation, or of instruments of acceptance, approval or accession required for the entry into force of the treaty has been received or deposited;

(g) registering the treaty with the Secretariat of the United Nations;

(h) performing the functions specified in other provisions of the present Convention.

2. In the event of any difference appearing between a State or an international organization and the depositary as to the performance of the latter's functions, the depositary shall bring the question to the attention of:

(a) the signatory States and organizations and the contracting States and contracting organizations; or

(b) where appropriate, the competent organ of the international organization concerned.

Article 79(Notifications and communications)

Except as the treaty or the present Convention otherwise provide, any notification or communication to be made by any State or any international organization under the present Convention shall:

(a) if there is no depositary, be transmitted direct to the States and organizations for which it is intended, or if there is a depositary, to the latter;

(b) be considered as having been made by the State or organization in question only upon its receipt by the State or organization to which it was transmitted or, as the case may be, upon its receipt by the depositary;

(c) if transmitted to a depositary, be considered as received by the State or organization for which it was intended only when the latter State or organization has been informed by the depositary in accordance with article 78, paragraph 1 (e).

Article 80(Correction of errors in texts or in certified copies of treaties)

1. Where, after the authentication of the text of a treaty, the signatory States and international organizations and the contracting States and contracting organizations are agreed that it contains an error, the error shall, unless those States and organizations decide upon some other means of correction, be corrected:

(a) by having the appropriate correction made in the text and causing the correction to be initialled by duly authorized representatives;

(b) by executing or exchanging an instrument or instruments setting out the correction which it has been agreed to make; or

(c) by executing a corrected text of the whole treaty by the same procedure as in the case of the original text.

2. Where the treaty is one for which there is a depositary, the latter shall notify the signatory States and international organizations and the contracting States and contracting organizations of the error and of the proposal to correct it and shall specify an appropriate time limit within which objection to the proposed correction may be raised. If, on the expiry of the time limit:

(a) no objection has been raised, the depositary shall make and initial the correction in the text and shall execute a procés-verbal of the rectification of the text and communicate a copy of it to the parties and to the States and organizations entitled to become parties to the treaty;

(b) an objection has been raised, the depositary shall communicate the objection to the signatory States and organizations and to the contracting States and contracting organizations.

3. The rules in paragraphs 1 and 2 apply also where the text has been authenticated in two or more languages and it appears that there is a lack of concordance which the signatory States and international organizations and the contracting States and contracting organizations agree should be

corrected.

4. The corrected text replaces the defective text ab initio, unless the signatory States and international organizations and the contracting States and contracting organizations otherwise decide.

5. The correction of the text of a treaty that has been registered shall be notified to the Secretariat of the United Nations.

6. Where an error is discovered in a certified copy of a treaty, the depositary shall execute a procés-verbal specifying the rectification and communicate a copy of it to the signatory States and international organizations and to the contracting States and contracting organizations.

Article 81(Registration and publication of treaties)

1. Treaties shall, after their entry into force, be transmitted to the Secretariat of the United Nations for registration or filing and recording, as the case may be, and for publication.

2. The designation of a depositary shall constitute authorization for it to perform the acts specified in the preceding paragraph.

PART VIII. FINAL PROVISIONS

Article 82(Signature)

The present Convention shall be open for signature until 31 December 1986 at the Federal Ministry for Foreign Affairs of the Republic of Austria, and subsequently, until 30 June 1987, at United Nations Headquarters, New York by:

(a) all States;

(b) Namibia, represented by the United Nations Council for Namibia;

(c) international organizations invited to participate in the United Nations Conference on the Law of Treaties between States and International Organizations or between International Organizations.

Article 83(Ratification or act of formal confirmation)

The present Convention is subject to ratification by States and by Namibia, represented by the United Nations Council for Namibia, and to acts of formal confirmation by international organizations.

The instruments of ratification and those relating to acts of formal confirmation shall be deposited with the Secretary-General of the United Nations.

Article 84(Accession)

1. The present Convention shall remain open for accession by any State, by Namibia, represented by the United Nations Council for Namibia, and by any international organization which has the capacity to conclude treaties.

2. An instrument of accession of an international organization shall contain a declaration that it has the capacity to conclude treaties.

3. The instruments of accession shall be deposited with the Secretary-General of the United Nations.

Article 85(Entry into force)

1. The present Convention shall enter into force on the thirtieth day following the date of deposit

of the thirty-fifth instrument of ratification or accession by States or by Namibia, represented by the United Nations Council for Namibia.

2. For each State or for Namibia, represented by the United Nations Council for Namibia, ratifying or acceding to the Convention after the condition specified in paragraph 1 has been fulfilled, the Convention shall enter into force on the thirtieth day after deposit by such State or by Namibia of its instrument of ratification or accession.

3. For each international organization depositing an instrument relating to an act of formal confirmation or an instrument of accession, the Convention shall enter into force on the thirtieth day after such deposit, or at the date the Convention enters into force pursuant to paragraph 1, whichever is later.

Article 86(Authentic texts)

The original of the present Convention, of which the Arabic, Chinese, English, French, Russian and Spanish texts are equally authentic, shall be deposited with the Secretary-General of the United Nations.

IN WITNESS WHEREOF the undersigned Plenipotentiaries, being duly authorized by their respective Governments, and duly authorized representatives of the United Nations Council for Namibia and of international organizations have signed the present Convention.

DONE at Vienna, this twenty-first day of March one thousand nine hundred and eighty-six.

ANNEX(생략)

ILC 「조약 유보에 관한 실행지침」(2011)[1]
(Guide to Practice on Reservations to Treaties)

1. 정의

1.1 유보의 정의

1. "유보"란 문구 또는 명칭에 관계없이 국가 또는 국제기구가 조약의 특정 규정을 그 국가나 국제기구에 적용함에 있어서 이를 통해 그 법적 효력을 배제하거나 변경하고자 하는 경우, 조약의 서명, 비준, 수락, 승인 또는 가입 시나 국가가 조약 승계를 통고할 때 그 국가 또는 국제기구가 행하는 일방적 성명을 의미한다.
2. 제1항은 유보를 첨부하는 국가 또는 국제기구에 대한 조약 적용에 있어서, 조약의 특정 조항 또는 특정 측면에 관한 조약 전체의 법적 효과를 배제하거나 변경하기 위한 유보를 포함한다고 해석된다.

1.1.1 자신의 의무를 제한하기 위한 성명

국가 또는 국제기구가 조약에 대한 기속적 동의를 표명할 때, 그 조약에 의해 부과되는 의무를 제한하기 위해 국가 또는 국제기구가 첨부한 일방적 성명은 유보에 해당한다.

1.1.2 동등한 방법으로 의무를 이행하기 위한 성명

국가 또는 국제기구가 조약에 대한 기속적 동의를 표명할 때, 조약상 부과된 내용과는 다르지만 자신은 동등하다고 간주하는 방법에 의해 그 국가 또는 국제기구가 조약상 의무를 이행하기 위한 목적에서 첨부한 일방적 성명은 유보에 해당한다.

1.1.3 조약의 영토적 적용에 관련된 유보

국가가 그러한 성명이 없었더라면 조약이 적용될 수 있는 영토에 대해 조약의 일부 조항이나 특정 측면에 관한 조약 전체의 적용을 배제하기 위한 일방적 성명은 유보에 해당한다.

1.1.4 조약의 영토적 적용을 확장할 때 첨부된 유보

국가가 영토에 대한 조약의 적용을 확장할 때, 그 영토에 관해 조약의 일부 조항의 법적 효과를 배제하거나 변경하기 위한 일방적 성명은 유보에 해당한다.

1.1.5 공동으로 첨부된 유보

복수의 국가 또는 국제기구에 의한 유보의 공동 첨부는 그 유보의 일방적 성격에 영향을 미치지 않는다.

1.1.6 조약의 특정 조항의 배제나 변경을 명시적으로 허용하는 조항에 의거해 첨부된 유보

성명을 첨부한 당사자에 대해서는 조약의 특정 조항의 법적 효과를 배제하거나 변경할 수 있도록 당사자 또는 당사자 일부에 대해 명시적으로 허용하는 조항에 따라 국가 또는 국제기구가 조약에 대한 기속적 동의를 표명할 때 행한 일방적 성명은 그 조약에 의해 명시적으로 허용된 유보에 해당한다.

1.2 해석선언의 정의

"해석선언"이라 함은 표현이나 명칭에 관계없이 국가 또는 국제기구가 이를 통해 조약 또는 그중 특정

1) ILC 2011년 제63차 회기 채택. 본 번역은 박기갑, "2011년 ILC가 채택한 '조약의 유보 실행에 대한 지침' 한글 번역본", 국제법평론 2014－II를 참고하며 필자가 수정한 내용이다. 영문본은 https://legal.un.org/ilc/texts/instruments/english/draft_articles/1_8_2011.pdf.에서 구할 수 있다.

조항의 의미나 범위를 구체화하거나 명확히 하기 위해 행하는 일방적 성명을 의미한다.

1.2.1 공동으로 첨부된 해석선언

복수의 국가 또는 국제기구에 의한 해석선언의 공동 첨부는 그 해석선언의 일방적 성격에 영향을 미치지 않는다.

1.3 유보와 해석선언의 구분

유보 또는 해석선언으로서의 일방적 성명의 성격은 그 발표자가 발생시키고자 의도한 법률 효과에 의해 결정된다.

1.3.1 유보와 해석선언의 구분을 결정하는 방법

조약에 관해 국가 또는 국제기구가 첨부한 일방적 성명이 유보인지 해석선언인지를 결정하기 위해서는 발표자의 의도를 확인하기 위해 그 성명은 조약의 관점에서 문언에 부여되는 통상적 의미에 따라 신의에 좇아 성실하게 해석되어야 한다.

1.3.2 문구와 명칭

일방적 성명의 문구나 명칭은 그에 의도된 법적 효과를 나타낸다.

1.3.3 유보가 금지되는 경우 일방적 성명의 첨부

조약이 전체 또는 특정 조항에 대한 유보를 금지하고 있는 경우, 그러한 조항에 관해 국가 또는 국제기구가 첨부한 일방적 성명은 유보에 해당하지 않는다고 추정된다. 그럼에도 불구하고 발표자에 대한 적용에 있어서 성명이 조약의 특정 조항 또는 특정 측면에 관한 조약 전체의 법적 효과를 배제하거나 변경하기 위한 목적이라면 그 성명은 유보에 해당한다.

1.4 조건부 해석선언

1. 조건부 해석석언이라 함은 국가 또는 국제기구가 조약에 서명, 비준, 정식 확인, 수락, 승인, 가입이나 국가가 조약의 승계통고를 하는 경우 첨부하는 일방적 성명으로 이를 통해 그 국가 또는 국제기구가 조약에 대한 자신의 기속적 동의에 조약 또는 그중 특정 조항의 특별한 해석을 조건으로 첨부하는 것이다.
2. 조건부 해석선언은 유보에 적용되는 규칙에 따른다.

1.5 유보나 해석선언이 아닌 일방적 선언

조약에 대해 첨부된 일방적 성명으로 유보도 아니고 해석선언(조건부 해석선언 포함)도 아니라면 이 실행 지침의 적용 범위에 속하지 않는다.

1.5.1 비승인의 선언

국가가 조약에의 참여가 자국이 승인하지 않는 실체의 승인을 의미하지 않는다고 표시한 일방적 성명은, 비록 그것이 선언을 하는 국가와 승인되지 않은 실체 간 그 조약의 적용을 배제하기 위한 목적일지라도 이 실행 지침의 적용 범위에 속하지 않는다.

1.5.2 국내적 차원에서 조약 이행 방법에 관한 성명

국가 또는 국제기구가 다른 체약국이나 체약기구에 대한 권리와 의무에 영향을 미침이 없이, 이를 통해 그 국가 또는 국제기구가 내부 차원에서 조약을 이행하고자 하는 방법을 표시하기 위해 첨부한 일방적 성명은 이 실행 지침의 적용 범위에 속하지 않는다.

1.5.3 선택을 허용하는 조항에 따라 행해진 일방적 성명

1. 조약상 필수로는 부과되지 않는 의무를 당사자가 수락하도록 허용하거나 둘 또는 그 이상의 조약 조항들 중 선택을 허용하는 조약 조항에 따라 국가 또는 국제기구가 행한 일방적 성명은 이 실행

지침의 적용 범위에 속하지 않는다.

2. 조약상 필수로는 부과되지 않는 의무를 조약 조항에 따라 국가 또는 국제기구가 수락한다는 성명에 포함된 제한이나 조건은 이 실행 지침의 적용 범위에 속하지 않는다.

1.6 양자조약에 관한 일방적 성명

1.6.1 양자조약에 대한 "유보"

국가 또는 국제기구가 다른 당사자로부터 조약 조항의 변경을 얻기 위한 목적에서 그 국가 또는 그 기구에 의해 가서명 또는 서명 이후 양자조약의 발효 이전에 첨부된 일방적 성명은 문구 또는 명칭에 관계없이 이 실행 지침이 의미하는 유보에 해당하지 않는다.

1.6.2 양자조약에 관한 해석선언

이 지침 1.2와 1.4는 다자 및 양자조약에 관한 해석선언에 적용될 수 있다.

1.6.3 다른 당사자에 의해 양자조약에 관해 행한 해석선언 수락의 법적 효과

조약 당사자인 국가 또는 국제기구가 양자조약에 관해 행하고 다른 당사자에 의해 수락된 해석선언으로부터 나온 해석은 그 조약의 유권해석에 해당한다.

1.7 유보와 해석선언의 대안

1.7.1 유보의 대안

유보에 의한 효과와 유사한 결과를 얻기 위해, 국가 또는 국제기구는 다음의 대안 절차를 이용할 수도 있다.

· 적용범위 또는 적용을 제한하기 위한 조항을 조약에 삽입.

· 조약의 특정 조항에 따라 둘 또는 그 이상의 국가 또는 국제기구가 그들 사이에서는 조약의 특정 조항의 법적 효력을 배제 또는 변경하기 위한 합의를 체결.

1.7.2 해석선언의 대안

조약의 전부 또는 특정 조항의 의미나 적용 범위를 구체화하거나 명확히 하기 위해 국가 또는 국제기구는 해석선언 외에 다음과 같은 절차를 이용할 수 있다.

· 조약 해석을 위한 조항을 조약에 삽입.

· 같은 목적으로 체결과 동시에 또는 추후 보충적 합의의 체결.

1.8 정의의 범위

이 장에 포함된 일방적 성명의 정의는 이에 적용 가능한 규칙에 따른 그 같은 성명의 합법성과 법적 효과를 침해하지 않는다.

2. 절차

2.1 유보의 형태와 통고

2.1.1 유보의 형태

유보는 서면으로 첨부되어야 한다.

2.1.2 유보의 이유에 관한 성명

유보는 가능한 범위에서 그것이 첨부된 이유를 표시해야 한다.

2.1.3 유보 첨부를 위한 국제적 차원에서의 대표성

1. 조약의 수탁자인 국제기구의 통상적 관행을 따른다는 조건 아래, 개인은 다음 경우 유보를 첨부할

목적에서 국가 또는 국제기구를 대표한다고 간주된다.

(a) 유보가 첨부된 조약문의 채택 또는 정본인증을 위한 목적이나 조약에 대한 국가 또는 기구의 기속적 동의를 표시하기 위한 목적에서 개인이 적절한 전권위임장을 제시하는 경우.

(b) 관행이나 기타 사정으로 보아 전권위임장을 제시하지 않아도 그러한 목적을 위해 그 사람이 국가 또는 국제기구를 대표한다고 간주함이 해당 국가와 국제기구의 의사였다고 여겨지는 경우.

2. 다음 사람은 전권위임장을 제시하지 않아도 자신의 직무상 국제적 차원에서 유보를 첨부할 목적에서 자국을 대표한다고 간주된다.

(a) 국가원수, 정부수반 및 외교부장관.

(b) 국제회의에서 채택된 조약에 대한 유보를 첨부할 목적상 국가에 의해 그 회의에 파견된 대표.

(c) 국제기구 또는 기구의 기관에서 채택된 조약에 대한 유보를 첨부할 목적상 국가에 의해 그 국제기구 또는 기관에 파견된 대표.

(d) 파견국과 국제기구 간의 조약에 대한 유보를 첨부하기 위한 목적상 국제기구 상주 공관장.

2.1.4 유보 첨부에 관한 내부 규칙 위반은 국제적 차원에서는 영향 없음

1. 유보 첨부를 위한 권한 있는 당국과 내부적으로 따라야 할 절차는 각 국가의 국내법 또는 각 국제기구의 관계 규칙에 의해 결정된다.

2. 국가 또는 국제기구는 그 유보를 무효화 하기 위한 목적으로 유보 첨부를 위한 권한과 절차에 관한 그 국가의 국내법 조항이나 그 국제기구의 규칙에 위반되게 유보가 첨부되었다는 사실을 원용할 수 없다.

2.1.5 유보 통지

1. 유보는 체약국과 체약기구 및 조약의 당사국이 될 수 있는 권리를 가진 다른 국가와 국제기구에 서면으로 통지되어야 한다.

2. 국제기구의 설립문서인 발효 중 조약에 대한 유보는 그 기구에도 통지되어야 한다.

2.1.6 유보 통지 절차

1. 조약에 달리 규정되어 있거나 또는 체약국과 체약기구가 달리 합의하지 아니하는 한, 조약에 대한 유보 통지는 다음과 같이 전달된다.

(i) 수탁자가 없는 경우에는 그 유보 첨부자에 의해 체약국과 체약기구 및 조약의 당사국이 될 수 있는 권리를 가진 다른 국가와 국제기구에 직접 전달된다.

(ii) 수탁자가 있는 경우에는 수탁자에게 전달되고, 그는 통고 대상 국가와 국제기구에 가능한한 신속히 통고해야 한다.

2. 유보 통지는 국가 또는 국제기구에 의해 접수되어야만 국가 또는 기구에 대해 실시되었다고 간주된다.

3. 전자우편 또는 모사전송과 같이 외교 공한이나 수탁자에의 통고 이외의 방법을 통한 조약 유보의 통지는 적절한 기간 내에 그 같은 공한이나 통고로 확인되어야 한다. 그러한 경우 유보는 최초 통지 날짜에 첨부되었다고 간주된다.

2.1.7 수탁자의 기능

1. 수탁자는 국가 또는 국제기구에 의해 첨부된 조약에 대한 유보가 방식에 합당하고 적절한 형식인가를 검토해야 하고, 필요한 경우 해당 국가 또는 국제기구의 주의를 환기시켜야 한다.

2. 수탁자의 임무 수행에 관해 국가 또는 국제기구와 수탁자 간에 견해 차이가 나타나는 경우, 수탁자는 그 문제에 대해 다음의 주의를 환기시킨다.

(a) 서명국과 서명한 기구 또는 체약국과 체약기구.

(b) 적절한 경우, 관련 국제기구의 담당 기관.

2.2 유보 확인

2.2.1 조약 서명시 첨부된 유보의 정식 확인

비준, 정식 확인, 수락 또는 승인을 조건으로 조약 서명할 때에 첨부된 유보는 유보 국가 또는 국제기구가 조약에 대한 기속적 동의를 표시할 때 정식으로 확인되어야 한다. 그러한 경우 유보는 그 확인 일자에 첨부되었다고 간주된다.

2.2.2 조약 서명 시 첨부된 유보의 확인을 필요로 하지 않는 경우

국가 또는 국제기구가 서명으로써 조약에 대한 기속적 동의를 표시하는 경우, 조약 서명시 첨부된 유보는 후속 확인을 필요로 하지 않는다.

2.2.3 조약이 명시적으로 허용하는 경우 서명시 첨부된 유보

조약이 국가 또는 국제기구의 조약 서명시 유보 첨부를 명시적으로 허용하는 경우, 그러한 유보는 유보 국가 또는 국제기구가 조약에 대한 기속적 동의를 표시할 때 정식 확인을 필요로 하지 않는다.

2.2.4 유보의 정식 확인 형태

유보의 정식 확인은 서면으로 이루어져야 한다.

2.3 유보의 지연 첨부

조약이 달리 규정하거나 다른 체약국 및 체약기구 누구도 유보의 지연 첨부에 반대하지 않는 경우를 제외하고는, 국가 또는 국제기구는 조약에 대한 기속적 동의를 표시한 이후 조약에 대한 유보를 첨부할 수 없다.

2.3.1 유보의 지연 첨부의 수락

조약이 달리 규정하거나 수탁자가 취하는 잘 확립된 관행이 이와 다르지 아니하는 한, 유보의 지연 첨부는 통고가 접수된 날로부터 12개월 기간이 종료될 때까지 어떠한 체약국 또는 체약기구도 그러한 첨부에 반대하지 아니한 경우 수락되었다고 간주된다.

2.3.2 지연 첨부된 유보에 대한 이의 제기 시한

지연 첨부된 유보에 대한 이의는 지침 2.3.1에 따라 유보의 지연 첨부를 수락한 때로부터 12개월 이내에 행해야 한다.

2.3.3 유보 이외의 수단으로 조약의 법적 효과를 배제 또는 변경할 가능성의 제한

체약국 또는 체약기구는 다음에 의해 조약 조항의 법적 효과를 배제 또는 변경할 수 없다.

(a) 이전 유보의 해석.

(b) 선택 사항을 규정한 조항에 따라 나중에 행하는 일방적 성명.

2.3.4 유보 범위의 확대

범위를 확대하려는 목적을 위한 기존 유보의 변경은 유보의 지연 첨부에 적용 가능한 규칙을 따른다. 만약 그러한 변경에 반대가 있으면, 당초의 유보는 변경되지 않는다.

2.4 해석선언의 절차

2.4.1 해석선언의 형태

해석선언은 가급적 서면으로 첨부되어야 한다.

2.4.2 해석선언 첨부를 위한 대표성

해석선언은 조약문의 채택 또는 정본 인증을 위한 목적이나 조약에 대한 국가 또는 국제기구의 기속적 동의를 표시하기 위한 목적에서 국가 또는 국제기구를 대표한다고 간주되는 사람에 의해 첨부되어야 한다.

2.4.3 해석선언 첨부와 관련된 내부 규칙 위반은 국제적 차원에서는 결과 없음

1. 해석선언 첨부를 위한 권한 있는 당국과 내부적으로 따라야 할 절차는 각 국가의 국내법 또는 각 국제기구의 관계 규칙에 따라 결정된다.
2. 국가 또는 국제기구는 해석선언을 무효화 하기 위한 목적으로 해석선언 첨부를 위한 권한과 절차에 관한 그 국가의 국내법 조항이나 그 국제기구의 규칙에 위반되게 해석선언이 첨부되었다는 사실을 원용할 수 없다

2.4.4 해석선언 첨부 시점

지침 1.4 및 2.4.7의 조항을 침해하지 않는 한, 해석선언은 언제든지 첨부될 수 있다.

2.4.5 해석선언의 통지

서면 해석선언의 통지는 지침 2.1.5, 2.1.6, 2.1.7에서 수립된 절차에 따라야 한다.

2.4.6 조약 서명 시 첨부된 해석선언의 확인 불필요

조약 서명 시 첨부된 해석선언은 국가 또는 국제기구가 그 조약에 대한 기속적 동의를 표시할 때 추후 확인을 필요로 하지 않는다.

2.4.7 해석선언의 지연 첨부

조약이 특정 시점에만 해석선언이 첨부될 수 있다고 규정하고 있다면, 국가 또는 국제기구는 다른 체약국 또는 체약기구가 해석선언의 지연 첨부에 이의를 제기하지 아니하는 경우를 제외하고는 그 조약에 관한 해석선언을 나중에 첨부할 수 없다.

2.4.8 해석선언의 변경

조약이 달리 규정하지 않는 한, 해석선언은 언제든지 변경될 수 있다.

2.5 유보 및 해석선언의 철회 및 변경

2.5.1 유보의 철회

조약이 달리 규정하지 않는 한, 유보는 철회 대상인 유보를 수락한 국가 또는 국제기구의 동의 없이 언제든지 철회될 수 있다.

2.5.2 철회의 형식

유보의 철회는 서면으로 표명되어야 한다.

2.5.3 유보의 유용성에 관한 정기적 재검토

1. 조약에 대해 하나 또는 그 이상의 유보를 첨부한 국가 또는 국제기구는 그러한 유보를 정기적으로 재검토하고, 더 이상 그 목적에 기여하지 않는 유보의 철회를 고려해야 한다.
2. 그러한 재검토에 있어서 국가 및 국제기구는 다자조약의 온존성 보호라는 목적에 특별한 주의를 기울여야 하며, 적절한 경우 특히 유보 첨부 이후의 국내법 변화와 관련해 유보 유지의 유용성을 고려해야 한다.

2.5.4 유보 철회를 위한 국제적 차원에서의 대표성

1. 조약의 수탁자인 국제기구의 통상적 관행에 따른다는 조건 아래, 개인은 다음의 경우 국가 또는 국제기구를 위해 첨부된 유보를 철회할 목적에서 국가 또는 국제기구를 대표한다고 간주된다.
   (a) 그 철회를 목적으로 적절한 전권위임장을 제시하는 경우.
   (b) 관행이나 기타 사정으로 보아 전권위임장을 제시하지 않아도 그러한 목적을 위해 그 사람이 국가가 또는 국제기구를 대표한다고 간주함이 해당 국가와 국제기구의 의사였다고 여겨지는 경우.
2. 다음의 사람은 전권위임장을 제시하지 않아도 자신의 직무상 국제적 차원에서 유보를 철회할 목적에서 자국을 대표한다고 간주된다.
   (a) 국가원수·정부수반 및 외교부장관.

(b) 국제기구 또는 기구의 기관에서 채택된 조약에 대한 유보를 철회할 목적상 국가에 의해 그 국제기구 또는 기관에 파견된 대표.

(c) 파견국과 국제기구 간의 조약에 대한 유보를 철회하기 위한 목적상 국제기구 상주 공관장.

2.5.5 유보 철회에 관한 내부 규칙 위반은 국제적 차원에서는 영향 없음

1. 유보 철회를 위한 권한 있는 당국과 내부적으로 따라야 할 절차는 각 국가의 국내법 또는 각 국제기구의 관계 규칙에 의해 결정된다.
2. 국가 또는 국제기구는 유보 철회를 무효화하기 위한 목적으로 유보 철회를 위한 권한과 절차에 관한 그 국가의 국내법 조항이나 그 국제기구의 규칙에 위반되게 유보가 철회되었다는 사실을 원용할 수 없다.

2.5.6 유보 철회의 통지

유보 철회의 통지에 관한 절차는 지침 2.1.5, 2.1.6, 2.1.7에 포함되어 있는 유보 통지에 적용될 수 있는 규칙에 따른다.

2.5.7 유보 철회의 효과

1. 유보 철회는 유보를 철회하는 국가 또는 국제기구와 그 밖의 모든 당사자 간 관계에 있어서, 그들이 유보를 수락했는지 또는 반대했는지와 관계없이 그 유보와 관련된 조항의 완전한 적용을 수반한다.
2. 유보 철회는 유보를 철회하는 국가 또는 국제기구와 유보에 반대했고 그 유보를 이유로 자신과 유보 국가 또는 국제기구 간에 조약의 발효에도 반대했던 국가 또는 국제기구 간 관계에 있어서, 그 조약의 발효를 수반한다.

2.5.8 유보 철회의 시행일자

조약이 달리 규정하거나 또는 달리 합의되지 않으면, 유보 철회는 다른 체약국 또는 체약기구에 의해 그 통고가 접수되었을 때에만 그 국가 또는 기구에 관해 시행된다.

2.5.9 유보 첨부자가 유보 철회의 발효일을 지정할 수 있는 경우

유보 철회는 다음의 경우 유보를 철회하는 국가 또는 국제기구가 지정한 일자에 시행된다.

(a) 그 일자가 다른 체약국 또는 체약기구가 통고를 접수한 일자보다 나중인 경우.

(b) 그 철회가 다른 체약국 또는 체약기구에 대한 관계에서 철회하는 국가 또는 국제기구의 권리를 추가하지 않는 경우.

2.5.10 유보의 일부 철회

1. 유보의 일부 철회는 철회하는 국가 또는 국제기구와 조약의 다른 당사자 간의 관계에서 유보의 법적 효과를 제한하며, 조약 조항 또는 전체로서의 조약의 보다 완전한 적용을 달성한다.
2. 유보의 일부 철회는 형식과 절차에서 전체 철회와 동일한 규칙의 적용을 받으며, 동일한 조건으로 시행된다.

2.5.11 유보의 일부 철회 효과

1. 유보의 일부 철회는 새로운 유보 첨부가 규정하는 범위 내로 유보의 법적 효과를 변경한다. 그 유보에 대해 제기되었던 이의는 그 이의가 철회된 유보 부분에만 한정적으로 적용되지 않으면, 유보 첨부자가 유보를 철회하지 않는 동안 계속 효과를 가진다.
2. 일부 철회가 차별적 효과를 갖지 않으면, 일부 철회 이후 유보에 대해 새로운 반대가 제기될 수 없다.

2.5.12 해석선언의 철회

해석선언은 그러한 목적에서 국가 또는 국제기구를 대표한다고 간주되는 당국에 의해 첨부에 적용되는 동일한 절차에 따라 언제든지 철회될 수 있다.

2.6 이의(異議)의 첨부

2.6.1 유보에 대한 이의의 정의

"이의"란 문구 또는 명칭에 관계없이 다른 국가 또는 국제기구에 의해 첨부된 유보에 대응하는 국가 또는 국제기구의 일방적 선언으로, 이를 통해 이의제기 국가 또는 국제기구는 유보가 의도된 효과를 발휘하지 못하도록 하거나 그렇지 않다면 그 유보에 반대한다.

2.6.2 이의 첨부권

국가 또는 국제기구는 유보의 허용성과 관계없이 유보에 대한 이의를 첨부할 수 있다.

2.6.3 이의 제기자

유보에 대한 이의는 다음에 의해 첨부될 수 있다.

(a) 모든 체약국 또는 체약기구.

(b) 조약 당사국이 될 권한이 있는 모든 국가 또는 국제기구, 단 이 경우 이의는 그 국가 또는 국제기구가 조약에 대한 기속적 동의를 표시할 때까지 어떠한 법적 효과도 발생시키지 않는다.

2.6.4 공동으로 첨부된 이의

복수의 국가 또는 국제기구에 의한 이의의 공동첨부는 그 이의의 일방적 성격에 영향을 미치지 않는다.

2.6.5 이의의 형태

이의는 서면으로 첨부되어야 한다.

2.6.6 유보 첨부자에 대해 조약 발효를 반대할 권리

유보에 대한 이의를 첨부하는 국가 또는 국제기구는 자신과 유보 첨부자 간의 조약 발효에 반대할 수 있다.

2.6.7 조약 발효를 배제하는 의사표시

유보에 대한 이의를 첨부하는 국가 또는 국제기구가 자신과 유보 국가 또는 국제기구 사이에 조약의 발효를 배제하기로 의도하는 경우, 그들 사이에 조약이 발효하기 전에 그러한 의사를 명확하게 표시해야 한다.

2.6.8 이의 첨부 절차

지침 2.1.3, 2.1.4, 2.1.5, 2.1.6, 2.1.7은 이의에 준용될 수 있다.

2.6.9 이의의 이유 성명

이의는 가능한 한 그것이 첨부되는 이유를 표시해야 한다.

2.6.10 유보의 정식 확인 이전에 첨부된 이의의 확인 불필요

지침 2.2.1에 따른 유보의 확인 이전에 국가 또는 국제기구에 의해 첨부된 유보에 대한 이의는 그 자체로 확인을 필요로 하지 않는다.

2.6.11 조약에 대한 기속적 동의 표시 이전에 첨부된 이의의 확인

조약의 기속적 동의 표시 이전에 첨부된 이의는 만약 그 국가 또는 그 국제기구가 이의를 첨부할 때 조약의 서명국이었다면, 이들이 기속적 동의를 표시할 때 그들에 의해 정식으로 확인될 필요가 없다. 만일 그 국가 또는 국제기구가 조약에 서명하지 않았었다면, 이의는 확인되어야 한다.

2.6.12 이의 첨부 시한

조약이 달리 규정하지 않는 한, 국가 또는 국제기구는 유보를 통고받은 후 12개월의 기간 내 또는 그 국가 또는 국제기구가 조약에 대한 기속적 동의를 표시한 일자 중 어느 편이든 나중의 시기까지 유보에 대한 이의를 첨부할 수 있다.

2.6.13 지연 첨부된 이의

지침 2.6.12에 명시된 시한의 종료 후에 첨부된 유보에 대한 이의는 그 시한 내 첨부된 이의가 갖는 모든 법적 효과를 창설하지 못한다.

2.7 유보에 대한 이의의 철회 및 변경

2.7.1 유보에 대한 이의 철회

조약이 달리 규정하지 아니하는 한, 유보에 대한 이의는 언제든지 철회될 수 있다.

2.7.2 유보에 대한 이의 철회의 형식

유보에 대한 이의 철회는 서면으로 표명되어야 한다.

2.7.3 유보에 대한 이의 철회의 첨부와 통지

지침 2.5.4, 2.5.5, 2.5.6은 유보에 대한 이의 철회에 준용된다.

2.7.4 이의 철회의 유보에 대한 효과

유보에 대해 첨부된 이의를 철회하는 국가 또는 국제기구는 그 유보를 수락한다고 추정된다.

2.7.5 이의 철회의 발효일

조약이 달리 규정하거나 또는 달리 합의되지 않는 한, 유보에 대한 이의 철회는 그 통고가 유보를 첨부한 국가 또는 국제기구에 의해 접수되었을 때에 시행된다.

2.7.6 이의 제기자가 이의 철회의 발효일을 지정한 경우

이의 철회는 그 철회자에 의해 지정된 일자에 시행되는데, 다만 그 일자는 유보 국가 또는 국제기구가 그러한 통고를 접수한 날짜보다는 늦어야 한다.

2.7.7 이의의 일부 철회

1. 조약이 달리 규정하지 아니하는 한, 국가 또는 국제기구는 유보에 대한 이의를 부분적으로 철회할 수 있다.
2. 이의의 일부 철회는 전면 철회와 형식과 절차에 있어서 동일한 규칙의 적용을 받으며, 동일한 조건으로 시행된다.

2.7.8 이의의 일부 철회의 효과

일부 철회는 이의 제기자와 유보 첨부자 간 조약 관계에서 이의의 법적 효과를 새로 첨부된 이의의 범위로 변경시킨다.

2.7.9 유보에 대한 이의 범위의 확대

1. 유보에 대해 이의를 한 국가 또는 국제기구는 지침 2.6.12에 언급된 기간 동안 그 이의의 범위를 확대할 수 있다.
2. 그러한 이의 범위의 확대는 유보 첨부자와 이의 제기자 간 조약 관계의 존재에 영향을 미칠 수 없다.

2.8 유보 수락

2.8.1 유보 수락의 형식

유보의 수락은 그 같은 효과를 위한 일방적 성명 또는 지침 2.6.12에 명시된 기간 동안 체약국 또는 체약기구의 침묵으로부터 발생할 수 있다.

2.8.2 유보의 묵시적 수락

조약이 달리 규정하지 않는 한, 지침 2.6.12에 규정된 기간 내에 유보에 대해 이의를 제기하지 않는 경우 유보는 국가 또는 국제기구에 의해 수락되었다고 간주된다.

2.8.3 유보의 명시적 수락

국가 또는 국제기구는 언제든지 다른 국가 또는 국제기구에 의해 첨부된 유보를 명시적으로 수락할 수 있다.

2.8.4 유보의 명시적 수락의 형식

유보의 명시적 수락은 서면으로 표명되어야 한다.

2.8.5 유보의 명시적 수락을 위한 절차

지침 2.1.3, 2.1.4, 2.1.5, 2.1.6, 2.1.7은 명시적 수락에 준용한다.

2.8.6 유보의 정식 확인 이전에 첨부된 수락의 확인 불필요

지침 2.2.1에 따라 유보의 확인 이전에 국가 또는 국제기구에 의해 첨부된 유보의 명시적 수락은 그 자체로 확인을 필요로 하지 아니한다.

2.8.7 유보의 만장일치 수락

조약의 당사자이거나 당사자가 될 수 있는 권리를 가진 국가 또는 국제기구의 일부 또는 전부의 전원일치 수락을 필요로 하는 유보의 경우, 그 수락은 한번 얻게 되면 최종적이다.

2.8.8 국제기구 설립문서에 대한 유보의 수락

조약이 국제기구 설립문서로서 조약이 달리 규정하지 않는 한, 유보는 그 기구의 권한 있는 기관의 수락을 필요로 한다.

2.8.9 설립문서에 대한 유보를 수락할 권한 있는 기관

기구 규칙을 따른다는 조건 아래 국제기구 설립문서에 대한 유보를 수락할 권한은 다음을 할 수 있는 기관에 속한다.

· 기구에의 회원 가입 결정.

· 설립문서의 개정.

· 설립문서의 해석.

2.8.10 설립문서에 대한 유보의 수락 양식

1. 기구 규칙에 따른다는 조건 아래 기구의 권한 있는 기관의 수락은 묵시적이어서는 안 된다. 다만 유보 첨부자인 국가 또는 국제기구의 가입은 그 유보의 수락과 동등하다.
2. 국제기구 설립문서에 대한 유보 수락의 목적을 위해 기구 회원인 국가 또는 국제기구에 의한 유보의 개별적 수락은 필요하지 아니하다.

2.8.11 아직 발효하지 않은 설립문서에 대한 유보의 수락

지침 2.8.8이 규정하는 경우로서 설립문서가 아직 발효하지 않은 상황에서 유보를 통고받은 후 12개월의 기간 내에 어떠한 서명국 또는 서명 국제기구도 그 유보에 대해 이의를 제기하지 않았다면 유보는 수락되었다고 간주된다. 이 같은 전원일치의 수락은 한번 얻게 되면 최종적이다.

2.8.12 설립문서에 대한 유보에 관한 국제기구 회원의 반응

지침 2.8.10은 국제기구의 회원인 국가 또는 국제기구가 기구 설립문서에 대한 유보의 허용성 또는 적합성에 대해 입장을 취하는 것을 배제하지 아니한다. 그 같은 의견은 그 자체로는 법적 효과가 없다.

2.8.13 유보 수락의 최종적 성격

유보의 수락은 철회 또는 수정될 수 없다.

2.9 해석선언에 대한 반응 첨부

2.9.1 해석선언 승인

해석선언 "승인"이라 함은 국가 또는 국제기구가 다른 국가 또는 다른 국제기구에 의해 첨부된 조약에 관한 해석선언에 반응해, 이를 통해 그 선언 속에 첨부된 해석에 대해 동의를 표시하는 일방적 성명을 의미한다.

2.9.2 해석선언에 대한 반대

해석선언에 대한 "반대"라 함은 국가 또는 국제기구가 다른 국가 또는 다른 국제기구에 의해 첨부된 조약에 관한 해석선언에 반응해 이를 통해 국가 또는 국제기구는 그 선언 속에 첨부된 해석에 동의하지 않음을 표시하는 일방적 성명을 의미하며, 이에는 대안적 해석의 첨부도 포함한다.

2.9.3 해석선언의 성격 재정의

1. 해석선언의 "성격 재정의"라 함은 국가 또는 국제기구가 다른 국가 또는 다른 국제기구에 의해 첨부된 조약에 관한 해석선언에 반응해 이를 통해 그 선언을 유보로 다루려는 목적에서 행하는 일방적 성명을 의미한다.
2. 해석선언을 유보로 다루고자 의도하는 국가 또는 국제기구는 지침 1.3 내지 1.3.3을 고려해야 한다.

2.9.4 승인 또는 반대를 첨부하거나 성격을 재정의할 권리

해석선언에 대한 승인, 반대 또는 성격 재정의는 어떠한 체약국 또는 체약기구 그리고 조약 당사국이 될 권리가 있는 어떠한 국가 또는 국제기구에 의해 언제든지 첨부될 수 있다.

2.9.5 승인, 반대 및 성격 재정의의 형식

해석선언에 관한 승인, 반대 및 성격 재정의는 가급적 서면으로 작성되어야 한다.

2.9.6 승인, 반대 및 성격 재정의의 이유 성명

해석선언에 관한 승인, 반대 및 성격 재정의는 그것이 왜 첨부되고 있는지 가능한 한 그 이유를 표시해야 한다.

2.9.7 승인, 반대 및 재정의의 첨부와 통보

지침 2.1.3, 2.1.4, 2.1.5, 2.1.6, 2.1.7은 해석선언에 관한 승인, 반대 및 성격 재정의에 대해 준용될 수 있다.

2.9.8 승인 또는 반대에 대한 비추정

1. 해석선언의 승인 또는 반대는 추정되지 아니한다.
2. 지침 2.9.1과 2.9.2에도 불구하고 모든 관련 상황을 고려해 예외적인 경우 국가 또는 국제기구의 행동으로부터 해석선언의 승인 또는 반대를 추론할 수 있다.

2.9.9 해석선언에 관한 침묵

해석선언의 승인은 국가 또는 국제기구의 단순한 침묵으로부터 추론되지 않는다.

3. 유보 및 해석선언의 허용성

3.1 허용 가능한 유보

국가 또는 국제기구는 다음의 경우에 해당하지 않는 한, 조약에 서명·비준·정식 확인·수락·승인 또는 가입 시 유보를 첨부할 수 있다.

(a) 조약에 의해 유보가 금지된 경우.
(b) 조약이 해당 유보를 포함하지 않는 특정 유보만을 행할 수 있다고 규정하는 경우.
(c) (a) 및 (b)에 해당되지 아니하여도 유보가 조약의 대상 및 목적과 양립하지 않는 경우

3.1.1 조약에 의해 유보가 금지된 경우

조약이 다음과 같은 조항을 포함하는 경우, 유보는 조약에 의해 금지된다.

(a) 모든 유보의 금지.
(b) 해당 유보가 관련된 특정 조항에 관한 유보의 금지.
(c) 해당 유보를 포함하는 일정한 범주의 유보 금지.

3.1.2 특정 유보의 정의

지침 3.1의 목적상 "특정된 유보"라는 표현은 조약의 특정 조항에 대해서나 또는 어떠한 특정 측면에 관해 전체로서의 조약에 대해 조약 속에 명시적으로 예정되어 있는 유보를 의미한다.

3.1.3 조약에 의해 금지되지 않은 유보의 허용성

조약이 일정한 유보의 첨부를 금지하고 있는 경우, 조약에 의해 금지되지 않는 유보는 조약의 대상 및 목적과 양립하는 경우에만 국가 또는 국제기구에 의해 첨부될 수 있다.

3.1.4 특정된 유보의 허용성

조약이 그 내용을 정의하지 않고 특정 유보의 첨부를 인정하는 경우, 유보는 조약의 대상 및 목적과 양립하는 경우에만 국가 또는 국제기구에 의해 첨부될 수 있다.

3.1.5 조약의 대상 및 목적과 유보의 양립 불가

만약 유보가 조약의 존재 이유를 손상시키는 방식으로 조약의 일반적 취지에 필요한 필수 요소에 영향을 미친다면 그 유보는 조약의 대상 및 목적과 양립되지 아니한다.

3.1.5.1 조약의 대상 및 목적의 판단

조약의 대상 및 목적은 특히 조약의 제목과 전문 등 그 문맥 속에서의 조약의 용어를 고려해 신의성실하게 판단되어야 한다. 또한 조약의 준비작업과 체결 시의 사정 그리고 적절한 경우 당사자의 후속 관행에 의존할 수 있다.

3.1.5.2 추상적 또는 일반적 유보

유보는 특히 조약의 대상 및 목적과의 양립가능성을 평가하기 위해 그 의미가 이해될 수 있도록 작성되어야 한다.

3.1.5.3 관습법을 반영하는 조항에 대한 유보

조약 조항이 관습국제법 규칙을 반영한다는 사실은 그 자체로는 그 조항에 대한 유보 표명에 장애가 되지 아니한다.

3.1.5.4 어떠한 상황에서도 이탈이 허용되지 않는 권리와 관련된 조항에 대한 유보

문제의 유보가 그 조약에서 비롯되는 필수적인 권리·의무와 양립 가능한 경우를 제외하고는, 국가 또는 국제기구는 어떠한 상황에서도 이탈이 허용되지 않는 권리와 관련된 조약 조항에 대한 유보를 첨부해서는 안 된다. 그러한 양립 가능성을 평가하는데 있어서 당사자가 문제의 권리를 이탈 불가로 만듦으로써 그 권리에 부여한 중요성을 고려해야 한다.

3.1.5.5 국내법과 관련된 유보

국가 또는 국제기구가 유보 첨부시 유효한 그 국가 국내법의 특정 규칙이나 국제기구의 특정 규칙의 일관성을 보전하기 위해 조약 전체나 특정 조항의 법적 효과를 배제하거나 변경하려는 유보는 그 조약의 필수적 요소나 일반적 취지에 영향을 미치지 않는 범위에서 첨부될 수 있다.

3.1.5.6 다수의 상호의존적인 권리와 의무를 포함한 조약에 대한 유보

다수의 상호의존적인 권리와 의무를 담은 조약의 대상 및 목적과 유보 간의 양립 가능성을 평가하기 위해서는 그 상호의존성, 조약의 전체적 취지 속에서 유보와 관련된 조항이 갖는 중요성, 그리고 유보가 조약에 미치는 영향의 정도를 고려해야 한다.

3.1.5.7 분쟁해결 또는 조약의 이행 감시에 관한 조약 조항에 대한 유보

분쟁해결 또는 조약의 이행 감시에 관한 조약 조항에 대한 유보는 다음의 경우를 제외하고는 그 자체만으로 조약의 대상 및 목적과 양립하지 않는다고 볼 수 없다.

(i) 유보가 조약의 존재 이유에 필수적인 조항의 법적 효과를 배제하거나 변경함을 목적으로 하는 경우, 또는

(ii) 조약의 목적이 이전에 수락한 조약 조항에 관한 분쟁해결이나 조약 이행감시제도를 발족시키는데 있음에도 불구하고, 유보가 유보국 또는 국제기구를 그러한 제도로부터 배제시키는 효과를 갖는 경우.

3.2 유보 허용성 평가

다음은 그들 각자의 권한 내에서 국가 또는 국제기구에 의해 첨부된 유보의 허용성을 평가할 수 있다.

· 체약국 또는 체약기구

· 분쟁해결기구
· 조약감시기구

3.2.1 유보의 허용성을 평가하는 조약감시기구의 권한

1. 조약감시기구는 자신에게 부여된 임무를 수행하기 위해 국가 또는 국제기구에 의해 첨부된 유보의 허용성을 평가할 수 있다.
2. 이 권한을 행사하는 기구에 의한 평가는 이를 포함하는 행위 이상의 법적 효과를 갖지 아니한다.

3.2.2 유보의 허용성을 평가하는 조약감시기구 권한의 특정

조약 적용을 감시할 권한을 기구에 부여하는 경우, 국가 또는 국제기구는 적절한 경우 유보의 허용성을 평가할 그러한 기구의 권한의 성격 및 한계를 특정해야 한다.

3.2.3 조약감시기구 평가에 대한 고려

조약감시기구의 설립조약에 유보를 첨부하는 국가와 국제기구는 유보의 허용성에 대한 그 기구의 평가를 고려해야 한다.

3.2.4 조약감시기구를 설립하는 경우 유보의 허용성을 평가할 권한이 있는 기관

조약이 조약감시기구를 설립하는 경우에도, 그 기구의 권한은 그 조약에 대한 유보의 허용성을 평가할 체약국 또는 체약기구의 권한이나 그 조약을 해석하고 적용할 권한이 있는 분쟁해결기구의 권한을 침해하지 않는다.

3.2.5 유보 허용성을 평가할 분쟁해결기구의 권한

분쟁해결기구가 분쟁 당사국에 대한 구속력 있는 결정을 채택할 권한을 가지며 또한 유보의 허용성 평가가 그 기구의 권한 행사에 필요한 경우, 그러한 평가는 결정의 한 요소로서 당사국을 법적으로 구속한다.

3.3 유보의 허용 불가능성의 결과

3.3.1 허용 불가능성 근거 간의 구별 불필요

조약 규정상 금지되었거나 조약의 대상 및 목적과 양립할 수 없음에도 불구하고 첨부된 유보는 어떠한 허용 불가능성 근거의 결과인지를 구별할 필요 없이 허용되지 않는다.

3.3.2 유보의 허용 불가능성과 국제책임

허용 불가능한 유보의 첨부는 조약법에 따른 결과를 발생시키며, 이를 첨부한 국가나 국제기구의 국제책임을 유발하지 않는다.

3.3.3 유보의 개별적 수락은 유보의 허용성에 대한 효과 없음

체약국이나 체약기구에 의한 허용 불가능한 유보의 수락은 유보의 허용 불가능성에 영향을 미치지 않는다.

3.4 유보에 대한 대응의 허용성

3.4.1 유보의 수락 허용성

유보의 수락은 허용성의 어떠한 조건에도 복종하지 않는다.

3.4.2 유보에 대한 이의의 허용성

국가나 국제기구의 유보에 대한 이의가 유보 첨부자와의 관계에서 유보와 관련되지 않은 조약 조항의 적용을 배제하기 위한 목적이라면 다음 경우에만 허용 가능하다.

(1) 배제되는 조항이 유보가 관련된 조항과 충분한 관계가 있고,
(2) 이의가 유보 첨부자와 이의 제기자 간의 관계에서 조약의 목적 및 대상을 훼손하지 않는 경우.

3.5 해석선언의 허용성
조약에 의해 해석선언이 금지되지 않는다면, 국가나 국제기구는 해석선언을 첨부할 수 있다.
3.5.1 실제로는 유보인 해석선언의 허용성
해석선언으로 보이는 일방적 선언이 실제로는 유보라면, 그 허용성은 지침 3.1 내지 3.1.5.7 조항에 따라 평가되어야 한다.

3.6 해석선언에 대한 대응의 허용성
해석선언에 대한 승인, 반대, 재정의는 허용성에 관한 어떠한 조건에도 복종하지 않는다.

4. 유보와 해석선언의 법적 효과

4.1 다른 국가 또는 국제기구에 대한 유보의 성립
국가 또는 국제기구에 의해 첨부된 유보는, 만약 그 유보가 허용 가능하고 요구되는 형식과 절차에 따라 첨부되었으며 또한 체약국 및 체약기구가 수락했다면, 그 체약국 또는 체약기구에 대해 성립된다.
4.1.1 조약에 의해 명시적으로 허용된 유보의 성립
1. 조약에 의해 명시적으로 허용된 유보는 다른 체약국과 체약기구에 의한 수락이 필요하다고 그 조약이 규정하지 않는 한, 후속 수락을 필요로 하지 아니한다.
2. 조약에 의해 명시적으로 허용된 유보는 만약 그것이 요구되는 형식과 절차에 따라 첨부되었다면 다른 체약국과 체약기구에 대해 성립된다.
4.1.2 전체로서 적용되어야 할 조약에 대한 유보의 성립
교섭국과 교섭기구의 한정된 숫자와 조약의 대상 및 목적으로 보아 그 조약 전체를 모든 당사자 간에 적용함이 조약에 의해 기속되는 각 당사자 동의의 필수적 조건으로 보이는 경우에도, 만약 유보가 허용 가능하고 요구되는 형식과 절차에 따라 첨부되었으며 또한 모든 체약국 및 체약기구가 수락했다면, 이 조약에 대한 유보는 다른 체약국과 체약기구에 대해 성립된다.
4.1.3 국제기구 설립문서에 대한 유보의 성립
조약이 국제기구 설립문서인 경우, 만일 유보가 허용 가능하고 요구되는 형식과 절차에 따라 첨부되었고 또한 지침 2.8.8 내지 2.8.11에 합치되게 수락되었다면, 이 조약에 대한 유보는 다른 체약국과 체약기구에 대해 성립된다.
4.2 성립된 유보의 효과
4.2.1 성립된 유보 첨부자의 지위
유보가 지침 4.1 내지 4.1.3에 따라 성립되면 즉시 유보 첨부자는 조약의 체약국 또는 체약기구가 된다.
4.2.2 조약 발효에 대한 유보 성립의 효과
1. 조약이 아직 발효되지 않은 경우, 유보 첨부자는 유보가 성립되어야만 조약 발효를 위해 요구되는 체약국과 체약기구 숫자에 포함된다.
2. 그러나 어떠한 체약국 또는 체약기구의 반대도 없다면, 유보 첨부자는 유보가 성립되기 전에도 조약 발효를 위해 요구되는 체약국과 체약기구 숫자에 포함될 수 있다.
4.2.3 조약 당사자로서 유보 첨부자의 지위에 관한 유보 성립의 효과
만약 조약이 발효 중이거나 또는 조약이 발효된 때, 유보가 성립되면 유보 첨부자를 유보가 성립되는 체약국과 체약기구와의 관계에서 조약 당사국으로 만든다.
4.2.4 성립된 유보의 조약관계에 대한 효과
1. 다른 당사자에 관해 성립된 유보는 유보 국가 또는 국제기구와 그 다른 당사자와의 관계에 있어서

유보와 관련된 조약 조항 또는 특정한 구체적 측면에 관한 조약 전체의 법적 효과를 유보의 범위 내로 배제 또는 변경한다.

2. 성립된 유보가 조약의 특정 조항의 법적 효과를 배제하는 범위 내에서, 유보 첨부자는 그 유보가 성립된 다른 당사자와의 관계에서 그 조항에 따른 권리와 의무를 갖지 않는다. 다른 당사자 역시 유보 첨부자와의 관계에서 이들 조항에 따른 권리와 의무를 갖지 않는다.
3. 성립된 유보가 조약의 특정 조항의 법적 효과를 변경하는 범위 내에서, 그 유보 첨부자는 유보가 성립된 다른 당사자와의 관계에서 유보에 의해 변경된 바대로 이들 조항에 따른 권리와 의무를 갖는다. 다른 당사자 역시 유보 첨부자와의 관계에서 유보에 의해 변경된 바대로 이들 조항에 따른 권리와 의무를 갖는다.

4.2.5 유보가 관련된 의무의 비 상호주의적 적용

유보와 관련된 조항상 의무가 의무의 성격이나 조약의 대상 및 목적에 비추어 볼 때 상호주의적 적용 대상이 아니라면, 유보 첨부자 이외의 당사자의 의무 내용은 영향을 받지 않는다. 그러한 당사자의 의무 내용은 유보의 내용으로 인해 상호주의적 적용이 가능하지 않을 경우에도 마찬가지로 영향을 받지 않는다.

4.2.6 유보의 해석

유보는 유보의 문안에 우선적으로 반영된 그 주체의 의도뿐만 아니라 조약의 대상 및 목적과 유보가 첨부된 사정을 고려해 신의에 좇아 성실하게 해석되어야 한다.

4.3 적법한 유보에 대한 이의의 효과

유보가 이의 제기 국가 또는 기구에 대해 성립되는 경우를 제외하고, 적법한 유보에 대한 이의 표명은 유보가 국가 또는 국제기구에 의도된 효과를 갖지 못하도록 한다.

4.3.1 이의 제기자와 유보 첨부자 간 조약 발효에 대한 이의의 효과

지침 4.3.5에 언급된 경우를 제외하고, 적법한 유보에 대한 체약국 또는 체약기구의 이의는 이의제기 국가 또는 기구와 유보 국가 또는 기구간 조약 발효를 배제하지 아니한다.

4.3.2 지연 첨부된 유보에 대한 이의의 효과

만약 체약국 또는 체약기구가 지침 2.3.1에 따라 만장일치로 수락된 지연 첨부된 유보에 이의제기한 경우, 조약은 유보 국가 또는 국제기구에 대해 유보의 성립 없이 발효하거나 계속 효력을 갖는다.

4.3.3 유보 첨부자와 이의 제기자 간 조약의 발효

유보 첨부자가 지침 4.2.1에 따라 체약국 또는 체약기구가 되고 또한 조약이 발효하는 즉시, 그 조약은 유효한 유보 첨부자와 이의제기 체약국 또는 체약기구 간에 발효한다.

4.3.4 만장일치 수락을 필요로 하는 경우 유보 첨부자에 대한 조약의 미발효

유보의 성립이 모든 체약국 및 체약기구에 의한 유보 수락을 필요로 하는 경우, 유효한 유보에 대한 체약국 또는 체약기구의 이의는 유보 국가 또는 기구에 대한 조약의 발효를 배제시킨다.

4.3.5 유보 첨부자와 최대의 효과를 갖는 이의 제기자 간 조약의 미발효

만약 이의제기 국가 또는 기구가 지침 2.6.7에 따라 조약 발효 배제의 의사를 분명히 표시한 경우, 유효한 유보에 대한 체약국 또는 체약기구의 이의는 이의제기 국가 또는 기구와 유보 국가 또는 기구 간 조약의 발효를 배제시킨다.

4.3.6 조약관계에 대한 이의의 효과

1. 유효한 유보에 이의를 제기하는 국가 또는 국제기구가 자신과 유보 국가 또는 기구 간 조약의 발효에 반대하지 않는 경우, 유보와 관련된 조항은 그 유보의 범위 내에서 유보 첨부자와 이의제기 국가 또는 기구 간에 적용되지 않는다.

2. 유효한 유보가 조약의 특정 조항의 법적 효과를 배제하려고 의도하는 범위 내에서, 체약국 또는 체약기구가 유보에 대해 이의를 제기하면서도 자신과 유보 첨부자 간 조약의 발효에는 반대하지 않는 경우, 이의제기 국가 또는 기구와 유보 첨부자는 그들의 조약 관계에서 유보가 관련된 조항에 구속되지 않는다.
3. 유효한 유보가 조약의 특정 조항의 법적 효과를 변경하려고 의도하는 범위 내에서, 체약국 또는 체약기구가 유보에 대해 이의를 제기하면서도 자신과 유보 첨부자 간 조약의 발효에는 반대하지 않는 경우, 이의제기 국가 또는 기구와 유보 첨부자는 그들의 조약 관계에서 그 유보에 의해 변경이 의도된 조약 조항에 구속되지 않는다.
4. 유보가 관련된 조항 이외의 조약의 모든 조항은 유보 국가 또는 기구와 이의제기 국가 또는 기구 간에 적용된다.

4.3.7 유보와 관련되지 않은 조약 조항에 대한 이의의 효과

1. 유보의 대상은 아니지만 유보 조항과 충분한 관련성이 있는 조약 조항은 유보 첨부자와 지침 3.4.2에 따라 첨부된 이의 제기자 간 조약관계에 적용되지 않는다.
2. 유보 국가 또는 국제기구는 제1항에 언급된 효과를 가지는 이의 통고 후 12개월 기간 내에 자신과 이의제기 국가 또는 기구 간에 조약이 발효함에 반대할 수 있다. 그러한 반대가 없는 경우 조약은 유보와 이의에 의해 정해진 범위에서 유보 첨부자와 이의 제기자 간에 적용된다.

4.3.8 적법한 유보 첨부자가 유보의 혜택 없이는 조약을 준수하지 않을 권리

적법한 유보 첨부자는 유보의 혜택 없이는 조약 조항의 준수를 요구당하지 않는다.

4.4 조약과 무관한 권리와 의무에 대한 유보의 효과

4.4.1 다른 조약의 권리와 의무에 대해 효과 없음

유보, 유보의 수락 또는 유보에 대한 이의는 그들이 당사자인 다른 조약에서 이들의 권리와 의무를 변경하거나 배제시키지 않는다.

4.4.2 관습국제법상 권리와 의무에 대해서는 효과 없음

관습국제법 규칙을 반영하는 조약 조항에 대한 유보는 그 규칙상의 권리와 의무에 영향을 미치지 않으며, 이 규칙은 유보 국가 또는 기구와 그러한 규칙에 구속되는 다른 국가 또는 국제기구 간에 계속 적용된다.

4.4.3 일반국제법상 강행규범에 대해 효과 없음

1. 일반국제법의 강행규범을 반영하는 조약 조항에 대한 유보는 그 규범의 기속적 성격에 영향을 미치지 않으며, 이 규범은 유보 국가 또는 기구와 다른 국가 또는 국제기구 간에 계속 적용된다.
2. 유보는 일반국제법의 강행규범과 배치되는 방식으로 조약의 법적 효과를 배제하거나 변경시킬 수 없다.

4.5 무효인 유보의 결과

4.5.1 효력 없는 유보의 무효

지침 제2부와 제3부에 규정된 형식적 적법성과 허용성의 요건을 갖추지 못한 유보는 무효이며, 어떠한 법적 효과도 없다.

4.5.2 효력 없다고 간주된 유보에 대한 반응

1. 효력 없는 유보의 무효성은 체약국 또는 체약기구에 의한 이의나 수락에 달리지 아니한다.
2. 그럼에도 불구하고 유보가 효력 없다고 간주하는 국가 또는 국제기구는 가급적 신속하게 이유를 첨부한 이의를 제기해야 한다.

4.5.3 조약관계에서 효력 없는 유보 첨부자의 지위

1. 조약관계에서 효력 없는 유보 첨부자의 지위는 유보의 혜택이 없이도 조약에 의해 기속될지 또는 조약에 의해 기속되지 않을지 여부에 관해 유보 국가 또는 기구가 표명한 의도에 따른다.
2. 효력 없는 유보의 첨부자가 반대 의사를 표명하든가 또는 그러한 의사가 달리 확립되지 아니한 한, 유보의 혜택이 없는 체약국 또는 체약기구로 간주된다.
3. 제1항 및 제2항에도 불구하고, 효력 없는 유보의 첨부자는 유보의 혜택 없이는 조약에 기속되지 않겠다는 의사를 언제든지 표명할 수 있다.
4. 만약 조약감시기구가 유보가 효력 없다는 견해를 표명하고, 유보 국가 또는 국제기구가 유보의 혜택 없이는 조약에 기속되지 않을 의도라면, 유보 국가 또는 국제기구는 조약감시기구의 판정일부터 12개월 기간 내 그러한 의사를 표명해야 한다.

4.6 조약의 다른 당사국들 간 관계에는 유보의 효과 없음

유보는 조약의 다른 당사국들 간에는 조약 조항을 변경하지 않는다.

4.7 해석선언의 효과

4.7.1 해석선언에 의한 조약 용어의 명확화

1. 해석선언은 조약 의무를 변경하지 아니한다. 해석선언은 첨부자가 조약 또는 조약 일정 조항에 부여하려는 의미 또는 범위를 구체화하거나 명확하게 할 수 있을 뿐이며, 적절한 경우에는 조약 해석의 일반규칙에 따라 조약을 해석하는데 있어서 고려될 수 있는 요소에 해당하게 된다.
2. 조약을 해석함에 있어 적절한 경우에는 다른 체약국 또는 체약기구에 의한 해석선언의 승인 또는 반대를 고려해야 한다.

4.7.2 해석선언의 변경 또는 철회의 효과

해석선언의 변경 또는 철회는 다른 체약국 또는 체약기구가 최초의 선언에 의존하는 범위 내에서는 지침 4.7.1에 규정된 효과를 발생하지 않는다.

4.7.3 모든 체약국과 체약기구에 의해 승인된 해석선언의 효과

모든 체약국과 체약기구에 의해 승인된 해석선언은 당해 조약의 해석과 관련된 합의를 구성하게 된다.

5. 국가승계시 유보, 유보의 수락, 유보에 대한 이의 및 해석선언

5.1 국가승계 시의 유보

5.1.1 신생독립국

1. 신생독립국이 승계통고에 의해 다자조약의 당사자 또는 체약국으로서의 지위를 확립하는 경우, 국가승계와 관계되는 영토에 대해 국가승계일에 적용되던 그 조약에 대한 어떠한 유보도 유지한다고 간주된다. 다만 승계통보 시 신생독립국이 반대 의사를 표명하거나 그 유보와 동일한 주제에 관한 유보를 첨부하는 경우에는 그러하지 않는다.
2. 승계통고에 의해 다자조약의 당사자 또는 체약국으로서의 지위를 확립함에 있어서, 지침 3.1 (a),(b),(c) 조항에 의해 배제되는 경우가 아니라면 신생독립국은 유보를 첨부할 수 있다.
3. 신생독립국이 제2항에 합치되게 유보를 첨부하는 경우, 지침 제2부(절차)에 규정된 관련 규칙이 그 유보에 대해 적용된다.
4. 지침 제5부 목적상 "신생독립국"이란 그 영토가 국가승계일 직전에는 선행국이 그 국제관계에 대한 책임을 지던 종속 영토였던 승계국을 의미한다.

5.1.2 국가통합 또는 국가분리

1. 지침 5.1.3의 조항에 따른다는 조건 아래 국가통합이나 국가분리의 결과로서 조약 당사자가 된 승계국이 승계 당시에 선행국의 하나 또는 그 이상의 유보를 유지하지 않을 의사를 표명하지 않는 한, 국가승계와 관련된 영토에 대해 국가승계일에 적용되던 조약에 대한 어떠한 유보도 유지한다고 간주된다.
2. 국가통합 또는 국가분리의 결과로서 조약 당사자가 된 승계국은 새로운 유보를 첨부하거나 또는 유지되고 있던 유보의 범위를 확장시키지 못한다.
3. 국가통합 또는 국가분리로 인해 탄생한 승계국이 조약의 체약국으로서의 지위를 확립시키려는 통고를 할 때, 문제의 조약이 국가승계일 당시 선행국에 대해 발효하지는 않았지만 선행국이 체약국이었다면, 승계국이 통고할 때 반대의사를 표명하거나 또는 그 유보와 동일한 주제에 관한 유보를 첨부하지 않는 한, 승계국은 국가승계와 관련된 영토에 관해 국가승계일에 적용되던 조약에 대한 어떠한 유보도 유지한다고 간주된다. 그 승계국은 조약에 대해 새로운 유보를 첨부할 수 있다
4. 승계국은 유보 첨부가 지침 3.1 (a), (b), (c)의 조항에 의해 배제되지 않는다면, 제3항에 따른 유보를 첨부할 수 있다. 지침 제2부(절차)에 규정된 관련 규칙은 그 유보에 대해 적용된다.

5.1.3 국가통합시 특정 유보의 무관성

둘 또는 그 이상 국가의 통합 이후 그 국가 중 하나에 대해 국가승계일 당시 효력을 갖던 조약이 승계국에 대해 효력을 유지하는 경우, 국가승계일 당시 조약이 발효하지 않던 체약국에 의해 첨부되었던 유보는 유지되지 않는다.

5.1.4 선행국에 의해 첨부된 유보의 영토적 범위 유지

지침 5.1.5의 조항을 따른다는 조건 아래, 지침 5.1.1 제1항 또는 지침 5.1.2 제1항 또는 제3항에 합치되게 유지된다고 간주되는 유보는 승계국이 반대의 의사를 표시하지 않는 한, 국가승계일 당시 영토적 범위를 유지한다.

5.1.5 국가통합시 유보의 영토적 범위

1. 둘 또는 그 이상 국가의 통합에 따라 국가승계일 당시 승계국을 구성하는 국가 중 단 한 국가에 대해서만 발효 중인 조약이 과거에는 적용되지 않았던 그 국가 영토 부분에 적용되는 경우, 승계국에 의해 유지된다고 간주되는 유보는 다음 경우를 제외하고 해당 영토에 적용된다.
   (a) 승계국이 조약의 영토적 범위를 확장하는 통고를 할 때 반대의 의사를 표시한 경우, 또는
   (b) 유보의 성격 또는 목적상 국가승계일 당시 적용되던 영토 이상으로 유보가 확장될 수 없는 경우.
2. 둘 또는 그 이상 국가의 통합에 따라 국가승계일 당시 통합되는 둘 또는 그 이상의 국가들에 대해서 발효 중인 조약이 국가승계일 당시에는 적용되지 않았던 승계국의 영토 일부에 적용되는 경우, 유보는 다음의 경우를 제외하고는 그 영토로 확장되지 않는다.
   (a) 국가승계일 당시 발효 중인 조약에 대해 통합하는 각각의 국가에 의해 동일한 유보가 첨부된 경우.
   (b) 승계국이 조약의 영토적 범위를 확장하는 통고를 할 때 다른 의사를 표시한 경우.
   (c) 해당 국가의 조약승계를 둘러싼 상황으로부터 반대 의사가 명백해진 경우.
3. 제2항 (b)에 따른 유보의 영토적 범위를 확장시킬 목적의 통고는, 만약 그러한 확장이 동일한 영토에 대해 상호 모순되는 유보들의 적용을 야기한다면 효력을 갖지 않는다.
4. 국가승계일 당시 통합하는 국가 중 어느 국가에 대해서도 발효 중이 아니었지만 하나 또는 그 이상의 국가가 국가승계일 당시 체약국이어서 국가통합으로 체약국이 된 승계국에 의해 유지된다고 간주되는 유보에 대해서도, 국가승계일 당시에는 적용되지 않던 승계국의 영토 일부에 대해 조약이

적용되는 경우 제1항 내지 제3항의 조항이 준용된다.

5.1.6 영토 일부에 관한 승계시 승계국 유보의 영토적 범위

국가 영토 일부에 관한 국가승계의 결과로서 승계국이 체약국인 조약이 그 영토에 적용되게 될 때, 그 국가에 의해 과거에 첨부된 조약의 유보는 다음의 경우를 제외하고는 국가승계일로부터 해당 영토에도 적용된다.

(a) 승계국이 반대의 의사를 표시한 경우, 또는

(b) 유보의 범위가 국가승계일 이전의 승계국 국경 내 승계국 영토나 그 영토 일부에 한정된다는 점이 유보로부터 나타나는 경우.

5.1.7 선행국이 첨부한 유보에 대한 승계국의 유지해제 효력의 시점

지침 5.1.1 또는 5.1.2에 합치되는 선행국이 첨부한 유보에 대한 승계국의 유지해제는 그 통고가 체약국 또는 체약기구에 의해 접수되어야만 당해 국가와 기구와의 관계에서 시행된다.

5.1.8 승계국에 의한 유보의 지연 첨부

유보가 다음과 같이 첨부된 경우 지연되었다고 간주된다.

(a) 신생독립국이 조약의 승계 통고를 한 이후 이에 의해 첨부된 경우.

(b) 선행국에 대해 국가승계일에는 발효 중이지 않았으나, 선행국이 체약국이던 조약에 대해 신생독립국이 아닌 승계국이 이의 체약국으로서의 지위를 확립시키는 통고를 한 이후 첨부된 경우.

(c) 신생독립국이 아닌 승계국이 국가승계 이후 자국에 대해 효력을 계속하고 있는 조약에 대해 첨부한 경우.

5.2 국가승계시 유보에 대한 이의

5.2.1 승계국에 의한 선행국 첨부 이의의 유지

지침 5.2.2의 조항을 따른다는 조건 아래 승계국은 승계시 반대의 의사를 표시하지 않는 한, 체약국 또는 체약기구에 의해 첨부된 유보에 대해 선행국에 의해 첨부된 이의를 유지한다고 간주된다.

5.2.2 국가통합시 일정한 이의의 무관성

1. 둘 또는 그 이상 국가의 통합에 따라 그 국가 중 어느 국가에 대해 국가승계일에 발효 중인 조약이 그렇게 구성된 국가에 대해 계속 효력을 갖는 경우, 국가승계일 당시 조약이 발효 중이지 않던 국가 중 어느 국가에 의해 첨부된 유보에 대한 이의는 유지되지 않는다.
2. 둘 또는 그 이상 국가의 통합에 따라 지침 5.1.1 또는 5.1.2에 합치되게 승계국이 유보를 유지한 조약의 체약국일 경우, 다른 체약국 또는 체약기구에 의해 첨부된 유보에 대한 이의는 만약 그 유보가 승계국 자신이 유지한 유보와 동일하거나 동등하다면 유지되지 않는다.

5.2.3 선행국의 유보에 대한 이의 유지

선행국에 의해 첨부된 유보가 지침 5.1.1 또는 5.1.2에 합치되게 승계국에 의해 유지된다고 간주될 경우, 다른 체약국 또는 체약기구에 의해 첨부된 유보에 대한 이의는 승계국에 관해 유지된다고 간주된다.

5.2.4 이의가 제기되지 않은 선행국의 유보

선행국에 의해 첨부된 유보가 지침 5.1.1 또는 5.1.2에 합치되게 승계국에 의해 유지된다고 간주될 경우, 선행국의 유보에 대해 이의를 첨부하지 않은 국가 또는 국제기구는 다음 경우가 아닌 한, 승계국에 관해 유보에 대한 이의를 제기할 수 없다.

(a) 이의 첨부 시한이 국가승계일 당시 아직 만료되지 아니했고, 이의가 그 시한 내에 첨부된 경우, 또는

(b) 조약의 영토적 확장이 유보의 시행을 위한 조건을 근본적으로 변경시키는 경우.

5.2.5 유보에 대한 이의를 첨부할 승계국의 권리

1. 체약국으로서의 지위를 확립시키는 승계 통고를 할 경우, 설사 선행국이 이의를 제기하지 않았을지라도 신생독립국은 관련 지침에 따라 체약국 또는 체약기구에 의해 첨부된 유보에 대해 이의를 표명할 수 있다.
2. 국가승계일 당시 선행국에 발효하지는 않았으나 선행국이 체약국이던 조약에 관해 체약국으로서의 지위를 확립시키는 통고를 할 경우, 신생독립국이 아닌 승계국 역시 제1항에 규정된 권리를 가진다.
3. 제1항 및 제2항에 언급된 권리는 지침 2.8.7과 4.1.2에 해당하는 조약의 경우 배제된다.

5.2.6 계속 효력을 갖는 조약에 관한 신생독립국이 아닌 승계국에 의한 이의

이의 첨부 시한이 국가승계일 당시 아직 만료되지 아니했고 또한 이의가 그 시한 내에 첨부되지 아니한다면, 신생독립국이 아닌 승계국은 국가승계에 따라 계속 효력을 갖는 조약에 관해 선행국이 이의를 제기하지 않은 유보에 대해 이의를 표명할 수 없다.

5.3 국가승계시 유보의 수락

5.3.1 선행국에 의해 첨부된 명시적 수락을 신생독립국이 유지

신생독립국이 조약의 체약국으로서의 지위를 확립하는 경우, 승계 통고일부터 12개월 이내에 반대의 의사를 표시하지 않는 한, 체약국 또는 체약기구에 의해 첨부된 유보에 대한 선행국의 어떠한 명시적 수락도 유지한다고 간주된다.

5.3.2 선행국에 의해 첨부된 명시적 수락을 신생독립국이 아닌 승계국이 유지

1. 신생독립국이 아닌 승계국은 국가승계에 따라 계속 효력을 갖는 조약에 관해 체약국 또는 체약기구에 의해 첨부된 유보에 대한 선행국의 어떠한 명시적 수락도 유지한다고 간주된다.
2. 국가승계일 당시 선행국에 대해 발효하지는 않았으나 선행국이 체약국이던 조약에 대해 체약국으로서의 지위를 확립하는 승계 통고를 하는 경우, 신생독립국이 아닌 승계국은 승계 통고일부터 12개월 이내에 반대 의사를 표시하지 아니하는 한, 체약국 또는 체약기구에 의해 첨부된 유보에 대한 선행국의 어떠한 명시적 수락도 계속 유지한다고 간주된다.

5.3.3 선행국에 의해 첨부된 명시적 수락에 대한 승계국의 유지해제 효력의 시점

지침 5.3.1 또는 지침 5.3.2 제2항에 합치되게 체약국 또는 체약기구에 의해 첨부된 유보의 선행국의 명시적 수락에 대한 승계국의 유지해제는 그 통고가 체약국 또는 체약기구에 의해 접수된 때로부터 그 국가와 기구와의 관계에서 시행된다.

5.4 국가승계시 유보, 수락 및 이의의 법적 효과

1. 지침 제5부에 포함된 지침에 따라 유지된다고 간주되는 유보, 수락 및 이의는 지침 제4부의 조항에 합치되게 그 법적 효과를 계속 발생시킨다.
2. 지침 제4부는 제5부의 조항에 합치되게 승계국에 의해 첨부된 새로운 유보, 수락 및 이의에도 준용된다.

5.5 국가승계시 해석선언

1. 승계국은 선행국에 의해 첨부된 해석선언에 관한 자신의 입장을 명확히 표명해야 한다. 그러한 표명이 없을 경우 승계국은 선행국의 해석선언을 유지한다고 간주된다.
2. 제1항은 승계국이 자신의 행동으로 선행국에 의해 첨부된 해석선언의 유지 또는 거부 의사를 표시함을 방해하지 않는다.

ILC「조약에 대한 무력분쟁의 영향」(2011)[1)]

(Draft articles on the effects of armed conflicts on treaties)

제1부 적용 범위와 정의

제1조 (적용 범위)

이 규정은 무력분쟁이 조약상 국가관계에 미치는 영향에 적용된다.

제2조 (정의)

가. "조약"이란 단일 문서에 또는 두 개 이상의 관련문서에 구현되고 있는가에 관계없이 그리고 그 명칭이 어떠하든, 서면형식으로 국가 간에 체결되며 국제법에 따라 규율되는 국제 합의를 의미하며, 국제기구 또한 당사자인 국가 간 조약을 포함한다.

나. "무력분쟁"은 국가 간에 무력을 사용하거나 또는 정부 당국과 조직화된 무력집단 사이에서 장기간 무력을 사용하는 상황이다.

제2부 원칙

제1장 무력분쟁시 조약의 시행

제3조 (일반원칙)

무력분쟁의 존재 그 자체가 다음에 대한 조약 시행을 종료 또는 정지시키지 않는다.

가. 무력분쟁 당사국 간.

나. 무력분쟁 당사국과 다른 국가 간.

제4조 (조약 시행에 관한 규정)

조약 자체가 무력분쟁 상황에서 시행될 규정을 포함하고 있는 경우, 그 조항이 적용된다.

제5조 (조약 해석에 관한 규칙의 적용)

무력분쟁 시 조약이 종료, 탈퇴 또는 정지가 허용되는지를 결정하기 위해서는 조약 해석에 관한 국제법 규칙이 적용된다.

제6조 (조약의 종료, 탈퇴 또는 정지가 허용되는지를 나타내는 요소)

무력분쟁 시 조약의 종료, 탈퇴 또는 정지가 허용되는지를 확인하기 위해서는 다음을 포함한 모든 관련 요소를 고려해야 한다.

가. 조약의 성격, 특히 조약의 주제, 대상 및 목적, 내용 및 조약 당사국의 수.

나. 무력분쟁의 성격 즉, 무력분쟁의 영토적 범위, 규모와 강도, 지속기간, 그리고 비국제적 무력분쟁의 경우 외부 개입의 정도.

제7조 (주제에 따른 조약의 지속적 시행)

무력분쟁 기간 중 조약의 전부 또는 일부가 계속 시행된다는 암시를 수반하는 주제의 조약을 예시하

---

1) ILC 2011년 제63차 회기 채택. 이의 영문본은 다음에서 구할 수 있다. https://legal.un.org/ilc/texts/instruments/english/draft_articles/1_10_2011.pdf. 이는 백지원, 이경민의 조력을 받아 필자가 번역함.

는 목록은 이 규정 부속서에서 찾을 수 있다.

제2장 조약 시행에 관련된 다른 규정

제8조 (무력분쟁 중 조약 체결)

1. 무력분쟁의 존재는 무력분쟁 당사국이 국제법에 따라 조약을 체결할 능력에 영향을 미치지 않는다.
2. 국가는 무력분쟁 상황 중 시행되고 있는 조약의 전부 또는 일부의 종료나 정지에 관한 합의를 체결하거나 조약을 개정 또는 변경하는 합의를 할 수 있다.

제9조 (조약의 종료나 탈퇴 또는 시행 정지 의사의 통고)

1. 무력분쟁의 결과로서 자신이 당사국인 조약을 종료 또는 탈퇴하거나 시행을 정지하고자 하는 국가는 조약의 다른 당사국 또는 그 수탁자에게 그러한 의사를 통고해야 한다.
2. 통고는 더 나중 일자를 제시하고 있지 아니하는 한, 다른 당사국이 접수한 즉시 효력이 발생한다.
3. 전항의 어떤 내용도 조약의 내용이나 적용 가능한 다른 국제법 규칙에 따라, 조약의 종료, 탈퇴 또는 시행 정지에 대해 합리적 시간 내에 이의를 제기할 수 있는 당사국 권리에 영향을 미치지 않는다.
4. 제3항에 따라 이의가 제기된 경우, 관련 국가는 국제연합 헌장 제33조에 제시된 수단을 통해 해결을 모색해야 한다.
5. 전항의 어떤 내용도 분쟁 해결과 관련된 국가의 권리나 의무가 적용 가능한 상태로 남아 있는 한 그러한 권리나 의무에 영향을 미치지 않는다.

제10조 (조약과는 별도로 국제법에 의해 부과되는 의무)

무력분쟁의 결과로서 조약의 종료, 탈퇴 또는 그 시행 정지는 해당 조약과는 별개로 국제법에 따라 조약에 구현된 의무를 이행할 국가의 책무를 어떠한 경우에도 손상시키지 않는다.

제11조 (조약 규정의 가분성)

무력분쟁으로 인한 조약의 종료, 탈퇴 또는 시행 정지는 조약이 달리 규정하거나 당사자가 달리 합의하지 않는 한, 다음 경우를 제외하고 조약 전체에 대해 효력이 발생한다.

가. 그 적용에 있어서 조약 나머지 부분과 분리될 수 있는 조항을 포함한 조약으로서,

나. 해당 조항의 수락이 전체로서의 조약에 기속된다는 다른 당사국의 동의에 필수적 기초가 아님이 조약으로부터 나타나거나 또는 달리 증명되고,

다. 조약 나머지 부분의 계속 이행이 부당하지 않은 경우.

제12조 (조약의 종료, 탈퇴 또는 시행 정지에 관한 권리의 상실)

국가가 사실을 알게 된 후 다음에 해당한다면 무력분쟁의 결과로서 더 이상 조약을 종료하거나 탈퇴하거나 그 시행을 정지할 수 없다.

가. 조약이 계속 효력을 있다거나 시행을 지속한다는 점에 명시적으로 동의한 경우.

나. 국가의 행동으로 보아 조약의 지속적 시행 또는 효력의 유지를 묵인했다고 간주되어야 하는 경우.

제13조 (무력분쟁 이후 조약 관계의 부활 또는 재개)

1. 무력분쟁 이후 각 당사국은 합의에 기초해 무력분쟁의 결과 종료되었거나 정지된 조약의 부활을 규율할 수 있다.
2. 무력분쟁의 결과 정지된 조약 시행의 재개는 제6조에 언급된 요소에 따라 결정된다.

제3부 잡칙

제14조 (자위권 행사가 조약에 미치는 영향)

국제연합 헌장에 따라 개별적 또는 집단적 자위의 고유한 권리를 행사하는 국가는 조약 시행이 자위권 행사와 양립될 수 없다면 자신이 당사국인 조약의 전부 또는 일부의 시행을 정지할 권리가 있다

제15조 (침략국에 대한 이익 금지)

국제연합 헌장 및 국제연합 총회 결의 제3314호(XXIX)가 의미하는 침략행위를 하는 국가는 침략행위로 인한 무력분쟁의 결과로 조약의 종료, 탈퇴 또는 그 시행을 정지할 경우의 효과가 침략국의 이익이 된다면 그렇게 할 수 없다.

부록: 제7조에 언급된 조약의 예시적 목록

가. 국제인도법에 관한 조약을 포함해 무력분쟁법에 관한 조약.

나. 육지와 해상 경계를 수립 또는 변경하는 조약을 포함해 영구적 체제나 지위 또는 관련 영구적 권리를 선언, 창설 또는 규제하는 조약.

다. 입법적 다자조약.

라. 국제형사사법에 관한 조약.

마. 우호·통상·항해 조약과 사적 권리에 관한 합의.

바. 인권의 국제적인 보호를 위한 조약.

사. 환경의 국제적인 보호에 관한 조약.

아. 국제 수로와 관련 시설 및 설비에 관한 조약.

자. 대수층(帶水層)과 관련 시설 및 설비에 관한 조약.

차. 국제기구 설립문서인 조약.

카. 조정, 중개, 중재 및 사법적 해결을 포함하는 평화적 수단에 의한 국제분쟁 해결에 관한 조약.

타. 외교 및 영사관계에 관한 조약.

ILC「조약해석에 관한 후속 합의와 후속 관행」(2018)[1)]

(Draft Conclusions on subsequent agreement and subsequent practice in relation to the interpretation of treaties)

제1부 서

결론(Conclusion) 1 (적용 범위)

이 결론은 조약 해석에 있어서 후속 합의 및 후속 관행의 역할에 관한 것이다.

제2부 기본 규칙과 정의

결론 2 (조약 해석의 일반 규칙과 수단)

1. 조약법에 관한 비엔나 협약 제31조 및 제32조는 각각 해석의 일반 규칙과 해석의 보충적 수단의 이용을 규정하고 있다. 이 규칙은 관습국제법으로도 적용된다.
2. 조약은 제31조 제1항에 규정된 바와 같이 조약문의 문맥에서 그리고 조약의 대상 및 목적에 비추어 보아, 그 조약의 문언에 부여되는 통상적 의미에 따라 신의에 좇아 성실하게 해석되어야 한다.
3. 제31조 제3항은 무엇보다도 문맥과 함께 (가) 조약의 해석 또는 그 조약 규정의 적용에 관한 당사국 간 후속 합의와 (나) 조약 해석에 관한 당사국의 합의를 증명하는 그 조약 적용에 있어서의 후속 관행을 고려해야 한다고 규정하고 있다.
4. 조약의 적용에 있어서 제32조 상 해석의 보충 수단으로 기타 후속 관행이 이용될 수 있다.
5. 조약의 해석은 하나의 단일한 복합적 활동으로 이루어지며, 이는 제31조와 제32조에서 각각 표시된 다양한 해석수단에 적절한 강조점을 부여하게 된다.

결론 3 (확실한 해석수단으로서의 후속 합의 및 후속 관행)

제31조 제3항 가호 및 나호 상의 후속 합의 및 후속 관행은 조약의 의미에 관한 당사국 이해의 객관적인 증거이므로, 제31조에 반영된 조약 해석의 일반 규칙을 적용함에 있어 확실한 해석수단이다.

결론 4 (후속 합의 및 후속 관행의 정의)

1. 제31조 제3항 가호 상의 확실한 해석수단으로서의 후속 합의라 함은 조약의 해석 또는 조약 규정의 적용과 관련해 조약체결 후 이루어진 당사국 간 합의이다.
2. 제31조 제3항 나호 상의 확실한 해석수단으로서의 후속 관행은 조약 해석에 관한 당사국 간 합의를 확립하는 것으로서, 조약체결 후 조약 적용상의 행위로 이루어진다.
3. 제32조 상의 해석의 보충 수단으로서의 후속 관행은 조약 체결 후 하나 또는 그 이상의 당사국에 의한 조약 적용상의 행위로 이루어진다.

결론 5 (후속 관행으로서의 행위)

1. 제31조 및 제32조 상의 후속 관행은 행정적, 입법적, 사법적 또는 기타 기능의 행사든 관계없이, 조약 적용에 있어서 당사국의 어떠한 행위로도 이루어질 수 있다.

1) ILC 2018년 제70차 회기 채택. 이 초안의 영문본은 다음에서 구할 수 있다. https://legal.un.org/ilc/texts/instruments/english/draft_articles/1_11_2018.pdf. 이는 이충면. 김지은, 곽슬기, 김송의 조력을 받아 필자가 번역함.

2. 비국가행위자에 의한 행위를 포함하는 기타 행위는 제31조 및 제32조 상의 후속 행위를 구성하지 않는다. 그러나 그러한 행위는 조약 당사국의 후속 관행을 평가할 때 관련성이 있을 수 있다.

제3부 일반적 측면

결론 6 (후속 합의와 후속 관행의 확인)

1. 제31조 제3항 상의 후속 합의와 후속 관행을 확인하기 위해서는 특히 당사국이 합의 또는 관행을 통해 조약 해석에 관한 입장을 가졌는지 결정을 필요로 한다. 당사국이 단지 일시적으로 조약을 적용하지 않기로 합의했거나 실무약정(modus vivendi)을 체결하기로 합의하는 경우는 그러한 입장을 취한 것이 아니다.
2. 제31조 제3항 상의 후속 합의와 후속 관행은 다양한 형식을 취할 수 있다.
3. 제32조 상의 후속 관행의 확인을 위해서는 특히 하나 또는 그 이상의 당사국 행위가 조약 적용 과정에서 이루어졌는지 결정을 필요로 한다.

결론 7 (해석에서 후속 합의와 후속 관행의 가능한 효과)

1. 제31조 제3항 상의 후속 합의와 후속 관행은 다른 해석수단과의 상호작용 속에서 조약의 의미를 명확하게 하는 데 기여한다. 이는 조약이 당사국에게 부여하는 재량 행사의 범위를 포함해 가능한 해석의 범위를 축소하거나, 확대하거나 또는 다르게 결정하는 결과를 가져올 수 있다.
2. 제32조 상의 후속 관행 역시 조약 의미의 명확화에 기여할 수 있다.
3. 조약 당사국은 조약 적용 상의 합의나 관행에 의해 조약의 개정이나 변경이 아니라 이의 해석을 의도한다고 추정된다. 당사국의 후속 관행에 의한 조약의 개정이나 변경 가능성은 일반적으로 인정되지 않는다. 이 결론은 조약법에 관한 비엔나 협약과 관습국제법 상의 조약 개정이나 변경에 관한 규칙을 침해하지 않는다.

결론 8 (시간에 따라 발전 가능한 조약 용어의 해석)

제31조와 제32조 상의 후속 합의와 후속 관행은 조약체결 시 당사국의 추정된 의사가 조약 용어에 대해 시간의 경과에 따라 발전가능한 의미를 부여하려는 것이었는지 여부를 결정하는데 도움이 될 수 있다.

결론 9 (해석 수단으로서 후속 합의 및 후속 관행의 중요성)

1. 제31조 제3항 상의 해석 수단으로서 후속 합의와 후속 관행의 중요성은 특히 그 명확성과 구체성에 따라 결정된다.
2. 아울러 제31조 제3항 나호 상의 후속 관행의 중요성은 특히 이의 반복 여부와 반복 양상에 따라 결정된다.
3. 제32조 상의 해석의 보충 수단으로서 후속 관행의 중요성은 위 제1항 및 제2항에 제시된 기준에 따라 결정된다.

결론 10 (조약 해석에 관한 당사자 간의 합의)

1. 제31조 제3항 가호 및 나호 상 합의는 조약 해석에 관해 당사자가 알고 수락한 공통의 이해를 필요로 한다. 이 같은 합의는 고려 과정에서 법적 구속력을 가질 수 있으나, 다만 반드시 그러하지는 않다.
2. 제31조 제3항 나호 상의 합의를 확정하기 위해 후속 관행에 적극적으로 참여해야 하는 당사국의 수는 다양할 수 있다. 일정한 반응이 요구되는 상황에서 하나 또는 복수 당사자의 침묵은 후속 관행에 대한 승인이 될 수 있다.

제4부 특별한 측면

결론 11 (당사국 간 회의 구조 안에서 채택된 결정)

1. 이 결론에서 당사국 회의라 함은 조약의 재검토 또는 이행을 목적으로 한 조약 당사국 회의를 말하며, 이들 국가가 국제기구 기관의 구성원으로 활동하는 경우는 제외한다.
2. 당사국 회의 체제 내에서 채택된 결정의 법적 효과는 주로 조약과 적용가능한 절차 규칙에 따라 달라질 수 있다. 상황에 따라 그러한 결정은 제31조 제3항 가호 상의 후속 합의를 명시적 또는 묵시적으로 나타내거나, 제31조 제3항 나호 또는 제32조 상의 후속 관행을 유발할 수 있다. 당사국 회의 체제 내에서 채택된 결정은 종종 조약 이행을 위한 배타적이지 않은 실용적 선택 범위를 제공한다.
3. 당사국 회의 체제 내에서 채택된 결정은 조약 해석에 관한 당사국 간의 실질적 합의를 표시하는 한, 총의에 의한 채택을 포함해 그 결정이 채택된 형식이나 절차와는 관계없이 제31조 제3항 상의 후속 합의 또는 후속 관행을 나타낸다.

결론 12 (국제기구 설립 문서)

1. 제31조 및 제32조는 국제기구의 설립 문서인 조약에 적용된다. 따라서 제31조 제3항 상의 후속 합의와 후속 관행은 그 조약의 해석수단이 되며, 제32조 상의 후속 관행은 해석수단이 될 수 있다.
2. 제31조 제3항 상의 당사국의 후속 합의 및 후속 관행이나 제32조 상의 후속 관행은 국제기구 설립 문서의 적용 관행에서 나타나거나 표현될 수 있다.
3. 설립 문서 적용에 있어서의 국제기구의 관행은 제31조 및 제32조를 적용하는 경우 그 문서의 해석에 기여할 수 있다.
4. 위 제1항 내지 제3항은 해당 국제기구의 관련 규칙을 침해함이 없이, 기구의 설립 문서인 어떠한 조약의 해석에도 적용된다.

결론 13 (조약 전문가 기구의 발표)

1. 이 결론의 목적상 조약 전문가 기구라 함은 조약에 따라 설립되나 국제기구의 기관에는 해당하지 않고 개인 자격으로 활동하는 전문가로 구성된 기구이다.
2. 조약 해석에 관한 조약 전문가 기구 발표의 타당성은 그 조약의 적용 가능한 규칙에 따라 정해진다.
3. 조약 전문가 기구의 발표는 제31조 제3항 상의 당사국의 후속 합의나 후속 관행 또는 제32조 상의 후속 관행을 유발하거나 나타낼 수 있다. 당사국의 침묵이 조약 전문가 기구 발표에 표시된 조약 해석을 받아들여 제31조 제3항 나호 상의 후속 관행을 구성한다고 추정되어서는 아니 된다.
4. 이 결론은 조약 전문가 기구의 발표가 그들의 임무에 따라 조약 해석에 기여함을 침해하지 아니한다.

ILC 「조약의 잠정적용」(2021)[1)]

(Guide to Provisional Application of Treaties)

지침(Guideline) 1 적용범위

이 지침은 국가 또는 국제기구에 의한 조약의 잠정적용에 관한 것이다.

지침 2 목적

이 지침의 목적은 조약법에 관한 비엔나 협약 제25조와 그 밖의 관련 국제법 규칙을 근거로 하여 조약의 잠정적용에 관한 법과 실행에 대한 지침의 제공이다.

지침 3 일반규칙

조약 자체가 그렇게 규정하는 경우 또는 그 밖의 방법으로 그렇게 합의한 경우, 조약 또는 조약 일부는 발효 시까지 관련 국가 또는 국제기구 간에 잠정적으로 적용된다.

지침 4 합의의 형태

조약이 그렇게 규정하는 경우 외에도, 조약 또는 조약 일부에 대한 잠정적용은 다음을 통해 관련 국가 또는 국제기구 간에 합의될 수 있다.

가. 별개의 조약; 또는

나. 다음을 포함한 그 밖의 다른 수단이나 합의;

(i) 국제기구 또는 정부간 회의에서 관련 국가 또는 국제기구의 합의를 반영해 그 기구 또는 회의의 규칙에 따라 채택된 결의, 결정 또는 그 밖의 행위;

(ii) 관련 다른 국가 또는 국제기구에 의해 수락된 국가 또는 국제기구의 선언.

지침 5 개시

조약 또는 조약 일부의 잠정적용은 조약이 규정하거나 달리 합의된 바와 같은 날짜와 조건 및 절차에 따라 효력을 발생한다.

지침 6 법적 효과

조약 또는 조약 일부의 잠정적용은 조약이 달리 규정하거나 달리 합의되지 않은 경우, 관련 국가나 국제기구 간에 그 조약 또는 조약 일부를 적용할 법적 구속력 있는 의무를 발생시킨다. 잠정적용되는 조약 또는 조약 일부는 신의에 좇아 성실하게 이행되어야 한다.

지침 7 유보

이 지침은 조약 또는 조약 일부의 잠정적용과 관련된 유보에 대해 어떠한 영향도 미치지 않는다.

1) ILC 2021년 제72차 회기에서 채택. 영문본은 https://legal.un.org/ilc/texts/instruments/english/commentaries/1_12_2021.pdf에서 구할 수 있음. 이는 김우석의 조력을 받아 필자가 번역함.

지침 8
잠정적용되는 조약 또는 조약 일부에 의해 발생하는 의무의 위반은 적용가능한 국제법 규칙에 따른 국제책임을 유발한다.

지침 9
1. 조약 또는 조약 일부의 잠정적용은 관련 국가 또는 국제기구 간 관계에서 그 조약이 발효하면 종료한다.
2. 조약이 달리 규정하거나 또는 달리 합의되지 않는다면, 국가 또는 국제기구에 대한 조약 또는 조약 일부의 잠정적용은 그 국가 또는 국제기구가 관련 다른 국가 또는 국제기구에게 조약 당사자가 되지 않겠다는 의사를 통고하는 경우 종료된다.
3. 조약이 달리 규정하거나 또는 달리 합의되지 않는다면, 국가 또는 국제기구는 잠정적용을 종료시킬 다른 근거를 원용할 수 있으며, 이 경우 관련 다른 국가 또는 국제기구에 통고해야 한다.
4. 조약이 달리 규정하거나 또는 달리 합의되지 않는다면, 조약 또는 조약 일부의 잠정적용의 종료는 그 종료 이전 잠정적용의 실행으로 형성된 어떠한 권리, 의무 또는 법적 상황에도 영향을 미치지 않는다.

지침 10 국가의 국내법, 국제기구의 규칙 및 잠정적용된 조약의 준수
1. 조약 또는 조약 일부의 잠정적용에 동의한 국가는 그 잠정적용에 의해 발생하는 의무이행의 실패를 정당화하기 위해 국내법을 원용할 수 없다.
2. 조약 또는 조약 일부의 잠정적용에 동의한 국제기구는 그 잠정적용에 의해 발생하는 의무이행의 실패를 정당화하기 위해 국제기구 규칙을 원용할 수 없다.

지침 11 조약의 잠정적용에 합의할 권한에 관한 국가의 국내법 규정 및 국제기구의 규칙
1. 조약의 잠정적용에 동의할 권한에 관한 국내법 규정의 위반이 명백하며 본질적으로 중요한 국내법 규칙에 관련된 경우가 아니면, 국가는 조약 또는 조약 일부의 잠점적용에 대한 동의가 그 국내법 규정에 위반하여 표시되었다는 사실을 그 동의의 무효 근거로 원용할 수 없다.
2. 조약의 잠정적용에 동의할 권한에 관한 국제기구 규칙의 위반이 명백하며 본질적으로 중요한 규칙에 관련된 경우가 아니면, 국제기구는 조약 또는 조약 일부의 잠점적용에 대한 동의가 그 국제기구 규칙에 위반하여 표시되었다는 사실을 그 동의의 무효 근거로 원용할 수 없다.

지침 12 국가의 국내법 또는 국제기구 규칙으로부터 유래하는 제한적 잠정적용의 합의
이 지침은 국가의 국내법 또는 국제기구 규칙으로부터 유래하는 제한 아래 국가 또는 국제기구가 조약 자체나 다른 방법으로 조약 또는 조약 일부의 잠정적용에 합의할 권리를 침해하지 않는다.

ILC 「일반국제법상 절대규범(강행규범)의 확인과 법적 효과」(2022)[1]

(Draft Conclusion on Identification and Legal Consequences of Peremptory Norms of General International Law(jus cogens))

제1부 (서론)

결론(Conclusion) 1 (범위)
이 결론은 일반국제법상 절대규범(강행규범)의 확인과 법적 효과에 관한 내용이다.

결론 2 (일반국제법상 절대규범(강행규범)의 성격)
일반국제법상 절대규범(강행규범)은 국제공동체의 기본적 가치를 반영하고 보호한다. 이는 보편적으로 적용 가능하며, 위계질서상 국제법의 다른 규칙보다 상위에 있다.

결론 3 (일반국제법상 절대규범(강행규범)의 개념)
일반국제법상 절대규범(강행규범)은 어떠한 이탈도 허용되지 않으며, 동일한 성질을 가진 일반국제법의 후속 규범에 의해서만 변경될 수 있는 규범으로 국제공동체 전체에 의해 수락되고 인정되는 규범이다.

제2부 (일반국제법상 절대규범(강행규범)의 확인

결론 4 (일반국제법상 절대규범(강행규범)의 확인을 위한 기준)
일반국제법상 절대규범(강행규범)의 확인을 위해 문제의 규범은 다음과 같은 기준을 충족하고 있는지 증명될 필요가 있다.

가. 그것이 일반국제법상 규범이며, 그리고
나. 그것이 어떠한 이탈도 허용되지 않으며, 동일한 성질을 가진 일반국제법의 후속 규범에 의해서만 변경될 수 있는 규범으로 국제공동체 전체에 의해 수락되고 인정된다.

결론 5 (일반국제법상 절대규범(강행규범)의 근거)
제1항 관습국제법은 일반국제법상 절대규범(강행규범)의 가장 공통적 근거이다.
제2항 조약 규정과 법의 일반원칙 역시 일반국제법상 절대규범(강행규범)의 근거가 될 수 있다.

결론 6 (수락과 인정)
제1항 본 결론 4 나호 수락과 인정의 기준은 일반국제법 규범으로서 수락과 인정과는 차이가 난다.
제2항 일반국제법상 절대규범(강행규범)으로 확인하기 위해서는 어떠한 이탈도 허용되지 않으며, 동일한 성질을 가진 일반국제법의 후속 규범에 의해서만 변경될 수 있는 규범으로 국제공동체 전체에 의해 수락되고 인정되었다는 증거가 있어야 한다.

---

1) ILC 2022년 제73차 회기 채택. 영문본은 https://legal.un.org/ilc/texts/instruments/english/draft_articles/1_14_2022.pdf에서 구할 수 있음. 이 번역은 국제법평론 2023-I, pp.228-234에 수록된 박기갑 번역본을 참고하며, 필자가 작성했음.

결론 7 (국제공동체 전체)

제1항 일반국제법상 절대규범(강행규범)의 확인을 위해서는 국제공동체 전체에 의한 수락과 인정이 필요하다.

제2항 일반국제법상 절대규범(강행규범)의 확인을 위해서는 아주 많은 그리고 대표성 있는 다수 국가들에 의한 수락과 인정이 요구된다. 모든 국가들에 의한 수락과 인정은 요구되지 않는다.

제3항 다른 행위자의 입장은 국제공동체 전체에 의한 수락과 인정을 평가하고 의미를 부여하는 데는 의미 있을지라도, 이러한 입장 그 자체가 그러한 수락과 인정의 일부를 형성할 수 없다.

결론 8 (수락과 인정의 증거)

제1항 일반국제법의 규범이 절대규범(강행규범)이라는 수락과 인정의 증거는 다양한 형태를 가질 수 있다.

제2항 증거의 유형은 다음을 포함하지만 이에 한정되지는 않는다: 국가를 대표한 공적 성명, 공식 출판물, 정부의 법률 의견, 외교 공한, 헌법 규정, 입법부 및 행정부의 행위, 국내법원의 결정, 조약 규정, 국제기구 또는 국제회의에서 채택된 결의 및 그 밖의 국가 행위.

결론 9 (일반국제법 규범의 절대적 성격 결정을 위한 보조수단)

제1항 국제재판소, 특히 국제사법재판소의 결정은 일반국제법 규범의 절대적 성격을 결정하는 보조수단이다. 적절한 경우에는 국내법원의 결정 역시 고려될 수 있다.

제2항 국가 또는 국제기구에 의해 설립된 전문가 기관의 작업과 각국의 가장 우수한 학자의 학설 역시 일반국제법 규범의 절대적 성격을 결정하는 보조수단으로 사용될 수 있다.

제3부 일반국제법상 절대규범(강행규범)의 법적 효과

결론 10 (일반국제법상 절대규범(강행규범)과 상충되는 조약)

제1항 조약이 체결 당시 일반국제법상 절대규범(강행규범)과 상충되는 경우 무효이다. 그러한 조약 규정은 법적 효력을 갖지 못한다.

제2항 결론 11의 제2항을 조건으로, 일반국제법의 새로운 절대규범(강행규범)이 출현하는 경우 그 규범과 상충되는 기존 조약은 무효로 되어 종료한다. 그러한 조약의 당사자는 향후 조약을 이행할 의무로부터 해제된다.

결론 11 (일반국제법상 절대규범(강행규범)과 상충되는 조약 규정의 가분성)

제1항 조약이 체결 당시 일반국제법상 절대규범(강행규범)과 상충되는 경우 전체가 무효이며, 그 조약 규정의 분리는 허용되지 않는다.

제2항 일반국제법의 새로운 절대규범(강행규범)과 상충되는 조약은 다음의 경우에 해당하지 않으면 무효이며 전체가 종료한다.

가. 일반국제법상 절대규범(강행규범)과 상충되는 규정이 그 적용과 관련하여 조약의 잔여 부분으로부터 분리될 수 있고,

나. 그 규정의 수락이 조약 전체에 대한 기속적 동의의 필수적인 기초가 아니라는 점이 조약으로부터 나타나거나 또는 달리 증명되며, 그리고

다. 조약 잔여 부분의 계속적 이행이 부당하지 않은 경우.

결론 12 (일반국제법상 절대규범(강행규범)과 상충되는 조약의 무효와 종료의 결과)

제1항 조약의 체결 당시 일반국제법상 절대규범(강행규범)과 상충되는 결과 무효로 되는 조약의 당사자는 다음과 같은 법적 의무를 갖는다:

가. 일반국제법상 절대규범(강행규범)과 상충되는 조약 규정에 근거해 이행된 행위의 결과를 가능한 한 제거한다; 그리고

나. 그들 상호관계를 일반국제법상 절대규범(강행규범)과 조화되도록 한다.

제2항 일반국제법상 새로운 절대규범(강행규범)의 출현에 따른 조약 종료는 그 조약 종료 이전에 조약 집행을 통해 창설된 당사국들의 권리, 의무 또는 법적 상황에 영향을 미치지 않는다. 만일 그러한 권리, 의무 또는 상황은 이후 일반국제법상 새로운 절대규범(강행규범)과 상충되지 않는 범위 내에서만 유지 가능하다.

결론 13 (일반국제법상 절대규범(강행규범)에 대한 유보의 효과 부재)

제1항 일반국제법상 절대규범(강행규범)을 반영하는 조약 규정에 대한 유보는 그 규범의 구속력에 영향을 주지 않으며, 그 규범은 적용을 계속한다.

제2항 유보는 일반국제법상 절대규범(강행규범)에 반하는 방법으로 조약의 법적 효과를 배제하거나 변경하지 못한다.

결론 14 (일반국제법상 절대규범(강행규범)과 상충되는 관습국제법 규칙)

제1항 관습국제법 규칙은 일반국제법상 절대규범(강행규범)과 상충되는 경우 존재하지 못한다. 이는 동일한 성격을 가진 일반국제법의 후속 규범에 의한 일반국제법상 절대규범(강행규범)의 변경 가능성을 침해하지 않는다.

제2항 절대적 성격을 갖지 않는 관습국제법 규칙이 일반국제법상 새로운 절대규범(강행규범)과 상충된다면 그러한 범위 내에서는 더 이상 존속하지 못한다.

제3항 지속적 반대자 규칙은 일반국제법상 절대규범(강행규범)에 적용되지 않는다.

결론 15 (일반국제법상 절대규범(강행규범)과 상충되는 국가의 일방적 행위에 의해 창설된 의무)

제1항 일반국제법상 절대규범(강행규범)과 상충되는 국제법상 의무에 기속될 의도를 표시한 국가의 일방적 행위는 그러한 의무를 창설하지 않는다.

제2항 국가의 일방적 행위에 의해 창설된 국제법상 의무가 일반국제법의 새로운 절대규범(강행규범)과 상충된다면 그 범위 내에서는 더 이상 존속하지 못한다.

결론 16 (일반국제법상 절대규범(강행규범)과 상충되는 국제기구의 결의, 결정 또는 그 밖의 행위에 의해 창설된 의무)

구속력을 갖는 국제기구의 결의, 결정 또는 그 밖의 행위는 일반국제법상 절대규범(강행규범)과 상충되면 그 범위 내에서는 국제법상 의무를 창설하지 않는다.

결론 17 (국제공동체 전체에 대한 의무(대세적 의무)로서의 일반국제법상 절대규범(강행규범))

제1항 일반국제법상 절대규범(강행규범)은 모든 국가들이 법적 이익을 갖는 국제공동체 전체에 대한 의무(대세적 의무)를 창출한다.

제2항 어떠한 국가도 일반국제법상 절대규범(강행규범)의 위반에 대해 국제위법행위에 따른 국가책임 규칙에 따라 다른 국가의 책임을 추궁할 권리를 갖는다.

결론 18 (일반국제법상 절대규범(강행규범)과 위법성 조각사유)
국제위법행위에 따른 국가책임 규칙상 위법성 조각사유는 일반국제법상 절대규범(강행규범)으로부터 비롯되는 의무와 상충되는 국가 행위에 관해 원용될 수 없다.

결론 19 (일반국제법상 절대규범(강행규범)의 심각한 위반의 특별한 결과)
제1항 일반국제법상 절대규범(강행규범)에서 발생하는 의무에 대한 한 국가의 심각한 위반을 국가들은 적법한 수단을 통해 종료시키도록 협력해야 한다.
제2항 어떠한 국가도 일반국제법상 절대규범(강행규범)에서 발생하는 의무에 대한 한 국가의 심각한 위반으로 창설된 상황을 적법하다고 승인하지 말아야 하며, 그러한 상황이 유지되도록 원조나 지원을 해서도 안 된다.
제3항 만약 유책국이 일반국제법상 절대규범(강행규범)에서 발생하는 의무를 이행함에 있어서 중대하거나 체계적인 실패를 수반하는 경우, 그러한 위반은 심각하다.
제4항 이 결론은 일반국제법상 절대규범(강행규범)에서 발생하는 의무에 대한 어떠한 국가의 위반이 국제법상 초래할 다른 결과를 방해하지 않는다.

제4부 (일반 규정)

결론 20 (일반국제법상 절대규범(강행규범)에 합치되는 해석과 적용)
일반국제법상 절대규범(강행규범)과 국제법의 다른 규칙 간에 충돌이 있을듯한 경우, 후자는 가능한 한 전자에 합치되도록 해석되고 적용되어야 한다.

결론 21 (권고적 절차)
제1항 일반국제법상 절대규범(강행규범)을 어떤 국제법 규칙의 무효나 종료의 근거로 원용하는 국가는 자신의 청구를 관련 국가에게 통보해야 한다. 통보는 서면으로 실시되어야 하며, 문제되는 국제법 규칙에 대해 취해질 조치를 제시해야 한다.
제2항 특별히 긴급한 경우를 제외하고, 적어도 3개월의 기간 내에 어떠한 관련 국가도 이의를 제기하지 않는 경우, 원용국은 자신이 제의한 조치를 실행할 수 있다.
제3항 다만 어느 국가가 이의를 제기한 경우, 관련 국가들은 국제연합헌장 제33조에 언급된 수단을 통해 해결을 모색한다. 12개월 내 해결에 이르지 못하고, 이의 제기국이 국제사법재판소 또는 구속력 있는 결정을 수반하는 다른 절차에 이 문제를 회부하자고 제안한 경우, 원용국은 분쟁이 해결될 때까지 자신이 제시한 조치를 실행할 수 없다.
제4항 이 결론은 조약법에 관한 비엔나협약에 규정된 절차, 국제사법재판소 관할권에 관한 관련 규칙, 또는 관련 국가들이 합의한 그 밖의 적용 가능한 분쟁해결 규정의 적용을 방해하지 않는다.

결론 22 (특정 일반국제법상 절대규범(강행규범)이 달리 수반할 수 있는 결과와의 무관성)
이 결론은 특정 일반국제법상 절대규범(강행규범)이 국제법상 달리 수반할 수 있는 결과를 침해하지 않는다.

결론 23 (예시적 목록)
다른 일반국제법상 절대규범(강행규범)의 존재나 후속 출현을 침해함이 없이, 국제법위원회가 그러한 지위를 가진다고 이전에 지적한 규범의 예시적 목록은 이 결론의 부록에서 찾아볼 수 있다.

부속서

가. 침략 금지;
나. 집단살해 금지;
다. 인도에 반하는 죄의 금지;
라. 국제인도법의 기본규칙;
마. 인종차별과 아파르테이드 금지;
바. 노예제 금지;
사. 고문 금지;
아. 자결권.

정부대표 및 특별사절의 임명과 권한에 관한 법률

(2020. 3. 31. 시행)

제1조(목적) 이 법은 특정한 목적을 위하여 정부를 대표하여 외국정부 또는 국제기구와 교섭하거나 국제회의에 참석하거나 조약에 서명 또는 가서명(假署名)하는 권한을 가진 사람(이하 "정부대표"라 한다)과 외국에서 거행되는 주요 의식에 참석하거나 특정한 목적을 위하여 정부의 입장과 인식을 외국정부 또는 국제기구에 전하거나 외국정부 또는 국제기구와 교섭하거나 국제회의에 참석할 수 있는 권한을 가지는 사람(이하 "특별사절"이라 한다)의 임명과 권한 및 그 밖에 필요한 사항에 관하여 규정함을 목적으로 한다.

제2조(정부를 대표할 수 있는 경우) 이 법 또는 다른 법률에 따르지 아니하고는 누구든지 정부를 대표하여 제1조에 규정된 행위를 할 수 없다.

제3조(외교부장관) 외교부장관은 외국정부 또는 국제기구와의 교섭, 국제회의 참석, 조약의 서명 또는 가서명을 할 때 정부대표가 된다.

제4조(재외공관의 장) 특명전권대사(特命全權大使)인 대한민국 재외공관의 장은 신임장(信任狀)을 접수한 외국정부 또는 국제기구와 교섭을 할 때 정부대표가 된다.

제5조(정부대표 등의 임명) ① 정부대표는 제3조 및 제4조의 경우를 제외하고는 외교부장관이 임명한다. 다만, 외국정부 또는 국제기구와 중요한 사항에 관하여 교섭을 하거나 중요한 국제회의에 참석하거나 중요 조약에 서명 또는 가서명을 하는 정부대표의 경우에는 외교부장관의 제청으로 국무총리를 거쳐 대통령이 임명한다.

② 특별사절은 외교부장관의 제청으로 국무총리를 거쳐 대통령이 임명한다.

③ 제1항 본문에 따라 임명되는 정부대표에게 발급하는 전권(全權) 위임장 또는 신임장에는 외교부장관이 서명하며, 제1항 단서 또는 제2항에 따라 임명되는 정부대표나 특별사절에게 발급하는 전권 위임장 또는 신임장에는 대통령이 서명하고 국무총리 및 외교부장관이 부서(副署)하되, 이 경우에도 국제관례에 따라 외교부장관이 서명할 수 있다.

제5조의2(대외직명의 지정) 대통령은 정부대표 또는 특별사절에 대하여 필요하다고 인정하는 경우에는 외교부장관의 제청으로 국무회의의 심의를 거쳐 특명전권대사 또는 대사(大使)의 대외직명(對外職名)을 지정할 수 있다.

제6조(정부의 지휘 · 감독) 정부대표가 진행하는 외교교섭은 외교부장관이 지휘·감독한다. 국내에 주재(駐在)하는 외국 또는 국제경제기관과의 경제조정(經濟調整) 사무에 관하여도 외교부장관의 의견을 들어야 한다.

제7조(수석정부대표 등) ① 2명 이상의 정부대표 또는 특별사절을 임명하는 경우에는 서열을 정하고 수석정부대표 또는 수석특별사절을 지명하여야 한다.

② 수석정부대표 또는 수석특별사절은 다른 정부대표 또는 특별사절을 지휘·감독하고, 정부대표단 또는 특별사절단을 대표한다.

제8조(직무의 대행) 수석정부대표 또는 수석특별사절이 부득이한 사유로 직무를 수행할 수 없을 때에는 다음 서열의 정부대표 또는 특별사절이 그 직무를 대행한다.

제9조(수행원) 외교부장관은 필요하다고 인정하면 정부대표 또는 특별사절의 사무를 보좌하게 하기 위하여 고문(顧問), 전문위원 보좌관 또는 그 밖의 수행원을 임명할 수 있다.

제10조(해임) ① 정부대표 또는 특별사절 및 그 수행원은 다른 법률에 특별한 규정이 있는 경우를 제외하고는 그가 담당한 임무가 종료된 때에 그 직(職)에서 해임된다.

② 제5조의2에 따라 특명전권대사 또는 대사의 대외직명을 지정받은 정부대표 또는 특별사절이 제1항에 따라 그 직에서 해임된 때에는 특명전권대사 또는 대사의 대외직명의 지정은 그 효력을 잃는다.

제11조(통상조약 체결을 위한 교섭 시의 정부대표 임명 등에 관한 특례) ① 제5조제1항에도 불구하고 「통상조약의 체결절차 및 이행에 관한 법률」 제2조제1호에 따른 통상조약의 체결을 목적으로 하는 교섭을 위하여 정부대표를 임명할 때에는 다음 각 호의 방법에 따른다.

1. 제5조제1항 본문에 해당하는 경우에는 산업통상자원부장관의 요청에 따라 외교부장관이 임명한다.
2. 제5조제1항 단서에 해당하는 경우에는 산업통상자원부장관의 제청으로 국무총리를 거쳐 대통령이 임명한다.

② 제1항제2호에 따라 임명되는 정부대표에게 발급하는 전권 위임장 또는 신임장에는 제5조제3항에도 불구하고 대통령이 서명하고 국무총리 및 산업통상자원부장관이 부서한다. 이 경우 국제관례에 따라 외교부장관이 서명할 수 있다.

③ 제6조 전단에도 불구하고 제1항에 따라 임명되는 정부대표가 진행하는 통상교섭의 경우 산업통상자원부장관이 지휘·감독한다. 이 경우 산업통상자원부장관은 미리 외교부장관에게 지휘·감독의 내용을 통보하여야 한다.

④ 산업통상자원부장관은 제1항에 따른 통상조약의 문안에 합의하거나 가서명하려는 경우에는 미리 외교부장관의 의견을 들어야 한다.

통상조약의 체결절차 및 이행에 관한 법률

(2017. 7. 26. 시행)

제1조(목적) 이 법은 통상조약의 체결절차 및 이행에 관하여 필요한 사항을 규정함으로써 국민의 이해와 참여를 통하여 통상조약 체결 절차의 투명성을 제고하고, 효율적인 통상협상을 추진하며, 통상조약의 이행과정에서 우리나라의 권리와 이익을 확보하여 국민경제의 건전한 발전에 이바지함을 목적으로 한다.

제2조(정의) 이 법에서 사용하는 용어의 뜻은 다음과 같다.

1. "통상조약"이란 우리나라가 세계무역기구 등 국제기구 또는 경제연합체에 가입하거나 다른 국가 등과 체결하는 다음 각 목의 조약 중 「대한민국헌법」 제60조제1항에 따른 국회동의 대상인 조약을 말한다.
   가. 세계무역기구 등 국제기구 차원에서 체결되어 포괄적인 대외 시장개방을 목적으로 하는 조약
   나. 지역무역협정 또는 자유무역협정 등 지역적 또는 양자 차원에서 체결되어 포괄적인 대외 시장개방을 목적으로 하는 조약
   다. 그 밖에 경제통상 각 분야의 대외 시장개방으로 인하여 국민경제에 중요한 영향을 미치는 조약
2. "통상협상"이란 통상조약의 체결을 위하여 우리나라가 다른 국가 등과 하는 협상을 말한다.

제3조(다른 법률과의 관계) 이 법은 통상조약의 체결절차 및 이행에 관하여 다른 법률보다 우선하여 적용한다.

제4조(정보의 공개) ① 정부는 통상조약 체결절차 및 이행에 관한 정보의 공개 청구가 있는 경우 「공공기관의 정보공개에 관한 법률」에 따라 관련 정보를 청구인에게 공개하여야 하며, 통상협상의 진행을 이유로 공개를 거부하여서는 아니 된다.

② 제1항에도 불구하고 통상협상에 관한 정보가 다음 각 호의 어느 하나에 해당되는 경우에는 공개하지 아니할 수 있다. 다만, 국회 교섭단체 간의 합의를 거쳐 국회의장의 요구가 있는 경우에는 정부는 공개를 거부할 수 없다.

1. 통상협상의 상대방이 자국의 이해와 관계되는 정보라는 이유로 비공개를 요청한 경우
2. 통상협상의 구체적 진행과 관련되어 그 공개가 국익을 현저히 침해하거나 통상협상에 지장을 가져올 우려가 있는 것으로 판단되는 경우
3. 그 밖에 「공공기관의 정보공개에 관한 법률」 제9조제1항 단서 각 호의 어느 하나에 해당되는 경우

③ 정부는 제2항에 따라 통상협상에 관한 정보를 공개하지 아니하기로 결정한 경우에는 그 사실을 청구인에게 지체 없이 문서로 통지하여야 한다. 이 경우 비공개 이유·불복방법 및 불복절차를 구체적으로 명시하여야 한다.

제5조(보고 및 서류제출) ① 정부는 국회 외교통일위원회·산업통상자원중소벤처기업위원회 및 통상 관련 특별위원회의 요구가 있을 때에는 진행 중인 통상협상 또는 서명이 완료된 통상조약에 관한 사항을 보고하거나 서류를 제출하여야 한다.

② 보고 또는 서류제출에 관하여는 「국회에서의 증언·감정 등에 관한 법률」 제4조를 준용한다.

제6조(통상조약체결계획의 수립 및 보고) ① 산업통상자원부장관은 통상협상 개시 전 다음 각 호의 사항을 포함하여 통상조약의 체결에 관한 계획(이하 "통상조약체결계획"이라 한다)을 수립하여야 한다.

1. 통상협상의 목표 및 주요내용
2. 통상협상의 추진일정 및 기대효과
3. 통상협상의 예상 주요쟁점 및 대응방향
4. 통상협상과 관련된 주요국 동향
5. 그 밖에 산업통상자원부장관이 필요하다고 인정하는 사항

② 산업통상자원부장관이 제1항에 따라 통상조약체결계획을 수립한 때에는 지체 없이 국회 산업통상자원중소벤처기업위원회에 보고하여야 한다.

③ 국회는 진행 중인 협상이 통상협상에 해당된다고 판단할 경우 산업통상자원부장관에게 통상조약체결계획의 수립 등 이 법에서 규정한 절차를 준수할 것을 요구할 수 있다.

제7조(공청회의 개최) ① 산업통상자원부장관은 통상조약체결계획을 수립하기에 앞서 이해관계자와 관계 전문가의 의견을 수렴하기 위하여 공청회를 개최하여야 한다.

② 제1항에 따른 공청회의 개최에 관하여는 「행정절차법」 제38조·제38조의2·제38조의3·제39조 및 제39조의2를 준용한다.

제8조(국민의 의견제출) 누구든지 정부에 대하여 통상협상 또는 통상조약에 관한 의견을 제출할 수 있다. 이 경우 정부는 제출된 의견이 상당한 이유가 있다고 인정하는 때에는 이를 정책에 반영하도록 노력하여야 한다.

제9조(통상조약 체결의 경제적 타당성 등 검토) ① 산업통상자원부장관은 통상협상 개시 이전에 통상조약 체결의 경제적 타당성 등을 검토하여야 한다. 다만, 이미 발효된 통상조약을 포함한 그 밖의 조약의 이행에 따라 요구되는 통상협상의 경우는 제외한다.

② 산업통상자원부장관은 제1항에 따른 경제적 타당성 등의 검토를 관계 중앙행정기관의 장에게 요청하거나 정부출연연구기관을 포함한 관계 연구기관에 의뢰하여 실시할 수 있다. 이 경우 요청 또는 의뢰를 받은 관계 중앙행정기관 및 관계 연구기관의 장은 특별한 사유가 없으면 이에 따라야 한다.

제10조(통상협상의 진행 및 국회의 의견제시) ① 정부는 통상조약체결계획에 따라 통상협상을 진행하여야 한다.

② 산업통상자원부장관은 다음 각 호의 어느 하나에 해당하는 경우에는 이를 즉시 국회 산업통상자원중소벤처기업위원회에 보고하여야 한다. 다만, 협상의 급박한 진행 등 즉시 보고가 어려운 불가피한 사유가 있는 경우에는 사후에 보고할 수 있다.

1. 통상조약체결계획의 중요 사항을 변경한 경우
2. 국내 산업 또는 경제적 파급효과 등에 중대한 변화가 예상되는 경우
3. 그 밖에 협상의 진행과 관련하여 중대한 변화가 발생한 경우

③ 국회 산업통상자원중소벤처기업위원회는 제2항에 따라 보고받은 통상협상에 대하여 정부에 의견을 제시할 수 있다. 이 경우 정부는 특별한 사유가 없는 한 이를 반영하도록 노력하여야 한다.

제11조(영향평가) ① 산업통상자원부장관은 가서명 등 통상조약의 문안에 대하여 협상 상대국과 합의가 이루어진 때에는 다음 각 호의 사항을 포함하는 영향평가를 실시하여야 한다.

1. 통상조약이 국내 경제에 미치는 전반적 영향

2. 통상조약이 국가의 재정에 미치는 영향
3. 통상조약이 국내 관련 산업에 미치는 영향
4. 통상조약이 국내 고용에 미치는 영향

② 산업통상자원부장관은 제1항에 따른 영향평가를 관계 중앙행정기관의 장에게 요청하거나 정부출연연구기관을 포함한 관계 연구기관에 의뢰하여 실시할 수 있다. 이 경우 요청 또는 의뢰를 받은 관계 중앙행정기관 및 관계 연구기관의 장은 특별한 사유가 없으면 이에 따라야 한다.

제12조(협상결과의 보고 등) ① 산업통상자원부장관은 통상조약의 서명을 마친 때에는 그 경과 및 주요내용 등을 지체 없이 국회 산업통상자원중소벤처기업위원회에 보고하여야 한다.

② 산업통상자원부장관은 제1항에 따른 보고내용을 지체 없이 국민에게 알려야 한다.

제13조(비준동의의 요청 등) ① 정부는 통상조약의 서명 후 「대한민국헌법」 제60조제1항에 따라 국회에 비준동의를 요청하여야 한다.

② 제1항에 따라 국회에 비준동의를 요청할 때에는 다음 각 호의 사항을 함께 제출하여야 한다.

1. 제11조제1항에 따른 영향평가결과
2. 통상조약의 시행에 수반되는 비용에 관한 추계서와 이에 따른 재원조달방안
3. 제11조제1항제3호에 따른 국내산업의 보완대책
4. 통상조약의 이행에 필요한 법률의 제정 또는 개정 사항
5. 그 밖에 산업통상자원부장관이 필요하다고 인정하는 사항

③ 국회는 서명된 조약이 통상조약에 해당한다고 판단할 경우 정부에 비준동의안의 제출을 요구할 수 있다.

제14조(설명회 개최) 산업통상자원부장관은 통상조약의 발효 및 이행에 앞서 설명회를 개최하여 이해관계자에게 통상조약 이행의 주요사항 등에 대하여 설명하고, 이해관계자의 협력을 구하는 등 통상조약의 원활한 이행을 위한 홍보 등의 노력을 기울여야 한다.

제15조(통상조약의 이행상황 평가 및 보고) ① 산업통상자원부장관은 발효 후 10년이 경과하지 아니한 통상조약에 대하여 다음 각 호의 사항을 포함한 이행상황을 평가하고 그 결과를 국회 산업통상자원중소벤처기업위원회에 보고하여야 한다.

1. 발효된 통상조약의 경제적 효과
2. 피해산업 국내대책의 실효성 및 개선방안
3. 상대국 정부의 조약상 의무 이행상황 등 통상조약에 따라 구성된 공동위원회에서의 주요 논의사항
4. 그 밖에 산업통상자원부장관이 필요하다고 인정하는 사항

② 산업통상자원부장관은 제1항에 따른 이행상황 평가를 위하여 필요하다고 인정하면 관계 중앙행정기관 및 정부출연연구기관을 포함한 관계 연구기관의 장에게 협조를 요청할 수 있다. 이 경우 협조요청을 받은 관계 중앙행정기관 및 관계 연구기관의 장은 특별한 사유가 없으면 이에 따라야 한다.

③ 그 밖에 통상조약의 이행상황 평가의 주기·방법 등에 관한 사항은 대통령령으로 정한다.

제16조(경제적 권익의 보장) 통상조약의 어느 조항도 우리나라의 정당한 경제적 권익을 침해하는 것을 인정하는 것으로 해석될 수 없다.

제17조(통상조약상의 권익 확보) 정부는 통상조약상의 의무이행으로 인하여 특정 품목의 국내 피해가 회복하기 어려울 정도로 크다고 판단하는 경우 통상조약의 개정 추진 등 다양한 대책을 강구하여야 한다.

제18조(남북한 거래의 원칙) 통상조약의 체결 절차 및 이행과정에서 남한과 북한 간의 거래는 「남북교류협력에 관한 법률」 제12조에 따라 국가 간의 거래가 아닌 민족내부의 거래로 본다.

제19조(농업 · 축산업 · 수산업 보호 · 육성 의무 등) 정부는 통상조약의 이행을 이유로 「대한민국헌법」 제123조에 따른 농업·축산업·수산업의 보호·육성, 지역 간 균형발전, 중소기업 보호·육성 등의 의무를 훼손하여서는 아니 된다.

제20조(통상조약 이행의 상호주의 원칙) 상대국이 통상조약의 의무를 이행하지 아니하거나 이를 위반하는 경우 정부는 상대국에 대하여 이에 상응하는 조치를 취할 수 있다.

제21조(통상교섭민간자문위원회의 설치) ① 통상정책 수립 및 통상협상 과정에서 다음 각 호의 사항에 관하여 산업통상자원부장관의 자문에 응하기 위하여 산업통상자원부장관 소속으로 통상교섭민간자문위원회(이하 "민간자문위원회"라 한다)를 둔다.

1. 통상정책 및 통상협상의 기본방향
2. 특정 통상조약의 추진 및 체결의 타당성
3. 통상조약의 체결이 국내경제에 미치는 영향 및 국내 보완대책
4. 통상협상에 관한 대국민 공감대 형성을 위한 홍보대책
5. 통상조약체결계획의 수립
6. 그 밖에 통상정책 및 통상협상과 관련하여 산업통상자원부장관이 자문하는 사항

② 민간자문위원회는 위원장 1명을 포함한 30명 이내의 위원으로 구성하며, 위원장은 위원 중에서 호선한다.

③ 위원은 다음 각 호의 어느 하나에 해당하는 사람 중에서 산업통상자원부장관이 위촉한다.

1. 대외경제 및 통상 분야에 학식과 경험이 풍부한 사람
2. 통상정책 수립 및 통상협상과 관련하여 다양한 국민적 의사를 대변할 수 있는 사람
3. 국회 산업통상자원중소벤처기업위원회가 추천하는 사람
4. 그 밖에 관계 중앙행정기관의 장이 추천하는 사람

④ 제1항부터 제3항까지의 규정에 따른 민간자문위원회의 구성 및 운영 등에 필요한 사항은 대통령령으로 정한다.

제22조(비밀엄수 의무 등) ① 공무원은 재직 중은 물론 퇴직 후에도 이 법과 관련된 직무수행과정에서 알게 된 비밀을 공개하거나 타인에게 누설하여서는 아니 된다.

② 공무원이 아닌 사람으로서 통상협상 또는 통상조약과 관련한 자문 또는 보조를 제공하는 사람이 제4조제2항에 따른 비공개정보를 공유하고자 하는 경우 대통령령에 따라 비밀엄수서약을 하여야 한다.

③ 제2항에 따른 비밀엄수서약을 한 사람은 「형법」 제127조에 따른 벌칙의 적용에서는 공무원으로 본다.

「조약법에 관한 비엔나 협약」 조문 색인

판례색인

1. 한국 판례

2. 국제 및 외국 판결(결정)

[국제판례의 경우 서두에 나오는 The와 같은 관사나 Case concerning 같은 접두어는 생략함]

사항색인

[ㅅ]

[ㅇ]

저자 약력

서울대학교 법과대학 및 동 대학원 졸업(법학박사)
서울대학교 법과대학(원) 교수(1995－2020)
국가인권위원회 인권위원(2004－2007)
대한국제법학회 회장(2009)
인권법학회 회장(2015. 3－2017. 3)
현: 서울대학교 법학전문대학원 명예교수

저서 및 편서

재일교포의 법적지위(서울대학교출판부, 1996)
국제법의 이해(홍문사, 1996)
한국판례국제법(홍문사, 1998 및 2005 개정판)
국제인권규약과 개인통보제도(사람생각, 2000)
재외동포법(사람생각, 2002)
고교평준화(사람생각, 2002)(공편저)
집회 및 시위의 자유(사람생각, 2003)(공편저)
이중국적(사람생각, 2004)
사회적 차별과 법의 지배(박영사, 2004)
국가인권위원회법 해설집(국가인권위원회, 2005)(공저)
재일변호사 김경득 추모집 — 작은 거인에 대한 추억(경인문화사, 2007)
국제법 판례 100선(박영사, 2008 및 2016 개정 4 판)(공저)
증보 국제인권조약집(경인문화사, 2008)
에센스 국제조약집(박영사, 2010 및 2023 개정 5 판)
난민의 개념과 인정절차(경인문화사, 2011)(공편)
생활 속의 국제법 읽기(일조각, 2012)
김복진: 기억의 복각(경인문화사, 2014 및 2020 증보판)
신국제법강의: 이론과 사례(박영사, 2010 및 2023 개정 13 판)
신국제법입문(박영사, 2014 및 2022 개정 4 판)
한국법원에서의 국제법판례(박영사, 2018)
국제법 시험 25년(박영사, 2020 및 2022 증보판)
국제법 학업 이력서(박영사, 2020)
신국제법판례 120선(박영사, 2020)(공저)
Korean Questions in the United Nations(Seoul National University Press, 2002) 외

역 서

이승만, 미국의 영향을 받은 중립(연세대학교 대학출판문화원, 2020)

조약법: 이론과 실행

초판발행 2023년 9월 15일

지은이 정인섭
펴낸이 안종만 · 안상준

편 집 한두희
기획/마케팅 조성호
표지디자인 Ben Story
제 작 고철민 · 조영환

펴낸곳 (주) 박영사
서울특별시 금천구 가산디지털2로 53, 210호(가산동, 한라시그마밸리)
등록 1959. 3. 11. 제300-1959-1호(倫)
전 화 02)733-6771
f a x 02)736-4818
e-mail pys@pybook.co.kr
homepage www.pybook.co.kr
ISBN 979-11-303-4295-5 93360

정 가 45,000원